湘籍辛亥风云人物传记丛书

饶怀民　主编

黄兴传

饶怀民　著

岳麓書社

·长　沙·

图书在版编目(CIP)数据

黄兴传/饶怀民著.—长沙:岳麓书社,2022.11
ISBN 978-7-5538-1645-6

Ⅰ.①黄…　Ⅱ.①饶…　Ⅲ.①黄兴(1874—1916)—传记
Ⅳ.①K827=6

中国版本图书馆 CIP 数据核字(2022)第 198952 号

HUANG XING ZHUAN
黄兴传
著　　者:饶怀民
责任编辑:王文西
责任校对:舒　舍
封面设计:胡　颖

岳麓书社出版发行
地址:湖南省长沙市爱民路 47 号
直销电话:0731-88804152　0731-88885616
邮编:410006

版次:2022 年 11 月第 1 版
印次:2022 年 11 月第 1 次印刷
开本:890mm×1240mm　1/32
印张:27.25
字数:764 千字
ISBN 978-7-5538-1645-6
定价:138.00 元

承印:湖南省众鑫印务有限公司

如有印装质量问题,请与本社印务部联系
电话:0731-88884129

黄兴像

1904年冬，流亡日本东京的部分华兴会员合影
前排左起一黄兴、三胡瑛、四宋教仁、五柳扬谷
后排左起一章士钊、四刘揆一

黄兴与《民报》社同仁在日本东京合影
前排左起三黄兴、四陈天华、五章士钊
后排左起一宋教仁、二刘揆一

黄兴与孙中山合影

黄兴在汉阳战时总司令部与随员合影

出任南京临时政府陆军部总长兼参谋总长时的黄兴

1912年1月28日临时参议院成立时，
孙中山和黄兴与临时参议院议员合影

1913年3月20日“宋案”发生后，孙中山与黄兴
在上海召开商议讨袁会议时合影

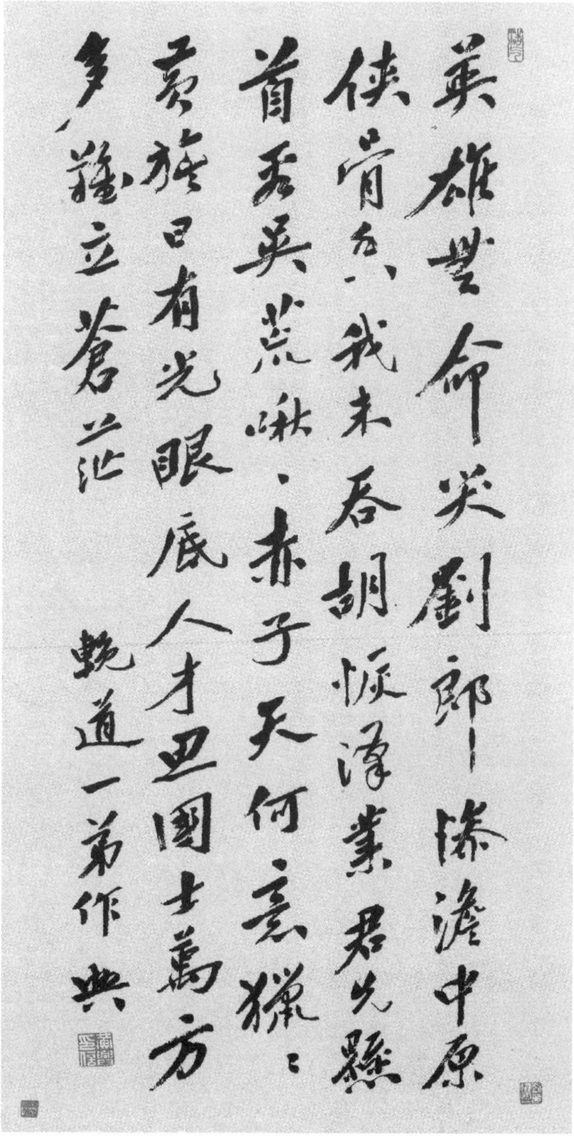
英雄無命哭劉郎慘淡中原
俠骨香我未吞胡恢漢業君先懸
首看吳荒啾啾赤子天何意獵獵
黃旗日有光眼底人才思國士萬方
多難立蒼茫
輓道一弟作 興

挽刘道一联

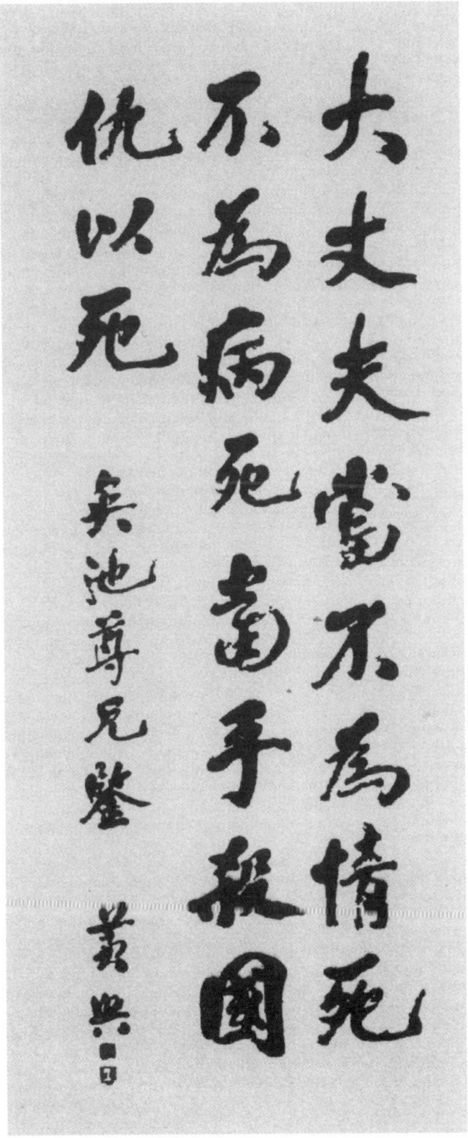

为吴池题词(大丈夫当不为情死，不为病死，当手杀国仇以死)

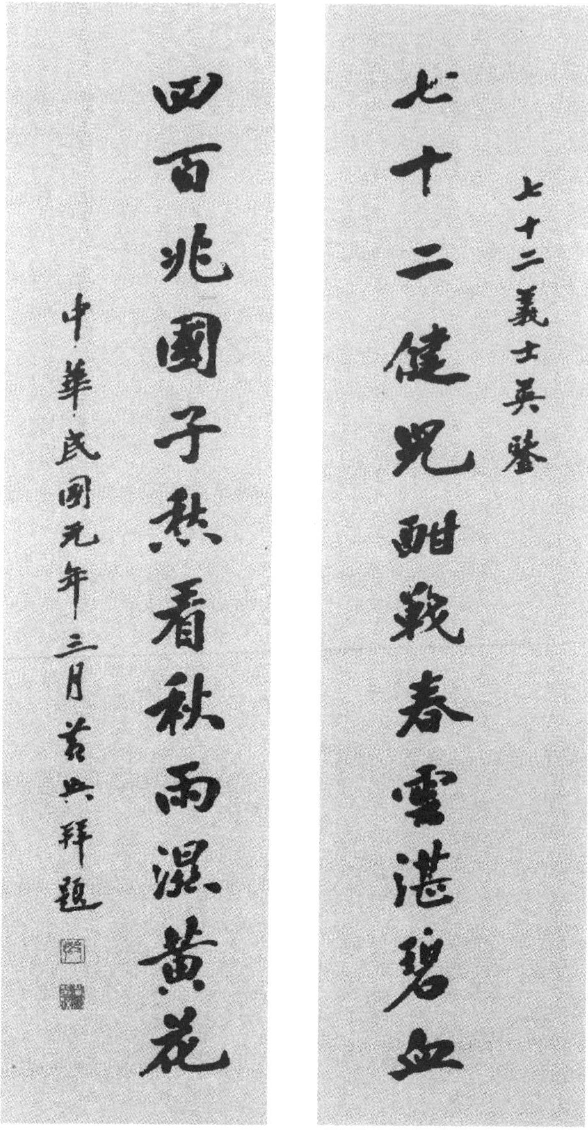

挽黄花岗起义七十二烈士联

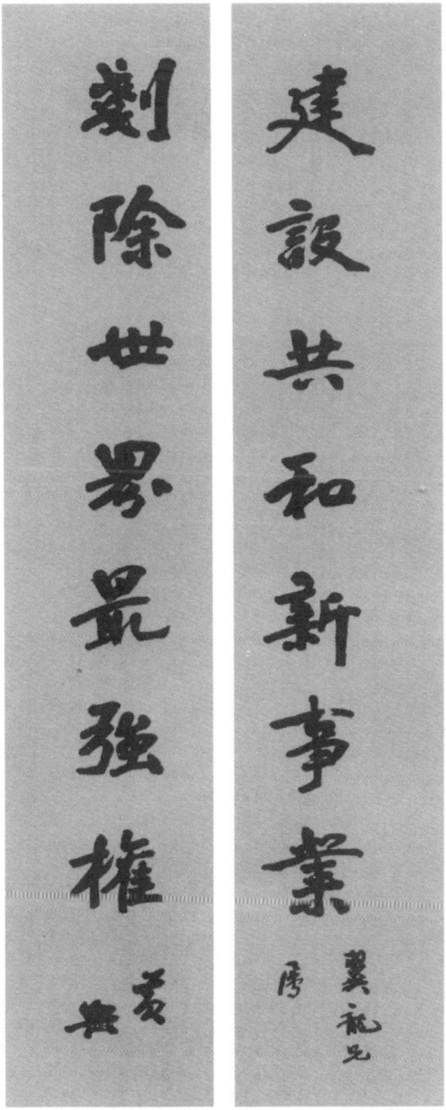

赠陈翼龙联

黄兴墨迹（笃实）

黄兴墨迹（无我）

长沙市岳麓山黄兴墓

武汉市汉阳龟山东麓的黄兴铜像

广州市中山大学孙中山纪念馆前的黄兴铜像

上海市黄兴路黄兴公园的黄兴铜像

长沙市黄兴路步行街口的黄兴铜像

湘籍辛亥风云人物传记丛书
总序

1911年10月10日，以武昌首义为标志的辛亥革命是中国近代史上的重大事件，它一举推翻了统治中国2000多年的封建君主专制制度，建立了资产阶级民主共和国，使中国民族资本主义获得了进一步发展，也使中国人民在思想上获得了空前大解放，大大促进了中国的近代化。因此，在近代以来的中国社会发展进程中，辛亥革命是一个重要的里程碑，产生了重大而深远的影响！湖南则因其特殊的历史机缘在辛亥革命时期成为举足轻重的地域之一，具有重要的历史地位，如国内率先发动的甲辰长沙起义，引领长江流域革命的鄂宁起义，震惊中外的萍浏醴起义，民族资产阶级上层发动的国会请愿运动，以绅商为主体带头发动的湖南保路运动，社会广泛参与的长沙抢米风潮，湖南首先响应武昌首义以及派遣湘军援鄂、策动各省光复，等等，都是整个辛亥革命史链条中的重要环节。

辛亥革命这场伟大的革命运动不仅改造着社会，也改造着人们自身，诚如列宁曾经指出的，“历史早已证明，伟大的革命斗争会造就伟大人物，使过去不可能发挥的天才发挥出来”[①]。辛亥革命不仅铸就了孙中山在中国资产阶级民主革命中的领袖地位，而

① 列宁：《悼念雅·米·斯维尔德洛夫》（1919年3月18日），《列宁全集》第29卷，人民出版社，1956年，第71页。

且造就了一个庞大的领袖集团，可以毫不夸张地说，在这一领袖集团中，湖南人以其人数之众、知名度之高、贡献之大、影响之深，格外引人瞩目。其中有与孙中山齐名，领导过十多次武装起义的“武圣”、陆军总长黄兴；有以领导云南重九起义和奋起讨伐袁世凯、声威播于海内外的护国将军蔡锷；有率先加入湖北新军，担任过湖北著名革命团体文学社社长，武昌起义前被推举为临时总司令的蒋翊武；有精通资产阶级民主与法制，被人们赞誉为“第一流政治家”“为宪法流血第一人”的宋教仁；有代理孙中山、黄兴主持东京同盟会总部工作长达四五年之久，抵制倒孙风潮，粉碎暗杀孙中山阴谋，为辛亥革命一家牺牲三位亲人的“痛苦的革命家”刘揆一；有受东京同盟会总部派遣领导过萍浏醴起义，被清吏杀害而成为“同盟会员中为中国革命流血第一人”“留日学界为中国革命流血第一人”的青年革命家刘道一；有一生四次加入革命团体、六次担任总司令，开辟整个华东战场，在沪宁光复过程中立过汗马功劳的李燮和；有著名通俗宣传家、被时人称之为“革命党之大文豪”，《警世钟》《猛回头》《狮子吼》的作者陈天华；有在日本参与创办《游学译编》和湖南编辑社，着力介绍西方社会科学和自然科学知识，对帝国主义本质有着深刻认识的《新湖南》作者、蹈海志士杨毓麟；有大胆改革《苏报》、大造革命舆论、第一个将日本志士宫崎滔天所著《三十三年の梦》节译出来，将孙中山首先介绍给国人的著名的民主革命宣传家章士钊；有以联络会党为职志，在汉口、汉阳相继失守的关键时刻临危受命，出任过武昌防御使兼北面招讨使，人称“托塔天王”的谭人凤；有担任过同盟会湖南分会长，因积极从事革命活动被捕、备受酷刑而宁死不屈的革命活动家禹之谟；有担任过同盟会调查部长，嗣后又参与组织著名革命团体共进会，并率先响应武昌首义，被推举为湖南首任都督的焦达峰；有秘密策划武昌首义，事泄被捕、英勇就义的武昌首义著名三烈士之一的刘复基；有因抗议日本文部省颁布的《清国留学生取缔规则》愤而回国，在上海创办中国公学受阻、投黄浦江以死抗争的姚宏业；有主编过《洞庭波》

杂志和《帝国日报》，积极鼓吹反清革命、事泄被捕的“牢狱诗人”宁调元；有回国响应萍浏醴起义，失败后在江苏扬州谋刺两江总督端方、慷慨捐躯的杨卓林；有毁家纾难、背井离乡，长期以山西为主要活动区域，辗转于长江流域各省，联络会党密谋起义，失败后被捕而瘐死的郑子瑜；有在广州新军中秘密散发“保亚票”，联络清巡防营中会党，策动反清武装起义被捕牺牲的谭馥、葛谦；有在新疆领导迪化（今乌鲁木齐）起义，将民主革命烈火燃遍天山南北，誓与迪化共存亡，被捕牺牲的刘先俊；有在甘肃领导秦州（今天水）起义、宣布秦州独立、成立甘肃临时军政府担任都督的黄钺；有在贵州率先成立自治学社、担任贵州枢密院院长的张百麟。几乎可以说，在辛亥革命时期，湖南人在中国乃至世界各地都留下了他们从事革命活动的足迹，在辛亥革命的每一个阶段都曾建立过不朽的历史功勋！

孙中山于1912年3月6日曾以临时大总统名义给予陈天华、杨毓麟、杨卓林、郑子瑜等湖南死难烈士以高度的评价，并批准建立烈士祠。他在给陆军部下达的批文中明确批示，“按民国缔造之功，匪一手足之烈，睹兹灿烂之国徽，尽系淋漓之血迹。以上诸烈士，或谋未遂而身赴西市，或难未发而瘐死囹圄，或奋铁弹之一击，或举义旗于万夫，或声嘶去国之吟，或身继蹈海之烈……此次义师一呼，万方响应，实由民族学说灌输人心，已匪朝夕，故铜山崩而洛钟应，光复大业，期月告成”[①]。这段赞词无异于给所有湘籍志士的反清革命活动勾勒出了一幅色彩绚丽的历史画卷！

为了叙述的方便，我们将湘籍辛亥风云人物对辛亥革命的贡献概括为以下四个方面：

第一，出版著作、译作，创办报章杂志，广泛开展革命的舆论宣传。

---

① 孙中山：《令陆军部准建杨、郑二烈士专祠并附祀吴、熊、杨、陈四烈士文》（1912年3月6日），《孙中山全集》第二卷，中华书局，1982年，第183页。

“长梦千年何日醒，睡乡谁遣警钟鸣?”在中华民族面临亡国灭种的危急关头，是杨毓麟、陈天华等人率先向国人敲响了警世钟！他们撰写、出版了一大批唤醒国人的著作，其中较早的代表作是杨毓麟的《新湖南》。该书于1902年冬在日本东京刊行，早于邹容的《革命军》、章炳麟的《驳康有为论革命书》等著作。《新湖南》虽以省区命名，但其出发点并非仅仅论述湖南省范围内的区域自治，而是基于作者深厚的国学功底和对世界历史与现状的深刻了解，以其广阔的政治视野探索了20世纪的时代特征。杨毓麟将湖南人的历史责任放在民族解放运动中整体进行考察，同时又将振兴中华的事业放在新世纪的世界全局中来认识，他的著作因此具有超越同时代革命党人的思想深度。可以毫不夸张地说，杨毓麟对帝国主义本质的认识是最深刻的，诚如我国当代著名历史学家章开沅教授曾经指出的，“作者对帝国主义这个怪物的认识，是当时历史条件下先进的中国人所能达到的最深刻的理解”[①]。《新湖南》以强烈的理论色彩见长，容易在“中等社会”，即资产阶级知识分子中广泛传播。此书出版后，“风行于世”，大量传播，成为当时影响最大的新潮读物之一。

如果说杨毓麟的《新湖南》是用文言文写成，专从学理上阐述反帝反封建斗争，容易在“中等社会”中广为流传的话；那么陈天华的《猛回头》《警世钟》《狮子吼》则是用白话写成，更容易在“下等社会”，即广大下层劳动群众中传播开来。1906年，龙华会会员、浙江金华人曹阿狗到处演唱《猛回头》，被金华知府杀害。为此，金华知府出一告示，诬称《猛回头》为“逆书”，“阅者杀无赦，以阿狗为例”；可是，“索观此逆书之人益多，乡人多辗转向上海购阅”[②]。据史料记载，士兵读之，“奉为至宝”；学生读之，“如同着迷”，“时以偷看《猛回头》为乐”。当时革命派在

① 章开沅：《湖南人与辛亥革命》，湖南史学会编《辛亥革命在湖南》，湖南人民出版社，1984年，第6页。

② 冯自由：《中华民国开国前革命史》中编，良友图书印刷公司，1930年，第130页。

新军中的代表，甚至以此为政治教材，士兵退伍，“散至民间，则用为歌本，遍行歌唱，其效力之大，不可言喻”①。《猛回头》《警世钟》两书再版十余次，仍然供不应求。陈天华强烈的反帝爱国思想大大鼓舞了人们的斗志，也使他赢得了“革命党之大文豪”的赞誉！

除上述著作之外，还不能不提到一批颇具影响的译作，最引人注目的是翻译家赵必振的译作。他于1902年在上海广智书局翻译出版了日本著名社会主义思想家幸德秋水所著《二十世纪之怪物帝国主义》和《广长舌》；翌年，他又翻译出版了福井准造著的《近世社会主义》；在此前后，他还翻译了《日本人权发达史》《世界十二女杰》《东亚将来大势论》《阿拉伯史》《土耳其史》《巴比伦史》《希腊史》《罗马史》等十余部著作；他是我国早期介绍社会主义思想的著名翻译家，尽管他所说的社会主义并不完全是真正意义上的科学社会主义。此外，由黄兴、杨毓麟于1902年11月在东京创办的《游学译编》是“全以译述为主”的刊物。是年底，黄兴、蔡锷等人创办了“湖南编译社”，大量译介西方近代科学知识，宣传民主革命思想。这一大批湘籍志士的译著，如果从整体上考察，则无论从广度方面还是从深度方面较诸启蒙大师严复都有所前进！

报刊是舆论之母，是传播思想文化的重要载体。湘籍志士始终把创办报章杂志作为推动民主革命事业的重要组成部分。据不完全统计，在辛亥革命前后，即从1901年到1917年，由湘籍志士创办或主编的宣传民族民主革命思想的报章杂志总数有40余种。他们在这些刊物上发表的文章包括时评、社论、新闻，等等，大都有感而发，具有很强的针对性。上述著作、译作和文章犹如黑血、金鼓、警钟、木铎，敲响了清王朝灭亡的丧钟！

第二，聚集人才，创建革命团体，深入进行组织发动。

1904年2月以黄兴为首成立的华兴会，是国内第一个反清革

---

① 曹亚伯：《武昌革命真史》前编上，上海书店，1982年，第130页。

命团体，人数多达数百人。1905 年 8 月，同盟会成立，华兴会除个别成员外，几乎全部加入了同盟会。据冯自由著《革命逸史》所载《中国同盟会最初三年会员人名册》统计，1905 年至 1907 年间在东京登记的 960 名会员中，湘籍志士 157 人，仅次于广东。[①]同盟会东京本部所设执行、评议、司法三部中，黄兴任执行部庶务，实居协理之职。其后，代理庶务干事、主持本部工作的还有宋教仁、刘揆一等人，刘揆一主持同盟会本部工作长达四五年之久。宋教仁还担任过司法部检事长。胡瑛、覃振、陈家鼎、范治焕等任评议部评议员。同盟会章程八名起草人员中即有黄兴、宋教仁、陈天华等人，处于执牛耳的地位。以孙中山、黄兴为轴心的中国第一个资产阶级政党同盟会的成立，标志着中国资产阶级民主革命进入到了一个崭新的阶段。

1907 年 8 月，共进会在日本东京成立，焦达峰被推举为交通部长。对于组织共进会，刘揆一“极表赞成”。创立该会完全是为了加强会党的联络工作，以推动长江流域的革命事业。由于焦达峰、刘揆一及川人张百祥、吴玉章等同盟会会员的推动，各地哥老会、孝友会、三合会等会党组织在日本的首领“终于在 1907 年的下半年结成了一个统一的组织”[②]。

为进一步推动长江流域的革命事业，中部同盟会应运而生。1911 年 7 月在上海成立的中部同盟会，选举宋教仁、谭人凤等人为总务干事。公推谭为总务议长，负责召集会议、保管文书及印信等事，会后发布了谭起草的成立《宣言》；宋教仁被推举任文事，他亲手制定了《中部同盟会总会章程》《总务会暂行章程》《分会章程》等。谭、宋二人实居于核心地位。

上述两个革命团体尽管在成立过程中存在这样或者那样的缺点甚至错误，但它对统一全国各地会党、促成同盟会将战略重点由东南沿海转移到长江流域、推动中部地区的革命事业具有重要

---

① 冯自由：《革命逸史》第六集，中华书局，1981 年，第 75 页。

② 吴玉章：《吴玉章回忆录》，中国青年出版社，1978 年，第 49 页。

的战略意义，其积极作用还是主要的。

1908 年 12 月在广州成立的保亚会，是谭馥、葛谦等湘籍志士为策动广州巡防营起义而设立的革命团体。保亚会采用唐才常领导庚子自立军起事散发“富有票”的方法，在广州巡防营士兵中散发“保亚票”，嗣因鄂人严国丰不慎失落“保亚票”，使这次策动清巡防营起义的计划泄露而归于流产。葛谦、严国丰当即被捕就义，谭馥于翌年被捕牺牲。

特别值得一提的是，在湖北革命团体的演变中，鄂籍志士无疑起到了关键性的主导作用；湘籍志士的参与更是湖北革命团体屡仆屡起的重要原因之一，有的甚至还担任了湖北革命团体的主要领导者。1904 年成立的科学补习所，胡瑛为总干事，宋教仁任文书；1906 年成立的日知会，辜天佑为干事，胡瑛为主要活动分子；1908 年成立的军队同盟会，湘籍志士杨王鹏、钟畸、章裕昆等都是该组织的骨干成员；同年底成立的群治学社，“暂设庶务一人，主持会务”，众推钟畸为庶务[①]；1910 年，群治学社改为振武学社，杨王鹏任社长；钟、杨均为著名的湘籍英烈。1911 年，振武学社改为文学社，蒋翊武任社长。武昌首义前夕，文学社已发展会员多达 3000 人，成为当时最有影响的革命团体。正是文学社与湖北另一个革命团体共进会联合，共同领导了武昌首义。

第三，拥戴孙中山，维护孙中山，勇敢地捍卫孙中山的领袖地位。

当清政府横加诬陷、悬重赏捉拿孙中山的时候，当保皇党人肆意诋毁、恶毒攻击孙中山的时候，当多数革命党人由于孙中山形象被扭曲而对其产生误解、不敢与其接近的时候，是毕永年、秦力山等一批湘籍志士主动与孙中山站在一起，风雨同舟，带头与孙中山交游，从而较早地沟通了孙中山与留日学生之间的感情。孙中山与湖南知识界最早取得联系的代表人物是长沙拔贡毕永年。

---

① 张难先：《群治学社之始末》，严昌洪等编《张难先文集》，华中师范大学出版社，2005 年，第 162 页。

毕于1899年东渡日本，率先加入孙中山最早创立的革命团体兴中会，旋奉孙中山之命，回国调查国内会党势力，从事联络长江流域哥老会的工作。同年冬，毕永年邀约哥老会各山堂正龙头齐集香港，与陈少白联络的三合会合作，并在兴中会本部举行兴中会、三合会、哥老会合并大会，另拟会名为“兴汉会”，共推孙中山为总会长。为让更多的人了解孙中山，秦力山曾有过为孙中山立传的想法，后因担心别人说他“好标榜，复罢之”。但这一意愿终于由另一个湖南人章士钊在1903年实现了，章利用他在沪上主《苏报》笔政的余暇，节译了日本志士宫崎滔天撰写的《三十三年の梦》，以《孙逸仙》为书名出版。章士钊以敏锐的政治眼光率先喊出：孙逸仙为“近今谈中国革命之初祖，实行革命者之北辰!”“有孙逸仙，中国始可为!”这种认识与秦力山极相类似，因而秦热情为该书作序，尊崇孙逸仙为“天锡之勇者”①。此书一出，“一时风行天下，人人争看”，这对人们全面了解、重新认识孙中山起到了振聋发聩的作用。革命党人以1903年章士钊的《孙逸仙》一书出版为契机，初步确立了孙中山在资产阶级、小资产阶级知识分子中的领袖地位。

此后，在陶成章、章太炎、张继等人连续两次掀起倒孙风潮的关键时刻，是黄兴、刘揆一挺身而出，坚决捍卫孙中山的领袖地位。1907年3月，在第一次倒孙风潮中，陶成章等人要求当时主持本部工作的刘揆一召开一次特别会议，以便开除孙中山，另选黄兴为总理。刘揆一力排众议，断然拒绝召开特别会议。为此，张继竟然同刘揆一在民报社编辑部互相揪打起来。刘揆一坚持认为，黄兴“素以实行革命为务，绝不居此空虚总理之名，且方与孙总理共谋粤东起义，万一因‘总理’二字而有误会，使党军前

---

① 《孙逸仙》，《中国近代史资料丛刊·辛亥革命》四，上海人民出版社，1957年，第91页。

途顿生阻力，非独陷害孙、黄二公，实不啻全体党员之自杀”[①]。就在同盟会内部矛盾加剧之时，日后成为叛徒的刘光汉伙同日本人北辉次郎等人企图篡夺同盟会领导权，提出所谓改组同盟会的提案，挑起了更加激烈的纷争。刘揆一在“望浅，众意不属”的情况下[②]，仍然坚持维护孙中山的领袖地位，他将东京本部这种混乱状况急函在香港的友人彭邦栋，请他转告黄兴。黄兴在复函中称：“革命为党众生死问题，而非个人名位问题，孙总理德高望重，诸君如求革命得有成功，乞勿误会，而倾心拥护，且免陷兴于不义。”正是由于黄、刘正确处理同盟会内部纷争，“会众遂欣然安之”，第一次倒孙风潮暂时平息下来。

1908 年 2 月，刘光汉在公众舆论面前，无法遂其个人野心，竟暗中勾结日本人北辉次郎、清藤幸七郎等人阴谋暗杀孙中山，“欲以十万金而鬻孙文之首”[③]。又是刘揆一团结东京同盟会本部同仁共同斗争，一举粉碎了一起惊心动魄的暗杀孙中山的阴谋。

1909 年 9 月，在第二次倒孙风潮中，陶成章以川、粤、湘、鄂、江、浙、闽七省同志的名义起草了一份“孙文罪状”的公函，要求同盟会公开发表；章太炎发布《伪〈民报〉检举状》以与陶相唱和，大肆攻击孙中山；在法国的张继，与陶、章遥相呼应，要求孙中山“辞退同盟会总理”职务，布告天下。黄兴、刘揆一严正拒绝了陶、章等人提出革除孙中山总理的要求，拒绝发表所谓的公函。并由黄兴、刘揆一、谭人凤三人联名致函南洋各埠，对陶氏散发的“孙文罪状”逐条加以驳斥，以中国同盟会总部的名义致函美洲各华侨报馆同盟会员，针对陶、章所为，规定“按本会章程，如总理他适，所有事务由庶务代理，故凡公函必须有

---

① 刘揆一：《黄兴传记》，饶怀民编《刘揆一集》，华中师范大学出版社，2011 年，第 118 页。

② 汤志钧编：《章太炎年谱长编》上册，中华书局，1979 年，第 258 页。

③ 宋教仁：《程家柽革命大事略》，陈旭麓主编《宋教仁集》下册，中华书局，1981 年，第 439 页。

庶务签名及盖用同盟会之印者，方可认为公函”[1]。如系匿名之函，“同人可置之不理”。喧嚣一时的第二次倒孙风潮总算平息下来。

在组织南京临时政府的过程中，黄兴仍然在关键时刻发挥了重要作用。1911 年 12 月，各省代表会议致函黄兴，欢迎黄兴去南京组织临时政府。临行前，黄兴获悉孙中山不久即可到达上海，遂决定等待孙中山到达上海之后再定行止，众不以为然，他解释说：“孙先生是同盟会的总理，他未回国时我可代表同盟会；现在他已在回国途中，我若不等待他到沪，抢先一步到南京就职，将使他感到不快，并使党内同志发生猜疑。”[2] 于是，在黄兴等人的积极努力和精心安排下，使孙中山顺利当选为中华民国临时大总统，从而胜利地完成了建立民主共和国这一中国历史上的伟大创举！

第四，赴汤蹈火，前仆后继，积极开展反清武装斗争。

1904 年的长沙起义是国内第一个反清革命团体华兴会领导的第一次反清武装起义。这次起义的计划是由黄兴、刘揆一等革命知识分子与倾向革命的会党首领马福益等共同商量制订的，他们计划于 1904 年农历十月初十日清西太后 70 岁生日那天，全省官吏在省城行礼时，“预埋弹药其下，以炸毙之”，而乘机起义，外分五路响应，以“洪会健儿充队伍，军学界人为指挥”[3]，推黄兴为主帅，刘揆一、马福益为正副总指挥。但这次起义由于会党败类告密而流产，黄兴、刘揆一等人逃往上海，马福益于翌年被捕遇难。长沙起义失败后，黄兴、刘揆一又与华兴会外围组织上海爱国协会同人于同年 11 月间共同策动了引领长江流域革命的鄂宁起义，但这次起义又由于受万福华刺王之春事件的牵连，造成黄兴等 13 人被捕入狱，鄂宁起义计划被迫搁浅。黄兴等人出狱后，原

---

① 黄兴等：《致美洲各埠中文日报同志书》（1909 年 11 月 7 日），刘泱泱编《黄兴集》（一），湖南人民出版社，2008 年，第 23 页。

② 李书城：《辛亥前后黄克强先生的革命活动》，《辛亥革命回忆录》第一集，文史资料出版社，1981 年，第 196 页。

③ 刘揆一：《黄兴传记》，饶怀民编《刘揆一集》，第 108 页。

华兴会成员纷纷东渡日本，他们并没有因两次起义的先后失败而停止其革命活动，而是集结在中国第一个资产阶级政党同盟会的旗帜下，酝酿着更大规模的反清武装起义。

1906 年，受黄兴派遣，同盟会员刘道一、蔡绍南在湘、赣边境发动了震惊中外的萍浏醴起义，这次起义是同盟会成立后领导的第一次大规模武装起义，也是中国南部自太平天国运动以后范围最大的一次革命。参加起义的民众包括江西萍乡安源地区的一部分煤矿、陶瓷工人，湖南醴陵、浏阳的贫苦农民和手工业者，聚众 3 万多人，义旗所指，云集响应，起义遍及萍乡、浏阳、醴陵、衡山、湘潭、平江、宜春、万载、义宁（今江西修水）等市县，与清军鏖战匝月，交战 26 次，给清朝统治者以沉重的打击。清政府集结了湘、鄂、赣、苏四省兵力，包括地主武装团练 5 万多人，才将这次起义镇压下去。这次具有资产阶级民主革命性质的大起义揭开了以后同盟会领导的一系列武装起义的序幕。孙中山在东南沿海发动和领导的反清武装起义中，黄兴几乎无役不与，例如 1907 年的防城起义和镇南关起义、1908 年的钦廉上思之役和云南河口起义、1910 年的广州新军起义、1911 年的黄花岗起义，等等。在钦廉上思之役中，黄兴率领华侨青年 200 余人对抗清兵 2 万多人，“转战数月，所向无前，敌人闻而生畏，克强之威名因以大著”①。黄花岗起义前夕，黄兴抱着以身殉革命事业的决心，留下绝笔书，战斗打响以后，他组织敢死队，始终站在斗争第一线，一直战斗到最后只剩下他一个人，而且被打断两指，仅以身免。

武昌首义爆发后，临时总司令是蒋翊武，嗣由黄兴担任战时总司令，黄兴离汉赴沪之后，谭人凤毅然出任武昌防御使兼北面招讨使。在各省光复过程中，湖南是首先响应湖北首义的“首应之区”。10 月 22 日，焦达峰、陈作新率新军起义，湖南各地会党积极响应，当晚，湖南即宣告独立，举焦达峰、陈作新为湖南军

---

① 孙中山：《革命原起》，《中国近代史资料丛刊·辛亥革命》一，上海人民出版社，1957 年，第 14 页。

政府正、副都督。湖南军政府成立之后，先后分四批派遣 16 个营 8000 多湘军援鄂，湖湘子弟在前线风餐露宿、浴血奋战，表现出对清朝封建专制统治的无比愤恨和对革命事业的无限忠诚，协统刘玉堂和敢死队队长徐鸿斌在前线英勇杀敌殉难，其他官佐、士兵“死伤约千人”[①]。这批援鄂湘军参战，稳定了武汉战局，巩固了新生的湖北革命政权。在各省光复中，还有蔡锷、李燮和、孙道仁、黄钺等湘籍志士纷纷率众在各地起义，以响应武昌首义。10 月 30 日，蔡锷在云南昆明发动重九起义，这次起义是除首义的湖北之外，独立各省革命党人组织的省城起义中战斗最为激烈、付出代价也是最巨大的一次，经过一个晚上又一个上午的血战，终于大获全胜。11 月 1 日，成立云南军政府，蔡锷出任都督。11 月 3 日，陈其美发动上海起义受挫被俘，李燮和下令组织敢死队，冲锋陷阵，营救陈其美出险；经过连夜苦战，清政府在上海的最后一个反动堡垒江南制造总局终于被攻克。11 月 4 日，上海胜利光复。诸军推李燮和为临时总司令，移驻江南制造总局。李燮和除担任上海起义军临时总司令外，还先后担任过吴淞军政分府水陆军总司令、光复军总司令、援鄂联军总司令、光复军北伐总司令、长江水师总司令等多个总司令职衔，以军功论，李燮和应当出任上海军政府都督，但由于革命党人内部发生争夺都督风波，李燮和以大局为重，只好让位于陈其美，他本人退守吴淞，被举为吴淞军政分府都督。后来，李燮和又参与江、浙联军攻克南京，厥功甚伟。11 月 7 日，经过革命党人反复做工作，广西宣布独立，改巡抚衙门为军政府、谘议局为议院、桂军为国民军，以原清广西巡抚沈秉堃为都督。9 日，孙道仁在福建率新军起义，11 日，成立福建军政府，孙被推举为都督。在山东光复过程中，烟台曾是同盟会北方支部所在地，在革命与反革命进行殊死搏斗的关键时刻，孙中山委任胡瑛为烟台都督。在甘肃光复过程中，黄钺领

---

① 谢介僧、文斐：《湖南辛亥光复事略》，《辛亥革命史料选辑》（下），湖南人民出版社，1981 年，第 11 页。

导了秦州（今天水）起义，成立了甘肃临时军政府，黄钺出任都督。此外，新疆光复是刘先俊领导的，他率先在迪化（今乌鲁木齐）起义，被捕遇害，成为辛亥革命时期牺牲在西北边陲的著名英烈。贵州光复是张百麟为首的“自治学社”领导的，贵州军政府成立时，众推张百麟为都督，张固辞未就，改任枢密院院长，掌握军政、民政事宜。刘先俊和张百麟也都是湖南人。诚然，清王朝的最终覆灭是同盟会领导全国人民共同奋斗的结果，但湘籍志士毕竟具有特殊的功绩。

中华人民共和国成立以来，有关湖南辛亥革命史以及湘籍辛亥人物的文献整理与研究取得了较大的成绩，特别是湘籍辛亥人物文集的整理成效尤著，先后出版了《黄兴集》《蔡锷集》《宋教仁集》《陈天华集》《刘揆一集》《杨毓麟集》《谭人凤集》《宁调元集》《杨度集》《章士钊全集》等十多部文集；在此基础上，也陆续出版了有关黄兴、蔡锷、宋教仁等人的传记。尽管如此，这与湘籍辛亥人物在辛亥革命史上的地位相比还是极不相称的。因此，出版一套“湘籍辛亥风云人物传记丛书”就显得很有必要。

科学研究是没有止境的，辛亥革命时期的人物研究也不例外。有的湘籍辛亥人物虽然已经出版过传记，但还是可以继续挖掘新资料，从新的视角、不同的侧面进行深入研究的；有的湘籍辛亥人物由于搜集资料存在某些困难，几乎无人问津，类似这种情况更需要有人去进行研究，只要我们下苦功夫沿着当事人的活动轨迹去进行“地毯式”的搜查，还是能够发现蛛丝马迹、找到不少文献资料和口碑资料的，而且这样的学术研究成果属于填补空缺之作，更具有学术价值。

因此，对湘籍辛亥风云人物的研究，仍然具有广阔的空间。这就为出版“湘籍辛亥风云人物传记丛书”提供了可能。

马克思主义认为，历史首先是劳动群众创造的，是劳动群众的历史；在承认劳动群众创造历史的同时，也承认个人在历史上的作用。杰出的历史人物对社会的发展往往能起到加速或者延缓的作用。政治家、思想家的正确领导能促进历史的发展；他们所创造的革命理论能为群众自发运动指明前进的方向，诚如列宁所指出的："没有革命的理论，就不会有革命的运动。"[1] 如果没有正确的领导，革命就会失败，社会变革就会推迟。我们研究湘籍辛亥风云人物的思想及其生平史迹，涉及辛亥革命时期的政治、经济、军事、思想、文化以及当时的国际环境、社会背景和一些重大的历史事件，等等。特别是辛亥革命时期发生的一系列重大历史事件都与湘籍志士有着千丝万缕的联系，他们或是领导者，或是策动者，或是参与者。他们的思想和活动与这些重大历史事件紧密相连，甚至直接影响着这些重大历史事件的发展进程。因此，出版一套"湘籍辛亥风云人物传记丛书"，不仅可以推动辛亥革命时期人物的思想与革命实践的研究，而且还可以促进和加深对整个辛亥革命史乃至中国近现代史的研究。

湘籍辛亥风云人物是近代湖湘文化哺育的结果。而近代湖湘文化继承了古代湖湘文化的优良传统，又吸收了近代西方文化的精华，对湘籍辛亥风云人物产生了深远影响。他们大都具有强烈的忧患意识和爱国主义情怀，他们主张经世致用，勇于任事，注重气节，有一种敢为天下先的使命感和投身政治洪流的献身精神。可以说，他们大多数的事迹都是一部活生生的爱国主义教材！他们坚贞不屈的民族气节，改造社会的伟大理想，一往无前的英雄气概，孜孜不倦的探索精神，永远是鼓舞我们建设中国特色社会主义的强大精神动力！因此，出版他们的传记，对于弘扬先进文化，加强社会主义精神文明建设，对广大人民群众进行爱国主义教育，推动我国的社会主义现代化建设事业具有极其重要的现实意义！

岳麓书社申报、湖南省新闻出版局批准出版"湘籍辛亥风云人物传记丛书"是很有创意的举措，是一件很有意义的大事，也是一件喜事！作为这套丛书的主编，我深感责任重大，将不遗余

---

① 列宁：《怎么办》（1901 年秋—1902 年 2 月），《列宁选集》第 1 卷，人民出版社，1976 年，第 241 页。

力地组织大家完成此项任务，以不辜负广大读者的期盼。

由于众所周知的原因，出版学术著作丛书本来就是一件很困难的事情，主要是出版经费难以筹措。在本丛书因为经费问题面临搁浅的情况下，得到了华民慈善基金会的资助，从而解除了丛书作者的后顾之忧。他们这种强烈的社会责任感和爱国主义情怀时时令我感动不已，我唯有以努力推动和促成本丛书早日出版的实际行动感谢他们的关心和支持。

我希望长期从事辛亥革命史研究的学者，特别是青年学者积极参与此项系统工程建设，振奋精神，潜心研究，撰写出更多有创意、有特色、有质量的湘籍辛亥风云人物传记，为广大读者提供丰富的精神食粮，为弘扬先进文化、繁荣社会主义史学作出更大、更新的贡献！

是为序。

饶怀民

2011 年 7 月 1 日

目　录

前 言

黄兴是中国近代伟大的爱国主义者、著名的资产阶级民主革命家、政治家、思想家，杰出的军事家，是推翻我国封建君主专制制度、建立民主共和政体的领导者。他的一生与整个辛亥革命相始终，是辛亥革命时期与孙中山齐名的伟大领袖，人称“开国二杰”。

作为中国民主革命的伟大先行者，孙中山率先提出了“振兴中华”的口号，最早提出武装反对清朝统治、建立民主共和制国家。他于1894年冬在美国檀香山组建了第一个资产阶级革命团体兴中会，翌年又在香港（当时属英国殖民地）设立兴中会总部，以“振兴中华、挽救危局”为宗旨，以“驱除鞑虏、恢复中华，创立合众政府”为秘密誓词。兴中会成立后，于1895年领导了广州起义，起义失败后，孙中山被通缉，在国内无法立足，被迫流亡海外。他从事革命活动很长时间都是在国外进行的。1903年8月，孙中山在日本创办了东京青山革命军事学校，他在兴中会宗旨的基础上又为东京青山革命军事学校制定了“驱除鞑虏、恢复中华、创立民国、平均地权”的16字入学誓词。1905年8月同盟会成立后，孙中山被推举为同盟会总理，他又将此16字誓词定为同盟会革命纲领，并在同盟会机关报《民报》发刊词中阐释为民族、民权、民生三大主义，简称三民主义，为辛亥革命提供了理论指导；而且，他在争取国际友人援助和筹款支持国内革命活动等方面都作出过巨大贡献，因而使他成为当之无愧的辛亥革命的伟大领袖。然而，孙中山自从1895年10月因策动广州起义失败被清廷通缉而流亡海外起，直到1911年12月回国组织南京临时政府止，整整16年时间，仅回国两次，来回时间加起来不超过10天①。因此，在国内开展的各种革命活动，大都是由黄兴主持的。在整个辛亥革命时期，黄兴为推翻统治中国长达268年之久的清王朝、建立民主共和国历尽了千辛万苦，贡献了毕生精力，作出了不可磨灭的历史性贡献。

黄兴对辛亥革命的贡献，概括起来，主要有如下六个方面：

第一，创立了国内第一个反清革命团体华兴会，提出了反清革命纲领和斗争策略。华兴会是在秘密状态下成立的，加以它所领导的长沙起义因谋泄而流产，华兴会的文件和密册均已全部销毁，因此它没有留下任何正式的纲领和章程，只知道它曾在长沙起义时提出过“驱除鞑虏、恢复中华”的革命口号，这与当时社会上流行的“排满革命”口号是一致的。据原华兴会副会长刘揆一回忆，黄兴在华兴会成立会上的讲话中提及“自当讨论发难之地点与方法以何为适宜”的问题，并率先提出了“国民革命”这一概念以及“直捣幽燕，驱除鞑虏”的革命目标，可见其革命纲领是十分明确的，那就是推翻清朝专制统治，建立民主共和制国家。至于斗争策略，则“只宜采取雄踞一省，与各省纷起之法”，“或由会党发难，或由军学界发难，互为声援”。② 而且，我们将华兴会与兴中会、科学补习所、光复会比较，可以发现它还具有如下三个特点：一是领导群体阵容整齐。华兴会正式成立后，很快

---

① 孙中山两次回国分别为：1900年8月，至上海，“决定亲自回国指挥起义”，居4日；1907年12月，与黄兴等人一道由安南入镇南关，领导镇南关起义，居3日。参见王俯民：《孙中山详传》上册，中国广播电视出版社，1993年，第138、383页。

② 黄兴：《在华兴会成立会上的讲话》（1903年11月），刘泱泱编《黄兴集》（一），湖南人民出版社，2008年，第4—5页（为节省篇幅，以下凡引同一书者只署书名和页次）。

发展到五六百人。在领导群体中，除德才兼备、文武兼资的会长黄兴这一核心人物之外，还有后来成为“第一流政治家”的副会长宋教仁；有被后世誉为“革命道德家”的副会长刘揆一；有被时人称为“革命党之大文豪”的陈天华；有“民主革命的宣传家”章士钊；有《新湖南》作者杨毓麟；有被黄兴赞誉为“将来外交绝好人物”的刘道一；有著名的“实业革命家”禹之谟，等等，真可谓人才济济，集一时之盛。二是组织基础雄厚。华兴会成员以新型知识分子为主体，留日归国的知识分子和国内各种新式学堂的师生纷纷参加。黄兴等人以会党作为主要动力，在华兴会外另设外围组织“同仇会”，并与“拥众逾万人”的长江流域哥老会正龙头马福益取得联络，共同拟订了长沙起义的计划；与此同时，亦与军界暗中加强了联系。不仅如此，黄兴还通过各种关系，争取了社会上层部分官员、绅士的同情和支持，在这部分对湖南政局影响极大的社会力量中也有一定的基础。如在籍刑部右侍郎龙湛霖及其子龙绂瑞、其侄儿龙璋（曾任江苏泰兴县令）、湖南立宪派首领谭延闿、学务总办张鹤龄、兵备处长俞明颐、圣公会会长黄吉亭、教育家胡元倓等都与华兴会有着十分密切的关系。黄兴正是在这一大批地方贤达、绅士乃至高官的保护之下，在长沙起义事泄失败后才得以安全脱险的。三是与外界联系广泛。华兴会虽成立于湖南省会长沙市，但它从一开始就不是一个仅仅局限于湖南开展革命活动的地域性组织。其骨干成员遍布大江南北，乃至扩展到海外。在上海设有爱国协会，这也是华兴会的外围组织，由杨毓麟、章士钊担任正、副会长；在湖北武昌设有华兴会湖北支部，由胡瑛、宋教仁主持其事。华兴会湖北支部成立数月之后，在湖北武昌又成立了科学补习所，会员推举吕大森为所长，胡瑛为总干事，宋教仁为文书，这两个组织人员交叉，往往被人们误认为是同一个革命组织。另外，在日本东京，由留学生仇鳌、仇亮等人发起成立“新华会”，该会就是为响应华兴会领导长沙起义而组织起来的，“两湖留学生参加的最多”。为加强与外界的联系，华兴会从内、外两个方面作了不懈的努力。一方面，从华兴会内部派遣骨干赴各地联络，除上述派宋教仁、胡瑛设支部于武昌以联络武、阳、夏三镇新军外，还派遣陈天华、姚宏业游说江西防营统领廖名缙，届时响应长沙起义；派周维桢、张荣楣接洽四川会党，与两湖会党合作；并推荐熟悉军务之会员如刘月升、韩飞等数百人陆续加入湘、鄂、赣军队；又派魏宗铨至江西萍乡进行联络。杨毓麟、章士钊到上海后，特租赁招待所四处，安置接待各地同志，“同人闻克强在湘谋大举，渐次到沪会合”①。另一方面，华兴会也吸纳了不少外省籍革命志士参加，如直隶张继，福建翁巩、林白水，江苏秦毓鎏、赵声，广东苏曼殊，浙江王正廷，湖北吴禄贞、李书城、李步青、周维桢、金华祝、曹亚伯，等等，他们参加华兴会以后，回到原籍，后来又成为各省从事反清革命斗争的重要首领。从而初步形成了大联合的格局，也就筑牢了黄兴提出长江革命战略的基石。

第二，与孙中山合作共创同盟会，为领导和推进辛亥革命提供了组织保证。以孙中山、黄兴为轴心的同盟会是中国第一个资产阶级革命政党，它的建立标志着辛亥革命已进入有组织、有领导进行革命的新阶段。毫无疑问，同盟会的建立，孙中山有首倡之功，黄兴则起过别人无法替代的作用。华兴会领导的长沙起义失败后，黄兴流亡日本，便开始组党活动，联合各省留日学生组织“革命同志会”。孙、黄初次相见，便在革命大联合、组建全国统一政党问题上达成共识。于是创建同盟会的活动便紧锣密鼓地开展起来。黄兴在组建同盟会前后所起的作用主要表现在如下八个方面：其一，召集原华兴会骨干会议，统一认识，除个别成员外，华兴会员基本上都参加了同盟会，壮大了同盟会的队伍，扩充了同盟会的力量。其二，对确立同盟会名称起过关键作用。在召开筹备会前的一次预备会议上，孙中山原提议用“中国革命党”名称。黄兴认为，如用此名称，“党员行动不便”。经过大家讨论

① 章士钊：《与黄克强相交始末》，章含之、白吉庵主编《章士钊全集》8，文汇出版社，2000年，第313页。

最后定名为“中国同盟会”，简称同盟会。其三，参加同盟会筹备会的代表10省共79人，其中湖南留日学生20人，湖北留日学生20人，两湖地区代表共40人达半数以上，这批骨干都与黄兴过从甚密，关系密切；属孙中山旧相识者仅10人，其中包括日本友人3人。其四，在同盟会筹备会上黄兴被推选为《中国同盟会章程》起草人之一，并在尔后的成立大会上，由黄兴主持讨论将该会章程修改通过，成为同盟会立会之根本大法。其五，在同盟会成立大会确定总理人选时，是黄兴首先提议由孙中山担任总理，“不必投票”。孙则指定黄兴为执行部庶务，实居协理之职，如果总理不在本部，则由黄兴全权主持。原华兴会副会长宋教仁任司法部检事长，原华兴会骨干陈天华任书记、胡瑛与范治焕任评议部评议员，他们都是与黄兴交往甚密的湖南同乡。其六，在同盟会成立大会上，由黄兴提议，将原由他和宋教仁等人创办的《二十世纪之支那》杂志作为同盟会的机关报，尔后将其改称为《民报》，成为同盟会的喉舌。其七，同盟会成立后，黄兴十分重视组织工作，在留日学生中大力发展会员。据1905年至1906年两年各省加入同盟会名册统计，已登记的965名会员中，湘籍会员158人，略高于总数的16%；注明主盟人或介绍人的540名会员中，由黄兴介绍或主盟加入同盟会者多达50人，地区涉及安徽、陕西、江苏、湖北、湖南、云南、直隶、山西、四川等9省，其中湘籍人士达26人，其他各省共24人。其实，由黄兴介绍或主盟加入同盟会者远不止此数。因为黄兴将自己发展组织工作的重点放在军营下级将弁和在日本学习军事的留学生以及国内随营学堂师生之中，从而培植了一大批武装起义的军事骨干，“其中加入同盟会的陆军士官生不下百余人”，出于保密的关系，他们的入盟证书由黄兴“一人独自保管”。黄兴在担任执行部庶务期间，主持同盟会本部工作，在全国各地建立起同盟会的分支机构，使同盟会的组织很快遍及各地，并派有分支机构负责人，为革命运动在全国的广泛开展奠定了组织基础。其八，同盟会成立之后，黄兴十分重视舆论宣传工作。对《民报》的创刊和发行、《民报》与《新民丛报》开展大论战，以及《民报》的秘密续刊等都做过大量工作，作出了杰出贡献。

第三，拥戴和维护孙中山的领袖地位，加强革命队伍内部的团结，保障了各项革命工作在同盟会统一领导下有序推进。这主要表现在两个方面：一是在党内出现矛盾、发生争吵甚至分裂时，黄兴能挺身而出，极力维护孙中山的领袖地位，加强党内团结；二是当自己与孙中山产生某些意见分歧时，能顾全大局，在革命大方向上始终与孙中山保持一致。

关于第一个问题，具体表现在章太炎、陶成章等人掀起两次倒孙风潮时黄兴的态度上。在第一次倒孙风潮中，章太炎等人提出革除孙中山总理之提案，并共同催逼同盟会代理庶务刘揆一召集一次特别会议，改选黄兴为总理，遭到刘的拒绝。刘乃急函在香港的彭邦栋将此情况转告黄兴，黄接到刘揆一急函，复函表示："革命为党众生死问题，而非个人名位问题"，"孙总理德高望重"，应"倾心拥护，且免陷兴于不义"。[①] 由于黄兴拒绝出任总理，刘揆一等人抵制，遂使第一次倒孙风潮渐次平息下来。在第二次倒孙风潮中，陶成章起草了一份《孙文罪状》，对孙进行肆无忌惮的攻击，要求开除孙中山的总理职务。他带着这份材料要求东京同盟会本部开会讨论，并公开发表。陶的这一要求遭到黄兴的坚决反对，他只好自行印刷百余张，遍告海内外；章太炎则指斥续刊《民报》为孙中山"虚张声势"，称为伪《民报》，于是，章推出《伪〈民报〉检举状》，与陶氏相唱和，一时间闹得沸沸扬扬。黄兴团结同盟会内部多数同志进行了坚决斗争。他和刘揆一、谭人凤等人商量，严正拒绝了章、陶等人提出革除孙中山总理职务的无理要求。他一方面致函孙中山，要求孙以"海量涵之"；并表示："陶等虽悍，弟当以身拒之。"另一方面，他又与刘揆一、谭人凤商量，以同盟会庶务名义发表《致美洲各埠中文日报同志书》，为孙中山辩诬，并表示："按本会章程，如总理他适，所有

① 黄兴：《复刘揆一书》（1907年7月），《黄兴集》（一），第16页。

事务由庶务代理，故凡公函必须有庶务签名及盖用同盟会之印者，方可认为公函。”[①] 其他冒充公函或匿名之函，同人可置之不理。并在续刊的《民报》上刊登“启事”一则，说明事实真相，使章、陶掀起的第二次倒孙风潮只得草草收场。从而既维护了孙中山的领袖地位，又加强了同盟会内部的团结。

关于第二个问题，具体表现在黄兴与孙中山之间发生的三次意见分歧之争时黄兴的态度上。第一次意见分歧之争是同盟会旗帜图式之争。孙中山主张用青天白日旗，因该旗图式系广州起义中殉难烈士陆皓东所设计，用此以为纪念；黄兴主张用井字旗，以示平均地权之意。两人争论十分激烈，竟闹到黄兴想“退出同盟会”、与孙“断绝往来”的地步。但对于这一非原则问题，最终还是黄兴作出让步，“未几，复还”，接受了孙提出的旗帜图案。他在致胡汉民函中表示：“名不必自我成，功不必自我立，其次亦功成而不居。”“余今为党与大局，已勉强从先生意耳。”[②] 和平解决了这次争端。第二次意见分歧之争是“宋案”发生后用法律解决还是用武力解决之争。说到底也就是“二次革命”失败的原因之争。黄兴认为，他辞去南京留守之后，“其时可用之兵，湘、粤均摧毁无余”，“所剩者只区区南京第八师耳”。陈炯明、谭延闿等人“皆反复陈其不可”。就双方实力而论，敌我力量相当悬殊，无论是早用兵还是晚用兵，无论由谁来领导，如果急于用武力解决难免有失败之虞。因此只能暂用“法律解决”的对袁斗争策略，一方面揭露袁之罪恶，使袁陷入孤立；另一方面作武力讨袁准备，才可稳操胜券。后来，孙中山以此为口实，对黄兴求全责备，但黄兴没有诿过于人，他在致孙中山长函中说：“南京事败，弟负责任，万恶所归，亦所甘受，先生之责，固所宜然。”[③] 表示接受孙

---

① 黄兴等：《致美洲各埠中文日报同志书》（1909 年 11 月 7 日），《黄兴集》（一），第 23 页。

② 黄兴：《致胡汉民函》（1907 年 2 月），《黄兴集》（一），第 15 页。

③ 黄兴：《复孙中山书》（1914 年 6 月 1 日或 2 日），《黄兴集》（二），第 697 页。

中山的批评。第三次意见分歧之争是筹组中华革命党之争。这实质上是“二次革命”失败后发展党务的不同方法之争。黄兴不同意孙中山另组中华革命党，更不同意要求党员“服从党魁一人”“在誓约上用中指按上指印，以志矢忠”、将党员按入党时间先后区分等级的做法。当时抱定黄兴这种想法，“不肯附和”者所在多有。尽管黄兴苦口婆心地加以规劝，但并没有使孙中山改变态度，他无可奈何，只得接受孙中山提出的让他“静养两年”“彼此不谈公事”的意见，远适欧美，继续从事反袁宣传和讨袁斗争。黄兴流亡期间，从不在公开场合谈及他与孙中山的分歧，以免伤害爱国华侨的感情。1914 年 7 月 15 日，黄兴避居美国后，仍以国民党名义开展革命活动。在此期间，有一些没有参加中华革命党的人曾想拥戴他为领袖另组新党，他坚决拒绝说：“党只有国民党，领袖惟中山，其他不知也。”① 可见黄兴这种竭诚维护孙中山领袖地位的思想是一以贯之的。

第四，策动和领导了一系列反清武装起义，为清王朝的覆灭铺平了道路。华兴会成立后，于 1904 年领导了长沙起义。如前所述，在华兴会成立大会上，黄兴提出讨论“发难地点和方法问题”，从而决定了三件大事：一是以“湘省为根据地”；二是“采取雄踞一省，与各省纷起之法”；三是革命的动力以“军学界人为指挥”和“洪会健儿充队伍”，“互为声援”。此后，华兴会的准备工作重点基本上是围绕上述三件大事而展开的。长沙起义因谋泄而流产。同年 11 月，黄兴又在上海余庆里机关和爱国学社成员共同策划了鄂宁起义，但这次起义又因受万福华刺王之春事件的牵连而复告中辍。1906 年 12 月，在黄兴策动和领导下，在湘、赣边境又爆发了萍浏醴起义，这是同盟会成立后领导的第一次大规模反清武装起义。这三次起义都是黄兴长江革命战略的具体实施。在萍浏醴起义发生之前，黄兴对刘道一有过面嘱，谈了四件事：一是重申此次起义是“国民革命”而非古代之“英雄革命”，是为

---

① 柏文蔚：《黄克强手札跋》，《近代史资料》1962 年第 1 期，第 13 页。

建立民主共和制国家而斗争，“望以民族主义、国民主义，多方指导为宜”。二是确定革命动力是军队和会党两种力量。三是提出“上策”与“次策”两种发难方法。上策是“以军队与会党同时并举”；次策是会党发难，军队“反戈相应”。四是对起义地点也作了部署。“宜集合会党于省城附近之萍浏醴各县”发难，直扑长沙。同盟会员刘道一回国后，根据黄兴的指示，召开水陆洲会议，对于起义的指导思想、策略方针、具体步骤和起义的时间、地点等重大问题基本上确定下来。萍浏醴起义是按照黄兴提出的“次策”行动的。会党依靠哥老会支派洪江会以及洪福会和武教师会三股会党势力联合发动。然而起义又告失败。萍浏醴起义失败的原因固然很多，主要是准备不周，仓卒发难，乃至孙中山等人均认为是“自动之义师”，因而使黄兴的指示未曾加以落实。黄兴提出的“次策”发难，应是“会党发难”，军队“反戈相应”。军队基本上没有发动起来，使会党陷入孤军作战的境地。而且没有扎实开展会党的教育工作，黄兴提出的“望以民族主义、国民主义，多方指导为宜”这一指示精神贯彻不力，致使姜守旦领导的洪福会别树一帜，公然打出“中华大帝国南部起义恢复军”的旗帜，提出论功行赏，甚至想当皇帝。这些血的教训均为尔后发动的武昌首义所吸取。中部起义失利后，革命军遭到清政府的残酷镇压，仅萍浏醴起义一役在战场上牺牲和在清吏的“清乡”运动中被杀害的无辜群众数就逾万人。革命军短时间内难以振作，黄兴只得另谋发展。他服膺孙中山的华南革命战略，转战粤、桂、滇，由他直接参与策动和领导的起义竟有六次之多，计有 1907 年的防城起义和镇南关起义，1908 年的钦廉上思之役与云南河口起义，1910 年的广州新军起义，1911 年的黄花岗起义。必须指出，黄兴也打过胜仗，例如被孙中山多次表彰过的钦廉上思之役就是一次以少胜多的经典战例。在这次战役中，黄兴率华侨青年 200 余人对抗 20000 多清军，他抱定“遇敌不问多少，皆迳向攻扑”的原则，以一当百，转战数月，所向无前，敌人闻而生畏，其“威名因以大著”。

1910年广州新军起义失败后，黄兴总结了在粤、桂、滇边境多次发动起义失败的教训，就起义依靠的动力和起义地点选择上进一步提出，起义“必能从军队下手”，择地“必能从省城下手”的新方略。将起义动力由依靠会党转变为争取新军反正，将发难地点由边远地区转移到中心城市，这都是同盟会领导武装起义的重大战略转变。在这一战略思想的指引下，1911年4月27日（农历三月二十九日），黄兴又与孙中山经过充分准备，发动了举世瞩目的黄花岗起义，他抱着以身殉革命事业的决心，留下绝笔书。战斗打响后，他组织敢死队，冲锋陷阵，始终站在斗争最前线，一直战斗到只剩下他一个人，而且伤右手，被打断中、食两指，仅以身免。七十二烈士血染黄花岗，对全国人民起了重要的激励作用。黄花岗起义实际上是武昌首义前的一次总动员和总预演，真可谓惊天地、泣鬼神，“不半载而武昌之大革命以成”。

黄花岗起义失败后，黄兴重启长江革命战略，热情支持宋教仁、谭人凤等人组织成立的中部同盟会，赞成在武汉发动武装起义的计划。在上述多次起义中，黄兴提出的战略思想和策略方针，促成了同盟会领导反清武装起义由东南沿海向中部地区的转移，由联络会党向运动新军的转变；与此同时，他提出的“一省起义，他省响应”，以及“望以民族主义、国民主义指导为宜”，在基层做深入细致的思想发动工作等，均为武昌首义的成功提供了基本遵循。武昌首义爆发后，民军很快占领武汉三镇，但在袁世凯派北洋军南下大举镇压民军、民军指挥无人的危急时刻，黄兴驰赴武汉，先后担任湖北民军总司令和中华民国军政府战时总司令，担负起领导阳夏保卫战的重任。他出生入死，夜以继日，始终战斗在斗争第一线，坚持战斗长达一个月之久，消灭清军主力万余人，巩固了武昌首义的成果。虽然未能挽回败局，但也赢得了时间，促成了全国十多个省市宣布独立，迫使敌人停战议和，为清王朝的最后覆灭和南京临时政府的成立创造了重要条件。

第五，竭忠尽智，为创建民主共和制、筹组南京临时政府扫清了障碍。黄兴十分重视政权建设，为组建南京临时政府，他运筹帷幄，煞费苦心，表现了他敝屣权位、顾全大局的高尚品格和高瞻远瞩、总揽全局的组织才能。这主要表现在如下五个方面：其一，推迟赴宁，虚位以待孙中山的到来，使孙顺利当上南京临时政府大总统。原来，各省都督府联合会留沪代表本已选举黄兴为大元帅、黎元洪为副元帅；但由于黄兴坚辞大元帅职，加之黎的反对，时在南京开会的各省都督府联合会代表只得改举黎元洪为大元帅，黄兴为副元帅，代行大元帅职权，负责筹组南京临时政府。当时孙中山不在国内，黎元洪又非革命党人，如果组织成立临时政府，黄兴当选临时大总统则是可能的。但黄兴在沪得知孙中山即将回国时，立即推迟赴宁组织临时政府，虚位以待孙中山的到来。其二，说服宋教仁赞成孙中山提出的总统制。孙中山回国后在其上海寓所召开的同盟会干部会议上，具体讨论总统制与内阁制之取舍，宋教仁主张内阁制甚力，并提议由黄兴担任内阁总理，孙中山主张总统制，黄兴与多数与会代表均赞成孙的主张。接着，黄兴与宋教仁赶赴南京，在江苏咨议局举行的各省代表会议上，黄兴遵照孙中山的指示，提出三个问题，供大家讨论：一、改用阳历；二、改为中华民国纪元；三、组织政府取总统制。经过讨论，第一、二条全体赞成；讨论第三条时，宋教仁仍然坚持前议，经黄兴反复做工作才统一认识。其三，在总统选举投票时，坚持公开、公正的原则。1911 年 12 月 29 日，在临时大总统选举大会上，黄兴发现挚友谭人凤为黎元洪游说拉票，他及时予以制止，17 省代表参与投票，每省一票，孙中山以 16 票通过，顺利当选为南京临时政府临时大总统。1912 年元旦，孙中山赴宁就职，南京临时政府得以正式成立。其四，提出“部长取名、次长取实”的原则，使革命党人掌握实权。1 月 2 日，孙中山以大总统名义向各省代表会议提出国务院九部人选：陆军黄兴、海军黄钟瑛、外交王宠惠、内政宋教仁、财政陈锦涛、司法伍廷芳、交通汤寿潜、实业张謇、教育章炳麟。但遭到一部分立宪派和旧官僚的反对，他们将矛头直指革命派宋教仁、王宠惠、章炳麟等人，如果让这种局面僵持下去将直接影响南京临时政府的组成。黄兴于是提出变通办法："不如部长取名、次长取实，改为程德全掌内务，蔡元培掌教育，秩庸与亮畴对调。"孙中山基本采纳了黄兴的建议，除坚持秩庸与亮畴"不必对调"外，同意程掌内务、蔡掌教育。而各部总长以下次长几乎都是革命党人，因此有"次长内阁"之称。其五，尊重武昌首义的事实和湖北革命党人的意愿，提议补选黎元洪为副总统。黄兴认为，湖北为首义之区，而临时政府中无一人参与，湖北革命党人啧有烦言，于是，他提议补选黎为副总统，得到各省代表首肯，黎元洪以17省代表全票当选为副总统。1月28日，临时参议院正式成立，即日召开成立大会，到会代表17省38人。至此，中国资产阶级民主共和国的政体和机构得以正式确立。

南京临时政府成立后，虽然只存在短短三个月时间，但制定了《中华民国临时约法》和一系列发展民族资本主义的政策法令，大大促进了中国近代化。黄兴担任陆军部总长、兼任参谋总长和大本营兵站总监。众所周知，陆军部作为九部之首，黄兴作为首席总长，"实各部之领袖"，因而，他自然参与了南京临时政府各项政策、法规的制订，并协助孙中山处理各项政务。他也成为南京临时政府机关最为忙碌的一个人。

黄兴自掌理陆军部军务以来，便开始整军肃纪，为北伐做准备，为保证北伐胜利，他主持制定了一系列军事方面的规章制度、条例律令，以供各地军人共同遵守。概括起来，主要有如下八个方面：一是训练现有军队，禁止各地私自招兵募饷，以防止和杜绝私人领兵和借故募饷。二是确定北伐计划，以攻虏巢。三是整肃军纪，维持好地方治安秩序。规定凡有杀人、抢劫、强奸等情事均予枪毙；凡有强买、勒索、私斗等情况论情抵罪；凡有行窃、赌博、纵酒行凶等情况均予罚款。四是统编全国军队，废除清军旧制，更改军队名称。各省凡沿用镇、协、标、营、队，一律改为师、旅、团、营、连；其统制、协统、标统、管带、队官，一律改为师长、旅长、团长、营长、连长。五是拟定官兵军衔、等级，按章发放俸饷。凡军官军衔分为三等九级；士兵则分为军士和兵两种，官佐和士兵依据不同等级发放相应的俸饷。六是为奖励有战功者，还设计了各种新式勋章。七是取消各地军政府，力求军政统一。八是为告慰先烈、激励来者，陆军部通告各省都督将前清忠义各祠分别改建大汉忠烈祠，告慰英灵，并抚恤遗族。所有这些举措对于推动中国军事近代化是有积极意义的。

第六，反袁护国，为维护和再造共和作出了重要贡献。袁世凯以承认建设民主共和政体、遵守《中华民国临时约法》、迫清帝退位为条件，骗取南方革命党人的信任，窃取了辛亥革命的胜利果实，当上了临时大总统，继而又当上了正式大总统。于是，便撕掉伪装，企图镇压革命党人，以武力统一中国，复辟帝制。以孙中山和黄兴为代表的多数革命党人很快识破了袁世凯的狼子野心，由拥袁转向反袁，相继发动了“二次革命”和护国运动。

在“二次革命”中，黄兴尽管知道敌我力量悬殊、准备不充分、没有克敌制胜的把握，但当袁世凯调集北洋主力南下镇压革命党人、孙中山拟亲赴南京指挥作战的关键时刻，毅然挺身而出，连夜赴孙中山寓所，商议武力讨袁问题。并向孙中山表示，说他自己愿赴南京举兵讨袁，并请孙在初举义旗时暂勿赴南京，俟创立一个局面后再请孙中山“前往主持”。很显然，这是为保护孙中山的人身安全，留孙将来以任大事。于是，黄兴亲赴南京，组织江苏讨袁军司令部，旋被推举为江苏讨袁军总司令，挟江苏都督程德全宣布独立。从 7 月 12 日到 8 月 4 日，先后有江西、江苏、安徽、上海、广东、福建、湖南、四川等八省相继宣告独立。然而，由于敌我力量悬殊、革命党人内部思想不统一等多种原因，上述独立各省又纷纷取消独立，坚持两月之久的“二次革命”最终还是失败了，以孙中山、黄兴为代表的国民党党员大都被迫流亡海外。

袁世凯镇压“二次革命”以后，加快了复辟帝制的步伐。1913 年 11 月 4 日，袁氏下令解散国民党；1914 年 1 月 10 日，又下令解散国会；5 月 1 日，废弃《中华民国临时约法》而代之以袁氏颁布的《中华民国约法》；并于 1915 年 5 月 25 日与日本正式签订了丧权辱国的“二十一条”，以换取日本政府对自己当皇帝的支持。8月23日，以杨度、孙毓筠为正、副会长的“筹安会”正式宣告成立，公然为袁世凯复辟帝制制造舆论，这引起社会各界爱国人士的强烈不满，一场以反对袁世凯称帝的护国运动轰轰烈烈地开展起来了。黄兴虽然身处异国他乡，但他自始至终参与策动和领导了护国运动。他主要从以下四个方面入手，为开展护国运动做了大量工作。其一，大力宣传反袁，及时把握开展护国运动的有利时机。黄兴寓美期间，大力宣传反袁，每到一地，都利用各种会议发表演说，或刊发文章，揭露袁世凯的种种阴谋手段和滔天罪行，并认定袁氏复辟帝制，其失败是必然的。革命时机已经成熟，革命党人应当机立断，采取果断行动，顺势而起，一致对敌，不达目的誓不罢休。其二，较早地提出了反袁斗争的战略策略，并将此付诸实施。黄兴提出，不论各党派政见如何不同，不论他们以前与国民党有何种嫌怨，只要他们现在反对帝制，肯出力打倒袁世凯的，“都要与他们合作”。他曾致函孙中山，谈及袁世凯必将称帝，“三次革命”的时机已届成熟，“如有所命，亟愿效力”。并同时致函革命党人、湖南同乡张孝准，嘱其立即由日本回国与蔡锷取得联系，掩护其离京赴滇兴师讨袁。与此同时，还对以梁启超为党魁的进步党由拥袁转向反袁表示赞赏，且直接与梁取得联系，彼此书信往来频繁，并告诫党人团结进步党一致反袁。此外，争取西南实力派人物及有影响的社会上层人士倒戈反袁也是黄兴反袁战略的一个重要组成部分。黄兴曾致函桂督陆荣廷，劝其及时兴讨袁之师，不要坐失时机。同样，黄兴还致函赵凤昌、张謇、汤寿潜、伍廷芳、唐绍仪、庄蕴宽等人，呼吁他们投身到反袁斗争中去。他还提醒国内友人，在反袁的旗帜之下，要加强团结，敢于牺牲，不要争名夺利。至于反袁斗争策略，黄兴在致张孝准函中也有述及，诸如发难时间“宜急不宜缓，越快越好”、发难地点“滇、粤均可”，等等。其三，开展外交活动，争取各国朝野上下的同情、理解和支持。黄兴从赴美开始，一直在宣传反袁。就在袁氏称帝之后的第三天，黄兴即致电美国驻华公使，并同时分交各国驻华公使和北京、上海两地西报，揭露袁世凯复辟帝制真相，表示中国人民“断不能坐视袁氏任意复行帝制”。且致函美、日两国政府及议会并各实业家，“恳其好意扶助吾国之共和”。并在《费城新闻》发表长篇文章《辨奸论》，以读者来信的形式发表，揭露袁氏用金钱贿赂记者、收买报刊，掩盖事实真相的丑恶面目；驳斥了某些西方报刊散布的袁世凯是“当代伟人”“东方强士”“时代宠儿”、当今能统治中国的“唯一人物”等种种谬论，不仅使美国人民而且使世界各国人民明确了事实真相，使袁世凯失去了外援，真正成了孤家寡人，大大鼓舞了中国人民反袁护国的信心和决心。其四，积极筹款，为护国战争提供经费支持。蔡锷领导云南起义后，黄兴委托李根源等向日本政府借款两百万元，并委托张孝准代表黄兴签字担保，“方才达成协议”。这笔经费在护国战争期间解了蔡锷燃眉之急。黄兴寓美期间，始终与革命同志如李烈钧、李根源、周震鳞、柏文蔚、熊克武、龚振鹏等保持联系，当李烈钧等一行人到南洋宣传反袁时，黄兴又电促李烈钧等人“在南洋筹款，以资接济”。正是因为有了李烈钧、李根源、熊克武、龚振鹏等筹借的款项，再加上腾越人张荣廷的捐资，凑足“现洋一百箱”，并于1915年12月17日运抵昆明。有了这笔经费，才使滇督兼民政长唐继尧更有底气，从而坚定了讨袁护国的信心。总之，铁的事实表明，同孙中山一样，黄兴也是护国运动的主要领导者。袁世凯复辟帝制不得人心，仅做了83天皇帝梦，就被赶下了政治舞台。1916年6月6日，在全国人民的一片唾骂声中，结束了他可耻的一生。袁世凯死后，在孙中山和社会各界爱国人士的召唤下，黄兴回到了他朝思暮想的祖国，和孙中山一道，又投入到扫除袁世凯残余势力的斗争中。在身罹重病的情况下，仍然关注国计民生，操劳国事，并设想从发展教育和实业入手，给人们绘制了一幅发展国力、保障民生的宏伟蓝图。他为实现这一蓝图，为建设一个富强、民主的共和制国家而奋斗了一生，真可谓鞠躬尽瘁、死而后已。

对于黄兴在辛亥革命时期所建立的丰功伟绩，孙中山早有论评。还在武昌首义爆发之前，他在《复吴稚晖函》中说："黄君一身为同人之所望，亦革命成败之关键也。"[①] 黄兴逝世后，孙中山指出：黄兴"秉赋素厚"，"自创同盟会以来，与文同事，奔走艰难"，[②] 是肇建民国的一大"柱石"[③]。黄兴的军事才能尤为孙中山所推许，孙中山在其后的著作或讲演中，对黄兴在广西镇南关、钦廉上思、云南河口、广州黄花岗诸役中的光辉业绩赞誉备至，多次称黄兴的奋斗精神"实在令人佩服"[④]。孙中山推崇他为革命军人的楷模，青年学习的典范。这无疑给黄兴作了最正确的评价。诚如宋教仁曾经所说的，黄兴"与孙中山先生同为吾党泰斗"[⑤]。

那么，对于黄兴这位与孙中山齐名的伟大领袖，笔者为他立传又作了哪些方面的努力呢？或者说笔者撰写的这部传记与以往出版的黄兴传记又有哪些不同特点呢？概括起来，笔者认为主要有如下六个方面的特色。

一是搜集宏富，征引史料翔实。为历史人物立传，首要的任务就是要竭尽全力、尽可能地搜集到传主的全部文集。为此，我们沿着黄兴从事革命活动的轨迹进行了"地毯式"的搜查，先后多次到过黄兴故居（今属长沙县黄兴镇黄兴新村凉塘）；还到过武汉、上海、南京、广州、北京以及日本东京，查阅有关档案、报刊、著述，等等。我们并没有满足于罗家伦主编、杜元载增订的《黄克强先生全集》（台北版，1973 年），因为"全集"不全，遗漏甚多。同样，作者也没有满足于刘泱泱编的《黄兴集》（湖南人

---

① 孙中山：《复吴稚晖函》（1911 年 8 月 31 日），《孙中山全集》第一卷，中华书局，1981 年，第 536 页。

② 孙中山：《致中华革命党各支分部同志函》（1916 年 11 月 1 日），《孙中山全集》第三卷，中华书局，1984 年，第 384 页。

③ 孙中山：《黄兴逝世通告》（1916 年 11 月 1 日），《孙中山全集》第三卷，中华书局，1984 年，第 384 页。

④ 孙中山：《在广州欢迎各军将领会上的演说》（1923 年 12 月 2 日），《孙中山全集》第八卷，中华书局，1986 年，第 476 页。

⑤ 宋教仁：《致北京各报馆书》（1912 年 9 月），陈旭麓主编《宋教仁集》下册，中华书局，1981 年，第 420 页。

民出版社，2008 年），因为此书出版又有十多年了，随着黄兴研究的不断深入，又有许多新的发现。因此，在《黄兴集》的基础上，我们又新发现有关黄兴的演讲、谈话、书信、电稿、呈文、批札、弁言、祝辞、谢词、诗词、对联等不少佚文，大大丰富了《黄兴集》的内容，为研究黄兴在各个时期的革命活动提供了大量第一手资料。此外，我们还搜集到不少有关研究黄兴的第二手资料，这些资料主要包括下列几种：1. 谱牒：由黄沄、黄锡焘主编的《经铿黄氏家谱》30 卷（七修本，1892 年）、黄世崇主编《湖南黄氏世谱》10 卷（重刊本，1878 年）。2. 传记资料：朱传誉主编《黄兴传记资料》共 11 辑（台北天一出版社，1985 年）；3. 传记：有刘揆一著《黄兴传记》（京津印书局，1929 年），陈维伦著《黄克强先生传记》（“中央文物供应社”，台北版，1973 年），薛君度著《黄兴与中国革命》（湖南人民出版社，1980 年），萧致治著《黄兴评传》（南京大学出版社，2001 年），石彦陶、石胜文著《黄兴传》（人民出版社，2004 年）等十余种[①]；4. 专著：有苏全有、张历凭主编《黄兴与阳夏战役》（电子科技大学出版社，1997 年），俞辛焞编《黄兴在日活动秘录》（天津人民出版社，1998 年），李喜所等著《黄兴的军事理论与实践》（人民出版社，1999 年），邓江祁著《黄兴三民主义思想研究》（湖南人民出版社，2010 年）；5. 论文专集：有薛君度、萧致治合编《黄兴新论》（武汉大学出版社，1988 年），林增平、杨慎之主编《黄兴研究》（湖南师范大学出版社，1990 年），萧致治主编《领袖与群伦：黄兴与各方人物》（武汉大学出版社，1991 年），胡春惠、张哲郎主编《黄兴与近代中国学术讨论会论文集》（台北政治大学历史研究所印行，1993 年），曾业英主编《黄兴研究文集》（《近代史研究》增刊）（《近代史研究》杂志社，1994 年），柏盛湘、刘英志主编《黄兴研究论文集》（武汉出版社，1995 年），萧致治、石彦陶等

① 因传记数量较多，作者均已搜到，限于篇幅，此处只录主要者，余不一一罗列，特此说明。

著《黄兴与辛亥革命》（岳麓书社，2005 年），黄善香、彭勇主编《2012 中国长沙黄兴学术研讨会论文集》（2012 中国长沙黄兴学术研讨会会务处印行，2012 年），熊健、陈伏球等主编《纪念黄兴诞辰 140 周年学术研讨会论文集》（湖南人民出版社，2014 年）；6. 纪念黄兴的文集：有黄蔡二公事略编辑处编《黄克强先生荣哀录》（新民印书社，1918 年）、杜元载主编《黄克强先生纪念集》（“中央文物供应社”，台北版，1973 年）；7. 回忆录：有田伏隆主编《忆黄兴》（岳麓书社，1996 年）；8. 黄兴年谱：有李云汉编《黄克强先生年谱》（“中央文物供应社”，台北版，1973 年）、毛注青编《黄兴年谱》（湖南人民出版社，1980 年）和《黄兴年谱长编》（中华书局，1991 年）；此外，还搜集有国内外报刊发表的研究黄兴的论文及考订文章多达500 余篇。上述第一、二手资料总计字数达 1000 多万字。这就为我们撰写黄兴传记奠定了坚实的基础。我们征引资料以黄兴遗著为主，辅以第二手资料佐证，力求事事有依据，件件有着落，不作主观臆断之言，不发空洞无物之论。由于我们已经掌握大量资料和熟悉有关资料，因而引用起来有“得心应手”“信手拈来”之感，而从未有过“无米之炊”的烦恼。

二是此次撰写的黄兴传记是在研究和发表黄兴系列研究论文的基础上写成，可视为我们研究黄兴成果的总结。搜集资料还只是研究工作的第一步，为确保资料的真实性，还必须对有关资料进行认真考订。例如作者对刘揆一著《黄兴传记》的考订就是一个典型的例子。本来，这本传记是一部很有价值的传记，因为刘揆一长期追随孙中山、黄兴从事革命活动，又曾代理黄兴主持同盟会执行部庶务工作将近六年之久，是黄兴的亲密战友，深受黄兴的信任，由刘揆一撰写的《黄兴传记》理应具有权威性。但由于年代久远，刘揆一回忆当时的人和事也难免有记忆失实之处。基于此，作者在编辑《刘揆一集》时，对刘著《黄兴传记》作了 12 处订正，以澄清史实真相。至于对其他有关史料的考订所在多有，限于篇幅，就不一一赘述了。除对史料考订之外，最重要的是对黄兴一生分阶段、分专题进行研究，撰写并发表系列研究论文。据不完全统计，20世纪80年代以来，迄至目前为止，我个人发表有关研究黄兴的系列学术论文20多篇。主要有：《黄兴研究述评》(《湖南师范大学学报》1988年第6期)、《黄兴评价中的几个问题》(《西南民族学院学报》1989年第2期)、《论黄兴民主革命思想的形成》(《常德社会科学》1989年第4期)、《黄兴功过辨析》(《湖南师范大学学报》1989年第5期)、《黄兴与刘揆一》(载萧致治主编《领袖与群伦：黄兴与各方人物》，武汉大学出版社，1991年)、《黄兴与刘道一》(同上书)、《黄兴研究概述》(载林增平等主编《辛亥革命史研究备要》，湖南出版社，1991年)、《黄兴名号考》(《湘潭师范学院学报》1994年第2期)、《黄兴民主革命思想究竟形成于何时》(《文史拾遗》1994年第3期)、《从黄兴早期诗作看其民主革命思想的形成》(《衡阳师范专科学校学报》1995年第5期)、《略论黄兴民主革命思想的形成》(载《莺花无际楚江头——章开沅先生七十华诞学术纪念论文集》，武汉出版社，1996年)、《黄兴与香港》(《文史拾遗》1997年第2期)、《中华著名英烈黄兴传》(《中华著名英烈》第一卷，中央文献出版社，2000年)、《三湘英烈黄兴传》(《三湘英烈传》第二卷，国防科技大学出版社，2001年)、《再论黄兴民主革命思想的形成》(载《近代湖南与近代中国》2006年第1辑，湖南师范大学出版社，2006年)、《黄兴三民主义思想论纲》(载《近代湖南与近代中国》2007年第1辑，湖南师范大学出版社，2007年)、《〈黄兴三民主义思想研究〉序》(载邓江祁著《黄兴三民主义思想研究》，湖南人民出版社，2010年)、《一部系统研究黄兴三民主义思想的力作》(《辛亥革命研究动态》2010年第4期)、《黄兴建军思想略论》(《遵义师范学院学报》2011年第6期)、《黄兴对辛亥革命的理论贡献》(《湖南社会科学》2011年第3期)、《见义而不谋利，明道而不计功——黄兴政党建设思想述论》(《湖湘论坛》2011年第4期)、《经铿黄氏遗训对黄兴品格特质形成的影响》(《湖南师范大学学报》2016年第3期)。除此而外，我个人在撰写并发表20多篇黄兴研究系列学术论文的同时，还发表了另一个研究系列即湘籍辛亥志士研究系列的学术论文10多篇，其内容亦有不少与黄兴密切相关。这个系列的学术论文主要有：《两湖志士在确立孙中山领袖地位中的作用》（《华中师范大学学报》1988年第5期）、《辛亥革命时期湘籍志士的舆论宣传》（《湖南师范大学学报》2001年第5期）、《湘籍志士与辛亥革命》（《光明日报》2004年11月9日）、《湘籍志士与中国同盟会》（与霍修勇合作）（《湖南农业大学学报》2005年第5期）、《湖南人与辛亥革命时期的武装斗争》（《湖湘论坛》2006年第5期）、《孙中山与湘籍志士》（与霍修勇合作）（《纪念孙中山诞辰140周年国际学术讨论会论文集》下卷，社会科学文献出版社，2009年）、《湘籍志士群体与辛亥革命运动》（《湖南城市学院学报》2011年第5期）、《辛亥革命时期湘籍志士的组织发动》（《史学月刊》2011年第9期）、《湘籍志士与上海》（与黄俊军合作）（《近代中国》第二十一辑，上海社会科学院出版社，2011年）、《湘籍志士与辛亥武昌首义》（《湖南城市学院学报》2012年第3期）、《湖南人与辛亥革命》（《湘学研究》2013年第1期）。从上述黄兴研究系列和湘籍志士研究系列学术论文分析，主要有如下四个方面的特点：1. 内容较为丰富。两个系列学术论文涉及黄兴生平、事功、品格和思想，等等。2. 篇幅较长。有的学术论文字数超过4万字，例如《再论黄兴民主革命思想的形成》和《黄兴三民主义思想论纲》这两篇学术论文合计长达8万多字。3. 针对性强。上述学术论文大都是有感而发，针对20世纪60年代受极左思潮影响，某些文章对历史人物评价不能实事求是，有求全责备的问题。我们以马列主义、毛泽东思想为指导，从客观历史史实出发，进行辨析，提出了不少新的见解。4. 在社会上产生了一定反响。上述两个系列学术论文中有不少是我们提交出席有关国际学术研讨会的论文，后来都编入有关国际学术研讨会论文集；还有多篇论文在有关刊物上发表后，被中国人民大学报刊复印资料《中国近代史》全文复印。总之，上述研究成果为我个人撰写黄兴传记奠定了深厚的基础。可以说，这部黄兴传记是我个人数十年来研究黄兴的成果结集，也是我个人研究黄兴的一次总结。

三是理清了黄兴家世源流，探讨了经铿黄氏遗训对黄兴品格特质形成的影响。为彻底厘清黄兴家世源流，我们以《经铿黄氏家谱》30 卷和《湖南黄氏世谱》10 卷为主要研究材料；同时也参考了下列几种材料，主要有何光岳著《东夷源流史》（江西教育出版社，1990 年）和《中华姓氏源流史》（湖南教育出版社，2003 年）、湖南图书馆编《湖南氏族迁徙源流》（岳麓书社，2010 年）、刘佑平著《中华姓氏通史·黄姓》（东方出版社，2000 年）以及其他古籍有关黄姓的记载。我们还亲赴山东省曲阜市北郊“少昊林”进行实地考察，并访问黄兴后裔，彻底弄清了黄兴的家世源流，主要包括如下内容：1. 黄姓的起源；2. 黄姓搬迁的轨迹和搬迁的原因；3. 迁湘始祖亦即经铿黄氏始祖黄国璋以下各代传承人的基本情况；4. 经铿黄氏派语（供取名用）；5. 黄兴的高祖、曾祖、祖父、父亲及兄长、姊妹和黄兴本人的名、字、号、配偶、子孙及勋业等详情。除此之外，我们还对经铿黄氏先祖各代的家训、家规、家范、家教、家风等进行了系统的搜集与整理，分析这些遗训对黄兴品格特质形成所产生的积极影响。这主要表现为以下五个方面：1. 强调一个“敢”字，黄氏先祖具有敢为天下先、敢于开拓进取的英雄气概和英勇无畏的献身精神；2. 强调一个“德”字，黄氏先祖将做人的道德放在首位，培育良好的道德修养和情操；3. 强调一个“实”字，黄氏先祖具有朴实勤勉、刻苦耐劳、苦干实干的精神；4. 强调一个“孝”字，黄氏先祖以忠孝传家，世代相守，在忠孝不能两全的情况下，移孝作忠，有为人民鞠躬尽瘁、死而后已的精神；5. 强调一个“恭”字，黄氏先祖倡导“恭恕之道”，正确处理好各种人际关系，讲求“与人为善”的美德。上述黄氏先祖遗训对黄兴品格特质形成产生了重要影响。

四是加强对黄兴学养和思想研究，还原其政治家、思想家的精神风貌。黄兴从 5 岁接受其父亲的启蒙教育开始，至 29 岁回国从事反清革命活动，其间 24 年时间除有 5 年（14 岁至 18 岁）时间在家自学外，其余时间均在接受父亲的启蒙教育和学校教育，即使在家自学，他也十分珍惜时间，订有自勉规则，用以约束自己的行为。那么，黄兴在求学时期的各个阶段，他究竟学习了哪些方面的知识？学习方法和侧重点又有何不同？漫漫求学路对黄兴的人生走向又产生了什么影响？他在思想方面又有哪些建树呢？对此，我们进行了深入细致的探讨。

黄兴的求学时期，如果从学习内容加以区分，可以划分为三个阶段：1. 在省内求学阶段，称为旧学阶段。学习内容主要是《论语》、唐诗宋词；嗣又改宗义理，治宋明理学，间学“兵法刑名”，兼习书法。2. 在湖北两湖书院求学阶段，称为“新学”阶段。学习内容主要是经学、史学、舆地学、算学、兵学；此外，还增设了有关“西学”的部分内容，通过学习，真正做到“文武兼习，学行交修”。3. 在日本留学阶段，称为“西学”阶段。学习内容主要是教育和日语，兼习西学和军事学。就学习方法而言，黄兴善于独立思考，不满足于学校开设的课程，“往往超轶指定范围”，“常好问其所以”，时时有“打破砂锅问到底”的想法。黄兴在求学阶段对学习非常认真，各科成绩总是争取第一；并且关心国家大事，积极投身到社会实践中去，这不仅使他增长了知识和才干，而且使他的思想发生了深刻的变化。

黄兴在求学时期，他的思想经历了由爱国到改良到革命的转变，我们对其求学经历和思想转变的关系进行了探讨，将其民主革命思想的形成划分为四个阶段：黄兴从早年求学开始至1898年下半年进入湖北两湖书院之前，他十分敬仰王船山，极端不满清朝的科举制度，特别同情太平天国农民起义，具有强烈的爱国主义思想。从1898年下半年进入湖北两湖书院到1900年8月自立军起事失败之前，他的民主革命思想已经萌发，但对以张之洞为首的汉人官僚存在着某种不切实际的幻想，甚至寄希望于张之洞等人“改良”政治，他的头脑中是革命思想和改良思想同时并存。从1900年8月自立军起事失败到1902年初赴日留学之前，受自立军领导人死难的刺激，他的民主革命思想初步形成。从1902年6

月黄兴赴日留学到1903年5月底启程回国，他的民主革命思想有了长足的发展，逐渐趋于成熟。可以说，黄兴走的是一条“秀才造反”的道路。

黄兴在思想方面的建树也是值得重视的，其中包括他的三民主义思想、军事思想、政党思想、经济思想、教育思想，等等。毫无疑问，作为我国旧民主主义革命理论的三民主义思想体系，固然是孙中山在长期的革命斗争实践中首先创立起来的，这是孙中山的理论水平高出侪辈的地方。但是，“领袖是一个集团”，黄兴作为这个领袖集团的主要成员之一，他对于三民主义思想的具体阐述和发挥也丰富和发展了孙中山的理论体系，从某种意义上说，完整的三民主义思想体系是孙中山、黄兴等一代伟人共同斗争的产物，是集体智慧的结晶。而且，黄兴的其他思想内容也是十分丰富的，军事思想包括建军思想、治军思想和战略、战术思想；政党思想包括组党思想、建党思想；经济思想包括近代化思想、振兴实业思想、财政思想；教育思想包括军国民教育思想、实业教育思想、社会教育思想、女子教育思想，等等。因黄兴一生与军事结下了不解之缘，在戎马倥偬中度过，其在思想理论方面的成就往往容易被忽视、被掩盖。我们以黄兴的论文、演讲、谈话、书信等资料为依据作了探讨，再现了黄兴作为政治家、思想家的风貌。

五是通过阐述黄兴历次策动和领导的武装斗争，突出其对创造共和、再造共和的特殊贡献。黄兴作为中国近代杰出的军事家，为创造共和、再造共和，一生参与策动和领导了大小十多次武装斗争。我们用较大篇幅梳理了每次武装斗争发生的起因、斗争的经过、失败的原因、产生的影响、黄兴在每次武装斗争中所起的作用，等等。分析了孙中山提出的华南革命战略和黄兴提出的长江革命战略两者的利弊及其关系；阐述了黄兴由提出长江革命战略到服膺华南革命战略，再到重启长江革命战略的全过程。与此同时，我们从分析每次战役入手，对以往有人称黄兴为“常败将军”提出了不同看法，主要从以下四个方面进行了辨析：1. 黄兴也打过胜仗，例如被孙中山多次表彰的钦廉上思之役就是一次以少胜多、以弱胜强的经典战例；2. 通过对武装起义失败的原因进行具体分析，说明失败的原因是多方面的，并不是黄兴个人在军事指挥上的失误。例如阳夏战役之所以失败，主要是“官长不用命”“军队无教育”“缺乏机关枪”，加之革命队伍内部认识不统一，宗派和地域观念严重，等等。3. 武装斗争的失败也孕育和催发着胜利的因素。失败乃成功之母，应当用积极的态度总结失败的教训，以利再战。首先，它打击了敌人，加速了统治集团内部的分化。例如萍浏醴起义曾引起清廷朝野上下的极大震惊，北京官员“为之战栗不已”；防城起义发生，两广总督张人骏感到“剿办愈难措手”；云南河口战役打响后，云贵总督锡良感到防不胜防，“祸已噬脐”。其次，它教育了人民，使人民从失败中看到了胜利的希望。重要的问题不在于某个战役的成败得失，而在于人心的顺逆，有的起义虽然悲壮地失败了，但其潜在的影响和威力却是不可低估的。例如阳夏战役虽然从局部讲是失败了，但从全局看却是胜利了。复次，它积累了经验教训，促成了同盟会战略方针的转移。同盟会武装起义由东南沿海向中部地区转移，由联络会党向运动新军的转变，这就为武昌首义创造了条件。4. 黄兴在每次战役中都表现出惊人的胆略和彻底的献身精神。例如黄花岗起义前夕，黄兴抱着以身殉革命事业的决心，留下绝笔书；战斗打响后，他组织敢死队，始终站在最前线，一直战斗到只剩下他一个人。诚如有人评论的，黄兴从事武装斗争，“无役不似三月二十九日之奋勇”。所谓“常败将军”一说是站不住脚的。

六是重视黄兴心态研究，走进其内心世界，探寻其诗人情怀。黄兴出生在屈贾之乡，少年时代曾学习唐诗宋词，入湖北两湖书院后，学业大有长进，他能文能诗能书，院长梁鼎芬赞誉他“文似东坡，字攻北魏”。据其两湖书院同学何成濬回忆：那时候黄兴“纤瘦而沉默，终日埋首书案，除读书外，好习字吟诗，字迹秀丽，诗亦豪迈。”[1] 黄兴早期诗作遗失不少，已不可考。迄至目前为止，我们仅发现他的传世之作40多首。黄兴的这些诗作慷慨豪放、雄浑深沉、雅健清逸、内涵丰富。绝不吟风弄月或无病呻吟，多属抒发个人伟大抱负和革命情感之作。借诗词歌其凌云之志，抒发豪迈之情。朗朗上口，令人经久不忘。黄兴一生从事创造共和、再造共和的伟大事业，为他成为革命诗人提供了广泛题材；同时，他又是一个热爱生活、感情十分丰富的人，他在事业上所经历的跌宕起伏、生活中发生的喜怒哀乐都在他的诗作中反映出来。从黄兴所作诗词的内容看，既有对敌人的愤懑，也有对战友的思念；既有胜利的喜悦，也有失败的忧伤；既有对前景的憧憬，也有负谤流亡的凄婉。这些诗词也成为研究黄兴心态最可靠的资料。我在撰写黄兴传记的过程中，在分析其某个时期的心态时，也引用了一些他那个时期的诗词代表作，结合其所经历的史事，对其诗词意境进行解读，走近其内心世界，尽可能细致诠释黄兴高尚的精神追求和不同凡响的伟人气质。

令黄兴引以为自豪的是，他一生追求真理，为创造共和、再造共和贡献了毕生的精力，为“民权与自由”而奋斗不懈，并取得了辉煌的胜利！这是一代仁人志士梦寐以求的理想。令黄兴颇感自慰的是，他一身正气、两袖清风、淡泊名利、廉洁自守。这种境界和心情也在他的诗词中反映出来。1916年5月，黄兴从美国返国途中，轮船航行在太平洋上，他百感交集，心潮起伏，赋诗一首，以表达他当时那种既自豪又自慰的心情：

太平洋上一孤舟，饱载民权与自由。
愧我旅中无长物，好风吹送返神州。[2]

黄兴在外流亡、漂泊两年多归国，虽愧疚“旅中无长物”馈赠亲友，但在黄兴心中，对于救国救民却思有良方，那就是毕生

---

① 《何成濬谈先烈黄兴》，田伏隆主编《忆黄兴》，岳麓书社，1996年，第163页。

② 黄兴：《由美洲归国途中口占二首》（其一）（1916年4月22日—5月8日间），《黄兴集》（二），第794页。

追求“民权与自由”。关于这一点，得到国内外舆论界普遍认可和赞誉，他之所以能从海外归来，也是在社会各界的亲切召唤下回归的，是“好风吹送返神州”。寥寥数语，可视为黄兴对自己一生从事革命活动所作的自我总结和评价。

第一章 经锣黄氏 源远流长

长沙南连衡岳，北瞰洞庭，扼南北之冲要，踞华中之腹地，素有“荆豫唇齿，黔粤咽喉”之称。岳麓山屹立城西，翠如碧玉；湘江水流淌市中，宛如飘带；橘子洲犹如一条腾飞的巨龙，俯卧湘江之中，栩栩如生。山水洲城，融为一体，自然风光，十分秀美。长沙还是一座具有悠久历史的文化名城，早在春秋末期，长沙就已成为楚南重镇。秦置长沙郡，汉置长沙国，1664年（清康熙三年），“湖广分治，作为省垣，发展为全省政治、经济、文化中心。长沙于1933年建市，1982年被国务院公布为全国历史文化名城，现在已列为全国特大城市之一”①。长沙自古以来，又是人文荟萃之地，史称屈贾之乡，屈原赋诗，贾谊论道，至今遗址犹存。坐落在岳麓山下的千年学府岳麓书院，曾是朱张会讲之所，“惟楚有材，于斯为盛”，代代相传，连绵不绝，开创了光辉灿烂的湖湘文化。王船山承前启后，著书立说，集经学之大成，泽被三湘四水；魏源开风气之先，提倡“师夷之长技以制夷”，成为近代“睁眼看世界的第一人”。在长沙东郊距繁华市区20公里处有一个名叫凉塘的地方，这里地势平坦，一望无际，田野上水渠纵横，土地肥沃，是著名的鱼米之乡。这里远离城市的喧哗，俨然如“世外桃源”，乡民自由生息、耕读传家，过着田园牧歌式的生

① 长沙市志编纂委员会编：《长沙市志》第一卷，湖南人民出版社，2004年，第2页。

活。正是在这块神奇的热土上产生了中国近代伟大的爱国主义者、著名的资产阶级民主革命家、政治家、思想家、杰出的军事家黄兴。他是辛亥革命时期与孙中山齐名的伟大领袖，人称“孙黄”，亦称“开国二杰”。

黄兴于 1874 年 10 月 25 日（清同治十三年九月十六日）生于湖南善化县龙喜乡凉塘。凉塘地处湘江支流浏阳河下游东岸，原属善化县。1912 年 4 月，湖南都督府裁并善化县归于长沙县，后改龙喜乡凉塘为高塘乡杨托村。1988 年调整行政区划，长沙市管辖范围为东、西、南、北 4 个市区和一个郊区，以及长沙、望城、浏阳、宁乡 4 县，并将黄兴出生地高塘乡改为黄兴镇。1996 年，撤销东、南、西、北、郊区，设立芙蓉、天心、岳麓、开福、雨花 5 个市区，共辖 50 个街道办事处、6 个镇、3 个乡，总人口 196. 26 万人。长沙县辖 4 个乡、16 个镇，总面积 1997 平方公里，人口 73. 4 万人。黄兴镇辖 22 个自然村和新街、轴承厂两个居委会，总面积 79 平方公里，人口 4. 46 万人[①]。黄兴故居属长沙市长沙县黄兴镇管辖。

黄兴故居今位于黄兴镇黄兴新村凉塘，始建于 1864 年（清同治三年），为黄兴祖父所建，距今已有 150 多年历史，为黄兴祖业，黄兴诞生于此，并在此整整生活了 22 个春秋。1904 年初，为筹措华兴会活动经费，黄兴先后将故居连田产近 300 石谷田卖掉。嗣后故居房屋几易其主。1949 年以后，故居房屋全部收归政府管理，并分配给 6 户农民居住。1980 年，成立黄兴故居纪念馆。1981 年，黄兴故居被湖南省人民政府公布为省级重点文物保护单位，于是将原有居住农户迁出，并对居住房屋进行了修复。1988 年，被国务院公布为全国重点文物保护单位。黄兴故居纪念馆成立以来，进行了三次大的维修。1980 年至 1981 年，完成了第一期修复工程，修复正屋 12 间，征集文物 28 件，在上堂屋内，布置恢

① 长沙市志编纂委员会编：《长沙市志》第一卷，湖南人民出版社，2004 年，第 120 页。

复了黄兴及其父母的住房。1999 年 12 月至 2001 年 9 月，完成了第二期修复工程，维修了 12 间正屋，修复了两厢 41 间房屋，征集了黄兴家使用过的家具和农具以及生活用品，并在故居内复原陈列。2004 年，完成了第三期修复工程，修复了外围的护庄河和后花园，至此，黄兴故居得以全面恢复。故居占地 28 亩，共有房屋 53 间，主体建筑坐西北朝东南，为二进五开间，并配有东西厢房，小青瓦土坯木结构。故居前有水塘，后有花园，四周有护庄河环绕，从而恢复了黄兴故居的原貌，具有浓郁的江南农家小院的风格。作者多次赴黄兴故居纪念馆实地考查，总有一种修旧如旧的感觉，真实地再现了黄兴故居的原貌。正门有廖承志题书“黄兴故居”门额，门额上方彩绘文房四宝、梅、兰、竹、菊吉祥图案，并书斗大“福”字，两旁有楹联一副：“蒙优受福；长乐永康。”故居内房上厅右边正房为黄兴父母居室，摆放有雕龙琢凤中式古床；左边是黄兴卧室，置西式铜腿金属简易床。下厅正房及耳房皆辟为“陈列室”，介绍黄兴生平事迹颇详，黄兴手书“无我”“笃实”悬挂其中，供人们参观。[①] 故居右滨浏阳河，前俯鹿芝岭，放眼远望，阡陌纵横，门前三口水塘，并列分布，塘堤遍植杨柳，每至夏日，浓荫蔽日，暗送清凉，这大概就是昔日人们将此地取名“凉塘”的缘由吧？故居后花园占地 20 亩，种满果树花卉，人们来此参观，可以春赏杜鹃桃李，夏观石榴荷花，秋闻桂花飘香，冬品腊梅吐艳，上可登小山远眺，下可坐亭中木凳小憩。由中共湖南省委、湖南省人民政府投资，在黄兴故居纪念馆附近不远处又新建了一座三层楼的“湖南辛亥人物纪念馆”。由于参与筹办湖南辛亥人物纪念馆筹备陈列展览方案的需要，我经常来此参观。每当我站在故居纪念馆内，瞻仰黄兴遗像，总令我感慨良多。人们何曾想到，这位亲手埋葬中国两千多年封建帝制的革命元勋、与孙中山齐名的革命领袖黄兴就生长在这样一个普通的农家小

① 关于黄兴故居的修复过程系由黄兴故居纪念馆现任馆长胡群义先生提供资料整理而成，谨致谢忱。

院里！

黄兴，派名仁牧，字岳生，号觐五，一号觐吾，而觐吾是觐五的谐音，这是黄兴最早的名、字、号。据不完全统计，黄兴的名、字、号多达20余个。由于各种论著记载不一，有必要对黄兴的名、字、号进行一番考证，谨防以讹传讹。根据“觐五”的谐音，黄兴的号有各种写法：刘揆一所撰《黄兴传记》写作堇坞，宋教仁日记写作庆午，吴相湘撰《开国元勋黄兴》写作堇午，左舜生撰《黄兴评传》写作廑午，清吏之通缉文告亦写作近午，等等。这些写法，自然有其存在的理由，不是凭空杜撰出来的。黄兴在少年时代始改名轸，号杞园，字堇午。他在民初《与李贻燕等的谈话》中谈及改名的缘由时说：“我革命的动机，是在少时阅读太平天国杂史而起。又眼见鞑虏政治腐败，纲纪不修，官可钱买，政以贿成，而一般狗官吏又在虐民以逞，剥民刮地，舞弊营私，无恶不作，盗贼横行，饥馑交侵，民不聊生，对外交涉，着着失败，而那拉氏又竟发为‘宁与朋友，不给家奴’的谬说，瓜分之祸，迫于眉睫，外人不以人类视我，益坚我革命的决心。但是又看到太平天国自金田起义之后，起初他们的弟兄颇知共济，故能席卷湖广，开基金陵。不幸得很，后来因为他们弟兄有了私心，互争权势，自相残杀，以致功败垂成。我读史至此，不觉气愤腾胸，为之顿足三叹。因此我决心革命的当时，就留意于此。我当时联络的弟兄，以两湖等处的会党为多。这些的弟兄，大半是承太平天国余绪的后人，我联络他们，首先引这事为鉴戒，告诉他们说：我们当革命党，一要服从首领，二要弟兄们同生死，共患难，有福不享，有祸同当，不能有丝毫私意、私见、私利、私图。我取名轸字，就是‘前车既覆，来轸方遒’的意思。也就是我们革命党弟兄，不要再蹈太平天国兄弟覆辙的革命要件。”[①]可见黄兴后来改名“轸”，缘于“少时阅读太平天国杂史而起”，并非原来的名字。此后，黄兴在不同时段由于从事革命活动的需

① 黄兴：《与李贻燕等的谈话》（1912年5月），《黄兴集》（一），第398—399页。

要又多次改名换姓，以躲避敌人的通缉追捕。

1903 年 5 月 31 日，黄兴在日本东京弘文学院速成师范科毕业，启程回国，策动反清革命。6 月抵达上海，为掩护其革命党人的身份，曾多次到上海圣彼得堂“守道”，并由该会吴国光会长用名片写有一封介绍函致长沙吉祥巷圣公会会长黄吉亭，其函称：“敬启者，有敝友黄兴，号竞武，系湖南省长沙府善化县籍，数次到圣彼得堂守道，将要记名，此刻回府，望阁下收入登册记名为妙。即请大安。”曹亚伯在吴国光名片之后加有原注曰：“右片即上海圣彼得堂吴国光会长介绍黄克强初见长沙吉祥巷圣公会黄吉亭会长之介绍书也。时克强自日本宏文速成师范毕业甫返国，欲经营湖南之革命，此见动机也。”[①] 据此可知，黄兴这个名字正式启用是在 1903 年 6 月抵达上海以后的事，而绝不是在此之前。周震鳞说他在“甲辰失败改名黄兴”[②] 是不准确的。黄一欧和周震鳞亦持同样的说法：甲辰起义失败后，“先君先由明德学堂躲到西园龙宅内室，以后又转移到吉祥巷圣公会黄吉亭处。12 月 26 日深夜，先君化装海关人员，由黄吉亭、曹亚伯护送，乘一小船至靖港，搭轮船赴汉口转往上海，从圣公会临走前，黄吉亭嘱先君到达上海后来一电报，俾使此间好友知道他已平安到达目的地，并为了保密起见，约定电报只署一‘兴’字。先君到上海后，如约打了一个‘兴’字电报给黄吉亭。从此以后，他就改名‘黄兴’了。”[③] 这里，用“兴”字打电报可能确有其事，但并不是在甲辰长沙起义失败后才改名“兴”，而是在由上海赴长沙之前即已改名“兴”了。

黄兴在上海改名“兴”，字克强，其含义又是什么呢？关于这一点，黄兴在和李贻燕等人的谈话中也说得十分清楚：“我的名

---

① 曹亚伯：《武昌革命真史》前编上，上海书店，1982 年，第 4 页。

② 周震鳞：《关于黄兴、华兴会和辛亥革命后的孙黄关系》，《辛亥革命回忆录》第一集，文史资料出版社，1981 年，第 330 页。

③ 黄一欧：《回忆先君克强先生》，《辛亥革命回忆录》第一集，第 611 页。

号，就是我革命终极的目的，这个终极的目的，是兴我中华，兴我民族，克服强暴。大家要知道，我们民族做鞑虏的奴隶牛马，已有了二百余年，我们绝不能长令上国衣冠，沦于夷狄，任人随便屠宰，我们要矢志复兴我民族的中华国家。而复兴民族的对象，是要克服强暴的鞑虏，刬除鞑虏走狗强暴的官吏，及一切强暴的障碍，还我黄帝子孙的河山，复我中华民族的自由平等幸福，涤除奴隶牛马的耻辱，我要誓死实现我革命终极的目的，达到我名副其实的革命事业。”① 可见，他改名兴，字克强，取“兴我中华，兴我民族，克服强暴”之意。

1904年11月20日，黄兴在上海策动鄂宁起义时，因受万福华刺王之春事件的牵连入狱，曾化名李寿芝。据躬亲参与过鄂宁起义预谋的章士钊回忆：“吾党机关，以吾露迹而致破败，一时牵率被捕者有如下同志：黄克强。时长沙新政，克强为悬赏名捕之巨犯，倘真迹暴露，如何补救？幸彼自化名李寿芝，冒充郭人漳随员，经三日即保出。”② 在此期间，有时也用李有庆的名字，据刘揆一回忆：“其时湘、鄂、宁有文电，并公与揆一之照像致沪道，知照租界通缉，故会审时，公诡称为安徽教员李有庆，西吏犹持公之像片对照，以其服饰与须之有无，疑似不定。幸一华人书记（惜不知其姓名），事先诡称搜出之党人名册，为日用小菜账簿，即时抛弃，无从证实。旋得赣抚夏时来电，为郭人漳解救，公因与同车外来之故，得以随之先期出狱，与揆一同隐法界湖北留学生招待所，营救同人。”③

1905年暮春，黄兴曾化名张守正，并以此名致函湖北科学补习所成员刘静庵。据张难先回忆：“补习所失败时，（刘静庵）任黎协统元洪书记官，因索党人急，静庵请假，避高家巷美教堂圣

---

① 黄兴：《与李贻燕等的谈话》（1912年5月），李贻燕《纪念黄克强先生》，转引自杜元载主编《黄克强先生纪念集》，1973年，台北，第44—45页。

② 章士钊：《书甲辰三暗杀案》，章含之等主编《章士钊全集》8，文汇出版社，2000年，第175页。

③ 刘揆一：《黄兴传记》，饶怀民编《刘揆一集》，第110页。

公会。狱缓，回幕，而官署之检查信件仍严。不久，黎获张守正致静庵书（守正即黄克强化名），中多隐语。黎疑之，讽静庵托病辞职出营。”“时当乙巳暮春。”① 是年冬，黄兴在国内开展革命活动时，仍然使用这个名字，据刘揆一回忆：黄兴“潜往国内，视察南北各地，并变名为张守正，亲赴桂林巡防营统领郭人漳军中，说其举兵反正，郭以与随营学堂总办蔡锷不睦难之”②。冯自由亦有类似记载：乙巳“十一月，黄克强至香港，寓《中国报社》，旋易名张守正，号愚臣，赴桂林访巡防营统领郭人漳、陆军小学堂总督蔡锷等策动反正。以郭、蔡二人意见不合，有碍军事进行而止”③。刘达武编《蔡松坡先生年谱》又称号“愚诚”。在桂林活动期间，亦间有用“张中正”为名。据齐白石回忆：“有一天在朋友那里，遇到一位和尚，自称姓张，名中正，人都称他为张和尚，我看他行动不甚正常，说话也多可疑，问他从哪里来，往何处去，他都闪烁其辞，没曾说出一个准地方，只是吞吞吐吐的‘唔’几声，我也不便多问了。他还托我画过 4 条屏，送了我 20 块银元。我打算回家的时候，他知道了，特地跑来对我说：‘你哪天走？我预备骑着马，送你出城去！’这位和尚待友，倒是很殷勤的。到了民国初年，报纸上常有黄克强的名字，是人人知道的。朋友问我：‘你认识黄克强先生吗？’我说：‘素昧平生。’朋友笑着说：‘你在桂林遇到的张和尚，既不姓张，又不是和尚，就是黄先生。’我才恍然大悟。”④

1910 年 6 月 10 日，黄兴曾化名李经田由东京赴横滨，与孙中

① 张难先：《日知会始末》，严昌洪等编《张难先文集》，华中师范大学出版社，2005 年，第 88 页。

② 刘揆一：《黄兴传记》，饶怀民编《刘揆一集》，第 112 页。

③ 冯自由：《香港同盟会史要》，《革命逸史》第三集，中华书局，1981 年，第 221 页。

④ 齐白石：《白石老人自传》，第 55 页，转引自毛注青编著《黄兴年谱长编》，中华书局，1991 年，第 99 页。

山秘密会晤[①]。

南京临时政府成立后，黄兴被任命为临时政府陆军总长，他自然不需要隐姓埋名，或者使用化名。但是，“二次革命”失败，黄兴再度流亡日本，又开始使用化名。

1913 年 8 月 18 日，黄兴与孙中山、张继一道到达横滨。黄兴曾化名今村长藏。据上海出版的英文《国民评论》周报报道：“在谣诼纷传之后，现在似乎可以肯定，黄兴化名今村长藏，自称为中国使馆的日籍秘书，乘坐驶往门司的‘云海丸’轮船到达 Mutsuri 岛，那儿有一艘汽艇等着，把他秘密载往若松。他隐藏在一个名叫安村的商人家里，人们知道此人是同情黄兴的。”[②] 8 月 20 日凌晨 2 时，黄兴离开长府町外浦，4 时搭载“静冈丸”，11 时离门司，此时化名为冈本久太郎[③]。11 月 4 日，黄兴致函萱野长知，邀其共游热海，函云：“近日脑热，本日偕林濑越诸君赴热海，借以养病。兄有暇，万乞来游。住樋口木テ儿，仍用冈本名。此行颇秘密，恐惹新闻之目，请勿告他人为幸。此上。萱野兄鉴。兴启。初七早。”[④] 这里仍用冈本名，即指冈本久太郎。

1914 年，黄兴在给友人函中曾先后用过两个化名。他在致刘承烈书中署“生涯一卷书斋主人”；而在致宫崎寅藏函中，改署“冈本义一”。4 月 12 日，黄兴致刘承烈书中云：“联书不好，送上笑正。印章已购来，尚有他好者，暇时来一阅。劭兄鉴。生涯一卷书斋主人启。四月十二日。”[⑤] 5 月 15 日，黄兴致宫崎寅藏函云：“启者：有事奉商，乞明日午前移玉为幸。滔天先生鉴。冈本义一启。十五日。”[⑥]

---

① 宫崎滔天：《宫崎滔天全集》第 5 卷，东京平凡社，1976 年，第 699 页。

② 转引自薛君度：《黄兴与中国革命》，湖南人民出版社，1980 年，第 252 页。Mutsuri 岛当指位于下关海面的六连岛。

③ 1913 年 8 月 28 日神奈川县知事致外务大臣报告。《中国革命党问题》第七号卷宗。

④ 黄兴：《致萱野长知书》（1913 年 11 月 4 日），《黄兴集》（二），第 677—678 页。

⑤ 黄兴：《致刘承烈书》（1914 年 4 月 12 日），《黄兴集》（二），第 690 页。

⑥ 黄兴：《致宫崎寅藏函》（1914 年 5 月 15 日），《黄兴集》（二），第 693 页。

经过上述考证可知，黄兴派名仁牧，字岳生，号觐五，一号觐吾，有时又写作堇坞、庆午、近午、廑午，都是觐五的谐音。少年时代，始改名轸，号杞园，字堇午。自日本回国策动反清革命抵达上海时改名兴，号竞武，字克强。甲辰长沙起义失败，复在上海策动鄂宁起义时因受万福华刺王之春事件牵连入狱，化名李寿芝，另化名作李有庆。乙巳冬，在香港时化名张守正，字愚臣，有时亦写作愚诚。在桂林期间，亦间用“张中正”为化名，俗名张和尚。庚戌年，黄兴赴日与孙中山秘密会晤时化名李经田。“二次革命”失败逃亡日本时，曾化名今村长藏。嗣又化名冈本久太郎。翌年，与宫崎寅藏通讯时亦化名冈本义一；与刘承烈通信时化名生涯一卷书斋主人。由此可知，黄兴在辛亥革命时期为掩护其革命活动，曾使用过20多个名、字、号。观其所用名字之繁，变换名号之多，从一个侧面反映出当时斗争环境之复杂，黄兴革命经历之坎坷以及他处变不惊之机智灵活。

关于黄兴的家世，史学界已有学者进行过研究，并发表过相关的学术论文[①]，这对于我们了解黄兴的家世具有重要作用，我们在阅读这些论文之后深受启发，受益良多；但对于黄兴的家世源流的讨论，还远远没有结束，仍然还有研究的空间，例如黄兴的血缘始祖、肇姓始祖究竟是谁？肇姓始祖后裔的搬迁轨迹又是怎样的？迁湘始祖与经铿黄氏是什么关系？经铿黄氏各代的家族遗训对黄兴的人生走向有何影响，等等，应当还可以讨论。我们认为，要弄清楚上述问题，自然只有首先从仔细研读《经铿黄氏家谱》（以下简称《家谱》）入手，从《家谱》中寻找蛛丝马迹，然而，仅仅以《家谱》为唯一资料，如果不去研究有关黄姓起源

① 有关黄兴家世的学术论文有陈祯琏、王兴科的《〈经铿黄氏家谱〉与黄兴家世》（林增平、杨慎之主编：《黄兴研究》，湖南师范大学出版社，1990年）；王兴科的《黄兴世系考略》（王兴科：《走过红楼文集》，湖北人民出版社，2013年）；萧致治的《黄兴家世和早年研究二题》（《求索》1999年第5期）；黄善香的《黄兴家族上溯世系研究》（黄兴故居纪念馆、湖南黄氏文化研究学术委员会主编：《2012年中国长沙黄兴学术研讨会论文集》，2012年，内部印行）。

的其他资料，不去从古籍中查考佐证材料，也很难对黄兴的家世源流有一个全面的了解和整体的把握并真正廓清黄兴的家世源流。

第一节　黄姓溯源

研究黄兴的家世源流，必须首先要详细阅读《家谱》，提及《家谱》，人们只知道黄氏后裔黄其盛家藏有一部，且已于 1988 年 4 月捐赠给辛亥革命武昌起义纪念馆，该馆已作为珍贵文物予以收藏。为研究《家谱》，我曾想去辛亥革命武昌起义纪念馆查阅，但要将这部 30 卷近百万字的《家谱》阅读完毕，按照我的读书习惯和速度至少需要一个多月的时间，如果每天去该馆借阅就会给工作人员增加不少麻烦。早在 20 世纪 80 年代末，我曾几次想去辛亥革命武昌起义纪念馆查阅《家谱》，但都望而却步，此事只好屡屡作罢。2015 年暑假，一个偶然的机会，在一次研究湖南辛亥革命人物纪念馆筹备陈列展览方案的会议上，我曾向与会代表提出过一点质疑，既然《家谱》上记载“共锓 160 部”；而且是 1892 年（清光绪壬辰）的七修本，距今也只不过 123 年时间，为什么就找不到第二套《家谱》呢？令人高兴的是，在场的黄兴长孙黄伟民告诉我，在黄兴故居纪念馆也还珍藏有一套《家谱》，你可以去看看。这令我喜出望外，精神为之一振。承蒙黄兴故居纪念馆胡群义馆长厚爱，破例特许将《家谱》借给我回家研究两个月，从而使我有充足的时间对《家谱》进行一番系统的研究。

黄兴故居纪念馆所珍藏的《家谱》系经铿黄氏家族第二十代裔孙黄厚德捐赠，与黄其盛于 1988 年 4 月捐赠给辛亥革命武昌起义纪念馆的《家谱》为同一种版本的谱牒。黄厚德原系长沙县榔梨镇三合村均和湾居民组村民，2010 年因土地征收拆迁搬至长沙县星沙开发区凤凰城小区，为妥善保管好《家谱》，便于 2011 年 11 月 31 日自愿将《家谱》捐赠给黄兴故居纪念馆珍藏。

《家谱》凡30卷，将近100万字，由黄沄、黄锡焘主编，两人均中过举人，且做过官，“才思敏捷，下笔数千言”，具有较强的写作能力。另有编校31人，其中黄兴之父黄炳崑亦为编校之一。由这样一个团队组成的编纂班子是实力非常雄厚的，相对其他黄氏族谱而言，其质量是相当高的。其中特别是《家谱》卷一至卷五“世表”，卷六至卷二十二“世编”以及卷二十八“训典志”和卷三十“载籍志”等颇具史料价值。该谱由赐进士出身、光禄大夫、原湖南巡抚张煦作序，他对《家谱》的编纂给予了充分的肯定，对经铿黄氏后裔给予了褒扬。其序言中有云：“善化经铿黄氏为文节公后裔，前明自江右迁湖南，分籍各邑，而居经铿者蔚为湘中望族。”“经铿一派自明迄今五百余年，以勋业文学显于世者，项背相望。”“黄氏之传于家者，以忠立朝，以孝事亲，以廉为吏，以学植身，知必有杰出之才踵先贤之芳躅而奋然兴起者，善夫!”又云：“今观谱中所载家范、家训数十条，光明洞达，皆粹然儒者之言。诵清芬而怀旧德，知其家政之肃穆，胥由于是也。若夫彰先德之美，杜乱宗之渐，别行辈之混淆，补史传之讹阙，述家国之恩庆，所关系者甚巨。由是孝悌力田，雍然追三代敦庞之俗，则黄氏诸君子夙具雅怀，无待予之赘言尔。”[①] 张煦的这段序言概括了黄氏经铿一族的起源以及族谱的内容和特点，同时还预见将来“必有杰出之才踵先贤之芳躅而奋然兴起者”！我们在感叹一百多年前一个封建官员有如此深的洞察力之余，不能不怀着极其浓厚的兴趣去认真研读《家谱》。

那么，《家谱》何以冠名经铿呢？关于这一点，《家谱》例言回答了这个问题。“吾宗自始迁以来，占籍善化，逮居长沙之经铿，而子姓益繁，故以经铿著闻，今善化同姓而异族者凡十数宗，故标经铿所以别于诸黄也。”[②] 经铿原本是一个小地名[③]，缘何在黄

① 《家谱》卷一叙，第3—7页。

② 《家谱》，《例言》卷一，第4页。

③ 经铿现已谐称金坑（1981年更名金坑桥），今属长沙县福临镇金坑桥村。

姓历史上如此闻名呢？原来是因为迁湘始祖黄国璋（本章第五节辟有专论，此不赘述）之后的九世祖黄洽中晚年卜居于此。黄洽中不仅自己是一位名人，而且他的父亲和七个儿子也都是名人。据《家谱》卷六记载：黄模是黄洽中的父亲，“字希孔，号道严，仕意三子。明县学生，嘉靖丙午科举人，历任南直、镇江、云南等府通判。敕授承德郎，诰封中宪大夫、赞治尹、山西太原府知府。公生有志操，动循古训，虽在内室，必整衣冠，少时拾人遗金，待而还之。居官有威望，判润州整肃风纪，众废备举”。“滇南沐藩兵变，同官失措，仓皇狂走，公单骑往谕，竟获底定，解组归，行李萧然，惟有图书数十卷而已。生平操守廉洁，不苟取，亦不妄与，义所当举，则倾财抚恤，昭港墓田既失业，公殚力赎归，周恤宗族，人沾其润，律家严肃。子洽中，早岁成进士，每事待命而行，出治郡邑，皆纪循良庭训有以成之也。”[①] 黄洽中，“字礼甫，号景台，黄模第四子。明县学廪生，万历壬午科举人，癸未科进士。历任浙江湖州府归安县知县、南京刑部主事、江西袁州府、宜春饶州府乐平等县知县”、“山西太原、江西南安等府知府。诰授中议大夫、赞治尹。公性廉正，孤介风节”，“勤求民隐”，办事公道。“万历已丑，县中大饥，悉心账济，贷贫生粟，自买百石实仓，民不流亡，户安纮诵。在太原减地税二万余两，民碑以颂德守，南安又减水价五万，二郡皆建生祠。”他不仅为官清廉，为人正直，而且治家严谨，教子有方。“晚年卜居长沙经铿里，题其居曰‘宝善堂’，塾曰‘世德堂’，楹贴‘常将白璧希前哲，敢以丹心答圣朝’二语训课子孙，皆以文行通显，族里少俊，进而教之，如其子弟，贫士孤陋，资之书册，薰德善良，经铿有名自公始也。”[②] 著有《宝善堂诗集》等行世。《明一统志》《湖广通志》《湖南通志》《长沙府志》《善化县志》俱有传。黄洽中生有七子，在他的严格督教下，个个品学兼优，人称“经铿七贤”。

---

① 《家谱》，《八世编》卷六，第20页。

② 《家谱》，《九世编》卷六，第32页。

长子学谦，“明县学选贡生，天启辛酉顺天乡试副榜，历任广东韶州府乐昌县学教谕、陕西西安府兴平县知县、敕受文林郎”[①]。

次子学和，“明长沙府学廪生，万历戊午科副榜，岁贡生，任浏阳县学教谕、敕赠文林郎、四川华阳县知县、诰赠奉直大夫、吏部考功司员外郎、诰赠奉政大夫、吏部验封司郎中”。有《梅垄剩稿》等著作行世。《湖广通志》《湖南通志》《长沙府志》《善化县志》俱有传。[②]

三子学璞，“明县学生，万历己酉科举人，拣选知县。公性警敏，读书过目成诵”。“鼎革后尝郁郁不乐，卒殉。”《长沙府志》有传。[③]

四子学质，“明县学生，公性谦退，闲静寡营，崇正甲戌有吉藩之祸，举室颠沛，处之泰然。挫衅后益崇实践，居家孝友，接世忠厚”，“遇贼不屈被戕”，不幸屈死。[④]

五子学温，“明县学生，公天性纯悫，虽席丰厚，而自饶朴愿之气。少嗜学，师事诸兄，博闻强记，敦行有名。公既负才不遇，郁郁尝不自得，已而世变益剧，每有所闻，辄感奋甚者，辍寝食。乙酉，遇寇以身殉”[⑤]。

六子学良，“明县学廪生，崇正癸酉科举人，拣选知县。公十岁能文”，号为奇才。有《哀湘吟》《历朝史诗》等著作行世。《湖南通志》《长沙府志》《善化县志》俱有传。[⑥]

七子学俭，“明县学生，公温文澹静，有声坛坫，失怙年甫弱冠，时诸兄皆负清望，士林推重，公折节自奋，卒与齐名”[⑦]。

由此可知，黄治中所生七子，皆学有所长，志节高尚。有的

---

① 《家谱》，《十世编》卷六，第 45 页。
② 《家谱》，《十世编》卷六，第 46—48 页。
③ 同上。
④ 同上。
⑤ 同上。
⑥ 《家谱》，《十世编》卷六，第 48—49 页。
⑦ 《家谱》，《凡例》卷首，第 1 页。

中过举人，有的著书立说，有的为官清廉，有的还担任过有明一代朝廷命官，清兵南下后，大都忠于明朝，不屈殉节。一时间，以“经铿七贤”而闻名乡里。至清代以后，黄洽中宗支繁荣昌盛，而黄氏其他宗系，皆以劫后余生，纷至沓来，亲往归附，人杰地灵，地以人名，“经铿”遂成为黄氏一族的通称，这就是经铿黄氏家谱的由来。而黄兴就是经铿黄氏的后裔。那么，经铿黄氏从何而来呢？追根溯源，还得从黄姓的产生谈起，而《家谱》为我们提供了解决这一问题的钥匙。

《家谱·凡例》开宗明义指出：“黄氏之先，盖出少昊，自伯嬴赐姓，而后有江、黄诸国。自台骀肇封，而后有沈、姒、蓐、黄诸国，台骀之胄，后世无闻；江、黄国灭于楚国，遂以国氏。”[①] 传说中少昊是东夷中的一支鸟夷的首领，他的名字叫挚，以鸷鸟为名。少昊为嬴姓，“嬴也作嬴，即燕的异（体）字，且又同音，故嬴即燕”[②]。少昊氏的后裔皋陶，偃姓，“偃、嬴，语之转耳”。“皋陶生于曲阜，而曲阜本为‘少昊之墟’”。这说明少昊与皋陶的活动地域均在曲阜一带。从“皋陶与少昊同姓”，且又活动在同一地域看，“皋陶氏族出于少昊氏族更可以得到证明了”[③]。虞舜时，皋陶曾任掌管刑法的官，以正直断狱而著称，完全可以说，少昊已“成为嬴姓与偃姓的始祖”[④]。由于他修伏羲氏太昊之法，故称少昊[⑤]。少昊在中国古代典籍中颇多记载，又写作“少皓”“少皞”“少皋”，亦称“朱帝”“白帝”“西皇”“金天氏”“穷桑

① 《家谱》，《凡例》卷首，第1页。

② 何光岳：《东夷源流史》，江西教育出版社，1992年，第17页。

③ 徐旭生：《中国古代的传说时代》，转引自白寿彝主编《中国通史》第三卷，上古时代（上册），上海人民出版社，2002年，第184页。

④ 何光岳：《东夷源流史》，第17页。

⑤ 伏羲氏，风姓，又称太昊，是东夷部落中一支风夷的始祖。风夷是鸟夷最早兴盛起来的一支。在远古时代，风字与凤字是通用的，甲骨文里风姓的风字，都是借用凤字。因此，风夷以凤鸟为族神，崇拜凤鸟图腾，亦称为“凤鸟氏”。

氏”，等等。他的氏族部落最先居住在穷桑（今山东曲阜市北）[①]。其后，随着氏族部落发展壮大，少昊当上了东夷部落联盟的首领，便迁都曲阜，只因为曲阜古地名称为穷桑，所以少昊亦称为“穷桑氏”。后来，少昊氏族部落西迁至陕西，少昊死后葬于陕西云阳，被尊为西方天神，名曰“西皇”。由于阴阳家将五方与五行相配，西方属金，于是，典籍亦称西皇少昊氏为“金天氏”，这就是“西皇”“金天氏”的由来。该氏族部落在太昊时代以凤鸟为族神，崇拜凤鸟图腾，亦称本氏族为“凤鸟氏”。

需要特别指出的是，“东夷”这一名称并非近代意义的“夷人”，亦非泛指东亚大陆的外国人，而是具有特定的含义，系指上古时代中国境内东部地区因生活习惯而形成的氏族部落的名称。中国东部河北燕山山脉一带自古以来就是鸟类栖息之地，以至夷人最初的生活习惯和方式是以捕鸟为食，以鸟羽为衣，以鸟类作为其生活物资的主要来源，因此，长于以大弓射飞鸟谓之“夷”，“夷”者，“从大从弓”，大与弓合而为一“夷”字也。东夷逐渐发展到以鸟作为图腾崇拜，并进而以鸟名作为氏族部落的标志或名称，渐次发展演变为姓氏。

另外，在中国境内堪与东夷族团相媲美的还有一支氏族部落，那就是西羌族团。他们主要分布在中国西部地区的高寒地带，其生活习惯和方式则与东夷族团不同，他们是以牧畜牛羊和狩猎为主要生活来源，长于牧羊谓之“羌”，羌人因狩猎需要大动干戈，“戎”者，“从干从戈”，干与戈合而为一“戎”字也。所以西羌又可别称为西戎，他们大都以牛羊为图腾崇拜。东夷族团与西羌族团构成了中华民族的主体，其他如南蛮、北狄、东胡、百越各族团的各个支系几乎都是从他们两个大族团中分离出来的。这两个族团在历史长河中频繁交往和相互通婚，并在共同反对外族入侵的斗争中不断地进行着氏族大融合，虽然彼此之间也存在矛盾

① 据笔者实地考查，现在曲阜市北郊仍存有“少昊林”，以纪念东夷氏族部落联盟首领少昊氏所作的贡献。

和斗争，但长期的融合、团结、和睦和联合则是中华民族历史的主流。“西羌族团的始祖是炎帝神农氏和黄帝轩辕氏，东夷族团的始祖是太昊氏和少昊氏，这四个支族的共同祖先便是华胥氏。”[1]因此，这两个族团是一个不可分割的统一整体。太昊氏原本属于西羌族团，但由于他们从甘青高原最早迁到燕山、泰山一带，与当地土著人结合，其中一部分演变为东夷族团；另一部分则仍属西羌族团下的炎黄族系。“从其主要族源来看，原来西羌族团和东夷族团乃是同宗共祖的双胞胎。”[2] 这也就是说，东夷族团和西羌族团之间并未隔着万里长城，他们在相互融合中携手向前，共同创造着光辉灿烂的中华文明，因此，相传少昊是黄帝的儿子也就顺理成章了。

严格地说，早在少昊氏族部落时代，还只能称氏，而不能称姓。因为早在远古时期姓与氏是分开的。姓用以辨别同一部落中不同氏族的后代，主要起着“明血缘，别婚姻”的作用。在同一部落若干母系氏族中，一些具有重要地位的男子需要有符号作为自己的标志，于是，就产生了氏，氏是由姓衍生出来的分支，是男子在母系氏族社会逐步取代女子地位的象征。姓是“别婚姻”，氏则是“明贵贱”[3]。随着母系氏族社会向父系氏族社会过渡，姓逐渐演变为大的氏族部落集团的标志，氏成为一个姓所分出的小氏族支系的标志。姓、氏合一，是秦汉时才开始的。

如前所述，皋陶氏族原本出于少昊氏族，也就是说，皋陶是少昊的后裔，而皋陶及其子伯益又与夏族有着十分密切的关系。因为在尧舜时期，在与洪水的斗争中，以夏禹为首，但也有东夷族团的皋陶、伯益等人参加。据传，当时洪水泛滥之时，“草木畅茂，禽兽繁殖，五谷不登，禽兽逼人”，“舜使益掌火，益烈山泽

---

① 何光岳：《东夷源流史》，第 1 页。

② 何光岳：《东夷源流史》，第 2 页。

③ 邹华享主编：《湖南家谱解读》，湖南人民出版社，2004 年，第 2 页。

而焚之，禽兽逃匿”[①]。此后，为解决人们的饮水问题，又有所谓“伯益作井”之说[②]。在此基础上，伯益又“佐舜调驯鸟兽，鸟兽多驯服”[③]。甚至还传说伯益有知禽兽之言、能与飞鸟通话的本领。这或许有些夸张，但伯益“烈山泽”“作井”“驯兽”，辅佐舜帝治理社会、协助夏禹治水、抗击自然灾害、扩大农耕面积，促成野兽家养，使人们过上农耕定居生活，的确作出了巨大贡献！伯益的政绩受到了舜帝的奖赏，舜封伯益于费，因此，伯益又名大费，亦名费侯；舜帝还将自己的女儿姚氏嫁给伯益为妻，并“赐姓嬴氏”[④]。这就是《家谱》中所说的“伯益赐姓”。伯益在中国古代典籍中尝写作“伯翳”“伯繄”“柏翳”“化益”“益”，等等。翳、繄的含义均代表凤凰，亦可见伯益作为少昊氏——皋陶氏的后裔，他的名字已经成为正宗凤鸟氏族首领的标志。

那么，伯益与黄夷、黄国的关系又是怎样的呢？黄夷，本是九夷之一。据《古本竹书纪年》记载：夏代“后芬即位，三年，九夷来御，曰畎夷、于夷、方夷、黄夷、白夷、赤夷、玄夷、风夷、阳夷”[⑤]。九夷均属东夷氏族部落联盟的成员。少昊去世之后，戎夏黄帝族团的颛顼取代了少昊氏族部落联盟的首领地位。原少昊氏族部落的许多鸟夷氏族则纷纷向中原内地迁徙，有的加入到戎夏颛顼氏族部落联盟之中去。作为少昊氏族部落的子氏族，黄夷也是这支西迁的原始族群中的一支，黄夷的杰出首领昧则成为颛顼氏族的水官，“昔金天氏有裔子曰昧，为玄冥师，生允格、台骀”[⑥]。其时，汾、洮两河洪水泛滥成灾，颛顼派台骀前往治理，台骀继承乃父昧的治水事业，采取疏通河道、修筑堤坝从根本上

---

① 《孟子·滕文公上》，转引自白寿彝主编《中国通史》第三卷《上古时代》（上册），第 184 页。

② 同上。

③ 司马迁：《史记·秦本纪五》，中华书局，1959 年，第 173 页。

④ 司马迁：《史记·秦本纪五》，第 173 页。

⑤ 《古本竹书纪年》，转引自何光岳《东夷源流史》，第 40 页。

⑥ 《左传·昭公元年》，转引自何光岳《东夷源流史》，第 40 页。

进行治理的方法，成效大著。颛顼对台骀治水之功绩大加奖赏，“将汾川流域封给他作采邑”。“台骀去世后，人们感念他的功德，尊他为汾水之神，清代太原府南十里仍有台骀泽。”“台骀的后裔颇为发达，在这里建立了沈、姒、蓐、黄四个小邦国。”“到春秋早期，周人在这里建立的晋国强大起来，兼并这里的小邦国，黄国首当其冲，被晋灭掉。”[①] 这就是前引《家谱》中所说的“自台骀肇封，而后有沈、姒、蓐、黄诸国，台骀之胄，后世无闻”。

除山西境内汾水、洮水流域的黄国之外，在河南的光山、潢川一带也建立了一个黄国。那么。这个黄国又是由谁创建的呢?与黄姓的产生又是否有直接关联呢?

如前所述，伯益娶舜帝之女姚氏为妻，并由舜帝“赐姓嬴氏”，伯益生两子：大廉、若木。大廉为伯益长子，伯益逝世后，大廉即以长子身份继任伯益凤鸟氏族的首领。公元前 21 世纪夏代初年，“大廉又因其父伯益、其祖父皋陶历事尧舜和大禹有功，被夏禹别封于黄（今河南潢川县），创建黄国。大廉的一部分后裔便以黄为氏，这便是黄氏开国受姓之始。因而许多族谱即以伯益之子大廉为第一世始祖”[②]。

今人之中黄姓者皆称本族为潢川黄国之后，但潢川黄国为谁所建?史家众说纷纭，概括起来，据有人统计，“约分为三大类十二种不同的说法。三大类即伯益之族所建说和陆终之族所建说，另一种即糅合前两说所形成的陆终伯益建国说”[③]。而第一大类伯益之族所建说又有三种不同说法，这三种不同说法大同小异，因为“黄国为伯益之族所建”这一点都是认同的，所不同的只是黄国究竟是伯益本人所建?还是由伯益长子大廉所建?还是由伯益之孙即次子若木的第二子名叫终者所建?然而，查遍有关史料，只有极个别史书记载是伯益本人或伯益之孙创建黄国；而绝大多

① 刘佑平：《中华姓氏通史·黄姓》，东方出版社，2000 年，第 28 页。

② 刘佑平：《中华姓氏通史·黄姓》，第 44 页。

③ 刘佑平：《中华姓氏通史·黄姓》，第 43 页。

数族谱的记载均认为黄国为伯益长子大廉所创建，如敦厚堂《箭楼黄氏族谱》、敦睦堂《中湘黄氏四修族谱》、城步《大古黄氏族谱》《渠阳黄氏城步世谱》《渠阳黄氏世谱》七修本和八修本等等。这也就是刘佑平所说的湖南境内“许多族谱即以伯益之子大廉为第一世始祖”的原因，我们认为这一说法是很有道理的。1870 年（清同治九年）湖南黄氏各支建总祠于长沙，总祠通派前两句为：“大费生民始，渊源少昊长。”[①] 此处所云“大费”系指伯益。司马迁在《史记・秦本纪》中肯定黄国为嬴姓国，为伯益后裔所建，这已经是不争的事实。东汉大学者蔡邕亦肯定黄氏“其先出自伯翳，别封于黄，以国为氏”[②]。

至于其他两大类的九种说法归结为一点，就是认为河南潢川黄国是由陆终之后裔所建，而与伯益氏族无关或者说关系不是太大。我们认为这些说法大有商榷的余地。陆终者，何许人也？“陆终乃颛顼之后祝融八姓之一”，这里所谓“祝融八姓”系指“几、董、彭、秃、妘、曹、斟、芈”，其中没有嬴姓。颛顼为戎夏氏族部落联盟中的首领之一，号高阳氏。岳阳县黄秀乡黄帝元编《黄氏族谱》谓黄氏出于陆终长子昆吾之姓，而昆吾乃己姓，与嬴姓无关。可见其说不能成立。诚如何光岳指出的：“黄氏乃出于黄国之后，嬴姓。而黄帝之后黄氏，则少昊氏（金天氏）、高阳氏（帝颛顼）皆黄帝之后。黄国出于伯翳，亦黄帝之后。因误以高阳氏之后为黄氏，而以高阳氏玄孙陆终为黄氏之祖，明显有误。从黄氏各谱世系皆以陆终为始祖，虽世系连绵不断，但其中有千余年不相符契，疑为历代序谱之误。《湖南黄氏世谱・世次韵语》谓‘渊源少昊长’是对的。”[③] 因此，河南潢川黄国是由伯益后裔所创建，绝非由陆终后裔所创建，则是确定无疑的。由于总前提错了，

---

① 湖南省图书馆编著：《湖南氏族迁徙源流》（一），岳麓书社，2010 年，第 288 页。

② 蔡邕：《汉交阯都尉胡夫人黄氏神诰》，转引自刘佑平：《中华姓氏通史・黄姓》，第 41 页。

③ 何光岳：《中华姓氏源流史》卷三，湖南教育出版社，2003 年，第 3460 页。

在这个错误总前提下派生出来的各种说法也就错上加错了。

潢川黄国位于今河南省潢川县西北6公里淮水之南、淯河两岸的隆古乡，黄国故城遗址至今犹存，是河南省信阳市保存最完整的一座春秋时期诸侯国都城，也是河南省重点文物保护单位之一。黄国自公元前21世纪夏代初年受封建国，历夏、商、周三个王朝，一直顽强地生存了1400余年，至公元前7世纪中叶为楚国所灭。黄国遗民遂以国为氏，这就是黄姓的由来。

综上所述，远溯中华黄氏，黄兴系中华始祖黄帝后裔，少昊为黄兴的远祖，伯益为黄兴的血缘始祖，伯益长子黄大廉为黄兴的肇姓始祖。

第二节　浪迹江夏

黄大廉在河南潢川所创建的黄国虽然立国久长，但在历史上毕竟只不过是一个势力不大的弹丸小邦国。后来随着楚国势力逐渐发展壮大，不断威胁着黄国的生存，但黄国子民始终不愿意臣服于楚，乃与原属东夷氏族部落的江、道、柏、弦诸嬴姓小国结成联盟，并成为东夷嬴姓诸国的盟主，共同抵抗楚国的侵略。公元前704年，“夏，楚子合诸侯于沈鹿，黄、随不会”①。黄、随抵制楚国的沈鹿结盟会议使楚国大为恼火，同年，楚国派使臣出使黄国，抗议、谴责黄君拒不参加沈鹿之盟的行动。公元前675年，楚文王便“伐黄，败黄师于踖陵”②。这是楚国第一次出兵惩罚黄国。但黄国并不示弱，公元前658年，黄国与相邻的同姓小邦国江国一道参加齐侯主持召开的贯（今山东曹县南5公里处）之盟会；次年，又参加阳谷（今山东阳谷县）之盟会，并从此与中原的齐、

---

① 杨伯峻编著:《春秋左传注》第一册，中华书局，1981年，第121页。

② 《春秋·庄公十九年》，转引自何光岳《东夷源流史》，第45页。

鲁、宋、卫等诸侯国结成反楚同盟。公元前656年，鲁僖公因陈国有亲楚倾向，便与齐、宋、黄、江等盟国一齐攻打亲楚的陈国。次年，楚国便再次进行报复，乘虚攻灭黄国同姓联盟的弦子国，“弦人奔黄”[①]。公元前649年，楚成王以“黄人不归楚贡”为由，决定攻打黄国；但黄国国君仍自恃有齐、鲁、宋、卫、江等联盟国的支持，且自认定“自郢及我九百里”，“焉能害我”[②]？未作防御准备，结果被楚国所灭。公元前623年，作为嬴姓盟国的江国亦为楚国所灭。这就是前引《家谱》中所说的“江、黄国灭于楚，遂以国氏”。

公元前648年在黄姓历史上是一个极其悲壮的年代，楚人灭黄成为黄姓历史演变的一个重要里程碑。从此，黄姓由一个拥有千余年历史和灿烂文化的王族国姓沦落为楚国统治下的普通姓氏。黄姓的子民们除一部分战死疆场、一部分留居原地之外，其余的大部分黄国遗民则不甘忍受楚国的统治开始大迁徙、大逃亡。他们不甘沉沦，不惜远走高飞、浪迹天涯，也要在历史上留下自身奋斗的足迹，江夏黄氏就是其中著名的一支。

那么，江夏黄氏是何时产生的呢？其始祖又是谁呢？他们又是怎样浪迹江夏的呢？对于上述问题，史学界尚存有分歧，但只要我们对江夏黄氏进行动态的考察，以史料为依据，就不难找到正确的答案。

黄国为楚人所灭之后，黄国遗民中的一部分人南“迁至湖北黄冈县（隋于此设黄州）。附近有黄陂、黄安、黄梅等县名及黄山，均因黄人迁此而得名”[③]。从地理位置看，黄冈、黄陂等地在湖北境内，且距江夏不远，江夏黄氏应当就是这批南迁湖北黄冈、黄陂等地黄国遗民的后裔，而黄香则是江夏黄氏的始祖。

黄香，字文疆，江夏安陆人。9岁痛失慈母，因哀思过度，日

---

① 《春秋·庄公十九年》，转引自何光岳《东夷源流史》，第45页。

② 杨伯峻编著：《春秋左传注》第一册，第341页。

③ 何光岳：《东夷源流史》，第45页。

渐憔悴，几至支持不到守丧期终，乡人称其至孝。12 岁时，太守刘护闻而召见，题写“门下孝子”赠之。黄香从此博学经典，精研道术，以文章闻名京师，时人称之为“天下无双，江夏黄童”。黄香以儒学入仕，初任郎中。公元 84 年（汉章帝元和元年），汉章帝召见黄香，让他入皇家图书馆，读尽皇家藏书。时皇室为千乘贞王刘伉（章帝子）在中山宫坻举行弱冠大礼，汉章帝召黄香参加，对诸王介绍说：“此‘天下无双，江夏黄童’者也。”左右无不刮目相看。嗣后，汉章帝以“江夏黄香忠孝两全，天下无双”御书赏赐给黄氏家族。公元 92 年（汉和帝永元四年），升为左丞相；两年之后升为尚书令，并获连任和皇室赏赐，增秩至二千石，赐钱三十万。公元 106 年（汉安帝延平元年），黄香出任魏郡太守，嗣因郡内水灾免职，不数日卒于家。著有赋、笺、奏、书、令共五篇[①]。

黄香生于公元 56 年，卒于公元 106 年，享年 50 岁。从黄香的生年可知，他在公元 56 年就已在湖北安陆（今湖北云梦东南）落籍，因而安陆也就成为江夏黄氏的发源地。黄氏自东汉至今一直是江夏（今湖北云梦东南、武汉一带）大姓。多数黄氏族谱包括《湖南黄氏世谱》、光绪己亥聚斯堂《黄氏家谱》、光绪甲午修《陡亹黄氏宗谱》以及禾坪、鹤薮、潮州、台湾、武隆、三台、威信、吉安、金溪等地所修黄氏族谱都认定黄香为江夏黄氏始祖，这是毋庸置疑的。可以肯定地说，江夏黄氏是黄国遗民的后代。公元前 648 年，黄国为楚人所灭之后，黄国遗民不甘屈辱，南迁湖北黄冈、黄陂等地，经过 700 余年的繁衍生息，大约在公元 56 年前后逐渐聚集到湖北江夏一带，而成为著名的江夏黄氏大族，均尊黄香为江夏黄氏始祖。黄兴是黄国遗民的后代，是江夏黄氏始祖、被誉为“忠孝两全，天下无双”的大孝子黄香的直系后裔。

---

① 范晔撰：《后汉书》，中华书局，1965 年，第 2613—2615 页。

第三节　避乱徙浙

江夏黄氏始祖黄香传至第10代裔孙黄苾，为躲避战乱，徙居浙江婺州之浦阳，逐渐繁衍成金华黄氏五大族。黄苾成为金华黄氏始祖。这里有两个问题需要辨析清楚，一是黄苾在何时迁入浙江？二是迁入浙江何地？明朝人宋濂在《诸暨孝义黄氏族谱序》中有云："隋开皇间有自江夏迁婺之金华者其讳曰苾。"从此以后，许多黄氏族谱均从其说，于是以讹传讹，便草率地认定黄苾是隋开皇年间人，其实，这是不正确的。对此，刘佑平经过考证，认为"黄苾不是隋朝人，而是东晋时人。黄苾是东晋初年从新安郡歙县黄家墩（今安徽省歙县黄墩）迁居'婺州之浦阳'"①。

东晋开国皇帝为晋元帝，名司马睿，字景文，河南温县人。生于公元276年，公元317年正式登基，东晋王朝建立。公元322年，司马睿病逝，时年47岁，只做了5年皇帝，谥号为元皇帝，史称晋元帝。刘佑平所说的"东晋初年"当指东晋王朝建立以后不久，大约在公元317年至322年之间。而至隋开皇年间已经晚了200多年时间。因为隋文帝杨坚为隋朝开国皇帝，他于公元581年即位，改元开皇，至公元601年改为仁寿元年，隋文帝于公元604年（仁寿四年）被其子杨广杀害，杨广于公元605年改元大业，是为隋炀帝。据此可知，隋开皇年间，当为公元581年至600年之间。如果黄苾是隋开皇年间自江夏迁居"婺之金华"，那么应该至少在公元581年之后。而黄香逝世于公元106年，而从公元106年至公元581年，其间长达475年之久，不可能只相隔10代，每代间隔亦不可能有近50年之久。而如果从东晋初年即公元317年算起，与黄香逝世的公元106年只相距211年，相隔10代，每代间

① 刘佑平：《中华姓氏通史·黄姓》，第111页。

隔只有20多年，比较符合事实。

至于迁居的地点，由于古今地名的变换和行政区划设置的变更，往往造成记载之误。其实，“黄氏之称金华，是以郡名称，非以县名称”。金华郡原名东阳郡，“东阳郡后改为金华郡、金华府，故黄氏在宋代以后即称金华黄氏。浦阳县始建于唐朝天宝十三年（754），在此以前，浦阳只不过是婺州东阳郡的一个戍镇，故黄氏不称浦阳而称东阳或金华。浦阳在今浙江省浦江县，也仍属于金华市”[1]。因此，所谓“婺州之浦阳”，实属今浙江省金华市浦江县，这就是金华黄氏的发源地，黄苾被公认为金华黄氏（即婺州浦阳黄氏）的始祖。

黄苾，字惠卿，初官兖州（今山东郓城县）总管，从江夏徙居“婺州之浦阳”，嗣升迁为金陵（今南京市）按察。当时，金陵镇守长官吴英赏识其才干，遂将爱女吴氏许配黄苾为妻。后因三国末、东晋初诸侯争霸、战祸连年，黄苾携妻室儿女隐居浦阳镇，黄苾逝世后亦被安葬于此。

黄苾生有二子：黄居中和黄居正。长子黄居中，以进士出身入仕，累官至侍讲学士。次子黄居正，亦中过进士，官至吏部侍郎。黄居正生有三子：长子黄梦美，任德安县令；次子黄梦彩，任袁州判官；三子黄梦圣，也中过进士，官至福州刺史。三子均能宏扬祖先家业，极大地光大了浦阳黄氏家族的门楣。浦阳黄氏世居今浙江省金华市浦江县，家族备极兴旺，成为继江夏黄氏之后著名的一支黄氏宗族即金华黄氏。黄兴是金华黄氏始祖、金陵按察黄苾的直系后裔。

---

① 刘佑平：《中华姓氏通史·黄姓》，第111页。

第四节 西迁入赣

黄恷“历十九传至萦，生二子：洪、浩。洪生二子：瑕、珌；浩生三子：琛、玘、璞。其子孙析为五大族。瑕之枝则丰城，珌之枝则剡，琛之枝则监利，玘之枝则分宁，璞之枝则弋阳，皆自金华而迁。稽之金华、丰城二谱及黄庭坚、魏了翁、李心传诸儒所采著者颇同，当可信而不诬”①。另外，光绪甲午纂修的《陡亹黄氏宗谱》记载：黄洪娶妻卞氏，生子三：珌、瑕、琰；黄浩娶妻董氏，生子五：琛、璞、玘、琬、珍。黄洪、黄浩兄弟二人究竟是生育了五个儿子还是八个儿子？各谱记载不同，我们认为，应当是八个儿子的可能性较大，因为何氏之记载采摘的是《宋学士集》等书，而《宋学士集》之所以说是五个，只是记载了“金华黄氏五大族”的代表人物而已，因为黄洪之子琰和黄浩之子琬、珍的后裔没有衍生成大的黄氏族系而被士人忽略而未加记载。尽管黄洪、黄浩兄弟二人生子数量尚存有分歧，但有一点是共同的，那就是黄洪、黄浩兄弟二人的儿子分为五大支，分别迁徙到丰城、剡县、监利、弋阳、分宁。也就是说，“婺州浦阳”黄氏始祖黄恷传十九世至萦，而萦之裔孙以上述五大支最为繁昌，所以人们视此五大支为金华黄氏的代表人物，俗称“金华黄氏五大族”。而五大族中的分宁黄氏始祖为黄玘，他为什么要西迁入赣呢？他又是何时入赣的呢？这是必须要辨析清楚的问题。

江西分宁黄氏，又名江西分宁洪州双井黄氏，其始祖为黄玘。分宁洪州双井今属江西省修水县杭口乡双井村。双井村以河中有双井而得名。据史籍记载：“双井，上井四丈、下井四丈，在河

① 何光岳著：《中华姓氏源流史》卷三，第3461页。

中，水涌沙不入，十里秀水。”[1] 可见，这里自然风光十分奇特，是一块山青水秀的风水宝地，黄玘之所以从浙江金华迁此，据传是由于酷爱分宁山水之奇。

黄玘，字世奇、行三、汝珪、畔溪、玉钦、璞夫，号冰堂。唐僖宗乾符五年（878），以祖泽补文林郎，后赠大中大夫。唐末，黄玘偕胞兄黄璞、族兄黄瑕由金华西迁入赣、徙居分宁之双井，嗣后两位兄长先后迁往他处，唯有黄玘独恋分宁双井山水之奇，卜居于此。殁后被安葬在双井白土山。黄玘配任氏，生子三：瞻、贻、赋。黄玘长子黄瞻，字明远（一字发生），唐昭宗天复元年（901）生，在唐末任著作佐郎，后任分宁知县。当时江西分宁洪州正是南唐与湖南吴楚政权交界地段，黄瞻又被吴楚政权授以兵马副使之职，将楚兵20年，后因吴楚割据政权日益衰败，于是辞官隐居于分宁故土，黄瞻去世后亦安葬在双井白土山。黄玘、黄瞻父子后裔兴旺发达，至宋元时期而成为著名的黄氏分宁一支。唐末最后一个皇帝唐哀宗在位仅三年（904—907），黄玘在公元907年已有29岁，正值壮年，既然史籍记载他在唐末徙居分宁洪州双井，当不会超过公元907年，因此，他在公元907年以前西迁入赣之分宁洪州双井则是极有可能的。毫无疑问，黄玘是分宁黄氏的始祖。

分宁黄氏最杰出的人物是北宋大文豪黄庭坚。

黄庭坚（1045—1105），北宋著名诗人，分宁人。字鲁直、号山谷道人，晚年又号涪翁。宋英宗治平四年（1067），中进士。宋哲宗即位，召为校书郎、《神宗实录》检讨官，迁著作佐郎、国史馆编修官等职。他与张耒、晁补之、秦观同游大文豪苏轼门下，时人称为“苏门四学士”。他是江西诗派创始人，后人因此将他与苏轼并列相称，故称“苏黄”。他又是北宋著名书法家，“善行、

---

① 转引自刘佑平：《中华姓氏通史·黄姓》，第144页。

草书，楷法亦自成一家”[①]。他与苏东坡、米芾、蔡襄齐名，号称“北宋四大家”。苏轼对他评价很高，苏轼任侍从时，举以自代，赞其有“瑰伟之文，妙绝当世，孝友之行，追配古人”[②] 之语，其重视有如此者。有《豫章黄先生文集》《山谷琴趣外篇》；其自选诗文有《山谷精华录》；书法作品有《华严疏》《松风阁诗》及草书《廉颇蔺相如传》等。黄庭坚的诞生标志着分宁黄氏家族的发展和整个黄姓历史的发展已经进入最辉煌的时期。如果说黄玘是黄兴的黄氏分宁始祖的话，那么，黄庭坚则是黄兴的黄氏分宁显祖。

第五节　迁湘始祖

江西分宁黄氏始祖黄玘和显祖黄庭坚之后裔黄国璋是迁湘始祖。但黄国璋原籍却不在分宁，而是江西吉安州泰和县，世为泰和县鹅颈大邱黄氏。但关于黄国璋先辈传承关系及何时从分宁迁徙至泰和县的?《家谱》未载，我们不敢妄论。但我们可以从其他史料中寻找蛛丝马迹，理清黄国璋先世的传承关系。

既然黄国璋是黄庭坚的直系后裔，那么，可以从黄庭坚世系传承关系入手进行分析。黄庭坚原配孙氏，继配谢氏，三配王氏，共生育三子：杨（孙出）、相（谢出）、嗣显（王出）。黄相一支较为兴旺。黄相，字瞭然，号小德，官至中奉大夫。黄相娶妻石氏，生子六：黔、然、醮、炁、照、羔。黄相长子黄黔，字楚老，官任司理参军，生子黄塾，迁居江西万载县，成为今万载黄氏始祖。万载地处分宁与泰和之中，黄庭坚之曾孙黄塾南下万载，已

① 脱脱等撰：《宋史》第三七册，卷四三一至卷四四五（传），中华书局，1977 年，第 13110 页。

② 脱脱等撰：《宋史》第三七册，卷四三一至卷四四五（传），第 13110 页。

距泰和不远，黄国璋一支极有可能是黄塾的后裔。而且，据有人考证，黄国璋是黄庭坚的第七代裔孙[①]。而黄塾是黄庭坚第三代裔孙，仍在万载；至少到黄庭坚第四代裔孙才有可能搬迁至泰和，在泰和不过只生活了三代之久，如果按每代 30 年时间推算，不到百年时间。而黄庭坚于公元 1105 年逝世，传至黄国璋也不过 200 年左右的时间。因此，大约在公元 1206 年（元朝初年），黄庭坚的第四代裔孙黄训才迁徙至泰和。至于迁徙的原因，则有可能是为了躲避战乱。因为元朝历史，从成吉思汗建国漠北算起，到元顺帝退出中原、大都被明太祖朱元璋占领为止，首尾仅 163 年，即从公元 1206 年至 1368 年，历 14 帝。公元 1206 年，铁木真受群臣所上尊号，称“成吉思汗”，成吉思汗建国后，便开始进行征服邻国的战争，占领了中原和西域的广大地区，然后向南征战。而且，据有关族谱记载：“自黄庭坚第三代孙黄醮开始，日益衰落，直至黄庭坚第十代黄德瀚时，才开始中兴。”[②] 因此，黄庭坚第四代裔孙黄训不可能是因为升官的原因才迁徙至泰和的，事实上，黄训也没有什么官衔。因为系省内小范围迁徙，并非跨省搬迁，《家谱》并未作详细记载也是情理之中的事。而在黄庭坚后裔中真正跨省迁徙是从黄国璋开始的，黄国璋既是迁湘始祖，也是经锉黄氏始祖。对此，《家谱》有详细记载：“国璋，号髦士。原籍江西吉安府泰和县人。其先宋文节公庭坚裔也。明洪武初流寓长沙，卜居郡城对江涤湾市，籍隶善化。敕封文林郎、陕西道监察御史。其高、曾祖父旧谱未详，直以公为始。公兴家立业，训子成名，遗产世守，于今五百有余岁，启族繁盛，光远有耀。本籍分居长沙府属长沙、善化、湘阴、浏阳、湘潭、宁乡、醴陵、岳州府属平江凡八县，历世二十三，存丁号以万计。其分籍甘肃中卫、陕西汉阴、四川彭水、云南保山、湖北来凤及永顺府属之龙山者，

① 黄善香：《黄兴家族上溯世系研究》，载黄兴故居纪念馆等主编《2012 年中国长沙黄兴学术研讨会论文集》（内刊），第 41 页。

② 刘佑平著：《中华姓氏通史・黄姓》，第 155 页。

又各有一方别启，蔚为清门。而保世滋大，以持先泽，光启人文者，则为我经铿一宗，特为湘中望族云。生卒未详，葬善化旧十七都，今七都岳字一区湲湾市眠牛山巳山亥向。妻赵氏，明敕封孺人，相夫和敬，共起艰难，妇德母仪，垂型阃阈，生卒未详，葬夫墓右巽山乾向。子一：兴辅。”① 从上述记载可知，黄兴的迁湘始祖黄国璋是在明朝洪武初年由赣之吉安府泰和县迁入湘之善化湲湾市（今长沙市湲湾镇）。

考明代历史，朱元璋于1368年即位，是为明太祖，改元洪武，在位30年，于1398年（洪武三十一年）去世，由皇太孙朱允炆继位，是为明惠帝。“洪武初年”当指1368—1377年（洪武元年至洪武十年）。至于迁徙的原因，主要是元末明初的战乱所导致的土地荒芜、人口流亡。明太祖朱元璋在洪武初年为加强中央集权，进行了一系列政治、军事、经济和户籍制度的改革，其中的经济改革包括将聚居较为密集地区的人口整体搬迁至地广人稀的地区去。于是在“江西填湖广”的浪潮中，黄国璋也于1368至1378年（洪武初年）之间离开老家赣之泰和县鹅颈大邱乡，携同妻室子女西迁湖南，卜居善化湲湾市。如果黄国璋算是一世祖的话，那么至九世祖黄洽中一代移居经铿，发展成为湘中望族，而成为著名的经铿黄氏，从而以与其他黄氏同姓异支相区别。

过去，为理清经铿黄氏世系，辛亥革命武昌起义纪念馆王兴科研究员曾在《黄兴世系考略》一文中，从一世祖黄国璋至第十九代黄兴有关《家谱》记载，因限于篇幅，只作过“节录”；为保留《家谱》原貌，使读者得窥全豹，今将《家谱》记载各代原文悉数列出，以明梗概，以存信史。因前文已引述迁湘始祖黄国璋资料，此不赘述，下面从“二世祖”黄兴辅开始征引。

二世祖：兴辅，字纯仁，号岳山，国璋子。明洪武朝选举学行，历任陕西道监察御史、江西吉安府永丰县知县，敕授文林郎。公幼随父来迁，明敏嗜学，读书碌矶口园中，常丙夜呻吟，声达

---

① 《家谱》，《一世编》卷六，第1页。

客舟。长益敦行，故以羁旅得被荐举太祖，召对称旨，使居言路，有声于朝。然性卓荦疏放，不以名位去留为意，卒以失朝外除。公后再四隐逸，遗事遂不尽传。而诗书之泽，耿介之风，后有作者。独行特立，异世同符，不以有藉而兴，不以援之而止，实公有以肇之矣。《湖广通志》《湖南通志》《长沙府志》《善化县志》俱有传。生未详，卒永乐年。葬善化旧八都，今一都阿字九区阿弥岭简家塘纱帽山丁山癸向。妻费氏，明敕封孺人，生卒未详，合葬夫墓。子三：以敬、以诚、以忠。①

三世祖：以诚，号立弇，兴辅中子。明貤赠宣议郎，福建都指挥使司都事。公朴直醇谨，勤学立行。精书翰，解医理。乐善喜施，药品无贵贱，虽不可猝致者，必储以待，人称长者。伯兄戍兴州，公感念同气，如不欲生，尽出家财资之。季弟少夭，公以孤身寄迹江畔，韬晦自持，积德累行，承先启后，一线之延，惟公赖也。《长沙府志》《善化县志》俱有传。生卒未详。葬善化七都岳字一区眠牛山后畔塘冲，今名湴塘垅左岸山坤山艮向。妻廖氏，明貤赠孺人，生卒未详，合葬夫墓。继妻周氏，明貤赠孺人，生卒未详，合葬夫墓。子四：镛，廖出；钺、镇、銮，周出。②

四世祖：镛，号大鸣，以诚长子。明敕封迪功郎、山东济宁卫知事，敕赠宣议郎、福建都指挥使司都事，诰赠嘉议大夫、资治尹、都察院右副都御史、陕西巡抚赞理军务。公笃行好学，缵修父业，专精医术，以济人贫者，裹药送诣，其门重直弗计。与人恂恂无伪，自少至老，未尝一至官府，乡村型之。《善化县志》有传。生洪武二十三年庚午十二月初七日，卒天顺四年庚辰七月十三日，寿七十一，葬善化旧二十都，今六都龙字十七区靳江河龙迴潭龟山癸山丁向。妻谈氏，明敕封孺人，敕赠孺人，诰赠淑人，生洪武二十四年辛未正月初九日，卒天顺二年戊寅三月初六

① 《家谱》，《二世编》卷六，第 2 页。

② 《家谱》，《三世编》卷六，第 3 页。

日，寿六十八，合葬夫墓。子一：泰。[1]

五世祖：泰，字景亨。镛子。明任山东济宁、邳州等卫知事、福建都指挥使司都事、福建行都司都事，敕授宣议郎，敕封承德郎、吏部验封司主事，诰封奉直大夫、协正少尹、吏部文选司员外郎，特旨诰封中宪大夫、赞治尹、太常寺少卿，特旨赐祭葬。公乐善嗜古，尽通子史百家言，弱冠名闻诸侯。正统末，辟为藩掾。景泰末，叙任山左。天顺二年，母丧归里，继宅父忧，皆无近悔。成化初，除大邳。九年，擢闽中，所至勤官，屡考廉干。又九年，以直忤当道，改行都司，逾月致政，而仲子宝已领乡荐矣。庚戌、甲寅，两以子贵膺封，虽耋老时，复邮书督子勤职。弘治中，宝晋太常，诏许归省，时未及恩例，孝宗特予预封。公卒，特命吉简王归，赗皆殊数也。生平笃意本根，退老后修治先冢，广置祭田，以奉时事。生永乐二十年壬寅四月十九日，卒弘治十二年己未十月初十日，寿七十八，葬善化旧八都，今三都八甲昭港谭婆山，今名黄家湖凤皇山寅山申向。妻张氏，明敕封孺人，敕封安人，诰封宜人，特旨诰封恭人，特旨赐祭，诰赠淑人，生宣德三年戊申二月初三日，卒弘治十六年癸亥九月十六日，寿七十六，合葬夫墓。妾阙氏。子六：金、宝、麟，张出；凤、奎、璧，妾出。[2]

六世祖：金，字廷坚，号滐湾。泰长子。明议叙七品散官，敕封迪功郎、浙江宁波府鄞县县丞，貤赠文林郎、南直巢县知县，貤赠承德郎、南直镇江府通判。公赋体孱弱，谨朴自守，德量过人，动循礼法，总持家棣，外内秩秩，时门祚日隆，公处之以约，益臻富有。承景亨公志，以所余财产举归之宗，纳粟入军府，散暨里村。正德丙寅，叙饟边军，功得奖散秩。吾家累叶零丁，至是宗支始茂。公既获寿臧，跻堂称祝者四十余人。老益强固，郡县崇引，年之典，凡有询谋，必首就公。厥后，蕃昌甲郡邑焉。

---

① 《家谱》,《四世编》卷六，第 4 页。

② 《家谱》,《五世编》卷六，第 5 页。

《善化县志》有传。生正统十二年丁卯六月二十八日，卒嘉靖十三年甲午五月十八日，寿八十八，祔葬祖父墓下。妻苏氏，明敕封孺人，贻赠孺人，贻赠安人，生正统十三年戊辰三月二十八日，卒嘉靖十九年庚子十一月初三日，寿九十三，合葬夫墓。子六：仕俊、仕杰、仕伟、仕佐、仕亿、仕仁。①

七世祖：仕亿，字汝安，号止斋。金五子。明敕封文林郎、南直巢县知县，敕封承德郎、云南府通判，诰赠中议大夫、赞治尹、山西太原府知府。公赋质宽栗，乐道遗荣，持家有法，尤笃孝养，高堂耄老，深得欢心。洎终父丧，伯兄先已下世，苏太安人年已九十矣，公且白首，昆季五人，友爱备至，日率孙曾列阶侍膳，自忘其衰，苏太安人亦并忘其身之老而子之衰焉。初席湶湾市遗业，故中人产，勤俭树艺，遂以日裕。其后徙居郡城，郡侯沧涯张公、邑侯月湖李公皆以耆德相礼重，屡举乡宾不就。为族正二十年，敦睦宗亲，教成于家。后以年老屡辞，从父弟龙桥公与族属强留，以为家人师，与乡人处，虽犯勿校，交游重气谊，急人之急，遇贫困者，轻财拯之，无稍吝。尝曰：吾不能积金帛以贻子孙，但使一片心田不至污莱足矣。已而子孙昌大，门祚日振。生成化二十二年丙午九月二十三日，卒嘉靖三十九年庚申八月初七日，寿七十五，葬善化旧二十都长乐乡，今六都坑子五区岳麓山云麓宫前石家冲，今名张家冲牌楼山庚山甲向。妻何氏，明敕封孺人，敕封安人，诰赠恭人。生弘治四年辛亥十一月三十日，卒嘉靖四十三年甲子三月初七日，寿七十四，合葬夫墓。妾石氏，生正德二年丁卯六月十三日，卒嘉靖二十八年己酉七月二十二日，祔葬善化七都青石沟伏牛塘亥山巳向。子五：梅、植、模，何出；格、梗，石出；女一：适罗，何出。②

八世祖：梅，字希说，号傅严，仕亿长子。明县学廪生，嘉靖己酉选贡，历任南直安庆府望江、庐州府巢等县知县，敕授文

① 《家谱》，《六世编》卷六，第6页。

② 《家谱》，《七世编》卷六，第11—12页。

林郎。公学备体用，在官勤职，循声懋著，莅巢湔除积弊，所在实事求是，三月邑以大治，气象一新，时有洁己奉公、吏治民安之颂。以性峭直，不阿时好，遂忤当道，拂衣归里，士民攀辕乞留，江岸浮桥几绝。生正德二年丁卯十一月二十九日，卒万历九年辛巳十月十六日，寿七十五，葬长沙旧二十四都明道乡，今明道都八甲茅岭冲东塘尾乾山巽向。妻刘氏，明敕赠孺人，生卒、葬未详。继妻庄氏，明敕封孺人，生正德六年辛未八月初五日，卒万历十七年己丑八月十五日，寿七十九，合葬夫墓。子二：建中、化中，庄出；女二：长适侯，次适邹。[1]

九世祖：化中，字民孚，号西玙，梅次子。明县学廪生。公敦礼践善，在庠有声。时缔姻藩邸，子姓蔚起，家道盛昌。公自守益约，不改书生本色，时论高之。生嘉靖二十三年甲辰十二月初十日，卒万历四十一年癸丑二月二十八日，寿七十，葬黄花冲神山坡巳山亥向。妻陈氏，生嘉靖二十六年丁未九月二十五日，卒万历十七年己丑六月，祔葬茅岭冲父墓山亥山巳向。继妻胡氏，生嘉靖三十三年甲寅六月二十日，卒万历三十六年戊申八月，葬夫墓侧巳山亥向。子五：学葵、学灏，陈出；学真、学纯、学雅，胡出。[2]

十世祖：学雅，字从之，化中五子。公力学敦行，师事诸兄，友事从父兄子伯含、仲郢、太璞。时一门三世，先后十数人，腾声黉序茅岭，名颉颃经铿。公四十未遇，犹循功令，应有司试，不屑禄仕。曰：恒士，吾世业也。晚节益劲，阒然涧谷，万缘俱谢。乡里钦公独行，考终为题其主曰：明处士。生万历三十年壬寅八月十五日，卒康熙十七年戊午十月初一日，寿七十七。祔葬黄花冲祖山巳山亥向。妻周氏，生万历三十七年己酉六月二十七日，卒顺治十五年戊戌七月十九日，祔葬黄花冲祖山巳山亥向。子六：象荣、象伦、象旦、象茂、象石、象依；女三：长适邓，

---

① 《家谱》，《八世编》卷六，第18页。

② 《家谱》，《九世编》卷六，第30页。

次适易，三适孔。①

十一世祖：象伦，字君尚，学雅次子。生崇祯九年丙子正月二十三日，卒康熙四十年辛巳十月二十日，寿六十六，葬昭山湾昭提寺后寅山申向。妻卢氏，生顺治二年乙酉五月二十八日，卒康熙十七年戊午六月二十七日，合葬夫墓。子四：梦麒、梦麟、梦甲，梦联以为兄象荣子。②

十二世祖：梦甲，字公调，象伦三子。受性刚健笃实，立品高洁，克修庸行，门庭之内，孝友蔼然。生康熙九年庚午十二月二十四日，卒乾隆二十一年丙子十月初五日，寿八十七，葬丛树坡庚山甲向。妻赵氏，善承夫志，妇德无亏。生康熙十三年甲寅九月初四日，卒乾隆三年戊午十月十六日，寿六十五，葬乌冲口塘湾巽山乾向。子一：文成，以其兄梦麒第四子为子。③

十三世祖：文成，字斐然，号竹轩，梦甲以其兄梦麒第四子为子。公性朴诚，敬其子职，勤力课耕起家，富有阡陌连属。生康熙三十八年己卯闰七月二十八日，卒乾隆四十二年丁酉九月十二日，寿七十九，祔葬丛树坡申山寅向。妻陈氏，相夫克勤。生康熙四十年辛巳七月十五日，卒乾隆三十五年庚寅三月初一日，寿七十，葬长沙明道都八甲林薮塘茅岭大山未山丑向。子三：玉鐾、玉玺、玉瑞；女二：长适邓，次适易。④

十四世祖：玉鐾，字第应，号受堂，文成长子。公温惠质实，朴勤治生，事亲温清殷情，友爱诸弟，老而弥挚，里党相处未尝一语欺人，人称长者。生雍正三年乙巳九月十五日，卒嘉靖二年丁巳八月十三日，寿七十三，葬明道都八甲碑山口庚山甲向。妻柳氏，耆寿五世同堂，《善化县志》有传。生雍正二年甲辰七月二十日，卒嘉靖十八年癸酉八月十四日，寿九十，合葬夫墓。子二：

① 《家谱》，《十世编》卷六，第44页。

② 《家谱》，《十一世编》卷六，第60页。

③ 《家谱》，《十二世编》卷七，第8页。

④ 《家谱》，《十三世编》卷七，第46—47页。

孝源、孝纶。[①]

十五世祖：孝纶，字本培，号养田，玉鋆次子。生乾隆十九年甲戌十一月初一日，卒道光七年丁亥十一月二十七日，寿七十四，葬乌冲丛树坡庚山甲向。妻周氏，生乾隆十九年甲戌正月初七日，卒道光十五年乙未六月初三日，寿八十二，合葬夫墓。子五：友原、友竹、友松、友石、友南；女一，适何。[②]

黄孝纶系黄兴的高祖父。

十六世祖：友竹，字裁庭，号交秀，孝纶次子。生乾隆四十七年壬寅八月二十三日，卒道光二十三年癸卯六月初九日，寿六十二，葬明道都八甲螺丝塘映山红丁山癸向。妻王氏，生乾隆四十八年癸卯八月十八日，卒嘉庆十二年丁卯十一月十一日，祔葬林薮塘范家咀庚山甲向。继妻刘氏，生卒未详，合葬王氏墓。再继妻盛氏，生乾隆五十三年戊申九月二十七日，卒道光二十年庚子正月二十二日，寿六十三，祔葬乌冲丛树坡庚山甲向。子三：维光，王出；月楼（维德）、维第，盛出。[③]

黄友竹系黄兴的曾祖父。

十七世祖：月楼，派名维德，字懋昭，友竹次子。从九品职衔，军功六品顶戴。公宅心长厚，敦气节，重然诺。邻里有争竞，公婉言导之，靡不敬服。据《家谱》记载："咸丰初，粤匪扑省城，乡民乘乱肆掠，公倡募团勇，昼夜巡缉，境赖以安。时浏阳征义堂寇最剧，新宁江忠烈公率师讨平之。余党溃逸，有匪首傅松者，潜公境内，公密侦擒之，献俘曾文正公，置诸重典。是役也，里人章君小峰实与其事，例得优叙，公不自伐，悉以归之。章君事定后，倡捐团谷、积谷、育婴各公费，修斋堂寺庙宇，设公所其中，编立保甲，凡公事有益地方者，靡不踊跃赞成之。至今斋堂寺一都十五团，比户安堵，民俗朴厚，皆守公成法也。"生

① 《家谱》，《十四世编》卷八，第15页。
② 《家谱》，《十五世编》卷九，第17—18页。
③ 《家谱》，《十六世编》卷十一，第20页。

嘉庆二十年乙亥正月初七日，卒光绪二年丙子正月初二日，寿六十二，祔葬父墓山丁山癸向。妻方氏，生嘉庆十九年甲戌四月十九日，卒道光二十四年甲辰十月十四日，祔葬丛树坡祖山庚山甲向。继妻解氏，生嘉庆十五年庚午十月十五日，卒光绪十三年丁亥正月十八日，寿七十八，葬善化一都平字区斋堂寺前粮塘老虎园丑山未向。子三：式珍、式璠、炳崑（式翥）；女一：适李伯源，方出。[①]

黄月楼系黄兴的祖父。

十八世祖，黄炳崑，派名式翥，字翰翔，号筱村，月楼三子。府学优廪生。生道光二十年庚子八月十一日，卒光绪二十三年秋。妻罗氏，生道光二十年庚子十二月二十七日，卒光绪十二年丙戌正月十一日，祔葬继姑墓侧丑山未向，瘗志碑记。继妻陈氏，生咸丰元年辛亥六月初三日，卒光绪十四年戊子七月十二日，祔葬继姑墓侧，瘗志碑记。再继妻易氏，生咸丰八年戊午十一月二十日，卒民国十八年夏。子二：仁蔚、仁牧，罗出；女四：长适贺（同县学生家璧）、次适李（同邑县学廪生振湘）、三适刘（同邑监生仙舫）、四适胡（长沙监生雨田），均为罗出。[②]

黄炳崑系黄兴的父亲。

十九世祖：仁蔚，字霞俶，炳崑长子。生同治二年癸亥十月二十八日，卒光绪八年壬午正月二十四日，葬杨港子山午向，兼壬丙瘗志碑记。妻车氏，生同治五年丙寅十月初二日，卒光绪八年壬午三月十二日，葬省城小吴门外凤鸣园辛山乙向，碑记。[③]

黄仁蔚系黄兴之胞兄。

仁牧，字岳生，号覲五，一号谨吾，炳崑次子。生同治十三年甲戌九月十六日，妻廖氏，生同治十二年癸酉七月二十八日。[④]

---

① 《家谱》，《十七世编》卷十四，第23页。
② 《家谱》，《十八世编》卷十七，第20页。
③ 《家谱》，《十九世编》卷二十，第17页。
④ 《家谱》，《十九世编》卷二十，第18页。

黄仁牧乃是黄兴的派名。

《家谱》对迁湘始祖黄国璋这一宗统作了详细的记述，对黄兴世系作了系统的铺陈，在经铿黄氏这一宗统中，黄兴分属傅严公宗民孚公房君尚公裔第应公支。傅严是经铿黄氏八世祖黄梅，号傅严；民孚是经铿黄氏九世祖黄化中，字民孚；君尚公是经铿黄氏十一世祖黄象伦，字君尚；第应是经铿黄氏十四世祖黄玉璺，字第应；分别以字号作为宗、房、裔、支，从而使黄兴世系脉络分明，以便于认祖归宗。需要说明的是，由于黄兴十二世祖黄梦甲膝下无子，便以其兄黄梦麒之第四子黄文成过继为子（因黄梦麒生子六人：文庶、文汉、文佐、文成、文述、文进）。

经铿黄氏派语为："孝、友、维、式，仁、厚、其、孚。克、昌、宗、业，用、启、宏、图。承、先、之、佑，永、锡、尔、休。嘉、嗣、继、武，卜、世、缵、修。"[①] 共 32 字，按此派语，黄兴属仁字派，派名仁牧。由于经铿黄氏宗统的世派是康熙壬辰二修家谱时拟订并自十五世启用的，而光绪壬辰七修谱除修改个别字之外，也基本上沿用这个世派，只是将第十五世开头的"士"字改成"孝"字，以"孝"字作为派语的开头，从表面看起来，此虽一字之改，但从其实质分析，那就是如同黄兴自己所说的，"他的远祖在清初曾写过遗书，要黄氏子孙永不出仕清朝"[②]。其"远祖"为谁，当是十世祖黄学雅，他生于明万历三十年，卒于清康熙十七年，处于明清之交，从第十世祖学雅开始，其后人竟无一人出仕为清朝官吏，算是践履了祖宗的遗愿。黄兴的祖父黄月楼虽因军功为"六品顶戴""从九品职衔"，只是虚衔，并非实职。正是按照上述世派，黄兴辈列第十九世仁字派，所以派名仁牧。由于《家谱》修于 1892 年（光绪壬辰年），此时黄兴已满 18 岁，此前他已经成婚，而且其父黄炳崑又是该《家谱》的编校之一，

---

① 《家谱》，《世派图》卷二十七，第 22 页。

② 李书城：《辛亥革命前后黄克强先生的革命活动》，《辛亥革命回忆录》第一集，第 181 页。

直接参与了《家谱》的编校，其真实性和准确度是毋庸置疑的，因此，凡属过去有关黄兴的高祖、曾祖、祖父、父亲及兄长、姊妹和黄兴本人的名、字、号、配偶、子孙及勋业等记载与《家谱》有异者，则应以《家谱》为准，加以匡正。但由于《家谱》修纂于 1892 年，对于 1892 年以后出生的黄兴的后裔，《家谱》自然只能付诸阙如。为理清黄兴的家谱世系，我们根据《家谱》记载及访问黄兴长孙黄伟民所获口述资料，综合整理出黄兴的完整世系，详见附表。

附表：黄兴世系表

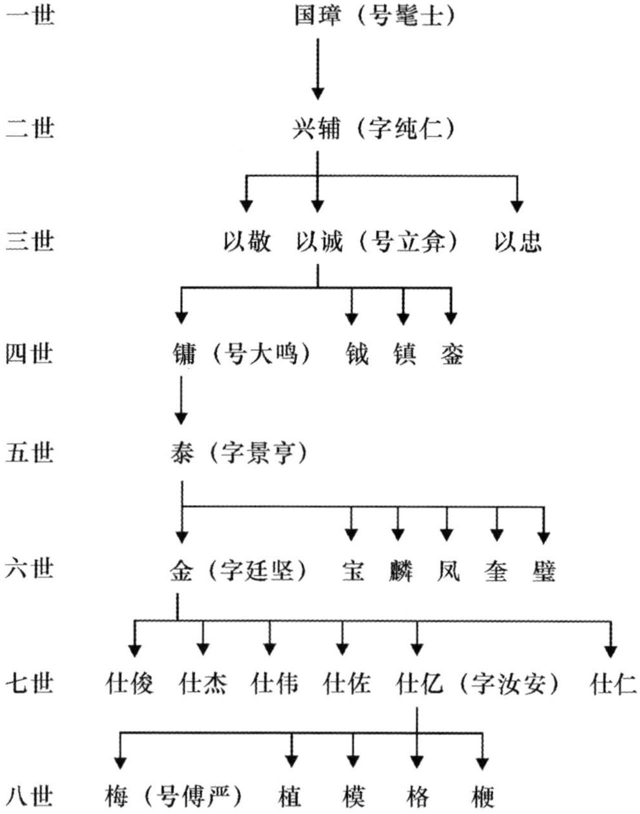

九世　建中　化中（字民孚）

十世　学葵　学灏　学真　学纯　学雅（字从之）

十一世　象荣　象伦（字君尚）　象旦　象茂　象石　象依

十二世　梦麒　梦麟　梦甲（字公调）　梦联

十三世　文成（字斐然）（梦甲以梦麒第四子为子）

十四世　玉璧（字第应）　玉玺　玉璠

十五世　孝源　孝纶（字本培）

十六世　友原　友竹（字裁庭）　友松　友石　友南

十七世　维光　月楼（派名维德，字懋昭，黄兴的祖父）　维第

十八世　式珍　式璠　炳昆（派名式翥，黄兴的父亲）

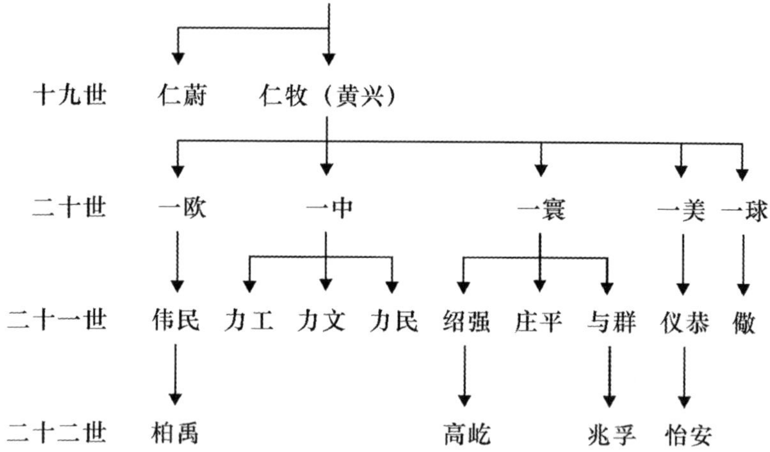

第六节 经铿遗训

黄兴之所以走上民主革命的道路固然是晚清政治腐败、外敌入侵、中国面临亡国灭种的险恶形势所致，也是与他积极投身革命斗争实践的主观努力分不开的。研究《家谱》，我们还会发现，黄氏先祖的遗训、家教、家风对黄兴的人生走向也产生了极其深远的影响，是激励黄兴走上民主革命道路的最初动因。

值得重视的是，《家谱》第二十八卷《训典志》用较大篇幅刊登了经铿黄氏先祖各代的家训、家教、家规、家范等等。例如十世祖黄天益《家范十四条》、十一世祖黄尔介《家训八则》、十三世祖黄元吉《训子书》、十四世祖黄上珍《渊亭日录》、十六世祖黄康《遗训七则》，以及敦睦堂《公立家规四条》，等等，从而开创了黄氏一代良好的家风。

《家谱》修纂于1892年，黄兴已有18岁，而且，当年黄兴还参加过善化县考，说明他当时已具备相当高的文化素养；加之，黄兴之父黄炳崑又是《家谱》的编校之一，黄兴自然是认真阅读过《家谱》中的《训典志》的。经铿黄氏遗训对黄兴的人生走向和品格特质形成自然会产生重要影响，概括起来，主要有如下五个方面。

第一，《训典志》强调一个“敢”字，黄氏先祖具有敢为天下先、敢于开拓进取的英雄气概和英勇无畏的献身精神。

如前所述，黄姓的远祖黄帝、少昊氏及其后裔皋陶、伯益等人为抵抗外敌入侵、抗击自然灾害、促进氏族部落从游牧生活向农耕生活过渡立下了汗马功劳；黄姓的血缘始祖伯益辅佐舜帝、夏禹治水、驯兽、掘井，大大推动了社会进步。正是因为考虑到皋陶、伯益等人的贡献，所以夏禹才赐封伯益长子大廉为黄国诸侯，“以国为姓”，才有黄姓的产生。黄大廉才有资质作为黄氏肇姓始祖。

黄国为楚人所灭后，黄姓后裔并没有因此沉沦下去，而是发愤图强，锐意进取，从而走上了一条子孙繁昌、名人辈出的光明大道。黄大廉的后裔经历了四次大规模的跨省搬迁（尚不包括省内小范围的迁徙在内），不断开创了新的生活空间，创造了良好的生存环境。而且，正是在这种大规模迁徙中，增长了才干，锤炼了意志，走出了困境，培养了人才。黄国遗民第一次由豫入鄂，浪迹江夏，出现了以大孝子黄香为始祖的著名的江夏黄氏。江夏黄氏后裔避乱徙浙，入“婺州之浦阳”，出现了以兖州总管、金陵按察黄苾为始祖的金华黄氏。金华黄氏由于自身的发展壮大，逐渐演变成“金华黄氏五大族”，其中的一支因酷爱分宁山水之奇，西迁入赣之分宁双井，于是又形成了以文林郎、大中大夫黄玘为始祖的分宁双井黄氏，分宁双井黄氏中又产生了北宋大文学家、书法家黄庭坚这样著名的显祖。分宁黄氏后裔又因躲避战乱由赣入湘之善化渼湾市，又出现了以文林郎、陕西道监察御史黄国璋为始祖的经铿黄氏。从黄氏肇姓始祖黄大廉首建黄国至今上下四千余年，黄氏后裔几经迁徙，由北而南，历经豫、鄂、浙、赣、湘等省，使黄氏后裔日益发展壮大。正是有这种敢为人先、敢于开拓进取的精神使黄氏后裔走出中原、走向湖广、走向闽粤、走向东南沿海、走向海外，将黄氏族姓的种子，撒播于中华大地，撒播于世界各地。黄氏先辈这种敢为天下先、敢于开拓进取的精神体现在黄兴身上就是他具有远大的政治眼光和强烈的忧患意识，不安于现状，不墨守陈规，有屡败屡战、“不达目的誓不罢休”的坚强意志；有蹈厉敢死、以死报国的献身精神。

黄兴出身于耕读之家，家境十分殷实。如果从个人利益考虑，他完全可以在家里享受衣食无忧的安闲生活。他22岁时考中秀才，如果按照“学而优则仕”的科举道路继续走下去，凭借聪明才智他考上举人、进士，当上朝廷命官都是极有可能的。但他牢记远祖遗训，永不出仕清朝，毅然决然地走上了武装反清的道路。他在赴日留学期间，入弘文学院速成师范科，学的仍然是教育，在与杨毓麟、蔡锷、杨度、梁焕彝等人创办《游学译编》杂志时，他还翻译过日本学者山田邦彦的《学校行政法论》，但为了从事反清革命斗争需要，他不得不改变自己的初衷和志愿，转而从事军事方面的学习和锻炼。毫无疑问，黄兴早年利用业余时间学习军事技术为日后领导反清武装起义打下了深厚的基础。黄兴一生先后参与策动和领导过10多次武装起义，每次战役，黄兴都表现出惊人的胆略和彻底的献身精神。在钦廉上思之役中，黄兴率华侨青年200余人对抗20000多清兵，但他以一当百，以少胜多，勇敢杀敌，“转战数月，所向无前，敌人闻而生畏，克强之威名因以大著。”[①] 黄花岗起义时，他抱着以身殉革命事业的决心，留下绝笔书，战斗打响后，他组织敢死队，始终站在最前线，一直战斗到最后只剩下他一个人，而且伤右手，被打断中、食两指，仅以身免。可以说，由黄兴参与指挥的战役“无役不似三月二十九日之

① 孙中山：《革命原起》，《中国近代史资料丛刊·辛亥革命》（一），上海人民出版社，1957年，第14页。

奋勇”[①]。黄兴领导的武装起义虽然多次遭到失败，但他从不气馁，失败了再干，不屈不挠，屡败屡战。诚如章士钊所云：他一生“以死报国，义勇盖天下”[②]。

第二，《训典志》强调一个“德”字，黄氏先祖将做人的道德放在首位，具有良好的道德修养和情操。

经铿黄氏六世祖黄东冈告诫子孙要“须守祖宗之德，重先人之遗，相传不替可也”[③]。七世祖黄止斋曰：“吾不能积金帛以贻子孙，但使一片心田不至污莱足矣！”[④] 十四世祖黄上珍在《渊亭日录》中有云：一个人从小就应该加强道德的培养和训练，做人心地要纯正，待人要诚恳，所谓“意诚心正则德备”。在“德”与“才”的关系上，“德”应处于挂帅的地位，“才”才能发挥作用。“有为善之才，有为恶之才，为善之才喻于义，为恶之才喻于利，君子非不知利，利亦义也；小人未尝不假义，义亦利也。”[⑤] 十四世祖黄南亭的《家训四则》中强调：“皇天无亲，惟德是亲。”他“自揣生平，自少而壮，壮而仕，所守者清白，所存者忠恕，至于盘根错节，颠沛流离，人负我，我未尝负人。”“一事不谨，终身大德之玷也，而更欲与诸儿孙共勉之也。”[⑥] 在《家谱》的《训典志》中，黄氏先辈教育子孙后代重视个人道德修养的遗训占有较大篇幅，这对黄兴思想自然会产生重要影响。黄兴也十分强调道德的重要性，他认为一个“革命家不可无道德”[⑦]。一个革命军人要讲求军人的道德，一个政党不可无党德。1912 年 2 月 21 日，南京临时政府成立不久，为完成最终推翻清王朝的历史任务，黄兴

① 王大任：《效法克强先生忠勇负责忘身忘家精神》，朱传誉主编《黄兴传记资料》(六)，台北天一出版社，1985 年，第 128 页。

② 章士钊：《论黄留守》，章含之、白吉庵主编《章士钊全集》2，文汇出版社，2000 年，第 355 页。

③ 《家谱》，《训典志》卷二十八，第 1 页。

④ 同上。

⑤ 《家谱》，《训典志》卷二十八，第 16 页。

⑥ 《家谱》，《训典志》卷二十八，第 19 页。

⑦ 黄兴：《在〈民报〉创刊周年庆祝大会上的插话》，《黄兴集》(一)，第 12 页。

与李宝成等发起成立“陆军将校联合会”，提出“肩兹巨任，非有高尚之学术、卓绝之精神、优美之道德，不足竟全功而巩新国”①。这是讲军人的道德。黄兴也特别强调党德、党风，他把党德、党风提高到一个党生死存亡的高度来认识。同年6月，他针对民初政党林立、互相攻讦的现状，极力呼吁中国同盟会必须“含养大度，培植党德”，要“以一特别党风造成一种党德”。同年8月25日，中国同盟会改组为国民党之后，黄兴于9月15日在北京国民党欢迎大会上演讲时特别强调，要“重道德心”和“重责任心”。他认为：“一党有一党之道德，道德不完，则希望即不能达。”“党德既高，则希望可达。”黄兴将“责任心”作为党德的重要内容之一。所谓“责任心”，就是要“照党纲所定次序办法”行事。“人人均以此责任为天职，而又保守道德，则破坏与大建设之目的以达，能享真正共和之幸福。”② 作为党员个人而言，应该加强党员本身的道德修养，“不能有丝毫私意、私见、私利、私图。”黄兴多次强调，党员应当“以国利民福为前提，勿争权夺利，勿侵人利己”③。“权利心重，义务心即消亡于不觉，我辈今日当提倡人人除权利心，”“重责任心”④。他针对袁世凯窃取辛亥革命胜利果实后，部分国民党员投机营利的行径，告诫国人：“自袁贼乱国以来，一般士大夫以权利相尚，即民党之铮铮者亦侈言之，恶德相沿，成为习气。若不改革，国必大乱，不可底止。兴屡与国人相勖，见义而不谋利，明道而不计功。”⑤ 黄兴不仅有其言，而且有其行，自辛亥武昌首义成功后，他迭辞大元帅、南京留守等职务，至于

① 黄兴：《与李宝成等发起陆军将校联合会缘起》（1912年2月21日），《黄兴集》（一），第218页。

② 黄兴：《在北京国民党本部欢迎大会上的演讲》（1912年9月15日），《黄兴集》（二），第493—494页。

③ 黄兴：《在鄂都督府的讲话》（1912年10月26日），《黄兴集》（二），第531页。

④ 黄兴：《在北京国民党本部欢迎大会上的演讲》（1912年9月15日），《黄兴集》（二），第493页。

⑤ 黄兴：《复彭丕昕书》（1916年1月4日），《黄兴集》（二），第791页。

不接受袁世凯颁赠的上将、勋位以及辞谢黎元洪总统聘为总统府高等顾问等，更是不胜枚举。诚如他自己所云：兴自“束发读书以来，即知立志自爱，凡一切谋利禄、争权势，与夫寡廉鲜耻、卑鄙阴贼之念，不待禁革，早能自绝于心。奔驰内外，固非一日，生平似已略有公论”[①]。黄兴事事率先垂范，在当时的革命党人中却曾起到了很好的表率作用。

第三，《训典志》强调一个“实”字，黄氏先祖具有朴实勤勉、刻苦耐劳、苦干实干精神。

经铿黄氏十一世祖黄尔介《家训八则》中第一则就是专讲朴实勤勉的，其中有这样一段遗言：“一曰勤，治身之道，莫尚乎勤。故邵子云：‘一日之计在于晨，一岁之计在于春，一生之计在于勤。’言虽近而旨则远矣！无如世俗之人，以逸居为至快，甘食愉衣，玩日愒岁，以之为士，岂能立身而行道？以之为农，岂能深耕而易耨？以之为工，岂能奉度而尽职？以之为商，岂能规时而趋事？徒然食息于天地之间，则是一蠹耳！夫天地之化，日新则不敝，故户枢不损而流水不腐，诚不欲其常安也。人之心与力何独不然，是故劳则思，瘙则忘，凡物之大情也。自古圣人且惜寸阴，士行之贤，且惜分阴，又况贤圣不若彼者乎？他如博弈、樗蒲之类，昔人所谓牧豬奴戏耳。劫抢攻杀之声，不离于耳，非所以养德，扰攘争竞之状，不绝于目，非所以惜财。祁寒盛暑，长日深夜之娱，常流连于心，徒足以失时而废事，亦可乐而为之耶？”[②] 九世祖黄可斋曰：“学者当以行谊为先。”又曰：“孝悌忠信非实加践履不能有诸己。”[③] 十二世祖黄元吉训其子曰：“汝辈务须砥砺实行，求为有体有用之学。”[④] 在《训典志》中，所谓“行谊为先”“实加践履”“砥砺实行”之类的家训随处可见，这对黄

---

① 黄兴：《复袁祖成书》（1912 年 3 月上旬），《黄兴集》（一），第 248 页。

② 《家谱》，《训典志》卷二十八，第 6—7 页。

③ 《家谱》，《训典志》卷二十八，第 1 页。

④ 《家谱》，《训典志》卷二十八，第 14 页。

兴无疑会产生深远的影响。黄兴一生不仅身体力行，苦干实干，而且经常告诫自己的子女要朴实勤勉，踏实做人。1912 年秋，长子黄一欧由湖南都督府资送赴美留学，出国前夕，黄兴特意为其长子一欧书赠“笃实”两字横披一块①，以示勉励；并将自己的书斋命名为“笃实书斋”，自刻“笃实书斋”方印一枚，用以自勉。至今方印犹存②，睹物思人，令人遐想联翩！所谓“笃实”，据我们理解，就是干事要实在，要有实干精神，待人接物要诚实、诚恳、诚信，老实厚道，要谦虚谨慎，与人为善，笃实厚重，不搞花架子，不讲空话。后来，又书写了“遁世只为避俗，良知要在能行”的联语③和“无我”的横披书赠大女儿振华④。所谓“无我”，据我们理解，就是黄兴借助佛教教义来阐释做人的道理。正如黄兴早在 1907 年 2 月写给胡汉民信中所说的，“名不必自我成，功不必自我立，其次亦功成而不居”⑤。也就是说，人生要踏踏实实做事，不要追名逐利。

黄兴英年早逝，但他一生戎马倥偬，战斗在反清武装斗争第一线，孙中山发动的武装起义，他几乎无役不与，稍有间息，笔耕不辍。他成名后，凡事皆亲力亲为，亲自动手，不要别人代劳。他撰写论文、序跋、书信；起草电稿、呈文、命令；制定法规、条例、章程；发表谈话，题写对联，赋诗作词、翻译日文著作等等。他在征战不息的余暇，席不暇暖，到处奔走演说，发展完善和积极宣传三民主义思想，从而使他倡导的“笃实”“无我”精神发挥到极致，得到了充分的展现。

第四，《训典志》强调一个“孝”字，黄氏先祖以忠孝传家，世代相守，在忠孝不能两全的情况下，移孝作忠，有为人民鞠躬尽瘁、死而后已的精神。

---

① 黄兴：《为黄一欧题字》（1912 年秋），《黄兴集》（二），第 540 页。

② “笃实书斋”方印现由黄兴长孙黄伟民先生保存，以为纪念。

③ 黄兴：《题字》，《黄兴集》（二），第 913 页。

④ 黄兴：《赠女儿联》，《黄兴集》（二），第 918 页。

⑤ 黄兴：《致胡汉民函》，《黄兴集》（一），第 15 页。

历史上的黄姓可以说是中国传统“孝”道的代表，在所谓“二十四孝”中，黄氏先辈就占有两位著名人物，那就是黄香和黄庭坚。黄香九岁丧母，他对父亲极尽孝心，据传，在炎热的夏日夜晚，他用扇子去扇凉父亲的蚊帐和枕席，使父亲安寝；而在严寒的冬日之夜，他又用自己身体的体温去温暖父亲的床被，使父亲温暖入睡。后来，他长大成人后，又发愤攻读，为父母争光。在中国人启蒙读本《三字经》中就有“香九龄，能温席，孝于亲，所当执”这样一类人们耳熟能详的训诫。黄香长子黄琼继承乃父孝道传统，并发扬光大之。他对传统孝道有过新的阐释，并首先将“孝悌”列为黄氏家族子弟教育的主要内容之一，以使古之孝道代代相传，历久而弥新。

北宋大才子、大学问家、大书法家、分宁黄氏显祖黄庭坚也是一位大孝子。其母病重卧床逾年，他昼夜守护，虽官至太史，“黄庭坚却坚持每日亲手为患病的母亲洗涤便溺器物，从无间断。其母亲过世后，他又结庐墓下，为母亲守孝，因哀伤过度，以至大病了一场”[①]。毫无疑问，大孝子黄香、黄庭坚对父母尽孝道的史迹对黄氏后裔影响甚巨。经铿黄氏十世祖黄天益《家范十四条》中，特别强调要报答父母的养育之恩，平时丝毫不能对父母有怨言。“虽终身尽孝犹恐不能酬父母于万一，况敢有怨咨也。”[②] 十一世祖黄至元训诫其子曰：“吾望于汝辈者非他，但以孝、悌、忠、信自勉，则吾志慰矣！”[③] 十四世祖黄南亭《家训四则》中亦强调“孝”道的重要性。他告诫子孙后代说：“伏愿后世子孙，同襄余志，幸而达也，忠君报国，洁己爱民；即不幸而处，长守诗书之绪，节衣约口，睦族和邻，不失余孝、悌、忠、信、礼、义、廉、耻之风，以相维于不替，是则余之厚望也夫。”[④] 经铿黄氏先辈在

① 刘佑平著：《中华姓氏通史・黄姓》，第311页。

② 《家谱》，《训典志》卷二十八，第2页。

③ 《家谱》，《训典志》卷二十八，第14页。

④ 《家谱》，《训典志》卷二十八，第19页。

《家谱》的《训典志》中多处记载有“敬祖先”“孝父母”“敦学友”之类的警句，并且将“孝父母”列于“忠君上”之后，可见其对孝道的关注。

值得重视的是，经镫黄氏先辈对孝道内容的阐释具有独到的见解。他们认为，所谓“孝”就是为人子者不仅要尽身己所能供养父母、祖父母，还要为父母、祖父母争光；更重要的是，要“为民族尽大孝，不做误国害民的事”。广而言之，就是要立身行道，要忠于自己的民族、祖国和人民，对父母尽孝道和对祖国示忠诚二者是完全一致的，“忠孝两全”是最理想的孝道；在忠孝不能两全的情况下，就应该移孝作忠，义无反顾地舍小家为大家，直至为国家和民族的利益而牺牲一己的生命也在所不惜，这就使孝道的内涵升华到了一个新的高度，使人生的意义达到了一个新的境界。

黄兴的一生真正实践了黄氏先辈所倡导的孝道。黄兴从小对父母非常孝顺，1886 年秋，黄兴生母罗太夫人病重，黄兴时年仅 12 岁，“先生（指黄兴——引者，下同）侍奉，朝夕不离”。“太夫人弃养，先生哀毁异常，奉葬以后，先生每晨上学，必绕道赴墓礼拜。”[①] 其后，他对继母陈太夫人和易太夫人均十分孝顺、恭敬。

黄兴在青年时代，读书十分刻苦，他多次提到，读书的目的在求“真学问”，并不想去参加科举考试，但“母命不可违”，他 22 岁那年还是听从继母易太夫人的安排，去参加科考，并考中秀才。黄兴自投身民主革命运动伊始，便移孝作忠。据张知本回忆：“先生广交游，与清军中人亦多相识，既矢志革命，仍交往无所顾忌。清军中之交厚者或劝曰：‘革命造反事也，君独不为父母乎？’先生慨然应曰：‘君等知有父母矣，独不知父母之有父母，父母之父母亦有父母乎？’其孝于民族之大义，闻者辄为凛然，遂颇有望

① 陈维纶：《黄克强先生传记》，台北，1973 年，第 19 页。

风来归者。”[①] 他忠于祖国、忠于民族、忠于人民，将自己的生死置之度外，可以说，他每次参加反清武装起义之前都作好了牺牲自我的准备。1911 年 4 月 23 日，黄花岗起义前，他留下绝命书：“本日驰赴陈地，誓身先士卒，努力杀贼，书此以当绝笔。”[②] 1913 年 7 月 26 日，黄兴至南京，在“二次革命”的枪声打响以后，他在致夫人徐宗汉书中将自己的心情说得很透彻：“我所应负之责任，因不能尽而遗于汝，汝能为我负之，使我能完全尽力于国家，即汝之责任，亦不仅为兴一人也，故敢以是相托。吾责至大至危至暂，汝责至细至久至难，然则汝之责任终艰巨于吾乎！人生如戏，不可认真，战局方酣，安能逆料？但恨为国民求真正之幸福，而目前之痛苦已不可除，安得国民均能知真正之幸福由极痛苦中来也。书至此，吾不欲言矣。”[③] 正如吴稚晖为此函所作跋语所云：“先生赴义之勇，所谓剑及履及，每使人猝不及防，今见莫先生（指莫纪彭——引者）所藏黄公遗书，知到宁后方告徐夫人知，十月与张勋辫兵胶着，又嘱其子女勤学，大有殉义之意。”[④] 黄兴不仅自己身体力行，率先垂范，勇于作战，敢于献身；而且，还鼓励自己的亲属和战友同仇敌忾、亲赴战场，与敌人血战到底、为国捐躯。1911 年 11 月 21 日，正值江浙联军成立准备进攻南京之时，黄兴当时在汉阳前线督战，曾有八字家书寄赠长子一欧，书云：“努力杀贼，一欧爱儿。”[⑤] 黄兴还曾为战友吴池题词：“大丈夫当不为情死，不为病死，当手杀国仇以死。”[⑥] 黄兴时时以黄氏先祖为榜样，为祖国尽大忠，为民族尽大孝，真正做到了“忠孝两全”，对中国传统的孝道观作了最完整的近代意义的诠释。

---

① 张知本：《黄克强先生二三事》，朱传誉主编《黄兴传记资料》（二），第 329 页。

② 黄兴等：《致梅培臣书》（1911 年 4 月 23 日），《黄兴集》（一），第 66 页。

③ 黄兴：《致徐宗汉书》（1913 年 7 月 26 日），《黄兴集》（二），第 670 页。

④ 王大任：《效法克强先生忠勇负责忘身忘家精神》，朱传誉主编《黄兴传记资料》（六），第 128 页。

⑤ 黄兴：《示黄一欧书》（1911 年 11 月 21 日），《黄兴集》（一），第 144 页。

⑥ 黄兴：《为吴池题词》，《黄兴集》（二），第 913 页。

民初，他针对社会变革之后人们思想混乱、邪说横行的现实状况，提出“立政必先正名，治国首重饬纪”。并在新的历史条件下，对“忠”“孝”又作了新的解释：“我中华开化最古，孝悌忠信，礼义廉耻，为立国之要素，即为法治之精神。以忠言之，尽职之谓忠，非奴事一人之谓忠，古人所称上思利民、以死报国是也。以孝言之，立身之谓孝，非独亲其亲之谓孝。”“盖忠孝二字，行之个人则为道德，范围天下则为秩序。”“此次起义，全体一心，父诏兄勉，前仆后起，复九世之深仇，贻五族以幸福，于民国则为忠，于私家则为孝。是以政治革命、家庭革命诸学说原为改良政教起见，初非有悖于忠孝之大原。比来学子每多误会，共和议论驰于极端，真理因之隐晦，循是以往，将见背父弃母，认为自由；逾法灭纪，视为平等；政令不行，伦理荡尽；家且不存，国于何有?”“孟子所谓猛兽洪水之害实无逾此”![1] 黄兴谆谆告诫国人，要学习外国先进的科学技术，至于西方的习俗要区别对待，不可简单模仿，甚至搞“全盘西化”。他认为，西方“实业日异月新，既以东亚为市场，即不能禁民之不购货。惟有事事仿造，翻新出奇，非惟可塞漏卮，实可畅销国货。至其习俗，则学其醇而避其醨。必一一求其形似焉，则误矣。”而对于中国包括孝道在内的传统道德则应批判地继承。他说：“中国习俗，恶染甚多，如食洋烟，喜缠足，不明公德，不讲卫生之类，志士呼号，已数十年，至今尚未能痛改。而其习惯之善良者，如孝友、睦姻、任恤之类，或弃之如遗，不惜犯天下之大不韪。比来少年在学校则不师其师，在家庭则不亲其亲。似此行之个人则无道德，行之天下则无秩序，发端甚微，贻祸甚大。”[2] 这段论述不仅是对“孝”文化的全新诠释，而且，也对如何学习西方文化、如何批判地继承传统文化提

① 黄兴：《整饬纪纲电》（1912 年），黄蔡二公事略编辑处编：《黄克强先生荣哀录》，新民印书社，1918 年，第 7—8 页。

② 黄兴：《复上海昌明礼教社书》（1912 年 5 月 22 日稍后），《黄兴集》（一），第 374 页。

出了独到的见解，这对于民国初年统一国人的思想起到了振聋发聩的作用。

第五，《训典志》强调一个“恭”字，黄氏先祖倡导“恭恕之道”，正确处理好各种人际关系，讲求“与人为善”的美德。

经铿黄氏十一世祖黄尔介制定《家训八则》谈及恭恕之道时指出：“恭恕之道，孔子尝以之教其门人，今颇推而演之，使有志者得有所持循也。”“人之所以招尤而取侮者，患在于不恭。夫骄，衰气也；傲，凶德也。且天下之事，亦何可恃哉！”“故卑以自牧，日慎一日，而犹恐有不测之患，乃世俗之情，易于满假，稍有禄位，则凌轹闾里；稍有才名，则倨侮侪辈；千人所指，无病而死。彼犹自以为得意，不亦可哀之甚乎？然则持身接物之道，固莫有善于恭者矣！”“是故乡党之微贱亦当以礼接之，亲故之疏远亦当以情洽之，至于庭除之内，妻子即监史，昆弟即师保也，衾影屋漏即天地神明也。必若古人所谓火灭修容，戒慎必恭者，斯为无敢慢之至乎！”[①] 只有做到恭敬、恭恕、恭和，才能处理好家人、家族、友朋、邻里、社会上各类人群之间的关系。俗话说，“家和万事兴”，要做到“家和”，就要正确处理好父子、兄弟、夫妻之间的关系，而首要的问题就是讲求一个“恭”字。

那么，怎样处理好父子关系呢？十世祖黄天益制订的《家范十四条》说得很明确：“人之至亲莫过于父子，父子而互相责备者，不和之渐也。”“子怨而父多暴，是家庭为乱首也，可不戒诸？”[②] 这就是说，家庭要和睦相处，父母与子女的关系极为重要。父母对子女要有爱心，不要动辄施暴，不要搞打骂教育，要晓之以理，动之以情，关心子女的身心健康，以利于成长。而子女对于父母要有感恩之心，要自立自强，不要依赖父母、埋怨父母、甚至责难父母。怎样处理好兄弟关系呢？“人之兄弟，一体而生，名为骨肉，骨肉之失欢，多起于至微，而终至忿盭不可解者，始

① 《家谱》，《训典志》卷二十八，第6—8页。
② 《家谱》，《训典志》卷二十八，第2页。

由争财，继则争气，互执不平，莫肯相下。兄负其气曰：此弟不才，犯我多矣！弟气未复，则曰：彼以长故凌我，我何以堪之，甚至互讼公庭，尺帛升产，互为讦发。彼主文卖律之辈，视贿轻重以为曲直，则骨肉相残，适以厌猾壬之谿，而贻之戚耳。令兄弟之间，有一人肯先下气，安于各得，无相猜尤，则友爱复如初矣，何有阋墙之怨哉！"[①] 这就是说，兄弟之间，情同骨肉，手足之情，要十分珍惜，要互相关心、互相爱护，不要因一点小事就伤了和气，甚至对簿公堂。兄弟之间接触较多，最容易引起争端的是争父母的财产，往往因为"争财"而起，互不相让，继则"争气"，"莫肯相下"，因此，兄弟之间，彼此姿态都要高一点，遇事多为对方考虑。怎样处理好夫妻关系呢？"夫不得始宠终异，以绝受制之端；妇亦无至怙宠横恣，以长内陵之渐；夫妇静好，此唱彼和，相与黾勉治生，亦兴家之一助也。"[②] 这就是说，夫妻之间，要互相尊重，始终如一，不论贫穷疾病，都要互相扶持，互相鼓励，互相帮助，共同维护家庭稳定。怎样处理好宗族内部的关系呢？作为一族之长，处事要公道，"至于理之曲直，事之是非，须从公剖析，决不可分别房户，曲庇庶隐，因而党众抑弱，以妨和气"[③]。至于交友，也是非常重要的事情。"复内而居家，外而居官，不可一日无友。友非群聚嬉荡之谓也。闻见博洽，可以扩吾之聪明；正直箴规，可以镜吾之得失；道义孚契，可以济我之缓急；反是者，宁无交焉。其下者，阴险之士，以功名而妒忌；骄傲之士，以礼貌而喜怒；势利之士，以盛衰而冷暖。始以为友而终以为仇者有之，又其盛者，淫纵之徒，以邪僻而诱我；凶恶之辈，以罪逆而染我；至于灭身破产，乡里共姗，而交非之，其流祸不可言矣。故不可无交，不可妄交也。惟量己度人得之。"[④]

---

① 《家谱》，《训典志》卷二十八，第2—3页。

② 《家谱》，《训典志》卷二十八，第3页。

③ 《家谱》，《训典志》卷二十八，第4页。

④ 《家谱》，《训典志》卷二十八，第3—4页。

“凡人之言，不能无过；况背后之言，尤易失实。”“惟高明之士，勿听传言。”[①] 只有这样，才能处理好人际关系。

十三世祖黄元吉告诫子孙，要与人为善，勤劳致富。“积善之家，必有余庆；积不善之家，必有余殃。”[②] 这就是说，要想致富，必须通过踏实劳动，不要异想天开，幻想一夜暴富，甚至妄想通过不正当手段获取财富。十四世祖黄上珍著《渊亭日录》，告诫子孙后代要志存高远，心怀宽广，居安思危，耕读传家，要将智慧和才能用在正道上，不要搞歪门邪道。“用其才于学问道义则为己顺而祥，为人爱而公，为天下国家，无所处而不当，所谓君子赢得做君子。用其才于权谋术数，则失其心，丧其身，害于国，凶于家，求利未得，而害已随之。”做人要有正义感，要容得下人，“大丈夫当容人，勿为人所容；士君子，当变俗，勿为俗所变”。“暴富者多奇穷，不知生理之难也；功高者多奇祸，不知盛衰之危也。故易曰：节以制度，劳谦君子有终吉。”[③] 十四世祖黄南亭所订《家训四则》亦强调居安思危，勤俭治家。“凡人当有余之曰，常存不足之心；及不足之时，又能留有余之地，方是丈夫。吾子若孙，此等境界，务必常存胸臆，冠婚丧祭，宁俭毋奢，事事预为之备，庶饥荒不能杀，而礼义可常守矣！”“孟子曰：生于忧患，死于安乐，其信然欤！”“凡人立身行己及读书为文，俱不可无名师益友。今余僻处东皋，四顾皆耕氓野叟，鲜有学士大夫，正人儒士，往来讲贯，其何所裨益，计唯有读古人书，善则法之，恶则惩之。一事之得，如己善焉，从之唯恐或后；一事之失，如己恶焉，去之唯恐不逮，其用意用笔，以及字句之间，尤当细绎其旨，能如是，识见自是超迈，与名师益友，互相琢磨者何异？若不亲正人，又远书史，终日群居，言不及义，不至流为下愚，为

① 《家谱》，《训典志》卷二十八，第 2—3 页。

② 《家谱》，《训典志》卷二十八，第 14 页。

③ 《家谱》，《训典志》卷二十八，第 17 页。

祖父玷者几希矣!”[①] 经铿黄氏先辈恭谦的美德对黄兴影响甚深，黄兴一生严以律己，宽以待人，谦虚谨慎，与人为善，同革命党人相处十分融洽，好评如潮。孙中山认为黄兴“禀赋素厚”[②]；胡汉民亦有类似的看法，他认为黄兴“性素谨厚”[③]，特别赞赏黄兴待人接物和处世的态度，他说：“先生雄健不可一世，而处世接物，则虚衷缜密，转为流辈所弗逮。先生使人，事无大小，辄曰‘慢慢细细’，余耳熟是语，以为即先生生平治己之格言。”[④] 明德中学校长胡元倓称：“克强与组庵（指谭延闿——引者）皆宽厚有大度。”[⑤] 章士钊认为，黄兴最突出的性格特征是“无争”二字，他不争名、不争利、不争权，不争强好胜。他说：“吾恃以论交之唯一武器，在‘无争’二字，然持以御克强，则顿失凭依，手无寸铁。何以言之？我以无争往，而彼之无争，尤先于我，大于我。且彼无争之外，尤一切任劳任怨而不辞，而我无有也。由是我之一生，凡与克强有涉之大小事故，都在对方涵盖孕育之中，浑然不觉。因而我敢论定：天下最易交之友，莫如黄克强。又克强盛德大量，固不独对吾为然也，凡视天下之人，罔不如是。”[⑥] 谭人凤曾谈及他之所以加入同盟会是受到黄兴人格魅力的影响，他在自撰的《石叟牌词》中说：“克强于交际间，有一种休休之容，蔼蔼之色，能令人一见倾心，余之加入同盟会亦缘此点，是其平生最长之处也。”[⑦]

毋庸讳言，黄兴一生虽然打过很多次胜仗，但由于受主客观种种条件的限制，有时在战术上也难免有失误之处，自然也打过

---

① 《家谱》，《训典志》卷二十八，第 17—18 页。

② 罗家伦主编：《黄克强先生书翰墨迹》，台北，1973 年，第 395 页。

③ 黄少谷：《黄克强先生的风范》，朱传誉主编《黄兴传记资料》（七），第 5 页。

④ 胡汉民：《跋克强先生辛亥前一年庚戌四月写给中山的一封信》，转引自左舜生《黄兴评传》（一），朱传誉主编《黄兴传记资料》（四），第 6 页。

⑤ 黄少谷：《黄克强先生的风范》，朱传誉主编《黄兴传记资料》（七），第 5 页。

⑥ 章士钊：《与黄克强相交始末》，章含之、白吉庵主编《章士钊全集》8，第 321 页。

⑦ 谭人凤原撰，饶怀民笺注：《石叟牌词》，甘肃人民出版社，1983 年，第 45 页。

败仗。“胜败乃兵家之常事”，但黄兴从不忌讳自己打过败仗，他承认：“兴虽著奔走微劳，而战事实多败北。”[①] 黄花岗起义失败，他引咎自责，在致冯自由的信中说：“弟实才德薄弱。”“负国负友，虽万死无以蔽其辜。”[②] 每当他回首往事，总觉得自己“实无功可纪”，想起那些在历次战役中牺牲的患难战友，皆为“平生至痛之事”。

1912 年 10 月 31 日，黄兴返里省亲，抵长沙后受到湖南各界群众数万人欢迎，为纪念黄兴的功绩，拟改德润门（或称小西门）为黄兴门、坡子街为黄兴街，黄兴以为不可，且曰：“吾奔走革命系为万民谋幸福，非为个人名誉计；今若此转授外人以口实矣！且此次革命告成，乃黄陂首发其难，论功当以黎公为最，何鄂省公民不闻有易汉阳门而为元洪门乎？此举吾不敢赞成也。”[③] 临别时，黄兴再三向有关方面声明，力请取消此举，可见其谦恭之诚。

---

① 黄兴：《自述革命历史》，《黄兴集》（二），第 486 页。

② 黄兴：《致冯自由书》二件（1911 年 9 月 30 日、10 月 5 日），《黄兴集》（一），第 114 页。

③ 黄蔡二公事略编辑处编《黄克强先生荣哀录》，新民印书社，1918 年，第 44 页。

第二章 勤学苦练 志存高远

黄兴幼承庭训，从 1879 年他 5 岁开始接受父亲的启蒙教育到 1903 年他 29 岁从日本留学归来，整整经历了 24 年之久。在这 24 年之中，他基本上处于求学时代。其间，从 5 岁到 7 岁在家接受父亲的启蒙教育达 3 年；从 8 岁到 10 岁在冯塘团屋萧荣爵举人处读私塾亦有 3 年；嗣又从 11 岁到 13 岁在新冲子新喜山庄周笠樵翰林处读私塾又有 3 年；此时，由于家庭变故，从 14 岁开始，他只能在家自学，直到 18 岁，这 5 年时间虽然没有在学校接受正规教育，但他仍然在家一方面接受父亲筱村公和继母易自如的教育，另一方面他又自定规则，严格要求自己，并没有放松学业，只是学习的内容和方法略有改变而已，可以说还是处于求学阶段。从 19 岁开始，到 23 岁，整整 5 年时间，一直在长沙城南书院读书，先后师从院长王先谦、刘凤苞，又开始接受学校的正规教育和训练。在经历了 5 年的自我探索之后再进入正规书院学习，又是在著名的学者教导之下，黄兴倍加珍惜这段来之不易的求学机会，可以说这 5 年是他学业大有长进的时期，并由此奠定了深厚的国学根基，并在 22 岁那年考中秀才。正是由于成绩特别优秀，所以到了他 24 岁那年，即 1898 年春，黄兴便以“名诸生”调为湘水校经堂新生；不到半年，于同年夏考入湖北两湖书院学习。从 24 岁入湖北两湖书院到 28 岁由张之洞选派赴日本留学，黄兴在两湖书院整整学习了 4 年时间，其间除 1900 年复由张之洞派往日本考察学务短短3个月时间外，其余时间基本上是在湖北两湖书院度过的。在“九省通衢”的武汉，在这所新式学校里，黄兴的眼界大为开阔，他虽然觉得其办学宗旨“纯系忠君”，也知道“亦非郁郁此间所能求学”的道理，但他“仍上课如故，未尝旷缺也”。他把“求学”和“打仗”这两件事情等量齐观，他说“求学之事亦如打仗，须争求先登”，他仍然刻苦求学，各门功课成绩在同学中名列前茅，成为两湖书院公认的优秀生。这就为他赴日考察和留学，争取到了机会，尽管张之洞对黄兴的革命倾向略知一二，派遣时亦有所犹豫，但在书院监督黄绍箕爱才若渴、以身家性命担保的前提下，还是决定派遣他赴日考察和留学。黄兴在日本弘文学院速成师范科学习时间虽然只有8个月，但由于他阅读到大量西方社会科学名著，他的民主革命思想已经趋于成熟。因此，他在求学的同时，也参与了留日学生的革命实践活动，为尔后回国从事反清武装起义奠定了思想基础。那么，黄兴在求学阶段的各个时期，究竟学习了哪些方面的知识？学习方法和侧重点又有何不同？在此期间，他的民主革命思想是怎样形成的？随着其民主革命思想趋于成熟，他个人的心态发生了怎样的变化？漫漫求学路对黄兴人生走向和性格特征形成产生了什么影响？诸如此类问题，我们拟作细致的探索和研究。

第一节 笃志向学

黄兴出身于一个较为富裕的家庭，他家的田地，据其长女振华后来回忆：1900年前后，“家中每季可收租谷七百至八百石。家里雇请九位佣工，即轿夫三人、传达二人、厨师二人、女工二人”[①]，从小并无衣食之忧，这为他在青少年时代能够接受良好的

① 萧致治：《黄兴的中国梦与世界大同理想》，参见熊健等主编《纪念黄兴诞辰140周年学术研讨会论文集》，湖南人民出版社，2014年，第10页。

教育创造了条件。黄兴的父亲黄炳崑（号筱村）在青年时代成为“府学优廪生”，学有所成。先后在本地和省城长沙担任过多年塾师，教馆授徒，在当地颇负盛名。母亲罗氏出身名门，知书达礼，慈祥贤淑。黄兴有兄姊共6人，从小生活在以耕读传家的多子女大家庭。但其兄黄仁蔚因病早夭，四个姐姐后来陆续出嫁，全家便将希望寄托在年幼的黄兴身上。1879年，黄兴5岁时，即开始接受其父黄炳崑的启蒙教育。那么，启蒙教育的内容是什么呢？至目前为止，各种论著所能引用的唯一资料就是陈维纶所著《黄克强先生传记》中的一段话：“筱村公始为先生开讲《论语》，选授简明的唐宋文词，并教他习练书法与对句。先生禀赋异常，诵读习作往往超轶指定范围，筱村公亦常任先生自定进度而修习之。”[①]陈维纶是黄兴的大女婿，黄兴长女振华的丈夫。黄振华出生于1896年11月4日，黄兴时年22岁，可以说，黄振华与其父黄兴生活的时间是最长的，况且，黄兴于1914年夏赴美生活将近两年（1914年6月30日由横滨乘轮去美到1916年4月22日启航赴日）的时间里均与长女振华生活在一起，父女情深，无话不谈。黄兴曾手书“遁世只为避俗；良知要在能行”的联语和“无我”的横批以及“学而时习之”的诫语赠予振华，以资勉励。上述联语、横批、诫语应当是写在滞留美国期间，因为“学而时习之”诫语之后有两行小楷为“甲寅八月书付振华吾女　父兴”，农历“甲寅八月”应为公历1914年9月。黄兴与长女振华朝夕相处，肯定要谈及儿时的学习情况和早年的家庭生活情况。“童心能记千年事”，黄兴对接受启蒙教育时由其父最先讲解《论语》是记忆犹新的，陈维纶撰写《黄克强先生传记》关于黄兴接受启蒙教育的资料肯定只能由其妻黄振华提供，因而这则史料应当是可靠的。令人感兴趣的是，笔者儿时曾在私塾接受启蒙教育，塾师首先讲解的功课也是《论语》。所谓《论语》，通俗地说，就是孔子和他的弟子以及弟子的再传弟子，其中又主要是曾参的弟子编辑而成的一本

① 陈维纶：《黄克强先生传记》，第19页。

“言行录”。几十年过去了，《论语》中的某些“语录”至今仍令笔者记忆犹新。例如：“学而时习之”“吾日三省吾身”“和为贵”“温故而知新”“学而不思则罔，思而不学则殆”“知之为知之，不知为不知，是知也”“三十而立，四十而不惑，五十而知天命，六十而耳顺，七十而从心所欲”，如此等等，如果没有记错的话，“学而时习之”一句就是《论语》的《学而篇第一》中第一句，全段似应为“子曰：学而时习之，不亦说乎？有朋自远方来，不亦乐乎？人不知而不愠，不亦君子乎？”这段话，只要是初学《论语》的人大都耳熟能详。除“学而时习之”一句出自《论语》之外，还有黄兴挽汇初词中亦有“求仁得仁”一句，很显然，这一句源于《论语》的《述而篇第七》，其原文为“曰：求仁而得仁，又何怨？”可见孔子学说是以“仁”为核心的。从上述题词可以看出，黄兴是读过《论语》的。再则，黄兴的诗词和联句也写得很好，从现已发现的40多首诗词和30多副对联来看，是很有文采的，显示了黄兴的才华。另外从黄兴的书翰墨迹可以看出，他的书法也是很有功底的。所有这些虽然与尔后所接受的学校教育不无关系，但毫无疑问，与黄兴在幼年时代接受其父筱村公的启蒙教育是分不开的。尽管陈维纶在《黄克强先生传记》中谈及黄兴家世渊源时由于没有亲自查阅《经铿黄氏家谱》而有不少谬误，诸如经铿黄氏宗支究竟何时迁湘？从何地迁来？又因何原因迁徙？等等，但其对于黄兴5岁时接受其父筱村公启蒙教育的学习内容的叙述则是可信的。除此而外，陈维纶对黄兴幼年时代的体貌特征、性格特质、行为处事、个人喜好、待人接物的论述也是值得重视的。诚如陈维纶所云：“先生幼年，就已头角崭然。他体格雄健，肩方胸阔，目眦平直，风神轩举；而且沉默寡言，表露出果敢坚毅的性格。益以慈亲的广大启迪，地方文物迁流的潜濡激荡，所以，早年就展开他独特的行动，平居注意整洁，处事尤重条理。听讲阅读，常好问其所以。又好攀山、涉水、骑射、钓游等活动。亲长偶有馈赠，必邀与邻儿共享，每至分赠匀净而后快。他那种豁达开朗的个性，很早就表现出来了。”[①]

由于黄兴年幼时才思敏捷，“禀赋异常，诵读习作往往超轶指定范围”，其父筱村公在对黄兴进行3年启蒙教育之后，感到有点力不从心，父母遂决定另请名师指点。1882年，也就在黄兴8岁时，便进入冯塘团屋读书，拜萧荣爵举人为师。据《黄兴年谱长编》的编著者毛注青调查，萧荣爵举人字漱云，湖南长沙人，生于1852年，卒于1936年，享年84岁，“光绪乙未传胪，授翰林院编修，曾任粤汉铁路总办”[②]。这里所谓“乙未传胪”系指1895年（光绪二十一年乙未年）萧荣爵参加殿试，殿试录取考生分三等，称“三甲”。一甲三名，赐“进士及第”称号；二甲若干名，赐“进士出身”称号；三甲若干名，赐“同进士出身”称号。一、二、三甲统称进士。萧荣爵举人获殿试总第四名、二甲第一名，称“传胪”。也就是说萧举人不仅后来考中进士，且排名在前四名之列。冯塘在浏阳河畔，距凉塘不及一公里；团屋系旧时团总的办公场所。因此，无论是从学习条件看还是从师资看，在当时的乡村来说都是最好的。其时，慈母罗太夫人每天接送，其乐融融；幼年的黄兴非常体贴父母的艰辛，笃志向学，十分自觉。至于学习内容，主要是学习《诗经》。所谓《诗经》者，就是我国最早的诗歌总集。先秦称为《诗》，汉尊为经典，始称《诗经》。共收西周初年至春秋中叶的民歌和朝庙乐章300余篇，全书分为风、小雅、大雅、颂四体。汉代传诗者有齐、鲁、韩（今文）、毛（古文）四家，后齐、鲁、韩三家皆亡，毛诗晚出，独传至今，今称《诗经》皆指“毛诗”。也就是说，“毛诗”即《诗经》，以其书为毛公所传，故称“毛诗”。《汉书·艺文志》有《毛诗》二十九卷，《毛诗故训传》三十卷，但称“毛公”，不著其名。据《辞源》解释：“郑玄《诗谱》始称大毛公、小毛公。据三国吴陆玑《毛诗草木鸟兽虫鱼疏》，谓大毛公为毛亨，汉鲁国人；小毛公为

① 陈维纶：《黄克强先生传记》，第19页。

② 毛注青编著：《黄兴年谱长编》，中华书局，1991年，第11页。

毛苌，汉赵国人。今所传者，即《汉志》之《故训传》。《四库提要》定为毛亨撰。自东汉郑玄作笺，齐、鲁、韩三家之诗遂废，独存毛诗。唐有孔颖达《疏》，共四十卷。近人王国维谓《毛诗》故训多本《尔雅》，当为亨（大毛公）作，而今《传》专言典制义理，多用《周官》，当为苌（小毛公）作。”这里，我们别开《毛诗》各书的作者不论，但有一点是可以肯定的，那就是萧荣爵举人给黄兴讲授的《诗经》即毛诗系经典古体诗词，当然，在讲授这些诗词的内容、意境、韵律的时候，自然也要涉及诗词作者和当时的时代背景以及典制义理之类，这无异于在给少年时代的黄兴进行文学和历史学的教育。如果说筱村公对黄兴进行启蒙教育时还只是停留于背诵一些简单的唐宋诗词的话，那么，黄兴在萧荣爵举人这里所接受的则是系统的古诗词的写作训练，这为他以后的诗、词创作打下了深厚的基础。联系到黄兴后来的革命经历，他在戎马倥偬之际还留下了不少脍炙人口的诗作，并形成了“豪迈清逸”的特色，与萧荣爵举人这 3 年的私塾教育是分不开的。也许是受萧举人历史学教育的影响，抑或是“听乡间老辈谈洪、杨革命事迹，特别是太平军攻长沙的故事，非常向往。稍长，喜读太平天国杂史”[①]。这在黄兴幼小的心灵里播下了最初革命的种子。乃至 18 年之后，他在与友人李贻燕谈话时还提及此事。他说：“我革命的动机，是在少年时阅读太平天国杂史而起。”“太平天国自金田起义之后，起初他们的弟兄颇知共济，故能席卷湖广，开基金陵。不幸得很，后来因为他们弟兄有了私心，互争权势，自相残杀，以致功败垂成。我读史至此，不觉气愤腾胸，为之顿足三叹。因此，我决心革命的当时，就留意于此。”“我当时联络的弟兄”“大半是承太平天国余绪的后人”。黄兴告诉他们说：“我们当革命党，一要服从首领；二要弟兄们同生死，共患难，有福不享，有祸同当，不能有丝毫私意、私见、私利、私图。”“我们

---

① 毛注青编著：《黄兴年谱长编》，第 13 页。

革命党弟兄，不要再蹈太平天国兄弟覆辙。”① 黄兴为牢记太平天国失败的教训，将自己的名字改为“轸”字，取“前车既覆，来轸方犹”之意，时时提醒自己不要争权夺利，他之所以极力维护孙中山的领袖地位和革命队伍内部的团结，其根源盖出于此。在此期间，还有一件值得一提的事，那就是萧举人在为人贺新屋书写楹联时，将上联“向阳门第春先到”误写成“向阳门第春光早”，正愁想不出适当的下联时，黄兴便建议说，何不对“积善人家喜事多”。这使萧举人对这位幼童刮目相看，在场的人亦为之喝彩，无不称赞他对得好。从这件小事至少可以反映出以下几点：一是印证了前述黄兴儿时就显现出“禀赋异常”，学习“往往超轶指定范围”。本来萧举人是老师，又比黄兴年长 18 岁，写错楹联怎么处置，应该是老师自己去解决，对于一个少年学童来说既没有责任也没有义务去为老师解围，但是年幼的黄兴并没有袖手旁观，而是大胆地站出来帮助老师解决难题。二是说明儿时的黄兴才思敏捷。本来，萧举人写错了楹联的上联，正在为此发愁，苦于一时想不出恰当的下联，但黄兴却能在很短的时间内想出令老师满意的下联。儿时的黄兴思维比成年人还敏捷。三是从这件小事也反映了年幼的黄兴极富智慧、善于思考。一般的儿童平时学习主要是背诵一些诗词、散文，教师并不要求初学者吟诗作赋、作对联之类，但黄兴从小就养成了善于思考的习惯。黄兴成年以后，足智多谋，在革命战争处于极其艰难的环境里，战胜了一个又一个困难，渡过了一个又一个险滩，将革命的航船驶向胜利的彼岸。

1885 年，黄兴 11 岁那年，寄读新冲子（今属长沙县黄兴镇长桥村）新喜山庄周笠樵翰林私塾。所谓翰林者，在清代是指翰林院的属官侍读学士、侍讲学士、侍读、侍讲、修撰、编修、检讨、庶吉士的通称。在清代，凡进士朝考得庶吉士者皆称翰林，为科举最清贵之途。由此可知，周翰林在考中进士之后还经过朝考而

---

① 黄兴：《与李贻燕等的谈话》，《黄兴集》（一），第 398—399 页。

成为“庶吉士”。周翰林，字笠樵，的确很有学问。据陈维纶所撰《黄克强先生传记》记载：“周氏笃谨能躬行，虽好述因文见道之言，而通晓时务，颇为乡人所重。讲授经史能表达其意义，并对生徒学习策论词章，指导有方，先生颇尊敬之。”[①] 由此可知，周笠樵翰林是一位博古通今的学者，他不仅学识渊博，教学内容十分丰富；而且还有一套教学方法，很受学生欢迎。这就为黄兴进一步深造创造了良好的条件。从教学内容而言，主要是讲授“《春秋》及《楚辞》，兼习所谓的帖括之学”，即学习写作科举应试的文章，也就是学习写作八股文。从教学方法而言，周翰林能因材施教，将晦涩难懂的古文详细讲解，通俗地表达自如，使学生比较容易接受；而且，周翰林很有耐心，不厌其烦地讲解如何作八股文，以便培养学生将来走科举取士的道路，一举成名。黄兴儿时本来对诗词颇感兴趣，而“憎厌八股文堆砌与空虚，曾多次辍笔”，不大愿意作八股文。“后经周师劝勉，告以八股可以阐述经义与发挥个人见解意义”，黄兴“才继续制作，后来每有所作，不但文采绚烂，而且文气奔放，驰名乡里矣”[②]。这也是黄兴尊敬周师的原因。后来，黄兴能考中秀才，恐怕与周师3年辛勤教诲不无关系。

黄兴在新冲子新喜山庄随周笠樵翰林读私塾的3年时间内学业虽大有长进，但家庭却屡遭变故，甚至可以说是十分不幸。1885年秋，黄兴年仅11岁时，生母罗太夫人就开始生病，主要是由于繁重的家务所累。罗太夫人育有二子四女，她十分关爱儿女，勤俭持家。那时，家里虽然请了帮工，但有些照顾小孩的工作也不是别人可以替代的。况且，罗太夫人从19岁生育长女黄杏生到33岁她最小的儿子黄兴出生，其间14年中生育了6个小孩，平均间隔只有两年多一点时间，可见其负担之重。特别值得一提的是，

---

① 陈维纶：《黄克强先生传记》，第20页。

② 同上。

长子黄仁蔚是罗太夫人22岁时所生，可惜19岁时不幸早夭[①]，罗太夫人时年仅41岁，中年丧子可谓人生之大不幸，这种中年丧子之痛对罗太夫人和筱村公的打击何其大矣！自此以后，罗太夫人身体每况愈下，44岁就开始罹患重病，黄兴是个大孝子，在其母患病期间，“朝夕不离”，侍奉左右。黄兴12岁时，其母不幸病逝，年仅45岁。[②] 黄兴13岁那年，继祖母解氏病逝。[③] 筱村公续娶陈氏为继室。陈氏生于1851年7月1日，不幸的是，1888年8月19日即病卒，年仅37岁。陈氏在黄家仅仅生活了不到一年半的时间就溘然长逝。筱村公万不得已，为照顾好家庭生活，只得再续娶易自如为妻。易自如生于1858年12月24日，嫁到黄家时，年方30岁，而且，她受过良好的家庭教育和学校教育，饱读诗书，后来到了1901年，她43岁时，还在长沙担任过湖南民立第一女学的副监督兼舍监。[④] 易太夫人待黄兴如己出，黄兴亦待这位继母如亲生母亲，二人相处十分融洽，他们既是母子关系，也是师生关系，用黄兴长婿陈维纶的话说，易太夫人“导掖先生（指黄兴——引者）如生徒，先生尊敬太夫人（指易自如——引者）如良师”[⑤]。

由于黄兴家连续三年遭遇变故，于是，从1888年开始，黄兴被迫辍学。14岁的黄兴从此面临人生一次严峻的考验，究竟是继承父辈的家业、在家务农，而成为富甲一方的“土豪”“地主”，还是志存高远、刻苦自学、发愤图强？毫无疑问，少年黄兴义无反顾地选择了后者。在筱村公和易太夫人的严格督教下，他除“参加一些插秧、除草、扮禾、挖花生等”力所能及的劳动之外[⑥]，主要任务是在家刻苦自学，为砥砺志节，更好地磨炼自己，他曾

---

① 黄仁蔚生于1863年12月8日，卒于1882年1月13日，终年19岁。

② 黄兴生母罗太夫人生于1841年1月19日，卒于1886年2月10日，年仅45岁。

③ 黄兴继祖母解氏生于1810年11月11日，卒于1887年2月10日。

④ 易自如于1929年去世，并获公葬。

⑤ 陈维纶：《黄克强先生传记》，第19页。

⑥ 毛注青编著：《黄兴年谱》，湖南人民出版社，1980年，第7页。

订有《自勉规则》（以下简称《规则》）。那么，《规则》是否为黄兴所拟订呢？《规则》的内容是多少条？《规则》究竟拟订于何时？如此等等，我们认为有必要作一番考订，以明史事真相。

首先，必须要弄清《规则》的来龙去脉。我们查遍有关黄兴的原始资料，最先记载《规则》的当属黄兴长婿陈维纶所撰《黄兴》长文[①]，该文原载高明等编《民族英雄及革命先烈传记》下册，台北正中书局，1966 年，第 109 页。全文如下："先生初志学问，热心公益，既然一试而入县学。声华日著。为防虚名移志，先生写了《青年规例》一通以自律。为院中同学某君所得，叹为圣贤功夫。他的规例如次：（一）行动必须严守时刻；（二）说话必须说到做到；（三）读书须分主次，纵使事忙，主要者不得一日荒旷；（四）处理重要事务及文书必须亲自动手，不得请托他人；（五）对人必须真诚坦白，不得怨怒；（六）游戏可以助长思虑，不应饮酒吸烟。这样的规例，不论为律己，抑为示人，实际上就是先生自身日常实际行动的表征。先生当日在乡是如此，日后遍游国内外也是如此。"[②] 毛注青所编《黄兴年谱》（湖南人民出版社，1980 年，第 8 页）率先引用《规则》前三条，后三条则从略，以省略号代替。毛注青编著《黄兴年谱长编》（中华书局，1991 年，第 18 页）亦再次引用《规则》前三条。刘泱泱等编《黄兴集外集》（湖南人民出版社，2002 年，第 1 页）亦以《自勉规则》为题全文收录了《规则》六条内容。除个别文字和标点符号与陈维纶的《青年规例》略有不同外[③]，其余文字与陈文相同。刘泱泱编《黄兴集》（一）（湖南人民出版社，2008 年，第 1 页）照例收录《规则》六条，与《黄兴集外集》相同。在"纪念黄兴诞辰

① 陈维纶：《黄兴》，此长文亦收录于朱传誉主编《黄兴传记资料》（六），第 78—107 页。

② 陈维纶：《黄兴》，此长文亦收录于朱传誉主编《黄兴传记资料》（六），第 109—110 页。

③ 第四条"处理重要事务及文书"一句另加逗号；第六条"游戏可以助长思虑"的"虑"字改为"想"字。

140周年学术研讨会”上，《黄兴集外集》编者刘泱泱对上述《规则》六条提出疑问，他认为，“这六条显然超出了自学的范围，包含学习、工作、为人处世、品德修养各个方面。文中使用‘必须’‘不得’‘不应’等字，似乎也不是自勉，而更像是黄兴对他人或者他人（如师长）对黄兴的要求。特别是第四条‘处理重要事务及文书，必须亲自动手，不得请托他人’，更不像还在求学阶段的未成年少年所写的文字，这时的黄兴，学业远远未成（他五年后才开始入长沙城南书院读书），也不可能有什么‘重要事务及文书’需要他处理或请人代劳。因此，这六条《规则》，是否为黄兴早年自学时所拟订，很值得怀疑。是否出自后来文人的拼凑，或是由于师长或父辈的要求，根本就非黄兴所写，有待进一步研究确定”①。

通过梳理《规则》的来龙去脉，我们发现，《规则》的来源盖出于陈维纶撰写的《黄兴》长文，而对于黄兴早年生活的资料来源只能是出于黄兴长女黄振华的回忆。而黄振华的回忆自然来自黄兴的口述资料，这些资料大体上是可信的，至于细节因为时间久远、记忆疏忽也可能有失实之处。我们在阅读黄振华妹夫薛君度所著《黄兴与中国革命》一书时，薛氏亦特别说明“有关黄兴家庭背景的材料，是他的长女黄振华提供的。这些材料都见于她一九五五年四月二十八日写给本书作者的信”②。既然黄振华的妹夫薛君度在叙述黄兴家庭背景时都只能采用黄振华提供的材料，那么，作为黄振华的丈夫陈维纶撰写的《黄兴》的长文自然也只能由黄振华提供“有关黄兴家庭背景的材料”。如前所述，黄振华与其父黄兴生活在一起的时间较长，其回忆录又是来自黄兴本人的口述资料，应当是可靠的，并不“值得怀疑”。因此，如果认为该《规则》“根本就非黄兴所写”是没有根据的。《黄兴集》的编

① 刘泱泱：《改革开放以来的黄兴研究》，熊健等主编《纪念黄兴诞辰140周年学术研讨会论文集》，湖南人民出版社，2014年，第391页。

② 薛君度：《黄兴与中国革命》，1980年，第216页。

者之所以将《规则》收录于《黄兴集》的第一篇，说明该《规则》为黄兴早年自学时所拟订，编者是认可的。既然是“自勉”规则，包含的内容自然非常丰富，其中涉及读书、行事、说话、待人、处世、生活、习惯等各个方面。从《规则》措词分析，用“必须”“不得”“不应”等词，也似应参考了家长的意见，因此，《规则》应是在筱村公和易太夫人的督教下共同拟订的，当然，主要还是黄兴的自我约束。《规则》，称《自勉规则》亦未尝不可。只是《规则》的第四条内容似为黄振华回忆有误，抑或陈维纶本人所加，诚如《黄兴集》编者所说的，所谓“处理重要事务及文书，必须亲自动手，不得请托他人”一条，“更不像还在求学阶段的未成年少年所写的文字，这时的黄兴，学业远远未成（他五年后才开始入长沙城南书院读书），也不可能有什么‘重要事务及文书’需要他处理或请人代劳。”因此，第四条的内容应当删除，准确地说，《规则》内容应当为五条。至于该《规则》的拟订时间，按照陈维纶的说法，是在黄兴考中秀才之后，在岳麓书院读书期间“为防虚名移志”，写《青年规则》一通以自律，为院中同学某君所得，叹为圣贤功夫。其实，黄兴根本就没有在岳麓书院读过书，而是在城南书院读书。我们认为，该《规则》应当是1888年黄兴14岁那年在家自学时在其父母的督教下所拟订。黄兴一直将这份《规则》放在身边，作为今后自身读书和行为处世的规范，在城南书院读书时，“为院中同学某君所得，叹为圣贤功夫”，才得以公之于众，后来，随着时间的流逝，该《规则》不慎遗失，仅凭黄振华记忆所及，陈维纶在撰述时难免在细节上有失误之处，正如陈氏误将城南书院写成岳麓书院一样，这是不足为怪的，也是可以理解的。

黄兴在家自学期间，主要是按照父母的安排，巩固在萧荣爵举人和周笠樵翰林私塾的学习成果，“温故而知新”，发挥自身的主观能动性继续为科举考试作准备。考虑到家庭迭遭变故，特别是长子仁蔚早夭的残酷现实，筱村公和易太夫人特别重视和关心黄兴的身心健康。毛注青在凉塘调查访问称，黄兴在家自学期间，

“常邀集乡村儿童到屋后的纹银坪练习拳术，相互比武”，“课余喜欢爬山、游水、钓鱼”[①]。刘揆一所撰《黄兴传记》亦称：“少从浏阳李永球学乌家拳术，只手能举百钧。”[②] 黄兴少时“体格雄健，肩方胸阔”的健康体魄除了遗传基因之外，主要应该是在乡下靠加强自身锻炼而养成的。

清末社会政治腐败，湖南乡村匪盗横行，黄兴所居住的凉塘当时亦可谓窃案频发，一夕数惊。少年黄兴凭着自己的勇武和胆识，“乃与里人捐资组设乡社，以强身讲学为旨，实以兵法部勒乡里子弟。归附既众，群盗惕息，无敢犯者。殆能恢复乡约，保伍之制，不失为教卫并施之自治楷模矣”[③]。从此，凉塘一带，风气丕变，社会秩序一时亦大有好转。

按照清末旧式农村习俗，“男大当婚，女大当嫁”。1891 年秋，黄兴已满 17 周岁，虚岁 18 岁，已到弱冠之年，在父母的安排下，黄兴与善化县东乡枫树河名诸生廖星舫之女廖淡如结婚。廖生于 1873 年 9 月 17 日，大黄兴一岁多。旧时农村素有“女大三，抱金砖”的说法，也就是说，女方比男方年龄稍大一点是好事而不是坏事；加之，廖淡如“贤淑多能”[④]，知书达礼，一直支持黄兴从事革命活动。从而解除了黄兴“在外革命的后顾之忧”[⑤]。1892 年 10 月 22 日，黄兴长子一欧生于凉塘；1896 年 11 月 4 日，长女振华生于新居石家河。筱村公和易太夫人儿孙满堂，喜上加喜，享受着天伦之乐。黄兴为满足父母的期盼，在家自学期间，走的是一条“先成家，后立业”的成长之路。

---

① 毛注青编著：《黄兴年谱长编》，第 17 页。

② 刘揆一：《黄兴传记》，参见饶怀民编《刘揆一集》，第 105 页。

③ 陈维纶：《黄克强先生传记》，第 25 页。

④ 陈维纶：《黄克强先生传记》，第 26 页。

⑤ 高原：《访黄兴幼女黄德华》，《长沙县文史资料》第 1 辑，第 120 页。

第二节　赴长攻读

黄兴在家自学已有五年时间，长此以往，将来最多只能成为一个有知识的地方“绅士”，前途不容乐观；且已进入“弱冠”之年，已娶妻生子，家庭有贤慧的继母易太夫人和夫人廖女士操持，并无后顾之忧。作为一个有志青年，在严重民族危机的刺激之下，黄兴迫切需要到省城长沙的正规学校去接受学校教育，以增长才干，更好地磨砺自己，担当起时代赋予的重任。加之，在 1892 年黄兴 18 岁那年，由于清末科场腐败，他此次考秀才落第（本章第三节拟详论，此不赘述）。筱村公和易太夫人也希望他到省城长沙去接受学校的正规训练，以便走科举取士的道路。在黄兴的要求和父母的安排下，黄兴决定赴长攻读。

1893 年的长沙有两所最著名的书院，在全省范围内招生。一所是岳麓书院，一所是城南书院。岳麓书院创始于 976 年，历史最为悠久，但招生门槛较高，据少时与黄兴“同读于城南书院”的同学雷恺所撰《清末湖南三书院》记载：“岳麓书院‘肄业者皆禀生、附生、监生，而童生不与焉’。”而城南书院“肄业者则分附生、监生、童生。童生膏火较附生、监生稍低”[①]。因“黄兴 1892 年十八岁时应县考落第，当属童生，依惯例不能入岳麓书院，而入城南书院则宜”[②]。基于此，黄兴于 1893 年尤可选择地入长沙城南书院读书。城南书院位于长沙南门外之妙高峰，坐东朝西，濒临湘江，遥对岳麓山，山环水绕，木茂泉清，风景十分秀美，与岳麓书院隔江相望，也是久负盛名的高等学府。城南书院的前身是张浚的私家花园别墅，张浚乃南宋大儒张栻之父。南宋绍兴三

---

① 雷恺：《清末湖南三书院》，湖南省政协文史资料研究委员会收稿，未刊稿。

② 毛注青编著：《黄兴年谱长编》，第 23 页。

十一年（1161），张浚“以观文殿大学士知潭州”，张栻“随侍，闻衡山胡氏之学得圣贤旨，往师焉。归筑书院于城南妙高峰之阳以居学者，中建丽泽堂、书楼”[①]。张浚书“城南书院”匾额一方，城南书院由是以立。宋孝宗乾道三年（1167），朱熹造访，与张栻二人“相与讲学于城南、岳麓两院，邻郡士子联翩而来，听讲者多达千人。朱熹留止两月”，相互题咏唱和，“存有朱张渡古迹”[②]。城南书院自1161年创建之初，就有丽泽堂、书楼、蒙轩、月榭、卷云亭、高阜、琮琤谷、纳湖、听雨舫、采菱舟等，名为“城南十景”，规模宏大。在张栻的苦心经营和影响下，城南书院几与隔江相望的岳麓书院齐名，成为湖湘学派的又一文化重镇。至元、明两代，其间几度兴废，曾一度为僧人所据，建佛寺于其上，一时成为佛教圣地。城南书院复兴重建当在清代。据《重建城南书院碑记》记载：“乾隆十年，江右杨清恪公锡绂来抚是邦，以长沙十二州县向学日多，思广教化，以岳麓书院不录童试，且中隔湘水，士子赴课，辄阻风涛，斋舍亦限于额。乃于城之东南隅都司旧署增建学舍，兼录童生，为长沙一郡之书院。以宋儒张南轩先生讲学旧居有城南书院题额，遂仍其名。”[③]

嘉庆二十五年（1820），左辅“任湘蕃，旋晋巡抚，赴城南书院课士。周视院宇，渐就倾颓，斋舍亦甚逼仄，基址无可扩充。地邻善化县治，胥狳猥杂，形接影构，习尚颇岐，甚不足副清恪公广储人材、经营建始之本意”。且“诸州邑士子以地居僻远，莫广见闻，吁请就学者甚众。而岳麓书院斋室仅敷定额，既不能容，城南一院又不足入。因念南轩先生城南书院在南门外二里许妙高峰之阳，时问原程中丞祖洛藩湘，与谋移建。中丞忻然，即率僚属往勘焉。其地麓山，湘波前拱，右抱高峰之冈坡，迤衍环之坂

① 吴兆熙等修纂：《光绪善化县志》，岳麓书社，2011年，第149页。

② 彭元芳：《城南书院考略》，湖南省书院研究会、衡阳市博物馆编《书院研究》，湖南大学出版社，1988年，第260页。

③ 左辅：《重建城南书院碑记》，载清余正焕等撰，邓洪波等校点《城南书院志 校经书院志略》，岳麓书社，2012年，第33页。

土，时露墙基，间存石础，洵南轩先生书院旧地。地幽且旷，移见实宜，遂定基址。与同原中丞及省垣诸君率先捐廉，购料兴工，通市集费，逾年告成。规制大备，与岳麓书院巍然并列，各郡士子弦诵有所，此又城南改建为通省书院之始也”①。

城南书院从乾隆十年（1745）在城东南隅都司废署增修成为“长沙一郡之书院”，到嘉庆二十五年（1820）移建于城南妙高峰之阳原有城南书院旧址进而改建，至道光二年（1822）竣工告成，成为“通省书院”，其间经历了整整 77 个春秋。城南书院也经历了由“长沙一郡之书院”到“通省书院”的演变。

道光二年（1822），湖南巡抚左辅上奏道光皇帝《请移建城南书院疏》，讲述了重建城南书院的过程，其中特别提到“恭恳圣恩颁赐匾额，嘉惠士林”②。不久，道光皇帝发布上谕称：“该抚查明原建基址，督同属员及该省绅士捐输移建克服前贤旧规，与岳麓书院同为通省士子肄业之所，洵足兴崇文教，乐育人材，所办甚好，著照所请，颁赏御书匾额，交该抚摹泐悬挂，用示朕嘉惠士林至意。”③ 并附御书匾额“丽泽风长”一方。由此可见，道光皇帝对城南书院的重视。

新修建的城南书院规模宏伟，修旧如新，据左辅描述，令人神往：“院筑外墙一周，通百八十七丈。院前屏墙一，夹立两坊，左颜‘岳峻’，右颜‘湘清’。右坊后为月榭。屏墙内有池，甃石为栏，即禁蛙池。为门再重，两门之间，迤左为监院署，中为蒙轩，门后为讲堂，堂深六寻，广称之。堂左四斋，曰居业，曰进德，曰主敬，曰存诚。右二斋，曰正谊，曰明道。斋舍各二十，通百二十舍。堂后为书楼，合左右共十楹，山长居之。楼后高阜为卷云亭。楼之左为丽泽堂，有室椭长疏窗。旁达为听雨舫，吾

① 左辅：《重建城南书院碑记》，《城南书院志 校经书院志略》，第 34 页。

② 左辅：《请移建城南书院疏》，吴兆熙等修纂《善化县志》卷之十一，《光绪善化县志》，岳麓书社，2011 年，第 149 页。

③ 道光皇帝上谕（道光二年颁示），转引自吴兆熙等修纂《光绪善化县志》，第 150 页。

侪讲课息燕之所。又建南轩先生祠于左斋之左。前为文星楼。楼外有洼地如池，可莳芰。桥穹然横其旁，迤带冈阜，随其高下。更增草亭，罗植花竹，亦息游之选地也。是役也，于南轩诸迹标举其六，固未必合于古，而借以存其名，亦诗人爱树之贻，且以动诸生仰希先哲之意云。"[①] 其"规模视昔十倍"，"招生定额也与岳麓书院相等，达到138名，经费充足，藏书丰富，并建有单独的文庙，其名实可与岳麓相抗衡，是名副其实的省会书院"[②]。黄兴从1893年入城南书院到1898年春以"名诸生"调入湘水校经堂，在此校整整学习了5年时间，学业大有长进，并由此奠定了深厚的国学根基。当时的城南书院至少有如下几个特点：一是校区环境宽敞、舒适、宁静。既然外墙周长有"百八十七丈"，那学校的范围就已经不小了。既然讲堂"深六寻，广称之"，"斋舍各二十，通百二十"，那么，师生的活动范围也够大了。教室、宿舍、藏书楼等一应俱全，硬件设施齐全，而且还有禁蛙池、木桥、草亭、花、竹等，成为"息游之选地"，风景十分优美。据传城南书院创建之初，"舍前有池，蛙声喧聒，妨吟诵，先生（指张栻——引者）以砚投之，声遂绝，人称为禁蛙池"[③]。这里别开某些夸张的说法不论，既然青蛙叫声大到"妨吟诵"的地步，说明蛙池之大，池中青蛙之多。笔者住地离湖南第一师范学院（由城南书院改建而成）不远，有幸多次陪亲朋好友参观，深感其校园面积之大，自然环境之优美、宁静，既是读书的理想圣地，又是旅游之"首选"。二是藏书丰富。城南书院山长十分重视图书购买与管理，其"官书条款"开章明义指出书籍的重要性。"学者之于书，犹饥之于食，寒之于衣，一日不充则行气消弊，而耳目皆不得其官矣。"[④] 仅1823年（道光三年）藏书楼所藏图书目录，分经史子集四部，

---

① 左辅：《重建城南书院碑记》，《城南书院志 校经书院志略》，第34页。
② 邓洪波：《城南书院志·前言》，《城南书院志 校经书院志略》，第3页。
③ 左辅：《重建城南书院碑记》，《城南书院志 校经书院志略》，第33页。
④ 左辅：《城南书院官书条款》，《城南书院志 校经书院志略》，第97页。

“著录院藏之书403部，计3714本，凡10550卷。书名之下，各记作者、版本、卷数、函数等内容。《条款》六则，皆图书保管、借阅等具体规定，体现当年图书馆事业的管理水平”[①]。此后，图书逐年添置，至黄兴入城南书院读书的1893年，城南书院的藏书楼所藏图书已具相当规模。三是办学经费充足。为保证城南书院的办学经费，抚院置有所谓“膏火田”“食米田租”。“城南食米田租，旧系与岳麓书院合并通融办理，是城南食米所出，并无分定田界。”[②] 也就是说，城南书院的办学经费和岳麓书院的拨款经费差不多，“通融办理”。所谓“膏火田”，就是固定为两书院筹集办学经费而收租的田土。这些田土分布于省内长沙、善化、湘阴、湘潭、宁乡等县。抚院当局将这些田土租给佃户耕种，然后收租将租谷折成银两交付书院办学。《城南书院志》收录了部分县属膏火田详单，仅善化一县收集的绝户、公田及购买“新增田地塘”等“共田一千八百二十四亩，共租谷六百五十二石五斗整”[③]。另外，还不包括“塘湖二十口、住地二十六所”在内。城南书院改为通省书院后，每年还增加拨银620两。此外，还有官、商、富人等捐银捐物相助。可见，其数量不在少数。每年城南书院还举行严格的月考、岁考，成绩优秀者还有月课、岁课奖励。像黄兴这样的优秀学生“为文敏捷，每月所得课奖，足资膏火，不烦取之家中”[④]。四是名家荟萃，师资力量雄厚。城南书院在“同治、光绪之世，‘文人日盛’，屡有修建。历任山长贺熙龄、余正焕、胡达源、何绍基、郭嵩焘、王先谦等，皆湘中名流”[⑤]。黄兴的城南书院同学雷恺也说：“复得院长王葵园（先谦）、刘采九（凤苞）教授，同学切磋”，迅速成长成材。人们常说“名师出高徒”，黄兴在城南书院这样优越的学校环境里学习，自然是如饥似渴，如

① 邓洪波：《城南书院志·前言》，《城南书院志 校经书院志略》，第4页。
② 《食米田租说》，《城南书院志 校经书院志略》，第72页。
③ 《新增田地塘》，《城南书院志 校经书院志略》，第81页。
④ 雷恺：《黄克强先生小传》，转引自毛注青编著《黄兴年谱长编》，第23页。
⑤ 邓洪波：《城南书院志·前言》，《城南书院志 校经书院志略》，第3页。

鱼得水。他坚持以自学为主，发扬原来在家自学的优良传统，发挥主观能动性，所以当有人发现他在家自学时的《自勉规则》时，叹为“圣贤功夫”，这是很有道理的。城南书院优美的自然环境、雄厚的师资力量为黄兴接受正规的学校教育创造了良好的条件，加之黄兴的主观努力，使他在诗词、理学、经学、兵法、书法等方面学有所成，为其后来的革命生涯增添了无穷的动力。

黄兴初到城南书院，“以研治词章为主，读经、训诂、音韵为辅”。诚如陈维纶所云：黄兴对于诗词“不斤斤于章句文辞之锻炼，亦不限于唐、宋体之分合，而于风格之开张，性情之怡适，则别有旨趣。惟以三湘所具屈、贾、杜、辛羁旅抑郁之流风犹在，加之族类沦陷既久，山河日蹙之况益增，不禁感慨系之。故先生（指黄兴——引者）所作诗文，不免理胜于辞，对境写情，而抒文人之情感者固多，至于国事民生之歌咏，而抒贤豪之怀抱者亦不少，偶又出于白话俚语，庄谐并作，讽喻尤多。故所写诗文之意势有时渊懿朴茂，有时浓郁悲凉，且擅雄浑流丽，遒劲生动之致，其归复汉业，奋励后进之忱，率于此寓之”[①]。后在两湖书院读书时，院长梁鼎芬就称赞黄兴“文似东坡，字工北魏，诗尤豪迈清逸”[②]。这说明黄兴早在两湖书院读书时已写过不少诗，不然院长梁鼎芬也不会赞扬他“诗尤豪迈清逸”；然而，他早期的诗作，我们所知者却寥寥无几。由此说明他的诗作遗失不少。迄至目前为止，我们仅发现他的传世诗作 40 多首。这些诗作歌凌云之志，鼓革命之角，咏山水之胜，抒豪迈之情。有人将黄兴诗词分为三个时期，认为“早期豪放，中期雄浑，晚期深沉”是很有道理的。[③]我们认为，从黄兴诗词写作水准分析，称黄兴为“革命诗人”是恰如其分的。而他之所以锤炼成“革命诗人”，与他在城南书院初

① 陈维纶：《黄克强先生传记》，第 23 页。

② 王成圣：《黄兴侠骨雄心》，朱传誉主编《黄兴传记资料》（三），第 463 页。

③ 黄自荣：《黄花满眼诗亦香——关于黄兴诗词研究的几个问题》，熊健等主编《纪念黄兴诞辰 140 周年学术研讨会论文集》，第 306 页。

期“以研治词章为主”是分不开的。

黄兴在城南书院读书期间，“后改宗义理，而以舆地、算学为辅”[①]。要弄清所谓“义理”之学，就必须从湖湘学派谈起。

早在南宋初年，福建崇安人胡安国及其季子胡宏在宋高宗建炎年间因避战乱来到湖南衡山隐居，创建了碧泉书院、文定书堂，聚徒讲学，著书立说，开创了湖湘学派。嗣由胡宏的高足四川绵竹人张栻加以阐扬。绍兴三十一年（1161），张浚、张栻父子创建城南书院。张栻与朱熹聚讲、题咏于岳麓、城南两书院，著述宏富，造诣极高。他与朱熹、吕祖谦齐名，号称“东南三贤”，其弟子甚众，成大器者颇不乏人，形成了一个独立的学派。胡氏父子及其门人虽然都不是湖南人，但他们隐居湖南，长期在湘著书立说，故他们创立的学派习惯上称为湖湘学派。对此，历代士人早有论评，他们一致承认：湖湘学派是宋明理学的一个派别。至明末清初产生了伟大的思想家王夫之，就王夫之思想体系的理论渊源而论，是以张载的“关学”为前导的，而关学与宋明理学其他各派又是互相联系的。众所周知，宋明理学各派由于其社会功能和作用大小不同，分为主流派和非主流派，周敦颐、程颢、程颐、张载、朱熹，加上邵雍、张栻以及陆九渊、王守仁等为主流派；王安石、苏轼、吕祖谦等为非主流派。而主流派中又分出正统派，即濂、洛、关、闽四派。周敦颐，湖南道州人，首创濂学，成为理学之祖；张载讲学关中，其学被称为关学；张载的表侄二程兄弟初受学于周敦颐，嗣讲学洛阳，其学被称为洛学；二程的四传弟子朱熹继承二程学说，并综合张载的一些观点，系统地阐述并发挥濂、洛、关学，成为理学的集大成者，由于他长期在福建讲学，故其学说称为闽学。南宋后期，朱熹的学说受到推崇，历久不衰，成为元、明、清各朝占统治地位的官方哲学。而张载的若干著作在明初也被编入《性理大全》，列为士子的必读书目。王夫之的思想体系虽以关学为前导，但也从朱熹的闽学中吸取了丰富

① 陈维纶：《黄克强先生传记》，第23页。

的养料，故有王夫之“归宿于闽”的说法。闽学与湖湘学均研习和阐发二程学说，虽有“见识少异”的地方，但通过朱熹和张栻在岳麓书院和城南书院讲学和书信往返、题咏，反复“讲磨辩难”，经过十多年的探讨，其学术观点终于“以一其归”。既然王夫之“归宿于闽”，那么，认为王夫之“归宿”于湖湘学亦未尝不可。其实，只要将胡安国父子及其门人与王夫之进行比较，至少在下列几个方面有共同之处：一是他们所处的政治环境及抗敌御侮的政治态度相同；二是他们吸取众家之长、不偏一说的学术思想相同；三是他们崇尚实学、不喜空谈的学风相同。这种抗敌御侮的政治态度、不偏一说的学术思想、崇尚实学的学风，由南宋湖湘学者倡导，至明末清初由王夫之大力阐扬，历久弥新，影响了历代士子，在湖南境内士人群体中逐渐形成了一种共同的文化心理：在政治上主张抵抗侵略，反对卑躬屈膝，宁愿牺牲自我，也决不向恶势力屈服，表现出政治上的坚定性；在思想上主张追求真理，一旦形成自己的思想，就不愿轻易改变，反对随波逐流、与世浮沉，表现出思想上的坚毅性；在行动上主张脚踏实地，埋头苦干，大刀阔斧，雷厉风行，不怕困难，百折不挠，反对投机取巧、畏首畏尾、言行不一、浮而不实的作风，表现出行动上的坚韧性。这种共同的文化心理反映在性格上便形成湖南人特有的性格：刚正质直、勇猛强悍、桀骜不驯、务实好胜，等等。

在黄兴就读城南书院之前的1870年，郭嵩焘定居长沙后，接受巡抚刘崐聘请，同意掌教城南书院。城南书院经过咸、同年间的战乱，虽有修复，但工程草率，郭在出任主讲之际，巡抚又饬厘金局拨款重新修葺，与此同时，郭嵩焘“又于南轩祠旁隙地，建立王船山先生祠，期以乡里先贤开示学者，知所规向”①。他在《船山先生祠安位告文》中明确指出：修建船山祠的目的是“以乡贤之遗业，祐启后进，辟吾楚之榛荒”。这说明，郭氏修建船山祠是为了弘扬船山思想，繁荣湖湘文化。黄兴在城南书院读书时，

① 郭嵩焘原撰、杨坚点校：《郭嵩焘诗文集》，岳麓书社，1984年，第538页。

接受了湖湘文化的熏陶，他是从“爱读《船山遗书》”并从阐扬民族大义出发而步入革命征途的。诚如陈维纶所说：“义理之学，自濂溪、横渠昌明以来，已成‘为往圣继绝学’之重要学脉；经船山之阐扬，更成为湘学一脉相承之传统。因此，先生（指黄兴——引者）于研治宋明学案之余，即斟酌于程朱之明德与新民，二陈（同甫与傅良）与叶（水心）‘救世济时、规复宋室’之看法，以及阳明平乱匡明，亭林、黎洲除奸抗清（前者扶助会党，后者椎击魏党）之作法，再参以船山探究民物、区分夷夏之旨，先生兴复汉业之意向，乃于斯时奠定其基础矣。”[①] 毫无疑问，湖湘文化对黄兴人生走向和性格特质的形成产生了极其深远的影响。

黄兴在城南书院读书期间，除学习和研究词章、义理之外，还涉猎诸子各家之学，学习内容非常丰富。他对诸子各家学说的态度并不是死记硬背，全盘照搬，也不是妄自尊大，简单加以否定，而是吸收各家之长，以补其短，用陈维纶的话说，“是取一种裁补偏缺的态度”，既“着意老庄，尤着意禹墨；注重儒术，但亦注重兵法刑名，而于孙吴兵法阐发尤多”。他深知，作为一个有志青年如果不懂兵法是很难担当起改造社会重任的，所以在他的读书《札记》里，记载了许多关于研究兵法的心得。令人感兴趣的是，他将诸子各家的学术思想运用到兵法研究上去，使二者紧密结合起来，很有创获。他认为：“孙吴诸家所论之理，多与道儒墨法各家学说互相贯通。机智权谋，辅以仁义；训兵用将，威爱兼施等情，更非寻常军人文士所可践履者。其后治理军事政事，大率本于诸家之学以及兵法要则而致之用。如于孙子所谓修道保法、上下同欲，亦即于政、军措施，与军民意志之配合，多所致意，俾克大展兼资文武、造福国民之经纶。”[②] 黄兴的这种研究军事的态度和方法远远超出了过去有的军事家就军事论军事的狭隘观念，从而为黄兴成为德才兼备、文武兼资的民主革命家、军事家奠定

① 陈维纶：《黄克强先生传记》，第 23 页。

② 陈维纶：《黄克强先生传记》，第 23—24 页。

了深厚的基础。

黄兴在城南书院读书期间，常利用课余时间练习书法，长进很快。他在这方面也很有创意，远远超出了一般书法家练习书法的套路。一方面，他从古代书法家那里吸取养料，发挥传统书法之优长；另一方面，他也没有停留在古人已有的成果上止步不前，他也看出了古代书法家的某些不足。黄兴在练习书法时，“不规规于当时崇尚之行楷，而向往于东晋北魏之作风”。他尝谓：“郑文公碑字法真正，篆势分韵，尽在其中；兰亭雄健幻化，似乎奇怪百出，实归于中和。”“《札记》所载同学某君以其书法有似苏、董而询之。”黄兴回答说：“东坡之书力弱，弊在澜漫；香光之书气怯，弊在凋疏，均由指劲不足。”那么，怎样克服古代书法家“指劲不足”的弊病呢？黄兴从实践中摸索了一种新的方法，那就是将武术和书法结合起来。他说：“若使指有劲，要效法打拳，出手起脚，极筋力所能至，气通劲出，便能尽势传意。”[①] 黄兴的书法独具特色，在于他书写时，“常注意于字法点、画、使、转之形质，而尤着重于性情”。因而，他的书法之作不仅苍劲有力，而且挥洒自如，令人赏心悦目，独具魅力。

1898 年春，黄兴因学习成绩优异，加以早在两年前即 1896 年已考中秀才，被选调校经书院深造。在这所倡导自由研究、推动教学改革的书院里，黄兴学习了一个学期，嗣因两湖书院友人函招，他又踏上了新的人生征途，去湖北两湖书院读书去了。过去，有不少史学论著认定黄兴是岳麓书院的学生，盖出于校经书院的前身湘水校经堂曾附设于岳麓书院内的缘故。其实，说黄兴是岳麓书院的学生只是一种误解，有必要加以订正。为辨析清楚这一问题，必须首先弄清从湘水校经堂到校经书院的演变过程。这一演变过程可以划分为四个阶段：

第一阶段，湖南巡抚吴荣光于道光十一年（1831）春，创办湘水校经堂于岳麓书院内，校经堂在创始阶段的教学方面由湘抚

---

① 陈维纶：《黄克强先生传记》，第 25 页。

吴荣光和岳麓书院山长欧阳厚均，以及城南书院山长贺熙龄三方共同管理，校经堂的讲学、考试、阅卷等主要由欧阳厚均和贺熙龄负责，吴荣光也定期到校经堂讲学。道光十六年（1836），吴荣光因事落职，校经堂讲课“遂废而堂为虚设”①。这一阶段被称为创始阶段，即从 1831 年到 1836 年。此后 20 多年间，校经堂仅存其名而无授课之实。

第二阶段，由新任湖南巡抚毛鸿宾倡议，在黄南坡观察的协助下，湘水校经堂于咸丰十一年（1861）开始重建，“黄南坡观察为集资，定立章程，自中丞以下至郡守，月一课，自是湘人士稍稍向学矣”②。校经堂在重建阶段，即从 1861 年到 1879 年仍附设于岳麓书院，该堂的主讲和课考及评卷仍以岳麓书院和城南书院山长为主。

第三阶段，光绪五年（1879），湖南学政朱逌然提出重整校经堂，将校址迁进城南书院。重整后的校经堂已不属于岳麓书院，即从 1879 年到 1890 年，迁入城南书院旧址后，正式设立山长，下辖经、史、文、艺四学长及提调、监院各一人，定额招本省及商籍生徒 24 名肄业其中。“以经济之学训士，要诸生‘寝馈于四书、六经，探治平之本，然后遍读经世之书，以研究乎农桑、钱币、仓储、漕运、盐课、榷酤、水利、屯垦、兵法、马政之属，以征诸实用’。”③

第四阶段，光绪十六年（1890），学政张亨嘉到任，将校经堂校舍从城南书院旧址迁至湘春门外熙宁街，正式改名校经书院，生徒学额扩充到 44 名。书院倡导通经致用，设“经义、治事二斋，专课经史、当世之务”④，以“博达古今，养成有体有用之才”为办学宗旨。要求学生考究“古今天下治乱，中国强弱之故”，“举平日所闻于经者，抒之为方略，成之为事功，一洗二百年穿凿

① 郭嵩焘：《重建湘水校经堂记》，《养知书屋诗文集》卷二十六，第 1426 页。
② 郭嵩焘：《重建湘水校经堂记》，《养知书屋诗文集》卷二十六，第 1427 页。
③《校经堂学议》，转引自邓洪波《城南书院志 校经书院志略》前言，第 2 页。
④ 翰林院编修、湖南学政臣张亨嘉奏：《为湘省设立校经书院，吁恳恩赐御书匾额，恭折仰祈圣鉴事》，《城南书院志 校经书院志略》，第 6 页。

破碎空谈汉宋门户之耻”[1]。校经书院至此已将通经致用的学术主张和治世救国现实需求结合起来。光绪十七年（1891），光绪皇帝颁发御书“通经致用”匾额，充分肯定了校经书院的改革成果。由此，校经堂演变为校经书院，进入移址改制阶段，即从1890年到1903年。1903年冬，湖南巡抚赵尔巽将其改作成德校士馆，令诸生“改习科学，以储学堂之选”。从此，不断改革中的校经书院才渐次融入到现代教育体制之中。

从以上所述湘水校经堂到校经书院的演变过程，我们就会发现，校经堂只是在创始阶段和重建阶段校址附设于岳麓书院的范围之内，而到迁址整顿阶段，已从岳麓书院完全剥离开来。虽然名称亦仍其旧，但校址已迁入城南书院之内，并正式设立山长管理。至于到了移址改制阶段，校经堂已从城南书院旧址迁至湘春门外熙宁街，并改名为校经书院。该书院是继岳麓、城南、求忠三书院之后，由抚院当局新设立的又一所省会书院。该院正式成立于1890年，已经成为一所完全独立的书院，与岳麓书院不存在任何隶属或主管关系。而8年之后，即1898年，黄兴才由城南书院选送入校经书院，一个学期之后，再由校经书院考入湖北两湖书院继续深造。完全可以说，黄兴在省城长沙的学习与选送与岳麓书院没有任何关系。我们认为，并不会因为黄兴没有在岳麓书院读过书而影响他的光辉形象，也不会影响今人对他在辛亥革命时期所建树的丰功伟绩作出正确的评价；同样，作为享有盛誉的千年学府，岳麓书院也不必借助原本不是岳麓书院学生的伟人黄兴为其增添殊誉。黄兴在校经书院学习时间虽然不长，但受益匪浅。他在博览古今、读经学史的过程中，深深体会到，要从探讨古今天下治乱中找到中国强弱的原因，要从总结历史的经验教训中找到解决现实政治问题的方略；他认为不能空谈汉宋之学，而要脚踏实地，改革教育、科举制度和现实社会。这就是“经世致用”的真谛。

---

① 张亨嘉：《楚南新建校经书院碑记》，《城南书院志　校经书院志略》，第5页。

第三节　考中秀才

黄兴在青年时代曾考过两次秀才。一次是1892年黄兴18岁那年在家自学时考过一次秀才，由于晚清科举考场的腐败，他没有考取。另一次是1896年黄兴22岁那年即在城南书院读书的第四个年头，在继母易太夫人的安排下又一次去应童试，此次考中秀才。关于黄兴这两次考秀才的资料主要来源于黄一欧的回忆，这也是不少论著加以引用过的。一则曰："先君（指黄兴——引者）曾对我谈过他青年时代的一些故事，其中印象最深的是应县考。先君十八岁那年，和姑父胡雨田以及同村的刘石介，一道往应县考。三个人进了考棚，凑巧都被分配在同一个字号。当时应试要做八股文，规定黎明前进场，即日交卷，不许继烛。这天，先君最先打完草稿，但是看了又看，很不满意，想另写一篇。而胡、刘两人正在搜索枯肠，还没有定稿。先君这篇文稿便被刘石介要去誊正，作为他的试卷。先君随后写好了第二篇，仍然觉得没有写好，结果又被胡雨田要去顶替了。最后先君聚精会神，写好第三篇，自己才感到非常满意。不料发榜时，胡、刘两人都是榜上有名，唯独先君名落孙山。先君落第回家，担心先祖父不高兴，他不好意思地将三份文稿都拿给先祖父看。祖父看过之后，也认为第三篇胜过前两篇。这时，先君才解脱了心头的疙瘩。"[①] 那么，这份资料是否可信呢？我们认为，从整体上看应当是可靠的，其理由如下：一是这份资料来自黄兴本人的讲述，诚如黄一欧所云："先君曾对我谈过他青年时代的一些故事"，而且"其中印象最深的是应县考"。既然黄兴将这件事作为"故事"讲给长子一欧听，而一欧记忆"印象最深"，自然不会有什么大的差错。二是根据《经铿

① 黄一欧：《回忆先君克强先生》，《辛亥革命回忆录》第一集，第608页。

黄氏家谱》记载：黄兴生父筱村公育有二子四女，其四女黄细贞适“长沙监生雨田”[1]，雨田即胡雨田，是黄兴的姐夫，也就是黄一欧的姑父。此处，《家谱》记载胡雨田是“长沙监生”，所谓监生，是明、清两代称在国子监（封建时代国家最高学校）读书或取得进国子监读书资格的人。因此，监生必须是具有生员资历即考中过秀才的人，因此，这就佐证了胡雨田考中过秀才的说法。而《家谱》修纂于1892年，恰好是黄兴与胡雨田一同去考秀才的那一年，《家谱》明确记载胡雨田考中秀才并取得进国子监读书的资格，而他之所以取得这一资格全凭其妻弟黄兴撰写的第二篇自认为“仍然觉得没有写好”而丢弃的那篇文章。作为该文的作者黄兴本人却“名落孙山”，《家谱》当然没有黄兴当年考中秀才的记载。这真是对晚清科场一种莫大的讽刺！

按照晚清的科举考试制度，考秀才是科考的最初一级，“应考生员之试者，曰童生，亦曰童儒，是以称之为童试”[2]。童试一共要考三次，即县试、府试、院试，县试取录后即可参加府试，府试取录后即可参加院试，院试取录者称为“生员”，俗名秀才。那么，黄兴与胡雨田、刘石介参加的这次考试究竟是三次考试中的哪一次呢？黄一欧没有说明，仅以“应县考”一语带过。我们认为是院试，即考秀才的最后一次，因为只有这最后一次考试结束，才可以发榜，才可以公布考试结果，才可以决定胡、刘两人“榜上有名”，唯独黄兴“名落孙山”。反过来，如果是县试或者府试的话，那么还存在变数，县试录取后也可能府试、院试不一定录取，因此，可以确定这次考试为院试。黄一欧之所以没有具体说明，主要是因为时间太久，离黄兴逝世“忽忽已四十五年”，仅凭记忆所及，难免有不够精准的地方，这也是情理之中的事。

黄兴第二次应考是1896年即黄兴22岁那年，他在城南书院读书已进入第四个年头了。他再次应考，并考中秀才。据黄一欧回

---

① 《家谱》，《十八世编》卷十七，第20页。

② 商衍鎏：《清代科举考试述录》，生活·读书·新知三联书店，1958年，第39页。

忆："到了次年春天，先君又往应考。动身的前夕，亲友置酒预贺，先君不以为然，表示读书要求真学问，赴试仅仅是母命不可违而已。他写过一首《别母应试感怀诗》，结句有云：'一第岂能酬我志，此行聊慰白头亲。'在应试期间，先祖父病危，继祖母特意瞒着先君，不使他知道，以便让他安心应考。这次，先君入县学为诸生，没有辜负老人家的期望。"[①] 这段资料整体上是可信的，但应考时间记错了，这里所谓"到了次年春天"，时间上系指 1893 年。黄一欧可能受到台湾某些史学家有关黄兴论著的影响，误将黄兴第二次考秀才的时间定为 1893 年。因为包括陈维纶所撰《黄克强先生传记》、左舜生所撰《黄兴评传》、李云汉所撰《黄克强先生年谱》等著作均将黄兴第二次考秀才时间误定为 1893 年，以讹传讹，乃至出现时间上的错误。其实，与黄兴同在城南书院读书的同学且与黄兴一同考上秀才的雷恺记得很清楚，他说："丙申科试，补博士弟子员，年二十三（周岁二十二）。善化应试者逾千人，学额三十四名，皆年少无过三十岁者。"[②] 雷恺在另一篇文章《往事杂忆》中也提及他与黄兴在"丙申年同举博士弟子"[③]。查"丙申年"即为 1896 年，"博士弟子"即俗称秀才。雷恺是黄兴在城南书院的同学，又是同一次考中秀才的，而且，考中秀才这件事在当时晚清士子中是人生道路的转折点，也是一件光宗耀祖的大事，不可能不留下深刻的记忆。雷恺甚至连当时"善化应试者逾千人，学额三十四名，皆年少无过三十岁者"这些数据都记得一清二楚，难道连他在哪一年考中秀才这件事都会记错吗？特别值得一提的是，毛注青就黄一欧所说的 1893 年其父第二次考秀才一事，于 1980 年曾亲自访问过他，黄一欧明确回答说："雷恺先生事属亲历，应以雷说为准。"[④] 所以，黄兴第二次考中秀才应当

---

① 黄一欧：《回忆先君克强先生》，《辛亥革命回忆录》第一集，第 609 页。

② 雷恺：《黄克强先生小传》，转引自毛注青编著《黄兴年谱长编》，第 26 页。

③ 雷恺：《往事杂忆》，转引自毛注青编著《黄兴年谱长编》，第 26 页。

④ 毛注青编著：《黄兴年谱长编》，第 26 页。

以“雷说为准”，当为1896年。

黄兴在求学阶段一直在“要求真学问”，考秀才仅仅是母命不可违而已。所谓“一第岂能酬我志，此行聊慰白头亲”两句就是黄兴当时心情的真实写照！他去赴试实际上是一种无奈的选择，是一种家国情怀的自然流露。当时，黄兴的父亲筱村公已经56岁了[①]，而且身体不好，正卧病在床，兄长仁蔚早夭，黄兴是家里的顶梁柱，希望他能走科举取士的道路，一直是父亲的殷殷期盼。人们常说，“十年寒窗无人问，一举成名天下知”，黄兴从5岁开始接受父亲的启蒙教育到第二次赴考已经有17年时间了，其间，除去在家5年自学时间，也已经有整整12年了，不用说“中举”无望，如果连科举考试最低一级的秀才都不能考取，别说光宗耀祖，甚至也“无脸见江东父老”，为安慰父母，他只好选择赴试。家庭处境每况愈下，国家的情况就更糟糕了，也就在黄兴赴试的前两年，即1894年，日本侵略者发动了侵华战争，因为这一年为农历甲午年，史称中日甲午战争。由于清政府实施卖国投降的外交政策，清政府的北洋海军几乎全军覆没，洋务派经营了30余年的洋务运动宣告破产，清政府以惨败而告终。1895年，清政府与日本侵略者签订了丧权辱国的《马关条约》，其中条约规定：割让辽东半岛、台湾全岛及所有附属各岛屿和澎湖列岛给日本；赔偿日本军费两亿两白银；增开沙市、重庆、苏州、杭州四个通商口岸；允许日本臣民得在通商口岸设立工厂，等等。甲午战败和《马关条约》的签订，引起“天下震动”[②]，“举国哗然”[③]。吴玉章回忆说：“从前我国还只是被西方大国打败过，现在竟被东方的小国打败了，而且失败得那样惨，条约又订得那样苛，这是多么大的耻辱啊……我还记得，甲午战败的消息传到我家乡的时候，我

---

① 黄兴生父筱村公生于1840年，至1896年已有56岁，翌年病逝，享年57岁。

② 康有为：《上清帝第二书》，中国史学会主编《中国近代史资料丛刊·戊戌变法（二）》，上海人民出版社，2000年，第131页。

③ 梁启超：《爱国论》（一），《清议报》全编卷一，第19页。

和我的二哥（吴永锟）曾经痛哭不止。”[①] 吴老的思想变化在当时的知识分子阶层中确实具有一定的代表性。黄兴当时已经有22岁，作为一个有志青年，当然会思考怎样才能担当起救亡图存、挽救民族危机的历史重任。所以，黄兴在赴考之前，对于亲友的“置酒预贺”“不以为然”；而在考中秀才之后，也并未见他有几分惊喜。他的第一反应只是想将他考中秀才的消息告诉病榻上的父亲，以安慰父亲那颗受伤的心。可是，当他回到家里的时候，方知在他应试期间，父亲筱村公病危，继母易太夫人“特意瞒着”，“不使他知道，以便让他安心应考”。这件事使他不禁悲从天降，早知如此，他肯定不会继续应考，而是赶快回家照顾病危的父亲，去尽一份孝心，然而，事已至此，又有什么办法补救呢？他只好强忍悲痛，又继续到城南书院去读书，完成学业，争取将来做一个有益于国家和人民的人，以不辜负父亲的教诲。1898年春，黄兴因成绩优秀调校经书院就读，半年之后，即1898年夏，考入湖北两湖书院学习，这就成为他人生道路上一个新的起点。

黄兴从早年求学开始到1898年下半年进入湖北两湖书院之前，他还只是一位爱国主义者。这一时期，他十分敬仰王船山，极端不满清朝的科举考试制度，也特别同情太平天国农民起义，具有强烈的爱国主义思想。但是，爱国与革命是有距离的，爱国并不等于革命。诚如黄兴后来所说的，“兄弟在校经堂读书时，尚无革命思想，惟觉科举之制贻害无穷”[②]。作为一个真诚的爱国主义者，他热爱祖国，热爱中华民族，具有强烈的家国情怀，但似乎还不具备民主革命思想。

---

① 吴玉章：《辛亥革命》，人民出版社，1961年，第32页。

② 黄兴：《在湖南学界欢迎会上的演说》（1912年11月8日），《黄兴集》（二），第556页。

第四节　入两湖书院

两湖书院是张之洞在湖广总督任内在武昌创办的一所高等学府。1890年，“由汉口绅商候选道蔡元吉捐银二万两，分发试用道万航捐银六千两，愿充作修建两湖书院经费”①。嗣又陆续收到茶商捐款，于是两湖书院筹建工程开始启动。院址设在武昌都司湖畔（今文昌门内武汉音乐学院）。1891年初开始正式招生，取湖北、湖南两省优秀士子入学，“其入院之生，皆选择年在二十五岁以下者，以五年为满。学成者，择尤酌量咨送请奖。学不成者，遣归”②。该院规模宏大，校园宽广，环境优美，是士人求学的圣地。据张之洞陈述：在“都司湖地方环置斋舍二百间，调取两湖诸生各一百名入院肄业。另置斋舍四十间，附调商籍诸生四十名肄业”③。其招生办法如下：“所有两湖书院肄业生额，分府选调。”“先由贵学院选取咨送”，“应调诸生，或才识出群，或多闻博览，或志行不苟，或好学深思，均在可选调之列”。另外，“如有笃学潜修之士，未经应过岁科考试，学院无由周知，各该府厅州县如咨访确实，亦准具文申送”。“如未经两省学院咨送，又未经府县申送，自揣学业过人有志求益者，准其临时报名投考，一并面试，甄别选取。”④ 那么，黄兴是怎样进入两湖书院的呢？据黄兴自述：“因湖北两湖书院友人函招往学，遂赴武昌。”⑤ 由此可知，黄兴属

① 张之洞：《札捐修两湖书院各款准随时禀请拨用》，《张之洞全集》五，武汉出版社，2008年，第171页。

② 张之洞：《两湖、经心两书院改照学堂办法片》，《张之洞全集》三，第480页。

③ 张之洞：《咨南、北学院调两湖书院肄业生附单》，《张之洞全集》五，第225页。

④ 张之洞：《咨南、北学院调两湖书院肄业生附单》，《张之洞全集》五，第226页。

⑤ 黄兴：《在湖南学界欢迎会上的演说》（1912年11月8日），《黄兴集》（二），第556页。

于最后一种情况，也就是“未经两省学院咨送，又未经府县申送，自揣学业过人有志求益者，准其临时报名投考，一并面试，甄别选取”。黄兴是在得到“湖北两湖书院友人函招往学”之后“遂赴武昌”的，是经过“临时报名投考”和两省各大书院“分府选调”的学生，以及由“各该府厅州县如咨访确实，亦准具文申送”的学生，“一并面试”，才“甄别选取”的。这里不禁要问，两湖书院的“友人”究竟是谁呢？我们应当可以确定是周震鳞。其理由有三：一是周震鳞先于黄兴考入两湖书院，使他有条件较早地了解两湖书院的情况。据周震鳞孙女周用宜记载：“周震鳞（一八七五——一九六四年），又名鲲，字道腴，晚年自号苦行翁，外号七胡子。民主革命家、教育家和书法家。湖南宁乡人，十八岁中秀才。一八九七年考入两湖书院。毕业后任湖南高等学堂监督，后任教务长。”① 由此可知，周震鳞是1897年考入两湖书院的，至1898年，周已在两湖书院学习了一年时间，这使他对两湖书院的办学宗旨、校园环境、师资状况、学习内容和方法了如指掌；同时，对书院招生信息的了解也较校外人士为早，便于及时“函招”黄兴的到来。二是周震鳞比较热爱武汉的政治环境和两湖书院的学校生活。否则，周震鳞也不会“函招”黄兴“赴武昌”的。据《周震鳞自序》称：“鄂有两湖书院，余以湖北规模较大、名师较多，急往考入，前后六年，科学之外，赖贤师益友之指授切磋，颇肆力于中西历史政治之比较，社会哲学之探讨。休暇之日，尤好谈兵，与将士交游。留鄂各界，均相器重。丁酉（指1897年——引者），谭继洵抚鄂，其子复生（谭嗣同）为之招揽豪俊入幕，余与沈荩、舒菩生等与焉，朝夕研求变法改制之道。余之革命事迹，盖造端于是时矣。”② 从这段《自序》可以看出，周震鳞对当时武汉的政治环境和两湖书院的学校生活还是感到较为惬意

① 周用宜：《周震鳞（道腴）生平简介》，周用宜主编《周震鳞墨迹诗文选集》，中国社会科学出版社，2012年，第1页。

② 《周震鳞自序》，载周用宜主编《周震鳞墨迹诗文选集》，第1页。

的，不然，他也不会“函招”友人黄兴入校。三是周震鳞与黄兴两家是世交，两人是挚友。据周震鳞回忆：“克强先生的父亲筱村先生和我的叔父理琴先生，都在长沙教馆，常相过从，因此，我和克强先生在青少年时期就订交了。”[①] 后来，周震鳞和黄兴一道发起组织华兴会、加入同盟会，积极从事武装反清革命活动，直到辛亥革命成功。所以，在14年后，黄兴于1912年11月8日在湖南学界欢迎会上的演说中还记得这位“函招往学”的“两湖书院友人”。根据以上三条理由，我们可以肯定是周震鳞“函招”黄兴“往学，遂赴武昌”的。

两湖书院的创办者是时任湖广总督张之洞，张也是洋务运动的倡导者之一。洋务运动的施政纲领是“中体西用”论，这一施政纲领直接影响着两湖书院的办学宗旨。要弄清两湖书院的办学宗旨，必须对“中体西用”的产生及演变过程先作一番梳理。林则徐最早提出了“师敌之长技以制敌”的口号，魏源在此基础上更加明确地提出了“师夷长技以制夷”的思想。嗣后，这一思想为早期维新派即洋务派理论家冯桂芬等人所发展，冯桂芬于1861年在《校邠庐抗议》一书中提出“以中国之伦常名教为原本，辅以诸国富强之术”[②]。1895年4月，《万国公报》的编者沈寿康在著名的《匡时策》中又指出：“中西学问本自互有得失，为华人计，宜以中学为体，西学为用。”这段文字虽然是针对中西学问而言，但确是第一次从字面上提出了“中体西用”这一口号。1898年4月，张之洞在他所著的《劝学篇》中有所谓“旧学为体，新学为用”的说法。此处所谓“旧学”，按张之解释，是指“四书、五经、中国史事、政书、地图”；而“新学”则是指“西政、西艺、西史”[③]。同年5月，张之洞在《两湖、经心两书院改照学堂

① 周震鳞：《关于黄兴、华兴会和辛亥革命后的孙黄关系》，《辛亥革命回忆录》第一集，第330页。

② 冯桂芬：《校邠庐抗议》卷下，《采西学议》。

③ 张之洞：《劝学篇》，《张之洞全集》十二，第176页。

办法片》中说过："两书院分习之大旨，皆以中国（学）为体，西学为用。既免迂陋无用之讥，亦杜离经叛道之弊。"① 尽管上述说法是各人在不同的时期针对不同情况有感而发，且文字上略显差异，但有一点却是共同的，那就是"中体西用"一直是洋务运动的指导思想。长期以来，由于洋务派思想家和洋务运动的倡导者对"中学"和"西学"的理解不同，因而阐释各异，给人们在讨论问题时增加了不少障碍；但据我们理解，"中学"主要是指封建的政治体制、纲常名教、宗法制度、统治秩序等；"西学"则是指西方自然科学技术。简言之，"中体西用"就是要在保留封建专制统治的前提下引进西方的先进自然科学技术，以达到富国强兵的目的。张之洞作为洋务运动的倡导者之一，他必然会将洋务派的施政纲领作为两湖书院的办学宗旨，这样的办学宗旨自然是为培养封建地主阶级的接班人服务的。用张之洞的话说，就是"故书院之设，所以作养贤才，贵得明体达用之士，以备国家任使，庶可以羽翼圣道，匡济时艰"，"期于他日成就，出为名臣，处为名儒"②。其办学宗旨是很明确的。两湖书院设提调一名，下设南北两省监院各一名，"书院一切应办事宜"由"提调会同两省监院悉心商办"③。"课士之法，分经学、史学、理学、文学、算学、经济学六门，延请分教六人专门训课诸生。"④ 1898 年戊戌变法期间，整顿书院，变通章程。"酌照学堂办法，严立学规，改定课程，一洗帖括词章之习，惟以造真才济时用为要归。两湖书院分习经学、史学、地舆学、算学四门，图学附于地舆。每门各设分教，诸生于四门皆须兼通，四门分日轮习，另设院长总司整饬学规、考核品行，讲明经济，用宋太学积分之法，每月终核其所业分数之多寡，以为进退之等差。"⑤ 课程由原来的六门改为四门。另外，"拟

---

① 张之洞：《两湖、经心两书院改照学堂办法片》，《张之洞全集》三，第 480 页。
② 张之洞：《咨南、北学院调两湖书院肄业生附单》，《张之洞全集》五，第 225 页。
③ 张之洞：《札委两湖书院提调、监院》，《张之洞全集》五，第 238 页。
④ 张之洞：《咨南、北学院调两湖书院肄业生附单》，《张之洞全集》五，第 225 页。
⑤ 张之洞：《两湖、经心两书院改照学堂办法片》，《张之洞全集》三，第 480 页。

添设东文教习，令一律兼习东文，其愿兼习西文者，听”，“并令兼习体操”[①]。1899年戊戌政变后，两湖书院再次改定课程，“除经学、史学原系书院所当讲求外，查测绘地图本系兵法中最要之务，该书院所分门类，正与此次所奉懿旨适相符合，应即将地图一门改称兵法，惟兵法之学，体大思精，应于兵法一门中，又分为三类：一曰兵法史略学。讲求历代史鉴，兵事方略。一曰兵法测绘学。讲求测量山川海道形势、远近营垒、炮台体式，绘画成图。一曰兵法制造学。讲求制造枪炮船雷、行军电报、行军铁路等事。每门各设分教一人。又体操一事，为习兵事者之初基，即与旧传八段锦、易筋经诸法相类，所以强固身体，增长精神，必不可少。国朝定制，凡八旗文生员、举人、进士，皆须兼习骑射，不能骑射者不得入乡、会场。俱见造就人才、文事武备兼重之至意，自可仿照办理。应于该书院后余地建设兵法体操棚，于功课毕后习之。先习简易诸式，如空手体操及运动木椎、铅椎、擎枪、托枪、推枪、超乘诸法，并先制备木质枪炮式，以资目验考究。即派武备学堂优等诸生为领班，以资教导”。除课程分门别类，各有分教讲授之外，两湖书院还特别重视学生的品德教育，强调“欲成有用之人才，必以砥砺品行为本，欲望学业之进益，必以率循规矩为先”，规定“应另立行检一门，由各监督、院长每日酌定时刻，分班接见，训以四书大义、宋明先儒法语，考其在院是否恪遵礼法，平日是否束身自爱，每月终分别优绌，亦定为分数，开列清单，并经、史、天、地、兵、算诸门合较分数之多寡，为每月之等第”，使学生做到“文武兼习，学行交修”，成为朝廷“有用之才”。[②] 从上述教学内容的设置和调整可以看出，两湖书院较之城南书院除了属于“旧学”的部分内容相同之外，还增设了有关“西学”的部分内容。加之，地处“九省通衢”的武汉比古

① 张之洞：《鄂省书院改章筹办学堂情形致总督署》，《张之洞全集》四，第471页。
② 张之洞：《札两湖、经心、江汉三书院改定课程》，《张之洞全集》六，第201—202页。

城长沙还是要开放得多，所以，黄兴除完成书院规定的功课之外，课余时间，“悉购西洋革命史及卢梭《民约论》诸书，朝夕盥诵。久之，革命思想遂萌芽脑蒂中矣，然卒未敢向同学者道及一字”[①]。毫无疑问，黄兴通过在两湖书院阅读新书新报，与同学互相切磋，思想大有进步。

黄兴考入两湖书院不久，1898 年 9 月 21 日，慈禧太后发动政变，捕杀谭嗣同、林旭、杨锐、杨深秀、刘光第、康广仁等六人于北京菜市口，通缉康有为、梁启超，罢免维新派官员陈宝箴、江标、黄遵宪等数十人，除京师大学堂外，废除全部新政，戊戌变法失败。谭嗣同等人被害无疑会在黄兴思想上引起震动。通过一段时间的学习，他对两湖书院“中体西用”的办学宗旨和教学内容有了深刻的认识，对世界的发展潮流和中国专制政体的危害以及如何正确解决好中国当时的政体问题有了新的认识。以至在 10 多年后，他在一次演说中还提及当年对两湖书院的看法：“功课亦极平常，其宗旨纯系忠君。顾读书数月，见报纸所载，友朋所言，始知世界趋势决非专制政体所能图强，亦非郁郁此间所能求学，然仍上课如故，未尝旷缺也。”[②] 当时，他不仅没有旷课，而且还按照自己的兴趣，以自己独创的方式进行学习，成绩名列前茅。据黄兴的两湖书院同学张知本回忆：“先生少有大志，长余七岁，早年同学两湖书院，时新学方兴，所课除经史、文学外，有天文、地理、数学、测量、化学、博物学、兵法史略学、体操诸目。先生笃志向学，而于地理（任地理分教者，为宜都杨守敬先生、新化邹代钧先生，当时称为海内绝学）及体操两课尤为精勤。意以为不通地理，无以知天下大势，不习体操，无以强身而有为。当时，风气初开，每临操，同学中有一二顽儒者多掉以轻心，甚或以揶揄出之，不欲轻卸蓝衫。顾于行动不便，则搂其衫之半截，

---

① 黄蔡二公事略编辑处编：《黄克强先生荣哀录》，新民印书社，1918 年，第 21 页。

② 黄兴：《在湖南学界欢迎会上的演说》（1912 年 11 月 8 日），《黄兴集》（二），第 556 页。

反束于腰际。入冬，翻其皮袍，毛绒毕露，若今妇女之草裙舞然。每闻口令，或令之左故右，令之右故左，面面嘘呵，以相笑乐，而先生独异是。临操如临阵，短装布鞋，抖擞精神，听令唯谨，动作无不如度，不稍苟。久之风被全校，顽儒者亦为肃然起敬焉。"① 黄兴在两湖书院学习期间，在学习方法上也具有独创性。正如他在练习书法时将写字与打拳结合起来一样，他将求学和打仗这两件事也结合起来，他说："求学之事亦如打仗，须争求先登。"又说："兄弟自幼作事，即不知所谓难。凡作一事，必求达到目的。即于从事革命时代，屡遭失败，然不以为败，以为终有胜之一日，勇于自信，卒幸告成。"② 的确，诚如黄兴所言，他在领导反清武装斗争中，虽然经过多次失败，但他并不因为失败而气馁，而是充满着必胜的信心。过去，有人说他是"屡战屡败"，甚至还有人讥讽他为"常败将军"；然而，我们认为，"失败是成功之母"，黄兴虽然打过败仗，但要分析失败的原因，并不全是他个人的责任，他是屡败屡战，他虽败犹荣。③ 正是因为黄兴将学习和打仗这两件事结合起来进行，所以他既是学生，又是战士，具有学生和战士的双重身份。作为战士，打仗就必须要打胜仗；作为学生，学习就必须要争取优异的成绩，要有求胜之心，好胜之心，诚如黄兴所云："无论何种科学，皆须自居第一。"因为"求胜之心非卑鄙之心，因求学本不可让人"。正是基于此种理念，他在两湖书院的学习成绩非常优秀，成为该院的高材生，深受院长梁鼎芬的器重。黄兴坦言："兄弟在两湖书院时考验十二次，六次列于第一，因求胜心切所致也。"④ 甚至连湖广总督张之洞也知道

① 张知本：《黄克强先生二三事》，《黄兴传记资料》二，第 329 页。

② 黄兴：《在湖南学界欢迎会上的演说》（1912 年 11 月 8 日），《黄兴集》（二），第 557 页。

③ 详见拙文《黄兴功过辨析》，载拙著《辛亥革命与清末民初社会》，中华书局，2006 年，第 74 页。

④ 黄兴：《在湖南学界欢迎会上的演说》（1912 年 11 月 8 日），《黄兴集》（二），第 557 页。

黄兴是两湖书院的高材生。再加上黄兴在两湖书院又学习过日语，这就为他被奉派赴日考察学务创造了条件。

张之洞在担任湖广总督 10 余年时间内，开创“湖北新政”，成为继李鸿章之后洋务派的又一巨擘。他将兴办实业作为“湖北新政”的基础，以建立近代化军队增强朝廷军力作为“湖北新政”的重要目标。并花大气力组建湖北新军，在湖北设置多所军事学堂，派遣军事学堂学生出国留学。由于编练新军的需要，在戊戌年前后他由师法德国转向师法日本。1898 年初，“在日本武员神尾光臣等人的劝说下，张之洞开始确立了聘请日本军事教员和派遣留日军事学生的方针”，同年底，张之洞派出了第一个参观日本陆军大操的 10 人考察团和 20 名赴日本学习武备的留学生。1899 年，第二次派出留日学生 80 人，其中多数成员“与军事有关”。① 1900 年，又第三次“派总兵吴元恺等六员，并现派充哨官之武备学生艾忠琦等三名、两湖书院学生陈问咸等六名，均往日本游历。又两湖书院学生马肇禋等二名，工艺局学生刘修鉴一名，派往日本游学，均随原派监督游学各生之奏调差委知府钱恂一同东渡。”“派往日本游历游学各员生：总兵吴元恺，游击张彪，本任督标右营游击纪堪荣，游击刘水金，都司王恩平，护军工程营帮带县丞白寿铭，武恺营哨官武备学生严寿民，武恺营哨官武备学生戴任，武防营哨官武备学生艾忠琦，两湖书院学生陈问咸、李熙、卢弼、左全孝、尹集馨、黄轸，以上俱赴日本游历；两湖书院学生马肇禋、卢定远，工艺局学生刘修鉴，以上俱赴日本游学。”② 黄兴此次赴日主要任务是“游历”，具体任务是考查学务，兼习军事。黄兴虽然迟至 1900 年 5 月 4 日启程赴日，但实际上早在 1899 年秋就已经得到将要派遣他赴日考察的消息，因为赴日之前尚需经过日语培训和其他有关出国的准备工作，等等。其同学好友金封三（又名金华祝，湖北黄陂人）在得知他将赴日考察的消息后，曾作

① 李细珠：《张之洞庚子年何曾有过帝王梦》，《近代史研究》2010 年第 3 期。
② 张之洞：《饬选派各员生赴日本游历游学附单》，《张之洞全集》六，第 326 页。

《送黄克强赴日本》一诗以相勉励。诗云：“江头日落孤峰远，湖上花残秋气高。世界有人何梦梦，中原无鹿亦嚣嚣。嫌他歌哭千家醉，与子狂吟一日豪。郑重此言须记取，百年兴废属吾曹。”[①]黄兴欣然命笔，作《咏鹰诗》一首，以答谢金封三，诗云：“独立雄无敌，长空万里风。可怜此豪杰，岂肯困樊笼？一去渡沧海，高扬摩碧穹。秋深霜气肃，木落万山空。”[②]

中国古代的诗人或画家们，常常把鹰或雕一类的鸷鸟看成鸟类中的英雄，以咏鹰为诗或画者几乎比比皆是。黄兴这首诗用“托物兴怀”的手法，自然也是以鹰喻人，更多的成分则是以鹰自勉。他“一去渡沧海”的目的，是为了冲破封建的“樊笼”；他的这一意愿与金封三诗中的“百年兴废属吾曹”的抱负是完全一致的。过去，对这首诗的写作时间，史家众说纷纭，有人说这首诗是黄兴在城南书院读书时“考中秀才之前作的”[③]。也有人说是作于 1901 年春。[④] 其实，这些说法都是值得商榷的。因为金封三在《送黄克强赴日本》诗中有“江头日落孤峰远，湖上花残秋气高”两句，显然是作于深秋季节；而黄兴的答谢诗中亦有“秋深霜气肃，木落万山空”两句，自然也是写的深秋季节，那么，究竟是写于哪一年的深秋季节呢？我们认为，只能是 1899 年的深秋。因为黄兴 1902 年夏赴日本留学时，金封三也是同黄兴一道赴日留学的同行者之一，既然两人同是被选派的官费留日学生，也就不存在“送别”的问题。只有黄兴第一次赴日考察学务，兼习军事时，金封三没有同去，才有可能需要作诗送别黄兴赴日。否则，金封三又有什么必要撰写《送黄克强赴日本》的诗呢？

同黄兴的《咏鹰诗》写作时间有争议一样，有关黄兴第一次

---

① 中国人民政治协商会议湖北省委员会编：《辛亥首义回忆录》第四辑，湖北人民出版社，1981 年，第 217 页。该书将此诗系于 1902 年黄兴留日时所作，实误。

② 黄兴：《咏鹰诗》，《黄兴集》（一），第 2 页。

③ 秦孝仪：《黄克强先生诗词曲》，朱传誉主编《黄兴传记资料》（二），第 258 页。

④ 熊罗生：《黄兴〈咏鹰诗〉作于 1900 年秋吗?》，1988 年纪念黄兴国际学术讨论会学术论文，未刊稿。

赴日考察学务的时间也是史学界争论较多的问题，概括起来有四种说法，即 1899 年秋冬说，1900 年春夏间说、4 月下旬说，1901 年冬说，1902 年 5 月说。[①] 既然这四种说法分属在四个年头，那么，哪一种说法正确呢？早在 1988 年底，在湖南长沙举行了“黄兴研究国际学术讨论会”，陈珠培提交的《黄兴早期史事三题》论文谈及黄兴赴日考察的时间“大概是 1899 年冬至 1900 年春夏间，而不是刘揆一说的 1901 年冬”[②]。1991 年，华中师范大学出版社出版了拙编《刘揆一集》，其中收录了刘揆一 1929 年撰写的《黄兴传记》，我在该传记的第二条注释中，根据黄兴 1912 年 11 月 8 日《在湖南学界欢迎会上的演说》的内容，提出：“黄兴第一次赴日考察学务当在义和团运动高涨和自立军起义之前，大约在 1900 年 4 月下旬，详细日期待考。”[③] 2001 年，南京大学出版社出版了萧致治所著《黄兴评传》，他根据 1900 年 6 月 19 日（农历五月二十三日）黄兴寄给两湖书院监督黄绍箕的一封信的内容“足证黄兴离汉赴日考察学务是在 1900 年 4 月 17 日以后，决不可能是 1899 年，更不会是 1901 年或 1902 年”[④]。上述三种说法比较接近黄兴首次赴日考察学务的真实时间，但仍然因为没有原始资料作依据而弄不清黄兴赴日考察学务的具体出发时间。可喜的是，中国社会科学院近代史研究所藏有一份该考察团成员刘水金禀呈张之洞的考察报告。这份报告较为详细披露了该考察团成员从武汉动身至日本东京后进行考察的全过程。据该报告的整理者李细珠称：“这是刘水金回国后不久向张之洞提出的考察报告，其所报情况应该是真实可靠，而不至于有所隐瞒或掺假的。”[⑤] 萧致治所著《黄

---

① 详见萧致治：《黄兴评传》，南京大学出版社，2001 年，第 47—49 页。

② 陈珠培：《黄兴早期史事三题》，《黄兴研究》，湖南师范大学出版社，1990 年，第 72 页。

③ 饶怀民编：《刘揆一集》，第 105 页。

④ 萧致治：《黄兴评传》，第 50 页。

⑤ 李细珠：《张之洞庚子年何曾有过帝王梦》，《近代史研究》2010 年第 3 期。

兴》一书简要摘录了该考察团的旅程。[1] 为窥全豹，我们将黄兴等18人的行程及考察科目详录于下，以明黄兴此次考察学务的真相。黄兴随考察团于1900年5月4日从武汉出发赴日至6月20日吴元恺、张彪、刘水金因故提前回国，其间仅一个半月时间，除去旅途和礼节性拜访以及休息时间，实际考察时间不到半个月。

5月4日晚，乘太古公司“鄱阳”商轮离开汉口东下；5月7日中午，抵达上海，因候船在上海小住数日。5月12日上午，经上海日本总领事小田切知会，乘日本三菱公司“博爱丸”商轮东渡。5月14日半夜，抵达日本长崎。5月15日上午，到达马关。5月16日至神户。5月18日中午，抵横滨，换乘汽车，经一小时后到达东京，租住麴町区。5月21日，礼节性拜访日参谋部与陆军大臣。5月22日，陆军大臣桂太郎、陆军少将福岛安正、陆军步兵大尉小山秋作前来回拜。“面云歇憩数日，派员陪看各学校、各联队等语。”6月4日，实际考察正式开始。参谋部派翻译末吉保马、陆军步兵大尉小山秋作陪同参观成城学校。“吾华学生入此校者居多。校长面云：贵国学生均堪造就，进益良多。旋即引视各讲堂。细询之，始悉日本各学校无论大小皆分文、理、法、医、农、工六科。然学校之名有陆军地方幼年学校、陆军中央幼年学校、陆军士官学校、下士学校即陆军之教导团、陆军户山学校、高等大学校、帝国大学校。校名繁多，无非由小入大，由浅入深。如不卒业者，决不令有躐等妄进之弊，已不能有幸邀功名之心。”6月5日，参观地方幼年学校。“为讲求武备之始，凡军队人材皆出于此。”[2] 从6月6日开始，连续参观陆军士官学校、军医学校、赤十字疾院、户山学校等。6月15日，同往青山练兵场，看近卫第一旅团第一联队第二大队操演。阅毕同赴联欢宴会。“该国之练

---

① 萧致治著：《黄兴》，团结出版社，2011年，第39页。

② 《标下管带襄防步兵营尽先补用游击刘水金禀呈游历日本阅看各学校联队情形由》，《张之洞存提要清折》第16函，第27件，所藏档，甲182/298，转引自李细珠：《张之洞庚子年何曾有过帝王梦》，《近代史研究》2010年第3期。

兵以野战为要务，善于埋伏变换。”另外，还曾参观东京制绒所、制炮工厂等。最后，刘水金总结云：“日本维新之道有五：一曰广兴学校，二曰讲求练兵，三曰圜法流通，四曰大开制造，五曰消息便捷。”并与中国相关情形作了对比分析。[①] 可以肯定，黄兴作为考察团成员之一，他理所当然地参加了上述考察活动。所不同的是，黄兴并未和总兵吴元恺、游击张彪、本任督标右营游击纪堪荣、游击刘水金等武官一并回国，而是继续留在日本考察学务，兼习军事，直至8月初才回国，这又是何缘故呢？

因为黄兴一行考查日本之日，正是义和团运动高涨之时，津、京城厢内外，揭帖遍布，民教冲突有增无减。5月20日，各国驻京公使团会议，议定联合递交一份照会给予总理衙门，要求采取镇压义和团之特别措施。28日晚，驻华各国公使再次集会，议定调卫队来京保护各国使馆。此后几天，英、俄、日、法、美、意、德、奥等国军队300余人自津入京，进入使馆。6月10日，英海军中将西摩尔率八国联军2000余人分批由津赴京。6月11日，大批义和团拳民进京，抵抗八国联军进犯京城。也就在同一天，发生了日本使馆书记官杉山彬于北京永定门外被董福祥部甘军所戕事件：“使馆卫兵由津入京时，杉山彬出城迎视，甘军见之，呵问何人，对以日本使馆书记官，甘军斥之曰：‘书记官乃僭坐红拖帷车耶（红拖帷为四品以上之车饰）？’即提其耳下车。杉山彬曰：‘请见大帅，当面谢罪。’甘军曰：‘无庸！’杉山彬又曰：‘然则将来当请大帅至敝使馆，敝公使当为谢罪。’言未毕，营兵等遽抽刀破其腹而死。”[②] 该事件反映了中国军民对八国联军进犯京城的义愤，也引起了朝廷上下的惊恐。北方形势吃紧，尤其是中日关系更趋复杂。张之洞推行“剿拳阻董”策略，于6月13日致电钱

---

① 《标下管带襄防步兵营尽先补用游击刘水金禀呈游历日本阅看各学校联队情形由》，《张之洞存提要清折》第16函，第27件，所藏档，甲182/298，转引自李细珠：《张之洞庚子年何曾有过帝王梦》，《近代史研究》2010年第3期。

② 章开沅主编：《清通鉴》（4），岳麓书社，2000年，第868页。

恂，要求吴元恺等加快考察进程，“务与参谋部商”，并拟选带从前所派若干留日武弁回国。6月16日，钱恂回电称：“福岛殷盼帅献策，令董军且退，则外兵但平匪，否则董、洋哄，大局难问。至沿江若自能弭乱，外兵即不入江。”① 同日，张之洞又致电钱恂，正式调吴元恺等速回。电文有云：“剿拳阻董已屡次力陈。鄂拟添兵三千，吴镇、张游击等酌带员弁速回。”② 6月17日，各国兵船攻占大沽炮台，死伤200余人。守将天津总兵罗荣光力战不屈，拔刀杀眷属后自戕。也就在大沽炮台失守的同一天，钱恂、吴元恺、张彪回电称：“恺、彪廿四行，带十一人。”③ 6月18日，张之洞仍不放心，再次致电钱恂，催促吴元恺、张彪速回。电称：“吴镇、张游击速回鄂。”④ 由此可知，此次考察团18人中已有9名武官加上前次考察武官两名共11人回国；仍有两湖书院“游历”学生6名以及两湖书院和工艺局“游学”学生3名共9名留在日本继续考察。黄兴就是其中之一。那么，黄兴又是何时回国的呢？据黄兴回忆：他在日本考察学务之时，“及闻拳匪（指义和团——引者）滋事，各国有瓜分中国之言，心甚忧危，思图补救。以为义和团在北方如此野蛮，南方当可以独立。因在日本会议数次。然同志太少，孤掌难鸣，乃遄回祖国，借察形势。既至湖北，适唐君才常密谋起义，友人因以相告。兄弟以北方虽乱，而南方之势力尚坚，且军队未及联络，实不可冒昧起事。谈论之间，意旨不合，兄弟遂回湖南举办团练。乃未几得武汉之恶（噩）耗，唐君竟败至死。然兄弟于是时益知专制恶毒，决非革命不可”⑤。从这

---

① 《钱守来电》，《张之洞全集》十，第58页。

② 张之洞：《致东京钱念劬》，《张之洞全集》十，第58页。

③ 《光绪二十六年五月二十一日钱守、吴镇、张游击来电》，苑书义等主编《张之洞全集》第10册，第7980页。

④ 《庚子五月二十二日致东京钱念劬》，《张之洞电稿丙编》第17函，所藏档，甲182/96。转引自李细珠：《张之洞庚子年何曾有过帝王梦》，《近代史研究》2010年第3期。

⑤ 黄兴：《在湖南学界欢迎会上的演说》（1912年11月8日），《黄兴集》（二），第556–557页。

段回忆可以看出，黄兴考察学务回国之日正是唐才常“密谋起义”之时，按照自立军原拟计划，“组织七军，以林圭领中军，李炳寰等副之，扼武昌以控制各路；秦力山领前军，任大通发难之责；田邦璇领后军，任安庆发难之责；陈犹龙领左军，唐才中等副之，驻新坝岳州，与武汉相呼应；沈荩领右军，龚超、朱茂芸副之，驻黄柏山，图入长安定中原；另置总会亲军及先锋军，以公（指唐才常——引者，下同）为诸军督办以总其成”。“公至汉口，与林圭诸同志密议，定于七月十五日，武昌、汉口、汉阳同时举义。”“部署既定，而海外之款不至，不得已一再展期，时长江沿岸戒严，信使不得达，秦力山在大通，未得军报，遂于十五日举事，以无应援而败，秦仅以身免。”① 查农历七月十五日为公历8月9日，也就是说，黄兴回国之时至少应在1900年8月9日起义爆发之前。如前所述，黄兴一行18人去日本考察是1900年5月4日晚启程离开武汉的，包括行程时间在内是三个月时间的话，黄兴回国到达武汉的时间应当是8月4日左右。按照张之洞原定考察计划，时间定为四个月，整个考察团应当在9月4日回国。其中吴元愷、张彪、刘水金等武官11人因张之洞之召，提前于6月20日启程回国；黄兴等人继续留日考察，也就在吴元愷等人启程回国的前一日晚上，黄兴“席地作书”给其老师、时任两湖书院监督的黄绍箕写了一封信，托回国的武官带给其师，信中谈及他对时局的看法，汇报考察日本兴办学校的情况，以及聘日人教授翻译与“寻常酬应语”，等等。还特别强调他在考察期间，除了学文之外，还习武练操，一扫往日书生重文轻武的习俗，受益良多。其信中有云：“近日正学堂功课，讲堂想专倡明大义，以揭（激）发其志气；操场想专练习枪法，以资其胆识（当习打靶之法，日人所谓射的也。初习时不在远，或15米突、20米突、45米突。的有大小、隐现、活动之分，射有立、膝、伏之势。近能射的，即远

① 唐才质编：《唐才常烈士年谱》，载湖南省哲学社会科学研究所编《唐才常集》，中华书局，1980年，第278—279页。

亦不甚差谬。受业入日本射的会，三日即将卒业射完，只余大生（森）处二门未射，因此处距 30 里，往返须一日，未有暇便，故未去射，亦未得卒业证书）。书生余习，一切扫除。常存此亡国亡种之心，则气自愤，天下之事皆可任也。”① 此次去日本考察时间虽然只有短短的三个月（包括旅途时间在内），但收获却很大，使他改变了过去重文轻武的习俗，“书生余习，一切扫除”，认识到个人的兴趣要服从时代的需要，“常存此亡国亡种之心”，把自己的命运和祖国的前途结合起来，担当起历史所赋予的重任。

黄兴回到武汉，当他从友人那里得知唐才常“密谋起义”的消息之后，认为：“北方虽乱，而南方之势力尚坚，且军队未及联络，实不可冒昧起事。”由于“意旨不合”，所以他决定“回湖南举办团练”。从这里可以看出，黄兴从 1898 年下半年进入两湖书院学习到 1900 年 8 月自立军起事失败之前，他的民主革命思想虽然已经产生，但他对以张之洞为代表的汉人官僚还存在某种不切实际的幻想，寄希望于张之洞等人的“改良”政治。在此期间，在黄兴的头脑中可以说是社会改良思想与民主革命思想同时并存。

黄兴在日本考察学务期间，其政治态度“固犹是忠君爱国之忱”，对义和团运动表示不满。他说：“以一团匪之变，竟致掣动全局，此诚所不能解、所不及料者也！”又说：“长江一带，久为匪徒潜踪之所，平日既任其优游，此时必群相响应，非严惩其巨魁，解散其胁从，其为患有不可胜言者。”“昨又频得警报，安徽匪徒窃发，九江、芜湖亦扰乱频闻，广西、云南均有闹教揭竿之事，想荆湘间不日亦有乱耗。”对此，黄兴“惟有徒挥血涕而已”。他对端郡王载漪，协办大学士、吏部尚书刚毅支持义和团表示不满。他说：“近外人谓为端、刚之阴谋，假攘夷之说，纵匪生事。二人之迹，殆亦近是，今虽戮之，岂足以谢万国哉。”他对张之洞、刘坤一等东南督抚策动所谓“东南互保”、制定《东南保护约款》和《保护上海城厢内外章程》等表示理解和支持，并寄厚望

① 黄兴：《上黄绍箕书》（1900 年 6 月 19 日），《黄兴集》（一），第 3 页。

于张、刘等督抚大员，以镇压义和团运动。他说："回首西瞻，欲东南半壁之持，其惟张师帅与刘岘帅二人乎！刘之精力恐不及师帅。近在钱先生处，略闻师帅电音，急召回吴、张各武弁，一面添集兵械，老成深算，已见一斑。"并希冀通过张、刘等人"联络各省督抚，肃清内匪，力保外商，使各国之师不入长江一步，则时事庶有可为。师帅与吾师想早见及此，毋庸刍议者也"[1]。他甚至想到自己要效法太平天国时期的曾国藩、罗泽南等湘军将领镇压太平天国运动的办法，参与镇压义和团运动。他在日本对国内情势表示担忧。他说："拳匪滋事，各国有瓜分中国之言，心甚忧危，思图补救。以为义和团在北方如此野蛮，南方当可以独立。因在日本会议数次。然同志太少，孤掌难鸣。乃遄回祖国，借察形势。"[2] 希望找到一种救国良方。的确，究竟怎样才能救国？革命又怎样革法？黄兴确乎还在观察、思考之中，这从他对庚子唐才常密谋起义的态度可以反映出来。可以说，黄兴此时从思想深处是反对"勤王"的，他既然产生了革命思想，那就不仅仅只是推翻西太后，而是要推翻包括光绪皇帝在内的清朝政府，要革整个清朝政府的命。但怎么"革"法？是依靠下层群众自下而上地起来革命，还是依靠以张之洞为首的汉人官僚起来"改革"呢？在当时的黄兴看来，后者比较稳妥。他认为，以张之洞为首的汉人官僚在南方尚有势力，而且与满人贵族之间也存在矛盾，因此，他对以张之洞为首的汉人官僚还存在某种不切实际的幻想，还要"借察形势"，看一看再说。正如孙中山早年草拟《上李鸿章书》，希望李鸿章采纳他的主张，使其得以实现为国家谋富强的宏愿一样，黄兴虽然不曾上书张之洞，也没有具体地提出其改革方案，但他思想上也是期待张之洞图谋"改革"，以"玉成其志"的。完全可以说，唐才常自立军起事之前，黄兴的头脑里是革命思想与

---

① 黄兴：《上黄绍箕书》（1900年6月19日），《黄兴集》（一），第2—3页。

② 黄兴：《在湖南学界欢迎会上的演说》（1912年11月8日），《黄兴集》（二），第556页。

改良思想同时并存，这是他不参加自立军起事、回湖南“举办团练”的重要原因，也是他当时思想实际的客观反映。过去，有人说在自立军发难之初，黄兴“曾协助他们运动清军中的湘籍军人不加阻碍，事后其中有部分中下级军官被清军加以捕治不力的罪名革职”①。还有人说，黄兴参加过唐才常领导的自立军起事，起事失败后，他“以计得全”②，这些说法既与事实不符，也是有悖于黄兴思想发展脉络的。

如果说唐才常起事之前黄兴对以张之洞为首的汉人官僚还存在某种程度幻想的话，那么在起事被张之洞镇压、酿成自立军志士20余人死难的流血惨剧之后，黄兴的思想则大大地向前推进了一大步，从此，他对张之洞等人的幻想也就不复存在了。诚如黄兴所说：“乃未几得武汉之恶（噩）耗，唐君竟败至死，然兄弟于是时益知专制恶毒，决非革命不可。”③ 黄兴对唐才常等人被张之洞杀害，悲恸欲绝，据史籍记载：“唐才常因拥护新党被杀，何（指何成浚——引者）先生曾见黄先生（指黄兴——引者）大哭。当时，何先生以为黄先生是因曾与唐同学而哭，后来才知道黄先生之哭，实在是痛恨满清之昏庸暴虐与痛心其同胞之受制于异族，而其革命思想，亦已于是时萌芽。”④ 这件事激起了他对以张之洞为首的汉人官僚和清政府的无比愤恨，以及对整个封建专制制度的深恶痛绝。

黄兴回湖南“举办团练”未能如愿，过完暑假之后，复往两湖书院求学，以期完成学业。在此期间，他的思想有了明显的变化。此后，他开始注意交友，学习的重点也开始侧重我国古代军

---

① 周震鳞：《关于黄兴、华兴会和辛亥革命后的孙黄关系》，《辛亥革命回忆录》第一集，第331页。

② 张难先：《湖北革命知之录》，载严昌洪等编《张难先文集》，华中师范大学出版社，2005年，第331页。

③ 黄兴：《在湖南学界欢迎会上的演说》（1912年11月8日），《黄兴集》（二），第557页。

④ 《何成浚谈先烈黄兴》，杜元载主编《黄克强先生纪念集》，第72页。

事家的著作，力求掌握一些军事理论和军事学方面的知识。黄兴深知，推翻清政府的专制封建统治是一项艰巨的历史任务，不是他一个人所能完成的。一方面，他前后结识了一批志同道合的两湖革命志士，湖南同学有周震鳞、章士钊、陈方度等人；湖北同学有金华祝、万声扬、李步青、周维桢、白逾恒、张继熙等人。另一方面，他在校外也有所交往，据有人回忆：黄兴“广交游，与清军中人亦多相识，既矢志革命，仍交往无所顾忌”[①]。因而交友的范围比之前有所扩大。他的民主革命思想此时已经初步形成。此后，他自己将两湖书院学习的内容也稍作调整。黄兴深知，单凭勇武还不能担当起反清革命的重任，他开始注意认真钻研我国古代军事家的著作，“对孙子特别偏好，在他的读书札记里，曾指出孙子的许多精辟道理”。他认为，孙子兵法所重的“修道得法”“因时地制宜”“上下同欲、可与生死”都与儒墨诸家相贯通；而机智权谋、辅以仁爱，调兵遣将、威爱兼施，并不是寻常军人与文士所能轻易做到的，必须在实践中培养、在斗争中造就。这就为他今后在军事上的成就夯实了基础。众所周知，黄兴在青少年时代并不曾上过专门的军事学校，赴日留学就读于弘文学院速成师范科，拟“学成回国后充任学堂师资”；然而，黄兴毕竟没有终身从事教育，而是与军事结下了不解之缘。华兴会预谋在长沙发难，他自任总指挥；此后在他领导的东南沿海的几次反清武装斗争中，他总是冲锋陷阵、身先士卒；武昌首义后的阳夏战役中他被推为中华民国军政府战时总司令；南京临时政府组成，他相继担任过陆军总长、参谋总长、大本营兵站总监。及至临时政府取消，他还担任过南京留守。黄兴志趣的改变，固然是由于时势使然，同时也与他民主革命思想的形成，与他在青少年时代学习古代军事理论、军事知识，以及加强军事训练和体育锻炼是分不开的。

---

① 张知本：《黄克强先生二三事》，杜元载主编《黄克强先生纪念集》，第 122—123 页。

也就在黄兴赴日考察学务回国的第二年（1901）6 月 27 日，其夫人廖淡如又生了第二个儿子黄一中。7 月末，黄兴全家喜迁新居于长沙城北紫东园，他为新居阁楼题写了匾额“绮霞阁”。本来，喜得贵子又喜迁新居，这对黄兴的家庭来说是两件大喜事；但就在 1901 年 9 月 7 日，俄、英、美、日、德、法、意、奥、西、比、荷等 11 个帝国主义国家胁迫清政府签订了丧权辱国的《辛丑条约》。除正约之外，还有 19 个附件，其主要内容是：清政府向各国赔款白银四亿五千万两，以海关税和部分盐税、常关税作为担保，分 39 年还清，加上年息四厘，本息共计九亿八千二百多万两，这是自鸦片战争以来最大的一次赔款。另外，在北京设立“使馆区”，帝国主义各国可以在这里驻兵，中国人不准在这里居住。帝国主义各国还要求清政府惩办在义和团运动中和帝国主义作对的官吏，永远禁止中国人成立或加入反帝性质的各种组织，“违者皆斩”。并且将大沽炮台以及从北京到大沽沿途的炮台“一律削平”，准许各国派兵驻守从北京到山海关铁路 12 个战略要地，以便帝国主义各国直接镇压中国人民的反帝斗争。《辛丑条约》的签订，标志着中国半殖民地半封建社会的最后形成，从此，清政府已彻底投降帝国主义，慈禧太后公开表示要“量中华之物力，结与国之欢心”，清政府完全成为“洋人的朝廷”，中外反动势力已经完全合流。黄兴从长沙城北紫东园新居来到湖北两湖书院继续求学时，心情本来是很好的；但当他不久从有关方面听到《辛丑条约》签订的消息时，不禁悲从中来，心情一下子跌到了谷底。作为一个有志青年，深感自己责任重大。他浮想联翩，夜不成寐，如果国将不国，何以家为，自己老待在学校里读书又有什么前途呢？他有些坐不住了，不时反问自己，干嘛要“朝作书”“暮作书”，干这些雕虫小技呢？只有投笔从戎、担负起民族救亡的重任才能称得上真正的男子汉大丈夫。他勉励自己，不能自暴自弃，碌碌无为，人的生命是有限的，就像磨墨一样，越磨越少，人生苦短，应该百倍地珍惜时间。他在此期间撰写的《笔铭》和《墨铭》两首诗就是这种心态的反映。其《笔铭》曰：

朝作书，暮作书，雕虫篆刻胡为乎？投笔方为大丈夫！

其《墨铭》曰：

墨磨日短，人磨日老。寸阴是竞，尺璧勿宝。①

前铭可见其抱负之远，而后铭可见其用功之勤。他借笔墨以抒情怀，希望将来能当一个军事指挥家，在推翻清朝专制统治的斗争中建功立业。同时，他也期待着在人生道路上出现新的转机。他将“寸阴”看得比“尺璧”还宝贵，要以“只争朝夕”的精神，从文武两个方面锤炼自己，或者出国留学，继续深造；或者直接投入武装反清斗争，来实现他人生的宏伟目标和远大的政治抱负。1902 年 6 月，他受张之洞派遣，赴日本留学，从此他将继续深造与从事反对中外反动势力两者有机地结合起来，并由此开启了职业革命家的生涯。

第五节 奉派留日

张之洞深感通晓近代洋务的人才缺乏，他改制书院、创设学堂、倡导游学，被朝野上下誉为近代“第一通晓学务之人”。张之洞认为：“学生游学关系重大，际此时艰，断非空言浅学所能补救，人材出则国家强，是为目前至要至急之事。”② 至 20 世纪初，其派遣游学的重点则由西洋转向东洋，湖北留日学生名列各省前茅。1902 年，经张之洞从两湖、经心、江汉三书院遴选学生 30 名前赴日本学习师范，由署武昌府同知双寿带队前往，现将“选派出洋师范学生履历并愿学年限”摘录如下：

第一班，愿学八个月，学生十二名：

---

① 黄兴：《笔墨铭》，《黄兴集》（一），第 1 页。

② 张之洞：《札委钱恂充当游学日本学生监督》（光绪二十五年二月十一日），《张之洞全集》六，第 214 页。

李熙，湖北汉阳府汉川县学廪生，年三十岁。
卢弼，湖北汉阳府沔阳州廪贡生，年二十七岁。
李实荣，湖北汉阳府学附生，孝感县人，年二十八岁。
周龙骧，湖北黄州府麻城县学附生，年二十五岁。
罗襄，湖北武昌府江夏县学廪生，年二十八岁。
左德明，湖北德安府应城县学附生，年二十七岁。
李鑫，湖北黄州府蕲水县学廪生，年三十二岁。
冯开濬，湖北襄阳府南漳县学附生，年三十一岁。
王式玉，湖北德安府学廪生，安陆县人，年二十三岁。
张继煦，湖北荆州府枝江县学廪生，年二十五岁。
万声扬，湖北武昌府江夏县学廪生，年二十四岁。
李步青，湖北安陆府京山县学增生，年二十四岁。
第二班，愿学一年半，学生六名：
金华祝，湖北汉阳府黄陂县学附生，年二十八岁。
黄轸，湖南长沙府善化县学附生，年二十八岁。
佘德元，湖北郧阳府房县学廪生，年二十八岁。
沈明道，湖北宜昌府东湖县学附生，年二十九岁。
纪鸿，湖北武昌府武昌县学附生，年二十六岁。
汪步杨，湖北武昌府学廪生，江夏县人，年二十九岁。
第三班，愿学三年，学生十二名：
谈锡恩，湖北宜昌府兴山县学增生，年二十八岁。
陈英才，湖北汉阳府学附生，汉川县人，年二十岁。
胡铮，湖北汉阳府沔阳州学附生，年二十一岁。
程明超，湖北黄州府学廪生，黄冈县人，年二十二岁。
阿勒精阿，湖北荆州府驻防附生，年二十八岁。
向国华，湖北汉阳府沔阳州学附生，年二十二岁。
陈鸿业，湖南长沙府湘阴县学附生，年二十三岁。
马毓福，湖北汉阳府汉川县学增生，年二十九岁。
周维桢，湖北郧阳府学附生，保康县人，年二十岁。
李书城，湖北安陆府学廪生，潜江县人，年二十一岁。

陈文哲，湖北黄州府广济县学廪生，年二十八岁。

施呼本，湖北荆州驻防学生，年二十一岁。

以上学习师范学生三班共三十名。[①]

根据上述名单，有几个问题尚须辨析清楚：一是此次派往日本留学入弘文学院师范科的学生是30人而不是31人；二是湘籍留日师范生是两人，而不是一人，除黄兴之外，尚有长沙府湘阴县学附生陈鸿业，他也是此次奉派赴日留学的。鄂籍学生为28人。三是黄兴此次奉派赴日留学时间不是八个月毕业的速成师范科，而是根据黄兴的志愿选择为“愿学一年半”。后来，由于黄兴从事革命活动的需要，改“一年半”为八个月毕业的速成师范科，从而提前回国了。[②] 宏文学院，亦作弘文学院[③]，是由日本著名教育家嘉纳治五郎所创设的私立学校，原由亦乐书院发展而来。亦乐书院创立于1899年10月，由嘉纳治五郎主持的私塾而改名。宏文学院于1902年1月创校，校址设在东京牛込西五轩町。嘉纳氏在同年7月到中国考察教育，历访当道官员，与他们交换意见，来校入学者因而渐渐增加。课程除了三年制普通科（讲授日语及中等程度普通学科，第三学年分文科及理科两组）之外，尚设有一年半、八个月或六个月的速成师范科，按照黄兴的志愿，他决定上一年半的速成师范科，但因从事革命活动的需要，改成八个月的速成师范科毕业。那么，黄兴是何时赴日留学的呢？由张之洞“札委双寿带同学生弁目前赴日本学习师范警察附单”发出时间为光绪二十八年五月初一日，公历为1902年6月6日，因此，黄兴

---

① 张之洞：《选派出洋师生履历并愿学年限》，《张之洞全集》六，第418页。

② 房兆楹辑：《清末民初洋学学生题名录初辑》第25—27页载：“当时赴日的湖北官费入宏文学院师范科学生名单”中有“喻怀亮，别号明轩，湖北恩施”人，也编在此次赴日留学名单中；该题名录还记载“合计三十一人，其中湘籍一人即黄兴，余均鄂籍”实误。应以张之洞圈定的“札委双寿带同学生弁目前赴日本学习师范警察附单”（光绪二十八年五月初一日）为准。详见《张之洞全集》六，第416—418页。

③ 最初所用的是“弘”字，因乾隆帝之名“弘历”，有些旗人留日学生避讳，乃改写成宏文学院，因此，有关文献上就有此两种写法。

被张之洞选派赴日本留学应在1902年6月6日以后。有以下材料足以证明这一问题：一是清国留学生会馆第一次报告中的《同瀛录》；二是清国留学生会馆第三次报告中《同学调查录》；三是《游学译编》第10期《湖南同乡留学日本题名》；四是房兆楹辑《清末民初洋学学生题名录初辑》。以上四份资料均载明黄兴赴日本留学时间为“光绪二十八年五月”，即公历1902年6月。另外，还有两种资料可资佐证：一种是与黄兴同时被派往日本留学的李书城的回忆录，一种是与黄兴同学的胡汉民所撰自传。李书城的回忆录写道：“一九零二年，湖广总督张之洞从两湖、经心、江汉三书院选派学生三十多人，赴日本东京弘文学院学速成师范，定期八个月毕业，学成回国后充任学堂师资。黄克强先生和我分别从两湖书院和经心书院被派出国。”① 这里除派遣人数和学习时间稍有误差之外，其出国时间是记忆犹新的。胡汉民自传亦云：“余以学师范至日本，入弘文学院。”“时黄兴、杨度俱在校中，杨以勤学称，黄兴未尝有所表现。”② 既然“黄兴、杨度俱在校中”，那么，杨度是什么时候赴日留学的呢？根据《游学译编》第10期《湖南同乡留学日本题名》记载：杨度到东京时间为“壬寅三月”，杨毓麟到东京时间为“壬寅四月”，而黄兴到东京时间为“壬寅五月”，因此，黄兴迟杨度两个月、迟杨毓麟一个月到达东京，而胡汉民则是在黄兴赴日本留学后不久才到达东京的。③

由上述可知，黄兴奉派留日是在1902年6月6日以后，在1903年5月31日自东京启程回国，策动反清革命，实际在日本的时间将近一年，在这一年中，他的学习内容主要是学习日语和教育，并利用业余时间学习军事技术知识和练习实弹射击。他学习

① 李书城：《辛亥前后黄克强先生的革命活动》，《辛亥革命回忆录》第一集，第180页。

② 《胡汉民自传》，《辛亥革命史料选辑》（上册），湖南人民出版社，1981年，第164页。

③ 周聿峨、陈红民：《胡汉民评传》附录《胡汉民活动年表》，广东人民出版社，1989年，第302页。

不忘救国，一方面编辑《游学译编》，从事革命的舆论宣传；另一方面又积极参加拒俄运动。

如前所述，弘文学院地址设于东京牛込西五轩町。牛込西五轩町位于“日本北半部之巢鸭，完全为一个乡村，风景尚可，惟属初辟，故道路不甚平坦，设置亦未多完善”[①]。其办学宗旨“为清国留学生教授日语及普通教育，以期培养成材”[②]。教师均为日本人，由早期留日毕业生担任翻译。因此，黄兴在弘文学院学习的主要内容是“日语及普通教育”。黄兴深知，学问与革命的关系是十分密切的，“以为图谋革命，学问决不可废，”因此，对学习仍然非常刻苦认真。诚如他自己所说，“然其时方学师范功课，仍按步作去，不敢少懈”[③]。毫无疑问，黄兴在弘文学院速成师范科学习期间，他的日文水平有了很大的提高，对教育学亦有所研究，这从他担任《游学译编》杂志教育栏译员可以看得出来。后来，他又多次往返日本，他不仅日语的笔译能力不断增强，而且能讲一口流利的日语口语，乃至于他在东南沿海起义失败后辗转越南逃亡日本时，法国人误以为他本身就是日本人而躲过一劫。熟练的日语会话能力为他与日本志士之间的交流，以及阅读日本人翻译的西方社会科学名著奠定了深厚的基础，这无疑是促成他在此期间民主革命思想趋于成熟的重要条件之一。

黄兴在弘文学院学习期间，特别留意军事技能的学习和训练。他还利用课余时间，延聘日本退伍军官讲授军略，暇则参观日本士官联队各种军操。每日晨起，必“赴神乐坂武术会，演习枪弹骑射，会中条例，凡枪能连中靶之红心八次者，即得银质奖牌。公射无不中，书案累累满屉者，皆奖牌也”[④]。1903年春，黄兴在

---

① 黄尊三：《三十年日记》未刊稿，湖南省图书馆藏，第10页。

② 《弘文学院章程》第一条，鲍昌、邱文治编《鲁迅年谱长编》上卷，人民出版社，1979年，第34页。

③ 黄兴：《在湖南学界欢迎会上的演说》（1912年11月8日），《黄兴集》（二），第557页。

④ 刘揆一：《黄兴传记》，饶怀民编《刘揆一集》，第106页。

弘文学院还组织湘籍留日学生，成立“土曜会”，“土曜日”是日文“どようび”，即“星期六”之意，“土曜会”顾名思义，即“星期六会”。每逢星期六，即聚集湖南留日学生开例会一次，“每会，黄必来领导，以军国民革命的路线相号召”，主要是讨论武装反清的问题。陈天华于“癸卯三月”赴日留学，与石陶钧同船到达日本，同入弘文学院速成师范科，且为同桌，关系十分亲密。石陶钧每日见陈天华伏案疾书，撰写《猛回头》《警世钟》等通俗读物，写至动情处，伤心欲绝，暗自流泪。石陶钧劝其不要伤心过度，以免伤害身体，并且曾对陈天华说：“救国心力，各异其方。君以感情，我以理智。”“黄兴独谓救国不独心力，尤以身力为必要。只有挺身杀敌或杀身成仁，才真有力。”黄兴力促石陶钧“放弃造兵而从事用兵，以破坏现状为出路”。[①] 据刘揆一的长子刘安鼒回忆：刘揆一谈及他与黄兴在弘文学院同学期间，两人经常在一起商讨国事，探求救国道路。他们一致认为：“中国之所以积弱，因为清廷腐败无能，要救亡图存，首先要推翻清廷的统治，而要达到这个目的，又非武装起义不能成功。”[②] 在黄兴的带动和影响下，留日学生中不少人由原来学习教育走上了武装反清的道路。

黄兴到达东京后，通过几个月的努力，“与人接洽，得同志甚多”[③]。他与杨毓麟、蔡锷、梁焕彝、熊野萃、杨度等创办《游学译编》，从事革命的舆论宣传。1902 年 11 月 14 日，《游学译编》创刊于日本东京，地址在东京小石川区久坚町七十一番地。迄于 1903 年 11 月 3 日止，每月一期，共出十二期。该刊“专以输入文明，增益民智”为宗旨。[④] 诚如杨度在为该刊所撰序言指出的，要

---

① 石陶钧：《六十年的我》，石景作主编《石醉六墨迹诗文选集》，中国社会科学出版社，2013 年，第 75 页。

② 刘安鼒：《回忆我的父亲刘揆一》，《湖南文史资料选辑》第十辑，第 124 页。

③ 黄兴：《在湖南学界欢迎会上的演说》（1912 年 11 月 8 日），《黄兴集》（二），第 557 页。

④ 《游学译编》第二册启示，第 110 页。

使“游学者与不游学者，日以学术相责望，而同进一尺，斯国民增一尺之涨力矣。举国国民之学术既进，然后群起而谋其国，使一国之政事，亦无一年、无一月、无一日、无一时而不有其进步，无不为其一国之过渡时代。夫而后一跃而与日本齐，再跃而与西洋各国齐，由此而追他日之日本，他日之西洋，长此焉以至于无穷，则今日之以老大与幼稚号我者，我等虽长奉之以为达尔文所谓进化之代名词可也”[1]。杨度将当时的中国放在“世界竞争之中心”考察，认为如果不急起直追，循“优胜劣败之公例，必为天演所淘汰”。可见，其办刊宗旨是为了救国图存、保国保种，以杜绝外人“不曰老大帝国，则曰幼稚时代”之讥讽也。这里所谓“老大帝国”是指中国“与埃及、印度、小亚细亚同称为世界最古之国，立国数千年之久，而今日之政治学术，不惟无以胜于古，且递加衰息焉。故谓之为老大乎”？这里所谓“幼稚时代”是指“亚洲大陆上一土地最广、人民最众之国也，乃远而比于欧美，其程度相千万，近而比于同洲之日本，其程度亦相什伯，虽欲师人而莫知所从，故谓之为幼稚乎”[2]？所以在《游学译编简章》中声明：“本编以扩充本国见闻，增益国民知识为本。”其办刊的最终目的是为了唤醒国民意识，启迪民智，以达到富国强兵、富国强民，从而摘掉外人讥讽中国为“幼稚时代”“老大帝国”的帽子，进而达到跻身世界先进强国行列的目的。

《游学译编》分学术、教育、军事、实业、理财、内政、外交、历史、地理、时事、传记、小说、余录等栏目，内容非常丰富。[3] 据《游学译编》第二期译员表介绍译编人员分工如下：学术为宁乡周家树，教育为善化黄轸（即黄兴），军事亦为宁乡周家树，理财为湘乡周宏业，时事为新化曾鲲化、湘潭梁焕彝，历史

① 杨度：《游学译编叙》，《游学译编》第一册，第7页。

② 杨度：《游学译编叙》，《游学译编》第一册，第5页。

③ 《游学译编》共出十二期，每期栏目略有不同。例如第一期辟有“世界新闻”栏；第二期辟有“世界大势之一斑”“来稿”栏；第七期辟有“海外通讯”栏；第十期辟有“谈丛”“海外琐闻”栏；第十一期辟有“杂纂”栏；等等。

为长沙杨毓麟，地理为湘阴范锐，外论为善化许兼，世界大势一斑为长沙张孝准。黄兴分任教育栏译员，所译日本教育家山田邦彦著《学校行政法论》一文，署名黄轸，连载于该刊第二至三期。日本自明治维新以来，采取教育兴国的方针，实行六年制小学义务教育，对日本的近代化起了重要作用。毫无疑问，黄兴的近代教育思想也受到日本的影响，他后来在民国初年发表的演说中曾多次谈到普及教育的问题。他说：我国“人民贫富不甚悬殊，国家财力日渐充足，普及教育可得言矣。夫欲谋国家之发展，莫［不］先于教育，自宜竭全力运筹，而以国家资财充其经费。查儿童自数岁入幼稚园即离家庭，而教养于保姆。一方面使子侄繁多者不感教育费之痛苦，可以经营他事；一方面养成人民独立合群之性质，法至善也”。黄兴还特别提到日本的教育，他说：“学以专而精，以久而成，增长年限亦其要点，如日本强迫教育之改四年为六年，其明征也。国际竞争最后解决于武力，中学而上，令学兵学二年，俾军事教育普及全国，则不待养兵而全国皆兵矣。总之，教育为当今之急务，无论公私，在所必设。”黄兴对在座的湖南政界欢迎他的人士说：“诸君各有子弟，各须衣食，若以衣食之费输之公家，使之代吾教养成独立合群性质，利莫大焉。吾湘教育素称完备，扩而充之，是所望于诸君。”[①] 黄兴除参与翻译日本教育家的著述外，更“醉心卢梭《民约论》，力主根本改革”，认识到中国“非先从事种族革命，必无改变国体、政体之可言”。

《游学译编》初以译述为主，后来兼刊编者论说，即在译述部分编译者在译文前用“译者识”或在译文后用“译后”的形式发表译者评论。由于该刊的编译者都是湖南人，除“眷怀宗国之外，而于桑梓尤注意焉”，因而具有鲜明的地方特色；但又并不囿于狭隘的地方观念，该刊对这一时期其他省份留日学生创办具有相同旨趣的刊物诸如《浙江潮》《湖北学生界》《江苏》也刊登其目

① 黄兴：《在湖南政界欢迎会上的演讲》（1912 年 11 月 5 日），《黄兴集》（二），第 549 页。

录，加以推介。在1903年拒俄运动之后，《游学译编》的言论日益激烈，所刊《满洲问题》《民族主义之教育》《十九世纪欧罗巴历史之壮观》等文公开宣传民族民主革命运动，其中，由佚名所撰《民族主义之教育》一文甚至喊出了“革命者，今日支那民族最大之幸福也”的口号！成为20世纪初最具影响力的革命刊物之一，受到中国留日学界普遍认可和欢迎。为满足广大读者的需要，拓宽发行渠道，黄兴又与蔡锷、杨毓麟、张孝准、魏肇文、许兼等人发起组织湖南编译社，社址设在东京小石川区久坚町七十一番地，后改迁至东京神田区骏河台铃木町十八番地。“译社股项，拟招十万金。”[1] 入股者有黄兴、蔡锷、杨毓麟、陈天华、魏肇文、张孝准、许兼等70多人。[2]《游学译编》从第二期起，归湖南编译社发行，国内以上海广智书局为总发行所，湖南以长沙金线街矿务局为总发行所。《游学译编》以其激越的内容与此后出版的《湖北学生界》《浙江潮》《江苏》等杂志的革命言论相呼应，吹响了1903年中国知识界新觉醒的时代号角！

黄兴在留日学习期间，除与杨毓麟、蔡锷、张孝准等人创办《游学译编》、从事革命的舆论宣传之外，还参与组织留日学生发动拒俄运动。早在八国联军侵华期间，俄国乘机派遣大批军人开赴东北，陆续侵占我国东北三省。1902年4月，奕劻、王文韶与俄使雷萨尔议订《中俄交收东三省条约》四款，俄兵定于18个月内分三期撤兵，以清朝承认中俄从前所订之《华俄银行合同》《铁路借款合同》等作为撤兵交换条件。但在订约之后，俄军却玩弄花招，继续拖延，拒不撤兵。是年底，俄皇派遣伯仔布拉塞夫东来，图谋改变上述撤兵协定。1903年初，受沙皇尼古拉二世派遣，俄国外交、财政、陆军、海军四部大臣及驻中、日、韩三国公使会议，决定原定在我国东北三省分期撤兵计划暂不履行，并向中

---

① 蔡锷：《致颜昌峣书》，毛注青等编《蔡锷集》，湖南人民出版社，1983年，第39页。

② 《湖南编译社入股诸君公鉴》，《游学译编》从（第十二期）广告。

国要求保障条件。4 月 8 日，俄国公然拒绝按照《中俄交收东三省条约》实行第二期撤兵，不履行退出沈阳、牛庄、营口、辽阳及吉林地方之规定，并提出七项无理要求，作为继续撤兵的新条件。主要内容为：东三省官制不得更改；营口以外不许开作商埠；俄国驻军保护东清铁路，东三省置于俄国监督之下，不许他国干涉；东三省练兵归俄军将校训练等①。4 月 27 日，旅居上海 18 省人士 1000 余人在上海张园召开拒俄大会，通电反对沙俄背约拒绝从东三省撤兵的丑恶行径，反对俄国提出的七项无理要求，并致电清政府，电称：倘接受俄人要求，"内失国权，外召大衅，我全国人民万难承认"②。4 月 28 日，日本东京《朝日新闻》披露了俄国提出的七项无理要求，引起留日学界的极大震怒。29 日上午 7 时，留学生会馆干事和评议员 40 多人齐集会馆商讨对策。黄兴早于 1902 年 10 月 8 日任中国留日学生会馆评议员，亦参加会议。会议决定"自行组织义勇队准备赴敌"。4 月 29 日下午，留日学生代表 500 余人集会于东京神田锦辉馆，召开拒俄大会，汤槱、钮永建等相继发表演说，同申义愤。会后，决议成立"拒俄义勇队"，拟开赴前线，与俄军作战。当场有黄兴等 130 余人签名，"愿入义勇队赴前敌"，又有陈天华等 50 余人签名入"本部办事"③，先后加入"拒俄义勇队"者共有 180 多人。4 月 30 日，上海各界群众 1200 余人再次集会，决定设立中国国民总会，签名者达 1000 余人，并响应东京留日学生号召，成立上海拒俄义勇队。5 月 2 日，"拒俄义勇队"为避免日本无理干涉，遂改称"学生军"。次日，学生军至留日学生会馆编队，计"分甲、乙、丙三区队，每区队分为四分队"，由蓝天蔚任学生军队长，龚光明、吴禄贞、敖正邦分别为甲、乙、丙三区区队长，分队长由区队长指定。黄兴编入"乙（区队）三分队"，区队长吴禄贞，分队长钮永建，队员除黄兴外，

---

① 章开沅主编：《清通鉴》（4），第 962 页。
② 章开沅主编：《清通鉴》（4），第 964 页。
③ 《军国民教育会之成立》，《江苏》第 2 期，1903 年 5 月 27 日。

还有徐秀钧、刘景熊、方声洞、王秀绪、黄立猷、秦文铎、华鸿、杨士照。[①] 5月11日，学生军改组为军国民教育会，以“养成尚武精神，实行爱国主义”为宗旨。[②] 毫无疑问，“拒俄运动”发展成如此浩大的声势，与黄兴的策动是密不可分的。诚如时人苏鹏所说的，“留学同人，组织义勇队，欲效命疆场，冀以敌俄人，而有钳日人之口。主之者，为黄君廑午（后更名克强）”[③]。这种看法是颇中肯綮的。其理由如下：

首先，当黄兴得知沙俄拒不从东三省撤兵的消息后，“焦急万状，咯血斗余。章、宋诸君召医士为之诊治，旬日始瘳，先生（指黄兴——引者）尝慨然曰：‘中国大局，破坏已达极点，今而后惟有实行革命，始可救危亡于万一耳’”[④]。

其次，义勇队组成后，“为了避免外人知道，义勇队每天清早秘密聚合到大森练习射击。黄兴懂得军事知识，由他给义勇队教授枪法”[⑤]。“每星期三、星期六午后及星期日，分赴京桥区及各体育场，实弹射击，练习枪法，每次各人自备弹费金三十钱（即三角），意气激昂，精神发越。”[⑥]

复次，军国民教育会成立后，以鼓吹、暗杀、暴动为进行革命的三种活动方式，黄兴还参与杨毓麟主持的暗杀团，于会中密组一暗杀团，在横滨密赁一屋为制造所，黄克强、周来苏、苏鹏等咸预其事，“研究爆炸物十余种”，“欲狙击二三重要满大臣以为军事进行之声援”。[⑦]

最后，军国民教育会拟推选“运动员”回国策动反清起义，

---

① 《学生军名单》，《苏报》1903年5月18日。

② 《军国民教育会规约》，杨天石等编《拒俄运动》，中国社会科学出版社，1979年，第116页。

③ 苏鹏：《柳溪忆语》，转引自毛注青编著《黄兴年谱长编》，第47页。

④ 黄蔡二公事略编辑处编：《黄克强先生荣哀录》，第25—26页。

⑤ 何香凝：《我的回忆》，《辛亥革命回忆录》第二集，第14页。

⑥ 苏鹏：《柳溪忆语》，毛注青编著《黄兴年谱长编》，第47页。

⑦ 《军国民教育会规约》，杨天石等编《拒俄运动》，第106—107页。

共推举“运动员”12人。黄兴自认为“运动员”。依军国民教育会之公约，运动员之责任主要是“筹集经费”，“联络同志之团体”，实为归国发动反清武装起义的领导人。黄兴负责在湖南、湖北、南京等地策动起义。早在军国民教育会投票公举事务员及执法员时，黄兴本已被推举为会计，因他自认为“运动员”，乃举蹇念益自代。军国民教育会的成立，标志着留日学生的革命活动已经进入有组织的运动阶段，黄兴也成为“归国实行革命的第一人”。[①]

黄兴在日留学将近一年，他一方面刻苦学习日语和教育以及军事技术，并利用课余时间练习实弹射击；另一方面又积极投入实际的革命运动，参与创办《游学译编》杂志，进行革命的舆论宣传，并亲自组织拒俄运动。在革命斗争实践中，团结了一大批留日学生，从而使他更加坚定了革命信心。黄兴将其在日本所学的西方社会科学理论与斗争实践相结合，使他的民主革命思想完全趋于成熟。据其同学李书城回忆：在日本时，黄兴“有一晚，他与一些同学争论得很激烈，气得说不出话来，竟将手中的小茶壶掷地摔碎，表示他已下定决心从事排满革命，不是任何力量所能动摇的”[②]。

1903年5月31日，黄兴自东京启程回国。他的民主革命思想虽然已经完全趋于成熟，但是革命究竟应当如何革法？对此，他考虑了很多。本来，他是决定在5月中旬离开日本，5月16日，石陶钧等人已经在日本东京召开了“饯送黄兴回国”的欢送会；[③]然而，黄兴又延迟了将近半个月时间，才离开日本，这半个月时间除了办理归国手续之外，还拜访过当时同在日本留学的其他革命党人，讨论归国之后应当如何着手进行革命活动。例如，他在

① 刘揆一：《黄兴传记》，饶怀民编《刘揆一集》，第106页。

② 李书城：《辛亥前后黄克强先生的革命活动》，《辛亥革命回忆录》第一集，第181页。

③ 石陶钧：《六十年的我》，周少臣主编《辛亥先驱石醉六》，中国文史出版社，2011年，第242页。

临行之前与刘揆一讨论革命进行方略，就是一例。据刘揆一回忆：黄兴“临行之前，垂询揆一方略，答言种族革命，固非运动军学界不为功，而欲收发难速效，则宜采用哥老会党，以彼辈本为反对满清，而早有团结，且其执法好义，多可赞叹。比如湖南会党有戴某者，违犯会规，其头目马福益，星夜开堂，判处死刑。当其泣送河间自剖胸腹时，路过山阿狭隘处，死者犹回顾马福益曰：‘大哥好走，须防失足跌下坑去。’马亦呜咽应而慰之。由此可见其不肯枉法，与视死如归，足为吾辈革命所取法”。黄兴谓：“闻马昔遭危难，君曾救济之，联络似较易易，故望君及早归国，共图之耳。”两人“遂相约越三月会于长沙”。[①] 因为刘揆一从 1903 年 3 月 3 日才离开长沙，至 3 月 27 日始到达日本东京，因刘揆一属自费留日，家庭经济较为拮据，选择了弘文学院速成师范科 6 个月毕业。黄兴离开日本回国时，刘揆一到达东京才两个月零四天，所以，他们两人相约再过三个月，俟刘揆一所学速成师范 6 个月结业之后再在长沙相会。黄兴此次回国后，他以教书为掩护，暗中联络哥老会党、军学界人，从事武装反清活动，并由此走上了职业革命家的道路。

---

① 刘揆一：《黄兴传记》，饶怀民编《刘揆一集》，第 106 页。

第三章　创华兴会　起义流产

1903年5月31日，黄兴自日本东京启程回国，大约在6月6日左右到达上海。[①] 依据军国民教育会运动员公约，运动员之责在“筹集经费”“联络同志”，而要“联络同志”，必须要进行舆论宣传。为此，黄兴既自认为“运动员”，又被分配至南京及两湖地区负责发动革命。于是，他开始从以下三个方面入手，开展革命活动。

一是“筹集经费”。他来到上海后，首先找到同乡、好友章士钊。据章回忆：章于1901年“赴自强学堂，谒监督程颂万子大，辞以非考期，不收新生。则有旧同学善化王闿宪，隶两湖为寄宿生，愿分斋舍与吾共读。吾因以未尝注籍全不合格之傥来新生，鸠居鹊巢，蒙混一时，以是识克强”[②]。章士钊“初识克强，不过同舍嬉游而已，彼此并无所体会”[③]。1902年，章士钊考入南京陆师学堂。1903年拒俄运动发生后，章率陆师学堂退学风潮的退学学生至上海，“蚁附爱国学社，公言革命”[④]。是年5月27日，入

① 关于由日本东京到达上海的轮船航行时间根据朱德裳、宋教仁等留日学生的日记记载推算。

② 章士钊：《与黄克强相交始末》，章含之、白吉庵主编《章士钊全集》8，第311页。

③ 同上。

④ 同上。

《苏报》馆，主笔政，《苏报》始以“鼓吹革命为己任”[①]。从6月1日开始，章对《苏报》进行改革，先后发表不少有关宣传革命言论的文章。是日“论说”所载文章为《康有为》。6月2日，报端刊载《本报大注意》：“今特将‘学界风潮’异常注重，论说之下，首隶此门。”6月7日和8日连载论说《论中国当道者皆革命党》；6月10日发表《序革命军》；6月12日和13日连载《驳革命驳议》，论述“各国新政，无不从革命而战。”6月29日，刊载章炳麟《驳康有为论革命书》主要部分，以《康有为与觉罗君之关系》为题。此文刊登之次日，《苏报》案发生。清廷勾结上海公共租界工部局于6月30日逮捕章炳麟等人，邹容激于义愤，于7月1日自动投案，酿成轰动一时的《苏报》案。[②] 黄兴抵达上海后，寓洋泾浜客栈。正值章士钊在《苏报》上开辟“学界风潮”栏目不久，据章士钊回忆：“吾忆访克强于洋泾浜客栈。是日，《苏报》论文为诋諆江南陆师学堂退学事，克强询退学情形甚悉，可见克强由东抵沪，时在初夏。自五月以至闰五月，吾迫于报务，与克强见面不多。”[③] 这段时间，黄兴往来于沪、宁之间，进行调查研究，间或去上海圣彼得堂“守道”，借以掩护革命。直到《苏报》案发生，报纸被查封，章士钊在报馆无法开展工作，转而与黄兴“从事实际革命工作”。据章士钊回忆：“开始与克强计划如何筹款。第一步，吾二人同赴泰兴，访龙砚仙；又同赴南京，访魏肇文（江督魏光焘第三子，新由东京返国）。旋折回沪，部署略定，乃同返长沙，始筹备华兴会。”[④] 二是开展舆论宣传活动。1903年8月，黄兴回长沙途径武汉期间，值端方任湖北巡抚，黄兴“请其开办学校，宗旨不合，乃回湖南与胡君子靖、周君道腴

① 蒋维乔：《蔡孑民小史》，《中国革命记》第十四册，时事新闻报馆印。

② 参见拙篇《民主革命的宣传家——评辛亥革命时期的章士钊》，载拙著《辛亥革命与清末民初社会》，第88—89页。

③ 章士钊：《与黄克强相交始末》，章含之、白吉庵主编《章士钊全集》8，第311页。

④ 章士钊：《与黄克强相交始末》，章含之、白吉庵主编《章士钊全集》8，第311—312页。

创办经正、明德两学校，而就中办速成师范一班”[①]。他在离开武昌前，“在两湖书院演说满汉畛域及改革国体、政体之理由，与顽固派辩论终日，卒使全场一致叹服。鄂督张之洞闻而震怒，责成首府兼院长梁鼎芬拿办，梁已悬示驱逐出境，公犹留连八日，以携带邹容所著之《革命军》、陈天华所著之《猛回头》二书，零星赠送军学各界至四千余部之多，始登江轮回湘”[②]。在经正、明德两校任教时，他以教书为掩护，在学生中开展革命宣传活动。诚如黄兴自己所说的，“斯时兄弟亦未专任何种教科，不过借教地以发抒革命学说，激发学者之爱国热忱”[③]。三是“联络同志”。早在黄兴到达上海之时，适值时任明德学堂监督的留日学生胡元倓来沪为学校招聘教员，两人不期而遇，胡元倓邀约黄兴赴明德任教，黄兴自然应允，这就为他回湘从事革命活动找到了一个理想的活动场所。为掩护其革命活动，黄兴在沪滞留期间又“多次到圣彼得堂守道”，即多次参加圣彼得堂的宗教仪式，并由该堂中国籍会长吴国光出具介绍信，将黄兴介绍给长沙圣公会会长黄吉亭，要黄吉亭“收入登册记名为妙”，也就是说，黄兴从此即取得了长沙圣公会会员的合法身份。甲辰长沙起义事泄后，黄兴正是在长沙圣公会会长黄吉亭等人的保护之下脱险的。黄兴在武汉滞留期间，还有幸联络到革命志士宋教仁。当时宋教仁正在武昌文普通学堂读书，黄兴由日归国，在鄂演说，痛诋清政府腐败，鼓吹反清革命，他非常悦服，便与黄兴结识，从此，宋教仁与黄兴由于志趣相同，遂成莫逆之交。黄兴从武昌回到长沙，在明德学堂任教，还结识了一批志同道合的青年教师和进步学生，这就为华兴会的创立奠定了组织基础。黄兴正是借助明德学堂这个舞台，导演了湖南辛亥革命乃至整个辛亥革命的历史话剧。

---

① 黄兴：《在湖南学界欢迎会上的演说》（1912 年 11 月 8 日），《黄兴集》（二），第 557 页。

② 刘揆一：《黄兴传记》，饶怀民编《刘揆一集》，第 106 页。

③ 黄兴：《在湖南学界欢迎会上的演说》（1912 年 11 月 8 日），《黄兴集》（二），第 557 页。

第一节 明德执教

《辛丑条约》签订后，中国完全沦为半殖民地半封建社会。清廷痛定思痛，被迫实行新政。兴办学校、派遣留学即是新政的内容之一。1902 年 4 月，湖南巡抚俞廉三奉命派遣 12 名学生到日本速成师范学习，此次所选拔者均为 30 岁以下的举贡生员，他们是：俞诰庆（善化举人）、龙纪官（湘乡附生）、俞藩同（善化监生）、王覆辰（长沙举人）、仇毅（湘阴监生）、颜可驻（湘乡廪生）、李致桢（龙阳举人，因事未能成行）、胡元倓（湘潭拔贡）、刘佐楫（醴陵廪生）、江都良（善化廪生）、陈润霖（新化附生）、朱杞（湘乡附生）。为期半年，此为湖南官费留学之始。留日期间，胡元倓考察日本教育，深知日本维新的成功，得力于教育，并对日本教育家福泽谕吉创办庆应义塾储才兴国之举十分佩服。在留日学界强烈的爱国思想影响下，他决心回国，“不为身谋”，创办私立学校，并立志将所创办的私立学校办成中国的庆应义塾，做中国的福泽谕吉，以储才建国、复兴民族为己任，走教育救国之路。1902 年底，胡元倓学成归国，取道江苏泰兴，和时任泰兴知县的表兄龙璋筹商兴学之举，龙极表赞成，两人商量，因《大学》开篇之语有“大学之道，在明明德，在新民，在止于至善”等语，乃决定将这所私立中学定名为“明德学堂”。龙璋当即拿出 1000 银元交给胡元倓作为开办经费，并致函堂兄龙绂瑞，请求予以支持。胡元倓回到长沙即找到城北西园的龙绂瑞商议，请龙绂瑞的父亲、在籍刑部右侍郎龙湛霖（龙璋叔父、胡元倓姑父）为总理，胡元倓任监督（校长）。龙绂瑞任副监督，并当即出资 1000 银元。于是，胡元倓以 2000 银元作为开办经费，租赁西园隔壁的左文襄祠为校舍，由龙璋、黄忠浩等呈请湖南巡抚俞廉三批准立案，招收中学甲、乙两班共 80 人为第一届学生，聘请刘佐楫、陆鸿逵、许兆魁、王正廷、王达、陈凤光、苏曼殊、翁巩、秦毓鎏等为教习。1903 年 3 月 29 日，湖南私立明德学堂正式开学。

黄兴与胡元倓两人原本都是弘文学院速成师范科的同学，如前所述，胡元倓于 1902 年 4 月由湖南官方公费派遣赴日，半年毕业；黄兴于 1902 年 6 月由两湖书院派遣赴日，实际学习时间为 8 个月，他们两人都是公费生，所不同的只是黄由湖北官方派遣，胡由湖南官方派遣。他们两人至少有 4 个月同在日本弘文学院速成师范科学习，彼此之间，也有所了解，此次两位湖南老乡又在上海不期而遇，异地会故人，其欣喜之状可以想见。所以当胡元倓邀约黄兴来明德任教时，黄兴自然欣然应允，因为黄兴正需要借助明德学堂这一舞台，以教学为掩护，从事组织革命团体，开展武装反清的革命活动。

黄兴在明德学堂任教长达一年多，从 1903 年 9 月起到 1904 年 10 月 24 日清吏追捕他逃脱为止。这一时期明德学堂开设的班级如下：

明德学堂中学甲、乙两班（80 人）：1903 年 3 月至 1905 年 5 月（未行毕业）。甲班由政府资助全体留日，乙班及后来成立的丙班多自费留日或赴北京升学，少数学生离校在马王街创设的修业中学学习。

速成师范第一期（118 人）：1903 年 9 月至 1904 年 4 月。

经正学堂甲、乙班：1903 年 9 月开设甲班，1906 年春出校创广益中学；乙班 1907 年 12 月毕业。

速成师范第二期（102 人）：1904 年 7 月至 1904 年 12 月。

明德学堂中学丙班：1904 年 7 月至 1905 年 5 月（中学班次自此中断大半年）。

理化博物选科两个班（72 人）：1904 年 7 月至 1905 年 12 月。

高小甲、乙两班：甲班 19 人，1904 年 7 月至 1905 年 12

月；乙班 39 人，1904 年 7 月至 1907 年 12 月。[①]

由于明德学堂各种形式的班级较多，所以也聘请了不少德才兼备的青年教师，其中具有民主革命思想的人不少。例如周震鳞、苏曼殊、秦毓鎏、翁巩、张继、陆鸿逵、李步青、金华祝，等等，这些青年教师中，有的是黄兴在湖北两湖书院的同学，有的是留日时弘文学院的同学，还有的本来就是黄兴的世交或挚友，与黄兴志同道合，相处十分融洽。黄兴还结识了不少进步学生，诸如胡瑛、宁调元、姚宏业、魏宗铨、李燮和等人。后来，这些人大都参加了华兴会和同盟会，成为黄兴的亲密战友和同志。

黄兴从武昌回到长沙时，正值明德学堂速成师范第一期（118人）开学，该班 8 个月毕业，即从 1903 年 9 月至 1904 年 4 月。胡元倓请黄兴主持第一期速成师范班。另外，其他各班级如果有老师缺课时，“文科方面的课程，如国文、地理、图画等科，多由他代课”[②]。因为凭着他 20 多年所接受的学校教育和 5 年自学所获取的知识，他有足够的资历和广博的学识去应对中学各门功课的教学实力。他先后教过国文、历史、地理、博物、生物、体操、图画等科目。那么，黄兴是怎样以教书为掩护，借助明德学堂这个平台从事反清革命活动的呢？又是怎样向青年学生灌输民主革命思想，引导他们走上民主革命道路的呢？

第一，黄兴利用讲课的机会深入浅出地讲解革命道理，使学生在革命的氛围中潜移默化。据亲自聆听过黄兴讲课的经正学堂第一班学生张平子回忆：黄兴“在上历史课时，向他们解释民权二字，不引卢梭、孟德斯鸠之言，而问他们读过《孟子》没有？孟子说的‘民为贵，社稷次之，君为轻’，就是民权思想。由此可见，民权思想在中国古已有之，并不是从外国搬进来的东西”[③]。另据当时在明德学堂开设的高小班读书，听过黄兴讲博物课的阎

① 陶旅枫、黄政海编著：《明德学校史》，湖南师范大学出版社，2013 年，第 16 页。

② 黄一欧：《黄兴与明德学堂》，田伏隆主编《忆黄兴》，第 187 页。

③ 转引自黄一欧：《黄兴与明德学堂》，《辛亥革命回忆录》第二集，第 133 页。

幼甫回忆：黄兴“所教的博物，在小学是先教动物学。有一天上博物课，黄老师（指黄兴——引者，下同）双手托着一个大面盆走入讲堂，将面盆搁在讲台上，原来盆里养着一条一斤多重的活鲤鱼，他开口就说：‘今天同你们讲鲤鱼跳龙门。’他说：我国古时候有些人对动物学也有研究，可惜不够深入，常常发生错觉。很早以前，中国人就知道鲤鱼从头至尾有 36 鳞，这只是表面上的研究。至于所谓‘鲤鱼跳龙门’，意思是说，鲤鱼跳过龙门就成了龙。其实过细考察，这种神话是极其荒谬的。原来龙门滩险水急，鲤鱼在产卵时总是逆流而上，游到了龙门附近，便用劲往上游纵跃，跳过龙门以后，还得继续前进，为繁殖后代而努力。鲤鱼终究还是鲤鱼，决不会成龙的。只因为从前造反的人，都想做皇帝，所以编造出‘鲤鱼跳龙门’和什么‘龙章凤姿’‘真命天子’之类骗人的神话，为的不过是个人和家庭的荣华富贵。历朝都是赶走一个皇帝，又来一个皇帝，对百姓来说并没有什么好处。法国的革命党人就聪明一些，他们在革命成功以后，将政体改为民主共和，实行自由、平等、博爱，再也不要皇帝了，所以大家能过幸福的日子。黄老师将鲤鱼的背鳍提起，对学生讲述胸鳍、尾鳍、鳞、鳃等名称和作用，还说下课后再解剖内脏给大家看”①。这样，黄兴就将动物学与革命的道理有机地结合起来了，使学生听了以后深受启发。

第二，黄兴在讲课时，采用在学生的课本上题词以作纪念的方式，激发学生的爱国热情和革命思想。据听过黄兴讲地理课的阎幼甫回忆：黄兴“在明德小学担任的课程为地理和博物。黄老师教地理，对地图非常注重。上讲堂时，总是带着一个比足球还大的地球仪，一面讲课，一面拿着教鞭往挂图上指点说明。有时把学生叫到讲台前面，让他们在地球仪上仔细观看；并强调填暗射图的重要。他的讲解生动，引人入胜”。“记得有一件有趣的

---

① 阎幼甫：《回忆在明德学堂执教时的黄克强先生》，田伏隆主编《忆黄兴》，第196—197 页。

事——题地图。小学生每人发了一本地图。有一天，一个同学拿着地图到教员休息室去问黄老师（黄老师不住在校里），顺便请他在地图上题几个字作纪念。黄老师提笔写上‘空怅望，山川形势，已非畴昔’，末署‘近午’两字。同学们看见了，纷纷拿着地图要黄老师题字。黄老师有求必应，大概全班学生的地图都给题了字。他在我那本地图上写着：‘若人如马亦如班，笑履壶头出玉关。’我不懂解，就问老师。黄老师解释说：马是指马伏波（马援），班是指班定远（班超）；壶头山就在沅陵和桃源相连的地方，马援曾在壶头山驻过兵；玉关就是玉门关，班超扬威西域，就在玉门关外。当时同学们都把经黄老师题字的地图当作宝贝一般。至今我还记得黄老师所题的有下列一些句子：‘待从头收拾旧山河。’‘汉家烟尘在东北。’‘无限江山，别时容易见时难！’‘今也日蹙百里，呜呼哀哉！’‘故国不堪回首月明中！’‘叹江山如故，千村寥落！’从这些题词中，充分表现了黄老师的爱国思想和革命热情。”①

第三，翻印革命书籍，在军、学各界广为传播。黄兴利用课间余暇，翻印了不少革命书籍，诸如邹容的《革命军》、杨毓麟的《新湖南》、陈天华的《警世钟》《猛回头》《狮子吼》等，在军、学各界广为传播，以取得社会各界的支持。这件事曾使黄兴一时陷入困境。据明德学堂监督胡元倓回忆：黄兴“因为陈星台代印并发行其所著之《猛回头》《警世钟》，长沙府颜钟骥欲借此倾覆明德学校。时湘抚赵次山先生虽去职，张筱浦鹤龄、俞寿臣明颐、金仍珠还皆仟湘省府要职，共同维护，使事未扩大。克强遂决志革命，辞明德教员职务，实行秘密活动。反对明德学校之巨绅致书湘抚告密，指明倓与克强、道腴三人为魁，有速即拿问，分别审讯，明正典刑之语。湘抚将函交臬司，寿臣密告倓，遂与组安、蔓溪商，由龙芝丈致书湘抚，力称克强之贤。倓又于龙宅约克强与筱浦相见，谈论极洽，旋赴抚署，言方至龙家晤黄某，粹然儒

① 阎幼甫：《回忆在明德学堂执教时的黄克强先生》，田伏隆主编《忆黄兴》，第196页。

者，职亦可以身家性命保之”[①]。由此，使事态得以平息。可见，黄兴的宣传活动所造成的影响之大矣！

第四，利用实验室试制炸药，为反清武装起义作准备。据黄一欧回忆：“1904 年先君与刘揆一、马福益等商议，决定趁西太后 70 生辰，全省文武官吏在皇殿行礼朝贺时，预先在拜垫下面埋好炸药，一网打尽，乘机占领长沙，作为革命根据地。而准备起义用的炸弹，就是在明德学堂理化教员堀井觉太郎（癸丑讨袁失败后，先君亡命日本，堀井觉太郎关心旧友，特意腾出他在东京市郊巢鸭目白的房子让先君居住）的帮助下，在理化实验室里秘密制造的。陈介在 1947 年所写的《明德话旧》一文中，曾提到过这件事。”[②] 的确，陈介在《明德话旧》中亦提及此事，他说：胡元倓在明德学堂拟开办理化和博物班，“值其正至日本聘来理化和博物教员二人，器械先至，拟开办示范班”，“学生亦已招妥，只待能聘一通日语之助教，即可开学”。“余适至，坚留为助”，并“苦留一年，余以秋间须返日，不之允。先生（指胡元倓——引者）于座众前，向余长跪，非允不起”，“余感其诚，欣然承诺”。当时黄兴在明德任教，“时出入理化实验室，人以其特感兴趣，不疑有他”，后始知黄兴“制有炸弹数枚，拟预置拜垫下，待时爆发”。[③] 这里所谓日本聘来“教员二人”系指堀井觉太郎（理化教员）和永江正直（博物教员），黄兴在理化实验室所制炸弹就是在这两位日本志士的指导下制成的。除制造炸弹外，还有可能购置了短枪。据张继回忆：“余赴长沙，克强在明德学堂任生物、图画教习，余任西洋历史教习。克强白日上堂，晚间计划革命。余讲西史，开张即讲法兰西大革命。偶有一晚，与克强擦磨手枪，不慎失火，几伤克强，今思之犹厉也。”[④]

---

① 胡元倓：《题黄克强先生遗墨》，钱无咎编《明德校史》，1922 年，湘行印刷厂内部承印，第 3 页。

② 黄一欧：《黄兴与明德学堂》，田伏隆主编《忆黄兴》，第 189—190 页。

③ 陈介：《明德话旧》，钱无咎编《明德校史》，第 13—14 页。

④ 张继：《忆黄克强在明德学堂》，田伏隆主编《忆黄兴》，第 194 页。

除此而外，黄兴还利用一切机会教育学生应从小立志，要以天下为己任。他在食堂门口曾悬挂其手书对联一幅曰：“劝诸君努力加餐，每饭莫忘天下事；看先贤画齑断粥，立身端在秀才时。”使学生每天进餐时都能看到这副对联。黄兴还“在明德成立了一支‘扬子江野球队’，‘野球’即为棒球。黄兴经常带领学生到校外协操坪进行训练，训练之余就和学生探讨革命主张”①。

黄兴在明德学堂所从事的上述革命活动并不是孤立地进行的，而是得到了广大爱国师生的积极响应。他们团结在以黄兴为代表的革命派周围，与学校顽固守旧势力开展斗争，使明德学堂成为新旧势力斗争的重要阵地和民主革命家的摇篮。值得注意的是，在湖北武昌也有一个湖北革命党人早期从事革命活动的场所，那就是武昌花园山机关。这是两个性质极相类似的革命机关。长沙明德学堂与武昌花园山机关早有联络，明德学堂除聘请黄兴、周震鳞、陈方度等湖南人之外，还聘请武昌花园山机关的李步青、金华祝等人来校任教，联系到后来李、金等人都是华兴会会员这一事实，可见他们是参与过革命活动的。他们既是武昌花园山机关的发起人之一，又是明德学堂学潮的策动者，他们经常往来于武昌、长沙两地，成为联系两湖革命活动的纽带。明德学堂还特邀孙中山亲自创办的日本东京青山革命军事学校教师翁巩、郑宪成来校任教，因而又开拓了孙中山联系湘籍志士的另一条渠道，联系到后来翁巩又是筹备华兴会的12个代表之一，可见他们在宣传资产阶级民主革命思想方面是起过重要作用的。加之，武昌花园山机关又在上海设立昌明公司为联络机构，由万声扬主持。万声扬既是黄兴两湖书院的同学，也是日本东京弘文学院的同学，和黄兴关系非常密切。而昌明公司又与上海《国民丛书社》有直接的联系。《国民丛书社》由原自立军志士王慕陶创办，孙中山与王慕陶联系十分紧密，书信往返十分频繁，而且王又是章士钊的挚友，章摘译的《大革命家孙逸仙》一书就是由王慕陶提供的

① 陶旅枫、黄政海编著：《明德学校史》，第43页。

《三十三年の梦》做底本。从昌明公司与《国民丛书社》所发行的广告来看，均以“递书售报，招待出洋”为务，是两个性质类似的机构，即是留日学生从事革命活动的重要据点。这样，由长沙、而武汉、而上海、而东京就构成了黄兴与革命志士的联系网络。

黄兴在明德学堂任教期间，适值清廷推行“新政”之时，湖南省内新式学堂之多，师生之众，远远超过其他各省。据有人统计，仅 1904 年在长沙城中有各类学校 57 所，教师 233 人，学生 2987 人。此外，还有多处民办学校“不及记载”，如果将这些民办学校加进去，远远不止这个数字。[①] 需要说明的是，长沙城中的这些学校，大都由归国留日学生所主办或充任教习，例如：明德学堂由胡元倓为监督，黄兴、秦毓鎏、李步青、金华祝等一大批留日学生执教其中；高等学堂由周震鳞主持教务，周震勋、朱子陶等人执教其中；民主第一中学堂由柳聘农为监督，柳继贞、彭渊恂等人执教其中；实业学堂由翁巩为监督，张雄夫等人执教其中。在这样一大批学堂监督及教习的熏陶下，许多青年学生从此走上了资产阶级民主革命道路，这就为华兴会的成立创造了重要条件。

第二节　创立华兴会

1903 年 10 月初，刘揆一在弘文学院速成师范科结业，为践黄兴之约，旋即回国返湘，于当月下旬回到湘潭，行装甫卸，旋即来到长沙。刘揆一的归来，使黄兴筹组华兴会的工作进展更快，黄兴回国后在两湖地区所开创的革命局面亦使刘揆一倍受鼓舞。他们两人通过联络其他革命党人，经过密商，决定先召开一次筹备会议。

---

① 此处根据时任长沙关税务司的美国人夏立士调查统计，详见夏立士：《光绪三十年长沙口华洋贸易情形论略》，《湖南历史资料》1980 年第一辑，第 203 页。

1903年11月4日（阴历九月十六日）正是黄兴进三十岁这天，刘揆一遂偕黄兴来到长沙西区保甲巷彭渊恂（号希明，长沙人）寓所，借为黄兴做生日酒的名义，和彭渊恂的家人一道办了两桌酒席，以示庆贺。酒宴结束后，随即举行秘密会议。到会代表12人，其中湘籍10人，除黄兴、刘揆一、彭渊恂3人之外，尚有章士钊、宋教仁、胡瑛、周震鳞、徐佛苏、柳聘农、柳继贞，外省2人为福建候官翁巩和江苏无锡秦毓鎏。会上，决定成立华兴会，为避清吏耳目，有利于开展日常工作，“对外采用‘华兴公司’的名义，以半公开的形式出现，并规定公司的任务是‘兴办矿业’。”[①] 入会者均称“入股”，股票即会员证，并以“同心扑满，当面算清”为秘密口号，隐喻“扑灭满清”之意。

1904年2月15日（癸卯年除夕），华兴会筹备会以除夕聚宴为名，在明德学堂校董龙璋西园寓所召开正式成立大会。到会者有黄兴、刘揆一、宋教仁、陈天华、彭渊恂、秦毓鎏、翁巩、周震鳞、柳聘农、柳继贞、刘道一、胡瑛、徐佛苏、张继、杨毓麟、陈方度、苏玄瑛、叶澜、张通典、王延祉、萧翼鲲、彭邦栋、何陶、肖堃、朱子陶、任震、陈其殷、吴超澂等百余人。会上，黄兴分析了当时湖南的政治形势和华兴会成立后的进行方略，同时提出了发难的地点与方法，他认为，“本会皆实行革命之同志，自当讨论发难之地点与方法以何为适宜？一种为倾覆北京首都，建瓴以临海内，有如法国大革命发难于巴黎，英国大革命发难于伦敦。然英、法为市民革命，而非国民革命。市民生殖于本市，身受专制痛苦，奋臂可以集事，故能扼其吭而拊其背。若吾辈革命，既不能借北京偷安无识之市民得以扑灭虏廷，又非可与异族之禁卫军同谋合作。”接着，他分析了湖南有三种革命力量：学界、军界、会党，尤以会党势力最为强大。他说：“今就湘省而论，军学界革命思想日见发达，市民亦潜濡默化，且同一排满宗旨之洪会党人久已蔓延固结，惟相顾而莫敢先发，正如炸药既实，待吾辈

---

① 黄一欧：《回忆先君黄克强先生》，《辛亥革命回忆录》第一集，第609页。

引火线而后燃。使能联络一体，审势度时，或由会党发难，或由军学界发难，互为声援，不难取湘省为根据地。然使湘省首义，他省无起而应之者，则是以一隅敌天下，仍难直捣幽燕，驱除鞑虏。”他得出结论：“宜采取雄据一省，与各省纷起之法。”“故望诸同志对于本省、外省各界与有机缘者分途运动，俟有成效，再议发难与应援之策。”[①] 在华兴会成员中，与会党关系最为密切的首推刘揆一，因此，会议公举黄兴为会长，刘揆一、宋教仁为副会长。刘在副会长任内，“实心任事，不计劳怨”，“领事者虽为克强，而会中一切之计，则先生（指刘揆一——引者）独尸之”[②]。在黄兴、刘揆一、宋教仁的主持下，华兴会的组织很快发展到五六百人。

需要指出，以黄兴、刘揆一、宋教仁为首组织的华兴会与兴中会、科学补习所、光复会相比较，它具有领导群体阵容整齐、组织基础雄厚、与外界联系广泛等特点。从华兴会的革命纲领和成立以后所进行的革命活动分析，它在实质上是继兴中会成立后的第二个革命小团体，而在内地来说，则是第一个革命小团体。继之而起的还有 1904 年 7 月 3 日在武昌成立的科学补习所和是年 11 月在上海成立的光复会。在同盟会成立前，华兴会和兴中会、科学补习所、光复会一样都是具有资产阶级革命性质的小团体，但其又具有不同于其他三个革命小团体的特点，这些特点具体表现在以下三个方面：

一是领导群体阵容整齐。

1894 年 11 月 24 日，孙中山在檀香山创建兴中会，由刘祥、何宽担任正副会长。1895 年 2 月 21 日，在香港成立兴中会总部，议定将杨衢云、谢缵泰等于 1892 年创立的辅仁文社并入，由杨衢云担任会长。直到 1900 年初，杨因惠州起义失败而引咎辞职，荐

---

① 刘揆一：《黄兴传记》，饶怀民编《刘揆一集》，第 106 页。

② 章士钊：《刘霖生先生七十寿序》，章含之、白吉庵主编《章士钊全集》8，第 67 页。

孙中山自代，孙中山才接替杨衢云任兴中会会长。然而，兴中会除孙中山这位德才兼备、具有远见卓识的杰出领袖人物之外，几乎很难找到强有力的助手，也很难结成一个如同华兴会那样较为稳定的领袖集团。兴中会会员中最先设计青天白日旗为革命军旗的陆皓东，早在1895年广州起义事泄即被奸人告密而遇难。而另一名兴中会骨干史坚如，则于1900年为响应惠州起义而谋刺署两广总督德寿时被捕就义。会员郑士良则在1901年被清吏所派遣的奸细下毒暴卒。与孙中山一起被称之为“四大寇”的尤列、陈少白、杨鹤龄等人中，除陈少白略显文字宣传才能外，尤列和杨鹤龄均无所表露。辅仁文社的杨衢云与兴中会合并前，因势力较大，提出自任兴中会会长，孙中山顾全大局，谦让会长于杨。但杨不能胜任会长之职，惠州起义失败后，谢绝党人要他出洋暂避的劝告，于1901年1月在香港被署两广总督德寿派人刺死。在反动势力的迫害之下，兴中会的领导成员和骨干除孙中山外几乎摧折殆尽，令人扼腕叹息！

1904年7月3日在武昌成立的科学补习所，推吕大森为所长，胡瑛为总干事，宋教仁任文书，胡、宋均为华兴会成员。这从一个侧面反映出科学补习所的领袖阵容不及华兴会整齐。

1904年11月在上海成立的光复会推举蔡元培为会长，龚宝铨为干事，陶成章经蔡元培介绍入会。1905年初，徐锡麟到上海会见蔡元培，也由蔡介绍加入光复会。秋瑾先参加同盟会，从日本回国后经徐介绍入会。章太炎则早已在狱中通过蔡元培介绍入会并筹商会务。从表面看来，似乎光复会的领导群体阵容比较雄厚，但实际上也不能与华兴会相比拟。蔡元培是个学者，“不耐人事烦扰”[①]，很少过问会务。章太炎也是个大学问家。秋瑾从事革命活动开始主要在日本东京，她是同盟会评议部评议员，也是同盟会浙江主盟人。她很少参加光复会的活动，她和徐锡麟均在1907年领导浙皖起义时遇难，两人英年早逝。光复会的实际权力掌握在

---

① 冯自由：《中华民国开国前革命史》中卷，上海中国文化服务社，第144页。

与龚宝铨相交莫逆的陶成章手中。应当承认，陶成章的确是个实干家，他做过大量深入细致的联络会党的工作，但他的狭隘和偏激情绪也是人所共知的。后来，他和章太炎等人因与孙中山的某些政见分歧，曾在东京同盟会内部掀起一次又一次倒孙风潮，也做过不少亲痛仇快、不利于团结的事。

华兴会领导群体中，有文武兼资、才德兼备、以策动和领导武装起义著称于世的“武圣”黄兴；有潜心钻研西方政治学、法学，以实现议会政治和政党内阁为终身奋斗目标，成为举世公认的“第一流政治家”“为宪法流血第一人”的宋教仁；有毁家纾难、不辞劳怨，被世人誉为“痛苦的革命家”和“革命的道德家”的刘揆一；有《猛回头》《警世钟》《狮子吼》的作者、著名通俗宣传家、被称为“革命党之大文豪”的陈天华；有大刀阔斧改革《苏报》，摘译《大革命家孙逸仙》，第一个将孙中山介绍给国人的民主革命宣传家章士钊；有对20世纪初“帝国主义这个怪物的认识”达到“最深刻的理解”的《新湖南》作者、蹈海志士杨毓麟；有善于经营民族工业并担任过中国同盟会湖南分会长，因积极从事反清革命活动而遭清吏拘捕，备受酷刑而宁死不屈的革命家禹之谟；有精通英语、日语、各地方言、会党行话，能言善辩，被黄兴赞誉为“将来外交绝好人才”的刘道一。真可谓人才济济，集一时之盛。

二是组织基础雄厚。

华兴会的组织基础相对其他几个革命小团体而言是较为雄厚的。它的主要成分是资产阶级、小资产阶级知识分子，其中留日学生占有很大的比例，还有一部分来自国内新式学堂毕业的学生，而这些新式学堂则大都由留日归国学生主办或充任教习。留日学生或由国内新式学堂培养的学生大都不同程度地接受了资产阶级民主革命思想，具有一定的自然科学和社会科学知识，政治上比较敏感，积极要求上进，因而能在辛亥革命时期起着先锋和桥梁作用。更重要的是，华兴会通过会党与农民结成暂时的联盟，组织起一大批下层劳动群众，包括破产的农民、手工业者、失业的水上运输工、矿工、被裁撤的散兵游勇、挣扎在死亡线上的饥民、因家业衰败而破落的地主阶级分子、浪迹江湖的无业游民，等等。华兴会还团结了一大批民族资产阶级中上层人士和开明地主、士绅乃至官员，从而获得了他们的同情和支持，在这部分对湖南政局影响极大的社会力量中也具有一定的基础。如在籍刑部右侍郎、率先创办阜湘总公司的龙湛霖及其子龙绂瑞，其侄儿、曾任江苏泰兴县令的著名绅士龙璋，立宪派头目谭延闿，学务总办张鹤龄，兵备处长俞明颐，长沙圣公会会长黄吉亭，教育家胡元倓等都与华兴会有着十分密切的关系。黄兴正是在这一大批高官、绅士、地方贤达的保护之下，在长沙起义事泄后得以安全脱险的。这与兴中会主要依靠海外华侨、光复会主要依靠会党、科学补习所主要依靠军学界相比较，其组织基础要雄厚得多。

众所周知，兴中会虽然是一个成立较早的革命团体，但它的基础在国外，几乎可以说，它完全是一个以华侨中小资本家为主体的革命小团体。而华侨中又以香山县（今属中山市）的华侨居多数，因为孙中山是香山县人。据冯自由统计：1894 年和 1895 年参加兴中会，有姓名、籍贯可考者 178 人中，其中商人 96 人、工人 39 人、农牧民等 6 人、自由职业者（医生、教员、报人、传教士）9 人、公务员 10 人、水师官员 4 人、学生 2 人、会党 12 人，所有这些会员中，华侨占 79%[①]。由此可知，兴中会是一个带地域性的革命小团体，与国内联系甚少。科学补习所仅有会员 40 余人[②]，大部分是知识分子，其中还有不少湘籍人士。光复会会员最初“无过四五十人”[③]，与科学补习所的人数相差无几，只是到后来绍兴大通师范学堂开办，会员才由于学生的参加有所增多。

三是与外界联系广泛。

---

① 冯自由：《兴中会会员人名事迹考》，《革命逸史》第四集，第 23—47 页。

② 张难先：《科学补习所始末·所员名录》，载严昌洪等编《张难先文集》，第 60—62 页。

③ 孙中山：《致陈炯明及中国同盟会电》（1912 年 1 月 28 日），《孙中山全集》第二卷，第 46 页。

华兴会成立后，其组织机构比较完善，从而与外界建立了广泛的联系，它的派生机构遍布国内外。在长沙南门外设有华兴公司，它实际上是华兴会对外公开联络的总机关；又在长沙小吴门正街伍家井设立东文讲习所（亦称东文学社），名为教授日文，实为华兴会培训党人的场所；在长沙东街设立作民译社，“以讲求实学翻译新书为宗旨”，实际上也是华兴会的宣传联络机构；在长沙城内贡院西街设有俚语日报馆，该报也是党人发表革命言论的刊物；在长沙吉祥巷圣公会内由黄吉亭会长设有长沙日知会，革命党人利用教会借以掩护革命活动。

华兴会成立之初，其成员多为学堂教职员或青年学生，与会党接洽颇多隔阂。为此，在华兴会外另设“同仇会”“专为联络会党机关”①，在安化等地由李燮和、李云龙兄弟等 6 人发起成立“黄汉会”。1904 年秋，“黄汉会”与散处在新化、邵阳、武冈等地会党联合，势力“弥延湘省，骎及赣西”，还发展到长江下游各省。过去有人说“黄汉会”是华兴会为运动新军参加起义而设立的机构，实际上也是华兴会联络会党的机构，与“同仇会”的性质极相类似。另外，由留日学生仇鳌、仇亮等人在东京发起成立“新华会”，“东京的新华会就是为响应华兴会而组织的，两湖留学生参加的最多，覃振、刘道一、田桐、白逾桓、沈鸿烈、樊锥、盛时等都是会员”②。在上海设有爱国协会，这也是华兴会的外围组织，杨毓麟任会长，章士钊为副会长。在湖北武昌设有华兴会湖北支部。1904 年春，华兴会派宋教仁、胡瑛“设支部于武昌，运动武阳夏三镇新军”。同年 7 月 3 日，宋、胡又与湖北革命党人吕大森、曹亚伯、张难先组织科学补习所于武昌，吕大森任所长，宋教仁任文书。科学补习所是继武昌花园山机关之后以湖北革命党人为主体单独组建的一个革命团体。但有的论著一直将其列为华兴会湖北支部，将二者混为一谈，我们认为有必要加以考订，

① 冯自由：《中华民国开国前革命史》上卷，第 153 页。
② 仇鳌：《辛亥革命前后杂忆》，《辛亥革命回忆录》第一集，第 437—438 页。

以明史事真相。一本台湾出版的著作称："1904 年 6 月，吕大森、胡瑛、曹亚伯、时功璧、宋教仁、康建唐等在武昌成立'科学补习所'，成为华兴会的支部。"该书虽然在结尾部分对科学补习所成立情况作了若干说明。但在开头所列"清季主要革命团体分合图"竟将科学补习所这一革命团体加以排除。我们认为，科学补习所与华兴会湖北支部是两个不同的革命团体。

首先，两个组织成立的时间不同。华兴会于 1904 年 2 月 15 日正式成立之后，即派宋教仁、胡瑛在武昌设立华兴会湖北支部；而科学补习所的成立则是在华兴会湖北支部设立数月之后即 1904 年 7 月 3 日才成立。

其次，两个组织设立的机构不同。华兴会湖北支部由胡瑛、宋教仁主持其事；而科学补习所相对华兴会湖北支部而言，其组织机构要复杂得多。会员推举吕大森为所长，胡瑛为总干事，曹亚伯任宣传，时功璧任财政，宋教仁任文书，康建唐任庶务，军营和学堂均设干事。"复推宋教仁、刘复、欧阳瑞骅为文普通代表，刘度成（原名庶咸）为武高等代表，刘大雄为前锋营代表，朱元成、李胜美为工程营代表，陈应甲为武普通代表。"[①]

复次，两个组织的革命纲领和联络方式不同。由于华兴会的文件因甲辰长沙起义事泄失败而全部销毁，因而没有留下任何正式的纲领和章程，只知道它曾在长沙起义时提出过"驱除鞑虏，复兴中华"的革命口号。而科学补习所"宗旨虽标明科学，实则掩蔽官府耳目，而以'革命排满'为密约"[②]。据发起成立科学补习所的张难先回忆：会员"则以心记之宗旨'革命排满'四字为主"[③]。华兴会对外称公司，以兴办矿业为名；而科学补习所对外声称是一所文化补习学校，主要招收在校学生进行课余补习。每逢星期日由教员轮流讲授史地、数学、外语、理化、卫生等课程。

---

① 佚名：《科学补习所之历史》，《武昌起义档案资料选编》上卷，第 4 页。

② 杨玉如：《辛亥革命先著记》，科学出版社，1957 年，第 11 页。

③ 张难先：《科学补习所始末》，严昌洪等编《张难先文集》，第 59 页。

科学补习所的章程标明其宗旨为“集合各省同志取长补短，以期知识发达无不完全”[①]。实际上，它是革命党人赖以聚集同志进行宣传和组织革命活动的机构。由于科学补习所成员“以各学堂及各军营中人为最多”，因而它的一项重要任务就是招待“远来愿入学堂及入营者”，“代为安置一切”[②]。华兴会湖北支部与科学补习所在“反满”这个大目标上是一致的，但这两个革命团体毕竟各有不同的纲领，对外联络的方式也是互异的。

最后，需要特别指出的是，科学补习所与华兴会湖北支部的工作侧重点也是不同的。湖南是会党势力较为雄厚的省份，华兴会的工作重点是以联络会党为主，华兴会湖北支部的工作方针自然也不例外，胡瑛来到湖北曾“用密电招会党来入伍”，后来科学补习所成立，胡瑛身为总干事，仍采用了会党的一套隐语暗号和密码联络会党。例如招兵曰“货俏”，速派弟兄们来曰“办货来”，兵器曰“海带”，等等。湖北的情况与湖南则有所不同，湖北新军是组建最早且实力较为雄厚的军队之一。湖北革命党人较早意识到“运动新军”的重要性。1900 年自立军起事失败之后，吴禄贞痛感依赖清廷官吏的危险性和会党散漫之不足恃，认为今后革命运动应该“绝对从士兵学生痛下功夫”，他在主持武昌花园山机关期间，基本上确立了这样一条方针，“以最好之同志，投入军中当兵，渐次输入士兵对满清之恶感情绪”[③]，而用“改换新军脑筋为成事之根本”[④]，“不能专靠会党作主力”[⑤]。正是吴禄贞的这一指导思想对后继者产生了深远影响。所以，到 1904 年春，刘大雄、曹亚伯、张难先、吕大森、朱元成、何季达、欧阳瑞骅等人齐集武昌，“谈及革命进行方略，众意以会党发难易，成功难；即成而嚣

① 《科学补习所章程》，《警钟日报》1904 年 7 月 26 日。

② 《警钟日报》1904 年 7 月 8 日。

③ 朱和中：《欧洲同盟会纪实》，《革命文献》第 2 辑，第 113 页。

④ 朱和中：《革命思想在湖北的传播与党人活动》，《建国月刊》第二卷第五期，1930 年。

⑤ 张难先：《庚子汉口之役》，严昌洪等编《张难先文集》，第 33 页。

悍难制，不成则徒滋骚扰。若暗杀又为个人举动，不足以摇撼全局，几经研究，皆主张从运动军队入手，不轻率发难”①。通过讨论，与会成员一致认为，“革命非运动军队不可，运动军队非亲身加入行伍不可”②。因之，科学补习所的活动，仍然坚持吴禄贞倡导的花园山聚会的既定方针，不断输送知识青年加入新军，并运用各种方式在新军中开展反清革命的宣传活动。科学补习所成员注重运动新军，并亲身入营当兵，将反动统治者培养的社稷干城改变成反动统治的掘墓人，从而开辟了一条新的获取革命力量的源泉。随着时间的推移，这一创举在往后武汉地区的革命活动中愈益显示出其重要意义，直至武昌首义，仍以新军反正为主要手段，这绝不是偶然的，而是湖北革命党人长期在新军中、下层扎扎实实开展工作的必然结果。

既然科学补习所与华兴会湖北支部是完全不同的两个革命组织，那么为什么会有人将其混淆为同一个革命组织呢？究其原因，大抵是由于这两个革命团体人员交叉、在从事反清革命活动中彼此协同动作、并曾有过联合举动所致。此处不再赘述。③

当然，我们指出华兴会的上述特点并不是有意贬损其他革命团体的革命性。其实，只要将四个革命团体的宗旨或纲领加以比较就不难看出只是大同小异。就华兴会的革命纲领而言，虽然由于起义失败，文件密册均已全部销毁而没有留下任何正式的章程之类，只知道曾在长沙起义时提出过“驱除鞑虏，复兴中华”的革命口号，这与当时社会上流行的“排满革命”的口号是一致的。兴中会的誓词是“驱除鞑虏，恢复中华，创立合众政府”；科学补习所以“革命排满”为心记宗旨；光复会的誓词为“光复汉族，还我山河，以身许国，功成身退”。由此可知，这四个革命团体的

① 杨玉如：《辛亥革命先著记》，科学出版社，1958 年，第 11 页。

② 张难先：《科学补习所始末》，严昌洪等编《张难先文集》，第 58 页。

③ 详见拙篇《科学补习所非华兴会湖北支部考》，载拙著《中国近代史事论丛》，岳麓书社，2011 年，第 368—371 页。

宗旨或称纲领都包含了“排满革命”的内容，只是提法略有不同而已，但从本质上分析却没有根本性的差异。

毫无疑问，“排满革命”是在当时历史环境中，革命党人所能提出的最有号召力、最能激动人心的口号。它能最大限度地调动社会各阶层人民的革命积极性，因而可以说是最具革命性的口号。尽管华兴会有“复兴中华”、光复会有“光复汉族”之类的主张，但是，时代毕竟不同了，在资产阶级已经登上政治舞台的新的历史条件下，“复兴”“光复”“反满”“排满”之类的古老的词汇已经被注入了新的内容。如果将上述四团体的纲领与所在团体的革命党人的讲话联系起来加以考察，人们就不难发现，即使是持“排满”之说最为激烈，曾经在一段较长时间内被指责为“地主阶级反满派”“一民主义者”的章太炎，在解释“光复”一词时也曾经指出过，光复者，“不仅驱除异族而已，虽政教、学术、礼俗、材性，犹有当革者焉，故大言之曰‘革命’也”[①]。这里，章太炎虽然是为了说明邹容何以署书名曰《革命军》的原因，但作者显然是赞同除“驱除异族”而外，还需要进行社会各方面的革命的。关于这一点，《光复军告示》说得很明白：“誓扫妖氛，重建新国，图共和之幸福，报往日之深仇。”[②] 可见，他们已经把光复、复仇与新国、共和联系在一起了，而且，这四个革命团体自成立之日起，就把反清武装起义提上了议事日程。

兴中会成立后，于1895年领导了广州起义，1900年又领导了惠州起义。同样，华兴会于1904年领导了长沙起义和鄂宁起义。科学补习所一直与华兴会协同动作，只是由于华兴会领导的两次起义事泄而未果行。光复会则“没有一年，没有一月，不在进行武装革命”[③]。所有这些都反映出上述革命团体的宗旨或者纲领在本质上都是一致的，都在为实现资产阶级民主共和国的理想而

① 章炳麟：《序〈革命军〉》，《章太炎选集》，上海人民出版社，1981年，第154页。
② 徐锡麟：《光复军告示》，《辛亥革命》（三），第77页。
③ 沈瓞民：《记光复会二三事》，《辛亥革命回忆录》第四集，第138页。

奋斗。

毋庸讳言，以华兴会为代表的国内三团体成员与兴中会成员在对西方民主制度的认识上自然也是有差异的。主要是代表兴中会的成员长期生活在资本主义制度下，长期接受资产阶级教育，对资产阶级民主制度的理解要深刻些；而代表国内三团体的成员大都由封建知识分子转化而来，他们在出国前，基本上接受的是封建教育，有的甚至还有科举功名，华兴会的黄兴、刘揆一等人都中过秀才，光复会成员中有功名者就更多了。他们大都具有深厚的国学根基，封建文化的习染对他们的影响应该说是根深蒂固的。他们虽然在出国前接触了新学，出国后又接受了西学，才毅然决然地从封建营垒里冲杀出来，但是，在对西方民主制度的认识上，若与兴中会成员比较，在程度上是有差异的。各革命团体在宗旨或称纲领、口号上的不同提法就是这种认识差异的反映。从总体上或者主流上考察，从各团体中革命党人在关键时刻的表现以及同一时期不同革命党人的思想认识分析，上述四个革命团体的纲领只能说是大同小异。公允地说，它只有量的差异，没有质的差异，而决不能将这种差异过分地加以夸大、渲染。

华兴会成立后，需要联络会党、运动新军，组织武装起义，在在需款，为筹集资金，黄兴“出卖了在长沙东乡凉塘的祖遗田产近三百石（最初卖与张姓地主，后由张家转卖与王先谦）。张斗枢在南阳街经营图书仪器印刷业务，先后捐助达万余元。彭渊恂、柳聘农、陆鸿逵也提供了一部分经费”[①]。刘揆一“破产并告贷约四千余金，以供各种费用”。尔后，黄兴“与龙璋、杨守仁等筹得二万三千余金，备购枪械”[②]，以解燃眉之急。

---

① 黄一欧：《黄兴与明德学堂》，《辛亥革命回忆录》第二集，第135页。

② 刘揆一：《黄兴传记》，饶怀民编《刘揆一集》，第108页。

第三节 联络会党

华兴会成员绝大多数由资产阶级知识分子组成，其中以归国留日学生和新式学堂培养的学生为主体，他们属于民族资产阶级中的中、下层人士，他们和民族资产阶级中的上层人士一起构成了中国的民族资产阶级。“民族资产阶级是带两重性的阶级”，因此，他们既具有革命性的一面，又具有妥协性的一面。“一方面，民族资产阶级受帝国主义的压迫，又受封建主义的束缚，他们同帝国主义和封建主义有矛盾”，具有反帝反封建的一面；但是另一方面，“由于他们在经济上和政治上的软弱性，由于他们同帝国主义和封建主义并未完全断绝经济上的联系，所以，他们又没有彻底的反帝反封建的勇气。这种情形，特别是在民众革命力量强大起来的时候，表现得最为明显”①。民族资产阶级这种“一身而二任焉”的两重性就决定了他们既不敢放手发动群众来进行彻底的反帝反封建斗争，又不能不借助现成的社会力量来进行一定程度的反帝反封建斗争。当时现成的社会力量主要有两种：一种是会党，另一种是新军。那么，华兴会的主要领导人黄兴、刘揆一、宋教仁等人在联络会党和运动新军方面，其工作重点又在哪一方面呢？对于这个问题，就必须要对湖南当时的新军和会党的现状进行分析。

湖南筹练新军较晚，至 1903 年 5 月，武备学堂才正式开学。同年 11 月，武备学堂附设的兵目学堂才开始招生，开办兵目学堂的目的是为了培养新军骨干，但招考的人数亦极其有限；而旧式的“巡防营将领，多数表现顽固守旧，拥护君主专制”，难以下手

① 毛泽东：《中国革命和中国共产党》，《毛泽东选集》第二卷，人民出版社，1967 年，第 602—603 页。

运动，清廷及地方当局一直“把巡防营视为可靠的反革命力量，用以绞杀革命力量”①。与其他各省相比，湖南哥老会的势力却相当雄厚，且与革命党人存在着十分密切的关系。很明显，会党与新军两相比较，华兴会的工作重点自然会放在联络会党上。

早在清朝嘉庆、道光年间，北方白莲教各支派不断向南方扩展，南方的天地会势力则渐次北移，四川一带的啯噜则顺长江而下，不断向湖南发展，因而使湖南成为中国近代北教南会进行大规模融合的重要地区。清朝道光初年，哥老会的名目就已经出现了。咸、同年间，哥老会的组织在曾国藩军营内部已经相当兴盛。咸丰初年，湘军军营内部最初结拜哥老会的目的无非是两条，用曾国藩本人的话说，即“一曰在营会聚之时，打仗则互相救援，有事则免受人欺；一曰出营离散之后，贫困而遇同会可周衣食，孤行而遇同会可免抢劫。因此同心入会”②。哥老会由此发展起来。湘军中存在哥老会组织这一事实已为官方所认可，时任湘抚刘崑在一篇奏折中称：“军兴十余年，湖南兵勇遍布各省，其在营者，往往与同营同哨之人结为兄弟，誓同生死，当时颇资其力。浸淫既久，一二狡黠之徒因而煽结，于是哥弟会之党以众，而其势亦遂愈张。”③ 对于湘军内部哥老会蓬勃兴起的现状，曾国藩虽然曾在亲拟的营规中试图“禁止结盟拜会”，但收效甚微。

太平天国起义被镇压之后，以曾国藩为代表的汉族地主阶级势力大大膨胀起来。由于强烈的忠君思想起作用，为避免满洲贵族的嫉恨，曾国藩没有也不愿意接受他的心腹们所提出的取清廷而代之的劝告。为策万全计，他决定裁撤湘军，起用淮军，这一决策具有一箭双雕的作用：一方面可以使重心转移，避免清廷权贵的嫉恨，藏其未竟之志；另一方面，又可以成全忠臣的“晚

① 张玉田等编著：《中国近代军事史》，辽宁人民出版社，1983 年，第 444 页。

② 曾国藩：《复刘崑》（同治六年五月二十四日），《曾国藩全集・书信》第 29 卷，岳麓书社，1994 年，第 6335 页。

③ 刘崑：《请饬在籍大员帮办团防折》（同治六年九月），《刘中丞（韫斋）奏稿》卷二，第 243 页。

节”，落得个“善终”。就湘军而言，由于“从军既久，沾染游惰旧习”，被遣撤之后，有不少人家无恒产，又不安心农耕，苦于生计，因而浪迹江湖者，颇不乏人。他们只好重操旧业，从而使原来在湘军内部的哥老会组织不仅没有被打散，反而固结蔓延开来，并扩展到社会上去。诚如日本志士平山周所云：“湘勇撤营，穷于衣食之途，从而组织各团体，于是哥老会始盛。”[①] 由于湘军的募兵来源主要是在湖南地区，而湘军遣撤之后，亦多回原籍，“比年各省湘勇大半遣撤，游勇与游士散而归者，数且十万”[②]。流散在湖南十万被裁撤的湘军中，一部分因军功而封官晋爵，跻身官僚阶层；一部分因无休止地掠夺和克扣军饷而积攒了银钱，退伍后购买土地或从事高利贷剥削去了；以及“有从事肩挑负贩、小本营生的；有开设客栈、饭店及鸦片烟馆的；有包庇赌博和走私的；有集体从事垦殖和畜牧生产的；也有受雇于人为佣工以自给的”[③]。但是，被裁撤的湘军中也有不少人无业可就，不得不沦落为流民。这部分流民大都啸聚在水陆交通均甚畅通的城镇或统治者鞭长莫及的边远山区，迅速蔓延开来。

1901年，湖广总督张之洞又奏请裁撤绿营，“以湘人为最多”，故哥老会“亦惟湘中为最盛”[④]。迄至辛亥革命时期，湖南哥老会势力又有了新的发展，进入鼎盛时期。三湘四水，到处山堂林立。据直接参与过哥老会活动的陈浴新回忆：“湖南的山堂即有金龙山、泰华山、锦华山、楚金山、天台山等，各府、州、县亦有分部，或称堂，或称部。浏阳有征义、树义、忠义、普兴各堂；湘阴有公义、仁义、先胜、豪杰、复明各堂；宁乡有复祖堂；醴陵有富国、四海、文星、忠义各堂；邵阳有运会、报国各堂及义和军；安化有黄汉会；新化有乌龙会、百旗山；巴陵有兰谱会；常

① 平山周：《中国秘密社会史》，商务印书馆，1911年，第75页。
② 《东方杂志》1906年第2卷，第三期。
③ 陈浴新：《湖南会党与辛亥革命》，《文史资料选辑》，第34辑。
④ 平山周：《中国秘密社会史》，商务印书馆，1911年，第76页。

德有主孝、治国、替天、忠义各堂。此外，还有“永顺彭盖南部，桑植李晖部，石门陈绪儒部，沅陵、辰溪袁高连部，益阳刘道美部，武冈罗玉堂部、任北海部，衡山贺见教部和刘集厚部，宁远杨得清部，郴州李能道部，资兴黄蒲宰部，湘乡曾广八部等”[①]。所有这些山堂基本上都属于哥老会系统。

湖南会党不仅势力雄厚，而且早已与以孙中山为首的革命党人取得了联系。1899 年春，孙中山派毕永年偕日本志士平山周等赴国内中部各地考察。毕先至汉口，邀约林圭一道入湘，经过一个多月的调查，得知湖南有哥老会“会员约十二万”，乃至“十八省中，殆无地不有其会员，合之约有二百万”[②]。平山周还向孙中山汇报说：“所见哥老会各龙头多沉毅可用。”孙中山因此有湘、鄂、粤三省同时大举方略，于是命毕永年再次内渡。毕为谋求各部会党行动一致，曾在湖南召开“英雄会”，并推举腾龙山龙头李云彪、金龙山龙头杨鸿钧以及张尧卿、李堃山、何玉林、王金宝、刘家福等七人为代表，拟与兴中会接洽。

是年秋，陈少白到达香港，着手筹办《中国日报》，暗中联络会党，并由陈南甫介绍加入三合会，被封为“白扇”（军师）。嗣由陈少白出面，通知毕永年，嘱托其动员长江流域哥老会各首领，前往香港共商大计。同年 10 月上旬，毕永年偕哥老会龙头七人齐赴香港，与兴中会会员陈少白、杨衢云、郑士良及由陈少白约请的三合会首领曾捷夫、林海山、曾仪卿等筹商，在香港兴中会本部举行兴中会、三合会、哥老会合并大会，另拟会名为“兴汉会”，按照兴中会誓词“定三条纲领，歃血立誓”[③]。推举孙中山为总会长，并铸总会长印章。杨鸿钧、李云彪等由毕永年导往日本，晋谒孙中山，“请示方略，事后均分别礼遣回国，嘱各候命进

① 陈浴新：《湖南会党与辛亥革命》，《文史资料选辑》，第 34 辑。

② 《湖南现状》，《知新报》光绪二十五年三月二十一日。

③ ［日］宫崎滔天著，林启彦译：《三十三年の梦》，花城出版社，1981 年，第 170 页。

止”[①]。

1900年由唐才常领导的自立军起事，主要借助哥老会的力量。自立军以开立富有山堂相号召，发放富有票30余万张。“此富有山堂实即哥老会洪门组织”，“富有山堂之内所有的人，除了少数骨干并未参加会党外，大都是各省会党首领，其中正龙头大爷必为会党分子”。[②] 赵必振所撰《自立会人物考》共收录246名骨干，湘籍会员将近半数，其中绝大多数是长沙、浏阳、湘潭等地的哥老会员。

唐才常当时联络的哥老会最有势力的大龙头叫王四爵主，他可以算是湖南乃至长江流域第一任哥老会大龙头。他原名王秀芳，男性，又名王四爵主，绰号王四脚猪。湖南株洲县马家河凿石曹家湾人。1866年出生于一个贫困的船工家庭。幼年的王秀芳常随父兄溯湘江而上，出洞庭湖，往来于长江上下，扩大了视野，增长了才干，从小就不愿屈居人下。年少时，非常顽皮，曾伏于母猪背上作骑马之乐，乡人戏谑他为“脚猪子”（公猪之意）。由于他兄弟众多，王秀芳排行第四，故又给他取了一个“王四脚猪”的绰号。后来，他当上了长江一带哥老会的首领，并自开山堂，威望很高，于是一般会众又顺着“脚猪”两字的谐音，将其改称“爵主”，以示尊崇。从此，“王四爵主”名噪一时，其本名王秀芳反倒鲜为人知，故后来有人竟将其本名错称为“王漱芳”，清吏因忌恨他，仍贬斥为“王四脚猪”[③]。

王四爵主身手不凡，武艺超群，相传他能从平地“纵跃一两丈高，攀檐登壁，行走如飞，三五个健汉围攻，也毫不在乎”[④]。唐才常领导的自立军起事失败后，清吏悬赏缉拿他，赏银1000元。1903年秋，原属王四爵主部下、尔后贪赏叛变的奸人刘炳侦知王

① 庄政：《国父革命与洪门会党》，台北中正书局，1981年，第83页。

② 吴良愧：《自立会追忆记》，杜迈之等编《自立军史料集》，岳麓书社，1983年，第104页。

③ 刘坤一：《复黄少春书》（光绪二十六年二月），《刘坤一遗集》第五册，书牍十三。

④ 叶镜吾：《见闻琐记》（一），《王四爵主事略》。

的下落，带清兵数十人在江西湖口将王捕获，旋被解往武汉，英勇就义。王四爵主遇难后，由马福益承袭其位。马福益拥众逾万，“影响及于闽、赣、湘、鄂四省”[①]，可称得上是长江流域哥老会第二任著名首领。

马福益，派名祖伏，字继波，号梓熊，原名福一，又名乾，嗣改名福益。马氏鼻祖马文渊，起家陕西茂陵（今陕西兴平东南），卜居凤翔扶风（今陕西扶风县），曾授陇西太守（汉景帝郡守名）。明洪武初年，马氏先人因爱醴陵山水之奇，携眷迁居湖南醴陵。[②] 马福益的曾祖父名如恢，生一子，名邦匀；邦匀生有五子，次子家高，字达陛，号丹阙，1817 年出生；家高生一子，即福益。福益于 1866 年 8 月生于醴陵县省元乡兴城里下冲保（今属醴陵市均楚乡谭兴坳村）。[③] 福益自幼家贫如洗，六岁时就到醴陵高桥乡荷叶坝房叔马达文家放牛，未及三日，因贪玩，让牛吃掉了一大块禾苗，只好逃逸在外，以帮人卖葱油饼度日。后来，马福益的父亲经醴陵一刘姓亲戚介绍，在本乡租佃一傅姓地主的田耕种，父子俩辛勤耕耘，勉强维持生计。稍长，马福益读了几年私塾，粗通文墨，曾“读《王船山遗集》，引起其革命思想”[④]。他身材结实魁伟，性情豪迈爽快，常与江湖杰士交游，生性爱打抱不平，“遇邻里有争端及不平事，辄出而干预，处断公平，众畏而敬之”[⑤]。那时，各地会党活动频繁，马福益早在下冲保家乡便加入了哥老会，并且担任一方头目。因此，经常有人去马家投诉，福益应接不暇，以致造成农事荒废，其父甚怒，“乃分予数十金，

① 廖惠风：《身首异兮心不惩》，载萍乡市政协、浏阳县政协、醴陵市政协合编《萍浏醴起义资料汇编》，湖南人民出版社，1986 年，第 337 页。

② 《马氏明万历初修谱源流序》，载《马氏五修族谱》，醴陵马氏族人藏谱。

③ 《〈马氏五修谱〉序》，载《马氏五修族谱》，醴陵马氏族人藏谱。

④ 陈春生：《丙午萍醴起义记》，萍乡市政协、浏阳县政协、醴陵市政协合编《萍浏醴起义资料汇编》，第 43 页。

⑤ 张平子：《我所知道的马福益》，《辛亥革命回忆录》第二集，第 240 页。

使率其妻子离家，另居他处”[①]。无奈，福益只得和妻子迁居醴陵渌口（今属株洲市），本人则到渌口对岸雷打石（今属湘潭市）石灰窑打零工。雷打石与渌口隔江相望，其地盛产石灰石，窑厂林立，其中以马家河黄姓富户所有窑数最多，约占十分之七八，窑工共约千余人，且多数已加入会党。流氓、地痞混迹其中，以致良莠不齐，对地方不无骚扰。黄姓富户乃与各窑厂主聚议，“聘请福益为各厂总工头，福益欣然允之”[②]。

渌口原为醴陵一大集镇，商务繁盛，居民逾万人，逢年过节，迎神赛会，舞龙耍狮，热闹非凡。市中有赌窟数十家，赌徒输光了钱，便行凶抢劫，作案累累，商民忧心忡忡，不堪其扰。各赌窟大都为会党头目所设，此时各赌窟头目悉知福益困窘，乃共议从赌窟头钱中抽出一部分接济之。商民颇以市内治安不良为忧，因知福益为人正直，且在会众中威望较高，便由商会会长出面，约福益密商，请其协助维持社会治安。福益应商会之请，邀集各路会党头目在市内最大的酒店湘江阁宴请各路会目，并即席发表讲话。他说：“赌博系渌口市商务发达的来源，政府不加禁止，我们也蒙其惠，但因赌博而招致不良分子，有偷盗的，更有拐骗的，甚至有抢劫的，使商旅及居民均感不安。此实为最大的危险，我们不能不想法挽救。”[③]

各会头目均表赞成，当即商订密约五条：一、赌博者不得做假及诈骗；二、不得行凶打架；三、遇有争端，须由大家公平处理，不得徇私袒助；四、绝对禁止抢劫与拐骗；五、离市二十里内不准盗窃。以上条规实施后，市面安然无事，窑厂秩序井然，流氓盗匪绝迹，居民安居乐业，马福益的声威蒸蒸日上。于是，他便开始招收党徒，开堂放飘，渌口市民和到雷打石的石灰窑打工的人争相入会，会众遍布醴陵、湘潭、浏阳各县，并及于湖北、

① 张平子：《我所知道的马福益》，《辛亥革命回忆录》第二集，第240页。
② 张平子：《我所知道的马福益》，《辛亥革命回忆录》第二集，第241页。
③ 张平子：《我所知道的马福益》，《辛亥革命回忆录》第二集，第240页。

江西等省，几有一日千里之势。嗣后，马福益投身江南防营，入清军“水师飞翰营做‘火头军目’（管理炊事），因以营内粮糈接济徒众，致被开革”[①]。从此，他的反清革命思想逐渐形成。

1891年，马福益为首创立回龙山会，自称四路总统，分派谢受祺、郭福、何士才、尹庆廷为东、南、西、北四路头目，“辗转散布飘票，约有一万余张”[②]。会内设立山、堂、香、水名号。山名“昆仑山”，堂名“忠义堂”，香名“来如香”，水名“去如水”[③]。并与贵州天地会首领袁坤山、广西天地会首领陆亚发取得联系，声势日盛。[④]

1897年，马福益被长江流域哥老会众拥戴为龙头。[⑤]

马福益所率会众纪律严明，执法如山。他曾秘密联络长江上下游同党，立革命军纪十条，如“不杀人，不扰商市，不惊远客等”[⑥]。据传有坐堂马龙彪，绰号玉面猴子，为其族亲，且办事异常尽力，深受马的赏识。但因马龙彪与会中兄弟郭某之妻私通，人称“同穿绣鞋”，按照会规“凡同穿绣鞋者，必须开丢（即令犯者自杀丢掉性命）”，马福益随即召开头目会议，要依章将其处死。头目中有人向他求情，马福益说：“如不照章惩办，何以维持山堂，统辖会众?”终于令马龙彪投江自尽。[⑦]

唐才常领导庚子自立军起事时，马福益原拟率所部响应，因准备不及，以汉口先期事泄，而未能参加。庚子汉口之役失败，马福益“反清之志益坚”[⑧]。受庚子自立军之役的牵连，不少湘籍革命党人和会党首领惨遭杀戮，清廷亦下令湘潭县限期逮捕马福

---

① 杨世骥：《辛亥革命前后湖南史事》，湖南人民出版社，1982年，第114页。

② 陈浴新摘抄：《端方宣布马福益“罪状”的布告》，《湖南文史资料选辑》第15辑。

③ 张平子：《我所知道的马福益》，《辛亥革命回忆录》第二集，第241页。

④ 文斌：《马福益的一鳞半爪》，未刊稿。

⑤ 杨世骥：《辛亥革命前后湖南史事》，第114页。

⑥ 陈春生：《丙午萍醴起义记》，萍乡市政协、浏阳县政协、醴陵市政协合编《萍浏醴起义资料汇编》，第43页。

⑦ 冉济民：《马福益烈士传略》，《株洲文史资料》第一辑。

⑧ 杨世骥：《辛亥革命前后湖南史事》，第114页。

益。此消息先为时任湘潭县衙署捕快的刘方峣得知，即密嘱其子刘揆一向马通风报信。据刘揆一之子刘安肅回忆："当时父亲通过会党中人的指引，在湘潭郊区江边的一家小客栈中找到了马福益，密告一切，嘱其远遁。马感祖父救命之恩，对父亲遂以'恩哥'相称。"[①] 后来，刘揆一携友人到南岳"朝香"，与马福益在一家旅社不期而遇，马福益对刘揆一说："恩兄！你们父子救了我的性命，我是知道的。前几天，弟兄们捡了点小小礼物，真是不成敬意，我现在谭家山煤矿当工头，恩兄今后若有什么事要办，只管吩咐好了。我的联络暗号是三个马字连垒在一起。"马怕刘听不清楚，又用右手在左手上划了一个驫字型后说："若有此暗号的便是我的亲笔函。"[②]

刘揆一与马福益初次晤面后，揆一因忙于学业，一直未与马取得联系，只是经常从友人那里听说马福益的一些奇闻逸事，尤其是他执法如山、不姑息养奸的典型事例，曾给他留下了深刻的印象。所以，当黄兴离开日本前向他垂询革命方略时，他便很自然地建议联系哥老会党，并且特别介绍说马福益在会内威望之高，足以使会众舍命相从。黄兴不仅完全同意，而且敦促刘揆一及早归国，以借助刘揆一与马福益这层鲜为人知的亲密关系，共同去做好联络哥老会首领马福益的工作。

华兴会成立后，又专设一个联络会党的机构"同仇会"。所谓"同仇会"，即具有同蓄排满之志，同样仇恨清廷之意。该会"仿日本将佐尉军制，编列各项组织。黄兴自任大将兼会长职权；刘揆一任中将，掌握陆军事务；马福益任少将，掌理会党事务"[③]。分工确定之后，马是否同意这个分工？黄兴和刘揆一心中都没有底。刘揆一虽然曾与马福益有过会晤，但毕竟又有四年时间没有与马见面了，时过境迁，马会不会改变革命初衷？对这批出洋的

① 刘安肅：《回忆我的父亲刘揆一》，饶怀民编《刘揆一集》（附录），第181页。

② 刘雨初：《叔祖霖公谈马福益》，未刊稿。

③ 冯自由：《中华民国开国前革命史》上卷，第154页。

留学生信得过吗？况且，从事武装反清革命，是累及身家性命的大事，不可不慎重行之。黄兴和刘揆一一样，两人性格沉稳、沉默寡言，办事一向稳重。经过反复商议，决定派遣刘揆一胞弟刘道一先去进行联络。他们确信，凭着刘道一纯真的革命思想和擅长雄辩的口才，是完全能够说服马福益与革命党人携手合作的。但又一时苦于找不到马的藏匿处所，无法与马取得联系。于是，又托人物色了一个知道马福益行踪的哥老会成员万武与刘道一同行。

1904 年 2 月末，刘道一与万武带着黄兴写给马福益的亲笔信，由长沙小西门外乘晚班轮船到达湘潭，找到了一个姓苏的“圣贤”（哥老会中办文案的称圣贤二爷）引路，步行三十余里，终于找到了马福益。刘道一将黄兴的信交给马看过，但没有言明自己就是刘揆一胞弟，马当时毕竟是个草泽英雄，亦与黄兴素不相识。因此，对刘、万两人“颇表轻慢”。刘道一当时简直有点沉不住气了，便打起行话的调子，不亢不卑，晓以革命大义，向马尖锐指出：“马大哥！我今天是奉黄先生之命而来，除了信上的话以外，我尚有几句言语，要在大哥台前领教，请你容许说完。如果不以为然，我们马上就走。我今天要请教的是：马大哥究竟是遵照洪门遗训，担起灭清复明的责任呢？还是开开山，拜拜台，收点党徒，弄点金钱，头上插个草标，出卖人头呢？还是收集力量，使官兵疲于奔命，莫奈我何，然后再受官廷招抚，别开生面去做满清的奴才呢？”接着，刘道一侃侃而谈，详尽地阐述了革命的宗旨：“第一是为图强，请看我们今日之中国，还成国家吗？推其缘故，都是满洲人弄成的，所以非革他的命不可；第二是满洲人的心中，认为我辈是他的家奴，情愿将国家送给外国人，不愿还给原有的主人。古人有一句话说得好，‘非我族类，其心必异’。因此，又非实行种族革命不可。”

马福益深为刘道一的讲话所折服，初次见面，即表示：“兄弟在童年，常常听先父说，清朝入关的时候，所杀死的汉人，已不下好几百万，光说扬州一处，关起城来杀了十天才封刀。我当时一想，既是要死，何不团结起来反抗呢？所以，我今天才干这营生，也是为了要团结一致，来做灭清复明的事。现在只能说有了一点点小基础，只是我常常感到我的部下读书人太少了，虽然有几个办笔墨的，无非是似通未通的落魄江湖的子弟。所以，我每每有才难之叹。现今听了先生一番言语，令我茅塞顿开，古人有云：'与君一席话，胜读十年书。'我今天可以说是读了十年书了。""最好是告诉我将来要我如何进行的办法，如果有用得着我的时候，无不唯命是听。"[①] 刘道一和万武胜利完成了敦劝马福益参加革命的艰巨使命，为黄兴、刘揆一、马福益三人在湘潭茶园铺矿洞会晤、共图反清革命大业扫清了道路。

第四节 领导长沙起义

早在华兴会的正式成立大会上，黄兴就提出了发动反清武装起义的战略方针，但如何使这一方针付诸实施，那还是黄兴、刘揆一、马福益三人在湘潭茶园铺矿洞会晤以后的事。

茶园铺位于湘潭县东部距湘潭市东南十五公里处[②]，旧为潭、衡间驿站之一。附近的谭家山煤矿，煤质较好，可供冶金炼焦之用。马福益当时就在这个煤矿里当工头。

1904 年初春的一个雪夜，黄兴、刘揆一从湘潭城关柳丝巷动

---

① 万武：《策动马福益起义的经过》，《辛亥革命回忆录》第二集，第 246 页。

② 薛君度所著《黄兴与中国革命》一书称"这个矿山在长沙西北大约三十里之处"，实误。据笔者实地考察，茶园铺现属湘潭县易俗河区茶园乡茶园村，为茶园乡境内一个小集镇。该镇附近的谭家山煤矿为县内重要煤矿区之一，年产煤约三十万吨。确切地说，茶园铺的谭家山煤矿在湘潭市东南十五公里处，并非在长沙西北三十里处。

身[1]，为避清吏耳目，各自短衣钉鞋，头戴斗笠，乘雪夜行三十里，来到茶园铺谭家山煤矿的一个岩洞中，与马福益秘密会晤。柴火熊熊，三人席地而坐，各倾肝胆，共谋光复，一直畅谈到天明。马福益派会徒通宵警戒，山路均有会徒防守，十分安全。马且命其党徒就岩阿雪地，掘一土坑，埋数鸡于其中，上以柴火煨之，香味逾于常烹，各自痛饮狂餐，谈得十分投机。他们共议："计以十月十日清西太后六十生辰（实为七十生辰——引者），全省官吏在皇殿行礼时，预埋弹药其下，以炸毙之，而乘机起义。省城以武备各校学生联络新旧各军为主，洪会健儿副之，外分五路响应，洪会健儿充队伍，军学界人为指挥。"[2] 马福益指定会党成员谢寿祺、郭义庭组合浏阳、醴陵义军；申兰生、黄人哲组合衡州义军；游得胜、胡友堂组合常德义军；萧桂生、王玉堂组合岳州义军；邓彰楚、谭菊生组合宝庆义军，等候华兴会派遣指挥与监军，一同向长沙进攻。推黄兴为主帅，刘揆一、马福益为正副总指挥。这次带有戏剧性的会晤，使黄兴看到了革命力量，豪情倍增，归途吟有"结义凭杯酒，驱胡等割鸡"诗句，以抒发革命情怀。

有理由认为，黄兴、刘揆一与马福益三人在茶园铺谭家山煤矿岩洞秘密会晤中，黄、刘已经正式履行手续加入了哥老会。因为黄兴所赋诗句中的"结义"，显然是出自刘、关、张"桃园三结义"的历史典故。哥老会的入会方式，最明显的标志就是饮雄鸡血酒。根据一个哥老会员的回忆："每次开堂，室内灯烛辉煌，会党分子来往极多。在行礼时，头上插着野雉毛，足登着一只靴子，手舞足蹈，作着种种手式，口中并念念有词，将一只雄鸡一刀砍去鸡脑壳，沥血砍香。其中情形，今日想来真是奇形怪状，但当时并不觉得可笑，反而充满着严肃之气氛。当时差不多天天开堂，

① 刘揆一家住湘潭城关柳丝巷（今属雨湖区），黄兴先期从长沙来到刘揆一家，然后，两人同行前往茶园铺矿山马福益处。

② 刘揆一：《黄兴传记》，饶怀民编《刘揆一集》，第108页。

而每次开堂必砍鸡脑壳，所以我们在那里天天有鸡肉吃。”[①]

在黄兴、刘揆一这样的大知识分子面前，粗通文墨的马福益自叹弗如，他自然不会在黄、刘履行入会仪式时，搞那一套“手舞足蹈”“登靴”“插野雉毛”之类的“奇形怪状”的手续；喝雄鸡血酒、吃鸡肉就是举行入会仪式的主要象征。冯自由认定“黄兴在湘、鄂入哥老会，被封为龙头”[②]。李俊峰在《国父领导洪门史迹数则》一文中则说：“革命先烈如黄兴……秋瑾等，均为洪门昆仲。”[③] 戴魏光亦认定：“黄（兴）本人即哥老会会员。”[④] 台湾学者庄政断定“黄兴、刘揆一必为会中人”[⑤]，似无疑义。实际上，清季革命党的重要领导人包括孙中山在内，大都加入过会党，只是中国上等社会，纵为会党中人，也很少自己承认，尤其不愿他人道及，这或许与会党严守秘密有关，抑或是封建社会等级观念的一种反映。因此，我们不能因为黄兴、刘揆一在讲话中没有谈及此事就认为他们不是哥老会会员。当然，他们参加哥老会的目的，无非是为了更好地发动具有同一排满宗旨的洪会党人共同投身伟大的反清革命事业。

长沙起义部署略定，华兴会便开始加紧起义的准备工作。乃使宋教仁、胡瑛设支部于武昌，运动武汉三镇新军；派陈天华、姚宏业游说江西巡防营统领廖名缙，届时响应；委周维桢、张荣楣接洽四川会党，与两湖会党合作；杨毓麟、章士钊负责沪、宁地区的策应工作；并推荐熟悉军务的会员如刘月升、韩飞等数百人，陆续加入湘、鄂、赣三省军队。刘揆一则应醴陵渌江中学堂之聘，借可调动会党与湘、赣军队联合。黄兴则往来于湘、鄂之间，统筹指挥全局，并与龙璋等筹款购械。

龙璋，号特甫，字砚仙，湖南攸县人，23 岁中举人，历任江

---

① 吴良愧：《自立会追忆记》，杜迈之等编《自立会史料集》，第 105 页。

② 冯自由：《中华民国开国前革命史》上卷，第 150 页。

③ 《中国洪门海外昆仲恳亲大会特刊》，第 50 页。

④ 戴魏光：《洪门史》，第 13 页。

⑤ 庄政：《国父革命与洪门会党》，第 128 页。

苏沭阳、如皋、上元、泰兴、江宁等县知县，后在湖南兴办教育与实业，他参与创办的有明德学堂、湖南商业、铁路学堂等，还办过贫民工艺厂、轮船公司等。他虽然未列名华兴会会籍，但思想上同情并倾向革命，与华兴会关系密切，先后为革命捐款超过二十万元。他逝世后，“国民政府所发褒扬令中，称其‘毁家纾难’，实非虚语”[①]。所以，华兴会就利用“龙璋创办之江轮二艘，为运械之用，计可集长枪五百杆、手枪二百枝，以资分配”[②]。

茶园铺黄、刘、马会晤之后，刘揆一前往醴陵任渌江中学堂监督。醴陵与湖南浏阳、江西萍乡接壤，又是马福益的故乡，“向为湘、赣两省哥老会聚会之渊薮”[③]。刘揆一“至即提倡革命，血忱动人，学生最为倾服，有司惧祸及己，呈请湖南学务处，退揆一聘”[④]。刘揆一只得离开渌江中学堂，来往于醴陵、株洲、湘潭和长沙之间，一直把工作重点放在联络会党方面。

马福益则重返雷打石附近之五龙山某寺继续开堂放飘，招收会众。此次开堂后数日，黄兴由长沙致书马福益，并赠以白马一匹，酒、肉、布匹若干，派刘揆一骑马先行，由张平子、万武雇一小船，押运各项礼物前往湘潭雷打石。据张平子回忆：当时“福益热烈欢迎，将礼物点收后，发现肉中夹有手枪两支，子弹数十颗，布箱中有手枪三支及子弹甚多，愈益喜悦。揆一乃教马福益施放手枪，并传达克强先生意旨。大意是要他从速将会众编练成为作战部队，并尽可能使会党成员参加各正规军队，准备在时机成熟之时，候令发动起义。福益允诺照办。次日，福益买雄鸡两只、大鲤鱼一条、鸡蛋数十个，亲自于石灰窑中做出盛馔，款待我们，席间福益向刘耳语，刘笑而点首”[⑤]。恩兄难弟谈笑风生，

---

① 龙永宁著：《从绅士到革命家——我的祖父龙璋》，荣宝斋出版社，2011年，第116页。

② 刘揆一：《黄兴传记》，饶怀民编《刘揆一集》，第108页。

③ 冯自由：《中华民国开国前革命史》上卷，第245页。

④ 朱德裳：《刘揆一》，载饶怀民编《刘揆一集》，第168页。

⑤ 张平子：《我所知道的马福益》，《辛亥革命回忆录》第二集，第242页。

亲如手足。

华兴会成立后，在联络会党着手准备武装起义的同时，丝毫没有放松舆论宣传工作。这一年的春夏之交，宣传反清革命的书刊在长沙城里已是“罗列满布”“触手即是”。反动官员沈祖燕“微服诣市查阅”，开列“逆书”种类目录有：《瓜分惨祸记》《中国自由书》《黄帝魂》《现近政见之评决》《野蛮之精神》《革命书》《支那革命运动》《荡虏丛书》《猛回头》《浏阳二杰文集》《新民丛报》《独立吟》《浏阳二杰论》《新民汇编》《新小说》《并吞中国策》《新中国》《广长舌》《最近之满洲》《新湖南》《苏报案》《清俄之将来》《新广东》《孙逸仙》《支那化成论》《浙江潮》《沈荩》《支那活历史》《中国魂》《热血》《二十世纪之怪物帝国主义》。续录：《迷津宝筏》《警世钟》《惨世界》《多少头颅》《革命军》《马前卒》《醒梦歌》《清秘史》《自由旗》《仇满歌》《兄弟歌》，共计四十二种。[①]

上述书刊不仅在长沙城里到处皆是，而且“流布各省，以致人心思乱，嚣然不靖，几有不可收拾之势”。

初夏时节，沈祖燕还不辞“劳苦”地打听到“喧传有革命票、回天票、飞龙票等，又有强汉会、英雄会、国民自治会、团体演说会等名色。并闻各路皆有放飘结会之事，勾通长江一带匪类，约期于十月初十日起事，谋袭省城”。他向其上司禀报称：“前者曾因事往来江淮湘汉间，轮舶中遇东归学生数十人，多隶湘籍，皆以暑假回国者。闻其聚论鸱张，乘间与之接晤，荒谬狂肆，全无顾忌。如云：‘我辈有志之士，遇此中国积弱之机会，断不可以不革命，断不可以不排满，彼族入主中华，以异种奴隶汉人，专杀害我同胞，此仇何可不报。即使乘乱暂借，已二百余年，亦宜物归故主。洪秀全等首倡义举，为千古杰出之英雄，曾、左、胡、彭不明大义，反创立湘军，戕杀同种，实为万世罪人。’又云：

① 沈祖燕：《忱盛编》，萍乡市政协、浏阳县政协、醴陵市政协合编《萍浏醴起义资料汇编》，第 429 页。

‘在东学生有官费、有私费，往来无定，约计常有五六千人。初至时或不知大义，久之则无不与我等有同志者，我辈虽是官费，岁需三百余金。然此本是我汉人脂膏，满洲人抄掠我中夏资财，不可数计，大仇未报，而乃感此区区私恩小惠，岂大丈夫之所为？我辈祖宗虽已臣服，甘为奴虏，今日志在干蛊，身家性命，已置度外，此时东归，各尽义务，竭力运动，使国民皆闻风兴起，得以还我旧山河，亦大快事。’”[①] 这种状况反映出会党和学界反清革命情绪极其高昂，一场革命与反革命的生死大搏斗即将来临，但也暴露出起义者失去警觉、不能严守秘密的弱点，预伏着长沙起义计划暴露的危险。

如果说湘潭茶园铺会晤还处于秘密状态的话，那么浏阳普迹市的马福益少将授予仪式则是在半公开状态下进行的。

1904 年 9 月 24 日（农历八月十五日中秋节），距华兴会的起义计划行将不远了，浏阳普迹市沿例召开牛马交易大会，各地民众将牛、马、猪、狗赶来赛会，人们熙熙攘攘，会众从四面八方聚集拢来。哥老会拟将这一天作为开堂拜盟的日子。黄兴“命揆一与陈天华、徐佛苏、陈福田等军学界人密会马福益于该地。”[②] 与马福益属下头目龚春台、冯乃古等一一见面。陈天华则化名郑浩然自吉安来醴，寓关家巷何祠，“促本地同志参加普迹会议，伸纸作书与黄兴，述洪江会与华兴会合作意见，凡万言，交英（醴陵人漆英）等携往，后议决案多如所拟”[③]。由刘揆一代表黄兴赠给马福益“长枪二十挺，手枪四十枝，马四十匹”[④]。正式举行马福益少将授予仪式，并由刘揆一主持仪式、监督宣誓，“仪式庄严，观者如堵”，“自是哥老会相继入会者，不下十万人，声势在

---

① 张篁溪：《沈祖燕、赵尔巽书信中所述清末湘籍留东学生的革命活动》，《湖南历史资料》1959 年第一期，第 123 页。

② 刘揆一：《黄兴传记》，饶怀民编《刘揆一集》，第 141 页。

③ 刘谦主编：《醴陵县志·大事记》。

④ 刘揆一：《黄兴传记》，饶怀民编《刘揆一集》，第 141 页。

庚子唐才常一役之上”①。各路军队布置均已就绪，一俟大批军械运到，将按计划如期举义。可就在此关键时刻，起义机密泄露，黄兴凭借过人的智慧，在社会各界人士的保护下，安全脱险。

第五节 机智脱险

前引沈祖燕在1904年初夏时节写给巡抚赵尔巽的书信中已打探到革命党人“约期于十月初十日起事，谋袭省城”的消息，使赵尔巽已心中有数。为什么赵没有及时对此采取行动呢？这就需要了解当时湘抚赵尔巽和候补道沈祖燕的情况。查沈祖燕，字翼孙，浙江省萧山人，中过进士，湖南候补道。曾先后向武英殿大学士王文韶及北京相关官员上书，报告当时湘籍留日学生的革命活动，以此获赏，被委任为湖南矿务总办。后有关方面将其于1903年至1906年所有上书言事辑录成册，曰《忧盛编》。作者站在封建卫道士的立场，从维护清廷的最高统治利益出发，献长治久安之策，凡三万余言。可以说，沈祖燕既是一位封建官吏，又是一位清廷及其地方当局豢养的间谍，毫无疑问，作为时任湘抚的赵尔巽对沈祖燕是极其信任的。而赵尔巽之所以没有及时查处此事，其主要原因是赵在接到沈的情报时自己正在办理调动的过程之中，他采取了息事宁人、多一事不如少一事的态度，将这件令当局颇为棘手的事儿推给下一任湘抚去解决。查《清代职官年表》可知，赵尔巽担任湘抚的时间从1903年1月22日（光绪二十八年十二月二十四日）到1904年5月25日（光绪三十年四月十一日），他于1903年1月22日由山西布政使升任湘抚，担任湘抚仅一年多时间，于1904年5月25日由湘抚升任署户部尚书。由此可知，赵尔巽不是不想处理此事，而是从个人官位升迁的角度

① 冯自由：《中国革命运动二十六年组织史》，商务印书馆，1948年，第85页。

考虑，不想给自己的前途制造麻烦而已。赵尔巽赴京走马上任后，由陆元鼎继任湘抚，陆于1904年5月25日上任至12月13日（光绪三十年十一月七日）调任苏抚，担任湘抚仅半年多时间，镇压长沙起义的责任自然落到了继任湘抚陆元鼎的头上，这也是情理之中的事。

由于浏阳普迹市牛马交易会上授予马福益少将仪式的活动是在半公开状态下进行的，这就又给清吏以可乘之机。接踵而至的便是会党败类刘佐楫的告密。

刘佐楫，字柱丞，湖南醴陵人。早在自立军起事前，曾参加哥老会，任马福益文案，作为代表赴汉口与唐才常取得联系。庚子自立军起事失败后，他畏祸动摇，便投靠到大劣绅王先谦门下，夤缘取得湖南统治者的豢养，专门提供会党和革命党人的活动情报。1902年，由于湖南开办新式学堂需要师资，湖南抚院决定“派举贡生员，充师范生，赴东洋学校肄业”。凡“年未满三十而志虑忠纯，识量通达者，无论举贡生员”，俱可“保送”。经过遴选，决定派俞诰庆、胡元倓、陈润霖等十二人前往日本游学。[①] 作为醴陵廪生的刘佐楫亦在“保送”名单之列。学习时间为六个月，每人发给游学费四百圆，另发给银五十两，作为赡养家室之费，刘佐楫随胡元倓等十二人在弘文学院速成师范科肄业后回到长沙。胡元倓创办明德学堂，刘佐楫起初还是支持的，并出资二百串文作为开办费[②]。但他毕竟是王先谦的门人，王要他刺探革命师生的言行，随时密报。周震鳞知道王的阴谋，要明德师生对刘提高警惕。因此，刘佐楫“不慊于元倓，且与周震鳞交恶，以陆鸿逵批阅学生文卷，语颇激烈，遂唆教员单某告密。谓明德学生倡言革命，旧绅又从而媒孽之，明德岌岌可危”。这场所谓“课卷风波”使时任湘抚赵尔巽大动肝火，召集全省巨绅开大会讨论，周震鳞、陆鸿逵、单氏兄弟均被召参加。开明绅士一致认为周震鳞等人

---

① 《湖南省志》第一卷，湖南人民出版社，1979年，第194页。

② 龙绂瑞：《明德校史序》，钱无咎《明德校史》，湘江印刷厂，1948年，第1页。

"思想纯正"，各方"以明德为湘中正绅所创办，多方维护"。[1] 迫于舆论压力，赵尔巽才未加深究。暑假期间，胡元倓与龙湛霖商量，别立经正学堂，"恐明德失败，将以代之也"。经正学堂"以李步青主教务，刘佐楫则专任明德事，学潮始平"[2]。不久，刘佐楫却"以不洽舆论，复失学生信仰"，不得不"自请辞职"。[3] 明德、经正两校事由胡元倓和龙绂瑞分别任之。

八月十五日中秋节召开的浏阳普迹市牛马交易大会上，马福益的少将授予仪式是在半公开状态下召开的，刘佐楫乘乱混入会场。会后"因将普迹市开会经过，走报王先谦以邀功赏，王乃径向巡抚陆元鼎告密"[4]。10 月上旬（阴历九月初），也就在王先谦向陆元鼎告密之后不久，由于学务总办张鹤龄"富于革命思想"，"力为解释"，反动当局没有立即动手逮捕黄兴等革命党人，但侦缉工作却在暗中加紧进行中，陆抚乃奖励巡防营统领赵春廷多方侦缉，继而醴陵县营拿获会党首领萧桂生等人，供出了华兴会起义的重要事实，湘抚陆元鼎立即发布通缉令，该通缉令称：

> 署理湖南巡抚部院陆为咨行事：案据醴陵县会营拿获会匪萧桂生、晏荣询、陈亭三名，连同起获伪令印、票布、票板等件，押解来省。当经批司饬发长沙府审办。又据营勇盘获会匪游得胜一名，亦经由司饬发并办去后。兹据长沙府知府颜守钟骥禀称：遵经督同局员提犯研讯，据萧桂生供认，先听从未获之王甫臣领票为匪，后经其父查出缴票首悔；复听从未获之萧龙等，倡立岳麓山票会，更名萧汉，派充正龙头；又听从未获之马福益，派充华兴票会中路副办，放票邀人。据游得胜供认，系属游勇，先听从未获之傅友蛟，入凤凰山公义堂票会，派充江口；又听从马福益，入回轮山佛祖

① 钱无咎：《明德校史》，第 1—2 页。
② 同上。
③ 《湖南私立明德学校一览》，《沿革志略》。
④ 杨世骥：《辛亥革命前后湖南史事》，第 116 页。

堂会；又听从马福益帮同未获之楚庶其，前往常德，散放同仇、华兴会票各不讳。并据萧桂生供，曾听马福益并与未获之刘军、黄老师等说，放华兴票，叫同仇会，各省都有，七月方到湖南，在外国买有洋枪三百多枝，九月初间到湖口，月内即可运到湖南，东洋学生已回来多人，约期起事等情，开具供折，禀请惩办前来。据此，本署部院查该匪等，隐恶已久，居心叵测，罪不容诛，即经札饬将该匪游得胜、萧桂生二名，照章正法，以昭炯戒。其所供私运军火，潜谋起事，虽系风影之语，原难尽信；且逮案之犯，伏法受诛，逆谋败露，匪胆已寒，当不敢以身尝试。惟匪首马福益等，漏网未获，党羽既布，隐患方长。际此邻氛不靖，伏莽滋多，查拿防范，均不可不严。除分饬各属认真防范，一体严密查拿外，合行开单，咨明查照，希即通饬各属，一体查拿各逸匪犯，务获究办。切饬各洋关，遇有轮船抵口，务须认真稽查，以免匪徒私运军火，混迹滋事。合即咨行，须至咨者。计粘抄各匪名单一纸。计开：在逃各匪马福益，即马乾，回轮山佛祖堂山长。萧龙，岳麓山正龙头；尹坤，副龙头。王甫臣、傅友蛟，湘乡人。凤凰山僧楚庶其，又名楚树琪，湘潭人，系同仇会西路总办。萧海四、黄老师、刘军、郭芬、谢树其，湘潭人。萧克昌，宁乡人，南路总办。徐老师即徐策球。李庆文，湘潭人，本名晏能，前犯富有票，改姓李，到常德卖草药。刘老师、黄近午，刘林生，又名勤宜。柳老师，梨市人。彭老师、陈天华、徐庶棠，衡山人，南路总办。谢合兴，浏阳人。晏永臣，醴陵人，东路总办。尹汉廷，湘潭人。刘正敖，善化人，北路总办。[1]

至此，华兴会领导的长沙起义机密尽泄，黄兴、刘揆一、马福益、陈天华、柳聘农、萧克昌等革命党人的身份完全暴露，长

① 邹鲁：《中国国民党史稿》，《革命》（甲），第三册，中华书局，1960 年，第 652—653 页。

沙府、县衙门开始照会搜捕革命党人，长沙古城笼罩在一片恐怖气氛之中。

10月24日（农历九月十六日），黄兴满30周岁生日。可就在这一天，清吏正派兵丁捉拿他。要不是他具有超乎寻常的机智和胆略，又得到其他革命党人和社会各界同情革命人士的暗中保护，险些落入虎口。

据其长子黄一欧回忆："这天，他亲自下寒菌面招待三位进城的姑妈。大约是早上七点钟，西园龙宅差人持帖子来请先君去。先君正准备下面，没有去。过了半个多钟头，龙研仙先生第二次差人持帖子来催。先君说，面还没有下好，吃了面就去。先继祖母非常机警，他看到龙宅一连来了两次帖子，催得这么急，一定是有紧要的事，因此，催先君马上就去，回来再吃面不迟。先君刚刚坐轿出门，在门口就和来捕捉他的差役对面碰头了。差役见了他，便问：'你是黄轸吗?'先君情急智生，镇定地回答说：'我是来会黄轸的，他家里人说他到明德学堂去了，我要再到那里去找他。'于是差役跟着先君的轿子向西园往左文襄祠走。先君到了明德学堂下轿，佯称进去喊黄某出来，叫差役们在门口等候。他进校后，就由靠西边的金华祝老师住室旁的小侧门溜出，躲进了西园龙宅。差役在学堂门口久候不见有人出来，才知道上当了，只得将三个轿伕带走，把他们打得皮破血流。"①

黄兴在龙宅躲了三天，托龙绂瑞将华兴会名册文件焚毁后，始就近转移。据龙绂瑞回忆："是日余适谯客，君亦在坐，洋洋如平时，惟谓余曰：有相士云，将有缧绁之灾，能一援手否？余答以君素明达，何忽信此无稽谰言。下午忽有人来告，君寓所紫东园被兵役围守，搜捕甚急，君始将兹事始末尽情相告。余遂留君住西园。终日读书，每饭辄尽三碗，无疾首蹙额之态，惟云有一重要箱箧，存在西长街长沙中学，设被搜查，按籍而诛，事殊危险。翌日，余衣冠出外，伪作谒客状，亲往携归，连夜将册籍文

① 黄一欧：《回忆先君克强先生》，《辛亥革命回忆录》第一集，第610—611页。

件焚毁。维时学务处张君鹤龄、兵备处俞君明颐皆开通明达，爱护志士，不欲兴大狱，故事得稍缓，且未牵及学校。君住余家三日，后迁居圣公会。”[①] 为感谢龙氏在此危难时刻对自己的关爱与对革命同志的保护，黄兴“遂将华兴公司所用之水晶‘克强’小印章”赠给龙绂瑞，“留作纪念”。[②]

黄兴迁居圣公会是在曹亚伯、黄吉亭等人精心谋划下进行的。曹亚伯先至龙宅，与黄兴见面。然后又来到圣公会黄牧师住处，密告此事。黄牧师即乘轿至龙宅，与黄兴讨论出险方法。“黄牧师先用温语安慰克强，次对克强至友如龙砚仙、金封三、张溥泉、李莲舫诸人谓：此次事变，担保克强之安全，但克强亲友无论何人，不能向予问克强之行踪。”[③] 翌日晚，黄牧师再至龙宅，授以出龙公馆之秘计。约定次日下午六时，先由黄牧师自南门乘小轿，垂轿帘，入龙宅内室，随换克强乘此轿经小街而至吉祥巷圣公会之后街某娼家门首，下轿入圣公会后门之一小巷。据曹亚伯回忆：“予则于黄昏时，专守圣公会后门以待之。黄牧师数易服装出圣公会大门以探之。待至六时十分许，克强始入小巷抵圣公会之后门矣。予牵其手而入，心始安。随克强之轿而来冒充班随者，即张溥泉也。”[④]

黄兴藏在圣公会楼上，对于营救同志，全仗黄吉亭牧师苦心筹划。黄牧师即按照黄兴的安排密电在汉的胡瑛将武昌西厂口科学补习所机关取消，托其通知安庆、九江、南京、上海、杭州各处机关同时停止活动，并由袁礼彬、李仲廉两人在长沙邮政总局检查信件，凡关于明德学堂转交黄兴的信件，皆一一收检。因袁、李二人皆长沙邮政总局重要职员，故此次破案，官场未得片纸

① 龙绂瑞：《武溪杂忆录》，《中国近代史资料丛刊·辛亥革命》（一），上海人民出版社，1957 年，第 512 页。

② 龙绂瑞：《黄克强先生甲辰避难西园事略》，田伏隆主编《忆黄兴》，第 207 页。

③ 曹亚伯：《黄克强长沙革命之失败》，《武昌革命真史》前编（上），中华书局，1927 年，第 2 页。

④ 曹亚伯：《黄克强长沙革命之失败》，《武昌革命真史》前编（上），第 3 页。

只字。

11 月初，黄兴在黄吉亭牧师的亲自护送下，化装成海关员司，潜出长沙，途径武汉，逃往上海。

为答谢长沙中华圣公会华人牧师黄吉亭会长的救命之恩，黄兴于 1912 年 12 月返湘，应邀为长沙中华圣公会题词："耶苏圣名，敬拜宜诚，辞尊居卑，为救世人。"① 至今，长沙中华圣公会遗址犹存，室内保存的黄兴题词仍然十分引人注目，以留作纪念，此是后话。

那么，长沙起义事泄失败后，其他革命党人又是怎样躲过清吏追捕的呢？

黄兴避难西园之日，正是刘揆一出逃靖港之时。揆一的出逃是与会党中人的掩护分不开的。据刘揆一回忆："巡防营统领赵春廷多方侦缉，其营兵狡黠者，诡与会党之五路巡查何少卿等交欢，乃得真相而捕其至省。走邮政之会党颜某，亦同时赶至保甲巷彭渊恂家向揆一告急，乃即促其转报马福益，而自赴小吴门正街东文讲习所报告会众。甫出巷口，即见数十营兵，前押何、郭二人自大街西来，以目视揆一，故斜走南巷避去。"可见，刘揆一是在何少卿、郭合卿的暗示下走避的。刘揆一旋与徐佛苏及随从会党李松林等三人出长沙，走乡间，避居靖港。"犹冀逮捕稍懈，继续进行，无如省城布满防兵，并电调鄂兵加入四处防守"②，无奈，只得途径汉口赴沪。

正当清吏追捕黄兴、刘揆一的时候，马福益仍在湘潭，宋教仁远在常德，未知有变。幸有担任交通联络的会党成员刘重（绰号飞毛腿）急奔湘潭，飞告马福益，马只得远赴广西暂避。不久，待清吏防务稍懈，又潜回洪江，密谋以洪江为根据地，重新部署起义，并且密派党徒谢受祺前往上海，冀与黄兴、刘揆一取得联络，"欲集洪会各派之精锐于洪江，作孤注一掷之势，望助饷械，

---

① 王建宇等主编：《黄兴墨迹诗文选集》，中国社会科学出版社，2012 年，第 56 页。

② 刘揆一：《黄兴传记》，饶怀民编《刘揆一集》，第 109 页。

并派人指挥”。此时，黄兴、刘揆一等人已转赴日本，适道一因援救同人在沪，得与马福益派来之谢受祺接洽，后将此意转告黄兴与刘揆一。两人计议：“以为洪江地僻山多，进战退守，足以持久，且可号召各方，次第响应，故甚赞成。”[①] 宋教仁则迟至11月5日（农历九月二十八日）才到长沙，他“包定大杉板船两只，特来长沙运军火，约于皇会之日，在常德谋响应者也”。宋教仁路遇曹亚伯，方知起义事泄，清吏正在追捕他，“神色惨伤”，于11月7日离长赴汉，几经周折，至11月21日才抵达上海。陈天华亦在得知起义事泄消息后绕道江西，先于宋教仁到达上海。华兴会的其他骨干成员胡瑛、柳聘农等先后来到上海。至此，上海俨然成为继长沙之后华兴会的又一个新据点。

第六节　鄂宁起义中辍

如前所述，早在华兴会成立之初，黄兴派遣杨毓麟、章士钊在上海设立爱国协会，杨、章二人分别担任该会正、副会长，作为华兴会的外围组织。蔡元培、陈独秀、蔡锷等人皆入此会。

1904年11月初，黄兴、刘揆一、陈天华等人先后逃到上海，又与杨毓麟等合组启华译书局作为革命的秘密机关，以图再举。其实，通过革命党人的后期努力，上海的革命力量是相当雄厚的。早在1903年初秋，章士钊等人在上海创立国民日日报社[②]，宣传民主革命思想，数月后即被清廷查禁停刊。复别设东大陆图书译印局。1904年10月，东大陆图书译印局出版了《国民日日报汇

① 刘揆一：《黄兴传记》，饶怀民编《刘揆一集》，第110页。

② 《国民日日报》于1903年8月7日由章士钊、何靡施、卢和生、陈去病等在上海创刊。撰稿者有张继、苏曼殊、陈独秀、金松岑、柳弃疾等人，该报为清末资产阶级革命派的报纸，出版数月后因言论激烈而被清吏勒令停刊。

编》共四册。为接纳革命志士，章士钊又租赁招待所四处：一在余庆里，一在梅福里，两所在昌寿里。黄兴、刘揆一等筹设的启华译书局就设在余庆里机关内。除章士钊设立的东大陆图书译印局外，尚有与华兴会“原属同宗旨”的警钟日报社①，该报侧重于“抵御外侮，恢复国权”的宣传，由蔡元培等主编，执笔者有刘师培、陈去病、林万里等人。

此外，上海还有两个机构值得注意：一个是武汉最早的革命据点武昌花园山机关驻沪联络机构昌明公司，由鄂籍留日学生、黄陂人万声扬主持；另一个是与昌明公司有直接联系、由“同乡公举以为上海机关”的“国民丛书社”，该机构由湖北宜昌秀才、原自立军志士王慕陶创办。王与孙中山联系非常紧密，书信往返十分频繁，而且，王又是章士钊的挚友，章摘译的《大革命家孙逸仙》一书就是由王慕陶提供的底本。从昌明公司和“国民丛书社”所发行的广告来看，均以“递书售报、招待出洋”为务②，是两个性质类似的机构，既与武昌花园山机关声气相通，又同孙中山关系密切，亦与章士钊有所往来，这两个机构实际上已成为国内宣传孙中山、推动孙中山民主革命事业的联络站、宣传站。其他如设在昌寿里的进化译社、设在法租界的湖北留日学生招待所等，所在多有。此种情况说明，在长沙成立的华兴会虽已遭到严重破坏，设在湖北武昌的科学补习所亦随之疏散，但是，革命势力并没有被消灭，华兴会的力量仍然得以保存下来，光复会亦在筹组之中，以华兴会为中心的各地革命党人重又集结上海，酝酿着一场新的起义。

11 月 7 日，黄兴、刘揆一在上海新马路余庆里召开大会，参加者有杨毓麟、章士钊、陈天华、仇亮、张继、黄炎培、陈去病、

① 《警钟日报》初名《俄事警闻》，于 1904 年 2 月在上海创刊。初期揭露帝俄侵占中国东北的罪行，作为“警钟”以唤起国人的注意。后对英、法、德等帝国主义侵略我国主权也时加抨击，于 1905 年 3 月被封禁，是继《苏报》以后革命派办的重要报刊之一。

② 《湖北在沪学生代王、刘二君公告》，《大陆报》第 12 号。

刘季平、徐佛苏、林螭、赵世暄、杨度、徐敬吾、周素铿、柳弃疾、赵缭、万声扬、余焕东、何靡施、金天翮、彭渊恂、王慕陶、苏鹏、陶赓熊、仇鳌、陈嘉会、蔡锷、曾广轼、苏元瑛、盛时、卢和生、陈竞全、周云轩、陈家鼎、石润全、方表、周范九、罗良铎等四十余人。会议决定："即日分途运动大江南北之学界军队，起义鄂、宁等处。"① 上海余庆里会议的召开，标志着以华兴会为中心的反清革命力量在上海的大联合，会议制订的以长江流域发难的战略，为随后武昌首义胜利的事实所证明，这一战略是无比正确的。因此，"不旬日会势大振"②。然而，革命的发展不可能是一帆风顺的，余庆里会议召开不久，即发生了万福华刺王之春的突发事件，受此事件的牵连，黄兴等十三人被捕入狱，鄂宁起义计划只好搁浅。

万福华，字绍武，安徽合肥人。"为人慷慨，有大志。家贫少孤，受经史于母氏。稍长，益知崇道义，重气节，里之长者咸器重之。"③ 早年倾向维新，戊戌变法失败后开始从事革命活动。曾与吴旸谷等在南京组织暗杀团，谋刺铁良未果。在上海由吴旸谷介绍，结识黄兴、刘揆一等华兴会员。因王之春在桂抚任内，主张借法兵平乱，为两广人士反对去职，至沪又倡议割东三省给俄国。万福华愤极，乃与"刘君光汉、高君荫藻、包君道平诸同志，筹杀王之策。佥以王与庐江吴葆初常酒食征逐，过从甚密，由刘君光汉仿吴某字迹作书召王于十月十三日（公历 11 月 19 日——引者），饮于四马路金谷香酒店，而以江苏人陈某饰招待乘间杀王。谋遂定，届时王来赴宴，而陈某慑于随从之盛震不敢举，而王亦以座无主人在，疑有变返身下楼。先生（指万福华——引者）

① 刘揆一：《黄兴传记》，饶怀民编《刘揆一集》，第 109 页。
② 同上。
③ 高荫藻撰：《万绍武先生事略》，载《追远录——纪念万福华先生逝世九十周年》，香港天马出版有限公司，2009 年，第 4 页。

见事亟，举枪迎击”[1]。但万之手枪系由刘光汉从张继处借来，不知其停机钮必先拨开，子弹始能发出。扳机十余次，不见子弹射出。王之春差弁黄景才上前与万争夺手枪，其马伕见之，亦上前协助，万仍力与抵拒。及巡捕纷至，万遂被捕入狱。而王之春急欲置万于死地，恃函促会审分府黄辉宿，嘱立将万福华由县提审，惟英领不许，率由会审公堂审讯六次，以扰乱租界治安罪，判监十年，在杨树浦西牢执行。后因不堪牢狱虐待，组织越狱不果，加判禁期十年。及民国告成，陈其美为护军都督时，始被开释，其在狱中凡八年有余。万福华自被捕后，章士钊担心此案累及黄兴、张继等革命党人；次日，因“密访福华于捕房，一商对簿时应如何立辞”[2]。被侦探跟踪，以嫌疑犯被拘。“西捕因得识党人居址，即至余庆里搜索证据”，黄兴、苏鹏、张继、徐佛苏、薛大可、章勤士、周素铿、赵世暄等十三人被捕入狱。关于此事发生的过程，当事人苏鹏记忆犹新，他说：“章行严，一书生也。煦煦为仁，独往狱中慰万福华。捕房喜其不请自来，并羁之，而询其地址，意在获得与万福华行刺相涉之证据，以钩缉同党也。行严本开设东大陆图书印刷公司，寓居其中，而设行榻于启明书局其弟陶严室内，以便与吾辈朝夕叙晤。而东大陆公司藏有陈天华所著《猛回头》《警世钟》两书数千册，书中多排满、排外之语，恐其发露。乃不以东大陆对，而称住余庆里第八号。于是捕房派包打听华人一名、印度巡捕四名，来余庆里八号查问。予适在宅，出门应。包打听询章士钊住此处否。予见其为捕房中人，知有异，意揣或系调查行严之行迹，绝不料其已经入狱也。慨然曰：‘我处未寓此人。’捕人大疑，即带予至捕房新衙门，呼章出质。问曰：‘汝言住余庆里，而他言并未住该处，何也？’予见惊极，颇愤其诳，厉声责之曰：‘汝明住东大陆，何以说住我处？’章呼予曰：

① 高荫藻撰：《万绍武先生事略》，载《追远录——纪念万福华先生逝世九十周年》，第4页。

② 章士钊：《书甲辰三暗杀案》，章含之、白吉庵主编《章士钊全集》8，第174页。

‘某兄乎！吾有行榻在，言之何妨？’言下似有无穷委曲。”[①]

章士钊的这一幼稚举动，给革命事业造成了巨大损失。虽然大家并没有太多地责备他，只是认为他不过是“好心办坏事”而已。然而，这件事对章士钊本人却是创巨痛深，他曾一度灰心丧气到了极点，他曾经设想过将来出狱之后“设一牛肉店于杭州西湖道上，虽不得美妇，亦当追慕汉代司马相如，鬻食佐读，以终其身”[②]，或者“以文学为鹄，愿附于嚣俄（雨果）摆伦（拜伦）之流，终其身焉”。与此同时，他也在深刻地反省自己，“才短力脆，洋文不识ABCD，算学不解乘除加减，思想幼稚，举动轻率”，“未达壮年，了无学殖，人众茫然无主，事到不知所裁，眼前失机犹小，将来误事必大”[③]。因此，他深感自己应该趁着年轻时多学一些知识，“假数年之力，隐消大过之媒”。这件事成为他人生道路上由“废学革命”走向“苦学救国”的重要转折点。

黄兴则不同，他在上海狱中整整待了三天，其精神状态丝毫看不出有任何消极悲观的情绪，而是抱着对革命必胜的信心，置生死于度外，对生活持乐观积极向上的态度。狱中生活和平时一样，没有表现出有什么太大的不同，与黄兴同住一个监狱的苏鹏回忆说：“日既曛，各发灰色线毯一条为盖。又每人以冰铁盂给粥一飧。其盂不知经几何岁月，外作灰黝色，若在狱外，见之当作三日呕。同人等愤慨之下，面面相觑，皆不屑食。惟廑午视若寻常，捧之大喝大嚼。其食量本宏，罄一盂，问曰：‘君等不食乎？’又罄一盂，如是者连举二盂。同人见之，皆破颜为笑，曰：‘廑午真可人也！’入夜，予与周来苏同寝，幸有外套加诸毯上。时届冬令，月白霜严，蜷缩如猬。破晓，捕人将毯收去。早餐，各给粗饭一盂，佐餐者咸豆数十粒（蚕豆），白菜十数茎，同人因先晚未食，皆吞若贪狼矣。而日长如年，各皆锁眉蹙额。惟廑午谈笑自

① 苏鹏：《海沤賸瀋·柳溪忆语》，《近代史资料》1981年第1期。
② 吴相湘：《章士钊倡“新旧调和论”》，《民国百人传》，第275页。
③ 章士钊：《与黄克强相交始末》，章含之、白吉庵主编《章士钊全集》8，第314页。

若，时向陶严调侃，问陶严曰：‘吾辈汝年最稚，何年将满二十耶？亦曾几度亲美人芳泽否？’陶严悉举以对。同人闻之，又皆相笑成欢。”[①] 由此可见，黄兴当时的心态亦如平时。

11月20日，也就在黄兴被捕的当晚，刘揆一因观剧而迟归，没有被捕。据其回忆：“揆一最后归，见门首有印捕，且违禁物狼藉庭阶，遂过门不入，得以脱险。”[②] 刘揆一随即转移到昌明公司楼上暂居。其时，湘、鄂均有通缉黄兴、刘揆一的电文和二人的照片致沪道，要求租界当局拘捕。黄兴被捕后，化名李有庆，诡称为安徽教员，外籍官吏在会审时，持黄兴的照片对照，以其服饰与须之有无辨别[③]，疑似不定。幸有一华人书记事先诡称搜出的党人名册为日用小菜账簿，及时抛弃，无从证实，不能定案。旋得江西巡抚夏时来电，说明郭人漳原任江西巡防营统领，过沪去粤就任新职，与此案无关，郭人漳四日之后即获开释。黄兴和张继因与郭同时被捕，便诡称与郭为因公出差的旅伴，黄、张亦于同时获释。黄兴出狱后，与刘揆一两人隐匿于上海法租界湖北留日学生招待所，营救同人。此时，西捕已探知出狱者为黄兴，复行缉捕，风声日急，国内无法立足，黄兴遂偕刘揆一避走日本，于1904年11月下旬抵达东京。黄、刘二人赴日向商、学两界募款四千余金，由黄兴委派彭渊恂携回上海，会合蔡锷、林万里、万声扬等营救，并由泰兴县令龙璋出面，向会审公廨保释。除周来苏因携手枪被判刑外，其余被捕诸人因之次第出狱，唯恐清吏再行深究，原华兴会员纷纷东渡。上海余庆里机关会议确定的鄂宁起义计划复告中辍。

---

① 苏鹏：《海沤剩沈·柳溪忆语》，《近代史资料》1981年第1期。

② 刘揆一：《黄兴传记》，饶怀民编《刘揆一集》，第143页。

③ 黄兴逃离长沙时，已化装成海关人员，换了服装，且剃掉了“黄帝式”的胡须，因此与原照片有异。

第四章　孙黄合作　组建政党

马克思主义认为，历史首先是劳动群众的历史，在承认群众创造历史的同时，也承认个人在历史上的作用。思想家的革命理论能为群众的自发运动指明道路，政治家、革命家的正确领导能促进或推动历史的发展，反过来，如果没有正确的领导者，革命就会遭致失败，从而也就会延缓或推迟历史的发展进程。这是毋庸置疑的。然而，一个政治家、思想家、革命家绝不是凭空产生的，他来自群众之中，为群众的革命运动所造就，并为群众推举而产生。诚如列宁曾经指出的，“谁都知道，群众是划分为阶级的”；“阶级通常是由政党来领导的，政党通常是由最有威信、最有影响、最有经验、被选出担任最重要职务而称为领袖的人们所组成的比较稳定的集团来主持的。这都是起码的常识”。[①] 19 世纪末至 20 世纪初，随着中国民族资本主义的初步发展，民族资产阶级作为一个独立的阶级开始登上历史舞台。中国第一个资产阶级政党同盟会于 1905 年建立，而同盟会是以孙中山、黄兴为轴心的一个“比较稳定的集团来主持”和领导的，毫无疑问，孙中山和黄兴都是当时“最有威信、最有影响、最有经验”的领袖人物。早在同盟会成立之前，人们对孙中山的认识经历了一个由完全不

① 列宁：《共产主义运动中的“左派”幼稚病》（1920 年 4—5 月），《列宁选集》第 4 卷，人民出版社，1972 年，第 197—198 页。

了解到逐步了解的过程，也就是说，孙中山领袖地位的形成有一个过程。

1894 年 11 月 24 日，孙中山在美国檀香山率先组建中国第一个资产阶级革命团体兴中会，规定以“振兴中华，创立合众政府”为秘密誓词。[①]“其时华侨风气尚极闭塞，闻总理有作乱谋反言论，咸谓足以破家灭族，虽亲戚故旧亦多掩耳却走。”[②] 1895 年 10 月，孙中山领导的广州起义失败了，“自此年始，国人皆知有孙文其人”，但却是一个可怕的形象，几乎“视与强盗囚徒相等”[③]，究竟“孙文何人，有何主张”，确实对此一无所知。关于这一点，孙中山自己感受最深，他说：“当初次之失败也，举国舆论，莫不目予为乱臣贼子，大逆不道，诅咒谩骂之声不绝于耳，吾人足迹所到，凡认识者，几视为毒蛇猛兽，而莫敢与吾人交游也。”

1900 年 10 月，孙中山发动的惠州起义虽然失败，但此后孙中山的威望似乎有了明显的提高，有识之士开始对惠州起义的失败表示同情，诚如孙中山所云：“惟庚子失败之后，则鲜闻一般人之恶声相加，而有识之士，且多为吾人扼腕叹惜，恨其事之不成矣！”[④] 这种“前后相较，差若天渊”的认识无疑是国人觉悟提高的反映。应当看到，人们对孙中山的认识虽然有所改变，但是，这种认识却还没有升华到本质的高度，可以说，在 1903 年以前，留学生与孙中山往来密切的仍然只限于少数“有识之士”，一般人之所以要去拜访他，大多是“觉得中山奇怪，要来看看古董”而已。然而，1903 年以后，人们对孙中山的认识可以说发生了质的变化，究其原因，还得从孙中山从事革命斗争实践活动中寻找。1903 年 8 月，孙中山在东京青山创建革命军事学校，首次提出了“驱除鞑虏、恢复中华、创立民国、平均地权”的十六字誓词作为

---

① 陈锡祺主编：《孙中山年谱长编》上册，中华书局，1991 年，第 74 页。

② 冯自由：《兴中会组织史》，《革命逸史》第四集，2011 年，第 573 页。

③ 曹亚伯：《武昌革命真史》前编上，上海书店，1982 年，第 105 页。

④ 孙文：《革命原起》，《中国近代史资料丛刊・辛亥革命》（一），第 9 页。

革命纲领。他针对保皇派对革命造成的严重威胁，率先“大击保皇毒焰于各地”，勇敢地捍卫了革命纲领。他适时提出的“合成大团”的正确主张对于克服各地革命小团体各自为战的涣散状态具有重要作用。他在从事反清革命活动的实践中结识和培养了一大批骨干，从而为创立同盟会奠定了组织基础。“在短短的两三年时间里，他不仅为同盟会的建立在思想战线上扫除了障碍，提供了完整的民主革命纲领，联系和培养了一批骨干，而且还通过改组致公堂、在欧洲创建革命团体等实践，初步摸索出一套组党经验。”[①] 他逐渐成为中国民主革命派的一面旗帜，在群众中享有崇高的威信。也就在1903年，章士钊将宫崎滔天所著《三十三年の梦》改编为《大革命家孙逸仙》，并节译出版，章士钊在该书《自序》中，称孙中山为“近今谈革命者之初祖，实行革命者之北辰”[②]。秦力山为该书作序，推崇孙中山“独以一人图祖国之光复，担人种之竞争，且欲发现人权公理于东洋专制世界，得非天诱其衷天赐之勇者乎”[③]！章炳麟亦为该书作序，他将孙中山比作刘邦（“赤帝子”），誉过于郑成功、洪秀全，并尊之为四万万人的“民辟”[④]，“辟”在古代是天子和诸侯的通称，这显然是承认了孙中山在当时整个中国的领袖地位。这部书第一次向世人大声疾呼：“有孙逸仙，中国始可为！”此书一出，“一时风行天下，人人争看”[⑤]。这对人们全面了解、重新认识孙中山确曾起过振聋发聩的作用。完全可以说，以1903年章士钊节译的《大革命家孙逸仙》一书出版为契机，初步确立了孙中山在资产阶级、小资产阶级知识分子中的领袖地位，为同盟会的创立准备了重要条件。于是便有同盟会正式成立会上黄兴“公推孙中山先生为本党总理，不必

① 章开沅、林增平主编：《辛亥革命史》中册，人民出版社，2010年，第457页。

② 黄中黄译录：《孙逸仙》自序，《中国近代史资料丛刊·辛亥革命》（一），第90页。

③ 秦力山：《孙逸仙》秦序，《中国近代史资料丛刊·辛亥革命》（一），第91页。

④ 章炳麟：《孙逸仙》序，《中国近代史资料丛刊·辛亥革命》（一），第90页。

⑤ 章士钊：《疏〈黄帝魂〉》，《辛亥革命回忆录》第一集，第243页。

经过选举手续”提议的通过[①]。孙中山很顺利地被推举为同盟会总理。除孙中山而外，最受人崇敬的就是黄兴。与孙中山相比，两人各有优长。孙中山的家乡地处滨海，开风气之先，他自幼接受西学教育，对资产阶级民主政治有精湛的研究。1895 年领导广州起义失败后，由于受清廷缉捕，他长期流亡海外，与各国朝野上下及华侨建立了广泛的联系，这为发动外国友人和华侨支持国内革命活动打下了坚实的基础。黄兴从小受到良好的传统教育，国学功底相当深厚，义理、文章、诗词、书法样样能行，传统文化对黄兴的影响可谓根深蒂固。后来又因成绩突出，被张之洞选派赴日本留学，这种读书经历和所受教育，同当时绝大多数留日学生几乎是相似的，这有利于黄兴与他们保持更直接的联系，他们之间有诸多共同语言和相近的思想情感，便于交流联络。在这些众多的留日学生看来，黄兴就是他们的代表，而且黄兴与长江流域各省革命志士联系紧密，具有深厚的群众基础。黄兴籍隶湖南，嗣又在湖北求学，结识了一大批具有革命思想的两湖青年学子，并通过他们联系到长江流域各省乃至全国革命志士。黄兴通过策动长沙起义和鄂宁起义，已经和长江流域各省革命志士建立了广泛联系，因而在长江流域各省区特别是两湖地区具有深厚的群众基础。“当时的留日学生特别是革命分子中，两湖籍的学生人数最多，而孙中山过去同他们的联系却十分薄弱。因此，在孙中山回到日本前，黄兴是留日学生的革命分子中最有威望的人物。”[②] 这种看法是比较符合实际的。此外，黄兴从小注重练拳习武和体育锻炼，成年后十分关注军事理论的研究和军事技能的训练。他在军事方面的造诣与成就为此后从事武装反清斗争准备了重要条件。孙中山在东南沿海发动的反清武装起义中，黄兴几乎无役不与，并且带头冲锋陷阵，起了十分重要的作用。如果没有黄兴的参与

---

① 田桐：《同盟会成立记》，转引自毛注青编著《黄兴年谱长编》，第 90 页。

② 金冲及、胡绳武著：《辛亥革命史稿》第二卷，上海人民出版社，2011 年，第 376 页。

和领导，东南沿海的反清武装起义是很难发动起来的。正是由于黄兴上述优长之处弥补了孙中山某些方面的不足，孙黄合作具有互补作用。加之，黄兴性格温和，与人交往诚恳谦让，令人大有一见如故之感。他在与孙中山见面后，非常恭敬地以弟子礼仪相待，言必称“先生”。平时淡泊名利，不争权位，在关键时刻总是极力维护孙中山的领袖地位，颇受同仁的爱戴和推崇。所以在同盟会正式成立大会上，黄兴很自然地又由孙中山提名被推选担任同盟会中仅次于总理、实际主持会内日常工作的庶务之职。从此，以孙、黄为轴心的同盟会成立，中国资产阶级民主革命进入了一个崭新的阶段。

第一节 力阻立宪请愿

鄂、宁起义的计划中辍后，黄兴于1904年11月下旬抵达日本东京，这是他第三次赴日。与前两次赴日不同，前两次都是受清朝官方湖广总督张之洞派遣，而此次赴日却成了张之洞等官员悬赏通缉的对象，其心情可想而知。然而，黄兴并未因此消沉下去，而是重整旗鼓，失败了再干。他稍事休整之后，便去东京四谷区爱住町初访日本志士宫崎寅藏，自此两人结成莫逆之交。12月，黄兴与宋教仁、仇亮、程潜等留日学生100余人组织“革命同志会”，继续从事反清革命活动。1905年1月，黄兴逃至日本后不久，便遇到了一件很棘手的事情，那就是陈天华撰写并印刷了一篇3000多字的《要求救亡意见书》（以下简称《意见书》——引者），在留日学生中广为散发，并以全体留学生名义，宣布两周之内将赴北京向清政府请愿，要求立宪，甚至声称：“有志偕行者请至神田西小川町——东新社，商订出发，反对者即请函告，否则作为默认。”一向以通俗文字宣传革命被时人赞誉为“革命党之大文豪”的陈天华竟然鼓吹立宪、并将亲率同人回国赴京请愿，这件事对于革命党人来说真是一件匪夷所思的事情。如果不及时加以阻止，后果将不堪设想。黄兴敏锐地意识到这件事情事出有因，非同小可。他通过了解，得知陈天华在写作《意见书》之前，与梁启超见过面，并有过多次通信，受了保皇党人的蛊惑。原来，日本《万朝报》译载了德国一家报纸的文章，声称“各国商业统计表在中国领土中没有列入长城以北，意即承认该地已为俄国属地。留学生闻讯大为震动。四川学生邓孝可在梁启超授意下，发起四川同乡开会，通过《要求归政意见书》六条，准备于夏历正月初一电奏清廷，要求‘归还大政以一主权’、‘宣布立宪以定国是’，张澜等并自告奋勇愿意入京伏阙陈奏”①。陈天华正是在这一背景下撰写并印发了《意见书》在留日学生中散发、以杜绝列强“瓜分政策”之祸。诚如陈天华在《意见书》中谈及向清政府请愿、要求救亡的原因时所指出的，“近日以来，警电纷至，危迫情形，视前尤急。同人等焦心灼虑，苦无良策，乃于无可如（何）之中，作一死中求生之想，则惟有以救亡要求政府也”。

“夫各国国民之要求政府，则立宪问题也，自由平等问题也，均财问题也。吾等今日之要求，尚不能及是。弟求其勿致吾于死亡而已。救亡者政府之责任，岂待吾等之要求而后许？则以今日之政府，所蹈无一非可亡之道，而不惜国之亡者也。”为进一步阐述向清政府请愿、要求救亡的理由，他打了一个通俗的比喻：“主人有屋，托人管理，不慎于火，管理者以非其屋也，将任其延烧，为主人者，岂能不以屋如焚焰，必责其赔偿而急促之使救火乎？政府管屋者也，国民主人也。吾等之要求亦类是也。”

那么，通过向清政府请愿、要求救亡到底要达到什么目的呢？“但使朝廷誓死殉国，勿存为一印度王之思想，卖吾侪以求活。为大臣者，实事求是，勿抱为一小朝廷大臣之主义，以吾侪之权利，为彼等富贵之媒。”“亦必求对付之手段，断不能任其今日割五城，明日割十城，不动声色而断送吾侪于永世沉沦之内，此吾等要求

---

① 李新主编：《中华民国史》第一编第一卷，第301页。

之目的也。”

《意见书》提出向清政府请愿、要求救亡的内容或者“条件”是哪些呢？“一曰勿以土地割让于外人也，而矿山、铁路、航权，必竭力以保之。二曰勿以人民委弃于外人也，而人民之生命产业利权，丝毫不可容外人之侵犯。三曰勿以主权倒授于外人也，而外人之驻兵于内地，以及用人行政之权，尤必力杜其渐。此三者，要求政府对外之条件也。四曰当实行变法。五曰当早定国是。六曰当予地方以自治之权。七曰当许人民以自由著述、言论集会之权。此四者，要求政府对内之条件也。凡皆吾侪所以要求于政府也。”

《意见书》既要求政府履行条件，也要求国民履行义务，共同挽救危亡。“吾侪之义务惟何？一曰人人有当兵之义务，二曰人人有纳租税之义务，三曰有为政府募公债之义务，四曰有为政府任奔走开导之义务。吾侪之义务有一未尽者，不待政府诛之，吾侪必自诛之。吾侪对于政府尽义务矣，而政府之于吾侪所求者，或不之许，或许而阳奉阴违，行之不力，或竟显违吾侪所订之条件，则吾侪必尽吾力之所能，以对付于政府。诛一人而十人往，诛十人而百人往。吾侪不死尽，政府不得高枕而卧也。彼欲置吾侪于死亡，而希图保全，吾必使之与吾侪同尽。是则吾侪之所以自处处政府也。”

《意见书》篇幅最长的内容是用两人辩难的形式，解答各种疑问，从而进一步说明向清政府请愿、要求立宪的必要性。《意见书》作者共设置了五个疑难问题，一一加以解答，以打消人们的种种疑虑。

其一曰：“今瓜分之谈，尚属影响，而行如是之举动，不几类于无事张皇乎？”《意见书》解释说：“瓜分者岂必待改图易色，而始谓之瓜分哉？土地、人民、主权，有一不完全，则不可谓之国。今土地则已去者无论，指名坐索者又纷纷矣。如俄之要求厦门等地，及要求蒙古、新疆之矿山，其余各国不胜枚举。人民则非洲、美洲之工人，东三省之难民，惨无天日。而上海则俄国水兵公然杀人于市，而惟定以四年之监禁。嗟！我同胞曾草芥之不啻也。主权则无一不受外人之指使。近奉天府尹，被拘禁于俄，山东巡抚必待德之许可，尚得谓有主权之存乎？若是者即不瓜分，而已早等于瓜分，且甚于瓜分。况东报谓各国承认俄国长城以北之占领。俄国占领长城以北，各国岂无所取，则瓜分也明矣。”“且救死者必于将死未死之时，不可待于已死；救亡者亦必于将亡未亡之时，不可待于已亡。救死于已死，救亡于已亡，则救与不救等。吾侪之有一线之希望者，正以尚有可以图存之时间，而不欲复蹉跎以逝也。非然者则吾侪之哓哓，何为者耶？以吾侪之眼视各国之国民，如登春台，欣羡无已。而各国之国民，为生存竞争之故，要求于政府者无已时，则以吾侪今日之要求，岂能目为多事乎？无病而呻不可也，安卧于覆屋之下，尤非智者之所出也。”

其二曰：“君等之志诚嘉也，倘或政府不见谅，而以待义勇队者待诸君，则如之何?”《意见书》解释说：“吾侪非为政府者也，为国家者也。将危于政府之手，吾侪不忍其危，而向政府争之，岂慑于政府之威力者乎？上不避嫌疑，下不辞谤言，行吾心之所安，有非人之所能阻者，政府之见谅不见谅非所问也。”

其三曰：“政府而能有作为也，不待要求也，否则要求何益，只自荒功课，而骚动学界耳。”《意见书》解释说：“各国民党之对于政府也，必先提出要求之条件，要求而不纳，然后有示威之举动，无不如此者。吾侪躐等以为之，则政府不知吾等意向所在，而国民亦不知吾等之宗旨为何，纵掷数人之头颅，亦不过等诸无意识之作为。而吾侪之主义，终难暴白于天下。惟先将主义标出，能可平和则平和，当激烈则激烈，一出于公，而不杂以一毫之私，使政府有所择取，使国民有所依，然于将来或不至全无影响。此吾侪今日之苦心也。政府之无可望，则久已知之矣。谓因此恐荒功课，骚动学界，则吾侪岂于今日而欲全数之辍学哉？亦先以意见书，公举数人送之政府，其余则仍可日夜并学，以待政府之任使。倘政府必举立国之三要素，甘心委让于人，而国民是仇，则公等虽有学问，又安所归，将抱是以为作贰臣之贽献乎？则非吾侪之所及知也。”

其四曰：“外人因将甘心于我，吾侪又不自韬晦而标帜焉，是予人以口实，而自自速其亡也。”《意见书》解释说：“吾侪非欲学义和团者也。固吾边圉，守吾应享之权利，对于政府而有所要求，皆吾所应为之职分也。如是而欲干涉焉，是不以国待我，而以无主权之奴隶待我也。吾子亦或安之，则无不可安之也。夫无主权之国，尚于正当之防卫，上国不得而干涉之，况吾未至于是者乎？人将割烹我，即抵拒而亦以为不当，必束手以待毙，竖尽古今，无此学理。畏事而至于斯，非吾之所敢闻也。”

其五曰：“君之言至矣，无以难矣也。虽然无实力以副之，恐终难免虎头蛇尾之诮，子虽至诚，能必人之从乎？”《意见书》解释说：“吾侪之能力薄弱，诚如子之所言也。虽然，岂可以是自馁乎？虎头蛇尾，吾必求所以不至于蛇尾者，万不可恐其将至于蛇尾，而先隐其头也。吾侪但视事之当为与否，岂以人之从违为定。况人之欲善，谁不如我。各国之政党，俱以一二人之原动力，久之而推行全国，未见有无人从之者。吾子但自问真心从事否，于他人可无须问也。”

其六曰：“吾侪平日之所主张，非革命乎？今仍欲倚赖于政府，何其进退失据也。”《意见书》解释说：“政府之将以土地、人民、主权三者与外人，一弹指间也。而吾子之革命，旦夕可举乎？吾恐议论未定而条约上之效力发生，已尽中华之所有权移转于他人手矣。则何如要求政府，与之更始以图存乎？”

最后，《意见书》提出，向清政府请愿、要求救亡，是否能达到救亡的目的呢？《意见书》解释说：“吾侪之欲以救亡要求政府也，非谓如是即可以救亡也，乃欲以求吾致死之所也。政府能与吾侪共致死于外人，则外人乃吾侪致死之所也。政府必欲以吾侪送之于外人，则政府乃吾侪致死之所也。吾侪固有九死而无一生者也。然吾侪即不欲死，而外人必欲死吾政府，必欲死吾，死仍无可避也。死有重于泰山，有轻于鸿毛者，道在诸君自择之也。”①

我们将陈天华发表的《意见书》的主要内容摘抄出来在于说明在思想战线上改良与革命两种思想的斗争是何等的激烈！这种激烈的斗争不仅体现在当时以孙中山、黄兴为代表的革命派和以康有为、梁启超为代表的保皇派之间的斗争，体现在两派争夺青年的斗争，而且还体现在每一个革命党人思想上革命与改良两种思想的斗争。即使像陈天华这样反帝爱国思想极其强烈的革命党人同样存在着革命与改良两种思想的斗争，如果引导不得法，甚至还有可能重新坠入保皇党人的泥坑，关于这一点我们可以从分析《意见书》的内容中找到答案。一方面，从陈天华的主观动机看，还是出于满腔的爱国热情，他认为，由法理可知，国家由土地、人民、主权三要素构成，缺一不可；而当时的中国已被各帝国主义者划分为势力范围，“已早等于瓜分，且更甚于瓜分”。人民备受奴役，主权已不复存在。“救死者必于将死未死之时，不可待于已死；救亡者亦必于将亡未亡之时，不可待于已亡。”这与昔日他在《警世钟》《猛回头》《狮子吼》等书中所秉承的基本精神是一脉相承的。陈天华也承认，从清政府过去的一贯表现看，其“无可望则久已知之矣”，而且对清政府今后能否改弦易辙，少出卖或不出卖国家利益并不寄予太多的希望，和平请愿的目的只是“侥幸望其勿售也”。因此，他对和平请愿的作用并没有像保皇党人那样夸大其词，过于乐观。在斗争方略上还是做了两手准备的，“可平和则平和，当激烈则激烈”，而不是“仅如公车上书之故事也”。他甚至为救国图存做好了自我牺牲的准备，他说：“吾侪之欲以救亡要求政府也，非谓如是即可以救亡也，乃欲以求吾致死之所也。政府能与吾侪共致死于外人，则外人乃吾侪致死之所也。政府必欲以吾侪送之于外人，则政府乃吾侪致死之所也。”“死有重于泰山，有轻于鸿毛者，道在诸君自择之也。”很显然，他认

① 陈天华：《要求救亡意见书》（1905年1月），刘晴波、彭国兴编，饶怀民补订《陈天华集》，湖南人民出版社，2011年，第161—162页。

为，因救亡图存而死是重于泰山，是死得其所的。其不惜牺牲自我、敢于同内外敌人进行战斗的精神溢于言表。可见，陈天华的上述思想与保皇党人还是有所区别的。

陈天华之所以思想上一度发生变化，究其原因，主要是受梁启超的思想影响。在长沙起义和鄂宁起义相继失败后，包括陈天华在内的湘籍革命党人遭受重创，思想难免一时消沉。就在此时，“梁启超通过原华兴会员徐佛苏的介绍，对陈天华多方拉拢，陈忧国伤时心切，遂倡北上陈请之议”[①]。陈天华受梁启超的影响在其撰写的《意见书》中处处流露出来，他多次强调：外患大于内忧，要一致对外；甚至公开认为革命缓不济急，不能“旦夕可举”。而向清政府请愿、要求立宪，对于挽救危亡则方便快捷得多。实际上，这也是陈天华向人们解释他改变“平日之所主张”的理由。在他看来，政府要将土地、人民、主权三者拱手让于外人，只是“一弹指间”事也，而要举行革命，推翻清政府却不是一朝一夕可以完成的。恐怕革命的“议论未定而条约上之效力发生，已尽中华之所有权移转于他人手矣。则何如要求政府，与之更始以图存乎”？撇开陈天华的主观动机以及他与保皇党人之间的思想差别不说，单就其撰写和印发《意见书》的客观后果而论却是极其危险的。可以设想，如果按照《意见书》所说的，“用留学生全体名义”，拟订于“二周内北上实行”向清政府请愿、要求立宪，并“商订出发”，那么，东京留日学生中的革命派又没有“即请函告”“反对”的话，不就全部“默认”自己成了保皇党人吗？在东京的“全体”留学生就有误入歧途的危险，他们长期从事的革命事业就会因此半途而废，其客观后果是不言而喻的。而当时的“留学生会馆干事乃取决于各省同乡会，黄克强、宋教仁、冯自由等均不以为然”[②]。在湖南同乡会中，除杨度因与梁启超“二人相与，天

① 毛注青编著：《黄兴年谱长编》，第 81 页。

② 冯自由：《猛回头作者陈天华》，《革命逸史》上集，第 273 页。

下之至好”的关系[①]，表示支持东京留学生派代表北上请愿、要求清政府立宪外，以黄兴为代表的绝大多数湖南留日学生都表示反对。关于这一点，宋教仁日记中有较为详细的记载：1905 年 1 月 26 日，“两接曾抟九来信，约二十八日开同乡会”[②]。可是，由于陈天华当时固执己见，虽经黄兴等人力加劝阻而不听，使同乡会因准备不充分而推迟了四天。很自然，开同乡会的目的就是为了解决陈天华所撰《意见书》中提出的问题。1 月 27 日，“彭希明、徐运奎来，谈最久。时陈星台将有北京之行，运奎谋与余极力反对其说，余允之”[③]。28 日，“彭希明来，要余至山本馆刘霖生处晤黄庆午、章行严，会商一切事件。时陈星台发有要求救亡意见书于留学界，其宗旨专倚赖政府对外与对内之政策，而将北上陈于政府。余等皆反对其说，拟于明日开同乡会时行干涉主义，议决”[④]。很显然，彭希明是受黄兴指派，约宋教仁至山本馆刘揆一住处与黄、章会晤，讨论如何劝阻陈天华北上请愿之事，通过讨论，大家一致议决，翌日“开同乡会时行干涉主义”。这里，宋教仁所说的“同乡会”实指“湘西学会”的“本月例会”，并非确指湖南同乡会。29 日，“至湘西学会，是日为湘西开本月例会之期，时至者约五十人上下，先经谢伯勋演说开会理由，讫，余乃次演，对于瓜分问题，大反对要求政府之说，而主张各省独立自治。座中有反对者，亦有赞成者，未决议而散”[⑤]。毫无疑问，这次“湘西学会例会”是按照黄兴前一日与宋教仁、刘揆一、章士钊、彭希明等人开会决议对陈天华北上请愿“行干涉主义”的一次会议，但由于会上意见分歧，“未决议而散”，没有达到预期的目的。30 日，“往锦辉馆，赴湖南同乡会。时至者约二百人，皆决

① 刘晴波主编：《杨度集》（二），湖南人民出版社，2008 年，第 1085 页。

② 陈旭麓主编：《宋教仁集》下册，中华书局，1981 年，第 512 页。

③ 陈旭麓主编：《宋教仁集》下册，第 512 页。

④ 陈旭麓主编：《宋教仁集》下册，第 513 页。

⑤ 同上。

议不赞成要求政府之说，而主张全省独立自治，至午正始散”[①]。此次“湖南同乡会”是参加人数最多的一次会议，而且是开会时间最长的一次会议，“至午正始散”。相对二百人而言，毕竟主张北上请愿者仅杨度、陈天华等极少数人，所以“皆决议不赞成要求政府之说，而主张全省独立自治”。然而，“决议”虽然通过了，但陈天华作为《意见书》的撰稿人是不会轻易改变态度的，他还是决定找几个人北上请愿。这从宋教仁的日记中可以反映出来，31日，“黄庆午来，相商阻止陈星台北上之行，以星台前对余说有曾谒梁卓如及屡次通信之事，遂拟以改变宗旨，受保皇党运动责之。庆午乃约余明日至渠处开特别谈判，余允之”[②]。由此可知，黄兴为阻止陈天华北上之行，亲往宋教仁寓所，与宋商量后，决定约宋教仁翌日至陈天华处与陈进行“特别谈判”。2月1日，“午餐后至黄庆午寓，遂同至东新译社与陈星台大开谈判，而余则实证其受保皇党之运动，辩难良久，尚未解决。星台以日本警察干涉此事，赴警署而去”[③]。这次，黄兴、宋教仁与陈天华开展“特别谈判”时，宋教仁严肃批评陈天华受保皇党运动之事，通过长时间辩驳，还是没有“解决”问题，可见争论是相当激烈的。在万不得已的情况下，很可能还有人报了警，在日本警察的“干涉”之下，陈天华“赴警署而去”。直到2月2日，“黄庆午来，言陈星台事已干涉其不作云，良久去”[④]。最后，还是在黄兴等人的帮助下，陈天华始打消北上请愿之议。与此同时，东京留日学生就向清政府请愿问题进行了广泛的讨论。“留学生会馆的参议簿上，留下了连篇累牍的反对意见，两广学生的态度最为激烈。”广东、广西、福建、安徽、贵州、直隶等10余省留日学生均宣布反对。“留学生会馆干事及各省评议员会议，反对者占十分之九。”[⑤]

---

① 陈旭麓主编：《宋教仁集》下册，第513页。
② 同上。
③ 陈旭麓主编：《宋教仁集》下册，第514页。
④ 同上。
⑤ 李新主编：《中华民国史》第一编，第301页。

这一情况表明，在东京留日学生中革命派明显占了上风，以康有为、梁启超为代表的保皇立宪主张越来越不得人心，反清革命已成为绝大多数留日学生的共同诉求，这就为中国第一个资产阶级政党同盟会的成立准备了重要条件。也正是在这种形势下，黄兴等人经过一个多星期的具体帮助，耐心地做劝阻工作，最后才使陈天华克服了思想上的动摇性，最终取消了北上请愿之议，纠正了自己的错误，重新焕发革命精神，又执笔写下了《论中国宜改创民主政体》《今日岂分省界之日耶》《中国革命史论》等著名文章，并在尔后召开的同盟会筹备会上，和黄兴一道被推举为起草同盟会章程八成员之一。同盟会成立后，又积极为《民报》撰稿，1905 年 12 月 8 日，他为抗议日本政府颁布所谓《关于准许清国人入学之公私立学校之规程》（俗称“取缔规则”）而蹈日本大森海湾自尽，为中国革命献出了年轻的生命。

第二节　孙黄初会

1905 年 7 月 19 日，孙中山乘法国邮船“东京号”由法国抵达日本横滨，“在横滨市山下町一百二十番租房居住”[①]。“复由程家柽传告，东京学生往来京滨之间者甚夥。”[②] 留日学生一改过去对孙中山的误解和猜忌，来横滨拜访者，络绎于途，使孙中山深受鼓舞。他在横滨暂住了几天，便于 7 月下旬被留日学生迎往东京，刚到东京，孙中山就迫不及待地向老朋友宫崎寅藏打听东京留学生中有无杰出人物。因为黄兴于上年 11 月下旬就在东京四谷区爱住町拜访过宫崎，且后来又经过多次交往，二人感情甚笃，宫崎

① 日本外务省档案，明治 38 年 7 月 28 日神奈川县报，秘第 1980 号。

② 田桐：《革命闲话》，王杰、张金超主编《田桐集》，华中师范大学出版社，2011 年，第 375 页。

很自然地想到了黄兴，便以黄兴对答，并答应愿意亲自请黄兴过来与孙中山见面。宫崎曾多次回忆他介绍孙、黄初次会晤的场景，其中《宫崎滔天全集》第一卷刊载的《清国革命军谈》这样写道："他（指黄兴——引者）到日本后，宋教仁、刘揆一也相继冒险来日本。在这里，他与湖南的同志们紧紧团结在一起，并和广东的孙逸仙一派的革命学生联合起来，在许多学生中间鼓吹革命主张。明治三十八年（1905）夏，孙逸仙由欧洲回到日本后，来我家里访问。对孙询问有无杰出人物一事，我说：'仅仅两三年间，留日学生猛增，有一个叫黄兴的，是个非常的人物。'孙说：'那我们就去看看他。'我说：'我到他那里去把他请来吧！'孙说：'不要那么麻烦了。'于是，我们两人就一起到神乐坂附近黄兴的寓所访问。和我同住过的末永节，那时和黄兴同住在一起。到达黄寓时，我要孙逸仙在门口等一等，我推开格子门喊了一声：'黄先生！'末永节和黄兴一起探出头来，看到孙逸仙站在外面，忙说：'啊！孙先生！'黄兴想到有许多学生在屋里，立即作手势，示意孙先生不要进去。我们会意了，随即出门等待。顷刻，黄兴、末永节、张继三个人出来了，将我们带到中国餐馆凤乐园。寒暄过后，彼此不拘礼节，大有一见如故之感。他们很快就开始谈起国家大事来。我不太懂中国话，不知道他们讲些什么。但是，中国的革命豪杰在此欢聚一堂，畅所欲言，使我们感到高兴。我和末永节互相频频举杯。约有两个小时，孙、黄两人一直商议国家大事，却酒肴少沾，直到最后，两人才举杯祝贺。"① 这次会晤，可以说是辛亥革命史上两位领袖人物一次历史性会晤，为同盟会的成立揭开了序幕！正是因为这次会晤极其重要，当事人在回忆录中说法各异，史学界因引用资料不同而争论激烈，除上述宫崎的回忆之

---

① ［日］宫崎寅藏：《清国革命军谈》，宫崎龙介、小野川秀美编《宫崎滔天全集》第1卷，东京平凡社，1971年，第282—283页。译文与毛注青编著《黄兴年谱长编》个别字句略有不同，系根据黄一欧著《辛亥革命杂忆》，详见《湖南文史资料选辑》第十辑，第36—37页。

外，还有两种回忆录也谈及孙、黄初次会晤时的情况：一种是郭之奇撰写的《清末留东回忆》，其中有云："我到东京不久，尚未能操日语。一日到牛込区若宫町二十七番地柳大任寓所，时黄克强先生亦住其处，此外尚有大任之侄某君。我方与大任侄闲谈之际，有一长发和服日人偕一西装革履人士叩门入室，云要会黄克强先生。是时克强不在，我辈款之，方知日人乃宫崎寅藏，所谓白浪滔天者是也，其他一人即中山先生。中山与宫崎用英语对话，柳君留日已久，日语较熟，与宫崎对答，自能通彼此之情；我则既昧英语，又初到日本，端坐茫然而已。宫崎与中山先生必欲见克强先生，坐候甚久，傍晚克强先生始归。三人寒暄逾时，我亦不知其所云云。然时已晚，自宜款以酒食，而克强先生囊中一无所有，由我醵金五元为鱼酒之会，他们边饮边谈。"① 这段话有三点值得注意：一是孙中山与黄兴会见是由宫崎引带至黄兴寓所相见的；二是当时黄兴与柳大任同住牛込区若宫町二十七番地，宫崎引带孙中山与黄兴见面地点就是在黄兴寓所即牛込区若宫町二十七番地；三是"三人寒暄逾时"，黄兴"款以酒食"，"边饮边谈"，他们曾共进晚餐。这段回忆与宫崎的回忆有异曲同工之妙，实际上佐证了宫崎就是孙、黄初识的介绍人。郭之奇之所以在孙、黄会晤的现场完全是一种巧合，是因为他去柳大任寓所访问，适值黄兴与柳大任均外出，他在其寓所等候时，宫崎引带孙中山来黄兴处与黄会晤，郭只是一位留餐者，而决非介绍孙、黄初次相识者。而且，郭对此事早已忘记，只是后来柳午亭谈及郭曾为黄兴付餐费之事，他才恍然忆及。而柳大任因事外出，他根本不在孙、黄会晤现场，更不可能是孙、黄初识的介绍人，他只是当时与黄兴同寓的室友而已。

除宫崎和郭之奇的回忆录谈及孙、黄初识的情况之外，章士钊在其撰写的回忆录《与黄克强相交始末》一文中亦谈及孙、黄初识的介绍人问题，他认为杨度是孙、黄初识的介绍人。据他回

① 郭之奇：《清末留东回忆》，《湖南文史资料选辑》第十辑，第 24—25 页。

忆："吾抵东京，寓牛込区若宫町二十七番地。未久，克强移来同居。适中山孙先生由横滨携小行囊，独来东京，旨在合留学生，议起大事。而留学生时以杨度为有名，彼寓富士见町，门庭广大，足以容客。于是中山与杨，聚议三日夜不竭，满汉中外，靡不备论；革保利病，畅言无隐。卒乃杨曰：'度服先生高论；然投身宪政久，难骤改，橐鞬随公，窃愧未能。度有同里友曰黄兴，当今奇男子也，辅公无疑，请得介见。'（刘禺生《世载堂杂忆》称：杨度与中山初见于横滨永乐园。愚按：孙、黄横滨之会或有之，然决非初见。禺生又谓：'同行有梁焕彝'。吾知焕彝留英，未到过东京。禺生记事疏阔，往往类此）中山喜。翌日，吾若宫町宅，有先生足迹见临。克强与吾，皆初见先生。吾昨岁草《孙逸仙》册子，以前知尤相契合。楼下席广窗明，主客失次，三人或蹲或卧，按地图，议天下大势，殊未易一二数；俄而集留学生，为大会盟之议起。先生辩才无碍，指挥若定，吾徒倾心折服，难以形容。克强情异虬髯，帜鄙自树，太原真气，户牖冥濛。"[①] 章士钊在回忆录中所云杨度为孙、黄初识的介绍人一说是否可靠呢？我们认为，最有发言权的还是当事人。当时住在东京的郭之奇多次谈及此事，郭在其所撰写的《清末留东回忆》一文中说：章士钊所云孙、黄初会事"与我所言颇觉参差。据我所记，行老住若宫町，原为柳大任之宅，所言或在后一时也未可知，或孙、黄尔后在行老处，方议天下大事，设方略，谋部署。或行老一时微小忽略，亦偶有之事"[②]。这段话说明，章士钊当时根本不住在若宫町，后来才搬至若宫町。郭之奇后来将此事叙述得更加清楚："行严谓孙、黄初次相见，在他所住之若宫町 27 号。以予所记，克强先生先住于若宫町。其后迁往他处，行严始偕俞大纯（俞大维之堂兄）继居焉。孙、黄两公在行严寓所纵谈天下大事，自然不误，但非

---

① 章士钊：《与黄克强相交始末》（1962 年 6 月），章含之等主编《章士钊全集》8，文汇出版社，2000 年，第 314 页。

② 郭之奇：《清末留东回忆》，《湖南文史资料选辑》第十辑，第 25 页。

初次相见。其初次相见地点，亦系若宫町 27 号，但非行严移居之后，而是克强独住之时，且克强先生住居若宫町，在行严之前，亦无于行严继居之后，后来同住之事，年载久远，其间小节，行严所记，未免有误，不足为怪，或者行严先生竟未知两公已先行见过一次也。”[①] 关于这一点，黄兴长子黄一欧也说得很明白：“我是一九〇五年冬天到东京的，其时先君已去南洋。到东京后，最初在《民报》社住了几天，随即搬进牛込区若宫町二十七番地章士钊寓所（先君离开东京后，章士钊迁此）。第二年上半年，章与吴弱男结婚了，我迁到振武学校对面的彭渊恂寓所。秋间，先君从南洋回来，才跟他住在牛込区东五轩町林馆。”[②] 张继在《回忆录》中亦谈及他和黄兴于 1904 年冬同住一寓的事实：甲辰冬，“离沪赴倭，与克强同寓于牛込区神乐坂旁”。若宫町 27 号就在牛込区神乐坂附近。直到翌年春夏，黄兴一直与张继同住。我们检索宋教仁 1904 年 12 月至 1905 年 12 月整整一年的日记，获知黄兴一直住在若宫町 27 号，且与张继同住；而章士钊在抵日后，先是寓居在海国馆，直至黄兴 1905 年 12 月离开东京后才搬至黄兴寓所，与柳聘农同住；后来，因章士钊与吴弱男结婚，柳聘农只好搬离，先迁至本乡馆，复迁至晚翠馆。据 1906 年 1 月 20 日日记记载：“酉正，至本乡馆访柳聘农，已移寓矣，遂至章行严寓询之，晤病农焉，乃至其寓（晚翠馆），座谈良久。”[③] 因此，章士钊所言他抵日后即住若宫町 27 号与黄兴同住的说法完全与事实不符。关于这一点，王学庄具体征引了宋教仁多则日记说明章士钊在 1905 年夏天“并不是若宫町宅的主人”，章士钊还没有与黄兴同住。此外，他还从孙中山在东京活动日程安排分析孙中山根本不可能有三天三夜的时间来和杨度讨论，而且，章士钊回忆中的“一些事

① 姚大慈：《柳午亭、郭之奇忆孙黄初次会见》，田伏隆主编：《忆黄兴》，岳麓书社，1996 年，第 225 页。

② 黄一欧：《辛亥革命杂忆》，《湖南文史资料选辑》第十辑，第 37 页。

③ 陈旭麓主编：《宋教仁集》下册，第 565 页。

实与当时的背景不符”[1]，否定了杨度首次介绍孙、黄初识说。而宫崎则不同，他不仅与孙中山、黄兴政治观点相同，而且私人关系极深，他积极赞助中国革命事业，与孙、黄结下了深厚的革命情谊。萧致治从六个方面综合分析了宫崎是孙、黄初识的介绍人，其中第三条提到“参加这次会晤的张继，也认为介绍人是宫崎”，第六条提到“黄兴本人也说是宫崎”。[2] 萧致治的分析是很有说服力的，兹不赘述。我们只想再就前引宫崎撰写的《清国革命军谈》的内容作些具体分析，从而说明宫崎介绍孙、黄初识一说的真实性。

首先，宫崎介绍孙、黄初识并非偶然之举。宫崎早在1897年9月初在横滨陈少白寓所，与孙中山会面，从此订交。宫崎撰写的《三十三年の梦》记载了他们初次会面的情形：“我首先发问道：‘我早已听闻你是以中国革命为志的，但还不知详情。我希望能够详细领教你那所谓革命的宗旨，以及方法手段。’他徐徐开口说道：‘我认为人民自治是政治的极则。因此，我的政治主张是共和主义。单从这一点来说，我认为就有责任从事革命。何况满虏执掌政权已经三百年，以愚民政策为治世的要义，以压榨人民的膏血为官吏治民的能事。积弊日深，卒致造成今日的衰弱不振，坐令大好山河，陷入任由他人宰割攘夺的悲境。有志之士，谁忍袖手旁观？故我辈力量虽小，仍冒险犯难，欲乘变乱起事，以谋自立。”“可能有人说，共和政体不适合中国这个野蛮国家。这只是一种不了解情况的说法。所谓共和，是我国治世的真髓，先哲的遗业。我国国民之所以怀古，完全是因为追慕三代之治。而所谓三代之治，的确掌握了共和的真谛。”“试看没有受到满虏恶政的荒村僻地，他们现在就是自治之民。他们拥戴尊长听讼，设置乡兵防御盗寇，一切共同利害，都由人民自己协商处理；凡此种种，

[1] 王学庄：《孙黄东京初会的介绍人问题》，《辛亥革命史丛刊》第八辑，中华书局，1991年，第2—3页。

[2] 萧致治：《黄兴评传》，南京大学出版社，2001年，第107—108页。

岂不已证明了中国人民已实行着一种简约的民主之治?’‘征诸中国古来的历史，每当国内发生变乱，地方豪杰便割据要地，互相争雄，有时长达数十年而不能统一。无辜的人民因此不知要遭受多少灾祸。在当今的世界更难保没有外强乘机以谋私利的。避免这种灾祸的方法，只有实行迅雷不及掩耳的革命。同时，还在于使各地素负众望的人各得其所。这样使有声名威信的人成为一地之长，然后由中央政府妥善驾御，就可以避免纷乱而安定下来。所以说，共和政治对进行革命也是有利的。”① 孙中山并请宫崎等日本志士鼎力襄助中国革命。孙中山最后说：“也请诸位拿出力量援助我党，实现吾人的志业。拯救中国四亿的苍生，雪除东亚黄种人的耻辱，恢复和维护世界的和平和人道，关键只在于我国革命的成功，如果中国革命成功，其余问题均可迎刃而解。”② “听君一席话，胜读十年书。”宫崎认为：“他的思想何其高尚！他的见识何其卓越！他的抱负何其远大！而他的情感又何其恳切！在我国人士中，像他这样的人究竟能有几人?他实在是东洋的珍宝。从此时起，我已把希望完全寄托在他身上了。”③ 遂返旅馆，偕平山周重返孙中山寓所，继续畅谈。“我们谈到日本的政党和人物，欧美的国是，中国的现状，以及宗教、哲学等。谈愈深时，情亦愈浓，绵绵缕缕不知所穷。直至薄暮，始约再会之期。”④ 宫崎从此与孙中山订交，成为孙中山最亲密的战友，并终身追随孙中山，支持中国革命。也就在同年 11 月，孙中山、陈少白来到荒尾村宫崎故乡，居留 10 余日。从 1897 年至 1905 年的将近 8 年时间内，宫崎与孙中山的联系一直未曾中断过，例如宫崎曾在 1898 年力促康有为、孙中山两派合作，只是由于康有为拒绝合作，才没有成功。1899 年，宫崎又受孙中山之托，为菲律宾革命志士彭西在日

---

① 宫崎滔天著，林启彦重译：《三十三年の梦》，第 122—123 页。

② 宫崎滔天著，林启彦重译：《三十三年の梦》，第 124 页。

③ 同上。

④ 同上。

本购买武器并运送至菲律宾。1900 年宫崎秘密参与孙中山领导的惠州起义。11 月 22 日，惠州起义队伍因武器不继而解散。从 1902 年 1 月 30 日开始，宫崎便以白浪庵滔天笔名于《二六新报》上连载《三十三年の梦》，介绍和宣传孙中山。8 月 20 日，《三十三年の梦》单行本由日本国光社发行。1903 年，章士钊译出《三十三年の梦》部分记事，以《大革命家孙逸仙》为书名出版发行。直到 1905 年夏天，宫崎与孙中山有 8 年之久的交情，是孙中山的心腹和臂膀。所以，孙中山来日本东京之前已于 1905 年 6 月 4 日致函宫崎，说明他抵日本横滨的时间为 7 月 19 日。函云："宫崎先生大人足下：日前寄英国之书，久已收读，欣闻各节。所以迟迟不答，盖因早欲东归，诸事拟作面谈也。不期旅资告乏，阻滞穷途，欲行不得，遂至久留至于今也。兹定于六月十一日从佛国马些港乘 Tonkin 号佛邮船回东。过南洋之日，或少作勾留未定；否则，必于七月十九日可以到横滨矣。相见在迩，不日可复与先生抵掌而谈天下大事也。谨此先布，幸少待焉。余容面述，即候大安不一。各同志并祈问好。弟中山谨启。六月四日写于佛京巴黎旅馆。"[①] 宫崎收到孙中山来函，即将这一喜讯告诉了孙中山的好友程家柽，并约与宋教仁等人见面，并表示愿将孙中山介绍给黄兴、宋教仁等革命党人。关于这一点，可以从宋教仁 1905 年 7 月 19 日日记得到印证。据宋记载："巳初，至程润生寓，与润生同赴宫崎滔天之约。""滔天君乃言孙逸仙不日将来日本，来时余当为介绍君等云云。""滔天君又言孙逸仙之为人，志趣清洁，心地光明，现今东西洋殆尤其人焉。"[②] 这就是说，孙中山要来日本之前首先与宫崎取得了联系，告诉他不日将往日本，并锁定 7 月 19 日到达横滨。所以宫崎约程、宋见面，并表示愿"为介绍君等云云"。那么，孙中山是何时到达东京的呢？据宋教仁 7 月 25 日日记记载："未初，至程润生寓，润生告余言孙逸仙已至东京，君可

① 孙中山：《复宫崎寅藏函》（1905 年 6 月 4 日），《孙中山全集》第一卷，第 274 页。
② 陈旭麓主编：《宋教仁集》下册，第 543—544 页。

与晤面云，余允之。未正，至黄庆午寓，坐片刻。”[1]“未时”按照旧式计时法指下午一点至三点钟的时间，“未初”自然是指下午一点，“未正”指下午两点。也就是说，7月25日下午一点，程家柽告知宋，“孙逸仙已至东京”，当日下午两点，至黄兴寓所。则孙中山抵达东京时间必在当天（7月25日）上午或24日。因为东京离横滨距离并不遥远，孙中山到达东京时间以24日可能性最大。孙中山刚到东京，与老朋友宫崎见面时，便问及东京留学生中有无杰出人物。宫崎即以黄兴对答，因此，宫崎介绍孙、黄初识的时间应为1905年7月24日。宫崎告诉孙中山“仅仅两三年间，留日学生猛增”，这也是事实。据有人统计：1901年，全国留日学生为247人；1902年为570人；1903年为1300人；1904年为2406人；1905年为3000人。[2] 黄兴1902年6月赴日留学时，中国留日学生仅数百人，而1905年中国留日学生已经多达数千人，这表明宫崎所述“留学生猛增”为不虚。1904年11月下旬，黄兴因鄂宁起义失败流亡日本后即首次访问宫崎，此后，通过半年多的频繁接触，宫崎对黄兴的学识、人品十分仰慕。他认为黄兴文武兼资、才德兼备、意志坚定、性格温和，早已立下将自己的一生奉献给中国革命的宏愿，是一个“非常的人物”。那么，宫崎对孙中山的评价呢？那就更高了！如前所述，早在1897年，他就认为孙中山思想高尚、见识卓越、抱负远大、情感恳切，“志趣清洁，心地光明”，“实在是东洋的珍宝”！宫崎对孙、黄的评价是实事求是的，也是恰如其分的。孙中山即提出去黄寓会见黄兴，但宫崎考虑到孙中山较黄兴年长八岁，别开孙的政治地位不论，按照中国的传统礼仪，还是将黄兴请来为妥。孙言“不要那么麻烦了”。这也符合孙中山待人处事一贯平易近人、不摆架子的品行和作风。据田桐回忆：“乙巳年夏，孙公将来日本，同人欢动。抵横滨后，复由程家柽传告，东京学生往来京滨之间者甚夥。孙公礼贤下士，复

① 陈旭麓主编：《宋教仁集》下册，中华书局，1981年，第545页。

② 霍修勇：《两湖地区辛亥革命新论》，国防科技大学出版社，2008年，第59页。

留餐宿，自捧面盆盥客。”[①] 宫崎在回忆录中还提及与黄兴同住的张继和末永节，时均与黄兴在一起。的确，张继和末永节都是黄兴生死与共的战友。张继于1904年初至长沙，在明德学堂任教，是黄的同事，他入华兴会后，和黄一道参与长沙起义和鄂宁起义，因受万福华刺王之春事件的牵连，又与黄一道被捕入狱，获释后同与黄赴日。黄兴曾派他赴上海调查邹容死因，他通过调查确定系病故，回日本后仍与黄兴住在一起，关于这一点，宋教仁日记均有详细记录，可资佐证，此不赘述。与黄兴同住的除张继之外，还有另一位日本志士末永节，末永节又名狼啸月，他和宫崎一样，同黄兴的交情也是极深的。曾与黄兴、刘揆一一道策动过长沙起义。马福益牺牲后，黄兴将马之遗像赠予末永节，并在遗像的反面题写了这样一段话：“湖南党魁马福益氏，甲辰岁谋起革命军，乙巳三月十六日被满贼端方惨戮于长沙。闻就缚时，曾手刃六人焉。克强氏识。狼啸月先生惠存。”[②] 寥寥数语，这既体现了黄兴对马福益的怀念之情，也是与末永节共勉，立志完成马福益的遗愿！此后，黄兴又将自己的照片送给末永节作为纪念，并在照片上方题词：“克强三十一岁之小像赠末永节兄惠存。明治三十八年时乙巳七月。”[③] 由这幅自题照可知，两人已结成兄弟情缘。所以宫崎在回忆录中特别提及和他同住过的末永节“那时和黄兴同住在一起”，孙中山来到黄寓门外时，“末永节和黄兴一起探出头来”，当得知探访者为孙中山时，“黄兴、末永节、张继三个人出来了”，并在“中国餐馆凤乐园”宴请孙中山、宫崎一行。这段记述应当是实事求是的。这里还有一个细节值得重视，宫崎写道：“到达黄寓时，我要孙逸仙在门口等一等。我推开格子门喊了一声‘黄先生’！”由于日本是一个岛国，属于海洋性气候，空气十分潮

---

① 田桐：《革命闲话》，王杰、张金超主编《田桐集》，第375页。

② 饶怀民主编：《图录湖南辛亥革命》，湖南教育出版社，2011年，第125页。

③ 辛亥革命武昌起义纪念馆编：《辛亥革命大写真》上册，湖北美术出版社，2001年，第142页。

湿，在近代，一般民宅大都是木质结构；加之，日本与中国是一衣带水的邻邦，他们又善于学习中国传统的建筑风格，不少民宅的门窗都是仿照中国的木格子式样，宫崎对黄兴的若宫町 27 号寓所的格子门还记忆犹新，说明他对介绍孙、黄初识印象极为深刻，经久难忘。孙、黄初识之前，彼此均声誉鹊起，知名度都很高，孙中山早已不是人们视为“乱臣贼子”“洪水猛兽”的形象，而黄兴也不是昔日“在东京作师范生时”，留着长发，“光着上身”，“摇摇摆摆走入自修室去”的那个学生模样。孙中山已成为欧美、日本留学生中公认的领袖，黄兴也已成为留日革命分子中的中心人物，尽管有极少数人诸如“戊戌政变后长沙时务学堂逃去之一班学生如杨度、范源廉等，俱不愿戴黄兴为首领”，但黄兴在留日学生中的地位却明显在杨氏、范氏之上。1905 年 5 月 7 日，留日湖南同乡会在一川桥帝国教育会内选举总理，黄兴以八十七票居首位，多出杨氏五票。孙中山、黄兴的姓名和照片均已腾诸报章，在各地留学生中广为流传。不仅黄兴从宫崎等人那里早就了解孙中山，而且，孙中山也自然可以通过各种渠道，诸如欧美留学生那里了解黄兴。在各地革命小团体需要联合的大背景下，孙、黄的合作已是水到渠成，成为必然之趋势。孙中山之所以询问宫崎“在日本的中国人中有没有杰出人物”，只不过是征询一下老朋友的意见而已，并不代表他对黄兴一无所知。而黄兴和末永节从格子门内探出头来，一眼就认出了孙中山。两人初次晤面，“寒暄过后，彼此不拘礼节，大有一见如故之感”，这就成为很自然的事了。至于谈话的内容，虽然由于宫崎和末永节“不太懂中国话，不知道他们讲些什么”，但据宋教仁撰写的日记推测，应该主要是讨论兴中会与华兴会联合的问题。宋教仁 1905 年 7 月 28 日日记记载：“接程润生来信，称孙逸仙约余今日下午至《二十世纪之支那》社晤面，务必践约云。未初，余遂至该社，孙逸仙与宫崎滔天已先在。余既见面，逸仙问此间同志多少、如何？时陈君星台亦在坐，余未及答，星台乃将去岁湖南风潮事稍谈一二及办事之方法，讫。逸仙乃纵谈现今大势及革命方法，大概不外联络人才一义，言中国现在不必忧各国之瓜分，但忧自己之内讧，此一省欲起事，彼一省亦欲起事，不相联络，各自号召，终必成秦末二十余国之争，元末朱、陈、张、明之乱，此时各国乘而干涉之，则中国必亡无疑矣，故现今之主义，总以互相联络为要。"[1] 7月29日日记记载："巳正，至陈星台寓，邀星台同至黄庆午寓，商议对于孙逸仙之问题。先是，孙逸仙已晤庆午，欲联络湖南团体中人，庆午已应之，而同人中有不欲者，故约于今日集议。"[2] 既然7月28日《二十世纪之支那》社开会，孙中山对宋教仁、陈天华讲联络人才的重要性，而7月29日黄兴寓所会议也是讨论两团体联合的问题，而且，宋特别指出，"先是，孙逸仙已晤庆午，欲联络湖南团体中人，庆午已应之。"也就是说，孙、黄初次会晤，"两人一直商议国家大事"就是指两派联合的问题，两人已达成联合协议，最后，他们"才举杯庆贺"！所以从宫崎的回忆录内容具体分析，应当是真实可信的。因此，孙、黄初识的介绍人是宫崎寅藏而不是杨度。

第三节　成立同盟会

孙、黄初识讨论了有关革命大联合的问题，而且两人达成了共识，这就为同盟会的成立确定了大政方针，剩下的问题就是如何尽快地推动和促成这一大联合的组织早日成立。

从1905年7月下旬孙、黄初识至8月20日同盟会正式成立不到一个月时间，由黄兴主持或参与主持的大小型会议至少在五次以上。

第一次会议是讨论原华兴会成员是否加入"孙逸仙会"之问

① 陈旭麓主编：《宋教仁集》下册，第546页。
② 同上。

题。据宋教仁日记记载：孙、黄初次会晤之后，孙中山在7月28日下午又在《二十世纪之支那》社邀约宋教仁、陈天华等湖南革命党人，主要是谈大联合的问题。“逸仙乃纵谈现今大势及革命方法，大概不外联络人才一义，言中国现在不必忧各国之瓜分，但忧自己之内讧，此一省欲起事，彼一省亦欲起事，不相联络，各自号召，终必成秦末二十余国之争，元末朱、陈、张、明之乱，此时各国乘而干涉之，则中国必亡无疑矣，故现今之主义，总以互相联络为要。”[①] 孙中山深知，要将在日留学的革命分子联合起来，首要的任务是将人数众多的原华兴会成员联合起来，而做好原华兴会正、副会长黄兴、宋教仁以及刘揆一等人的说服工作则是关键，遂有孙、黄初会和约谈宋教仁之举。为统一认识，黄兴于7月29日上午召开了原华兴会逃往日本的骨干成员宋教仁、刘揆一、陈天华等人参加的小型会议，讨论对于“孙逸仙之问题”的态度。宋教仁7月29日日记记载：“巳正，至陈星台寓，邀星台同至黄庆午寓，商议对于孙逸仙之问题。先是，孙逸仙已晤庆午，欲联络湖南团体中人，庆午已应之，而同人中有不欲者，故约于今日集议。既至，庆午先提议。星台则主以吾团体与之联合之说；庆午则主形式上入孙逸仙会，而精神上仍存吾团体之说；刘林生则主张不入孙会之说；余则言，既有入会、不入会者之别，则当研究将来入会者与不入会者之关系如何。其余亦各有所说，终莫能定谁是，遂以‘个人自由’一言了结而罢。”[②] 毫无疑问，黄兴召开这次原华兴会骨干会议的真实目的是为了统一认识，使华兴会骨干均加入到孙中山新组织的革命团体之中去。但既然有不同看法，出于策略考虑，黄兴也自然不便站在哪一边，而影响同志之间的关系。所以他提出：“形式上入孙逸仙会，而精神上仍存吾团体之说。”那么，“吾团体”之精神又是什么呢？也就是说华兴会的精神是什么呢？我们认为，黄兴这里所说的精神就是南

① 陈旭麓主编：《宋教仁集》下册，第546页。

② 同上。

宋以来源远流长的湖湘精神，概括起来主要有四点：一是有以天下为己任的使命感、责任感，有强烈的忧患意识和敢于担当的爱国主义情怀；二是忠诚勤勉、刻苦耐劳、笃实、无我、埋头苦干的实干精神；三是团结、求是，不畏艰辛，奋发图强，不达目的誓不罢休的奋斗精神；四是具有敢为天下先的英雄气概和投身政治洪流的献身精神。简言之，在当时历史条件下，黄兴所说的精神就是湖湘精神、“华兴”精神、革命精神！过去有的论者认为黄兴所云“精神上仍存吾团体”指的是“保持历史上形成的小山头宗派观念”，这种说法是值得商榷的。宋教仁所云“既有入会、不入会者之别，则当研究将来入会者与不入会者之关系如何”，这实际上是说不论入会者还是不入会者都要处理好二者的关系，不能因此影响团结。其实他和黄兴一样都是主张加入“孙逸仙会”的，只是说法不同而已。刘揆一虽然“主张不入孙会之说”，但他后来不仅加入了同盟会，而且还代替黄兴担任同盟会总部执行部庶务近六年之久，成为同盟会的主要领导人之一。诚如冯自由所言：“黄（兴）等对总理备致倾慕，并愿率领华兴会全体会员与总理合组新革命团体，总理深表赞同。”[①] 事实上，从后来同盟会组织发展考查，原华兴会成员除个别人如章士钊之外，几乎全部加入了同盟会，从此再未打出华兴会的旗帜。

第二次会议是讨论大联合组织的名称问题。这是在同盟会筹备会召开前的一次预备会议，地点在程家柽寓所，人数只有“八九人”，开会内容主要是讨论大联合组织的名称问题。过去，有不少论著将这次预备会议和筹备会议混为一谈，认为是在筹备会议上讨论大联合组织的名称问题，其实，这是一种误解。据亲自参加这次预备会议的宋教仁记载：“孙文自美洲游日本，君（指程家柽——引者）集陈天华、黄克强、宋教仁、白逾桓、田桐、张继、但焘、吴旸谷与孙君会议于君之北辰社寓庐。孙文所斤斤者，仍以二十人为事，自午迄酉，尚未能决。君以历年所筹画者，默体

① 冯自由：《中国同盟会史略》，《革命逸史》第二集，第137页。

于心，谓开山引泉，已达大川，奚事涔蹄之量，以二十为哉？”[①] 另一位当事人田桐也有类似的记载：“旋开同盟会预备会于阪田町程家柽寓宅，到八九人，商量各事及会名。孙公主张定名中国革命党。黄公以此名一出，党员行动不便。讨论后，定名为中国同盟会。”[②] 这里，田桐所谓“到八九人”，实指除程家柽本人外，尚有孙中山、黄兴、宋教仁、陈天华、白逾桓、田桐、张继、但焘、吴旸谷。即是上引宋教仁所著《程家柽革命大事略》中诸人。上述两位亲自参加预备会议的宋教仁、田桐都一致认为在筹备会议召开之前还有一次小型的讨论会，时间应为 7 月 29 日。亦即原华兴会骨干成员讨论是否加入“孙逸仙会”之后。《孙中山年谱长编》的编者和《黄兴评传》的作者均认为，在同盟会筹备会之前的 7 月 29 日在程家柽寓所召开过一次预备会议，讨论大联合组织的名称问题是符合当时实际的。[③] 这次会议确定新成立的联合会为中国同盟会，是孙中山根据黄兴的建议确定的，简称同盟会。

第三次会议是同盟会筹备会议。1905 年 7 月 30 日下午，经黄兴、宋教仁、程家柽等分头通知，邀集 10 省留学生包括孙中山及日本友人共 79 人，在东京赤坂区桧町三番地黑龙会本部（内田良平宅）召开中国同盟会筹备会议。与会 10 省留学生名单如下：湖南留学生为黄兴、宋教仁、陈天华、曾继梧、余范傅、郭先本、姚越、张夷、刘道一、陶镕、李峻、周咏曾、邹毓奇、高兆奎、柳旸谷、柳刚、宋式善、范治焕、林凤游、郭家伟共 20 人。湖北留学生为时功玖、耿觐文、涂宗武、余仲勉、曹亚伯、周斌、陶凤集、叶佩薰、王家驹、蒋作宾、李仲逵、刘通、刘一清、李叶乾、范熙绩、许纬、陶德瑶、刘树湘、田桐、匡一共 20 人。广东留学生为黎勇（黎勇锡）、朱少穆、谢延誉（谢良牧）、黄超如、

① 宋教仁：《程家柽革命大事略》，陈旭麓主编《宋教仁集》下册，第 437 页。

② 田桐：《革命闲话》，王杰、张金超主编《田桐集》，第 375 页。

③ 详见陈锡祺主编：《孙中山年谱长编》上册，第 342 页。另载萧致治著《黄兴评传》第 109 页。

区金钧、冯自由、姚东若、金章、汪兆铭、古应芬、杜之杕、李文范、胡毅（胡毅生）、朱大符（朱执信）、张树楠、何天炯共16人。广西留学生为马君武、邓家彦、谭鸾翰、卢汝翼、朱金钟、蓝得中、曾龙章共7人。安徽学生为程家柽、吴春旸、王天培、孙棨、吴春生、王善达共6人。江西留学生为陈荣恪、张华飞共2人。浙江留学生为蒋尊簋；陕西留学生为康保忠；福建留学生为王孝缜；直隶留学生为张继。加上孙中山和日本志士宫崎寅藏、内田良平、末永节共4人，总计为79人。[①] 此次筹备会议程如下：一、会议推选孙中山为会议主席，并宣布中国同盟会为大联合组织的名称。筹备会刚开始，“忽有湘人张明夷（即张夷——引者）以定名不当，谓既抱颠覆满廷之志，当为对象立名。孙曰：不必也！满洲政府腐败，我辈所以革命，即令满人同情于我，亦可许其入党”[②]。从此，中国同盟会组织名称最终确定，简称同盟会。二、由孙中山、黄兴等讲话，孙讲述“革命之理由及革命之形势与革命之方法”[③]，并“说明革命即造反。造者，即造世界。反者即反对异族、强权、卖国政府”[④]。着重强调进行革命大联合的必要性。演说时间甚长，“约一时许”。次由曹亚伯演说，“说明汉人亡国，鞑子入主，凡属汉人皆当驱除异族，恢复汉人江山”的道理。“再次则为黄兴演说，说明革命后如何普及教育，如何振兴实业，如何整理内治，如何修睦外交，听者皆为奋发。”[⑤] 三、举行签名、宣誓仪式，黄兴“请各人签名云，乃皆签名于一纸”[⑥]。据曹亚伯回忆：“宫崎寅藏持出日本信纸一卷，请众签名。众皆席地而坐，静默不动。予则愤然而起，持笔写曹亚伯三大字曰：凭吾良心签名。次程家柽曰：我亦凭我良心签名。于是，按次皆签名

① 陈锡祺主编：《孙中山年谱长编》上册，第342—343页。
② 田桐：《革命闲话》，王杰、张金超主编《田桐集》，第375页。
③ 陈旭麓主编：《宋教仁集》下册，第547页。
④ 曹亚伯著：《武昌革命真史》前编上，上海书店印行，1982年，第15页。
⑤ 同上。
⑥ 陈旭麓主编：《宋教仁集》下册，第547页。

矣。最后有二人年颇长，北方人，盘辫于顶，忘其名，不肯签字，以反对予所写之三大字太不恭敬为由。予则谓今日之会，非考翰林。黄兴补之曰：‘老兄欲考翰林，则请向满洲政府投考。’众则解和劝勉，二人卒签名。”① 签名完毕，孙中山提出盟书式样，经众推定黄兴、陈天华二人审定。盟书为：“联盟人，○○省○府○县人○○○，当天发誓：驱除鞑虏，恢复中华，创立民国，平均地权。矢信矢忠，有始有卒。如或渝此，任众处罚。天运乙巳年七月○日。中国同盟会会员○○○”②。审定后的盟书将原孙提出的盟书誓词最后两句由“有渝此盟，神明殛之”改为“如渝此盟，任众处罚”，从而摈弃了原有会党宣誓时的迷信色彩，体现了近代民主精神。嗣后，凡签名者各人照式书写盟书一纸签署。孙中山遂带领各人同举右手向天宣誓如礼。誓毕，孙中山宣称，在干事会未成立前，众人盟书由其暂为保管，孙之盟书则由众推举黄兴保管。旋由孙至隔室分别授会员以同志相见之握手礼及联络暗号，“问：何处人？答：汉人。问：何物？答：中国物。问：何事？答：天下事。”③ “随与各会员一一行新握手礼，欣然道喜曰：为君等庆贺，自今日起，君等已非清朝人矣。语毕，室之后部木板卒然坍倒，声如裂帛。总理曰：‘此乃颠覆满清之预兆。’众大鼓掌欢呼。”④ 四、最后推选中国同盟会会章起草人。据宋教仁7月30日日记记载：“卒乃举起草员，规定章程，举得黄庆午等八人，讫，乃闭会。”⑤ 那么，此“八人”又是谁呢？另据亲自与会的田桐记述：“推黄兴、蒋尊簋、汪兆铭、陈天华、程家柽、马君武六人为起草员，孙公当然参与之。”⑥ 实际上，田桐认可的应当是七

---

① 曹亚伯著：《武昌革命真史》前编上，第16页。

② 孙中山：《中国同盟会盟书及联络暗号》（1905年7月30日），《孙中山全集》第一卷，第277页。

③ 同上。

④ 冯自由：《中国同盟会史略》，《革命逸史》第二集，第139页。

⑤ 陈旭麓主编：《宋教仁集》下册，第547页。

⑥ 田桐：《革命闲话》，王杰、张金超主编《田桐集》，第376页。

人。还有另外一位当事人冯自由在《中国同盟会史略》中亦提及关于会章起草人事宜："众复推定马君武、陈天华、宋教仁、汪兆铭为会章起草员，约于下次开会时提出。"[①] 因此，根据以上三位筹备会参与者补充证实，会章起草员应为黄兴、蒋尊簋、汪兆铭、陈天华、宋教仁、程家柽、马君武和孙中山等八人。从同盟会筹备会上我们归纳的四个议程可知，孙中山无疑起到了领导和主导作用，然而，对于黄兴所起的作用亦不可忽视。是黄兴在预备会上提议不必直接用"中国革命党"名称，而改用中国同盟会，并使这一名称在筹备会上得以确认；是黄兴在孙中山发表如何"造反"的重要讲话之后，发表如何从事内政、外交"建设"的讲话，使与会者"奋发"鼓舞；是黄兴在孙中山草拟同盟会盟书后经众推定由其与陈天华二人"审定"通过、并最终成为同盟会的革命纲领；是黄兴被众人推举为孙中山保管入会盟书，使他成为孙中山个人从事革命活动档案的见证人之一；是黄兴被与会者一致推举为同盟会章程起草八成员之一。毫无疑问，对于中国第一个资产阶级政党同盟会的章程的诞生黄兴是有过重要贡献的。而且，此次筹备会议参加者凡 79 人，两湖地区占 40 人，超过半数，这与黄兴是湖南人，又在湖北两湖书院学习长达 4 年之久，并在长沙创建华兴会，在武昌设立华兴会湖北支部是密不可分的。联系到后来同盟会成立最初两年（乙巳、丙午）名册统计，在已登记的 965 名会员中，湖南籍者 158 人、湖北籍者 124 人。[②] 大多与华兴会和华兴会湖北支部、科学补习所有或多或少的联系，并且他们很自然地把黄兴看作自己在政治上的带头人和引路人，这就为同盟会打下了深厚的群众基础。

第四次会议是欢迎孙中山大会。东京留学生闻孙中山抵日，

---

① 冯自由：《中国同盟会史略》，《革命逸史》第二集，第 139 页。

② 1905 年（乙巳年）和 1906 年（丙午年）两年加入同盟会人数，各书记载不一，此据《中国同盟会成立初期（乙巳、丙午两年）之会员名册》统计，载丘权政、杜春和选编：《辛亥革命史料选辑》上册，湖南人民出版社，1981 年，第 98—155 页。

奔走相告，咸欲一睹其风采。为满足广大留学生的要求，也为提高孙中山在留日学生界的地位，更好地宣传孙中山，由黄兴、宋教仁、张继、程家柽等协商后决定召开一次欢迎孙中山大会。1905年8月13日，欢迎孙中山大会在东京麹町区饭田町富士见楼举行，到会者1300余人，盛况空前，气氛热烈。下午一时许，孙中山"着鲜白之衣，数人导之，拾级而上，满场拍掌迎之。立在后者，为前者所蔽，跂足以望，拥挤更甚，然皆肃静无哗。东京自有留学生以来，开会之人数，未有如是日之多而且整齐者也"[①]。先由宋教仁致欢迎词，众皆鼓掌喝彩。继请孙中山演说，孙首先感谢各界欢迎之盛意，次而叙述环游全球之经历，从而说明"中国一定没有沦亡的道理"。"中国土地人口，世界莫及。我们生在中国，实为幸福。"若能"发愤自雄"，"鼓吹民族主义，建一头等民主大共和国"，"取法西人的文明而用之，亦不难转弱为强，易旧为新"，"十年二十年之后，不难举西人之文明而尽有之，即或且胜之"。并驳斥了保皇派"由专制而立宪，由立宪而共和"，不可躐等和"中国人民的程度，此时还不能共和"，"只可立宪，不能革命"以及"中国此时改革事业取法于人，自己无一点独立的学说"等种种谬论。指出："君主立宪之不合用于中国，不待智者而后决。""我们人民的程度比各国还要高些"，不能妄自菲薄。如果我们的思想"不取法乎上，则不过徒救一时，是万不能永久太平的"。"兄弟愿诸君救中国，要从高尚的下手，万莫取法乎中，以贻我四万万同胞子子孙孙的后祸。"[②] 众人热烈鼓掌，经久不息。孙中山演说毕，由程家柽、蒯寿枢等数人继起演说。程谓："法国不仅有一拿破仑，美国不仅有一华盛顿，先有无数之拿破仑、华盛顿，因此有名之拿破仑、华盛顿，乃始能奏其功。故吾国今日

---

① 陈天华：《纪东京留学生欢迎孙君逸仙事》（1905年8月13日），刘晴波、彭国兴编，饶怀民补订《陈天华集》，第170页。

② 孙中山：《在东京中国留学生欢迎大会的演说》（1905年8月13日），《孙中山全集》第一卷，第277—282页。

不可专倚赖孙君一人，人人志孙君之志，为孙君之为，中国庶克有济。”[①] 嗣由来宾宫崎寅藏和末永节演说。宫崎曰：“吾倾家以谋中国之革命，不成，无以为生，为优人以求食，所以不忍饿死者，欲留一命以见支那之革命也。吾初以今日之会，会者不过数十人，今见到会者如此之多，事之成就，不待三稔矣。”又曰：“吾所演之剧，即俄革命事，何日能演支那革命，吾心始快。”[②] 又谓：“昔年孙君来此，表同情者，仅余等数辈耳；中国人士，则避之如恐不速。今见诸君寄同情于孙君如此，实堪为中国庆慰。”[③] 末永节最后发言，“将日本变法历史，详述千言”[④]。他谓：“敝国今日之强，为汉学之功，非取西法之效。故诸君亦惟先发挥其国学，丕定国基，再以西法辅之，则贵国之富强不难致，驾而过之亦不可知，否则必无效可见。”“抑鄙人更有一言：敝国之国体，与贵国异，敝国为万世一系，而贵国今日之政府为异族所有。故敝国可以君主立宪，而贵国必须共和。倘亦以敝国为标准，则其害诚有不可胜言者。敝国之德川氏不去，则万事棘手；贵国不先去满洲政府，而欲有一事之克就绪，难为贵国信也。诸君勉旃，建三色之旗，击自由之钟，端于孙君与诸君是望。异日者，亚东大联盟，其起点于今日之会乎?”[⑤] 言毕，掌声如雷。孙中山、程家柽以及日本志士宫崎寅藏、末永节的讲话说出了黄兴的心里话，他心情无比激动，不时报之以热烈的掌声。据宫崎寅藏回忆：听到高兴处，黄兴“拉下了一点帽子，满脸笑容，为大会的成功感到高兴。这次参加大会的人有自费生和官费生两种，其中官费生占大多数，听了孙先生一席话，开始倾向革命派一边。有的官费生拿了官费，自觉无味，就跑到留学生监督那里，说从今以后我不拿官费了”[⑥]。

---

① 转引自陈锡祺主编：《孙中山年谱长编》上册，第 347 页。

② 《凌容众日记》1905 年 8 月 13 日条。

③ 转引自陈锡祺主编：《孙中山年谱长编》上册，第 347 页。

④ 《凌容众日记》1905 年 8 月 13 日条。

⑤ 转引自陈锡祺主编：《孙中山年谱长编》上册，第 347 页。

⑥ 宫崎寅藏：《清国革命军谈》，《宫崎滔天全集》第 1 卷，第 283 页。

欢迎会至下午5时始散，整整开了4个小时，人们将孙中山作为“四万万人之代表”“中国英雄之英雄”来欢迎[①]，使会议达到了预期的效果，这也是黄兴为大会的成功而感到高兴的原因。

第五次会议是同盟会正式成立大会。1905年8月20日下午2时，中国同盟会正式成立大会在东京赤坂区灵南坂阪本金弥宅举行，“时到者约百人”[②]。大会议程归纳如下：一、由黄兴宣读起草人员所拟章程草案。黄兴原起草“章程共三十条，读时会员有不然者，间有所增减”[③]。最后修改定稿为二十四条。章程开章明义规定：“本会定名为中国同盟会，设本部于东京，设支部于各地。”“以驱除鞑虏、恢复中华、创立民国、平均地权为宗旨。”“凡愿入本会者，须遵守本会定章，立盟书，缴入会捐一元，发给会员凭据。”“凡各地会员盟书，均须交至本会收存。”“凡国人所立各会党，其宗旨与本会相同，愿联为一体者，概认为同盟会会员。但各缴入会捐一元，一律发给会员凭据。”在组织机构上设总理一名，下设执行、评议、司法三部。执行部下设庶务、内务、外务、书记、会计、经理六科。另在国内外分设九个支部，即国内西部（重庆）、东部（上海）、中部（汉口）、南部（香港）、北部（烟台）；国外南洋（新加坡）、欧洲（布鲁塞尔）、美洲（旧金山）、檀岛（檀香山）。二、确定总理和各部人选。在确定总理人选时，黄兴提议：“察同人之意，总理一席，属意孙公，可省手续，不必投票。”众如议。孙中山指定黄兴为执行部庶务，“庶务实居协理之职，总理不在，有全权主持”[④]。实际上，由黄兴协助孙中山主持本部工作。执行部庶务黄兴“他适，朱炳麟代理之；又他适，召蒋尊簋代理之，尊簋答以现为求学时代，非作事时代，乃荐张继代理之；继他适，孙毓筠继之”。孙毓筠他适，宋教仁代理之，

① 陈天华：《纪东京留学生欢迎孙君逸仙事》（1905年8月13日），刘晴波、彭国兴编，饶怀民补订：《陈天华集》，第170页。

② 陈旭麓主编：《宋教仁集》下册，第550页。

③ 同上。

④ 田桐：《革命闲话》，王杰、张金超主编《田桐集》，第376页。

宋教仁辞职后，“最后为刘揆一”[①]。刘揆一代理庶务时间近六年之久。执行部下除庶务外，马君武、陈天华为书记，朱炳麟为内务，程家柽为外务，刘维焘为会计，谷思慎为经理。评议部议长为汪兆铭（汪精卫——引者），议员有田桐、曹亚伯、冯自由、梁慕光、朱执信、胡瑛、康保忠、但懋辛、熊克武、董修武、范治焕、张树枬、周来苏、吴崑、吴鼎昌、王崎、陈家鼎、孙毓筠、覃振（字理鸣）、秋瑾、王善德、程克、黄复生等20余人。司法部由邓家彦、宋教仁、张继、何天瀚等8人组成，邓家彦任判事长，张继、何天瀚任判事，宋教仁任检事长。三、确定将《二十世纪之支那》作为同盟会的机关报。据宋教仁日记记载：“末乃由黄兴提议，谓《二十世纪之支那》杂志社同人半皆已入本会，今该社员愿将此杂志提入本会作为机关报，何如？众皆拍手赞成，议决俟下次再商办法。”[②] 这就是后来改称并作为中国同盟会喉舌的机关报《民报》。“会事既毕，乃大呼万岁而散。”[③] 从我们归纳的中国同盟会正式成立大会三个议程可知，孙中山主持召开了此次会议，其领导作用是不可动摇的，而黄兴则是在一系列关键问题上起到了十分重要的作用。是黄兴在正式成立大会上宣读了起草人员所拟的章程草案，并征求与会人员的意见进行了认真修改，使中国同盟会章程正式定稿；是黄兴率先提议孙中山担任同盟会总理，“不必投票”，从而使孙中山顺利当选同盟会总理；是黄兴由孙中山指名为同盟会执行部庶务，总理他适时由其代行总理职务，实居协理职，成为东京同盟会总部的实际主持人；是黄兴提议将《二十世纪之支那》杂志作为同盟会机关报，旋改称《民报》，从而使同盟会有了自己的舆论阵地，在此后与保皇党人所创办的《新民丛报》的大论战中大获全胜，从而划清了革命与改良的界限。同盟会的成立将全国各地的革命志士联合起来，并且有了共

① 田桐：《革命闲话》，王杰、张金超主编《田桐集》，第376页。
② 陈旭麓主编：《宋教仁集》下册，第550页。
③ 同上。

同的领导者，有了共同的章程和政治纲领，从而有了共同的宗旨和奋斗目标。后来，孙中山将同盟会的政治纲领解释为旧三民主义，它所提出的革命任务、打击对象、依靠力量和斗争策略，都属于资产阶级旧民主主义革命的范畴。入会均以个人名义申请，通过介绍人介绍，并且必须履行一定的入会手续，入会后必须遵守规定的组织纪律。同盟会从总部到分部已经形成了一个统一的组织，打破了以往分散的地域观念，反映了整个民族资产阶级民主革命派的利益与诉求，从而使它区别于过去任何一个革命小团体而成为近代中国第一个资产阶级革命政党。同盟会的成立使中国民主革命进入到了一个崭新的历史新阶段，开创了中国历史的新纪元。从此以后，中国民族资产阶级便以新的面貌领导中国人民进行反帝反封建的民主革命斗争，最后终于推翻了统治中国 268 年之久的清王朝，从而也就结束了统治中国 2000 多年的封建专制统治，建立了资产阶级民主共和国。诚如孙中山所说："乙巳春间，予重至欧洲，则其地之留学生已多数赞成革命。""于是乃揭橥吾生平所怀抱之三民主义、五权宪法以号召之，而组织革命团体焉。于是开第一会于比京，加盟者三十余人；开第二会于柏林，加盟者二十余人；开第三会于巴黎，加盟者亦十余人；开第四会于东京，加盟者数百人，中国十七省之人皆与焉，惟甘肃尚无留学生到日本，故阙之也。此为革命同盟会成立之始。因当时尚多讳言'革命'二字，故只以同盟会见称，后亦以此名著焉。自革命同盟会成立之后，予之希望则为之开一新纪元。"又说："及乙巳之秋，集合全国之英俊而成立革命同盟会于东京之日，吾始信革命大业可及身而成矣。""从此革命风潮一日千丈，其进步之速，有出人意表者矣！"①

① 孙中山：《建国方略》（1917 至 1919 年），《孙中山全集》第六卷，第 237 页。

第四节　发展组织

东京同盟会总部成立之初，总部实行“三部联合会”制度。所谓“三部联合会”，据当时亲自担任评议部评议员的田桐回忆：“同盟会成立，仿三权分立制，置执行、司法、评议三部。惟当时以秘密结社，最忌手续繁复，稽延时日。司法、评议二部，尤难实行。同人提议，开三部联合会，遇有重要之事，将三部人员集合，一次议决实行。自此制行后，司法、评议二部，未曾独立行使职权矣。”[①] 嗣因司法、评议二部议员纷纷因事先后离开，两部形同虚设；惟执行部却有专人办公。“开会时，总理在部，则总理主席。总理离部，庶务主席。”[②]“黄兴实辅助总理计划一切，总理复信任之，故处理党部之事，多出其手。”[③] 同盟会成立不到两个月，由于筹款、发展组织和扩大舆论宣传阵地的需要，孙中山遂于 1905 年 10 月 7 日离开日本先后去香港、越南、法国、新加坡、马来西亚等地活动。直至 1906 年 4 月下旬，才“自欧洲而新加坡而香港来东”[④]。短期停留之后又离开日本赴东南亚从事革命活动。一直到 1906 年 10 月 9 日虽曾再次来日，但到了 1907 年 3 月 4 日又因日本政府应清政府请求禁止孙中山在日居留，孙中山只得再次离日重返南洋。此后东京同盟会总部工作实际由担任执行部庶务的黄兴主持。黄兴虽然由于发展组织和从事反清武装斗争的需要，也曾一度离开过日本东京，但他都在离日之前委托可靠的人代理庶务一职。在黄兴离日后代理庶务一职的至少有六人之多。

---

① 田桐：《革命闲话》，王杰、张金超主编《田桐集》，第 377 页。

② 同上。

③ 邹鲁：《中国同盟会》，中国史学会主编《中国近代史资料丛刊·辛亥革命》（二），第 12 页。

④ 陈旭麓主编：《宋教仁集》上册，第 602 页。

据田桐记载：黄兴任执行部庶务，“黄公他适，朱炳麟代理之；又他适，召蒋尊簋代理之，尊簋答以现为求学时代，非作事时代，乃荐张继代理之；继他适，孙毓筠继之”[①]；另据宋教仁日记记载：孙毓筠他适，宋教仁继之。宋教仁他适，刘揆一继之。朱、蒋、张、孙、宋五人担任执行部庶务的时间均很短暂，惟刘揆一担任时间最长，他从1907年3月1日接替宋教仁代理黄兴庶务之职，直到辛亥革命成功、同盟会改称国民党为止，担任代理庶务近六年之久。许多重要决策事项由刘揆一禀报黄兴，最终由黄兴定夺。

根据《中国同盟会总章》第十六条之规定：“本会支部于国内分五部，国外分四部，皆直接受本部之统辖。”其区划如下：

国内东、西、南、北、中五个支部中，东部设于上海，辖浙江、江苏、安徽等省区；西部设于重庆，辖贵州、新疆、西藏、四川、甘肃等省区；南部设于香港，辖云南、广东、广西、福建等省区；北部设于烟台，辖蒙古、直隶、东三省、陕西、山西、山东等省区；中部设于汉口，辖河南、湖南、湖北、江西等省区。国外四个支部中，南洋支部设于新加坡，辖英、荷属地及缅甸、安南、暹罗等地；欧洲支部设于布鲁塞尔，辖欧洲各国；美洲支部设于旧金山，辖南北美洲；檀岛支部设于火鲁奴奴，辖檀香山群岛。支部之下设立各省区分会。[②] 在孙中山、黄兴的主持下，各省分会主盟人也陆续相应确定下来。现将各省区和南洋主盟人及变化情况列举如下：

直隶　张继、杜羲、吕复、王观铭；

山东　徐镜心、丁惟汾、于洪起、陈干；

山西　王荫藩、荣福桐、荣炳、谷思慎、景定成、狄楼海、景耀月；

陕西　康宝忠、赵世钰、井勿幕；

---

① 田桐：《革命闲话》，王杰、张金超主编《田桐集》，第376页。

② 孙中山：《中国同盟会总章》（1905年8月20日），《孙中山全集》第一卷，第285页。

安徽　吴春旸、高荫藻、权道涵、孙毓筠、孙作舟；

江苏　高剑公、章梓、张鲁、陈陶遗、许屠；

浙江　秋瑾、陶成章、龚宝铨；

湖北　时功玖、张昉、陈镇藩、匡一、但焘、白逾桓；

湖南　黄兴、仇式匡、宋教仁、刘揆一、陈嘉会；

四川　淡春阳、丁厚扶、张治祥、黄复生、董修武、李肇甫、吴永珊；

云南　吕志伊；

贵州　于德坤、平刚；

河南　杜潜、朱炳麟、曾昭文、刘积学、程克；

福建　林时爽、李恢、方声涛；

江西　钟震川、张世膺、邓文辉、文群、汤增壁；

广西　刘崛、卢汝翼、曾彦、刘尊权、严宽、蒙经；

广东　何天瀚、何天炯、廖仲恺、熊越山、何天衢；

南洋　胡汉民；

上海　蔡元培；

天津　廖仲恺；

香港　冯自由、李自重、谢华国。[1]

由上述统计可知，中国同盟会以东京同盟会总部为主体，于国内外共设九个支部，而每个支部又各有辖区；而每个辖区各省分会均有指定负责人；而且，当指定各省分会负责人因事离任，又有专人递补，这样就形成了覆盖全国各地乃至世界各地的发展网络和连绵不断的接续系统。

值得指出的是，黄兴不仅在同盟会的整体发展上起了组织和领导作用，而且还直接介绍革命党人加入同盟会。为更好地说明这一点，我们对 1905 年至 1906 年两年各省加入同盟会会员人数中由黄兴介绍入同盟会会员人数列表如下，以资考查，详见附表。

---

① 张玉法：《清季的革命团体》，台北，1975 年，第 322—323 页。

1905年至1906年两年各省加入同盟会会员名册一览表[①]

序号	省名	乙巳年至丙午年两年入同盟会会员数	注明主盟人或介绍人的同盟会会员数	由黄兴介绍加入同盟会会员数
1	安徽	59	37	4
2	贵州	9	6	
3	浙江	34	11	
4	陕西	4	3	1
5	河南	9	8	
6	江西	8	4	
7	广西	43	13	
8	江苏	37	25	1
9	湖北	124	52	3
10	湖南	158	101	26
11	云南	27	14	2
12	福建	24	11	
13	山东	53	51	
14	直隶	35	28	1
15	广东	159	28	
16	山西	55	52	7
17	四川	127	96	5
总计		965	540	50

① 各书记载1905年至1906年两年各省加入同盟会会员人数不同，本表系作者根据丘权政、杜春和所编《辛亥革命史料选辑》上册所收《中国同盟会初期（乙巳、丙午两年）》之会员名册统计附表所整理：只是在广东籍会员名册中加入孙中山的名字，其他系作者逐个计算出来的，可作依据，特此说明。

从附表可知，从已登记的965名会员中，湘籍会员为158人，略超过总数的16%，仅次于广东省。注明主盟人或介绍人的540名会员中，由黄兴介绍或主盟加入同盟会者多达50人。实际上，乙巳、丙午两年加入同盟会者以及此两年内由黄兴介绍入盟者远不止此数，因为保密的关系，还有不少参加过同盟会的会员名单没有登记或者登记资料没有保存下来，至少还有大量的留日陆军士官学校学生的名单没有登记在案。从附表还可以看出，乙巳、丙午两年由黄兴主盟或介绍入同盟会的50人中，地区涉及安徽、陕西、江苏、湖北、湖南、云南、直隶、山西、四川等9省，其中由黄兴介绍入盟者湘籍人士多达26人，其他各省中晋籍7人、川籍5人、皖籍4人、鄂籍3人、滇籍2人、直、苏、陕籍各1人。兹列名单如下：禹瀛、姚洪业、曾广轼、梅尉南、萧冀焜、刘彦、何陶、田兰亭、刘谊、阳晁鲲、尹祚乾、童俊、罗良铎、张楚杰、舒翰祥、杨宝秦、周督州、陈廷柱、张经华、余世泗、刘家正、黄昌浚、张秀钟、周邦柱、阳光球、吴超澄（以上湖南）、温寿泉、乔煦、张瑜、闫锡山、荣炳、王用宾、何澄（以上山西）、谢奉琦、张邦杰、周炯伯、胡树文、张启善（以上四川）、程家柽、权道涵、段沄、石林（以上安徽）、夏炎甲、汪鸿藻、张栋臣（以上湖北）、杨振鸿、殷飞云（以上云南）、姜韬（直隶）、朱经（江苏）、潘国章（陕西）等。实际上，如前所述，由黄兴主盟或介绍加入同盟会者远远不是1905年至1906年（乙巳、丙午两年）同盟会成立初年之会员名册所记录的50人。黄兴将自己发展组织的工作重点放在军营下级将弁和在日本学习军事的留学生以及国内随营学堂师生之中，从而培植了一大批武装起义的军事骨干。1905年12月，黄兴离日赴香港，其时，因郭人漳、蔡锷两人“均以维新人物见称于时，故同乡之有志者多赴桂林投效”。且黄兴“与郭、蔡二人素有渊源”，旋化名潜入桂林，“拟策动郭，使以所部举兵反正。会人漳方因事与蔡锷大生意见，各不相下，经克强多方调解，仍无法合作。克强不得已，乃从联络下级将弁入手，爰组织同盟分会于桂林之钵园。郭部将弁及随营学堂与陆军小学师徒加入者，有葛谦、曾传范、林纬邦、雷飚、谭道源、彭新民、梅霓仙、陈国良、林虎、杨锐锋、谭二式、陶表封、邹永成、刘慕贤、王德渊、张熙等八十余人”①。

1906年，李根源曾“密邀南北陆军同学李协和（烈钧）、孙馨远（传芳）、钟柏庵（鼎基）、陈辉圃（宏萼）、姜超六（登选）、卢子馨（香亭）、尹硕权（昌衡）、杨少石（曾蔚）、王佩卿（鉴珍）、刘炳初（洪基）、赵济侯（康时）、乔子和（煦）、覃天泉（鎏钦）、蒲仲衡（鉴）、周樾思（荫人）、李冰臣（德瑚）、梅勋彝（卓敏）、华阆莹（世中）、杨鉴章（文恺）、周哲谋（应时）三十余人见克强先生，加入同盟会”②。1907年3月4日，日本政府应清政府请求，驱逐孙中山出境，孙于当天偕胡汉民、汪精卫、池亨吉、萱野长知等离开日本赴越南、南洋等地开展反清革命活动。据李书城回忆：“自日政府禁止孙先生入境以后，同盟会总理职务即由黄先生代理。黄先生是留日学生，又长住日本，因此，国内外同盟会会员多与他直接商讨问题或通信联络，他和同志间的感情也就深厚起来。特别是黄先生与军人的关系，由于有一段特殊原因而更加密切。黄先生在日本代理同盟会总理时，中国陆军留学生的人数特别多。”③ 陆军士官学校第四期有张世膺、周承菼、张承礼、蒋作宾、吴钟镕、金永炎、覃师范、王家驹、高佐国、吴经明、何澄、刘一清、刘毅、翁之谷、成桄、史久光、周斌、刘维焘、曾继梧、刘绳武、邓质仪、石星川、杜锡钧、赵康时、魏邦平、黎本唐、姜明经等75人；第五期有王孝缜、黄恺元、何成濬、陈乾、李浚、陈之骥、姜登选、李书城、袁华选、全恕、

① 冯自由：《广州保亚票之革命运动》，《革命逸史》第三集，第280页。另外也有学者认为黄兴在桂林发展的组织名称为“兴汉会”，属同盟会的外围组织，详见王学庄、曾业英：《蔡锷的同盟会会籍问题》，《近代史研究》1987年第6期。此处从冯自由说。因为不论黄兴发展的组织是何名称，但无疑都是革命组织。

② 李根源：《雪生年录》卷一，1929年，第12页。

③ 李书城：《辛亥前后黄克强先生的革命活动》，《辛亥革命回忆录》第一集，第183页。

石陶钧、王凯成、吴和宣、殷承瓛、杨源濬、朱先志、齐琳、高霁、沈汪度、危道丰等57人；第六期有尹扶一、李兆祥、王兆祥、刘祖武、孙棨、吴藻华、陈强、欧阳武、张华辅、赵复祥、李根源、林爽、尹昌衡、胡万泰、刘存厚、卢启泰、刘宗纪、胡学伸、官其彬、黄国樑、刘汝赞、罗佩金、阎锡山、孔庚、李鸿祥、叶荃、杨曾蔚、李敏、高声震、仇亮、朱树藩、姚以价、程子楷、张开儒、纪堪颐、李乾璜、耿觐文、张凤翙、黄毓成、顾品珍、朱绶光、温寿泉、唐蟒、唐继尧、童锡梁、孙方瑜、赵恒惕、田遇东、李烈钧、程潜、刘洪基、华世中、杨廷溥、孙传芳、王隆中、梅馨、谢汝冀、庾恩赐、韩凤楼、成炳荣等198人。[①] "其中加入同盟会的陆军士官生不下百余人"，"此外还有陆军测量学校的黄郛、曾昭文等"。黄兴"以为陆军学生须在回国后掌握兵权，不可暴露革命的真面目。因此，他嘱陆军学生中的同盟会会员不到同盟会总部往来，陆军学生的入党证件也由黄先生一人独自保管"[②]。

在黄兴的领导和支持下，陆军学生中一部分激进的同盟会员黄郛、李烈钧等数人发起组织了一个名曰"丈夫团"的秘密组织。据李烈钧《自传》记载："士官学校中另有小组织，为余与黄郛（字膺白）数人所发起者。郛学测量，当时颇激昂，常谓众人曰：'满洲政府非我族类，其心必异，国人应起而推翻之，'古人尝谓'当仁不让'。又曰：'本校人数甚多，良莠不齐，应有严密组织小团体之必要。'当时赞同其说者颇众，于是商议命名，众皆默然。郛笑谓众人曰：'孟子不云乎？富贵不能淫，贫贱不能移，威武不能屈，此之谓大丈夫。我辈既以推翻满清为责任，必须具有不屈不挠之精神，不移不淫之毅力，革命乃克有济。'众皆服其说，遂

---

① 陆军士官学校第四、五、六期学员名单系根据第六期学员李根源和第五期学员李书城提供的名单，由作者进行综合统计而成。

② 李书城：《辛亥前后黄克强先生的革命活动》，《辛亥前后回忆录》第一集，第183—184页。

命为‘丈夫团’，而推郛为首，召开成立大会。初本秘密组织，嗣为留东同学同志所知，咸要求参加。团中有持异议者，以我等乃士官学校，所习者武功，若辈所习者文事，文武殊途，不宜加入。而成城学校之会员，要求者再，于是选其优秀及诚恳可靠者若干人请其参加，遂改名曰‘丈夫成城团’，复开成立大会。故此一组织，有两次成立会，亦佳话耳。”[①] 参加“丈夫团”的除黄郛、李烈钧外，尚有李根源、李书城、程潜、赵恒惕、尹昌衡、黄恺元、陈之骥、叶荃、温寿泉、曾继梧、华世中、刘洪基、程子楷、孙方瑜、曾昭文、耿觐文、李乾璜、仇亮、杨曾蔚、陈强、孙棨、高霁、杨源浚、殷承瓛、袁华选、姜登选、李浚、王孝缜、何澄、阎锡山、王家驹等[②]。“丈夫团”成立后，黄兴“还鼓励家有资财的同志出资捐官，俾将来获得兵权可更大更快些。团员中黄恺元用银一万两捐得道台，陈之骥用银六千两捐得郎中。辛亥武昌起义后，南北各省举兵响应，充任都督及军、师、旅、团长的人，多属丈夫团的同志，都是黄先生所熟知的人。因此，革命军人与黄先生有特别深厚的感情，他在革命军人中具有极高的威信”[③]。黄兴挚友李书城的这一席话大抵是符合实际的。诚然，所有这些成绩的取得，虽然不能归结于黄兴一人之功，应当说这是孙中山、黄兴以及广大革命党人共同努力的结果，但是，作为同盟会本部工作的主持人、担任执行部庶务的黄兴在组织发展上所起的作用自然是不可小视的。诚如孙中山后来在评价同盟会初期组织发展时所指出的：“及乙巳之秋，集合全国之英俊而成立革命同盟会于东京之日，吾始信革命大业可及身而成矣。于是乃敢定立‘中华民国’之名称而公布于党员，使之各回本省，鼓吹革命主义，而

---

① 李烈钧：《自传》（1944 年 8 月），载周元高等编《李烈钧集》下册，中华书局，1996 年，第 817 页。

② 关于“丈夫团”成员名单，李书城列举 32 人、黄郛列举 25 人，此处根据有关材料综合统计为 33 人，实际尚不止此数。

③ 李书城：《辛亥前后黄克强先生的革命活动》，《辛亥革命回忆录》第一集，第 184 页。

传布中华民国之思想焉。不期年而加盟者已逾万人，支部则亦先后成立于各省。从此革命风潮一日千丈，其进步之速，有出人意表者矣！”① 毫无疑问，这种大好形势的取得是与以孙、黄为轴心的同盟会正确领导分不开的。

第五节 重视舆论宣传

由于黄兴在同盟会中以领导武装起义而著称于世，他的一生在戎马倥偬中度过，其军事方面的成就为人们所熟知。但他在舆论宣传方面的成就似乎被掩盖而不甚显著。其实，黄兴是非常重视舆论宣传的。如前所述，黄兴早在1902年留日期间，便由弘文学院学生团体推选出任中国留日学生会馆评议员，并与蔡锷、杨笃生、杨度、张孝准等人创办《游学译编》杂志，嗣又与蔡锷、张孝准、杨笃生等成立湖南编译社，暗中鼓吹反清革命。1903年黄兴回国抵达武昌两湖书院后，又在学生中“演说满汉畛域及改革国体政体之理由”，遭鄂督张之洞责成院长梁鼎芬悬示驱逐出境，他犹连留八日，以所携带邹容所著之《革命军》、陈天华所著之《猛回头》二书四千余部之多赠送军、学各界人士。黄兴在明德学堂任教期间，利用课间余暇，翻印了不少革命书籍，如邹容之《革命军》、杨毓麟之《新湖南》、陈天华之《警世钟》《猛回头》等，在军、学界中广为传播，以取得社会各界支持。在课堂上，黄兴还利用讲课、题字等方式向学生灌输反清革命思想，使学生深受教育。

特别值得一提的是，同盟会成立后，黄兴对《民报》的创刊、发行、《民报》与《新民丛报》大论战以及《民报》的秘密续刊等都做了大量的工作，作出了杰出的贡献。

---

① 孙中山：《建国方略》（1917至1919年），《孙中山全集》第六卷，第237页。

《民报》是由黄兴、宋教仁、程家柽、田桐等人创办的《二十世纪之支那》杂志演变而来。该杂志于1905年6月3日在日本东京创刊，主张通过革命手段，建立民主共和之独立国家。第二期因刊发《日本政客之经营中国谈》，抨击日本侵华政策，被日本政府全部查没，不准发行，实际只发行一期。在同盟会正式成立大会上，是黄兴首先提议将该杂志移交给同盟会，作为同盟会机关报，“众皆拍手赞成，议决俟下次再商办法”[①]。另据宋教仁1905年8月27日日记记载：“议《二十世纪之支那》交代事，议决两方各举一人为代表，一移交，一接收，免致分歧云。既举得黄庆午为接收者，余为移交者。”[②] 9月3日，宋教仁至黄兴寓所，“以《二十世纪之支那》一切簿记、款项、图书、器具、印信，交与黄庆午，庆午接受之。时孙逸仙在”[③]。9月19日，宋教仁再至黄兴寓所，黄兴告诉宋教仁：“《二十世纪之支那》前日（同盟）会议决不用原名，拟另出一报，一切关系，表面概与断绝，以（同盟）会不欲持排外主义启人嫌忌也云云。”[④] 最后，经过孙中山、黄兴、胡汉民等同盟会会员反复讨论，议决将《二十世纪之支那》改名为《民报》。所以，9月21日，宋教仁至黄兴寓所，黄告知宋教仁：“《二十世纪之支那》停办后，拟另办之报，已名曰《民报》，下礼拜日拟开会商议办法。”[⑤] 商议的结果，据曹亚伯回忆：“旋组织民报社于日本东京市牛込区新小川町二丁目八番地，以张继、黄兴总其成，文稿则以会员之能文者自告奋勇，会计为何天炯，字晓柳；庶务即田桐。”[⑥] 因张继为黄兴挚友，又精通日语，便于与日本官方周旋，由他担任编辑人兼发行人。由黄兴的另一挚友、日本志士末永节担任印刷人，印刷所设秀光社。《民报》发行所招

---

① 陈旭麓主编：《宋教仁集》下册，第550页。
② 陈旭麓主编：《宋教仁集》下册，第551页。
③ 陈旭麓主编：《宋教仁集》下册，第554页。
④ 陈旭麓主编：《宋教仁集》下册，第558页。
⑤ 陈旭麓主编：《宋教仁集》下册，第559页。
⑥ 曹亚伯：《武昌革命真史》前编上，上册，第16页。

牌则悬于宫崎寅藏之家门口，“所有党事皆在编辑部治理，所谓民报社者，即编辑部也”①。孙中山撰《发刊词》在《民报》第一号发表。其谓：“余维欧美之进化，凡以三大主义：曰民族、曰民权、曰民生。”“今者中国以千年专制之毒而不解，异种残之，外邦逼之，民族主义、民权主义殆不可以须臾缓。而民生主义，欧美所虑积重难返者，中国独受病未深，而去之易。是故或于人为既往之陈迹，或于我为方来之大患，要为缮吾群所有事，则不可不并时而驰张之。”“夫欧美社会之祸，伏之数十年，及今而后发见之，又不能使之遽去。吾国治民生主义者，发达最先，睹其祸害于未萌，诚可举政治革命、社会革命毕其功于一役。还视欧美，彼且瞠乎后也。”②《民报》原定为月刊，每月一期，第一号拟于1905年11月26日出版，实际于10月20日印刷，比原定计划日期提前了一个多月。常为早期《民报》撰稿者有汪精卫、胡汉民、宋教仁、陈天华、马君武、朱执信等，皆一时之选。《民报》第一号印刷5000余册，开始“无法发行”③。据曹亚伯回忆：“予与萧钟英、陈谟、龚国辉（后改名斌）、龚国煌、冯大树数人，将印就之《民报》第一期，或包卷，或写封皮，或贴邮票，命女佣用小车推至邮局，不数小时而三千份《民报》皆发出送之中国内地矣。余则二千余份散布于日本中国留学生中，予每日提一大包往各学校发卖，一时《民报》之声价，风行海内外。”④ 为扩大发行量，黄兴又以原华兴会关系，“密函（禹）之谟，使在湖南设立分会，及推销《民报》。湖南民党由之谟介绍入会者，颇不乏人；《民报》则由其一手代理，销路甚盛”⑤。从此，由禹之谟组织起以他为首

① 江介散人：《革命闲话》，载《太平洋杂志》第1号，1929年10月发行。

② 孙中山：《〈民报〉发刊词》（1905年10月20日），《孙中山全集》第一卷，第288—289页。

③ 曹亚伯：《武昌革命真史》前编上，上册，第17页。

④ 曹亚伯：《武昌革命真史》前编上，上册，第17页。

⑤ 姚渔湘：《禹之谟传》，载禹坚白等编《跃起作龙鸣——禹之谟史料》，湖南教育出版社，2010年，第12页。

的《民报》发行网，大大扩展了《民报》的销路。

为扩大《民报》的影响，黄兴于 1906 年 12 月 2 日在东京神田锦辉馆策划和主持了《民报》创刊周年纪念大会。会场内外，“观者万人”[①]，“会场无隙地，后至者络绎于门外，不得入”。“八时半，主席黄君兴起立（众大拍掌呼万岁）宣告开会。述本报纪元以来，感汉族昆弟之惠爱，并谢今日来宾之盛意，将以次延同志及友邦名贤，相与演说，以期讨论解决中国前途之大问题焉。”[②]实际上，这次大会是在东京召开的一次革命力量大联合的大会，也是一次“讨论解决中国前途”的一次大会。在黄兴致开幕词之后，由章炳麟宣读祝辞。孙中山发表长篇演说，其内容是专在阐释三民主义与五权宪法。关于五权宪法，孙中山指出：“将来中华民国的宪法是要创一种新主义，叫做‘五权分立’。”即在西方通行的行政、立法、司法三权之外，加上考选权、纠察权。这五权分立，“不但是各国制度上所未有，便是学说上也不多见，可谓破天荒的政体”[③]。次由章炳麟演说，再次由黄兴介绍日人池亨吉、北辉次郎、萱野长知、宫崎寅藏等相继演说，由宋教仁、田桐等担任翻译。日本来宾演说既毕，黄兴起立作总结发言，略谓：“今天，孙先生所说的，是革命的宗旨及其条理；章先生所说的，是革命实行时代的政策；各位来宾所说的，是激发我们革命的感情。大抵诸君听见，没有不表同情的。但是兄弟所望于诸君的，却还要再进一步。‘表同情’三个字，不过是旁观的说话。凡是革命的事业，世界人人都表同情的。惟有自己的国民却不是要他表同情，是要他负这革命的责任。（拍掌大喝采）诸君现在都是学生，就拿学生的责任来说。一千八百十七年的时候，奥国宰相梅特涅利用俄皇的势力结神圣同盟会，压制革命党，得普王的赞成，到了十

---

① 章炳麟：《自定年谱》，汤志钧编《章太炎年谱长编》上册，第 208 页。

② 民意：《纪十二月二日本报纪元节庆祝大会事及演说辞》，《民报》第十号，《民报》（3），中华书局，2006 年，1493 页。

③ 孙中山：《在东京〈民报〉创刊周年庆祝大会的演说》（1906 年 12 月 2 日），《孙中山全集》第一卷，第 331 页。

月，开宗教革命三百年祭同利俾塞战胜纪念祭，耶路大学学生齐去市外运动各州响应，革命党从此大盛。这样说来，欧洲大革命的事业是学生担任去做的。（拍掌大喝采）日本的革命，人人都推西南一役。那西乡隆盛所倡率的义师，就是鹿儿岛私立学校的学生。这样说来，日本革命的事业也是学生担任去做的。（拍掌大喝采）诸君莫要说今日做学生的时候，是专预备建设的功夫，须得要尽那革命的责任。（拍掌大喝采）今天这会，就是我们大家拿着赤心相见，誓要尽这做学生的本份的。（拍掌大喝采）”[①] 一段数百字的演说，竟然获得与会者五次“拍掌大喝采”，可见当时民气之高涨。黄兴总结发言后，还有同盟会员要求自由发言，“复有会员演说者数人；一时拍掌声、呼万岁声甚为烦杂”。庆祝大会从上午八点半开到下午二点，整整开了五个半钟头，与会人员精神抖擞，远非寻常集会所能比拟。会后，“有一人提议捐助《民报》经费，则皆赞成，一时投钱者、书名于册者不知若干人，良久讫，始散会。散会时发《民报》临时增刊赠书券，人一枚，合计发出五千余枚，合其外未及发券及未得入场者计之，盖将近万人矣，亦未有之盛会也，亦足见人心之趋向矣”[②]。

《民报》创刊一周年以来，围绕三民主义与改良派所创办的《新民丛报》展开了激烈的大论战，辩论的焦点是要不要革命的问题。在大论战中，《民报》作者旗帜鲜明，从法理上、政治上有理有力地进行批驳，从而压倒了自己的对手，扩大了三民主义思想的影响。梁启超理屈词穷，央请原华兴会员徐佛苏以第三者的身份公开发表《劝告停止驳论意见书》，并托其转请章炳麟、宋教仁出面为之疏通，要求停止论战。章炳麟“以胡、汪诘责卓如，辞近诟谇，故持论稍平。湖南徐佛苏来道卓如意，欲为调停。克强

---

① 黄兴：《在〈民报〉创刊周年庆祝大会上的演讲》（1906 年 12 月 2 日），《黄兴集》（一），第 11 页。

② 陈旭麓主编：《宋教仁集》上册，第 695 页。

不许"[①]。徐又见宋教仁，谓梁"已改变方针，其保皇会已改为国民立宪会矣，君可与民报社相商，以后和平发言，不互相攻击"[②]。宋教仁答以改日答复。据宋教仁1907年1月11日日记记载："与章枚叔言及昨日徐应奎所言之事，枚叔言可以许其调和，余遂至孙逸仙寓，与逸仙及胡展堂言之，则皆不以为然。余遂已。"[③] 于是，宋教仁于1月31日"写一片致徐应奎，告以调和《民报》辩驳《新民丛报》不谐"[④]。由此可见，黄兴是支持孙中山的，正是由于孙、黄态度明朗，及时制止了同盟会内部的妥协倾向。因两派政见迥异，继续论战如故，《新民丛报》直至1907年11月自行停刊，梁启超以论战失败而告终。

1908年10月19日，日本政府以《民报》第二十四号刊载伯夔撰《革命之心理》一文，有激扬暗杀、破坏治安之嫌，违反《新闻纸条例》第23条，由东京警察总监龟井英三郎下令"停止其发卖颁布。且记事如《革命之心理》《本社简章》有与同一主旨事项之记载，皆被停止"[⑤]。实际上，真正"停止其发卖颁布"的原因是当时清廷遣唐绍仪为中美联盟专使，访美路过日本，要求日本政府封禁《民报》。"日政府惧中美同盟，弗利于已，亦准清使请，以见好清廷。"[⑥] 对此，黄兴曾委托日本友人宫崎寅藏延聘律师，向日本法庭提出申诉。宫崎不仅出面请了律师，而且还将日政府指定涉嫌的《革命之心理》一文译成日文，作为法庭辩论材料。[⑦] 章炳麟亦以编辑兼发行人身份向日本政府外务省提出申

---

① 章炳麟：《自定年谱》，转引自汤志钧编《章太炎年谱长编》上册，第208页。

② 陈旭麓主编：《宋教仁集》上册，第706页。

③ 同上。

④ 陈旭麓主编：《宋教仁集》上册，第710页。

⑤ 龟井英三郎：《报告〈民报〉二十四号停止情形》，转引自唐振常撰《〈民报〉"封禁"事件诸问题》，载《纪念辛亥革命七十周年学术讨论会论文集》下册，中华书局，1983年，第1988页。

⑥ 曼华：《同盟会时代民报始末记》，《中国近代史资料丛刊·辛亥革命》（二），第444页。

⑦ 《〈民报〉二十四号停止情形报告》，载《近代史资料》1962年第1期。

诉，均无效果。10 月 25 日，黄兴在东京提出召集同盟会本部干部会议，商议善后之策，“欲将《民报》迁往美国出版，旋因他事所阻，终不果行”[①]。《民报》于 1908 年 10 月 10 日出版第二十四号后暂时停刊了。1909 年秋，黄兴在林时爽等人的帮助下筹备复刊《民报》。因为对章炳麟主持时的《民报》发表了一些论述有关佛学的文章，不作“民声”而作“佛声”有些不满，黄兴特邀汪精卫到东京担任新出版《民报》的总编辑人。为避免日本政府干涉，托名以法国巴黎濮侣街四号为总发行所，实际仍在日本东京秘密印刷，于是秘密续刊两期的《民报》第二十五号、第二十六号于 1910 年 2 月 1 日又正式和读者见面了。新出版的《民报》仍然发表过诸如《论革命之趋势》《革命之决心》等名篇，在国内外产生了重要影响。黄兴虽然因为忙于领导反清武装斗争，在戎马倥偬之中没有更多的时间亲自为《民报》撰写稿件，仅在《民报》第十号发表过《在〈民报〉创刊周年庆祝大会上的演讲》和《在〈民报〉创刊周年庆祝大会上的插话》[②]；但他对《民报》的创立、《民报》与《新民丛报》的论战以及《民报》的秘密复刊等都做了大量的工作。《民报》从 1905 年 11 月 26 日创刊至 1910 年 2 月 1 日复刊，共出 26 期，成为当时出版的革命刊物中最有代表性的刊物。孙中山曾给予高度的评价，他说：“同盟会成立未久，发刊《民报》，鼓吹三民主义，遂使革命思潮弥漫全国，自有杂志以来，可谓成功最著者。”[③] 这既是对《民报》这一革命刊物的肯定，也是对黄兴为《民报》所做工作的肯定。过去有关辛亥革命的论著很少提及黄兴在革命舆论宣传方面所作的贡献，显然是有失公允的。

---

① 冯自由：《章太炎事略》，载《革命逸史》初集，第 52 页。

② 详见《民报》第十号（1906 年 12 月 22 日），过去有学者认为陈天华《绝命书》跋文为黄兴所作，实误，该跋文为劈斋所作，劈斋为宋教仁笔名。参见《民报》第二号，第 261—264 页。

③ 孙中山：《建国方略》（1917 至 1919 年），《孙中山全集》第六卷，第 238 页。

第六节 维护团结

在中国历史上，资产阶级民主革命派所从事的伟大事业是前无古人的，他们在武装反清、建立资产阶级民主共和国以及实行民生主义等大方向上基本上是一致的，但对一些具体问题的认识难免存在分歧。如果不能正确处理这些分歧，往往会给革命事业带来不必要的损失。黄兴毕竟是个识大体、顾大局的人，不管是发生在革命党人内部还是发生在自己身上的一些不同认识，他都能处处以革命事业为重，不计较个人名利、得失，维护革命队伍内部的团结，使革命的航船沿着正确的航道驶向胜利的彼岸。

1906 年秋冬间，孙中山、黄兴、章炳麟等在东京编制《革命方略》，用以指导国内革命运动。《革命方略》共包括 15 个文件，即《军政府宣言》《军政府与各处民军关系条件》《军队之编制》《将官之等级》《军饷》《战士赏恤》《军律》《略地规则》《因粮规则》《安民布告》《对外宣言》《招降满洲将士布告》《扫除满洲租税厘捐布告》，以后又补充了《招军章程》《招降清朝兵勇条件》。[①] 毫无疑问，在讨论上述《革命方略》包括的 15 个文件时，孙中山、黄兴、章炳麟等人的意见是一致的。但是到了 1907 年 2 月同盟会召开干事会讨论中华民国国旗图案时，孙中山和黄兴产生了分歧。孙中山主张用青天白日旗，其缘由是，1895 年 3 月 16 日兴中会开会讨论领导广州起义方案，议决挑选健儿 3000 人由香港袭取广州，确定采用青天白日旗，以取代清政府的黄龙旗。此旗图案系陆皓东所设计，陆在是役中殉难，是孙中山领导的最早武装起义中为民族革命流血的第一人。1900 年 10 月 8 日惠州三洲

① 亦有学者认为《建国方略》包括 13 个文件，其中缺少《将官之等级》和《军饷》两个文件，此处采用“原始之革命方略”。

田起义亦采用青天白日旗。当时旗帜上所排列叉光，多寡不一，缝制者颇感为难。后经孙中山解释，“谓叉光即代表干支之数，故叉光应排作十二，以代十二时辰，自是旗上叉光之数始确定不易”[①]。因此，孙中山主张，中华民国的国旗应该沿用兴中会两次起义使用过的青天白日旗，“谓乃陆皓东所发明，兴中会诸先烈及惠州革命军将士先后为此旗流血，不可不留作纪念”。黄兴对于青天白日旗旗帜图式颇持异议，“谓形式不美，且与日本旭旗相近。总理争之甚力，且增加红色于上，改作红、蓝、白三色，以符世界上自由平等博爱之真义。仍因意见分歧，迄未解决”[②]。同盟会的其他干事则提出各种图式：“有提议用五色，以顺中国历史上之习惯者；有提议用十八星，以代表十八行省者；有提议用金瓜钺斧，以发扬汉族之精神者；有提议用井字，以表示井田之义者。”[③]黄兴主张用井字旗，以示平均地权之意。并提出要将孙中山贴在墙上的青天白日旗“必速毁之”。为这件事，孙、黄两人起初均异常冲动，大动肝火，孙厉声说：“仆在南洋，托命于是旗者数万人。欲毁之，先摈仆可也。”[④] 黄兴竟闹到想退出同盟会、与孙中山断绝往来的地步。据宋教仁1907年2月28日日记记载：“七时至《民报》社与黄庆午言余辞职事，庆午不应。良久，庆午忽言，欲退会，断绝关系。其原因则以□□□以己意制一新国旗，而庆午以为不善，请其改之。逸仙固执不改，并出不逊之言，故庆午怒而退会。时诸人均在，皆劝之。”[⑤] 据与黄兴关系较为密切的宋教仁分析，孙、黄此次旗帜图式之争只是“近因”，而还有其他的“远因”。他指出：“余则细思庆午不快之原因，其远者当另有一种不可推测之恶感情渐积于心，以致借是而发，实则此犹小问题。盖□□素日不能开诚布公，虚心坦怀以待人，作事近于专制跋扈，

① 冯自由：《中华民国旗之历史》，《革命逸史》初集，中华书局，1981年，第18页。
② 同上。
③ 同上。
④ 汤志钧编：《章太炎年谱长编》上册，第240页。
⑤ 陈旭麓主编：《宋教仁集》下册，第718页。

有令人难堪处故也。今既如是，则两者感情万难调和，且无益耳，遂不劝止之。又思□□会自成立以来，会员多疑心疑德，余久厌之，今又如是，则将来之不能有所作为，或亦意中事，不如另外早自为计，以免烧炭党人之讥。遂决明日即向逸仙辞职，庆午事亦听之。"[①] 并于是年 3 月 1 日正式向孙中山辞去代理庶务之职。可以设想，如果听任孙、黄各持己见、互不相让，后果将不堪设想。刘揆一接任代理庶务之后，往来于两位领袖之间，耐心地做解释工作，"后经章太炎、刘揆一设法调解，暂搁其议。于是各种方式均由庶务干事刘揆一保存"[②]。后来，黄兴经过认真反思，觉得国旗图式之争并非原则问题，便主动作出让步。他在盛怒平息之后很快冷静下来，"未几，复还"[③]，接受了孙中山提出的旗帜图案。他在《致胡汉民函》中说："名不必自我成，功不必自我立，其次亦功成而不居；先生何定须执着第一次起义之旗？然余今为党与大局，已勉强从先生意耳。"[④] 此后，防城、镇南关、钦廉上思、云南河口、广州新军以及黄花岗起义中，"党军咸用青天白日满地红之三色旗为革命标帜，克强迭任主帅，从无反对之表示"[⑤]。事实上，其他地区黄兴没有介入的组织或起义也不全是用的青天白日满地红旗帜。武昌起义之后，各省革命军所用的旗帜就有多种图案。例如武汉义师所用的十八黄星旗就是共进会的焦达峰、孙武等人设计的；上海江苏军政府用的五色旗，即以红、黄、蓝、白、黑五色代表汉、满、蒙、回、藏五族，乃是宋教仁、陈其美所提议的；惠州陈炯明所用之井字旗，原为廖仲恺在东京所提议，廖、陈同隶惠州籍，陈闻同盟会本部尝有此提案，遂采为己军之标识。这些旗帜图案均来源于东京同盟会干事会议时所提出的由刘揆一保管下来的各种方案。孙中山以黄兴有青天白日旗形式不

① 陈旭麓主编：《宋教仁集》下册，第 718 页。

② 冯自由：《革命逸史》初集，中华书局，1981 年，第 18 页。

③ 汤志钧编：《章太炎年谱长编》，第 240 页。

④ 黄兴：《致胡汉民函》（1907 年 2 月），《黄兴集》（一），第 15 页。

⑤ 冯自由：《革命逸史》初集，中华书局，1981 年，第 19 页。

美的批评，故于 1908 年侨居新加坡时，曾将此旗图式再三润饰，拟将旗上青、红两色增加小方格，且于红色上横添白线，以示美观。总之，各种旗帜图案并存，以供各地义军选用，并未影响革命的性质和进程。

中华民国国旗图案之争就其范围而言，仅限于孙、黄两人之间，由于黄兴的正确处理和刘揆一等人的设法调解，似乎还没有扩大成为同盟会范围内的斗争。但是，随着留日学界无政府主义思潮的泛滥，接踵而来的便是一次比一次更加激烈的倒孙风潮。正是以黄兴为代表的革命党人出以公心，主持正义，挽狂澜于既倒，救同盟会于危难之中，使两次倒孙风潮得以平息下来，从而捍卫了孙中山在革命党人中的领袖地位。

从 1907 年 3 月至 1909 年底，在同盟会内部一部分会员因政见分歧先后掀起了两次倒孙风潮。先是萍浏醴起义被清政府镇压之后，清廷朝野上下感到十分震惊，均认定这次起义与孙中山有关。1907 年 1 月，《民报》出版至第十一期，日本政府徇清驻日公使杨枢之请，要求逮捕并引渡孙中山。[1] 日本西园寺内阁一方面表示满足清政府的要求，同意驱逐孙中山出境；另一方面，又不想与东京的广大革命党人交恶，于是通过日人内田良平、宫崎寅藏等人与孙中山商量，劝孙自动离日。临行前，日本政府委托内田良平出面为孙中山设宴饯行，并送程仪 5000 元，日本股票商铃木久五郎馈赠 10000 元。孙中山因经济拮据，急需现款去南方发动反清武装起义，便接受了这两笔赠款。除以 2000 元留作《民报》经费外，其余全数充作起义费用。这件事由于来不及在同盟会本部进行讨论，引起一些会员的怀疑和不满，于是，以经费问题为导火线，在同盟会内部掀起了第一次倒孙风潮。

章炳麟等人原本只知道铃木久五郎馈赠的 10000 元，而对日本政府所送程仪 5000 元却不得而知。孙中山于 1907 年 3 月 4 日离日后，这一情况为参加同盟会的日本人平山周、北一辉、和田三郎

---

① 上海《时报》1907 年 1 月 27 日。

等知悉，继而为章炳麟、张继、谭人凤、刘师培等人所了解。他们认为，孙中山是“受贿”“被收买”“有损同盟会的威信”，使日本人对同盟会“日存鄙夷之见”，“因此事以启其轻侮之心”，并传出孙中山“去时引党员宴会，以为一去不返之保证”等语。[①] 章炳麟对孙中山大为不满，“就大发其书呆式牢骚，摸不着头脑的大吵大闹”。他甚至将挂在民报社的孙中山的照片撕下来，“下面批下几个字，叫做：‘卖《民报》之孙文应即撤去’”。[②] 他以为孙中山在香港，便把照片和批语寄去，以达到羞辱孙中山的目的。张继则提出：“革命之前，必先革革命党之命。”刚到日本的刘师培也同声附和。日人北一辉则以两派“思想的色彩逐渐鲜明，希望其各向所觉悟之处迈进”[③]。从而掀起了反孙大合唱。接着，又传来了黄花岗、七女湖起义失败的消息，反对孙中山的同盟会员愈益加多，章炳麟等又有革除孙中山总理之提案。他们纷纷催逼当时代理黄兴庶务之职的刘揆一召开一次特别会议，以便开除孙中山，另选黄兴为总理。刘揆一力排众议，断然拒绝召开特别会议。为此，张继竟然同刘揆一在民报社编辑部互相揪打起来。尽管如此，刘揆一仍坚持认为：“孙总理受此款时，留给民报社维持费2000元，余悉以供潮惠党军急需，诚非得已。又深知公（指黄兴——引者）素以实行革命为务，绝不居此空虚总理之名，且方与孙总理共谋粤东首义，万一因‘总理’二字而有误会，使党军前途顿生阻力，非独陷害孙、黄二公，实不啻全体党员之自杀。”[④]

就在同盟会内部矛盾加剧的时候，日后成为叛徒的刘光汉唯恐天下不乱，进一步提出所谓改组同盟会本部的提案，他自己想当同盟会领导人，且援引日本社会党员北一辉、和田三郎充任本部干事，挑起了更加激烈的纷争。据当时接管《民报》发行事务

---

① 谭人凤原撰，饶怀民笺注：《石叟牌词》，第52页。

② 《胡汉民讲述南洋华侨参加革命之经过》，载冯自由《革命逸史》第五集，第191页。

③ 北一辉：《中国革命外史》，1945年中译本，第25页。

④ 刘揆一：《黄兴传记》，饶怀民编《刘揆一集》，第118页。

的陶冶公回忆："日本人北辉次郎（指北一辉——引者）因要求为同盟会本部干事，遭到霖生（指刘揆一——引者）反对，竟批霖生之颊。"[①]

为筹备钦、廉二府同时举义，孙中山派萱野长知赴日购械，共购得村田式快枪 2000 支，子弹 120 万发，拟运往白龙港，供起义之用。章炳麟就乱吵乱嚷地说道："孙某所购军火是村田式，这种式子在日本老早不用了，用到中国去不是使同志白白地丢了性命吗？可见得孙某实在不是道理，我们要破坏它！"[②] 其实，村田式这种枪械在日本虽然已经落后，但在当时的中国仍不失为先进武器。陶成章在购械问题上支持章、张等人，"孙、黄二公但求其多而价廉，认为械多可张大声势"，"章太炎先生与陶公（指陶成章——引者）均主宁可少购，购必精良"，"陶于争论时坚持尤力，因与孙、黄失和"。[③] 当时有人奉劝陶成章，"大家不要争夺领袖"，被陶成章当场斥之为"年轻人不要胡说"。平心而论，章、陶虽然无意自己去"争夺领袖"，但从无政府主义立场出发，因经费问题而引起的对孙中山严重不满，利用购械一事，"乘机报复"确是事实。由于章炳麟、宋教仁（此时已由张继从奉天召回）等用《民报》名义，拍发明电，告知香港《中国日报》冯自由处，称"械劣难用，请停止另购"[④]，造成武器供应不上。

孙中山自觉失信于同志，责成胡汉民严肃处理此事。胡"驰书本部同志力责之，且言当执行党中纪律。旋由林时爽同志等返东京，禁制章、宋，使以后不得侵与党中军事问题"[⑤]。孙中山本人则致函宫崎寅藏，委托他在日本"全权办理筹资购械"一事。

---

① 陶冶公：《〈民报〉二十四号停止情形报告》，《近代史资料》1962 年第 1 期，第 1 页。

② 《胡汉民讲述南洋华侨参加革命之经过》，载冯自由《革命逸史》第五集，第 191 页。

③ 许轶民：《从陶成章先生被害说起》，《上海文史资料选辑》第四辑，油印本。

④ 冯自由：《吊章太炎先生》，《制言》第 25 期。

⑤ 《胡汉民自传》，《近代史资料》1981 年第 2 期，第 13 页。

并严厉谴责平山周、北一辉、和田三郎以及章、陶等人。他在《致宫崎寅藏函》中指出："不料平山、北、和田等不顾公义，为弟之所不及料，非惟无以维持团体之精神，增进团体之势力，且立意欲破坏团体，既将日本人的方面破坏无余，且进而侵入内部，几致全局为之瓦解。前托萱野君回国购械，与足下谋议，事已垂成，而机泄于此数人之手，凡此皆不法之举动、公义之蠹也。弟以后不复信任此数人，其关于日本之运动，当托足下全权办理，宜秘密行事，不特平山、北、和田数子不可使之闻知，即本部中人及民报社中人亦不必与之商议。"①

刘揆一考虑到当时东京本部这种严重的思想混乱状况，内心十分焦虑，乃急函在香港的彭邦栋，将这一情况转告黄兴，又致书冯自由、胡汉民，引"万方有罪，罪在一人"的譬语，敦请冯、胡奉劝孙中山向东京本部引咎谢罪。孙中山复函谓"党内纠纷，惟事实足以解决，无引咎之理由可言"②。毫无疑问，孙中山对参与倒孙风潮的平山周、北一辉、和田三郎等人采取不信任的态度和断然措施自然是正确的。在这场风潮中，尽管章炳麟、张继、陶成章、刘师培，乃至宋教仁等不少同盟会员都被卷进去了。但是在东京同盟会本部中也还有不少同盟会员是站在孙中山一边的，他们在维护孙中山的领袖地位方面还做过不少工作，即使卷进第一次倒孙风潮的成员中，各人的表现也不尽相同。况且，《民报》在与保皇党人的机关报《新民丛报》开展大论战中，对宣传三民主义、推动孙中山的革命事业方面都起过重要作用。民报社同仁除章、陶等人有过火行为，说过一些不利于团结的话、做过一些不利于团结的事之外，也有不少人还是拥戴孙中山的。刘揆一要求孙中山在内部斗争尖锐化的情况下，采取高姿态，目的无非是为了缓和矛盾。但是，孙中山等待用"事实"来加以解决，又没

① 孙中山：《致宫崎寅藏函》（1907 年 9 月 13 日），《孙中山全集》第一卷，第 343 页。

② 刘揆一：《黄兴传记》，饶怀民编《刘揆一集》，第 118 页。

有把"事实"讲清楚，甚至对"望浅、众意不属"[①] 的刘揆一遭到反孙势力围攻、殴辱这些基本"事实"也一无所知，专任宫崎寅藏一人，而抛开同盟会东京本部，抛开民报社的做法显然是不够冷静的，也是欠妥当的。

刘揆一凭着他和黄兴之间多年建立起来的交情，深知黄兴的为人，他写信给黄兴，自然会收到很好的效果。黄兴复函称："革命为党众生死问题，而非个人名位问题，孙总理德高望重，诸君如求革命得有成功，乞勿误会，而倾心拥护，且免陷兴于不义。"[②] 在黄兴、刘揆一等人的感召下，那些头脑一时发热、受无政府主义思潮影响的狂热之徒，无以逞其能，施其计，反而受到深刻的教育。张继就是一个典型的例子，他曾因刘揆一拒绝召开"特别会议"而与之动武并互相揪打过，但他终于"猛然醒悟"，在刘揆一面前"大声认错"，"揆一感其磊落，为之泪下"[③]，显现出一个革命家的豁达情怀。正是因为黄兴、刘揆一等人正确处理同盟会的内部矛盾，"会众遂欣然安之"[④]，第一次倒孙风潮暂时得以平息下来。

一波未平，一波又起。从 1908 年 4 月开始，陶成章接替张继，连续担任《民报》第二十号至二十二号编辑兼发行人。由于办报经费困难，陶于 1908 年 9 月赴南洋筹款，住中兴日报馆。他要求孙中山为经济窘迫难以维持之《民报》拨款 3000 元作为印刷费；还要孙中山为筹备中之江、浙、皖、赣、闽五省革命协会筹款 50000 元作为活动经费。而当时孙中山在经济上已陷入衣食不周的窘境，但他还是想过一些办法，"四处张罗，无法筹措，乃出其手表等物，嘱往变款，以救燃眉之急"。但陶成章不予理解，反而发生误会，竟与孙中山"争持不休"。鉴于陶成章与章太炎曾在东京

① 汤志钧编：《章太炎年谱长编》上册，第 258 页。

② 黄兴：《复刘揆一书》（1907 年 7 月），《黄兴集》（一），第 16 页。

③ 刘揆一：《黄兴传记》，饶怀民编《刘揆一集》，第 118 页。

④ 刘揆一：《黄兴传记》，饶怀民编《刘揆一集》，第 118 页。

掀起过第一次倒孙风潮，孙中山本已不悦，对陶南来早怀戒心，而陶提出需筹集 50000 元巨款自然无法满足，便“推以近日南洋经济恐慌，自顾不暇，断难办到”[①]。陶要孙为他写介绍函去各地募捐，孙考虑良久，还是同意了。

1909 年 1 月 23 日，陶成章自槟榔屿到坝罗，筹款极不顺利，仅筹得数百元，他认为这是孙中山“暗中设法播弄”之故，遂对孙中山“大愤”。[②]

陶成章对孙不满情绪的增长，终于使他“另拟章程”，独树一帜。1909 年 9 月，陶成章纠集李燮和、柳聘农、陈方度、胡国梁、易本羲、魏兰、沈钧业等 8 人以东京南渡分驻英、荷各属办事的川、粤、湘、鄂、江、浙、闽七省同志的名义起草了一份“孙文罪状”的公函，列举所谓“罪状”共计三种 12 条，其中“残贼同志之罪状”5 条，“蒙蔽同志之罪状”3 条，“败坏全体名誉之罪状”4 条，对孙中山进行肆无忌惮的攻击，并要求开除孙中山总理职务。按照陶成章等人的逻辑，“恶莠不除，则嘉禾不长，若不先行开除孙文，则我辈机关办就，他即乘势侵入。土生同志不识内地情形，以为中国革命军尽系其一人之所为，孙文之大名已遍宇宙，熟闻固已久矣。比及乃时，拒之不能，不拒又不可，欲再收拾，其能得乎？若一开除了他，发表罪状，事必大有可为，无论将次开办者不至蒙害，即令既破败者，热心之人尚多，犹堪收效在桑隅也”[③]。陶成章带着这份所谓“公函”赶赴东京，要求同盟会本部开会讨论，并公开发布。陶的这一要求遭到黄兴的坚决反对，他感到“乏味之至，苦恼至极”[④]。认为“与中山已不两立”，便决定自行发布，由《中兴日报》书记陈威涛在爪哇谏义里魏兰处将“孙文罪状”用药水印刷百余张，邮寄中外各报馆刊登，造

---

① 孙中山：《致王子匡函》（1909 年 10 月 22 日），《孙中山全集》第一卷，第 418 页。

② 陶成章：《致李燮和书》（1909 年 5 月 9 日），汤志钧编《陶成章集》，第 152 页。

③ 《南洋革命党人宣布孙文罪状传单》，汤志钧编《陶成章集》，中华书局，1986 年，第 176 页。

④ 陶成章：《致亦逵等书》（1909 年 9 月），汤志钧编《陶成章集》，第 161 页。

成了极坏的影响。陶成章还冒充同盟会名义致函美洲各华人报馆，肆意诋毁孙中山。

如前所述，《民报》于1908年10月19日出版至第二十四号后被日本政府“停止其发卖颁布”。1909年10月，黄兴在林时爽等人的帮助下筹备在东京复刊《民报》，另邀汪精卫做编辑。为避免日本政府干涉，托名以法国巴黎濮侣街四号新世纪杂志社为发行所，实际仍在日本东京秘密印刷，东京同人概未与闻。此事为易本羲所知，告之章炳麟。章为《民报》惨淡经营多年，一旦恢复，却被排斥在外，怒不可遏，指斥续刊《民报》为伪《民报》。陶亦认为续刊《民报》只能为孙中山“虚张声势”，非先革除孙中山总理职务，“不能办《民报》”[①]，因而支持章炳麟出面反对。章于是推出《伪〈民报〉检举状》，以与陶氏相互唱和。当时远在法国的张继与章、陶遥相呼应，他公然致函孙中山，“示之二策”：一、“退隐深山”，二、“布告天下，辞退同盟会总理”[②]，从而使第二次倒孙风潮达到了顶点。

面对同盟会内部如此混乱的状态，黄兴团结同盟会内部多数同志进行了坚决的斗争。他和刘揆一、谭人凤等人商量，严正拒绝了章、陶等人提出革除孙中山总理的无理要求。他一方面致函孙中山，表示慰问，要求孙中山“大度包之”。他在《复孙中山书》中指出：“昨接读由伦敦发来之函，得悉有人冒名致函美洲各埠，妄造黑白，诬谤我公，以冀毁坏我公之名誉，而阻前途之运动。其居心险毒，殊为可恨！”并向孙表示：“我公当亦能海量涵之。至东京事，陶等虽悍，弟当以身力拒之。”[③] 也就在同一天，黄兴和刘揆一、谭人凤三人商量，以同盟会庶务名义发表《致美洲各埠中文日报同志书》，书云：“同盟会总理孙君今春由南洋起

① 黄兴：《复孙中山书》（1909年11月7日），《黄兴集》（一），第22页。
② 孙中山：《复张继函》（1909年11月12日前后），《孙中山全集》第一卷，第426页。
③ 黄兴：《复孙中山书》（1909年11月7日），《黄兴集》（一），第21—22页。

程赴欧，将由欧来美，想各位同志已有所闻。本处风闻于孙君未抵美以前，有人自东京发函美洲各埠华字日报，对于孙君为种种排挤之词，用心险毒，殊为可愤，故特飞函奉白：（一）按本会章程，如总理他适，所有事务由庶务代理。故凡公函必须有庶务签名及盖用同盟会之印者，方可认为公函。（二）如非公函，而函中有多数会员签名者，则作为会员之函件。请将其姓名及所陈之事实，抄录一通寄来敝处，俾得调查考核，以明是非曲直之所在。（三）如系匿名之函，则其为清政府侦探奸细之所为毫无疑义。近日奸细充斥，极力欲摇撼本党，造谣离间之事陆续不绝，同人可置之不理。”“南洋近二三同志对于孙君抱恶感情，不审事实，遽出于排击之举动，敝处及南洋分会已解释一切。望我各位同志，乘孙君此次来美，相与同心协力，以谋团体之进步，致大业于成功。”[①] 并将这封函件加盖同盟会公章发出，收到了很好的效果。黄兴又与汪精卫商量，嗣后出版的《民报》第二十六期，刊登《启事》一则，说明续刊《民报》合法，并指出章炳麟称第二十五期以后《民报》为伪《民报》的原因。该《启事》谈及续刊《民报》合法时称：“本报自去岁十一月，为日本政府停止发行。当时本社同人，即集议续刊方法，社长章君炳麟当众辞职，并谓此后不再与闻《民报》之事。于是，关于《民报》之续刊，困难之点有三：一曰发行所定于何地？二曰续刊的经费如何筹集？三曰编辑之任付之何人？为此三难，续刊之举至于迟之又久。迨今夏巴黎新世纪报社诸君，图《民报》之复兴，愿兼任印刷发行之事，又得香港某君资助续刊经费，惟编辑之任，仍难其人，同人遂共举汪君精卫担任。《民报》自第一期以来至第十三期，每期皆有汪君之文字，久为读者所同知，自第十四期以后，汪君因事不能兼任撰述。今被举为总编辑人，当必有以副读者诸君之望也。乃近日《日华新报》揭载章君炳麟寄美洲、南洋等处之函，斥第二十

① 黄兴：《致美洲各埠中文日报同志书》（1909 年 11 月 7 日），《黄兴集》（一），第 23 页。

五期以后之《民报》为伪《民报》，污蔑之辞，不一而足。夫第二十五期以后之《民报》，果如章君函中所言与否？读者诸君，自有鉴衡，无待本报之辨白。”[①] 事实胜于雄辩，从《民报》第二十五期和第二十六期刊载的内容看，其办报宗旨并没有改变，它继续宣传三民主义，其中诸如《论革命之趋势》《革命之决心》等文章仍然是脍炙人口的佳作，同样起过宣传群众、鼓舞人心的作用。章氏称其为“伪《民报》”，显然是有违历史事实的。《启事》还分析了章氏称第二十五期以后《民报》为伪《民报》的原因主要有两点：“（一）由章君好信谗言，往往不计是非，不问情伪，卤莽与人绝交，前年已与孙君逸仙绝交，后知误会，乃复和好。今复为谗言所中，又为满纸污蔑之言。以精卫、汉民两君与孙君同事，遂辞连及之。（二）由章君夙反对《新世纪》报，前所著《台湾人与〈新世纪〉记者》及屡与吴君敬恒书，可见其意。今兹闻《新世纪》诸君兼任《民报》发行印刷之事，故断然反对。由此二者，遂有此举。同人甚慨，以章君之学行，而有此卤莽灭裂之举动。章君之函，已经发布，不能不有以辨正之，诚所不得已也。”[②]

黄兴等人的努力收到了明显的效果。“寓东京之人士，无党内党外皆非之。”[③] 南洋革命党人焚毁了陶、章散发的印刷品，并派人调查，证实孙中山在九龙的家除几间旧房外，别无所有。孙眉“自己修了草房子，在那里耕种”。南洋同志遂将“实情宣布，这是一个很有力的反证”[④]。在安南的中国革命党人发表《河内公函》，陈述发动云南、广西起义经过，针对陶的谤言逐一加以批驳。至于美洲各埠，由于收到黄兴《致美洲各埠中文日报同志书》，“亦足以解各人之惑”[⑤]，主持巴黎《新世纪》杂志的吴稚晖

---

① 《启事》，《民报》第二十六号。

② 同上。

③ 孙中山：《复吴稚晖函》（1909 年 12 月 4 日），《孙中山全集》第一卷，第 429 页。

④ 《胡汉民讲述南洋华侨参加革命之经过》，《革命逸史》第五集，第 216 页。

⑤ 孙中山：《复吴稚晖函》（1909 年 12 月 4 日），《孙中山全集》第一卷，第 429 页。

则向孙中山表示要将章炳麟的“行为心术，详为发覆，以正人心”[①]。《新世纪》在撰文批评陶成章《孙文罪状》的基础上，又连续撰文批评章炳麟《伪〈民报〉检举状》。在此前后，新加坡《中兴日报》、香港《公益报》、巴黎《新世纪》、美国《少年中国晨报》等均先后发表了章氏致刘师培、何震五封关于向端方谋款去印度做和尚（以章从此脱离革命为条件）的信函，而此时的刘师培、何震夫妇早已叛变，章氏通过刘师培、何震夫妇与端方拉关系，自然会轰动一时，章炳麟此时已是声名狼藉，威信扫地。陶成章亦感到通过倒孙难以达到改组同盟会的目的，只能自行草草收场。他在《致李燮和书》中痛切地感到：“弟思南洋局面，已败坏到极点，一切均难收拾。”“近来东京人心大坏。”[②] 至1910年春，陶成章以十分懊恼的心情再次致函李燮和，表示：“老孙事，实属可厌，以后不理之可耳。”“从此以后，不欲与之胡闹矣。”[③] 他“思事已无可奈何”，只得偃旗息鼓，默尔而息。正是由于黄兴团结广大革命党人，与章、陶等人进行有理、有力、有节的斗争，终于挫败了革命队伍内部少数人对孙中山的再次攻讦，喧嚣一时的第二次倒孙风潮总算得以平息。

在辨明事实真相之后，被卷入第二次倒孙风潮的革命党人又团结在以孙、黄为轴心的同盟会周围，继续从事反清革命斗争。此后，在筹备广州起义的过程中，李燮和等人又积极参与谋划和筹款。1910年冬，同盟会决定在广州谋大举，黄兴致函李燮和等人，特邀他“捐除意见，同任艰巨”[④]，燮和等欣然从之。同年11月13日，孙中山在槟榔屿召集黄兴、赵声、胡汉民等同盟会重要骨干会议，李燮和受槟港同志委托，参加了孙中山在槟榔屿召集的秘密军事会议，决定“倾全党人力财力以赴之”，与彼虏为最后

① 孙中山：《复吴稚晖函》（1910年1月3日），《孙中山全集》第一卷，第433页。

② 陶成章：《致李燮和书》（1909年11月22日），汤志钧编《陶成章集》，第169页。

③ 陶成章：《致李燮和、王若愚书》（1910年3月前），汤志钧编《陶成章集》，第180页。

④ 冯自由：《光复军司令李燮和》，《革命逸史》第二集，第217页。

之一搏，发动广州起义。会后，李燮和回槟港召集各埠同志，传达会议精神，动员华侨捐款，经过几个月的努力，筹得17000余元，并亲自带交黄兴。不久，胡国梁等也带着募集的5000元赶赴香港交给统筹部。李燮和、陈方度、胡国梁、柳聘农等人均参加了著名的黄花岗起义。

第五章　中部失利　转战华南

中国第一个资产阶级政党同盟会成立后，从文、武两条战线开展斗争。一方面，高举大批判的旗帜，以《民报》为阵地，与保皇党人的机关报《新民丛报》开展大论战，划清了革命与改良的界限，壮大了革命派的队伍，为革命派指明了前进的方向。另一方面，又对清政府进行“武器的批判”，大力开展反清武装起义。

如同第四章第六节所指出的，1906 年秋冬间，孙中山、黄兴、章炳麟等在东京编制了《革命方略》，作为各地举行反清武装起义的指导性文件。《革命方略》所包括的 15 个文件中，明确提出资产阶级革命派武装反清斗争的基本方针。所有文件的主要精神集中到一点就是组织国民军，推翻清王朝，建立军政府，在同盟会的领导下，实行以武装斗争反对帝国主义的走狗清王朝的宗旨，最终建立由同盟会指挥的军队和资产阶级专政的政权，以及引导和鼓舞广大革命党人去进行武装斗争。为落实《革命方略》的各项文件精神，黄兴曾在同盟会本部召开干部会议，“谓自《民报》输入国内以来，各界人事与吾党表同情者日众，革命机会，各省皆具端倪，惟须多有负责党员，联络而促进之”。于是，在这次干部会议上确立了一个派遣负责党员深入内地各省发动武装反清起义的具体行动计划。据刘揆一回忆，在这次同盟会干部会议之后，“乃派宋教仁、白逾桓直赴关东，运动马侠，以图韩边外一带独立，为北方革命之根据地。并拟柳大年、瞿方书、洪翼升、刘彦、仇鳌、辜天保、杨勉之、赵缭、田永正、刘馥、余焕东、熊兆周、唐乾一、汤铁樵多人，投身直、奉、吉三省之政学各界，宣传主义，期与北方同志商震、钱拯、张榕、张根仁、吴景濂、张璧、王葆真、王法勤，联络一气，为军队之运动。

“秋瑾女士自告奋勇，愿与浙江光复会之陶成章、竺绍康、王金发，联络武义、永康、东阳、嵊县、仙居之九龙会、双龙会，共策进行。公以南京新军官佐赵声、倪映典、柏文蔚、冷遹、林述庆、杨希说，皆富革命思想，使潜蓄之势力，扩张稳固，当能大举。

“孙总理已派法国武官同志欧极乐，与山西乔宜斋前往接洽，故复派章梓、陈陶公、杨卓林、权道涵、段沄、郑子瑜、柳大任、童俊、邓恢宇、刘震、阳兆鲲、黎兆梅、吴超澂、滕元寿，招致各处同志以助之。谓湖北为全国枢纽，而亦四战之地，惟须有正式军队为主力，取汉阳兵工厂而有之，始足以言战守，吴崑在港，曾言武汉军界多有加盟吾党者，吾党亦多投入马炮队工程等营服务者，未卜近时联络至何程度，乃派居正、胡瑛、程克，往与日知会刘家运、周震鳞、冯特民、季雨霖等会商，随后接济经费。派予弟道一与蔡绍南、彭邦栋、覃振、成邦杰，运动湘军，重整会党。

“且以四川地险而民富，足资割据，乃嘱李肇甫、谢持、张知竞、熊成章、尹謇、李为纶，招邀熊克武、但懋辛、余莨臣、张百祥之在会党有声势者，先后东渡，深相结合，授以机宜。其他各省，如山东丁维汾、于洪起、邓天一，山西谷思慎、王用宾，陕西井勿幕、杨铭源、赵世钰、焦易堂，河南杜潜、刘基炎、潘祖培，安徽张我华、陈策、凌毅，江西邓文辉、陈荣恪，福建李恢、宋渊源，广西邓家彦、曾彦、龚政、刘玉山，贵州平刚、拓泽滨，云南吕志伊、张大义、何畏，皆促其归创同盟分会，务使革命势力，弥漫全国。”[①]

从刘揆一的这段回忆我们可以明确以下几点：

1. 同盟会成立后，便将反清武装起义提上了议事日程。在1906年秋冬间，孙中山、黄兴、章炳麟在制订《革命方略》作为各地举行反清武装起义指导性文件的同时，黄兴又特别召集同盟会干部会议，派遣负责党员深入内地各省包括直、奉、吉、浙、江、晋、鄂、湘、川、鲁、陕、豫、皖、赣、闽、桂、黔、滇等省创立同盟会分会，发动反清武装起义，“务使革命势力，弥漫全国”，从而确立了一个总的统筹全国的武装起义行动计划。完全可以说，这个总揽全局的武装起义计划既是在《革命方略》各项文件指导下进行的，也是贯彻落实《革命方略》的产物。

2. 黄兴召开的同盟会干部会议对于如何领导全国各地反清武装起义进行了具体分工，在地域的选择上制定了以湘、鄂、江、浙为重点，以两广为突破口，一省首义、各省响应的具体作战方针。诚如刘揆一所言：黄兴“又命揆一时驻申江，以图湘、鄂、江、浙之联络，而公自身，则注重两广首义，各省从而响应之”[②]。这就是说，作为同盟会庶务的黄兴和代理庶务的刘揆一分别担任华南地区和中部地区的领导者和联络人，以期达到一省首义、各省响应、夺取全国胜利的目的。

需要说明的是，这里所谓“以湘、鄂、江、浙为重点”即通常人们所说的黄兴的“长江革命”战略，而所谓“以两广为突破口”即通常人们所说的孙中山的“华南革命”（或称“珠江革命”）战略。如所周知，黄兴在同盟会成立以前，他是主张“长江革命”战略的，这从他与孙中山初识时的争论可以反映出来。据宫崎寅藏后来回忆：“孙和黄第一次在凤乐园见面，就进行了激烈的争论。由于我不懂他们的话，不知道吵的是什么问题，后来问人才知道：黄主张从长江一带开始干，孙则主张从广东开始干。

① 刘揆一：《黄兴传记》，饶怀民编《刘揆一集》，第113—114页。

② 刘揆一：《黄兴传记》，饶怀民编《刘揆一集》，第114页。

黄对孙说：‘你不要光讲自己老家好不好?’孙说：‘你要在长江一带干，但从哪里运送武器呢?长江一带很难运送武器进去，你知道吗?而广东则有几个运送武器的地方。’争来争去，终于是黄屈服了。”① 这里说黄兴“屈服了”未免过于牵强，因为黄兴性格倔强，他从来不会轻易屈从于某个人或某件事，但他一生虚怀若谷能听得进正确意见，确是为广大革命党人所熟知的事实。正是因为他觉得孙中山说的有道理，最后他还是接受了孙中山的意见。然而，他也不会因为一次谈话或一次争论而轻易改变自己的初衷或完全放弃自己原来的想法。可以说，从1905年8月同盟会成立后到1907年9月防城起义之前的两年多时间内，黄兴思想上坚持的是“长江革命”与“珠江革命”并行不悖的战略。亦即所谓“以湘、鄂、江、浙为重点，以两广为突破口”的战略。由此我们不难理解，黄兴一方面于1906年1月至4月下旬的三个多月时间深入广西桂林郭人漳军中策动郭氏和蔡锷举兵反正；另一方面又于1906年秋冬间派遣刘道一、蔡绍南等人回国返湘策动和领导萍浏醴起义。至于到了1907年9月，以防城起义为标志，至1911年4月27日黄花岗起义之前三年多时间内，黄兴几乎用全部精力去实施孙中山的“华南革命”战略。他便于1907年参与策动和领导了防城起义和镇南关起义，1908年领导了钦廉上思之役和云南河口起义，1910年参与策动了广州新军暴动，1911年和孙中山一道领导了黄花岗起义。

3. 在革命动力的选择上，确立了以同盟会为领导，“联络会党、运动新军”，发动“政、学各界”参与起义的策略方针。毫无疑问，宋教仁、白逾桓联络的关东“马侠”，实际上属于秘密社会性质的会党，而仇鳌等多人“投身直、奉、吉三省之政学各界，宣传主义，期与北方同志商震等人联络一气，为军队之运动”，就是讲要“运动新军”。在江、浙地区的秋瑾、陶成章等人所联络的九龙会、双龙会也属于秘密结社的会党，南京新军官佐赵声、倪

① 《宫崎滔天谈孙中山》,《广东文史资料》第25期，第316—317页。

映典、柏文蔚等人本身就是潜伏在新军中的革命党人，只要潜蓄势力，“扩张稳固，当能大举”。在湖北的革命党人则要求他们“多投入马、炮队、工程等营服务”，“惟须有正式军队为主力”，“取汉阳兵工厂而有之，始足以言战守。”这显然强调了运动新军的重要性，是很有见地的看法。而在湖南则明确指示刘道一等人回国返湘要“运动湘军，重整会党”。四川是哥老会势力较为雄厚的地方，黄兴则招邀熊克武、张百祥等“在会党有声势者”，“深相结合，授以机宜”。强调革命党人要根据本地区的特点，拟联络会党作为革命的动力。在“联络会党、运动新军”进行反清武装起义斗争的过程中，黄兴的思想也在不断地发生变化。一般说来，在同盟会成立之前，黄兴将依靠重点放在“联络会党”上，华兴会领导的长沙起义和鄂、宁起义均是依靠哥老会的力量；在同盟会成立以后到1910年广州新军起义之前四年多时间内，他是主张根据各地的特点，二者相辅而行，并行不悖。1910年广州新军起义之后，他开始将依靠的重点放在运动新军上。黄兴在1910年5月13日《复孙中山书》中特别强调：“弟与伯先意，以为广东必可由省城下手，且必能由军队下手。”[①] 黄兴在“省城”和“军队”四字下均加上着重号可以看出他对运动省城的军队情有独钟，尽管1910年广州新军起义失败了，但他仍然认为运动新军为反清武装起义胜利的不二法门。他强调运动新军中的会党，使之反正，是克敌制胜的法宝，甚至认为，新军（包括巡防营）中“可断定多会党，运动必易，以湘人运动尤易”[②]，这是很有远见卓识的。况且，黄兴在1907年9月防城起义后虽将注意力集中在华南地区，但他仍然十分关注和重视长江流域的革命运动。从他后来支持谭人凤、宋教仁等成立中部同盟会，在领导黄花岗起义前派遣谭人凤携带巨款往来于长江流域各省，寻求响应，以及在黄花岗起义前后又加派卢性正两次来湖南运动军队就是明证。

---

① 黄兴：《复孙中山书》（1910年5月13日），《黄兴集》（一），第32页。

② 同上。

总之，黄兴制定的反清武装起义总体行动计划是根据当时形势的发展而提出来的。他对于起义地点的选择以及革命依靠力量的找寻也是根据斗争形势不断发展变化而提出来的，这体现了黄兴不仅是一位总揽全局的军事战略家，而且还是一位具有灵活机动战术的军事策略家。他制定的反清武装起义总体计划对后来武昌首义以及夺取全国胜利产生了重大而深远的影响。

第一节　策动萍浏醴起义

1906 年 12 月 4 日，在湘、赣边境的萍乡、浏阳、醴陵地区爆发了由同盟会策动和领导，以会党徒众为主力的一次声势浩大的起义。这次起义，旨在推翻帝制、实现建立资产阶级民主共和国的理想。这是 1905 年中国资产阶级政党同盟会成立后的第一次大规模武装起义，也是南部中国自太平天国以后范围最大的一次起义。参加这次起义的群众包括江西萍乡安源地区的一部分煤矿、陶瓷工人，湖南浏阳、醴陵的贫苦农民、手工业者，聚众 30000 多人。义旗所指，云集响应，起义遍及萍乡、浏阳、醴陵、衡山、湘潭、平江、宜春、万载、义宁（今江西修水）等市、县，与清兵鏖战匝月，交战 26 次，给清朝统治者以沉重的打击。清政府调动湘、鄂、赣、苏四省兵力才将这次起义残酷地镇压下去，在战场上牺牲和在“清乡”运动中被“镇压”的革命党人及无辜群众“逾万人”！萍浏醴起义犹如狂飙突起，震惊中外，敲响了爱新觉罗王朝灭亡的丧钟！

由于萍浏醴起义爆发时，孙中山、黄兴等同盟会主要领导人远在国外，他们都没有亲临现场指挥，加以孙中山在回忆自己的革命历程时提及：“丙午萍醴之役，则同盟会会员自动之义师也。”

“本部于事前一无所知，故临时无所备。”[①] 据此，中华人民共和国成立前出版的国民党的史学著作根据孙中山的上述提法均认为这次起义不是同盟会领导的。例如，冯自由所著《革命逸史》认为：“萍浏党军之仓卒举事，原非接受同盟会东京本部之命令而发动，即刘道一、蔡绍南之回湘鼓吹革命，亦是出于个人热心，非有一定之具体的计划。”[②] 邹鲁所编著的《中国国民党史稿》亦认为：“此役系同盟会成立后，党员自动之进行，本部事前实未授以计划。”[③] 陈春生所撰《丙午萍醴起义记》也有类似的说法：“此次起事，原非奉同盟会东京本部之命令。”[④] 这种观点一直影响至今，有的论者撰文认为：“此次起义仍然是一次旧式会党起义，不具有资产阶级领导的民主革命性质，参加起义的蔡绍南等人是出于‘个人的热心行动’”，“与整个同盟会的领导毫无关系”[⑤]。应当承认，这次起义对孙中山而言，事前的确不知情，所以他在回忆自己的革命历程时确曾说过“丙午萍醴之役则同盟会会员自动之义师也”这句话，但正如有的研究者所正确指出的那样，“乃是他把西南边境起义当作同盟会正统的策略措施所产生的一种偏见。很明显，萍浏醴起义应当作为同盟会领导的首次起义而载入史册”[⑥]。

按照同盟会的组织建构，“向例，总理他适时，由庶务代理一切，故庶务实居协理之地位”[⑦]。在孙中山不在东京的情况下，担任庶务的黄兴的意见完全可以视为同盟会本部的指示。萍浏醴起义是在黄兴的亲自策动和领导下进行的，这次起义与黄兴、与同

① 孙中山：《建国方略》（1917 至 1919 年），《孙中山全集》第六卷，第 238 页。
② 冯自由：《革命逸史》第六集，第 91 页。
③ 邹鲁：《中国国民党史稿》第三编《革命》（甲），第 630 页。
④ 陈春生：《丙午萍醴起义记》，萍乡市政协、浏阳县政协、醴陵市政协合编《萍浏醴起义资料汇编》，第 44 页。
⑤ 许海泉：《试论萍浏醴起义的性质》，《江西师院学报》1981 年第 1 期。
⑥ 章开沅、林增平主编：《辛亥革命史》中册，2010 年，第 664 页。
⑦ 邹鲁：《中国国民党史稿》第一册，《组党》，第 51 页。

盟会有着非常密切的关系。

第一，黄兴领导的长沙起义和鄂宁起义为萍浏醴起义准备了条件，萍浏醴起义是长沙起义和鄂宁起义的继续和发展。

萍浏醴起义虽以“湘省二百余年所未有”的洪水灾害为导火线，但根源还是黄兴领导的长沙起义和鄂宁起义失败后马福益被捕遇害。1904 年领导的长沙起义和鄂宁起义相继失败后，黄兴于同年 11 月下旬东渡日本，华兴会其他成员如刘揆一、宋教仁、陈天华等也先后逃亡日本。马福益逃往广西，翌年春返湘，准备“再图大举”，不幸于 1905 年 4 月 12 日在“萍乡护城河中一只船里被捕”[①]，旋被解往长沙，同年 4 月 20 日被杀害。马福益捐躯后，“同志既抱哀思，又负后死者之责，因于日本东京大开追悼会，刊布其革命军纪十条；流行者数十万册，耳目最近之湘楚人士，愈大感动，诸同志遂就其计划素定之萍乡为正式之革命行动”[②]。马福益的牺牲，大大加深了会党徒众对清廷的愤恨，其时，龚春台等人“向受马福益之指导，久有揭竿之志，马殉难后，进行仍不少懈”[③]。他们“誓复仇，益倾向革命党，继续图大举”[④]。在萍浏醴起义爆发后，凡参加者皆“以白布缠头”，据称是为“马福益戴孝”[⑤]。完全可以说，萍浏醴起义是长沙起义和鄂宁起义的继续和发展。当时，有不少革命党人身临其境，躬与其事，对这个问题看得很透彻，因而在萍浏醴起义发生后并不感到意外，反而觉得这是预料之中的事。老革命党人周震鳞认为，长沙起义，事“虽未成，但是它扩大了革命的影响，为以后浏醴之役准备了

① 饶怀民：《马福益被捕地点考》，饶怀民《中国近代史事论丛》，第 422 页。

② 蔡寄鸥：《鄂州血史》，龙门联合书局，1959 年，第 16 页。

③ 冯自由：《丙午萍浏醴革命军实录》，《革命逸史》第六集，第 87 页。

④ 《醴陵县志·人物志》，抄件。

⑤ 曾省斋：《丙午萍浏醴革命始末记》，萍乡市政协、浏阳县政协、醴陵市政协合编《萍浏醴起义资料汇编》，第 77 页。

一定的条件”[1]。宋教仁1906年12月12日日记记载：“余思此当系马福益同类。”[2] 刘揆一也认为起义的参加者“亦当是前岁旧同志”，并与宋教仁商量，“欲归国起事，或往助湖南之事”，后因黄兴“不劝其去，谈良久遂罢”，而不果行[3]。章士钊在谈到刘揆一的革命事迹时，则讲得更加清楚，他说：“吾识先生，在光绪癸卯、甲辰间，时克强先生创为华兴会，首事者十二人，先生与吾皆在其列，领其事者，虽为克强，而会中一切之计，则先生独尸之，开国有名之浏醴一役，即发轫于是。凡此，皆同盟会以前之史迹，等于张楚狐鸣，或荐绅所不乐道，而吾侪推重先生，则实始于是时。”[4] 这段话对于长沙起义与萍浏醴起义二者之间的关系的阐述是符合实际的。冯自由认为，正是因为马福益殉难，其部属龚春台、萧克昌、姜守旦等人革命之志益坚，他们“以继承先志为务，至丙午而有萍醴之役”[5]。甚至连日本友人宫崎寅藏主编的《革命评论》杂志也分析这次起义的原因“既非耶苏教主义，又非为饥馑，似为半（数）年以前即屡加策划之革命党行动也”[6]。上述这些看法是颇中肯綮的。

第二，在长沙水陆洲会议上，刘道一传达了黄兴的指示，为萍浏醴起义指明了方向，确立了起义的策略方针。

根据全国发动反清武装起义的总体行动计划，长江流域仍然是革命党人发动起义的重点地域，黄兴、刘揆一等湘籍革命党人因领导长沙起义和鄂宁起义失败而流亡日本，为清廷悬赏通缉的“要犯”而不能返湘归里。刘道一因父亲刘方峣年迈多病需要有子女探视遂自请回国，得到黄兴的同意。黄兴在此之前曾经对他有

① 周震鳞：《关于黄兴、华兴会和辛亥革命后的孙黄关系》，《辛亥革命回忆录》第一集，第330页。

② 陈旭麓主编：《宋教仁集》下册，第697页。

③ 陈旭麓主编：《宋教仁集》下册，第699页。

④ 章士钊：《刘霖生先生七十寿序》，章含之等编《章士钊全集》8，第67页。

⑤ 冯自由：《丙午萍浏醴革命军实录》，《革命逸史》第六集，第87页。

⑥ 断水楼主人：《清朝之末路》，《革命评论》支那革命号。

过面嘱："告以今之倡义，为国民革命，而非古代之英雄革命。洪会中人，犹以推翻满清，为袭取汉高祖、明太祖、洪天王之故智，而有帝制自为之心，未悉共和真理，将来群雄争长，互相残杀，贻害匪浅，望以民族主义、国民主义，多方指导为宜。"又说："革命军发难，以军队与会党同时并举为上策，否则亦必会党发难，军队急为响应之，以会党缺乏饷械，且少军队训练，难于持久故也。且甲辰一役，会党分为五路，势远力涣，遣调不灵，疏忽致败。今欲规取省城，宜集合会党于省城附近之萍浏醴各县，与运动成熟之军队联合，方可举事。现时会党，多潜伏于萍乡安源诸矿山上，正可利用矿场等处，为组合机关。而军队方面，新军多驻省会，巡防营分驻各府县，水师分驻湖河上下游，惟新军兵精械良，官佐皆学生出身，多有与吾辈通声气者，运动较为易易。巡防营虽难比肩新军，然官与兵多洪会中人，以洪会同志游说之，不难归顺。水师则船械均甚窳败，只可临时收作运输之用。姑就次策言之，使以会党万人，组成整齐军队，发难于浏醴，而直扑长沙，各军队能反戈相应，占据省垣重地，军装局既为我有，党军得补充而训练之，并择精明强干之会党，为便衣敢死队，以手枪炸弹扰害外来敌军后方。"[①] 可无失败之虞。刘道一带着黄兴的指示回国，旋"即联络会党在湘、赣边境展开活动"[②]。他与蔡绍南化装成"富商"，潜往蔡的家乡萍乡上栗市一带，调查哥老会活动情况，与"龚春台联络，并邀约萍浏醴各地哥老会头目会晤"[③]。他向会众反复讲解国民革命的道理，使大家深受教育和鼓舞。于是，他们返回长沙，便约集同志蒋翊武、龚春台、刘重、刘崧衡等人在长沙水陆洲的一只船上秘密聚会，"到三十八人"[④]。会上，刘道一传达了黄兴的指示，分析了当时湘、赣境内军学各

① 刘揆一：《黄兴传记》，饶怀民编《刘揆一集》，第 115 页。

② 吴玉章：《辛亥革命》，人民出版社，1973 年，第 88 页。

③ 杨世骥：《辛亥革命前后湖南史事》，第 130 页。

④ 曾省斋：《丙午萍浏醴革命始末记》，萍乡市政协、浏阳县政协、醴陵市政协合编《萍浏醴起义资料汇编》，第 75 页。

界和哥老会的分布及活动情况，经过反复讨论，认为使用黄兴的次策可以达到光复全省，将革命势力扩展到全国去的目的，与会者咸表赞同。接着，会上还进行了具体分工，于是，蒋翊武、刘岳峙、覃振、刘承烈、成邦杰、易本羲、唐支夏、文斐、向瑞彝、杨熙绩、禹瀛、柳继贞、刘戣、胡典武、黄贞元、曹武、荆嗣佑、李云璬、胡国梁、葛天保等，愿负运动新军责任。蔡绍南、龚春台、刘重、彭邦栋、张尧卿、周治华、周果一、李国柱、刘崧衡、黄人障、江自任、李九、凌汉秋、邓玉林、瞿光炆等分任联络防营，布署会党，“一俟军队运动成熟，约于十二月清吏封印时举事”①。很明显，这次会议根据黄兴的指示，对于起义的指导思想、策略方针、具体步骤和起义的时间、地点等重大问题，基本上确定下来。

第三，萍乡蕉园会议是一次重要的组织工作会议，这次会议对于统一萍浏醴地区会党各派，使之纳入同盟会轨道，贯彻同盟会纲领具有重要意义。

萍浏醴起义的领导人除了黄兴派遣回国的刘道一、蔡绍南等同盟会骨干之外，还有不少会党首领，如被称为起义“台柱子”的龚春台、“能左右窿工”的萧克昌、武艺超群的冯乃古、洪福会首领姜守旦等，他们都是马福益属下的会党头目，向受马福益指导，一直以实行武装反清为目标。在他们手下也还聚集了一批中、下层会目，这批人如李金奇、廖叔保、瞿光炆、李香阁、胡友棠、饶友寿、沈益古、陈绍庄等，大都在萍浏醴起义中献身，也是一批真诚的革命党人。按照长沙水陆洲会议的分工，蔡绍南回到萍乡上栗市老家，与黄兴的学生魏宗铨取得联系，在会党中开展联

① 刘揆一：《黄兴传记》，饶怀民编《刘揆一集》，第115页。“封印”为清朝的一种制度。它规定每年农历腊月十九日、二十日、二十一日三天之内，由钦天监选择吉日吉时，颁示各级官署，一律封印一个月，在封印期间，清吏不再签押视事，至翌年正月十九日、二十日、二十一日三天之内，择吉日吉时开印，照常视事。光绪三十二年丙午腊月十九日、二十日、二十一日三天为公历1907年2月1日、2日、3日。

络和宣传活动。其时，萍浏醴一带会党各派山堂林立，互不统属，主要有三股势力：一是以龚春台、李金奇、萧克昌为首的洪江会，各拥众数千人；二是以姜守旦为首的洪福会，亦有徒众数千人；三是以龙人杰、廖叔保、饶友寿、万木匠、沈益古为首的武教师会，各拥众数百人。这三股势力不是敌对关系而是伙伴关系。为便于统一指挥，蔡绍南与龚春台、魏宗铨等人商量，约集萍浏醴一带哥老会和武教师会首领 100 余人，在萍乡蕉园洞欧阳满家聚会，以延道士替亡故友人作冥寿为名，举行开堂大典。以湘、鄂、赣、闽几省分布较广的洪江会为基础，将哥老会其他派系和武教师会等并入，歃血为盟，统称六龙山洪江会。六龙山洪江会推举龚春台为“大哥”，以忠孝仁义堂为最高机关，下分文案、钱库、总管、训练、执法、交通、武库、巡查等“内八堂”，又设一、二、三、四、五、六、七、八路码头官，为“外八堂”。共饮雄鸡血酒宣誓：“誓遵中华民国宗旨，服从大哥命令，同心同德，灭满兴汉，如逾此盟，人神共殛。”[①] 所谓“誓遵中华民国宗旨”的含义，不是别的，就是中国同盟会总章第二条规定的，“本会以驱除鞑虏，恢复中华，创立民国，平均地权为宗旨”[②] 蕉园会议“称奉孙中山先生命，组织革命机关，以备驱策”[③]。这反映出会党首领通过刘道一、蔡绍南等人的宣传发动，已经基本上接受了同盟会的纲领。蕉园会议是继长沙水陆洲会议之后，由蔡绍南等人主持召开的一次重要组织工作会议，这次会议对于统一萍浏醴地区会党各派，使之纳入同盟会的轨道，具有极其重要的意义。自此以后，洪江会“发展之速，一日千里，不数月间，已蔓延萍（乡）、宜（春）、分（宜）、万（载）、浏（阳）、醴（陵）数县”，该会设在麻石的机关，“为会党之大本营，常驻会友二、三千人”[④]。革

① 曾省斋：《丙午萍浏醴革命始末记》，萍乡市政协、浏阳县政协、醴陵市政协合编《萍浏醴起义资料汇编》，第 75 页。

② 邹鲁：《中国同盟会》，《中国近代史资料丛刊・辛亥革命》（二），第 7 页。

③ 佚名：《魏宗铨》，《中国国民党史稿》第 5 册，第 1276 页。

④ 佚名：《魏宗铨》，《中国国民党史稿》第 5 册，第 1277 页。

命形势的发展比人们预想的要快得多。

第四，萍乡慧历寺会议重点讨论了武装起义的问题，并决定派遣蔡绍南、魏宗铨前往日本晋谒孙中山，报告组织经过，请示举义具体日期。

萍乡蕉园会议开过后，蔡绍南、龚春台、魏宗铨等人商量，下一步的任务就是如何按照同盟会东京本部的意图，落实长沙水陆洲会议的精神，积极开展反清武装斗争。于是，1906 年仲夏，蔡绍南等人在萍乡县属大岭下弹子坑慧历寺召集各路码头官及会党骨干秘密聚会，重点讨论有关举行反清武装起义的问题。在慧历寺会议上，经过反复讨论，会议作出了有关准备武装起义的四项决定：（1）命余为璜、邓坤在高家台密造火药、打造军械；（2）派魏宗铨司钱库，并与其兄魏宗铭急筹五千金，以备购买军械、火药等原料；（3）令胡友堂、邓廷保等联络哥老会大头目冯乃古以及洪福会首领姜守旦，以便起义时统一行动；（4）委派蔡绍南、魏宗铨前往沪、港、粤联合各地革命机关，并前往日本晋谒孙中山，报告组织经过，要求接济新式军械，请示举义具体日期。会议还确定暂以慧历寺为活动总机关。会后，经过一段时间准备，蔡绍南和魏宗铨将公务交给龚春台、李金奇、许学生代理，旋由湘赴沪，在沪上巧遇黄兴派回的同盟会员李发群、宁调元等人，即详述萍浏醴地区会党活动情形，并告以拟由粤、港再渡东京之意，魏宗铨“旋由发根（群）介（绍）入同盟会，并函东京同盟会本部接洽”①。

自蔡、魏赴沪后，洪江会机关的革命活动正在紧锣密鼓地进行着。农历八月十五日（公历 10 月 2 日）中秋节到了，按照传统的习俗，麻石等城镇大搞酬神演戏，日聚万人，谣言纷起，慧历寺僧众每每假托神言，向香客们表示“天下即将大乱，将有英雄铲富济贫”等语，甚至还有人谣传，“洪江会即日起事”，以致“士绅人人自危，于是呈请官厅剿办，清吏亦严加注意”。10 月 6

① 佚名：《魏宗铨传》，《中国国民党史稿》第 5 册，第 1278 页。

日（中秋节后第4天），萍浏醴三县清军联合进攻麻石，“会党猝不及备，遂不战而散”。第三路码头官李金奇潜往醴陵白兔潭下街刘明合饭店，藏匿于其姘妇荷姑娘处。8月8日，李金奇被族人李树玄（时任团防局长）侦知，密报巡防营围捕，李金奇不幸遇难。李金奇牺牲后，龚春台即电告在沪的蔡绍南和魏宗铨返回萍乡，料理善后。蔡、魏等人整装待发，忽接龚春台急电促回，便将前往东京联络的任务交与李发群办理，蔡、魏两人返回，商议各负一方责任，蔡绍南往浏阳、普迹，魏宗铨往萍乡、安源，加紧准备。九月九日（公历10月26日）重阳节，洪江会目许学生聚集1000余人在上栗市栗江书院为李金奇举行追悼大会，以事欠慎失密，遭官府袭击，许学生被捕，解送萍乡县署杀害。形势急转直下，武装起义犹如箭在弦上，引满待发。

第五，萍乡高家台会议在讨论发动萍浏醴起义的具体时间时，同盟会骨干和洪江会首坚持长沙水陆洲会议的既定方针，“以军械不足，主稍缓以待后援”。

武装起义计划泄露后，不少会众要求提前举义，1906年12月3日晚，蔡绍南、龚春台、魏宗铨等人在萍乡上栗市以西的高家台邀约各路码头官和洪江会其他头目召开紧急会议，讨论发动起义的具体时间，会上发生意见分歧：蔡、龚、魏等主要领导人“以军械不足，主稍缓以待后援”。而各路码头官则都主张“乘清军尚未准备之时，急速发动”。其他会目如饶友寿、龙人杰、沈益古、廖叔保等人也坚持提前起义，他们均“以为有党人十余万，加以各地友党共有二十万之众”，尽可与清军一决雄雌，坚持不再拖宕，相持不下，直至第二天天明，仍未获结果。表面看来，似乎是发动起义的具体时间之争，实际上是坚持还是放弃长沙水陆洲会议的既定方针之争。因为按照原定的计划，黄兴、刘揆一在东京，本拟在农历十一月运械回湘。由于刘道一发给同盟会东京本部的电报为鄂省电报局扣留，东京同盟会本部还没有得到有关起义的消息，因而武器没有及时运回。随着革命形势的飞速发展，群情激愤，各路码头官迫不及待地主张提前发动是完全可以理解的，但是，义愤并不能代替正确的决策。从起义发生后的实际情况看，条件并不成熟。由于在高家台会议上两种意见分歧较大，大会经久不决，人数愈聚愈多，以致终宵扰攘，会众莫知所从，洪江会激进分子廖叔保颇不以为然，不愿起义再有任何迟疑和拖延，他要求提前举义的态度最为坚决。12 月 4 日凌晨，正当高家台会议发生激烈争论的时候，廖叔保急不可耐，遂自率二三千人连夜赶赴麻石，高举“汉”字白旗，正式宣布举行起义，从而打响了萍浏醴起义的第一枪。事已至此，蔡绍南、龚春台等人势成骑虎，只得顾全大局，以洪江会总机关名义，檄知各方首领，同时举义。就这样，震惊中外的萍浏醴起义虽然经过较长时间的酝酿准备，但却又是在洪江会会首和码头官之间发生严重意见分歧、吵吵嚷嚷的一片混乱声中匆匆忙忙地发动起来了。

第六，以“中华国民军南军革命先锋队都督”龚春台名义发布的《中华国民军起义檄文》体现了同盟会的宗旨，是对黄兴指示的具体贯彻与实施。

纲领就像一面公开树立的旗帜那样，使人们最容易判别起义的性质。萍浏醴起义的爆发是 20 世纪初帝国主义和中华民族的矛盾、封建主义和人民大众的矛盾尖锐化的产物，那么必然会在起义的行动纲领中得到明确的反映。

以“中华国民军南军革命先锋队都督”龚春台名义发布的《中华国民军起义檄文》（以下简称《檄文》）代表绝大多数会众的要求，实际上是这次起义的纲领，完全体现了同盟会的宗旨。《檄文》历数清王朝十大罪状，无情加以鞭挞：“鞑虏逞其凶残，屠杀我汉族二百余万，窃据中华，一大罪也；鞑虏以野蛮游牧之劣种，蹂躏我四千年文明之祖国，致列强不视为同等，二大罪也；鞑虏五百余万之众，不农不工，不商不贾，坐食我汉人之膏血，三大罪也；鞑虏妄自尊大，自谓天女所生，东方贵胄，不与汉人以平等之利益，防我为贼，视我为奴，四大罪也；鞑虏挟‘汉人强，满人亡’之谬见，凡可以杀汉人之势，制汉人之死命者，无所不为，五大罪也；鞑虏久失威信于外人，致列国乘机侵占要区，六大罪也；鞑虏为借外人保护虏廷起见，每以汉人之权利赠给外人，且谓与其给之家奴，不若赠之邻邦，七大罪也；鞑虏政以贿成，官以金卖，致政治紊乱，民生涂炭，八大罪也；鞑虏于国中应举要政，动以无款中止，而宫中宴饮，颐和园戏曲，动费数百万金，九大罪也；鞑虏假颁立宪之文，实行中央集权之策，以削汉人之势力，冀固虏廷万世帝王之业，十大罪也。”宣布起义宗旨，不仅要推翻清朝统治，而且“必破除数千年之专制政体，不使君主一人独享特权于上，必建立共和民国，与四万万同胞享平等之利益，获自由之幸福。而社会问题，尤当研究新法，使地权与民平均，不至富者愈富，成不平等之社会”。《檄文》还强调：这次起义“毫无帝王思想存于其间”，是为建立资产阶级民主共和制度而斗争。《檄文》还给清方官员指明出路：要他们弃暗投明，不要与义军为敌，“至现在为虏廷官吏者，宜革面反正，出郊相迎，若仍出曾、胡之故智，为虏出力者，以鞑虏视之，歼杀无赦！现在为虏廷将弁营勇者，宜闻风响应，倒戈相向，若仍湘军之故智，死力相抗者，以鞑虏视之，歼杀无赦”。《檄文》最后号召：“中国者，中国人之中国”，“今政府已立，大汉即兴，鞑虏罪恶贯盈，天所不佑，凡我汉族，宜各尽天职，各勉尔力，以速底鞑虏之命，而赞中华民国之成功！”据此可知，别开《檄文》中的大汉族主义的成分，其反对清王朝的统治和封建专制主义是不言而喻的。同样，《檄文》也包含了反对帝国主义的内容，《檄文》尖锐地指出：由于清廷内政腐败，外侮频仍，国际地位每况愈下，“致列强不视为同等”，“列国乘机侵占要区”，字里行间，不乏对帝国主义罪行的控诉。当然，《檄文》中也指出：“外国人之生命财产，竭力保护，不稍有犯；教堂教民，各安其堵，不稍有犯。”[①] 这正反映出起义的领导者“通事理，有策略”[②]，并非盲目排外。同时，

① 龚春台：《中华国民军起义檄文》，萍乡市政协、浏阳县政协、醴陵市政协合编《萍浏醴起义资料汇编》，第 55—57 页。

② 陈旭麓主编：《宋教仁集》下册，第 701 页。

这些反封建的内容与反帝内容是完全一致的。因为就整体而言，《檄文》从内容到措词，都是由同盟会政纲脱胎而来，当然不可能逾越同盟会纲领所规定的范围，这正好体现了同盟会对起义的领导。

第七，萍浏醴起义从酝酿到爆发直至失败的全过程均受到东京同盟会本部的密切关注和热情支持。

萍浏醴起义从 1906 年 12 月 4 日爆发至翌年元月姜守旦部在江西义宁洲（今修水县）被清军击散、姜守旦逃亡，义军与清军战斗 26 次，相持匝月，最后因为义军饷械不济等原因不幸失败。黄兴与刘揆一在东京“本拟十一月运械回湘”[①]，支援义军；但由于消息不通，未能如愿。据刘揆一回忆：“初见外报略载其事，方咎予弟道一不早来函电，使吾辈得事先归去。谁知道一所发密电，已为鄂省电局扣留。”[②] 当东京同盟会本部从日本报刊得知起义消息后，反应是极其强烈的：“东京之会员莫不激昂慷慨，怒发冲冠，亟思飞渡内地，身临前敌，与虏拼命，每日到机关请命投军者甚众，稍有缓却，则多痛哭流泪，以为求死所而不可得，苦莫甚焉。”[③] 于是，同盟会本部立即采取得力措施，“派多人往各省经营”[④]，先后派遣同盟会员宁调元、谭人凤、龚国煌、胡瑛、朱子龙、梁钟汉、孙毓筠、权道涵、段沄等人回国，以谋响应。回国活动的地区主要是湘、鄂、赣、苏、皖等长江中下游省份。据谭人凤回忆：“居东未久，即有浏醴起义之一事。时克强挽余与周道腴、洪春岩、何弼虞、宁调元、胡经武等归谋响应，余慨时势日蹙，亦极思有机可乘，于是偕同返。周、洪担任驻省办内应，余与何、宁，拟直赴浏醴，胡则留武昌运动军队。”[⑤] 宁调元的好友、同乡刘谦亦有类似的记载：“萍浏醴革命军起，在东党人迭开大

---

① 刘揆一：《黄兴传记》，饶怀民编《刘揆一集》，第 116 页。

② 同上。

③ 孙中山：《建国方略》（1917 至 1919 年），《孙中山全集》第六卷，第 238 页。

④ 陈旭麓主编：《宋教仁集》下册，第 699 页。

⑤ 谭人凤撰，饶怀民笺注：《石叟牌词》，第 47 页。

会，谋策应，黄克强先生特派君（宁调元——引者）及谭人凤、萧翼鲲、胡瑛、何陶等先后回国，任联络指挥。君至沪，住傅君剑、谢诮庄所主之《竞业旬报》社，与陈其美、杨卓林、秋瑾、李发群等密谋运动长江一带会党，相继响应。”宁调元回国，“及抵长沙，遇潘昭于客邸。昭告以萍醴民军已覆，劝君急避。检其行箧，得秋瑾所赠匕首及其他秘密函件，持去之，曰：焉用是贾祸为者？君大笑，以为怯。”[①] 翌日晨，宁乘火车赴家乡醴陵，拟与义军取得联系，但起义实已失败，不得已，由株洲搭民船至岳州，被水师营缉获，解往长沙监禁。

谭人凤见事已败，只好重返东京，入法政学校。

龚国煌回到湖北襄阳、樊城，拟发动会党响应，因起义失败而作罢，仍回东京。河南志士车钺兼程南下投入义军，协助制订军纪，草拟文告，失败被害。湖南同盟会员杨卓林等原已约定江浙一带光复会首领集议于上海，会商响应。杨卓林并带有炸弹和代孙中山拟订的《总理致革命军首领文》，借以号召各路革命军历任艰难，共襄义举。事败，亦被戕。

萍浏醴起义爆发时，刘道一正担负着在长沙联络新军、响应起义的任务，由于义师仓卒发难，被运动的新军官佐中请假或出差离省者不少。刘道一“一面使同志促其急归，一面希望义军来攻长沙，先筹开城响应之策”，“日夜忙迫，乃为侦者注目”。[②] 12月9日，当他由衡阳返回长沙途中，为虎标右营游击熊得寿缉获，解由臬司督同长沙府审讯，为逼取口供，清吏将他移入狱中，刘道一抱定为革命献身的宗旨，进行了坚决的斗争。清吏开始误以为他就是刘揆一，欣喜若狂，准备邀功领赏。刘道一为保护其兄，“自承为刘揆一，以死代兄”[③]。清吏俟侦察后始知其非，便恼羞成

---

① 刘谦：《宁调元先生事略》，杨天石等编《宁调元集》，湖南人民出版社，1988 年，第 650 页。

② 刘揆一：《黄兴传记》，饶怀民编《刘揆一集》，第 116 页。

③ 章炳麟：《刘道一传》，饶怀民编《刘揆一集》，第 213 页。

怒，“欲得其情实以兴大狱，道一坚不肯吐，法司严刑拷问，至肌肤尽裂，流血遍地”[①]。面对酷吏，刘道一大呼曰：“士可杀，不可辱，死即死耳！”[②] 清吏苦于无证据定罪，在搜身时发现了“锄非”两字印章一枚，遂以此定罪，于 1906 年 12 月 31 日将其诱骗至长沙东南浏阳门外，“仓卒未及反缚，魁刽举刀斫之，四击乃断其头”[③]。牺牲时年仅 22 岁。其夫人曹庄当时正在长沙周氏家塾（后改名周南女校）读书，闻讯，自知将不免于株连，自杀未成，两年后终至自缢殉节。刘道一的父亲刘方峣于 1907 年 2 月 18 日因受刺激，仆地中风而殁。“其悲惨之状，不忍言也。”[④] 2 月 3 日，同盟会东京本部在南路会场举行刘道一烈士追悼大会，以寄托哀思。

1907 年 2 月 15 日，黄兴从香港回到东京，惊“闻萍浏醴事败，击桌愧愤，寝食俱废。继闻道一凶耗，与揆一相抱痛哭曰：‘吾每计议革命，惟伊独能周详，且精通英语，辩才无碍，又为将来外交绝好人物，奈何即死是役耶！’”[⑤] 旋作七律一首，以志哀挽：

英雄无命哭刘郎，惨澹中原侠骨香。
我未吞胡恢汉业，君先悬首看吴荒。
啾啾赤子天何意，猎猎黄旗日有光。
眼底人才思国士，万方多难立苍茫。[⑥]

由此可以说明，以孙、黄为轴心的同盟会自始至终是密切关注起义全过程的。萍浏醴起义应当作为同盟会领导的首次武装起义而载入史册。

---

① 朱德裳：《刘揆一》，饶怀民编《刘揆一集》，第 169 页。
② 谭延闿：《刘道一传》，饶怀民编《刘揆一集》，第 214 页。
③ 章炳麟：《刘道一传》，饶怀民编《刘揆一集》，第 213 页。
④ 陈旭麓主编：《宋教仁集》下册，第 708 页。
⑤ 刘揆一：《黄兴传记》，饶怀民编《刘揆一集》，第 117 页。
⑥ 黄兴：《挽刘道一烈士诗》（1907 年 1 月—2 月 3 日间），《黄兴集》（一），第 14 页。

第二节　服膺华南革命战略

众所周知，早在同盟会成立之前，黄兴是主张“长江革命”战略的，1905年同盟会成立至1907年防城起义前，他是主张以长江流域为重点、以两广为突破口，即主张“长江革命”和“珠江革命”并行不悖的，可是，以1907年防城起义为标志，黄兴已经服膺“华南革命”战略，也就是“珠江革命”战略。那么，黄兴思想上为什么会发生这种变化呢？我们认为，至少有以下三个方面的原因：

其一，中部起义屡遭失败、其他各地起义频频受挫。

如果说同盟会成立前，华兴会领导的长沙起义和鄂、宁起义还只是停留在筹备阶段的小规模起义的话，那么，像萍浏醴起义如此规模宏大、范围涉及湘、赣两省十多个县的大起义还是失败了，从而使整个长江流域的革命势力遭受严重摧残。一大批同盟会的主要骨干和倾向革命的会党首领惨遭杀害，据不完全统计，江西萍乡被害的大头目共有20余人、会目“百余人”，被监禁的“八十余人”。“仅在浏阳被杀的叛众就有二千多名，如果加上后来审讯后斩首的，总计不在二千五百人之下。”[①] 在醴陵，拿获会目瞿光炆等140余人，杀害数十人。姜守旦的军师永和人李世亿被捕后，清军将其戴上脚镣手铐，并把手指钉在木板上，活活痛死。与其一道牺牲的还有李德纯、李作仁、李作合、李作彪、李作胜、李作彤、李作镇、李德松、李德干、李德扬等，仅小板桥一处就

① 《捷报》1907年5月31日，第523页。

杀害33人。[①] 清廷的清乡运动“历三阅月”之久[②]，杀害会众数千人。[③]

据事后调查，在赣被擒加害者有萧克昌、胡友堂、陈年苟、田永山、叶其意、李明生、熊明球、王长发、王景贤、曾勇发、邓廷保、刘治昌、王霭亭、沈益古、魏辉月，郑琨、钟寿山、廖甲凤、马月卿、沈嗣训，陈长友、邓连发、刘麻子、刘家有、胡文焱、张明才、吴盛发、袁连珍、刘德华、黄月谱、张观兰、何思明、池茂才、林秋牙、赖家逋、周元祥、刘子宾、梁本山、王新古、张大响、况厚维、李淮卿、欧阳满、荣清松、欧阳培植、曾缃藻、廖叔保、姜守正、谭狗仔、张本裕、房兴全、欧阳景言、李棠彬等。在湘为刘道一、王永求、陈显龙、邓王林、张四皮、禹之谟、李世亿、瞿光炆、彭茂春、汪月波、陈寿山、钱星保等。在苏为杨卓林、江佑泉、龙见田、曾斌、袁有升等。[④] 总计在战场或在“清乡”运动中牺牲的革命党人或无辜群众“逾万人”。当这场大屠杀尚在进行之际，一个传教士是这样描述的：“这个地方正陷入血洗之中，到目前为止，在小战斗和屠戮中的死者，为数已达两千之众。在城市里，每天有五至十人被枭首处决，军队在不同的教区（小村庄）设营，家家户户正被询讯和搜查。凡是曾经参加过洪江会的人，或是曾以任何方式帮助过他们有嫌疑的人，都注定要遭厄运，斩草除根的命令正在执行。”“贫苦的不平者正坐地击杖，发誓要在机会来临时报仇雪恨。军队还可能在这里呆一些时候。我听说，假如军队撤离的话，村长和乡绅害怕报复。他们置身于惊慌恐惧之中，甚至发疯了，这样，他们为了清除危

---

① 饶怀民：《同盟会与萍浏醴起义》，岳麓书社，1994年，第115页。

② 《江督端方、赣抚吴重熹会奏萍乡革命军起事情形折》，萍乡市政协、浏阳县政协、醴陵市政协合编《萍浏醴起义资料汇编》，第165页。

③ 饶怀民：《同盟会与萍浏醴起义》，第116页。

④ 《丙午萍浏醴革命军实录》，冯自由《革命逸史》第六集，第95—96页。

险分子所采取的恐怖措施，使他们正积欠下一笔仇恨和报复的巨债。”[①] 清吏在湘、赣两省大规模捕杀革命党人的同时，还在鄂、宁等地制造不少冤案。在湖北有所谓“日知会案”，在南京有所谓“南京党狱”。

胡瑛、朱子龙、梁钟汉回到武昌，适值张之洞正悬赏缉拿萍浏醴起义首领，形势危迫。12 月 26 日，胡、朱、梁抵汉后，与刘静庵取得联系，邀约刘静庵、何子植、周耀东、冯特民、任重远、黄警亚、季雨霖、郭尧阶等在汉阳伯牙台开会。季雨霖时任新军第 31 标督队官，奉命在武昌皇殿招募新兵一营开赴伊犁，遂决定全体加入新兵营，以掌握军队武装。唯苦于经费无着，不便进行，正犯愁间，适有沔阳留日学生、日知会员郭尧阶“自言我有办法，湖南六合锑矿公司刘小霖已运动成熟，自承以十万金佐吾辈革命”。1907 年 1 月 8 日，胡瑛邀约刘小霖至其住所汉口名利栈商谈，“酒数行，则武士多人入，传瑛以去，始知为其所卖也”[②]。于是，胡瑛、季雨霖、李亚东、朱子龙、梁钟汉、刘静庵、张难先、殷子衡、吴贡三等 9 人先后被捕，由于革命党人程家柽等人从中转圜，又令其妻教授肃亲王善耆之妾及其子女，“为请于张之洞，减其斩决罪为十年之监禁”[③]。

素与革命党人关系密切的中华圣公会亦出面参与周旋，认定刘静庵决不是湖北巡警厅要通缉的会党首领刘家运，并委托匿居于教堂的余日章等著名日知会成员草拟了一份为刘静庵辩护的十九条呈词，托人带交北京清外务部。1907 年 2 月 7 日，清外务部致电张之洞：“关于美国圣公会内的日知会刘静庵一案‘从缓办理’。”[④] 终审遂被拖延了较长一段时间，直到 1909 年夏，才将终审判决宣布：刘静庵和胡瑛永远监禁；吴贡三解回黄州监禁 15 年；

---

① 转引自周锡瑞著：《改良与革命——辛亥革命在两湖》，中华书局，1982 年，第 74 页。

② 张难先：《胡瑛传》，严昌洪等编《张难先文集》，第 68 页。

③ 宋教仁：《程家柽革命大事略》，陈旭麓主编《宋教仁集》下册，第 438 页。

④ 殷子衡：《狱中记》，《辛亥首义回忆录》第 3 辑，第 12 页。

殷子衡监禁10年；李亚东监禁5年，后又加刑5年；梁钟汉解回汉川监禁3年。宣判前朱子龙已于1907年5月6日瘐死狱中；张难先系狱4个月，因患重病，由乡耆黄福、王劭恂保释；季雨霖也因病由协统黎元洪、标统曾广大保释出狱。1910年春，胡瑛改判12年徒刑；刘静庵于1911年6月12日因病死于武昌模范监狱；殷子衡于1911年10月14日武昌首义之后始出狱。这就是著名的因受萍浏醴起义株连的湖北日知会案办理的全过程。

受萍浏醴起义失败的牵连，与湖北日知会案发几乎同时，清廷还大兴南京党狱，著名同盟会员杨卓林等因此殉难。萍浏醴起义爆发时，杨正在沪上筹运军械，起义将败时，他又至扬州密结会党渠魁，拟先杀江督端方后举事响应。部署既定，乃携廖子良、李发群同往，途中不慎误识端方密探萧亮、刘炎二人。萧、刘向奉端方之命，专门在沪、宁一带探查革命党人行踪，佯投入会，冒充会党头目，遍设陷阱，诱人入彀。杨卓林等不知其诈，被诱骗至扬州附近某镇茶楼遇捕，于1907年3月20日在南京殉难。与此同时，同盟会员、留日学生刘震、黎兆梅、滕元寿等回到上海，联络长江一带哥老会头目袁有升、江佑泉、龙见田、傅义成、赵太周、江载春、黎贵和、徐福荣、曾斌诸人，密谋在南京起事，讵料事机不密，起义计划均被端方派人侦悉，袁有升等9人先后在南京被捕，均供认参加革命不讳。于是，袁有升、江佑泉、龙见田，曾斌等4人遇难；付义成、赵太周、江载春、黎贵和、徐福荣等5人分别监禁。刘震、黎兆梅、滕元寿等3人幸皆事先闻风逃匿得免。此外，尚有自日本归国的孙毓筠、权道涵、段沄等亦遭逮捕，被监禁。除此而外，端方对南京军界多方设法防范，并将赵声、倪映典等人一一撤差查究。赵、倪失职后，赴粤供职，复被端方电告粤中防范，卒致二人不安其位。江宁新军第九镇营弁因此受嫌撤职者，颇不乏人，如卢镜寰、林述庆、柏文蔚、冷遹、杨希说、林之夏、伍崇仁诸人皆是，致南京革命党人势力横遭摧残，这就是危害一方的所谓“南京党狱”。

1907年1月30日，湘抚岑春蓂致电湖广总督张之洞，严令缉拿黄兴等人。电云："查得逆首孙汶谋为不轨，其党为黄近午、柳际贞、刘林生诸人，当分饬地方文武，严密防缉。""此等逆党行踪诡密，到处勾结煽惑，潜图不轨，实为大局之患。《民报》湘省早经查禁，刘林生已电驻日杨使，勒令退学，并确查黄近午等，如尚留学东京，均令退学，电饬沪道截拿，并电咨沿江沿海各省，一体严缉，即饬各关认真密查，以期消患未萌。"[①] 湖广总督张之洞并开具赏格称："黄庆午、柳际贞、刘林生（以上三名系湖南匪目)。郑先声、李燮和、朱子龙、萧克昌、卢金标（以上五名系长江一带之匪目)。拿获以上各匪者各赏银五百两。"[②] 除此而外，各省悬赏通缉者还有姜守旦、龙定、陈绍庄、王胜、陈金、宗黄、刘家运、曹玉英、刘震、黎兆梅、喻桂林等。被监禁者除湖北日知会案和南京党狱被牵连入狱者外，还有赣人李昌年等和湘人宁调元、任智诚、陶承祉、胡春、李福斋、王易、张宝卿、宋运汉、凌瑞勤、张近维、张近云、张近棠、张近洗、张承湖、黎春燠、卢心渐、魏中友、邓三、刘洪彬、刘云棠、春树汉、僧同学、刘其仁、魏永秋、吴发涌、秦增寿、袁蓝亭、李金友、孙鸿均、孙家惠、孙家文、谭松亭、罗如嵩、李栋彬、陈维煊、赖家新、僧正侃、魏新发、李喜发等。在鄂被捕者尚有刘贞一、谢九、吴子铨、殷子衡、刘家运等。在苏被捕者尚有傅义成、赵太周、黎贵兰等。

如此众多的革命志士被虐杀、逮捕、通缉，使长江流域的革命势力遭受重创，元气大伤。但黄兴并没有屈服，他愈挫愈奋，仍然坚持武装反清的方针，接着还策划了宋教仁运动东北"马贼"起义和徐锡麟、秋瑾领导的皖、浙起义。

1907 年 1 月 4 日，黄兴决定，翌日赴香港，请宋教仁代理同

① 《湘抚岑春蓂奏获革命党刘道一电》，萍乡市政协、浏阳县政协、醴陵市政协合编《萍浏醴起义资料汇编》，第 134 页。

② 《鄂督张之洞悬赏缉党札文》，萍乡市政协、浏阳县政协、醴陵市政协合编《萍浏醴起义资料汇编》，第 202 页。

盟会庶务。黄兴启程赴港，但因广东戒严，香港亦难久居，一个多月后，2 月 15 日自香港抵达东京。2 月 24 日晚，黄兴邀约宋教仁、张继、日本志士末永节、古河[①]等人同至凤乐园共进晚餐，商议运动东北“马贼”起义。据宋教仁当日日记记载：“良久，决议古河前去，而吾党一人随之同去，因古河以联络各处而试其活动云云。庆午复向余言，欲余去，余答以且待稍思索再决。”[②] 宋教仁接手黄兴代理同盟会庶务不到两个月，还有些日常事务急待处理，加之宋教仁身体不适，正处在养病之中，这是他“且待稍思索再决”的主要原因。此时，孙中山与黄兴之间因国旗图式之争闹到黄兴想退出同盟会的地步。但黄兴毕竟是一位顾全大局的人，在盛怒平息之后，随即作出让步，勉从孙意。也许是因为此事促成宋教仁迅速作出决定，于 3 月 1 日，“至孙逸仙寓，言辞职事，并以一切文件交之。逸仙初犹不允，余固言之乃已，遂皆交代清楚”[③]。6 日，宋教仁至日本“兴业银行，领得官费”，作为回国旅费。并“与黄庆午商往满洲事”，议定宋教仁、白逾桓与古河同往东北，于 3 月 23 日启程。白逾桓先于 21 日至马关石田馆等待宋教仁，会合后同赴辽东。25 日，宋与古河直抵马关与白会面，三人于 26 日乘轮船经朝鲜前往辽东。于 4 月 1 日抵达安东县（今辽宁省丹东市）。宋教仁及时将三人安全到达安东县一事告知黄兴，并开始着手运动“马贼”起义。

所谓“马贼”，实际上是指在帝国主义和封建主义双重压迫下的贫苦人民。对此，宋教仁当时就有过中肯的分析。他尖锐地指出：“马贼何起乎？盖自俄人闯入满洲以来，用其残忍无人道之手段，洗括其地域而虐待其人民，备极狠毒，惨无天日。满洲人民不堪其虐，乃相与团结屯聚，据塞堡，备器械，习技艺，以为卫

---

① 古河：亦名古川清，日本退伍军官，曾随日军来到中国东北，在辽东马贼中为头目多年。

② 陈旭麓主编：《宋教仁集》下册，第 716 页。

③ 陈旭麓主编：《宋教仁集》下册，第 719 页。

身家保妻子之计。”[①]“徒以清政不纲，国力削弱，不惜以祖宗巢穴拱手赠人，遂使我数十万神州华胄之同胞流离转徙，无地可托，无家可归，乃不得效稗官野史中所谓宋江、吴用辈之仁义，与夫鲁达、武松辈之豪杰，以藏身而保命，其事甚奇，其心亦甚苦矣。”[②]“其后聚众日多，良莠不一，习为掠财杀人之举者，往往有之，于是满洲官吏指之曰‘会党’，目之曰‘盗贼’，且以其善骑马也，遂以‘马贼’称之。此满洲马贼之所由来也。”[③]这里，宋教仁既指出了“马贼”革命性的一面，可以成为革命的依靠力量，同时，也指出了“马贼”局限性的一面，他们因为生活所迫，为在社会上能够立足，往往表现出建设不足而破坏有余，他们之中有的人打家劫舍，有的甚至依附于日、俄侵略势力，往往成为帝国主义者的侵略工具，这又使宋教仁深感痛心。他到安东后，化名桃源宗介，为掩护革命活动，以创办实业为名，设立所谓“木植公司”，秘密策划“马贼”起义。他一方面代古河给当地“马贼”首领李逢春、朱二角、金寿山、王飞卿、杨国栋、孟福亭、蓝黑牙等写信，称赞他们是“英雄”，他们的部属是“马军”，希望与他们联合反清，共襄义举，并于4月3日雇人将信送到；另一方面，他又遣白逾桓偕日人小长谷往安东西郊凤凰城秘密招兵买马，宋则购回满洲地图和《满洲地志》等资料，详细研究东北山川形势和政治、风土人情，拟作起义准备。经过一番筹备，成立了同盟会辽东支部，作为领导起义机关，并将准备情况函告黄兴，以取得同盟会本部支持。可惜由于走漏风声，白逾桓不幸在碱厂被捕，清侦探密布，宋教仁迫不得已折回东京，起义流产。

此时，郭人漳已由广西桂林调至广东肇庆，黄兴接到孙中山指示，命其赴香港，拟往肇庆运动郭人漳反正。黄兴再度离日赴香港，但就在黄兴抵港后，郭人漳又被调往钦州，肇庆之行，遂

① 宋教仁：《二十世纪之梁山泊》，《宋教仁集》上册，第11页。
② 宋教仁：《二十世纪之梁山泊》，《宋教仁集》上册，第13页。
③ 宋教仁：《二十世纪之梁山泊》，《宋教仁集》上册，第11页。

作罢论。旋得刘揆一密函，乃束装回日，计议策应皖浙举义事宜。据刘揆一回忆，秋瑾“使黄人漳来东，嘱揆一与公商议接济饷械，躬往督战之策”。揆一“即以秋瑾来意，密函告公”。“而公则因粤吏探悉其潜来香港，备文向港督要求引渡，并多派侦探，窥伺公在松原旅馆情状，有碍秘密进行。既得揆一书，因命胡毅生追随郭营以运动之，而自来日本，与吾辈筹商购械，接济皖、浙。”①

皖、浙起义是从联络会党入手的，而联络会党的中心则是浙江绍兴的大通学堂，该学堂由徐锡麟创办，以反清革命为宗旨，对武装起义骨干进行政治教育和军事培训。徐锡麟原本是光复会员，为打入清政府内部，谋握兵权，他筹钱捐了一个道员，1906年被分派到安徽试用，先后担任安徽武备学堂副总办、巡警处会办及巡警学堂监督，他试图利用自己的合法地位，侍机与浙江同时起义。徐锡麟赴皖后，大通学堂内部因闹派性呈现一片乱象。直至1907年初，著名女革命家、原光复会员、后为同盟会浙江主盟人的秋瑾回绍兴主持校务才扭转混乱局面，将组织训练会党的工作蓬勃开展起来。

1907年6月，绍兴会党过早暴露了行迹，清政府大肆搜捕革命党人，形势变得十分险恶。秋瑾将消息通知徐锡麟。徐遂决计利用巡警学堂举行毕业典礼的时机，枪杀安徽巡抚恩铭等官员，乘混乱之机起义。1907年7月6日，安徽省有关官员随巡抚恩铭到安庆巡警学堂检阅观礼，徐锡麟突然持双枪向恩铭射击，恩铭身中七弹毙命，文武官员仓皇逃避。徐即与马宗汉、陈伯平等率领巡警学堂学生数十人迅速占领军械所。清军尾随而至，包围军械所，义军奋起反抗，寡不敌众，陈伯平中弹牺牲。清军破墙而入，徐锡麟、马宗汉等20余人被捕。在刑场上，徐慷慨陈词，威武不屈。当晚，清吏极其残忍地将徐锡麟剖腹挖心杀害。安庆起义失败牵连到大通学堂，清吏查获徐锡麟与大通学堂联系的函件。绍兴劣绅胡道南侦悉秋瑾联合会党准备起义，向绍兴知府贵福告

① 刘揆一：《黄兴传记》，饶怀民编《刘揆一集》，第117页。

密。于是，浙江巡抚张曾敭立即派兵前往绍兴大通学堂缉捕秋瑾。秋瑾得知徐锡麟牺牲的消息后痛不欲生，她临危不惧，从容指挥大通学堂学生走避，自己则决心以身殉国，坚持留校不走。7 月 14 日，清军包围大通学堂，学生们开枪抵抗，牺牲数人。清军蜂拥而入，将秋瑾等 6 人逮捕。15 日黎明，秋瑾在绍兴轩亭口壮烈牺牲，年仅 31 岁。皖、浙起义又不幸失败。黄兴在策动宋教仁运动东北“马贼”起义失败以后，开始调整思路，将目光投向华南。诚如刘揆一所云：黄兴获悉徐锡麟、秋瑾将发动皖、浙起义的消息时来到日本，拟“与吾辈筹商购械，接济皖、浙；适逢事败，知长江各省，一时不足有为，注重两广首义，愈益坚定”[①]。

其二，以孙、黄为轴心的同盟会在华南地区长期进行思想发动和组织发动，使革命党人在华南地区具有深厚的群众基础。

孙中山早在兴中会成立后于 1895 年 10 月 26 日发动了广州起义，于 1900 年 10 月 6 日在广东省惠州府发动了惠州起义。同盟会成立后，孙中山于 1907 年 5 月 22 日在广东省潮州府饶平县黄冈镇发动了黄冈起义，又于 1907 年 6 月 2 日在广东省惠州府归善县属七女湖发动了七女湖起义。以上四次起义都是在广东省境内进行的，起义虽然失败了，但是，其影响却是客观存在的。黄兴之所以在同盟会成立后，选择去广西桂林，也是有着深厚背景和深层原因的。谈及“背景”就不能不提到常州人庄蕴宽，庄生于 1867 年，卒于 1932 年，字思缄，号抱闳，晚年又号无碍居士。早年求学于江阴南菁书院，1891 年江南会考中副贡，任浔阳书院院长，后捐资为官，历任广西百色厅同知、梧州府知府、太平思顺兵备道、广西兵备处总办兼广西龙州边防督办等职，正二品衔。他身为朝廷命官，因同情革命，遂与孙中山、黄兴结交，在黄兴被通缉的危难时刻，他暗中出资派兵护送其出境。南京临时政府成立后，他曾出任江苏代理都督等职。庄蕴宽出身于显赫的官宦世家，簪缨贵族，在清朝军界颇有影响。清廷对他自然十分看重，曾在

① 刘揆一：《黄兴传记》，饶怀民编《刘揆一集》，第 117 页。

1906年委任他作为清朝陆军部特派员赴日本参加天皇加冕典礼。正是趁那次机会，经赵凤昌等人介绍，他到日本士官学校看望中国留学生，并聘请即将回国的李书城、王孝缜、孙孟戟、陈之骥、尹昌衡、孔庚等革命志士到广西任教。庄蕴宽在担任广西龙州边防督办并兼任广西兵备处总办期间，大力兴办学校，为革命培养军事人才，他的办学兼及军、地两个方面，先后共创办了11所学校，计有“梧州中西学堂”“龙州实业学堂”“广西边防将弁学堂”“广西陆军测绘学堂”“广西边防初级师范学堂”“广西边防政治学堂”“广西巡警学堂”“广西边防陆军步兵学堂”“崇信女子高等学堂”“广西陆军小学堂”“广西陆军干部学堂”等。“庄蕴宽长期在两广工作，潜移默化，逐渐接受了民主革命思想，其虽身为朝廷命官，暗地里却同情革命，支持革命党人。”① 蔡锷早于1905年6月应广西巡抚李经羲之邀，赴广西桂林，“总理随营学堂兼理测绘学堂事，并会同督练新军”（以上差事于次年1月获清廷认可）。1906年冬，蔡锷担任陆军小学堂总办。1907年2月，蔡锷兼任广西新军督练公所兵备处会办，握有一定兵权。赵声则在桂林士兵中演说民族主义，“其论洪秀全事，人尤乐听”，“广西有志之士，无不闻风兴起”②。另外，还有一个值得一提的人物是湖南湘潭人郭人漳，郭是湘军出身的淮军名将郭松林之子，以荫生历捐至道员，分发陕西补用。1903年，湘人夏时署理江西巡抚，奏调至赣，统领常备中军。1904年，华兴会骨干湘人陈方度、黄牧等在南昌他所办的随营学堂中从事革命活动，曾受其掩护。同年11月，郭人漳赴沪迎接毕业归国的蔡锷至赣任教，恰逢万福华刺王之春案发生，他与黄兴同车至章士钊寓所，受此牵连，他与黄兴等13人被捕入狱，郭在捕房诡称黄兴是与他一同来沪的教员李寿芝，旋经赣抚夏时来电证明，与黄兴一同获释。患难相救，

---

① 薛元明著，庄研审订：《国士无双——庄蕴宽传》，上海锦绣文章出版社，2012年，第56页。

② 佚名：《赵烈士事略》，《江苏革命博物馆月刊》第2卷第1期。

使黄兴对他顿生好感，由此结下不解之缘。1905 年，广西巡抚李经羲奏调郭人漳入桂，筹练新军，统领亲军四营及健字两营，“此外，他还奉饬赴湖南召募了一营新兵，训练后编为新练常备军步队第一营，使手中兵力增加到七营”①，掌握有数千兵力，是广西军界的实权派人物之一。郭人漳一方面迷恋清朝官位；另一方面，因结识黄兴，受其影响，也增添了对革命的兴趣。郭人漳抵桂后，广西巡抚李经羲调他担任桂林巡防营统领，并奏办随营学堂，郭遂派陈方度等来湘，约集同志葛谦、曾传范、谭辉、邹佑得、蒋次东、石英、何炳全等数十人来桂，入随营学堂。郭人漳、蔡锷又遣亲兵赴柳州容县东泉墟，接邹永成、吴任来桂林，住随营学堂内。“有这许多革命党人云集在桂林，当时革命的空气非常紧张，自郭人漳以下无不高谈革命。”② 诚如冯自由所云：郭、蔡“召集湘中志士于一堂，有所企图”③。广西桂林一时俨然成了革命的大本营。不少革命党人诸如谭人凤、夏思痛、卢性正等人纷纷慕名而往。据谭人凤所撰《石叟牌词》记载，1905 年 6 月，“赴广西，时李经羲为巡抚，郭人漳统带防营，冀改新军，禀办随营学堂，李抚调蔡松坡为总办，湘中士子争往赴焉。广西警察学堂总办曾叔式君，余莫逆友也。5 月杪同松坡电余赴桂。余因广西与湘有密切之关系，且随营学生多同乡俊彦，可资联络”，“于是带罗儒烈、彭笏卿、邹元和三学生往”，“询悉教员、学生多同志，心甚喜。偶夜深与松坡、叔式、梅霓生等谈心事，英雄肝胆，披沥相陈，颇幸谓合非偶”。后来，谭人凤听到隆回起事的消息，急思驰归。临行前，谭人凤谓郭、蔡曰：“万一不能寝息，势无可为，还当直趋广西求救济。”“郭、蔡感余诚，均首肯。临行赠手枪二十支，郭派卫兵四人，荷枪护送，蔡亦遣教员岳森同归。”④ 可见，

① 王学庄：《试论黄兴在桂林的活动》，《黄兴研究文集》，《近代史研究》增刊，1994 年第 138 页。

② 《邹永成回忆录》，《近代史资料》1956 年第 3 期，第 84 页。

③ 冯自由：《葛谦事略》，《革命逸史》第三集，第 291 页。

④ 谭人凤原撰，饶怀民笺注：《石叟牌词》，第 25 页。

蔡锷与郭人漳当时还是暗中支持革命的。另据夏思痛撰《卢公淑雍先生传》记载:“时适前清光绪末年,寿华(夏思痛——引者)以广西督练公所总办庄蕴宽氏召充测量局提调,驻龙州。淑雍(卢性正——引者)闻而喜曰:我正思看山阳朔,访黄克强战绩于镇南关,请与俱。”至龙州后,“上思厅请师范教员于边关道,淑雍应聘往。数月复充太平府中学教员。淑雍在校大倡非破坏不能建设之学说,一时风动。”[①] 这里,卢性正所云看阳朔风景是假,而欲去广西龙州与黄兴从事反清革命活动是真,可以设想,如果广西没有一个好的革命氛围,那么,谭人凤、夏思痛、卢性正等革命党人怎么会急切地去投奔此地呢?诚如有学者所指出的,“1905 年在桂林,以郭人漳、蔡锷的军营和军校为范围,实现了华兴会失败以后湖湘志士的一次空前的大集聚。这次大集聚使桂林一时间成为当时反清革命运动的一个耀眼的中心点,因为其他任何一个中心点都没有能够同时聚集起这么多的骨干,更没有能够掌握这么多可供利用的武装。”[②] 如前所述,黄兴在桂林活动从 1906 年 1 月至 4 月下旬,时间虽然只有三个多月,但他却在桂林军界培养了一支训练有素的军事力量,他所策动的反清武装起义的计划虽然由于种种原因没有付诸实施,但他培养的这支反清武装力量并未因此消失,这对黄兴仍具吸引力。

其三,华南地区的革命斗争传统和地理环境。

华南地区特别是广西地区曾经是太平天国的发祥地,洪秀全于 1851 年在广西省桂平县金田村发动的起义席卷了大半个中国,并建立了天京政权,直至 1864 年天京陷落,历时 14 年,转战 10 多个省,攻克 600 余座城市,沉重地打击了清朝封建势力和外国侵略者,对后来的革命运动产生了深远影响。太平天国革命运动失败后,广西壮、汉等各族人民的反清斗争一直没有停止过,1898

---

① 王佩良等编:《夏思痛集》,岳麓书社,2009 年,第 306 页。

② 王学庄:《试论黄兴在桂林的活动》,《黄兴研究文集》,《近代史研究》增刊,1994 年,第 139 页。

年天地会首领李立亭领导了玉林五县农民起义。1902 年广西连续遭受旱灾、水灾和瘟灾，于是一场以天地会、游勇为主力的广西农民大起义爆发了，斗争形成了以南宁地区的王和顺和柳州地区的陆亚发两个中心，二者相互呼应，将广西的农民起义推向了高峰。清政府和两广总督岑春煊先后调集了湘、粤、滇、黔等七省10 余万军队进行镇压，直至 1905 年才将这次起义基本镇压下去。义军全部退入越南境内，继续活跃在两广边境地带。诚如孙中山所云："方今两粤之间，民气强悍，会党充斥，与清政府为难者已十余年，而清兵不能平之，此其破坏之能力已有余矣。但其间人才太少，无一稍可有为之人以主持之。去岁柳州之役，彼等间关至香港招纳人才，时余在美国而无以应之也。若现在有数十百人者出而联络之，主张之"，"天下事从此定矣。"[①] 可见，孙中山对两广地区一直是十分关注的。孙中山之所以注重两广，除了两广地区的会党和游勇势力相当雄厚、具有光荣的革命斗争传统之外，这一地区的地理环境也十分优越。中越边境线全长 1300 多公里，山岭纵横，路径丛杂，而越南境内不少华侨支持中国革命。这些华侨大多数是贫苦农民，在国内因生计困难而流落国外，他们亲眼看到越南人民受法国帝国主义的压迫和凌辱，对清政府卖国腐败现状强烈不满，渴望祖国强大，积极筹款、购械支持孙中山、黄兴等人的革命活动。在两广筹款较易，武器弹药运输方便，万一遭受失败，可以退走大山深处，甚至可以直接进入越南境内，避免全军覆没。加之，当时法国政府从自身利益考虑，表示同情中国革命。据孙中山回忆："一日予从南洋往日本，船泊吴淞，有法国武官布加卑者，奉其陆军大臣之命来见，传达彼政府有赞助中国革命事业之好意。"予"遂请彼派员相助，以办调查联络之事。彼乃于驻扎天津之参谋部派定武官七人，归予调遣。予命廖仲恺往天津设立机关，命黎仲实与某武官调查两广，命胡毅生与

① 孙中山：《与陈天华等的谈话》（1905 年 7 月 28 日），《孙中山全集》第一卷，1981 年，第 276 页。

某武官调查川、滇，命乔宜斋（乔宜生）与某武官往南京、武汉”[①]。1906年，他们联合调查了粤、桂、滇及长江流域各省，获得了不少关于军事、政治、地理等情报。“法国政府这些动听的诺言和主动合作，对于受尽帝国主义迫害的孙中山极容易产生幻想，他以为法国统治下的越南是革命党人自由展翅的天堂。”[②]

除上述原因之外，黄兴还不能不考虑的一个因素就是出于对华南革命战略的提出者孙中山的尊重和对孙中山领袖地位的维护。1907年3月4日，孙中山离日后，因为经费问题，陶成章、章太炎、张继等人掀起了第一次倒孙风潮。他们提出要罢免孙中山的总理职务，改选黄兴为总理。顾全大局、维护团结的黄兴深知，他们这样做的极大危害性。此前，孙、黄之间因为国旗图式之争，闹到黄兴想要退出同盟会的地步，最后黄兴作出让步，勉强服从孙中山，平息了这场风波。另外，孙中山一直主张华南革命战略，黄兴一直主张长江革命战略，而且引起过激烈的争论。孙、黄之间这两件有争端的事件在当时的革命党人之间可以说是众所周知的事情。陶、章等人主观上虽然是将矛头对准孙中山，要撤换他的总理职务，但客观上却也将矛头指向了黄兴，要黄兴出任总理，实际上是利用孙、黄之间的矛盾，起到了一个离间两人关系的作用。用黄兴的话说，对他个人是“陷兴于不义”，而对整个革命事业来说则是关系到“党众生死问题”和“革命得有成功”的大是大非问题。所以，黄兴奉劝陶、章等人“乞勿误会，而倾心拥护”孙中山，维护孙中山的领袖地位。黄兴服膺华南革命战略实际上是起到了维护孙中山领袖地位的作用，这对陶、章等人掀起的倒孙风潮无疑是一个有力的反击，也反映了黄兴与时俱进、不固执己见的优秀品格。加之，孙中山离开东京，黄兴主持同盟会本部工作期间，“屡得孙中山海外电告，谓两粤逼处滨海，得天然之形

① 孙中山：《建国方略》（1917至1919年），《孙中山全集》第六卷，第237页。

② 沈奕巨：《论孙中山、黄兴领导的广西边境武装起义》，《学术论坛》1980年第4期。

势，且该两省人民，被欧美文化，实先于各省，果吾侪义旗高举，则响应者必多”[1]。黄兴作为孙中山的亲密战友和同志，对于孙中山多次打来的“海外电告”不能不慎重加以对待。因此，孙中山的“华南革命战略”的影响也是一个重要因素。

第三节 鏖战粤桂滇

随着宋教仁等联络东北“马贼”起义受挫和长江流域各省起义相继失败，黄兴深知，在短时间内他的长江革命战略一时难以实现，乃专注华南。从 1907 年到 1908 年两年之内，黄兴和孙中山一道在华南先后参与策动和领导了四次反清武装起义，即 1907 年的防城起义和镇南关起义，1908 年的钦廉上思之役和云南河口起义。孙中山自 1907 年 3 月 4 日乘德国轮船“亚理斯王子号”离开日本转赴香港，随行者有胡汉民、汪精卫，日人萱野长知、池亨吉等人。旋又转赴新加坡，于 3 月中旬抵达新加坡，在此留居数日，命胡汉民筹办《中兴日报》，事毕，乘轮船沿赴越南西贡，再经海防，于是年 4 月间抵达越南河内，居住在甘必达街六十一号，改河内兴中会分会为同盟会分会，并将此地作为指挥华南起义的机关。应孙中山之邀，黄兴亦于当年 6 月 13 日再赴香港，旋亦转赴越南河内，与孙中山共商华南起义计划。在孙中山事先策划的 1907 年 5 月 22 日发生的黄冈起义和 6 月 2 日发生的七女湖起义相继失败后，黄兴便与孙中山着手策动防城起义。

防城原属广东省钦州府属防城县。与之毗邻的廉州历来是人民群众抗捐斗争十分激烈的地方。据史料记载：广东的钦州、廉州（今属广西）地方“地瘠民贫”，清政府的苛捐杂税已使当地人民苦不堪言，特别是钦州所属那黎、那彭、那思三墟（简称“三

---

① 天忏生、冬山编：《黄克强、蔡松坡轶事》，上海文明书局，1930 年，第 11 页。

那”）因出产蔗糖较多，清政府便巧立名目，开办所谓“糖捐”，肆行苛索。为谋生计，三那地区群众组织“万人会”，以团绅刘思裕等人为首领，开展抗捐斗争。清两广总督周馥闻讯即派统领郭人漳、标统赵声各率新军三四千人前往镇压。孙中山认为这是发动起义的极好机会，“乃命黄克强随郭人漳营，命胡毅生随赵伯先营，而游说之以赞成革命。二人皆首肯，许以若有堂堂正正之革命军起，彼等必反戈相应。于是一面派人往约钦、廉各属绅士乡团为一致行动，一面派萱野长知带款回日本购械，并在安南召集同志，并聘就法国退伍军官多人，拟器械一到，则占据防城至东兴一带沿海之地，为组织军队之用”[①]。按照孙中山的设想，如果“武器一到，则吾党可成正式军队二千余人，然后集合钦州各乡团勇六七千人，而后要约郭人漳、赵伯先二人所带之新军约六千余人，使可成一声势甚大之军队。再加以训练，当成精锐，则两广可收入掌握之中。而后出长江以合南京、武昌之新军，则破竹之势可成，而革命可收完全之效果矣”[②]。于是，孙中山派邝敬川潜赴钦州良屋，说服刘思裕与革命党人携手合作，共襄大举。刘表示愿意接受同盟会领导。因此，孙中山遂派遣陈油送信给正在郭、赵军中的同盟会员胡毅生，要他“转达郭、赵二人，言钦、廉团兵已与党人联，勿相杀。讵陈抵北海，而郭、赵所部已开拔。陈畏葸不敢赶递。郭不悉内情，毫无准备，派管带林虎带兵一营攻刘等。刘不为备，以为既与郭通，所部来，必无恶意”[③]。郭军在进攻时以开花炮轰击，刘思裕中炮身亡，“乡民毙命无算”。钦州人民满怀悲愤派代表梁建葵、梁少廷到河内向孙中山求援。孙派王和顺为“中华国民军都督”领导钦、廉地区的抗清斗争。王和顺在赵声的暗中协助下，由廉州到达三那地区，梁建葵等集合民军约千人响应。防城清军衡字营连长刘辉廷、团长唐浦珠等受革

① 孙中山：《建国方略》（1917 至 1919 年），《孙中山全集》第六卷，第 239 页。
② 同上。
③ 邓慕韩：《书丁未防城革命军事》，《建国月刊》第三卷第三期，第 66 页。

命党人运动表示愿意率部反正，决计袭取防城。

1907 年 9 月 3 日，王和顺率领 200 人由三那至钦州王光山起义，袭击防城。由于防城守军倒戈响应，义军于 9 月 5 日占领防城，杀清防城知县宋晁元及幕僚等 10 人，取得了初步胜利。义军占领防城后，王和顺派邝敬川率少数人留守防城，自己则率主力进攻钦州城。黄兴在钦州城内闻讯，“商诸郭人漳，以出巡为名，带兵一连出与和顺商议进行方法。克强述人漳意，谓城中有钦廉道王瑚及其所部多营为梗，欲使和顺督所部先进攻广西，占南宁后，人漳即设计除王瑚以反正，并允助和顺弹药，以备进攻”[①]。王和顺自然不赞成此策，因为南宁清军人数众多，且东京革命党人内部因第一次倒孙风潮引起章太炎等人暗中阻挠萱野长知所购武器，从而造成海外认购武器供应不上。王和顺仍主攻城之议，黄兴不得已，“乃私约以夜间暗袭，届时由克强带兵开城接应”[②]。讵料“王瑚早闻郭部有通敌之报，是夜自领亲军巡城，严密戒备，克强于夜半开城之计遂以不成”[③]。王和顺只得改攻灵山县城，以便取道入桂。黄兴乔装由钦州出走安南河内，国民军攻取钦州城的计划未能实现。

9 月 8 日，国民军开始进攻灵山县城，因武器缺乏，久攻不下。郭人漳见形势对革命党人不利，一面派兵衔尾追击王和顺部；一面则攻占防城，使国民军腹背受敌。9 月 17 日，王和顺见大势已去，被迫解散国民军，避往越南，梁建葵率余部退入十万大山。历时半月的防城起义失败。

防城起义失败后，黄兴又直接参加了镇南关起义。镇南关在广西境内，属桂边境要隘，且距越南较近，“法人至称之为东方第二之旅顺口”[④]，战略地位十分重要。孙中山与黄兴、胡汉民等人

---

① 冯自由：《中国革命运动二十六年组织史》，转引自《十次起义史料》，台北，1974 年，第 84—85 页。

② 同上。

③ 同上。

④ 冯自由：《丁未广西镇南关革命军实录》，《革命逸史》第五集，第 119 页。

在河内总机关部召开军事会议，商议下一步军事行动计划。“以王和顺、黄明堂、关仁甫等在桂边多年，情形熟悉，特使之分任镇南关、平宜关、水口关等处之军事活动。”① 遂决定委任王和顺为镇南关都督，孙中山“亲率黄兴、胡汉民及法国军官与安南同志百数十人，袭取镇南关，占领三要塞，收其降卒。拟由此集合十万大山之众，而会攻龙州”②。然后袭取南宁，建立中华国民军军政府，再分别袭取桂林和梧州，沿着昔日太平天国的进军路线，进入湖南、湖北、江西，进据南京，再北伐直捣幽燕。讵料广西会党与游勇向来门户之见极深，王和顺出身会党，游勇不愿与其合作效力，凭祥土司李祐卿所部游勇尤不听王之调度，王和顺无能为力。孙中山乃改派黄明堂为镇南关都督，“而使和顺募集同志谋夺水口关，以为声援”③。黄明堂、关仁甫“向系游勇首领，此次与李祐卿、何伍数人同受革命军重任，事前早与台上守兵联络成熟”④。一俟孙中山命令，立即举兵起义。

12 月 2 日黎明，黄明堂等“遂率那模村乡勇八十人，快枪四十二杆，循山背间道突然向关上右辅山炮台攻击，守兵百余人略事抵抗，即相率纳降，于是镇南、镇中、镇北三台皆陆续入革命军之手，青天白日之革命旗随风招展，附近游勇来投军者，不绝于道。次日，驻凭祥清军防营统领派兵来战，被革命军施放大炮击退之”⑤。孙中山在河内得到镇南关传来的捷报之后，于 3 日早晨偕黄兴、胡汉民、胡毅生、卢仲琳、张翼枢、日人池亨吉、法国退职炮兵上尉男爵狄氏诸人乘越西铁路前赴战地。在同登站下车，直向那模村进发，下午到达。关上已经预派人来接，即于当夜燃炬登上镇南关，“克强因体胖量重，由数人扶挟而上，约九时

---

① 冯自由：《丁未广西镇南关革命军实录》，《革命逸史》第五集，第 119 页。
② 孙中山：《建国方略》（1917 至 1919 年），《孙中山全集》第六卷，第 240 页。
③ 冯自由：《丁未广西镇南关革命军实录》，《革命逸史》第五集，第 120—121 页。
④ 冯自由：《丁未广西镇南关革命军实录》，《革命逸史》第五集，第 121 页。
⑤ 同上。

抵关，明堂等奏乐欢迎，全军鼓舞”[①]。4日清晨，清军参将陆荣廷率军来犯，革命军奋勇抵抗。法国武官狄氏亲自发炮轰击，第一弹命中，清军死伤60余人，敌军阵营呈混乱状态。孙中山、黄兴等革命党人均亲自参战，发炮攻击，孙中山并在铁炮旁为义军受伤者裹伤，去山谷间汲水。他激动地说：“反对清政府二十余年，此日始得亲发炮击清军耳。”[②] 据黄兴回忆：“我当时也在炮台上持枪射击，很多子弹都打中了敌人。孙先生和我一起射击。当有人负了伤，孙先生就放下枪去抢救伤员，他两方面都要照顾，显得非常忙碌。炮台上没有水，伤员需要水，还要孙先生到数百米外的山谷里去取，他是够辛苦的了。”[③] 陆荣廷损兵折将，重兵一时难集，乃采取缓兵之计，向革命军“密函约降”。函中略谓：“荣廷虽食清朝俸禄，但以前亦曾统率游勇，专与清兵为敌，此公等所知者。荣廷前以时运不佳，不得已暂时屈身异族，以候机会，区区此心，尚祈谅之。荣廷初疑公等此次起事，近于轻举妄动，及观今晨炮火之猛烈，乃知有一代豪杰孙逸仙先生为公等划策，无任钦佩。荣廷现有众六百余人，随时可以投入麾下，以供驱使，倘荷录用，即请给一确证，俾得知所去就。若至明日，则有清军五百自凭祥开来，后日更有清军二千自龙州开来，事急万分，祈为自重。”[④] 孙中山、黄兴等人信以为真，寄希望于陆荣廷率部反正，即作密函与陆联络。但考虑到“山上三台大炮虽多，而快枪缺乏，无法进取，决由明堂等坚守五日。中山诸人即日回河内筹款购械，以资接济，一俟饷械运到，便可进攻龙州”[⑤]。4日黄昏，孙中山、黄兴诸人“别明堂等下山，仍从山后间道迂回而下，时正大雨滂沱，以近敌营，不便燃炬，良久始达山麓。夜午抵文烟，

① 冯自由：《丁未广西镇南关革命军实录》，《革命逸史》第五集，第121页。

② 《胡汉民自传》，《近代史资料》总45号。

③ 《宫崎滔天全集》第1卷，第287页。

④ 冯自由：《丁未广西镇南关革命军实录》，《革命逸史》第五集，第121页。

⑤ 冯自由：《丁未广西镇南关革命军实录》，《革命逸史》第五集，第121页。

宿于同志玛邯家”[①]。5日上午登车，正午抵达谅山，已有河内华侨杨寿彭等人迎接，及抵河内，即开始着手筹款、购械二事。

孙中山、黄兴离开镇南关之后两日（12月7日），清军机处指责桂抚张鸣歧失去重隘，“交部议处”，责令他督饬各路援军“即日克复”。龙济光、丁槐、陆荣廷等率清各路援军齐集，以4000余人的优势兵力对黄明堂所部革命军进行围剿。黄明堂率义军在三炮台与清军激战数日，打死打伤清军哨弁古景邦、黄瑞兴、马朝辅等多人，卒以枪弹告罄，粮饷不济，不得已于12月9日撤离镇南关，突围出走。

镇南关起义是孙中山亲赴战场、亲自发炮攻击清军的一次战役，也是他和黄兴在反清战场上并肩战斗的一次战役。此次国民军与清军血战七昼夜，民军牺牲者两人，敌军伤亡者数百人，大涨了革命党人的志气，大灭了清军的威风。

清廷探悉孙中山、黄兴等直接参加镇南关起义消息之后，悬赏缉拿孙中山。并即向驻北京法公使交涉，“声明孙文现居越南东京甘必达街六十一号寓所，指挥革命军事，镇南关事件是其主动，大碍清、法二国邦交，要求将孙氏驱逐出境，法使向巴黎政府报告，遂由越南总督讽令总理离越，总理至是乃将经营粤桂滇三省军事付托黄克强、胡汉民二人代理”[②]。于是，孙中山乃于1908年1月24日乘法公司轮船“萨拉西”离开河内，前往新加坡。27日到达新加坡，继续为革命筹款。

黄兴转战华南以来，虽然经历了防城起义和镇南关起义两次失败，但他并不气馁。他决心独当一面，再发动一次更大规模的起义。然而，黄兴身处异国，要想发动一次更大规模的起义可谓困难重重。其中最大的困难是武器、弹药严重缺乏。于是，他一方面命令在日本的刘揆一“与何天炯、宫崎寅藏，筹购枪械，运

① 冯自由：《丁未广西镇南关革命军实录》，《革命逸史》第五集，第96页。

② 冯自由：《丁未广西镇南关革命军实录》，《革命逸史》第五集，第123—124页。

赴海防，以供应用”[1]。他又想到了郭人漳，想从郭营弄点子弹之类以解燃眉之急。恰巧由黄兴介绍加入同盟会的挚友谭人凤来到河内，两人便商量如何从郭营寻求接济武器、弹药的问题，其事亦经历了种种曲折。据谭人凤事后回忆：“克强此时之雄心壮志，固犹未已，特以子弹无来源，颇焦灼，适余至，因与郭有旧，遂往求接济焉。时丁未十二月二十五日（1908 年 1 月 28 日）夜也。二十六深夜，抵郭行营，谈颇洽。次日，相随入城，适省报道衔复职，贺者盈门，态度忽变。戊申正月六日（1908 年 2 月 7 日），郭率两队赴原防，余相随返防地，隔越之芒街，仅一小溪。芒街多同志，且郭随带之队长排官，均与余在广西有旧，拟就近图之。忽一夜，郭遣人邀余，至则曰：‘革命事败矣，奈何！’出省城所发二辰丸事电报见示。余阅毕，喟然叹曰：‘天不佑汉，受此损害，事诚可哀。但所购之械不止此，尚有一二船，当不至一误再误，其实此事究不知为何人购办也。’郭惊讶者久之，问越南现有军费多少。则曰：‘不过数百万。’郭闻之，心复活，状颇真挚，而余之前念遂息矣。次日，遣其侄朴存随赴越，余遇各同志，即介绍此系郭统领侄，则皆会意。故郭侄有所问，概称道兵如何多，饷如何足。至夜，克强招郭侄小饮，复铺张表示，席间连接四函，两系报告准备攻取龙州各军情，钤以第一、第二军印信，两系法文，由舌人译述，则谓某处某处汇寄款若干万也。郭侄色舞眉飞，无复疑义。次日，邀余送返，一一据禀，且极力耸恿，无俟余饶舌。郭遂允如所请，拨济枪弹，约定地点交付。”[2]“寻得香港冯自由等所购弹械，先期运到，颇足供用。”[3] 经过充分的准备，按照孙中山的指示，黄兴即召集海内外同志黎仲实、詹岐山、刘梅卿、梁建葵及越南华侨等共 200 余人，组成“中华国民军南军”，黄自任总司令。1908 年 3 月 27 日，从越南进入钦州东兴，“众遂揭青

---

① 刘揆一：《黄兴传记》，饶怀民编《刘揆一集》，第 120 页。

② 谭人凤原撰，饶怀民笺注：《石叟牌词》，第 56 页。

③ 刘揆一：《黄兴传记》，《刘揆一集》，第 120 页。

天白日旗，高吹洋号，列队过东兴附近之大路村，四处张贴中华国民军南军总司令黄告示，乡民纷燃爆竹迎之"[①]。在行军途中与清军一小队相遇，清军猝未及防，被民军冲散，有惊跌而重伤者数人。29日下午，抵达小峰，"有清兵三十余人出迎，盖闻角声，误以为是郭统领人漳也，既相见，问革命军为何营，革军反问之，则以二十营对。革军遂开枪杀其五人，逃去三人，余众悉降"[②]。驻小峰附近清营管带杨某得报，所在该营乃合第36营倾巢而出，依山而伏，列阵以待，所占地形颇佳，用以狙击革命军。黄兴深知，硬拼对革命军不利，乃采用智取的方法。指挥革命军佯装退却，以引诱清营管带杨某向前追击，而暗中将革命军队伍一分为三："一从对山攻击，一伏田陇间，一从清兵之后山上暗袭。清兵但顾前之二军，及后军骤至，清兵大骇，奔溃四散。死者数十人，生擒哨官某，伤者逾百，是役杨军之大旗被夺，失枪甚多，杨等以六百余人出队败归，半日招集残卒才五十余人耳。"[③] 小峰之战大获全胜。30日，民军乘胜前进，途中偶遇清军一营，交战未久，清军败退，逃入村中一大宅内负隅顽抗。国民军攻打大门，忽有一冷弹从门内射出，击中义军，一人壮烈牺牲。"黄司令大怒，喝令宅中主人速出，乃投炸弹毁之，清兵死者百数十人，余众皆解衣卸械而遁。清军统领闻报，亦亲率全军来，因闻杨帮统之败，乃偃旗息鼓以避革命军耳目。是时杨军败后四散，其第三十六营有三哨避窜山中，郭统领军来，杨军不见旗帜，以为革军从他路追迫，遽发枪击之，郭军还击，三十六营一哨官毙，即急奔，郭军稍前，见其非革军也，乃一惊而罢。"[④] 31日，黄兴率国民军抵达大桥，清军两营来战，交火不久，清军一名营官中枪倒地，两营士兵皆狼狈而逃。

---

① 冯自由：《戊申钦州上思革命军实录》，《革命逸史》第五集，第128页。
② 冯自由：《戊申钦州上思革命军实录》，《革命逸史》第五集，第128—129页。
③ 冯自由：《戊申钦州上思革命军实录》，《革命逸史》第五集，第129页。
④ 冯自由：《戊申钦州上思革命军实录》，《革命逸史》第五集，第129页。

4月2日，黄兴率中华国民军列阵于马笃山，“清军督带官龙某率兵三营来攻，革军居高临下，清军大困，黄司令亲发枪遥击，龙管带中弹从马上翻身堕，革军欢声如雷，清军伤亡甚众，其营官廖丁遂先己军而遁，于是三营尽溃，清军哨官被擒者二名，即伏诛，降兵三十余人，悉令剪发”①，扩充了革命军队伍。

国民军势如破竹，连战皆捷，十分顺利。“是时已聚众至六百余人，声势日盛，方拟取道那楼、大录等处，向桂边进攻，讵清军统领郭人漳、参将王有宏合兵尾之，有众三千余人，取包围式，于革命形势颇不利，黄司令以寡不敌众，乃募勇士于黑夜至清军所驻民房抛掷炸弹，清军自相掠扰，不战而逃，革军乘势追击，清兵四散。”② 黄兴还缴获了郭人漳的军旗和坐骑，黄兴考虑到昔日与郭人漳有过交往，特致函郭，函云：“君与吾党主义，本表同情，徒以误会而致相战，亦属不得已之举。军旗关系君之责任綦重，故特奉还，聊补缺憾，而申友谊，马则暂请见赐耳。”③

广东钦州、廉州（今属广西，当时属广东）和广西上思一带本是会党遍布且活动十分频繁的地方。而清军兵力十分单薄，军中亦多革命党人。当黄兴所率国民军进入该地后，得到当地会党和群众的大力支持和帮助，故能坚持战斗40余日，加之黄兴采用了灵活机动的战略战术，所以屡获胜利，使清军闻风丧胆，不战而溃。这次起义在同盟会领导的各次起义中是打得最好、坚持时间最长的一次战役。

先是黄兴“原与郭人漳有接济药弹相机反正之约”④。但后来情况发生了变化，据谭人凤回忆：“有广西陆军学生何克夫等六人同船行，携带军用品，在镇南关发现，均被扣留，郭惧挂误，乃悬赏缉余，并召归委派驻越之学生王德润，杀之以灭迹，事乃又

① 冯自由：《戊申钦州上思革命军实录》，《革命逸史》第五集，第130页。
② 冯自由：《戊申钦州上思革命军实录》，《革命逸史》第五集，第129—130页。
③ 刘揆一：《黄兴传记》，饶怀民编《刘揆一集》，第120页。
④ 冯自由：《戊申钦州上思革命军实录》，《革命逸史》第五集，第130页。

成泡影矣。”[①] 可见，郭人漳是一个首鼠两端、贪利忘义、居心叵测的反动军官。因而，期望他提供弹药接济是不可能的。加之，国外购买的武器弹药一时接济不上，以致造成国民军弹药告竭，遂不得不分途解散，黄兴、黎仲实、詹岐山等先后赴越南。为避开敌军，三人中途失去联系，黎仲实、詹岐山于同年4月18日抵达河内，而黄兴迟至5月5日才最后到达。余众则遣归十万大山，全部安全撤离。

对于这次以少胜多、以弱胜强的战役，孙中山曾多次称赞黄兴的出色表现。他在《建国方略》中说：“克强乃以二百余人出安南，横行于钦、廉、上思一带。转战数月，所向无前，敌人闻而生畏，克强之威名因以大著。”[②] 乃至到了1923年，他在广州欢宴各军将领时还曾提到此次战役，他说：“诸君都晓得黄克强的威名，是从钦廉革命起的，他在钦廉革命是用什么武器呢？那个时候我们在安南，到处和（给）他买枪，今日买三五支‘沙维治’，明日买几支‘曼里霞’，东凑西凑，然后才得了杂枪二百多支，每支所备的子弹，最多不过二百发，他带到（了）这点武器到钦廉，便和龙济光、陆荣廷打了几个月仗。后来虽然失败，但是他奋斗的精神很伟大，实在令人佩服，所以他的威名便大振。”[③]

1924年，孙中山对驻广州湘军发表演说，特别指出：“湖南老革命党最著名的有黄克强，他有一次自安南入钦廉起义，当时到钦廉来抵抗革命党的清兵有两万多人，黄克强带的革命军不过两百人，所有的武器不过两百支枪。用那样少的人和那样多的清兵，打两个多月仗，到后来弹尽而援不至，还可安全退出。照这一次战事来说，革命军就是用一个人去打一百个人，这样的战斗是非常的战斗，不可以常理论。像这件不可以常理论的事，还是你们

① 谭人凤原撰，饶怀民笺注：《石叟牌词》，第56页。
② 孙中山：《建国方略》（1917至1919年），《孙中山全集》第六卷，第240页。
③ 孙中山：《在广州欢宴各军将领会上的演说》（1923年12月2日），《孙中山全集》第十一卷，第476页。

湖南人做出来的。”[①] 同年十月十日双十节，孙中山在广东韶关庆祝武昌起义十三周年纪念会上发表演说，仍然不忘黄兴在钦廉、上思之役中的战斗精神，他说：“从前有名的战将，要推黄克强。”“钦廉一役，黄克强在安南河内，招集了一百五六十名华侨，三四十名游勇；买了二百杆很复杂的枪，打雀的也有，打兽的也有，口径大小不一，每杆枪子弹最多配二百颗。他便进攻钦廉，打了两个多月仗，至弹尽而后才将同志完全带回安南，仅有六人失落。此六人之中，有四人是阵亡，两人是负伤在路上因病死的。清朝当时在钦廉的兵，有二万多人无奈之何。”[②] 当时，正值北伐战争筹备之中，他号召北伐各部将领学习以黄兴为代表的革命党人的奋斗精神，“我们不能完全学他，都要学他一半，或学他十分之一二”。孙中山在多次演说中提及黄兴直接领导的钦廉上思之役并号召人们向他学习，可见对其评价之高。

钦廉上思之役正在进行之中，河口起义就已经爆发了。河口地处中越边境，为滇、越铁路交通孔道，上通蒙自、开远、昆明，下连越南老街，左通曼耗、普洱、个旧，右通文山、广南、剥隘，以达桂边，可谓四通八达，得之可图全滇。孙中山早在镇南关起义之前，“早已着手运动”，乃派黄明堂主其事，王和顺、关仁甫佐之，河内机关部并派黎仲实、高德亮、麦香泉、姚章甫、陈二华、梁思等八人驻老街，预备于得地后，以为响应。因河口为军事重镇，清吏派重兵把守，“河口向有清军四营，一营守城内，一营守山上及炮台，管带黄元桢守山上南营，防务处督办官王镇邦自率两营驻城外半山之炮台，管带岑德贵则守城内各处”[③]。可谓戒备森严。但清军内部由于连年兵饷不足，人员缺额不少，就连

① 孙中山：《对驻广州湘军的演说》（1924年2月23日），《孙中山全集》第九卷，第501页。

② 孙中山：《在韶关庆祝武昌起义十三周年纪念会上的演说》（一九二四年十月十日），陈旭麓、郝盛潮主编《孙中山集外集》，上海人民出版社，1990年，第113页。

③ 冯自由：《戊申云南河口革命军实录》，《革命逸史》第五集，第141页。

在营的士兵也因生计维艰不得不充当法人修筑滇越铁路的雇工，清边防营内部的腐败不堪给革命党人以可乘之机。

1908 年 4 月 30 日凌晨，黄明堂率 200 余人在河口向清军发起进攻，清军防营一部反正，合兵约 500 人，经过约两个小时的激烈战斗，占领河口。其时，防务处督办官王镇邦自率两营驻城外半山炮台，另一营管带黄元桢守山上炮台，于是，革命军向城郊炮台发起强攻，黄元祯率众投降。王镇邦伪装约降，黄明堂信以为真，派代表黄华廷前往说降，王镇邦将说降代表黄华廷杀害，王部守备熊通杀王镇邦反正。守城内各处一营管带岑德贵亦被擒。革命军完全占领四炮台，缴获清军枪支 1000 余杆，子弹 200000 余发，除随身携带外，仅贮存于仓库内的子弹多达 70000 余发。

黄明堂占领河口后，即以中华国民军军政府名义出示布告安民，声称："本军政府仗义讨暴，为民请命。所在军人军属，自发以仁义为心，以忠勇为志，岂可不尊重国民军之名誉。"并公布军队纪律，要求军人严格遵守，"如有违者，立处死刑"。并向各国发布预拟的宣言："本军政府今起国民军，欲推倒现今之清政府，建造社会的民主国家；同时对于友邦各国益敦睦谊，以维持世界之和平，增进人类之幸福。"① 保护外国人的生命财产，不受侵犯。并派兵将外国领事和海关洋员护送至安南老街。革命军纪律严明，秋毫无犯。沿途归附者达 1000 余人。5 月 5 日，王和顺率军沿铁路进攻，先有清军李兰亭部一营归诚，继又招降黄茂兰部两哨，占领南溪。同日，关仁甫占领新街。面对革命军势力的扩展，云贵总督锡良大为恐慌，"一面令临安道增厚、开广镇白金柱督兵南下救援。一面频电清廷告急"②。面对清廷调兵遣将的压力，国民军内部成员因招将纳叛成分复杂，组织纪律涣散，粮饷接济不上，形势十分危急。早在胡汉民派遣黄明堂、王和顺、关仁甫赴云南领导河口起义之时，"曾有军饷不足虑之说，迨河口要求预发军饷

① 陈春生：《戊申河口起义记》，《革命文献》第六十七辑，第 136—137 页。

② 冯自由：《戊申云南河口革命军实录》，《革命逸史》第五集，第 144 页。

三万金，汉民无以应之，按兵不肯进”[①]。在此情况下，河内机关部主任胡汉民乃急电孙中山献策说：“此次以河口变军为主力，此军队实未受革党主义之陶镕，其变而来归，虽受党人运动，但只因其乏饷与内部之不安而煽动之。其军官向来腐败，尤难立变其素质，而使之勇猛进行。今为补救之法，惟有速令克强出统其军，更使知军事之同志，助之指挥，庶可进战。”[②] 孙中山允如所请，即电委黄兴为“云南国民军总司令，节制各军”[③]。可是，此时黄兴并不在安南河内，而在钦廉上思之役失败后，“尚在粤边，士卒相依为命，不令行。各将领有家眷在海防，海防同志刘岐山以危言吓之，声称不顾大局扣留克强，必先杀其家眷，克强始得出而驰赴”[④]。5 月 3 日，黄兴返越途中，抵先安。5 月 5 日，黄兴才由海防到达河内，翌日，启程赴河口，5 月 7 日抵达河口，黄兴“见军事进行复多疲玩不振，而屯兵不进，尤误戎机，乃力催明堂添兵助和顺进取昆明。明堂以米粮不足，意甚犹豫，乃派人至前敌约和顺来会，共商进攻之策。和顺亦以兵少弹缺为虑”[⑤]。黄兴“守候逾日，意极焦灼，遂欲亲率全军前进，以此意商诸明堂，明堂乃拨兵士百人随之，于是克强纵马前行，未及一里，各兵群向天开枪一排，齐声呼疲倦不已，克强再三抚慰无效，更行半里，则兵士多鸟兽散，不得已折回河口”。黄兴返回河口后，与诸将士商量，“仍欲亲率各军袭取蒙自，而将士多不听号令，乃知本身非有基本军队不能指挥他军，遂决计回河内，拟征集前在钦州共事之同志一二百人，佐以驳壳枪，组织基本队，然后再赴前敌，如是则不愁他军不听号令，于是遄返越南”[⑥]。11 日，黄兴“甫到老街，即为法国警兵所逮捕，盖黄貌似日本人，当其初到河口驰马

① 谭人凤原撰，饶怀民笺注：《石叟牌词》，第 59 页。
② 《胡汉民自传》，《革命文献》第三辑，第 24 页。
③ 冯自由：《戊申云南河口革命军实录》，《革命逸史》第五集，第 143 页。
④ 谭人凤原撰，饶怀民笺注：《石叟牌词》，第 59 页。
⑤ 冯自由：《南军都督王和顺》，《革命逸史》第二集，第 203 页。
⑥ 冯自由：《戊申云南河口革命军实录》，《革命逸史》第五集，第 144 页。

军中时，对岸法兵已疑革命军有日人相助，日人在越南素有煽惑土人作乱之嫌疑，法人对之异常猜忌”，“及黄告以姓名，始悉为革命军重要人物，照国际法，例当拨送出境”。黄兴“自愿赴新加坡，法政府乃送之至西贡，然后由西贡买舟至新加坡”，“从此义军失其导师，渐有孤城落日之势”。[①]

早在黄兴亲率一军前往袭取蒙自之时，清廷“令派刘春霖督办云南军务，未到前由总兵白金柱暂代，著随带银五万两犒师，另饬广西左江道龙济光率南宁防军第七营前往协助，并著江督端方、鄂督陈夔龙接济饷械”[②]。由于国民军未能积极进攻，锡良乃得从容调兵遣将，对革命军采取大包围之势，沿滇越铁路取进攻态势。关仁甫从新街进至曼耗时，内部降兵闻清军到来，发生哗变，关仁甫只得放弃曼耗，退守河口。王和顺“与清军在泥巴黑附近相持二十余日，以敌势日张而己军子弹渐告缺乏”[③]。王和顺乃亲至河口与黄明堂相商，拟袭取思茅为根据地，但黄明堂不幸被清军击败，退回河口，王和顺孤掌难鸣，不得已亦向河口退却。5 月 26 日，清军攻陷河口，黄明堂退入安南境内，嗣被法国殖民当局勒逼缴械，拨送出境，并派宪兵护送至新加坡。历时一月的河口起义最终又遭失败。为解决这批来新加坡避难的革命军人生活费用和医疗费用，孙中山除令陈楚楠、林义顺等创办中兴石山公司，安排一部分人就业外，“且介绍于槟榔屿、吉隆坡、吡叻、文岛各埠工厂、矿场、农场”[④] 就业，从而解除了黄兴等人的后顾之忧。河口起义失败后，以孙中山、黄兴为轴心的同盟会领导的粤、桂、滇起义最后均因联络会党和游勇作为主力而以失败告终。于是，他们开始总结失败的教训，摈弃过去联络会党为主力的策略，转向运动新军。

---

① 冯自由：《戊申云南河口革命军实录》，《革命逸史》第五集，第 144—145 页。

② 同上。

③ 同上。

④ 冯自由：《戊申云南河口革命军实录》，《革命逸史》第五集，第 147 页。

第四节　参与领导广州新军起义

从1907年到1908年的两年时间内，黄兴服膺孙中山的华南革命战略，鏖战粤、桂、滇地区，先后参与策动和领导了四次反清武装起义，均遭失败。他虽然也打过像钦廉上思之役那样以少胜多的胜仗，但最终还是失败了，那么，为什么总是失败呢？这使他陷入了深深的自责和思考。他思前想后，夜不能寐。当时革命党人中曾流行所谓“秀才不能造反，军队不能革命”这两句话，一直在他的耳边回响，他深知这两句话的实质是指反清武装起义的动力只能是依靠会党。他早年领导长沙起义和萍浏醴起义也主要是依靠会党的力量。他还记得，在萍浏醴起义准备阶段，他曾对派回国内的同盟会员刘道一有过面嘱：“革命军发难，以军队与会党同时并举为上策，否则亦必会党发难，军队急为响应之。”后来萍浏醴起义采用的是“会党发难”“军队反戈相应”的次策，结果军队没有发动起来，又变成了单纯依靠“会党发难”，当时义军虽然发展到了三万余人，但还是免不了失败的命运。联系到孙中山领导的早期几次反清武装起义，也是依靠会党作为主力，均频遭失败。他觉得，所谓“秀才不能造反，军队不能革命”这两句话要重新考虑，自己不也是秀才吗？像他这样考中秀才从事反清革命的人不在少数，何其多也！可见，秀才是可以造反的，同样，军队也是可以“革命”的，只是不能依靠像郭人漳那样首鼠两端、见风使舵、见利忘义的反动军官。黄兴通过总结历次反清武装起义失败的教训，特别是云南河口起义失败的教训，他终于警醒，“乃知本身非有基本军队不能指挥他军”。那么，如何培育和训练自己的“基本军队”呢？黄兴决定从以下两个方面入手，一方面，加强对革命党人的军事训练；另一方面，在新军下层做思想发动工作，促成新军向革命方向转化。据刘揆一回忆，早在1908年夏，黄兴由新加坡经香港抵达东京，“仍注重训练党员之军事学识。以揆一前与孙武、李根源、焦达峰、赵伸、陶铸、潘鼎新等在大森组织之体育会，党军中已见其效力，乃来日本，复聘日军官多人，重组体育会于该地。且河口一役，党人被逐至河内、香港者至众，各机关不敷容留，故多招致来东，加入练习。公亦自为教授，每遇演习行军战斗，则分学员百七十人为二军，公与日教员各领一军，以相对垒。其于夜袭与拂晓攻击等作战计划，时操胜算，日教员皆为钦服”[①]。又说：黄兴“离香港时，曾使倪应典运动广州新军，故己酉年常备军由倪介绍入党者甚众”[②]。黄兴通过总结历次反清武装起义的经验和失败的教训，已经认识到从事反清武装斗争，不能只单纯仅仅依靠会党的力量，而是要双管齐下，在联络会党的同时，应当以运动新军为重点，以革命化的新军为主要动力。而且，武装起义也不是只能在边远地区才能进行，在中部大中城市乃至清朝统治的腹心地区也同样是可以发动的，甚至在中部大中城市发动比边远地区发动影响更大。黄兴开始重新调整思路，他的军事战略思想有了新的发展。在他的思想影响下，不少革命党人开始将工作重点转移到新军或巡防营上面来，使“香港及广州等处党务”“大为发展”，“香港分会及广州机关均气象一新”。据冯自由回忆：“先是党员张谷山、姚雨平等曾于丁未春着手运动防营反正，兵士附和者颇不乏人。至戊申冬，复有葛谦、谭馥、严国丰、黎萼、罗树沧、曾传范、钱占荣诸人在营伍中散放票布，宣传革命。事泄，葛、严、谭三人死亡，黎、罗、曾、钱等被捕系狱。军中军队受其感化者，络绎于道。及倪继续进行，成效更著。”[③]

早在1908年冬保亚票事件发生前不久，倪映典投入广州新军，当赵声离开广州赴香港后，他就成为同盟会在广州新军中最重要

① 刘揆一：《黄兴传记》，饶怀民编《刘揆一集》，第122页。
② 同上。
③ 冯自由：《庚戌新正广州新军反正记》，《革命逸史》初集，第201页。

的领导者。倪映典字炳章，安徽合肥人。据熟悉倪之身世的冯自由记载：倪之“先世赋性高旷，不乐仕进，至倪父某以医术行世。倪幼习父业，至庚子年目睹时艰，即慨然以天下事为己任。甲辰（一九〇四年）弃医业，投身安徽武备练军学堂，冀练一军人资格，以为国民用。毕业后，复入炮兵学堂。丙午（一九〇六年）为江南炮兵营将校，军事学冠侪辈，尤以马术名闻。丙午冬萍乡兵起，江西清吏乞援南京，倪挺身请往，冀萍军势有可为，遂乘机以为助也。及抵萍，见大势已去，从此益加悲愤，吞灭胡虏之念，时流露于辞色间。戊申年皖吏调倪任骑兵营管带。时熊成基等正组织同志于军队中。倪往，气益壮，盖熊固倪同学，而在江南时，倪切磋之益为最深者。旋倪为满督端方所觉，电至安徽询索，将不利于倪，倪遂不能安于皖，易名而走粤，即至香港《中国日报》访冯自由，正式加入同盟会。旋投身军队充炮兵见习官。未几，安庆马炮营反正，倪以在粤未得身与，时以为憾。既而为炮兵排长，演说复仇主义，声泪与俱，同袍将士，多为感动”[①]。

1909 年 10 月，同盟会在香港建立了南方支部，设会所于黄泥涌道，作为指挥南方革命的总机关，由胡汉民担任支部长，汪兆铭任书记，林直勉任会计。下设筹饷、军事、宣传、民军等机构，由同盟会员分任负责。从此，南方支部“与香港分会划分权限，西南各省党务、军务改由支部管辖”[②]。孙中山指定：“广东军事计划，一听赵先生（指赵声——引者）主持。”[③] 而运动广州新军之事则全权委托倪映典负责。倪颇具宣传才能，据和他直接打过交道、与他同住半年的莫纪彭回忆：“他生来高长，面部稍短，两颧微微突出，谈话间上唇常不能护齿，惟他另有一种风度：英迈的气宇和恳挚的面孔，不只使人可畏，更使人可亲。他最大的本领

① 冯自由：《中华革命运动二十六年组织史》，1990 年，第 241 页。

② 冯自由：《中国革命运动二十六年组织史》，第 199 页。

③ 莫纪彭：《同盟会南方支部之干部及庚戌新军起义之回顾》，丘权政、杜春和选编《辛亥革命史料选辑》上册，第 335 页。

是一个雄辩家，而他高雅纯洁的人格和善意，无不博得大家的钦敬。与他同居半年，他从未有过一夜外宿，未有一点嗜好，未见过他有一次疾言厉色。”[①] 胡汉民对倪映典评价甚高，他在自传中称：“余与克强、伯先在港规划一切，省中新军运动，则以倪炳章（映典）为总主任，炳章干才不亚于伯先，而刻苦耐劳则且过之。”“既长于煽动，又精力殊绝。”[②]

据亲自参加广州新军起义且与倪映典同事的莫昌藩等人回忆：倪映典充任新军炮兵二营右队二排排长之时，“当他知道右队有队官钟德贻、左队第一排排长莫昌藩已在姚雨平处加盟为同志时，因之便开始共同商量革命活动的进行办法。钟和莫是比较多了解当时新军情况的。因为新军目兵通通由征兵而来，文化程度相当高，爱国思想很浓厚，如果先进行宣传教育，鼓动他们的爱国热情，运动进行较易。大家商量过后，乃相约先做宣传工作。过了几天，倪映典将《洪秀全演义》和其他爱国故事交钟德贻选编用作宣传资料。钟遂选出洪秀全、岳武穆、韩世忠和满清入关、扬州十日、嘉定三屠、两王入粤残杀民众等故事，共编成三十多章，每章预计讲述一次。开始时每周讲述二次，以后每周讲述一次，叫做‘讲古仔’。这种‘讲古仔’由倪映典和官长中的同志们主持。那时各标营每天晚饭后，高级官长已驾马车回城里家中去了，驻营的目兵，只剩下队、排的官长率领到营外去散步，‘讲古仔’最为目兵所欢迎，倪映典便借这个机会来宣传革命。倪映典因不懂广州话，于是选派忠实同志或代表以广州话传达。开始时倪映典只向自己右队里目兵讲述，可是没有到十天的工夫，炮兵二营全营、炮一营全营目兵都来听讲了。继后工程营、辎重营和一标各营目兵也来了。范围扩大，倪映典恐有疏漏，于是改变方式，

---

① 莫纪彭：《同盟会南方支部之干部及庚戌新军起义之回顾》，丘权政、杜春和选编《辛亥革命史料选辑》上册，第326页。

② 《胡汉民自传》，丘权政、杜春和选编《辛亥革命史料选辑》上册，第190—191页。

先向各营队代表讲述，再由各代表向各目兵传达”[①]。这样一来，宣传效果非常好，革命党人在新军中的影响越来越大了。

按照南方支部的决定，倪映典在广州设立“专以运动军队为事”的机关部，他还亲自拟订了《运动军事章程十条》，并由同盟会南方支部统一分发，该章程规定“总宜时时作大举之预备，以鼓热度而增敌忾”[②]。在倪映典及其他革命党人的共同努力下，至1909年冬，广州新军“士兵加盟入同盟会者三千余人。时广东全省军队万余，惟新军有训练，器械精良，得新军则他军无难制驭”[③]。俟运动新军已有一定规模后，“倪映典自广州至香港，报告运动新军成绩，支部乃电邀黄兴、谭人凤、赵声来港共图大举”[④]。

1910年1月23日，黄兴应同盟会南方支部之邀，自日本启程，经神户过下关赴港。那时，黄兴经济拮据，据萱野长知回忆：黄兴等人“准备回到广东去起义时，他们实在连从东京到广东的旅费也没有，”[⑤] 他曾在赴港途中，于1月25日两次致函日本友人、革命志士萱野长知，委托其帮助筹集他和谭人凤的赴港旅费。在萱野长知等日本友人的帮助下，得以顺利成行，29日抵达香港。谭人凤于2月5日也到达香港。黄兴抵港后，与胡汉民、赵声、谭人凤等人“规划一切”，拟领导广州新军起义。黄兴是个办事极其稳重的人，他考虑到起义必需要有充足的准备，又“复使姚雨平、张醁村等运动巡防营之在省会附近者；又使执信、毅生联络番禺、南海、顺德之民军为响应。是年邹海滨、陈炯明始以执信之介绍至南方支部；邹、陈皆广西法政学堂学生，执信、君佩等自东京

---

① 莫昌藩、钟德贻、罗宗堂：《一九一〇年广东新军革命纪实》，刘萍、李学通主编《辛亥革命资料选编》第一卷上册，第179页。

② 倪映典：《运动军事章程十条》，转引自金冲及、胡绳武《辛亥革命史稿》第二卷，第464页。

③ 《胡汉民自传》，丘权政、杜春和选编《辛亥革命史料选辑》上册，第191页。

④ 徐维扬编：《庚戌广东新军举义记》，丘权政、杜春和选编《辛亥革命史料选辑》上册，第309页。

⑤ 萱野长知：《辛亥革命秘话》，转引自毛注青编著《黄兴年谱长编》第145页。

毕业归，即为此校教授，故邹、陈受盟为同志。陈方为广东咨议局议员，好言事，颇有声誉，克强尤喜引与计事”[1]。2月4日，黄兴致函宫崎寅藏云：“革命军不日大起，人材缺乏，乞速招集步炮工佐尉官多名前来助援，不胜感祷！其旅费至时当电寄二千元。中山或由横滨经过，亦未可知。来时望密为探知，以便东京方面事就商妥帖。其佐尉官则必先期火速催其上道，至要，至要！”[2]“山雨欲来风满楼”，一场以新军为主力的反清武装起义即将爆发。

2月5日，倪映典至港向南方支部汇报广州运动新军状况，通过大家商议，“本拟以除夕举事，炳章言旧历年关商人停止贸易，则供给不便，遂改定十五前后”，“于是决定正月元宵前后发动”[3]。正月十五元宵节即公历2月24日。因而从开会议定起事日期至发动起义日期尚有将近20天准备时间，但就在起义准备阶段，即2月9日，一次突发事件打乱了起义部署，据当事人回忆：“不意十二月三十日（除夕——引者）新军步队二标二营兵士胡英元，因先期在城隍庙前绣文斋定刻图章、名片，托同营兵士华宸衷代取，争论价值，彼此口角，老城第一局警察上前干涉，不容分辩，竟至动武。适有假出目兵王冠文、祝雨清、钟国良、陈焕光、彭厚光、温安邦、王玉英、吴昌礼等八名先后行到，见华宸衷受辱，因向警察理论，警察遂鸣哨集众，不分皂白，举棍乱殴，并将该目兵等同拘入局，加以锁押。时假出士兵甚多，一闻此信，同抱不平，咸趋此局，诘其所以，愈聚愈众，宪兵弹压不止，一局巡士遂严阵门前以待。晚十时，环警局而哗者数百人，三标管带戴庆有趋前领保，警官不见，众益哄，将拥入局者数次，警道高觐昌闻之始惧。乃邀督练公所吴参议锡永及广协李某、二标统带王余庆等率同官长数员前往弹压，至则有第二标第一营管带周占魁先行到局，将所拘目兵八名向局领回，分别受伤重轻，妥为安置，

① 《胡汉民自传》，丘权政、杜春和选编《辛亥革命史料选辑》上册，第191页。
② 黄兴：《致宫崎寅藏书》（1910年2月4日），《黄兴集》（一），第28页。
③ 《胡汉民自传》，丘权政、杜春和选编《辛亥革命史料选辑》上册，第191页。

其余新军见有官长到场，亦解散归营。”[①] 此次突发事件所引起的军警冲突并未停止，事态还在向前发展。倪映典即向南方支部建言：“此所谓小不忍则乱大谋，余料新军运动已成熟，经此事故，勿论如何，殆难抑制，应提前改期，勿待元宵。”于是黄兴与胡汉民、赵声等开会讨论，“审议久之，遂改初六（即公历2月15日——引者），即时通知各部分同志之有职责者。复与炳章计划临时部署及发动后一切进行事宜，以炳章、克强分统新军巡防营，为出江西、湖南两路之准备，以伯先留守广东，推余（指胡汉民——引者）管民政、财政，约余与伯先、克强初六上省”[②]。倪映典迫不及待，拟于2月10日（正月初一日）回广州，但因香港至广州的轮船大年初一停开，倪映典当天未能成行，拟于翌日即2月11日乘轮船回广州。因此，在倪映典离开广州赴港后的几天时间内，广州新军运动几乎完全处于自发状态，特别是新军目兵王冠文等八名被拘押者回营后，各标营目兵多往探视慰问，并询问被拘情形。“被拘目兵尽将到警局后，怎样怎样的被凌辱，怎样怎样的被殴打受伤，一一诉说。到探目兵闻知大愤，第二天早上（十日，即庚戌年正月初一），即自动携枪入城，逢警即殴。”[③] 2月10日正值假日，二标新军兵士入城，先在育贤坊警察第一局与警察斗殴，新军人多势众，警察不敌，遂由后门逃遁。“继而大东门警察第五局又有新军与警察相斗，警察竟开枪，新军怒极冲毁第五局，延及第六局，于是警察伤者二十余人，死者一人，新军受伤者二三十人。新军愤然曰：‘彼乃用枪，我安可无枪。’遂归营取枪弹。”[④] 两广总督袁树勋闻讯，立刻派遣教练处长吴晋、参

① 徐维扬编：《庚戌广东新军举义记》，丘权政、杜春和选编《辛亥革命史料选辑》上册，第309—310页。
② 《胡汉民自传》，丘权政、杜春和选编《辛亥革命史料选辑》上册，第191—192页。
③ 莫昌藩、钟德贻、罗宗堂：《一九一〇年广东新军革命纪实》，刘萍、李学通主编《辛亥革命资料选编》第一卷上册，第181页。
④ 徐维扬编：《庚戌广东新军举义记》，丘权政、杜春和选编《辛亥革命史料选辑》上册，第310—311页。

议吴锡永，“会同协统张哲培，集队演说；派员密将二标、三标各营枪机拆卸，子弹收检，由后门送至城内，以防其变。并决定由张哲培亲往一标及炮工辎各营演说，依法收缴枪械子弹”①。“且传令初二日不准放假，初三日阅操。”② 协统张哲培并传令，2 月 11 日（正月初二日）“各营目兵禁止外出，如违定以该营官长是问”③。“各营军士闻之，哗然鼓噪，愤而怒曰：‘警察与二、三标闹事，与我等何干？’不知其大有阴谋在，实欲除尽而后已。”④ 新军士兵愤愤不平，广州新军起义犹如箭在弦上。

2 月 11 日，倪映典由香港乘轮船回到广州。立刻传达了黄兴等人的指示，拟于 2 月 15 日（正月初六日）起义。“初拟力劝新军暂忍耐数日，勿遽暴动偾事。及抵燕塘，见新军与防营已列阵对垒，知大势无可挽回，遂毅然入炮工辎营主持攻城大计。新军见倪入，欢声雷动。”⑤ 倪映典见状，来不及和黄兴等人商量，遂决定于 2 月 12 日提前起义。12 日晨，倪突入炮队一营，见形势危急，清军水师提督李准率领的巡防营已有准备，而民军枪炮子弹均极缺乏，深知革命党人所面临的是武装到牙齿的敌人，“战亦死，不战亦死”，他抱着“誓与李贼同死”的决心振臂高呼：“事急矣！我亲爱诸同志其速起！”⑥ “倪到时见管带齐汝汉正在向士兵讲话，便开枪将他击毙，随即偕同排长罗炽扬等传令各营在大操场集合，对官兵们慷慨陈词，号召起义。官兵都以子弹缺乏为言，倪答以子弹已在大东门外。”⑦ “于是步、炮、工、辎七营合三千之

① 徐维扬编：《庚戌广东新军举义记》，丘权政、杜春和选编《辛亥革命史料选辑》上册，第 310—311 页。

② 同上。

③ 同上。

④ 徐维扬编：《庚戌广东新军举义记》，丘权政、杜春和选编《辛亥革命史料选辑》上册，第 311 页。

⑤ 冯自由：《香港同盟会史要》，《革命逸史》第三集，第 238 页。

⑥ 徐维扬编：《庚戌广东新军举义记》，丘权政、杜春和选编《辛亥革命史料选辑》上册，第 314 页。

⑦ 张醁村：《庚戌新军起义前后的回忆》，《辛亥革命回忆录》第二集，第 286 页。

众，公推倪映典为司令。倪司令乃当天宣誓曰：‘愿为革命战死！’众亦大呼曰：‘愿为革命战死！’事机紧迫，迫不容缓，即率大队分三路向省垣进发。”[①] 清两广总督袁树勋眼见军警冲突不断升级，急调水师提督李准前往镇压，李乃调巡防营统领吴宗禹会同协统张哲培等率所部三营在燕塘与广州间的牛王庙、教会山一带布防扼守。当时广州新军一协三标，其中一标驻燕塘，二、三标驻北校场。当倪映典所率义军中路主力分别从北校场和燕塘驻地出发，前进至牛王庙前马路时，“清军则占据教会山，利用铁丝网布置阵地，严密据守，见我队前进至牛王庙，即喝令我军本队不得前进，我军即暂停马路侧候命。倪到教会山不一会，便飞马回阵指挥我军本队散开攻击。教会山上清军居高临下用机关枪扫射，枪弹密如雨下，我军利用地形，沉着应战”[②]，互有死伤。诡计多端的李准便命水陆捕缉处帮统李景濂以和谈为名，设计诱杀倪映典，据当事人回忆：时“接前方报告，说清军代表多人，到茶亭竹林山地要求我军对话，请派代表接洽。倪映典即率罗炽扬、陈钟英、汪象斌、莫昌藩、鲁排长等前往。钟德贻也和各营代表数人随行。到达那边，清军已派代表唐维炯、童常标、太永宽、李景濂等候。唐、童二人是倪映典同乡，见倪即劝收队回营听候解决，倪也要求唐等附议反正，协助革命军推翻清朝。李景濂则扬言新军虽众，可是子弹缺乏，不堪一击，叫倪及早回头”[③]。条件当然不能谈妥，倪便退出，乘倪退出时，清军“即用乱枪将倪击毙，并进攻新军”[④]。李景濂利用自己过去参加同盟会这段历史作为掩护，为博取“荣显”，竟至“违背初心”杀害昔日战友，殊为可恨！民军

---

① 徐维扬编：《庚戌广东新军举义记》，丘权政、杜春和选编：《辛亥革命史料选辑》上册，第 315—316 页。

② 莫昌藩、钟德贻、罗宗堂：《一九一〇年广东新军革命纪实》，刘萍、李学通主编《辛亥革命资料选编》第一卷上册，第 183—184 页。

③ 莫昌藩、钟德贻、罗宗堂：《一九一〇年广东新军革命纪实》，刘萍、李学通主编《辛亥革命资料选编》第一卷上册，第 183—184 页。

④ 陈景吕：《庚戌之役倪映典遇害真相》，《辛亥革命回忆录》第二集，第 300 页。

“前队工程营数十人已冲至半山，也被清军以机关枪扫射死伤遍地。炮一、二营在牛王庙前山地接战，也被击毙数十人”。余众“不得已绕道白云山脚退回燕塘”。清军随即向燕塘营地扫射，伤亡惨重。此后清军“见我军沉寂已久，开始带队进入燕塘，纷纷将营内公私物件用马车载运回城”[①]，并将燕塘一标营房烧毁。由于主将被害，指挥乏人，加之子弹缺乏，虽苦战至深夜，终至失败。

黄兴在香港，起义当日闻知倪映典在广州提前举义，“急欲乔装与赵声前往督战，以广九路局闻变，火车不肯开行，只得另觅他途，然已缓不济急”。当他得知倪映典牺牲以及武装同志多被伤亡，且精密机关已破的消息时，遂“为之悲愤懊丧不已”[②]。但他并没有因为起义失败而气馁，而是认真总结起义失败的教训，以利再战。关于这一点，从他致日本友人宫崎寅藏函中谈及此次起义情况可以反映出来。其中有云：“此次纯以军队为主力，定期在阴历正月初六日，不料正月初一、二两日，兵卒与巡警冲突，致为满大吏所察觉，加意防备。初三日，新军（约一联队）一标及炮工辎（约一联队外）四营见其势已危，即与官兵战，相持数时间之久。奈新军子弹每人不及四颗（因子弹均在城内），终以无弹退败。同志倪映典，号炳章，安徽人，死之。其兵卒遣散，仍返乡里。官吏虽知吾党运动，表面上则为兵警冲突，莫能为革命实据，不敢妄肆杀戮，亦幸也。然吾党之势力已普及于全军队（如北京、南京皆是），此次不过解散一部分，而其主要仍在也。今后人心更加奋发，一得机会，即再举动，可望成功。弟拟于北京及南京两处图之，较之广东之偏于一隅，则更有进也。今弟将往他处运动，然后回此，两处布置，数月之内，当有头绪，一得时机，

---

① 莫昌藩、钟德贻、罗宗堂：《一九一〇年广东新军革命纪实》，刘萍、李学通主编《辛亥革命资料选编》第一卷上册，第184页。

② 刘揆一：《黄兴传记》，饶怀民编《刘揆一集》，第122页。

即先电告。”[①] 从这封信中可以看出，黄兴在反清武装起义的两个重要问题上有了明显的转变：一是起义的依靠力量由原来的依靠会党转变为军队；二是起义的地点由原来的华南边远地区转变为新军较为集中的大中城市乃至清朝统治的腹心地区。黄兴军事战略思想上的转变为尔后同盟会领导的武装起义指明了前进的方向，1911 年 4 月 27 日（农历三月二十九日）发生在广州的黄花岗起义就是他这一军事战略思想的具体实施。

第五节　统筹指挥黄花岗起义

1910 年 2 月发生的广州新军起义被孙中山称为“吾党领导的第九次”起义，但这次起义又不幸失败了！然而他并没有因起义多次失败而气馁，在经费奇缺，甚至连自己的生活费都难以为继的情况下，特别是在多数革命党人笼罩在起义失败的阴影下，在情绪十分低落的情况下，仍然对革命的胜利充满信心。诚如孙中山在描述当时革命党人的精神状态时所说的，“举目前途，众有忧色，询及将来计划，莫不唏嘘太息，相视无言”[②]。但孙中山以“一败何足馁”的英雄气概，决定再发动一次更大规模的反清武装起义。他在冷静分析当时的形势时指出：“吾曩之失败，几为举世所弃，比之今日，其困难实百倍，今日吾辈虽穷，而革命之风潮已盛，华侨之思想已开，从今而后，只虑吾人之无计划、无勇气耳！”[③] 于是，他提出了再次发动一次更大规模武装起义的计划。同样，黄兴作为与孙中山齐名的伟大领袖，他在 1910 年广州新军起义失败后也未丧失革命信心，这从他赠给宫崎寅藏诗中可以反

① 黄兴：《致宫崎寅藏书》（1910 年 4 月 28 日），《黄兴集》（一），第 29—30 页。
② 孙中山：《建国方略》（1917 至 1919 年），《孙中山全集》第六卷，第 242 页。
③ 孙中山：《建国方略》（1917 至 1919 年），《孙中山全集》第六卷，第 242 页。

映出来：

妖云弥漫岭南天，凄绝燕塘碧血鲜。穷图又见荆卿苦，脱剑今逢季札贤。七日泣秦终有救，十年兴越岂徒然。会须劫到金蛇日，百万雄师直抵燕。[①]

其乐观主义精神跃然纸上！按照常理，在一般人看来，一次起义失败了，就会产生悲观失望的情绪，但孙中山、黄兴却站得高、看得远，从起义失败中看到了胜利的希望和曙光，这是孙、黄作为伟大人物不同凡响、高出侪辈的地方。

为解决因广州新军起义失败而流亡香港、南洋的新军干部和士兵的生活费用，黄兴与胡汉民、赵声等原南方支部领导人于3月28日赴新加坡筹款。“欲运动小款以接济港中目前之危困”[②]，并谋再举。可就在3月31日，汪精卫、黄复生（树中）在北京谋炸清摄政王载沣失败，4月16日，汪等被捕下狱。真可谓雪上加霜，黄兴等人悲愤不已，更加坚定了他们再次发动反清武装起义的决心。

早在黄兴等人离港赴新加坡之前，孙中山在美国洛杉矶时曾与荷马李、布思等商议大规模反清武装起义方略，并委布思在美接洽贷款事宜。但因陶成章等人迭次掀起倒孙风潮，使孙中山的信誉受到严重影响，荷马李等提出要有正式文件证明孙中山为公认领袖，方能举债借款。为此，孙中山于1910年3月14日致电黄兴，为详细说明情况，又于3月28日发长函给黄兴，提出在广东再次发动反清武装起义的计划，并委托黄兴以中国同盟会总部名义办理正式委任状事宜。可此时黄兴等人正巧离港赴新加坡筹款，而驻港的胡毅生等收到孙中山的电函后即告知黄兴回港商议。加之，宫崎寅藏自东京来电谈及他将与儿玉右二赴港会晤黄兴，拟调查中国革命形势及中国革命党的状况。4月22日，宫崎偕儿玉右二离东京赴香港。所以黄兴亦于4月下旬偕赵声自新加坡先后返

---

① 黄兴：《为宫崎寅藏书条幅》（1910年5月12日），该诗省略了黄兴自注部分，详见《黄兴集》（一），第31页。

② 黄兴：《复孙中山书》，《黄兴集》（一），第36页。

港。5月初，黄兴与宫崎、儿玉右二会晤，两人对黄进行了长达一周的采访。那么，人们不禁要问，在黄花岗起义之前宫崎、儿玉右二两人为什么要会晤采访黄兴？而黄兴又愿意接受其采访呢？其中的缘由何在呢？我们认为，从日本政府来说是有其政治目的的。关于这一点，黄兴在《复孙中山书》中说得很清楚："日政府见满州交涉无大进步，而清军队之表同情于吾党者日多，或一旦吾党势力可成，伊既无要求于满政府，而又不见好于吾党，两无所据；又恐他国与吾党密近，将来排斥己国，于东亚殊难立足。"[①]从日本志士宫崎来说，他作为黄兴的挚友也愿意牵线、搭桥，力图促使日本政府改变其对中国革命党人的政治态度，以支持中国革命。"宫崎乘间运动长谷川大将名好道者，由长谷川将宫崎所铺张吾党之势力绍介于寺内，故寺内密派儿玉与宫崎来调查吾党势力，不过证实宫崎之前言耳。"[②] 这里需要说明的是，长谷川好道、寺内正毅及儿玉右二都是日本军人，且长谷川好道有大将军衔；寺内正毅曾于明治四十一年（1908年）七月出任过桂太郎内阁之外务大臣兼陆军大臣，儿玉右二是寺内正毅的部下和亲信，他们三人都是日本军界和政界实力派人物。因宫崎与长谷川在一次谈话中曾盛赞中国革命党人力量强大，长谷川便将此情转告寺内，寺内便派亲信儿玉与宫崎来华调查中国革命运动的真实情况，以便日本政府确定对策。而对于黄兴来说，他也想借这次机会宣传中国革命党人的实力，并"略言法、美国民皆表同情，或能怂恿之，亦未可知也"[③]，从而达到通过日本军界实力派人物影响日本政府改变对中国革命党人态度的目的。

宫崎、儿玉对黄兴采访的内容涉及面极广，内容十分丰富，自5月8日起，就与黄兴谈话之不属于保密范围者，以《革命党领袖黄兴——在热带地方》为题，写成访问记，开始在《万朝报》

① 黄兴：《复孙中山书》（1910年5月13日），《黄兴集》（一），第37页。
② 同上。
③ 黄兴：《复孙中山书》（1910年5月13日），《黄兴集》（一），第37页。

上连载发表，后改题为《与革命党领袖谈话》，转载于《日本及日本人》杂志。概括为五个问题：一是所谓“暴徒和革命党”的关系问题。宫崎首先向黄兴问及“革命党究竟有多大势力”？黄兴回答得既真实而又耐人寻味：“我党现有势力如何，这是个实际问题，不是现在应该拿出来谈的。若说我们有多大势力，却没有取得天下，就证明我们没有足够的势力。若是真正有了势力，能这样说的时候，那就是天下已经得到了。所以现在你如何自夸都没有用，还是说自己没有多大势力比较好。”这段意味深长的话自然给人们以足够的想象空间，与其说“没有多大势力”，倒不如说革命党人已有“足够的势力”、足以推翻清朝专制统治的势力！只是革命党人出于谦虚而不必要在外人面前“自夸”而已。其次，黄兴在回答有人“以为我党急于起事而不择手段，把什么样的人都吸收进来”的说法时，解释说：“这是不了解我党的宗旨而作的猜测，我党在开始建党和进行革命的时候，处事是很慎重的，这是我党主义所决定，是理所当然的。”再次，黄兴希望外国人不要将革命党与群众自发的暴动联系在一起，他指出：“像湖南的饥民一类的暴动，与我党是根本无关的。”中国的革命党人有严格的建党宗旨，也不会象义和团那样，“有一点排外思想表现出来”，希望外国人不要有什么顾虑。“近年来我党日益发展壮大，到处都潜伏有同志，在伺机而动”。正规的反清武装起义“已经为时不远了，请你为我们高兴吧”①！二是关于“北京炸弹事件”，也就是对暗杀所抱的态度问题。黄兴指出：“我们完全不必搞这类无谓的暗杀行为，而要采取等待时机一举推翻清政府的方针。”对于暗杀行为，“我们做梦也没有想到在党内起重要作用。向来沉着稳重的汪（兆铭）、黄（复生）二君竟然做出那种唐突之事。他们根本没有同大家商量过”②。三是关于对“广东新军事件”的看法问题。黄兴指出：广州新军起义虽然失败了，但“他们又在另一个地点集合起

---

① 毛注青编著：《黄兴年谱长编》，中华书局，1991 年，第 156 页。

② 毛注青编著：《黄兴年谱长编》，第 157 页。

来，等待为倪报仇的时机到来，应该说促使这一时机到来是我们的责任和义务”[1]。四是关于“革命党和军队的关系”问题。黄兴指出：革命党和军队的关系是十分密切的，“这是因为军队中有革命党人在作内应，也有军队因受革命的影响而自发行动的”。从整个趋势看，“革命的潮流是在向前发展，胜利愈来愈近了”。“我们并不悲观，而是非常乐观”的。[2] 五是关于“革命党人对列强的看法”问题。黄兴指出：日本的警察“有世界第一之称，尤其是当今的桂内阁比以前的西园寺内阁更为厉害，什么事都做得十分严密，这恐怕要多作无用之花费。英、法殖民地虽然在某些方面是极严厉的，而在有些方面却是采取放任的态度，象我们这些带‘危险性’的人到他们那里去，也可以成为自由之民”，他奉劝日本政府“应该从长远的观点考虑，来确定贵国的国策”，“如果不是这样，就可能造成百年遗恨”[3]。毫无疑问，黄兴的这些肺腑之言对日本政府的决策将会产生重要影响。

5 月 13 日，黄兴与赵声研究了孙中山 3 月 14 日电函和 3 月 28 日长函的内容，复函孙中山，同意孙提出的在广东再次发动起义的意见，并详细阐述了自己的武装起义计划，概括起来有如下六个方面的内容。

1. 起义地点的选择。黄兴认为，可在广东省会广州起义。他说：“故图广东之事，不必于边远，而可于省会。边远虽起易败（以我不能交通而彼得交通故），省会一得必成。事大相悬，不可不择（此次新军之败，乃在例外）。”[4]

2. 起义的主要依靠力量。黄兴认为应该仍然是军队。他说：“此次新军之败，解散者虽有一标及炮（二营）、工、辎四营之多，然二标及三标之一营皆未变动。现虽有议移高州之说，恐一时尚

① 毛注青编著：《黄兴年谱长编》，第 158 页。

② 毛注青编著：《黄兴年谱长编》，第 159 页。

③ 毛注青编著：《黄兴年谱长编》，第 159—160 页。

④ 黄兴：《复孙中山书》（1910 年 5 月 13 日），《黄兴集》（一），第 33 页。

不能实行。而巡防队兵卒之表同情于此次反正者甚众。现总督、水陆提（督）皆以巡防队可靠（可断定多会党，运动必易，以湘人运动尤易），闻往招湘人约千人，北江一带约数百人，将来专为省防之用。李准原有之亲兵队约千余人（内同志甚多）。总共巡防计有三千之谱。若此兵数一能运动，则外无反对者。”①

3. 起义的方法。黄兴认为，应先刺杀清广东水师提督李准，然后乘机起义。他说：“俟大款得手，先刺杀李准一人，使其部下将校自相混乱（因皆李私人，多不得兵心，若易统领，则必更换其管带、哨弁等，而兵卒之心更离矣）。变更于此变更之时，广用金钱（兵卒皆不丰足，负债者甚多，益以嫖赌，其势更岌岌），不一月可悉收其众，前次之失，立可恢复。省城一得，兵众械足，无事不可为。”②

4. 起义的部署。黄兴心怀全局，放眼全国，他认为起义之后应联络其他各省军队和会党响应。他特别提到广西、云南、东北、长江一带包括两湖、江浙等地的军队和会党。他说：“至广西一隅，同志之在陆军者约数千人（李书城、孙棨、杨源濬均在此），此刻尚未招兵训练，无可假手。至秋期则兵数想亦可招足，此方面不必顾虑，自能联合也。外会党一面，刻虽清乡，其人众稍为所慑，然兵去则聚，自成常例，至时亦可号召之。前所运动之基础固未摧坏，再扩张之，自易易也。”③“今满洲之马贼及渤海之海贼，去岁萱野返日已带有二三人来，均有势力者。伊等只要求费用，即可活动。至少可集合三五千之众。”④ 可以扰乱清廷，震撼京城。“又北清之新军，同志在其间者亦不少。”“长江一带之会党，久已倾心于吾党，一有号召至，可助其威焰。尤以浙江一部为可用，王金发君等可得主动之。至三江之陆军，其将校半多同

① 黄兴：《复孙中山书》（1910 年 5 月 13 日），《黄兴集》（一），第 33 页。
② 黄兴：《复孙中山书》（1910 年 5 月 13 日），《黄兴集》（一），第 33 页。
③ 黄兴：《复孙中山书》（1910 年 5 月 13 日），《黄兴集》（一），第 33—34 页。
④ 同上。

志。今岁闻伯先兄在粤举事，皆有握拳透爪之势，若事前与之联络，择其缜密者为之枢纽，势不难与两粤并。湖北之陆军虽腐败，然开通者亦不少。去岁有孙武者（湖北人）竭力运动，闻成绩亦好。湘中之新军虽不及万人，然有数同志为管带、队官等，又督练公所及参谋等多同志，较他处亦不弱。云南同志亦多得力，其经营有不俟他处彼亦为之之势。此次巨款若成，择其紧要，办其缓急以图之，必有谷中一鸣，众山皆应之象。”①

5. 起义的领导。黄兴认为，“组织总机关之人才”，“必多求之各省同志中，以为将来调和省界之计”。也就是说，要从各省调集优秀人才加强总机关的领导。他打算“去日本招求已归内地之同志（有胆识者），来日会议后，分遣担任赴内地运动各事，其智识卓绝或不能回内地者，则留驻日本，或招来港中，为组织总机关之人员”。他特别向孙中山推荐如下各省诸人：如孙毓筠、杨毓麟、蔡元培、吴稚晖、景梅久、黄侃、李肇甫、左仲远、龚超、张通典、刘揆一、宋教仁、商震、丁惟汾、于右任、章梓、赵声等，“皆能办事”。“若我辈能虚怀咨商，不存意见，人未有不乐与共事者也。”其中他特别提到赵声，“可委广东发难之军事于伊，命弟为之参谋以补其短，庶于事有济”，“若能得一次大会议，分担责任，各尽其才，事无不成矣”。②

6. 起义应争取国际援助。黄兴认为，起义应尽量争取国际舆论的同情与支持，应争取国际友人从财力和物力上的援助，当然也应该提高警惕，识别真假，以防上当受骗。他将自己最近与日本军人寺内正毅派来的儿玉右二会晤的情况向孙中山作了汇报，表示“稍夸张出之”，以期促使日本政府改变对中国革命党人的敌视态度。另外，对于孙中山与荷马李、布思等人提出的在广州附近“择一地点，为训练兵卒、接收器械之处”的要求，答复在广州湾，已“查得一地”，“可向法人批租。其地为旧公园，目下有

① 黄兴：《复孙中山书》（1910 年 5 月 13 日），《黄兴集》（一），第 34—35 页。

② 黄兴：《复孙中山书》（1910 年 5 月 13 日），《黄兴集》（一），第 35—36 页。

一法人垦之不利，该处之公使亟欲弃之，价不过三千余金，又有房屋多间（有一大洋楼），另给千余元均可得”。但对荷马李、布思等人提出的“拟聘武员及各种技师前来，预备充组织及教练之用”的想法也提出了不同看法。“恐集合多人，耳目众多，流言四起，外人或不注意，满吏则必为之枕席不安也。况多数外人来此，尤易招目，此事可否婉曲商之。”希望在起义之后再招聘武员及各种技师前来，“自是有益”。如果荷马李、布思等人“不能运动”，“此委任状亦不必给之”。[①] 后来的事实证明，荷马李、布思等人的借款承诺并未付诸实施，由此可见，黄兴观察问题确曾具有前瞻性，其所以如此，是因为他的武装起义计划是依据客观事实而提出来的。关于这一点，可以从他提及“广西一隅，同志之在陆军者约数千人”之说反映出来。李书城后来追述广西当时的情况时说：“当时先后到广西的陆军同志，有直隶（河北）省的陈之骥、田遇东、刘洪基、周荫人、耿毅；湖南省的杨源濬、高兆奎、袁华选、齐琳、赵恒惕、刘建藩；安徽省的孙棨、孙方瑜、李乾璜、丁绪余；四川省的尹昌衡；福建省的王孝缜、何遂、杨明远；江苏省的冷遹、赵正平；浙江省的吕公望；广东省的秦鋆钦；河南省的韩凤楼；湖北省的孔庚、雷寿荣、张华辅、全恕、李浚、黄恺元、李书城等。他们分别在广西督练公所、陆军干部学堂及陆军小学堂担任职务，预备在学生毕业之后，编成一个陆军混成协，作为革命的基本队伍。同时与广东、湖南的同志取得联系，以这三个省作为革命的根据地，再向全国发展，最后夺取北京。我在桂林，是担任陆军干部学堂的监督，又有一个时期，兼任过陆军小学堂的监督。”[②] 在广西省有如此多革命党人作为骨干，又能动员如此众多的学生参加革命，编成一个“陆军混成协”，动员“数千人”参加显然是不成问题的。所以，这封长函（黄兴 5 月 13 日

---

① 黄兴：《复孙中山书》（1910 年 5 月 13 日），《黄兴集》（一），第 37 页。

② 李书城：《跋黄兴〈上孙中山论革命计划书〉》，湖南省政协文史资料研究委员会藏稿。转引自毛注青编著：《黄兴年谱长编》，第 155 页。

《复孙中山书》）不仅已经超出了信函本身的范围，而且成为指导当时革命运动的一个纲领性文件。对于当时即将发生的起义具有指导意义，而且，对于此后的革命运动产生了重要影响。当时有机会拜读过这封长函的革命党人无不拍手称快，好评如潮。张人杰在跋语中说："先生（指黄兴——引者）手迹，不可多得；而此函于革命史具大关键，非寻常函牍，至宝也。"[①] 胡汉民在跋语中说："此为克强先生庚戌四月寄总理书。盖在新军失败后，庇能会议统筹广州三月之役以前。其后进行计划，大略如书中所言，则此当为革命文献中不朽之作，非徒文字可宝也。"[②]

孙中山从事革命活动伊始就受到清政府的通缉和追捕，长期过着流离失所的生活。诚如孙中山自己所云："东亚大陆之广，南洋岛屿之多，竟无一寸为予立足之地。"[③] 实事求是地说，孙中山对于国内情况不如黄兴那样了如指掌，当他收到黄兴的长函时其心情是可想而知的。为贯彻落实函中的起义计划，便密约黄兴赴日本面商。于是，黄兴于6月7日由香港抵达东京，先与宫崎寅藏会晤。6月10日，黄兴化名李经田，赴横滨，与孙中山秘密会晤。在孙中山"所住的旅馆，在那里大约有两小时之久，孙、黄就各种重要问题交换了意见，并对未来的若干方针大计取得了一致看法"[④]。此后，从6月11日至24日将近半个月时间内，在东京小石川区原町三十一番地宫崎寅藏寓所，孙中山与黄兴、赵声、宋教仁、谭人凤等多次密商革命进行方略。7月17日，因日本政府向宫崎"严厉追究"，黄兴只得离开东京，再赴香港。

1910年秋，黄兴考虑到广州新军起义失败后再要在广州谋大

---

① 张人杰：《跋黄兴〈上总理述革命计划书〉》，杜元载主编《十次起义史料》，第185页。

② 胡汉民：《跋黄兴〈上总理述革命计划书〉》，杜元载主编《十次起义史料》，第185页。

③ 孙中山：《建国方略》（1917至1919年），《孙中山全集》第六卷，第242页。

④ ［日］萱野长知：《中华民国革命密笈》，转引自毛注青编著《黄兴年谱长编》，第160—161页。

举必须要做好充分的准备，主要是筹足起义经费，于是便有了去云南筹款的想法。过去有一种观点认为黄兴此行是为了去云南发动武装起义，我们认为，这种说法大有商榷的余地。

首先，黄兴在 5 月 13 日《复孙中山书》中已经明确提出："弟与伯先意，以为广东必可由省城下手，且必能由军队下手。"既然早已决定在广州再次发动起义，就不存在另生枝节，又在云南发动起义的事。

其次，广州新军起义失败后，急需处理善后，在在需款，黄兴与赵声曾于 3 月 28 日同赴新加坡，"欲运动小款以接济港中目前之危困。适先生（指孙中山——引者）此函至，毅生兄（指胡毅生——引者）电弟等返港。弟与伯先兄（指赵声——引者）先后返港，展兄（指胡汉民——引者）稍留，少得款后，亦当归也。现港中穷乏已极，势将不支，先生处如可筹得二三千元电来，以解眉急，尤为盼切"[①]。并在后两句中的"电""急"字下均加有着重号，可见其经费窘迫到了何种程度！另外，是年 6 月 10 日黄兴到横滨孙中山住的旅馆商谈后快要离开时，"他对孙中山说：'哦！对了，钱！您有钱吗?'孙回答说：'是的，我有。'并把满满一皮箱的钱指给黄兴看。黄兴根本没有估量箱里的钱数，提起皮箱，准备告辞。忽然，好像记起了什么似的，他说，'哦！对了，我最好还是给您留点，也许您有时需要钱用。'顾不及点数，他留给孙几束钞票，走了。"从薛君度所引用的萱野长知的一段回忆可以看出，"金钱的予者与受者，似乎都对金钱的总数毫不在意"，他们之间的感情"不能仅仅表述为一般的'同志关系'"[②]，同时也在客观上反映出黄兴当时急需筹款的急迫心情。

最后，当时已有革命党人对黄兴赴云南一事作了如实记述，例如滇籍同盟会员吕志伊记其事说："黄兴与吕志伊商，与其举义

---

① 黄兴：《复孙中山书》（1910 年 5 月 13 日），《黄兴集》（一），第 36 页。

② ［日］萱野长知：《中华民国革命秘笈》，转引自薛君度著、杨慎之译《黄兴与中国革命》，湖南人民出版社，1980 年，第 88 页。

于滇西，不如举义于粤东，而滇为响应。议定，黄兴先行赴港。"[①] 冯自由亦有类似的说法："时克强审察滇边形势，谓其地交通困难，经营十云南，不如一广东。"[②] 基于上述理由，我们认为，黄兴不可能确定在广州再次发动起义之后又去云南发动起义。他此行的目的，主要是为广州起义筹款，或者说是为广州起义作准备，以便在广州起义发动后，云南等地及时响应。当然，云南本省的革命党人有意在省内谋求发动一次武装起义也是很自然的事。据有学者分析："一九一〇年夏天，在缅甸的云南革命党人和商人，有意在该省西部发动一次起义。在缅甸当新闻记者的云南人吕志伊，打电报向黄兴求助。到仰光之后，黄兴和吕志伊一道，到腊戍去会见一位据说愿意资助起义的富商。但是，由于一次偶然的边境事件，缅甸当局没收了革命党人准备运往云南的军火，起义计划在安排停当之前就被迫放弃了。"[③] 这一根据当事人滇籍同盟会员吕志伊的记述分析得出的结论是符合实际的。

11 月 13 日，孙中山在槟榔屿（庇能）自己的寓所拿督克拉马特律 400 号（NO：400，Dato Kramat，即柑仔园）召开秘密会议。参加者有"黄兴、赵声、胡汉民、孙眉及庇能党员黄金庆、吴世荣、熊玉珊、林世安、怡保代表李孝章、芙蓉代表邓泽如、谢良牧、谢逸桥、何克夫、坤甸代表李义侠等"[④]。会前，黄兴主动致电参加过光复会的同盟会员李燮和、王文庆、陈方度等人，建议"捐除意见，同任艰巨，燮和等欣然从之"[⑤]。在槟港的同志众推李燮和参加会议。与会代表约在 20 人左右，人数虽不多，但都是同盟会的重要骨干，因而会议开得很成功。孙中山在会上发表重要讲话，他说："现在因新军之失败，一般清吏自以为吾党必不敢轻

① 吕志伊：《黄毓英事略》，转引自毛注青编著《黄兴年谱长编》，第 162 页。

② 冯自由：《革命逸史》第二集，第 239 页。

③ 薛君度著，杨慎之译：《黄兴与中国革命》，第 88 页。

④ 曹亚伯：《广州三月二十九日之役》，《武昌革命真史》前编上，上海书店，1982 年影印本，第 258 页。

⑤ 冯自由：《光复军司令李燮和》，《革命逸史》第二集，第 217 页。

于再试，可以高枕无忧，防御必疏。至新军之失败，虽属不幸，然因此影响于军界最巨。吾党同志果能鼓其勇气，乘此良机，重谋大举，则克复广州易于反掌。如广州已得，吾党既有此绝好之根据地，以后发展更不难着着进行矣。”① 孙中山强调，之所以要尽快继续发动起义，是因为日俄协约，时势甚急，“而内地革命风潮，亦已普及，军心民心，皆同归向，加以吾党久困奇穷，不能稍待”。他号召大家克服悲观情绪，一鼓作气，海外同志出财，内地同志舍命，“集各省革命党之精英，与彼虏为最后之一搏”②。与会代表一致同意孙中山和黄兴的意见，决定筹集巨款，作好充分准备之后，以新军为主力，在广州再次发动起义。鉴于以往新军饷械不足，乃决定先选择500名同志为先锋，组织敢死队，担任发难之责。计划夺取广州城后，由黄兴率一军出湖南，趋湖北；由赵声率一军出江西，趋南京，长江流域各省由谭人凤、焦达峰等率兵响应，会师南京，即行北伐。会议议决筹足100000元，方可举事，为避免清政府干涉，决定印发捐册，以中国教育义捐名义募集。

11月15日，孙中山在槟榔屿打铜街120号槟城阅书报社再次召开大会，孙中山慷慨激昂地说：“际此列强环伺，满廷昏庸之秋，苟不及早图之，将恐国亡无日。时机之急迫，大有朝不保夕之概。”在此“绝好良机，光复大业，在此一举，固将尽倾吾党人材物力以赴之也”，“吾党无论如何险阻，破釜沉舟，成败利钝，实在此一举。”③ 与会同志咸受感动，当场筹得8000余元。

槟榔屿会议决定倾全力发动广州起义。会后，赵声往香港联络广州新军，黄兴等人则前往南洋各埠筹款。考察1910年底至1911年初黄兴的行踪，人们就会惊奇地发现，黄兴可以说将主要

---

① 孙中山：《在槟榔屿中国同盟会骨干会议的讲话》（1910年11月13日），《孙中山全集》第一卷，第493页。

② 孙中山：《建国方略》（1917至1919年），《孙中山全集》第六卷，第242页。

③ 孙中山：《在槟榔屿筹款会议的演说》（1910年11月15日），《孙中山全集》第六卷，第494—495页。

精力用于筹款。12 月 25 日，黄兴来到新加坡，致函陈楚楠问疾，并要求见面商谈，说是有“要事均待酌定”，“要事”自然是要求与陈商量筹款的事，其中有云：“生死关键，在此一着，苟有迟误，负国实甚。”黄兴将筹款的重要性提高到关系国家生死存亡的高度来认识，并提出，“若贵恙不可以风，弟当趋尊处一谈。”[①] 12 月 31 日，黄兴由新加坡赴坝罗，访问邓泽如，亦是面商有关筹款之事。先是为找到邓泽如，黄兴几经周折，据曹亚伯回忆：“嗣知泽如在麻六甲，往访之。至则泽如已回芙蓉，乃偕邓寿如至芙蓉；至则泽如又回坝罗庇能，黄等更至坝罗，至是会焉。”[②] 其间，黄兴在途经芙蓉时，他在筹款会上痛切地表示：“庇能会议时，预算英属五万元，荷属五万元。惟荷属之款似不可靠，而英属仅得一万元。现在事势已迫，如英属不能筹足预定之额，则全局瓦解。余亦不必返港，惟有决心行个人主义，步精卫后尘耳。”[③] 1911 年元旦，黄兴在芙蓉安泰店筹款时发表演说：“时机已逼，需款孔急，苟非英属各州府集得五万元，则事不可行。”[④] 到会者 30 余人。“同志闻之，极为踊跃，初，谭德栋允助五百元，及邓泽如由新加坡回芙蓉，与言筹款困难，谭遂捐至一千元，至是又捐五千元货物。余各同志亦量力认捐。”[⑤] 1 月 2 日，黄兴偕邓泽如等至吉隆坡，“与陆秋杰商，陆助二百元，其他有力者均借词推诿，无所得。午后，乘车至龙邦埠，访张碧天，认捐者量力而已。及晚，黄、邓诸人宿于塾中，蚊喧虫扰，不得眠，乃相与踞学童书案，作竟夕谈”[⑥]。由此可见，筹款并不顺利。有的巨商并不乐捐，常

---

① 黄兴：《致陈楚楠书》（1910 年 12 月 25 日），《黄兴集》（一），第 38 页。

② 曹亚伯：《广州三月二十九日之役》，《武昌革命真史》前编上，第 264 页。

③ 黄兴：《在马来亚芙蓉筹款会上的谈话》（1910 年 12 月底），《黄兴集》（一），第 39—40 页。

④ 黄兴：《在马来亚芙蓉筹款时的谈话》（1911 年 1 月 1 日），《黄兴集》（一），第 42 页。

⑤ 曹亚伯：《广州三月二十九日之役》，《武昌革命真史》前编上，第 265 页。

⑥ 同上。

常是“语革命事极赞成，语筹饷则以近状窘，不肯应，其他巨商多同”[①]。“有素所属望，讵往访之，则畏避而不愿见者；有赞成而力不足副者，故应者殊寡。”[②] 有次，胡汉民、邓泽如在新加坡筹款，“向未与会之同志募捐，应者绝鲜。卢礼明号殷实者，与语历二时，捐二十元”[③]。1月3日，黄兴往怡保，会郑螺生于决醒园，郑应李源水、李孝章等宴叙，他在宴会上发表谈话说：“此次筹饷大举，英属各埠以五万元为预算额，现筹得之款相差甚远。我与赵声等身命何足惜，为大局计，不能不筹划稍备，冀以不败。方今瓜分之局，将见实行，若冒险以为，徒苦民耳，心何忍也！望各同志有以救之。”[④] 于是郑螺生、李源水、李孝章、黄怡益等各捐1000元，黄妻柯氏认捐500元，郑螺生并允变卖福建、江苏铁路股票，李源水亦允变卖打满矿股助饷。黄兴因一席之间而认捐之数如此，感到十分欣慰。1月4日，黄兴至霹雳，邀集各埠分会负责人在华成楼开会，黄兴在筹款会上发表谈话说：“近日各处同志认捐极为踊跃，筹得之款，相差不远。尚望会中同志，竭力鼓吹，以符原算。”[⑤] 与会者均愿任提倡之责。1月5日，黄兴偕邓泽如等至文明阁，会郑应章、陆文耀等人，商筹款事，陆表示，碍于乃兄，不能多助，若一二百元可量力为之。1月6日，黄兴与邓泽如等往金宝，郑螺生、李源水、黄怡益等偕行，将以运动巨商余某。先是，孙中山有函致余某，求助款事，黄、邓等与会于中西别墅，“交中山函，余某不应，且出恶语”[⑥]。1月7日，黄兴与邓泽如等返吉隆坡，至某俱乐部筹款，未能如愿。1月8日，黄兴、邓泽如等返回芙蓉。1月9日，离开芙蓉，乘车赴新加坡，将回香港。行前，致函邓泽如，其中有云：“各处之款，今已略有数

① 曹亚伯：《广州三月二十九日之役》，《武昌革命真史》前编上，第263页。
② 曹亚伯：《广州三月二十九日之役》，《武昌革命真史》前编上，第262页。
③ 曹亚伯：《广州三月二十九日之役》，《武昌革命真史》前编上，第263页。
④ 曹亚伯：《广州三月二十九日之役》，《武昌革命真史》前编上，第266页。
⑤ 曹亚伯：《广州三月二十九日之役》，《武昌革命真史》前编上，第266页。
⑥ 同上。

目，已由弟函请其赶速收齐，尽于年内汇寄香港。”“再望兄加函督催，俾早收一日，则早得一日之用。且腊底运动，尤为有效。所有紧急之处，想各同志当能谅察也。此次巨款之集，虽由谭、王、郑、黄、陆、朱、郭诸君及各同志之热心国事而来，实由我兄一人之至诚所感。”“弟等惟有奋励厥志，慎小其心，力求有成，勉尽公义，更有所以酬知己，则私心方安耳。”[①] 1 月 10 日，函谢李源水、郑螺生、李孝章，并催汇款云：“此次大款之集，全赖兄等慷慨毁家以纾急难。弟等深悉其艰苦之状，敢不奋励厥志，慎小其心，力求有成，勉尽公义，更冀有所以酬知己者也耶。”[②] 1 月 11 日，黄兴又致函暹罗同志，促汇发难经费云：“望各同志尽情商榷，竭力捐助，少毁其家，以纾国难，则大款易集，而大业亦可成矣。顾内地同志既破其家，又牺牲其身者，所在多有。海外同志为地所限，不能亲入身冒其锋，今能掷金钱以偿其热血，亦义之至正。”[③] 并于 11 日、12 日分别致函谢乙桥、谢良牧弟兄，在致谢乙桥函中称：“今英属之款，大致已有眉目，惟与十万之数相差甚远，而前途待办之事有如星火，不可迟以分秒。”[④] 在致谢良牧函中称：“弟此次于四州府所筹之项，虽稍有眉目，然不敷已甚。非得兄提荷属之款，决难开办。”“我辈今日为此最后之一举，必多得资以为完全之预备，方免失败。”[⑤] 1 月 12 日，黄兴自新加坡乘日本邮船回港，于 18 日抵港，主持广州起义筹备工作。经过孙中山、黄兴、胡汉民等人多方筹集，迄至黄花岗起义时，已筹得捐款总数高达 187600 多元，是历次起义募捐收入“最多的一次”[⑥]，大大超过了槟榔屿会议议决筹足 100000 元的预期数目。这

① 黄兴：《致邓泽如书》（1911 年 1 月 9 日），《黄兴集》（一），第 43 页。
② 黄兴：《致李源水郑螺生等书》（1911 年 1 月 10 日），《黄兴集》（一），第 45 页。
③ 黄兴：《致暹罗同志书》（1911 年 1 月 11 日），《黄兴集》（一），第 46 页。
④ 黄兴：《致谢乙桥书》（1911 年 1 月 11 日），《黄兴集》（一），第 48 页。
⑤ 黄兴：《致谢良牧书》（1911 年 1 月 12 日），《黄兴集》（一），第 49 页。
⑥ 《华侨和“三二九”之役》，载徐续编著《黄花岗》，广东人民出版社，1985 年，第 131 页。

使在港的革命党人深受鼓舞，黄兴将此次南洋革命党人邓泽如、李源水、郑螺生、李孝章、黄怡益等人“筹款苦状及毁家纾难之义举，尽情宣告，无不奋励激发，勇气百倍。办事诸人，复矢以小心，力图完善，想无有败者。天下事所谓不爱钱、不要命，无不成者也”[①]，从而更加增在广州再次发动起义的信心和决心。旋成立统筹部于香港跑马地鹅井三十五号。“众举黄兴为统筹部部长，赵声为副。内分课：曰调度课，掌运动新旧军人之事，举姚雨平为课长；曰交通课，掌江、浙、皖、鄂、湘、桂、闽、滇各路交通之事，举赵声为课长；曰储备课，掌购运器械之事，举胡毅（生）为课长；曰编制课，掌草定规划之事，举陈炯明为课长；曰秘书课，掌一切文件之事，举胡汉民为课长；曰出纳课，掌出纳财政之事，举李海云为课长；曰调查课，掌伺察敌情之事，举罗炽扬为课长；曰总务课，掌其他一切杂务，举洪承点为课长；其余各同志，各以所能分属于各课，共同努力。”另设“实行部于摆花街，专以制造发难炸弹及准备暗杀之用”。[②] 炸弹制造者由“李应生、李沛基（即李援）、庄六如、女同志徐宗汉、庄汉翘、卓国兴、黄悲汉等任之。及发难期近，移机关于省城甘家巷”[③]。

统筹部成立之后，吸取过去起义因事前准备不足，每有临渴掘井之患的教训，决定加强广州起义的准备工作。概括起来有如下六个方面：

一是催汇捐款。兵马未动，粮草先行。通过孙中山、黄兴、胡汉民等革命党人的努力，广大爱国华侨的热心支持，筹款数额虽然大大超过了原来的预期数额，但由于捐款华侨分布的地域较广，而且中途变故较多。黄兴曾多次致书邓泽如、李源水、郑螺生、李孝章、冯自由等人催汇捐款。其中，从 1 月 24 日至 3 月 14 日不到两个月时间内，曾先后 6 次给邓泽如写过催寄捐款函。例如

---

① 黄兴：《致李源水郑螺生等书》（1911 年 1 月 21 日），《黄兴集》（一），第 50 页。

② 曹亚伯：《广州三月二十九日之役》，《武昌革命真史》前编上，第 276 页。

③ 曹亚伯：《广州三月二十九日之役》，《武昌革命真史》前编上，第 297 页。

1月24日函中提及："英属五万之数，非于年内到齐不足敷用，若兄得此信时尚未足数，望即催促电来。"[①] 2月2日函中提及："恳我兄驰赴怡保，与王、郑、黄、郭、李诸兄筹商，以足五万之额。现各方面均开始运动，需款尤急，望赶速电来，以济要用。"[②] 2月10日函中提及："五万之数，尚差一万余元。现各方面皆开手运动，需用甚急。除前电恳火急催收外，用再函求拨冗驰往怡保埠，与源水、螺生、孝章、应章各兄筹措，以竟五万一篑之功。"[③] 2月14日函中提及："仍恳我兄电催各处，以竟一篑之功，不胜切祷。""我兄血性之友最多，能有特别法以筹得否？时机逼近，焦灼殊甚，望有以救之为幸。"[④] 3月14日函中提及："今各方面着着实行，此五万均入为预算额，在正月二十前应尽支出者。而延至二月中旬，尚差万余，殊为焦灼。""若英属之万余不能寄来，是所差不啻霄壤也。弟等身命何足惜，为大局计，不能不稍筹完备，冀有以不败。况今各国瓜分之局已见实行，若仍图冒万险以为之，使国民吃苦，心何忍也。现如引弦已满，不发不得之时，公等岂能坐视？望大发仁慈，其有以救之。"[⑤] 由此可见，在起义准备阶段，在在需款，急如星火，黄兴致邓泽如书中，字里行间流露出无比急切的心情。

二是开展舆论宣传。黄兴和赵声商量，约邹鲁来港，决定创办报纸，名曰《可报》，宣传革命宗旨，为广州起义作舆论准备。据邹鲁回忆："黄先生详细说明这次起义的计划以后，就对我说：'现在有一件急于要办的事情，特地请你来商量，不知你肯答应去做否？'我答：'只要我有这能力，那有不乐于从命的事。'黄先生说：'我们想在广州办一个报馆，做这次起义的宣传。但是革命工作，暗中活动易，公开从事难；尤其在敌人的势力范围下，更为

---

① 黄兴：《致邓泽如书》（1911年1月24日），《黄兴集》（一），第52页。
② 黄兴：《与赵声致邓泽如函》（1911年2月2日），《黄兴集》（一），第53页。
③ 黄兴：《致邓泽如书》（1911年2月10日），《黄兴集》（一），第54页。
④ 黄兴：《致邓泽如书》（1911年2月14日），《黄兴集》（一），第55—56页。
⑤ 黄兴：《致邓泽如书》（1911年3月14日），《黄兴集》（一），第62页。

困难。我们以为主持的人，必须有相当的地位，并且要和当地人士有几分好感，才容易着手，我想来想去，认为你是最适宜。’”黄先生还说：“但是部里没有办报的款项，要你自己设法筹划。”“这次办事是个别负责，假使你没有他事，就可回去，不必再见别人。”“当晚我回省城后，仍旧到方言学堂上课办公。我对于这件事，认定先须有筹款的路径，并且要有掩护，才能减少阻力。于是同陈炯明商量，决定经费在咨议局内部筹集，以避免妨碍起义的捐募。至于报名则定为《可报》，系利用那时咨议局禁赌案投‘可’票的‘可’字意义。这样，人家会当作这报是咨议局办的。可以增加号召力，也可借咨议局的招牌，来做我们的护符。计议既定，就举行集款，很得到议员们的帮助，在短短的时间内，就集成相当的数目。”“《可报》宣传的对象，比较着重军人，目的在争取清廷的武装队伍。因此，评论和消息，与军人有关的居多。每天出版后，派人送到新军营和巡防营，名义上对军人半价，实则免费赠送。”① 收到了很好的宣传效果。后来革命风声日紧，《可报》的言论也更加激烈。加以后来如实报导革命党人温生才刺杀广州将军孚琦事，并发表多篇赞美温生才的文章，清吏便借此勒令《可报》停版。

三是制造炸弹匕首。制造炸弹者为李应生，弹壳则由罗镎购置。其后喻云纪、方声洞二人自日本归，助其制造。“初拟制成烟弹及爆发弹五百颗，后以期逼，仅制成三百颗。”由香港运往广州。“黄兴更命东莞同志在乡炼白刃三百，由黄侠毅运省，以为发难之用。”②

四是购买枪械。“此次枪械之购买，日本者，黎仲实司之，驳壳枪、五响手枪、曲尺枪、炸药为多。安南者，何吕侠、黄焕司之，驳壳枪、曲尺枪为多。暹罗者，胡毅司之。驳壳枪、曲尺枪为多。香港者，陈子岳、李纪堂司之，驳壳枪、曲尺枪至多。”

---

① 邹鲁：《广州三月二十九日之役》，《回顾录》，岳麓书社，2000 年，第 30—31 页。
② 曹亚伯：《广州三月二十九日之役》，《武昌革命真史》前编上，第 298 页。

“由日本运港者，第一次共有七响无烟枪七十五枝，金山大六响四十枝，码子四千粒，件数最多；计期亦最早到，运之者为学界同志。香港为无税口岸，向无搜查行李，故军械即谋饰行李带港。”“运械进省之法，初由胡毅（生）预定饰头发转运，于港在鹅鸡桥设头发公司一，在省设公司二，任转运者常为陈镜波，而刘岐山、马祺、刘济川亦任其事。其始用小包饰为头发运送子弹凡三次，由少续多，皆妥，颇恃此路。西贡所到之枪，由周之贞、郭汉图、女同志广妹等纳诸铁床装台及盆花等，以次运至九江所伪设之医院，由医院转运至省。”① 以供起义之用。

五是组织各地响应。按照“举义总计划，既在会师长江，并专设交通课以主任其事。则第一着江、浙、皖、湘、鄂等处不可不筹设机关，联络军人，以备响应”②。黄兴特邀谭人凤来港商议，谭于2月4日抵港，当晚向黄兴、赵声等询悉广州起义计划，建议发动两湖地区以响应广州起义。谭人凤说：“南京之事，向谋之矣。若两湖居中原中枢，得之可以震动全国，控制虏廷；不得则广东虽为我有，仍不能以有为。愿加以注意，俾收响应之效。”“今居正、孙武二人，日夕为武昌谋，惟缺于资，不能设立机关，以张大其势力。湖南同志甚多，以缺于资，不能为进行之部署。诚能予金以分给于两湖同志，则机关一立，势力集中；广东一动，彼即响应，中原计日而定也。”③ 黄、赵等人采纳了他的建议，给予5000元，派其赴两湖联络。于是，谭于2月5日离港赴两湖，前往长江流域各省发动响应广州起义事。2月上旬，谭抵达上海，以3000元交郑赞丞，负责办理苏、赣、皖、浙等省党事。并赴南京、九江等处联络。其间黄兴复派刘承烈持其致居正亲笔函赴汉，交居正，函云：“吾党举事，须先取得海岸交通线，以供输入武器

---

① 曹亚伯：《广州三月二十九日之役》，《武昌革命真史》前编上，第298—299页。

② 曹亚伯：《广州三月二十九日之役》，《武昌革命真史》前编上，第276页。

③ 谭人凤：《对黄兴赵声谈发动两湖响应广州起义事》，石芳勤编《谭人凤集》，第4页。

之便。现钦、廉虽失败，而广州大有可为，不久发动，望兄在武汉主持，结合新军，速起响应。"[①] 2月23日，谭抵达武汉，召集党人居正、孙武等面商响应广州起义事宜，并以600元交居正，200元交孙武作为活动经费。谭对居正说："余奉黄先生命，督率长江革命进行，南京、九江已有联络，两湖尤关重要，因黄先生与胡展堂、赵伯先诸兄，均在香港，各省同志毕集，决在广州起事，谋既定，款亦有着，最短期间，当能实现，两湖宜急起响应。"[②] 3月初，谭人凤抵达长沙，召集湘籍革命党人曾杰、邹永成、刘承烈等人开会，研究响应广州起义事，并以700元交曾杰负责办理党事。完成任务后，谭人凤于4月中旬，经上海偕宋教仁、陈其美等返回香港。

黄兴是一个办事相当稳重而细心的人，他在派遣谭人凤携款赴长江流域各省运动响应广州起义的同时，复派遣挚友卢性正携其亲笔函赴湘中联络各地军官响应。据当时湖南负责响应起义的革命党人曾杰回忆："组织甫就，黄克强又遣卢淑雍（指卢性正——引者）来湘，并携黄手函，分致湘中各军官者，待至临事始转达云云，即匆匆返粤。"[③] 此外，"广西方面，则由方君瑛、曾醒、严骥、李恢，往来于香港、桂林间，持黄兴、赵声书，与在桂军官方声涛、耿鹤生、何叙甫、刘建藩、赵正平、杨子明等商响应，以便联成一气"[④]。

六是在广州设立各课机关分头进行活动。"其时，设立机关虽有先后不同，然最困难者有二点，即租屋必须担保及有眷属。于是在海旁西街及育贤坊先后专设二米店，以为租屋担保之用。同时即可将米包藏军械以为运械之资。至于眷属，则除有姊妹妻女者外，即由女同志伪饰家属，以掩人耳目，即佣妇亦由女同志充

① 黄兴：《致居正书》（1911年2月上旬），《黄兴集》（一），第55页。
② 居正：《辛亥札记》，罗福惠等编《居正文集》上，华中师范大学出版社，1989年，第12—13页。
③ 曾杰：《乙戊集》，转引自杨世骥《辛亥革命前后湖南史事》，第198页。
④ 曹亚伯：《广州三月二十九日之役》，《武昌革命真史》前编上，第277页。

之，然机关多而女同志少，则女同志多往来数处，机关多标公馆名，尤多为嫁娶等事”，[①] 借以作为掩护。据曹亚伯统计，在广州设立的秘密据点已达 38 处。[②] 总之，自统筹部成立以来，经过几个月的准备，省城内外及各省革命力量大致联络就绪，拟协调新军、防营、民军三者同时发动，汇成一股强大的革命力量，与虏作最后之一搏。一切准备就绪后，黄兴与赵声、胡汉民于 3 月 6 日致函孙中山，汇报广州起义的准备情况，包括组织、人事、筹款、购械及各省响应等情。指出：“现时方针，一依在庇原议，惟选锋人数增多，长短器亦拟增原数两倍有奇；独运动旧营方法稍异，其费约略减。”预备费“则总额为十四五万余”。“选锋不专取一处人才”，“总数则八百余人”。“现拟购驳货百五十枝，而辅以长短杂货”，“惟购器之路甚难”；“财政而外，此为最紧要之问题矣”。“高州营房已成，移二标分驻之说甚紧。此标佳士最多，故尤须急发。”“冯忆汉似非健者，对于李贼（指李准——引者），久焉未思下手。今以时期已近，亦不欲更作先事惊人之举。”[③]

4 月 8 日，黄兴在香港统筹部总机关部召开发难会议。有数十人到会，议决十路进攻计划：“一、黄兴率南洋及闽省同志百人攻总督署；二、赵声率苏、皖同志百人攻水师行台；三、徐维扬、莫纪彭率北江同志百人攻督练公所；四、陈炯明、胡毅（生）率民军及东江同志百余人防截旗满界，及占领归德、大北两城楼；五、黄侠毅、梁起率东莞同志百人攻警察署、广中协署，兼守大南门；六、姚雨平率所部百人占领飞来庙，攻小北门，迎新军入；七、李文甫率五十人攻旗界石马槽军械局；八、张六村率五十人占龙王庙；九、洪承点率五十人破西槐二巷炮营；十、罗仲霍率

① 曹亚伯：《广州三月二十九日之役》，《武昌革命真史》前编上，第 283 页。

② 实际尚有多处未及统计，例如旗下街预备放火之机关 9 处，只统计 1 处，其他可知，至于临时寄居借用之店铺、旅馆仍不包括在内。

③ 黄兴：《与赵声胡汉民致孙中山函》（1911 年 3 月 6 日），《黄兴集》（一），第 57—58 页。

五十人破坏电信局。”[①] 此外，另派人入旗界租屋9处，准备临时放火，以便扰乱军心。并选举正副总指挥，“其总司令则为赵声，副之者黄兴。”[②] 嗣因赵声在广州的时间较长，不便公开活动；决定由副总司令先行，并代行总司令职权。发难日期议定为农历三月十五日（公历4月13日）。

可就在黄兴主持统筹部总机关举行发难会议的同一天，发生了同盟会员温生才在不告知统筹部的情况下，单独行动，枪杀清署理广州将军、满洲副都统孚琦的事件。

温生才，字练生，广东嘉应州梅县丙村人。生于1870年，因父早逝，少时做小贩养母。后赴南洋做工，遂加入同盟会。当他得知槟榔屿会议决定在广州起义的消息后，于1911年春由南洋专程回国参加起义。当时，在香港的革命党人认为，在广州的清吏中最狡猾、最凶恶的敌人是广东水师提督李准，因此，要发动广州起义，应先杀掉李准，以扫除障碍。统筹部曾安排党人冯忆汉暗杀李准，但冯一再推延，终于没有行动。温生才气愤不已，遂决定单独采取行动，未曾料到他在广东咨议局门前开枪杀死的竟是孚琦。4月15日，温生才在枪杀孚琦的原地点英勇就义，年仅41岁。

由于温生才刺孚琦事件发生，加之，同日又有革命党人吴镜运送炸药被捕，广州清吏下令戒严。而美洲的捐款尚有部分未能汇到，在日本购买的军械也有部分未能运到。因而，原定于农历三月十五日（公历4月13日）发难的计划未能如期实现。于是，省中同志决定将起义日期改为农历三月二十八日（公历4月26日）。

4月23日，黄兴连发三封绝笔书，表明自己将身赴前敌、与虏拼命的决心。其一《致孙中山冯自由绝笔书》云：“今夜拟入，成败既非所逆睹，惟望公珍卫，成则速回，败亦谋后起。弟本不

---

① 曹亚伯：《广州三月二十九日之役》，《武昌革命真史》前编上，第295页。

② 同上。

才，于此次预备多有未周，厥咎殊深。奈事皆决议而行，非一人所能专断。幸各人挟有决死之志，或能补救，亦未可知。”“绝笔上言”，“不知我族幸福如何耳!”[①] 其二《致邓泽如书》云：“本日即赴阵地，誓身先士卒，努力杀贼，不敢有负诸贤之期望。”“所冀汉族有幸，一举获捷；否虽寸磔吾躯，亦不足以蔽罪。惟此心‘公’‘明’（此‘明’字作光明释，非明察也，兴注），足以对诸公耳，绝笔于此，不胜系念。”[②] 其三《致梅培臣等书》云：“本日驰赴阵地，誓身先士卒，努力杀贼。书此以当绝笔。”[③] 黄兴发出几封绝笔书后，于4月23日当晚从香港潜入广州，在越华街小东营五号设立起义总指挥部。起义日期原定于4月26日，惟预计安南、日本所购运之枪械至26日晚始能运到，尚须时间接受分配，因公议改期于4月27日发难。加之，“各路选锋齐集广州，若过迟延，非特四月初有新军二标退伍之讯，即机关秘密亦恐难保，经费支持，亦恐不继，此中既不能速，又不能迟之间”[④]。所以，才有公议4月27日发难的决定。实际上，当时广州起义的消息已经泄露，清吏已早有耳闻，并且，已加强戒备。在此种情况下，黄兴于4月24日致胡汉民电曰：“省城疫发，儿女勿回家。”[⑤] 黄兴将公议有关4月27日起义的决定电告香港总部后，革命党内部出现了两种意见：一种意见主张再行缓期。胡毅生认为：“今敌已有备，应行改期。”“陈炯明及赵声之代表宋玉琳和之。”另一种意见赞同黄兴的决定，以林时爽、喻云纪等人为代表，“仍持二十九日发难之议”[⑥]。林时爽和喻云纪赶到黄兴处，认为“不但不能缓期，且须速发，方可自救”[⑦]。黄兴见党内同志有人提出再行缓

---

① 黄兴：《致孙中山冯自由绝笔书》（1911年4月23日），《黄兴集》（一），第64页。
② 黄兴：《致邓泽如书》（1911年4月23日），《黄兴集》（一），第65页。
③ 黄兴：《致梅培臣等书》（1911年4月23日），《黄兴集》（一），第66页。
④ 曹亚伯：《广州三月二十九日之役》，《武昌革命真史》前编上，第302页。
⑤ 黄兴：《致胡汉民电》（1911年4月24日），《黄兴集》（一），第66页。
⑥ 曹亚伯：《广州三月二十九日之役》，《武昌革命真史》前编上，第302页。
⑦ 黄兴：《致海外同志书》（1911年5月初），《黄兴集》（一），第69页。

期，十分痛心，认为“所谓改期者，实解散而”，“当即决心愿以一死拼李准，以谢海外助款之各同胞”[①]，仍坚持4月27日起义。并于4月26日电告香港统筹部机关总部胡汉民曰：“母病稍痊，须购通草来。”[②] 意即要求留港党人通通赴广州参加义举。“三月二十九日（公历4月27日——引者）之举义期决定，黄兴一面电港促党员进省，时以各部未能如计划妥办，敌情亦有变化，加以发难日期之更改，党员退出省城者亦多，乃将初十（公历4月8日——引者）决定十路进攻计划，临时为之改变：（一）黄兴攻两广总督署；（二）姚雨平攻小北门占飞来庙，并延防营及新军进城；（三）陈炯明攻巡警教练所；（四）胡毅（即胡毅生——引者）以二十余人守大南门。赵声所部则以二十九日早轮虽有数十人上省，但未至其代表宋健侯处，故未能独当一面，并预定二十九日下午五时半一齐发动。”[③]

发难时间已定，4月27日“上午分发枪械与各处，然是晨城门已闭，赵君（指赵声——引者）率所部自港来时已不能入城，而兴遂任指挥”[④]。“并预派象牙印、黑铁夜光表于选锋队，以为信守及准时之用。选锋党员并每人派一元藏身应用。发难以白布缠臂为志，吹螺角为号，足着黑面树胶鞋。黄兴任攻督署，所部为四川、福建、花县、华侨党员。出发分二部：一部莲塘街吴公馆三十余人，四川、华侨各半；一部在小东营，约一百三十余人，福建、花县、华侨及其他党员均属之。分作二队，一攻督署之卫队，林时爽主之；一攻督署之正门，何克夫主之。在省党员，二十九日上午已集小东营黄兴寓，二十九早轮到省之福建、华侨党员，亦船到即集小东营。花县党员，则二十九晨由徐维扬统率，携械到三华店前之搭脚，候车出发。九时余，莫纪彭由省到为述

① 黄兴：《致海外同志书》（1911年5月初），《黄兴集》（一），第69页。

② 黄兴：《致胡汉民电》（1911年4月26日），《黄兴集》（一），第67页。

③ 曹亚伯：《广州三月二十九日之役》，《武昌革命真史》前编上，第304—305页。

④ 黄兴：《在南京黄花岗之役周年纪念会上的讲话》（1912年5月15日），《黄兴集》（一），第354页。

省中戒备情形，乃卸械徒手乘午车赴省，由熟路程者或三或五率入城隍庙，由徐进坤再率至小东营。”[①] 下午 4 时许，黄兴于阵前聚众演说，激昂陈词，群情鼓舞。随即给每个选锋队员发“大饼一个、毛巾一方及枪械炸弹，立时装束”[②]。正在此时，“朱执信本任他务，适到，即裁去长衫下截，加入，阻之不可”[③]。谭人凤由港至，“则克强束装已妥，正在分发枪弹，请休息片刻接谈，不听，再据各情形劝阻之”。克强顿足曰：“老先生毋乱军心！我不击人，人将击我矣。”谭人凤见黄兴“状类狂痫”，乃谓林君时爽曰：“各方面均无备，香港同志与器械尚未来，何所恃而出此？”林曰：“先生知一未知二，现有防兵两营表同情，一切可不靠矣。”谭人凤问：“防营可恃乎？”林谓：“已接洽两次，决无虞。”于是，谭人凤乃整装向黄兴索枪，黄对谭平心静气曰：“先生年老，后事尚须人办，此是决死队，愿毋往。”谭曰：“君等敢死，余独怕死耶？”黄知谭志不易夺，乃以两枪与之。谭因误触机子，发一响。几伤及他人。黄连声曰：“先生不行，先生不行！”时谭已须发苍白，无奈将枪还之，黄即派人将谭送回陈竞存家暂避。[④]

下午 5 时 30 分，黄兴率选锋队员 130 余人由小东营出发，发起进攻清两广总督署。一时呜呜声响，风起云涌，选锋队员均手执枪械炸药，直扑而前。“途遇警察皆枪杀之，疾行入督署，见卫队即曰：‘我辈为中国人吐气，汝等亦中国人，若赞成请举手。’卫队不悟，革命军枪弹并发，号角大鸣，杀其卫队管带金振邦，破入督署，直冲入二门，二门有兵八九，闻声走避而退入。两庑及大堂之卫队，则凭栏倚柱以狙击。杜凤书、黄鹤鸣为大堂伏狙之卫兵所击，死之。黄兴由大柱后还枪，伤其一，余被截击，入署不能出，弃枪请降，求为引导，如是直入内进。黄兴、林时爽、

---

① 曹亚伯：《广州三月二十九日之役》，《武昌革命真史》前编上，第 305—306 页。
② 曹亚伯：《广州三月二十九日之役》，《武昌革命真史》前编上，第 306 页。
③ 同上。
④ 谭人凤原撰，饶怀民笺注《石叟牌词》，第 92 页。

朱执信、李文甫、严骥等，分头亲行遍索，渺无一人，惟见衣架长衣数件、茶碗数具、水烟筒犹热。其时张鸣岐等会司道于署中，正议防范事，闻警穿后壁入某押，转入水师行台。”① 黄兴拟在督署举火，以号召各方，欲觅放火材料，如书籍、文件之类，悉不可得，这大概是因为张鸣岐早得探报而作好了准备所致。于是，黄兴乃以火种置于木床架上而后出，出后火光融融矣。其时，在督署内牺牲者有徐广滔、徐进炲、徐礼明、徐临端，在督署外牺牲者有曾日全等志士。黄兴率领的10多人出至东辕门，遭遇李准所调其卫队及亲兵大队相距仅隔50米，卫队即跪地射击。林时爽曾听赵声说过，李准部下有不少同志，遂上前招抚，高呼曰：“我等皆汉人，当同心戮力，共除异族，恢复汉疆，不用打，不用打。”② 言未毕，弹中脑立仆，壮烈牺牲。刘元栋太阳穴中弹殉难。林尹民胸部中弹亦殉难。黄兴手指中、食二指及足亦受弹伤。时黄兴就所部分为三路，以徐维扬率花县数十人出小北门，拟与新军接应；以喻培伦率川闽及南洋同志往攻督练公所；黄兴自率方声洞、罗仲霍、朱执信、何克夫、李子奎、郑坤等十人，出大南门，拟与防营接应。黄兴受伤后，“乃率残部十余人转行，欲往助喻君攻督练公所。至双门底，又遇巡防营一大队，距我军丈余。福建人方声洞先生猛击之，中其哨官、巡兵数人。然彼见我军人少，乃向前直扑。尔时硝烟漫空，弹如雨注，方君遂中弹而仆，存者仅数人矣。兴乃避至一民房中，由板壁内放枪，毙其前进者数十人。相拒约十分钟，巡防营退去。我军复行，途遇喻君。喻以为欲攻督练公所，必先攻观音山所驻之巡兵，乃身先部下，携弹直上。至山半与巡兵激战，但部下之人多无经验，不善掷放炸弹，又见彼军势盛，遂一面竭力抵御，一面徐徐退却。巷战至十二时，我军见彼巡防营愈增，乃退至一米店，用米袋筑墙以守，

① 曹亚伯：《广州三月二十九日之役》，《武昌革命真史》前编上，第307页。

② 曹亚伯：《广州三月二十九日之役》，《武昌革命真史》前编上，第308页。

各挟利枪，一发数中。遂以十余人力御巡防营四百余人，毙敌近百数”[①]。喻培伦后在突围中被敌人擒获。

徐维扬所统率的花县40余人原拟派往小北门接应新军进城。“未几见敌分头来，徐维扬急遣徐满凌等至洛城街以拒观音山之敌，徐维扬则率党员向司后街，拒水师行台之敌。徐满凌等至德宣街口与敌遇，乃巷战于莲塘街，江继复当先冲敌不顾身，阵亡。时敌居高临下，势难仰攻，徐满凌等乃入莲塘街转大石街之机关部，会同莫纪彭等攀登屋瓦向观音山射击，久而不克，拟退去。徐满凌等初至省，不辨路途，莫纪彭任先导，无何灯熄相失，遇击柝（指打更用的梆子——引者）者，丐其引至小北门，击柝者不北而南，反引至仓边街，与防营遇，徐等且战且走。李德山亦由攻督署战退，合焉。及小北门高阳里口，复有大队防营至，乃入源盛米店，屯米囊作垒，与敌死拒，支持一日夜，弹垂罄，张鸣岐下令烧街，店前又为敌烧，乃越后垣而出。”[②] 战死多人，徐满凌被俘就义。“徐维扬率党员至司后街应敌，敌由新丰街、正南街纷至，奋勇与战”，“敌乃退保水师行台，徐等乃折入小东营，由都府街、锦荣街、二牌楼环攻之，敌垂败矣，而援军至，乃突围出”。“徐维扬退后，遇李文甫等，乃谋会袭飞来庙，夺弹库，不克。”“徐维扬越山至三元里，仅余徐佩旒、徐廉辉、徐松根、徐保生、徐昭良、徐应安、徐怀波七人。乃嘱徐佩旒六人扶伤归里，而与徐怀波返城西，乃徐佩旒等六人至高唐火车站，与清兵遇，此时弹尽人伤，不能再战，急将枪弃水中，已为所觉，遂均被执，送至水师行台，后悉就义。”[③]

关于黄兴受伤的原因，据他后来回忆：黄兴从督署衙门出来，率10余人走到东辕门外，遭遇李准的卫队。“时有同志某君近向

---

① 黄兴：《在南京黄花岗之役周年纪念会上的讲话》（1912年5月15日），《黄兴集》（一），第355页。

② 曹亚伯：《广州三月二十九日之役》，《武昌革命真史》前编上，第310—311页。

③ 曹亚伯：《广州三月二十九日之役》，《武昌革命真史》前编上，第311页。

该卫队晓以大义。兄弟（指黄兴——引者）侦该队兵士有跪地谋（瞄）枪准者，即呼某君留意，并手招之。而该兵士枪适发，兄弟两指头应弹而落，并伤一腿，而某君亦已应声死矣。兄弟遂徐出作街市之战，直至双门底，遇巡防营一队，该管（营）先已运动成熟，兄弟稍未注意，同志某君见势非援我，即开枪与敌。时所存唯十余人，兄弟犹以误为，便撞开某店门入，仍掩门静听。该士兵相语云：'我们本往护提督衙门，不意途遇革党。'始知非我同志，时甚愤激，亦不暇择，因于门内开枪，击毙士兵十余人，该队亦退。未几，该店主回，问吾何至此状。我答以因革党起事，逃避于此，并非行窃者流。该店主亦甚好，与以衣帽。其小主人亦告余城门洞开，并无一守城兵，遂因此出城。"[1] 上述回忆提及"时有同志某君近向该卫队晓以大义"，当指福建闽侯人林时爽，亦名林文，可见，黄兴是在指挥林文注意跪地射击的李准卫兵时受伤的。他受伤后，手指血流如注，乃撞开店门，在门内向外射击，击毙敌兵10余人。最后战斗到只剩下他一个人，在店主的掩护下才脱险。关于脱险经过，曹亚伯有详尽记述：黄兴"自避入小洋货店，以身塞门击敌，敌散后，唤店伴觅茶，已无人。时指伤血积痛极，乃以凉水冲积血，血水流二三丈，冲后自缚之以止血。无何，有小伴十三四岁，冲板入，板开，黄兴仍以身塞之，谓小伴曰：'我为人伤，急欲出长堤。'小伴由长堤来，知城门仍开，乃取一窄黑长衫换血衣，戴一小草帽，即拟出城。但路途不悉，小伴送之至五仙门直街，唤艇过海，言明渡海幢寺，意欲至溪峡机关也。艇索重价，与之乃渡。至河南东头，促上岸，询之，知距目的地尚远。步行至漱珠桥杂货店，询溪峡，语言不通，乃询警察，并在漱珠桥顶，立观对岸之火，良久始行。又不知何门牌，但知饰胡宅娶亲者。黑夜中见有大红对联标门首者，即叩门，各党员悉外出，只留仆妇，不与进，央久始许，时已夜九时余矣。

---

① 黄兴：《在旅京善化同乡会欢迎会上的演说》（1912年9月12日），《黄兴集》（二），第487页。

登楼举目无人，惟见一人直立，疑勒死者，急前视之，方知系小小婢瞌睡。无何，女同志徐宗汉归，见状大惊，而指血犹流不止，乃为另裹。次早庄六如出购止血药，途遇赵声，急率往。盖赵二十九夜与胡汉民尽率港中党员李恢、郑烈等二百余人来省，三十早到，分头上岸，始知事败。胡汉民及各党员以城门严扃不得入，分别折回。赵声迷路，渡至河南，故庄六如见而引晤黄兴。黄、赵一见相抱而哭。黄晕无药以救，乃以葡萄酒饮之，乃醒。欲裹手渡河，与清吏拼，赵、徐等力阻始止。党人来询，以黄战死对，欲以避人注意也。三十夜船，由庄六如送赵由澳门返港。四月初一，购灰长衫为黄改装，由徐宗汉送赴港乘哈德安轮，轮已无房，坐厅中梳化椅装睡，徐坐以身障之，船中固多数党人也。到港指伤不减其痛，且有一指将断未断，乃入雅丽氏医院割治，照例割症须亲族签字，徐以妻名义签字，而黄、徐之因缘即由是结”[①]。

这里需要说明的是，黄兴长子黄一欧应其父之召参加黄花岗起义，因起义一再改期，入广州城稍迟，同行者除李燮和、陈方度之外，“尚有柳聘农、胡国梁、卢淑雍、袁佩生诸人。黄以同乡老友张通典、夏寿华二人方在粤垣官署任职，可供内应。乃命其子一欧偕燮和等赴广州，访张、夏等求略，夏时任巡警教练所所长，遂留燮和等于所中，准备与各先锋同时发动。并担任起事时进攻巡警道衙门，轰炸巡警道王秉三之责。届时由燮和、陈方度等率警察学生二十余人进行也。讵革命军统筹部因风声外播，宣布延期，并令各部暂解散回港，静待后命。黄克强不能忍，遂于三月二十九日晚，率留省同志百数十人进攻督署，是为轰动全国最壮烈之黄花岗一役。燮和以事起仓卒，亦拟依原订计划进行，夏寿华、张通典等力反对，谓徒焚一警察署，而外援不至，吾辈皆死，于事何益？居两日，乃由张、夏等护送诸人出险”。[②] 据当事人王景峨回忆：“革命军遽败，清吏闭城大索，党人多见获，夏

① 曹亚伯：《广州三月二十九日之役》，《武昌革命真史》前编上，第324—326页。
② 冯自由：《光复军司令李燮和》，香港《大风旬刊》，1939年6月5日。

公痛愤不可言，恐其一网净尽也，顾一身不遑自惜，而惟诸志士是忧，急编柳聘农、胡国梁、黄一欧于学生队中，又杂李夔和、陈方度、卢性正、姚大慈于教员中。越数日，风潮稍息，遣班长护送出城，始附轮赴香港。”① 另据起义参加者胡国梁回忆：黄花岗起义失败，李准开始下令封闭全城，搜查旅馆，“可是闹了一天，一个革命党人的影子都没有了”。“到了四月初三日，李准又下个命令开城门，着巡警教练所派警兵开归德门，从下午一时起至五时止，以便行人出入，并严密检查党人，不可疏忽。夏所长得到这个命令，随即暗下遣人告诉我。我就与同志们商量，这是天假我们党人的生路。于是，我就荷枪在先，凡是我在香港认识的同志，竭力促他出城，如黄一欧、陈方度、卢性正、李夔和、胡汉民等等都是在初三四日出城的，遇见不相干的人，故意盘问，藉资掩饰。所以这次在广州起义的同志，除当场逮捕的以外，没有捉到一个党人，这完全是教练所同志的救护。我还记得当时报纸上有一句嘲笑党人的话，‘归德门前归不得’的标题。”② 由此可知，如果不是乡人、革命党人张通典、夏寿华在粤垣官署任职，暗中加以保护，后果将不堪设想。

那么，这次起义从 1910 年 11 月 13 日召开槟榔屿会议开始酝酿，至起义爆发，整整经历了 5 个半月时间的准备，筹款超过 18 万元，可以说是同盟会领导反清武装起义准备最为充分的一次，但为什么还是失败了呢？其中原因何在呢？我们认为，应当从敌我双方的具体情况进行分析。

从革命军一方看，此次筹款虽然由于爱国华侨的热心支持，加以革命党人的主观努力，筹款数额较大；但由于各地比较分散，没有如期统一汇寄香港，尽管黄兴多次致函各处负责党人，不断催促如数汇寄，但由于种种原因，汇寄捐款并未如期到位。特别

① 王景峨：《夏公寿华先生行状》，《夏思痛集》，第 385 页。

② 胡国梁：《辛亥广州起义别纪》，《中国近代史资料丛刊·辛亥革命》（四），第 273 页。

是英属南洋与荷属南洋之款，迟迟不能如数汇至香港，使黄兴“殊为焦灼”。迄至1911年3月14日为止，英属南洋“前所云筹足五万者，所差甚远”。而荷属南洋“近亦少汇来（泗水五千，巴城四千），然总不能足预算之额”[①]。有些捐款是临到起义时由起义的参与者直接带交统筹部或面交黄兴本人的，例如李燮和等筹得“一万七千块钱”，由他亲自带交给黄兴，而胡国梁等也带着募集的“五千块钱”赶赴香港交统筹部。[②] 正是因为筹到的捐款未能如期到位，因而所购买的武器弹药也就不可能及时运到。尽管革命党人在运输途中想尽办法，但还是未能如愿，甚至由于误事造成一些不必要的损失。据黄兴记载：运输从日本购买的枪械子弹“系托留学同志以行李分次携归，港无入口税，向不搜检。一日，洪承点见金山上海船到，有被搜查者，归报，克因电日本，令来者注意。日本吴君是时主任发付之事，因告之带货之湖南学生周来苏，并为改搭头等位。周以为专令伊自己防卫也，舟过门司，尽弃之大海，凡七响无烟枪七十五枝，金山单码飞箭之大六响四十枝，码子数千。船至香港，则并无搜查者。许多利器尽付洪流”[③]。因而，要重新从日本购买武器弹药尚需时日。加之，温生才事件发生，“省会方戒严，欲俟其防弛”[④]，所以，起义不得不一再改期。本来，按照4月8日统筹部召开的发难会议决定4月13日起义，决定采取十路进攻计划，但由于温生才刺杀孚琦事件的发生以及吴镜运送炸药被捕，省中同志议定将起义日期改为4月26日发难。4月23日晚，黄兴入广州城后，又因预计安南、日本所购运之枪械至26日晚始能运到，尚须时间接受分配，因公议改期于4月27日发难，并将原拟十路进攻计划改为四路进攻计划。

---

① 黄兴：《致邓泽如书》（1911年3月14日），《黄兴集》（一），第62页。

② 胡国梁：《辛亥广州起义别记》，《中国近代史资料丛刊·辛亥革命》（四），第266页。

③ 黄兴：《与胡汉民致孙中山等报告“三二九”之役始末书》（1911年5月下旬），《黄兴集》（一），第78页。

④ 同上。

更有甚者，就是在此三次改变起义日期之后，还有人继续提议改期，讵料4月25日，“张鸣岐、李准调回巡防两营，以三哨助守龙王庙高地。”胡毅生“即提议改缓时期，陈炯明和之。宋建侯亦惧众寡不敌，赞同其说（宋君，伯先在省之代表也）。姚雨平则反对，惟姚亦要枪数在五百以上方允（此时枪数接收者，不过七十余枝。罐头一帮，尚未取出，不敢作必得之数。原公议到期必发枪械，或有意外，则不能照原数分配。今姚为此言，则亦必难办到。既而姚雨平闻新军二标收枪之说，则亦惧）。克见各部如此，所谓改期，无异解散，克之痛心为何如！故克即决心愿以一人一死拼李准，以谢海外之同胞，而令各部即速退散，免搜捕之祸。当与宋建侯、洪承点商量，先将伯先所部全数退港，余亦陆续退去”。[①] 正是由于一而再，再而三改期，造成在省垣的革命党人锐减，而选锋队员也由原来的槟榔屿会议确定的500人、香港统筹部发难会议确定增加到的800人，到4月27日黄兴所率攻督署时仅仅130余人。起义队伍也由4月8日原来香港统筹部发难会议确定的十路进攻，到决定4月26日发难改为四路进攻，而4月27日发难时，其他三路都未曾出动，仅黄兴一路孤军奋战，寡不敌众，焉能不败？

从敌人一方看，起义消息早已泄露，实无秘密可言。清吏早已作好防范准备。例如黄兴率选锋队员攻入两广总督衙门时，张鸣岐早已逃之夭夭；衙门里的文书、档案早已转移，只留少许卫队按常规值勤。诚如黄兴所言，革命党人“死多人以攻入督署，空洞无一人。观其情形，有如二三日前去者。报纸所云藩司、学司适在开审查会者，皆是捏词。如两司在，必有轿及仪仗各物。今一切皆无”[②]。此种情况表明，起义消息早已泄露，清吏已经作好了防范准备，起义消息之所以泄露，主要是保密工作没有做好。

---

① 黄兴：《与胡汉民致孙中山等报告“三二九”之役始末书》（1911年5月下旬），《黄兴集》（一），第79—80页。

② 黄兴：《致海外同志书》（1911年5月初），《黄兴集》（一），第69页。

诚如黄兴所分析的，“此次办事，可谓经营尽力，然不甚秘密。到处筹款是一因；到外省选锋，而伯先所派有不懂事之极者，四处宣扬，是二因；选锋来太早，杂居杂出入省港，是三因”[①]。此外，同盟会员罗炽扬等策动惠州以响应广州起义之活动，一无所成，而且，声名远扬；加以温生才刺杀广州将军、满洲副都统孚琦之事，彰彰在人耳目，似无秘密可言。因此，广州起义已经成为公开的秘密。清吏因而调兵遣将，加强戒备；为防止新军响应起义，已将子弹收缴入库，集中保管，以防不测。广州城内的新军大都有枪无弹，无法响应。过去史学界有一种说法，认为黄花岗起义之所以失败，其原因之一，是以头发公司名义经手运送枪弹的陈镜波，乃清方派进来的间谍。以是不久，陈由穗至港，党人就推洪承点将陈诱至九龙偏僻处，用匕首将其刺杀。其实，这是那个贪生怕死、背信溺职的胡毅生委罪嫁祸所制造的一起冤案。据谭人凤评论说：“陈竞存（指陈炯明——引者）知事无可为，不愿附和，尚有理由；姚雨平经手联络军队，不临阵指挥监视，反致倒戈相向，罪诚难辞，然亦尚因枪弹未取得，可以借口；胡毅生既置身事外，所存枪弹，克强向取不与，姚雨平向取又不与，试问留之作何用？未发之先，即设计嫁祸于人，谓陈竞（镜）波有侦探形迹，既败之后，尚能安住城内，造登假报，表示党人资格，掩护嫌疑，种种诡谲行为，逆迹昭著。伯先欲得而手刃，吾于伯先灵榇到沪，亦曾莅会宣告胡氏之死刑，诚以是非之心，不可泯灭也。不谓自乃兄督粤，公然任水师统率，攫得数十万金，为富家翁，正俗所谓朝廷有人好做官也，尚安有是非可言。至陈竞（镜）波一理发师也，无甚价格，目为侦探，人自易信之。然子弹手枪，皆由其用头发扎包运入，克强晋省，陈亦知之，使果如胡所云，则枪弹之存于各机关者，当一时破获，何事败五六日后，尚有各处发现之事情？思患必预防，克强当早被逮于张鸣岐，何反临时失措，逾墙而走？胡匿省不敢返，陈反来港寻克强，非一

---

① 黄兴：《致孙中山冯自由绝笔书》（1911 年 4 月 23 日），《黄兴集》（一），第 65 页。

反比例乎？陈有母寄胡毅生家，脱有亏心，当迎其母返省也，肯随人夜赴僻处就死乎？党人比时不察，杀一无辜，则又不得不因是非之心而动恻隐之心矣。”[①] 上述谭人凤所提出的那一系列令人置疑、发人深醒的问题，作为否定陈镜波间谍内奸嫌疑的证据，是完全可以成立的。

黄花岗起义失败后，被时人赞誉为“侠士”的广东番禺人、同盟会员潘达微商诸两粤广仁善堂善董将收殓到此役中牺牲的烈士遗骸72具，合葬于广州城郊红花岗，并将红花岗改为黄花岗。后人称广州三月二十九日之役为“广州之役”或“黄花岗之役”，死难者称“黄花岗七十二烈士”。实际上，此次起义中牺牲的革命烈士达100多人，其中有姓名可考者为86人。他们的英雄壮举真可谓撼天地、泣鬼神！林时爽随黄兴冲入督署，“其时喊声大震，枪如雨集。君屹立如神，意志弥厉，冲锋突阵，无能当其勇者”。至东辕门，遇李准之卫队，奋身向前招抚，“声未毕，而枪已中脑，血肉纷飞，脑浆狂涌而仆”[②]，年仅25岁。喻培伦因忙于制造炸药，在发难之前三日夜未睡。起义时随黄兴进攻督署，身上负炸弹一大束，左手持号筒，右手拿手枪，额间尽染灰土，容貌威猛。后转攻督练公所，“途遇防勇，绕路攻龙王庙，一人当先，抛掷炸弹，防勇为之披靡”[③]。终因寡不敌众，全身被创多处，力竭被执。临刑不屈，大呼曰：“头可断，学说不可绝。”[④] 遂遇害，时年26岁。方声洞随黄兴自督署冲出至双底门，孤身被围，计杀哨弁兵勇等20余人，身中数枪，血流如注，弹尽力竭而死。他在广州“起义前一日”已写好给父亲的绝笔书，其中有云：今“海内外诸同志共谋起义，以扑满政府，以救祖国，祖国之存亡，在此一举。事败则中国不免于亡，四万万人皆死，不特儿一人；如事

---

① 谭人凤原撰，饶怀民笺注：《石叟牌词》，第96页。

② 邹鲁：《林文传》，《中国国民党史稿》第五册，第1331页。

③ 曹亚伯：《广州三月二十九日之役》，《武昌革命真史》前编上，第338页。

④ 邹鲁：《喻培伦传》附《墓表》，《中国国民党史稿》第五册，第1329页。

成，则四万万人皆生，儿虽死亦乐也”，“夫男儿在世，不能建功立业，以强祖国，使同胞享幸福，虽奋斗而死，亦大乐也。且为祖国而死，亦义所应尔也”。[1] 林觉民亦随黄兴“同驰轰攻督署，君挥弹当先，直捣署内，不见张鸣岐。及出遇防营，受伤力尽见获”。他在受李准亲自审讯时，“侃侃而谈，综论世界大势，各国时事，群贼为之心折，倾耳以听”。临刑时，“面不改色，俯仰自若，引颈就戮。春秋二十五”[2]。他在起义前三日，即已写好给父亲和妻子的两封绝笔书。他在给父亲的绝笔书中称：“儿死矣，惟累大人吃苦，弟妹缺衣食耳。然大有补于全国同胞也。”他在给妻子陈意映的绝笔书中说：“吾充吾爱汝之心，助天下人爱其所爱，所以敢先汝而死，不顾汝也。汝体吾此心于啼泣之余，亦以天下人为念，当亦乐牺牲吾身与汝身之福利，为天下人谋永福也。汝其勿悲。”[3] 李德山临刑，厉声曰：“大丈夫为国捐躯，分内事也。我岂不能致富贵者，特不能如汝辈认贼作父，不知羞耻耳。”李雁南被敌人抬到刑场，“清吏命警兵以枪击之，烈士蹶然起，自赴营内空地，告警兵曰：‘请弹从口下’，即张口饮弹而死”[4]。这批随黄兴攻督署而后献身的革命志士决非一时的冲动，而是由其爱国主义思想使然。诚如黄兴所分析的，“烈士之死义，其主义更有足钦者，则以纯粹的义务心，牺牲生命，而无一毫的权利思想存于胸中。其中如林觉民先生，科学程度极其高深，当未发动之先，即寄绝命书与其夫人，又告同人云：‘吾辈此举，事必败，身必死，然吾辈死事之日，距光复期必不远矣。’其眼光之远大，就义之从容，有如此者！又喻君培伦，最富于爱国思想，前在天津与汪精卫、黄复生诸人苦心经营，谋炸载沣，后因事机事败，炸弹为警兵搜去，不遂所志。来港后，日夜与李君荫生复制炸弹，不

---

① 《方声洞和林觉民两封绝笔书》，徐续编《黄花岗》，广东人民出版社，1985 年，第 110 页。

② 邹鲁：《林觉民传》，《中国国民党史稿》第五册，第 1338—1340 页。

③ 《方声洞和林觉民两封绝笔书》，徐续编《黄花岗》，第 112—113 页。

④ 曹亚伯：《广州三月二十九日之役》，《武昌革命真史》前编上，第 319 页。

稍休息。此役所用之炸弹，多出其手制者。至方声洞，以如花之年，勇于赴战，当其与巡防营巷战时，身中数弹，犹以手枪毙多人。他如窦鸿书、李君荣诸君，虽系工人，然皆抛弃数百元之月俸，从事于革命事业，捐躯殉国，尤足钦佩。总之，此次死难诸烈士，皆吾党之翘楚，民国之栋梁。其品格之高尚，行谊之磊落，爱国之血诚，殉难之慷慨，兴亦不克言其万一"[①]。这是对起义牺牲烈士顽强斗争精神和崇高革命气节的肯定和礼赞！黄花岗起义失败后，孙中山致电香港机关部，"闻事败，各同志如何？何以善后"[②]？因未得确讯，始终愁容不展。至5月4日，始获胡汉民来电，即命梅乔林翻译电文，文称"克伯展归"。孙中山现笑容曰："天下事尚可为也。"[③] 当孙中山得知黄兴生还的消息后发出了如此感叹，可见他对这位亲密战友是何等的信任和尊重！

黄花岗起义虽然悲壮地失败了，但对清朝统治者的打击却是十分沉重的，其意义是不可低估的。革命先烈的牺牲精神给继起的革命者以巨大的鼓舞，黄花岗起义成为武昌起义的先声。孙中山和黄兴曾多次盛赞黄花岗起义和在此役中献身的革命烈士。在1912年5月15日（农历三月二十九日），黄花岗起义周年纪念之际，黄兴在一次演讲中指出："鄂省八月之起义，由广州之原动力；而广州九月之光复，又我七十二烈士之死义激而成之也。七十二烈士虽死，其价值亦无量矣。"[④] 并为黄花岗七十二烈士亲撰挽联一副："七十二健儿，酣战春云湛碧血；四百兆国子，愁看秋雨湿黄花。"[⑤] 黄兴用"碧血黄花"一词，寄予了他对革命烈士志

---

① 黄兴：《在南京黄花岗之役周年纪念会上的演讲》（1912年5月15日），《黄兴集》（一），第356—357页。

② 《胡汉民自传》（节录），刘萍、李学通主编《辛亥革命资料选编》第一卷，下册，第719页。

③ 转引自陈锡祺主编：《孙中山年谱长编》上册，第534页。

④ 黄兴：《在南京黄花岗之役周年纪念会上的演讲》（1912年5月15日），《黄兴集》（一），第356页。

⑤ 黄兴：《挽黄花岗七十二烈士联》（1912年3月），《黄兴集》（一），第274页。

节的称颂和对战友的深情！

孙中山认为，黄花岗起义大大推动了国内革命形势的发展。他说，“是役也，集各省革命党之精英，与彼虏作最后之一搏。事虽不成，而黄花岗七十二烈士轰轰烈烈之慨已震动全球，而国内革命之时势实以之造成矣”①。1912 年 3 月 5 日，由孙中山亲自领衔以 93 人名义，发起追悼广东倡义先后死难的烈士，在“通启”中称赞烈士“英风簸扬，新局斯造，薄海义烈，群萃穗城”②。同年 5 月 15 日，孙中山在黄花岗亲临主祭，并撰写祭文。1921 年，孙中山亲笔为黄花岗题写了“浩气长存”四字，刻在纪功坊的石壁上，续后建造了新墓门，又将这四个字的题词刻在门坊上。也就在同年 12 月，孙中山为《黄花岗烈士事略》撰写的序文称：“满清末造，革命党人历艰难险巇，以坚毅不挠之精神，与民贼相搏，踬踣者屡，死事之惨，以辛亥三月二十九日围攻两广督署之役为最，吾党菁华，付之一炬，其损失可谓大矣。然是役也，碧血横飞，浩气四塞，草木为之含悲，风云因而变色，全国久蛰之人心，乃大兴奋，怨愤所积，如怒涛排壑，不可遏抑，不半载而武昌之大革命以成，则斯役之价值，直可惊天地、泣鬼神，与武昌革命之役并寿。”③ 1924 年 5 月 2 日（农历三月二十九日），为黄花岗起义 13 周年纪念日，孙中山应邀出席岭南大学举行的黄花岗七十二烈士纪念大会，孙中山发表长篇演说：“我们现在所纪念之一点，不是在他们当时事业的成败，是在那一般烈士当时所立的志气。七十二烈士在当时立了甚么志气呢？”“他们由于失败，便断头流血，牺牲性命，由此便可以知道他们的志气，最少的限度，是不惜身命性命，不管权利幸福，要做一件失败的事。”“我们今天来纪念他们，便应该学他们的志气，更加扩充，为国家、为人

① 孙中山：《建国方略》（1917 至 1919 年），《孙中山全集》第六卷，第 242 页。

② 孙中山：《追悼粤中倡义死事诸烈士通告》（1912 年 3 月 5 日），《孙中山全集》第二卷，第 176 页。

③ 孙中山：《黄花岗烈士事略序》（1921 年 12 月），《孙中山全集》第六卷，第 50 页。

民、为社会、为世界来服务。”“诸君今晚来纪念七十二烈士，要知道不是空空的来纪念，要学习他们的志气，尤其要学习他们的道德观念。”“爱惜光阴，发奋读书，研究为人类服务的各种学问。有了学问之后，便要立志为国家服务，为社会服务。像七十二烈士一样，虽至牺牲生命亦所不惜。”[①] 勉励同学们学习黄花岗革命先烈的志气和新道德。同日，广州各界约 20 万人隆重公祭黄花岗先烈。广州革命政府要员谭平山、李烈钧、廖仲恺、张开儒、柏文蔚、邹鲁、邓泽如、程潜等出席公祭仪式。孙中山派遣大本营参军长张开儒代为主祭和宣读《祭黄花岗烈士文》。祭文高度赞颂了诸烈士“前仆后起”“张我义声”“以寡敌众”“元精贯日”的英雄气概和牺牲精神[②]。自然，这篇祭文也是对当年指挥战友攻打两广总督衙门时曾担任总司令的黄兴最好的祭奠和纪念。

---

① 孙中山：《在岭南大学黄花岗纪念会的演说》（1924 年 5 月 2 日），《孙中山全集》第十卷，第 155—157 页。

② 孙中山：《祭黄花岗烈士文》（1924 年 5 月 2 日），《孙中山全集》第十卷，第 158 页。

第六章　阳夏之战　业绩非凡

在武昌起义之前，黄花岗起义是同盟会发动和领导的武装起义准备最为充分的一次起义。由黄兴组成的“选锋队”作为冲锋陷阵的骨干力量，亦可以视为革命派开始谋求建立自己党军的尝试。然而，这支130多人组成的“选锋队”成员大都牺牲在战场，这令黄兴和当时的革命党人悲愤不已，痛不欲生。诚如黄兴在香港养伤期间以左手拈笔在《致海外同志书》中所述其心情时说的：“良友尽死，弟独归来，何面目见公等?”[①] 他感到深深的愧疚和自责，发誓要报仇雪恨。他在《与胡汉民致孙中山等报告“三二九”之役始末书》中指出：“虽虏以党人之敢死勇战，至今犹草木皆兵，然费如许力量，得此结果，岂初念所能及耶！又况殉我仁勇俱备之同志之多耶！谋之不臧，负党负友，弟等之罪，实无可辞。惟此心益伤益愤，一息尚存，此仇必复，断不使张、李等贼安枕而卧也。”[②] 接着，又传来亲密战友赵声病逝的消息，这无异于雪上加霜，使黄兴的心情异常沉重。赵声于5月19日病逝于香港，黄兴因避追捕，未能送丧。他在与胡汉民致孙中山等书的末尾称：“此数日内痛悼战死之良友，哀方未艾，而忽又有一大伤心之事，

① 黄兴：《致海外同志书》（1911年5月初），《黄兴集》（一），第68页。

② 黄兴：《与胡汉民致孙中山等报告“三二九”之役始末书》（1911年5月下旬），《黄兴集》（一），第89页。

则伯先兄于初旬患肠病，加以郁郁，初不肯调理，至剧痛时延西医再三诊视，乃知为盲肠发炎。展、克即催其入医院割治。既又数日，始行割治，则肠已灌脓，割处竟不知痛，内流黑水；饮食俱不能进，且呕且噎。至十九日竟长逝矣。哀哉！痛哉！以伯兄平日之豪雄，不获杀国仇而死，乃死于无常之剧痛，可谓死非其所。彼苍无良，歼我志士不已，又夺我一大将！想公等闻之，亦将悲慨不置，若弟等则更无可言矣！”[①] 赵声病逝后，黄兴对胡汉民说：“此时党人惟有行个人暗杀之事，否则无以对诸烈士！”[②] 于是，乃密令党人，策划暗杀活动，与武装起义相辅而行。其实，黄兴主张以暗杀作为革命活动的一种手段并非始于广州黄花岗起义失败之后，早在日本留学时，他就是军国民教育会成员，而该会“决定进行方法三种：一曰鼓吹，二曰起义，三曰暗杀。更推举同志返国分省运动起义，名曰运动员，黄轸、陈天华即被派回湘之运动员也”[③]。黄兴作为军国民教育会“回湘之运动员”对于该会“进行方法”自然是赞成的。云南河口起义失败后，时党人避居东京，“多持暗杀主义，而私自觅师学习炸药者”。黄兴“恐其未能深造有得，徒自丧其身，而无效果，乃召集诸学者，于东京市外，设秘密场所而试验之”[④]。槟榔屿会议之后，黄兴在新加坡筹款受阻，他在晚晴园召集会议，向大众说：“现在正工作紧张的时候，预定的款项，都不能作靠，这事怎么办呢？如果捐款不起，这次计划，又不能实行，那么，我也不愿意再在此地久等，我还是一个人去实行暗杀主义，步汪精卫的后尘。”[⑤] 当起义日期定为农历三月二十九日后，还有人提出再继续延期时，黄兴“当

---

① 黄兴：《与胡汉民致孙中山等报告“三二九”之役始末书》（1911 年 5 月下旬），《黄兴集》（一），第 89 页。

② 《胡汉民自传》，丘权政、杜春和选编《辛亥革命史料选辑》上册，第 200 页。

③ 冯自由：《东京军国民教育会》，《革命逸史》初集，第 112 页。

④ 刘揆一：《黄兴传记》，饶怀民编《刘揆一集》，第 121 页。

⑤ 胡国樑：《辛亥广州起义别纪》，《中国近代史资料丛刊·辛亥革命》四，第 265 页。

即决心愿以一死拼李准，以谢海外助款之各同胞”[1]。黄花岗起义失败后，他“自念惟有躬自狙击此次最为害为虏贼，以酬死事诸人。庶于心始安，亦以作励吾党之气”[2]。在致其他友人函中还多次提到“以欲躬行荆、聂之事，不愿再为多死同志之举”之类的话，在黄兴看来，“革命与暗杀，二者相辅而行，其收效至丰且速”[3]。毫无疑问，暗杀不能作为革命的主要手段，然而，在辛亥革命时期特定的历史条件下，在革命暂时处于低潮之时，革命党人变换手段，坚持斗争，配合武装起义而进行的暗杀活动仍然具有一定的积极意义。正因为如此，孙中山在他从事的革命活动中亦曾将“组织暗杀作为重要的革命手段之一”[4]。从事暗杀活动的人是要付出代价的，“其结果等于自杀而已”。虽然孙中山主张对敌人开展暗杀活动，但他并不赞成黄兴这样具有重要地位的领袖人物去“躬自行险”。当他得知黄兴“决欲行个人主义，以与李、张等贼拼命”的消息时，“大惊失色”，并多方动员各埠同志加以劝阻，“切勿行此”。他在《复吴稚晖函》中说：“盖黄君一身为同人之所望，亦革命成败之关键也。彼之职务，盖可为更大之事业，则此个人主义事非彼所宜为也。”“此间已有两同志赶回，欲代彼行此也。”[5] 在孙中山和其他同志的大力劝阻下，黄兴虽然放弃了自己躬亲暗杀李准等清吏的计划，但仍然主张暗杀。那么，究竟如何开展暗杀活动呢？正在冥思苦想、踌躇不决之时，又传来杨毓麟在英国利物浦蹈海的消息。杨毓麟是著名的《新湖南》作者。1902 年与黄兴等在东京创办《游学译编》，嗣又创办湖南编译社。1906 年加入同盟会。1907 年主编《神州日报》。1908 年受聘为清朝留欧学生监督蒯光典秘书。1909 年赴英留学，入苏格兰阿伯丁大学深造。杨亦主张暗杀与武装起义相辅而行，曾于 1903

---

① 黄兴：《致海外同胞书》（1911 年 5 月初），《黄兴集》（一），第 69 页。
② 黄兴：《致冯自由书》（1911 年 9 月 30 日），《黄兴集》（一），第 114 页。
③ 黄兴：《致伍平一等书》（1911 年 10 月 7 日），《黄兴集》（一），第 122 页。
④ 吴玉章：《辛亥革命》，人民出版社，1973 年，第 101 页。
⑤ 孙中山：《复吴稚晖函》（1911 年 8 月 31 日），《孙中山全集》第一卷，第 536 页。

年经冯自由介绍，在日本师从梁慕光学习化学，并至横滨租赁海边山上一间房屋作为炸弹试验场，研究爆炸物10余种，曾不慎炸伤眼睛。回国后“以谋刺那拉氏为第一对象”。1905年又与吴樾合谋暗杀出洋考察宪政五大臣。1910年，他从英国购置炸弹炸药，支援汪兆铭、黄树中等在北京谋刺摄政王载沣，均因故未能如愿。广州黄花岗起义失败后，初闻黄兴战死凶讯，忧伤过度，后得冯自由函，告以黄兴仅伤右手断两指，身体无恙，稍感安慰。复闻列强有实行瓜分中国之说，“神气沮丧，旧病复发，头痛浮肿，愈不成眠”[①]，于1911年8月5日投利物浦之大西洋海边自戕[②]。杨毓麟蹈海前，将留英数年所积英币130镑汇交伦敦之石瑛、吴稚晖，托石、吴两君将其中100英镑转寄黄兴，作为运动革命之军费，“或以为济黄克强兄之穷”（此款实未汇到）；另外旅费剩余30英镑，托“寄归与慈母，为最后之反哺”[③]。杨毓麟至死不忘革命、不忘友情的举动，使黄兴感动不已。在孙中山等人的劝阻下，他决心继承革命先烈的遗志，遂改变亲自去执行暗杀之事。他在《致冯自由书》中反映了他的思想变化过程和悲痛心情。其中有云：“适得杨君笃生在伦敦自沉消息，感情所触，几欲自裁。呜呼！人生至斯，生不得自由，并死亦不得自由，诚可哀矣！嗣得兄及中山先生并《少年报》、致公堂各同志书，责备甚重。如以弟为系华侨之望，则弟实不敢当。以弟在吾党亦不过徒负有虚名，自问于党事，初未有如何之实益。若以弟一死为妖党所借口，致阻碍将来筹款之路，或所不免。此则弟日来所踌躇于心而未决者也。”[④] 在孙中山、冯自由“与致公党及同盟会诸同志再三函电香港，力劝其不可轻生偾事，致碍大局。克强复电要求先筹汇二万元在广州设立暗杀机关，始允不亲自出马。旋得美洲中华革命筹

---

① 冯自由：《新湖南作者杨笃生》，《革命逸史》第二集，第118页。

② 关于杨毓麟投海日期，史学界均采用冯自由说，认为是1911年7月8日（农历六月十三日），实误，经作者考证，应为1911年8月5日（农历闰六月十一日）。

③ 杨毓麟：《绝命书》，饶怀民编《杨毓麟集》，第362页。

④ 黄兴：《致冯自由书》（1911年9月30日），《黄兴集》（一），第115页。

饷局电汇如数。克强得款，即派人至广州布置各事”[1]。冯自由所叙述史事大体上是符合实际的。但由于系事后回忆，在具体数字上难免有误差，此处所言“二万元”实系一万五千元。也就在杨毓麟蹈海一个星期之后即1911年8月13日，在黄兴的组织和策动下，同盟会员林冠慈、陈敬岳在广州双门底向李准投掷一枚炸弹，李伤腰部，林冠慈当场为乱枪所击遇难，陈敬岳被捕后牺牲。黄兴以李准伤而未死，决定设立机关、扩大暗杀组织再干。因设立机关和抚恤牺牲的同盟会员在在需款，黄兴只得复函孙中山，并恳请筹款以济急需。他在复函中称：“电函悉。弟此行以粤事非先破坏，急难下手，且不足壮党气，酬死友。今遵谕先组织四队，按次进行，惟设机关及养恤费甚巨。兹李准虽伤，须再接再厉。恳助万五千元，电《中国报》收。”[2] 孙中山接到黄兴的复函后，即汇款1万元，余额由孙发函檀香山等处汇足。黄兴即据此款、以同乡好友杨毓麟曾组织“北方暗杀团”之名，乃另外组织“东方暗杀团”，并派夫人徐宗汉前夫李晋一之侄李应生赴广州秘密设立机关谋划再刺李准。复电召周之贞由新加坡回国助其进行，具体执行者为同盟会员李沛基。李沛基系李应生之胞弟，其时尚未成年，派赴广州执行暗杀任务，黄兴关怀备至，因填《蝶恋花·赠侠少年》词相赠，词云：

> 画舸天风吹客去，一段新秋，不诵新词句。闻道高楼人独住，感怀定有登临赋。昨夜晚凉添几许？梦枕惊回，犹自思君语。不道珠江行役苦，只忧博浪锥难铸。[3]

该词托幼年女团员卓文手交。其后暗杀李准虽由于清吏戒备森严而未能实现，但10月25日新任广州将军凤山即被炸毙，系由“东方暗杀团”所秘密组织策划。据参与暗杀凤山的陈其尤回忆：

---

① 冯自由：《香港同盟会史要》，《革命逸史》第三集，第246页。

② 黄兴：《致美洲少年学社及孙中山等电》（1911年8月13日至30日间），《黄兴集》（一），第109页。

③ 黄兴：《蝶恋花·赠侠少年》（1911年9月上旬），《黄兴集》（一），第110页。

清廷驻广州将军孚琦被温生才炸毙后，“两广总督张鸣岐坐卧不安，彷徨无措，奏请清廷续派将军来粤坐镇，企图以武力威吓革命党人和镇压日益高涨的革命运动。不久，清廷选派了军事上号称足智多谋的旗人凤山为驻广州将军。但发表多时，凤山慑于革命声势，踌躇不敢南下。经张鸣岐力促，凤山才配备了一班人马，于九月初三由北京经上海坐船到香港，然后转广州接任”①。10 月 25 日早晨，李沛基接到通知，谓凤山即到，急速准备，“沛基方起床，乃急将炸弹放置楼上临街之窗口，外护以木板，而以绳系板之一端，余人遂尽离去。时约八时，凤山已到接官亭，旋即入城，除卫队外仪从颇简，以为可避免人注意矣。迨抵仓前街，沛基牵绳去板，弹落立爆，凤山与其卫队多人均炸毙，邻近各店倒塌者约六七间。沛基同志从铺后避去”②。当时李沛基只不过是一位并未成年的少年，能有如此壮举，实属不易。嗣被派往美国留学，不幸在美国病逝。李沛基炸毙凤山虽在武昌起义之后半月，但暗杀计划则是由黄兴所设暗杀机关“东方暗杀团”早已谋定，这就为后来 11 月 9 日广东响应武昌起义、宣告独立扫除了一大障碍，其影响不可谓不大矣！

黄兴作为杰出的军事战略家，他在实施华南革命战略迭次失败以后，在组织暗杀清广东要员的同时，丝毫没有放松对长江流域革命的关注。早在黄花岗起义失败大约一个月之后，黄兴即派遣挚友卢性正持函返湘，勉励湘籍志士重振旗鼓。据曾杰回忆：“四月底（5 月 27 日），卢淑雍自广州返湘，携有克强先生左手写的详函，报告三月二十九日（4 月 27 日）事件（即黄花岗起义失败）的经过，于当时秘密行动所遇之艰险，事后改期二次理由及临期明知必败而不得不出于一击的事理与决心，皆详述无遗。并由卢淑雍详述黄、谭二公脱险与夏卓春（寿华）先生在巡警教练所救护湖南各同志出险后，弃职而逃亡情况。”③ 因当时湖南误传

---

① 陈其尤：《黄花岗起义与炸毙凤山亲历记》，《辛亥革命回忆录》第一集，第 319 页。

② 冯自由：《香港支那暗杀团成立始末》，《革命逸史》第四集，第 199 页。

③ 曾杰：《乙戊集》，转引自杨世骥著《辛亥革命前后湖南史事》，第 198—199 页。

“谭、黄二公皆已死难”[1]，所以黄兴特地再次派遣卢性正携其亲笔函“返湘”，说明事实真相，勉励湘籍志士不要气馁，失败了再干。毫无疑问，卢性正的再次归来，传递了反清武装斗争前线的最新消息，从而使真相大白于天下，也使湘籍志士重拾信心，重振士气，准备再发动一次新的起义。到了8月下旬，黄兴复派遣周震鳞回湘布置军事。据周震鳞后来回忆：“一九一一年夏历九月初一日（公历10月22日），焦达峰、陈作新两同志在长沙领导了起义。我在两个月以前奉黄克强先生命，由北京经上海秘密回到湖南，在长沙约集各方面同志秘密开了多次会议，布置军事。约定夏历十月起义，并严诫毋蹈过去事机不密，因而失败的复辙。”[2]随着全国革命形势的飞速发展，黄兴在悉心组织暗杀的同时，决定重新启动长江革命战略，他在遣人与湖南革命党人进行联络的同时，又分别致函美洲筹饷局和美洲致公党以及孙中山、冯自由、邓泽如、郑螺生、谭德栋、伍平一、钟幼珊等人急筹巨款，拟在两湖地区再次发动一次新的起义。当他从湖北代表吕志伊、刘芷芬那里了解到武汉革命形势发展已经成熟的情况后，对武汉起义计划极表赞成。武昌起义爆发后，黄兴由港携眷返汉，在武昌受任民军战时总司令，反攻汉口，保卫汉阳，毅然决然地担当起领导和指挥阳夏之战的历史重任。

第一节　重启长江革命战略

如同第五章第二节所指出的，黄兴原本是主张长江革命战略的，可是由于种种原因，特别是中部起义连续失败后才逐渐转向服膺孙中山的华南革命战略。然而，从1907年的防城起义和镇南

---

① 曾杰：《乙戊集》，转引自杨世骥著《辛亥革命前后湖南史事》，第198—199页。

② 周震鳞：《谭延闿统治湖南始末》，《辛亥革命回忆录》第二集，第151页。

关起义、1908 年的钦廉上思之役和云南河口起义、1910 年的广州新军起义、1911 年的黄花岗起义都一次一次失败了。黄兴于香港养伤期间，在策划暗杀的同时，也在反思上述起义迭次失败的原因。由于屡次在东南沿海起义，清朝地方官吏更加注意防范。同时，这种“输入式”革命亦有很多弊端，诸如筹饷、购械均得不到可靠保证，缓不济急，士兵采用雇佣的办法招募而来，缺乏战斗力，加之，大规模武装起义，也不能完全只以广东人为限，外省人言语不通，难以交流，失败次数太多，难于开口筹款，等等。在短期内，再要在东南沿海发动起义显然不大可能。此种情况使黄兴、宋教仁、谭人凤等人开始考虑变更发难地点，重启长江革命战略。在全国革命形势的推动下，特别是在两湖、四川绅商保路运动高涨的刺激下，于是便有了中国同盟会中部总会的成立。

1911 年 7 月 31 日，宋教仁、谭人凤、陈其美等人在上海组织成立了中国同盟会中部总会（以下简称中部同盟会），作为长江流域各省起义的领导机关。谭人凤为中部同盟会撰写宣言，宋教仁撰写章程（包括总务会暂行章程和分会章程）。中部同盟会章程指出：“本会以推翻清政府，建设民主的立宪政体为主义。”“本会置会长一人，代表本会，总理会务，任免职员，并发布一切法律命令。但暂时虚位以待，将来由总务会议决其时期及选举法选举之。”“本会置总务干事，管理全会事务。”“会长未选举以前，总务会行其职权。”[①] 中部同盟会推举陈其美掌理庶务，宋教仁掌文事，谭人凤掌交通，潘训初管理财务，杨谱笙任会计。由于会长“虚位以待”贤豪，继推谭人凤为总务会议长，“掌召集开会、保管文书、印信之事”，实为中部同盟会临时负责人。谭人凤为中部同盟会撰写的成立宣言分析了当时的形势，总结了过去历次起义失败的原因，论述了中部同盟会成立缘起，阐明了中部同盟会与东京本部之间的关系以及总部与各省分部之间的关系，等等，是

---

① 宋教仁：《中国同盟会中部总会章程》，陈旭麓主编《宋教仁集》上册，第 277—278 页。

中部同盟会的重要文献。其宣言要点如下："现政府不足以救中国，除丧心病狂之宪政党外，贩夫牧竖皆能洞知，何况忧时之志士？故自同盟会提倡种族主义以来，革命之思潮，统政界、学界、军界，以及工商各界，皆大有人在。顾思想如是之发达，人才如是之众多，而势力犹然孱弱，不能战胜政府者，其故何哉？有共同之宗旨，无共同之计划；有切实之人才，无切实之组织也。何以言之？如章太炎、陶成章、刘光汉辈，已入党者也，或主分离，或事攻击，或如客犬，非无共同之计划有以致之乎？而外此之出主入奴，与夫分援树党，各抱野心者，更不知凡几耳。如徐锡麟、温生才、熊成基辈，未入党者也，一死安庆，一死广州，一死东三省，非无切实之组织有以致之乎？而外此之朝秦暮楚，与夫轻举暴动，枉抛生命者，更不知凡几耳！前之缺点，病不合，推其弊，必将酿旧史之纷争；后之缺点，病不通，推其弊，必致叹党员之寥落。前一缺点伏而未发，后一缺点则不自今日摧伤过半人才始。""有此二病，不从根本上解决，惟挟金钱主义，临时招募乌合之众，搀杂党中，冀侥幸以成事，岂可必之数哉？此吾党义师所以屡起屡蹶，而至演最后之惨剧也。同人等激发于死者之义烈，各有奋心，留港月余，冀与主事诸公，婉商善后补救策。""党事者，党人之公责任也。有倚赖性，无责任心，何以对死友于地下？返沪诸同志，迫之于情不能自已，于是有同盟会中部总会之组织。定名同盟会中部总会者，奉东京本部为主体，认南部分会为友邦，而以中部别之，名义上自可无冲突也。总机关设于上海，取交通便利，可以联络各省，统筹办法也。各省设分部，收揽人才，分担责任，庶无顾此失彼之虑也。机关制取合义，救偏毗、防专制也。总理暂虚不设，留以待贤豪，收物望，有大人物出，当适如其分，不至鄙夷不屑就也。举义必由总部召集各分会决议，不得怀抱野心，轻于发难，培元气、养实力也。总部对于各团体，相系相维，一秉信义，而牢笼诱骗之手段不得施也。各团体对于总部，同心同德，共造时机，而省界情感之故见不可有也。”[①]《宣言》发表后，各省分会也相继成立，南京则由郑赞丞、章梓主持；安徽则由范鸿仙主持；湖北则由居正主持；湖南则由焦达峰、曾杰主持；四川则由吴玉章、张懋隆主持；陕西则由井勿幕主持。一时间，长江上下游一带同盟会员加入中部同盟会者接踵而来，呈蓬勃发展之势。毫无疑问，中部同盟会的成立完全是为了适应长江革命战略的需要，反映了宋教仁、谭人凤等人强烈的革命责任感和积极进取精神。无论从创立者的主观动机和客观效果分析，还是从中部同盟会成立前后的实际活动分析，中部同盟会决不是一个闹分裂的组织，而是一个忠于革命、反对分裂的组织。从尔后武昌首义、湖南首应和上海、南京相继光复的历史事实来看，也进一步证实了中部同盟会是与中国同盟会具有同一革命宗旨而且充满战斗精神的资产阶级革命团体，它为辛亥革命所作的突出贡献是应当给予充分肯定的。中部同盟会的成立和宗旨与黄兴重启长江革命战略思想是完全一致的。因而，黄兴对中部同盟会的成立表示高度赞赏和大力支持！他在《复同盟会中部总会书》中指出：“奉读手札，欣悉列公热心毅力，竟能于横流之日，组织干部，力图进取，钦佩何极！迩者蜀中风云激发，人心益愤，得公等规画一切，长江上下自可联贯一气，更能力争武汉。老谋深算，虽诸葛复生，不能易也。光复之基，即肇于此，何庆如之！弟自三月广州败后，自维才德薄弱，不足以激励众人，以致临事多畏惧退缩，徒伤英锐之同志，负国负友，弟百死不赎。自念惟有躬自狙击此次最为敌之虏贼，以酬死事诸君，庶于心始安。故自四月初二日出港，即专意于复仇之计画。虽石公等极力阻止，弟未稍动。即至七月终，未尝与一友通只字。其所以断绝交通如是之孤行者，冀有以解脱一切纠缠，以促其进行之速。弟虽明知背驰，负罪公等，亦所不计。想匹夫之谅，君子当能见原也。”“及天民、芷芬两兄来，始悉鄂中情势更好，且事在必行。

① 谭人凤：《中国同盟会中部总会成立宣言》，石芳勤编《谭人凤集》，第9—10页。

弟敢不从公等后以谋进取耶？”“鄂事请觉生兄取急进的办去，如可分身，能先来港一商尤盼。”“他处事公等已有布置，照公等计画办去。”[①]

黄兴不仅复函同盟会中部总会，赞成在武汉发动武装起义的计划，而且，当时盛传四川保路运动风潮甚急，私电均以成都已为革命党人所得，但未得确实消息。黄兴异常振奋，因谭人凤奔走两湖，积极策动长江中下游起义，厥功甚伟，故作七律一首《和谭人凤诗》相赠：

> 怀锥不遇粤运终，露布飞传蜀道通。吴楚英豪戈指日，江湖侠气剑如虹。能争汉上为先著，此复神州第一功。愧我年来频败北，马前趋拜敢称雄。[②]

字里行间，流露出黄兴无比振奋、欣喜异常的心情！

中部同盟会适应了同盟会武装起义由东南沿海向长江中、下游地区即中部地区转移，以及由主要依靠会党到主要依靠新军的转变。而以武汉为突破口，以新军为革命党人的工作重点，总算是抓住了问题的关键，这是长江中、下游同盟会员纷纷参加中部同盟会的主要原因，也是中部同盟会获得黄兴认可和赞许的重要原因。而对于1907年8月由张百祥、孙武、焦达峰等人在日本东京发起组织成立的共进会，黄兴则颇存歧疑。据章炳麟撰《焦达峰传》称：“时兴自交趾来，问达峰何故立异，答言同盟会举趾舒缓，故以是赴急，非敢异也。兴曰：‘如是，革命有二统，二统将谁为正？’达峰笑曰：‘兵未起，何急也？异日公功盛，我则附公，我功盛，公亦当附我。’兴爽然无以难也。”[③] 关于共进会是一个什么性质的组织，如何评价其是非功过？史学界早有定论，此处不再赘述。那么，人们不禁要问，黄兴为何要“问达峰何故立异”

① 黄兴：《复同盟会中部总会书》（1911年10月3日），《黄兴集》（一），第112—113页。

② 黄兴：《和谭人凤诗》（1911年10月初），《黄兴集》（一），第123页。

③ 章炳麟：《焦达峰传》，严昌洪等编《张难先文集》，第258页。

呢？我们认为至少有两点需要说明：一是共进会成立前后，黄兴正服膺孙中山提出的华南革命战略，正拟在东南沿海领导反清武装起义，而共进会主旨则是联合内地会党，策动长江流域革命。这与黄兴当时的革命战略思想是存在差异的。二是共进会的宗旨虽与同盟会有共同之处，亦采用同盟会誓词和三等九级军制，但至少有一点是与同盟会不同的，那就是为了迎合会党头目的需要，将同盟会纲领中的“平均地权”改为“平均人权”。不论人们用何种理由加以解释，我们只能认为在革命理论上是一次大倒退，且无论在组织上或是行动上都不同程度地表现出某种分裂同盟会的迹象。因此，我们基本上可以认定，黄兴对共进会和中部同盟会这两个相继成立的革命团体的评价是存在明显的差异的。

毋庸讳言，同盟会主要领导人包括黄兴在内，关于在黄花岗起义失败后是否可以立即在武汉发难这个问题认识并不是一致的。甚至直到武昌首义之后，孙中山还颇感意外。据孙中山自述：“武昌起义之次夕，予适行抵美国哥罗拉多省之典华城（今译科罗拉多州的丹佛市——引者）。十余日前，在途中已接到黄克强在香港发来一电，因行李先运送至此地，而密电码则置于其中，故途上无由译之。是夕抵埠，乃由行李检出密码，而译克强之电。其文曰：‘居正从武昌到港，报告新军必动，请速汇款应急’等语。时予在典华，思无法可得款，随欲拟电复之，令勿动。惟时已入夜，予终日在车中体倦神疲，思虑纷乱，乃止。欲于明朝睡醒精神清爽时，再详思审度而后复之。乃一睡至翌日午前十一时，起后觉饥，先至饭堂用膳，道经回廊报馆，便购一报携入饭堂阅看。坐下一展报纸，则见电报一段曰：‘武昌为革命党占领’。如是我心中踌躇未决之复电，已为之冰释矣。乃拟电致克强，申说复电延迟之由，及予以后之行踪。遂起程赴美东。时予本可由太平洋潜回，则二十余日可到上海，亲与革命之战，以快生平。乃以此时吾当尽力于革命事业者，不在疆（场）之上，而在樽俎之间，所得效力为更大也。故决意先从外交方面致力，俟此问题解决而后回国。”[①] 由此可见，对于武昌首义，孙中山由于长期在国外筹款，对国内情况不甚了解，因而是缺乏思想准备的，用孙中山的话说，“按武昌之成功，乃成于意外”。同样，黄兴从 1907 年 9 月参与领导防城起义至 1911 年 9 月武昌首义之前，整整 4 年时间，他一直转战华南，将主要精力集中在东南沿海领导武装起义，对武汉地区的形势亦不甚了解，因而，他对武昌起义的认识以 10 月 2 至 3 日与居正派吕志伊、刘芷芬会晤为界标分为前后两个阶段。在前阶段，他认为“湖北一省千万不可轻举”，对武昌起义持“格外慎重”的态度。考其原因，是因为同盟会领导的各次起义，屡遭失败，损失惨重；加之，各省同志准备不充分，没有联成一气，因此，不能急于求成，不能打无准备之仗。他要武汉同志暂时忍耐，保持克制。这种认识从他的两封信函中可以反映出来。黄兴在《复宋教仁谭人凤电》中云：“各省机关，还没有一气打通，湖北一省，恐难做到。必须迟到九月初，约同十一省同时起事才好。”[②] 他在《致武汉同志书》中亦表明了同样的态度：“革命迭次失败，损失太多，此次经营武汉，要格外慎重。各省没有打通以前，湖北一省千万不可轻举。必须迟至九月初旬，与原定计划中之十一省同时举义，方可操必胜之券。希望武汉同志暂行忍耐。”[③] 这两封函件中所云“九月初”“九月初旬”系指公历 10 月下旬。从黄兴所列武昌起义的时间表来看，他也并没有要求武汉同志无限制地隐忍下去。但是，随着国内革命形势的飞速发展，湖北革命同志运动军界日臻成熟，大有一触即发之势。特别是武汉文学社和共进会两个革命团体的成员都有联合的意愿，为此，他们接连召开了三次协商联合的会议。先是，早在 1911 年 5 月 11 日，两团体第一次协商会议在武昌分水岭七号孙武寓所召开，由于分歧太大，

① 孙中山：《建国方略》（1917 至 1919 年），《孙中山全集》第六卷，第 244 页。
② 黄兴：《复宋教仁谭人凤电》（1911 年 9 月底），《黄兴集》（一），第 111 页。
③ 黄兴：《致武汉同志书》（1911 年 9 月），《黄兴集》（一），第 112 页。

无结果而散。是年 6 月 14 日，两团体第二次协商会议在武昌长湖堤龚霞初寓所召开，虽然较第一次协商会议有所进步，但由于双方成见太深，并未就联合达成具体协议。是年 9 月 14 日，两团体第三次协商会议在武昌雄楚楼十号刘公寓所召开，两派才达成联合协议。会议决定派居正、杨玉如赴沪吁请中部同盟会邀黄兴、宋教仁、谭人凤莅汉主持大计。9 月 16 日，居正、杨玉如乘轮东下，19 日到达上海。据当事人居正回忆："余偕杨赴沪后，初访宋遁初于《民立报》，次访陈英士于马霍路，再访谭石屏于北四川路，报告湖北近事，并请英士代购手枪，由湖北携来一千元交之，英士概允办理。连日在英士寓所，召集上海机关部会议，决定南京、上海同时发动。由余详述武汉及长江一带事实，函报香港，托吕天民（指吕志伊——引者）携往，请黄克强速来。"① 9 月 29 日，吕志伊偕刘芷芬到达香港。10 月 2 日，黄兴与吕志伊、刘芷芬晤谈。10 月 3 日，黄兴与吕、刘继续晤谈。至此，他才表示赞成在武汉起义的计划。这里需要说明的是，湖北革命党人派居正和杨玉如赴沪向中部同盟会报告武汉地区的形势，并请黄兴、宋教仁、谭人凤来汉主持大计时，黄兴在香港，为什么居正和杨玉如没有直接去香港邀约黄兴呢？为什么宋教仁、谭人凤答应同时赴汉又没有成行呢？据杨玉如回忆："居正、杨玉如接受了总机关请将购械的任务，两人于七月杪抵沪，即迳赴《民立报》馆，晤宋遁初、陈英士（其美）、谭石屏等，报告湖北近况，并请英士代购手枪，由湖北携来一千元付之。英士即允负责办理。次日，在英士寓所（马霍路某号）召集上海总机关部会议。决定武昌、南京、上海同时发动。时山、陕、滇、粤、川、桂各省，都有代表在沪总部参与会议。闻居等报告皆喜，即密报本省准备继起响应。又由居详述武汉及长江一带事实，函报黄克强，专派吕天民携往香港，请黄速来，遁初、石屏均准备同时赴汉。不料胡瑛在武昌狱中亦暗派岑楼持书至沪，向遁初索炸弹，欲行个人主义。并极

① 居正：《辛亥札记》，罗福惠等编《居正文集》上册，第 37—38 页。

言湖北不能发难，遁初遂对居等之报告，疑信参半，致迟迟其行。迨八月初间，武昌炮队暴动，汉口总机关急电居、杨回鄂，而英士之手枪及遁初之行止，均未办妥，乃决定居暂留沪，玉如先行返汉。”① 另一当事人居正亦有类似的记载：“宋遁初、谭石屏均准备同时赴汉，讵胡瑛在狱，密派学生岑伟生持书来沪，访遁初索炸弹。遁初问余可否给之，余曰不可。初不知胡瑛密函遁初，痛哭流涕，极言湖北不能发难也。遁初得胡函，于余言疑信参半，但亦不轻以炸弹给伟生，恐中途不慎，危险及之。寓沪一星期，已是八月初旬。迭接汉电促返，余日问英士之手枪，及遁初之行止，均未备妥。杨玉如乃先归，余留沪，越二三日，而武昌南湖炮营之事变作矣。”② 由此可知，杨玉如先行回汉是因为“武昌炮队暴动，汉口总机关急电居、杨回鄂”。居正之所以滞留沪上是因为两个方面的原因：一方面是因为交款1000元，托陈其美购买手枪尚无着落；另一方面是因为胡瑛托岑楼持密函给宋教仁，“极言湖北不能发难也”，宋教仁疑信参半，不能立即决定行止。所以居正“日问英士之手枪，及遁初之行止，均未备妥”，责任应在胡瑛，主要是因胡瑛在狱中，对外面的形势并不十分了解。在居正不能抽身赴港的情况下，宋教仁和居正等人商议后决定派遣同盟会骨干和中部同盟会发起人之一的吕志伊偕同刘芷芬同赴香港特邀黄兴回汉主持大计。

吕志伊、刘芷芬于9月29日抵港，10月2日和10月3日，黄兴连续两天听取吕、刘二人关于武汉革命准备工作的汇报，于是便有10月3日晚《复同盟会中部总会书》的拟就，表示赞成和支持在武汉发难的计划。吕、刘二人至港与黄兴晤谈其间经过三天的时间，似乎给人的感觉是黄兴对“上海来使”态度“怠慢”，其实，这也只是一种误解。关于此点，黄兴在《复同盟会中部总会书》的末尾附有一段话说得很清楚：“吕、刘两兄来，因弟处初未

---

① 杨玉如：《辛亥革命先著记》，第52—53页。

② 居正：《辛亥札记》，罗福惠等编《居正文集》上册，第38页。

与他人交通，闻其至，请何克夫兄招待，渠亦以不得日本旅馆，故迟至昨日始晤，今日方能决议。又及。”① 由此可知，黄兴自黄花岗起义失败后，秘密赴香港养伤，他的行踪是保密的，甚至在外界还传闻黄兴已经牺牲，清吏正在侦缉他，所以，黄兴的住所“初未与他人交通”。当黄兴得到中部同盟会来函，知悉吕、刘二人已来港与之晤谈的消息后，他立即“请何克夫兄招待”，可见，他与吕、刘二人晤谈必须在秘密状态下进行，需要找一个日本旅馆方能进行，而何克夫“亦以不得日本旅馆，故迟至昨日始晤”。而且，黄兴与吕、刘二人相见恨晚，且连续晤谈了两天时间，这分明是态度极其热情，哪有半点“怠慢”之态！另外，过去史学界还有一种说法，认为黄兴亲临武汉前线指挥的动作太迟缓，似乎他对武昌首义的态度不是很积极。但只要设身处地进行分析，也可以找到黄兴姗姗来迟的真实原因，不至因此“苛求于前人”的。

首先，因当时交通不便，行程尚需时日。按照当时的行程，从香港坐船经上海抵达武昌大约需要 10 天时间，黄兴于 10 月 17 日偕徐宗汉离港经海道北上，10 月 24 日抵达上海，寓朱家木桥某宅，当晚约宋教仁来会。两人“久别重逢，倾谈竟夕。商定由柏文蔚、范鸿仙等往南京策动新军反正”②，黄兴本人则与宋教仁去武昌支撑全局。尽管当天晚上未能好好休息，第二天，即 10 月 25 日化装成赤十字救伤队员离沪赴汉，于 10 月 28 日到达汉口。也就是说，黄兴由港赴汉只用了 12 天时间，其中还包括在上海滞留的时间在内。海上、江上风云莫测，黄兴由港赴汉比预定的行程也没有超过两天时间，因此，我们看不出黄兴在旅途中有意拖延时间的任何迹象，其对武昌首义的态度应当是积极的。

其次，黄兴获悉武昌首义的消息，继续着手筹款，应援武昌，态度仍然是积极的。也就在武昌首义之翌日，宋教仁获悉武昌首

① 黄兴：《复同盟会中部总会书》（1911 年 10 月 3 日），《黄兴集》（一），第 113 页。
② 黄一欧：《辛亥革命杂忆》，《辛亥革命回忆录》第七集，第 154 页。

义消息，电邀黄兴即时赴沪，共商进行。黄兴的确耽误了几天时间，至10月17日始启程赴沪。但黄兴自从10月2日和3日与吕志伊和刘芷芬晤谈，同意武昌起事的计划之后，便着手筹款，应援武昌，可以说没有休息过一天。如下事实可以为证：10月4日，黄兴《致邓泽如等电》称："四川事尚可图，鄂军能反正，需款急。兴即往策应，不暇来商，乞公等速筹款。盼复。"[①] 10月5日黄兴《致冯自由书》称："鄂代表居正由沪派人来云，新军自广州之役预备起事，其运动之进步甚速（广州之役，本请居君在鄂部总理其事，以备响应者）。办法以二十人为一排，以五排为一队，中设有排长、队长以管领之。平时以感情团结，互相救助，使其爱若兄弟，非他人所得间隔，成一最有集合力之机体。现人数已得二千左右。此种人数多系官长下士，而兵卒审其程度高者始收之。以官长下士能发起，兵卒未有不从者，不必于平时使其习知。况其中又有最好之兵卒为之操纵，似较粤为善。近以蜀路风潮激烈，各主动人主张急进办法，现殆有弦满欲发之势。""今汉阳之兵器厂既归我有，则弹药不忧缺乏，武力自足与北部之兵力敌，长江下游亦驰檄可定。沿京汉铁路以北伐，势极利便。""今既有如此之实力，则以武昌为中枢，湘、粤为后劲，宁、皖、陕（前本有陕西人井勿幕君在此运动，今已得有多数，势亦足自动，熊克武君已驰赴该处为之协助）、蜀亦同时响应以牵制之，大事不难一举而定也。""吾人当体验内地同志经营之艰苦，急为设法筹集巨款以助之，使得有以宽裕筹备，不致艰困从事，归于失败，徒伤元气，不胜切祷之至。""故特由尊处转电中山，想我兄接阅，必为竭力援助。前加属于广州之役最为出力，此纯系我兄血诚所感，故能有此。今更望有以救我。拟得兄等复电后即行。或南洋之款，须弟一亲往，亦未可知。"[②] 10月6日，黄兴《致陈其美等书》中，除谈及筹款之事外，着重谈到用人的问题，他告诫中部

① 黄兴：《致邓泽如等电》（1911年10月4日），《黄兴集》（一），第114页。

② 黄兴：《致冯自由书》（1911年10月5日），《黄兴集》（一），第116—117页。

同盟会诸同志严防侦探："兹鄂部既定为主力之地，用人尤要。沪上虽仅有机关，其乞丐侦探甚多，亦当注意。广州前事，尽在列公洞鉴之中，不待弟之多言也。"在筹款时，也要注意用人，"布置不可过大，用人不可不择。以广东前事比较，好挥霍者其用钱必多，而成绩又不好；能俭约者用其钱得当，而成绩必良。此一定之程式也。若欺罔诳骗之流，则又在所勿论也。尤要者，天义晦塞，人心险诈，外托热心之党员，以为贼虏之侦探者有之。广州之败，首坐于此，此次不可不引为前鉴，严剔内部之人。用一人必深悉其底蕴，绍介者尤宜负其责任。如有迹涉嫌疑者，可不用之，毋以其现在对于党事无他恶迹可指，即为之原谅也"。在该函最后特别强调他"必待外款稍有眉目，方能前来"。[①] 10月7日，黄兴连续发出三函，在《复美洲致公堂同志书》中一方面肯定他们过去筹款的成绩，另一方面特别提及"西蜀风云变幻日急，长江一带民气飞腾"，希望他们再接再厉，"设法筹应"。[②] 在《致美洲筹饷局同志书》中特别强调："四川民党已起，长江一带皆需款响应，前已有电致贵局筹商矣。闻贵局原议俟美属各埠大款齐集然后调用，本为至善之法。但今内地情形瞬息万变，若乘此机会，则事半功倍。今四川同志之利用保路风潮，亦万不得已之势，外间若无响应，必至为贼虏摧残殆尽，复起者殊难为力。伏乞贵局念内地同志经营之艰苦，即速开议速筹大款，立予救援，中国大事不难一举而定也。"[③] 在《致伍平一等书》中指出："昨湘、鄂各有代表来，言军队极表同情，皆有自动之力。已专电中山先生，请其急为设法筹集大款援救，想已有电函告公等矣。伏望公等体察内地同志经营之艰苦，而机会不可坐失，亟为劝告筹饷局诸君，改变原议，无拘守一年筹措之办法。弟察看长江一带之情势，有如骑虎，不能罢手。即无吾人提挈之，彼亦将自发。"希望伍平一

① 黄兴：《致陈其美等书》（1911年10月6日），《黄兴集》（一），第118—119页。
② 黄兴：《复美洲致公堂同志书》（1911年10月7日），《黄兴集》（一），第120页。
③ 黄兴：《致美洲筹饷局同志书》（1911年10月7日），《黄兴集》（一），第121页。

等同志“利用此风潮，较之平日凭空运动，其省费必万倍”，“更望公等有以赞助之，不胜幸甚”。[①] 黄兴在获悉武昌首义的消息后，更是加紧致函各处筹款。10 月 16 日，离港前夕，他在致在巴达维亚（即今之印度尼西亚首都雅加达）的钟幼珊书中谓：“今幸鄂军骤起，基础已立，公等于外必有以协助，以竟直捣黄龙之功。”[②] 同一日，黄兴《致巴达维亚华侨书报社同人书》中亦谓：“蜀中党军起久，立谋各处响应，以款绌未能即发。幸于本月二十日（应为十九日——引者）鄂军又起，克复武昌，川、湘皆立相应，府抵黄龙，铭勒燕然，胥是举也。”“想同人等必能竭力筹措，以应急需。”“今幸基础已立，力图北伐。而南方沿海各省不急起，不足以固后路。敢飞书求助，力汇巨款，协谋两粤。弟日内即前赴武昌，虽道途梗塞，必可得达，望勿以为念。粤事归汉民兄等主持，当必长有消息相告。”[③] 10 月 17 日，黄兴自香港启程前，在《再致美洲筹饷局同志书》中谓：“鄂事起，五日之间，湘、蜀、豫、皖皆有响应。武汉之秩序今已恢复，长江流域指日可定。惟两粤、滇、闽各省，非待外款接济，不能独立发动。”“计已得之款，以之办一省之事，尚忧不足。请火速竭力筹画，事方有济。”“此次革命，决望成功。望海外同人，尽力相助，时不可失。以公等之明，想得电即奋跃襄事，不俟此书之劝告也。”[④] 由此可见，黄兴心怀全局，在为武昌首义前线筹款的同时，也还在为各省响应筹款。即使在离港经海道北上赶赴武昌途中，还致函日本友人萱野长知，嘱其“采购炸药，携往武昌相助”[⑤]。由于种种原因，

① 黄兴：《致伍平一等书》（1911 年 10 月 7 日），《黄兴集》（一），第 122—123 页。

② 黄兴：《致钟幼珊书》（1911 年 10 月 16 日），《黄兴集》（一），第 124 页。

③ 黄兴：《致巴达维亚华侨书报社同人书》（1911 年 10 月 16 日），《黄兴集》（一），第 124—125 页。

④ 黄兴：《再致美洲筹饷局同志书》（1911 年 10 月 17 日），《黄兴集》（一），第 126 页。

⑤ ［日］萱野长知：《我参加了辛亥革命》，转引自毛注青编著《黄兴年谱长编》，第 206 页。

虽然向外筹款收效甚微，但黄兴的态度是热诚而积极的，决不是消极的。

最后，还需要说明的是，黄兴除为武昌前线和各省响应积极筹款之外，他还有一个任务，那就是继续策动暗杀李准和张鸣岐等清吏，这也是他推迟几天动身前往武汉的重要原因之一。关于这一点，他在《致伍平一等书》中说得很清楚："清吏在粤东最久，而其奸智足以笼络一般之营弁者，以李准为最。李准不去，防营骤难运动。今又添一龙济光，龙所部不过与防城、河口之降兵等。其分统之黎天才，曾在宣化界与弟遇，相持竟日不战，彼此通使，讲订投降之花红。当时以无现银，是以反戈未果。以如此之将校兵卒，若能去其统帅，岂有不受吾等之运动者耶？为粤省计，去龙、李即可下手。得公等函，知美款确实可筹，则大复仇之计画仍可相续，弟等敢不勉力为之。"① 另外，黄兴在《再致美洲筹饷局同志书》中亦谈及此事，他说："今弟赴前敌，实行队员留粤省待机而动。"② 他在积极筹款支援反清的同时，也仍然没有放弃继续组织策动暗杀活动。他所组织的"东方暗杀团"正在实施"大复仇之计画"，这个"计画"之所以称其为"大复仇之计画"，除了主要是继续暗杀已经受伤的李准之外，还有张鸣岐以及后来的龙济光、凤山等人，他还要等待几日，亲眼看看这些作恶多端的粤吏的可耻下场。无奈武昌前线军事告急，迫切需要他赶赴前线亲临指挥，他不可久待，只能匆匆启行。就在 10 月 25 日，黄兴从上海启程赶赴武汉的途中，便从广东传来了"东方暗杀团"成员李沛基炸毙清广州将军凤山的好消息，由此再一次佐证了黄兴组织"东方暗杀团"的实绩！这也是他延迟几日赴汉的又一原因。我们决不能把黎元洪出任湖北军政府都督的责任全部归咎于黄兴迟几日到汉这一点上，因为武昌首义的发生虽然是同

---

① 黄兴：《致伍平一等书》（1911 年 10 月 7 日），《黄兴集》（一），第 122 页。

② 黄兴：《再致美洲筹饷局同志书》（1911 年 10 月 17 日），《黄兴集》（一），第 126 页。

盟会和两湖革命党人长期在新军中做艰苦细致的工作，促成湖北新军革命化的结果，但是，武昌首义毕竟是由于孙武在汉口俄租界宝善里配制炸药不慎失事而引发的，比原计划 10 月 16 日鄂、湘两省同时发难整整提前了 6 天时间。而且，黎元洪出任湖北军政府都督有其主、客观条件。就主观条件而论，黎元洪毕业于天津水师学堂，毕业后先在北洋水师中服役，参加过中日甲午海战。曾三次赴日本考察军务，新军建立后，又参加过军事学习与训练，并在太湖、彰德二次秋操中获得较好成绩。在湖北新军中，他属于具有较多军事知识的军官，其时，他担任第二十一混成协协统，相当于一个独立旅，在武昌驻军中地位仅次于第八镇统制张彪，是湖北新军第二号高级军官。其人脉关系较广，在湖北、湖南、江苏、安徽、河南、北洋等军中，无不有他的旧部。海军统制萨镇冰是他的老师，师生关系十分融洽。而且，参加武昌起义的士兵中有不少就是他的部属，就连武昌起义的临时总司令蒋翊武、参谋长孙武等人都是黎的下属或学生。这些良好的人脉关系，使黎在湖北军界享有很高的声望，得到广大士兵的拥护与支持。在清末军界，普遍存在贪污受贿、克扣军饷，中饱私囊的情况，相对而言，黎元洪比较清廉，所统新军均按期照发军饷。据传，他考虑到湖北地处中部，早晚气候温差较大，还特地“设立了一个被服厂，士兵被服也较整齐，不像其他部队破破烂烂，因此士兵对他有较好印象”。平时，与部下比较接近，别的军官经常住在家里，而黎“经常住在营中”，就是在过年过节时也不回家。据其子黎重光回忆：“记得每逢新年我们还到营中去拜年，这说明他与士兵的关系是比较好的。”[①] 加之，黎元洪平时待人处事比较小心谨慎，在士兵中特别是在有文化的士兵中，印象较好，素有“知兵”之名。就客观条件而论，当时革命派与保皇派争论的焦点是要不要革命以及革谁的命的问题，也就是说，“排满革命”是当时喊得震天响的口号，也是最激动人心的口号。黎作为汉人军官也很自

---

① 黎重光：《回忆我父黎元洪二三事》，《辛亥革命回忆录》第六集，第 303 页。

然是革命派争取的对象，不在排除之列，这就为黎元洪出任都督作了舆论准备。从当时的革命形势分析，起义刚刚发生，成败利钝尚未可知，而革命发起于军中，由军中推选一位颇具声望的人出来领导自然可以服众。遇事论资排辈，讲求资历和资格，这是中国传统的文化心理，黎的个人身份和阅历以及在新军中的威望也易于服众。再从革命的实践分析，武昌首义依靠的主要力量是革命化的新军，据有人统计，“当时湖北新军第八镇和第二十一混成协共约一万五千人，纯粹革命党人将近两千人，经过联系而同情革命的约四千多人，与革命为敌的至多不过一千余人，其余都是摇摆不定的。此外，陆军测绘学堂的学生除党人外，几乎全是同情革命的；南湖陆军第三中学和陆军小学的情形也大略相同；其他因革命嫌疑开除或请假出营的同志，在起义时仍回营拿枪参加的，还为数不少”①。由于革命党人长期在新军中开展工作，使新军中的力量对比发生了极大变化，革命力量已占有相当优势，这是武昌首义得以迅速成功的主要原因。湖北新军不仅革命化程度较高，而且组织纪律性也很强，对军队长官的依附性较高，而作为新军第二十一混成协协统的黎元洪既不同于那些闭目塞听、妄自尊大的封建顽固派官僚，也不同于那些崇洋媚外、唯洋人马首是瞻的洋务派官僚。随着起义的发生和队伍的不断扩大，下级军官和普通士兵也在寻求上级长官的保护，纷纷加入到革命队伍中来，素孚人望的黎元洪自然而然地得到了倒戈新军的广泛支持和拥戴。此外，黎元洪出任湖北军政府都督也是受湖北革命党人的地域观念的影响，以及共进会与文学社之间矛盾所制约。在湖北革命党人看来，湖北武昌首义自然应当以湖北人当首领较为恰当。在“反满”的旗帜下，革命党人对于推翻清朝专制统治、建立民主共和政体的大目标是一致的，然而，在革命党人内部也还存在诸多矛盾，早在武昌首义之前，文学社与共进会之间的矛盾就已出现端倪。由于文学社以湖南人占多数，共进会以湖北人占

① 万鸿喈：《辛亥革命酝酿时期的回忆》，《辛亥首义回忆录》第一辑，第125页。

多数，二者之间的矛盾又加剧了湘、鄂革命党人之间的矛盾，这种矛盾往往染上了地域斗争的色彩。除此而外，立宪派人和旧官僚也与革命党人存在矛盾，而这种矛盾或明或暗地与文学社和共进会之间的矛盾以及地域之间的矛盾交织在一起，而不断以畛域之见彰显出来。湖北立宪派首领、咨议局议长汤化龙说得最为露骨，他说："湖北革命要抬出一个湖南人是不行的。"[①] 为缓和上述矛盾，黎元洪出任都督就使各种势力达成了某种平衡，从这个意义上说，黎元洪出任都督就具有一定的合理性。实际上，早在武昌首义之前半年，即1911年4月宝通寺标营代表会议上就曾有过黎元洪任都督的预案。这次会议在武昌宝通寺内召开，据此次会议的参加者万鸿喈回忆："一九一一年四月（辛亥三月间），蒋翊武托刘九穗来邀我到洪山宝通寺开会，据说此会是各标、营、队有代表性的重要分子会议。我和刘走到长春观门口遇着蒋翊武，蒋小声告我说：'今日开会，是讨论推举黎元洪为临时都督的问题。'我当时回答：'黎非同志，何以推他为都督？'刘笑对蒋说：'早知万同志反对此事，开会时必有争辩，所以先为告知，我们可找一草地休息，详谈一下。'在休息时间，刘对我说：'革命党人中间并非没有首领人材，蓝天蔚在第三十二标的时候，大家即有意推蓝为都督，但他远在奉天，一时不能南来。最适合都督之选的是吴禄贞，但他也在北方，我们已决定先派人去和他接洽，恐怕他也一时赶不到。至若现在军队里的同志，都是一些兵士正、副目，下级军官不多，中级军官更没有，不足以资号召。所以要把黎元洪拉出来，其利有三：一、黎乃当时名将，用他可以慑伏清廷，号召天下，增加革命军的声威；二、黎乃鄂军将领，素得士心，可以号召部属附和革命；三、黎素来爱护当兵文人，而这些文人全是革命党人，容易和他合作。所以拉黎出来，革命必易成功。我们只要能推翻清朝，何惜给他一个都督名义，俟将来吴禄贞领兵南下，再推吴为正式都督，给黎一个其他相当位置，有

---

① 章裕昆：《黄兴与武昌首义》，湖南省政协文史资料研究委员会藏稿。

何不可？’”说完这番话，他们一行数人同登宝塔，蔡济民着排长制服在塔下守卫，以为掩护。参加洪山宝塔秘密会议者有蒋翊武、万鸿喈、刘九穗、孙武以及各标、营、队代表等人。会上，由“蒋翊武提议：推黎元洪为临时都督，代表中有人反对，有人问：‘黎元洪是否同志？’当由刘九穗将在路上对我说的那番话又复述一遍，各代表听了轻轻拍手点头赞成。会议历时约十余分钟即各自散去”。对于推举黎元洪为都督一事，万鸿喈一直想不通，他问蒋翊武：“文学社人数最多，蒋同志既为文学社首领，何以不作都督？”蒋翊武回答说：“在湖北起义，自以湖北人为首领为适宜。”万又问：“既然如此，蔡国桢同志也可以被推为都督。”蒋翊武郑重回答说：“革命团体很多，以前有日知会，以后有共进会、群治学社等等，里边的首脑人物像孙武、刘公、季雨霖等都可以推为都督。不过革命党人素不争权夺利，宁可互相退让，以免将来发生裂痕，老弟以为何如？”万鸿喈听了蒋翊武的解释，“方始释然”。[①] 类似万鸿喈有这种想法的革命党人似不在少数，因而，他的想法颇具代表性。然而，值得肯定的是，在武昌首义猝然爆发，而孙中山、黄兴等全国性革命领袖远在国外和香港，其他两湖革命领导人如刘公因事阻隔于汉口、孙武因配制炸药受伤、蒋翊武因被通缉逃匿、刘复基因被捕牺牲，等等，在起义者处于群龙无首的特殊情况下，让黎元洪出任都督应当是两湖地区革命党人最恰当的抉择，也是他们早在武昌首义之前经过深思熟虑在秘密会议上已经一致通过的预案，并非两湖革命党人临时起意的慌乱选择。事实上，黎元洪从担任都督伊始，或被动或主动直接参与了湖北军政府的施政实践，对推动当时武汉地区及湖北乃至全国革命形势的迅速发展无疑是起到了积极作用的。联系到后来民国建立以后曾三任副总统、两任大总统终能守住共和底线，成为其政治生涯中的亮点。虽然他在袁世凯主政期间，曾借袁世凯以自重，

① 万鸿喈：《辛亥革命酝酿时期的回忆》，《辛亥首义回忆录》第一辑，第126—127页。

有与革命派争夺权利的消极作用，但功过相比，正如有学者正确指出的，黎元洪还是一位“应予基本肯定的人物”[①]。明乎此，我们就不要过多地纠结于孙中山、黄兴为什么不早点到武汉来的问题了。

第二节　驰赴武汉

居正、杨玉如两人赴沪之后，武昌革命同志又先后召开了两次小型会议，主要是讨论起义的组织领导问题。第一次会议于9月23日在雄楚楼十号刘公寓所召开，除刘复基代表时在岳州出差的蒋翊武外，尚有孙武、蔡济民、邓玉麟、李作栋、彭楚藩诸人，会议主要研究起义领导人选问题。通过讨论，决议以蒋翊武为军事总指挥，孙武为军务部长，刘公为总理。第二次会议于9月24日，在武昌胭脂巷十一号胡祖舜寓所召开，除雄楚楼会议诸人外，各标营亦派代表参加，孙武主持会议，刘复基报告“人事草案”和“起义计划”，均获得通过。会议决定：刘公为总理，蒋翊武为军事总指挥，孙武为参谋长。下设各部：军务部正长孙武、副长蒋翊武兼；参谋部正长蔡济民，副长高尚志、徐达明；内务部正长杨时杰，副长杨玉如；外交部正长宋教仁，副长居正；理财部正长李作栋，副长张振武；调查部正长邓玉麟，副长彭楚藩、刘复基；交通部正长丁立中，副长王炳楚。上述第二次会议有关起义主要领导人的职权似乎并不十分明确，其中蒋翊武与孙武两人究竟谁指挥谁，未加规定，蒋翊武既是军事总指挥，但又只是军务部的“副长”；孙武只是参谋长，但又是军务部的“正长”，这就为以后孙、蒋二人之间的矛盾和孙武夺权埋下了伏笔。至于“起义计划”主要是决定起义时间为10月6日（农历八月十五中

① 冯天瑜、张笃勤：《辛亥首义史》，湖北人民出版社，2011年，第344页。

秋节）发动，由武胜门外塘角辎重营举火为号，同志一律以左臂缠白布以为标志。在汉口成立政治筹备处，加紧制作起义时所需要的旗帜、印玺、文告等。9月24日会议以后，“中秋起事”“八月十五杀鞑子”便风传一时。也就在9月24日同一天，南湖炮队士兵与长官发生冲突，引起清方警觉，起义时间被迫推迟。加之，因焦达峰提出湖南准备不充分主张延期十天，故又有10月16日之说。可就在10月9日下午3时左右，孙武在汉口俄租界宝善里十四号政治筹备处配制炸药失慎，引发爆炸，宝善里机关败露。“李春萱急奔上楼，见孙武满面流血，昏倒在地，立即脱下长衫将其头脸裹住，扶出后门，车送同仁医院徐凤梧处救治。丁立中和未走的同志急将制炸弹的各种药料运出，并将室内硝烟消灭，惟锁在柜内的旗帜、印钤、名册、文件、财物，因时间仓卒，不及携走。当时浓烟从窗户、屋顶冒出，四邻大呼救火，俄捕四处奔集，夺门而入，即将前后门监守，在楼上下各处搜查，更用斧把大柜砍开，所有各物，搜洗一空。并将未逃出的刘燮卿带走。”接着又有刘公之妻李淑卿和刘公之弟刘同等人相继被捕。先是，蒋翊武得到武汉方面通知，向官长托词告假，于10月9日晨从岳州赶赴武昌小朝街八十五号军事指挥部，其时，在指挥部者尚有刘复基、彭楚藩、蔡大辅等人。刘复基向蒋翊武汇报了武汉地区起义准备情况以及黄兴有关各省准备不周、起义日期应适当推迟至“九月初旬”（10月下旬）的意见。蒋翊武表示赞同黄兴的意见，并立即在小朝街八十五号召开各标营代表会议说服各标营代表，决定延期至10月下旬与10余省同时举义。代表回营后，已到了10月9日下午，正当蒋翊武与刘复基等商议具体行动计划时，有人前来报告汉口宝善里机关失事的消息，刻不容缓，军事指挥部诸人经过激烈的争论，取得一致意见，遂决定于10月9日夜半发动。刘复基当即起草起义通知，蒋翊武阅后表示同意。并派人将起义通知抄写若干份，令同志分途向各标营代表及机关传递。当晚深夜，第八镇统制张彪禀明湖广总督瑞澂，亲率巡防兵及卫兵数十人至小朝街八十五号围捕革命党人，刘复基当场被执。蒋翊武、彭楚藩从楼上窗口跳下，被围在一个巷子里，蒋翊武作田舍翁打扮状，警吏未加注意，乘乱逾墙逃脱，避入蔡大辅家中。彭楚藩身着宪兵服，本可冒充前来拿获党人的清方军警，但他誓与被捕同志共生死，自承革命党人，与刘复基一同被逮捕。杨洪胜当晚担任负责运送炸弹，他将炸弹装在买菜的提篮里被清吏发现，杨掷弹受伤被执。其他各处机关被捕革命党人和无辜群众达 40 多人。清总督瑞澂连夜组织会审。10 月 10 日凌晨，彭楚藩、刘复基、杨洪胜三人被斩首于督署东辕门外，三烈士慷慨就义，显示了革命党人的英雄气概和献身精神！

由于城内戒严，派送起义通知的人出入城门须受检查，因而受阻，10 月 9 日夜半起义的计划未能如愿。但彭、刘、杨三烈士惨遭杀害，广大革命士兵无不悲愤填膺，熊秉坤秘密约集蔡济民等同志，议决 10 月 10 日傍晚发动起义，其余仍如前约。至期，直属第八镇的工程第八营分前、后、左、右四队（连），后队（连）辖三个排九个棚（班），一至三棚为第一排，四至六棚为第二排，七至九棚为第三排，熊秉坤为三棚正目，金兆龙为六棚正目，程正瀛为五棚兵士。10 月 10 日傍晚，第二排排长陶启胜带护兵两人查铺至六棚，见六棚正目金兆龙荷枪实弹、整装以待，大惊失色，直前欲夺金兆龙枪，并以掌披金额。金疾呼曰："众同志再不动手更待何时？"[①] 共进会员、五棚兵士程正瀛率先开枪，击中排长陶启胜，接着程又开枪击毙前往弹压的右队队官黄坤荣、司务长张文涛、工程第八营营长阮荣发，从而打响了武昌首义第一枪！紧接着，工八营三棚正目熊秉坤率响应者四五十人夺占楚望台军械库，并推举左队队官吴兆麟为临时总指挥。吴作简单动员后，于当日晚 10 时半下达进攻命令，指挥进攻督署。于是，城内外各标营纷纷响应。经过一夜激战，革命党人攻下督署和藩库。湖广总督瑞澂逃匿后登上楚豫舰，第八镇统制、湖北提督张彪率残部退守汉口刘家庙，再避入日本驻汉口总领事馆。11 日，革命党人占

① 熊秉坤：《前清工兵八营革命实录》，《武昌起义档案资料选编》上卷，第 29 页。

领武昌全城，并成立湖北军政府，推举黎元洪为都督。同日晚，驻汉阳新军中的革命党人起义占领汉阳全城。12 日晚，驻汉口新军中的革命党人起义占领汉口。三天之内，武汉三镇全部光复，十八星旗在武昌城头高高飘扬。

也就在 10 月 11 日，宋教仁获悉武昌起义的消息后，电邀黄兴即时赴沪，共商对策。黄兴经过几天准备，遂于 10 月 17 日离港赴沪，24 日抵沪。当晚，由黄兴夫人徐宗汉到《民立报》社约宋教仁来会，两人久别重逢，倾谈竟夕。共同“商定由柏文蔚、范鸿仙等往南京策动新军反正”。黄本人与宋教仁则同去武昌支撑全局。当时，“清吏搜索沿江口岸极严，不易偷渡”①。为安全起见，只得向同情革命的女医师张竹君求援。张竹君是徐宗汉最好的朋友，两人交谊甚笃，张竹君在广州建医院时，徐宗汉曾提供过经济资助。徐、张两人经过密商，议定“竹君乃组织红十字救伤队，以中外人士结队往汉口救伤为名，使黄克强乔装队员，徐宗汉则充看护妇，因得避免各关津骚扰”②。同行者还有宋教仁、刘揆一、陈果夫、马伯援、朱家骅、黄伯樵、杨子嘉等人。10 月 25 日，黄兴一行登上英商怡和公司的轮船由上海启程，于 10 月 28 日下午抵达汉口，旋即渡江至武昌，与黎元洪会晤。黎派蒋翊武及同志多人带领军乐队前往汉阳门江岸欢迎，仪式庄严，观者如堵。黄兴在都督府与黎会面后于当日晚以民军总司令名义赴汉口督师。行前，军政府特制两面一丈二尺的大旗，上书“黄兴到”三个大字，派人擎着，作为前导，骑马在武昌城内和汉口没有被清军攻陷的地方各跑了一圈。“前线将士听到黄兴来了，士气高涨，军心大振；居民铺户也纷纷鸣放鞭炮，表示欢迎。”③ “即清军震兴盛名，常私语曰：‘是曾在广东欲杀张都督（鸣岐）者，乃真将军也。’”④

---

① 黄一欧：《辛亥革命杂忆》，《辛亥革命回忆录》第七集，第 154 页。

② 冯自由：《女医士张竹君》，《革命逸史》第二集，第 40 页。

③ 周武彝：《陆军第三中学参加武昌起义经过》，《辛亥革命回忆录》第七集，第 17 页。

④ 杨玉如编：《辛亥革命先著记》，科学出版社，1958 年，第 149 页。

士气锐减，亦更加注意戒备。

黄兴赴汉口之日，正是汉口战事吃紧之时，为将阳夏之战的来龙去脉以及黄兴参与指挥阳夏之战的背景阐释清楚，有必要对阳夏之战的初期战况作简要回顾。

因汉口在清末设夏口厅，故近代人称为夏口，而将此次在汉阳、汉口发生的战事称为阳夏之战。严格说来，阳夏之战的起止时间应当从1911年10月11日晚汉阳新军党人起义占领汉阳开始，至11月27日汉阳失陷为止，共计长达48日之久。大体可分为三个阶段：

第一阶段从1911年10月11日至17日为汉阳、汉口光复阶段，计7天时间。

第二阶段从1911年10月18日至11月2日为汉口争夺战阶段，计16天时间。

第三阶段从1911年11月3日至27日为汉阳保卫战阶段，计25天时间。

黄兴是在第二阶段开始10天之后即10月28日抵达武汉的，那么，黄兴来武汉之前汉口的战况又是怎样的呢？

如所周知，10月10日晚，民军占领武昌全城后，又分别于11日、12日光复汉阳、汉口。13日，从狱中放出的党人詹大悲、何海鸣等组织汉口军政分府，公推詹大悲为汉口军政分府都督，何海鸣为办公室副主任，下设八处，分管有关事项。其时，汉阳亦经新军起义，众人推举“宋锡全为司令、李亚东为汉阳知府”[①]。武汉三镇虽然仅在3日之内光复，但清军残部并未全部消灭，在汉口刘家庙一带仍然盘踞着2000多人，其中包括从武昌逃出的第八镇统制张彪所部辎重第八营、教练队及其他残余部队，他们均在刘家庙火车站驻扎，还有瑞澂电令调回的湖南岳州夏占魁巡防营以及河南混成协协统张锡元所部两营、巡防营一营，等等。夏部于10月12日抵达汉口刘家庙，张部于10月13日亦到达汉口刘家

① 温楚珩：《辛亥革命实践记》，《辛亥首义回忆录》第一辑，第56页。

庙。10 月 14 日，谭人凤与居正同抵武昌，入都督府谒黎元洪，向黎建言曰："现张彪残部驻扎刘家庙，为肘腋之患，且闻开封新军，业已到千余人，宜急驱除，而以重兵据守武胜关，方无后患。"黎"以外交团禁止十里内开战卸责"①。因而自 10 月 11 日至 17 日的 7 天时间内，除汉阳、汉口光复有过激烈战事之外，民军与清军双方处于相持阶段，正在加紧忙于备战，小的冲突虽然难以避免，但双方并未发生大规模交战。此为汉阳、汉口光复阶段。

从 1911 年 10 月 18 日开始，进入阳夏之战的第二阶段即汉口争夺战阶段。此前，清军正拟进行永平秋操，清廷深知汉口形势吃紧，遂决定立即停止永平秋操，电调参加秋操的清军第二、四镇各一部乘火车陆续抵达距汉口约 20 公里的京汉铁路线上的滠口车站。10 月 16 日，其前锋第二镇所辖第二十二标标统马继曾部抵达汉口刘家庙江岸车站，但主力仍在滠口等待后续部队。10 月 17 日晚，清陆军大臣荫昌抵达河南信阳，在此按兵不前，持观望态度。

18 日凌晨 3 时，民军杜锡钧、姚金镛、林翼支部向刘家庙发起进攻，已抵达刘家庙的北洋军不仅不肯应援张彪残部，反而"遽向滠口退去"，清军"因之夺气，亦各退却"。但由于清海军发炮轰击民军，民军伤亡惨重。上午 7 点钟后，"张彪复率湘、豫、鄂各军回攻，复将刘家庙占住"②。下午 3 时，民军再次发动攻势，进攻江岸停车场，"敌军退却，追击之，有清军舰施以激烈之炮弹，始收兵退"③。清军出动火车追击，民军沿铁路两侧稻田埋伏，"铁路两旁居民，男则执斧携锄，毁坏铁轨，女则送面包糜粥茶水，犒劳军士"④。致使清军火车倾覆，民军与铁路沿线民众互相配合，一举歼灭清军数百人。

---

① 谭人凤原撰，饶怀民笺注：《石叟牌词》，第 110 页。

② 《萨镇冰、瑞澂致军咨府电》（1911 年 10 月 19 日），转引自杨玉如《辛亥革命先著记》，第 129 页。

③ 谭人凤原撰，饶怀民笺注：《石叟牌词》，第 111 页。

④ 同上。

10月19日晨，民军以步、炮、工、骑兵计约3000余人，再次进攻刘家庙，民军青山炮队配合炮击清军舰，清舰即向长江下游阳逻方向驶去。下午3时，清军溃退，民军占领刘家庙江岸车站，清军退至滠口。民军缴获帐篷140余顶、粮食600余石、火车头一辆、货车数辆及山炮弹药甚多。民军在火车头上高挂红旗，开进市区，凯旋而归。“时武汉商民欢声雷动，满街燃爆，并指定十余处酒席馆，邀待军士晚餐。”[①] 共庆胜利，这次战役时人称之为“刘家庙大捷”。此后，民军与清军双方进入拉锯战。

刘家庙之战大获全胜，民军本应乘胜前进，进攻滠口清军，但汉口前线指挥第二协统领何锡蕃因惧怕北洋军后续部队增援，采取见好就收的保守策略，自请辞职。湖北军政府于19日指定原清第八镇第十五协第二十九标统带张景良为汉口指挥官，率在汉所有各部队“准备进攻滠口之敌”[②]。20日，张景良渡江后，即赴刘家庙成立司令部。当日下午，民军开始向刘家庙以北、滠口以南的沙口进攻，在三道桥附近，清军以机枪扫射，民军退回谌家矶造纸厂。翌日，民军越过沙口铁桥拟向滠口进击。22日，民军获悉荫昌变更作战计划，拟分三路进攻汉阳、汉口、武昌。民军退回刘家庙集结，作反攻准备。23日，清军步兵两标进至谌家矶造纸厂附近，被民军击退。24日，民军向三道桥清军前哨发起进攻，因敌人炮火猛烈，向刘家庙退却。26日凌晨，清舰偷袭谌家矶造纸厂附近民军阵地，民军牺牲500余人。清军在海军掩护下，攻占刘家庙。稍待清海军撤走后，民军反攻，又收复刘家庙。27日，清军后续部队抵达汉口外围，渡三道桥，再次“进攻刘家庙，王占元率混成三协趋铁路东，王遇甲率四镇趋铁路西，人各携二日粮”，抵谌家矶造纸厂。清“海筹、海容诸舰，驶至丹水池江岸，侧击刘家庙”。“战三时，窜炮马厂，合军蹑击，遂夺刘家

① 谭人凤原撰，饶怀民笺注：《石叟牌词》，第111页。

② 张国淦：《辛亥革命史料》，龙门联合书局，1958年，第131页。

庙。”[①] 民军“伤亡约千余人”[②]。清军占领刘家庙以及日、德租界以北一带市区。当此紧要关头，汉口前线总指挥张景良却不见踪影，汉口军政分府派人四处搜寻，最后才在后城马路一旅馆找到他。此时，他正在与清军第八镇统制张彪的正参谋官刘锡祺密谈，当即将他们逮捕，经詹大悲亲审，证实张景良早已通敌。詹乃将张、刘两人的亲笔供词报告黎元洪，将他们在汉口江汉关就地枭首示众，以示惩戒。27日晚，汉口军政分府职员与民军各协协统在华洋宾馆二楼开会，推举胡瑛为临时总指挥，胡以“不知兵”为由推辞。会议又推举第八协统领罗洪升担任临时总指挥，在北洋军压境的情况下，罗也不敢就任。于是，迫不得已，汉口军政分府只得将汉口阵地分为五个防区，由熊秉坤、胡效骞、甘绩熙、杨传连、伍正林所率各协分区防守，人自为战。嗣后，黎元洪获悉汉口无统一指挥，乃委任炮协协统姜明经为临时总指挥，姜就任仅几个小时，就传来清军将大举进攻汉口的消息，姜借口查防，竟悄然逃离。正是在这种敌强我弱、民军已成颓势、再也找不到适合担任汉口前线总指挥的危急时刻，黄兴的到来犹如“天将”下凡，不仅解决了汉口前线无人指挥的难题，鼓舞了民军的信心，而且也大大缓解了黎元洪的压力。于是，黄兴与黎元洪会晤后，话题自然很快转入汉口战事问题，两人一拍即合，黎请黄担任汉口前线总指挥，黄也没有推辞，于是，才有黄兴28日晚渡江赴汉口的举动。

黄兴赴汉口督师，军政府派遣吴兆麟、杨玺章、蔡济民、徐达明四人随行，以备咨询。29日上午，黄兴设民军总司令部于汉口歆生路满春茶园。

随着清军增援部队相继赶赴汉口，至10月29日，清军抵达汉口的有第二、四两镇计约15000人，而后续部队也正在南下途中。当时在汉口的民军，据黄兴命杨玺章、蔡济民等人检点，总计不

---

① 王树枬：《武汉战纪》，《中国近代史资料丛刊·辛亥革命》（五），第231页。

② 黎元洪主编：《武汉战纪初稿》，《辛亥革命史丛刊》第三辑，第137页。

过6000余人。其中步队第二协分由标统胡效骞、刘炳福率领，约2000人；第四协第七标由标统胡廷佐率领，约1000人；第五协由协统熊秉坤、标统杜武库、伍正林、督队官方汉农率领，约2000人；第一协中的一标由林翼支率领，马队一营由管带黄冠群率领，炮队一标由标统尚安邦率领、工程队一营由管带李占魁率领，敢死队两大队分别由队长方兴、杨金龙率领，团防兵由季雨霖率领，计1000余人。[①] 与清军相比，众寡悬殊，民军处于明显的劣势，大局岌岌可危，黄兴正是在这种战局逆转的不利形势下走上军事指挥岗位的。黄兴通过调查，了解敌我情况后，认为民军地处汉口市区繁华地段，被清军包围，背靠长江、汉水，如果不是急谋进攻，包围圈会越来越小，危险性也会越来越大。于是，收缩防线于张美之巷、土垱、六渡桥、满春茶园一带，将民军分成两部，分别采取攻势，积极争取主动权。一路反攻桥口方面之敌，一路反攻大智门车站之敌，炮兵则列循礼门铁道附近截击清军。

10月30日晨，黄兴下令进攻，在循礼门、刘家花园、歆生路一线，他督率民军与清军展开激战。战斗一开始较为顺利，"夺回已失去的山炮四尊，弹药数千箱"[②]。清军"驰赴刘家花园，陷重围，三时不得出，某第八协之十五标第一营率劲卒，及机关枪队，奋力格援，阵始固"[③]。"进攻桥口方面的民军将到达面粉厂的时候，与清军相遇于铁路线外，清军利用优势地形（松林地带）猛向民军射击，民军被阻，不能前进。"[④] 黄兴的进攻计划未能如愿，民军只能在原地防守。

10月31日，黄兴以民军总司令名义，在满春茶园发布命令，其要点如下：一、本军今晚拟在原占领阵地，以战斗队形过夜；二、步队第二协警戒线，右翼由歆生路后城马路起，左翼至查家

---

① 数据引自曹亚伯：《武昌革命真史》正编中，第175—176页。

② 李春萱：《辛亥首义纪事本末》，《辛亥首义回忆录》第二辑，第182页。

③ 王树枏：《武汉战纪》，《中国近代史资料丛刊·辛亥革命》（五），第232页。

④ 李春萱：《辛亥首义纪事本末》，《辛亥首义回忆录》第二辑，第182页。

墩以东火车站之堤防一带；三、步队第五协警戒线，右翼与步第二协连络，左翼至玉带门一带；四、其余各队之集合地如下：步第七标在满春以北空地，马队一营在满春西端，炮队一标在满春西北端附近，工程一营在满春北端附近，敢死队二队防御满春本司令部；五、步队第一标及季雨霖标，警戒汉口市街各要地；六、各队给养，用军政分府预备之粮秣。[1] 当日，清军再次发动攻势，出动十四、十五两标兵力将循礼门的民军、马队击退，接着便是街道争夺战。民军藏匿房屋中向外射击，清军死伤甚众。适清军“三协兵至，层层逼索”，经过激烈拼杀，民军知不可守，焚所储弹药、粮秣后退，清军蹈火夺由义门，战至中午，由义门东至江岸，西至铁道，被清军占领。接着，民军在满春茶园总司令部一带与清军展开巷战，清军在冯国璋的驱动下，竟下令炮击民军占领的街区，造成汉口街市房屋起火，清军甚至灭绝人性地人为纵火，大火借着风势，越烧越旺，连日不熄，繁华街市变成一片焦土。11 月 1 日，清军采取焚烧一段前进一段的攻略，步步紧逼，在汉口四处纵火，从歆生路花楼街开始，一直烧到满春茶园一带，又从满春茶园烧到硚口。凡是革命军以街道、建筑物为依托阻击清军进攻之地，均为一片火海，其情景惨不忍睹。通过一整天战斗，“张美之巷，满春茶园各街市口，悉为敌军占领”[2]。民军开始渡江，向汉阳撤退。但黄兴仍亲率敢死队督战，不肯后撤。军政府为保障黄兴的安全，黎元洪以会商汉阳防务为名，派人保护黄兴过江，至武昌军政府。关于汉口大火的发生和战况，黄兴在致友人的一封信中谈得较为具体，他说：“别后抵鄂，敌人已占汉口租界下之刘家庙，依租界设立炮兵阵地，相持数日不下，至昨日风起，汉镇房屋中炮火起，全市被焚。我军退守汉阳，尽力防御。兵卒多系新招，不能久战，今已疲乏。幸有湘军大队来援，及江南各学堂勇士，尚可保捍。弟到此间虽亲战两次，未能获胜，亟

---

① 黄兴：《民军总司令官命令》（1911 年 10 月 31 日），《黄兴集》（一），第 129 页。

② 黎元洪主编：《武汉战纪初稿》，《辛亥革命史丛刊》第三辑，第 139 页。

盼宁、皖响应，绝彼海军后援，则易驰除也。”[①] 11 月 2 日，民军全部退出汉口，撤退至汉阳，以备反攻。

当日，湖北军政府召开紧急会议，讨论今后应敌之策。会上，首先由黄兴对汉口战事作总结发言，他着重分析了汉口失守的原因，主要有以下六点：一、民军新兵太多，“秩序不整，颇难指挥”。二、“军官程度太低，均不上前指挥”。三、“各队战斗日久，伤亡过多，官与兵均已疲劳太甚，毫无勇气，且一闻机关枪声即往后退”。四、“兵士中在武汉附近所招者甚多，一到夜间，即潜回其家，以致战斗员减少”。五、武器太差，“民军军火全在步枪，无机关枪，一与敌接近，即较敌人损伤较重；民军炮队又系山炮，子弹射出，又不开花，且射出距离太近，不及满军退管炮效力之远”。六、清军训练有素，“查满军俱系北洋久经训练之兵，秩序可观，亦善射击”[②]。黄兴认为，民军与清军相比，唯一可恃者是民气颇盛，这表现在冲锋时，清军“不及民军灵敏”，因而，清军“每闻民军冲锋喝杀声，即往后退”。在此种情况下，“汉口若无湘军来援，恐难保守”。“俟湘军到后，再图恢复可也。”[③] 黄兴对敌我力量对比以及汉口失守原因的分析，完全符合实际，获得与会同志的一致赞同，下一步是如何使民军在黄兴的统一领导下保卫汉阳、反攻汉口的问题。“名不正，则言不顺”，要黄兴担当起反攻汉口、保卫汉阳的领导重任，就必须要给黄兴一个恰当的名号。围绕着黄兴的名号问题，在两湖革命党人内部引起了一番争论。

---

① 黄兴：《致潘训初杨谱笙书》（1911 年 11 月 2 日），《黄兴集》（一），第 130 页。

② 黄兴：《在湖北军政府紧急会议上的讲话》（1911 年 11 月 2 日），《黄兴集》（一），第 131 页。

③ 同上。

第三节 名号之争

黄兴于10月28日莅汉，连夜渡江赴汉口督师，指挥若定，艰苦卓绝，连续奋战四昼夜，然而，由于种种原因，汉口最终还是未能守住。对此，许多革命同志认定汉口失守的原因固然很多，但最主要的原因还是师出无名，士兵不听主将号令。诚如居正所云："同志等以克强在汉口，巷战数日，纯持革命党资望，以号令各军，然终有名不正则言不顺之感，故各军有不受命者，克强无法驭之。今势必守汉阳，又非克强不胜任，若督师无名，则危险实甚。"① 那么，黄兴究竟用什么名号统帅各军，亦即黄兴的地位和安排问题就成为汉阳战事开始时必须首先解决的问题。也就在11月2日武昌召开的湖北军政府紧急会议散会之后，在黎元洪和黄兴均不在场的情况下，革命党人曾秘密召开过一次会议，讨论黄兴的地位、名号问题。宋教仁、蒋翊武、杨王鹏、居正、田桐、胡瑛、刘公、孙武、吴兆麟、李春萱等人邀请同志开会，"由居正提议，拟公推黄兴为两湖大都督，谓：'可以兼领湖北、湖南两省，节制各军，一俟湘省的援军到来，有了统一的指挥，必可以挽回战局。'凡属在座的同盟会分子，均极赞成。只有吴兆麟一人提出异议"②。居正作为一名湖北籍的同盟会员，他之所以提名黄兴，拟公推"为两湖大都督"应是出于这样的考虑：由于武昌首义事起仓卒，革命党领导人或伤或逃，在群龙无首之际，新军第二十一混成协协统黎元洪被推举为湖北军政府都督，湖北咨议局议长汤化龙参与其事，湖北基本上是旧军官和立宪派掌权。而湖

---

① 居正：《辛亥札记》，罗福惠等编《居正文集》上册，第60页。

② 蔡寄鸥：《鄂州血史》（之二），刘萍、李学通主编《辛亥革命资料选编》第二卷，第515页。

南的情况亦比较混乱，武昌首义之后 12 日，即 10 月 22 日，湖南新军、会党响应武昌首义宣布独立，举焦达峰、陈作新为正、副都督，湖南成为首先响应武昌首义的省份。然而，焦、陈只做了 10 日都督，湖南就发生兵变。10 月 31 日，留日士官生梅馨将焦、陈杀害，举湖南咨议局议长谭延闿为继任都督，湖南革命政权亦为立宪派头目谭延闿掌握。如果由黄兴出任“两湖大都督”即具有向两湖立宪派和旧军官夺权的性质，毫无疑问，居正的提议是摈弃了地域观念、站在革命派的立场上考虑问题的，是出于公心的，这是与会同盟会会员“均极赞成”的主要原因。吴兆麟对居正的提议表示异议，他一共提出了六条反对理由，他说：“黎元洪虽非同志，但在湖北军界资深望重，此次大众举其为都督，并非黎之本愿。且起义时，大众说他浑厚，外人均依其名义，认民军为交战团，各省陆续响应，群来电推崇，颇表敬仰。若一旦将其推倒，中外必生疑团，视我辈有争权利之嫌，不顾大局，此不可者一也。黄廑午为革命巨子，海内皆知，此次来鄂，大众皆为爱戴，如趁此在湖北立功，将来达到革命成功目的，再由同志公举为全国首领，前途远大，天下归心，区区都督虚名，又何足计较，此不可者二也。前日，黄廑午抵鄂时，已由大众推为总司令，由黎都督命令发表，是黄已在黎下，忽以大都督名义节制黎都督，在黎原无可如何，如有人代鸣不平，岂不立起内争，此不可者三也。若黄之大都督发表后，黎如辞职，届时各省及外国人群来质问，我辈如何答复？即云我辈公意，当此军书旁午之际，致令主将辞职，授敌以隙，各方必疑我辈不能容物，好恶偏侠，此不可者四也。进而言之，湖北军人中同志，此次倡义，自拥黎登场后，对黎绝对服从，以表示一德一心，只知杀敌，不问权利，因与黎发生好感。若一旦更换都督，大众顿生疑虑，必不安心；且与黎接近之人，借此挑拨恶感，顷刻即发生危害，反令黄廑午面子不好，此不可者五也。目下大敌在前，清军时派间谍侦察民军缺点，并图煽惑军心，因民军举动文明，民心又协力一致，清军无隙可乘；如民军内部发生变化，是与敌以隙，自取败亡。回忆洪、杨之在南京，奄有天下，仅北京一隅，为满清所据。当时洪、杨势力不可谓不雄厚，人才亦不可谓不众多，卒因权利之私，自相残害，以致功败垂成，清廷喜之，遂云，要知清朝江山稳，除非贼杀贼，此语成为汉族遗恨，我辈同志，此时应以洪、杨之败为戒，此不可者六也。"[①] 原湖北革命团体振武学社社长、湖南湘乡人杨王鹏则不以为然，他说："黄先生领导革命，十好几年，全国的革命党人，哪一个不信仰他？黎都督为人忠厚，甚得军心，我也很爱戴他。不过他的资望，只能号召一部分军人，何若黄先生的声望，足以号召全国。居觉生同志提议举他为两湖大都督，在座的同志多数赞成，只有吴先生表示反对，未免对于革命的体认有点不够吧？再者吴先生说，黎都督若因此辞职，假若各省和外人提出质问，其奈之何。我认为这是过虑的。江西革命军，始以吴介璋为都督，继而换了马毓宝，没听说有人反对，有人质问我们。湖南焦达峰，以真正的革命者为都督，忽而换了谭延闿，也没有听说有人质问，这里军政府且去电庆贺。况且我们公举黄先生为大都督，于黎之位置，并无妨碍，黎又何必辞职？"[②] 吴听了杨的反驳，解释说："各有情形不同，湖北是首义之区，关系全局，所以各省皆以湖北为重心，外人仅照会湖北为交战团，与他省之大小轻重有不同耳。"[③] 宋教仁居中调和说："此事不过征求大众同意，原无成见。盖因黄廑午实行革命多年，声望甚好。诸同志拟推其为首领，借以号召以达迅速成功之目的，并无他意。我们初来湖北，对于湖北军队情形不熟，既有利害冲突，即作罢论可也。"[④] 于是，大家复议，推黄兴为战时总司令，所有各省军队均听其节制调遣。

黄兴出任战时总司令之议决定以后，对于黄兴的授职方式即

---

① 曹亚伯：《武昌革命真史》正编中，第 211—212 页。

② 蔡寄鸥：《鄂州血史》（之二），刘萍、李学通主编《辛亥革命资料选编》第二卷，第 515—516 页。

③ 曹亚伯：《武昌革命真史》正编中，第 212 页。

④ 曹亚伯：《武昌革命真史》正编中，第 212—213 页。

是否公推还是由黎元洪委任的方式也存有不同意见，革命派中一部分人主张公推，但也有不少人主张由黎委任。据亲自参加会议的李春萱回忆：“黄兴来汉后，同志们推举他为临时总司令。当时有两派意见，一派主张由黎元洪委任，一派主张由同志公举，我就是主张不受黎委任的一个。主张委任者谓黎现任湖北都督，军权和财权都在他手中，如果不由他委任，不好合作。又举韩信故事说，既然要登台拜将，当然要有授印之人，于是主张委任一派得胜。后来汉阳失守，黄兴即无权指挥军队，当时如果多数同志反对委任，就不会是由黎委任的。后来黄兴离鄂，都与此事有关。”[①] 吴兆麟、孙武等人以统一事权、勿起纷争为由，极力主张委任。讨论的结果，还是革命派作了妥协。最后，居正说：“军政府须有体系，非委任不可。但当慎重其事，请都督登台拜将，授以全权，庶几号令严肃，收指挥统一之效。都督许可。”[②] 这里需要说明一点的是过去有学者认为“黄兴在从上海赶赴武汉的途中，曾在轮中对同行者田桐等人说：‘黎元洪本非革命党人，我到鄂后，必须取而代之，且称两湖大都督’”[③]。这种说法，我们不敢苟同，理由有三：一是黄兴赴汉的唯一目的是为了指挥民军消灭清军，保卫武汉，然后北伐，直捣幽燕，并无当官揽权的想法；二是黄兴一生戎马倥偬，参加过10多次反对专制统治的武装斗争，还没有发现有哪一次出现过与人争夺权位的事例发生，谦让是他一贯的风格，这是由黄兴高尚的品格决定的；三是黄兴在汉期间，他和黎元洪的关系一直是处理得比较好的，二者在对待清军方面是完全一致的，黎、黄关系一直比较稳定、和谐。从黎元洪一方来说，他深知自己能力有限，在他担任湖北军政府都督以后，面对错综复杂的政治局面和大量清军相继南下的压力，他一方面希望黄兴亲历战场指挥，分担他所承受的压力，因而对黄兴在军事

---

① 李春萱：《座谈辛亥首义》，《辛亥首义回忆录》第一辑，第14—15页。

② 居正：《辛亥札记》，罗福惠等编《居正文集》上册，第60页。

③ 石芳勤：《黄兴“登台拜将”与黎元洪的阴谋》，《历史教学》1981年第10期。

上是抱支持态度的；另一方面，他在稳坐鄂军政府都督之后，出于自身利益的考虑，自然也不希望黄兴权力超过自己，节制自己，分享自身的权益，待军事上取得一定进展之后，驱黄思想也是存在的。

由表面观之，在革命派内部所开展的讨论，是围绕黄兴的地位和名号问题而展开的，但实质上却反映了旧军官和立宪派正在排斥革命党人。早在 11 月 2 日湖北军政府紧急会议结束、革命党人召集秘密会议之前，有关黄兴的地位和名号以及以何种方式授予黄兴名号的问题，以汤化龙为代表的立宪派和以黎元洪为代表的旧军官已早有成议。以登台拜将的方式授予黄兴战时总司令名号，有人说是立宪派头目之一胡瑞霖出的主意。据黎元洪之子黎重光回忆："同盟会领袖黄兴来汉亲自指挥，都督府对黄兴应采取什么态度，大家曾进行过商议。胡瑞霖（汤化龙亲戚）出了一个主意，用汉高祖'登台拜将'的仪式，由都督请黄兴任总司令，大家都同意，遂在阅马场正中搭了一座高台，举行了'登台拜将'的典礼，相当隆重。"[①] 也有人说是黎元洪亲信孙发绪出的主意，黄兴赴汉使黎元洪既兴奋又苦闷。苦闷的是，黎又担心他的鄂军都督府的地位受到威胁，害怕黄兴取而代之。对此，孙发绪建言曰："此事不难，驱黄出省可也。"黎等讶曰："今日才迎，怎好便驱？纵驱之，其如黄不去何？"孙发绪曰："可用阳尊阴逐之策，请都督仿汉高祖登台拜韩信的故事，于明日就都督府前坪高搭将台，预备'战时总司令'印信一方，令箭一枝，总司令大旗一面，届时集合全军将士，由都督亲捧印、箭、旗三物，拜授黄为战时总司令，请其率师北伐，并于汉阳设置战时总司令部，迨登台拜礼毕，即送黄渡江就职。这么一来，黄兴即被逐出于省垣了。尔后战事若利，则黄率师北上，自然离鄂日远。战事不利，则军法

① 黎重光：《回忆我父亲黎元洪二三事》，《辛亥革命回忆录》第六集，第 303 页。

所在，纵不便持法相绳，黄亦无面见江东了。”[①] 黎等闻谋称善，于是连夜筹谋准备。不论是胡瑞霖的主意也好，孙发绪的主意也罢，但归结到一点都是立宪派和旧军官的主意。而吴兆麟的发言只是在某种意义上反映了立宪派和旧军官的意愿而已。

11 月 3 日上午，登台拜将仪式如期举行。“上午六时，雨霁风清，朝阳光辉”，湖北军政府各机关官员、驻军长官齐集。其时，拜将台已在武昌阅马场筑成。台用木板搭成，“高可一丈，纵横约四丈余，坛上置一案，战时总司令之印信、令旗、令箭咸在其上，坛后立二柱，扩张长方白布一方，上书战时总司令五字，坛之四角，树立军旗，威严整肃，得未曾有。步兵约一标之众，已先齐集阅马场四周，各军官长，均已到场。约七时许，军乐队亦至，文武咸集。有顷，（黎）都督与黄兴并辔由都督府出，一时军乐大作，各长官各队伍均举刀举枪致敬。都督及黄兴升坛后，乐止。都督、黄兴在坛左右立，礼官执事等多人立于两旁，礼官呼读委任状，都督授委任状李国镛，命李宣读。委任状系一篇典丽文字，长约七百余言，文中大意，首先是叙述满清无道，武昌因而首义；次言推倒清廷，率师北伐，须有统领三军之人；再次言黄兴革命奋斗之光荣历史，以及拜黄兴为总司令之意义；最后是勉励黄兴、勉励将士努力完成革命。李读毕，呈还都督，都督双手捧授黄兴，黄兴向都督军礼致敬，双手受委任状；次都督授印信，黄兴受印信；都督授令旗、令箭，黄兴受令旗、令箭；礼如前。每一节目，均有礼官呼读。都督退，乐作，文武长官军队行礼，乐止。”[②] 黄兴即席发表演说：“兄弟才识本不胜任，既承不弃，亦不能不尽力。现今各省响应，大功已将告成，然我同胞亦不可以此自满。兄弟今日有三层意思勖我同胞：第一须努力。现在黄河铁桥已毁，

---

① 转引自石芳勤：《黄兴“登台拜将”与黎元洪的阴谋》，《历史教学》1981 年第 10 期。

② 胡鄂公：《武昌首义三十五日记》，转引自沈云龙撰《黄兴与辛亥革命》，朱传誉主编《黄兴传记资料》（七），第 31 页。

敌兵已无归路，誓不能不拼死命以与我对敌。我若稍存畏缩，敌即攻入我腹心矣。临战时倘不努力，后退者决意斩首示众。第二须服从。军队纪律，非服从不可。倘不服从，长官命令皆不能行，此种兵士万不能以之临战。以后，军界同胞须服从长官命令，无论如何危险，皆不得规避。第三须协同。自来成大事定大业者，必自己能同心协力。若自己各存意见，互相枘凿，无论有何种势力，皆不能成事。洪、杨之败，其前车之鉴也。我同胞无论办事人及兵士，皆宜互相友爱，以期共达其目的。此次革命，是光复汉族，建立共和政府。斯时清廷仍未觉悟，派兵来鄂与民军为敌，我辈宜先驱逐在汉口之清军，然后进攻，收复北京，以完成革命之志。今日既承黎都督与诸同志举兄弟为战时总司令，为国尽瘁，亦属义不容辞。但是军人打仗，第一要服从命令，第二要同心协力。自今而后，对于作战，倘有不服从命令及临阵怯敌者，即以军法从事。尚望大众努力前途为要！”① 演说毕，“黄兴于阅马场四周阅兵，下坛挽辔徐行阅马场一匝，礼成，众三呼中华民国四万万同胞、黎都督、黄总司令万岁，礼毕，黄兴退”②。应当承认，登台拜将仪式的举行是革命派向立宪派、旧军官妥协的产物，虽有加强黄兴军事指挥权威、在一定程度上起到了振奋民军士气的作用，但也表明革命党人最终承认了黎元洪的地位在黄兴之上，巩固了黎的领袖地位，从而使革命党人大权旁落，处处受到黎的节制，其消极作用亦不可小觑。

11 月 3 日上午拜将仪式结束，下午黄兴便随其他革命党人一道渡江前往汉阳，当晚，设立战时总司令部于汉阳伯牙台，嗣因清军炮弹能射至院中，次晨移往汉阳城西门外昭忠祠。粮台设在归元寺。战时总司令部下设参谋、副官、秘书三处和侦探、庶务、

---

① 黄兴：《在武昌受任民军战时总司令时的讲话》（1911 年 11 月 3 日），《黄兴集》（一），第 131—132 页。

② 胡鄂公：《武昌首义三十五日记》，转引自沈云龙撰《黄兴与辛亥革命》，朱传誉主编《黄兴传记资料》（七），第 31 页。

间谍三科。以李书城任参谋长，先以杨玺章为副参谋长，因李、杨意见不合，后改由吴兆麟任副参谋长；王孝缜任副官长，高尚志任副官副长；田桐任秘书长；王安澜任兵站司令；胡祖舜任辎重营长；蔡济民任经理部长，兼任金柜科长；蒋翊武任经理部副部长；刘长庚、陈磊、孙德成任金柜科长；谢震华任庶务科长；朱树烈任侦探科长；刘绳武任学生军标统；田化龙、赵士龙、佘子祥为管带；侯源英、胡鄂公任副官；雷洪任交通；白逾桓、万声扬、黄中恺、萧骥任秘书；董楚臣任传令官；居正、宋教仁、何成浚、胡瑛、杨时杰、田桐、白逾桓、吴崑、耿觐文、马伯援、刘揆一任督战员；高震中、林建魁、耿丹、李星南、熊腾蛟、霍雄飞、王佐才、宾士礼、甘绩熙、高建瓴、余鸿勋、熊腾骏、姚金镛、吴醒汉、曹飞、雷震、黄元吉、徐达明、金龙章、夏继善、邹燮斌、金兆龙、辜仁发、吴兆鲤等任参谋；此外，还有唐蟒、程子楷、蒋光鼐、陈铭枢、李章达、张我权分任参谋、督事官、督战员。日本友人萱野长知任军事顾问；大元大佐、金子克己、龟井一郎、汤米、北一辉等10余人任参谋。战时总司令部机关官长和办事人员多达100余人，其中有名可考者达六七十人，还有数十人“湮没不闻”了。[①] 真可谓人才咸集、阵容整齐。阳夏之战能坚持将近一月之久，与以黄兴为首的战时总司令部的坚强领导以及各地援军的英勇作战是分不开的。

第四节　反攻汉口

黄兴担任战时总司令，且将总司令部设在汉阳，首先考虑的是如何加强汉阳防务，而要加强汉阳防务必须对汉口清军的分布及汉阳的防线有所了解。除派遣间谍和侦探深入汉口前线侦察敌

---

① 参见李喜所等：《黄兴的军事理论与实践》，人民出版社，1999年，第194—197页。

情外，黄兴率司令部主要成员在汉阳进行了为期两天的视察。11月4日早晨，黄兴“率总司令部人员登龟山顶观测汉口敌方阵地。敌方大炮向龟山射击，炮弹都落入龟山后方的江中，无人受伤。寻沿河边防线视察一周，决定利用汉阳兵工厂、钢药厂的铁板、木材，沿汉水南岸构筑防御工事。因部队都系新兵，须受训练，不令担任此项任务；另由各部队招募民工，按日付给工资，由官长督修”[①]。翌日，黄兴又偕参谋长李书城、副参谋长吴兆麟等人巡视防御阵地。“先至大别山，然后由右翼南岸咀起，经十里铺至左翼三眼桥止。”[②] 通过侦探几日了解，已弄清汉口清军分布及装备情况：清军“在汉口兵力约一万余人，在汉口刘家庙至桥口附近。又于上关及花楼一带并黑山对岸，均构筑掩堡，沿江岸设有炮位。又由孝感至新沟方面，有满军出没。”11月8日，黄兴以民军总司令官名义发布命令，确定民军拟在汉阳南岸咀至三眼桥附近一带布防。其具体部署如下：一、“步队第四协统领张廷辅，率该协于南岸咀至兵工厂附近占领阵地，且派一部掩护我右侧”。二、“步队第一协统领蒋肇鉴，率该协占领阵地，右翼与第四协连络，左翼至钢药厂西端附近”。三、“步队第四标统带胡效骞，率该标与步队第一协连络，须于黑山至割丝口附近占领阵地”，“以上各队须利用时间，构筑强固防御工事”。四、“炮队团统带曾继梧，率该团须于大别山、黑山、仙女山、扁担山附近选占阵地。以能射击汉口龙王庙至玉带门及琴断口、三眼桥附近为要”。五、“步队第五协统领熊秉坤，率该协在七里铺为预备队”。六、“各部队给养，派员在归元寺粮台领取粮秣”。七、“该粮台司令官王安澜，辎重第一营胡恢汉（指胡祖舜——引者），须按照在汉阳本军所辖各部队准备粮秣，以便各部队派员领取，并须先在本司令部

① 李书城：《辛亥前后黄克强先生的革命活动》，《辛亥革命回忆录》第一集，第189页。

② 曹亚伯：《武昌革命真史》正编中，第227页。

计算各部队报来人数，妥筹办理”[①]。先是10月28日，即长沙光复后的第六天，焦达峰、陈作新即派遣王隆中率领独立第一协五个营从长沙出发，于11月2日到达武昌，暂住湖北两湖书院，黄兴派居正前往慰劳。11月4日，湘军王隆中部接受黄兴命令，全协由两湖书院开往汉阳，经过休整，王隆中向黄总司令请缨杀敌。黄兴亦于11月8日同时下令：“湘军第一协统领王隆中，率该协及工程第一营在十里铺、锅底山附近占领阵地。”“构筑强固防御工事，且派一部警戒琴断山、三眼桥附近。”[②]“并拨炮队第二标统带董占元所属两队归其指挥。”[③] 同日，第二批援鄂湘军甘兴典率领的第二师第三协四个营亦到达汉阳。11月11日，黄兴复以民军总司令官名义再次发布命令，其具体部署较之11月8日略有改动。

是加强了汉阳兵工厂和钢药厂的防务力量，由步队第五协统领熊秉坤代替步队第一协统领蒋肇鉴担任兵工厂至钢药厂的防守任务。二是加强了汉阳战略要地的防务，命令湘军第一协统领王隆中“率该协及工程第一营（欠二队），右翼与步队第四标联络，须于割丝口至琴断口附近占领阵地”。三是明确指定了第二批援鄂湘军甘兴典部的防务范围。令“湘军第二协统领甘兴典，率该协及工程第一营之两队，于美娘山、三眼桥至扁担山附近占领阵地，并与湘军第一协联络，但须派侦探搜索蔡甸方面之敌情”。四是“各部队须按规定防御配备略图构筑工事”[④]。

清军方面，自民军退守汉阳以来，“冯国璋分饬各军沿江警备，防革军偷渡，沿途车站，皆分兵护守”，“乃休兵十日，掩死吊亡”[⑤]。敌我双方无大战事。

---

① 黄兴：《民军总司令官命令》二件（1911年11月8日），《黄兴集》（一），第133—135页。

② 黄兴：《民军总司令官命令》二件（1911年11月8日），《黄兴集》（一），第134页。

③ 胡祖舜：《武昌开国实录》，武昌文华印书馆，1948年，第99页。

④ 黄兴：《民军总司令官命令》（1911年11月11日），《黄兴集》（一），第139页。

⑤ 王树枬：《武汉战纪》，《中国近代史资料丛刊·辛亥革命》（五），第233页。

汉口从11月2日失陷到11月16日黄兴指挥民军发起反攻汉口的战斗，其间整整经历了半个多月时间的休整和准备，黄兴之所以决定反攻汉口，其原因是多方面的。

第一，全国大好革命形势的推动。从武昌首义迄至11月9日为止，全国已有13个省、市宣布独立，独立时间列举如下：

10月11日，起义军占领武昌，攻克汉阳，湖北军政府成立；10月22日，湖南新军、会党响应武昌首义，宣布独立；同日，陕西新军起义，次日宣布独立；10月29日，太原新军起义，成立山西军政府；10月30日，昆明新军起义，11月1日成立云南军政府；10月30日，南昌新军起义，11月1日成立江西军政府；11月4日，上海光复，6日成立沪军都督府；11月4日，贵阳新军起义，成立大汉贵州军政府；11月5日，苏州宣布独立，成立江苏都督府；同日，杭州新军起义，成立浙江军政府；11月7日，广西宣布独立，成立广西军政府；11月8日，福州新军起义，次日全城光复，11日组织福建军政府；同日，安徽咨议局议决宣布独立；11月9日，广东宣布独立，成立广东军政府；11月15日，各省军政府代表在上海集会，成立各省都督府代表联合会，决定筹组临时政府。在全国革命形势的推动下，革命党人备受鼓舞。武汉作为首义之地，也是民军与清军争夺的焦点。武汉三镇已有武昌和汉阳为民军所占领，如果能将已经失陷的汉口重新收回，将武汉三镇牢牢掌控在革命党人手中，必将大大推进革命在全国的胜利。

第二，援鄂湘军将领请缨。第一批援鄂湘军为王隆中部独立第一协，辖五个营，“是以起义新军四十九标为基础组建的”。长沙起义时，打开小吴门，夺取军装局，攻克巡抚衙门，全赖四十九标的目兵和下级军官出力。起义胜利后，“四十九标已经奉命招募新兵扩充队伍，正副目升了连排长”，但当听到援鄂令下，这些升任官佐的革命党人，仍表示“官不要了，仍旧当头目，到湖北打仗去"[1]！踊跃应命赴援，是一支比较有战斗力的军队。第二批援鄂军甘兴典部由巡防营改编而成，编为湘军第二师第三协，辖四个营，两批湘军共辖九个营来到汉阳，使民军力量大增。"湘军既至，黄兴喜形于色，以为恢复汉口，击灭汉奸，可以犁廷扫穴，立功竟志。而一般同志精神更为之一振。""故一时武汉人心皆为之安。"[2] 王隆中至汉阳、参与汉阳防务数日，"亦非常气盛，谓由湘至鄂，是在助战，孰知到汉阳多日，未受命进攻，仅在防御，心滋不悦"。并对参谋宾士礼说："望阁下报告总司令，若再不转取攻势，我即不愿尽防御之责，我即报告黎都督回湖南矣。"宾士礼即将王之意见报告黄兴，"黄甚表同情，当请王统领来司令部，极为称赞。并令王妥为准备，一俟攻击计划规定，即行进攻"[3]。甘兴典率所部湘军开到汉阳以后，"几乎每日到总司令部来催促下令反攻汉口，并说他的部队都愿意上前线杀敌，不愿缩在壕沟内消磨锐气"[4]。援鄂湘军将领频繁请缨也推动了黄兴反攻汉口的决策。

第三，多数革命党人的普遍要求。湖北革命党人蔡济民说："汉口不守，我辈何面目对汉口父老！"[5] 居正说："黄克强先生到，我等宜速渡江，谋反攻。"于是，居正径奔都督府报告，并晤克强先生，"商出兵反攻事"[6]。安徽革命党人、巡城营管带刑剑吾亦"曾上书建言反攻"汉口。[7] 谭人凤说："湘军已到，正好从速进攻，不能拖延。"他针对有人持不同意见，便迫不及待地大声说："现在我军士气旺盛，正好进攻，无须迟疑，还是趁热打铁，不必

---

① 余韶：《四十九标辛亥援鄂始末》，《湖南文史资料选辑》第二辑，第 40 页。
② 曹亚伯：《武昌革命真史》正编中，第 222—223 页。
③ 曹亚伯：《武昌革命真史》正编中，第 222—223 页。
④ 李书城：《辛亥前后黄克强先生的革命活动》，《辛亥革命回忆录》第一集，第 191 页。
⑤ 居正：《辛亥札记》，罗福惠等编《居正文集》上册，第 58 页。
⑥ 同上。
⑦ 贺觉非编著：《辛亥武昌首义人物传》下册，第 530 页。

‘刻舟求剑’的好。”[①] 参加会议的革命党人除吴兆麟、程潜等人外，其他如李书城、程子楷、曾继梧等人均同意谭人凤反攻汉口的意见。后来程潜见“大势所趋”，他也没有“独执己见”[②]，可见，反攻汉口是多数革命党人的普遍要求。

第四，海军反正增强了反攻汉口的信心。11 月 1 日，清海军海琛、海容、海筹三舰及各炮艇由汉口下驶九江，归附民军。11 月 11 日，“接九江来电，海军俱已反正，拟不日来汉协攻满军”[③]。“海军起义关系特别重大，因为有了海军巡弋江面，首义的武昌便可解除许多顾虑。”有的说：“在这样有利形势下，即使进攻不利，但因海军在我们这一边，敌人也无法飞渡长江；更何况各省都在陆续响应，宣布独立，声威之大，足以寒敌之胆。”[④]

第五，受吴禄贞被袁世凯暗杀事件的刺激。吴禄贞早年留学日本，入陆军士官学校骑兵科，受孙中山民主革命思想影响，加入兴中会。1903 年冬，又应黄兴之邀，到长沙参与筹建华兴会，密谋起义。时清政府设立练兵处，编练新军，宗室亲贵良弼是吴禄贞在日本士官学校的同学，两人过从甚密，经良弼推荐入京担任署理练兵处军学司训练科马队监督。吴嗣因调查、交涉延吉边务，挫败了日本妄图侵占我国东北领土的野心，因功升任延吉边务督办、授以陆军协都统。回京后，补授镶红旗蒙古副都统。1910 年冬，由良弼力荐，升任新军第六镇统制，成为北方革命党人掌有兵权的实力派人物。武昌起义后，吴禄贞在北方配合行动，他一方面切断京广铁路交通，将清廷“运往战地军火、子弹，暂行扣留，以消战争而保和平”[⑤]。另一方面，在 10 月 29 日山西独立、成立军政府后，清廷为笼络吴禄贞，于 11 月 4 日任命他署理

---

① 程潜：《辛亥革命前后回忆片断》，《辛亥革命回忆录》第一集，第 81 页。

② 同上。

③ 曹亚伯：《武昌革命真史》正编中，第 268 页。

④ 程潜：《辛亥革命前后回忆片断》，《辛亥革命回忆录》第一集，第 81 页。

⑤ 吴禄贞：《致军咨府、陆军部、资政院电》（1911 年 11 月），皮明庥等编《吴禄贞集》，华中师范大学出版社，1989 年，第 264 页。

山西巡抚，他阳示接受，暗中又与原新军第八十六标标统、新任山西都督阎锡山计议组织燕晋联军，准备北上直取北京，推翻清廷，并派其副官长王孝缜到汉与湖北民军联络。该计划为袁世凯爪牙侦知，袁于11月6日派人在石家庄将吴杀害。该“消息传到武汉后，革命同志对清廷更加愤恨，发誓出师北伐，以雪此恨”①。

第六，与汉口清军兵力的部署及动向有关。11月11日，民军所派侦探陈爱涛报称：“满军有骑兵数百骑、步兵约三千人，欲于毛陈渡架桥占领蔡甸之金牛山，为进攻汉阳之计，又于汉口桥口铁路南端及歆生路附近，均筑设炮垒，且满军由北运来野炮甚多。”同日，又接到各侦探报告于下：“一、满军在南岸咀及高公桥对岸，均设有机关枪数尊，又铁厂对岸有敌炮兵阵地。二、汉口水电公司至桥口一带，均有满军步兵驻扎。戴家山有满军步兵约一营。又姑嫂树附近，有满军骑兵约一营。三、闻满军现由国外购来野战炮十二门。四、满军步兵约千余人，由新沟南下，于本日午后一时其队头已抵油榨坊附近。”② 11月12日，又据侦探报告，清军“主力在大智门附近，其第一线在桥口及龙王庙一带。但桥口附近设置炮兵阵地，共计有野炮十六门。是晚，又接得报告，谓满军拟对于汉阳取夹击之势，已派遣一支队出新沟，经蔡甸，渡襄河，向我左侧背攻击；另以一支队绕黄陂，经阳逻，拟进攻武昌。”③ 对于汉口清军的挑衅行为，只有反攻汉口，才能争取主动，扭转被动挨打的局面。

基于上述理由，黄兴决定反攻汉口。截至11月8日止，总司令黄兴所辖防守汉阳各部计有：鄂军第一协蒋肇鉴两标，第四协张廷辅两标，第五协熊秉坤两标，第六协协统杨载雄两标，第二协第四标，工程、辎重各一营，炮队一团；湘军第一协王隆中，

---

① 李书城：《辛亥前后黄克强先生的革命活动》，《辛亥革命回忆录》第一集，第191页。

② 曹亚伯：《武昌革命真史》正编中，第267—268页。

③ 曹亚伯：《武昌革命真史》正编中，第279—280页。

第二协甘兴典各部；“兵力共约两万余人”[1]。而当袁世凯到达孝感时，清军在汉口及其外围的兵力共约三万多人，清军不仅人数众多，而且装备和训练亦优于民军，可以预料，前景不容乐观。

11 月 14 日上午 9 时，黄兴在总司令部召开有各部长官参加的军事会议，部署有关反攻汉口的准备工作：一、“工程第一营管带李占魁，赴东亚制粉工场附近，侦察渡河点，准备架桥材料，架设桥梁”。二、“炮队团统带曾继梧，派炮队两营准备渡河，其余仍在原阵地援助进攻步队”。三、“步队第四协协统张廷辅，准备船只及大小轮，即由原阵地准备渡河，向汉口市街攻击”。四、“步队第六协协统杨载雄，准备大小轮及民船，由汉阳东北岸前进，向汉口龙王庙登陆，攻击敌人左翼”。五、“湘军第一协及步队第五协，马队一队，炮队两营，敢死队一营，均准备渡桥攻击”。六、“步队第四标，防御兵工厂及钢药厂”。七、“各兵须携带子弹百粒，干粮一日份，先派员至归元寺领取”，“各部队须限于明二十五日（即公历 11 月 15 日——引者）准备齐全，以便施行攻击”[2]。11 月 15 日，黄兴还发布了“五项规定”：“一、通知武昌凤凰山炮队，当我军施行攻击之际，即向汉口射击，以援助我军。二、通知海军，于我军攻击时，即向汉口满军射击。三、设信号于武昌黄鹤楼、凤凰山及汉阳大别山等处，以资联络而期迅速。四、派吴兆麟、王安澜专办攻击部队补充弹药、粮秣，及收集情报等事。五、各部队即按照如左（上）命令施行。”[3] 当日晚 9 时 30 分，黄兴发布命令，通知各部队将于明日（16 日）渡襄河前进，出其左岸，攻击汉口清军。其具体部署可概括为以下六点：一、“工程第一营明日午后三时，用铁舶及民船，将湘军步队第一标（欠一营）输送于东亚制粉工场，同时架设军桥”。“左之

① 冯天瑜、张笃勤：《辛亥首义史》，第 419 页。

② 黄兴：《在汉阳军事会议上的部署》（1911 年 11 月 14 日），《黄兴集》（一），第 139—140 页。

③ 黄兴：《民军总司令官发布五项规定》（1911 年 11 月 15 日），《黄兴集》（一），第 140 页。

诸队掩护架桥”。二、明日午后三时，“湘军第一协（欠第一标，欠一营）占领赵家湖西北附近”。“步队第五协（欠第十标）”“占领琴断口东端附近”。“炮队第一标（欠一营）于黄家湾、大吴湾附近布置放列，以能射击博学书院及东亚制粉工厂北方之无名独立家屋方向为要”。三、明日，步队第四协“由原地准备渡河，俟我左翼部队出襄河左岸施行攻击时，即开始动作，向汉口中国街市攻击”。步队第六协“准备由汉阳东北岸航进，与步队第四协协同动作，至龙王庙登岸，向汉口满军左翼攻击”。四、“炮队团（欠第一标欠一营），仍占领原阵地，须限于明日午后三时三十分，向汉口龙王庙至玉带门一带及刘氏堤防附近开始射击，援助我攻击部队”。五、“步队第四标，明日防御兵工厂及钢药厂，于明日午后三时向襄河对岸开始射击，援助我部队进攻”。六、“其余诸队，须限于明日午后三时在花园附近集合待命”。[①] 反攻部队以白布条斜挂背上作为标记；凡民军所占领之地点以举火为信号。

在反攻汉口之前，黄兴还密令辎重营长胡祖舜，准备并负责运送军资：“计炮弹二百箱，步枪子弹二千箱，钢板若干方，伤兵担架若干抬。着依限运送前线，如稍有延误，即时枭首。”胡立即召集督队官李鹏升以下官佐举行会议，“决定编为炮弹、枪弹、粮食、器材四大队，每队派辎重兵三十人、五十人不等，各领输送兵员自一百人至二百人不等，就归元寺本部至琴断口沿线，每隔半里至一里之间，设一分站。以归元寺为总站，采分途递运之法，视军队之进退以为进退”[②]。

11 月 16 日午后 3 时，黄兴率员到达汉阳花园。午后 4 时，工程营架设渡河浮桥完毕。午后 5 时 20 分，黄兴于花园发布反攻汉

① 黄兴：《民军总司令官命令》（1911 年 11 月 15 日），《黄兴集》（一），第 141—142 页。

② 胡祖舜：《六十谈往》，武汉大学历史系中国近代史教研室编《辛亥革命在湖北史料选辑》，湖北人民出版社，1981 年，第 100—101 页。

口命令，拟分三路反攻：

第一路，由步兵第三协协统成炳荣从武昌青山渡江，在汉口谌家矶登陆，进攻刘家庙。

第二路，由步兵第六标标统杨选青率所部乘装甲小火轮由汉阳东北出发，向汉口龙王庙强行登陆，占据阵地，然后相机进攻。

第三路，以驻在汉阳各部队组成，由黄兴以总司令直接指挥，作为此次进攻汉口的主力。此路以援鄂“湘军第一协统领王隆中，率该协为右翼进攻队，即时由军桥渡河前进，展开于博学书院北端至襄河左岸之间，须与湘军第二协联络”。“湘军第二协统领甘兴典，率该协为中央进攻队，俟湘军第一协渡河毕，即由军桥渡河前进，与右翼进攻队联络，展开于博学书院以北堤防之线。”“步队第五协统领熊秉坤，率该协（欠第十标）为左翼进攻队，俟湘军第二协渡河毕，即陆续渡河前进，右翼与中央进攻队联络，向北展开。”“炮队第一标统带尚安邦，率该标（欠一营）及工程一队即时准备渡河，须于博学书院西南端附近布置放列，以能射击玉带门一带为要。”“工程第一营管带李占魁，率该营（欠一队）保护桥梁。”“步第十标及其余各队为预备队，赴博学书院西端家屋附近集合待命。”① 黄兴于午后 6 时随军前进，大约 8 时到达汉口博学书院指挥所。晚上 10 时，各部队分别渡河进入汉口阵地，黄兴下令反攻开始。时值初冬，又遇大雨滂沱，泥泞路滑，行走艰难。在进军途中，黄兴发现甘兴典所部士兵，身披稻草，形同乞丐，有的甚至逃到民房躲雨，不愿出来。黄兴和参谋长李书城见状十分惊讶，顿时深感以如此军队与训练有素的北洋军队作战，实无把握。李书城对黄兴建议说：“我们的作战命令只是纸上谈兵，没有考虑到兵士的素质。这些士兵遇雨即如此狼狈，对战线上打来的弹雨怎能抵挡得住呢？现在还未接到第一路、第二路出发的报告，是不是同这里情形一样，深为可虑。预料敌人现在还

---

① 黄兴：《民军总司令官命令》（1911 年 11 月 16 日），《黄兴集》（一），第 142—143 页。

未发觉我军的动作，可否改变计划，先把部队整理一番后再进行进攻？”时陆军同学唐蟒在侧说：“革命军人有进无退，退则沮丧士气。”于是，“黄先生叫我们先把藏在民房的兵士喊出来，再看情况。”“总司令部的参谋、副官及督战员都到各民房把兵士一一叫了出来，要他们赶快到指定的阵地上去。”[①]

黄兴“见满军守于防御地位，不敢越雷池一步，我军进攻部队悉数达至彼岸，逐次向玉带门方面前进，心中极为喜悦，特令各部队连络前进，向敌射击。俄顷，敌我两军渐次接近，火力极猛，我军各部队死伤虽众，仍勇往直前”[②]。其中以学生军最为勇敢，双方“相持于玉带门一带，射击猛烈，无一刻间断”[③]。战至17日凌晨3时许，玉带门之敌向东北退却，民军很快占领玉带门，并连续向歆生路、桥口一线前进。17日午前9时，甘兴典所率湘军第二协已进占居仁门一带，鄂军第五协第九标已进至王家墩，清军还有继续后退之势。清军见民军“步炮射击猛烈，各方面已实行进攻，满军甚为恐慌，业将火车准备齐全，万一不利，即向北退怯”[④]。午后2时，黄兴以民军连续作战一昼夜，备极艰辛，令士兵中餐，新兵因疲劳已极，饥饿难耐，一闻开餐，群相争食。此时清方援军赶到，民军乘势用机关枪猛烈扫射，始稳住阵脚。而民军中路甘兴典部渐次动摇，力量不支，继而溃退。王隆中头部受伤，被人抬下战场。王、甘两部消极情绪互为影响，各部竞相后退，民军顿入逆境。黄兴见状，力图阻止，但未能如愿，只得下令撤回汉阳。由于浮桥较窄，加以进攻汉口之时为防止民军后退曾拆去一段浮桥，以为“破釜沉舟”之计，后撤溃兵，争相抢渡，落水溺毙者不少。晚上12时，据各部队战后报告，民军“此次战斗军官死伤五十七员、兵士死伤共七百九十二名，失去山

① 李书城：《辛亥前后黄克强先生的革命活动》，《辛亥革命回忆录》第一集，第192页。

② 曹亚伯：《武昌革命真史》正编中，第294页。

③ 曹亚伯：《武昌革命真史》正编中，第295页。

④ 曹亚伯：《武昌革命真史》正编中，第294页。

炮十八尊、步枪六百余支、子弹约二千三百余箱（每箱千粒）”[①]。午后4时，黄兴与李书城踏着泥泞道路，由人搀扶，始回到汉阳花园阵地。据日本人萱野长知回忆：黄兴刚撤回到汉阳还遭遇过一场危险，由于黄的机智这才躲过一劫。当时，“在花园阵地庭前潜入了一个敌方的便衣人员，并拿着手枪对准黄兴的侧背。我用日本话喊一声‘危险’！顿时，黄兴拔刀把对方的头砍成两块了。黄兴在东京牛込区曾习剑道，而井上上将的公子井上义雄送给他的这把古刀真是锐利”[②]。当晚，黄兴即派李书城赴武昌报告黎元洪反攻汉口失败经过，黎恐汉阳有失，“当派蒋翊武到汉阳慰勉黄兴，谓汉阳有襄河之险，且系武昌保障，仍要固守。此时之败，不足虑也。一俟各省援军齐到，再图恢复可耳”[③]。

反攻汉口虽然功败垂成，但黄兴是个意志坚定的人，他仍然处世不惊，态度雍容，回到昭忠祠总司令部，按照湖北军政府的意旨，认真作好防守汉阳的准备。清军恐中诱兵之计，竟不敢追击，渐次缓慢推进，复占领硚口、玉带门一带。

黄兴总结反攻汉口失败的教训，觉得最主要的原因是部将不服从命令，新兵无纪律，因此必须奖罚分明。黄兴获悉第一路成炳荣部，因接到命令时，正值成本人醉酒下错命令，竟命部队向与青山相反的方向开动，以至未能按照总司令部命令执行进攻任务。第二路步兵第六标标统杨选青本人在接到总司令部命令时，正在家结婚，故未能遵命从汉阳东北岸向汉口龙王庙进攻。黄兴将上述情形报告黎元洪，期以军法从事。黎遂将成炳荣撤职，杨选青枪毙。而对于在反攻汉口的战斗中表现突出的将士则赠以牛肉、白酒慰劳，“全军闻之，气乃大振”[④]。

---

① 蔡寄鸥：《鄂州血史》（之二），刘萍、李学通主编：《辛亥革命资料选编》第二卷，第520页。

② ［日］萱野长知：《中华民国革命秘笈》，转引自毛注青编著《黄兴年谱长编》，第228页。

③ 曹亚伯：《武昌革命真史》正编中，第301页。

④ 天忏生、冬山编：《黄克强蔡松坡轶事》，文海出版社，第70页。

反攻汉口失败损失是惨重的，但为什么会遭至失败呢？我们认为，主要有如下四个方面的原因。

一是新兵缺乏训练，组织纪律性差。此次反攻汉口主力是援鄂湘军。王隆中所率第一协湘军实为原新军第四十九标，王是以教练官升任标统的，人数不过1700余人。而甘兴典部不仅人数少，而且几乎全为新兵，多为徒手，到湖北后才配备武器。据曹亚伯记载：王隆中初至汉阳，黄兴“派夏维善、宾士礼二员购买酒肉犒赏湘军”，宾士礼报告说：“见有一头目与该棚兵士集赌，该目兵之队官见吾辈至，即警戒赌者立止，无如目兵抗命，集赌依然，该队官即将赌具拿去，孰知该头目因输致怒，即持枪将队官击毙。似此军纪风纪，毫不严明，且兵不畏官，而又将官击毙，更属可危。”[①] 宾士礼“请总司令传知该协统，务要整饬军纪，服从命令，不然，难操胜算”[②]。另据万耀煌回忆：当他随黄兴以及参谋余鸿勋、辜仁发、耿丹等渡河行至罗家墩时，“已是夜半，每家每户挤满士兵烤火，耿丹前往干涉，士兵不听，几至动武，以后遂不过问”[③]。士兵不仅在战场上死伤极多，而且在退却途中并无敌军追击的情况下，由于纪律太差、互相拥挤，落水而死的多达数百人。

二是长官不服从命令，各行其是。按照原来制定反攻汉口的计划，除第一路步兵第三协协统成炳荣因醉酒下错命令和第二路步兵第六标标统杨选青在家结婚未上战场指挥，而使主力部队独力难支外，即使是作为进攻主力的第三路中的王隆中和甘兴典两人也是互不信任的。王称甘“是巡防军，只能守城，不能打仗。甘云我是见过仗的，你是新军，尚未见仗，能否打仗，不得而知，请你不必趾高气扬，到时再见高低云云。湘军来鄂援军只两协，而协统彼此即闹意见，甚至在总司令部彼此争论，大闹特闹，黄

---

① 曹亚伯：《武昌革命真史》正编中，第234页。

② 同上。

③ 万耀煌：《记民元追随黄克强先生的一段往事》，《黄兴传记资料》（七），第25页。

兴亦莫可如何”[①]。甘兴典平时喜欢饮酒，酒醉后常胡言乱语，战斗中他的士兵有的受了伤向后退却，甘兴典也不到阵前加以劝阻，反而“也骑着马向后奔跑，以至引起他的部队全部溃退。黄先生率总司令部人员及督战队持刀拦阻兵士后退，并砍伤了几个后退的士兵，但溃兵汹涌而至，竟要向拦阻后退的人开枪射击。不得已，只好让他们后退”[②]。其他军官如“十标统带杨传连临战不前，二营管带马明熙托病不出，三营管带彭纪麟违抗节度，广东先锋队管带违抗命令”[③] 等，不一而足。此等军事长官又怎么能领导士兵冲锋陷阵呢？

三是武器装备落后，后勤保障不力。援鄂湘军王隆中部不仅兵额不足数，而且“武器也只有步枪。标部本有几挺重机关枪，却留在长沙没有带来”。民军没有机关枪，“只想去抢北兵的机关枪”。士兵骆兆荣与何得清等几个力气大而勇猛的湖南人商量，“用钢板打成盾牌，一人持盾，一人持枪去接近敌人。画了一张图样交队部派人去打盾牌。队部打了三面来一试，重了拿不动，轻了挡不住子弹，而且只能掩护一人，结果没有用”。[④] 争夺清军机关枪的想法未能如愿。而且，民军大炮较少，“缺乏炮兵，不能摧毁敌军阵地工事，又无协同步兵进攻火力，以至全线限于敌人猛烈的炮火下，经过一度激战之后，终因敌军炮火猛烈而被迫后退”[⑤]。至于甘兴典部，由原清巡防营改编而来，亦有许多新兵，且多徒手，到湖北后才配备武器，连服装也不是很整齐。据当年亲自参加民军的王振民回忆：“湘军的装备，都是穿对襟的中式号褂，头上打黄布或蓝布的包头，赤脚穿草鞋打裹腿，其形象颇似

---

① 曹亚伯：《武昌革命真史》正编中，第272页。

② 李书城：《辛亥前后黄克强先生的革命活动》，《辛亥革命回忆录》第一集，第192—193页。

③ 熊秉坤：《民军第五协军事实录》，《湖北文史资料》四，第22页。

④ 余韶：《湖南光复及四十九标援鄂》，《辛亥革命回忆录》第二集，第170—171页。

⑤ 周维纲：《从江西起义到参加武昌起义之战》，《江苏文史资料》六，第172页。

旧剧‘铁公鸡’戏内人物的打扮。”[①] 另据当时援鄂湘军第四十九标二营左队四营的副目余韶回忆：“六棚刘静安由外面回来说：‘别的队上要取消军帽，改打包巾。’三棚正目刘光荣抢先赞成说：‘扎包巾打仗便当些。’多数人一附和，就有些人上街买青布或绉纱做包布。我是不甚同意的，但也只好勉从众议，上街买了一条绉纱包巾。”[②] 由此可见，其时士兵服装穿戴都有很大的随意性，完全没有给士兵配备统一的着装。作为“粮台司令官”的王安澜也没有恪尽职守，亦有“违误命令”之处，“所办干粮、白布标帜未曾办到，黄兴怒甚”[③]。正是由于后勤保障不力，民军温饱都成了问题，甚至出现了“一闻食饭，群往后争食”的混乱场面。[④]

四是民军将领对反攻汉口的计划未能统一认识，直到临战时甚至还有人擅自更改进攻计划。如前所述，反攻汉口是多数革命党人的普遍要求，但在民军将领内部对于是否反攻、是缓攻还是急攻以及反攻时机的选择等方面都是存在分歧的。吴兆麟不同意反攻汉口，他认为：“不战而屈人之兵者上也。”他“建议坚守汉阳，以疲清师而待各省响应”。他说：“反攻容易暴露我方弱点，且不能操胜算，非计之得。”[⑤] 其时，吴被派往汉阳战时总司令部任副参谋长，又曾是武昌首义时的临时总指挥，其不赞成反攻汉口的主张自然会在民军中产生较大影响。程潜认为，“最好是利用长江天堑和各省响应独立的声威，作防御中的攻势准备，使敌人不敢越襄河一步。”“只要再坚持一月，援军日多，北方定有变化。”[⑥] 此外，在缓攻还是急攻的问题上也同样存在分歧，关于这一点在援鄂湘军将领王隆中和甘兴典身上反映最为明显。王隆中部较甘兴典部早几日到汉，因此王主张“理应趁此满军兵力未充

---

① 王振民：《参加独立将校决死团经过》，《辛亥革命回忆录》第二集，第 64 页。
② 余韶：《湖南光复及四十九标援鄂》，《辛亥革命回忆录》第二集，第 168—169 页。
③ 熊秉坤：《民军第五协军事实录》，《湖北文史资料》四，第 22 页。
④ 曹亚伯：《武昌革命真史》正编中，第 298 页。
⑤ 贺觉非编著：《辛亥武昌首义人物传》下册，中华书局，1982 年，第 614 页。
⑥ 程潜：《辛亥革命前后回忆片断》，《辛亥革命回忆录》第一集，第 80 页。

之际，迅速进攻”。而甘兴典“又不以王隆中为然，谓王先到鄂已休养多日，我第二协尚未休息，须从容办理，以便计划周到，免致失败”[①]。即使在民军已渡河至汉口前线临战之时，身为参谋长的李书城和日本参谋研究之后，竟擅自“决定退却”，当即遭到总司令部参谋万耀煌的坚决反对。他说：“敌前退却为兵家大忌，而且未战先退，沮丧士气，莫此为甚。”[②] 万耀煌将参谋长和日本参谋“决定退却”的情形告知唐蟒，唐亦表示强烈反对，唐说：“我为搭浮桥，费了大力，我决不退；遂大呼：‘愿意攻击者随我来!’一时随行者约二百余人。此时天亮了，天也晴了，黄总司令和李参谋长均出来，我即报告唐司令已率一部分兵力向面粉厂方向前进，总司令说：‘命各部攻击前进!’我报告如无其他指示，各部必已遵照昨日命令攻击前进，事实上确是如此，李参谋长对此始终不发一言。黄总司令问日本人在那里？大家都见两日本人随总司令出民房后，立向琴断口方向急行，总司令得知甚为愤怒，拔出军刀交余鸿勋去追回两日人，如不受命，可就地正法。”[③] 由此可以看出，连总司令部参谋长李书城、副参谋长吴兆麟及两日本参谋的态度尚且如此，其他将领的态度可想而知了。

民军反攻汉口虽然失败了，而且遭受损失甚巨，但也沉重地打击了清军的嚣张气焰，灭了敌人的威风。

第五节 保卫汉阳

保卫汉阳之战可以说是辛亥革命史上敌我双方动用兵力最多、

① 曹亚伯：《武昌革命真史》正编中，第272页。

② 万耀煌：《记民元追随黄克强先生的一段往事》，朱传誉主编《黄兴传记资料》七，第25页。

③ 万耀煌：《记民元追随黄克强先生的一段往事》，朱传誉主编《黄兴传记资料》七，第25页。

坚持时间最长、战斗最为激烈的一次战役，同时，也是黄兴一生中领导的反清武装斗争中充分显现其卓越指挥才能且最为艰苦卓绝的一次战役。

10 月 28 日，黄兴刚到武汉就引起清军一片恐慌，迫使清廷改换统兵主帅。从 10 月 29 日开始，清军主帅则由旗人荫昌“易为冯国璋”[①]，而冯于 11 月 1 日夺取汉口之后，将下一个目标确定为夺取战略地位十分重要的汉阳城。据“担任冯国璋的参谋长”张联棻回忆：“冯国璋奉令率军南下，接替荫昌，主持武汉军事，所部最先抵达刘家庙的为六标二营，管带为丁搏霄。”这支清军刚下火车，便遭到民军的突然袭击，由于民军人数仅 100 多人，“当被击溃”，于是，这支部队遂在刘家庙选择阵地布防，防止其他部队来攻。也就在“清军六标二营管带丁搏霄击退民军袭击后，冯国璋召开了军事会议”[②]。他在召集清军将领参加的会议上说：“武汉者，南北之枢纽，水陆之咽喉，自古为兵争之地。”“以言陆地，武昌之东，以洪山为劲障，汉阳之西，以四平山、黑山、大别山（龟山）为方城，汉口之北，以武胜关为要塞；以言水陆，扼长江、襄河之天险，据田家镇之门户，而兵工、火药、钢铁诸厂，近数十年经营缔造，其力又足以济诸行省而取用不穷；且铁路直达京师，交通便捷，实四方之锁钥，全国根据之区，正不独一省之大都市也。虽然，昔日之势，重在武昌，武昌以洪山为扼塞，洪山失则武昌不守，顺流以取汉阳、汉口，如破竹耳。今日之战，则重在汉阳，汉阳之大别诸山，俯瞰武汉，如釜底一丸，下掷则全城瓦碎，不待攻而自破矣。为今之计，惟有先取汉阳，为攻心之上策。”[③] 冯氏在这次讲话中提到“昔日之势，重在武昌”，系指曾国藩曾坚守武昌所取得的成功，“发匪之乱，曾文正公力争武

① 张联棻：《记辛亥武汉之战》，《辛亥革命回忆录》第六集，第 369 页。
② 张联棻：《记辛亥武汉之战》，《辛亥革命回忆录》第六集，第 369—370 页。
③ 王树枬：《武汉战纪》，《中国近代史资料丛刊 · 辛亥革命》五，第 234 页。

昌，三失三得，卒夷大难，再奠神州”[①]。然而，至辛亥革命时期，形势发生了变化，由于清海军的反正，加之，武昌至青山段长江沿岸均筑有防御工事，凭借长江天堑，清军若渡江进攻武昌，死伤概率太大，因而冯国璋选择先进攻汉阳，然后待占领汉阳之后，再谋进攻武昌。从冯氏这一席讲话可以看出，作为清军主帅，他是如何根据形势的发展变化来确定占领汉口之后下一个战略目标的。因而与会将领听完他的讲话后均“深以为然”[②]。早在清军占领汉口后的第 3 天即 11 月 4 日，冯国璋在滠口与袁世凯会晤，在得到袁世凯的同意后决定选择汉阳作为下一步的进攻目标，并为此作了具体部署：“六镇镇统李纯，率混成十一协及混成十九标的炮一队，分甲、乙两支队，渡襄河出击民军的左侧。王遇甲率四镇直渡襄河，进攻民军正面。”[③] 以步队二十一标统带吴金彪为甲支队长，由他统率第二十一标第一、第二营炮队、第六标第三营左队山炮四尊、步队机关枪一队和马队、第六标第一营卫生队四分之一，共编为甲支队。“甲支队出发孝感，分水、旱两路，向新沟渡河进攻，一由水陆进至毛家渡、军桥、四叉河至新沟渡河，一由旱路经坛口、香河口至新沟渡河，向民军侧背前进。”以步队十一协统领马继增为乙支队长，由他统率步队二十二标第一、第三营部队、二十一标第三营炮队、第五标第一营的一队山炮四尊和机关枪一队半、卫生队四分之一、电信队一队，共编为乙支队。“乙支队出发至驼骡口，循大智门西方长堤，经驼骡口预架之桥，相助渡河，与甲支队取得密切联系。”甲支队在新沟渡河占领蔡甸后，迅速前进至驼骡口东方，占领阵地，以便掩护乙支队渡河。乙支队必须抢渡。另抽第八协步队一标作预备队，为甲、乙两支队增援。在甲支队至驼骡口东方，占领阵地后，乙支队渡军桥之时，第八协步队一标，应随即跟乙支队继续渡桥，竭力帮助攻击

① 王树枬：《武汉战纪》，《中国近代史资料丛刊·辛亥革命》五，第 234 页。
② 张联棻：《记辛亥武汉之战》，《辛亥革命回忆录》第六集，第 370 页。
③ 张联棻：《记辛亥武汉之战》，《辛亥革命回忆录》第六集，第 370 页。

汉阳，与甲、乙两支队会合。而炮队则在江上要地列阵，以牵制襄河沿岸民军，并约海军舰队助攻大别山、武昌城，以阻民军西援队伍。八镇张统领抽派奋勇队，备有船筏，作抢渡样于沙口，以扰乱民军军心。混成十一协各部队，严密监视民军偷渡抄袭清军后路。“各个队伍渡过襄河以后，次第攻击四平山、黑山、大别山、兵工厂、梅子山、伯牙台诸要隘，克复以上的地方，在高处竖起红旗为号。”① 也就在民军反攻汉口前 5 天即 11 月 11 日，李纯率甲、乙两支队出发，只是因为天气不好，阴雨连绵，行军发生困难，致使时间延误，清军才没有在民军反攻汉口之前实施进攻汉阳的计划。

针对清军正面和左翼夹击的军事部署，黄兴对此进行了认真研究，并于 11 月 17 日午后 7 时 30 分以总司令官名义发布命令如下：“一、满军仍占领汉口龙王庙至玉带门一带。二、本军今夜拟仍防御汉阳，以战斗队形准备彻夜。三、步兵第四协，仍占领南岸咀至兵工厂东端附近。四、步兵第四标，防御兵工厂。五、步兵第五协，在兵工厂与钢药厂之间占领阵地。六、步兵第六协，占领梅子山及割丝口一带。七、湘军第一协，在割丝口至琴断口之间占领阵地。八、湘军第二协，在美娘山、三眼桥、扁担山附近占领。九、炮队团仍占领原阵地。十、工程第一营将桥梁撤收后，在十里铺集合。十一、各部队给养，用归元寺粮秣。十二、予在昭忠祠。”②

11 月 18 日，清军开始向汉阳大举进攻。清军先在汉口东亚面粉厂附近建炮垒向汉阳射击，又在江岸车站沿江列炮多门狙击起义海军西上，新增援的清军一部集结于汉水上游北岸的新沟。当日清军甲支队出蔡家台，弃舟登岸，分三路进至新沟宿营。翌日，抵蔡甸。乙支队开赴驼骡口。

11 月 19 日，清军乙支队在土堤西南端布阵，与民军相互炮

① 张联棻：《记辛亥武汉之战》，《辛亥革命回忆录》第六集，第 371 页。

② 黄兴：《民军总司令官命令》（1911 年 11 月 17 日），《黄兴集》（一），第 143 页。

击。因该处“旷野无障敝（蔽），又甲支队未至，兵力单弱，战两时，退还土堤”[①]。

19日下午3时，据探报，清军步兵约1000人、马队一队、炮队一营，由油榨岭向民军方向前进，并另有一部队在新沟架设浮桥。4时30分又得探报，清军大部分已抵马家湖，并有一部占据城头山，选择炮兵阵地。由此可知清军由西路进攻，攻民军左翼，黄兴对此高度关注，给各部队下达命令，其要旨如下：“一、敌人主力仍在汉口，另一部队已由蔡甸渡河，进占城头山，选择炮兵阵地。我九江舰队三艘，今日到青山附近，向刘家庙射击敌人炮队，颇得优势。二、我军仍以战斗队形，各在防御地段准备彻夜。三、湘军第二协甘统领，由所属派步队一标，赴三眼桥附近选占阵地，以防敌人夜袭，并由贵协派小部队，警戒黄金口上下，严防敌人渡河。四、湘军第一协王统领，仍占领原阵地，须格外严守琴断口及驼骡口。五、步队第九标即时由马家湾起程，赴磨子山，受甘统领指挥。六、辎重队胡管带即时输送枪弹六十万颗到三眼桥，补充湘军第二协。”[②] 很显然，黄兴的上述命令加强了民军左侧，即西面由新沟、蔡甸方向而来的清军的防御。与此同时，黄兴又敦请黎元洪派兵增援，黎即派遣第七协统领邓玉麟率所部前赴汉阳，以加强汉阳的防卫力量。

11月20日，清军乙支队（步队第二十二标、机关枪一队半、山炮一队）从土堤出发，改道沿南台湖走驼骡口。人马掉在泥水之中，急以水牛挽山炮节节前进。正午，与民军遭遇，清军以两营正面攻击民军，以一营胁其左侧，炮队复驰入阵地，猛射驼骡口、亚细亚油房、琴断口。民军不支，向河南岸溃退，清军进驻河北岸。面对清军的猛烈攻击，黄兴于当晚召集各部队长官于总司令部开会，讨论对付清军的策略，参谋长李书城、副参谋长吴兆麟、参谋姚金镛、宾士礼等人均参加。黄兴鼓励大家说：“现在

---

① 王树枬：《武汉战纪》，《中国近代史资料丛刊·辛亥革命》五，第236页。

② 黎元洪主编：《武汉战纪初稿》，《辛亥革命史丛刊》第三辑，第147页。

各省响应，民心归向，全国已十之七八为我有，仅京汉铁路满军与我为敌。我若将汉阳、武昌严密防御，使满军不能得志，再经几日，则满军必渐穷蹙。望大家各督率所部，好为防御。如各位有好办法，请发表意见，以便讨论。”[①] 接着，吴兆麟亦勉励大家齐心合力御侮，并提出建议说：“汉阳、武昌有襄河、扬子江之险，是一天然好防御阵地，如各部队防御不懈怠，满军无论从何方进攻，皆难收效，徒尽牺牲而已。查现在汉口满军，兵力不及两镇，尤须顾虑后方，是其力量有限，我若持久多日，则响应各省，陆续派兵来援，而汉口满军不难扑灭。望各部队尽力固守，各占领阵地为要。夫战争之道，不在计巧，而在齐心。如各部队长官协力督率，一致忍耐死守，未有不优胜者也。更有一法，现在扬子江惟我有海军，我军在汉阳者取守势，在武昌者连合海军向汉口取攻势，使满军腹背受敌，分兵备我，且对我时立于防御地位，而未能分兵攻击汉阳，则汉阳之危解矣，未审总司令及各部队长官以为何如？”[②] 吴兆麟的建议比较详细地阐释了黄兴讲话的主旨，鼓舞了在座将领的信心，“黄兴与大众均以为然”[③]。于是，吴与黄商量，派参谋姚金镛、宾士礼于翌日早晨出发，侦探武昌、汉口清军情形，绘具略图，以便计划向汉口进攻，拟扰乱清军后方汉口阵地，并将当晚开会讨论决议之事报告黎元洪核定执行。

11 月 21 日，清军甲支队从蔡甸出发，分两路前进，左侧卫改沿襄河南岸前进，主力军直向兴隆集大道前进，进攻三眼桥。三眼桥横跨琴断河，是通向汉阳的必经之道，战略地位十分重要。黄兴原派有湘军第二协甘兴典部在此地附近驻守，复派马队第二营管带祁国钧率队增援，民军坚守三眼桥，布放地雷抗拒，清军

① 黄兴：《在民军总司令部会议上的讲话》（1911 年 11 月 20 日），《黄兴集》（一），第 144 页。

② 曹亚伯：《武昌革命真史》正编中，第 305—306 页。

③ 曹亚伯：《武昌革命真史》正编中，第 306 页。

甲支队踏泥泞攻击，“四平山民军用炮二十余尊轰击，炮弹下落，如陨雹一般”。多次击退清军进攻。下午一时，黄兴下达命令：“一、辎重第二营胡管带速令枪子输送队，赴锅底山附近，补充湘军第二协。二、步队第十标第三营即时出发，赴蔡家岭占领阵地，掩护我军左侧；但须另派一部占领石山岭，警戒蔡甸方面之湖道，务与沌口之步队第十四标相联络。三、湘军第二协统领甘兴典速率该协赴三眼桥附近增加火线，并竭力固守阵地。”下午2时，“敌复向三眼桥进攻”。黄兴“复命步队第四标第三营，并新编之敢死队、援助队、学生军等，即赴三眼桥援助”。“湘军炮队第一标统带尚安邦于汤家山设野炮四门，扁担山及锅底山各设山炮二门，以相抵御。”[①] 旋接炮队统带曾继梧报告，“三眼桥一带划船甚多”，“并请作毁坏三眼桥之准备，以防敌人通过”。又据侦察员报告，“三眼桥建筑甚坚，不用炸药，一时难以破坏”。民军防御线退居三眼桥后方，“并于仙女山设炮二门、美娘山设炮三门，以迎击敌军”。[②] 与此同时，清军乙支队在马继增率领下强渡汉水，进攻琴断口，与驻守在此的湘军第一协王隆中部展开激战，长达一个多小时，民军在清军机关枪扫射下伤亡惨重，被迫后撤至三眼桥固守，清军占领琴断口西岸。

11月22日凌晨5时，黄兴以三眼桥防御吃紧，特将各部队重新分配任务、各部将领以专责成，训令如下：“一、敢死队、援助队、步队第四标第三营、工程第一营及徒步马队，均受王统领隆中指挥。二、炮兵统带曾继梧速派山炮四门赴三眼桥，阻止敌人前进之路。三、第十标统带朱振汉速率该标赴磨子山为援队，归王统领指挥。四、第七标统带胡廷佐率所部赴美娘山，援助各队驱逐三眼桥附近之敌。”[③] 上午7时，清军甲支队在三眼桥附近向民军发起攻击，清军在汉口炮队向仙女山、锅底山附近进行猛烈

---

① 黎元洪主编：《武汉战纪初稿》，《辛亥革命史丛刊》第三辑，第148页。

② 同上。

③ 同上。

炮击，援助其在汉阳进攻部队。湘军第二协在仙女山、锅底山守兵还击，两军战至中午，相持不下。清军另调一部携机关枪多杆，由彭家咀两端徒步潜占美娘山，向三眼桥民军守兵侧击，管带祁国钧受伤，其余官兵亦死伤惨重，守卫三眼桥之民军即退占锅底山与花园一线。黄兴获悉以上情况，即命步队第四协抽派一标赶赴花园增援，进攻美娘山。下午3时，步队第七标统带胡廷佐率该标已由南岸咀出发，下午5时30分，行抵花园，向美娘山清军进攻。黄兴见汉阳形势危急，即电黎元洪派兵增援，黎即派遣步队第十四标及步队第三标到汉阳助战。下午6时，清军向美娘山进攻，所携机关枪甚多，火力猛烈，民军伤亡亦重。由于仙女山与美娘山相距较近，湘军第二协遂由仙女山退占锅底山、扁担山附近，清军占据美娘山和仙女山，是日两军战至下午7时始停止射击。

与此同时，清军工程队则以争夺琴断口两岸的乙支队为掩护，加紧架设军桥于汉水上黄金口，至日暮才完工，“计用布舟三十只、民船六十八只，全长为九十四丈”[①]。是日晚7时，黄兴于花园总司令机关部发布命令：“一、美娘山、仙女山、三眼桥等处之敌，其步兵约二千人。汉口之敌，其兵力约一镇，仍在龙王庙、玉带门一带。我海军现在阳逻附近，掩护武昌下游。二、本军今晚以战斗队形彻夜。三、各部队今晚占领阵地如左：湘军第一协在琴断口至郭家湾一带。湘军第二协在锅底山及扁担山附近。步队第七标与湘军第二协连络在花园附近，但派一部夜袭仙女山及美娘山之敌。敢死队一营在汤家山附近，掩护该山炮队。步队第四协（欠第七标），在南岸咀至兵工厂东端。步队第四标在兵工厂。步队第五协在兵工厂与钢药厂之间。步队第六协在梅子山、黑山及割丝口一带。炮队团仍在大别山、汤家山原阵地。工程第一营在十里铺。四、各部队接济，仍用归元寺粮秣。五、予今晚九时以后在十里铺，各队于十时派员来领命令。”[②] 该命令发布后，

---

① 张联棻：《记辛亥武汉之战》，《辛亥革命回忆录》第六集，第373页。

② 黄兴：《民军总司令官命令》（1911年11月22日），《黄兴集》（一），第145页。

第七标统带胡廷佐即命第一营夜袭仙女山。当日晚8时，步队第七标第一营管带左国栋率该营由花园向仙女山袭击，及至该山东麓，清军步、哨即开枪射击，山上机关枪配合，民军前进袭击数次，均因清军警戒严密而未能继续前进，仍退回花园。

当日晚，黄兴在十里铺见清军占领仙女山，一可俯瞰汉阳，二能侧击大别山，非迅速夺回不可，于是下定决心，待明日拂晓向清军发起进攻。并于当晚10时在十里铺拟订翌日进攻命令："一、据侦探报告，满军抵三眼桥附近之步兵，不过一标；占领仙女山、美娘山者，步兵约一营，机关枪十余杆。二、本军拟明日拂晓击攘仙女山、美娘山之敌。三、步队第七标（欠第一营）明早五时以前由花园之线，向仙女山开始进攻。四、湘军第一协派一标（欠一营），明早五时以前占领郭家湾之线，同时向美娘山开始进攻。五、湘军第二协派一标（欠一营），明早五时以前，与步队第七标连络，同时由锅底山向仙女山开始进攻。六、在扁担山及汤家山炮队，明早天明即向仙女山及美娘山开始射击，援助我步队进攻。七、步队第七标第一营及湘军第二协（欠一标、欠一营）为预备队，明早五时以前，在花园集合待命。八、其余各部队仍占领原阵地。九、予明早五时在十里铺。"①

11月23日上午5时，民军按照黄兴的指令，步队第七标统带胡廷佐由花园出发，进攻仙女山，至上午7时，已占领仙女山东北部，民军汤家山炮队亦向仙女山、美娘山射击，清军死伤甚众，似有动摇之势。上午8时，步队第七标已进至仙女山东南部。是时黄兴由十里铺到花园，见湘军两协逗留不前，派人催令前进，孰知其王、甘二统领俱寻不着。黄兴即亲往指挥，并令预备队一营、敢死队一营前往增援。上午11时，步队第七标统带胡廷佐左膀受伤，第一营管带左国栋亦受重伤，黄兴一面派该标第二营管带杨泽鸿代理统带，并派参谋、副官帮同指挥。"马队第二标第二营管带祁国钧率所部七十余人，冒险冲锋，各军继进。夺清军标旗一

① 黄兴：《民军总司令官命令》（1911年11月22日），《黄兴集》（一），第146页。

面，机关枪两尊，毙其指挥官一员，摘下肩章。祁两腿受十一处伤不退。湘军第四十九标二营管带杨万桂，率所部二十四人，奋勇登山赴援，美娘山因此失而复得。”[①] 下午2时，清军增援部队到达，火力益猛，并派一部绕攻民军右侧，由仙女山出击，占领美娘山，民军势单力孤，美娘山又重新陷入敌手。民军即退占大吴湾西北高地及扁担山、汤家山之线，清军乘机前进占领锅底山。

同日，民军“步队第三协由青山渡江，已抵谌家矶，与海军协攻刘家庙，海军射击时，已将丹水池洋油栈附近俱毁坏，满军在汉口第一道桥梁防御”。民军“为河所阻，不能前进，两军相持约数时之久”[②]，入夜，民军步队第三协仍退回青山，海军复往阳逻停泊。黄兴获悉步队第三协已渡江占领谌家矶与海军协攻刘家庙的消息，遂通告汉阳各部队，“并鼓励各队迅急前进攻击锅底山、仙女山之敌，以收夹击之效；倘能恢复所失各地，将敌人驱逐于襄河北岸，皆有重赏。于是各部队有勇敢热心之士，率队前进攻击锅底山、仙女山之敌，不期各队进至山腰，满军用机关枪扫射”[③]，民军冲锋数次，均被击退，死伤400余人，其余民军仍退回原阵地。清军甲支队进攻三眼桥，清军炮队三营分别射击大别山、梅子山、黑山及四平山，又以重炮一部射击武昌，战斗极为激烈。甲、乙两支队借重炮掩护前进，占领了四平山下一片阵地。黄兴见民军伤亡惨重，虑汉阳难保，特派李书城前往武昌向黎元洪告急，力促黎派兵增援。黎连夜召开紧急军事会议，商议对敌方略。与会者闻民军在汉阳接连失利及清军进占美娘山、仙女山及锅底山等情，极为愤慨。大家一致决议，“一面电催响应各省或迅派兵来援，或直接出兵，向京汉路进攻”[④]，一面又由军务部副部长张振武组织学生军赴汉阳助战，派甘绩熙、刘雄飞、吴

---

① 胡祖舜：《武昌开国实录》，转引自毛注青编著《黄兴年谱长编》，第232页。

② 曹亚伯：《武昌革命真史》正编中，第318页。

③ 曹亚伯：《武昌革命真史》正编中，第319—320页。

④ 同上。

兆鲤、余鸿勋、高建翎为学生军队长。下午1时许，张振武等组织学生军200余人，旋即渡江向汉阳十里铺集合，准备作战。

11月24日凌晨，黄兴在汉阳十里铺发布命令如下："一、汉阳之满军现占领锅底山、仙女山及美娘山附近。汉口之满军仍在龙王庙至玉带门一带。二、我军拟以一部迎击汉阳之敌，以一部防御南岸咀至黑山附近。三、步队第四协统领张廷辅，率该协本日午前四时须占领花园至扁担山之线，迎击前面之敌。四、湘军第一协统领王隆中，率该协本日午前四时须占领琴断口、郭家湾之线，与步队第四协连络，迎击前面之敌。五、步队第三标统带刘廷福，率该标本日午前四时在南岸咀至铁厂一带防御。六、步队第五协统领熊秉坤，率该协本日午前四时，右翼与第三标连络，左翼至西月湖北端一带防御。七、步队第四标统带胡效骞，率该标本日午前四时在钢药厂一带防御，但须与步队第五协连络。八、步队第十四标统带黄申芗，率该标本日午前四时占领钢药厂以北防御，须与步队第四标连络。九、步队第六协统领杨载雄，率该协本日午前四时，右翼与步第十四标连络，在黑山至割丝口之线防御。十、炮队团长曾继梧，率该团炮队本日午前四时仍占领原阵地。但扁担山、汤家山炮队，须射击锅底山及美娘山附近为要。十一、敢死队队长方兴，率该队在汤家山附近掩护炮队。十二、湘军第二协统领甘兴典，率该协并其余各队为预备队，在金龙岭附近集合待命。十三、学生军本日午前四时在扁担山、花园、琴断口、郭家湾之线督队，迎击前面之敌。十四、予本日午前四时以后在十里铺。"①

黄兴因各部队长官多有临战胆怯之人，不仅不在前线督率，而且自由逃匿，特传知各部，如再有畏缩不前、甚至贪生避匿之人，一经查出，无论何人，即以军法从事。"更令学生军在各队后

---

① 黄兴：《民军总司令官命令》（1911年11月24日），《黄兴集》（一），第147—148页。

方分班督阵，如查有借故退却（怯）者，即拿交总司令官绳以军法。”[①] 上午 6 时 30 分，清军步兵一营，附有机关枪多尊、骑兵两队向徐家湾至三眼桥附近一带前进，且琴断口附近清军亦有增加。民军步队第四协及湘军第一协与之接战，战斗极为猛烈，长达 3 小时之久。上午 10 时，黄兴命预备队上前助战，但民军前进，清军不退，均以机关枪扫射，两军伤亡俱重，战至中午，前线民军士兵呈退怯之势。

同日，第三批援鄂湘军刘玉堂率领第一师第二协一标四个营到武昌应援，黎元洪即令赴汉阳前线，受黄兴节制。下午 3 时 30 分，刘玉堂率队抵达汉阳十里铺，与黄兴接洽。黄兴当命赴花园附近增援，攻击仙女山之敌。“该湘军到火线时，剧战良久，前进攻击数次，满军用机关枪扫射，毫无动摇。刘玉堂极为奋勇，身先士卒，冲锋数次。午后五时半，刘统领玉堂身中数枪阵亡，官兵亦死伤甚众。至午后七时，两军始停止射击。我军仍占领扁担山、花园之线。”[②] 当晚深夜，黄兴接到前线报告，谓花园山及扁担山一带之守兵皆悄悄退却，清军已前进占据扁担山、花园之线。黄兴得此报告，十分焦急，当传知各部队长官，严密警戒，倘有疏虞，即于各长官是问。黄兴当晚仍在十里铺宿营。

11 月 25 日，“午前六时，满军由扁担山、花园之线，专用机关枪向我军猛烈射击，我军在十里铺一带防御。黄兴命沿襄河防御各队，各抽派四分之一兵力，赴十里铺增加。同时，满军在汉口炮队亦向十里铺注射，我军伤亡甚重”[③]。于是，十里铺又成为清军与民军争夺的一个焦点。正当十里铺争夺战处于胶着状态时，民军内部发生重大事变，以此成为阳夏之战的一个转折点。

当日上午，驻守汉阳的湘军第一协统领王隆中擅自率部撤离前线，渡江至湖北两湖书院休整，说是要在武昌休息几日再赴汉

① 曹亚伯:《武昌革命真史》正编中，第 328 页。
② 曹亚伯:《武昌革命真史》正编中，第 329 页。
③ 曹亚伯:《武昌革命真史》正编中，第 331 页。

阳作战。据李书城回忆，他奉黄兴之命，到武昌劝王隆中率部开回汉阳，但王对李说："兵士实在太疲劳，不休息几日不能作战。"李商请黎元洪允给50万元犒金，只要该部开回汉阳。但王"还是执意不肯开回，竟至向我下跪。我未能说服他"[①]。湘军第二协统领甘兴典见王部撤退，也率部向汉阳鹦鹉洲方向退走。翌日晚，王隆中率部潜回湖南，湖北军政府即电湖南都督谭延闿严惩王、甘二人。甘兴典逃至岳州，被捕正法，王隆中逃遁，后来湘军第一协在湖南改为第四师，王仍当师长。

黄兴考虑到十里铺前线民军力量单薄，阵地又无障碍物遮挡，能战之兵、勇敢之士，俱已损失殆尽。眼看军无斗志，一闻机关枪声，顿生恐怖情绪，如再后退，汉阳便不可守，若汉阳失利，则汉阳兵工厂恐为敌所有，清军岂不更为嚣张？于是，根据众将议决，拟暗中将兵工厂一切重要机器及所余枪械子弹搬运至武昌储存，以免资敌，并派李书城至武昌向黎元洪报告详情。

是日中午，民军沿襄河防御各部队均已抽调援兵，向十里铺集中，利用十里铺战壕坚守，清军亦未能前进。两军即在十里铺之线相持，战斗极为猛烈。

黎元洪从李书城的报告中获悉汉阳形势危急，当即召开各机关要人磋商挽救之法，多数与会者赞同将汉阳兵工厂机器及弹药暗运武昌，惟杨玺章表示反对，他激动地说："汉阳乃武昌保障，万不可弃。如汉阳失，则大别山能瞰制武昌省城，敌若在大别山用炮队向武昌注射，其危险曷堪设想？仍要鼓励军心，死守待援。至于兵工厂机件，亦不可搬运。如一经搬运，则工人必致惊慌，谣诼繁兴，势必动摇军心，沮丧士气，而促其速失也。为今之计，我应深沟高垒，利用坚固防御阵地，竭力抵抗。一俟江西援兵赶到，再图恢复可耳。"[②] 李书城认为，杨玺章所言万难办到。杨、

---

① 李书城：《辛亥前后黄克强先生的革命活动》，《辛亥革命回忆录》第一集，第194页。

② 曹亚伯：《武昌革命真史》正编中，第332页。

李二人争论良久，认识不能统一。李书城只好用电话报告黄兴，黄兴复派遣吴兆麟再往武昌，详述经过情形。吴来到武昌，报告黎说："汉阳连日战斗，夜间均以战斗队形彻夜，兵士极形疲苦，迭次猛战，精锐损失殆尽，元气大伤，军无斗志。目下各部队缺额颇多，均不完整，幸防御工事坚固，白昼尚能支持，一到夜间，兵士即乘机潜逃，即处以军法，亦不能维持。此皆新兵未受教训之故也。况十里铺距兵工厂不过十里路耳，如再后退，实无法维持。明知汉阳地方重要，理应固守待援。无如满军已经渡河，彼有机关枪、管退炮，我皆无之。兵士一闻机关枪声，都甚惊慌，无论如何鼓励，或严为惩罚，皆不能收效，此无可如何者也。为今之计，一面催江西等省迅派兵来援；一面在汉阳竭力抵御。但兵工厂之紧要机件及所余弹药，须利用时间，搬运武昌，以防不测。"[①] 黎与在座诸人均以吴兆麟之主张为然。遂一面拟电江西等省速派兵来援，并饬船政局输送队到汉阳兵工厂与厂长萧佐汉接洽，将弹药机件运至武昌。惟杨玺章主张死守汉阳，即战至一兵一卒，亦不可放弃汉阳，亦有人附议，于是，杨玺章即组织参谋10余人，随吴兆麟一道前往汉阳，参与指挥战斗。

当晚，民军仍在十里铺一带阵地以战斗队形过夜。黄兴诚恐前线守兵复行潜逃，特派宾士礼、余鸿勋、甘绩熙、高建翎、吴兆鲤、胡东平、夏维善等人各往前线督率，又在战线后方各要道派兵严守，并传知各部，如再有自行后退潜逃者，即就地正法，如奋勇敢战者当有重赏。

11月26日黎明，"张振武率卫队学生军千五百人，袭锅底山，张敬尧击之退"[②]。张振武"被弹伤右膀甚剧溺水中，幸有卫兵救起，得以不死，而所率军队死伤大半。君（指张振武——引者）犹负重伤经十里铺面晤黄兴，报告北军已至，请速行预防，始由

① 曹亚伯：《武昌革命真史》正编中，第332—333页。

② 王树枬：《武汉战纪》，《中国近代史资料丛刊·辛亥革命》五，第238页。

卫生队将君舁至武昌疗养”[1]。清军统带吴长植率第十五标会同张敬尧部追赶至十里铺西，因民军阵地坚固，外施铁丝网，环布地雷，久攻未下。与此同时，清军甲支队队长吴金彪率部进攻三眼桥，摧毁民军堡垒，进占汤家山，缴获民军大炮七尊、枪械子弹无数。六镇统制李纯飞檄吴金彪率第十五标乘胜前进，推进到乙支队右翼，绕道包围十里铺民军之左侧，另调清军乙支队队长马继增率第二十二标二营攻民军右侧于黑山之麓，复檄第四镇步兵一营、机关枪一队，由水电公司渡河配合进攻。由于清军炮火猛烈，上午 8 时，民军右翼开始向后撤退。上午 11 时，清军炮队向十里铺发炮攻击，民军步队第三标第二营管带王殿甲阵亡，下级军官死伤多人。下午 1 时，杨玺章在十里铺督战时，“立于黄总司令身边，忽遇枪弹横飞，有一弹中杨君脑，因以阵亡”[2]。当时，黄兴正与杨玺章谈话，杨被敌人枪弹击中阵亡，“黄仍泰然不为所动”[3]。后被“随从人员强曳以避”[4]，方才躲过一劫，其英雄气概，见者无不感奋！下午 4 时，十里铺失守。下午 5 时，清军过十里铺，进占梅子山、黑山等处。汉口硚口一带清军一方面用大炮向汉阳方向炮击；另一方面，由汉口用民船输送步兵自硚口附近渡河助战。守卫汉阳的民军第六协及步队第十四标被迫向后退却。黄兴见形势危急，即派第三标一营管带郭炳坤率该营在归元寺以北掩护。下午 6 时，黄兴回到昭忠祠总司令部。黄兴身边只有随从人员和少数学生军。他向在场的人倾诉说：“战事一败至此，官兵无一人用命，眼见汉阳已失，我亦无面目见一般同志，惟有一死以谢同胞。”[5] 时田桐在旁哭劝，谓黄兴一身有关大局安危，决不可以轻生，且胜败乃兵家之常事，宜急速收容各部至汉阳城内防

① 民史氏：《张振武之革命战史》，《武昌起义档案资料选编》中卷，湖北人民出版社，1982 年，第 398 页。
② 居正：《辛亥札记》，罗福惠等编《居正文集》上，第 65 页。
③ 辜仁发：《辛亥革命阳夏战争述略》，《辛亥首义回忆录》第一辑，第 196 页。
④ 胡祖舜：《武昌开国实录》，转引自毛注青编著《黄兴年谱长编》，第 234 页。
⑤ 曹亚伯：《武昌革命真史》正编中，第 338 页。

守，以作背水一战之备。武昌同志闻汉阳败讯，亦多次电促黄兴退守武昌，再作商量。黎元洪特派专人至汉阳劝勉，请黄兴速至武昌筹商善后防守之策。黄兴于当晚一面引咎电辞总司令职，一面作城亡与亡之战斗，他传令各部在汉阳城附近集中整顿，以利再战。并于当晚指挥甘绩熙率敢死队夜袭清军，曾一度夺回磨子山、扁担山，嗣因援军接济不上，两山又得而复失。为安全计，“于是，同人不听公之答辩，而环拥公退出汉阳。当江轮渡至中流时，公目睹汉阳城，忽急走船舷，纵身投水，使非副官长曾昭文与揆一追随左右，合力抱持之，恐即与波臣为伍矣”[①]。晚上 11 时，黄兴在同人的护卫下回到武昌都督府。

11 月 27 日，清军分为三个纵队向汉阳民军发动进攻，一路攻大别山，两路攻汉阳。大别山地势高且险峻，可以控制武汉全城，成为清军争夺的焦点。民军在此建筑层层堡垒，易守难攻，清军借助大炮掩护，拼命仰攻，敌人死伤甚众，清军竟“踏尸前进”，遂破民军防线。“下面民军援兵，由于被阻于清军一、二纵队，无法援助，清军乘势抢占山头，手执红旗，四起四落，才将民军旗帜拔去，树立清军之旗，民军溃退武昌、沌口、青山等处。”大别山争夺战历时 4 小时之久。“大别山占领后，清军一、二两纵队，随即攻入汉阳，吴金彪以标兵一部搜索隐匿的民军；另以一部标兵追击渡江的民军，民军落水溺死的为数不少。”[②] 据当时《民立报》报道：当民军和汉阳百姓乘船向武昌撤退时，清军残忍地从汉阳大别山向江中民军船只开炮，民军伤亡极为惨重，“武昌城外，由江中捞出之死尸陈列堤上，不计其数，内有未死而呻吟者，有妇人抱子，母死而子苏，啜泣索乳者。血溅江边，死者相枕藉”[③]。其情其景，惨不忍睹！

上午 10 时，汉阳城为清军所占领。汉阳失守之后，群众的反

---

① 刘揆一：《黄兴传记》，饶怀民编《刘揆一集》，第 167 页。

② 张联棻：《记辛亥武汉之战》，《辛亥革命回忆录》第六集，第 376 页。

③ 《民立报》1911 年 12 月 1 日。

清斗争仍然没有停止，各地来汉投效之士，犹独自抵御献身者，颇不乏人。有留日士官学校毕业生萧钟英“不忍见汉阳之失，危及武昌根本之地，愤不顾身，组织一班敢死之士，自武昌渡汉阳。龚国煌等阻之，不听，迳至汉阳铁厂码头登岸，慷慨激昂，持枪向满军猛射，满军用机关枪扫射，萧钟英及一班敢死之士皆阵亡”[①]。

汉阳之战，据11月27日集合各部队战报统计，自11月18日至11月26日，民军“共死军官一百三十七名，伤八十五名。目兵计死二千六百九十三名，伤四百余人，遗失枪炮弹药甚夥”[②]。

27日中午，黎元洪召集湖北军政各界代表，在湖北军政府召开紧急会议，讨论今后战略方针及防守武昌事宜，并请黄兴讲述汉阳保卫战经过情形。黄兴登台讲演，他说：“此次汉阳之役，非军队不多，非防守阵地不固，又非弹药粮秣不充足，其所以致败之原因：第一、系官长不用命；第二、军队无教育；第三、缺乏机关枪。有此三缺点，故每战失利。自第一次败退后，各兵士一闻机关枪声，极为惊慌，各官长亦畏避不前，屡次鼓励，皆不收效。最可惜者，鼓励一次，即多热心勇敢之士告奋勇前进，敌人用机关枪扫射，前者死，后者退，所以败也；若前者仆，后者继，未有不胜者。”[③] 黄兴对保卫汉阳失败原因的分析是符合事实的。以下材料可资佐证。

首先，关于“官长不用命”的问题，最典型的人物首推第一协统领王隆中。在11月23日民军从花园出发攻打仙女山取得较大战绩、敌现动摇之势的关键时刻，王隆中胆怯异常，竟私自“潜至民房隐匿，统带如此，其部下军官，亦不愿身先士卒，见前面射击猛烈，该协所派队伍，逗留不进。湘军第二协见第一协不向

① 曹亚伯：《武昌革命真史》正编中，第341—342页。

② 曹亚伯：《武昌革命真史》正编中，第344页。

③ 黄兴：《在湖北军政各界代表会议上的讲话》（1911年11月27日），《黄兴集》（一），第148页。

前攻，遂亦停止不进。各军官见统领隐匿，因亦闻风效尤，潜向后退。以致兵士自由行动，实属不成事体。”黄兴“由十里铺到花园，见湘军不进，派员催令前进，孰知其王、甘二统领，俱寻不着，在队军官，皆不负责。黄兴即亲往指挥，该湘军置若罔闻，各兵亦自由后退，所有在战线者无几”[①]。当日下午2时，清军占领锅底山后，“湘军第一协尚有一大部在花园以北阵地占领，其第二协似已瓦解。王隆中随带从卒二人，匿于十里铺民房内。有战伤兵士到该房稍息，遇之，问曰：‘王统领何故不到战线指挥？’王隆中云‘我在此替兵士照拂补充粮秣，以免兵士饥饿’云云。该伤兵曰：‘贵协有军需官否？’王隆中不答。旋出外潜往割丝口去矣！”[②] 11月26日上午11时，王隆中“竟胆敢不遵命先自退却，到武昌两湖书院集合”。黄兴先派李书城到武昌说服王隆中再返回汉阳作战，王不听劝告。黄兴又用电话报告黎元洪，仍令第一协来汉阳作战，黎即派蒋翊武、李作栋至两湖书院与王接洽，并赏给该协酒肉，仍请其往汉阳参战，“王隆中面如土色，不肯前往，该二人回报黎都督，云湘军誓不再往汉阳，要退回湖南，黎都督恐湘军退却牵动全局，复亲赴两湖书院，令王隆中带队到汉阳加入战斗，再三劝勉，并许以特别酬劳，王隆中卒不肯往”。王隆中竟“暗中掳民船甚多”，“潜回湖南”。[③] 作为保卫汉阳主力的援鄂湘军头目尚且如此，其他头目可想而知。

其次，关于“军队无教育”的问题。民军多数是临时新招的，各种职业的人都有，其中以退伍的清军居多数，“半属乌合之众，市贩屠沽，无类不有”。在11月24日中午，民军与清军在争夺三眼桥和琴断口阵地的战斗中，民军步队第四协及湘军第一协士兵“有自由退却者，黄总司令在十里铺道路上正法数人，于是兵士不

① 曹亚伯：《武昌革命真史》正编中，第317页。
② 曹亚伯：《武昌革命真史》正编中，第318页。
③ 曹亚伯：《武昌革命真史》正编中，第336—337页。

敢后退，即在战线停止抵抗”[①]。由此可知，士兵态度消极，即使迫于形势不能后退，但也“停止抵抗”。更有甚者，有的士兵由于缺乏教育，连敌我也分不清楚，不仅不服从命令，甚而至于将枪口对准了给自己下命令的官长。就在11月26日夜晚，“第四协统领张廷辅犹力督所部占据大巷口不退，并派员沿途邀集溃众，拟分驻各隘，以图恢复。无奈各军兵士四窜奔逃，势如蜂拥，部伍混杂，不复成列。有热血将校，分立各段路口，拔刀阻止，立砍先奔数人，以惘来者。奈各兵至此，只图争先逃命，不复知有长官，见有阻止者，即举枪欲击。军心如是，亦徒唤奈何已耳”！即使士兵在没有敌人追赶的情况下后撤渡江赴武昌时，秩序也极混乱，“湘军悉由汉阳上游向沌口退去，鄂军则沿汉阳西岸，寻觅船只，争先抢渡。敌不我追，自行惊扰，惨遭覆没，浮尸蔽江，多缘无教育之兵，故难绳以纪律也”[②]。也难怪黄兴在11月27日晚汉阳失守时叹息：“新兵不可用，夫复何言！”[③]

再次，关于“缺乏机关枪”的问题。毫无疑问，决定战争胜负的主要因素是人心，“人心齐，泰山移”。但武器也是决定战争胜负的重要因素。汉阳失守后，奋勇军统领王安澜曾发表过一份布告，其中特别强调清军机关枪的威力之大。该布告称：“汉阳、汉口之失，虽由兵不用令，实因敌军机关枪过于猛烈，以致人人寒胆也。”[④] 北洋军装备精良，远胜于民军，有不少武器是从外国进口的。“陆军部向德国订购马克沁机关枪五十二挺，每队四挺，效率每分钟发射子弹五百粒。”[⑤] 清朝在永平秋操时，曾“编练机关枪队，共编十三个队，每队两排”，因新买的机关枪“尚未运到，而秋操在即，只好临时向湖北、南京借用”[⑥]。这样湖北新军

---

① 黎元洪主编：《武汉战纪初稿》，《辛亥革命史丛刊》第三辑，第151页。
② 黎元洪主编：《武汉战纪初稿》，《辛亥革命史丛刊》第三辑，第151页。
③ 辜仁发：《辛亥革命阳夏战争述略》，《辛亥首义回忆录》第一辑，第196页。
④ 《奋勇军统领之布告》，《中华民国公报》1911年12月18日。
⑤ 贺觉非编著：《辛亥武昌首义人物传》上册，第284页。
⑥ 同上。

所用的机关枪全部被北洋军带走，这样“竟帮了清军大忙，致使武汉军民在起义后极少机枪”[①]。汉阳保卫战失败的原因，除上述黄兴分析的原因之外，我们认为，还有一个重要原因，那就是内部意见分歧，指挥不能统一。诚如当事人宋教仁等人分析的，“汉阳失败之因，据内部人来沪报告，乃由于事权军令之不一。得此惩毖，足使我民自知病痛所在，恒受砭抑。尚乞诸公有所鉴戒”[②]。本来，在湖北军政府内部早就存在旧军官、立宪派与革命党人之间的矛盾，而在革命党人内部又由于地域观念作祟，湖南人与湖北人之间也存在这样或那样的矛盾，这种矛盾早在黎元洪是否能当都督、黄兴到汉之后的名号问题即是称“两湖大都督”还是称战时总司令以及黄兴作出反攻汉口的战略决策是否正确等问题上已反映出来，而到汉阳保卫战这一阶段，这种地域观念又有所抬头。关于这一点，就连湖北宜昌人郭寄生也看得很清楚，据他回忆说：“我军退守汉阳以后，革命阵营已不如从前团结，各同志意见渐见分歧，瞻念前途，令人悚惧。”[③] 对于黄兴在汉阳的防御部署，湖北革命党人持不同意见者较多。孙武认为，“汉阳有鄂军蒋肇鉴、熊秉坤、张廷辅、胡效骞等人所率领的步队，还有炮队和工程队等等约一万余人，相当于四协兵力，再加上湖南王隆中、甘兴典两协的兵力，总计在两万人以上，不应该摆在汉阳一个地区。汉阳上六十里的蔡甸，为敌军从侧面进攻汉阳的必经之路，应该派大部分兵力驻守此处，这与黄兴的计划是不一致的。”[④] 与孙武的看法相同，亦认为黄兴不重视新沟、蔡甸的防守的湖北革命党人还有不少，诸如湖北罗田人张振武、何亚新，湖北天门人李长龄，湖北黄冈人杜武库，湖北广济人张盘等等。[⑤] 他们的建言

① 李喜所等：《黄兴的军事理论与实践》，第 156 页。

② 《宣统三年十月十一日留沪代表宋教仁等致各省咨议局电》，《中国近代史资料丛刊 · 辛亥革命》五，第 396 页。

③ 郭寄生：《辛亥革命前后我的经历》，《辛亥首义回忆录》第一辑，第 98 页。

④ 李春萱：《辛亥首义纪事本末》，《辛亥首义回忆录》第二辑，第 195 页。

⑤ 详见李喜所等：《黄兴的军事理论与实践》，第 212—213 页。

虽然说法不尽相同，但其要旨基本上是一致的，那就是要求黄兴派重兵加强新沟、蔡甸一带的防守。11 月 21 日，清军镇统李纯攻陷汉川，强征材料，架浮桥渡襄河，大破蔡甸之民团，占据蔡甸城头山，李长龄又上书都督府划策曰："一曰以正兵攻蔡甸正面；二曰以舟师由马家湖攻其侧；三曰调回赴襄阳之师尾袭其后；四曰急据大军山。黎以为是。"[①] 由此可知，李长龄提出的"以正兵攻蔡甸正面"、以重兵加强新沟、蔡甸一带防守的划策不仅是不少湖北革命党人的要求。而且也得到了黎元洪的认可。由此亦可以窥见，汉阳保卫战期间，在汉阳军事部署上黎元洪与黄兴也是存在分歧意见的。诚然，派重兵加强新沟、蔡甸防守无疑是一项十分必要的重要决策，但当时的实际情况是，新沟距汉阳绵延 60 多公里，蔡甸距汉阳亦有近 30 公里，因战线太长，兵力不敷分布。即使如此，黄兴还是部署了精锐之师在此防守，在新沟、蔡甸防守的部队是敢死队金兆龙部和湘军王隆中部一营两个队，在汉川由黄兴任命的襄河游击总司令梁钟汉部防守。此前，梁将所部军队改编，委任陈占胜为独立营管带，委张殿臣为第一支队长，杜厚斋为第二支队长，梁达五为第三支队长。余文甫为补充队队长。"率全队开往新沟布防。"[②] 梁部在新沟、蔡甸一带开展游击战争，从"汉阳之背"给清军以致命的打击，"有效地牵制了清军侧翼部队，配合了汉阳防守"[③]。黄兴在汉阳的军事部署重点自然应当在汉阳主战场，将兵力集中在襄河下游沿岸一带，但他也安排了适当的兵力和精锐部队在第二道防线即新沟、蔡甸一带防守，他在汉阳的军事部署无可指责，何错之有？而倒是对其军事部署进行无端责难的人扰乱了民军的思想，制造民军内部不团结、不和谐的氛围，使指挥不能统一，这恰恰是导致汉阳失守的重要原因之一。

---

① 李西屏：《武昌首义纪事》，《辛亥首义回忆录》第四辑，第 66 页。

② 梁钟汉：《我参加革命的经过》，《辛亥首义回忆录》第二辑，第 25 页。

③ 李喜所等：《黄兴的军事理论与实践》，第 215 页。

然而，黄兴在阳夏战争中所建树的历史功勋是不可磨灭的。阳夏战争如果从1911年10月11日驻汉口新军党人起义占领汉阳算起至11月27日清军攻占汉阳为止，历经48日之久，而黄兴从10月28日接任汉口总指挥算起至11月27日汉阳失守为止，他临危受命，统率民军在汉口、汉阳与清军主力部队战斗了整整一个月时间。他不分白天黑夜、在战场上出生入死，与士兵同艰苦、共患难，置个人生命于不顾，几次险遭不测，与敌人作殊死的斗争，其大无畏的革命精神真可谓惊天地、泣鬼神！

人们不能忘记的是，当黄兴来到武汉时，清军的增援部队已经陆续开到了汉口，人数多达3万余人，而且都是训练有素、装备精良的北洋部队。而民军不到两万人，而且清廷采取釜底抽薪的策略将湖北新军大部分都抽调至四川镇压保路运动、民军大都由临时招募而来，来不及进行军事训练，且武器装备远不及清军。在综合实力如此悬殊的情况下，无论由谁来领导和指挥，其结果都是一样的。

“胜败乃兵家之常事”，更何况黄兴接手阳夏之战的领导和指挥时已经到了10月28日，其时，汉口革命力量正成颓势，但黄兴苦战长达一个月之久，已经尽到了一个军事指挥家的责任。我们不能以成败论英雄，从战役上看，阳夏之战是失败了；但从战略上看却是胜利了。黄兴自武汉苦战力绌来沪，胡元倓见面笑曰：“成功矣！”黄兴曰：“我败来，何出此言？”胡元倓曰：“君非军事家，败乃常事。前者君一人革命，故难成功，自黄花岗事出后，全国人心皆趋向革命，自成功矣。”[①] 胡元倓这番谈话是从全局上整体上看问题的，而不是从某个战役的失利来作评判的，因而是很有远见卓识的见解。因此，可以说革命党人是“不胜而胜”，他们虽败犹荣，而清政府是“不败而败”，一败涂地。因此，阳夏之战的影响是不可低估的，概括起来，有如下几个方面：

第一，教育了人民，鼓舞了斗志。

---

① 胡元倓：《题黄克强先生遗墨》，《明德校史》附录，内部刊物，1929年，第3页。

阳夏之战是清军主力与革命派武装部队主力之间的一场生死大决战，“清军所到之处，逢人便杀，积尸遍地”。民军则英勇顽强，连夜苦战，“给养不及时，战士忍饥一、二日继续抵抗；受伤者忍痛不肯下火线，经红十城字会抬入医院后，神经错乱中尚不忘战争；枪伤未愈者，力请再上火线，因之伤口复发，终至不治。市民则自动煮饭、蒸馍，向火线输送，不怕危险”①。民情之盛，由此可见一斑。战场上，民军给清军以致命的打击，清军伤亡惨重，据当事人统计，“清军阵亡者亦在万人以上。每次战后，以一麻袋盛尸体两具，由火车运至信阳掩埋，官长则运回原籍”②。至于民军牺牲者自然也不少，据不完全统计：汉口争夺战从 10 月 17 日开始到 11 月 2 日汉口被清军占领为止，“革命军伤亡约达六七千人”③。汉阳保卫战从 11 月 18 日开始到 11 月 26 日的战斗中死伤官兵 3315 人④，另外，尚有 11 月 27 日民军撤离汉阳时渡江死伤民军和百姓未计算在内，估计当天死伤人数有 1000 多人，如果将上述阳夏之战全过程中死伤人数加在一起，民军伤亡官兵当在 12000 人以上。⑤ 牺牲的民军来不及搬运，大都在牺牲所在地就地掩埋，据当事人回忆：“汉口刘家庙下段，江岸长湖地、门牌地大路左右，并排三大段，立有姓名籍贯标志。刘家庙后古德寺东南大冢，系各地死者合葬此处，共约三千具左右。以前曾建有铜柱石阶，现多毁坏。大智门外英德球场路右，先后合葬六大堆，埋有阵亡将士及助战人民二千余人。利济北路二冢，原有木质祭亭，现亦无存。桥口上段罗家墩和肖家地有散坟十数处，当时因炮火紧急，随地掩埋，现已难于辨别。汉阳龟山尾六角亭对面烈士墓，有红砂石围墙，此为墓地之最好者。又美女山、扁担山、雨淋山均有

① 辜仁发：《辛亥革命阳夏战争述略》，《辛亥首义回忆录》第一辑，第 190 页。
② 李白贞：《我所参加的辛亥革命工作》，《辛亥首义回忆录》第一辑，第 163 页。
③ 辜仁发：《辛亥革命阳夏战争述略》，《辛亥首义回忆录》第一辑，第 190 页。
④ 曹亚伯：《武昌革命真史》正编中，第 344 页。
⑤ 此数字根据当事人所撰回忆录综合整理而成。

阵亡将士埋骨之所，现已自然淹没。”[①] 上述依稀可辨的阳夏之战英烈墓地见证了当年广大人民反抗清王朝的战斗精神。这种敢于战斗、勇于献身的精神对武汉地区、湖北地区乃至全国其他各省区的人民大众投身反封建斗争都是极大的鼓舞！“故克强之功，不在守汉阳之孤城，而在其大无畏之精神，以未经训练之乌合残卒，含辛茹苦，抵抗冯国璋北洋熟练之雄师，因此稳定起义之武昌，促各省革命党之崛起。”“类皆振臂一呼，群众响应，清之将吏，不战而奔。”“虽曰民众心理，早已趋向独立自由，故清廷无所寄，而不得不土崩瓦解。”[②] 诚哉斯言！

第二，牵制了清军主力，为各省光复创造了良机。

在阳夏之战的 48 天时间内全国已有 14 个省、市宣布独立，脱离清廷统治。如同本章第四节所述，截至 11 月 9 日，全国已有 13 个省、市宣布独立。11 月 27 日，成都宣告独立，成立大汉四川军政府。至此，截至 11 月 27 日阳夏战争结束，全国已有 14 个省、市宣布独立。在清廷新练陆军 14 镇、18 协中，起义或者溃散的计有 7 镇、14 协，超过半数。内地各省除直隶、河南、山东（假独立）外，已全部宣布脱离清廷独立。11 月 1 日，清海军海琛、海容、海筹三舰及各炮艇由汉口下驶九江，归附民军。阳夏之战结束后第 5 天，即 12 月 2 日，江浙联军经过 10 天浴血奋战，攻克南京城，这就为南京临时政府的成立准备了重要条件。诚如时人所云：由于黄兴坚守汉阳，“各省遂得乘机大举，先后响应”，“卒以开创中华民国之新局。故克强之功，虽在坚守汉阳，而其能坚守汉阳，以促各省革命党之响应，则关系民国之兴亡尤巨”。“汉阳既失，克强乃走上海，谋率各省义师大举北伐。各省代表于是拥戴克强以组织元帅府。迨中山先生自欧洲归国，当选临时大总统，克强受任为陆军部总长，而民国中央政府遂以产生。世称孙、黄

① 李白贞：《我所参加的辛亥革命工作》，《辛亥首义回忆录》第一辑，第 162—163 页。

② 居正：《辛亥札记》，罗福惠等编《居正文集》上册，第 62 页。

为开国二杰，克强诚当之无愧矣。”[①]

第三，迫使清政府将军权交给汉人官僚，使之彻底陷入孤立无援的境地。

旷日持久的阳夏拉锯战重创了北洋军，使清廷受到了致命的打击，迫使其在政治上作出让步。10 月 30 日，清政府为消弭革命，以摄政王名义，下“罪己诏”；11 月 1 日，解散奕劻皇族内阁；11 月 3 日，颁布《宪法信条》19 条，宣布提前立宪；12 月 6 日，黜废摄政王载沣；如此等等，不一而足。清政府在政治上作出的种种姿态，却并没有收到什么好的效果，人民群众已经失去了对清政府的信任。各省频频易帜，使清王朝的崩溃势如破竹，成不可挽回之势。先是清廷早在武昌首义之后不久，当时还是摄政王的载沣和奕劻内阁决定，立即停止在直隶永平举行的秋操，并于 10 月 14 日以“上谕”形式发布，其大旨为：“将陆军第四镇及混成第三协、混成第十一协编为第一军，已派荫昌督率南下；陆军第五镇及混成第五协、混成第三十九协编为第二军，派冯国璋督率，迅速筹备，听候调遣；将禁卫军及陆军第一镇编为第三军，派贝勒载涛督率，专司巡护。”[②] 从载沣苦心孤诣拟写的这封“上谕”的内容可以看出，既考虑到了需要立即南下镇压“武昌兵变”。又考虑到了维护“京师安全”，真可谓“一箭双雕”。而且，还将军权牢牢地掌握在满洲贵族手中，然而，随着革命形势的迅猛发展，迫使清廷不得不改变主意，启用汉人官僚袁世凯。袁世凯通过一番讨价还价，于 10 月 30 日才离开彰德，南下视师。31 日抵信阳，11 月 1 日，到达湖北孝感萧家巷。袁世凯“在南下以后的几天中，就大刀阔斧地改编了军统，首先裁撤了原由贝勒载涛督率、以禁卫军为主力的驻守近畿的第三军，把近畿和海防一带的驻军编配成为第二军，湖北前方兵力编为第一军。接着，就奏请清廷‘因京畿地方重要，改派冯国璋为第二军总统兼统禁卫

① 冯自由：《武昌起义与黄克强》，《革命逸史》初集，第 243—244 页。

② 章开沅主编：《清通鉴》（4），第 1220 页。

军，以资拱卫，’并‘命署湖广总督段祺瑞就近兼统第一军，庶足内外兼顾，各专责成’”[①]。至此，清廷原拟编制的三军变成了两军，且专由袁之心腹汉人官僚冯国璋、段祺瑞负责统领，而袁本人则独揽军政大权，成为北方势力的唯一代表，使清政府彻底陷入孤立无援的境地，清政府只剩下一个躯壳，清廷退位已成定局，剩下的问题是看什么时候清帝退位对袁更有利。“从袁世凯被起用到这时候是整整对头一个月，他潜心运筹，不仅把被清廷罢斥以来夺去的兵权全部取回，而且连帝党经营的禁卫军也揽到他的掌握之中，里里外外安排得‘四平八稳’之后，在九月二十三日（公历11月13日——引者）那天，他才慢条斯理地正式进京就任了。可见袁世凯处心积虑之深。”[②] 袁氏复出，劫持权柄，从主观上讲是为自身利益而实现其政治野心，从客观上讲，却有利于清政府的倒台。

毫无疑问，阳夏之战所取得的伟大成就应当首先归功于广大民军将士，归功于在战场上浴血奋战、英勇牺牲的万余名革命先烈，是他们用血肉之躯与几千年的封建专制制度作最后的决战，从而构筑起了民主共和制度的基石，但作为阳夏之战的领导者和总指挥黄兴，其功绩也是不可抹煞的。诚如有的论者所指出的：“黄兴之督战武汉，其于辛亥革命成败之影响，关系极大，倘无英勇果敢如黄兴者亲临武汉战地，武汉能否支持至月余，恐属疑问。倘无黄兴在武汉月余之苦战，各省响应之局面能否形成，亦难断定。”[③] 阳夏之战受挫，其主要原因是敌我力量悬殊、新募之军缺乏训练，并非黄兴指挥失误。过去，由于受地域观念的影响，当时少数权利欲极强的湖北革命党人如孙武等人指责黄兴不应该反攻汉口，对新沟、蔡甸疏于防御等是没有根据的，此役黄兴的指挥基本上是正确的，其身先士卒、英勇顽强、不怕牺牲的战斗精

① 冯耿光：《荫昌督师南下与南北议和》，《辛亥革命回忆录》第六集，第355页。

② 同上。

③ 李云汉：《黄兴与武昌首义》，朱传誉主编《黄兴传记资料》（八），第10页。

神可与日月同辉、永世长存！黄兴在阳夏之战所建树的伟大功勋永载史册，是值得永远纪念的。至今巍然屹立在长江之滨、龟山东麓的黄兴铜像就是历史最好的见证！

第六节 “弃武昌说”辩

汉阳失守后，在武昌湖北军政府召开的紧急会议上，黄兴是否提出过放弃武昌的主张。据史料记载，当事人有两种说法。一种是赞成黄兴提出过放弃武昌的主张：如曹亚伯著《武昌革命真史》、民史氏著《张振武之革命战史》、湖北省政协等编《武昌起义档案资料选编》中收录的个人档案材料亦有类似说法，再如邓玉麟撰《邓玉麟革命小史》、赵誉船撰《邢君剑吾事略》、熊叔恒撰《周定原事略》、甘绩熙撰《甘绩熙自述》。其他有类似记载的还有胡祖舜著《武昌开国实录》、范腾霄撰《辛亥首义前后》、王振民撰《参加独立将校决死团经过》、谭人凤撰《石叟牌词》，等等。另外一种是不赞成黄兴提出过放弃武昌的主张：如李廉方撰《辛亥武昌首义记》、覃振撰《辛亥革命的回忆》，等等，另外，黄兴本人在多次讲话中也予以否认。由于史料记载不同，影响到当今的研究者亦有两种说法。如胡绳著《从鸦片战争到五四运动》、周锡瑞著《改良与革命：辛亥革命在两湖》、石芳勤撰《黄兴在汉阳失守后是否提出过放弃武昌的主张》《黄兴主张放弃武昌的事实不能否认》，都指出黄兴曾提出放弃武昌的主张；而薛君度著《黄兴与中国革命》、皮明庥著《武昌起义史》、萧致治著《黄兴评传》、李喜所等著《黄兴的军事理论与实践》、陈珠培撰《黄兴主张放弃武昌吗?》等等，均指出黄兴没有提出过放弃武昌的主张。很显然，当代研究者的分歧来源于有关史料记载的分歧，因此，要辨析清楚这个问题，就必须以历史唯物主义为指导，详尽地占有史料，辨别真伪，并对阳夏之战前后的战局有一个通盘的了解，对黄兴的军事战略思想以及两湖地区的人际关系作缜密的分析。只有这样，才能真正得出符合实际的结论，不致于被史料牵着鼻子走，造成观点截然对立的局面。

其一，必须明确的是，汉阳失守后，武昌形势岌岌可危，在湖北军政府召开的紧急会议上赞成放弃武昌者大有人在，而且与力主严守武昌待援者争论激烈，不过其代表人物不是黄兴，而是日本参谋。

从地理环境上看，汉阳大别山为武汉制高点，可以俯瞰武汉三镇，汉阳实为武昌屏藩，汉阳失即武昌不可保。

从兵力看，清军部署在汉口、汉阳的兵力总数约在 2 万人左右。而"鄂军原有八协，除留卫省城完全建制之军尚不及两协外，余则死伤逃亡，去其十之八九，士气摧残，均无斗志"[①]。另据日本驻汉口总领事馆的情报称："自本月 17 日战役以来，湖南兵一向领先奋战，湖北兵则有逃避锋锐之嫌，是以湖南兵对湖北兵之怯懦行为颇为愤慨；且待遇方面，湖南兵月饷 7 元，湖北兵则为 10 元，故湖南兵更不满。自 23 日以降之大激战而后，湖北军、湖南军干部间亦加深冲突，尤以 25 日晚间达于极点，致失去协力作战之精神。"[②] 王隆中所率湘军第一协擅自撤离前线，渡江至湖北两湖书院，甘兴典率湘军第二协向汉阳鹦鹉洲方向退走。"临时招募之兵大部分于 27 日解散，流散四方。故今日以后仍留武昌抵抗官军者，恐仅黎元洪之旧部而已。"[③]

从军事装备看，"炮队为军中骨干，我军全力原注重汉阳，不意经此大挫，致军中主要山炮、野炮四百余尊，损失殆尽，存余武昌者，不过损坏不全之小口径山炮数十尊耳"[④]。民军"没有机枪，几乎只有汉阳制造的劣质的野战炮炮弹"。而清军则"配备有

---

① 黎元洪主编：《武汉战纪初稿》，《辛亥革命史丛刊》第三辑，第 152 页。

② 《日本驻汉口总领事馆情报》，刘萍、李学通主编《辛亥革命资料选编》第二卷，第 129—131 页。

③ 同上。

④ 黎元洪主编《武汉战纪初稿》，《辛亥革命史丛刊》第三辑，第 152 页。

四门15英寸的榴弹炮和二十门10英寸的榴弹炮，其中有五门炮是新近从德国运来的”[①]。

因此，无论从清军所占有的有利地势还是从清军的数量及武器装备而言，均占有优势，可以设想，如果北洋军在攻占汉口、汉阳之后，若要攻取武昌，易于反掌。从这个意义上说，主张暂时放弃武昌、攻打南京，另外去开辟新的根据地似乎也并不是全无道理。在湖北军政府召开的紧急会议上有人主张放弃武昌之说也就不足为怪了。其时，范腾霄登台表示反对，他说：“武昌为首义之区，长江上游，南北关键，为天下环视，武昌若失，各省震动，土崩瓦解，即在目前，虽欲卷土重来，谁与共事，且事已至此，吾辈誓与武昌城共存亡。况画江而守，未易旦夕下，以武昌一隅，牵制满清全力；彼师老饷竭，而我各省义军，随时援鄂，分道北攻，虏不足平也。”[②] 旋张振武“大声喝曰：‘武昌是我们首义之地，我辈当与城俱亡，无论如何，不能言退。倘再有言退者，即杀之。’大家均拍掌表同情。”[③] 作为首义人士主张严守武昌待援自然是在情理之中的事，这是可以理解的。但感情并不能代替正确的决策，而从当时的形势分析主张暂时放弃武昌攻取南京一说未必全无道理。从两派争论的结果看，似乎主张严守武昌待援一派占了多数，且他们的观点一时占了上风。需要指出的是，黄兴并不是主张放弃武昌的代表人物，而他恰恰是主张严守武昌待援的。那么，主张放弃武昌的代表人物是谁呢？黄兴明确指出是日本参谋某甲。后来，黄兴在一次讲话中说得很清楚：“汉阳之失，兴主张严守武昌，另调粤兵，而日本参谋某甲主张弃武昌。世或以此议咎兴，传闻之误也。兴至上海，时两方已有和议。曾具电致汪精卫，略谓：难可自我发，功不必自我成。遂有今日共和之

① 《法国陆军部档案》，章开沅、罗福惠、严昌洪主编：《辛亥革命史资料新编》（7），第376页。

② 曹亚伯：《武昌革命真史》正编中，第342—343页。

③ 同上。

局侥幸成功。兴虽著奔走微劳，而战事实多败北。但天下无难事，惟‘坚忍’二字为成功之要诀。”① 1912 年 10 月 10 日黄兴在国民党南京支部欢迎会上的演讲中再次提及此事，他说：“汉阳既失，武昌危在旦夕，然誓必死守。惟军人能敌者，止有粤军，且感情亦善，因欲调鄂，与北方协力攻击。”② 上述两次讲话时间相距不到一月，均提到他“主张严守武昌”“誓必死守”，根本就没有放弃武昌的想法。我们认为，黄兴提出“日本参谋某甲主张弃武昌”的说法是有根据的，而决不是信口雌黄，因为当时在总司令部任参谋的日本人比较多。据有关材料统计，应当有 10 多人，其中有姓名可考者有萱野长知、北一辉、大元大佐、金子克己、布施茂、三原千寻、龟井祥光、岩田爱之助、加纳清藏、汤米、大原武庆、萱野三平等人。据萱野长知回忆：“我们抵达门司，在川卯旅馆集合，到有金子克己、布施茂、三原千寻、龟井祥光、岩田爱之助、加纳清藏等，即日登轮，先赴上海，转往汉口。某日黄昏，到达汉阳，直往革命军总司令部，会见黄兴。当时的司令部在归元寺内，设备简单。我和黄兴合宿一榻，电话机声，彻夜不绝，报告前方战况。参谋长李书城，同居一室，商洽军事，紧张情形，达于极点。”③ 萱野在这里提到包括他自己在内有 7 个日本人在总司令部履职。《甘绩熙自述》中亦谈及他组织敢死队欲夺回已失之美娘山、仙女山前召开誓师大会时，“有数日本人充参谋者，见余慷慨临敌，深为赞赏，连向予伸拇指作赞词”④。甘绩熙亲眼所见，亦谈及有“数日本人充参谋”。另据有关资料披露，随张竹君所率领的一支中外人士组成的红十字会救伤队中除黄兴夫妇外，尚有

① 黄兴：《自述革命历史》（1912 年 9 月 12 日），《黄兴集》（二），第 485—486 页。

② 黄兴：《在国民党南京支部欢迎会上的演讲》（1912 年 10 月 10 日），《黄兴集》（二），第 524 页。

③ ［日］萱野长知：《中华民国革命秘笈》，转引自毛注青编著《黄兴年谱长编》，第 218 页。

④ 《甘绩熙自述》，中国人民政治协商会议湖北省暨武昌市委员会等编《武昌起义档案资料选编》中卷，第 272 页。

宋教仁、刘揆一、陈果夫“以及日人北一辉等同志”。黄兴到汉阳昭忠祠设立战时总司令部，“委李书城为参谋长，王孝缜为副官长，日人萱野、汤米为军事顾问”[①]。即使在黄兴离汉赴沪时，同行者中还有“大原武庆、宫崎寅藏、萱野三平等多数日本人，此次随黄兴同船抵达此地”[②]。这些“多数日本人”除宫崎于西上途中在镇江与黄兴相遇折返外，其他都是参与阳夏之战的日本人。凭着北一辉在日本友人中的地位以及他与黄兴的友好关系在总司令部担任参谋亦是情理之中的事。既然有10多位日本友人担任参谋，他们之中的任何一个人都有可能提出放弃武昌的主张，另外，他们根据掌握的情报分析，很可能取得共识，几乎都认为汉阳既陷、武昌不保，不如放弃武昌、攻取南京。黄兴指出的“日本参谋某甲主张弃武昌”亦有可能是指代表日本参谋发言的人，因为他的发言不仅是表达个人意愿，而且是代表所有日本参谋的意见，这是黄兴不便说出日本参谋具体名字的个中缘由。过去有的论者提出，黄兴只有两个日本参谋，一个是大元（或原），一个是萱野长知。大元是11月17日牺牲的，“比11月27日武昌军事会议早10天”，提出放弃武昌主张的，决不是大元。而萱野的著述还是他人的记述，“均没有一字说萱野主张放弃武昌，也没有一字说萱野建议黄兴放弃武昌”。从而得出结论：“提出放弃武昌主张的，不是日本参谋。”[③] 我们认为，这一说法是值得商榷的。的确，大元早在反攻汉口时已经在战场上牺牲，他不可能参加在武昌军政府召开的紧急会议，自然也不可能提出放弃武昌的主张，这是确定无疑的。至于因萱野在他的著述中未提及过他有放弃武昌的主张，所以得出结论说他就没有提出过放弃武昌的主张，似乎有点牵强。萱野的著述《我参加了辛亥革命》和《中华民国革命秘笈》均是

---

① 卢克彰：《黄兴与武昌首义》，朱传誉主编《黄兴传记资料》（八），第12页。

② 邹念之编译：《日本外交文书选译——关于辛亥革命》，中国社会科学出版社，1980年，第189页。

③ 石芳勤：《黄兴主张放弃武昌的事实不能否认》，《辛亥革命史研究会通讯》第三十四、三十五合期（1990年3月），第4—5页。

辛亥革命的回忆录，写于辛亥革命之后，他回首辛亥革命往事，历历在目，一个不可争辩的事实是，武昌最后并没有失守，正因为武昌未失，自然当时主张放弃武昌之说就成为不太正确的主张了。萱野撰写以上两书的目的当然不是为了揭己之短，有意去陈述自己“不太正确”的主张，这是不言而喻的。但他也没有说自己是主张严守武昌待援的，最多也只能说他在这两派对立的观点上持回避的态度，我们宁可信其有，不可信其无，黄兴所指的“日本参谋某甲”“疑指萱野长知”。[①] 即使退一步说，如果不是指萱野长知，也可能是指北一辉或者其他日本参谋。如所周知，黄兴的品格是很高尚的，他与人相交向来以“笃实”“无我”著称于世，从不争功诿过，更不会当面撒谎，更何况黄兴的这次讲话被时人记录整理后分别载诸报端。一篇于1912年9月28日以《黄克强自述革命历史》为题在《申报》发表；一篇于1912年10月2日以《黄克强自述生平》为题在《长沙日报》发表，这两篇文章系同一篇演说，即《在旅京善化同乡会欢迎会上的演说》，因记录文字略异，内容也互有详略，但有一点是共同的，那就是黄兴在汉阳失守后，主张严守武昌。前篇《申报》上发表的文章我们已经摘引，后篇《长沙日报》上发表的文章摘录如下：黄兴“此时以汉阳虽失，武昌独可保守。遂商黎督竭力防江，以俟宁省之恢复，一面电调广东军援鄂。后沪上各同志招余同下江南。余以联军毕集，江南必下，遂赴沪办理援鄂事宜”[②]。后来，黄兴于1912年10月10日《在国民党南京支部欢迎会上的演讲》亦在上海《民立报》1912年10月14日、15日连载，亦谈及“武昌危在旦夕，然誓必死守”。因此，黄兴在多次演讲中提及他主张严守武昌，且不是在小范围内传播，而是公诸报端，在多种报刊上发表，肯定是征得黄兴同意的。那时，当事人都还健在，如果黄兴在湖

---

① 黄兴：《自述革命历史》注释，《黄兴集》（二），第485页。

② 黄兴：《在旅京善化同乡会欢迎会上的演说》（1912年9月12日），《黄兴集》（二），第488页。

北军政府召开的紧急会议上确曾说过“放弃武昌”之类的话，事件已经过去快一年了，他没有必要再重提旧事加以辩解，只要稍微有点头脑的人决不会出此下策。我们有理由相信一位德才兼备、功勋卓著的革命领袖多次认可并强调的事实，不可轻信一位“日本参谋”在自己的回忆录中未曾提到过的往事。即使萱野没有提出过放弃武昌的主张，也不能保证其他10多位日本参谋没有提出过放弃武昌的主张。

其二，主张严守武昌待援符合黄兴一贯的军事战略策略思想，他离汉赴沪的目的是为了争取援军，解救武昌之危，他本人暂时离开并不等于放弃武昌。

早在华兴会成立大会上，黄兴就提出了“雄踞一省与各省纷起”的军事战略策略思想。这一军事战略策略思想包括两个方面的内容：一是军事斗争的最终目标是驱除鞑虏、恢复中华；二是采取一省首先发动，组织其他各省起而应之，然后联军北伐，直捣幽燕。黄兴的这一军事战略策略思想贯穿于他一生领导的历次武装起义之中，长沙起义、萍浏醴起义、华南地区各次起义特别是广州三二九之役，无一不是如此，武昌首义亦概莫能外，特别是阳夏之战失败之后，黄兴考虑，仅凭武昌残存的兵力和装备想要守住武昌简直是不可能的，唯一可行的办法就是严守武昌，争取援军。请看如下事实：

黄兴早在赴武汉之前，就对全国其他各省响应武昌首义作了周密的部署；从香港到上海后，他又与宋教仁商定，“由柏文蔚、范鸿仙等往南京策动新军反正”[①]。在11月4日上海光复后，黄兴抑制不住内心的兴奋，他在《复李燮和书》中称：“沪事竟告成功，雄才佩甚。湘省兵饷络绎赴援，各省贤士亦连袂来鄂。谋臣猛士，际会风云，北虏万无生理，乞遍告沪上同志知之，以释系念。沪事如何进取，乞卓裁主持，不必远商也。”[②] 将光复上海的

---

① 黄一欧：《辛亥革命杂忆》，《辛亥革命回忆录》第七集，第154页。

② 黄兴：《复李燮和书》（1911年11月上旬），《黄兴集》（一），第138页。

有关事宜全权委托给李燮和负责主持，其中特别提到“北虏万无生理”。11 月 12 日，黄兴挚友庄蕴宽受赵凤昌等江、浙人士委托，来汉邀请黄兴早日赴沪，共图大计。庄蕴宽抵鄂后，先与黎元洪晤面，然后乘小火轮去汉阳会见黄兴，黄兴返回临时总司令部，与庄见面，据庄回忆：“克强帕首短衣，自行间回营，握手相劳告，喜极出涕，设粗粝共食。”[①] 庄说明来意，黄兴认为：“全国军政统一机构，是愈早组织愈好，但不必要我担任领导人。我现在还担任武汉方面作战任务，不能离开武汉。看以后情形如何再说。”[②] 现在“北军意在动摇武汉革命根本，若革命能及时攻克南京，则东南半壁底定，革命形势也就全盘扭转”[③]。黄兴的这段话说明，即使在武汉战事极其繁忙之时，他也没有忘记革命军在攻克上海之后，还要积极进取，一举攻克南京，达到底定东南半壁江山的目标，从而实现统一全国的宿愿。11 月 21 日，黄兴在汉阳督战时，获悉其长子一欧参加了江浙联军，正在进攻南京，为勉励其子，特托张竹君从武汉带来八字家书一封，交予一欧，家书称：“努力杀贼！一欧爱儿。”[④] 家书落款盖有黄兴常用的一枚印章：“灭此朝食”，矛头直指清政府。11 月 26 日晚 11 时，黄兴入武昌谒黎元洪，“相与执手痛苦移时，已而谓黄陂曰：‘今者，汉阳虽失，而长江下游如苏、浙等省，已先后独立，某将星夜赴沪，乞得援军来救鄂也。’黄陂善之”[⑤]。11 月 27 日，黄兴参加都督府会议后，与黎告别时说：“既大家不赞成弃武昌，我一人先往上海，如将南京克复，我即带两万精兵来援武昌。”[⑥] 12 月 2 日，南京光复。黄兴即与章炳麟、宋教仁联合致电镇江军政府都督林述

① 《黄兴信函并题跋》，《近代史资料》1983 年第 3 期，第 50 页。

② 李书城：《辛亥前后黄克强先生的革命活动》，《辛亥革命回忆录》第一集，第 190 页。

③ 薛元明：《国士无双——庄蕴宽传》，上海锦绣文章出版社，2012 年，第 72 页。

④ 黄兴：《示黄一欧书》（1911 年 11 月 21 日），《黄兴集》（一），第 144 页。

⑤ 天忏生等编：《黄克强蔡松坡轶事》，第 20 页。

⑥ 黄兴：《与黎元洪的谈话》（1911 年 11 月 27 日），《黄兴集》（一），第 149 页。

庆，促其向临淮进军。其中特别强调：“鄂事紧要，亟待应援。临淮关须有劲旅驻守，即可进取，又可为援鄂之策应。且将来中州重镇，非公莫属。此间同志咸推公先进兵临淮，继图开封，谅邀鉴允。应带军队暨筹备一切，望酌核赐示。”[①] 同日，为鼓励武昌民军坚守的士气，黄兴致电黎元洪说：“南京光复，联军克日来援。”[②] 黄兴到沪后即电催江浙联军西援武昌，李燮和遵照黄兴的指令，在南京与联军诸将帅商议援鄂事宜，各将帅皆指调黎天才属军前往，李燮和被诸军推为“援鄂联军总司令”。其时，黎天才所部仅有五营，攻破南京后，将张联陞一营编入，复由联军总司令徐绍桢指拨江防二营，镇江都督林述庆拨来窦国治、赵荣华二营，并抽调各军营中之有枪械者，合编为援鄂第一镇，“计有步兵四标、炮兵一营、机关炮兵一队”。升黎天才为统制，以张联陞、犹应龙为协统，拟分期分批援鄂北伐。“军需饷项亦多得各军帅及上海都督陈其美协济。”[③] 黄兴对于黎天才的援鄂部队寄予厚望，他在致黎天才的电文中鼓励全军士气时称：“光复金陵，实仗劲旅之力，至为景佩。顷闻程都督已派君援鄂，壮哉！此行必奏伟绩，可为预贺。”[④]

黄兴一方面积极组织策划援鄂事宜，另一方面也从全局出发，谋求政治上的统一，组织北伐军，实现其直捣幽燕、驱除鞑虏的夙愿。12 月 2 日，他在接受《民立报》记者的采访时指出：“武昌守备严固，北军攻击无效。此行目的，在速定北伐计划，并谋政治上之统一。”[⑤] 12 月 4 日，光复各省留沪代表会议议定南京为临时政府所在地，并推举黄兴为大元帅。5 日，黄兴在各界代表欢

---

① 黄兴：《与章炳麟宋教仁致林述庆电》（1911 年 12 月 2 日），《黄兴集》（一），第 151—152 页。

② 黄兴：《致黎元洪电》（1911 年 12 月 2 日），《黄兴集》（一），第 153 页。

③ 李燮和：《光复军事略》，涟源市政协文史资料研究委员会编，易志祥主编《李燮和研究史料集》，2010 年，第 37 页。

④ 黄兴：《致黎天才电》（1911 年 12 月 10 日），《黄兴集》（一），第 156 页。

⑤ 黄兴：《与〈民立报〉记者的谈话》（1911 年 12 月 2 日），《黄兴集》（一），第 153 页。

迎会上发表谈话，坚辞大元帅，并表示：自己“才力不胜，拟举首先起义之黎元洪为大元帅，再由各都督中举一副元帅”；“兴并愿领兵北伐，誓捣黄龙，以还我大汉河山而后已”。“至于组织政府，则非兴所能担任者也”，“孙中山将次回国，可当此任”[①]。同日，他又致电广东都督胡汉民，敦请增加北伐兵力。电称：“南京光复，济兵之力最多。请再调数营前来，会合北伐，必资得力。闻竞存兄兵亦北上，喜极，请速出发。郭兵何日能来？望示复。”[②]由此可见，黄兴早在华兴会成立大会上提出的“雄踞一省与各省纷起”的军事战略策略思想是一以贯之的，在坚守武昌待援、以期北伐完成革命统一大业上所作的积极努力正是他这一军事战略策略思想的充分体现，我们似乎没有理由怀疑黄兴在严守武昌这一问题上曾经有过些许动摇。

其三，讨论黄兴是否提出过放弃武昌的主张，也应当考虑的一个因素是当时湖北政界、军界人际关系比较复杂，矛盾较多。一些别有用心的人出于某种政治上的原因，有意乘机借此传播谣言诋毁黄兴，而多数则是误信、误传谣言。

关于黄兴是否提出过放弃武昌的主张，最有发言权的应当是时任湖北军政府秘书长的李廉方，他极力否认黄兴提出过放弃武昌的主张。他认为，之所以纷纷谣传黄兴有过放弃武昌的说法，“皆由事后政争籍题加甚其辞”[③] 而已。这句话，可谓一语中的。正是因为湖北地区立宪派、旧军官与革命党人之间存在着矛盾，革命党人内部原文学社与共进会之间的矛盾，以及由于受地域观念的影响，湖北人与湖南人之间也存在着一些矛盾，加之，革命党人内部少数利欲熏心的人争权夺利，从中拨弄是非，从而围绕着由谁来领导湖北地区革命运动的“政争”此伏彼起，一浪高过

---

① 黄兴：《在欢迎临时政府大元帅会上的讲话》（1911 年 12 月 5 日），《黄兴集》（一），第 154 页。

② 黄兴：《致胡汉民电》（1911 年 12 月 5 日），《黄兴集》（一），第 154 页。

③ 李廉方：《辛亥武昌首义记》，转引自毛注青编著《黄兴年谱长编》，第 237 页。

一浪，令人眼花缭乱。先是围绕着是否由黎元洪出任都督的问题，次则围绕着黄兴的名号问题，再次则围绕着黄兴是否提出过放弃武昌的问题，最后则围绕着黄兴离汉赴沪之后由谁来担任民军最高军事统帅的问题而展开。前面两个问题，我们已有论及，此处不再赘述。这里分析一下黄兴离汉赴沪后，民军最高军事统帅频繁异动的情况，由此可见其“政争”的激烈程度。11 月 27 日，黄兴离汉赴沪，民军最高军事统帅付诸阙如，湖北军政府因万廷献系老资格革命党人，又有较高军事素养，当此人心浮动之际，遂“委任其护理战时总司令，蒋翊武为监军”①。万“见时局纷乱，无从着手，又疑忌者多，亦辞去”②，任职仅一日。11 月 28 日，万廷献离汉赴宁，蒋翊武于是日继任。从 11 月 28 日至 12 月 5 日的 8 天时间内，蒋翊武忠于职守，尽职尽责，武昌城内的混乱局面得到有效的控制，人心渐趋稳定，而且从 12 月 3 日开始，民军与清军达成停战三日协议生效；12 月 6 日又约定延期 3 日；9 日，再约定停战 15 日，武汉战事自此停止。民军一度低迷的士气逐渐好转，形势朝着有利于民军的方向发展。于是，革命队伍内部的“派系斗争加剧”，共进会与文学社的矛盾已经公开化，在一次由孙武召集的由少数人参加的会议上，有共进会员提出，“总司令官一职，蒋翊武不过暂时护理而已”，“当以谭先生（指谭人凤——引者）继黄兴之职，在坐人员皆表赞成”。③ 于是，以谭人凤为武昌防御使兼北面招讨使，实为总司令官。实际上，如同史学家贺觉非所云，这是“使用以楔出楔办法”④ 捧出老牌同盟会员谭人凤取代蒋翊武。嗣由黎元洪出面，“调蒋翊武为都督府顾问。蒋翊武因军事

① 《中华民国三十二年十二月十六日陆军中将万廷献褒扬案》的“经过战役”一栏中明文记载：“辛亥革命参与汉阳战事，旋汉阳失守，总司令黄兴南下，代理总司令事宜。”此件藏南京中国第二历史档案馆。

② 万慕道等口述，杨见文笔录：《辛亥民军战事总司令万廷献》，湖北人民出版社，2011 年，第 41 页。

③ 曹亚伯：《武昌革命真史》正编中，第 395 页。

④ 贺觉非编著：《辛亥武昌首义人物传》（上），第 358 页。

甚忙，事前毫无闻知，迨发表渠为顾问时，极为愤恨不平，后经大家劝解，顾全大局，始办交待”[①]。蒋遂于12月5日卸任护理总司令职。谭人凤从12月6日至11日担任武昌防御使兼北面招讨使仅仅只有6天时间，孙武便鼓动各部长官到都督府陈述意见，极言谭人凤既非军人，一旦作战，必贻误大局。在孙武的一再催促之下，黎元洪只好与谭面商，请谭为湖北省议和代表，赴沪议和。谭身感政治氛围不佳，便顺水推舟，于12月11日辞去武昌防御使兼北面招讨使职务，乘轮东下。孙武利用老同盟会员谭人凤排挤了蒋翊武，又以谭不知兵为借口，撤除了谭的职务，暂时达到了由军务部垄断军权的目的。但孙武的军事声誉平素并不高，很不得人心，军界一致要求另推最高军事统帅。黎元洪考虑到谭人凤已改充鄂省议和代表赴沪，遂将“武昌防御使兼北面招讨使”名目取消，仍改为“战时总司令官”[②]，并于12月2日委任吴兆麟为“战时总司令官之职”[③]。从黄兴11月27日离汉赴沪到12月12日吴兆麟任战时总司令官的短短16天时间内，战时总司令官四易其人，短的仅仅1天，这种走马灯式的更换民军最高军事统帅的现象反映了湖北地区革命党人内部“政争”的激烈程度。因此，黄兴主张放弃武昌的谣言制造者不排除就是革命党人内部少数持不同政见者或权利欲极强者。而多数人则是误信谣言或误传谣言。为什么会有人误信或误传谣言呢？其主要原因是黄兴负责反攻汉口和保卫汉阳相继失利，不论其失利的原因是什么，人们往往容易将责任归咎于主帅，普遍存在着一种战争失利、主帅担责的心理，对黄兴多有指责，所谓“常败将军”“汉阳败将”之讥，盖出于此。这是谣言传播的基础。另外，“放弃武昌”的主张本来是日本参谋提出来的，而这些日本参谋又是黄兴亲自带来的，且住在总

① 曹亚伯：《武昌革命真史》正编中，第395—396页。

② 黎元洪：《委吴兆麟为总司令官之委札》，吴德志《吴兆麟传》，湖北人民出版社，1996年，第8—9页。

③ 同上。

司令部与黄兴朝夕相处，人们很容易将黄兴与日本参谋联系起来，误以为日本参谋的主张就代表了黄兴的主张。加之，汉阳失守的翌日早晨黄兴便乘轮东下，与日本参谋等人同船赴沪，这一行动自然又增加了人们对他的怀疑与误解。当时的革命党人中，有的就根本没有参加过湖北军政府召开的紧急会议，有的即使参加了这次会议，也不见得听得很清楚，人声嘈杂，日本参谋的中文也不会讲得十分标准流利。这些革命党人在民国时期所写的回忆录在谈及此事时难免有以讹传讹之嫌。还不要说当时的革命党人，就是当代的学者中坚持认为黄兴提出过放弃武昌者还大有人在，包括笔者在内，在没有认真研究阳夏之战前也曾经为这一谣传所误导。因此，同其他学术问题一样，学者有不同看法甚至引起争论是很自然的事，不足为怪。

湖北军政府召开的紧急会议结束之后，黄兴告别黎元洪等人，当晚随即渡江至汉口日租界，在日人开的“松之屋”旅馆住下。28日清晨，他与日本参谋及随员乘日轮“岳阳丸”离汉赴沪。黄兴站立船头，汽笛一声，日轮徐徐启动，他思绪万千，竟忍不住热泪长流，回想起10月28日那天下午刚到汉口也是从此下船的，来到武昌，革命党人擎着一丈二尺长、上书“黄兴到”三个大字的旗帜骑马在武汉三镇奔跑的场景，至今历历在目。他还清楚地记得，初到汉口，他统率民军英勇杀敌，首战告捷，使他倍受鼓舞，信心大增。而清军竟惨无人道地纵火焚烧商场和民居，使汉口的繁华街市顿成一片火海，造成无辜贫民惨死于烈焰之中，他感到无比的愤怒！他还记得11月16日那个悲壮的夜晚，他亲自督率民军反攻汉口，大雨滂沱，泥泞路滑，连续作战一昼夜，饥寒交迫，至翌日向汉阳撤退、过浮桥、渡汉水时，敌人用机关枪扫射，民军纷纷落水淹毙的场面，他心中涌动起无限的悲痛！他回顾整整一个月来，自己夜以继日，出生入死，为保卫汉口、汉阳，亲自督率民军与清军浴血奋战，竭尽全力，尽职尽责，置生死于度外，几次险遭不测，但还是由于敌我力量悬殊、武器不如敌人、官长不用命、士兵少训练等原因，而未能挽救危局，造成终生的遗憾、愧疚、自责！悲愤之余，又多了几分无奈！当他将要离开武汉时，目睹汉口尽成焦土，汉阳易帜，武昌已成一座孤城，心中充满诸多不舍，不忍离去；但从长计议，从长远的军事战略需要考虑，从大局出发，他又不得不提出“坚守武昌待援”的战略，暂时离开武汉到长江下游组织援军、援鄂北伐，最终实现直捣幽燕、建立民主共和国的目标。此时，他目睹劫后情状，悲痛、愤怒、无奈、自责，各种复杂的心情交织在一起，涌上心头，久久不能平静，于是提笔填词一首，以抒发情怀：

明月如霜照宝刀，壮士淹汹涛。男儿争斩单于首，祖龙一炬咸阳烧。偌大商场地尽焦，革命事，又丢抛，都付与鄂江潮。①

“岳阳丸”轮船赴沪途中，在镇江作短暂停留，黄兴巧遇西上武汉的日本友人宫崎寅藏，宫崎遂中止武汉之行，与黄兴同轮赴沪。两人久别重逢，悲喜交集，悲的是汉口、汉阳失守后，革命前途未卜，而自己虽然尽了最大的努力，但还是由于种种原因未能扭转败局，不免感到惆怅和迷惘；喜的是能在这样危难的时刻遇到异国知己、江湖侠客，感到革命事业不仅能得到国内民众的支持，而且还能得到外国友人的支援，使黄兴感到革命事业是正义的事业，正义的事业是一定能胜利的，从而使他更加充满了胜利的信心。赋《七律》一首，赠给宫崎寅藏，以表达他这种复杂的心情，诗云：

独立苍茫自咏诗，江湖侠气有谁知？
千金结客浑闲事，一笑逢君在此时。
浪把文章震流俗，果然意气是男儿。
关山满目斜阳暮，匹马秋风何所之？②

悲喜交集的心情溢于诗之字里行间。

---

① 黄兴：《山虎令・为汉阳革命军事题词》（1911年11月末），《黄兴集》（一），第149页。

② 黄兴：《赠宫崎寅藏诗》（1911年11月末），《黄兴集》（一），第149页。

第七章　主导和议　筹组政权

南北议和是辛亥革命史上的重大事件，以此为契机，民军和北洋军之间避免了一场大规模的血战，创造了一个暂时的和平环境，并为南京临时政府的建立准备了重要条件。过去，由于种种原因，史学界对南北议和少有研究，贬之为革命派妥协的产物，并将这件事与黄兴联系起来，认为他“主张对袁世凯妥协退让，成为革命党内部妥协势力的主要代表人物之一。”因此，理清南北议和的史事真相以及黄兴对南北议和的态度是评价黄兴的又一个重要问题。

要弄清楚这个问题，还必须先从清廷对革命党人的态度说起。武昌起义爆发后，清廷内部一致主张严加剿办，“即责成该署督迅即将省城剋期克复，毋稍延缓。”1911 年 10 月 12 日，清廷发布上谕，谴责湖广总督瑞澂，“著即行革职，带罪图功。并著军咨府陆军部迅派陆军两镇，陆续开拔，赴鄂剿办。一面由海军部加派兵轮，饬萨镇冰督率前进，并饬程允和率长江水师即日赴援。陆军大臣荫昌著督兵迅速前往，所有湖北各军及赴援军队，均归节制调遣。并著瑞澂会同妥速筹办，务须及早扑灭，毋令匪势蔓延。”①清廷显然是低估了革命党人的力量，他们认为，这次“变乱”如

① 《武昌起义清方档案》（1911 年 10 月 12 日），《中国近代史资料丛刊·辛亥革命》（五），第 291 页。

同往常发生的寻常暴乱一样，只要诉诸武力，各方协力兜剿，不难扑灭。然而，革命形势的发展，使清廷大感意外，几有不可收拾之势。更为严重的是，北洋军是袁世凯一手创建训练的军队，只知有将，不知有君，根本不服从荫昌调遣，无法镇压民军。于是，清廷内部以内阁总理大臣奕劻和协理大臣那桐（奕劻与那桐以及那、袁两家彼此皆系姻亲）为首的实力派人物因与袁氏关系至深主张启用袁世凯，但遭到摄政王载沣等人的反对，在载沣看来，其兄光绪皇帝于1898年被慈禧幽禁瀛台，就是袁世凯出卖维新派造成的，因而对袁氏恨之入骨，几欲除之而后快，但由于奕劻等人的反对，最后只得以“开缺回籍养疴”为由，强行将其罢官。现在要重新启用袁氏，无异于放虎归山。但载沣“素性懦弱，没有独作主张的能力，亦没有对抗他们的勇气，只有任听摆布，忍泪屈从”[①]。而作为光绪帝的皇后隆裕自然也是不赞成重新启用袁世凯的，但“隆裕太后之为人，其优柔寡断更甚于载沣，遇着极为难之事，只有向人痛哭。”[②] 隆裕太后和载沣均经不住奕劻、那桐等人的力谏、威胁，同时，也考虑到北洋军是袁世凯一手编练的，除了袁本人，谁也指挥不灵，要想依靠北洋军镇压革命，必须重新启用袁氏，这是革命形势发展使然，是一种权宜之计，也是一种无奈之举。据传，载沣和王公们计议过，“无论袁世凯镇压革命是成功还是失败，最后都要把袁世凯除掉。如失败，则借口失败诛杀之；如成功，则另找借口解除兵权，然后设法诛杀之”[③]。清廷重新启用袁世凯就这样决定下来了，于是，便有10月14日的上谕发布：“湖广总督著袁世凯补授并督办剿抚事宜。”[④]时间仅隔两天，10月12日上谕与10月14日上谕明显不同，前者只谈及由陆军大臣荫昌“赴鄂剿办”；后者则强调由袁世凯“督办

---

① 载沣：《载沣与袁世凯的矛盾》，《辛亥革命回忆录》第六集，第325页。

② 载涛：《载沣与袁世凯的矛盾》，《辛亥革命回忆录》第六集，第326页。

③ 侯宜杰：《袁世凯传》，百花文艺出版社，2003年，第185页。

④ 《武昌起义清方档案》（1911年10月14日上谕），《中国近代史资料丛刊·辛亥革命》（五），第293页。

剿抚事宜”。清廷由原拟单纯“剿办”到“剿抚”并施，反映了清廷对革命党人的态度有微妙的变化，究其原因，大抵是革命形势迅猛发展使然。这也给袁世凯“招抚”革命党人提供了依据。那么，袁世凯对清廷的态度又是怎样呢？概括地说，袁作为封建专制卫道士的基本立场并没有改变，但对清廷所面临的危机决定采取化危为机、隐忍待发，先将失去的权利夺回，再进一步取清廷而代之，稳定北方，使自己成为北方势力的唯一代表。这从他在武昌首义之后的言论和行动可以反映出来。10 月 14 日，清廷下诏启用袁为湖广总督，奕劻派袁之亲信阮忠枢、杨度前往洹上劝驾，当晚，袁之幕僚王锡彤向袁建言：“乱事一平，袁公有性命之忧。”其他在坐诸人亦“力劝其不必应命”。但袁忽怫然曰：“余不能为革命党，余子孙亦不愿其为革命党。”[①] 可见其政治立场之顽梗。他随即上一奏折曰：“闻命之下，惭赧实深。伏念臣世受国恩，愧无报称。我皇上嗣膺宝录，复蒙渥沛殊恩，宠荣兼备。徒以养疴乡里，未能自效驰驱，捧读诏书，弥增感激。值此时艰孔亟，理应恪遵谕旨，迅赴事机；惟臣旧患足疾，迄今尚未大愈，去冬又牵及左臂，时作剧痛。此系数年宿疾，急切艰望痊愈。然气体虽见衰颓，精神尚未昏瞀。近自交秋骤寒，又发痰喘作烧旧症，益以头眩心悸，思虑恍惚。虽非旦夕所能就痊，而究系表证，施治较旧恙为易。现既军事紧迫，何敢遽请赏假？但困顿情形，实难支撑。已延医速加调治，一面筹备布置，一俟稍可支持，即当力疾就道，借答高厚鸿慈于万一。”[②] 袁世凯这篇精心构思的奏折转弯抹角表面看来是给皇上谢恩，并表示正在“延医速加调治”，“一俟稍可支持，即当力疾就道”，但实际上却在发泄两年多来对载沣的怨气。他采取这种婉辞而不是固辞的态度是因为看准载沣已经屈服，而给他的任命却是官微权轻，远远没有达到他所期望的官职，决不会轻易屈从，只能暂时拖延，以窥时局的变化。

---

① 王锡彤原撰，郑永福等点注：《抑斋自述》，河南大学出版社，2001 年，第 172 页。
② 《袁世凯奏折》，《中国近代史资料丛刊·辛亥革命》（八），第 307 页。

10月19日、20日，袁世凯分别发了两通致内阁的代奏电，其一曰："拟请旨俞允在直隶、山东、河南等省，招募曾经入伍壮丁一万二千五百人，照武卫左军现行营制，编集二十五营，作为湖北巡防军。""仰恳饬下度支部速拨的款四百万两，以备拨支。"[①]其二曰：拟请旨饬令"卸署江北提督、开缺副都统王士珍""襄办军务""早日南下"；"又军咨府正使、副都统冯国璋"，"拟请饬令迅速来彰，筹商一切，并同凯南下，协商布置"。"再有副都统衔、开缺奉天度支使张锡銮"、"已革黑龙江民政使倪嗣冲、直隶候补道段芝贵"、"山东军事参议官陆锦"、"直隶补用副将张士钰、直隶候补道袁乃宽"，"拟均调偕凯驰往前敌委用差遣。俟各该员抵彰后，筹商布署，即力疾就道"。"闻第四镇统制吴凤岭业经销假"，"请饬下该统制迅赴前敌，以专责成"。[②] 25日，袁世凯又电请内阁代奏，"先派冯国璋充第一军总统，迅赴前敌"，"调第二军陆续开拔"[③]，以段祺瑞为总统，会合第一军，早图恢复"。由此可知，袁世凯除向清廷要兵、要枪、要钱外，还要将自己的心腹爪牙重新启用，调到自己身边，使北洋军统帅有将，供自己驱使。对于袁世凯的上述要求，清廷都一概予以批准。在载沣等人看来，与其让革命党人得势，致宗庙倾覆，不如同意袁世凯的要求，或可以挽救危亡于万一。大敌当前，他们之间的恩怨纠葛，暂时可以放置次要位置。遂于10月27日授袁世凯为钦差大臣，"所有赴援之海陆各军，并长江水师暨此次派出各项军队均归该大臣节制调遣；此次湖北军务，军咨府、陆军部不为遥制，以一事权而期迅奏成功。"[④] 10月30日，载沣以宣统帝名义下"罪己诏"，并一连颁发了四道上谕，其中第三道谕旨称："一俟事机稍定，简贤得

---

① 《袁世凯致清内阁请代奏电》（10月19日），刘萍、李学通主编《辛亥革命资料选编》第二卷，第35页。

② 《袁世凯致清内阁请代奏电》（10月20日），刘萍、李学通主编《辛亥革命资料选编》第二卷，第35—36页。

③ 张国淦编著：《辛亥革命史料》，第109页。

④ 章开沅主编：《清通鉴》（4），第1226页。

人，即令组织完全内阁，不再以亲贵充国务大臣。”[1] 袁世凯估计清廷组织责任内阁，“简贤得人”，“非我莫属”，再也坐不住了，于是，便于当日即离开彰德南下视师。11 月 1 日，清廷授袁世凯“为内阁总理大臣，所有派赴陆、海各军及长江水师，仍归袁世凯节制”[2]。由此，袁世凯成了北方势力的唯一代表，载沣成了他手中的玩偶。他便集中精力对付南方革命党人，他对民军采取以剿促抚、以抚助剿、剿抚并施方式，以达到迫使民军就范的目的。他在“剿抚”二字上可谓用心良苦，做足了“文章”，最终的目的就是停战议和。通过议和，将辛亥革命的胜利果实从南方革命党人手中窃取过去。

第一节 南北议和

袁世凯曾因权高震主、加之戊戌维新运动中的投机，与载沣等人结怨，因而遭到“开缺回籍养疴”的惩处，但他一直与部下保持联系，等待时机，以便东山再起。假如没有武昌首义的发生，他的洹上垂钓生涯或许永远没有尽头。南方革命党人给了他东山再起的机会。他凭着手中握有的北洋军队的实力，在如火如荼的革命形势推动下，打着维护清室的旗号，略施惯技，迫使载沣等人在无可奈何的情势之下一再屈从，他终于夺取了内阁总理大臣的高位。其实，他也无意挽救清王朝的灭亡，也无意将革命的烈火迅速扑灭，他深谙自古以来权奸养敌自重的谋略，有革命党在就有权在，就可以不断地借革命力量逼迫清廷让步，直至让位。保存革命力量，暂时对他有利；更何况清王朝的败亡之局任何人也无法挽回，即使拿北洋军作赌注，能将武汉三镇收复，也很难

① 章开沅主编：《清通鉴》（4），第 1228 页。
② 章开沅主编：《清通鉴》（4），第 1229 页。

扑灭全国各地的革命烈火。下一步就是如何巧妙地施展剿抚兼施的策略，使单纯诉诸武力在战场上得不到的东西在谈判桌上得到。

袁世凯早在衔命出山之前，就已经着手考虑与南方民军和谈的问题，他决计启用心腹刘承恩对时任湖北军政府都督黎元洪进行和谈试探。10 月 19 日，刘承恩被袁世凯电召至河南彰德，委任“办理招抚事宜”[①]。刘先同晋京请愿、“争铁路民有”代表张伯烈取得联系，并告诉张说：“袁氏可与革命军合作，拟即晋省，报告黎都督。目前战事不能长久，当有和议的转机。”[②] 由于阳夏战争吃紧，张氏传达的信息并没有引起黎元洪足够的重视。10 月 30 日，袁世凯南下视师，31 日抵达信阳；11 月 2 日，抵达湖北孝感。“即派其随员蔡廷干、刘承恩代表至汉，作初步和议之试探。”[③] 刘承恩在汉口找到“三井洋行之日本商人高木洁松、尾喜惣太等两人过江送信。第二次又过江粘贴上谕告示，旋被扣留九日，始行释放”[④]。

高木洁松、尾喜惣太转送的刘承恩致黎元洪的书信共有三函，其中一函是给黄兴的，一函是给黎元洪的，一函是上谕告示。刘承恩向黄兴转达袁世凯的意愿，其核心内容，据黄兴称：“来示嘱敝军停止战争，以免生灵涂炭。”为此，黄兴特致函袁世凯，劝其反正，提醒袁氏勿忘罢黜之耻，牢记兔死狗烹之教训，进而希望他做中国的华盛顿，不要为清廷效犬马之劳。

首先，黄兴对袁世凯提出要民军“停止战争，以免生灵涂炭”的说法进行了驳斥，从而说明造成人民“生灵涂炭”的不是革命党人，而是清廷。他严正指出：“惟满洲朝廷，衣冠禽兽，事事与人道背驰，二百六十年来，有加毋已。是以满奴主权所及之地，即生灵涂炭之地。如但念及汉口之生灵而即思休战，毋乃范围过

---

① 《刘承恩致袁世凯书》，刘萍、李学通主编《辛亥革命资料选编》第二卷，第 42 页。

② 梁钟汉：《我参加革命的经过》，《辛亥首义回忆录》第二辑，第 26 页。

③ 胡祖舜：《六十谈往》，《辛亥革命在湖北史料选辑》，第 97 页。

④ 《清内阁奏请优奖三井洋行日商人令》（1911 年 12 月 11 日），中国第二历史档案馆编《中华民国史档案资料汇编》第二辑，第 49 页。

狭，无以对四亿生灵。况汉口为我军所有之日，行商坐贾，百货流通。及贼军进攻不克，纵火焚烧，百余万生命、数万万财产均成灰烬。所谓涂炭生灵者，满奴乎，抑我军乎？”

其次，劝说袁氏明辨是非，讲求“大义”，不要为清廷的花言巧语所蒙蔽。“至于遵嘱开党禁等四条，乃枝叶问题，而非根本问题。兴等之意，原不在此。以大义言之，夷虏与中华，原无君臣之分。明公虽曾服满人之官，而十八省之举义旗、兴义师者，何亦非曾服满人之官者？按之是非真理，明公当自晓然。”

复次，提醒袁氏勿忘罢黜之耻，牢记兔死狗烹的教训，认清形势，慎重考虑与民军为敌的严重后果。“以利害言之，鄂省兴师，四方响应，至于今日，大江南北，复我汉人之主权者都凡十一省，寡人政治之满廷早已瓦解，明公即奋不世之威力，将何用？以明公个人言之，三年以前，满廷之内政、外交稍有起色者，皆明公之力。迨伪监国听政，以德为仇，明公之未遭虎口者，殆一间耳。此段痛心历史，回顾能不凄然！”况且，“革命动机未发以前，明公在郧谳居，犹且视为敌国，彰德、北京之道上，无日无贼政府之间探出没其间。迨鄂事告急，始有烛之武之请，满奴之居心，不诚令人心冷乎！近日北京政界喧传明公掌握兵权，当为朝廷之大害，是以满奴又有调明公回京组织内阁之命。夫撤万众之兵权，俾其只身而返，乃袭伪游云梦之故智，非所以扬我公，实所以抑我公，非所以纵我公，实所以缚我公也。”

最后，规劝袁氏反正，进而希望他出而建拿破仑、华盛顿之事功。“兴思人才原有高下之分，起义断无先后之别。明公之才能，高出兴等万万。以拿破仑、华盛顿之资格，出而建拿破仑、华盛顿之事功，直捣黄龙，灭此虏而朝食，非但湘、鄂人民戴明公为拿破仑、华盛顿，即南北各省当亦无有不拱手听命者。苍生霖雨，群仰明公，千载一时，祈毋坐失。”① 由此信的内容可以看出，黄兴是很讲求斗争策略的，他在与清廷及其走狗袁世凯进行

① 黄兴：《致袁世凯书》（1911年11月9日），《黄兴集》（一），第136—137页。

武装斗争的同时，也并没有放弃用和平的手段与之进行斗争，因而也并不拒绝和谈。

然而，黄兴对袁世凯奸险狡诈的用心及其派遣间谍搜集民军情报也是有所觉察并警惕的。他在致函袁氏的同时，也对民军将士亦曾发有“密谕”。一方面向民军将士宣传大好革命形势，鼓励他们奋勇作战；另一方面也提醒民军将士警惕袁氏阴谋。他在“密谕”中开章明义指出：“自鄂军起义以来，不旬日间，吾同胞之响应者已六七省，足见天命已归，满贼立亡。乃虏廷不揣时势，不问民心，出其狴犴之卒，敌我仁义之师。是实妄干天诛，于我何妨。汉口之战，我师屡胜，继虽小挫，军家胜败，自古常然，不必介意。现鄂军大整，湘军来援，恢复之功，当在旦夕。顷据保定侦探何式微来报，虏廷已命袁世凯为内阁总理大臣，仍统陆海军队。袁世凯甘心事虏，根据初九日罪己诏，倡拥皇帝之邪说，先运动咨政院遍电各省咨议局，有云‘政府十分退让，吾人只求政治革命，不屑为已甚者’云云。现袁已派心腹多名，分道驰往各省发布传单，演说谕众，冀离间我同胞之心，涣散我已成之势，设心之诡，用计之毒，诚堪痛恨！我同胞光复旧宇，义正词严，既为九仞之山，何惜一篑之覆，自不致为所动摇。然恐妖情善蛊，致荧众听，故此密谕同胞，速饬密探查拿前项演说之人，消灭传单，俾鼠窃之技无由而施，大局幸甚。”[①] 可见黄兴的警惕性还是很高的。

但是，过去有的史学家对黄兴多有指责，曾特别提及黄兴致袁世凯书这件事，其实，这是有失公允的。在阳夏战争期间，希望袁世凯反戈相向，转向革命，并举他为第一任大总统已经成为当时革命党人的一种共识，上至孙中山、黎元洪，下至普通革命党人几乎都是如此，前提条件是袁氏迫清帝退位、坚持民主共和制度。

---

① 黄兴：《对民军将士的密谕》（1911 年 11 月 9 日），《黄兴集》（一），第 135—136 页。

早在1911年10月20日，由革命党人胡石庵代笔的一封《全鄂人民致袁世凯书》将上述共识说得很清楚。书中提醒袁世凯说："阁下尚忆载沣初年摄政，即逐公于国门之外时乎？阁下未被刑戮，幸耳！今情势危迫，复以艰巨负之阁下，是盖行煮豆燃萁之故智，而中即覆以兔死狗烹之危机也。阁下亦知之否？""阁下诚能因时势所趋，体士民之意，率部下健儿，回旗北向，犁扫虏廷，为汉族争百尺光，我等全鄂士民，当肩耰手锄，甘冒石矢，为阁下作前驱。"否则，"鄂人苟有一人未诛者"，必与阁下"传为大仇"，"阁下当不若是之愚也"。识时务者为俊杰，阁下"何不以迅雷之势，建不世之业？汉族之华盛顿，惟阁下之是望。嗟乎！阁下非汉人乎？一身祸福，系之毫芒；千古勋名，争在顷刻。时乎时乎不再来，幸阁下三思之"[①]！胡石庵的这封信反映了全鄂人民的普遍心理，颇具代表性。

由汤化龙执笔代表"黎元洪暨同志人等"致袁世凯书与上述胡石庵执笔代表"全鄂人民"致袁世凯书亦如出一辙。该函首先揭露了清廷的罪恶，然后，笔锋一转，提醒袁氏，不要忘记罢黜之耻以及鸟尽弓藏的教训。"即如执事，岂非我汉族中之最有声望、最有能力之人，何以一削兵权于北洋，再夺政柄于枢府？若非稍有忌惮汉族之心，已酉解职之候，险有生命之虞。他人或有不知，执事岂意忘之？自鄂军倡义，四方响应，举朝震恐，无法支持，始出其咸、同故技，以汉人杀汉人之政策，执事果为此而出，可谓忍矣！""执事一身系汉族及中国之存亡，不綦重哉！设执事真能知有汉族，真能系念汉人，则何不趁此机会，揽握兵权，反手王齐，匪异人任；即不然，亦当起中州健儿，直捣幽燕。苟执事真热心满清功名也，亦当日夜祷祝我军速指黄河以北，则我军声势日大一日，执事爵位日高一日。倘鄂军屈服于满清，恐不数月间，飞鸟尽，良弓藏，狡兔死，走狗烹矣！执事犯功高震主

① 胡石庵：《湖北革命实见记》，武汉大学历史系中国近代史教研室编《辛亥革命在湖北史料选辑》，第40页。

之嫌，虽再欲伏隐彰德，而不可得也。隆裕有生一日，戊戌之事，一日不可忘也。执事之于满清，其感情之美恶如何，执事当自知之，不必局外人为之代谋。”[1] 上述黎元洪等致袁世凯书与前引黄兴致袁世凯书亦有异曲同工之妙。也就在黄兴致书袁世凯的同日，据日本驻汉口总领事馆搜集的情报中透露：“传说黎元洪曾对某外人谈，现在中国各地革命军之五个司令官，均已同意函请袁世凯担任中华共和国第一任大总统云。”[2] 可见，黎元洪想推举袁世凯为“中华共和国第一任大总统”这件事还是普遍征求了“中国各地革命军司令官”的意见之后才作出决定的。

值得注意的是，当时身居海外的孙中山也赞成联袁倒清。1911 年 11 月中旬，远在欧洲的孙中山通过《民立报》转致民国军政府的一份电报中有云：“今闻已有上海议会之组织，欣慰。总统自当推定黎君。闻黎有请袁之说，合宜亦善。总之，随宜推定，但求早巩国基。满清时代权势利禄之争，吾人必久厌簿（薄）。此后社会当以工商实业为竞点，为新中国开一新局面。至于政权，皆以服务视之为要领。”[3] 由此可知，希望联袁倒清，并推举他为共和国第一任大总统是包括孙中山在内的几乎所有革命党人的共识，因此，无端地指责黄兴“力主和袁世凯妥协”，“由于他的地位和影响，他在这件事中自然要负相当的责任”的指责显然是站不住脚的。

需要指出，刘承恩托日人转送给黎元洪的信，其主要内容带有招抚的性质，信谓：

“宋卿仁兄大鉴：顷奉项城宫保谕开，刻下朝廷有旨：一、下罪已诏；二、实行立宪；三、开放党禁；四、皇室不问国政等因。

---

① 《黎元洪等致袁世凯书》（1911 年 11 月 12 日），刘萍、李学通主编《辛亥革命资料选编》第二卷，第 45—46 页。

② 《日本驻汉口总领事馆情报》第二十七报（11 月 9 日上午），刘萍、李学通主编《辛亥革命资料选编》第二卷，第 106 页。

③ 孙中山：《致民国军政府电》（1911 年 11 月 16 日），《孙中山全集》第一卷，第 547 页。

似此，则国事尚可有挽回振兴之期也。遵即转达台端，务望趁此时机，和平了结。且看政府行为如何，可则竭力整顿，否则另行设法以谋之，未为不可。果以弟见为是，或另有要求之处，弟即行转达项城宫保，再上达办理。至诸公皆大才榱檕，不独不咎既往，尚可重用，相助办理朝政也。项城为人诚信，阁下必素所深知，此次决不至失信于诸公。弟情关桑梓，又素承不弃，用敢不揣冒昧，进言请教，务乞示复，即交原人携下为祷。乡愚弟刘承恩再拜。”[①] 黎元洪收到乡人刘承恩的来函，不敢一人作主，特召集会议，征询军政府其他成员的意见。众骂道：“袁世凯是什么东西，他打了个胜仗，就劝我们投降吗?”黎问大家怎么回答，众主张置之不理。黎出于对乡人的礼貌，还是给刘回复了一封不关痛痒的信函，称“现开会议，一二日定局再告”。虽然函中“语气尚恭顺”[②]，但并无实质性内容。

11 月 7 日，袁世凯令刘承恩复派侦探王洪胜持函往见黎元洪。王由平湖门进城，当有把守城门兵丁盘问，王说明来意后，派护兵两人一路送至黎处，黎、王之间有一段对话，能反映双方的政治态度，今节录如下，以便查考。黎问王：“你系何处人?”王答：“湖北襄阳人。”黎问：“随刘大人几年?”王答：“十几年。”黎问：“送信是甚么意见?”王答：“意在两下取和，以免汉人受害，保全大局。因打仗时，坏的房子，失的银钱，全是汉人的。”黎说：“你们大人要是未打汉口以前来说，就好说了，可惜来晚了。”王答：“我们大人到汉口，业已打过几次仗了，汉口房屋已经烧坏了。”黎说：“现在要说和，须将皇族另置一地与他居住，管他的吃穿，不准他管我们汉人的事情。”王说：“现在朝廷有旨，政府各大臣旗人庆亲王、那桐等，都已开缺，派袁宫保总理内阁大

① 刘承恩：《致黎元洪书》，转引自蔡寄鸥《鄂州血史》，刘萍、李学通主编《辛亥革命资料选编》第二卷，第 503 页。

② 《袁世凯致清内阁电》（1911 年 11 月 4 日），刘萍、李学通主编《辛亥革命资料选编》第二卷，第 40 页。

臣。”黎说：“宫保见事差矣！这时不该出来。先前宫保做直隶总督，好好的，为甚么开缺？现在有乱事，又请宫保出来，为甚么不叫满人带第一镇来打仗？可见旗人大有奸心。”“这个时候，不将皇上推倒，随便和了，以后大权归他，他更比从前加一倍的狠，我们更无有法子了。”最后，黎嘱王将所言转告刘承恩，并谓“若是能过江来，就请他过来谈谈，要过来时，先派人送个信来，我好派人到江边去接”[①]。黎、王会晤可视为黎与北方代表的初次接触，从而留下了和谈的余地。

袁世凯收到黄兴11月9日来函，函中以袁“出而建拿破仑、华盛顿之事功”相期许，感到大有奔头，以和助剿的信心更足了。11月11日，袁世凯遣刘承恩、蔡廷干携袁之亲笔函渡江至武昌都督府直接与民军求和。袁在函中称“如能承认君主立宪，两军即息战；否则仍以武力解决”云云。黎元洪询问两代表之来意。刘承恩略谓：“都督所以革命之原因，无非为清廷虚言立宪，实行专制。现清廷已下诏罪己，宣誓太庙，将一切恶税严捐，全行改除，实行立宪，与民更始，目的可谓已达。倘再延长战争，生灵益将涂炭。都督本为救民起见，若救之而反以害之也，于心安乎？况某某两国，均派水师提督带兵入境，不知是何居心。上下交争，恐彼等乘势袭取，致酿瓜分之祸。伏望都督统筹善策，顾全大局，传知各省，暂息兵端。一面公举代表入京，组织新内阁，共图进行之策。”黎元洪答辩曰：“现在各国领事，均奉各该国政府命令，严守中立，各国皆文明之邦，以遵守公法为第一要义。微论必不干涉，即令各国有不守公法之举动，吾国十八省热血同胞，尽牺牲生命以救国家者，以我四百兆人民，与外人办正当之交涉，外人虽强，当亦望而却步。”“予为项城计，即令返旆北征，克复汴冀，则汴冀都督，非项城而谁？以项城之威望，将来大功告成，选举总统，当推首选。”蔡廷干继而发言云：“都督之言，实同金

① 刘承恩：《刘承恩致袁世凯书》，刘萍、李学通主编《辛亥革命资料选编》第二卷，第42页。

石，我等均为惊醒，返命时定将都督之言，劝告项城。”[①] 湖北军政府在座其他成员汤化龙、胡瑞霖、孙发绪等人也纷纷发言，逐条驳斥了刘承恩的发言，刘面赤不能答。刘、蔡因需等候黎给袁的回信，即日下榻都督府内。11 月 12 日，刘、蔡二人携带《黎元洪致袁世凯书》返回汉口，由李国镛与孙发绪“送蔡、刘二君渡江”[②]。有关《黎元洪致袁世凯书》的内容，已如前述。毫无疑问，黎与刘、蔡会晤可以视为黎与北方代表的再次接触，黎在会上提出将来选举总统，袁世凯“当推首选”的发言，可以视为湖北军政府对袁世凯本人所持的基本态度。

袁世凯之所以几次三番与黎元洪试探求和，并不敢期望革命党人放弃推翻清政府，放下武器，俯首投降，也不在于坚持君主立宪，保留清廷。他在致黎元洪函中提出“如能承认君主立宪，两军即息战”的要求，只是做做样子给清廷看的，因为他身处内阁总理位置，要给清廷一个适当的交代而已。他试探求和的主要目的，就是为了摸清南方革命党人对他本人所持的态度，通过试探，他收到黄兴、黎元洪等人的信函，黄、黎等人明确表态期待他做中国的拿破仑、华盛顿，这个目的算是已经达到了。此外，他通过试探求和还要达到两个目的：一是因为考虑进攻汉阳、武昌的兵力不敷分布，调兵遣将尚需时日，和谈不过是一种拖延时间的缓兵之计。关于这一点，从他 11 月 4 日给清廷的奏折中可以看出其苦衷：由于清军与民军作战死伤惨重，逃亡亦多，至 11 月初，清军“陆军出发仅万余人，除拨守后路及伤亡外，应敌仅及万人，苦战七八日，坚守又数日，以万人分守江岸二十余里”，兵力远远不敷分布；仅以“此兵力，谋攻汉阳，而顾此失彼，亦多涉险”[③]。因此，必须继续等待援兵。二是通过试探求和还有侦悉

---

① 郭孝成：《议和始末》，《中国近代史资料丛刊·辛亥革命》（八），第 65—67 页。

② 《李国镛自述》，刘萍、李学通主编《辛亥革命资料选编》第二卷，第 83 页。

③ 《袁世凯奏报兵力不足暂停反攻武昌汉阳及清帝谕旨》（1911 年 11 月 4 日），《中华民国史档案资料汇编》第一辑，第 204—205 页。

革命党内情、掌握民军动态、刺探军事情报的作用。关于这一点，从他给清廷的一份奏折中为蔡廷干、刘承恩呈请奖励一事可以窥其端倪。该奏折云："窃臣奉命督师，仰礼朝廷德意，自以招抚为先。查有海军正参领蔡廷干，娴悉外交，志趣纯正，侭先选用道刘承恩，善于说词，胆识俱壮，即委令赴鄂宣谕，往返数次，黎元洪迄未受抚，该员等单舸匹马，蹀躞枪林弹雨之间，卒能侦悉革党内情，于军事甚有裨益。自应量加奖励，以酬其劳。海军正参领蔡廷干，拟请以三品京堂候补，并赏给二品衔。侭先选用道刘承恩，拟请交内阁记名，遇缺请旨简放。其余派出侦探各员，近或十余程，远或数百里，诡装变姓，茹苦历艰，均能恪遵命令。虽劳勋未便宣布，其出力实异寻常。谨择尤开具清单，恭呈御览。合无仰恳天恩俯准一并奖励之处，出自逾格鸿慈。"[①] 总之，通过反复试探求和，上述两个目的均已达到。在以抚助剿的同时，又开始以剿促抚。于是，北洋军在占领汉口之后，袁世凯便集中兵力于 11 月 14 日下令向汉阳大举进攻。11 月 27 日，汉阳失守。北洋军据有龟山之形胜，如果从汉口、汉阳向武昌渡江强攻，武昌唾手可得，但袁氏深知，即使占领了武汉三镇，也只是局部的胜利，局部的胜利并不能代表全局的胜利，从全国形势分析，民军三分天下有其二，自己统帅的北洋军不见得能稳操胜券，即使自己拼尽全力将民军镇压下去，也免不了兔死狗烹、鸟尽弓藏的下场。但既然清廷委任他为内阁总理大臣，他也不能在民军面前示弱，以致带来民军方面屡拒和谈的僵局。他夺回汉阳的目的主要是想教训一下民军将领，使之知道他袁某人所统北洋军的厉害，而不是为了一鼓荡平武昌，恰恰相反，只有适可而止，保存武昌，既可以给民军留下一块地盘，显示自己对民军宽大为怀，保留了和谈的对手，又可以证明民军还有相当大的力量，不是可以轻而易举就能镇压下去的，从而彰显自己存在的必要性，以便继续向

① 《袁世凯奏折》（1912 年 1 月 19 日），《中国近代史资料丛刊・辛亥革命》（五），第 323 页。

清廷进行要挟。于是，他采取据有龟山险要之后，用重炮隔岸向武昌遥击，作出要进攻武昌的姿态，但暗中却下令北洋军不准渡江向武昌进攻。以北洋军实力和夺取、占领汉口、汉阳两镇的“战果”为筹码，乘机和谈，达到以剿促抚的目的。

12月2日，也就在江浙联军攻克南京的同一天，南北双方在武汉首次达成停战协议，宣布自12月3日起，武汉地区停战3日；12月6日又约定延期3日，12月9日再约定停战15日，武汉战事自此停止。

对于袁世凯所处的地位以及南北议和前的形势，时人有一段记述颇中肯綮。“项城之权，全由保护满廷而得，既已显膺重寄，即不能不故作声势，以掩众目。一旦而欲反其所为，万无此理。且贵族虽已引避，挟制之习未除，项城势处两难，动辄得咎，内招贵族之猜疑，外启党人之仇视，手枪炸弹，日侍其旁，危险之来，方兴未艾矣。”而“不意北军甫克汉阳，而江浙联军愤激异常，竟以全力合攻宁垣，张、铁不支，遂为所据。两方至此，又成势均。于是外人集议，以为南北相持终非久计，乃由汉口英领事出任调停之责，劝令双方停战，议和问题于焉以起”①。

黄兴虽然没有直接参加具体谈判，但他是以南方革命党领导人的身份主导南北和议的。12月7日，清内阁总理大臣袁世凯奉上谕称：“现在南北停战，应派员讨论大局，著袁世凯为全权大臣，由该大臣委托代表人驰赴南方，切实讨论，以定大局。”② 袁世凯即委唐绍仪以“钦命全权大臣内阁总理大臣袁”之全权代表身份参加谈判；而伍廷芳则以“中华民国中央军政府大都督黎”之全权代表即南方民军全权代表身份参加谈判。然而，在多数革命党人的心目中，黎元洪只不过是武昌起义的革命党人临时推戴

---

① 廖宇春：《新中国武装解决和平记》，丘权政、杜春和选编《辛亥革命史料选辑》下册，第307页。

② 《关于停战的清方档案》（1911年12月7日），《中国近代史资料丛刊·辛亥革命》（八），第200页。

出来的，不是真正代表全国革命党的领袖，孙中山当时远在海外未回，只有黄兴是国内唯一代表全国革命党的领袖。南北议和期间，黄兴是以公举“大元帅”或“副元帅代行大元帅职权”的身份主持组织中华民国临时政府的。加之，袁世凯原以武汉军事形势对北军有利，应以黎元洪为谈判对手，以汉口为谈判地点，由于伍廷芳虽是“南方民军全权代表”，但主要反映江浙等省意见，所以伍廷芳不愿到汉口参加谈判，坚持以上海为议和地点。在上海方面的强烈要求下，沪、宁光复的军事优势以及武汉方面的军事劣势迫使黎元洪只得同意将谈判地点改在上海进行。黄兴职权的确认为他主导和议创造了条件。我们认为，黄兴主导和议表现在以下两个方面：

其一，确立了南北谈判的基本原则，疏通了秘密沟通南北的渠道。

在南北议和开启之前，就有人担心谈判桌上的议和不会收到实质性的效果。“盖此次停战开议，不外君主、民主问题，与其当面之争论，不如暗中之运动。”[①]“政府派员，必系主张君主；民军派员，未有不争共和。试问两代表能以个人资格，变其固有宗旨而归附于一方面之权利乎？吾有以知其不能矣。既曰不能，则和议终归无效。”因此，“不欲调停则已，苟欲调停，当先忠告两方枢要人物，开特别密议，疏通感情，陈说利害”[②]，以取得共识。当时南北之间通过私人秘密进行沟通的渠道有两条，一是通过同盟会员朱芾煌、汪精卫以及杨度等人与袁克定进行沟通；二是通过江浙联军参谋长顾忠琛及元帅府秘书俞仲还等人与担任保定姚村陆军小学堂监督廖宇春、第一军总参赞官靳云鹏及北军红十字会会员夏清贻等进行沟通。需要特别指出的是，通过这两条渠道

① 《关于停战的清方档案》（1911年12月7日），《中国近代史资料丛刊·辛亥革命》（八），第201页。

② 廖宇春：《新中国武装解决和平记》，丘权政、杜春和选编《辛亥革命史料选辑》下册，第312页。

进行沟通都是在黄兴的领导下秘密进行的，而且，由于黄兴亲自出面疏通渠道、亲自拟订议和原则，促成了南北议和的顺利进行，下面分述之。

汪精卫和朱芾煌都是同盟会员，汪在《民报》时期写过不少宣传民族主义、鼓动革命、批判保皇党人的文章。1910 年 4 月，他又与黄复生、罗世勋等谋炸摄政王载沣，不料被军警识破，同黄、罗等人一起被捕入狱。1911 年 11 月 6 日，清廷迫于革命形势将他们三人开释，发交两广总督张鸣岐试用。黄复生、罗世勋避之他去，汪精卫独留北京，投靠袁世凯。在袁的指使下，于 11 月 15 日，他和主张君主立宪的杨度共同发起组织国事共济会，与袁之长子袁克定关系密切。受袁之托，曾致函黄兴，劝其和谈。12 月 9 日，黄兴曾电复汪精卫转告袁世凯说："民军已肃清十余行省，所未下者才二三耳。北京不早日戡定，恐招外人干涉。"并期望袁氏，"能顾全大局，与民军为一致之行动，迅速推倒满清政府，令全国大势早定，外人早日承认，此全国人人所仰望。中华民国大统领一位，断推举项城无疑"。这等于给袁世凯吃了一颗定心丸。同时敦促袁世凯不可犹疑不决、迁延误事。"但现在事机迫切，中外皆注意民军举动，不早成立临时政府，恐难维持现状，策画进行。现已有各省代表拟举兴为大统领，组织临时政府，兴正力辞，尚未允许。万一辞不获已，兴只得从各省代表之请，暂充临时大元帅，专任北伐，以待项城举事后即行辞职，便请项城充中华民国大统领，组织完全政府。此非兴一人之言，全国人心皆有此意。惟项城举事宜速，且须令中国为完全民国，不得令孤儿寡妇尚拥虚位。万一迁延不决，恐全国人皆有恨项城之心。彼时民国临时政府如已经巩固，便非他人所得摇动。总之，东南人民希望项城之心，无非欲早日恢复完全土地，免生外人意外之干涉。项城若肯从人民之请，英断独行，中华民国大统领，兴知全国人民决无有怀挟私意欲与之争者。此事盼速成功，民国幸甚。"①

① 黄兴：《复汪精卫电》（1911 年 12 月 9 日），《黄兴集》（一），第 155—156 页。

此函由汪精卫转杨度代达袁氏，袁氏虽然赞成，但又不愿说出口。

另一条沟通渠道是通过江浙联军参谋长顾忠琛与保定姚村陆军小学堂监督廖宇春等人之间进行的。就在唐绍仪南下议和的同时，保定姚村陆军小学堂监督廖宇春和第一军总参赞官靳云鹏也偕北军红十字会会员夏清贻南下抵达武汉。他们私自计议，南北兵力相当，如长期作战，不是造成南北分裂，就会使国内陷于混战局面。南军宗旨在于清帝退位，实现共和；而北军并不反对，只是因为忠于袁世凯，才与南军为敌。如南军能推举袁为总统，则清帝退位、建立共和制度可望实现。遂将此意先向段祺瑞汇报，段表示同意。廖宇春与夏清贻等即去上海。“决定以个人名义，疏通两方主要人物，而求适当之解决。”[①] 12 月 19 日晚，廖宇春与夏清贻“造访民军机关部，当由南京先锋队联队长朱君葆诚介绍，得晤苏军总参谋顾君忠琛及元帅府秘书官俞君仲还等十余人，订开秘密会议于文明书局之奥室”。“爰以个人名义，为同胞请命。其宗旨在疏通南北感情，以求和平解决。”[②] 南军革命党人大喜过望，对廖宇春、夏清贻等人说：“吾党欲公举项城，正苦无阶，此事全仗廖君毅力行之。”[③] 顾忠琛当即表态说：“项城赞成共和则中国存，项城保持君主则中国亡。存亡中国之权，悉系于项城之手。项城而以保皇为重也，必出于战；项城而以保国为重也，须归于和。和战之机，实惟项城操之。现在反正者十余省，联军北伐者数十万，决无屈服君主问题之理，项城果能颠覆清廷，为民造福，则大总统一席，南军愿以相属。”[④] 廖宇春说：“仆与夏君，以保国救民为宗旨，是以联合两军同志，委曲疏通，力求融洽，虽躬冒

---

① 廖宇春：《新中国武装解决和平记》，丘权政、杜春和选编《辛亥革命史料选辑》下册，第 321 页。

② 廖宇春：《新中国武装解决和平记》，丘权政、杜春和选编《辛亥革命史料选辑》下册，第 321 页。

③ 廖宇春：《新中国武装解决和平记》，丘权政、杜春和选编《辛亥革命史料选辑》下册，第 325—326 页。

④ 同上。

危难，所不恤也。但吾辈私相计议，恐不足以取信于人，倘得黄元帅与程都督之同意，颁一纸证书，以为凭信，并订立草约，携之以归，则进言较易，而实行可期。”[①] 众以为然，乃请之于顾君，顾慨然允诺。顾忠琛立即向黄兴、程德全作了汇报，黄兴说：“前次各省推举某为临时总统，某所以坚辞不受者，正虚此席以待项城耳。”[②] 12 月 20 日，黄兴即亲笔书写委任书一份，书云：“兹委任顾忠琛君与廖宇春君商订一切。”[③] 当日，顾君即携委任状偕诸同志复来与廖君会晤。顾对廖说：“黄元帅和程都督均极赞成廖君之手续，可以保全中国，并可以消释两军已往之嫌，善莫大焉。”“前黄公致汪精卫书，颇主推袁。”廖君说：此书“见之”。[④] 顾君言次，当以黄元帅之委任状付廖君，廖受而藏之，乃复与夏君提出四款，请众讨论，其条文如下：

> 一、优待清室；二、组织共和政体，公举袁项城为大总统；三、优待满汉两方面之将士，并不负战时害敌之责任；四、开临时国会，恢复各省秩序。

顾忠琛与众人反复讨论，决议袁项城一层无须明言，将上述四条修改为五条：

> 一、确定共和政体；二、优待清室；三、先推翻清政府者为大总统；四、南北满汉出力将士，各享其应得之优待，并不负战时害敌之责任；五、同时组织临时议会，恢复各省秩序。

“以上条件各书一纸，与顾君彼此签名画押、互换，欣然而别。一切未竟事宜，则托夏君留沪办理。是日，致汉口军司令部

---

① 廖宇春：《新中国武装解决和平记》，丘权政、杜春和选编《辛亥革命史料选辑》下册，第 325—326 页。

② 廖宇春：《新中国武装解决和平记》，丘权政、杜春和选编《辛亥革命史料选辑》下册，第 326 页。

③ 黄兴：《给顾忠琛的委任书》（1911 年 12 月 20 日），《黄兴集》（一），第 159 页。

④ 廖宇春：《新中国武装解决和平记》，丘权政、杜春和选编《辛亥革命史料选辑》下册，第 326 页。

靳参议一电。其文曰：春、贻到申提议各条，黄、程二公均极赞成，请即如约实行。”[①] 由上述秘密沟通渠道可知，黄兴不仅在《复汪精卫电》中阐明了自己的观点，而且在与顾忠琛与廖宇春等人秘密会谈中基本上确立了南北议和的条件：那就是清帝必须退位，建立民主共和政体。袁世凯若能推翻清政府能保证当上大总统，清廷皇室继续享受优厚待遇。黄兴以大元帅身份主导南北和议，不仅确立了南北议和的条件，而且给顾忠琛颁发委任书使其有权参加密谈，密谈条件合法、有效。有趣的是，顾忠琛为纪念这次密谈的成果，竟按照黄兴委任状误书一字更改自己的名字。据廖宇春回忆：“顾君忠琛，本名忠深。余赴申江时，中山先生本未回国，黄君克强以大元帅统摄大权，顾君方任参谋，与余订密议。黄书委任状时，误作忠琛，于是顾君遂易名忠琛。顾君之更名，殆以是为吾党运动共和之纪念乎？余异日当质诸顾君。”[②]

其二，使秘密谈判成果付诸实施，促成公开谈判顺利进行。

伍廷芳虽以“中华民国中央军政府大都督黎”之全权代表身份参加谈判，但黎对伍却没有多少指导和帮助。在议和地点的选择上，如前所述，袁世凯考虑武汉军事形势对北军比较有利，应以黎元洪为谈判对手，原准备以汉口为谈判地点，后改定在上海举行，其原因固然很多，但最主要的原因，还是代行大元帅职权的黄兴在上海便于请示所致。据伍廷芳致黎元洪电称：“辱承十一省公推廷芳为民国代表，谊不敢辞。惟此临时组织政府，各省留沪代表，未许廷芳一日远离，又交涉甚繁，实难遵召，歉甚。”[③] 这里所指“临时组织政府”“交涉甚繁”，自然是指由黄兴组织临时政府。毫无疑问，最终敲定议和地点自然是征得黄兴同意和批准的。而且，伍廷芳的全权代表证书也并非黎元洪所颁发。据传，

---

① 廖宇春：《新中国武装解决和平记》，丘权政、杜春和选编《辛亥革命史料选辑》下册，第 327 页。

② 廖宇春：《新中国武装解决和平记》，丘权政、杜春和选编《辛亥革命史料选辑》下册，第 371 页。

③ 《黎副总统政书》卷二，上海古今图书局，1915 年，第 1 页。

伍廷芳的全权代表资格“承十一省公推”，以为人所共知。但直到开会前一天，正式的委任状他却尚未拿到手，正如顾忠琛没有黄兴的委任状不能与廖宇春秘密谈判一样；伍廷芳若未拿到黄兴的委任状，他与唐绍仪的谈判结果也是不具备法律效力的。为此，伍廷芳于 12 月 17 日特致函赵凤昌，敦请他协助办理。其函云：“顷唐使来拜，已约明日两点钟在小菜场议事厅开议。全权文凭，乞明日午前掷下为祷。又黄公衔似可添代办大总统字样，祈酌裁为盼。”[①] 于是，在赵凤昌等人的帮助下，伍廷芳的委任状便由黄兴签发，赶办出来，及时送到伍氏手中。实际上，代行大元帅职权的黄兴当时已在行使“代办大总统”的职责，关于这一点可从伍廷芳致黄兴等电中反映出来：“总统缓举，由大元帅代行亦可。惟请速设财政、军政等部组织临时内阁。否则不成政府，不便与敌政府议和，外国亦恐不承认，大局攸关，务请速行。”[②] 事事以大局为重、不争名利的黄兴正在履行“代办大总统”的职责，以便促成南北议和顺利进行。特别值得一提的是，在南北议和举行第一次会晤之后、第二次会谈讨论国体这个关键问题之前，即 12 月 19 日，黄兴特地与唐绍仪会晤，进行简短的交谈。黄兴坚定地表示：在推翻清朝政府、建立民主共和制国家这个核心问题上没有讨价还价的余地。诚如唐绍仪在与黄兴晤谈之后致袁世凯电中所说的，“革命党坚决主张共和，似已毫无折冲余地”[③]。可见，黄兴在南北议和的关键时刻、关键问题上，态度是极其明朗而又异常坚定的。这就为南北议和指明了方向，会谈的整个议程都是沿着这一正确方向进行的。

南北议和代表从 12 月 18 日至 31 日在上海英租界之市政厅举行了五次正式会议，主要讨论了停战、实行民主共和以及召开国

---

① 伍廷芳：《致赵凤昌函》（1911 年 12 月 17 日），丁贤俊、喻作凤编《伍廷芳集》上册，中华书局，1993 年，第 376 页。

② 伍廷芳：《致黄兴、程德全等电》（1911 年 12 月 16 日），《伍廷芳集》上册，中华书局，1993 年，第 374 页。

③ 邹念之编译：《日本外交文书选译》，第 297 页。

民会议等问题。下面分别作简要论述。

第一次会议于 12 月 18 日下午两点半开始，民国总代表伍廷芳，中央军政府代表王正廷，民国总代表参赞温宗尧、王宠惠、汪兆铭、钮永建与袁内阁代表唐绍仪及其随员欧赓祥、许鼎霖、冯懿同、赵椿年，在议事厅相会，两代表换验文凭毕，围绕停战问题，双方开展讨论。伍廷芳率先发言："今日未开议以前，有一事先提出解决，两方定约于十九日（指公历 12 月 9 日——引者）起，一律停战，而日来迭接山西、陕西、安徽、山东等处报告，知清兵已入境攻战，似此违约，何能议和？故今所当先解者，须请贵代表电致袁内阁，饬令各处一律停战。""且清军于停战期内，所攻取之地，均须悉行退出，请贵代表以此意电致袁内阁，得确实承诺，回电后始可开议。"唐绍仪虽同意致电袁世凯，但指出战争之责应由民军承担，因为民军是首衅。南北双方代表对究竟是哪一方首先开战各执一词，且对哪些地方是违约攻占之地调查清楚尚须时日，伍廷芳最终提出南北双方各致本方宣示停战为唐绍仪所接受。于是，南北双方各拟电报，伍拟电报两份，一致黎元洪，一致山、陕两军政府都督；唐拟电报一份，致袁世凯，彼此将电报稿互相交换阅读。但对于停战的范围又出现分歧，伍要求将山东和东三省列入；而唐则认为山东已取消独立，东三省范围太广，不宜列入。伍解释说："山东已经宣告独立矣！"唐表示："独立之后，又已取消矣。"伍说："所谓取消，不过孙宝琦一人之私言，并非山东全体人民之意，现山东人民不认取消，贵处不得派兵相压。且烟台独立，天下共知，尤不得派兵攻取。"至于东三省，"已有关东都督蓝天蔚，奉军政府令起义"[①]，必须列入停战范围。唐绍仪只得表示同意。

12 月 20 日，南北双方代表举行第二次会议。伍廷芳和唐绍仪"彼此互换所得之报告，知停战期内，彼此均有违约进攻之事"。唐表示："已发电至袁内阁，禁止此等违约进攻之事。"伍亦表示：

① 以下引文均参见丁贤俊、喻作凤编：《伍廷芳集》上册，第 385—404 页。

“此处亦已电致中央军政府，饬各处一律停战矣。”由于此前的停战协议至12月24日为止，行将到期，南北双方均提出在原有停战协议基础上再续停战期限，唐要求“续停战十五日”，伍认为续停时日“太长”，宜续停战七日，至12月31日止。唐未提出异议。南北双方由此签订了正式停战协定，同意在停战期内两军“一律停止进攻”。接着，南北双方代表开始讨论和谈的中心议题，即将来中国是实现君主立宪还是民主共和的问题。南方代表伍廷芳从一开始就提出废除满洲政府、建立民主共和政府。他表示：清廷“据君位已二百余年，使中国败坏至于如此”。“今日何以必须保存君位?”“且改为民主，于满洲人甚有利益，不过须令君主逊位，其他满人皆可优待，皇位尤然。”“满人与汉人必无歧视。将来满人亦可被选为大总统，是满人何损而必保存君位。”“今日中国人之程度，可以为共和民主矣。人心如此，不独留学生为然，即如老师宿儒，素以顽固称者，亦众口一词。”“为今之计，中国必须民主，由百姓公选大总统，重新缔造，我意以此说为确不可易。”“当求从速解决之法也。”“盖承认共和，则一切办法皆可商量。”否则，无法开议。唐表示愿意将伍廷芳的建议代为转达给袁内阁。他说：“共和立宪，我等由北京来者无反对之意向。”“黄兴有电致袁内阁云：若能赞成共和，必可举为总统。此电由汪君转杨度代达袁氏，袁氏谓此事我不能为，应让黄兴为之。是袁氏亦赞成，不过不能出口耳。共和立宪，万众一心，我等汉人，无不赞成。不过宜筹一办法，使和平解决，免致清廷横生阻力。”“今所议者，非反对共和宗旨，但求和平达到之办法而已。”伍言：清廷皇室“只请逊位，其余一切优待”。“皇室之待遇、旗兵之安置，自有善法。”“君既赞成共和，则我等所求者息事后之和平办法而已。”唐言：“国人皆希望共和，必须徇众。”“请国民大会决定君主、民主问题，服从多数之取决。”双方均同意召开“国民大会”“公决”此类问题。唐最后表示：“昨夜见黄兴，当以告君。自武昌起事之后，我曾拟一折，请国民大会决定君主、民主问题，服从多数之取决，清廷不允。现时我尚持此宗旨，盖此办法，对于袁氏非此法不行也。其军队必如此乃可解散。开国会之后，必为民主，而又和平解决，使清廷易于下台，袁氏易于转移，军队易于收束，窃以为和平解决之法，无逾于此也。”

12 月 29 日，南北双方举行第三次会议。唐绍仪在第三次会议开始时就提出：“昨夜得袁内阁之令，嘱我令商阁下招集国民会议，决定君主、民主问题。”并认定“国民会议将来必为共和”。双方代表共同制定了“关于清皇帝之待遇”五条：“一、以待外国君主之礼待之；二、退居颐和园；三、优给岁俸数目，由国会定之；四、陵寝及宗庙，听其奉祀；五、保护其原有私产。”此外，双方代表还制定了“关于满、蒙、回、藏之待遇”五条，共同签署会议条件四条，其中第二条规定：“开国民会议，解决国体问题，从多数取决。决定之后，两方均须依从。”第三条规定：“国民会议未解决国体以前，清政府不得提取已经借定之洋款，亦不得再借新洋款。”第四条规定：“山西、陕西、湖北、安徽、江苏等处之清兵，五日以内，一律退出原驻地方百里以外。”“山东、河南等处民军，已经占领之地方，清军不得来攻，民军亦不得进取他处。”

12 月 30 日，南北双方代表举行第四次会议。商定召开国民会议具体办法四条：其中，第一条规定：“国民会议由各处代表组织；每一省为一处，内、外蒙古合为一处，前、后藏合为一处。”第二条规定：“每处各派代表三人，每人一票，若有某处到会代表不及三人者，仍有投三票之权。”第三条规定：“开会之日，如各处到会之数有四分之三，即可开议。”第四条规定：南方各省和山西、陕西代表“由中华民国临时政府发电召集”；北方各省代表“由清政府发电召集”，内、外蒙古、西藏代表，“由两政府分电召集”。唐绍仪将以上四条电告袁世凯，袁不予承认。此外，关于召开国民会议的具体地点，南北双方争论颇为激烈，未有定论。

12 月 31 日，南北双方代表举行第五次会议。就国民会议召开的地点等具体问题进行讨论。议定“会议录”五条，其中第四条云：“伍代表提议国民会议在上海开会，日期定十一月二十日，唐代表允电达袁内阁，请电从速电复。”袁世凯将内阁所拟国民会议选举办法九条电告唐绍仪，力主在北京召开。唐绍仪因所议条款不为袁世凯认可，于是电告袁世凯，于1月2日电请辞职。农历十一月二十日为公历1912年1月8日。因在1912年元旦，孙中山宣誓就任临时大总统，袁世凯顿时感到当总统的美梦已经破灭，于是，“藉口以唐代表十一、十二两日议定各条，逾越权限，不能承认”[①]。袁复电照准唐代表辞职，并连电伍代表，“申明自后和谈进行，由彼此直接电商”。以期推翻南北和谈中所确定的有利于南方革命党人的条款。袁世凯于1912年1月2日致电伍廷芳，解释批准唐绍仪辞职的缘由时说：“此次变乱，各省扰攘，本政府不忍生灵涂炭，特备文委托唐代表赴沪作为总理大臣全权代表，专为讨论大局之利害，其权限所生，只以切实讨论为范围。乃迭接唐代表电开，与贵代表会议各条约，未先与本大臣商明，遽行签定。本大臣以其中有必须声明及碍难实行各节，电请唐代表转致。嗣据唐代表一再来电请辞代表之任，未可强留，现经请旨，准其辞任。至另委代表接议，一时尚难其人，且南行需时，嗣后应商事件，先由本大臣与贵代表直接往返电商，以期简捷，冀可早日和平解决，特此电达。”[②] 会谈从此进入袁、伍直接谈判阶段，双方往返电驳，直至清帝于1912年2月12日下诏宣布退位为止。

南京临时政府成立后，南北议和并未因此停止，只是谈判的内容稍有变化，由原拟讨论召开国民会议的有关事项转变为国体变革后有关优待清廷皇室条件问题。经过将近两个月的反复磋商，南北双方与清廷达成以下三点共识：一、清廷拟宣布接受优待条件，颁布退位诏书；二、袁世凯发表通电，宣布赞成共和；三、临时参议院选举袁世凯为南北统一后的共和国大总统。辛亥革命以南北议和的方式宣告“和平解决”。

---

① 张国淦编著：《辛亥革命史料》，第296页。

② 袁世凯：《致伍廷芳代表电》（1912年1月2日），《中国近代史资料丛刊·辛亥革命》（八），第102页。

那么，对于南北议和究竟怎样评价？过去，史学界有一种说法，认为这是黄兴等人“力主和袁世凯妥协”的产物，似乎如果不与袁氏停战议和，辛亥革命还会有一个更好的结局。因此，探讨和正确评价南北议和的问题直接关系到对代表南方革命党人的黄兴的评价问题，有必要辨析清楚。

第一，南北议和不违背同盟会的宗旨，有原则的妥协不失为一种正确的策略。同盟会的宗旨是“驱除鞑虏，恢复中华，建立民国，平均地权”，即十六字方针。后来孙中山在《民报》发刊词中解释为民族、民权、民生三大主义。而从南北议和的初衷、主旨和结果来看，实现了清帝退位，建立民主共和制国家，由汉人担任共和国总统。至于这位汉人总统是谁？作为不争个人权位的革命党人孙中山、黄兴等人来说，并不是最重要的。更何况当时的袁世凯也是公开通电承认共和的，袁氏与清廷之间的矛盾已经是众所周知的，兔死狗烹、鸟尽弓藏的恶梦时时萦绕在袁氏的心中，令他没齿难忘。武昌首义，各省响应，星火燎燃的革命大势，给了他东山再起的机会，不要说单凭自身的实力是否能将革命党人镇压下去还是一个难以预卜的问题，即使完全有能力将革命党人镇压下去，他也还会留有余地。在攻克汉口、汉阳，武昌唾手可得的重要关头，他下令冯国璋停止进攻武昌就是一个典型的例子。所谓“不得汉阳，不足以夺民军之气；不失南京，不足以寒清军之胆”[①] 的说法，就是他将南方革命党人与清廷玩弄于鼓掌之上、以便火中取栗的思维最好的诠释。我们撇开袁世凯提出南北议和的目的和手段不论，作为代表南方革命党人的黄兴无论是在秘密场合和公开场合，他都是坚持同盟会宗旨、坚持清帝退位和建立民主共和制国家的。黄兴在这一原则问题上从未动摇过。如果说无原则的妥协，不值得提倡的话，那么，有原则的妥协，也不失为一种正确的策略。

---

① 袁世凯：《致冯国璋电》（1911 年 11 月 30 日），转引自冯天瑜、张笃勤著《辛亥首义史》，第 532 页。

第二，南北议和是形势发展使然，是一种不可阻遏的趋势。北方自不必说，袁世凯取得内阁总理大臣头衔之后，对北洋军进行了改编，掌握了军权，他提出南北议和自然反映了北方各省都督的意愿。对南方各省而言，从武昌首义开始，至1911年11月27日为止，不到50天时间，全国已有14个省、市宣布“独立”，脱离清政府的统治。湖南长沙、陕西西安、江西南昌、山西太原、云南昆明、上海、贵州贵阳、浙江杭州、福建福州等9个城市中，除云南昆明新军起义有过激烈战斗外，其他8个城市起义进展顺利，没有什么大的战斗，在几个小时或者一天，至多两天内完成任务，清朝地方督抚、将军大都处于不抵抗状态。江苏苏州、广西桂林、安徽安庆、广东广州、四川成都等城市皆属于“和平”光复的城市，除安徽安庆有过反复外，其他几个城市的“独立”过程都比较迅速，基本上没有什么破坏和流血。苏州是最典型的例子，为了表示象征革命必须要有破坏，只是命人用竹竿挑去了抚台衙门屋顶上的几片瓦片而已。江苏、广西、广东都以原巡抚为都督；安徽、浙江、湖南（后期）都以立宪派头目为都督，可见其革命的不彻底性。因而，南方各省光复后建立的军政府都督大凡由三种类型的人担任：一是如同苏、桂、粤都以原巡抚为都督，他们原本就是清朝的封疆大吏、汉人官僚，与袁世凯本是一丘之貉，他们自然不想南北继续开战；二是如同皖、浙、湘（后期）都以原立宪派头目为都督，他们原本就是改良派，并非革命派，均一致表示拥护停战议和；三是如同沪、赣、滇、黔等省军政府都督虽然一时由革命党人掌权，但其中一部分人难免有继续开战、害怕失去权利的顾虑。贵州都督赵德全亦表示：“和平解决，国民之所深望。”[①] 即使其中还有一些激进的革命党人持有反对与袁议和的意见，也被多数主张南北议和的声涛所淹没。诚如

---

① 赵德全：《致陈其美电》（之二），贵州省社会科学院历史研究所编《贵州辛亥革命资料选编》，贵州人民出版社，1981年，第46页。

当时有的革命党人所说的："惟各省均表赞同，吾辈未便独异。"[①]

需要指出的是，即使黄兴不同意与袁世凯议和，袁也会与黎元洪达成议和协议。在袁氏看来，黎元洪已被制服，较易对付，武汉军事形势又处于劣势，对北军较为有利，应以黎元洪为谈判对手，以汉口为谈判地点，以达到兵临城下，结"城下之盟"的目的。况且，黎元洪的职务是大元帅，而黄兴的职务是副元帅、代行大元帅职权；而伍廷芳也是"中华民国中央军政府大都督黎"的全权代表，既然黎元洪"坚主和议"，黄兴对此也不便唱反调。如果让黎元洪直接在汉口与袁"议和"，那就可以设想，连同盟会的宗旨也不可能坚持，是无条件可讲，无原则妥协，说白了就是向袁投降。关于这一点，在南京临时政府成立后，黄兴在南京的一次宴会上曾对时任北伐军司令官王之祥参谋长的耿毅讲得很清楚。据耿毅回忆：一天晚上，黄兴请他和刘崐涛、赵炎午等北伐军将领晚餐，"陪者仅陆军次长蒋雨岩（作宾）、军需司令曾克楼二人。席间言：本意扫清清廷庸劣政治和旧军阀官僚分子，初起时，各省军队和一般人士，均甚奋勇激烈，乃闻议和，吾辈同仁尚有直捣黄龙之心。而附和革命者，不是盘踞地方，就是拥兵自卫，只求目前名利，不计将来祸患，甚至以军队名义要求非和不可，并暗与袁通气。加以黎宋卿本非革命者，更坚主和议，我若过于强制，他即单独与袁议和。大势如此，我何能独持异议。孙大总统初回国，尚不知此中内容，责我过于软弱，我只好忍受。近日南京军队尚有不稳消息，今日令贵军在街上游行，即寓镇抚人心之意，而上海议和尚有条件可讲，否则就是向袁投降而已。言下叹息不止"[②]。这席话道出了问题的全部实质。

第三，南北议和的客观效果是有利有弊，但利大于弊。就南

---

① 耿毅口述：《辛亥广西援鄂回忆录》，刘萍、李学通主编《辛亥革命资料选编》第三卷下册，第638页。

② 耿毅口述：《辛亥广西援鄂回忆录》，刘萍、李学通主编《辛亥革命资料选编》第三卷下册，第636—637页。

方革命党人的主观条件而论，不仅首义之区的武汉形势十分危急，其他各地的形势亦不容乐观。11 月 27 日汉阳失守后，冯国璋因阳夏之战有功被清廷封为男爵，冯在春风得意之时，亟欲乘胜渡江，一举攻克武昌。11 月 29 日，清军大别山炮队炮击武昌，11 月 30 日，湖北军政府中炮起火，傍晚，黎元洪乘机率亲信秘密出走，拟逃往葛店。12 月 1 日晚，黎行至王家店驻扎。“此数日中，武昌已成无政府状态。都督府顾问兼编制部长汤化龙先已化龙飞去，理财部长胡瑞霖托召募公债，挟多金去沪，孙武本人留在城中，他的家属却在别处安置。残散士兵，满街都是，居民逃散，家人相寻，机关员役，所存无几。”[①] 湖北军政府陷入一片混乱，武昌形势，危在旦夕。如不立即停战，冯国璋一旦发动进攻，后果不堪设想。全国其他地区的形势亦不容乐观，武昌首义后虽有 14 省市独立，根基并不牢固，如前所述，不少省份军政府均由该省原清朝巡抚为都督或是立宪派头目为都督，即使由革命党人为都督的军政府也普遍存在财政拮据、饷械缺乏、新招募士兵缺乏训练等不利条件，真可谓困难重重，南北如果开战，胜负难以预卜。

再从南方革命党人所面临的政治格局分析，当时有三种政治势力：一种是以清廷为核心的专制主义势力；一种是以袁世凯为代表的北洋系势力；一种是以帝国主义各国为主体的侵略势力。而在这三种政治势力中，以清廷为核心的专制主义势力是革命党人需要首先推倒的敌人。而清廷在统治摇摇欲坠的情势之下，无可奈何，只得寄希望于握有兵权的袁世凯。帝国主义各国侵略势力并不希望中国建立民主共和国，更不希望中国走上独立发展资本主义道路，成为列强在东方的竞争对手，对南方革命党人持反对态度。列强寄希望于保存清王朝的存在，但由于清廷腐败不堪，难以维持，列强一致瞩目“弱国中的强人”袁世凯收拾残局，推行“助北压南”的方针，帮助袁世凯用和谈手段，同革命党人周旋，以期建立袁氏强有力的政权，维持秩序，保障本国的权益。

---

① 楚之梼杌（查光佛）：《武汉阳秋》，1914 年刊本。

袁世凯凭借手中掌握的北洋军实力，依仗列强的支持，还有清廷授予内阁总理大臣的合法身份，其力量亦不可小视。在当时的历史条件下，联袁倒清是南方革命党人的最佳选择。因此，只要袁世凯逼清帝退位，承认建立民主共和国，大总统非袁莫属的呼声也很高，表面看来，客观形势对袁是有利的。但袁世凯也有自己的苦衷，处境也很艰窘，且不说革命党人决不会轻易放过他，炸弹、暗枪随时侍候。即是对于处理清廷的关系也使他感到很棘手，不爆发革命，清廷绝对不会重新启用他，如果能将革命镇压下去，又逃不脱兔死狗烹、鸟尽弓藏的结局，更何况革命党人是很难镇压下去的。特别是清廷内部的主战派王公贵族更希望他成为曾国藩第二，要他冒如此风险谈何容易？如果要他转向革命派，又不仅要克服乱臣贼子的名节障碍，还要有取得总统权位的确实保证。复杂的政治斗争格局和袁氏的处境决定了他的态度势必以和谈为手段在清廷与革命党人之间玩弄计谋和权术。

袁世凯在重拳出击民军、占领汉口、汉阳之后，对民军以打为拉，下令冯国璋停止进攻武昌。对此，恭亲王溥伟、肃亲王善耆等公推代表质问袁世凯说："从前洪、杨革命，十三省都沦陷，而胡林翼、曾国藩都能讨平，现在南方革命党，并无多大实力，黎元洪、程德全都是政府官吏，公然叛逆，若不讨伐，成何体统？"袁氏巧妙地回答说："你要我讨伐黎元洪、程德全，我可以办得到的。你要我讨伐张謇、汤寿潜、汤化龙、谭延闿等，我是办不到的，他们都是老百姓的代表啊。假如你们不满意，我只有向太后辞职。"[①] 于是，恭亲王、肃亲王等知道无望，遂各携带眷属而出京了，袁世凯的一吓一骗，轻而易举地摆脱了皇室内主战派的纠缠。至于皇室内的孤儿寡母对于袁世凯来说，那就自然好对付了。在获得南方革命党人承诺的共和国总统的保证后，于是，袁氏又通过和谈为皇室争取到更多的优待条件，以换取皇帝禅让的美名，并将南方革命党人提出通过召开国民会议讨论君主还是

---

① 刘厚生：《张謇传记》，上海书店，1985 年，第 192 页。

民主的问题拟先在皇室成员内讨论，使民主共和得到皇室成员的首肯，将这个皮球踢给了隆裕太后，袁氏将唐绍仪代表多次电请内阁事项转奏隆裕太后称：唐代表最近两次电称："彼党坚持共和，不认则罢议，罢议则决裂，决裂则大局必糜烂。试思战祸再起，度支如何？军械如何？岂能必操胜算。万一挫衄，敌临城下，君位、贵族岂能保全？外人生命财产岂能保护？不幸分崩离析，全国沦胥，上何以对君父，下何以对国民。如召集国会，采取舆论，果能议决仍用君主国体，岂非至幸之事。就令议决共和，而皇室之待遇必极优隆，中国前途之幸福尚可希望。孰得孰失，情事较然。若再延缓，祸害立至。"接着，话锋一转，袁氏奏呈自己的意愿称："臣等接阅之下，忧心如焚，内察民情，外观大势，实逼处此，无可转圜。言和则词说已穷，言战则饷械两绌。即俯如唐绍仪国会公决之请，而用正当选举之法，选合格代表之人，其手续与时期均非旦夕所能蒇事。革党迫不及待，尚不知能否听从？而决定如何政体亦难预料。事关存亡解决，非阁臣所敢擅专。惟有吁恳召集近支王公，速行会议，请旨裁夺，以定大计。""伏乞皇上圣鉴训示。"[①] 隆裕太后随即召集皇室成员讨论，议决退位，实行民主共和政体，并于 1912 年 2 月 12 日发表退位诏书云："前因民军起事，各省响应，九夏沸腾，生灵涂炭，特命袁世凯遣员与民军代表讨论大局，议开国会，公决政体。两月以来，尚无确当办法，南北暌隔，彼此相持，商辍于途，士露于野。徒以国体一日不决，故民生一日不安。今全国人民心理多倾向共和，南中各省既倡议于前，北方诸将亦主张于后，人心所向，天命可知。予亦何忍因一姓之尊荣，拂兆民之好恶。是用外观大势，内审舆情，特率皇帝将统治权公诸全国，定为共和立宪国体，近慰海内厌乱望治之心，远协古圣天下为公之义。袁世凯前经资政院选举为总理大臣。当兹新旧代谢之际，宜有南北统一之方，即由袁世

① 《内阁总理袁世凯等奏折》（1911 年 12 月 28 日），《中国近代史资料丛刊・辛亥革命》（八），第 225—226 页。

凯以全权组织临时共和政府，与民军协商统一办法。总期人民安堵，海宇乂安，仍合满、汉、蒙、回、藏五族完全领土为一大中华民国。予与皇帝得以退处宽闲，优游岁月，长受国民之优礼，亲见郅治之告成，岂不懿欤。钦此。”[①] 这篇出自张謇手笔的懿旨，袁世凯蓄意加入“即由袁世凯以全权组织临时共和政府”一句，其目的是即使南京临时政府不选他当总统，他也可以援引此语合法组织临时政府，这就给他当总统安上了双保险。而且，他以优待皇室的条件为诱饵逼宫，使自己当共和国总统由皇帝诏旨说出，以示政权来自清室，这就避免了别人怪罪于他“背叛清廷”的嫌疑。于是，在帝国主义列强的支持下，在南京临时政府总统孙中山、陆军总长黄兴等人的承诺下，在清皇室下诏同意下，袁世凯顺理成章地当上了大总统，真可谓一箭三雕。难怪大买办官僚盛宣怀也为袁氏的手段拍案叫绝，他说：“近日伏睹项城一举一动，无不令人五体投地。”[②] 又说：“总统不折一矢而定天下，古今中外无其匹矣。”[③] 我们撇开袁世凯的主观动机不论，从客观效果上看，南北议和有利有弊。从利的方面分析，一是避免了一场南北大混战、大拼杀。武昌首义之后，革命形势虽有大发展，但南方革命党人也面临着内部和外部的种种困难和压力，缺乏武装推倒清政府、统一全国的实力。如果与袁世凯的北洋军开战，将会遭受重大牺牲。袁世凯的北洋军也会遭受重大伤亡，很可能形成南北对峙的局面。二是使各派政治势力的利益暂时都得到了最大限度的满足，使政治斗争的形势趋向缓和。清廷皇室得到了禅让的美名，享受到各种优待条件；民军得以推翻清政府，使民主共和制度得以建立；列强在清帝退位后又找到了新的代理人袁世凯，使他们

① 《隆裕皇太后懿旨》（1912 年 2 月 12 日），《中国近代史资料丛刊・辛亥革命》（八），第 183 页。

② 《盛宣怀致孙宝琦函》，北京大学历史系编《盛宣怀未刊信稿》，中华书局，1960 年，第 231 页。

③ 《盛宣怀致孙宝琦函》，转引自夏东元编著《盛宣怀年谱长编》下册，上海交通大学出版社，2004 年，第 958 页。

的既得利益又有了保障；袁世凯顺利当上了大总统，一时间可谓“皆大欢喜”。三是使广大人民群众免遭大规模战争带来的屠戮与浩劫，避免了因为混战而造成的灾难。四是有利于国家的统一，避免了分裂，增强了实力。在一个半殖民地半封建的中国，东西方列强的政治、经济控制已从边远地区深入到了内地，利用中国内部大规模的军事冲突插手其间，寻找借口，策动某种势力，制造分裂、闹“独立”的事件则随时都有可能发生，一旦发生，则收复无望。政权的和平转移，从而避免了国家的分裂，有利于多民族国家的统一，有利于国际地位的提高。然而，应当承认，南北议和的弊端也是显而易见的，袁世凯假借“议和”之机，以远交近攻的斗争策略，夺据了北方许多战略要地，并用血腥手段镇压了华北和东北的革命运动，从而稳住了他在北方的势力，也使南方革命党人解除了武装，涣散了斗志，忽略战备，丧失了许多关隘重镇，贻误了北伐良机。袁世凯当上大总统后，表面承认共和，暗中却在为复辟帝制作准备，直到宣布自己当皇帝，革命党人一时因缺乏思想准备而几乎束手无策，付出了惨重的代价。这一历史教训也是值得人们深思的。权衡利弊，还是利大于弊。黄兴主导南北和议，顺势而为，当机立断，针锋相对，坚持原则，收到了明显的效果，应当给予充分的肯定，不应当受到谴责。

第二节　筹备组建南京临时政府

早在阳夏战争期间，关于筹组南京临时政府的工作就已经被提上了议事日程。如同第六章第六节所提到的，11 月 12 日，庄蕴宽受赵凤昌等江、浙人士委托至汉邀请黄兴早日赴沪，共图大计。黄兴因汉阳战事吃紧，不能离任，但他指示庄蕴宽，要尽量及早组织“全国统一军政机构”，是“愈早组织愈好”。并希望江浙地区革命党人在攻克上海之后继续努力，“及时攻克南京”，就可以

"全盘扭转"革命形势，达到"底定"东南半壁江山、建立统一政权的目的。实际上，早在江、浙革命党人酝酿组织全国统一政权之前，即 11 月 9 日，湖北革命党人认为，各省独立后，"其目的固属一致，然各自为政，无联合进行机关，深感不便。"于是日由湖北军政府"通电各省，请派全权委员赴武昌，组织临时政府，是为各省民军倡议组织临时政府之始"[①]。11 日，由江苏都督程德全、浙江都督汤寿潜出面，联电上海都督陈其美，倡议"各省旧咨议局，各举代表一人"，"各省现时都督府，各派代表一人，均常驻上海"。"以江苏教育总局为招待所"，"两省以上代表到会，即行开议；续到者，随到随与议"[②]。12 日，"即以江苏都督府代表雷奋、沈恩孚，浙江都督府代表姚桐预、高尔登之名义，通电各省来沪会议，组织临时政府"[③]。15 日，江苏都督府代表雷奋、沪军都督府代表袁希洛、俞寰澄、朱葆康，福建都督府代表林长民、潘祖彝等人在上海江苏总会开会，议决本会定名"各省都督府代表联合会"。由于电报在不同地区分别有所延误，直到 17 日开会，江苏代表沈恩孚报告"在苏州都督府阅广州来电，武昌都督亦曾通电各省，请派代表赴鄂，组织临时政府"[④]。上海方面才知道黎元洪也发出了同样的电报。其结果造成苏、浙、沪、闽、湘、直、鲁、豫等省区都督府或咨议局（未独立省份）应上海方面邀请，派代表赴沪开会；而赣、粤、桂等省都督府代表则应武昌方面电邀径往武昌开会，为解决会议代表在两处开会的矛盾，上海方面与会代表当即议决："致电武昌黎都督、黄总司令，本会各代表以上海交通便利，多主张在沪开会，倘蒙同意，请即派代

① 张难先：《中华民国政府成立》，严昌洪等编《张难先文集》，第 437 页。
② 张难先：《中华民国政府成立》，严昌洪等编《张难先文集》，第 437 页。
③ 张难先：《中华民国政府成立》，严昌洪等编《张难先文集》，第 437 页。
④ 刘星楠遗稿：《辛亥各省代表会议日志》，中国人民政治协商会议全国委员会文史资料研究委员会编《辛亥革命回忆录》第六集，第 241 页。

表来沪与会。”[1] 20日，又议决：“先由到沪各代表所代表省份电黎都督、黄总司令，承认武昌为民国中央军政府，以鄂督执行中央政务，并请以中央军政府名义委任各代表所推定之伍廷芳、温宗尧二君为民国外交总、副长。”[2] 湖北军政府接此议决案，顿“觉既认湖北为中央军政府，则代表会亦自应在政府所在地，府、会地隔数千里，办事实多迟滞，非常时期，恐失机宜。”[3] 23日，湖北都督府所派代表居正、陶凤集到会，由居正报告湖北军政府9日“通电各省，请派全权委员来鄂组织政府等情，并述此次来意，系与到会各代表商议，同行赴鄂”[4]，商组中央政府。当日，经代表联合会议决：“各省代表均赴湖北。”[5] 25日，又议决：“各省代表赴鄂，宜各有一人留沪，赴鄂者议组织临时政府事，留沪者联络声气，以为鄂会后援。”[6] 28日，上海方面致电武昌黎都督，“报告赴鄂代表，本日启行”[7]，并通电各省都督府咨议局，“报告各省代表赴鄂议组织临时政府，沪设通信机关于西门江苏教育总会”[8]。30日，各省代表齐集武昌，于是，“因假汉口英租界顺昌洋行，为各省代表会会所”[9]。“公推湖南代表谭人凤为临时议长。”

---

① 刘星楠遗稿：《辛亥各省代表会议日志》，《辛亥革命回忆录》第六集，第241—242页。

② 刘星楠遗稿：《辛亥各省代表会议日志》，《辛亥革命回忆录》第六集，第241—242页。

③ 张难先：《中华民国政府成立》，严昌洪等编《张难先文集》，第437—438页。

④ 刘星楠遗稿：《辛亥各省代表会议日志》，《辛亥革命回忆录》第六集，第242—243页。

⑤ 刘星楠遗稿：《辛亥各省代表会议日志》，《辛亥革命回忆录》第六集，第242—243页。

⑥ 刘星楠遗稿：《辛亥各省代表会议日志》，《辛亥革命回忆录》第六集，第242—243页。

⑦ 刘星楠遗稿：《辛亥各省代表会议日志》，《辛亥革命回忆录》第六集，第242—243页。

⑧ 刘星楠遗稿：《辛亥各省代表会议日志》，《辛亥革命回忆录》第六集，第242—243页。

⑨ 张难先：《中华民国政府成立》，严昌洪等编《张难先文集》，第438页。

举行第一次会议，会上，胡瑛报告："民军自汉阳失利，北方即有人来商和平解决，驻汉英领事亦出为介绍，向两方商议停战。停战问题，分为两层：一长期停战，以全国为范围，应与清内阁电商；一短期停战，只就武汉一隅而言，即与清军统冯国璋商议。现英领事已交到冯军统所开停战条款，请诸君讨议。至于长期停战，据英领事云，黎都督须能代表各省，方可议及。"与会代表议决："由临时议长致函黎都督，追述代表会在沪时，曾经议决公认鄂军政府为中央军政府，请黎君以大都督名义，执行中央政务。"①并议决答复清军统冯国璋停战条款。12月2日，汉口代表会议议决：先规定临时政府组织大纲，并推定雷奋、马君武、王正廷为起草员，起草临时政府组织大纲。3日，大会议决通过《中华民国临时政府组织大纲》，并于即日宣布之。大纲分为四章二十一条，第一章共六条，其中规定："临时大总统由各省都督府代表选举之，以得票满投票总数三分之二以上者为当选。"临时大总统有五大权利，即"有统治全国之权"，"统率海陆军之权"，得参议院之同意"有宣战、媾和及缔结条约之权"、"有任用各部部长及派遣外交专使之权"、"有设立临时中央审判所之权"。第二章共十条，规定参议院的产生办法、职权范围以及参议院与临时大总统之间的关系、议订参议院办事细则，等等。第三章共三条，规定行政各部分设外交、内务、财政、军务、交通五部。各部设部长一人，总理本部事务。其编制及权限，由部长规定，经临时大总统批准施行。第四章共二条为附则。规定临时政府组织大纲施行期限。②

4日，汉口全体代表开会，英领事得无线电称："南京已下，特派人来会道贺。"代表会当即议决："临时政府设于南京，各省代表开临时大总统选举会于南京。有十省以上之代表到南京，即

---

① 刘星楠遗稿：《辛亥各省代表会议日志》，《辛亥革命回忆录》第六集，第243—244页。

② 附录：《临时政府组织大纲》，刘星楠遗稿《辛亥各省代表会议日志》，《辛亥革命回忆录》第六集，第244—246页。

开选举会，临时大总统未举定以前，仍认鄂军都督府为中央军政府，有代表各省军政府之权。”① 同日，上海方面以陈其美、汤寿潜、程德全三都督名义，邀请各省留沪代表在上海江苏教育总会举行会议。会议暂定以南京为临时政府所在地，并推举大元帅和副元帅，黄兴以 16 票当选为大元帅，黎元洪以 15 票当选为副元帅。黄兴自阳夏战争失败后，内心愧愤不已，一心只想领兵北伐，直捣黄龙，自己并无担任大元帅的想法，在他看来，论功则“拟举首先起义之黎元洪”，加以孙中山威望很高，“将次回国，可当此任”。这对于一向毫无权利之心、且信守“难可自我发，功不必自我成”的黄兴来说，他之所以坚辞大元帅之职也是情理之中的事。5 日，黄兴在出席各界欢迎大会上，一再请辞大元帅之职。这从上海《民立报》的一则报道可以反映出来。该报道称：“为欢迎临时政府大元帅，特开大会于江苏教育总会。苏州程都督、上海陈都督及各省都督府代表，均准时莅会。俟黄大元帅莅止，即开会行欢迎礼，一时欢呼声雷动，先由程都督雪楼起述：昨日自大元帅举定后，即邀同陈君英士，亲往黄大元帅行辕道欢迎意，恭请莅会。大元帅谦辞不肯承认，经德全等再三劝驾，仅允到会重行选举。继沪军都督起谓：昨日之选举，万不可作为无效；况大元帅责任重大，关系全国。方今北虏未灭，军事旁午，非有卧薪尝胆之坚忍力者，不足肩此巨任，故其美以为舍克强先生外，无足当此者。于是黄大元帅起辞，谓才力不胜，拟举首先起义之黎元洪为大元帅，再由各都督中举一副元帅。且谓：兴并愿领兵北伐，誓捣黄龙，以还我大汉河山而后已。至于组织政府，则非兴所能担任者也。嗣由各代表相谓：现今事机危迫，战事未息，黄大元帅苟不俯从众意，其如全国人民何？黄大元帅复辞，谓孙中山将次回国，可当此任。后由某君起谓：开会已两时之久，西伯利亚铁道所装之军械，已通过二百余里，京汉铁路之兵亦行近百余里矣。方今军务倥偬，时间异常宝贵。孙君诚为数十年来热心

① 刘星楠遗稿：《辛亥各省代表会议日志》，《辛亥革命回忆录》第六集，第 246 页。

革命之大伟人，然对外非常紧急，若无临时政府，一切交涉事宜，俱形棘手，况大元帅为一时权宜之计，将来中华底定，自当由全国公选大总统，是故某以为黄大元帅于此时实不必多为推让。于是黄大元帅乃允暂时勉任。”[①]

平心而论，孙中山不在国内，黎元洪原本又不是革命党人，作为黄兴理应代表南方革命党人，这是毋庸置疑的。宋教仁、陈其美等同盟会人担心革命政权旁落，策动选举黄兴为大元帅、黎元洪为副元帅，本有其合理性，并非人们所描述的那样，是他们两人“鼓煽留沪的一部分代表，扮演了这一幕滑稽戏”。当然，事先未与武汉代表商量办理，亦有其不妥之处，这自然会引起武汉方面的不满。7 日，武汉全体代表开会，会上，据西报电称：“上海有十四省代表推举黄兴为大元帅，黎元洪为副元帅。”对此，他们议决：“由黎大都督电沪都督，查实如另有人在沪联合推举大元帅、副元帅等名目，请其宣告取消。”[②] 这一决议正中黎元洪下怀，于是他即发表致各省都督电：“各省代表均到鄂，议定临时政府组织大纲，并订期在南京公举临时大总统，组织临时政府，经敝处通电各省，各省谅已达览。现忽据来电称，沪上有十四省代表，推举黄兴为大元帅、元洪为副元帅之说，情节甚为支离，如实有其事，请设法声明取消，以免淆乱耳目。”[③] 根据 12 月 7 日武汉代表会议议决，各代表拟于翌日同船出发赴南京，11 日，留沪代表亦启程赴南京，由此，各省代表会在南京始得统一，得以继续在南京举行会议。12 日，各省代表齐集南京，在江苏咨议局开会，期间，福建代表林长民到宁时，被人指为汉奸，在车站枪击未中，各省代表会议决：“由代表会致电福建都督孙道仁，请代林君剖白。”[④] 林长民因之辞职回闽。14 日，各省代表开会选举汤尔和担

① 上海《民立报》1911 年 12 月 6 日。
② 刘星楠遗稿：《辛亥各省代表会议日志》，《辛亥革命回忆录》第六集，第 247 页。
③ 《黎副总统政书》卷一，上海古今图书局，1915 年，第 22 页。
④ 刘星楠遗稿：《辛亥各省代表会议日志》，《辛亥革命回忆录》第六集，第 250 页。

任议长，王宠惠任副议长，并一致议决："本月二十六日（公历12月16日——引者）开会选举临时大总统。"[1] 15日，全体代表到会，浙江代表陈毅随后赶到，据该代表报告："袁内阁代表唐绍仪到汉时，黎大都督代表已与会晤，据唐代表称：袁内阁亦主张共和，但须由国民会议议决后，袁内阁据以告清廷，即可实行逊位。"[2] 于是，各省代表会议议决："缓举临时大总统，承认上海所举大元帅、副元帅。"且临时政府组织大纲追加一条："大总统未举定以前，其职权由大元帅暂任之。"[3] 16日，全体代表到会议决：临时政府组织大纲追加条文后增加一项："大元帅不能在临时政府所在地时，以副元帅代行其职权。"[4] 17日，全体代表到会，会上报告黄兴来电，"力辞大元帅之职，并推举黎大都督为大元帅，当经改举黎元洪为大元帅，黄兴为副元帅"。并议定："黎大元帅暂驻武昌，由副元帅代行大元帅职权，组织临时政府。"[5] 20日，开全体代表会议决，"备公函请黄克强君即速来宁，组织临时政府"[6]。代表大会当即致电黎元洪称："昨接黄克强来电，坚辞大元帅之任，并以武昌起义为天下倡，黎都督之功为全国人民所敬爱，应推黎大都督为大元帅等因。代表等以组织临时政府刻不容缓，若往复推辞，徒延时日，深恐有碍大局。当由公众议决推举黎大都督为大元帅，黄兴为副元帅。但武昌军事关系重大，恐大都督万难离鄂，因予组织临时政府大纲内追加一条：临时大总统未举定以前，以大元帅暂行其职务；若大元帅不在临时政府时，即以副元帅代行其职务。除专员迎迓黄副元帅莅宁外，特推时君象晋、

① 刘星楠遗稿：《辛亥各省代表会议日志》，《辛亥革命回忆录》第六集，第250页。

② 刘星楠遗稿：《辛亥各省代表会议日志》，《辛亥革命回忆录》第六集，第250—251页。

③ 同上。

④ 同上。

⑤ 同上。

⑥ 刘星楠遗稿：《辛亥各省代表会议日志》，《辛亥革命回忆录》第六集，第250—251页。

陶君凤集、陈君毅、仇君亮，于今日赴鄂趋谒，面陈一切，请大元帅承诺，以慰天下之望。”[①] 黎元洪接到上海各省代表大会的来电，回电表示一番“谦辞”，经过时象晋、陶凤集、陈毅、仇亮等人一番劝进，黎自然表示接受大元帅之职，并委黄兴代行其职权。21日，他在给南京的回电中云：“元洪伏思，大元帅原为组织临时政府刻不容缓之举，黄君克强宏才硕画，自足胜大元帅之任，乃谦让不居，屡推元洪承乏。元洪才识平庸，何敢当此重任？然勘电所载，若大元帅不在临时政府时，即以副元帅代行其职务。既有此明文，元洪始顺代表诸公之请，承受大元帅名义，即委任副元帅执行大元帅一切任务。”[②] 22日，驻宁各军代表李燮和等赴上海，欢迎黄兴莅宁组织临时政府。“黄谓此间暂难脱身，须俟三五日后方可赴宁，因财政支绌，人才缺乏，刻下正在此间组织，一俟就绪，即行往宁。各代表因言，刻下无统一机关，对外则不免有无政府之诮，对内亦不足维系人心，故各军盼元帅赴宁，不啻大旱之望霖雨。磋商至再，黄允将此间事迅速办理毕，即行赴宁。”[③] 因组织临时政府，需款孔急，特委何天炯赴日借募巨款，并委张謇担保，暂向日商三井洋行借银元三十万元，以解燃眉之急。拟准备24日启程赴宁。可就在黄兴启程赴南京的前一天晚上，他获悉孙中山即将归国，遂决定推迟赴宁组织临时政府。对此，他对挚友李书城解释说：“顷接孙中山先生来电，他已启程回国，不久可到上海。孙先生是同盟会的总理，他未回国时我可代表同盟会；现在他已在回国途中，我若不等待他到沪，抢先一步到南京就职，将使他感到不快，并使党内同志发生猜疑。太平天国起初节节胜利，发展很快，但因几个领袖们互争权利，终至失败，我们要引为鉴戒。肯自我牺牲的人才能从事革命。革命同志最要紧的是团结一致，才有力量打击敌人。要团结一致，就必须不计

① 《黎副总统政书》卷三，第1—2页。

② 《黎副总统政书》卷三，第6页。

③ 上海《民立报》1911年12月23日。

较个人的权利，互相推让。”[①] 李书城听了黄兴的这一番话，“感到他的人格伟大，感到他对革命事业的忠诚纯洁，深为佩服”。这一次谈话，使李书城记忆犹新，“深深印在脑海，永不磨灭”。李书城认为，黄兴“以后处理一切事，对待一切人，都是从这种精神出发的”。[②] 李书城的认识颇具代表性。

25 日，孙中山乘“地云夏”号于上午 9 点三刻抵沪，沪军都督府派参谋沈虬斋乘建威兵轮往吴淞口迎接。在租界码头登岸后，乘 176 号汽车赴静安寺路哈同花园午餐。为欢迎孙中山的到来，黄兴事先以“中国同盟会代表”名义致函孙中山及同行者胡汉民云：“闻驾抵沪，同志欢忻无极，兹特派时功玖、田桐两君前来接待，以表同人敬意。”[③] 接着又与陈其美同往哈同花园迎接，在该处与孙中山共进午餐，下午 2 点 30 分，黄兴陪同孙中山乘车前往爱文义路 100 号伍宅与伍廷芳会谈，探讨时政。26 日，“假哈同花园公宴总理，席次，克强、英士、遁初密商举总理为大总统，分途向各代表示意”[④]。当日晚，黄兴与宋教仁、陈其美等人复往上海宝昌路 408 号孙中山寓所召开同盟会干部会议，商讨组织临时政府方案。具体讨论总统制与内阁制之取舍。宋教仁主张临时政府实行内阁制，孙中山则主张总统制，孙谓：“内阁制乃平时不使元首当政治之冲，故以总理对国会负责，断非此非常时代所宜。吾人不能对于唯一置信推举之人，而复设防制之法度。余亦不肯徇诸人之意见，自居于神圣赘疣，以误革命之大计。”[⑤] 时在座者除黄兴、宋教仁外，尚有胡汉民、汪精卫、陈其美、张静江、马君武、居正等人，张静江率先发言曰：“善！先生而外，无第二人能为此言

---

① 黄兴：《与李书城的谈话》（1911 年 12 月 23 日），《黄兴集》（一），第 161—162 页。

② 李书城：《辛亥前后黄克强先生的革命活动》，《辛亥革命回忆录》第一集，第 197 页。

③ 黄兴：《致孙中山胡汉民书》（1911 年 12 月 25 日），《黄兴集》（一），第 163 页。

④ 居正：《辛亥札记》，罗福惠等编《居正文集》上册，第 71 页。

⑤ 《胡汉民自传》，丘权政、杜春和选编《辛亥革命史料选辑》上册，第 218 页。

者，吾等唯有遵先生之意而行耳。”“众皆翕然。”[①] 黄兴“劝遁初取消提议，遁初犹未允”[②]。孙中山不欲因此闹成内部不和，命宋教仁等商讨总理候选人，宋与居正、田桐等共推黄兴为内阁总理。黄兴坚辞不受。黄兴调解其间云：“俟至宁后，决于全体各省代表。”[③] 始散会。宋教仁即于是夜乘车赴南京，黄兴专车赶往。27日，参加在江苏咨议局举行的各省代表会议，遵照孙中山的意见，提出三条：“一、改用阳历；二、起义时以黄帝纪元，今应改为中华民国纪元；三、政府组织取总统制。经众讨论，第一、第二并为一案，全体赞成。惟民间习惯已久，当于阳历下注明阴历节候。三、总统制与内阁制案，遁初犹持前议，讨论颇久。克强说明提案理由，多赞成总统制，照提案通过矣。由遁初提议临时政府组织大纲，既已决定，应即按照大纲选举临时大总统，隔日举行。即由代表会准备一切，众无异议。”[④]

29日，各省代表在南京举行临时大总统选举。出席的有苏、浙、鄂、湘、川、滇、晋、陕、皖、赣、闽、粤、桂、直、豫、鲁等17省45名代表，由议长汤尔和主席，监选员刘之洁，监视先开推举票，揭示被推为临时大总统候选者三人：孙中山、黄兴、黎元洪。上午9时，主席报告开会，“命秘书长宣读上次通过临时政府组织大纲，今日按照大纲选举临时大总统。计到会有十七省代表，每一省代表，无论若干人当推一代表书一票，选举不记名，众无异议。命秘书散票”。“以次授票毕，由主席指定监票人。开票结果，孙文得十六票，黄兴得一票，合十七票，而不及黎元洪。可见当日会场多数代表之心理。各代表多不属同盟会会员，而尊重同盟会之系统，并承认辛亥革命完全为同盟会主动，则昭然若

① 《胡汉民自传》，丘权政、杜春和选编《辛亥革命史料选辑》上册，第218页。
② 居正：《辛亥札记》，罗福惠等编《居正文集》上册，第72页。
③ 章天觉手稿：《回忆辛亥》，《辛亥革命史丛刊》第二辑，中华书局，1980年，第166页。
④ 居正：《辛亥札记》，罗福惠等编《居正文集》上册，第72页。

揭矣。”[①] 同日下午，由中国同盟会本部发起，在黄浦滩汇中旅馆召开欢迎孙中山大会。下午2点钟后，该会各界名士及本部职员陆续到场。4点半，孙中山到会，即入演说堂。先由本部职员致开会词及欢迎词毕，孙中山起立演说，略谓："本会持三大主义，倡导于世。今民族主义、民权主义二者虽已将达，而欲告大成，尚须多人之努力。况民生主义至今未少着手，今后之中国首须在此处着力。此则愿与诸君共勉者也。”[②] 当日晚，举行欢迎孙中山晚宴，在宴会上，黄兴即席发言谓："据目下和议情形观之，满洲运命已将告终。然战备不可少忽，以备进攻。况建设事业尤极繁难，愿我会员共勉之。要之，今日尚非欢乐之时，他日民军占据黄龙，再当与诸君痛饮耳。”[③] 宴会结束时，在黄兴的带领下，全场三呼“中华民国万岁”而散。

31日，临时大总统孙中山特派黄兴赴宁出席各省都督代表联合会，正式向会议提出建议："改用阳历，并以中华民国纪元。”经代表会议决： "自阴历十一月十三日（公历1912年1月1日——引者）起，即阳历元旦，改用阳历，以中华民国纪元，称中华民国元年一月一日。”[④] 在此次代表会议上，滇、湘、鄂代表吕志伊、宋教仁、居正提出临时政府组织大纲修正案，经议决如下："原文第一章‘临时大总统下’加‘临时副总统’五字。原文第一条，修正为‘临时大总统、副总统，皆由各省代表选举之，代表投票权，每省以一票为限。’原文第五条修正为‘临时大总统制定官制官规，并任免文武职员，但任命国务各员，须得参议院之同意。’”[⑤] 黄兴的建议经代表大会议决通过后，他于当日即致

---

① 居正：《辛亥札记》，罗福惠等编《居正文集》上册，第72页。

② 孙中山：《在上海中国同盟会本部欢迎大会的演说》（1911年12月29日），《孙中山全集》第一卷，第574页。

③ 黄兴：《在欢迎孙中山晚宴会上的讲话》（1911年12月29日），《黄兴集》（一），第164页。

④ 刘星楠遗稿：《辛亥各省代表会议日志》，《辛亥革命回忆录》第六集，第253页。

⑤ 同上。

电《民立报》主持人于右任和沪督陈其美，告以自明日起，全国从此一律改用阳历，并用中华民国纪元。黄兴在致于右任电中称："今日（指 1911 年 12 月 31 日——引者）由参议院决议，以明日（指 1912 年 1 月 1 日——引者）为中华民国元年正月一日，孙大总统来宁发表临时政府之组织。"[①] 他在致陈其美电中亦有同样内容，称："今日参议院决议改用阳历，并以中华民国纪元。明日即为中华民国元年正月一日，请公布。"[②]

需要指出，在维护孙中山的领袖地位、选举孙中山担任南京临时政府总统这一关键问题上黄兴可以说是一位举足轻重的人物。这主要体现在三个方面：其一是他在各方人士一再要求下，他作为副元帅并代行大元帅职权本拟 11 月 24 日赴宁组织政府。当时孙中山不在国内，黎元洪本非革命党人，如果成立临时政府黄兴当选临时大总统则是情理之中的事，但黄兴得知孙中山即将回国时，立即推迟赴宁组织临时政府，虚位以待孙中山。他对挚友李书城的一席话不仅使李感动不已，而且，我们今天重读这席话仍然感到他人格伟大！其二是 11 月 26 日晚在孙中山寓所召开同盟会干部会议上，当孙中山与宋教仁发生意见分歧时，他坚定支持孙中山。据当事人回忆："最初，各省代表曾欲仿法国制度，设总理一职，并拟举黄先生为总理。后因孙先生主张采用美国制度，不设总理，此议始作罢。"[③] 实际上，在这一政制取舍选择上，宋教仁一直"坚持己见，反对甚力，主内阁制，历指总统制之弊，讨论颇久"[④]。宋教仁坚持推黄兴为总理。黄兴力劝宋教仁"取消提议"，但"遁初犹未允"。如果是稍存权力思想的人，即使当不成总统，然后求其次，担任总理也是好的。但黄兴不仅不支持宋教仁的提案，反而做宋教仁的工作，在自己做不通宋的工作的情况下，他

---

① 黄兴：《致于右任电》（1911 年 12 月 31 日），《黄兴集》（一），第 164 页。

② 黄兴：《致陈其美电》（1911 年 12 月 31 日），《黄兴集》（一），第 165 页。

③ 李书城：《辛亥前后黄克强先生的革命活动》，《辛亥革命回忆录》第一集，第 197 页。

④ 章天觉手稿：《回忆辛亥》，《辛亥革命史丛刊》第二辑，第 166 页。

亲自赴宁，借助代表大会会议进行讨论，经黄兴反复说明才争取多数通过赞成总统制提案。其三是在总统选举投票时发现挚友谭人凤为黎元洪拉票时及时加以制止。据章天觉回忆：12 月 29 日，在临时大总统选举大会上，“湖南代表谭人凤甫至，即登台报告武昌防守经过，众欢欣鼓掌”。“谭人凤一到，即为黎元洪游说选举总统，经黄兴劝止，结果竟无黎元洪名。”[①] 可见，黄兴拥戴孙中山领袖地位其心之诚。

1912 年 1 月 1 日上午 11 时，孙中山乘沪宁专车从上海出发，到车站欢送者有各团体代表、中外商民及军队、学生等数千人，道为之塞。途经苏州、无锡、常州、镇江等站，均有数千至上万群众列队致敬，军乐齐鸣，欢声雷动，“共和万岁”“总统万岁”之声直冲霄汉。下午 5 时许，专车抵达南京下关车站，各省代表、文武官员、军队及学生共计四五万人夹道欢迎，各炮台、兵舰均放礼炮 21 响。孙中山“会见欢迎人员后换乘扎花马车偕各代表同进总统府”[②]。到总统府后，由黄兴和海、陆军迎接入府。晚上 10 时，孙中山于总统府（即原两江总督府）举行就职典礼，各省公民代表齐集，欢呼声震动屋宇。军乐奏毕，由各省代表景耀月报告大会选举情况，并请孙中山宣誓就职，孙即大声宣读誓词：“颠覆满洲专制政府，巩固中华民国，图谋民生幸福，此国民之公意，文实遵之，以忠于国，为众服务。至专制政府既倒，国内无变乱，民国卓立于世界，为列邦公认，斯时，文当解临时大总统之职，谨以此誓于国民。”[③] 誓毕，景耀月致颂词，随致送大总统印绶，孙中山即以此印发布《临时大总统宣言书》，《宣言书》由胡汉民代读。宣言书读毕，由海、陆军人代表徐绍桢致颂词，孙中山致答词略谓誓竭心力，勉副国民公意。随由代表及海、陆军人大声三呼“中华共和国万岁”。礼成，始奏乐而散。在黄兴等人的精心

---

① 章天觉手稿：《回忆辛亥》，《辛亥革命史丛刊》第二辑，第 166 页。

② 上海《民立报》1912 年 1 月 2 日。

③ 孙中山：《临时大总统誓词》（1912 年 1 月 1 日），《孙中山全集》第二卷，第 1 页。

组织和安排下，孙中山就职典礼仪式隆重举行，从而顺利地完成了中国历史上前无古人的建立民主共和国的伟大创举！

1 月 2 日，各省代表继续开会，举定赵士北为临时议长，马君武为临时副议长，议决："以代表会代行参议院职权。"[①] 按照"皖、苏、浙、闽、桂五省代表提出临时政府组织大纲修正案"对大纲进行了如下修改和补充，原文第一条修正为："临时大总统、副总统，皆由各省代表选举之，以得票满投票总数三分之二以上为当选，代表投票权每省以一票为限。"原文第五条修正为："临时大总统得制定官制官规，兼任免文武职员，但制定官制及任命国务各员及外交专使，须得参议员之同意。"原文第六条后，增加一条为第七条（原第七条改为第八条，余类推），条文为："临时副总统于大总统因故去职时，得升任之；如大总统有故障，不能视事时，得受大总统之委任，代行其职权。"最后，并议决：1 月 3 日开会，"选举临时副总统"[②]。按照临时政府组织大纲修正案之规定，各部长人选由总统提名，须得代表大会之同意。也就在孙中山宣誓就职之翌日，即 1 月 2 日，"先由代表开谈话会，总统交出部长名单，交换意见。当时初提黄兴陆军、黄钟瑛海军、王宠惠外交、宋教仁内政、陈锦涛财政、伍廷芳司法、汤寿潜交通、张謇实业、章炳麟教育。代表中有一派反宋教仁、王宠惠、章炳麟者，又有以伍廷芳改外交者，争持不决"[③]。如果让这种争论持续下去，就会直接影响南京临时政府的成立，使孙中山这位刚选出的临时大总统陷入孤立无援的地位。于是，黄兴经过深思熟虑，向孙中山进言，提出变通办法，他用商量的口气对孙中山说："遁初主张初组政府，须全用革命党，不用旧官僚，理由甚充足。但在今日情势之下，新旧交替，而代表会又坚持反对遁初长内务，计不如部长取名，次长取实，改为程德全长内务，蔡元培长教育，

① 刘星楠遗稿：《辛亥各省代表会议日志》，《辛亥革命回忆录》第六集，第 254 页。

② 同上。

③ 居正：《辛亥札记》，罗福惠等编《居正文集》上册，第 73 页。

秩庸与亮畴对调。”[①] 孙中山对黄兴的进言很重视，他思考良久，对黄兴说：“内、教两部，依兄议，外交问题，我欲直接，秩老长者，诸多不便，故用亮畴，可以随时指示，我意甚决。”[②] 孙中山基本上采纳了黄兴力求变通的意见，只是考虑自己长期在国外从事革命活动，与外国政要交往频繁，外交事务比较熟悉，由自己直接掌握比较得心应手，由革命党人、同盟会员王宠惠担任外交总长便于直接指挥，“随时指示”，所以，亮畴（指王宠惠——引者）与秩庸（指伍廷芳——引者）就不必“对调”算了。乃复商之代表会，外交、司法勿变更。“克强复出席代表谈话会，以所改名单，及总统意告之，众无异议。乃移开正式会，按照提出名单，投同意票，一致通过，而政府成立矣。”[③] 1月3日，复开代表会议，选举临时副总统。临时议长赵士北主持，监选员徐绍桢。“克强以湖北首义，而政府中无一人参与，啧有烦言。乃示意代表会，选举黎元洪为副总统，代表同意。于是副总统选举会成，而黎元洪当选矣。”[④] 在此次副总统选举会上，代表们觉得黄兴的提议很正确，表示同意。到会17省，黎以17票当选。孙中山亦莅临会议，征得代表一致同意，宣布各部总、次长名单如下：陆军部总长黄兴，次长蒋作宾；海军部总长黄钟瑛，次长汤芗铭；司法总长伍廷芳，次长吕志伊；财政总长陈锦涛，次长王鸿猷；外交总长王宠惠，次长魏宸组；内务总长程德全，次长居正；教育总长蔡元培，次长景耀月；实业总长张謇，次长马君武；交通总长汤寿潜，次长于右任。”[⑤] 至此，以孙中山为首的中国第一个资产阶级民主共和国政府宣告成立，同盟会纲领中的“恢复中华、创立民国”之志，于斯竟成。

长期以来，史学界有一种观点，认为南京临时政府的组成人

① 居正：《辛亥札记》，罗福惠等编《居正文集》上册，第73页。
② 同上。
③ 居正：《辛亥札记》，罗福惠等编《居正文集》上册，第74页。
④ 同上。
⑤ 孙中山：《致陈其美电》（1912年1月3日），《孙中山全集》第二卷，第7页。

员中有不少立宪党人、旧官僚混入其间，这是革命党人特别是黄兴软弱、妥协的表现。我们认为，这种观点大有商榷的余地。

第一，应当明确，推翻几千年的封建专制统治、推翻清王朝不是哪一个人、哪一部分人可以轻易办得到的，是一种历史的合力共同作用的结果。领导这场革命运动的主力固然是中国的民族资产阶级的中下层即革命派，但作为民族资产阶级上层的立宪派，他们在主张速开国会、发展工商实业、发展新式教育、收回利权、发起保路运动、推动中国近代化方面还是作出了不少贡献的。他们通过多次国会请愿运动被清政府镇压、没有达到目的后，对清廷已经绝望，也因而转向革命派，成为革命的一股重要力量。而汉人官僚的代表人物包括黎元洪、程德全、汤寿潜等人在人民反清斗争的推动下，从自身的利益和要求出发，由于他们受满洲贵族的排挤，在一定时期，在一定程度上也可以投入到反清革命运动之中去，他们举兵反正、宣告独立，有利于孤立清政府，动摇和瓦解封建统治基础。吸收他们之中的代表人物参加革命政权是非常必要的。因此，对立宪党人和旧官僚是作为团结对象还是作为敌对势力来对待是一个十分严肃的问题，那种认为革命政权只能纯而又纯、搞清一色的思想在中国革命史上所带来的教训难道还不够深刻吗？

第二，需要说明，南京临时政府的实权确已掌握在革命党人手中，立宪派党人和旧官僚只是挂名而已。大总统孙中山拥有法定的统治全国之权和统率海、陆军之权。陆军、外交、教育三部总长和各部次长几乎全由革命党人担任。其中陆军部总长黄兴还兼任参谋总长、大本营兵站总监等职务。实际上，黄兴除主持军事之外，还负责议和、筹饷以及各方面事务。诚如胡汉民所云：黄兴除担任陆军部总长之外，还“兼参谋总长，军事全权集于一身，虽无内阁之名，实各部之领袖也”[①]。张继亦认为，“总理在临

① 《胡汉民自传》，丘权政、杜春和选编《辛亥革命史料选辑》上册，第220页。

时总统期内，诸事由克强作主”[①]。黄兴当时年仅38岁，在一般人的眼里，他是最忙碌的一个人，被人们亲切地呼之为“克老”。[②]而且，临时政府各部总、次长之间的关系也是采用黄兴提出的“部长取名、次长取实”的原则，即使是总长属于立宪党人、旧官僚的几部，几乎也都由担任次长的革命党人主持部务，因而当时有所谓“次长内阁”之称。由立宪党人、旧官僚担任总长其实也只是在形式上挂名而已。据胡汉民回忆：张謇、汤寿潜“仅一度就职，与参列各部会议，即出住上海租界”。程德全“固于租界卧病”。伍廷芳“以议和代表不能管部务”。陈锦涛“日经营借款，亦当居租界。故五部悉由次长代理”。[③] 胡氏的这一说法是符合实际的。

第三，作为国家立法机关的参议院也基本掌握在革命党人手中，而且，参议院所提出的临时政府组织大纲修正案也是符合革命党人根本利益的。据有人统计：在总数为43人的参议员中，同盟会员占33人，立宪派仅占8人，另外，还有与革命派有过密切联系的士绅1人，自治学社成员1人。[④] 参议院在存续期间所作出的决议基本上都是根据孙中山、黄兴等革命领导人的提议或意愿、保障革命党人的根本利益而提出的。例如南京临时政府增设副总统一职，补选黎元洪担任副总统，就是黄兴向孙中山进言，孙中山采纳了黄兴的提议而执行的，那么，这一举措是否正确呢？我们认为，这是十分正确的明智之举。原拟的临时政府组织大纲中并没有设副总统的规定，但黎元洪毕竟是首义之区的首任都督，以他为首的湖北军政府率先提出组建中央政府并向各省都督发出通知，派代表赴汉。黎本人与孙中山、黄兴三人都是临时大总统候选人。让黎氏出任副总统有利于消除武汉集团与上海集团公然

① 张继：《回忆录》，《国史馆馆刊》第1卷，第2号。
② 同上。
③ 《胡汉民自传》，丘权政、杜春和选编《辛亥革命史料选辑》上册，第220页。
④ 赵矢元：《论南京临时政府的性质》，《吉林师范大学学报》1997年第2期。

对立乃至分裂的可能，这对于加强革命队伍内部的团结、共图革命大业是大有裨益的。

第四，南京临时政府制定的各项政策和措施集中地反映了民族资产阶级的利益和意愿，表明它是按照同盟会的纲领建立起来的革命政权，而不是与立宪派人和旧官僚妥协的产物。孙中山在《临时大总统就职宣言》中提出了南京临时政府的建国主旨："尽扫专制之流毒，确定共和，以达革命之宗旨，完国民之志愿。"① 还具体规定了临时政府的内政、外交方针。在内政方面，要求实现民族、领土、军政、内政、财政统一，反对民族压迫和分裂割据。在外交方面，主张海关自主，反对领事裁判权，等等。临时政府还颁布和实施了扫除弊蠹、保护人权、振兴实业、改革教育等一系列有利于中国社会发展进步的政策法令。此外，临时政府还制定和公布了《中华民国临时约法》，这是一部具有宪法性质的根本大法。它确立了行政、立法、司法三权分立的政治体制。国务各员辅佐临时大总统组成行政机关，行使行政权；参议院为立法机关，选举临时大总统和行使立法权；法院为司法机关，独立审理民、刑诉讼，行使司法权。这表明，南京临时政府是一个具有资产阶级民主共和国性质的革命政权。黄兴在筹组南京临时政府的过程中，不仅衷心拥戴孙中山担任临时大总统，而且，分担掌管陆军部军务的重任，积极为孙中山进言献策，为促成革命政权的顺利诞生付出了艰辛的努力。

第三节　掌理陆军部务

如同上节所述，在总统制还是内阁制问题上，如果采取内阁

---

① 孙中山：《临时大总统宣言书》（1912 年 1 月 1 日），《孙中山全集》第二卷，第 1—2 页。

制，黄兴理应担任内阁总理，这是毋庸置疑的。但他支持孙中山提出的总统制，并不支持宋教仁主张内阁制和提出由他当总理的建议。并由参议院以多数通过总统制的议案，从而使孙中山顺利当选临时大总统。黄兴担任陆军部总长兼参谋部总长以及大本营兵站总监也是根据孙中山提名确定的。陆军部为首席部，陆军总长为首席总长，可见黄兴地位之重要。

1912 年 1 月 3 日，南京临时政府大总统孙中山任命黄兴为陆军部总长兼参谋总长，蒋作宾为陆军部次长，钮永建为参谋部次长。根据《中华民国临时政府中央行政各部及其权限》第四条之规定：陆军部总长“管理陆军，经理军事、教育、卫生、警察、司法并编制军队事务，监督所辖军人军佐”。参谋部谋划国防用兵事宜。

1 月 9 日，在南京原督练公所组成陆军部，并奉临时政府“颁发木质关防一颗”，“于即日启用”[①]，正式开始办公。陆军部除聘请顾问官外，下设七局两处，直到 1 月 30 日，才将本部职员派定，并呈报大总统“核准施行”[②]。其编制如下：

参事官：林调元。

副官处：副官长何成濬。一等副官梅蔚南、唐豸、胡国梁、高秉彝、徐少秋；二等副官孙伯文、傅钧、徐乃嵩；三等副官李律、梅志和。

军衡局：局长仇亮；副官唐璋。赏赉科科长李廷溥，任官科科长官其彬。一等科员陈长虹、文锡祉、黄家濂；二等科员刘潜亮、张亢骞、胡炳焘；三等科员杨葆毅。

军务局：局长沈郁文；副官陈若桢。军事科科长张华辅；步兵科科长陈乾。一等科员余晋龢、凌元洲、何浩然；二等科员康

① 《中华民国临时政府中央行政各部及其权限》，中国第二历史档案馆编《中华民国史档案资料汇编》第二辑，第 8—9 页。

② 黄兴：《与蒋作宾呈孙中山核准委任陆军部各职员文》（1912 年 1 月 30 日），《黄兴集》（一），第 188 页。

毓文、张谞文、支士端；三等科员沙涌潮、张国维。

军械局：局长翁之麟；副官汪韬。枪炮科科长刘燮文；材具科科长张炳标；二等科员冷秉炎、汪道生、胡宗铨、何鸣皋、吴光杰；三等科员俞振、沈鸿钧。

军需局：局长曾昭文；副官马宗燧。粮服科科长林凤游；会计科科长杨鸿昌。一等科员吴士先、胡光智、李树吾；二等科员徐国亨、贺耀华、王竹怀、柳克厚；三等科员江汉、易兆鸿、林礼、傅维四、张铭彝。额外科员郑瑞卿、龚家仕。

军学局：局长张承礼；副官汤愔。炮兵科科长李实茂；步兵科科长沈尚朴；工兵科科长徐家瑢；骑兵科科长张鹗翎；辎重兵科科长高兆奎。一等科员高震龙、黄中、唐义彬；二等科员李著强；三等科员李浚、华维扬。

军医局：局长方擎；副官姚梦虞。卫生科科长张承学；医务科科长张修爵。一等科员张蕴忠；二等科员吴观光；三等科员吕文雄、赵世晋、徐寅、王观海。

军法局：局长陈嘉会；副官傅长民。一等法官陈登山；二等法官邱祖藩；三等法官杨纪宇。

秘书处：秘书长汤化龙。秘书官万声扬、金华祝、巴泽惠、黄中恺、徐田。

顾问官：周诗、耿觐文、李书城。[①]

也就在陆军部成立之日，孙中山颁令设立参谋部，任命黄兴兼任参谋部总长，钮永建为参谋部次长。2月6日，参谋部在总统府内组成，设总务局和第一、二、三、四局局长以及陆军测量局局长。其编制如下：

参谋部总务局局长：谭师范。

---

① 关于陆军部各职员名单此处以1912年1月30日呈报孙中山核准施行名单为准。详见黄兴《与蒋作宾呈孙中山核准委任陆军部各职员文》，《黄兴集》（一），第188—189页。实际上，此后有所增补、异动。因而与《临时政府公报》第46号（1912年3月23日出版）所载《陆军部职员名单》有所不同，特此说明。

参谋部第一局局长兼大本营作战局局长：史久光。

参谋部第二局局长：王孝缜。

参谋部第三局局长：胡龙骧。

大本营兵站局局长：黄郛。

参谋部第四局局长兼大本营兵站局副局长：黄慕松。

参谋部陆地测量局局长：黄笃谧。

与此同时，在参谋部筹备之际，亦在总统府内设大本营作战局，又称大本营兵站，策划北伐用兵事宜。黄兴在组织参谋部时被任命为大本营兵站总监，钮永建为次监。主要任务是补给运输。从上述参谋部编制可知，大本营作战局局长由参谋部第一局局长兼任，实际上参谋部第一局即大本营作战局。2 月 12 日，陆军部为成立大本营兵站发出通电，宣告大本营兵站成立。17 日，大本营总兵站规定运输简章凡六条，前五条规定军队军械有关运输事宜，第六条规定："总兵站驻在大总统府，兵站总监黄兴、次监钮永建、局长黄郛、副局长黄慕松，支站分设于上海、镇江、下关、蚌埠四处。"① 经过一个半月的运营，至 3 月 27 日，大总统令参谋部裁撤大本营名目。大总统令称："民国统一，战事终息，大本营名目，应即取销，所有关防案卷等即交参谋部存储，以资查考。其作战局职员，向系参谋部第一局职员兼任，着即消除兼差，仍归本部办事。至兵站局尚有转运等事，未便即予撤除，应暂由参谋部兼管，仍酌裁冗员，以节縻费。"② 而陆军部和参谋部的工作直到 3 月 31 日黄兴担任南京留守为止，始告结束。

黄兴自担任陆军部总长兼参谋部总长及大本营兵站总监以来，便开始作备战准备。因袁世凯缺乏诚意，任意否定唐绍仪与伍廷芳和谈所达成共识的条款，陆军部拟整合各省民军，迅速北伐。

① 《大本营总兵站规定运输简章通告各处电文》，《临时政府公报》第十九号，刘萍、李学通主编《辛亥革命资料选编》第四卷，下册，第 687 页。

② 《大总统令参谋部裁撤大本营名目文》，《临时政府公报》第四十九号，刘萍、李学通主编《辛亥革命资料选编》第四卷，下册，第 933 页。

为保证北伐的胜利，在积极整编军队的同时，采取严肃军纪，并主持制订了一系列规章制度、条例律令，以供各方遵守，这对于推动中国军事近代化起到了重要作用。概括起来，陆军部作了以下八个方面的工作。

第一，训练现有军队，禁止各地私自招兵募饷。早在1912年1月7日，黄兴即通电各省，着重训练现有军队，不得再招新兵。电文称："光复各省，招兵多无限制，饷械缺乏，甚非持久之道。本部执掌全国军政，有统筹全局之任，亟应确定限制。为此通电，请贵都督严饬所属各军，就现有军队精加训练，不得再招新兵。"①2月2日，陆军部又再次通知各省及各军司令，严禁私自滥招新兵，借故募饷。该通知称："查近来以个人名义呈请招募，或径自招募者，仍不乏人。查其究竟，甚至自称军官名号，联络痞棍，借词筹饷，扰害地方，殊悖本部整饬军队之本旨。兹特重新申禁，务请各饬所属原有军队，严加训练。如有呈请招募者，一概不准。"②

第二，确定北伐计划，以攻虏巢。陆军部自1912年1月9日成立伊始，即确定了北伐计划。其进行方略为："以湘、鄂为第一军，由京汉铁道前进；宁、皖为第二军，向河南前进，与第一军会合于开封、郑州之间；淮扬为第三军，烟台为第四军，向山东前进，会于济南、秦皇岛；合关外之军为第五军，山、陕为第六军，向北京前进。一、二、三、四军既达第一之目的，复与第五、六军会合，共破虏巢。"③

第三，整肃军纪，维持好地方治安秩序。陆军部于1月18日颁行《维持地方治安临时军律》十二条："一、任意掳掠者枪毙；二、强奸妇女者枪毙；三、焚杀良民者枪毙；四、无长官命令，

① 上海《民立报》1912年1月9日。

② 《陆军部颁行维持地方治安临时军律文》，《临时政府公报》第七号，刘萍、李学通主编《辛亥革命资料选编》第四卷，下册，第573页。

③ 《大总统咨参议院作战方略并令部急筹财政》，《临时政府公报》第二号，刘萍、李学通主编《辛亥革命资料选编》第四卷，下册，第529页。

窃取名义，擅封民屋财产者枪毙；五、硬搬良民箱笼及银钱者枪毙；六、勒索强买者论情抵罪；七、私斗杀伤人者论情抵罪；八、私入良民家宅者罚；九、行窃者罚；十、赌博者罚；十一、纵酒行凶者罚；十二、有类以上滋扰情形者，均酌量罚办。”[①] 2月9日，黄兴又以陆军部名义通饬各军，严禁军人冶游聚赌败坏军律。通令略谓：“在京各军队，竟有恃强闹娼、聚赌、酗酒，及无故荷枪结队，嬉游街市，致与恶少痞徒无从辨别者，放纵卑劣，莫此为甚。”“自此以后，惟有严密查拿，按律惩办，以肃军纪。”[②]

第四，更改军队名称，统编全国军队。陆军部曾“通令各省凡沿用镇、协、标、营、队，一律改为师、旅、团、营、连，其统制、协统、标统、管带、队官，一律改为师长、旅长、团长、营长、连长”[③]。由此，废除清朝军队旧制，该军队名称一直沿用至今。3月17日，黄兴致电各省都督，报编军队统一序列。电称：“现今军队林立，名目繁多，亟宜编定序列，以谋统一。除已经本部编列之二十一师外，其余各省军队未经编列者，应请贵都督转饬各军队从速造册报部，以便按次编入，另颁关防，营长以上由本部加给委任状。”[④] 此通令发出后，军队又陆续有所增加，据有人统计，从1912年1月26日起至4月初，陆军部共编组陆军计26师。[⑤]

第五，拟定官兵军衔、等级，按章发放俸饷。陆军部实行军衔制，凡军官军衔分为三等九级：上等官佐分为大将军（总长）、

---

① 《陆军部颁行维持地方治安临时军律文》，《临时政府公报》第七号，刘萍、李学通主编《辛亥革命资料选编》第四卷，下册，第572页。

② 《陆军部通饬各军队严禁军人冶游聚赌文》，《临时政府公报》第十三号，刘萍、李学通主编《辛亥革命资料选编》第四卷，下册，第629页。

③ 原刊《中华民国新文牍》，转引自刘凤翰撰《黄兴与陆参两部及留守府》，《黄兴与近代中国学术讨论会论文集》，第378页。

④ 《陆军部关于各省军队未经编列者速造册报部电》，中国第二历史档案馆编《中华民国史档案资料汇编》第二辑，第256页。

⑤ 刘凤翰撰：《黄兴与陆参两部及留守府》，胡春惠、张哲郎主编《黄兴与近代中国学术讨论会论文集》，第390页。

左将军（次长）、右将军（局长），相当于后来之上将、中将、少将。中等军佐分为大都尉（科长）、左都尉（一等科员）、右都尉（二等科员），相当于后来之上校、中校、少校。初等官佐分为大军校（三等科员）、左军校、右军校（额外），相当于后来之上尉、中尉、少尉。此外，还有额外官佐，称为司务长，相当于后来之准尉司务长。士兵则区分为军士和兵两种：军士分为上士、中士、下士；兵分为上等兵、一等兵、二等兵及输送兵。官佐与士兵依等级不同发放相应的俸饷。①

第六，为奖励有战功者，还设计了各种新式勋章。陆军部仿各国成案，拟定勋章章程，并特制各等勋章，呈报大总统核准施行。计分三种：第一种，奖给民国陆、海军人之特别战功者，曰：九鼎勋章。该勋章分为九等，每年按照等级由国家发给年金，终身受益。第二种，奖给民国陆、海军人之有寻常战功者，曰：虎罴勋章。该勋章亦分为九等，"仅于战争结束后，给予勋金一次"，其数按等级不同给予相应数额。第三种，奖给民国一般为国尽瘁、功劳卓著人员者，曰：醒狮勋章。该勋章亦分为九等，除褒赏名誉者无赏金外，其他均有赏金，但其赏金数目"临时酌定，多寡不拘"。此勋章除授予陆、海军官佐、士兵外，"均可赏与为国家办事人员"，范围稍广。②

第七，取消各地军政分府，实现军政统一。2 月 19 日，陆军部向各都督发出裁撤军政分府通告电，其中有云："查军兴以来，各省以军事之要求，多于适要地点设立军政分府，以资镇慑。现战事已将告终，民政应设专员，军政应筹统一，军政分府多属无用。希贵都督酌量情形，将所属军政分府分别裁撤，以一事权。"

① 《陆军部陆军暂行给予令表（续）》，《临时政府公报》第十六号，刘萍、李学通主编《辛亥革命资料选编》第四卷，下册，第 657—658 页。

② 《陆军部拟定勋章章程申及临时大总统批》，中国第二历史档案馆编《中华民国史档案资料汇编》第二辑，第 187—189 页。

“凡各省军队宜就各该省情形，酌留若干外，务希设法遣散，俾免滥竽。”①

第八，为告慰英烈、激励来者，陆军部通告各省都督将前清忠义各祠分别改建大汉忠烈祠，并抚恤遗族。2 月 20 日，陆军部发出通告称：“民国统一，大功告成，凡在同胞，永享共和幸福。而死难诸烈士，或横被逮捕，肉血早已摧残；或战死沙场，而姓名犹虞湮没，亟应荐以血食，以慰忠魂。恳贵都督迅将前清忠义各祠，分别改建为大汉忠烈祠，汇集各该省尽忠民国死事诸烈士入祀其中，由本部派专员致祭，以后即由各执政春秋致奠，并于每岁旧历八月十九，即武汉起义纪念日，及新历二月十五日，即民国统一纪念日，恭行祀典，永以为例。以慰死者之灵，以作生者之气，以明昭烈诛奸之义，一举而三善备。”② 2 月 25 日，陆军部再次发出通告称：“民国统一，共和告成，中外人心同深欢忭，此实吾全国殉难诸烈士及战死将士铁血之功也。迩年以来，俊杰之士，飙发云起，东南厥始倡义，邹容、禹之谟之骈首，史坚如、杨卓林、吴樾之捐躯，徐锡麟注弹丸于满酋之腹，熊成基举烽燧于大江之涘，以及萍乡之役，钦廉之役，镇南关之役，黄花岗之役，最近武昌发难之役，金陵光复之役，北京暗杀之役，吴禄贞被刺于获鹿，温生才飞矢于羊城，彭家珍收功于丸弹，皆不惜牺牲性命，抛弃骨肉，或抗节虏廷，从容就义，或横罹党祸，慷慨捐生，其间赴汤蹈火，免胄冲锋，功未成而身先死，名湮没而不彰，如诸烈士者，何可胜道。虽殉难之先后迟速不同，而其爱民爱国之苦衷，耿耿不灭于天壤则一也。亟应立祠崇祀，荐以血食而恤幽魂。合亟通告各军政学报各界，迅将前清湘、楚、淮军昭忠各祠改建为大汉忠烈祠，详细访查各省尽忠大汉死事诸君子入

① 《陆军部拟裁撤军政分府通告各省都督电文》，《临时政府公报》第二十四号，刘萍、李学通主编《辛亥革命资料选编》第四卷，下册，第 737 页。

② 《陆军部通告各省都督将前清忠义祠分别改建大汉忠烈祠电文》，《临时政府公报》第二十号，刘萍、李学通主编《辛亥革命资料选编》第四卷，下册，第 697—698 页。

祀其中，由本部特委专员前往致奠，以后即由执政春秋致祭，并于每岁民国纪念日恭行祀典，以为定例。一以慰烈士在天之灵，一以褫汉奸死后之魄，于以激励军志，发扬武气，蔚成民国无疆之盛业，达于四裔，岂不懿欤。”① 除通知各省将前清湘、楚、淮军昭忠各祠及所有前清各类忠义祠改建为大汉忠烈祠之外，黄兴还于2月26日通电各省，定于3月1日上午10时在南京小营演武厅召开追悼大会，各省亦于同时择地举行本省追悼大会，该电文称：“吾华革命之事，继续几二十年，艰苦卓绝，始有今日。其间仁人志士，任侠勇夫，慷慨赴义者，固不乏人；而将士登陴陷阵，以死报国，粉身碎骨而不辞，糜肝脑蹈白刃而不悔者，尤更仆难数。夫求仁得仁，死者可以无憾；而报功崇德，吾侪未忍忘情。爰订三月一日午前十时，邀集此间政、学、军、警、商、报各界，开追悼大会于小营演武厅，尚冀贵处同时并举，借抒哀悃，以慰死者之灵，以作生者之气。所有历年死难及此次阵亡诸烈士，并乞详细调查见示，以凭汇案分别入祀忠烈祠。无任盼祷。”② 3月1日上午10时，黄兴出席在南京小营演武厅召开的各界追悼革命先烈大会，并致悼词，略谓：“中华民国已成立，皆诸烈士之奋勇牺牲所得。尚祈诸君子努力共和事业，以副死者之期望。”③ 此后，便开始陆续办理先烈入祠和抚恤工作，按照《陆军赏恤章程》三十五条之规定，由陆军部呈文及大总统令，先后对邹容、喻培伦、彭家珍、杨卓林、郑子瑜、吴樾、熊成基、杨笃生、吴禄贞、刘道一等分期分批进行抚恤，抚恤金由南京临时政府财政部拨发。对于牺牲的士兵，由各省都督派专人查明，一并照例给恤，并入

① 《陆军部通告各省迅将前清湘、楚、淮军昭忠各祠改建为大汉忠烈祠文》，《临时政府公报》第二十二号，刘萍、李学通主编《辛亥革命资料选编》第四卷，下册，第717—718页。

② 《陆军部通告各省开追悼历年死难及阵亡诸烈士会电文》，《临时政府公报》第二十五号，刘萍、李学通主编《辛亥革命资料选编》第四卷，下册，第752页。

③ 黄兴：《在南京各界追悼先烈大会上的悼词》（1912年3月1日），《黄兴集》（一），第240页。

大汉忠烈祠，以告慰英灵。

此外，黄兴还主持制定了一系列规章制度、条例律令，以供各方遵守。诸如《中华民国陆军将校联合章程》二十二条①、《陆军部陆军军官学校暂行条例》二十八条②、《陆军人员补官任职令草案》二十九条③、《陆军官佐暂行补官简章》九条④、《陆军官佐免官免职令草案》十一条⑤、《宪兵暂行服务规则》十一条⑥等等。虽然这些章程、律令由于南京临时政府存在时间不到3个月未能全部付诸实施，但所有这些章程、律令的颁布使革命军人有法可依、有章可循，对于加强军队正规化建设无疑是具有重要意义的。

第四节　担任南京留守

孙中山担任南京临时政府大总统宣誓的第二天，即复电袁世凯，表示："倘由君之力，不劳战争，达国民之志愿，保民族之调和，清室亦得安乐，一举数善，推功让能，自是公论。"⑦ 1月15日，孙中山再次复电议和代表伍廷芳称："如清帝实行退位，宣布共和，则临时政府决不食言，文即可正式宣布解职，以功以能，

---

① 黄兴：《中华民国陆军将校联合章程》（1912年3月13日），《黄兴集》附录，（一），第233—237页。

② 《陆军部陆军军官学校暂行条例》（1912年3月4日），中国第二历史档案馆编《中华民国史档案资料汇编》第二辑，第191—193页。

③ 《陆军人员补官任职令草案》（1912年3月10日），中国第二历史档案馆编《中华民国史档案资料汇编》第二辑，第219—224页。

④ 《陆军官佐暂行补官简章》（1912年3月10日），中国第二历史档案馆编《中华民国史档案资料汇编》第二辑，第226页。

⑤ 《陆军官佐免官免职令草案》（1912年3月10日），中国第二历史档案馆编《中华民国史档案资料汇编》第二辑，第224—226页。

⑥ 黄兴：《宪兵暂行服务规则》（1912年2月25日），《黄兴集》（一），第227页。

⑦ 孙中山：《复袁世凯电》（1912年1月2日），《孙中山全集》第二卷，第5页。

首推袁氏。”[①] 此后，又发生了两次暗杀事件。1 月 16 日，袁世凯遭革命党人炸弹袭击，未曾受伤。1 月 26 日，又有革命党人彭家珍策划谋刺良弼等清室顽固派宗社党人的行动，良弼被炸毙。袁世凯在得到孙中山的多次承诺以及清王室成员中的顽固派受挫后，于是加紧“逼宫”活动。他暗中嘱咐靳云鹏携电稿至前线交给段祺瑞，以前敌将领名义致内阁请代奏。2 月 5 日，段祺瑞等人照原稿发出，电曰：“共和国体，原以致君于尧舜，拯民于水火。乃因二三王公迭次阻挠，以至恩旨不颁，万民受困。现在全局威迫，四面楚歌。颍州则沦陷于革军；徐州则小胜而大败；革舰由奉天中立地登岸，日人则许之；登州黄县独立之影响，浸遍于全鲁；而且京、津两地暗杀之党林立，稍疏防范，祸变即生。是陷九庙两宫于危险之地，繄皆二三王公之咎也。三年以来，皇族之败坏大局，罪实难数。事至今日，乃并皇太后、皇上欲求一安富尊荣之典，四万万人欲求一生活之路而不见许。祖宗有知，能不恫乎！盖国体一日不决，则百姓之因兵燹冻馁死于非命者日何啻数万！瑞等不忍宇内有此败类也，岂敢坐视乘舆之危而不救？谨率全军将士入京，与王公剖陈利害。祖宗神明实式鉴之。挥泪登车，昧死上达。请代奏。”[②] 这篇赤裸裸的恫吓代奏电文果然生效，2 月 12 日，隆裕太后以宣统皇帝名义下诏退位。早在诏书颁布的前一日，即 2 月 11 日，袁世凯将尚未颁布的退位诏书电达伍廷芳，并转孙中山、黎元洪及临时参议院并各部总长。接着，于同日复发电，表明自己赞成共和的政治态度，电文开头一段说得非常“精彩”，文曰：“共和为最良国体，世界之公认，今由弊政一跃而跻及之，实诸公累年之心血，亦民国无穷之幸福。大清皇帝既明诏辞位，业经世凯署名，则宣布之日，为帝政之终局，即民国之始基，从此努力进行，务令达到圆满地位，永不使君主政体再行

---

① 孙中山：《复伍廷芳电》（1912 年 1 月 15 日），《孙中山全集》第二卷，第 23 页。

② 《第一军总统段祺瑞致内阁请代奏电》（1912 年 2 月 5 日），《中国近代史资料丛刊·辛亥革命》（八），第 178—179 页。

于中国。”[①] 也就在清帝退位次日，即 2 月 13 日，孙中山信守承诺，即向南京临时政府参议院辞职，并送上了推荐袁世凯为中华民国临时大总统的咨文，文曰：“惟前使伍代表电北京，有约以清帝实行退位，袁世凯君宣布政见，赞成共和，即当推让，提议于贵院，亦表同情。此次清帝逊位，南北统一，袁君之力实多，发表政见，更为绝对赞同，举为公仆，必能尽忠民国。且袁君富于经验，民国统一，赖有建设之才，故敢以私见贡荐于贵院。请为民国前途熟计，无失当选之人，大局幸甚。”[②] 孙中山在让位袁世凯的同时，也对袁存有戒备之心，因而在给参议院的辞职咨文中亦还附有限袁的三条办法：一、临时政府地点设于南京，为各省代表所议定，不能更改；二、辞职后，俟参议院举定新总统亲到南京受任之时，大总统及国务各员乃行辞职；三、临时政府约法为参议院所制定，新总统必须遵守颁布之一切法制章程。[③] 前两条附加条件的目的是实行调虎离山，将袁调离北洋军阀长期盘踞的老巢，使其处于南方革命势力的包围和掌控之下，不便再搞阴谋活动。后面一条附加条件主要是以内阁制限制总统的权力，架空总统，不致使袁胡作非为。对于上述附加条件，黄兴与孙中山的态度是完全一致的，他积极支持孙中山提出的袁世凯在南京就职的建议。可是，就在 2 月 14 日，“参议院讨论临时政府设置地点问题，同盟会员中李肇甫亦强调迁都北京之必要。经过激烈辩论，竟以多数票通过临时政府设于北京。孙中山、黄兴闻讯震怒，急召参议员中同盟会员李肇甫、黄复生等严责不应为袁氏张目”[④]。

---

① 袁世凯：《致南京孙大总统等电》（1912 年 2 月 11 日），《临时政府公报》，刘萍、李学通主编《辛亥革命资料选编》第四卷，下册，第 650 页。

② 孙中山：《咨参议院推荐袁世凯文》（1912 年 2 月 13 日），《孙中山全集》第二卷，第 85 页。

③ 孙中山：《咨参议院辞临时大总统职文》（1912 年 2 月 13 日），《孙中山全集》第二卷，第 84 页。

④ 邓家彦：《由同盟会说到南京政府》，转引自毛注青编著《黄兴年谱长编》，第 273 页。

黄兴怒不可遏，对李、黄等人说："政府决不为此委屈之手续。议院自动翻案，尽于今日；否则，吾将派宪兵入院，缚所有同盟会员去！"[1] 李、黄等以交回复议为请。次日上午复议，卒以 19 票对 8 票之多数，决定临时政府仍设南京。

15 日下午 2 时，参议院全体一致选举袁世凯为中华民国第二任临时政府大总统。孙中山立即致电袁氏，再次表示："临时政府地点定在南京，现派专使奉请我公来宁接事。"[2] 孙中山、黄兴坚持袁氏到南京就任临时大总统职以及参议院的反复引起那些主张建都北京的旧官僚、立宪派的反对，时任江苏代理都督的庄蕴宽就是其中之一，革命党人内部包括章太炎、李书城等人亦持同样的观点，尽管庄蕴宽曾在广西任职期间与黄兴过从甚密、交情颇深。李书城则长期在黄兴身边工作，关系甚好。但黄兴对他们坚持将临时政府设在北京的观点还是不留情面、不遗余力逐一进行了驳斥。为此，他专门撰写了《复庄蕴宽李书城书》，"专电驳之"，因电文太长，即用油印寄呈有关人士。这封长函从国家长远利益出发，从各个方面阐述了临时政府不宜设在北京的道理，很值得一读。

首先，黄兴开章明义指出，庄蕴宽、李书城来函将国都问题与临时政府建置地这两个概念混为一谈是不正确的，应当区别开来。"临时政府为暂行统治权之机关，袁公受民国之事，接受民国政府建置地点，当经各方面观察，择最宜于现势者确定之。"而"国都问题当由国会解决"，永久建立国都，那是以后国会需要讨论的事。

其次，从地理上看，"清帝退位尚在北京，南方各军多数反对优待条件。袁公虽与清廷脱离关系，尚与清帝共处一城。民国政府移就北京，有民军投降之嫌，军队必大鼓噪"。"自和局既定，

① 黄兴：《坚持建都南京之谈话》（1912 年 2 月 13 日），《黄兴集》（一），第 215 页。
② 孙中山：《致袁世凯电二件》（1912 年 2 月 15 日），《孙中山全集》第二卷，第 98 页。

袁公心迹已大著，万众倾心，移节南来，感情易惬，于袁与清帝关系断绝，尤足见白于军民各界，而杜悠悠之口。”“若移政府而北往，势不得不移南方之重旅以镇北京，南北混一初成，移南军而镇北京，必启猜疑之渐，积猜疑而生破裂，后顾之虑，正复滋多。袁能南来，以北方领袖之宏才，为民国统一之元首，南方服其坦白，北方服其威重，感情融洽，统一之局可以大定。”

复次，从外交上看，“建都北京，旧约继续有效，惟迁都可以谋废止，此自外交上收回国权之大关键，非一日所能办，非一言所能尽。然民国基础既定，迁都之际，开正式之谈判，持之有故，亦正可乘机而收回之”。况且，“建都为国内重大之问题，决非专伺外人之意旨”。“使馆以国都为主体，国都非以使馆为主体，国都迁则使馆必迁，外交上亦必有一番之办法。惟迁移使馆，建筑巨费，不能不由民国承认，经济上诚不能无损失。惟此种苦痛，实有万不能不忍受者”。因此，“得收回此种国权，经济上虽蒙损失，政治上之所得固已多也”。

最后，从军事上看，“则北京今日万非建都之地。盖今日之所谓军事，为与世界各国争衡之军事。则军事之布置，当为御外之计。首都在北京，根本动摇，一有他虞，迁移亦难为计。此非可一一明言，谋国者断不可不为全国计久远也”。经过“种种研究”，“临时政府地点必以南京为适宜。”①

对于孙中山、黄兴提出的袁世凯必须去南京就职的正确主张，袁氏则表面上同意，暗中却百般加以阻挠。早在 2 月 11 日，即致电孙中山、黎元洪及参议院、各部总长，表示：“现在统一组织至重且繁，世凯极愿南行，畅聆大教，共谋进行之法；只因北方秩序不易维持，军旅如林，须加部署，而东北人心未尽一致，稍有

① 黄兴：《复庄蕴宽李书城书》（1912 年 2 月 24 日），《黄兴集》（一），第 222—224 页。

动摇，牵涉各国。”[1] 29日晚8点，袁暗中策动兵变，驻京部队第三镇在东城区纵火，火光冲天，枪声四起。乱兵大声嚷道：“宫保要走了，我们没人管了，抢哇!”于是，一窝蜂似的奔向金银店、当铺、绸缎庄、商店、旅社，大势哄抢，破门而入，掳掠一空。随即延及天津、保定等地，甚而至于有的变兵还闯入南方迎袁专使蔡元培等人下榻的招待所，并将他们的行李、文件及生活用品等掠走，蔡元培等人匆忙逃入六国饭店躲避。3月6日，导演这幕闹剧的袁世凯还借此致电孙中山及参议院、各部总长、各省都督，电云：“惟自经此变，北方商民愈不欲凯南行，函电吁留，日数千起。”甚至还假惺惺地表示：“以凯既暂难南来，应请黎副总统代赴南京受职。”[2] 黎元洪自然复电不能前往。同日，由参议院议决并电告袁世凯，允其在北京受职。承认北京为临时政府所在地。10日，袁世凯在北京正式就任临时大总统。4月1日，孙中山正式解职。孙中山、黄兴提出的袁世凯到南京就任的主张由于袁世凯的破坏未能如愿，剩下的问题就是如何按照《中华民国临时约法》办事、设立责任内阁从而达到限制袁世凯的权力了。该《约法》于3月8日制定完毕，于11日由孙中山颁布实施，具有宪法性质。南方革命党人一是希望通过组织政府由同盟会员担任内阁总理；二是要求黄兴继任陆军总长。袁世凯担任临时大总统后，即开始着手组织政府。经袁提名、参议院通过，唐绍仪被任命为内阁总理。唐绍仪，广东香山（今中山市）人，早年留学美国，为前清官吏，又系袁的僚属，向为袁所信任，武汉起义后充任袁内阁全权代表与民军代表伍廷芳在上海谈判议和，因提出折衷方案，使协议达成。多数南方革命党人认为唐绍仪平时与南方颇多接近，后以唐加入同盟会、用以取信革命党人，总理人选遂以这一妥协

---

① 袁世凯：《致孙中山大总统等电》（1912年2月11日），《临时政府公报》第十五号，刘萍、李学通主编《辛亥革命资料选编》第四卷，下册，第650页。

② 袁世凯：《致孙大总统等电》（1912年3月6日），《临时政府公报》第三十三号，刘萍、李学通主编《辛亥革命资料选编》第四卷，下册，第812—813页。

方案得以解决。至于陆军总长因握有兵权、从而掌握政府实权，对于视权力为生命的袁世凯来说自然不会轻易放弃，更不会让威望素著的革命党领袖之一的黄兴来担任，固执地坚持提名要由他的嫡系部将段祺端出任陆军总长。然而，慑于南方革命党诸将领的压力，袁氏又被迫给黄兴安排一个有名无实的军职，借以安抚南方革命党人、平息南方广大民众的怒火。袁遂于3月29日任命黄兴为参谋总长，统辖两江一带军队。黄兴自然不会接受，并复电力辞。但也表示："至两江一带军队，维持整理，刻不容缓，兴纵怀归隐之志，断不敢置经手未完事宜于不顾，以负我军界同胞。已商请唐总理妥定办法，务使南方各军布置得宜，各安其所。俟布置大定，始行告退，以遂初心。"① 此后，黄兴在致段祺瑞等人的电文中亦表达了同样的意愿。电文称："顷接袁大总统令，以兴继任参谋总长，并统辖两江一带军队。自维与海内同志起义以来，力小任重，时虞覆竦，决意事定之后，解职归农，已将此意屡次表明，况参谋总长职任綦重，非兴材力所能胜任，已复电力辞。至两江一带军队，维持整理刻不容缓。兴素怀归隐之志，断不敢置经手未完事宜于不顾，以负我军界同胞，已商请唐总理妥定办法，务使南方各军队布置得宜，各安其所。俟布置大定，始行告退。"②

从上述两封电文可以看出，黄兴虽然不愿担任参谋总长，去意甚坚，但却始终放不下两江一带曾经和他生死与共的数十万军队。他认为，自己虽有归隐之志，但"断不敢置经手未完事宜于不顾"，以辜负"军界同胞"，因此，他只好"商请唐总理"，"妥定办法"。那么，唐绍仪的态度又是怎样呢？据柏文蔚回忆：早在清帝退位诏书颁布不久，即在2月18日，由黄兴主持的陆军部召开过一次有各地方军事代表参加的军事会议。讨论的内容是"决定各省军事布置以及陆军总长问题。"各地方军事代表提出："各

① 黄兴：《致袁世凯电》（1912年3月30日），《黄兴集》（一），第273页。

② 黄兴：《致段祺瑞等电》（1912年4月1日），《黄兴集》（一），第283—284页。

地方保留维持地方治安军事方案。关于陆军总长问题，大家一致主张仍由黄克强担任。”另外，唐绍仪向孙中山建议：“南方应保留五个军，在现有一、二两军外，应再补编三、四、五三个军。”“此等问题通过后，会议亦即结束矣。”此时，北方代表唐绍仪住在南京总统府内，柏文蔚特地去拜访过他，与其晤谈之后得知唐与袁之间存在矛盾，并已向孙中山建议：“用政治手法来对付袁世凯，陆军总长问题，若北方不接受，便使黄兴担任南京留守，掌握南方军事，保全实力，以待变化。”并有调新成立之第三军军长王芝祥为直隶都督、柏文蔚为山东都督的计划。柏当时感到“一个北方代表能有此苦心孤诣之建议，可谓难能可贵矣”。“袁世凯在北京就大总统职后，任命唐绍仪为内阁总理。关于军事方面，陆军总长是段祺瑞，而改任黄兴为南京留守。可见此种措施，在会议时早已决定。”[①] 由这段回忆录可知，北京临时政府的陆军总长由黄兴担任，“若北方不接受，便使黄兴担任南京留守，掌握南方军事，以待变化”，这既是 2 月 18 日南京军事会议的决定，也是唐绍仪向孙中山所提的建议，而决不是袁世凯“发善心”，而恰恰是南方革命党人以及向往共和、同情革命、与袁氏有矛盾，包括唐绍仪在内各方人士对袁的一种戒备心理和防范措施。而黄兴之所以在《致袁世凯电》和《致段祺瑞等电》中反复强调“已商请唐总理妥定办法，务使南方各军队布置得宜，各安其所”之类的话，自然不是空穴来风，而是成竹在胸，只是落实 2 月 18 日南京军事会议的决议而已。当然，除了上述原因之外，还有两点也是黄兴必须考虑的，其一是要保证南方军人本身的权益。临时政府北迁后，南方仍然保留着大量的军队，他们都是在革命时期根据需要组建起来的，他们出生入死，屡建战功，不少人为革命牺牲了生命，幸存下来的军队连基本生活都没有保障。南方革命党人已无经济实力养活这批军人，军人自然希望将其纳入国家编制，

① 柏文蔚：《五十年经历》，刘萍、李学通主编《辛亥革命资料选编》第一卷，下册，第 770—771 页。

从而保证其基本权益。其二是要保证国家的统一和维护社会的治安秩序。3 月末，南京及其附近驻扎了 50000 多军队[①]。在革命取得一定胜利之后，有的居功骄傲，要官闹饷者亦不在少数，甚至引起哗变。“维持整理刻不容缓”，整顿得好，可以倚为长城，若治理得不好，抑或为外人所利用，往往会造成国家的分裂和社会秩序的混乱，后果将不堪设想。因此，南京军队极需要一位威望素著、且具有高尚品格的军事领袖出面才能领导和妥善安置这批军人。而黄兴是责任心极强的人，他自然不会放弃责任。在黄兴看来，南京留守是南京临时政府的陆、参两部的延长，他有义务与责任完成此一未完之工作，然后再“归隐林泉”，以享共和国民之自由与幸福。对袁世凯而言，他最害怕的是南方革命党人拥有为数众多的军队，急切需要一位有能力能驾驭这支军队的军事首领来掌控他们，暂时维持南方的安定秩序，然后加以裁撤掉。前南京临时政府陆军总长黄兴是最佳人选。所以，当内阁总理唐绍仪提出由黄兴担任南京留守时，袁世凯便顺水推舟，于 3 月 31 日改任黄兴“为南京留守”，黄兴不便推辞，只好接受。4 月 6 日，黄兴正式就职，并致袁世凯电称：“兴承委南京留守，统辖南方各军。谨于本日将本署组织成立，启用关防。文曰‘中华民国南京留守统辖南方各军之关防’。”[②] 同日在致唐绍仪等电中说明他勉承南京留守的苦衷，其中有谓：“奉大总统电，允兴辞参谋总长，命充南京留守，统辖南方各军。兴以菲材，久思引退，乃再四坚辞，竟未许将一切责任概行脱卸，殊觉进退为难。顾念留守一职，专为维持南方现时军队起见，原系暂设。兴此心尚存，亦诚恐遽将经手未完事件均置不顾，或于大局转致违碍，负我同胞。惟有暂羁将去之身，勉随诸公之后，藉效绵力。俟布置略定，仍当归息林泉，以遂初志。除电呈大总统暂行就职外，已于本日将敝署组

---

① 薛君度：《黄兴与中国革命》，第 137 页。

② 黄兴：《致袁世凯电》（1912 年 4 月 6 日），《黄兴集》（一），第 289 页。

织成立。”① 同日，黄兴还致电各部总长、各省都督、各军长，并发布《南京留守告示》，称：以后“所有关于南方各军队及商民等事件，均由本府照常接管。为此，仰各军队及商民等一体知悉，其各安堵勿违”②。黄兴接任南京留守之后，便开始组建留守府临时机构，以李书城为总参议。“府内设政务、军务两厅，以马良（相伯）为政务厅厅长。张孝准为军务厅厅长，陈嘉会为秘书长，何成濬为总务处处长，耿觐文为参谋处处长，曾昭文为军需处处长，陈登山为军法处处长，赵正平为军学处处长”③，徐少秋为副官处处长。南京留守府统辖各军及军长名单如下：第一军军长柏文蔚，第二军军长徐宝山，第三军军长王芝祥，第四军军长姚雨平，第五军军长朱瑞。此外，南京留守府统辖各单位及其主持官员如下：军官学校校长金永炎，入伍生队总队长沈靖，四路要塞总司令官成鲲，宪兵司令茅乃封，军需学校校长刘文藻，测量局局长章焕祺，金陵机器局局长宾步程，巡警总监吴忠信，南京府知府方潜，警卫团团长林虎。④

4月13日，袁世凯公布《南京留守条例》共七条。从其内容分析，表面上看来，南京留守似乎有职有权，例如：第一条规定，留守“有维持整理南方各军及南京地面之责”；第二条规定：“凡南方陆军、水师、要塞，均归留守处理”；第三条规定：“南方如有事变，不及申报大总统时，留守得先调遣军队军舰，相机处置”；第四条规定：“关于南京府知事、交涉巡警所管事，均归留守统辖”；等等。但实际上，南京留守有职无权，这表现在下列四

① 黄兴：《致唐绍仪等电》（1912年4月6日），《黄兴集》（一），第290页。

② 黄兴：《南京留守告示》（1912年4月6日），《黄兴集》（一），第291页。

③ 李书城：《辛亥前后黄克强先生的革命活动》，《辛亥革命回忆录》第一集，第202页。

④ 上述南京留守府机构以及下属单位人员名单各书记载不一，此处根据李书城所撰《辛亥前后黄克强先生的革命活动》、李云汉著《黄克强先生年谱》、台湾“中华民国”史事纪要编辑委员会编《“中华民国”史事纪要》以及吴砚云编《黄留守书牍》等资料综合整理，并加以考订后编定。

个方面：其一，南方军权完全操纵在袁世凯及其亲信手中，例如第一条规定："南京留守，直隶大总统"；第二条规定：留守处置陆军、水师、要塞所有问题，"随时通报陆海军部及参谋部"；第三条规定：留守处置有关突发事件不及申报大总统时，应在"相机处置"结束，"随即申报大总统，并通报陆、海军部及参谋部"。其二，留守没有单独行使人事任免权的权力，要受江苏都督监管，由袁世凯直接掌控。例如第五条规定："南方各军及南京地方各官厅之人员，统由留守会同江苏都督任免，申报大总统。"其三，留守没有财权，所需款项须与财政部咨商。例如第六条规定："关于留守管辖范围内所需款项，由留守咨商财政部筹解。"如此一来，袁世凯直接掌握了留守府的经济命脉。其四，南京留守府不过是一个暂时设立的临时机构，一旦南方军队整理就绪后就要立即裁撤。例如第七条明确规定："南京留守府，俟南方军队整理就绪，即行裁撤。"[①] 黄兴虽然出于自身的责任感和基于对南方军队的感情愿意担任南京留守一职，但从一开始就处于有职无权的状态，从而使他在履行职责的过程中处处受到掣肘，碰到了不少麻烦。

然而，黄兴在担任南京留守两个多月的时间内，顶住了来自袁世凯的种种压力，克服了重重困难，勉力支撑，为稳定民国大局作出了重要贡献。具体地说，主要体现在如下五个方面：

第一，率先垂范，从留守府机构自身及军队内部入手整肃军纪。南京留守府成立之后，厅、处机构负责人的部下、亲族故旧，求官求职的推荐信积累盈尺；更有甚者，有的人不请自来，淹留旅馆，求官求饷，严重干扰了留守府的正常工作。为此，黄兴特发布《南京留守公启》，以杜绝此类现象，公启称："鄙人承乏留守，实因南京军队尚待整理，故暂任斯职。俟办理就绪，即当归田。署内一切设施，概从简约。而怀才欲试之士，近多误会，以至远道频来，荐书盈尺。在诸君殷勤相与，意诚不薄，而鄙人迫

① 《袁世凯公布南京留守条例》（1912 年 4 月 13 日），中国第二历史档案馆编《中华民国史档案资料汇编》第二辑，第 141—142 页。

于事势，未能一一延请，心实难安。况民国用人行政，务求实际，从前乾修诸名目，理应一律铲除。所有款项均属国帑军需，筹措极难，未便遽以私情移赠旅费。兼以军事纷繁，昕夕靡暇，复书、接见，实未能周，徒使诸君旅馆淹留，益滋愧歉。兹特登报声明，嗣后亲族故旧，非经鄙人函电敦约而来者，恕未能一概招待。谨此奉布，统希谅鉴。”[①] 对于南京军人内部结党营私、拉帮结派的乱象，黄兴复发布《南京留守示谕》称：“查近来宁省军人中，颇多树党之事，或假名发起，或秘密联合”，“此种行为，殊非正当。亟应一律严禁。凡曾经取有入党票布及旗帜者，均准其从速呈缴该营长官或自行销毁，即日解散，不究既往。自谕之后，倘军人等再有结党情事，一经查出，本留守为统一军心、维持治安起见，惟有执法从事，以肃纪律，而敬效尤”。

第二，重拳出击，平息赣军哗变。黄兴于 4 月 9 日晚赴沪，“与唐总理商议要事”[②]，讵料 11 日“晚十一时半，宁垣居民不戒于火，焚烧房屋数间，当即熄灭”[③]。凌晨，时驻宁垣丁家桥劝业会之一部分赣军原系由“洪江会匪、市井流氓杂凑成营”[④]，光复后投身革命军，平日因缺乏教育，“枪击官长之事，亦复时有所闻”[⑤]。至宁后，由陆军部编入第七师（师长洪承点）第十四旅（旅长邓文辉）第二十七、二十八团（二十七团团长董福开、二十八团团长张惟圣），由于受宗社党煽惑，“藉减饷为名，忽尔倡乱”[⑥]，突营而出，在南京城北白门桥、太平桥一带趁火打劫，据事后调查统计：“计被害者六百五十一户，内有受伤九人，而各户

① 黄兴：《南京留守公启》（1912 年 4 月 28 日），《黄兴集》（一），第 318—319 页。
② 黄兴：《致袁世凯呈》（1912 年 4 月 12 日），《黄兴集》（一），第 295 页。
③ 黄兴：《致袁世凯等电》（1912 年 4 月 12 日），《黄兴集》（一），第 294 页。
④ 黄兴：《致袁世凯申》（1912 年 6 月 12 日），《黄兴集》（一），第 441 页。
⑤ 同上。
⑥ 黄兴：《关于剿办乱兵情形的通告》（1912 年 4 月 13 日），《黄兴集》（一），第 299 页。

损失财产亦有二十一万六千八百六十九元之多。”[①] 黄兴在沪闻讯，即令南京留守府属下各军官长迅即处置，并连夜乘专车赶赴现场巡视。于是，“第三军长王芝祥、第四军长姚雨平、第六军长朱瑞、第七师长洪承点、第二十二师长林震、第三师长陈懋修、第二十六师长杜淮川、第八师长陈之骥、第五师长刘毅、第二师长朱先志、独立旅长田应诏、警备队司令长何元山、陈煦亮、要塞司令长官成鲲、巡警总监吴忠信、守卫队长林虎、吴洁、宪兵司令长茅乃封、宪兵营长成国屏等，或亲巡市街，或躬往捕缉，均能处置适当，力保治安”[②]。黄兴于当晚赴宁，至已天明，随即入城巡视，幸赖各军队防范严密，弹压迅速，毙匪多名，并拘获不少暴徒，随即敉平。12 日，黄兴颁发《南京留守戒严令》十条：其中第二条规定：“凡在南京戒严区内之兵士，自夜九时起至翌日午前五时止，不准请假出外在街市行走。”第四条规定：“如遇火灾时，士兵非奉上官命令成队往救者，不准外出。”第七条规定：“除宪兵外，非奉有特别命令，士兵不得擅入人民居室。”第八条规定：“兵士不准无故单独携枪外出。”凡违背以上各条者，实行“拘捕，抗命者立即枪毙”。[③] 并于同日发布《黄留守安民告示》：“昨夜匪徒滋扰，今晨一律剿平。已筹善后办法，居民安心勿惊。”[④] 13 日，黄留守向各报馆发出《关于剿办乱兵情形的通告》，该通告称：“昨日拿获匪徒甚夥，严密讯供，多系江西军队二十七、二十八两团之兵。已经判决处死刑者二百余名。其余该两团之犯兵，当派各军队协力追劝。旋由洪师长承点竭力开导，令其缴械归营，贷以不死。该犯兵等势穷力绌，于午前八、九时均即遵令缴械退回原营，全城秩序幸未扰乱。”[⑤] 并定于 15 日将该两团

---

① 黄兴：《关于议恤被劫各户之照会》（1912 年 4 月底），《黄兴集》（一），第 324 页。

② 黄兴：《致袁世凯呈》（1912 年 4 月 12 日），《黄兴集》（一），第 295—296 页。

③ 黄兴：《南京留守戒严令》（1912 年 4 月 12 日），《黄兴集》（一），第 293—294 页。

④ 黄兴：《黄留守安民告示》（1912 年 4 月 12 日），《黄兴集》（一），第 295 页。

⑤ 黄兴：《关于剿办乱兵情形的通告》（1912 年 4 月 13 日），《黄兴集》（一），第 298 页。

兵士妥协送回赣省遣散。14 日，宣布取缔不法军人组织之“大公党”[①]，此后，并将青帮首领章武所组“青帮改进会”与流民所组“渔业统一党”一并查禁[②]。15 日，又《规定驻宁各军假日示谕》，严格规定各军轮流放假日期及外出时间，以免同时放假外出，造成“每因细故，辄起冲突”，“凡非放假日期，兵士不得无故请假外出”。[③] 甚至还规定了各师警戒游击队即巡察队衣服的不同颜色，以免造成混乱，至酿冲突。由此可以看出，黄兴处理问题真可谓细致入微！

与此同时，为遣散哗变赣兵，黄兴特致电赣督李烈钧，其中有云：“现已饬邓旅长率所部千六百人于本月十五日乘快利轮船送回九江，到时务请饬九江司令妥为防范，设法遣归乡里，俾免再生事端。”[④] 军队遣散之后，黄兴即电咨李烈钧，派员将十四旅旅长邓文辉、二十七团团长董福开、二十八团团长张惟圣仍送来宁，归案讯办。5 月 25 日，黄兴组织临时军事法庭进行公审。由“第三师师长陈懋修为审判长”，“军法局长陈登山为司法官，第二十旅旅长田应诏为审判官”，终审结案如下：“查邓文辉、董福开、张惟圣三员，事前既毫无觉察，临时又疏于防范，以致全旅哗变，扰害地方。”“应一并革除军籍，以儆顽懦。”并于 6 月 12 日通报各省都督，呈袁世凯“查核，备案施行”[⑤]。对于被劫各商户，当经黄兴分饬南京府知事暨巡警总监会同调查，造册呈核，量予抚恤，并送达江宁商会会长，协助“发还脏品，抚恤灾民”，并电留守府先期拨款拾万元，查照资产等次，分期分批发给。在当时留守府“公帑支绌，筹措惟艰”的情况下，能将各商户损失财产“二十一万六千八百六十九元四角二分”逐户发放到位，的确是难

① 黄兴：《南京留守告示》（1912 年 4 月 14 日），《黄兴集》（一），第 301 页。

② 上海《申报》1912 年 4 月 19 日。

③ 黄兴：《规定驻宁各军假日示谕》（1912 年 4 月 15 日），《黄兴集》（一），第 302 页。

④ 黄兴：《致李烈钧电》（1912 年 4 月 14 日），《黄兴集》（一），第 301 页。

⑤ 黄兴：《致袁世凯申》（1912 年 6 月 12 日），《黄兴集》（一），第 440—442 页。

能可贵的。

第三，加强道德教育，提倡法治精神，创造良好的社会秩序和氛围。黄兴在留守府任内多次致电袁世凯、唐绍仪、蔡元培以及各省都督，要加强对广大人民群众特别是军人进行道德教育，既要继承和发扬我国古代文化的优良传统，又要适应新的形势，学习西学中的精华，并对传统的“孝悌忠信、礼义廉耻”作出了新的诠释，赋予了新的内涵。黄兴在致袁世凯等人的电文中称：“我中华开化最古，孝悌忠信、礼义廉耻为立国之要素。”在新的历史条件下，上述八个字的意义发生了新的变化。“以忠言之，尽职之谓忠，非奴事一人之谓忠。古人所称上思利民，以死报国是也。以孝言之，立身之谓孝，非独亲其亲之谓孝。昔贤遗训，如好货财，私妻子，纵耳目之欲，以为父母戮，推而至于战阵无勇，举为炯戒是也。盖忠孝二字，行之个人则为道德，范围天下则为秩序。泰西各国，礼治、法治虽不相侔，而大本大原终未有背弃者。秦汉以降，学说庞杂，道化凌夷。君主私其国家，个人私其亲族。大盗窃国，奸夫有家。驯至胡虏僭位，称为圣明；烹子调羹，见于史传。忧时之士，眷怀世变，积痛在心，谓非破此迷津，无以尊重人道。殊不知前举弊端，非误于国民之崇尚忠孝，而误于国民不明忠孝之真理。即如此次起义，全体一心，父诏兄勉，前仆后起，复九世之深仇，贻五族以幸福。于民国则为忠，于私家则为孝。是以政治革命、家庭革命诸学说，原为改良政教起见，初非有悖于忠孝之大原。”① 黄兴将其对“孝悌忠信、礼义廉耻”八字内容的全新诠释概括为“法治精神”。他批评了民初社会上的一些无知学者和浮躁少年，“每多误会共和，议论驰于极端，真理因之隐晦。循是以往，将见背父离母认为自由，逾法蔑纪视为平等，政令不行，伦理荡尽，家且不存，国于何有？”② 反过来，“夫以孝悌忠信为戒，则必不孝不悌不忠不信，自相残杀而后可。以

① 黄兴：《致袁世凯等电》（1912 年 5 月 22 日），《黄兴集》（一），第 370 页。

② 黄兴：《致袁世凯等电》（1912 年 5 月 22 日），《黄兴集》（一），第 370 页。

礼义廉耻为病，则必无礼无义无廉无耻，沦为禽兽而后可”[1]。因此，应当将上述八字作为“立国要素”“立国根本”，即为“法治精神”，同时也是做人的道德标准。黄兴认为，学习西方的先进事物特别是科学技术无疑是正确的，也是需要提倡的，但对于西学中的习俗不能照抄照搬，也不能鼓吹所谓“全盘西化”。他说：“西国实业日异月新，既以东亚为市场，即不能禁民之不购货。惟有事事仿造，翻新出奇，非惟可塞漏卮，实可畅销国货。至其习俗，则学其醇而避其醨。必一一求其形似焉，则误矣。此模仿外国之当辨别者一也。中国习俗，恶染甚多，如食洋烟，喜缠足，不明公德，不讲卫生之类。志士呼号，已数十年，至今尚未能痛改。而其习惯之善良者，如孝友、睦姻、任恤之类，或弃之如遗，不惜犯天下大不韪。比来少年在学校则不师其师，在家庭则不亲其亲。似此行之个人则无道德，行之天下则无秩序，发端甚微，贻祸甚大。孟子所谓猛兽洪水之害，实无逾此。此中国习俗当湔除、当保存之不可不辨别者二也。”总之，在黄兴看来，大抵中国和外国的治国方略各不相同，应当互相学习，取长补短，共同前进。他说：“中外治理各不相侔，大抵中国素以礼治，外洋素以法治。吾国制礼，或有失之繁重者，不妨改之从同；外国立法，或有因其宗教沿其习俗者，万不可随之立异。本此意以辨其途径，导以从违，酿成善良风俗，庶几在是。”[2] 黄兴在谈及湔除前清旧有陋习时，特别将严禁吸食鸦片提高到关乎国家前途和命运的高度来认识，为此，黄兴特致电总统、副总统、国务院、参议院、各省都督、参议会及各报馆等，他尖锐指出：“鸦片流毒，垂及百年，弱种瘠国，实其媒介。岁耗千万，超过吾国之岁入。稍有国家思想者，久已深恶痛绝。前清政治腐败，有司之能奉行法令者，对于禁烟要政，尚有微效可睹。自光复以来，军事倥偬，不遑内

① 黄兴：《致各都督电》（1912 年 5 月 22 日），《黄兴集》（一），第 372 页。

② 黄兴：《复上海昌明礼教社书》（1912 年 5 月 22 日稍后），《黄兴集》（一），第 374 页。

政，烟禁大弛，有妨观听。吾辈改建共和，原期生人肉骨，设竟听其变本加厉，贻害内国，腾笑外邦，蒿目沉疴，能无愧愤！”黄兴提出了三种禁烟办法：禁运、禁种、禁吸。其中禁运“最难亦最急”，必须杜绝鸦片贸易。“一面请中央政府速与英人磋商改约，缩短限期；一面速订禁烟特别刑律，处分必严，期限必短。但并禁吸实行，鸦片贸易自然衰落。禁种一事，开明之地尚易服从，僻隐之区动生抵抗，则非慑以武力，不克竟此全功。”禁吸之关键在于取缔土行膏店。“至各省土行膏店，现仍林立，或谓加重捐税，遂可寓禁于征。”这种做法也是不可取的，因为此种说法“不知税重则价昂，利在外人。烟民视鸦片为第二生命，必不因此而自行戒断。何如早予蠲免，禁止其营业权之为得乎？”只有取缔这些内地的土行膏店，烟民无处可买烟，禁吸便可实行。“总之，禁烟三种办法，禁种、禁吸，主权在我，兼营并进，期绝根株；外人见吾国内外一致进行，无可藉口，则缩短禁运期限，外人必相赞成。是力谋禁吸、禁种之实施，即以促进禁运之效果也。”因此，上述三种禁烟办法是互相促进的，只要认真实施，不难从根本上得以解决。黄兴对此充满必胜的信心。他说：“诸公痌瘝在抱，力遏横流，尚望积极主持，务达目的。勿以牵涉外交而事迟疑，勿以关系生计而存姑息，庶几烟害既除，母财日涨，睡狮一吼，万马齐奔，转弱为强，旦夕可致。”[①] 黄兴不仅在推翻清朝的武装斗争中出生入死，驰骋战场，即使是在民国之初暂居留守职位的艰难处境下仍然关注国家和民族的命运与前途，在短短的两个多月时间内，他对于根除自晚清流传下来的陋习，诸如“食洋烟，喜缠足，不明公德，不讲卫生”等等，对症下药，提出了许多根治之法，这对于巩固民初社会秩序、净化社会环境具有积极意义。

第四，倡议劝募国民捐，抵制丧权辱国的外债，以解救财政

① 黄兴：《致袁世凯及国务院等电》（1912 年 5 月 6—10 日间），《黄兴集》（一），第 342—343 页。

危机。北京临时政府成立后，熊希龄任唐绍仪内阁的财政总长，据熊在任职后称："南京库储仅余三万，北京倍之，不及六万。寅食卯粮，危机之状，不敢告人。"面对日益困窘的财政危机，北京临时政府寄希望于向外国借款，帝国主义列强则乘人之危，抛出种种苛刻条件，进行肆无忌惮的敲诈勒索，甚至直接干涉中国内政。黄兴对于一般没有附加条件且用于发展生产的借款，并不反对；但对于丧权辱国举借外债，并将之视为解决财政危机唯一的方法则坚决反对。黄兴认为，用借外债来解决财政危机是一件万不得已的事情，"若恃为唯一方法，而其危险将至债额日高，债息日多，债权日重，抵押从此益穷"，那就会使国家"因借债以陷入危境，致使艰难缔造之民国沦为埃及，此则兴血涌心涛所不忍孤注一掷者也"。那么，究竟应当怎样解决民初的财政危机呢？为此，黄兴于1912年4月29日在致袁世凯、唐绍仪、黎元洪及各部总长等人的电文中首次提出"惟有劝募国民捐，以减少外债之输入"。至于具体办法，黄兴在该电文中亦有详细阐释："吾国人数约计四万万，其中一贫如洗者，与夫遍地灾黎，固无余力可以捐助国款。而中人以上之产，即可人以银币一元为率，最富者更可以累进法行之，所得较多者亦可以所得税法征之。逆计收入裒多益寡，当不下四万万元，于特别劝募之中，仍寓公平征取之意，在贫者不致同受牵累，在富者特著义声，而仍不失为富。且捐率有定，可免借端苛扰之虞。而国家骤得此巨款，以资接济，俾得移新借外债，尽投入生产事业，后来工作繁兴，利源充裕，以公经济之发达，调和社会私经济，贫者可因以生活，富者经营实业，可由国家提挈或补助之，而前此外债更易偿还，岂非两得之道乎？"而且，通过劝募国民捐，还可以激发国民的爱国热情，"且兴亦欲使吾国人知此次共和建设，皆出自国民至痛苦之膏血，允宜廓清积弊，慎重用途，以此铢积寸累之金钱，造成最璀璨庄严之民国，为亿万年留一大纪念耳。若大富者平居讌游之费，车马之需，辄耗弃巨资，何止十户中人之赋，则更不过略加节啬已足供此。矧革命为何等事，死者肝脑涂中原，白骨转丘壑，吾辈幸存，保邦之责，非异人任，区区之款，复何足云。言念及此，心怀增恸，爱国之士能不凄然？此尤兴所不敢不痛哭流涕以言之者也”。他列举世界历史上普法战争为例，说明法国劝募国民捐以致富强的作用。“昔普法战争，法认赔普款二十万万，其人民、土地少于我何止十数倍计，而负此巨款，一呼捐集，卒成强国，诚晓然于计学公例，利公即所以利私。兴又安敢臆测吾国人爱国之心竟不如法，失此不言，后恐噬脐。”[①] 他号召政、学、军、商、农、工各界诸君子“共矢热诚，持以毅力，早为提倡”，带头义捐，为化解民初财政危机而尽一份国民的责任。次日，黄兴又致电孙中山等人，请其赞成举办国民捐，“以救国危”[②]。5月8日，他又再次致电孙中山，请其“迅即通电全国人民及各处华侨，竭力劝导，使共晓然大义，踊跃输将。庶几内固国本，外拒狡谋”[③]。

黄兴不仅有其言，而且有其行，他本人所在的留守府带头认捐，在留守府举行的筹募国民捐会议上，“各军官慷慨陈词，至有痛哭流泪者”。经开会议决：将军级成员，“捐全月薪俸”；都尉级成员，捐月薪“三分之二”；军校级成员及书记官，捐月薪“二分之一”；司书“捐月薪三分之一，充作国民捐”。[④] 南京留守府卫队团官兵自官佐以迄兵士从个人津贴中捐银“五千二百九十六元二角八分”[⑤]。南京警界亦上书留守府称：“我留守提倡国民捐，减轻外债之输入，荩筹伟画，钦仰曷胜。警界同人，虽非贤达之长才，亦具有国家之观念。纵使无家可毁，安肯有难不纾？爰集全体，特开会议，决定按照六月份薪饷，官等各级，认捐月薪之半，巡

---

① 黄兴：《致袁世凯等电》（1912年4月29日），《黄兴集》（一），第321—322页。
② 黄兴：《致孙中山等电》（1912年4月30日），《黄兴集》（一），第323页。
③ 黄兴：《致孙中山电》（1912年5月8日），《黄兴集》（一），第340—341页。
④ 黄兴：《致袁世凯等告留守府职员捐俸充国民捐电》，罗家伦主编《黄克强先生全集》，第561页。
⑤ 黄兴：《对卫队团官兵上缴国民捐呈文的批示》（1912年5月下旬），《黄兴集》（一），第393页。

长警士，亦各乐输月饷一成，共得银五千六百八十一元六角。”[①] 除南京而外，其他地方响应黄兴号召的各界人士所在多有。沪军光复军总司令李徵五下属全体官佐士兵“一呼而集款七千元，足征爱国热忱”[②]。上海制造局兵工学校“首倡民捐，自校长、教职员、学生以至校役，均踊跃输将，可见爱国为心理所同”[③]。第五军军长朱瑞在浙江发布《劝全军将士筹集国民捐启》，其中有云：“民国成立，万端待理，帑藏匮乏，国力维艰，议借外债，以资挹注，致受强邻之挟持，欲监督我财政，欲干涉我军事，危机日迫，一发千钧。求免危亡，在我国民。海内英贤豪杰，有鉴于此，发起国民捐，以为抵制之计。宁沪陆海军界首先实行，政、学、工、商各界相继筹办。我浙军人，见义勇为，夙抱爱国热忱。本军长特于昨日邀集讨论，莫不慷慨激昂，赞同斯恉。”并在会上议决：“上等军官佐，每月捐俸十分之三，中等军官佐每月捐俸十分之二，初等军官佐及额外军官每月捐俸十分之一。以五月为始，至九月停止。计五个月，约共可得洋三万五千余元。”[④] 第二军军长徐宝山在江苏扬州发布属下官兵“全体赞成减俸助捐”[⑤]。贵州路角夏廷桢以个人名义致函黄兴，“力表赞成”，“慨捐二百元首为之倡”，亦可“具见爱国之忱，好义之勇”。[⑥] 陆军辎重兵第十营全体官佐，“已由五月薪饷项下，扣存洋五百一十一元整，提充义捐”[⑦]。四川全体陆军也“慨捐巨款，以救国危”[⑧]。更为感人的是，

① 附《南京警界上留守府公呈》（1912年5月下旬），《黄兴集》（一），第393页。

② 黄兴：《复李徵五电》（1912年5月15日），《黄兴集》（一），第352页。

③ 黄兴：《复上海制造局兵工学校电》（1912年5月6日），《黄兴集》（一），第336页。

④ 朱瑞：《劝全军将士筹集国民捐启》，浙江省辛亥革命史研究会等编《辛亥革命浙江史料选辑》，浙江人民出版社，1981年，第562页。

⑤ 黄兴：《复徐宝山电》（1912年5月11日），《黄兴集》（一），第343页。

⑥ 黄兴：《复夏廷桢电》（1912年5月上旬），《黄兴集》（一），第337页。

⑦ 黄兴：《复陆军辎重兵第十营全体官佐书》（1912年5月17日），《黄兴集》（一），第359页。

⑧ 黄兴：《致四川全体陆军电》（1912年5月上中旬），《黄兴集》（一），第362页。

陆军第五师第九旅第十八团第三营二连一排三棚一等兵娄绍景“极力提倡国民捐，先行自捐薪饷二月，以示表率；并切中指作血书，冀激动各界人士，热心爱国”。为此，黄兴特致书《中华报》，“特送上该兵士血书照片二方，希即印诸报端，以昭劝勉，而示表扬”①。

自5月上、中旬以来，黄兴先后给中华民国协济会、天津国民捐联合会、广东省议会、少年中国党、宁波社会公益促进会以及镇江师长顾忠琛、沪军光复军属下营长王兆銮、嘉定民政长许苏民、苏军司令刘之洁、吉林都督陈昭常等单位和个人复电，嘉勉其赞助国民捐。② 另据尚未发表的档案记载：“5月19日之前，安徽都督兼民政长柏文蔚所部（辛亥革命时第一军）已决定认捐五万七千余元。19日，新疆青海屯垦使胡瑛、鲁军总司令连承基、第一师师长李炯通电表示：全军及军政府各司决定认捐共八千余元。28日，鄂军第一镇统制黎本唐通电，发起‘军国民救国捐’，即国民捐，内分普遍、特别二种，特别捐随意，普通捐每年一次。黎本唐首先捐洋五百元，其他官佐共捐普通捐一万二千元。同日，豫南总司令官李纯率全体将士通电，拟发起国民捐，决定自本月份起，各级官佐‘先捐集三个月’，而李纯率同总参议官肖良臣，‘各捐三个月全薪，以为之倡。’”③ 群众的爱国热情、特别是军界的爱国热情，使黄兴备受鼓舞，充满必胜的信心。他声称：“旬日以来，南省输捐极为踊跃，北省应者亦多。如果办理得法，非特不难凑集巨款，实足增长国民爱国心。”④ 为更好地开展劝募国民捐，各地纷纷成立募捐机关，5月16日，南京成立国民捐总会，推孙中山为总理，黄兴为协理，王人文、沈秉堃为干事长。6月1

---

① 黄兴：《致〈中华报〉书》（1912年5月上中旬），《黄兴集》（一），第364页。

② 黄兴：《复民国协济会书》（1912年5月上中旬）、《复天津国民捐联合会电》（1912年5月上中旬）等文，《黄兴集》（一），第364—368页。

③ 陈长河：《黄兴与民初国民捐》，《文史精华》，2000年第1期。

④ 黄兴：《致袁世凯及国务院等电》（1912年5月25日），《黄兴集》（一），第380页。

日，孙中山复电国民捐总会，允任总理。并表示："国民捐为救死之良剂，公等热心提倡，致为钦佩！举弟为总理，义不敢辞，望速以弟名分电各省，使四方闻风响应。"① 陈其美亦于 5 月 18 日在上海都督府发布《征集国民捐启事》②，决定成立国民捐事务所，用以主持劝募义捐活动。并致电黄兴，报告上海征募国民捐办法，请予备案。③

迫于舆论的压力，袁世凯表面上赞成黄兴的主张，而暗中却进行阻挠和破坏，他蓄意搞垮这支南方革命党人所掌握的武装，指使财政部拒绝拨款给黄兴，还敷衍黄兴说："南方富庶可以倡办，北方贫瘠不能不借外债，即请黄筹办国民捐，为发留守府所辖军队的粮饷。"④ 袁世凯这番话一方面可以塞黄兴之口，黄兴不是提倡国民捐、反对举借外债吗？那你黄兴就去靠国民捐发饷吧？这就为北京临时政府财政部不为南方军队发饷找到了借口；另一方面，又提出北方较南方贫瘠，为临时政府举借外债找到了理由，从而也试图洗刷自己出卖国家利权的罪行。

5 月 17 日，财政部总长熊希龄与六国银行团签署了《垫款合同》和《监视开支暂时垫款章程》并约定借款"上海平银三百万两"，"皆以现行之盐厘作抵"⑤。《监视开支暂时垫款章程》规定：借款、拨款须设立核计处，"用核计员二人，一由银行任用给薪，一由中国政府任用给薪"。"凡向银行提款、拨款一切支票，须由该核计员等签押。""各省发给军饷及遣散军队费用须由该地方军政府备三联领饷清单，由中央政府委派高等军官及该地方海关税司会同签押，并须予该军官、税司以调查应需之便利。此项签押之三联清单，一份存该省都督府，一份存陆军部，其余一份与领

---

① 上海《民立报》1912 年 6 月 20 日。

② 上海《民立报》1912 年 5 月 18 日。

③ 上海《民立报》1912 年 5 月 22 日。

④ 耿毅口述：《辛亥广西援鄂回忆录》，刘萍、李学通主编《辛亥革命资料选编》第三卷，下册，第 638 页。

⑤ 附《垫款合同》，《黄兴集》（一），第 376 页。

款凭单一同送交北京财政部，再由该部送交核计处稽核。”“如在北京及其附近地方发放军饷或遣散军队，由中央政府派一高等军官，会同该核计员，将三联领饷清单查核签押，并予该军官、核计员等以监查应需之便利，该项签押之三联清单，一份交陆军部，一份与领饷凭单俱交财政部，其余一份由该核计处收存。”[①] 如此等等，不一而足。《垫款合同》和《监视开支暂时垫款章程》一经公布，舆论哗然，国人群起反对，痛斥熊希龄卖国。黄兴与熊本来私交甚笃，但基于爱国义愤，他以“万急”长文致电袁世凯、黎元洪及参议院、各省都督、各省议会、各报馆等，其中有云：“阅悉十七日银行团与熊总长所订垫款已经签字之合同，又监视开支暂时垫款章程，不胜骇异。查该章程损失国权处极多。”“此种章程，匪独监督财政，并直接监督军队。军队为国防之命脉，今竟允外人干涉至此，无异束手待毙。埃及前车，实堪痛哭。二十年来，海内各志士赴汤蹈火，粉身碎骨所辛苦缔造之民国，竟一旦断送于区区三百万之垫款。吾辈一息尚存，心犹未死，誓不承认。熊希龄身负重任，竟敢违法专断，先行签约，悍然不顾，此而可忍，孰不可忍！闻章程已提交参议院核议，祈痛加驳斥，责令毁约。一面请由大总统提交参议院议决，发行不兑换券，以救目前之急，并实行国民捐，以为后盾。南方人心异常愤激，皆愿自输膏血以救危亡。望大总统及参议院诸公，毅然决然，立即施行，勿怀疑惧。即本留守直辖各军队欠饷已久，危迫万状，均不甘受此亡国灭种之借款，为饮鸩止渴之图。总之，吾辈九死一生，只知以爱国保种为前提，有破坏我民国、断送我民国者，即视为民国之公敌，决不稍存党见，顾惜私交。区区此心，可誓天日。临电痛切，泪尽声嘶，伏维谅鉴，共保大局。”并恳请各省都督、各省议会对于关系国家存亡之举作出明确表态，“速电抗拒，责令

---

① 附《监视开支暂时垫款章程》，《黄兴集》（一），第377—378页。

毁约，并请主张发行不兑换券及实行国民捐，以救危急。”[①]

5 月 25 日，黄兴将《拟订劝募国民捐章程》二十八条呈袁世凯“速交参议院议决施行，以全大局”[②]。该章程其要旨为：“国民捐之收集，以资产价额计算。”“除不满五百元之动产不动产捐额多少听国民自便外，其余均以累进法行之。”第四条规定：五百元至千元为一级，纳捐千分之二。有一千一百元至二千元为一级，纳捐千分之三。二千一百元至五千元为一级，纳捐千分之四。五千一百元至一万元为一级，纳捐千分之五。一万一千元至一万五千元为一级，纳捐千分之六。一万六千元至二万元为一级，纳捐千分之七。二万一千元至三万元为一级，纳捐千分之八。三万一千元至五万元为一级，纳捐千分之十。五万一千元至十万元为一级，纳捐千分之十四。十一万元至二十万元为一级，纳捐千分之二十。二十一万元至三十万元为一级，纳捐千分之三十。如此类推，每增加十万元动产或不动产，则纳捐增加千分之十。至一百万元为止。一百零五万元至五百万元为一级，纳捐千分之一百二十。五百一十万元至一千万元为一级，纳捐千分之一百四十。“其有一千万元以上之不动产或动产者，统按照其价额，以千分之一百六十推算纳捐。”[③]

第八条规定：“凡军、政、学、商各界诸人，除照第四条以资产计算纳捐外，应按照其月薪多少，分则纳捐，以三个月为限。”其比例为十分之一或十分之二不等。第二十三条规定：“国民有依第四条计算财产纳捐至百元以上者，由政府另给证书，注明捐款数目。其例外特捐至百元以上者，给予铜牌；千元以上者，给予银牌；万元以上者，给予金牌。牌面均镌‘爱国特捐’四字，内

① 黄兴：《致各省都督议会等电》（1912 年 5 月 24 日），《黄兴集》（一），第 375—376 页。

② 黄兴：《致袁世凯及国务院等电》（1912 年 5 月 25 日），《黄兴集》（一），第 381 页。

③ 黄兴：《拟订劝募国民捐章程》（1912 年 5 月 25 日），《黄兴集》（一），第 382—385 页。

镌捐数，以示表异而留纪念。若捐至十万元以上，由该省都督呈请特奖。”[①] 除亟速办理国民捐外，黄兴还主张发行“不兑换券”，以救目前危急。劝募国民捐之款，即可作为不兑换券之预备金，以解决通货膨胀带来的物质供不应求的问题，缓解货币贬值的危机。他认为这样做在财政上绝无恐慌。鉴于国民捐只可救急于一时，仍不能无维持永久之策，以持其后，黄兴提出了组织国民银行的主张。他提出：“宜再由各省自行集合人民资本，以组织国民银行，并由国民银行协力组织一国民银公司。国家如有急需，国民银公司得与政府直接交涉，酌量需款多寡，转向国民银行告贷。”国民“无论贫富，皆可量力集凑，取得银行股东之资格，永为民国政府之主人”。“凡中央政府所承认六国合同内监督抵押各条件，悉收回于国民银行之手，款自我出，权自我操，大信既昭，财力益厚。平时则藏富民间，有急则贷与国用。乘此机会，以扩张民权。”[②] 袁世凯对黄兴提出的《拟订劝募国民捐章程》表面上予以承认，并表示：“批阅《章程》，大致用累进法而税其所得，斟酌颇为完备。值此经济困难之日，我同胞果能热诚相助，则莽莽神州，或不致有陆沉之痛。”但暗中却进行阻挠和破坏，不是按照黄兴提议的将《章程》“迄大总统速交参议院议决施行”，而是将《章程》先“交国务院核明提议”[③]。但在国务院的讨论会上，袁世凯的亲信秉承其主子的意愿，纷纷提出种种反对的理由。其一曰：无输捐义务说，“财产自由载于约法，且国民于正当租税外，并无输捐义务”。其二曰：搜刮说，“本部哀此穷黎，力维国脉，方矜护之不暇，何忍搜括”？其三曰：不关心群众生计说，“累进法在各国于所得税中，尚必除生计费外，以为计算，从无于年得百数十元者，亦取百分之二之理。况其累进率之不止此乎”？

---

① 黄兴：《拟订劝募国民捐章程》（1912 年 5 月 25 日），《黄兴集》（一），第 385—387 页。

② 黄兴：《致袁世凯及国务院等电》（1912 年 5 月 24 日），《黄兴集》（一），第 379 页。

③ 《附：袁世凯复黄兴电》（1912 年 5 月 26 日），《黄兴集》（一），第 382 页。

其四曰：强迫限制说，“若出于强迫，或出于限制，即失国民捐之真意”。其五曰：不顾长远说，“国民财产，为全国财源，竭泽而渔，即能取给一时，断难善于其后”。[①] 因有此种种反对意见，最后，经国务院会议，未予通过，亦未交参议院议决施行，黄兴的这一合理化建议就因为袁世凯及其亲信的阻挠而被搁置下来了。

第五，整理、归并、裁遣南方军队，但也保留了部分精锐部队。按照袁世凯 4 月 13 日公布的《南京留守条例》共七条，规定南京留守府的主要任务是整顿、裁遣南方军队，维持地方治安。其中第一条规定：“南京留守，直隶大总统，有维持整理南方各军及南京地面之责。”第七条规定：“南京留守府，俟南方军队整理就绪，即行裁撤。”[②] 袁世凯之所以制订《南京留守条例》，其主要目的是为了裁遣南方军队，因为南方存在的 20 余万军队对袁世凯而言，是一种潜在的威慑力量。袁氏担任临时大总统、定都北京以后，其嫡系北洋军仅能有限度地控制北方的地盘，而对于远在南方的大量军队鞭长莫及，急切需要尽快遣散，以解除后顾之忧。然而，对于南方革命党人而言，尽管南北表面上实现了统一，但原有的南北对峙状态并未最终消除，对袁氏普遍存在着一种怀疑和戒备心理，因而需要保留一定数量的兵力和地盘，以与之相抗衡，因此，裁遣军队亦有不得已之苦衷，实属无奈之举，而黄兴是被迫割爱，忍痛裁军。如果细致分析，黄兴裁遣南方军队主要有如下四个方面的原因：

其一是形势发展使然。南北议和告成，清帝已经退位，南北统一的局面已经形成，大的战事已经平息，裁遣军队自然是顺理成章的事情。如果继续保留南方大量军队，就会引起社会各界的猜忌和不安，直接导致社会秩序混乱。尽管袁世凯在北方暗中加强北洋军的势力，但他在表面上还是将“坚持共和制度”“削减南

---

① 熊希龄：《答有关国民捐的质问复参议院函》（1912 年 5 月下旬），周秋光编《熊希龄集》（中册），湖南出版社，1996 年，第 550 页。

② 《临时公报》元年四月十四。

北军队”“维护统一”的口号喊得震天响；如果南方继续保留大量军队，袁世凯自然会据此借机指责南方革命党人另有图谋，甚至不惜公开在北方打出扩军备战的旗帜，从而加剧紧张局势，客观上说，这对于南方革命党人也是不利的。

其二是原陆军部贯彻孙中山“自行裁遣”军令的继续。历史上大凡每次大的战事结束后，新的统治者往往都面临着一个同样需要急待解决的问题，那就是兵额超员，军需浩繁，急需裁减军队。孙中山在出任临时大总统后也面临着这样一个亟待解决的问题。为此，孙中山曾多次下令陆军部总长黄兴，整顿、裁遣民军。他在致陈炯明的电文中将这一“自裁”军令表述得十分清楚：“前以南北统一，民国大定，各省民军过多，亟宜分别遣留，由陆军部通行命令到粤。贵都督按切地方情形，酌量留遣，办理有方，各路民军亦遵约束。”民军“于起义之际，具有勤劳，北方既平，当以公安为重，慎终如此，方为善保勋名”[①]。据此可知，自行裁遣民军的军令是孙中山亲自下达的，黄兴在出任陆军部总长期间，忠实地执行了孙中山的军令，亦曾下令“凡各省军队宜就各该省情形酌留若干外，务希设法遣散”。并为此做了大量工作，但这项工作由于南京临时政府存续期间为时尚短，并未完成。因此，黄兴在出任南京留守期间，整顿裁遣南方军队并不是他个人别出心裁，自行其是，而只是继续完成原陆军部尚未完成的工作任务，是原陆军部贯彻孙中山“自行裁遣”军令的继续。

其三是军队素质欠佳，闹饷、哗变在在堪虞。武昌首义后，各省纷纷响应。起义各省临时扩招了不少民军，其中除少数军队系由正规军队改编外，多数军队是由临时招募而来，且多系会党群众。会党成员比较复杂，主要是破产农民和手工业者，无业游民占有较大的比重。这部分人虽然长期受帝国主义列强的压迫和封建地主阶级的剥削，有较强的革命性，革命热情很高，但也有

① 孙中山：《致陈炯明电》（1912 年 3 月 13 日），《孙中山全集》第二卷，第 235—236 页。

致命的弱点，那就是组织纪律涣散，加之，缺乏军事训练，饷械不济，因而缺乏战斗力。赣军哗变暴露了南方军队的弱点。由于军费紧缺，不用说改善武器装备，就连支付士兵的日常生活费用也难乎为继。一批从旧营垒里反正的军官本性难改，变本加厉，吞没军饷，贪污中饱，因而闹饷事件时有发生。黄兴在担任南京留守期间，曾委任李燮和为长江水师总司令，并责成他整顿长江水师，李燮和乃于1912年4月20日携带关防，沿长江西上向沿岸各省都督筹款，将整顿长江水师的重任则交给自己的亲密战友卢性正去具体执行。当时的长江水师与南京各处驻军的现状极相类似，颇具代表性。我们从卢性正当年整顿长江水师的一次处决旧军官大会可以从一个侧面窥见军队内部的复杂状况。据史料记载："时适总部警卫团团长因闹饷哗变，包围总部，声称如不发放积饷，就要销毁总部，另立山头云云。"[①] 先是，卢性正已组织专人通过仔细调查，查有多名旧军官"吞没数月军饷，妄图卷款潜逃"，于是，将其逮捕关押。"闻兵变，淑雍（卢性正号——引者）即命令部队派代表来总部汇报。众到，淑雍乃告以'筹饷者已得款，正储存待发；吞饷者已就擒，正追查处理，尔辈如听指挥，则徒手集合在总部操场听命；否则，有我在此，任凭尔辈处置，绝不皱眉'。言毕，昂首挺胸以待。众唯唯，立即集合全体官兵，徒手肃立总部台前听训。淑雍乃捆获吞饷诸人，令其登台当众自首。淑雍随即登台，手刃首犯，并将从犯押解军法处依法处理，然后向全体官兵告以国家当前局势，晓以军人天职，慷慨陈词，声泪俱下，官兵无不痛哭失声，高呼'愿听指挥'而退。事定，淑雍徐回总部，同人无不佩服其处理神速，指挥若定，额手称庆。淑雍微笑曰：'事虽定而国未定，革命前途仍须冒险挺进，岂能高枕无忧？'"[②] 通过卢性正多次整顿，长江水师内部秩序井然，沿江两岸盗匪敛迹潜踪，长江流域各省社会秩序明显好转。长江水

① 卢爱兹：《革命烈士卢性正传略》，未刊稿。

② 卢爱兹：《革命烈士卢性正传略》，未刊稿。

师的整顿收效很快，南京其他各处驻军在黄兴及其战友的严厉整顿下，军容风纪明显好转，面貌为之一新。只要北京政府将军饷拨付及时到位，经黄兴及其战友的努力，南方义军仍然是有战斗力的。

其四，是袁世凯采取卡脖子策略，少拨、缓拨、拒拨军饷所致。关于黄兴掌握的南方军队究竟有多少人？史学界说法不一。但据黄兴同俄国驻汉口领事馆秘书沃兹涅先斯基的谈话中说，“关键时刻听我指挥的军队能超过 20 万，达到 24 万”。在南京和浦口，“仅仅是这里的军队就有 5 万”[①]。那么，24 万军队每个月需要多少开支呢？按照黄兴在留守府成立之时，曾将留守府“应行支出之军队额给，及应行筹备各节，开具说明书，送交熊总长。大约月需经常费三百六十余万元，即军队额给一项，已占三百零六万余元。均完全之师，计十六师，每师俸饷乾银约十五万五千余元，仅步兵一旅者计四处，每旅俸饷乾银约七万七千余元。加以四路要塞及宪兵卫队、警备队、独立团等未编成者约三万人，约月需三十万元。所辖各局、所、学校，如金陵军械所、机器局，月需三万五千余元。兵站、病院及卫生材料厂，月需四万八千余元。军官、军需两学校及入伍生队，约月需十三万元。上海制造局约月需十五万元。此外南京行政公署，如巡警监狱、审判厅、交涉局、南京府、测量局、长江营地调查局等处，约月需六万四千余元。兵站三处，约三万元。辅助教育费，约一万元。此经常费之预算大概也。至临时费用，如欲整理军队，则添建兵房费、扩充制造费，皆属切不可缓之需。况陆军部接办之日，又有欠付各洋行商店之服装、枪炮、马匹费约四百七十六万余元，又五十九万五千余元。综计以上预算，两月以来应领款千万元以上始敷分布”。然而，自南京留守府成立以来，至 6 月 5 日为止，“已逾

① 黄兴：《同俄国驻汉口领事馆秘书沃兹涅先斯基的谈话》（1912 年 6 月 8 日），《黄兴集》（一），第 416—417 页。

两月之久，共收财政部交来之款仅二百零五万元”[①]。此二百零五万元之款与留守府的实际需求相差甚远，军费缺额太大，不仅军需无从发给，甚至连士兵的吃饭问题也难乎为继。这从黄兴致国务总理及财政部总长熊希龄的电报可略知其窘况。5月12日电报称：“此间经济又已告罄，千万罗掘，敷衍至今。日来奇窘之状，几于不敢告人。不但各军积欠饷项无从发给，即目前伙食已无术支持，告急之声，不绝于耳。似此情形，一两日内必有绝大险象。务恳无论如何，请由尊处火速电知中国银行，立拨百万元以救眉急。万分危迫，立盼电复。”[②] 可是，财政部于5月14日仅拨款五万元。5月15日电报称：“此间军队伙食已数日不能发给，今日有数处竟日仅一粥，每日索饷者门为之塞。危险情形，日逼一日。加以急报密陈，日必数十至。哗溃之势，已渐发端。二日内倘再无款救宁，大乱立至。兴德薄能鲜，支持至今，实已才尽力竭。此后东南大局如有变乱，则兴不能负此责任。”[③] 情况如此紧迫，财政部于5月16日仅拨款十万元。5月17日电报称：“此间待款万分迫切”，“惟区区此数，仍属杯水车薪，支付立尽。尚乞速拨大宗接济，俾敝处得以按日实行所定裁兵计画，迅速了此残局。否则节节敷衍，终无止局也”[④]。同日，财政部仅拨款五万元。[⑤] 5月18日电报称：“近日军旅伙食已不能付，待款急切，再迟必至生变。前接熊总长拨款之电，遂令军需局长赴沪领款，而熊总长又电令沪行不发，空手而归。军队嗷嗷待哺，必须实款始能疗饥，非可仅待电纸空言，搪塞民事。兴至此时，已再不能支持，以后一切责任，惟公等担负。大祸将至，不知所云，惟公等怜而救之，

---

① 黄兴：《致袁世凯等电》（1912年6月5日），《黄兴集》（一），第404页。

② 黄兴：《致唐绍仪熊希龄电》（1912年5月12日），《黄兴集》（一），第347页。

③ 黄兴：《致唐绍仪熊希龄电》（1912年5月15日），《黄兴集》（一），第351页。

④ 黄兴：《复熊希龄电》（1912年5月17日），《黄兴集》（一），第361页。

⑤ 附二：《李书城致熊希龄电》（1912年6月10日—13日），《黄兴集》（一），第408页。

迅赐办法。”[①] 直到5月20日、21日财政部才分两次分别拨款四十万元、十万元，合计五十万元，以解燃眉之急。如前所述，为缓解财政危机，黄兴在留守府任内曾提出劝募国民捐、减少借外债的倡议，并提出发行不兑换券以及设立国民银行等建议，但由于北京政府未能付诸实施，收效甚微。在“连月欠饷已数百万”的窘迫景况下，黄兴及其属下广大官兵“不忍迫催欠饷，自行典质食粥者有之，又分途自向商店挪借者有之，今日数十元，明日数百元，东扯西凑，竭力支持，以至现在。此间发饷领条，多系二三百元一领，可以为证。其不至以饷缺哗溃者，皆克公之精神所感，亦实因南方军人富于爱国心之故，在当日实未意料及此。”[②] 当时留守府总参谋李书城在驳斥财政总长熊希龄污责黄兴所说的这番话是符合实际的。如果不是黄兴在极其艰难困苦的处境下尽了最大努力在军队中反复做工作、激发广大官兵的爱国热情，要想在较短的时间内迅速裁撤南方七八万军队，又能保持社会稳定，那简直是不可能的。应当说，黄兴迫于军费拮据的压力忍痛裁军是一种无奈之举，有其不得已的苦衷。对于这一点黄兴也认识得十分清楚，他说：“决定解散军队是万不得已的办法，这种办法动摇着刚建立的制度，并有可能使它遭受颠覆的危险。要知道，我的军队的全体军官每个月就需要约60万元经费。”[③] 黄兴对外国友人所说的这席话正是他内心不想裁军又不得不裁军的矛盾心理的真实反映。

关于裁军的进程及其结果，亦可从黄兴致袁世凯及国务院等的电报中得到明确的反映。

5月7日电称：“现在统一政府成立”，“南方军队如林，正从

---

① 黄兴：《致熊希龄电》（1912年5月18日），《黄兴集》（一），第366—367页。

② 附二：《李书城致熊希龄电》（1912年6月10日—13日），《黄兴集》（一），第409页。

③ 黄兴：《同俄国驻汉口领事馆秘书沃兹涅先斯基的谈话》（1912年6月8日），《黄兴集》（一），第420页。

事整理、归并、遣散”。[①] 而遣散之军队必先筹安置之法，而安置之法略分两端：其一退职军官解职之后，“各军表册造齐，即可按级请补”，即由中央按原级另行补授实职；其二是士兵退役后，除应给饷银外，按照道路远近，“酌发川资，必使安返里闾，不致流离道左”。[②] 按照上述标准，也就在 5 月 7 日这一天，又电告袁世凯等，曰：“步队第三旅，由旅长陈裕时督饬遣散，已于本月一日将全部解散完毕，各军士已一律资送回籍。该旅官长自旅长以下各军官，未补实缺以前，仍给原薪。”[③] 5 月 13 日电告：“南方各军整理已略有端绪。第三军军长王芝祥，已将所部桂军六大队全数遣散回籍。第四军军长姚雨平，除已遣散兵士三千回籍外，亦拟整顿全军，陆续开拔回粤。第五军军长朱瑞，前已将所部全军移回浙省。第二师师长朱先志，则自请取消司令部。其余各军已经遣散者，约计不下二万余人。此外减缩军队之各种办法，已迭次与各军师旅长等会同协商，依次进行。仅就缩小军队编制一端而言，约计两月之内，已可减少兵数三分之一。此外裁遣之法同时并举，所减之兵数尚不止此。”[④] 5 月 22 日电告：“前第二师师长朱先志、第五师师长刘毅均先后呈请裁撤师部，归并军队。”“第二十六师师长杜淮川，亦自愿取消该师部；第十旅旅长袁华选，亦自愿取消该旅部。当将该师部、旅部即行裁撤。”[⑤] 截至 6 月 5 日为止，“计南方军队初约二十万人，近已分别裁遣将近七八万人之谱”[⑥]。6 月 14 日，黄兴解南京留守职时向袁世凯电告：“府中各职员均一致主张，不避劳怨。诸将士皆体念时艰，弗竟权利。故此云屯雾集之军队，竟不数十日裁汰归并行将及半，耗费约而程功

---

① 黄兴：《致袁世凯唐绍仪等电》（1912 年 5 月 7 日），《黄兴集》（一），第 340 页。
② 黄兴：《布告将士文》（1912 年 6 月 14 日），《黄兴集》（一），第 448 页。
③ 黄兴：《致袁世凯及国务院等电》（1912 年 5 月 7 日），《黄兴集》（一），第 338 页。
④ 黄兴：《致袁世凯等电》（1912 年 5 月 13 日），《黄兴集》（一），第 348 页。
⑤ 黄兴：《致袁世凯唐绍仪等电》（1912 年 5 月 22 日），《黄兴集》（一），第 373 页。
⑥ 黄兴：《致袁世凯等电》（1912 年 6 月 5 日），《黄兴集》（一），第 405 页。

尚速。”①

需要指出的是，正当黄兴裁撤南方军队的同时，袁世凯却在北方以剿办土匪为名暗中扩充自己的军队，并“将添招新兵三十营”。这种南裁北扩的手段是十分阴险毒辣的。更有甚者，武卫前军将领张勋亦乘机招募，“已陆续增至一万余人”。对此，黄兴致电袁世凯，表示反对，电称：“顷闻北京因兵变扰乱以后，将添招新兵三十营，自为保卫治安起见。惟兵兴以来，公私交困，南北现有各军已苦难以安扞，岂容再行增兵？且新募之兵，训练、装备种种困难，又不适急用。现在正议南军调北，尤不必多此一举，转滋歧误。鄙意与其添募新兵，不如移南方业已编成之军填扎北省。在南方可节饷需，在北方得资保卫。且一令调发，旬日可至，尤为便捷。应请大总统速发命令，将所议添募各营即行停募。”②袁世凯视南军为异己势力，自然不会调集南方军队“填扎北省”。而对于张勋肆行招募新军一事，黄兴则向报界发表通电，表示严厉谴责，其通电云：“国事多难，根基未固，兵众饷绌，险象万端。凡稍知爱国者，无不以减少军队为唯一救国之办法。乃据近日内外人各方面报告及调查会谓：张勋在兖州一带强占车辆，肆行招募，已陆续增至一万余人。当此国病民穷之时，犹复自私自利，甘冒不韪，实为民国之公敌。应请大总统及陆军、参谋两部速饬解散，并严加处罚，以谢国人，为拥兵自固者戒。否则各省相率效尤，前途何堪设想。倘北方各镇必欲招补，此间所有军队，无论若干师旅，即请任意拨调。总之，此后只能就现在已有军队竭力减少，不得再增一兵。并请通电各处，实行禁止。”③ 黄兴深知，袁世凯仍然不会采纳他的建议，所以对于此事，他不是直接致电袁世凯，而是向《民立报》及各报馆发出通电，以期唤起舆论的重视与谴责，使武人拥兵自雄的乱象有所收敛，以维护南北

① 黄兴：《致袁世凯呈》（1912 年 6 月 14 日），《黄兴集》（一），第 449 页。
② 黄兴：《致袁世凯等电》（1912 年 3 月 11 日），《黄兴集》（一），第 249—250 页。
③ 黄兴：《致报界通电》（1912 年 5 月 17 日），《黄兴集》（一），第 358 页。

统一安定的社会秩序。黄兴在忍痛被迫裁减南方军队的同时，对袁世凯扩充北方军队势力也是有所警觉的，因而在十分艰难的条件下也还保留了部分精锐部队，这便是第八师。关于这件事，留守府总参谋李书城阐述得最为清楚，据他回忆：在遣散南方军队的同时，“为保存革命实力计，将所有遣散部队的优秀军官及精良武器组成一师，定名为第八师。这个师从师长以下至营、连长，都是在日本陆军士官学校和保定军官学校毕业的同盟会会员。师的枪支有两套，一套分发士兵，一套存储仓库备战时扩军之用。饷项归中央陆军部直接发给。师长陈之骥是直隶（今河北）省人，日本陆军士官第五期学生，同盟会内的丈夫团团员，为人忠实耿直，尚义气，重然诺，曾经捐过郎中，又是北洋军阀冯国璋的女婿。他被推为第八师师长，是陈裕时首先提出来的。陈裕时是一个多计谋、喜用策略的人。他那时从广西带来一支军队，编入第八师为一旅，他也被推为第八师的一个旅长。他认为陈之骥是冯国璋的女婿，在北方有靠山，不会受袁世凯的抑压，将来还可大有发展。大家都赞成他的意见，推举陈之骥为师长。同时，推定两个旅长，除陈裕时之外，另一个旅长是从广西桂林带来一支军队的赵恒惕。王孝缜、黄恺元、何遂、陶德瑶、刘建藩、张华辅、张厚琬等先后为团长，吴和宣为工兵营营长，袁华选为参谋长。其后，陈裕时辞职，赵恒惕也调到湖南，由王孝缜、黄恺元两人兼任旅长。我们当时只想用全力把第八师组织得坚实健全，作为革命军队的一个中心堡垒”[①]。黄兴为增强第八师的兵力，曾特派三十二团团长何遂和骑兵团团长刘建藩到自己的家乡湖南去招收三千士兵，这件事曾引起了其他被裁撤军队的不满，黄兴只得暂时将何遂撤职。一个星期之后，待事态平息才将何遂复职。当事人何遂回忆说：“黄兴派刘建藩和我到湖南去招兵。我们到了湖南，谭延闿问：‘不是到处叫裁兵吗？你们怎么反招兵呢？’我们

① 李书城：《辛亥前后黄克强先生的革命活动》，《辛亥革命回忆录》第一集，第203—204页。

说：‘克强叫我们来的，第八师是基本队伍，所以要加强。’他问要多少人，我们说要三千。他给办了。我们刚刚把三千湖南兵运回南京，又有一批从西藏遣散回来的队伍，约有一营人，我们也全部收下。这样一来，引起了其他一些军队的极大不满，纷纷向我攻击，说我擅自招兵，闹得很厉害。黄兴无法，只得下令把我撤差了。王孝缜是一个火性子人，为这件事在留守府的参谋部大闹一番。结果是我到杭州去玩了一个星期，回来当了第八师的代理参谋长，但仍兼第三十二团团长。”① 由此可见，黄兴为保存革命实力的良苦用心。据另一当事人陈雪涛回忆：待第八师成立后，“将来在武汉和石家庄各成立一师，以便将来一旦发动革命易于发展成犄角之势。内定黄恺元任武汉师师长，王孝缜为石家庄师师长，陈裕时任三军参谋长，黄兴任三军总司令。这一建议，系陈济博闻自伊父而亲口告我的”。既然如此，这一预定计划应当是真实可靠的。黄兴在履行留守职责大举裁撤南方军队的同时，并未放松对袁世凯的警惕，仍然暗中想保存革命实力，以防不测。

南京留守府原本是一个暂设机构，该机构之设立，就袁世凯而言，是想利用黄兴在南方军队中的威望和影响维持社会的安定和秩序，同时尽快裁撤南方军队，以达到排除异己、解除其对自己潜在的威慑力量。对于黄兴来说，“惟当时值南北交代，军队林立，人心未靖”，他“不敢以难于收拾之局，遗祸于人，故暂抑私愿，勉承其乏”，② 至于南方革命党人则想借助黄兴出任南京留守为革命势力保留一块阵地，用以保存革命势力，以与袁世凯的北洋势力相抗衡。黄兴在出任南京留守府的两个多月时间内，尽职尽责，已使南方社会秩序趋向稳定，南方军队已经“裁汰归并行将及半”，留守府的任务已基本完成。按照 4 月 13 日袁世凯公布的《南京留守条例》第七条之规定：“南京留守府，俟南方军队整

---

① 何遂：《辛亥革命亲历纪实》，《辛亥革命回忆录》第一集，第 490 页。

② 黄兴：《致袁世凯等电》（1912 年 5 月 13 日），《黄兴集》（一），第 348 页。

顿就绪，即行裁撤。”[①] 加之，“北方物议沸腾，或疑与政府对峙，或谓机关不一易兆分离”[②]。因此，为消除南北疑虑，也为国家行政统一，节约靡费，减少开支，黄兴乃决定辞除南京留守。他于5月13日致电袁世凯、唐绍仪等人，先简述“南方各军整理已略有端绪”，然后自请辞职，电称：“统一政府既经成立，断不可于南京一隅，长留此特立之机关，以破国家统一之制，致令南北人士互相猜疑，外患内忧因以乘隙而起，甚非兴爱国之本心也。况整理南方军队之办法已略有端绪，但循此而行，则云屯雾集之军队，不难渐次消散。裁此机关，事实上并无窒碍，而少一机关之靡费，于国家财政尤不无微补。故敢披沥陈请，伏望大总统鉴此愚衷，准予即行销职，俾全大局，而偿私愿。”[③] 几天之后，黄兴再次致电袁世凯、唐绍仪等人，坚辞留守职，电称：“前元电请即取消留守府，准予销职各节，谅蒙鉴察。待命至今，竟未奉到大总统批示，无任焦灼。窃以留守机关一日不取消，行致一日不能统一，即南北疑虑一日不能消除。况南方军队情形，已如前电所述，循此而行，万无窒碍之处。务恳大总统英断，迅赐取消留守府，立予解职，俾得早赋归田，以偿初志。”[④] 黄兴是个最讲求诚信的人，他向袁世凯“迭请取消留守机关，以保行政统一”，出于至诚。在黄兴看来，既然南京留守府只是一个暂设的临时机构，迟早都是要被袁世凯设法取消的，且自留守府成立以来，袁世凯不仅对裁撤军队采取少拨、缓拨、拒拨军费，而且对留守府的正常开支也不予支持，在留守府财政极度困难的窘迫情况下，即使再争取留任一段时间，也只能继续凭借其威望和影响力维系危局，不可能有什么大的作为。实际上，袁世凯内心也是处心积虑、迫不及待地希望早日取消留守府，他不仅在经济上卡脖子，而且在政治上

---

① 《临时公报》1912年4月14日。

② 黄兴：《布告各界文》（1912年6月14日），《黄兴集》（一），第446页。

③ 黄兴：《致袁世凯等电》（1912年5月13日），《黄兴集》（一），第349页。

④ 黄兴：《致袁世凯等电》（1912年5月14日—18日间），《黄兴集》（一），第361—362页。

制造谣言，恶意中伤黄兴及其主持的留守府，所谓“北方物议沸腾，或疑与政府对峙，或谓机关不一易兆分离”的始作俑者就是袁世凯。狡诈的袁世凯对黄兴迭辞留守的电告并不相信，为掩饰自己的图谋，探听虚实，他于5月23日特派陆军次长蒋作宾“驰往商办”。此处所谓“商办”即是了解黄兴的真实想法、南方军队的裁撤现状、南京等地的社会秩序以及撤销留守府的具体办法，等等。当袁氏从蒋作宾的回电中了解实情后便顺水推舟，于5月30日公开发布电令，批准黄兴辞职。电云：“南京留守黄兴，以整理军队业有端绪，迭请取消留守机关，以保行政统一。当因南方人心尚需坐镇，再三电令缓撤，并派陆军次长蒋作宾驰往商办。该留守去志甚坚，情词恳切，并称整理军队实已就绪，决不因裁此机关而生影响，言出至诚，未便拂其初意。所有南京留守机关，候程德全到宁接收后，准即取销。黄兴俟解职后，迅即来京，用资赞助。”[①] 黄兴接到袁世凯“准即取消留守府”的电令后，于6月3日致电袁氏，表示：有关移交事项“已经办齐”，“准于本月六日实行解职，请大总统电令程都督刻日来宁接收为盼”。[②] 并于同日两次致电程德全，其一电称：“敝府既奉大总统令准予取消，我公亦承认来宁接收，所有交代事已经办齐，兴准于本月六日停止办公，实行解职，即日离宁。务请先来，以便接洽。”[③] 或许是因为仓卒发电，有措辞欠妥之处，因为既然黄兴“即日离宁”，那么程德全也只能“即日莅宁”，才能办理移交手续。所以黄兴随即又发一电给程德全。其二电称：“奉大总统令，留守府机关准即取消，并令公到宁接收。现本府交代事宜均已办齐，请大驾即日莅宁，无任盼祷。”[④] 可是，程德全却一拖再拖，迟迟未见启程。黄兴只得再电袁世凯，电称：“留守府机关蒙允取消已多日矣，程都

---

① 附：《袁世凯准黄兴辞职令》（1912年5月30日），《黄兴集》（一），第362页。

② 黄兴：《致袁世凯电》（1912年6月3日），《黄兴集》（一），第400页。

③ 黄兴：《致程德全电》（1912年6月3日），《黄兴集》（一），第401页。

④ 黄兴：《致程德全电》（1912年6月3日），《黄兴集》（一），第401页。

督允来而不来，人情惶惑，久恐生变。恳请催令程都督速来接收，免致东南糜烂，无任切盼。”[1] 直至6月14日，才最终得以交卸留守职务，正式解职。卸职事毕，搭沪宁路车赴沪卜居，寓同孚路二十一号。

黄兴坚辞留守职务曾引起南方少数革命党人的不满，他们分别致电黄兴，劝勿引退。关于这一点，谭人凤在《石叟牌词》中的一段话颇具代表性。他说：“余时闻其有电辞职，驰赴南京尼之曰：‘阁员去职后，所恃以保障共和者，君一人而已，何忍放弃责任，博功成身退之虚名。军饷燃眉，可暂将八厘债票贱售维持，容缓当可设法。可由我以留守关系南方治乱，万不可撤各情电中央。’克强谓：‘府中不便发此种电报，请返沪发之。’随起行叮劝勉为其难，克强亦佯诺。抵沪电中央，袁复电以‘大局甫定，亟想借重，业已迭电慰留，并无裁撤之意，乞毋误会’各等语。余比因粤汉铁路事，亦须就商，乃北上谒袁，寒暄数语，袁即援前电谓予曰：‘克强当代伟人也，亟思借重，迭电慰留，先生疑中央欲裁撤，误矣。’予因诘之曰：‘大总统既诚意慰留，即应代为解困，现统兵数万，无饷分发，奈何！’袁乃蹙额皱眉应之曰：‘此事累黄留守为难，殊深抱歉，但现时库帑如洗，请转达暂时勉强支持，俟有来源，自当竭力补助。’奸雄口吻，圆转如簧，袁真狡矣哉！越二日，克强辞呈又至，袁乃召予谓之曰：‘克强又有辞呈至，奈何？’予曰：‘总统之意如何？’袁曰：‘克强辞意坚决，不便强以所难，止得成其高尚之志耳。’”[2] 从这段话可以看出，一方面说明袁世凯阴险狡诈，不露声色；另一方面也说明黄兴自有不得已而辞职的苦衷。后来，谭人凤在袁世凯宣布批准黄兴辞职令之后的第五天，即6月4日，曾经致袁世凯电，请其收回成命，“改委留守为江苏都督”。其中有云：“政府移赴北京将及两月，除乞怜借款、缔结亡国条约外，未闻别展一筹。犹复猜嫌疑忌，存

---

① 黄兴：《致袁世凯电》（1912年6月上旬），《黄兴集》（一），第439页。
② 谭人凤原撰，饶怀民笺注：《石叟牌词》，第135页。

中央集权之梦想，不俾地方分权，坐使各省军需困迫，累卵日危。近且许黄留守请愿取消，而以十余师两月未发饷之兵，畀之老病龙钟之程都督，敢信其能维持现状乎？东南摇动，北面随之，民国前途，何堪设想？乞收回成命，或改委留守为江苏都督，则危局当尚能支持。革命党断无拥兵自卫之心，如以谗慝之言存疑虑，窃恐贻误天下也。”[①] 谭人凤电请袁世凯“收回取消黄留守成命”、“或改委留守为江苏都督”的善良愿望是可以理解的，但这毕竟只是革命党人的一厢情愿，与袁氏商议所谓放弃“中央集权”“俾地方分权”，无异于与虎谋皮！为解除部分革命党人的误会，勉励广大将士，黄兴特于6月14日发布《解职通电》《布告各界文》以及《布告将士文》三通。他在前两通电文中，详细地说明其辞职的真实原因，并不是如当事人所猜测的那样为“放弃责任”，“博功成身退之虚名”，而是有其不得不辞职的理由：一则曰：消除北方猜忌。“因北方言论猜忌环生，不审内容，每多臆测，以为南方存此特别机关，势同树敌。”“将留守机关早日取消，可使南北猜疑尽泯，庶几行政统一，民国基础日趋巩固。”再则曰：可节省靡费。“北方来电，谓此次借款，外人亦注意南方军队”，“恐内讧叠起，外患丛生。”[②] “当此之时，苟可以节靡费者，自当力从节省。使留守机关一日成立，即多一日费用。且此次北方借债失败，竟以南方军队为词，尤所难堪。”[③] 现“饷项支绌，积欠数百万，罗掘既尽，应付俱穷”[④]。三则曰：宁垣军队整理已具端倪。“两月以来，实行整理裁遣之计画，除赣军投诚者首先押送回籍外，浙军则全数遣归，次遣桂军六大队，再次则粤军陆续开拔。其各军统各师长司令部深明大义自请取消者，尚络绎不绝。”[⑤] 四则曰：遵

---

① 谭人凤：《请收回取消黄留守成命电》（1912年6月4日），石芳勤编《谭人凤集》，第43—44页。

② 黄兴：《解职通电》（1912年6月14日），《黄兴集》（一），第444—445页。

③ 黄兴：《布告各界文》（1912年6月14日），《黄兴集》（一），第446页。

④ 黄兴：《解职通电》（1912年6月14日），《黄兴集》（一），第444页。

⑤ 黄兴：《布告各界文》（1912年6月14日），《黄兴集》（一），第445—446页。

例取消。“因念留守一职原为暂设机关，读大总统所颁条例，有曰‘南方军队整理就绪，即行裁撤’等语，是用遵例迭请取消。”[①] 基于上述理由，不得已而被迫辞职。“而诸父老子弟不以兴为不职，屡致函电款留，待兴诚厚。”[②] 自应万分感激。只是需要说明的是，此次屡请辞职，“本非畏难而卸责，亦非高蹈以洁名。自此退居田里，同为国民，倘有一得之愚，仍当竭诚贡献，借尽天职，以副初衷”[③]，以谢“诸父老子弟”。

与此同时，黄兴还对诸将士提出了三点希望：“曰爱国，曰保民、曰服从军纪。攘权夺利，逞威黩武，谓之国贼；恃众暴寡，倚强凌弱，谓之民蠹；违法蔑纪，倒行逆施，谓之乱军。有一于此，国亡无日。我赤心爱国之军人，当断不忍出此。兴虽去位，心不忘国。尚期互相劝励，永保治安，以竟全勋，而保荣誉，此则日夜祷祝于诸君子者也。”黄兴一生长期与诸将士驰骋在反清武装斗争的战场，与诸将士结下了深厚情谊。他说：“兴与诸君子同兹利害，何分去留？此后之关系，不在形式，而在精神；不在私情，而在公义。如兴有不忠于国、遗害于民者，愿诸君子以正义责之，兴俯首受罪以谢天下。诸君子之行动，兴苟见以为不合者，亦当勉效忠告，掬此热忱，庶几宏济艰难，共跻福利。谨效古人赠言之义，不胜临歧感别之情！”[④] 黄兴的爱国主义情怀和对诸将士的深厚感情溢于言表。

第五节　实践民生主义

民初，中国民族资本主义有了进一步发展，主要原因是辛亥

① 黄兴：《布告各界文》（1912年6月14日），《黄兴集》（一），第445—446页。
② 同上。
③ 黄兴：《解职通电》（1912年6月14日），《黄兴集》（一），第445页。
④ 黄兴：《布告将士文》（1912年6月14日），《黄兴集》（一），第448页。

革命后建立了南京临时政府，颁布了《中华民国临时约法》以及一系列保护民族资产阶级利益的政策法令，从而有力地推动了民族资本主义的进一步发展。要使有利于民族资本主义发展的法规文件内容落到实处，还需要革命党人大力宣传和发动。毫无疑问，在民初振兴实业的热潮中，作为同盟会的主要领袖，孙中山和黄兴仍然起到了带头和示范作用。1912 年 3 月 3 日，中国同盟会本部在南京召开会员大会，制订了新的章程，宣布以“巩固中华民国，实行民生主义”为宗旨，举孙中山为总理，黄兴、黎元洪为协理。并宣布新纲领九条，其中第三条规定：“采用国家社会政策。”第九条规定：“注重移民垦殖事业。”[①] 自此，同盟会由秘密转入公开活动。同年 4 月 1 日，孙中山在正式宣告辞去临时大总统职务之后仍然表示：“今日中华民国成立，兄弟解临时总统之职。解职不是不理事，解职以后，尚有比政治紧要的事有待着手。”那么，孙中山这里所提到的“比政治紧要的事”是什么呢？他接着明确指出：“八九年前，少数同志在日本发起同盟会，定三大主义：一、民族主义；二、民权主义；三、民生主义。今日满清退位，中华民国成立，民族、民权两主义俱达到，惟有民生主义尚未着手，今后吾人所当致力的即在此事。”[②] 此后，孙中山将主要精力用于铁路建设，并担任“筹划全国铁路全权”一职，计划筹款 60 亿元，“拟于十年之内，修筑全国铁路 20 万里”[③]。黄兴严格履行同盟会的纲领，积极配合和落实孙中山的民生政策，发展了孙中山的民生主义思想。从 1912 年 3 月同盟会本部会员大会后开始，至 1913 年 3 月“宋案”发生的一年间，黄兴围绕民生主义和有关实业建设发表过大量演说，发出过不少电稿和信札，还组织过一些实业团体，参加过一些实践活动，从中我们完全可以窥见

① 《中国同盟会总章》（1912 年 3 月 3 日），《孙中山全集》第二卷，第 160—161 页。

② 孙中山：《在南京同盟会员饯别会的演说》（1912 年 4 月 1 日），《孙中山全集》第二卷，第 319 页。

③ 孙中山：《在北京招待报界同人的演说和谈话》（1912 年 9 月 14 日），《孙中山全集》第二卷，第 457 页。

其实业建国思想的主要内容和特点。

在此期间，他将民生主义有时称为“民生政策”，有时称为“国家社会主义”，有时则称为“国家社会政策”，有时干脆称“社会主义”。他说：“夫共和政治求达于完全，其进行方法甚多，但吾人夙所主张者，则民生政策，即国家社会政策是也。鄙人在本党开会时曾畅言之。大凡政治革命告成，而后社会革命在所难免。采用此策，自可永享清平幸福。”[①] 又说：“本党党纲，其特别之点为民生主义，亦即国家社会主义。”[②] 黄兴认为，革命党人之所以从事革命活动，其最终目的还是为了消灭贫困、改善人民生活，即解决国计民生问题。他在谈及为什么要解决国计民生问题时，从两个方面进行分析：一是专制黑暗统治下民生的疾苦；二是资本主义制度所带来的弊端。他说：“从前专制时代，社会上受种种压制之苦，兄弟很为悲恻。大凡富贵贫贱不平之等级，皆由政治上所造的恶。今政治上既已革命，我们当将眼界看宽，化除私心，将富贵贫贱各阶级一律打破，使全国人人得享完全幸福。”[③] 另一方面，“欧美各国土地，多为富豪所据。上海、汉口亦有此象。以少数之权力，阻公益之利权”[④]。“美洲之资本家，其一人之财产可敌全国之富。”“然财产倘为少数人所垄断，则必如欧美之资本家，实足为社会上之恶。”[⑤] 这样就必然形成劳动者与资本家之间的冲突，社会将嚣然不靖。那么，怎样才能解决这种贫富不均的现象，使贫富冲突消弭于无形呢？那就是在进行政治革命的

---

① 黄兴：《在湖南政界欢迎会上的演讲》（1912年11月5日），《黄兴集》（二），第548页。

② 黄兴：《在国民党湘支部大会上的演讲》（1912年11月3日），《黄兴集》（二），第544页。

③ 黄兴：《在北京社会党欢迎会上的演讲》（1912年9月18日），《黄兴集》（二），第501页。

④ 黄兴：《在国民党湘支部大会上的演讲》（1912年11月3日），《黄兴集》（二），第544页。

⑤ 黄兴：《在北京社会党欢迎会上的演讲》（1912年9月18日），《黄兴集》（二），第501—502页。

同时，也必须紧接着进行社会革命。他说："苟实行民生主义，则熔政治、社会于一炉而革之矣。"[①] 又说："我国此次革命，非但种族上革命，非但政治上革命，其结果乃是社会上革命。"要将"社会革命包在政治革命之内，抱定国家社会主义，免去欧洲将来社会革命之事"[②]。黄兴认为，将政治革命与社会革命结合起来进行，"毕其功于一役"是解决劳动者与资本家冲突的有效办法。过去，有人主张革命只能循序渐进，只能分阶段进行，即先完成政治革命之后，等到中国经济发展到欧美那样工业化程度极高、垄断组织形成之后再进行社会革命。黄兴认为，这种观点是很不现实的，也是不符合中国国情的。中国的情况与欧美情况不大相同，"欧美各邦治国大政，每为大资本家所左右，如美国脱辣斯之专横，社会不平，孰大于是"[③]？而"我国工商两者幼稚已极，即合群力奖劝而提掖之，可决其后大总统三十年不至有托拉斯之发见"[④]。欧美各国在资本家"左右"治国大政的前提下进行社会革命，革大资本家的命是极为困难的，而中国尚未形成大资本家势力，提倡社会革命"又极为平和易行"，因此，中国进行社会革命比欧美要容易得多。实行民生主义，虽然"在他党人多未认为必要，或且视为危险，实则世界大势所趋，社会革命终不可免"[⑤]。现在欧美各国大资本家与劳动者冲突不断，革命风潮随之而起，"吾人谋

---

① 黄兴：《在国民党湘支部大会上的演讲》（1912 年 11 月 3 日），《黄兴集》（二），第 544 页。

② 黄兴：《在北京社会党欢迎会上的演讲》（1912 年 9 月 18 日），《黄兴集》（二），第 501 页。

③ 黄兴：《在湖南政界欢迎会上的演讲》（1912 年 11 月 5 日），《黄兴集》（二），第 548 页。

④ 黄兴：《与谭延闿等发起洞庭制革股份有限公司招股广告》（1912 年 11 月 12 日），《黄兴集》（二），第 566 页。

⑤ 黄兴：《在中国同盟会上海支部夏季常会上的演讲》（二件）（1912 年 6 月 30 日），《黄兴集》（二），第 455 页。

国，必为百年长久之计。我国近虽无此现象，要当预为之防”[①]。

黄兴将其民生主义解释为平均地权，而土地国有则是其核心内容。黄兴在其著述和讲演中均有阐述。他谆谆告诫革命党人民生主义是符合世界历史潮流的。他说：“以世界大势观之，社会革命岌岌不可终日，吾人此次革命，即根据社会革命而来。民生主义繁博广大，而要之则平均地权。反而言之，即是土地国有。”[②]黄兴对土地如何实现国有进行了具体阐释。他说：“盖一国之土地有限，人民则生生不穷。土地为生财之源，应供一般人民受用。”[③]因为“土地是不能增加的，而生齿日繁，土地私有制则难于供给。他人见吾党持社会主义，群相惊讶，不知吾人于建国之初，不先固根基则难以立国。故吾党员极宜注意此点”[④]。那么，当土地收归国有之后如何进行管理呢？他说：“以我国之地大物博，若能采取地价增差税，富强自可立至。”[⑤] 具体办法就是行一种抵价税（言不论土地之大小，但视其产之丰饶以定税额）。[⑥] 这样，土地都属国家所有，所有土地都定抵价税，抵价税归原拥有土地者所有，涨价归公，归国家所有，便可以实现国富民强。因此，“提倡土地国有，使多数国民皆无空乏之虑”[⑦]。黄兴认为，民国成立以后，土地不均的现象已经存在，土地集中有愈演愈烈的趋势，贫富不

---

① 黄兴：《在湖南政界欢迎会上的演讲》（1912年11月5日），《黄兴集》（二），第548页。

② 黄兴：《在中国同盟会上海支部夏季常会上的演讲》（二件）（1912年6月30日），《黄兴集》（二），第456页。

③ 黄兴：《在北京社会党欢迎会上的演讲》（1912年9月18日），《黄兴集》（二），第502页。

④ 黄兴：《在中国同盟会上海支部夏季常会上的演讲》（二件）（1912年6月30日），《黄兴集》（二），第457页。

⑤ 黄兴：《在湖南政界欢迎会上的演讲》（1912年11月5日），《黄兴集》（二），第548页。

⑥ 黄兴：《在国民党湘支部大会上的演讲》（1912年11月3日），《黄兴集》（二），第544页。

⑦ 黄兴：《在北京社会党欢迎会上的演讲》（1912年9月18日），《黄兴集》（二），第502页。

均的现象将会日益严重，其发展的结果必然会像欧美各国那样，“土地多为富豪所据”，因此，将来欧美各国必须再进行“社会革命”，才能解决贫富不均的现象。而民国成立不久，在民族、民权主义已经完成的情况下，再实行“民生主义”（即国家社会主义），便可达到避免再次革命的目的。实现“土地国有”政策，使原来占有土地较多者，其损失也较多，就不会像欧美各国那样，富者愈富，贫者愈贫。而这种方法又是在承认土地现有状况下采用和平方法实施，不致发生激烈的冲突，也不失为一种简单易行的“良方”。除实现“土地国有”外，黄兴还提倡“财产归公”。他说：“必须财产归公，不使少数人垄断。”[①] 那么，怎样实行财产归公，预防大资本家“垄断财产”呢？黄兴认为，只能通过国家政权的力量，除通过“平均地权”的方法，实现“土地国有”外，还可以通过开办“国营企业”的办法，对关系国民经济命脉和国计民生的行业诸如铁路、矿业、航运、电气、进出口货物等事务皆收归国有，不使私人独享其利。只有通过“土地国有”和“财产归公”等办法，才可以防止大资本家产生，杜绝西方资本主义国家的弊病，从而使中国尽快地走上“国家资本主义”或“社会主义”的道路。

需要指出，黄兴所说的“国家资本主义”或“社会主义”，并不是真正科学意义上的社会主义。因为按照马克思主义经济基础与上层建筑相适应的原理，资本主义制度、资本主义上层建筑不可能与社会主义经济基础相适应，而只能与资本主义经济基础相适应。如果不实行“土地改革”，不实行“耕者有其田”，彻底解决农民的土地问题，就很难消灭贫富悬殊的现象。黄兴所主张的“国家资本主义”或“社会主义”，只能是“主观社会主义”，只能是一种美好的愿望而已。过去，有的学者将黄兴所说的“国家资本主义”或“社会主义”与马克思主义的科学社会主义等同起

---

① 黄兴：《在北京社会党欢迎会上的演讲》（1912 年 9 月 18 日），《黄兴集》（二），第 502 页。

来是值得商榷的。但我们也不认同有的学者所说的，黄兴所提倡的“国家资本主义”是“反动分子的理论”的观点。民国初年，几千年的封建专制制度刚刚被推翻，当时，建立资本主义制度、发展资本主义经济是符合社会发展规律和世界潮流的，走历史必然之路，这就是结论。更何况黄兴提出的“国家资本主义”并不是一般地防止一切资本主义经济成分，而是要防止垄断资本家的产生以及贫富悬殊等一系列严重社会问题的出现，防止方法也主要是实行“土地国有”和“财产归公”，通过大力发展国家政权的力量控制大型企业来限制和预防私人垄断资本操纵国计民生，以改善整个“中等社会”以及广大下层劳动群众的生活，从这个意义上说无疑是有积极意义的。

更为难能可贵的是，黄兴在民初旗帜鲜明地提出：今政治上既已革命，当务之急就是要从事建设事业。他说：“吾党从前纯带一种破坏性质，以后当纯带一种建设性质。”[①] 建设之事，无虑万端，而要以“厚民生强国力为本”，并进而提出了振兴实业的主张。

黄兴极力强调振兴实业的重要性。他说：“今者共和成立，欲苏民困，厚国力，舍实业莫由。”[②] “盖实业扩充，则国富；国富，则国强；国既富强，则足以雄视东亚，堪为伟大之民国。”[③] 黄兴将振兴实业提高到民国是否能在世界工业革命潮流之中立足的高度来认识，他说：“兴思二十世纪世界共同解决者，实为发展国民生计问题，而本问题锁钥，则在国民之企业力与日俱高。苟此着不行，则小之不能应新文明之要求”，“而国民生计日即于枯燥”；“大之国民总体之企业力不强，则不能利用新器械，计画新组织，纷集大资本，因不能为大开大阖之生产运动，以最少之资本、最

① 黄兴：《在中国同盟会上海支部夏季常会上的演讲》（二件）（1912 年 6 月 30 日），《黄兴集》（二），第 457 页。

② 黄兴：《〈铁道杂志〉序》（1912 年 8 月），《黄兴集》（二），第 476 页。

③ 黄兴：《在醴陵各界欢迎会上的演说》（1912 年 11 月 17 日），《黄兴集》（二），第 582 页。

少之劳力而出产最大之额，在近世工业革命潮流之中立得住脚”。[1]因此，除政治方面的条件之外，“尤以实业为发展国力之母”[2]，“从实业入手为第一之方法”[3]。振兴实业应当是“今日最大事件”[4]。为使民众重视振兴实业，黄兴与龚超等人发起创办《民誓》杂志，该杂志“以发挥民生主义，唤起国人趋重实业之精神为宗旨”[5]。而要发展实业，“计划不可不审慎，而规模不可不宏远”。他对有关发展实业的具体主张和措施曾分轻重缓急、分门别类进行了论述。

一是以速修铁路为先导。振兴实业，首要的是修筑铁路。黄兴阐述了修筑铁路与振兴实业的关系以及优先发展铁路建设的重要性和必要性。他说：“不速建铁道，则实业决难发展。盖实业犹人身血液，铁道则其脉络，脉络滞塞，血液不贯注，自然之理也。”他在分析晚清经济落后的原因时尖锐指出，列强控制中国铁路修筑权就是其中的重要原因之一。他说：“吾国铁道，始于前清光绪二年之淞沪路，视欧美各国，已后六十余年。今全球敷设者长凡五十余万英里，几以铁道之修短，为国家之强弱。而我国尚寥寥可数，且为外人经营者十而八九。固由清廷昏庸无识，任外人侵我交通行政权，抑亦信用久隳，国民又生计艰难，故相率观望不前也。”因此，今后当“先以铁道为救亡之策，急起直追，以步先进诸国后尘，则实业庶几兴勃也乎”[6]！修建铁路不仅与振兴实业关系紧密，而且对于联合全国少数民族和统一多民族国家的形成具有十分重要的意义。他在一次讲演中说：“兄弟以为，蒙、

① 黄兴：《筹办旅沪湖南公学募捐启事》（1912年7月），《黄兴集》（二），第465页。

② 黄兴：《在旅沪湖南同乡会欢迎会上的答谢词》（1912年7月30日），《黄兴集》（二），第464页。

③ 黄兴：《与余焕东的谈话》（1912年11月13日），《黄兴集》（二），第571页。

④ 《长沙日报》1912年11月21日。

⑤ 黄兴：《与龚超等发起〈民誓〉杂志广告》（1912年11月16日稍前），《黄兴集》（二），第581页。

⑥ 黄兴：《〈铁道杂志〉序》（1912年8月），《黄兴集》（二），第476—477页。

藏独立之原因，实为道路阻隔之原因，文言不通之原因，不明共和真理之原因，非反对共和真理之原因。”“铁路为交通利器，蒙藏以道路不通，致滋疑惑。例如成都至拉萨旅行，至半年之久，并非十、八、九三个月不能通行。西北进行之障碍，交通上实一大原因。故铁道政策，实为今日必要之图也。”① 又说：“民国经济之发达，全恃铁道。现在政府所发表之铁道政策，即是中山先生之铁道政策。中山先生之铁道政策非自今日始，数年以前已有十分之研究。革命时期铁道政策即包含在内。本欲于革命之前，将铁道布置完备，不意武昌义起，百日之内，革命告成。倘非合全国同胞力量，焉能如此之速？兄弟今日对于铁道之成功与革命同一希望。现在人民智识未开，不能不设一机关，机关者何？如铁道协会是已。”② 1912 年 7 月 17 日，中华民国铁道协会召开成立大会，选举孙中山、黄兴为正、副会长。7 月 22 日，假上海味莼园举行正、副会长就职典礼，黄兴欣然参加，并切实履行副会长之职。该会以“指陈铁道利弊，监督铁道行政，力图铁道发达，统一铁道政策”为宗旨，促使铁路建设规划次第实行。1913 年元月 1 日，又在汉口就任汉粤川铁路督办，“想早建成南北交通干线，促进南方的建设事业”③。黄兴对于加强铁路建设倾注了大量心血。

二是大力开发矿业资源。要修铁路必须发展矿业，二者有着十分紧密的联系。因为修筑铁路需要大量钢铁，而煤炭又是火车动力的重要燃料。因此，黄兴非常重视采矿业。他在论述修筑铁路与开发矿业的关系时说：“铁道修成，必有以供养铁道者，而后

① 黄兴：《在北京西北协进会欢迎会上的演讲》（1912 年 9 月 18 日），《黄兴集》（二），第 502—503 页。

② 黄兴：《在北京铁道协会欢迎会上的演讲》（1912 年 9 月 22 日），《黄兴集》（二），第 510—511 页。

③ 尚明轩：《论黄兴的实业建国思想》，《黄兴研究论文集》编辑委员会编《黄兴研究论文集》，武汉出版社，1995 年，第 133 页。

铁道乃能充实。故兄弟专注重于矿业。善矿产者，铁道之滋养料也。"[①] 民初，黄兴将主要精力用于开发矿业，他到全国各处进行调查研究，特别是到湖南、江西等地进行实地考察。他曾到安源煤矿作过演讲，他说："民生政策，无非使人得享自由幸福。但民生政策所包甚广，果以何者为前提，自必先从实业着手，实业又当从工业着手，工业当从矿务着手，矿务当从煤、铁二者着手。因二十世纪将成为煤铁世界，以煤铁之多寡代表其国力之强弱。"他列举美国为例，说明办矿可以致富的道理。他说："再就世界言之，今日最富者，惟美国。美国之富，由于国民之发展。虽国债数倍于我，而实为世界最富国。当二百年前，等于安源十五年前。因能先办铁路，次办矿业，故国势骤富。我国有如此人民，如此土地，如此资本，矿苗相当于安源者当有十数处。甚望同胞竭全力办全国之矿，方能发达也。"[②] 他还亲自拟订了《开矿计划》，共五条："一、由政府派名誉素著之人赴外洋各埠募集华侨资本，许以特别权利。二、提倡国民组织各种实业银行，惟一切性质悉照政府所订定者。三、派员赴各省调查矿产之确数，已开、未开及为外人所侵占者，详细办理。四、在北京、南京、武昌各要地各设立一开矿研究所，招集曾在矿业学校肄业及研究有素者，共同研究开矿之方法，并聘请一外人为矿务顾问。五、需款甚巨，拟先开办需用之煤矿。"[③]

三是重视发展农业。黄兴强调优先发展路、矿的前提下也十分重视发展农业，主张农工商并举。黄兴以经济发达的德国、美国、英国、日本为例，说明发展农业、农工商并举而立国的重要性。他说："德国境土与我国仿佛相同，其农业□盛已数百年，工业一项则各国制造均以之为依归，各国工学均以之为宗主。故其

---

① 黄兴：《在北京铁道协会欢迎会上的演讲》（1912 年 9 月 22 日），《黄兴集》（二），第 511 页。

② 黄兴：《在安源煤矿公司及各团体欢迎会上的演说》（1912 年 11 月 20 日），《黄兴集》（二），第 586—587 页。

③ 黄兴：《开矿计划》（1912 年 10 月初），《黄兴集》（二），第 517 页。

在欧洲不须求助他国，可与列强相抗。惟其农工业之强，故陆军能握全胜，即海军亦有一日千里之势，堪与英国平等。盖军事上之发达，全以农工为根本也。”

“美为后起之国，提倡农业最力，工业亦盛，数十年来进步甚大，故其国民经济在欧洲各国之上，地球上最富者莫若美也。至其农工业之所以甚者，则以一切皆采用最新之法。荒僻之未开者，皆一一开垦，故为利甚溥。”

“英之本部仅为三岛，其农业既为地所限，乃遂并力工商，故其发达无与伦比。”“就中国观之，无处不有英人，即其一证。”

“日本维新不过数十年，农业颇发达，工商亦有平等之进步，其货物输出于中、美者较多，在中国几无处不有。”试就民国初年大势观之，中国农工商业几悉被人夺其利，特别是农业完全处于落后的状态。黄兴分析说：“先言农业，向来米可出口，近年安南有法人经营，暹罗、缅甸有英人经营，而我国米失其利。茶为出口大宗，自英人经营印度，注力茶业，日本亦极力改良，而我国茶失其利。丝棉以中国产为最，现亦为英、日夺其利。中国本以农立国，有最大之出口货，今则一切失败。此由只知守旧，不知用新法之弊也。”至于工业和商业的情况，也和农业的落后状况差不多，几无工商之可言也。“但以中国国土之大，人民之众，农为旧日所固有，工亦不患人力之缺乏。徒有材料，任其弃置。以偌大的土地，偌多的人民及原品，何患不发达起来？民国政治上已经革命，将来农业、商业亦必大大的革命方好。夫农业在能尽地力，盖地力可以无限。如有田一方，平时能收获二三石者，采用新法，加以肥料，未始不能收五六石。如患水者，可改良种植，使水不成灾，或用引水机汲水。种种新法，其利无穷。”农业发展自然也有利于工商业的发展，“农以生之，工以成之，商能通之。农工发达，则商业亦自然发达矣”①。因此，他提倡农工商并举，

① 黄兴：《在湖南农工商界欢迎会上的演说》（1912年11月10日），《黄兴集》（二），第559—561页。

三者兼顾，但以农业为本。他说："中国前途，全赖工商业之发达，而工商必以农林为前矛。"① 这样，黄兴对农工商三者关系中发展农业的优先地位作了明确的规定。

四是发展农业还要注重拓垦荒地，移民实边。黄兴认为，中国幅员辽阔，荒地广博，要发展农业，必须拓殖垦荒，这样便可以缓解地少人多的矛盾，维持国本，巩固边疆，开辟利源，以达到富国强兵的目的。1912 年 3 月 18 日，黄兴与陈锦涛等 44 人发起创办拓殖协会（后改为垦殖协会），并亲自拟订《创办拓殖协会宣言书》及章程，并呈临时大总统孙中山，指拨经费，以植国家富强之基。拓殖协会以"拓地、垦荒、殖户、兴业为宗旨。"② 中国幅员辽阔，未开垦之地甚多，开发潜力很大。黄兴说："中国国家自有历史以来，天然为地球上一最大农国。兄弟进大沽口，亲见各处荒地甚多，如能讲求农业，必能发达一地方之地力。此不过一最小比例，其余如二十二省，蒙古、西藏可垦殖之地最多。"③ 黄兴反复论述拓展垦殖事业的重要性。他说："吾抚有满、蒙、回、藏数万里之地，其间若者可以农，若者可以渔，若者可以采矿苗，若者可以兴林业，披舆图，考山径，察地质，利莫大焉。徒以哈玛尔岭、塔里木河及大戈壁等处为沙漠之区，不可以耕种，遂尽置天地所生、生川所藏国家之利源而不顾，视边宇同瓯脱，一任荒废不治，致令他族生心，日则窥伺乎满洲，俄则垂涎于蒙疆，英则觊觎乎藏地，觑瑕蹈隙，蠢蠢欲动。苟及今不治，有稍纵即逝之虞。又况今日者，东南黎庶无地可耕，招募兵丁无术退伍，脱巾哗变，在在堪忧。苟移兵民以实边，从事拓殖，化荒芜为沃壤，民困可苏；变村落为通都，边封可固。以言害则若彼，

① 黄兴：《在天津十八团体欢迎会上的演说》（1912 年 9 月 10 日），《黄兴集》（二），第 480 页。

② 黄兴：《拓殖协会章程》（1912 年 3 月），《黄兴集》（一），第 277 页。

③ 黄兴：《在天津国民党支部和垦殖协会支部欢迎会上的演讲》（1912 年 9 月 10 日），《黄兴集》（二），第 481 页。

以言利则若此，拓殖政策顾可斯须缓耶?”[①] 又说：“我国领有东西北满蒙回藏数万里扼要之地，慢藏诲盗，以资外人。为国防计，何以固吾圉？为外交计，何以殖吾力？为经济计，何以阜吾财？为财政计，何以足吾用？藩篱既撤，堂奥岂能晏然?”“现在共和成立，百废俱举，而拓殖一端，尤为当务之急。”[②] 黄兴认为，只有发展垦殖事业，开发西北，就可以“泯尔我之诈虞，辟天然之利源，舒民间之财力，疏东南之生齿，固西北之边防，杜绝列强抵隙蹈瑕之机，实行吾侪移民殖边之策”[③]。只有这样，才能达到“利人民即所以利邦国，利西北即所以利东南”，造成一种“地无弃利，国无游民，于以富邦家，于以固防圉”的富强、繁荣、和平、安定的局面。[④] 黄兴将发展拓殖事业、移民实边与抵御外侮、改善民生紧密结合起来，反映了他具有长远的战略眼光和敏锐的洞察分析能力。

此外，航运业也必须加以改革，清季航运业为列强所控制，水上运输亦为外人所垄断。黄兴以湖南为例，说明民国成立后改革航运业的极端重要性。他说：“我湘交通不便，码头极少，致轮利为他人所夺。如日清、太古两公司，沿江均置有码头，货物流通便利，人争趋之，而我湘运送货物，至汉即止，沿途又极迟滞，此所以不能与人争利也。此后应与招商局联合，所有货物，请其从速运出。又，湘水冬恒浅涸，然其浅涸者惟十余处，募资疏浚，不过十二万元。如能实行，则汽船之利益必大也。”[⑤] 同样，全国

① 黄兴：《与陈锦涛等创办拓殖协会宣言书及章程》（1912 年 3 月），《黄兴集》（一），第 276 页。

② 黄兴：《为发起拓殖协会呈大总统请指拨经费文》（1912 年 3 月），《黄兴集》（一），第 280 页。

③ 黄兴：《与程德全等发起拓殖学校招生广告》（1912 年 3 月 18 日—4 月 4 日间），《黄兴集》（一），第 286 页。

④ 黄兴：《与陈锦涛等创办拓殖协会宣言书及章程》（1912 年 3 月），《黄兴集》（一），第 276 页。

⑤ 黄兴：《在湖南十团体联合欢迎会上的演说》（1912 年 11 月 11 日），《黄兴集》（二），第 564 页。

河流纵横，星罗棋布，收回列强在华航运权，疏通河道，设专门的航运公司进行管理，加速货物转运，改革航道，势在必行。

黄兴将发展航运业与洞庭湖治理、加强农林开发结合起来。他说：湖南本是产粮大省，“近因洞庭淤塞，水患频闻，为积极之说者，谓宜多发帑藏，广募夫役以疏浚之。不知现在财政因难，力万不逮，不若于受水害最甚之处，易稻以麦，新生之淤，不准再耕。且择水道淤塞太甚者，少为疏浚，以通水路，便舟行，或易为力”。“至于林业”，“今宜于沿湘两岸，择选土宜，广为种植，俾山林日有起色，而水患可少减矣”。[①] 黄兴主张，在国家财力有限的条件下，可以选择“水道淤塞太甚”的地方加以“疏浚”，以利航运。易受水灾之土地，可以改种冬小麦，因为冬天不易发生水灾，洞庭湖周边水位下降，河道干涸，可以收获一季小麦，易稻种麦较为稳妥。有的新生淤地可以退耕还田，至于湘江两岸可以植树造林，以改善生态环境，防止水土流失。

黄兴还独具慧眼地看到农工商并举必然会带来商业的发展，城市人口的增加，因而加强市政建设显得越来越重要。他对阳夏之战期间，清兵残忍地焚烧汉口街市感到无比痛心。他说：“汉口民房，因往岁战事，延烧殆尽，殊为悲痛。”但也正好乘此战后治理的机会，“重新展宽街市，沿江流方向，取垂直的线路，庶凡百行业不至有偏重之弊，且不数年川汉粤铁路交通，则人口商业当较前增加数百倍”。因此，汉口城市建设不可“似前因陋就简”，应当有宏伟的建设规划，“冀图来日之远大”。从而使汉口将来成为一个“大市场”和“商业中心点”，将武昌、汉口、汉阳的街道修整好，马路修筑好，“武汉间可造一大铁桥，以便交通”[②]。至于长沙的城市建设，他考虑得更为周详，他多次提出，随着长沙城

① 黄兴：《在湖南政界欢迎会上的演讲》（1912 年 11 月 5 日），《黄兴集》（二），第 550 页。

② 黄兴：《在旅湘湖北同乡会欢迎会上的演说》（1912 年 11 月 7 日），《黄兴集》（二），第 555 页。

区的扩大，长沙市内和附近城区不可随意安葬尸骨，已有的坟墓要迁开，街道要拓宽，马路要修好；而且，在溁湾镇附近的湘江水面要修筑大铁桥，将橘子洲、溁湾镇、岳麓山联结在一起，形成一个贯通东西的大市场。黄兴在“长沙城会”等湖南十团体联合欢迎会上说：“城会，有改市镇之责。此次革命，湖南之人心习惯多已革去，惟市政则仍然故物。将来云、贵、两广铁道告成，长沙实为中心点，物产、人口必集合起来。然城中现已人满，若不亟谋改良，其何以善其后？”“为今之计，须先将北城市场大加扩充”，“将城中各重要机关及富户、大商店移居其间，则居民亦必多数随往，而城中可望改良”。又“小吴、浏阳两门外之义冢，当悉行迁去，建筑房屋；而水陆洲、岳麓山、溁湾市一带，建一铁桥往来，则居民散布，得受空旷之气”[①]。在湖南政界欢迎会上，黄兴再次提及长沙城建问题，以期引起湖南政界的重视。他说，他日铁路告成，长沙将“握各省交通枢纽，商务繁兴，可操左券。惟拆毁城垣，改良街道，辟北门为新埠，不容缓耳。又商业与工业相表里，宜于南门外迁去义冢，建造工场。而修天桥联水陆洲、岳麓山为市场”[②]，则是势所必然之事。今天，当我们坐着高铁驰骋在京广线上的时候，坐着汽车途经武汉长江大桥或长沙橘子洲大桥的时候，茶余饭后在黄兴步行街或在湘江两岸风景区宽阔的人行道漫步的时候，遥想一百多年前黄兴谆谆嘱托的振兴实业要以速修铁道为先导，矿业是“铁道之滋养料”，要大力开发矿业资源，要以“农林为前矛”“农工商并举”，要加强城市规划与建设，要开发和疏浚洞庭湖，要在湘江两岸植树造林，等等，作为一个出生在洞庭湖畔，成长在“有色金属之乡”，居住在长沙岳麓山脚下，于湘江之滨土生土长的湖南人，能不感佩黄兴振兴实业观点

---

① 黄兴：《在湖南十团体联合欢迎会上的演说》（1912年11月11日），《黄兴集》（二），第564—565页。

② 黄兴：《在湖南政界欢迎会上的演讲》（1912年11月5日），《黄兴集》（二），第549—550页。

所具有的长远战略眼光和前瞻性吗？

振兴实业需要大量资金，那么，资金从何而来呢？黄兴建议："商务总会须将各资本家合并拢来，经营实业。盖资本分散，不能大举，进步上恒呈阻碍。外人挟其雄厚之资，合力经营，独登垄断，以攘我利。我们即须自己团结，组织公司，以图抵制。"[①] 也就是说，国内各资本投资者应集股经营，将小额有限的资金集中起来，投资各种实业。中央和地方包括民间都要积极组织银行，吸收民间资本。他经过再三考虑，提出："惟有赶办中央银行，利用推行币制机会，吸收现资，扩充保证准备范围，财政借可整理，实业立可振兴。不过三年，必足与列国之财政经济取同一之趋势。方法至顺至稳，效果至大至速。"[②] 同样，地方也可以由国民组织各种实业银行，吸收民间各种闲散资本，如果资金不够，也可以吸收外资。不过，黄兴主张吸收外资、扩充振兴实业的资金有两点值得注意：一是借债不能出卖国家主权；二是借债要投资生产事业。他还特别注重从华侨中吸纳资本。他说："现在华侨富人最多，欲投资以经营实业者，不知凡几。以前风气闭塞，偶有开发，即生阻力。现在共和告成，人知振作，此一极好机会。"[③] 他针对袁世凯不顾外国银行团提出损害中国利益的条件，一味出卖国家主权、乞求借款，曾向袁世凯建议倡办国民捐，用以解决财政困难，但袁以各种理由加以拒绝。黄兴只好亲自出面，组织成立国民捐总会，推举孙中山为总理，自任协理。黄兴的倡议得到了国民的理解和支持，也大大激发了人们的爱国情怀，他眼见举国上下积极认捐以济时艰的场景时满怀信心地断言："睡狮一吼，万马

---

① 黄兴：《在湖南商务总会欢迎会上的演说》（1912 年 11 月 13 日），《黄兴集》（二），第 574—575 页。

② 黄兴：《与谭延闿致袁世凯黎元洪等电》（1912 年 12 月 8 日），《黄兴集》（二），第 595 页。

③ 黄兴：《在北京湖南同乡会欢迎会上的演讲》（1912 年 9 月 16 日），《黄兴集》（二），第 498 页。

齐奔，转弱为强，旦夕可致。”[①]

振兴实业除了资金有保证之外，技术问题也是一个十分重要的方面，这就需要学习，要向国内有技术的专家学习，向内行学习，向有经验的人学习。黄兴指出：“学以专而精，以久而成。”这就是说，只要选定一个研究方向，长期坚持下去就能学好一门专业技术。除此而外，还要学习外国的先进科学技术，要结合中国的实际，使外国的先进科学技术落地生根，而且有所发展和创新，要“翻新出奇”。黄兴指出：“鄙人频年奔走，学殖荒落。窃以为西国实业日异月新，既以东亚为市场，即不能禁民之不购货。惟有事事仿造，翻新出奇，非惟可塞漏卮，实可畅销国货。至其习俗，则学其醇而避其醨。必一一求其形似焉，则误矣。”[②] 黄兴在这里实际上是讲到了两个层面的问题，一个层面是振兴实业不能闭关自守，消极抵制，只有虚心学习外国先进的自然科学技术，翻新出奇，才能提高国货的竞争力，防止利润外溢。另一个层面是学习西方不能照抄照搬，甚至“全盘西化”，对于西方文化中一些低俗淫秽的东西，则不能引进。正如对中国传统文化要“取其精华，去其糟粕”一样，对西方文化也要“学其醇而避其醨”。只有这样才是对待西方文化的正确态度。

民国初年，一场振兴实业的热潮蓬勃兴起，各个方面的人才奇缺，怎样解决这个问题以适应形势发展的需要呢？黄兴提出教育兴国的主张，他从总结历史的经验教训入手，强调教育兴国的极端重要性。他说：“当前清时，倡学者，北方则今袁大总统，南方则张之洞。然北方逼近专制之下，难以发展。南方较为活泼，而起义时南方人为最多，此皆教育之功也。故兄弟谓造成民国者为教育，建设民国者亦为教育。不受教育，于个人尚难立足，况

① 黄兴：《致袁世凯及国务院等电》（1912 年 5 月 6 日—10 日间），《黄兴集》（一），第 343 页。

② 黄兴：《复上海昌明礼教社书》（1912 年 5 月 22 日稍后），《黄兴集》（一），第 374 页。

一国乎！廿世纪之文明，为物质的，非有完全科学不能占世界优异之地位。”“我国此次共和成立，亦应归功于教育。”“以后民国建设，视教育之发达与否为转移。”① 黄兴认为，只有教育兴盛，才能民智大开，才能在国与国的竞争中勇立潮头，不被淘汰。他说：“国家之富强在于民智，民智之增进在于教育。今日国与国争，有教育则为文明国，无教育则为野蛮国，野蛮必被征服于文明，固世界竞争公例也。是故立国之基本，以振兴教育为急务。教育普及，而后人民智识日进，文明之程度日高，始能立足于国竞之漩涡中。今袁世凯极端专制，反视国民教育为仇物，所有全国小学堂停废，外国留学生学费裁撤，以致中国变为无教育之国，外人目为野蛮，恐自此民智日塞，国脉断绝，将有亡国灭种之痛，沉沦万劫而不复。”② 黄兴从关系国家民族生死存亡的高度来认识教育的重要性，视教育为立国之本、强国之根是很有战略眼光的识见。

为解决好民初振兴实业对人才的需要，他特别重视实业教育。黄兴提出：“欲言建设，当得人才；欲得人才，当兴教育。故本党能从教育一方面着手是绝好方法。”③ 他在江汉大学给师生讲演中提到：“此后建设需材孔急，则教育至为急务，诸君求学务以远大自相期许，潜心力学，切戒浮动，庶几蔚为新共和国建设人材。先民艰苦缔造之美满河山，可期久远，可谋光大。”④ 又说：“至于使农工商以发达之道，厥在于学。农有农学，工有工学，商有商学。苟能注意，富强可立俟也。”⑤ 黄兴提出：“教育方针不宜泛

① 黄兴：《在湖南学界欢迎会上的演说》（1912 年 11 月 8 日），《黄兴集》（二），第 556—557 页。

② 黄兴：《在屋仑华侨欢迎会上的演讲》（1914 年 7 月 26 日），《黄兴集》（二），第 729 页。

③ 黄兴：《在中国同盟会上海支部夏季常会上的演讲》（1912 年 6 月 30 日），《黄兴集》（二），第 457 页。

④ 黄兴：《在江汉大学的演讲》（1912 年 10 月 26 日），《黄兴集》（二），第 532 页。

⑤ 黄兴：《在湖南农工商界欢迎会上的演说》（1912 年 11 月 10 日），《黄兴集》（二），第 561 页。

骜”，“苟采实利主义，悉可贯通”。也就是说，黄兴提出了“振兴实业”“实利主义”的教育方针，即强调根据社会需要发展教育，使教育与实践相结合，学以致用，学生毕业后有一技之长，既可以谋生，亦可以成为社会有用之材。要贯彻这一教育方针，黄兴认为，至少要解决三个问题。

首先，要求政府重视实业教育，增加教育拨款，办好各类学校，特别是职业学校。黄兴认为，农工商并举是指农生、工成、商通，三者关系紧密，不可分割，且各有学问，“农有农学，工有工学，商有商学”。因此，要办好农业学校、工业技术学校、商业学校、师范学校、拓殖学校、军事学校、体育学校及各种实业培训学校，等等。鉴于官办学校数量有限，他还主张创办、发展私立学校，并亲自创办培养边疆人才的拓殖学校和旅沪湖南公学。

其次，是要抓紧编写教材。黄兴提出：“课本提倡民间自由编辑，不限制用国定本。此其为益有三：（一）通儒硕学，均呈著述，搜集宏富。（二）政府专司审订，不必开局编纂，可省巨费。（三）得相地取材，学生增乡土之观念，易动感情。”① 只有这样既可以排除前清“官府愚民”所出版的教材，也可以调动地方“通儒硕学”的积极性，还可以编写出内容专一、系统实用的简明教材，真可谓一举三得。

再次，是将实业教育与社会各类教育结合起来，从而扩大实业教育的范围，丰富实业教育的内容，奠定实业教育的基础。诸如国民道德教育、幼儿教育、中小学教育、女子教育、留学教育、军事教育、民族同化教育，等等。

黄兴认为，抓实业教育不能只是单纯地去抓学好某一种技能，而应该首先抓好国民道德教育，只有老老实实做人，才能踏踏实实做事。黄兴将“孝悌忠信、礼义廉耻”这一祖宗传下来的“立国之本”之旨要求袁世凯和各省都督“通令全国各学校教师”效法，自然包括了从事实业教育的教师，如此一来，就将国民道德

① 黄兴：《致蔡元培范源濂电》（1912年6月10日），《黄兴集》（一），第436页。

教育与实业教育结合起来了。

黄兴认为，要抓好实业教育，还必须打好基础，要重视幼儿教育和中小学教育。他说："夫欲谋国家之发展，莫（不）先于教育，自宜竭全力运筹，而以国家资财充其经费。查儿童自数岁入幼稚园即离家庭，而教养于保姆。一方面使子侄繁多者不感教育费之痛苦，可经营他事，一方面养成人民独立合群之性质，法至善也。"[①] 在黄兴看来，国家通过振兴实业积累了资金，加大投入教育经费，特别是加大投入幼儿教育经费，至少有三大好处：一是可以使幼儿从小受到良好的教育，增长知识，为读小学、中学打下基础；二是可以自幼养成合群的习惯；三是可以减轻多子女家庭的负担。同样，如果加大小学、中学教育经费投入，也有利于人才的培养和国家的富强。他说："夫发达国民之企业力，其途亦多，而有良好之中小学以植其基，则为天经地义之不容或易。"[②] 又说，"以后民国建设，视教育之发达与否为转移。德之胜法，归功于小学校"之教育。[③] 日本自明治维新以后迅速走上富国强兵的道路亦与重视和发展教育有极大关系。他说："如日本强迫教育之改四年为六年，其明征也。"[④] 抓紧幼儿教育和中小学教育为实业教育奠定了基础，而通过实业教育培养了人才，又大大地推动了实业振兴和生产力的发展，生产力的发展使国家积累了财富又可以将更多的资金投入到教育事业中去，这就形成了一个良性循环，便可以有力地推动社会向前发展。

黄兴非常重视女子教育，提出："可以实业教育定全国女子教育方针。"黄兴认为："中国人数四百兆，女界占二百兆，要先达

---

① 黄兴：《在湖南政界欢迎会上的演讲》（1912年11月5日），《黄兴集》（二），第549页。

② 黄兴：《筹办旅沪湖南公学募捐启事》（1912年7月），《黄兴集》（二），第465页。

③ 黄兴：《在湖南学界欢迎会上的演说》（1912年11月8日），《黄兴集》（二），第556页。

④ 黄兴：《在湖南政界欢迎会上的演讲》（1912年11月5日），《黄兴集》（二），第549页。

到教育平等目的，然后可达政治平等目的。”[①] 他在一次湖南女界欢迎会上的讲话中指出：“欧美学制皆注重实业教育，无论男女，均能独立自营。美国女子职业，如图书馆之事务员、小学校之教师、新闻记者、看护妇、活字记者、写真师、簿记者、裁缝师等类，不可胜数。我湖南地方物产丰富，湖南女子教育宜注重于实业教育（如手工等类），此不独湖南然也，推之中国亦莫不然。兄弟之意以为，可以实业教育定全国女子教育方针。女子有了学问，就可以参政。”[②] 因此，将实业教育与女子教育结合起来，不仅可以解决女子的生计问题，使其获得经济上的独立，不依附男子，而且，女子还可以获取在政治上与男子的平等地位，享有参政议政权。

黄兴十分赞赏近代欧美和日本的教育体制和教学内容，他主张派遣留学生出国深造，学习外国先进的科学技术，造就高素质建设人才，把实业教育与发展留学教育结合起来。他说：“民国初建，人材缺乏，急宜选择宏毅之士，资送东西各国留学，储为国用。”[③] 他提出奖励对革命有功的青年，分送各国深造。他在致湖南都督谭延闿的信中指出：“诚以革命以来，我青年学子皆联袂弃学，牺牲一己，以图民国之成立。其热心毅力，殊堪钦佩。今民国已成，其建功立业者国家皆有稽勋之典，独我不求权利、不求荣誉之志士，犹令其废时失学，甚非奖掖后进、论功赏酬之道。”[④] 不仅如此，他还主张加强青年的外语训练，资助自费生出国留学。

振兴实业，增强国力，可以使国家屹立于世界竞争之旋涡中；然而，在黄兴看来，“国际竞争最后解决于武力”，因此，要将实

① 黄兴：《在北京女界欢迎会上的演讲》（1912 年 9 月 15 日），《黄兴集》（二），第 495 页。

② 黄兴：《在北京湖南女界欢迎会上的演讲》（1912 年 9 月 18 日），《黄兴集》（二），第 501 页。

③ 黄兴：《致谭延闿书》（二件）（1912 年 9 月中旬），《黄兴集》（二），第 505 页。

④ 黄兴：《致谭延闿书》（二件）（1912 年 9 月中旬），《黄兴集》（二），第 505—506 页。

业教育与军事教育结合起来。实业教育的学制可以适当延长，这样便可以抽出一段时间进行军事训练。即使是中小学亦可照此办理，“增长年限亦其要点”。黄兴说：“自小学以上，于普通教科中加入军事教育，则国中多一就学之儿童，即多一曾受军事教育之国民。一旦有事，征集令朝下，夕可得国民军在千万以上。”① “中学而上，令学兵学二年，俾军事教育普及全国，则不待养兵而全国皆兵矣。”反过来，退伍军人也可以普及实业教育，令他们学习实业。他说：“至工业不发达之故，多由湘人性喜从军，不屑为此。退伍以后回里者，多谋生无术，甚为可虑。宜设立大工场，强游民入场学习技艺三年，而后即可自营生业，而工业发达矣。”②

与巩固国防相联系，黄兴特别重视实业教育要与民族融合、民族同化教育相结合。由于我国幅员辽阔，边界线长，又是一个多民族国家，五族杂处，特别是边疆地区，既是少数民族聚居地区，也是相对落后地区、土地荒芜，亟待垦殖，同时，也是反对外国侵略的前沿阵地。黄兴认为，要加强边疆地区的建设，首要的问题是解决边疆地区少数民族的生计问题，那就要振兴实业，开垦荒地，种植各类粮食作物，不要等待大自然恩赐，而要向大自然要效益，这是黄兴等人组织成立拓殖协会的原因。同时，边疆地区地广人稀，少数民族较多，汉人较少，所以黄兴等人成立拓殖协会的另一个目的就是将东南地区的汉人迁移到西北等地去，移民实边。但考虑到汉族人民与少数民族人民相处实有诸多不便，容易引起冲突，所以黄兴等人在成立拓殖协会之前，即与刘揆一等人发起组织中华民国民族大同会，其目的就是要加强民族融合与民族同化。该会在阐述其成立原因时指出：“顾五族语文互异，忱悃或有难孚；居处殊方，接洽未免多阻。”更何况“强邻逼处，

---

① 黄兴：《在广东省驻沪国会议员茶话会上的演讲》（1916 年 7 月 15 日），《黄兴集》（二），第 847 页。

② 黄兴：《在湖南政界欢迎会上的演讲》（1912 年 11 月 5 日），《黄兴集》（二），第 549 页。

虎视眈眈，唇齿互有相依之势，肥瘠敢存秦越之心”。该会实施的方略是：“藉岁时之团聚，谋意识之感通。智德以交换而愈完，志气以鼓舞而益奋。相契相提，手足庶无偏枯之患；同袍同泽，痛痒更有相关之情。其始以言论造事实，其究以通力赴成功。共荷民国之仔肩，众擎易举；永奠共和于盘石，转弱为强。”以期“爱国英贤，识时巨子，共矢宏愿，大扩初基，俾我四亿同胞，携手而偕登乐利，与彼五洲强国，联袂而永享和平”[①]。该会简章规定：“以联合汉、满、蒙、回、藏五大民族共同进化为目的。”[②] 该会本部设教育、实业、调查、编译四部。“拟从调查入手，以教育促进步之齐一，以实业浚文化之源泉，更以日报为缔合之媒介，以杂志为常识之灌输。”[③] 该会简章第十七条规定：“拟于京都组织特别师范学校，招蒙、回、藏人之通汉语或略通汉文，及汉、满人之略通蒙、回、藏语文者，分别教授，以养成蒙、回、藏小学教员。”以便统一语言文字，加强沟通。第十八条规定：“拟于西北各处组织工矿、畜牧、皮革、毛织物各项公司，以发展五族同胞之生计。”第十九条至二十一条规定：“对于各族有进步迟滞、生活智虑不完备者有诱导扶助之责。”“对于各族有疾苦宽抑，及正当希望不能自达者，有代为陈白要求之责。”“对于甲族与乙族互争，或一族自相冲突者，有临事排解及未事设法消弭之责。”[④] 上述规定有利于民族融合与民族同化。此后又与程德全等发起开办拓殖学校于南京，以“联络蒙藏”“沟通文言”“巩固疆圉”，分设蒙、藏文科，“入蒙文科者，授蒙文、蒙语、蒙历史、地理；入藏文科者，授藏文、藏语、藏历史、地理。其他政治、经济各学

---

① 黄兴：《与刘揆一等发起组织中华民国民族大同会启》（1912 年 3 月 19 日），《黄兴集》（一），第 261 页。

② 《中华民族大同会章程》（1912 年 3 月中旬），《黄兴集》（一），第 262 页。

③ 黄兴：《与刘揆一等致各都督等电》（1912 年 3 月 23 日），《黄兴集》（一），第 267 页。

④ 《中华民族大同会章程》（1912 年 3 月中旬），《黄兴集》（一），第 262—264 页。

及国文、算学、兵操、马术等，为两科公共课”[①]。为联络蒙、藏等少数民族人民与汉族人民之间的感情，黄兴主张在蒙、藏地方“设汉文学堂，于中国地方设蒙藏学堂。并宜以浅近文字，发行日报或杂志”[②]，在蒙、藏地方输共和精神，以利对外交涉，使外国侵略者无法插手中国边境事务，以维护祖国的统一和边疆的安定团结。

黄兴不仅有其言，而且有其行。为振兴实业，他先后与人发起组织成立各种形式的协会和公司，甚至深入到民间开展实地调查和考察。他到过江西的安源煤矿和湖南的醴陵等地，每到一地都受到当地党政各界人士的热烈欢迎，他即兴发表演说，阐扬其实业建国的主张。据不完全统计，从1912年3月3日同盟会本部召开会员大会到1913年3月20日“宋教仁血案”发生为止的一年多时间内，黄兴围绕振兴实业发表过至少40余篇演说，30多篇电文、信札、广告、章程等[③]，精辟而详细地阐述了他的实业建国主张。

如前所述，黄兴除1912年7月17日担任中华民国铁道协会副会长、1913年1月1日担任汉粤川铁路督办、1912年3月18日担任拓殖协会会长而外，还先后担任了多家实业团体或报业集团的领导人或创办人。主要有：1912年四五月间，黄兴担任过中华民国航业团总理，该团以挽回航业利权、促进航业发达、筹备航民生计等为宗旨。[④] 1912年9月19日，举黄兴担任中国邮政协会和中国实业共进会两会会长。“主张依赖外资，惟不生产的外资则须

① 黄兴：《与程德全等发起拓殖学校招生广告》（1912年3月18日—4月4日间），《黄兴集》（一），第286页。

② 黄兴：《在蒙藏统一政治改良会欢迎会上的演讲》（1912年9月15日），《黄兴集》（二），第492页。

③ 此数字据刘泱泱编《黄兴集》（一）（二）两卷内容统计，著者仔细阅读了1912年3月3日至1913年3月20日长达一年多时间《黄兴集》（一）（二）两卷的文章，特此说明。

④ 黄兴：《中华民国航业团简章》（1912年4、5月间），《黄兴集》（一），第330—331页。

力为拒绝。”[①] 1912 年 11 月 2 日，黄兴与郭人漳等发起成立湖南五金矿业股份有限公司，“集合股本五十万元”，“专为采炼湖南地方金属矿产而设”，黄兴、郭人漳、杨度等 15 人为创办人。1912 年 11 月 12 日，黄兴与谭延闿等 32 人发起成立洞庭制革股份有限公司，“先以工业唤起世人，故有此公司之设。其制革者，以革之用途广，不学之工从宽亦可收容，非有见于制革之必可获利而始设此公司也”[②]。同日，黄兴与龙璋等 29 人发起成立中华汽船有限公司，“拟招股二百万元，订造大小商轮六艘，广辟码头，分途载运”，借此“收回外溢之利权，扩张自由之营业”[③]。1912 年 11 月 16 日，黄兴与龚超等 15 人发起倡办《民誓》杂志，该杂志“以发挥民生主义，唤起国人趋重实业之精神为宗旨”[④]。1912 年底，黄兴与张继等 16 人发起倡办《世界报》，该报“以输入世界常识，指导共和政府，平均地权，主张人道为主旨”。所定报纲主要有“趋重世界大势”“维持国际平和”“实行民生主义”“整理财政，发展经济”。此外，特别注重“振兴工商业、整顿海陆军、扩充拓殖事业等”[⑤]。1913 年 3 月 13 日，黄兴与宋教仁等 27 人发起成立湖南富国矿业股份有限公司，拟集“资本银一百五十万元”，“以开采湖南矿物，振兴矿业为目的”。“议定先行开采湖南境内各矿，择其尤优者，如郴州兴宁县大脚岭银矿山、江华县上五堡竹子尾

① 黄兴：《在邮政协会与中国实业共进会欢迎会上的讲话》（1912 年 9 月 19 日），《黄兴集》（二），第 505 页。

② 黄兴：《与谭延闿等发起洞庭制革股份有限公司招股广告》（1912 年 11 月 12 日），《黄兴集》（二），第 567 页。

③ 黄兴：《与龙璋等发起中华汽船有限公司招股广告》（1912 年 11 月 12 日），《黄兴集》（二），第 568 页。

④ 黄兴：《与龚超等发起〈民誓〉杂志广告》（1912 年 11 月 16 日稍前），《黄兴集》（二），第 581 页。

⑤ 黄兴：《〈世界报〉发起书》（附招股简章）（1912 年），《黄兴集》（二），第 601—602 页。

宿锡矿山等处着手，俟有成效，再行扩张”。[①]

民国初年，黄兴在审视中国国情并总结中国近代发展实业和吸收外国资本主义发展经济经验的基础上，系统地提出了国民经济发展的重点、各部门发展的先后秩序以及重点与一般的相互关系，等等，并身体力行，付诸实践。从而构建了他民初经济建设的完整思想体系，找到了一条较为合适的经济建设的道路。然而，由于政权掌握在袁世凯手中，袁氏一心牟取皇帝的宝座，置国民经济建设和人民的生计于不顾，民初政局动荡不安，人民仍然生活在水深火热之中，这就决定了黄兴所精心设计的实业建国宏伟蓝图不可能实现。尽管如此，黄兴的经济建设思想以及他所积极从事振兴实业的活动在当时历史条件下仍然具有积极意义。这主要体现在以下三个方面：一是贯彻了同盟会新的纲领。如所周知，同盟会成立后孙中山提出了民族、民权、民生三民主义纲领，在清政府被推翻、袁世凯承诺建设民主共和政体的前提下，同盟会由秘密转为公开，并确定了“巩固中华民国、实行民生主义”的新纲领。要贯彻这一新纲领，就是要振兴实业，就是要发展经济，他提出的以速修铁路为先导、大力开发矿业资源、重视发展农业、“农工商并举”、加强城市规划和建设等是符合当时中国国情的，是符合国民经济建设客观规律的，也是对同盟会新纲领“实行民生主义”的具体阐释。较之孙中山在民初专注于铁路建设事业，黄兴考虑得更为周到，更为全面，更为系统。二是推动了民初中国民族资本主义的进一步发展。如果说中日甲午战争之前，中国民族资本主义还处于萌芽阶段的话，那么中日甲午战争以后，中国民族资本主义进入初步发展阶段。民国初年，中国民族资本主义有了进一步发展，其原因固然很多，诸如南京临时政府制订了《中华民国临时约法》，采取了保护发展民族工商业的一系列措施等，但黄兴大力提倡振兴实业，协同孙中山大力宣传并从事实业

① 黄兴：《富国矿业股份有限公司招股广告》（1913 年 3 月 13 日），《黄兴集》（二），第 610 页。

建设也是一个不可或缺的重要原因。三是黄兴当时提出的许多独到的见解，诸如重视教育以及发展实业教育要与社会各类教育结合起来，要合理使用外资，重点发展铁路建设事业和矿业，优先发展农业，实行农工商并举的政策，等等，不仅当时具有指导意义，就是100多年后的今天仍然值得我们重视。

第八章　二次革命　举兵讨袁

袁世凯作为一个权力欲极强的个人野心家，他的反动本质暴露有一个过程，以孙中山、黄兴为代表的资产阶级革命派对袁世凯的认识也有一个过程。与孙中山相比较，似乎黄兴与袁世凯之间直接或间接打交道更多一些，二者之间的摩擦或冲突也要更多一些，客观地说，他应当更了解袁世凯其人其事。早在1909年初，袁世凯尚未被摄政王载沣罢职之前，深感地位不保，就有与革命党人联合共同推翻清朝的想法，并暗中派人与黄兴取得联络。据黄兴后来在一次讲演中回忆："袁氏当未辞职之先，其篡弑之心，尚欲一试也。是时兄弟寄留南京，有直隶总督杨士骧代表人来会，据称宫保此时地位颇觉危险，甚愿与革命党联合，把清室推翻，复我故国。兄弟当时曾答以袁君有此思想，诚为吾辈革命党人所赞同。但吾辈革命党人原有一定之主张（其主张维何？即推翻满室后，施行共和民主政治，不再立君主于国内是也）。然代表人去后，终不见袁氏有些须举动，未几袁即辞职回籍，以意测之，或者因有为难之处，故不能动也。"[①] 这次黄兴与袁氏派来的代表接触可视为黄兴第一次与袁氏打交道。据黄兴推测，袁世凯的"甚愿与革命党联合，把清室推翻，复我故国"的想法未能付诸行动，

① 黄兴：《在旧金山民国公会宴会上的演讲》（1914年7月16日—22日间），《黄兴集》（二），第720页。

大抵是因为袁氏也“有为难之处”。但据我们理解，袁世凯的想法之所以未能付诸行动主要是其政治主张不同，革命党人主张推翻清朝后建立民主共和政体，而袁世凯则主张君主立宪政体。加之，袁认为时机尚不成熟，故未能采取行动。这似乎应当可以算是黄兴与袁世凯之间第一次发生联系。

武昌首义后，袁世凯被清廷重新启用，袁考虑到民军势力强大，自己短期内难以镇压，于是，便提出南北和谈，在得到南方革命党人的应允之后，袁世凯则“应守双方停战之约，磋商条件”。但是，袁却玩弄两面派手法，“竟一面与民军议和，一面将山、陕民军多方侵犯”。袁氏借口“兵士不听节制”，实际上是袁氏采用“远交近攻之手段，可断言也。此为袁氏欺骗革命军之初步也”[①]。黄兴代表南方革命党人主导和议，对此感触尤深。黄兴一方面表示，袁世凯只要迫清帝退位，组建共和政体，便可以出任民国第一任正式大总统，以建拿破仑、华盛顿之事功；另一方面，他又提醒民军将领，警惕袁世凯派遣特务收集民军情报的阴谋。

1912 年 2 月 12 日，清宣统帝溥仪下诏宣布退位；次日，孙中山向临时参议院提出辞职咨文，并推荐袁世凯继任临时大总统。2 月 15 日，临时参议院选举袁世凯为第二任临时大总统。3 月 10 日，袁世凯在北京宣誓就任临时大总统。3 月 13 日，袁世凯任命唐绍仪为内阁总理。在有关陆军总长人选问题上争论最为激烈，南方革命党人坚持由黄兴担任，袁世凯则自然坚持由其心腹段祺瑞担任，南方革命军将领听到这一消息后，群集南京开会，表示对段掌陆军“均不承认”[②]。据耿毅回忆：讨论内阁组成人员名单时，“此间各部军官以袁既为大总统，陆军总长非黄兴不可。请唐（绍仪）转告袁氏，袁不同意。再三电商，袁总不允，唐对黄甚抱

---

① 黄兴：《在旧金山民国公会宴会上的演讲》（1914 年 7 月 16 日—22 日间），《黄兴集》（二），第 721 页。

② 《强国公报》1912 年 3 月 20 日。

歉。又因南京兵多，故以留守职请黄担任；黄不允，唐力劝黄，黄云：'如令我就留守职，公须入同盟会，且以王芝祥督直，我方担任。'唐慨然允入同盟会，并说王督直一节，在总理权内，等到京后与总统商定发表"①。3月30日，黄兴与蔡元培联合介绍唐绍仪加入中国同盟会，孙中山主盟。次日，袁世凯任命段祺瑞为陆军总长，而改任黄兴为南京留守，以统辖、裁撤南方各军。4月6日，黄兴正式宣告就任南京留守职。不过，袁世凯为了安抚南方革命党人，平息南方军事将领的愤怒情绪，曾于3月29日任命黄兴为参谋总长，以统辖南方军队，被黄兴拒绝。黄兴之所以愿意出任南京留守，主要是出于对南方生死与共的约24万军队的关心和爱护，也是出于对国务总理唐绍仪的一种承诺和信任，而并非屈从于袁世凯。这次联系隐含着黄兴与袁氏之间的摩擦与冲突。

如同本书第七章第四节所述，黄兴在担任南京留守期间，袁世凯采取"卡脖子"策略，少拨、缓拨、拒拨军饷，南方约24万军队及其机关两月共需军费和其他开支应在1000万元以上，而实际从财政部领款仅205万元，相距甚远。有的军营士兵只能以稀饭充饥，士兵有因饥荒而产生哗变之虞。为此，黄兴曾多次向北京政府告急，但袁世凯却借口财政困难不予理睬，而北洋军队却还在扩招，过着丰衣足食的生活。即使如此，袁系爪牙控制的报刊还经常攻击黄兴在南方拥兵自重，黄兴的愤怒心情是不言而喻的。万不得已，为解决财政困难，黄兴于1912年4月29日通电主张劝募国民捐，袁世凯表面上表示赞成，暗中却加以阻挠和破坏，甚至还敷衍黄兴，说什么"南方富庶可以倡办，北方贫瘠不能不借外债"。这就为袁氏拒拨南方军费和出卖国家利权、举借外债找到了借口。5月17日，袁世凯指派倾向于立宪派的财政总长熊希龄与英、美、法、德、日、俄六国银行团以监督中国财政为条件，签约借款"上海平银三百万两"。黄兴通电坚决反对，表示："吾

① 耿毅：《辛亥广西援鄂回忆录》，刘萍、李学通主编《辛亥革命资料选编》第三卷下册，第638页。

辈一息尚存，心犹未死，誓不承认。”此后，黄兴还提出成立国民银行以救危急，同样未能为袁氏所采纳。黄兴出任南京留守期间，他与袁世凯的关系已经开始恶化，乃至在辞去南京留守后对俄罗斯外交官沃兹涅先斯基的谈话中发出了“在共和派里”“混进了异己者”“甚至是新制度的敌对分子”这样的嗟叹！此一时期，袁氏的表现令黄兴顿生恶感，袁氏已经成为黄兴心目中的“敌对分子”。

1912年8月16日凌晨1时，袁世凯与黎元洪合谋秘密杀害湖北军政府军务部副部长张振武和其部将湖北将校团团长方维，黄兴对此表示强烈不满，从而使他与袁世凯之间的冲突进一步升级，达到十分激烈的程度。8月18日，黄兴致电质问袁世凯，电云：“闻张振武枪毙，颇深骇怪！今得电传步军统领衙门宣告之罪状，系揭载黎副总统原电。所称怙权结党、桀骜自恣、飞扬跋扈等，似皆为言行不谨之罪；与破坏共和、图谋不轨之说，词意不能针对。全电归结之语，注重于‘爱既不能，忍又不可’八字。但张振武不能受爱与受忍之处，出于黎副总统一二人之意乎？抑于共和国法律上有不能爱之、不可忍之判断乎？未见司法裁判，颇难释此疑问。乞更明白宣布，以解群惑，共和幸甚。”[①] 张振武案发生后，黄兴本来打算同孙中山一起入京，但为同志劝阻，且孙中山也主张黄兴暂留南方，因而只好暂缓北行。8月19日，袁世凯复电黄兴，为杀害张振武、方维之事件进行辩解。8月20日，黄兴再次致电袁世凯，严厉谴责杀害张、方之罪行。电云：“凡有法律之国，无论何级长官，均不能于法外擅为生杀。今不经裁判，竟将创造共和有功之人立予枪毙，人权、国法，破坏俱尽。”“张、方独因一面告讦者擅定极刑，未讯供证而死，国民生命财产权专恃法律为保护，即共和国精神所托。且在前清专制时，汪精卫谋炸摄政一案，讯供确凿，尚能出于详审，仅予监禁。纵使张、方对于都督个人有不轨之嫌疑，亦岂能不据法律上手续，率请立予

① 黄兴：《致袁世凯电》（1912年8月18日），《黄兴集》（二），第471页。

正法，以快私心？现在外患日迫，政府信用未固，益以此事，致群情激动，外人轻视，民国基础愈形危险。”① 黄兴未晋京之前，袁世凯的党羽及其爪牙还制造谣言，污蔑、陷害黄兴，说什么“张振武之谋第二次革命，黄兴实与同谋，故不来京”。又误传总统府秘书云“张振武被执时，在张处搜得一书，系与兴者，内容有云托杀黎元洪事，已布置周妥”云云。黄兴异常气愤，于8月27日致电袁世凯，要求彻底查办造谣生事者。电云：“今京、沪忽拟议及兴，若不将张案明白宣布，则此案终属暗昧，无以释中外之疑。务请大总统勿徇勿隐，彻底查办。如兴果与张案有涉，甘受法庭裁判。如或由小人从中诬捏人罪，亦请按反坐律究办。”② 8月30日，于右任、胡瑛、姚雨平等人也为黄兴鸣不平，联合致电袁世凯、国务院和参议院等，电云：“黄公克强缔造民国，备历艰苦，大局甫定，自解兵符，磊落光明，中外共感，成不居功，退岂失德？张振武前因鄂事，重以私见，掊击黄公，不遗余力。东西人士，悉闻其言。苟有私谋，岂以腹心托之异己？事理至明，愚者共喻。近闻有捏造函件，散布谣诼，冀损黄公盛德者。夫以宅心光明、行事刚毅、至正至大如黄公者，且不免宵小之倾陷，下及瑛辈，能不骨栗心寒！在佥壬党同伐异，只知以私利为前提，而民国大局倾危，何堪有迭次之摇动？浊流所至，万众惊慌。务恳大总统特派公正专员彻查严究，以杜群小肆恶之渐，借免国本倾覆之危。”③ 孙中山于8月24日抵达北京之后不久，即9月6日致电黄兴，“千万先来此一行”④。

9月5日，黄兴应袁世凯之邀请赴北京商议要政，随行者有陈其美、李书城、张孝准、何成濬等10余人，9月11日抵达北京，10月5日离京，在京停留25天。在此期间，黄兴与袁世凯的关系

① 黄兴：《复袁世凯电》（1912年8月20日），《黄兴集》（二），第472页。

② 黄兴：《致袁世凯电》（1912年8月27日），《黄兴集》（二），第475页。

③ 《胡瑛于右任等致袁世凯等电》（1912年8月30日），《黄兴集》（二），第475—476页。

④ 孙中山：《致黄兴电》（1912年9月6日），《孙中山全集》第二卷，第450页。

似有所改善，二者之间的冲突亦有所缓和。但过去史学界有一种说法，认为黄兴北上与袁世凯会晤使黄兴与袁世凯的关系出现了“重大转折”，无论在公开的或私下的场合，黄兴对袁氏“都是推崇备至的”，并肯定袁氏“是一个可靠的人物”。更有甚者，有学者将黄兴此次北上的讲话及其离京后一段时间的讲演视为黄兴“妥协”“右倾”的主要证据。我们认为，这一说法大有商榷的余地。其理由如下：

首先，如前所述，黄兴与袁世凯直接或间接打交道已有数年之久了！如果从1909年袁世凯派人与黄兴联系算起已经有三四年时间，数年的积怨不是短短25天时间就会烟消云散的。黄兴对袁世凯的认识至少有下列四个方面的印象是很深刻的。一是袁世凯是一个权力欲极重的个人野心家。他永远不会满足于现已获得的权力，永远不会满足现状。二是袁世凯是一个为篡夺最高权力而不择手段的阴谋家。为了实现其个人野心，不惜背信弃义，玩弄各种阴谋诡计，使尽浑身解数玩各种花招。三是袁世凯的信条是有军就有权，政治斗争的结果最后还是武力解决问题，在任何情况下，他都是以武力为后盾，牢牢掌握兵权不放松。四是就袁世凯的政治主张而言，他还是主张君主立宪的。袁在武昌首义后，作为传统体制的受惠者，他并不希望也不相信革命党人能在短时间内就能夺取大清268年的江山，他只是希望清政府以此为契机重启政治改革，充分反映立宪派人和军队将领的利益和需求，真正使清政府步入君主立宪的轨道。但是，随着革命形势的发展，清政府已经完全没有能力镇压起义，而是将这一十分棘手的问题抛给了袁世凯，而袁氏一方面借助革命党人的力量逼清帝退位，另一方面又以承认建立民主共和政体为条件逼迫孙中山、黄兴让权，但当袁氏在担任临时大总统之后能否继续坚持民主共和政体仍然是一个未解之谜。基于上述认识，黄兴在内心深处对袁氏仍然具有防范意识，而不是如同某些学者猜测的那样，认为“袁世凯是一个可靠的人物”。

其次，黄兴在京期间，与袁世凯的会晤中确实也说过一些

“袁公是英杰”“民国第一流人物”之类的话，这完全是一种对等的礼节性的答谢词。孙中山、黄兴至京时，袁世凯为他们准备了极为隆重的欢迎仪式，对孙、黄的建议表面上可以说是全盘接受和采纳了，而且说了不少肯定和歌颂孙、黄的话，黄兴刚刚到京，袁世凯就赞扬“中山高明，克强笃实”[①]。1912 年 9 月 7 日，黄兴赴京途中，袁世凯授予黄兴为陆军上将，9 月 12 日，黄兴抵达北京的次日，即致电袁世凯请辞陆军上将衔。袁世凯即复电黄兴，赞扬黄兴“奔走国事二十年，提倡共和，改革政体，热心毅力，百折不回，出生入死，坚苦卓绝，凡所经历，中外咸知，即起诸先烈于九原而质之，当无愧色”。“本大总统与国民所当同思刻励，永矢不忘者也。”[②] 既然如此，黄兴在袁世凯公宴上的答词中说一些对等的类似歌功颂德的话也是情理之中的事。

复次，应当承认，黄兴在离京以后，直到宋教仁被刺前，他同样说过一些维护袁世凯、支持袁世凯的话，这又作何解释呢？我们认为，这应当视为对袁世凯在结束清王朝的封建专制统治、建成民主共和政体、促成辛亥革命和平解决的一种肯定。从袁世凯的主观动机来说，当然是从个人的权力考虑，一方面借革命势力逼清帝退位，另一方面又借清政府之力逼南方革命党人交权。在南方革命党人表示必须建立民主共和政体的前提下才能让权时，袁世凯只得发表通电宣称共和为最佳国体，宣布赞成共和，这样，孙中山才履行承诺，辞除临时大总统职，荐袁世凯自代，临时参议院选举袁世凯为南北统一的共和国临时大总统，袁氏的主观愿望算是暂时达到了。而从客观效果而言，南方革命党人所要求的清帝退位和建立民主共和政体的目标也算是暂时实现了。袁氏的主观动机和客观效果应是统一起来了，从这个意义上说，不论其主观动机如何，其客观效果确对革命有利，应当给予肯定的评价。以孙中山为代表的南方革命党人也是认为袁氏在这一问题上是有

① 《民立报》1912 年 9 月 14 日。

② 《袁世凯复黄兴电》，《黄兴集》附录，《黄兴集》（二），第 484 页。

功的，孙中山这一时期在公开场合或私下谈话中歌颂袁世凯的话语，随处可拾，而黄兴在这一时期的谈话中与孙中山保持一致，何错之有？

最后，需要说明的是，黄兴在此期间对袁世凯的维护和支持也是与当时国内外所处的险恶形势分不开的。就国内而言，清朝政府并不愿意退出历史舞台，特别是清廷内部的强硬派在退位这一问题上认识并非完全一致，对袁世凯又恨又怕，时刻侍机挑起事端，以求一逞。至于立宪派人在革命形势高涨时附和革命，他们中的多数人都曾是各省咨议局的议长或成员，一般家产颇丰，且有科举功名，为官既久，熟悉官场套路，极富政治经验，翻手为云，覆手为雨，口里虽然把民主共和的口号喊得震天响，但骨子里却隐藏着君主立宪的私货，只要政治上有个风吹草动，他们就会顽固地施展其原有的君主立宪政治主张。至于革命派内部也存在诸多不安定因素。清末，他们在“反满”的旗帜下联合起来，现在清朝已经被推翻，似乎“反满”的任务已经完成。他们中的一部人革命意志严重衰退，且恃对革命有功，要官要权，组织各种社团，结党营私，争名夺利，只顾眼前，不图长远，贪污腐化，所在多有。上述因素，严重影响社会的安定团结。更为严重的是，外国侵略者时刻觊觎着中国的领土和主权，当时，英国正加紧侵略我国的西藏和云南等省，沙俄也在外蒙古策划“独立”。黄兴希望在国内保持安定团结的局面，建设一个强有力的政府共同御侮，一致对外。黄兴在北京初谒袁世凯后面见新闻界同志时即嘱咐说：“今共和虽成，基础未固，望新闻界注意维持。”“现在蒙藏问题万分紧急，对付得宜，则可销祸于无形；否则，瓜分大祸立至。此刻惟万众一心，共谋对外。”[①] 1912 年 9 月 14 日，黄兴与袁世凯会谈时，专门讨论了外蒙古形势和“征蒙”问题，具体提出了四条意见：“（一）速建征蒙军用铁路；（二）电饬陕、甘、东三省都

---

① 黄兴：《对新闻界同志的谈话》（1912 年 9 月 11 日稍后），《黄兴集》（二），第 482—483 页。

督分道进兵；（三）由中央派精兵分前、中、后三队直往；（四）军队宜维持地方，保护外人，以杜俄人藉口干涉。”[①] 同年9月15日，黄兴在蒙藏统一政治改良会欢迎会上又谈及所谓外国侵略者策动蒙藏“独立”这一事件的严重性以及维护国内安定团结共御外侮的重要性。分析了沙俄策动“库伦独立”的原因，“实以久受专制之毒，加以语言、文字不通，以致于中国情势不能明了”，从而产生隔膜，为沙俄所利用。欲改变这种局面，“宜从情意上着手，于蒙古地方设汉文学堂，于中国地方设蒙藏学堂，并宜以浅近文字，发行日报或杂志，请蒙、藏最有势力之人传播于蒙、藏地方，输入共和精神，使外交上减少无穷困难”。并以朝鲜为例，加以说明。朝鲜“因受俄人运动，宣告独立后，以日俄战争之结果，朝鲜入于日本，以至于亡。我蒙、藏同胞万不可受其运动也”[②]。

黄兴认为，在外侮频仍、民族矛盾上升为主要矛盾的时候，为了国家的富强和民族的振兴，既然孙中山已将总统的位置让给了袁世凯，就应当维护和支持袁世凯，在国内创造一个和平安定的建设环境，同时也要暂时放下过去与袁世凯的积怨，一致对外，粉碎外国侵略者企图分裂中国的阴谋。这是贯彻黄兴一生的思想。当然，这里有一个前提，那就是袁世凯必须履行承诺，以坚持民主共和制、维护国家统一和安定团结的局面。平心而论，在此期间，黄兴在支持和维护袁世凯的同时，也对袁氏保持着应有的警惕，他为巩固民主共和制度采取了多种措施，作出了不懈努力。这也从另一个侧面佐证了他不是盲目追随和讴歌袁世凯。

---

① 黄兴：《与袁世凯的谈话》（1912年9月14日），《黄兴集》（二），第491页。

② 黄兴：《在蒙藏统一政治改良会欢迎会上的演讲》（1912年9月15日），《黄兴集》（二），第492页。

第一节　谋求巩固民主共和政体

黄兴在实践民生主义、致力于改善民生、发展经济的同时，丝毫没有放松对政治和政体的关注，从北上与袁世凯会晤开始至宋案发生前即从1912年9月5日至1913年3月20日之间将近半年多时间内，他采取多种措施，以谋求巩固民主共和政体。

一是坚持政党内阁制度。如同本书第七章第二节所述，早在筹组南京临时政府时，具体讨论总统制与内阁制的取舍问题，宋教仁主张内阁制，孙中山主张总统制，争论较为激烈。黄兴劝宋教仁取消提议，宋也没有同意。孙中山不欲因此闹成内部不和，命宋教仁等商讨总理候选人，宋与居正、田桐等推举黄兴为内阁总理。黄兴坚辞不受，并在孙、宋之间进行调解，等到至南京后召开各省代表会议再作决定。于是，1911年12月27日，黄兴与宋教仁同至南京，当晚赴江苏咨议局各省代表会议，宋教仁仍主内阁制。据亲自参加会议的居正记载："总统制与内阁制案，遁初犹持前议，讨论颇久，克强说明提案理由，多赞成总统制，照提案通过矣。"[①] 居正的记载反映了各省代表会议讨论是采取总统制还是采取内阁制的实况，但没有明确说明黄兴的主张，那么，黄兴是主张采取内阁制还是总统制呢？我们认为，黄兴是主张采取内阁制的，他和宋教仁的主张应当是一致的。那么，黄兴又为什么劝说宋教仁取消提议呢？这主要有两个原因：第一个原因是孙中山主张采取总统制，黄兴当然是拥戴和支持孙中山的，不便与孙中山立异。第二个原因是宋教仁主张采用内阁制并提议由黄兴担任内阁总理人选。而黄兴向来是不争权位的，他从维护党内团结出发，以免因此类问题造成内部不和，敌人乘间挑拨，以致酿

① 居正：《辛亥札记》，罗福惠等编《居正文集》上册，第72页。

成大祸。所以黄兴支持孙中山，“劝宋教仁不要坚持己见”[①]。正是由于黄兴在各省代表会议上“说明提案理由，多赞成总统制，照提案通过”，才使孙中山于12月29日17省代表在南京召开的选举会上以16票的绝对多数正式当选为中华民国临时大总统。

如果说在南京临时政府筹备期间，黄兴还只是有政党内阁主张而尚未明朗化的话，那么，随着孙中山让位袁世凯之后，黄兴的政党内阁主张便更加坚定而且明朗化了。袁世凯在当上临时大总统之后加快了专制独裁的步伐，为限制袁世凯的权力，1912年8月25日，国民党在北京召开成立大会以后，皆一致主张政党内阁制。这既有现实方面的原因，也有学理方面的原因，关于学理方面的原因，黄兴在复杨度电中阐述较为具体。他说：“政党内阁制度创始于英法，各共和国均采用之。即君主立宪如日本，近亦倾向此制。盖欲使内阁得一大政党之扶助，与国会多数议员成一统系，其平日所持政见大略相同，一旦发表，国会乃容易通过，不致迭起纷争，动摇内阁，陷国家于危险。故对于内阁可令负完全责任，对于总统可永远维持尊荣，而大政之计划始能贯彻。国民党主张此制，纯为救国起见，亦不能反于各国先例而轻为尝试。”并敦劝杨度不要轻易改变原来的政党内阁主张，而要始终一贯地坚持自己的政治主张。他说：“公前与兴面谈，亦曾极力主张政党内阁。今忽变更前议，并别生枝节，恐非出自本心。望始终赞同，勿为浮言所动，大局幸甚。”[②] 可见，黄兴主张政党内阁制是一以贯之的。他不仅有其言，而且有其行。早在1912年3月13日，袁世凯任命唐绍仪为内阁总理，黄兴便于同年3月30日与蔡元培联名介绍唐绍仪加入中国同盟会，并由孙中山主盟。同年6月16日，国务总理唐绍仪因袁氏无视内阁职权，宣布辞职。一个月后，同盟会内阁阁员王宠惠（司法）、蔡元培（教育）、宋教仁（农林）、王正廷（工商）相率辞职。6月29日，袁世凯提议陆徵祥出任国

① 仇鳌：《辛亥革命前后杂忆》，《辛亥革命回忆录》第一集，第446页。

② 黄兴：《复杨度电》（1912年11月22日），《黄兴集》（二），第591—592页。

务总理。30 日，袁氏正式任命表面上无党无派、实际上为袁氏之命是从的陆征祥为国务总理。同盟会对组织超然内阁持抵制态度，以谷钟秀为首的统一共和党议员也表示不满，连夜起草弹劾陆征祥案，指责陆在确定阁员名单上负有军警干涉议员行使“固有权利”的责任。陆多次呈请辞职。8 月 20 日，袁世凯任命内务总长赵秉钧代理国务总理。9 月 22 日，袁正式免除陆徵祥内阁总理职，任命赵秉钧为国务总理。在此期间，黄兴正在北京与袁会晤，仍然坚持政党内阁的主张，他极力劝说国务员加入国民党。黄兴在规劝国务员加入国民党时可谓苦口婆心，教育总长范源濂就是其中最突出的典型。黄兴在劝范加入国民党时措词颇为激烈。他说：“此次鄙人北来，专为调和意见而来，尤以国务员一律加入国民党，为调和之先声，且符政党内阁之主张，此中鄙人深具苦心。现在各国务员均允加入。公如固执，将来破坏吾政策者，实君一人。吾不得已，惟有立离北京。”[①] 但范固执己见，“乃婉词却之”，最终没有加入国民党，除周学熙、范源濂、海陆军两总长外，包括国务总理赵秉钧在内都加入了国民党。黄兴在离开北京前夕，曾与陈其美联衔宴请全体国务员及各界代表假六国饭店叙别，在宴会上他发表叙别讲话，他说：“现在临时政府期限以迫，内政、外交诸多棘手，将欲组织强有力之政府，必须强有力之政党，然后足彰政府威信，巩固国基，隐销外患。本党惟一宗旨，愿在扶助政府。然使政府与政党不相联属，扶助之责容有未尽。曾与袁总统一再熟商，请全体国务员加入国民党，袁总统极端赞成。后又商诸国务员，亦均表同情。”“此次各国务员加入本党，实为维持民国前途起见，深望诸同志此后同心协力，共济时艰，俾成强有力之政府，各国早日承认。”[②] 他还强调说：“政党内阁又本党素昔之所主张，而各国务员所持之政见，又与本党调和无间。与其

---

① 黄兴：《与范源濂的谈话》（1912 年 10 月 1 日），《黄兴集》（二），第 516 页。

② 黄兴：《在北京叙别会上的演讲》（1912 年 10 月 4 日），《黄兴集》（二），第 518 页。

用形式上本党党员改组内阁，致政府累生摇动，事实上或生滞碍，不如就国务员中之精神上已经结合者，履行形式，于时势上尤为相宜。”[①] 当然，黄兴的良苦用心是为了实现国民党政党内阁的主张，然而难免泥沙俱下、鱼龙混杂，故有人讥讽为“内阁政党”。

二是主张将制定民国宪法作为首要任务。黄兴离京后回到湖南，由湘返汉，再回上海，一路上开展调查研究，“调查一切政治状况与选举状况”，深深体会到：“惟现今最重大者，乃民国宪法问题。盖此后吾民国于事实上将演出何种政体，将来政治上之影响良恶如何，全视乎民国宪法如何始能断定。故民国宪法一问题，吾党万不能不出全力以研究之，务期以良好宪法，树立民国之根本。”[②] 他还在《〈国民〉月刊出世词》中特别强调：“今者，正式国会成立在即，建设共和国家之第一着，首在制定宪法。宪法者，人民之保障、国家强弱之所系焉也。宪法而良，国家日臻于强盛；宪法不良，国家日即于危弱。吾党负建设之责任至繁至巨，首先注意宪法，以固国家之基础。善建国者，立国于不拔之基，措国于不倾之地。宪法作用，实有不倾不拔之性质。”[③] 他针对袁世凯妄图将宪法制定权控制在自己手中、反对制定限制总统权力的宪法的阴谋，多次提醒国民党员：“吾党万不能不出全力以研究之。”“将制定宪法为吾党莫大之责任，吾党国会议员，应以平日之学问，出而为临时之讨论。而全体党员之优秀者，尤当以远大之眼光，缜密之心思，悉心商酌，发表所见，为吾党国会议员讨论之助，并以转饷一般人民。”[④] 当黄兴得悉国民党内著名法学专家王宠惠所著《宪法刍议》即将出版时，他阅读了其中的部分内容，感到由衷的喜悦。原来，袁世凯为了将宪法起草的权力掌控在自

① 黄兴：《在六国饭店宴请国务员及各界代表时的演说》（1912 年 10 月 4 日），《黄兴集》（二），第 519 页。

② 黄兴：《在国民党上海交通部欢迎会上的演说》（1913 年 1 月 26 日），《黄兴集》（二），第 606 页。

③ 黄兴：《〈国民〉月刊出世词》（1913 年 3 月），《黄兴集》（二），第 621—622 页。

④ 黄兴：《〈国民〉月刊出世词》（1913 年 3 月），《黄兴集》（二），第 622 页。

己手中，选定自己的亲信成立所谓宪法研究委员会，拟制定有利于袁氏的宪法。江苏、云南等八省都督还联合提出制定有利于袁氏的宪法的具体要求，一时间闹得乌烟瘴气。王宠惠所著《宪法刍议》一书，有力地扫除了制定宪法的障碍。黄兴特致函王宠惠，对此表示祝贺。他在函中称："尊著《宪法刍议》虽未窥全豹，其绪论中'宪法非因一人而定，乃因一国而定；非因一时而定，乃因永久而定'，最为不刊之论。弟久欲撮斯议通电全国，使人人皆明公义，不敢自私，所谓宪法研究会之手段及各省都督之主张，可一扫而空之。兹大著出，而宪法之真义昭如日月，其爝火自熄矣。以后凡校对余纸，请先寄下，以慰先睹之快。"① 可见，黄兴对于由国民党议员起草制定一部民国宪法是何等重视。

三是主张加强国民党自身建设。黄兴既然主张政党内阁制度，那么，由国民党在国会选举中争取多数席位就成为重要的一环，而要争取多数席位就必须得到民众的拥护，因此，只有加强国民党自身建设才能在民初党派竞争中脱颖而出。黄兴认为，要加强政党建设，必须从党纲、党德、党风、党规、党略、党务等六个方面入手，方能在党派竞争中立于不败之地。他特别强调革命党人要"重责任心"，"除权利心"，"勿争权夺利，勿侵人利己"，"不能有丝毫私意、私见、私利、私图"。黄兴提出，要加强政党建设首要的任务是确定党的纲领，即党的施政纲领，这是引领党员走向同一个目标的一面旗帜。他说："夫政党者，乃合最多数分子而成。党中则有政纲，认定政纲，然后入党。政纲犹旗帜然，略同军队主义。军队须讲服从，一党之人，立于政纲之下，即犹一国之人同立于一旗帜之下，不可各有政见。"② 黄兴详细研究了各国政党的政纲，认为革命党的政纲即党纲。加入同一政党之人必须是平日政见相同者自由组合而成，不可有任何强迫之意。他

---

① 黄兴：《致王宠惠书》(1913年3月8日)，《黄兴集》(二)，第608页。

② 黄兴：《在湘潭国民党支部欢迎会上的演说》(1912年11月15日)，《黄兴集》(二)，第579页。

说："窃查各国政党，皆由各个人独立自由之意见择其相同者结为一团体，平日研究，均有一定不移之方针，决非他人所可奴使。"[①]这里所说的"一定不移之方针"就是指的党纲。革命党制定党纲有一个总的目标，那就是"以国利民福为前提，勿争权夺利，勿侵人利己"[②]。最大限度保证国家的利益，为绝大多数人谋福祉。在不同时期，党的纲领亦随着不同的斗争任务而发生变化，国民党时期的党纲与同盟会时期的纲领就有所不同，国民党员就应该为贯彻实行国民党的党纲而努力奋斗。

黄兴针对民初党派林立、互相攻讦，而国民党内思想混乱、"时起纷争"的现状，提出非加强党的道德建设不可。黄兴认为："本会本有特别之党纲者，更当有宏大之党德。所谓特别之党纲者，即孙中山先生夙所主持之民生主义。"党德者何？"即以宏大之心理对异党，断不可尤而效之，捏造谩骂也。"[③] 黄兴认为，要像对待兄弟、朋友一样对待他党，处理好与他党的关系。他说："凡与他党交接，皆宜同兄弟一样，彼此互相携手，以救国家。他党主张之善者，我党须赞同之，务使其能达目的；他党主张之不善者，我党亦须尽朋友规劝之义，使一般人民皆能信仰我党之德。"[④]"他党之攻吾也，虽含种种疾忌而不好之点，吾人亦当引以为戒，认彼反对者为好友，不必反报，含养大度，培植党德。"[⑤]任何一个政党，都应该讲求党德，并且将党德与学问结合起来。黄兴认为："无论何党，其号召党员当以道德学问相结合，不当以势力权利为结合。对于他党，尤当以道德学问相切磨、相辅助，

---

① 黄兴：《复上海政见商榷会等电》（1912年5月31日），《黄兴集》（一），第391页。

② 黄兴：《在鄂都督府的讲话》（1912年10月26日），《黄兴集》（二），第532页。

③ 黄兴：《在中国同盟会上海支部夏季常会上的演讲》（二件）（1912年6月30日），《黄兴集》（二），第456页。

④ 黄兴：《在湘潭国民党支部欢迎会上的演说》（1912年11月15日），《黄兴集》（二），第580页。

⑤ 黄兴：《在中国同盟会上海支部夏季常会上的演讲》（二件）（1912年6月30日），《黄兴集》（二），第457页。

不当以势力权利相夸耀、相凌铄。”[①] “务期互相提携，交换意见，俾克砥砺观摩，收他山之助。凡他党之所主张，不可为无意识之反对”，要“平心静气，为稳健之批评，以待民国之抉择”。[②] 至于对待国民，无论如何反对，“本党皆宜引为己咎，归罪于自己感化力之不强”[③]。因此，除正确处理与他党的关系之外，还要正确处理与国民的关系。而要做到这一点，在党内必须强调重责任心除权利心。黄兴经常告诫党人：“我们当革命党，一要服从首领，二要弟兄们同生死，共患难，有福不享，有祸同当，不能有丝毫私意、私见、私利、私图。”[④] 又说：“权利心重，义务心即消亡于不觉。我辈今日当提倡人人除权利心”，“重责任心”。[⑤]

党风是关系政党生死存亡的问题。黄兴十分重视党风建设。而要加强党风建设，首要的任务就是要除去官僚腐败作风。“凡官僚中腐败而恶劣者”必须加以清除。对于不同政见要认真加以讨论，坚持真理，修正错误。黄兴认为：“政见即有商量之余地。如贵党以为是、敝党以为非者，一经平心讨论，贵党所主张果属可行，则敝党必牺牲党见而赞同之；敝党以为非，而贵党以为是者，一经平心讨论，果不可行，则贵党亦将牺牲党见而赞同之。盖彼此均以国家为前提，只求真理，固无丝毫成见于其间也。”[⑥] 除此而外，黄兴还提出广设言论机关，大兴调查研究之风。黄兴多次强调：“现在言论机关，与我为不正之反对者可不理会，惟本党自

---

① 黄兴：《在共和党湖南支部欢迎会上的演说》（1912 年 11 月 7 日），《黄兴集》（二），第 551 页。

② 黄兴：《在国民党鄂支部欢迎会上的演讲》（1912 年 10 月 28 日），《黄兴集》（二），第 534 页。

③ 黄兴：《在湘潭国民党支部欢迎会上的演说》（1912 年 11 月 15 日），《黄兴集》（二），第 579—580 页。

④ 黄兴：《与李贻燕等的谈话》（1912 年 5 月），《黄兴集》（一），第 399 页。

⑤ 黄兴：《在北京国民党本部欢迎大会上的演讲》（1912 年 9 月 15 日），《黄兴集》（二），第 493—494 页。

⑥ 黄兴：《在北京共和党欢迎会上的演讲》（1912 年 9 月 17 日），《黄兴集》（二），第 500 页。

当多设言论机关，发挥本党政见。”① 黄兴认为，为使人们“洞悉国情，使本党所主张，不为纸上空谈”②。要专设调查机关，培训调查人才，分赴各地开展调查，其调查内容包括所有国家大事。他说：“其最要者为设调查专部。如不加调查，则一切事情不得明了，而万物纷如乱丝。调查部之性质，是国家大事均归调查，而各地分部可任调查之责。然欲调查之完美，必先养成调查之人才。故本党宜集中学以上意志坚卓之人才，换以简单之学科，使分赴各地而得其真相，然后本党对此确切之布告，则始不致谬误。”③

关于党规，黄兴认为，是指政党内部党员应当遵守的规则。黄兴说：“党规者，乃谓对于本党有一定之规则也。”④ 所有党员均有维护党规、遵守党纪之责任。党员应视政党为第二生命，极力遵守党的纪律，维护党的团结。黄兴认为，党内是不允许搞宗派、闹派性，这也是违背党规的。为了说明搞宗派的危害性，他列举美国民主党与共和党两党相争，最后民主党获胜的事实加以说明。他说：“试举一例言之：目前美国有国民（民主）、共和两党相争。美之共和党本胜于国民（民主）党，而共和党之塔虎脱、卢斯福两雄并峙，相持不下，后二人卒两败俱伤，而国民（民主）党之威尔逊因之获胜。此前车之可鉴也。”⑤

何谓党略？黄兴认为，是要求党员讲求谋略和策略。他说：“党略云者，即言党员须具有种种之魄力、之手段，以谋扩充其党务是也。国民党系由同盟会结合而成，其主义可断言为进步主义。

---

① 黄兴：《在中国同盟会上海支部夏季常会上的演讲》（二件）（1912 年 6 月 30 日），《黄兴集》（二），第 457 页。

② 黄兴：《在中国同盟会上海支部夏季常会上的演讲》（二件）（1912 年 6 月 30 日），《黄兴集》（二），第 456 页。

③ 黄兴：《在中国同盟会上海支部夏季常会上的演讲》（1912 年 6 月 30 日），《黄兴集》（二），第 457 页。

④ 黄兴：《在湘潭国民党支部欢迎会上的演说》（1912 年 11 月 15 日），《黄兴集》（二），第 579 页。

⑤ 黄兴：《在醴陵国民党支部欢迎会上的演说》（1912 年 11 月 18 日），《黄兴集》（二），第 584 页。

凡一国而有两党，不可使两党之势力均趋于平均，则互相争势而事搁置不办矣。故必谋一党之扩充，以期实行其救国之种种政策。故欲其国之发达，须将政党发达。如设一轨道然，不使一般国民走入迷途，必使之群趋于此同一之轨道而后已。”① 黄兴列举日本近代由发展第一大政党党务而致国力强盛的道理加以说明。他说：“日本从前推倒幕府，欲讲共和；后来不行，乃拥明治而为君主立宪。当时其国政党时有纷争。后来联络小党而成为极大之政友会，使一事发生，反对者居少数，赞成者居多，而其所主张救国之政策即可以活动矣。故日本近年以来开疆拓土，一战胜我，再战胜俄，皆政友会团体组织之能力为之也。此组织大党而尤赖有党略以促其进行者也。”② 黄兴特别强调，一个政党的党略如同军队打仗的兵略一样，是克敌制胜的法宝。他说：“凡行军者有兵略，如何布阵，如何攻坚，始能决胜。政党之方略亦与行军无异。”③ 因此，只有像讲求兵略一样讲求党略，才能使“他党悉归旗下”，从而造就一个大的政党，一方面负指导人民、代表人民意思之责；另一方面则负监督政府、维持政府之责。约略言之，“对于国家负完全维持之义务，为国民之耳目，使全国之人免于盲人瞎马、半夜深池之危险者也”④。

政党除设本部之外，各地应分设支部，处理党内日常事务，即开展党务活动。本部与各支部的关系应是上下级关系，支部应将本地开展党务活动的情况及时报告本部，然后本部根据各支部的报告进行综合研究，确定本会政见，“布告各支部，使外间知本

---

① 黄兴：《在湘潭国民党支部欢迎会上的演说》（1912 年 11 月 15 日），《黄兴集》（二），第 580 页。

② 同上。

③ 黄兴：《在醴陵国民党支部欢迎会上的演说》（1912 年 11 月 18 日），《黄兴集》（二），第 583—584 页。

④ 黄兴：《在国民党鄂支部欢迎会上的演讲》（1912 年 10 月 28 日），《黄兴集》（二），第 535 页。

党政见之所在，或选善于口辩之人，分赴各地演说本党政见”[①]。如果党务人才缺乏，“能从教育一方面着手是绝好方法。先在上海立一宏大学校，教育本会会员，养成法政人才，然后各地再依次增设”[②]。则党务人才问题便可以顺利得以解决。1912 年 10 月底，国会选举在即，为争取国民党在国会议员选举中获取多数席位，黄兴告诫国民党员：“须大家共负责任，多赴地方演说，使人人知共和之真精神，并知本党之精神所在，而后国人皆知本党之可恃，共表同情，以助成本党之所主张。譬之草野，本党当先走出一条平路，使后来不患迷途；譬之铁路，本党须先造出一条轨道，使多数国民齐上此轨道，而更使政府上此轨道。”[③] 要真正做好党务工作，则需要全体党员的共同努力。

毫无疑问，黄兴的政党建设思想包括党纲、党德、党风、党规、党略、党务，等等，其内容是非常丰富的。体现了资产阶级民主革命精神，对辛亥革命时期乃至民国初年资产阶级政党的活动起到了重要作用。而且，黄兴十分重视党德与党风建设，并将其运用到处理友党之间的关系及同一政党内部关系之中去，这都是非常正确的。然而，根本的问题还是要加强政党的组织建设。本来，同盟会成立之初，其组织就比较涣散，国民党成立后，其成员更为复杂。为在全国造就一个大的政党，黄兴甚至介绍唐绍仪等人加入国民党，随后又将以赵秉钧为首的国务委员拉进国民党内，从而使他的政党建设思想存在理论与实践相悖的问题。在袁世凯掌握军政大权的情况下，黄兴的政党建设思想在一定程度上失却了它的光辉，很难发挥应有的作用。

---

① 黄兴：《在中国同盟会上海支部夏季常会上的演讲》（二件）（1912 年 6 月 30 日），《黄兴集》（二），第 457 页。

② 同上。

③ 黄兴：《在国民党鄂支部欢迎会上的演讲》（1912 年 10 月 28 日），《黄兴集》（二），第 535 页。

第二节　主张彻查“宋案”真相

民国初年，政党林立。1912 年 3 月，由预备立宪公会和中华民国联合会合并组成统一党，由章炳麟、程德全、张謇、熊希龄任理事。4 月设本部于北京。同年 5 月 9 日，统一党中部分成员与民社、国民协进会、民国公会、国民党（前）、国民共进会六政团合并在上海成立共和党。举黎元洪为理事长，张謇、程德全、章炳麟、伍廷芳等为理事。同年 8 月 27 日，由国民协会、共和建设讨论会、共和统一党、共和促进会、共和俱进会和国民新政社等政团合并在北京成立民主党。后将本部移设上海。汤化龙任干事长，马良、陈昭常、谢远涵等任干事，梁启超幕后操纵。上述三个政党尽管宗旨各异，但其成员大都由立宪派、旧官僚、军阀或革命党内持不同政见者组织而成，其最终目的是拥护袁世凯的独裁和专制，并联合起来，与以宋教仁为代理理事长的国民党的民主势力相对抗。随着第一届正式国会的召开，两种不同政见的斗争终于趋向白热化。

1913 年 2 月 4 日，第一届国会在北京召开，在复选中，尽管袁世凯利用权势和金钱竭力支持他所操纵的御用党并在国民党议员中进行分化瓦解工作，选举结果，国民党仍然取得了压倒多数的胜利。众议员总额 596 名，国民党所占议席 269 名，共和党 120 名，统一党 18 名，民主党 16 名，跨党者 147 名，无所属者 26 名。参议员总额 274 名，国民党占议席 123 名，共和党 55 名，统一党 6 名，民主党 8 名，跨党者 38 名，无所属者 44 名。总计众、参两院议员总额 870 名，国民党所占议席 392 名，占整个议席的 45% 强。共和、统一、民主三党合计所占议席总和却只有 223 名，仅占议席的 25.6%。其余 255 名为跨党者和无所属者即超然派所得，占议席的 29.3%。也就是说，拥袁的共和、统一、民主三党合计所占议席比跨党者和无所属者即超然派还要少32名。国会选举的成功使国民党员“无不欢欣鼓舞，宣传组织国民党的一党内阁，而以宋教仁为内阁总理”[①]。这使袁世凯感到恐慌，他曾私下对人说：“我现在不怕国民党以暴力夺取政权，就怕他们以合法手段取得政权，把我摆在无权无勇的位子上。”[②] 他甚至公开表示，这种无权总统，“我决不居”。[③] 袁世凯早就看出宋教仁的雄才伟略，几次想收买他。早在宋教仁所著《间岛问题》一书问世时，袁即电召宋返国，通知驻日公使馈赠酬金2000元，宋“不受，驻日公使固强之，先生随散之留学之困乏者，且谓吾著此书为中国争一块土，非为个人赚几文钱也”[④]。宋出任农林总长后，袁又几次约见，送他价值不下3000元的全套西服；听说他将南下，又赠支票一张，计洋50万元；并企图介绍一位有文化又漂亮的亲戚充当宋的内助，以替代宋据说不太漂亮的妻子，宋不为所动。翌日，宋写信派专人呈袁，信云：“绨袍之赠，感铭肺腑，长者之赐，仁何敢辞。但惠赐五十万元，实不敢受。仁退居林下，耕读自娱，有钱亦无用处，原票奉璧。”袁接到宋退来的支票，冷笑道：“他藐视我了，他显然地表示着要和我做对头。”袁听到宋教仁出京的消息，怒道：“辞也不来辞，太藐视我了，我容不下。”[⑤] 宋教仁以自己可贵的操守和出众的才华成为袁氏最忌恨的政敌，于是，袁便使出卑鄙的暗杀手段，制造了惨绝人寰的“宋教仁血案”。

袁世凯的暗杀计划确定后，决定由赵秉钧、洪述祖、应桂馨三人去执行。赵是袁亲手提拔的内阁总理。宋教仁的政治主张，

---

① 蔡寄鸥：《鄂州血史》（之三），刘萍、李学通主编《辛亥革命资料选编》第四卷上册，第88页。

② 陶菊隐：《北洋军阀统治时期史话》第1册，第154页。

③ 黄远庸：《政海之一勺》，《远生遗著》卷三，第76页。

④ 骚心口述，东方笔录：《宋先生遗事》，徐血儿等编《宋教仁血案》，岳麓书社，1986年，第17页。

⑤ 蔡寄鸥：《鄂州血史》（之三），刘萍、李学通主编《辛亥革命资料选编》第四卷上册，第84页。

其斗争矛头首先是对准袁、赵的，共同的政治需要驱使他们狼狈为奸。而洪的胞妹则是袁的五姨太，其侄女则是袁的十五姨太，与袁有双重戚谊。洪虽挂名内务部秘书，实际是袁直接指挥的特务头目。应原是上海帮会头目，曾任过南京临时政府总统府庶务科长兼孙中山的侍卫队长，因违法被孙中山革职，袁得知应对孙中山等人怀恨在心，便派洪与之联络，成为洪奉命收买的重要特务。武士英则是应手下一个为利而往的市井无赖。一切布置就绪后，袁即约见赵、洪"密谈了两点多钟"[①]，秘密进行的杀人计划遂由此发端。

1913 年 3 月 20 日晚，即国会召开前夕，宋教仁应袁世凯之邀，拟乘火车去北京，当晚他从黄兴寓所上海同孚路二十一号出来，乘马车抵达沪宁车站，拟乘火车赴南京，再转搭津浦车赶赴北京，参加国会第一届会议，送行者除黄兴外，尚有于右任、廖仲恺、陈英士等人。10 时 45 分，宋教仁等从车站接待室出来，有吴仲华引导，至剪票处之旁，突从宋教仁背后闪出一人，掏出手枪连击三枪，第一枪击中宋之左腰上部，斜入右腹下部。适其时，宋夹在陈、廖之间，第二枪子弹和第三枪子弹从追赶者的头上掠过，幸未伤人。宋教仁应声倒地，痛苦地说："吾中枪矣！"[②] 黄兴、于右任非常惊愕，随即将宋扶上汽车，伴送他到靶子路沪宁铁路医院进行抢救，凶手趁乱逃逸。经该医院医生检查确定，亟须手术方有希望。黄兴等人表示即刻手术。12 时 30 分，从宋教仁腹部取出"一颗形状尖小的子弹，似乎是发自极新式的五响的勃朗宁手枪"[③]。伤势呈恶化趋势。21 日，黄兴请求医院多请几位医生会诊，于是，除克尔品医生外，医院又另请比林、哈斯两位医生赶来会诊，通过检查，需要剖开腹部、清洗修补肠道。于是，

① 蔡寄鸥：《鄂州血史》（之三），刘萍、李学通主编《辛亥革命资料选编》第四卷上册，第 89 页。

② 上海《民立报》1913 年 3 月 22 日。

③ 方祖桑：《三湘渔父——宋教仁传》，徐血儿等编《宋教仁血案》，第 422 页。

医院又请捷克逊、摩亚两位医生协助。当日下午2时，又进行了第二次手术，取出大肠，才发现大肠有一处被子弹贯穿了，医生才将创口洗净缝合，历时1小时15分，第二次手术方告结束。延至翌日凌晨，病情并未见好转。宋教仁周身体温开始下降，心跳微弱，呼吸急促，痛苦异常。黄兴见状，俯身低下头靠近宋教仁，附在他耳边，轻轻说道："遁初，你放心去吧！"① 1913年3月22日4时47分，宋教仁不幸逝世，年仅32岁。

宋教仁是黄兴最亲密的挚友，他们两人从1903年筹备成立华兴会开始，正式缔交，长达十年的亲密合作关系贯穿了整个辛亥革命的全过程，黄兴不会忘记：1904年他与刘揆一、马福益策动长沙起义失败和尔后的鄂宁起义失败后，与宋教仁相继逃亡日本。1905年，同盟会成立时，由他与宋教仁等八人受同盟会筹备会委托负责起草同盟会章程；同盟会成立时，他担任同盟会庶务，宋教仁担任司法部检事长；并由黄兴提议，将宋教仁等创办的《二十世纪之支那》杂志移交给同盟会作为该会的机关报，宋教仁欣然表示同意。1910年，宋教仁发起成立中部同盟会，他表示支持，并赋诗一首，以表祝贺。1911年武昌首义后，他与宋教仁同赴武昌，他领导了艰苦卓绝的阳夏之战，宋教仁则主持制订了《鄂州临时约法》，二人共同推进了革命进程。1912年初，中华民国建立，他任陆军总长，宋教仁任法制局局长，又共同为南京临时政府的建立竭尽心力。同年8月，同盟会改组为国民党，他与孙中山、宋教仁等均为理事，孙为理事长，委托宋代理理事长，成为国民党的实际负责人，宋教仁竭力鼓吹"议会政治""政党内阁"，他实际上也是十分赞同并予以大力支持的。他们两人在实际斗争中结成了深厚的革命情谊，这种情谊是用鲜血凝成的。宋教仁的无辜被暗杀，黄兴感到万分悲痛！对施暴者万分愤怒！他一方面十分关心宋教仁的伤情，自宋受伤的那一刻开始，一直守候在宋的身边，延请医院最好的医生集体会诊，以挽救宋的生命；另一

---

① 方祖燊：《三湘渔父——宋教仁传》，徐血儿等编《宋教仁血案》，第429页。

方面，他又连续向社会各界发出通电，报告宋之伤情，主张彻查宋案真相，严缉凶手，绳之以法。

3月20日，也就是宋教仁受伤的当天晚上，在“受伤至医院时”，宋教仁知伤重难治，授意黄兴代拟致袁世凯电文一通，其电云：

> 仁本夜乘沪宁车赴京敬谒钧座，十时四十五分，在车站突被奸人自背后施枪，弹由腰上部入腹下部，势必至死！
>
> 窃思仁自受教以来，即束身自爱，虽寡过之未获，从未结怨于私人。清政不良，起任改革，亦重人道、守公理，不敢有一毫权利之见存。今国基未固，民福不增，遽尔撒手，死有余恨！
>
> 伏冀大总统开诚心，布公道，竭力保障民权，俾国得确定不拔之宪法，则虽死之日，犹生之年。临死哀言，尚祈鉴纳。[①]

当晚，黄兴发布致谭延闿及国民党湘支部电：“本夜十一时，遁初兄由沪赴京上火车时，被刺客枪击腰部，伤甚重，刺客逸。”[②]以期引起重视。

3月21日，宋教仁第二次手术后病危。黄兴立即发布致袁世凯及国务院、参议院电文，通报宋教仁被枪击及抢救过程，其中电云：“昨夜十时四十五分，兴送遁初兄北上，在沪宁车站突遇凶人自背后枪击遁兄，连发三枪，中其一，弹由后腰上部斜掠肾脏，穿过大腹，直入下腹皮肤停止。当即送入附近铁道医院，十二时三十分取出子弹，系卜朗式。今日午后二时，集大医士五人，又加剖治，将腹伤缝补，食物污血一概涤尽，然后合其刀口。现神思昏炫（眩），状甚危险。”“当此人心摇惑之际，而有如此凶徒不

---

① 黄兴：《代宋教仁拟致袁世凯电》（1913年3月20日），《黄兴集》（二），第612页。

② 黄兴：《致谭延闿及国民党湘支部电》（1913年3月20日），《黄兴集》（二），第612—613页。

顾大局，戕贼人道，殊深浩叹。当场凶手窜逸，未及捕获。”[①]

3月22日，宋教仁逝世后，黄兴再次发布致袁世凯及国务院、参议院电文：“宋遁初先生痛于今晨四时四十七分绝命。特此耗闻。”[②] 上述两通电文，以期引起政府的重视。

宋教仁逝世后，黄兴将彻查“宋案”真相作为首要任务。也就在3月22日，黄兴与陈其美联合致书上海公共租界总巡捕罗斯先生，表示：“此案发现虽在内地，难保该凶手不藏匿租界，应请执事严饬得力探捕，加意侦缉。如能拿获正凶，澈清全案，准备赏银一万元，以为酬劳。宋君为民国要人，执事亦热心赞成民国，想当允如所请也。”[③] 与此同时，又致电上海闸北警局，说明“宋案”“已向公共租界总巡捕罗斯（亦称卜罗斯——引者）先生声明悬赏银一万元，如能拿获，澈清全案，即刻给银，决不食言。兹犯案之地，系贵局管辖，请为一体协拿”[④]。从1913年3月20日起，黄兴曾分别致电湖南都督谭延闿，北京国民党本部陈家鼎、刘彦、彭允彝、欧阳振声，北京《民主报》总编仇亮，革命党人季雨霖，众议院议员孙毓筠，“惜阴堂主人”赵凤昌等各界人士，通报宋教仁被害经过，呼吁社会各界关注此案，彻查此案。并于宋逝世的当日，发表谈话，阐述自己对“宋案”的看法，他说：“吾知宋甚稔，决其并无私仇，故此事必系政治上关系，为反对其政见者出此毒手。”黄兴将这起暗杀事件定性为一起政治谋杀案。他接着说：“当南京政府时，宋在政府演说，痛言政治情形必须改革。数日后接北方来函数通，多责备之词。”[⑤] 矛头直指“北方”

① 黄兴：《致袁世凯及国务院参议院电》（1913年3月21日），《黄兴集》（二），第613页。

② 黄兴：《致袁世凯及国务院参议院电》（1913年3月22日），《黄兴集》（二），第614页。

③ 黄兴：《与陈其美致上海总巡捕房书》（1913年3月22日），《黄兴集》（二），第613—614页。

④ 黄兴：《致上海闸北警局书》（1913年3月22日），《黄兴集》（二），第614页。

⑤ 黄兴：《关于宋案的谈话》（1913年3月22日），《黄兴集》（二），第617页。

政敌!

宋教仁被刺后，上海国民党交通部以缉拿凶手为己任。有关宋案线索亦有不少，其中最具价值的线索首推贩卖古董、字画的掮客河南人王阿发于3月23日提供的报告。据王陈述，大约10多天前，他在一个叫应桂馨的人家里，兜售字画，应拿出一张照片交王阅过。“并云君能杀此人，余当酬洋一千元。”王未敢答应。“遂晤及前任东方招抚使张秀泉之护兵邓文斌，以应事转托，邓未肯行。越一星期，及宋君被刺之案发现。邓即告之主人张秀泉君，张系国民党人，遂与陈英士君等谈及。嗣又在宝善街六野旅馆探悉此事系古董掮客武士英所为。武本晋中无赖，流落江湖，因应办共进会于前星期到应处入会，遂受唆使行刺宋君。国民党于二十三日夕间派员会同邓文斌招寻王阿发之至友唱髦儿戏之小连胜，引王至富利公司楼上，经该公司大班与包探等详细盘诘，王始吐出真相。”[①] 据王阿发回忆：当时应桂馨将要刺杀之人的照片交给他看时，他并不知道照片是谁的，当他在宋案发生后看到报纸上刊登的宋教仁遗像时，才恍然大悟，应桂馨要他刺杀的人正是宋教仁。23日晚，邓文斌陪同王阿发向上海公共租界英巡捕房报案。英总巡捕卜罗斯听完王阿发的陈述，即率10多名中西警探前往应桂馨常去的妓女胡翡云家追捕。但据胡家人说“应老爷和胡翡云都到迎春坊三弄李桂玉家吃酒”去了。[②] 当日晚12时30分，在上海英租界湖北路迎春坊三弄妓女李桂玉家捕获应桂馨。应家在小西门外徐家汇路文元坊北弄二号，属于法租界管辖。24日凌晨，英总巡捕卜罗斯会同法捕房总巡捕蓝维蔼，押解着应犯，带了20多人，前往应家搜查，查出许多公文信函，并在应家捕获武士英。通过审讯，据武士英交代：“大约七八日前，我在茶楼里认识陈玉生。在行刺的前一天，就是三月十九日，陈玉生来找我，约我加入共进会，见了应夔丞一面。当时，陈玉生对我说，现在我们要

① 佚名：《宋遁初先生被刺六誌》，《民权报》1913年4月6日。

② 方祖燊：《三湘渔父——宋教仁传》，徐血儿等编《宋教仁血案》，第439页。

办一个人，他是无政府党，并许事成之后，给酬金一千大洋。我就答应了。第二天，行刺的那晚，我们在三马路半斋吃酒，喝到半醉，陈玉生才告诉我：'今晚就要动手了，这人姓宋，晚上要搭火车走了。'说着就交我一把手枪。这时，还有另外两个人。""一个叫冯岳军，一个叫张汉彪。""我们四个人到了火车站，一个人在外面把风，我们三个人在火车站内等着。宋教仁进入火车站招待室，陈玉生指点着我看，说：'就是这个人。'又等了好一会儿，宋先生才由招待室出来，走向剪票口；我就在他的背后一两码的地方，向他开了一枪，马上往外逃。这时有人来追，我就躺下，朝天又开了两枪。逃出了车站，我就坐黄包车到了应夔丞家躲藏。陈玉生已先来了。应先生称赞我干得好。"① 由武士英的口供可以确认，刺宋由武实施，系由应桂馨指使。接着，从应家中找到了五响勃朗宁手枪和子弹；同时，经过警方多次搜查，查抄到应桂馨与内务部秘书洪述祖和国务院总理赵秉钧的来往密函多达 40 余件，从而使"宋案"真相大白。从洪述祖与应桂馨用密码联系的部分电文中可以看出"宋案"是在袁世凯的亲自指挥下进行的。2 月 22 日，洪致应电称："来函已面陈总理、总统阅过"，"请款总要在物件到后"。其中，"来函"系指刺宋计划，"物件"指宋之生命。应、洪所为，悉禀袁、赵命令。3 月 13 日，洪致应电："毁宋酬勋位"，"妥筹办理"。此指刺宋成功袁答应给应本人酬以勋位。3 月 14 日，应致洪电："梁山匪魁顷又四处扰乱"，"已发紧急命令设法剿捕，乞转呈，候示"。所谓"梁山匪魁"即以宋江之宋暗示宋教仁之宋，其言"转呈""候示"，可知应、洪刺宋皆受袁、赵指使，且必候其命令而后敢行。3 月 18 日，洪致应电："寒电应即照办。""寒电"系指 3 月 14 日电，请洪"转呈""候示"，洪呈袁、赵，而袁、赵示令照办，洪复电应即行照办。3 月 20 日，应致洪电："所发急令已达到，请先呈报。"此电为刺宋成功后所发，应知宋已中枪，急电洪，仍请先"呈报"。3 月 21 日，应致洪

---

① 方祖燊：《三湘渔父——宋教仁传》，徐血儿等编《宋教仁血案》，第 441 页。

电："匪魁已灭"，"望转呈报"。[①] 应知宋伤重必死，电洪请转呈袁、赵。由上可知，应一举一动皆非呈报袁、赵"候示"而行不可。洪、应二犯仅系袁、赵的工具，而武士英更是工具的工具，而真正的杀人凶手乃袁世凯。

袁世凯做贼心虚，为掩盖事实真相，他极力阻挠破案，其拙劣手法可以举出下列数端：

1. 假仁假义，故作姿态。事既发，袁装出一副悲天悯人的伪善面孔，即致电表示慰问，并派陈贻范为交涉使前往安抚，还在革命党人面前盛赞宋的功德，佯示痛惜。

2. 贼喊捉贼，以假乱真。袁世凯得知宋去世的消息，假惺惺地电饬江苏都督程德全、民政长应德闳等立悬重赏，限期破案，依法重惩，借以掩人耳目。

3. 散布谣言，制造混乱。袁捏造了国民党内部互相倾轧的谣言，"竟以凶手归克强"[②]，授意御用报纸广为传播，使国民党领导人之间互相猜忌，以达到瓦解国民党的目的。

4. 转移视线，欲盖弥彰。宋受伤后在医院曾接到一封奇怪函件，凶徒自署名为"救国协会代表铁民"，实系袁所指使。函云："钝初先生足下：鄙人自湘而汉而沪，一路欢送某君赴黄泉国大统领任。昨夜正欲与某君握别，赠以卫生丸数粒，以作纪念，不意误赠与君。""因某君尚未赴新任"，"故国人请君先行代理黄泉国大统领，俟某君到任后，自当推举你任总理"。[③] 其词意表示所杀意在"价值更重于宋君者"，刺宋仅仅只是"误中副车"而已，用以警告继宋而起谋国事者。

5. 假造文告，混淆视听。宋去世次日，袁授意应桂馨以所谓"神圣裁判机关"名义，并附有简明宣告文一通直寄国务院，有所谓"宋教仁莠言乱政，图窃权位"，"孙中山纯盗虚声，欺世误国；

---

① 《关于宋案证据之披露》，《民立报》1913年4月26日。

② 章士钊：《与黄克强相交始末》，《辛亥革命回忆录》第二集，第144页。

③ 天骥：《奇怪之信件及其观察》，《民立报》1913年3月24日。

袁世凯独揽大权，有违约法”，“赵秉钧不知政本，放弃责任；黄克强大言惑世，屡误大局”。谓“俱宜加以惩罚，特先判决宋教仁死刑，即日执行”等语。[①] 国务院据此通电全国，转移人们的视线。

6. 纵容凶犯，拒不认罪。正凶武士英被捕后，先是交代了受应桂馨指使刺宋的罪行，但嗣后又翻脸不认账。故“作凶悍状，大声言曰：‘此次杀教仁，乃我一人起意，并无第二个人指使’”[②]。同案犯应桂馨亦声言他并不认识武士英，在押期间，他贿买狱卒，劫狱成功，逃往青岛租界匿居。至于洪述祖，袁密令他到青岛租界内躲避，洪逃到青岛，旋即通电声明致应电中所涉袁、赵之辞，都是“假托中央名义”。赵秉钧亦为自己开脱说：“洪、应来往函电，他从未阅过”，完全是洪“招摇”和“隐射”。要他出庭受审，是“野心枭桀，借端发难，含血喷人”。袁甚至公然出面为赵辩解，赵呈请辞职，袁冷笑道：“辞什么，这也理他吗？他传他的，你干你的，看他其奈你何？”[③] 嗣后，袁又让他去天津当直隶督军。

7. 反守为攻，制造假案。袁见矢口抵赖不能摆脱困境，遂指挥京津警特机关制造“血光团”假案，袁打电话到步军统领衙门说：“血光团首领黄兴派遣团员在各地组织机关，图谋暴动，并刺杀军政界重要人物，除饬令侦缉队加紧防捕外，应即发出通告，俾众周知。”[④] 据此，北京地检厅甚至传票黄兴来京对质，与上海检查厅票传赵秉钧到案形成针锋相对的格局，摆下了旗鼓相当的阵容。

---

① 蔡寄鸥：《鄂州血史》，刘萍、李学通主编《辛亥革命资料选编》第四卷上册，第95页。

② 杞忧子编：《宋渔父》，转引自徐血儿等编《宋教仁血案》，第248页。

③ 蔡寄鸥：《鄂州血史》，刘萍、李学通主编《辛亥革命资料选编》第四卷上册，第96页。

④ 蔡寄鸥：《鄂州血史》，刘萍、李学通主编《辛亥革命资料选编》第四卷上册，第98页。

8. 理屈词穷，杀人灭口。上海地方法院宣布4月25日开庭审理武士英，可是就在头一天晚上，武士英吃红头硫磺火柴“自杀”身亡。武士英之死，分明是袁惧祸及己吩咐其爪牙干出来的勾当，可是他却反诬陈英士派人毒死武，黄兴、陈其美等人忍无可忍，促江苏都督程德全在4月25日将应、洪来往密电44件公诸报端，“宋案”真相遂大白于天下。武死后，应桂馨贿买狱吏，劫狱成功逃亡，直到“二次革命”失败，应多次去北京请求袁兑现“毁宋酬勋”的诺言，袁于次年2月派遣特务将其在京津铁路途中“解决”。赵秉钧为此事当面责袁说：“以后谁敢给你袁大总统办事啊!”袁复起杀机，赵遂在天津督军衙门宴客时，当场中毒，七窍流血而亡。只有洪述祖一人因与袁有双重戚谊关系，在袁的保护下，隐藏青岛租界多年，后为宋教仁哲嗣宋振吕和生前秘书刘白逮往，移解北平高等法院，于1919年3月以主使杀人罪被判处绞刑，4月初被绞毙，受到了应有的惩罚。此时，他的主子袁世凯早已在万民的唾骂声中一命呜呼了!

针对袁世凯阻挠破案的种种阴谋诡计，黄兴看在眼里，记在心里。他在忙于筹备宋教仁追悼大会的同时，密切地注视着案情的发展，并适时地追踪、揭示袁世凯的鬼蜮伎俩。准确地说，他是将筹备宋教仁追悼大会和彻查“宋案”这两件大事结合起来同时进行的。

3月23日，宋教仁灵榇由铁路医院移置湖南会馆，黄兴代表宋教仁家属向送殡各员道谢。略谓：“宋先生不幸遭此奇祸，今日蒙各界团体及本党党员劳步亲送，鄙人代表宋先生家属道谢。惟宋先生未竟事业，想诸同志极愿与闻，尚拟改日开追悼大会，届时仍望诸君到会，共表哀悼之意。”①

3月27日，黄兴与章驾时等35人发起追悼宋烈士大会启事云：“湖南同乡会定于阳历三月念九日下午二时，在斜桥本会馆开

① 黄兴：《代表宋教仁家属答谢送殡各员的谈话》（1913年3月23日），《黄兴集》（二），第618页。

会，追悼宋钝初先生，届时务请早降为幸。”[1] 念为“廿”的大写。3月29日下午2时，湖南同乡会组织的追悼会如期举行。接着，4月13日，由国民党上海交通部假静安寺路张园为宋教仁举行隆重的追悼大会。上午10时至12时为祭奠时间，下午2时至5时为演说时间，参加追悼会的群众达20000多人。上午10时，由居正宣布：原由黄克强先生主祭，因黄先生患足疾不能出席，改由陈英士君代理主席。陈报告开会宗旨时指出：“宋先生抱利国福民政见”，“故先生之死，为国为民”，我们当“继先生利国福民之志以慰先生”。[2] 继由汪洋宣读黄兴亲自撰写的祭文。其中有云：

先生非可死之人，今非先生可死之时，私党狙击非死先生之道，而竟车站一瞬遂殂元良乎？自先生之殂，卒卒时日，寰宇不春，薄海群黎，以泪洗面，瞻念国故，涓涓以悲，时复废箸，颊首痛哭入梦者盖二十日于兹矣。彼二三巨恶，自阅新丧，曾未尝不哀辞琅琅以欺国人。先生生而为英，死而为神，朗朗天路，当升而为雷霆，降而为地震以惩警之。独吾生死并命之国人，际此哀典，捧泪一掬，尚为先生所神明眷念凄怆享之者乎？自民国失先生，昔之戚然于边患者，今则撤守受降，回车集中矣；昔之与民同体者，今则鸣珂清跸，深居旧宫矣。呜呼，曾几何时，乃至于此！国人闻之，已对此祸胎怆然泪下。矧一灵未泯，尚记先生临命遗恨之言乎？先生聪明，在天之灵，宜烛其奸。默度先生临此哀典，当必如曩日之晓著朗畅，慨慷诏吾，俾践吾侪与先生十年来平民政治之约，以巩共和。顾自先生之丧，良直君子，捐弃旧恶，以一进行。即令枭恶相济，造作祸难，秉吾忠贞，当可克之。此吾国人藉先生今兹之来享，佐蔬酒以告慰者。嗟呼！诛奸救民，后死之责不胜，则此日挥泪灵前之众，既继先生以死

---

① 黄兴：《与章驾时等发起追悼宋烈士大会启事》（1913年3月27日稍前），《黄兴集》（二），第619页。

② 《宋教仁追悼大会》，上海《民立报》1913年4月14日。

之魂矣。[①]

黄兴的这篇祭文表达了国人痛失“元良”“瞻念国故”“以泪洗面”的悲痛心情，痛斥了袁世凯、赵秉钧、洪述祖“二三巨恶”在宋逝世后“哀辞琅琅以欺国人”的卑劣行径！赞扬了宋教仁一生“生而为英，死而为神”的革命精神。表达了与宋“生死并命之国人”，决心“践吾侪与先生十年来平民政治之约，以巩共和”的决心。追悼大会上，孙中山送挽联一副：“作民权保障，谁非后死者；为宪法流血，公真第一人。”[②] 黄兴所撰写的挽联是：“前年杀吴禄贞，去年杀张振武，今年又杀宋教仁；你说是应桂馨，他说是洪述祖，我说确是袁世凯！”[③] 孙中山的挽联揭示了宋教仁的死因；黄兴的挽联则直接指出了刺宋的元凶首恶就是袁世凯！

下午2时，在宋教仁追悼会上先后发言者依次为居正、徐血儿、吴玉章、于右任、沈缦云、伍廷芳、李佳白、马君武、潘仲荫、陆颂橘、黄膺白、杨济等人，每人演说以10分钟为限。孙中山派马君武出席追悼大会，并代致悼词，略谓：“宋先生之死，实死于官僚派之手。官僚派无整顿中国之能力，见有能整顿中国者，辄以残忍卑劣之手段暗杀之。若国民一任其所为，民国将万无可望。故今后之竞争，乃官僚与民党之竞争。宋先生死后，中华民国是否与之俱死，当视能否战胜官僚派为断。”[④] 潘仲荫在会上大声疾呼：“杀宋先生者非他，袁世凯是也。”“吾人继宋先生未竟之志，第一当不承认袁世凯为总统。”[⑤] 其他参加追悼会的革命党人个个义愤填膺，都将斗争矛头直指官僚派的代表袁世凯，表示要继承宋教仁的遗志，完成他未竟的事业，为巩固民主共和政体而斗争。事实上，宋教仁的追悼大会已经开成了揭露袁世凯罪行的声讨大会和反袁斗争的动员大会。

---

① 黄兴：《祭宋教仁文》（1913年4月13日），《黄兴集》（二），第624—625页。
② 孙中山：《挽宋教仁联》，上海《民立报》1913年4月14日。
③ 黄兴：《挽宋教仁联》（1913年4月13日），《黄兴集》（二），第625页。
④ 上海《民立报》1913年4月14日。
⑤ 同上。

早在宋教仁追悼大会之前的3月25日，江苏都督程德全来到上海，要求上海地方审判厅厅长黄涵之先参加英、法租界法庭的会审，又令通商交涉使陈贻范向上海领事团提出将应、武二犯移交中国审判厅审理的要求。因为当时宋教仁被暗杀地点在华界，但应桂馨被捕地点在英租界，武士英的被捕地点在法租界。[①] 领事团认为必须由他们预审，证据确凿后，再交还中国发落。也就在同一日，程德全来到黄兴寓所，商讨“宋案”缉凶问题。陈英士问程：“应桂馨之江苏巡查长，是否都督有委任状？”程答：“有的。”某君问：“何以委他？”程答：“这是内务部洪荫之，就是洪述祖所保荐。”[②] 另外，根据应、洪密电内容，可知应桂馨受洪述祖指使刺杀宋教仁。因而在3月26日，“江苏都督程德全电请国务院设法拘留洪述祖。洪述祖就在这天早上闻风潜逃出京，回天津宿纬路老家。警察总监王治馨延至二十八日派警探侯德山等五人前往天津。”但“洪述祖在二十八日上午九点半钟搭津浦车，从从容容地逃到了山东济南。二十九日早，乘胶济车，逃亡青岛。他把胡须剃了去，更名王兰亭”[③]。青岛属德国“租借地”，洪述祖花五千金，买了德国警务长的一座住宅，因此德国人不但不答应引渡洪述祖归案，反而严加保护，使洪述祖在青岛租界隐藏下来。对此，黄兴曾致电袁世凯，称：“宋案关于洪述祖之证据甚多，未便宣布。洪系内务部秘书，既属逃官，应饬由外交部向胶督交涉提回。”[④] 袁世凯迫于舆论压力，派内务部次长言敦源和另一位秘书程经世前往青岛声言处理洪之引渡事宜。后来国民党查明，言敦源和洪述祖有戚谊关系，程经世本身也与宋案脱不了干系，袁世凯派遣他们两位来交涉处理洪述祖引渡一事，自然是别有用心，

① 应桂馨被捕地点在妓女李桂玉家，李桂玉家住上海湖北路迎春坊三弄，属英租界。而应桂馨家住上海小西门外徐家汇路文元坊北弄二号，属于法租界管辖，武士英是在应家被捕，故其被捕地点属法租界，特此说明。

② 上海《民立报》1913年3月27日。

③ 方祖桑：《三湘渔父——宋教仁传》，徐血儿等编《宋教仁血案》，第445页。

④ 黄兴：《致袁世凯电》（1913年4月6日），《黄兴集》（二），第623页。

不会有什么结果。洪述祖也就安然无恙地寄身于青岛长达数年之久。

4月18日，黄兴与程德全等至洋务局接收检查厅移解在应桂馨家抄出的与“宋案”有关文件。25日，经月余调查，江苏都督程德全、民政长应德闳在舆论压力下，在黄兴等人敦促下通电公布宋案主要证据44件；并在同一日，程、应联名将“宋案”主要证据致电袁世凯、参众两院、各省都督、民政长及各报馆，自26日起，各报将上述证据悉行公布，宋案真相大白于天下，引起舆论大哗。也就在各报公布“宋案”证据的同时，即4月26日，黄兴与孙中山联合致电各省议会等，说明“此案关系重大，为中外人士所注目”。呼吁社会各界勇负“巩固民国、维持人道之责”，对“宋案”“要严究主名，同伸公愤”[①]。

“宋案”证据公开、真相大白于天下之后，由谁来执法、进行审理？如何惩办凶手成为一个关键问题。如果由主犯之一、时任总理赵秉钧属下司法部地方审检厅执行，其结果必然会隐瞒案件真相、包庇罪犯，不可能真正彻查全案，作出公正合理的判决。黄兴考虑到案件的特殊性，乃与程德全、应德闳、陈其美等人商量，拟在上海组织特别法庭，公开审理此案。袁世凯不便公开出面反对，便唆使司法总长许世英致函上海地方审检厅，反对成立特别法庭。函云：“宋前总长为民国伟人，本案审理自当格外慎重，程都督拟组特别法庭，即系此意。惟与约法、编制法等不符，碍难照办。本部斟酌再四，仍应由该厅负完全责任，审理所有一切。”[②] 黄兴识破袁的计谋，立即致电袁世凯，电云：“程督旋即实力进行，拟在沪组织特别法庭，并呈请任命主任。据程督云：此种组织，大总统本甚赞成，惟司法总长拘执法理，拒绝副署。昨

① 黄兴：《与孙中山致各省议会等电》（1913年4月26日），《黄兴集》（二），第626页。

② 《司法部否定组织特别法庭电》（1913年4月17日），《政府公报》1913年4月20日。

复接司法部漾电，反对甚力。夫尊重法律，兴岂有异辞？惟宋案胡乃必外于普通法庭别求公判，其中大有不得已之苦衷，不可不辨。”他讲了两条理由：其一曰：“盖吾国司法难言独立，北京之法院能否力脱政府之藩篱，主持公道，国中稍有常识者必且疑之。”其二曰：“况此案词连政府，据昨日程督、应省长报告证据之电文，国务院总理赵秉钧且为暗杀主谋之犯，法院既在政府藩篱之下，此案果上诉至于法院，能否望其加罪政府，无所相挠，此更为一大疑问。”至于司法总长本人“职在司法，当仁不让，亦自可风”。但是，司法总长侧身国务院中，“其总理至为案中要犯，于此抗颜弄法”，司法总长能做得到吗？“兴本不欲言，今为人道计，为大局计，万不敢于默尔而息。宋案务请大总统独持英断，毋为所挠，以符勘电‘维大局而定人心’之言，不胜迫切待命之至。”[①] 通过在沪国民党人的共同努力，审理宋案的特别法庭得以组成，并由上海地方检查厅票传宋案主谋犯赵秉钧到案受审。赵拒绝到案，并于4月28日下午向武昌黎副总统、各省都督、民政长等发表为宋案自辩电，其中谈及“应犯寄赵总理密函”，“本总理至今未见”；至于密函中所言赵秉钧带洪述祖谒见总统之事，“而查阅总统府门簿”，“亦无洪述祖之名，其为不根之谈”。另外，证据中有应犯寄程经世转赵总理密函一节，“本总理实未曾见”。他如来电所称“证据中有赵总理致洪述祖数函，当系洪述祖将原函寄交应犯”等语。“查洪述祖系内务部秘书，本总理与之通函，事所时有，来电既未述明原函内容，自系无干宋案，应即无庸置辩。此证明本总理与宋案无涉者也。”[②] 这种此地无银三百两的伎俩遭到社会舆论的强烈谴责，赵秉钧只得以患病为由呈请辞职。司法总长许世英也因颇招物议，向袁请求辞职。袁世凯惧祸及己，公然为赵秉钧和许世英进行百般辩解。他为配合赵秉钧的自辩，在赵发布自辩电的同一天即4月28日，在为宋案复黄兴电中说：

---

① 黄兴：《致袁世凯电》（1913年4月26日），《黄兴集》（二），第625—626页。

② 《赵秉钧为宋案自辩电》（1913年4月28日），《政府公报》1913年5月1日。

“据程都督、应民政长电呈各种证据，三月十三日以前似专为解散国会团及应、洪串谋挟制讹诈各事，词意甚明，与刺宋案无涉。惟十三日以后各函，应有‘如不去宋’一语，始寓造意谋害之点。俟人证齐集，审判公开，自能水落石出。至赵君与应直接之函，惟一月十四日致密码电一本，声明有电直寄国务院，绝无可疑。如欲凭应、洪往来函电遽指为主谋暗杀之要犯，实非法理之平。近一年来，凡谋二、三次革命者，无不假托伟人，若遽凭为嫁祸之媒，则人人自危，何待今日。甲乙谋杀丁，甲诳乙以丙授意，丙实不知，遽断其罪，岂得为公。请约法家将各项证据详细研究。公本达人，当能洞察。”对于许世英辞司法总长一事，袁表示：“该总长自莅任以来，整理司法，诸臻妥协。民国初建，巩固法权尤关重要，岂容以顾畏人言遂存退卸。所请辞职之处，碍难照准。”因为司法总长许世英以各种理由阻挠上海国民党人组织特别法庭是秉承袁世凯旨意的，他当然要为许撑腰，所以，袁在复黄兴同一电文中也谈及不批准许世英辞职的原因。袁说：“许总长迭拒副署，若听其辞职，恐法官全体横起风潮。立宪国司法独立之原则，未便过于摧抑。”[①] 对此，黄兴表示：“钧座解释证据，与鄙见颇有异同。兴亦非必固张己说，铁案如山，万目共睹，非一手所能掩饰。赵君为大总统左右侍近之人，是否与宋案有关，终当诉之法官之判断。至尊电谓，近一年来，凡谋二、三次革命者，无不假托伟人。词近影射，兴殊不解。近来人心险恶，信如来电所云，乙罪发见，往往媒孽甲短，以图钳制。转移此种恶风，不得不惟我公是赖。要之，兴争特别法庭，实见北京法院陷入行政盘涡之中，正当裁判，无由而得，不获已而有此主张。此于司法独立，实予以精神上之维持，以云摧抑，兴所不受。钧座曲谅此意，能有办法使政治与法律两得其平，兴敢不听命？”[②] 黄兴在驳斥袁氏为赵秉钧和许世英辩解的同时，义正词严地指出，袁来电

① 《袁世凯为宋案复黄兴电》（1913 年 4 月 28 日），《政府公报》1913 年 4 月 30 日。
② 黄兴：《致袁世凯电》（1913 年 4 月 29 日），《黄兴集》（二），第 628 页。

所云“乙罪发见，往往媒孽甲短，以图钳制”之类的话说的并不是别人，而恰恰是说的袁世凯本人。袁世凯正是这样做的。诚如前文所述及的，袁世凯借口破获“血光团”一案，因以栽诬黄兴，掩饰宋案罪责，就很能说明问题。所谓“血光团”一案是怎么回事呢？是原宋教仁秘书周予觉在袁探追踪和收买之下叛变自首，指使其妹周予儆谎编出来的一起假案。5 月 11 日，天津某高校女生周予儆在袁世凯以巨金收买之下，至京畿军政执法处宪兵队报案，自称：“一时受人之愚，投身黄兴所组织之暗杀团，今特自首赎罪。”并称：该“暗杀团潜在京、津组织血光党，以图炸毙要人，为颠覆政府，引起暴动之计”[①]。5 月 12 日，袁世凯所控制的北京报刊大多刊出周予儆的所谓“供词”。一时间，闹得满城风雨，街头巷尾，人们议论纷纷。更有甚者，5 月 17 日，参议院议员谢持被诬为“血光党”之“专管党中财政者”，被逮捕下狱。[②] 5 月 31 日，北京地方检查厅根据周予儆的诬供，移请上海租界会审公廨“审理”黄兴，并由北京地检厅向上海会审公廨发出传票，票传黄兴来京对质。会审公廨将传票发交捕房，派探往传。但领事团认为该案“既无切实证据，原告又不到沪质讯，与租界定章不符”。遂令总巡捕房将传票退回公廨。[③] 6 月 9 日，上海租界会审公廨总巡捕房总巡捕卜罗斯为北京地检厅以“血光团案”票传黄兴事，赴黄兴寓所，与之当面晤谈。并将领事团的结论转告黄兴，认为黄兴不必赴京对质，但须于 6 月 11 日赴会审公廨候审。黄兴回答说：“北京既以栽诬手段对付于我，我本磊落无私，自当赴京追究主谋，以期水落石出。然据领事之意，必须按照租界章程，以原就被，我亦不可有伤租界定章。”并答应 11 日先赴会审公廨候审。[④] 6 月 11 日，上海租界会审公廨传讯黄兴，黄遂携其代表右

① 转引自毛注青编著：《黄兴年谱长编》，第 382 页。
② 上海《申报》1913 年 5 月 21 日。
③ 上海《民立报》1913 年 6 月 6 日。
④ 上海《民立报》1913 年 6 月 10 日。

尼干帮办及其所聘律师费信惇从新的居所上海爱文义路一百号各乘汽车到廨。先由总巡捕卜罗斯先生所派西探上堂禀明传讯情形，当奉王襄谳会同英领康君宣布被控理由，谓被告曰："案据京师检察厅移称，有已获之暗杀党刘士廷等供出，尔串同周予儆、王宝生等谋害政府重要人物，并在上海北四川路设立机关部情事，尔承认否？即由被告代表费信惇律师译称，被告一向在沪，并未他往，有见证可以到堂证明。惟查此案既无原告到堂，又无证据呈出，不能承认。应请将案注销。中西官得供，会商之下，谕黄暂退。候原告到案，并呈出证据，再行传讯。"① 这场既无原告、又无证据的"审理"只能草草收场。对于这场纷纷扰扰的闹剧，黄兴表示："邪说横行，甚于洪水猛兽，今之谓也。但污蔑我个人不足惜，为害中华民国则大足惜。"② 并再次致电袁世凯，电云："顷据报载，都中军警机关，破获血光团之秘密组织。其中分子，供称受有兴之命令，目的在推翻政府，暗杀要人。旋又接得传票，传兴到京对质，不胜骇怪。兴既蒙有重大嫌疑，在侦察与传讯期间，不能辩，亦不屑辩。惟必需将搜获证件，认为确实与兴有关者，尽情宣布，公诸国人；且移交司法衙门，公开审理。兴当然亲自到案，以求得平允之裁判，决不至稍示畏避也。国法森严，总期无枉无纵。皇天后土，实鉴临之。"③ 袁世凯迫不得已，因拿不出任何证据，只得复电黄兴云："血光团破获之罪犯，供词虽牵涉我兄，但明为不逞之徒假借名义，以资保护。军警机关不察，遂至堕其术中，妄肆票传，殊属不成事体。除严加申饬外，特此表示歉意，即希鉴原。"④ 此事只好不了了之。

---

① 上海《申报》1913年6月12日。

② 《国民杂志》第1年第3号杂刊。

③ 黄兴：《致袁世凯电》（1913年6月11日之前），转引自蔡寄鸥《鄂州血史》（之三），刘萍、李学通主编《辛亥革命资料选编》第四卷上册，第98页。

④ 袁世凯：《复黄兴电》，转引自蔡寄鸥《鄂州血史》（之三），刘萍、李学通主编《辛亥革命资料选编》第四卷上册，第99页。

第三节 运用“法律解决”对袁斗争策略

“宋案”真相大白后，究竟采取怎样的方式讨伐袁世凯，在革命党内部人们的认识并不是完全一致的。有的激于革命义愤，主张立即兴师讨袁；有的主张采用暗杀手段，以其人之道还制其人之身；有的主张“法律解决”，采用政治手段运用和平方式充分揭露袁世凯的罪行，促其下台；但随着事态的发展，人们对袁世凯的认识又在不断地发生变化，当袁氏在“武力统一”的旗帜之下向南方革命党人举起屠刀实施残酷镇压的时候，以孙中山、黄兴为代表的南方革命党人被逼无奈被迫走上武力讨袁的道路。但是，长期以来，史学界有一种说法，认为孙中山是一直主张武力讨袁的，黄兴是一直主张“法律解决”的，而“二次革命”之所以失败，其主要原因就是黄兴坚持主张“法律解决”，有学者甚至认为黄兴“这时的态度完全是消极的而不是积极的”①。我们认为，这种说法大有商榷的余地，恰恰相反，黄兴在“二次革命”中的表现完全是积极的而不是消极的，理由如下：

其实，“宋案”真相大白之后，黄兴对袁世凯的讨伐是采取多管齐下的方针，最后随着事态的发展，在袁氏的步步紧逼之下，才无可奈何被逼走上武力讨袁的道路。开始，黄兴主张采用暗杀手段对付袁世凯，“即主以其制人之道，还制其人之身”②。如所周知，黄兴在领导武装起义的过程中，他一直是主张与暗杀相辅而行，因为暗杀手段比较简便易行，牺牲较少，且易致强敌于死命。所以他与张继等人“主张尤力”。在“宋案”之后，他同样主张派人暗杀袁世凯，但孙中山不主张暗杀，“以暗杀手段，不免有缺光

① 金冲及、胡绳武：《论黄兴》，《历史研究》，1962年第3期。

② 黄兴：《复孙中山书》（1914年6月1日或2日），《黄兴集》（二），第697页。

明，其结果定不良也”[①]。由于孙中山的反对，此议只好作罢。即以用兵论，黄兴也为此作了种种努力和准备工作。也就在“宋案”发生几天之后即派遣田桐携带自己写给季雨霖、詹大悲、蔡济民、熊秉坤、蒋翊武、蔡汉卿诸人的亲笔信赶赴湖北，具体部署湖北首义之区的讨袁军事活动。该亲笔信指出：“遁初惨遭狙击，经据凶手具吐实情，令人骇怒。大憝未除，必滋后悔。吾党同志，务当振奋精神，从新努力。此间情形，由梓琴兄面达。并盼兄等与之详商种切。”[②] 在黄兴、田桐的策动下，季雨霖等人组织“改进团”进行讨伐袁世凯的军事活动。据黄兴回忆：“宋案”发生之初，他也考虑过武力讨袁的问题，曾与孙中山“分电湘、粤两都督，要求其同意。当得其复电，皆反复陈其不可”[③]。到 4 月下旬，黄兴先后两次致电谭延闿，“力主筹练新军，须招足两旅。”“并荐举程君潜”，“充任旅长，以资得人”。谭延闿立即召开政务会议，讨论良久，经过反复研究，谭延闿最后复电黄兴，“佥谓湘省财力，实有不逮。且招募易而遣散难，应请暂缓实行”云云[④]。另外，黄兴在“宋案”之后还曾派人与蔡锷取得联系，约蔡锷共同举兵讨袁。据杨思义回忆：“宋教仁为袁世凯所暗杀，国民党人欲为报仇，计划兴师讨袁。黄兴派曾任宝靖招抚使的谭心休至滇，约蔡松坡共同起兵。松坡答曰：‘民国初建，国基尚未巩固，当劝克强安静。袁势方张，此时未可轻动。’谭曰：‘我等若再忍耐，袁贼必将做皇帝。’松坡冷笑曰：‘他如胆敢称帝，我将在西南也做起皇帝来。’谭讶其言，追问此是何说？松坡正色曰：‘国体共和，载在约法。有人敢违约法，国人必起而共击之，我就是第一个不饶他的。现在袁贼逆迹未彰，师出无名，故我主张暂时忍耐，

---

① 田桐：《革命闲话》，王杰、张金超主编《田桐集》，华中师范大学出版社，2011 年，第 385 页。

② 黄兴：《致季雨霖等书》（1913 年 3 月 22 日—26 日间），《黄兴集》（二），第 619 页。

③ 黄兴：《复孙中山书》（1914 年 6 月 1 日或 2 日），《黄兴集》（二），第 697 页。

④ 上海《申报》1913 年 4 月 28 日。

时机未到，劝公等万勿轻动。’谭闻其言，拂袖返沪，面报黄兴，并以此遍告同志。是时我亦在沪，曾亲闻其语。”① 既然在云南联络蔡锷共同举兵未能如愿，黄兴只能另想办法。“其时可用之兵力，湘、粤均摧毁无余，已使两先生（指孙中山和黄兴——引者）同为痛心，所剩者只区区南京第八师耳。”② 对此，黄兴将武力讨袁的主力确定为“南京第八师”，并派遣石陶钧去做联络工作。据石陶钧回忆：“黄兴也主张急在南京发动，要把驻住南京的第八师作为先锋部队，我就担任接洽第八师的责任，却因所见各异，或事机参差，我往返沪、宁间历三个月余，还没有得到一致的承认。”③ 后又派李书城、李根源、张孝准赴南京发动第八师“准备出兵讨袁”④。除此而外，为了筹措武力讨袁的军费，当袁世凯力挽刘揆一接替陈其美担任北京政府的工商总长之时，黄兴还暗中嘱咐刘揆一筹集“二次革命”的战费，刘遂与英国商人薛福签订借款合同草约，商借英金五百万磅，充作“二次革命”经费，此事为袁之爪牙侦知，袁唆使《亚细亚日报》揭发此事而作罢。迄至6月12日，黄兴从孙中山处领款5万元，用以部署讨袁军事行动。于是，黄兴乃派宁调元、熊樾山赴鄂组织机关；⑤ 继派谭人凤赴湘策动军队；⑥ 又命华玉梁邀约保定军校、江苏陆军小学及前军事养成队全体学生，编成一军，以为进攻上海制造局之基本队伍。⑦ 6月14日，袁世凯免去胡汉民广东都督兼民政长职，任命陈炯明为广东都督。黄兴连续三次致电陈炯明，促其接任都督，宣布讨袁。其中6月27日致陈炯明电称：“接任都督，宣布独立讨

---

① 杨思义：《蔡锷逸事》，湖南省政协文史资料委员会藏稿。

② 章士钊：《与黄克强相交始末》，《辛亥革命回忆录》第二集，第145页。

③ 石陶钧：《六十年的我》，周少臣主编：《辛亥先驱石醉六》，第247页。

④ 李书城：《辛亥前后黄克强先生的革命活动》，《辛亥革命回忆录》第一集，第206页。

⑤ 刘谦：《宁调元先生事略》，《建国月刊》第3卷第2期。

⑥ 谭人凤撰，饶怀民笺注：《石叟牌词》，第163页。

⑦ 华玉梁：《革命实纪》未刊稿。转引自李云汉《黄克强先生年谱》，第346页。

袁。”[①] 7 月 1 日致陈电称：“希接任都督，宣布独立，联合讨袁，切勿再延。”[②] 7 月 3 日致陈电称：“再不接任都督，独立讨袁，党人将不能相谅。”[③] 在黄兴的再三催促下，陈炯明才于 7 月 18 日宣布广东独立，并通电讨袁。由上述史事可知，在“二次革命”爆发前，黄兴对武力讨袁是做过种种努力的，其反袁态度是积极的。至于“二次革命”爆发之后，他毅然决然身赴前线，并出任江苏讨袁军总司令，勇敢地担当起武力讨袁的重任，其武力反袁的态度就更加积极了，关于这一点，我们将在本章第五节作详细阐释。

毋庸讳言，黄兴在“宋案”发生之初的确主张“法律解决”，这是否说明黄兴的反袁态度消极呢？我们认为，“法律解决”是黄兴对袁斗争的一种策略，有利于揭露袁世凯实施暗杀手段的罪行，使袁世凯陷入孤立无援的境地，同时也可以使南方革命党人有足够的时间充分准备去进行武力讨袁，更何况黄兴所说的“法律解决”有其特定的含义，那就是如前面所说的拟在上海组织特别法庭公开审理“宋案”主犯，而并非由“宋案”主犯之一、时任国务总理赵秉钧属下司法部地方审检厅执行，从而保证法律的公正性和严肃性，使袁世凯的阴谋暴露在光天化日之下。黄兴所主张的“稍缓用兵”，并不是不用兵，而是有更充足的时间准备用兵，即不打无准备之仗。而且，黄兴最初主张“法律解决”还与下列一些因素有关。

其一，军事力量对比悬殊。据当时在北京政府总统府任职的耿毅回忆：袁世凯在北方控制的军队不仅数量多，而且装备精良。他说：“我在总统府时，深知袁除北洋六镇外，又招募了几个混成旅，并使段芝贵练拱卫军二十营，倪嗣冲在皖北练二十余营。”[④] 另据有学者统计，1913 年春夏之交，袁世凯直接控制着 13 个师，

---

① 黄兴：《致陈炯明电》（1914 年 6 月 27 日），《黄兴集》（二），第 648 页。

② 黄兴：《致陈炯明电》（1914 年 7 月 1 日），《黄兴集》（二），第 649 页。

③ 黄兴：《致陈炯明电》（1914 年 7 月 3 日），《黄兴集》（二），第 649 页。

④ 耿毅遗稿：《癸丑讨袁回忆录》，《辛亥革命回忆录》第一集，第 547 页。

总兵力超过15万人以上。而且北洋军训练有素，粮饷和武器装备都很充足，外有列强暗中支持，军事力量较南方革命党人强大得多。黄兴在辞去南京留守之后，虽然“又另外编成了四个师，以陈之骥（第八师）、章梓、章驾时、冷遹分任师长”。但“无如一年以来，领导无人，致使军队有名无实。例如陈之骥系冯国璋女婿，官僚气味浓厚；旅长黄恺元为湖北富商之子，两人虽具有爱国反满的热忱，却少推倒袁氏的本领。王孝缜（第八师另一旅长）算是耿介之士，但亦非济变之才。章梓虽富于革命性，却为一纯粹文人。其他自郐以下，不足深论。这些军队以领导不得其人，所以训练并无成绩，组织亦甚复杂，正如一盘散沙，实无作战能力。南京之外的四省，如皖省军事力量，即包括在南京四师之内，此外别无军队；而在政治上，又意见分歧，尔虞我诈，在在堪虞。江西军队号称两师，实则只有留守府拨给的林虎一团可以作战，其他皆蹈言过其实之病。广东僻处岭外，亦无训练有素的军队，而胡汉民与陈炯明同床异梦，更是致命之伤。至于湖南”，“一兵一卒未练，仅恃赵恒惕一旅，倚为长城。由上所述，可见四督联盟，军力异常脆弱，内部团结亦有问题，只不过在政治上提出反袁的号召而已，而四督联盟之不足以抵抗袁氏的进攻，却早在意料中。加之黎元洪倾向袁氏，论地利与政治影响，均对四督联盟十分不利”。[①] 从程潜上述回忆可知，南方革命党人的军事力量是异常脆弱的，也是缺乏战斗力的。黄兴派人去各处联系，通过了解，不仅广东、湖南的都督“反复陈其不可”出兵，就是南京第八师的陈之骥、陈裕时、王孝缜、黄恺元等人也强调第八师“兵士缺额尚多”，“现在还不能出兵”。在这种情况下，黄兴“鉴于掌握兵权的人既不肯在此时出兵讨袁，仅仅我们在上海几个赤手空拳的人空喊讨袁，是不济事的。他遂主张暂时不谈武力解决，只

① 程潜：《辛亥革命前后回忆片断》，《辛亥革命回忆录》第一集，第88—89页。

好采用法律解决的办法，要求赵秉钧到案受审”[1]。李书城在这里将黄兴的心态变化是阐述得很清晰的。他认为，黄兴是一个顾全大局的人，当“宋案”之初，黄遂主张“法律解决”，但当孙中山等人一再主张武力讨袁时，他的法律解决主张也就不再提了，而是紧密配合孙中山的武力讨袁主张，派遣自己最亲密的战友赴各地联络，为武力讨袁作了种种努力，当这种努力未取得成效时，只好又运用“法律解决”这种对袁斗争策略。

其二，人们普遍存在厌战思定的心理，1913 年春夏之交与辛亥革命前夕人们的心理相比发生了很大的变化。辛亥革命前夕，人们迫切希望结束清政府的专制统治，“闻兵变而色然以喜”，但 1913 年春夏之交，在袁世凯掌控的舆论欺骗下，人们只希望发展实业，“莫不翘首企踵以渴望太平之隆盛”。1913 年 6 月 1 日，全国商会联合会致函孙中山、黄兴、陈其美，要求他们通电各省及北京国民党本部表明素志，以遏乱萌。该函具有代表性，反映了当时大多数人的心理，其中有云：“光复至今，瞬经二载。我商民初以脱离专制故，不惜生命财产赞助大举。迨清帝退位，南北统一，诸公雄才大略，固已有志竟成，薄海人民亦以克享共和，同深庆幸。虽兵燹之余，元气未复，而人心渐定，商业亦有来苏之望，方冀次第建设，福利可期。”然而，“开岁以来，各省商务甫经发动，不意三、四月间，谣言四起，险象环生。叠接各省商会函电，报告商货停顿，市面凋零，综计暗中损失不啻恒河沙数，匪徒乘机煽乱，意图劫掠，惊风骇浪，尤以他处为甚”。“影响所及，大局益危。自非消释其疑虑，不足以安人心而卫商业。拟请诸公通电各省，表明素志；其有谋为不轨者，一体严拿，尽法惩治；并恳电致北京贵党本部，以国家为前提，一致进行。庶几诸公爱国之心乃大白于天下，彼造谣生事之匪徒，自知计穷力竭，不复敢公然倡乱，俾大局日就平静，而我商界亦得忍痛须臾，力

① 李书城：《辛亥前后黄克强先生的革命活动》，《辛亥革命回忆录》第一集，第 206 页。

求恢复。诸公手创共和，首重民意，当蒙俯如所请，以济时艰。”[①]当时，民族资产阶级的上层立宪派人士几乎都主张“慎勿轻举妄动”，反对武力讨袁。毫无疑问，代表民族资产阶级中下层利益的革命党人在“宋案”之后，出于义愤，在倒袁的态度上是基本一致的；但在倒袁的方式上仍然存在严重的分歧，他们中的多数人并无与袁战斗到底的准备。因此，黄兴“这种用法律解决的主张也是有一种用意的。他认为当时国人还未认清袁世凯的凶恶面目，还以为反袁是国民党人的偏见；我们如果通过法律解决的办法把袁世凯谋杀宋教仁的真相暴露出来，使国人共见共闻，即可转变国人对袁世凯的看法，激起国人的公愤，使他们转而同情国民党”[②]。因此，在袁世凯的伪装下，其“帝制自为的逆迹尚未昭著，南方的革命党人又甫经裁汰必须加以整顿才能作战”的情况下，黄兴主张“稍缓用兵，以观其变。各省领兵同志多同意黄的意见”[③]。当时，一般“带兵者多主慎重，而不带兵的党人则多主速战”[④]。因为不带兵者不知其间的艰难，也不会冒战败的风险，空喊武力讨袁也许是最容易不过的事。

其三，受列强对我国边疆侵略的影响。当时，沙俄正在处心积虑地策划外蒙“独立”，企图将外蒙从中国分裂出去。早在 1912 年 5 月，沙俄乘乱出兵新疆伊犁、喀什噶尔、阿尔泰，我国西北边疆又一次出现分裂危机。英国也正在西藏上层领导人中培植亲英势力，挑拨西藏地方势力和中央政府的关系。1913 年 4 月，北京政府任命新的驻藏办事长官，英国极力阻挠北京政府与西藏地方之间的一切联系，不许驻藏办事长官入藏视事，妄图使西藏完全

---

① 《全国商会联合会致孙中山黄兴陈其美函》（1913 年 6 月 1 日），《黄兴集》（二），第 646—647 页。

② 李书城：《辛亥前后黄克强先生的革命活动》，《辛亥革命回忆录》第一集，第 206 页。

③ 周震鳞：《关于黄兴、华兴会和辛亥革命后的孙黄关系》，《辛亥革命回忆录》第一集，第 338 页。

④ 耿毅：《癸丑讨袁回忆录》，《辛亥革命回忆录》第一集，第 548 页。

受英控制，甚至鼓吹西藏“独立”。如果南方革命党人与袁世凯的北洋军开战，内战发生，黄兴考虑又害怕列强乘乱入侵，策动边疆地区少数民族动乱，乘机侵占中国领土。关于这一点，黄兴在《讨袁通电》中有一段话说得很清楚：“宋案”前后，袁“世凯遽有异图，日作战备。当时世凯罪状既彰，岂难申讨？徒以天下甫定，外患方殷，阋墙之戒，乃所宜守。爰戢可用之兵，徐俟元凶之悟。兴虽得世凯砌词辱骂之电，置而不答。四督何谴，罢斥随至，亦各决心谢职，翩然归田，宜可以告无罪于世凯矣。”[①] 由此可知，“天下甫定，外患方殷”不能不是黄兴考虑“法律解决”重要因素之一。总之，如果能用和平的方式解决南北争端自然是件好事。如果不能也可以在“法律解决”的口号下，通过特别法庭对“宋案”的审判揭露袁氏的阴谋诡计，使其狰狞面目暴露在光天化日之下，以致促其孤立无援，处于老鼠过街、人人喊打的境地；然后，加强与各省市联络，培育革命党人的军事实力，建成一支拥有克敌制胜的武装力量待到时机成熟便可以消灭袁氏的北洋军队，并进而推倒袁氏的独裁政权，仍不失为一种较为稳妥的对袁斗争策略。过去，长期以来，史学界有一种观点，认为黄兴在“宋案”后一度主张“法律解决”，是一种消极的态度，并将“二次革命”失败的原因归咎到黄兴的身上，以此贬低黄兴是欠妥当的。

第四节　反对“善后大借款”

众所周知，黄兴并非一概反对向外国借款，但必须注意借款条件，不能有损国家权益，在维护国家主权的前提下，为发展生产和改善人民生活而向外国借款是完全可以的。但袁世凯举借外

---

① 黄兴：《讨袁通电》（1913年7月15日），《黄兴集》（二），第651页。

债是以出卖国家主权为条件而换取帝国主义的支持，借款的用途不是用于生产而是筹措帝制自为、镇压革命党人的军费。早在黄兴担任南京留守期间，即1912年5月17日袁即指定财政总长熊希龄与英、美、德、法四国银行团（后来日本、沙俄加入，称六国银行团）秘密签订《垫款合同》及《监视开支暂时垫款章程》，银行团借给袁世凯政府上海平银300万两，以监督中国财政和监督中国军队为条件，遭到黄兴等人的坚决反对，责令熊希龄“毁约”，并主张劝募国民捐，设立国民银行以解燃眉之急。熊希龄慑于黄兴等人的强烈反对，借款谈判中断。周学熙代替熊希龄继任财政总长后，借款谈判也一直未能最后达成协议。1913年4月26日，在袁世凯的授意下，国务总理赵秉钧、外交总长陆征祥、财政总长周学熙与五国银行团（美国当时已退出银行团）正式签订了借款2500万英镑《中国政府善后借款合同》，用以作为镇压南方革命党人的军费。借款的条件是以中国的盐税、关税和直隶、山东、河南、江苏四省所指定之中央税款为担保。根据这个合同，帝国主义不仅控制了中国的盐税，而且中国的财政也受到监督。当时，国会正在开会，袁氏政府并未按照法律程序，将借款合同提交国会通过。对此，黄兴怒不可遏，立即致电袁世凯及国务院办事诸人，电云：“闻政府向五国银行团议借英金二千五百万镑，将有成议，且政府志在必行，条约迁就，损失利权甚巨，俟国会开始议事，再行提交追认，云云。此外尚有小借款，政府随时自由商借，兹则并‘追认’二字亦不语及。此种消息，殊属骇人听闻。夫借款必由参议院议决，载在《约法》。今国会承受参议院职权，关系全国命脉之举，不容彼先事置议，立国根本之谓何？今政府以‘追认’为词，不知《约法》并无追认之条。且在兴观之，议决募债事件为人民代表绝对之权利，大债由其议决，小债亦由其议决，非先得国会之承诺，政府不得自由募集分文，此立宪之真精神也。是故《约法》即有追认明文，兴犹以为不能适用于财政法案，况无之乎？且‘追认’云者，距国会开会期甚远，而其事又不值召集临时议会者也。今国会正在开会期间，政府乃视同无物，倡言追认，是何用意？财政事项，动与国民生命直接相关，且数至二千五百万镑之多，已溢吾国岁入之半，宁尚不足告语纳税之人邀其同意？此在国会闭会期间，犹当特别召集，今正开会而秘不与议，古今立宪国家是否有此先例？况临时政府将遂告终，国势未安，百政莫举，掌财政者全无计画足以昭示国人，骤须巨款，用途安在？此小之表示政府之不诚，大之人民得坐政府以破坏《约法》、蹂躏国会之罪。今宋案证据已经发表，词连政府，人心骇皇，倘违法借款之事同时发生，则人心瓦解，大局动摇，乃意计中事。兴曩随国民之后，尽瘁国务，略知民意所在。此种举动，兴逆料国民决不承认。敢申忠告，冀幸当局者停止进行。至借款条件之受损，在事实上固所必争，兴前在南京留守任内持以反对六国借款者即此。”[①] 这一通电文明确指出“善后大借款”以出卖国家主权为代价，不经过国会批准，擅借巨款是一种违法行为，必须立即停止。“善后大借款”签字后，不仅遭到参、众两院的否决，而且也引起国内各界人士的强烈反对。湘、赣、皖、粤四省都督联名通电，要求袁氏“立罢前议”，“毋使民国因借款而亡”。在举国上下一片声讨声中，国务院总理赵秉钧和财政总长周学熙亦发表通电，极力为此进行辩解，并谓借款一事“上年已经参议院议决”。于是，黄兴于 5 月 1 日再次致电袁世凯及国务院，明确指出：“得国务院俭电及财政总长勘电，均谓此项借款条件，上年已经参议院议决。据参院议长通电，则并无议决之说。总之，立宪国先例，法案未经公布施行，纵议事之手续已经完了，而停会或开会之事实于时发生，至下期开议时，该案须重行提出。国务院来电谓无此先例，是调查疏忽之咎。自上年十二月以来，大借款之议已寝，事逾半载，一切停止进行。今忽重议募集，银团易式，合同易款，折扣迥异，总额大增，此另为一案，政府当重行提出，了无疑义。于时国会初成，民意待白，政府乃悍然不顾，

---

① 黄兴：《致袁世凯及国务院等电》（1913 年 4 月 26 日），《黄兴集》（二），第 627—628 页。

借口于经年之废案，在临时政府告终之期，当局挥金僇辱人民之际，暮夜之间，骤加人民以二万万五千万之负担，事前不与国会筹商，事后复避国会质问，聚为秘谋，出乃规避，玩国民于股掌，视议会如寇仇，国政至此，体统安在?”对于“善后大借款”的用途，黄兴对所谓“中央只以扶持大局为心”的辩解也进行了有力驳斥。他说：“迩来国政不纲，贿赂遍地，蝇营狗苟之徒，率争为政府之伥，分仰余沥。观财政总长所谓忧时之彦，深惧此款不能成立，殊不能不令人涉思及此。即如应桂馨逆证中内务部秘书洪述祖至望大借款成功，润及凶顽，为政府锄除异己。”[①] 在这里黄兴对袁世凯借款用于排除异己，筹集镇压南方革命党人的军费进行了揭露，颇中肯綮。

“宋案”发生、“善后大借款”签字之后，一些别有用心的人幸灾乐祸，他们受袁世凯的拉拢，从自身利益出发，肆意攻击孙中山、黄兴。时任“万国改良会”会长的美国人丁义华就宋教仁被刺案及借款事，极力袒护袁世凯，并攻击孙、黄欲借此造成南北分裂；黎元洪也致电黄兴，亦有同样的论调。对此，孙中山与黄兴于5月6日联名复电丁义华，其中有云：“宋案发现，为人道之所不容。证据宣布，涉及国务总理。为中央计，为大局计，皆不能不使总理辞职受质。乃当局强自辩护，不谋正当解决之法，以平公愤，而反造为南北分治之言，而图反制。不知国民纵有攻击政府之心，而此案并非关系南北之事。”“五国借债，银团条款今昔悬殊，政府不交国会议决，擅行签押，国民起而反对，仅以其违法专横之故，而条款严酷，有负贵国退出银团好意，尚为第二问题，并非绝对的谓债之不宜借也。”“金钱流毒，人心丧尽，当事者存倒白颠黑之心，旁观者以幸灾乐祸为事”，“先生为共和先进国之国民，而维持友邦者独具热忱，倘能研究真象，发为正论，使世界知有主持公理者在，则顶礼而膜拜之矣”。[②] 5月9日，

---

① 黄兴：《致袁世凯及国务院等电》（1913年5月1日），《黄兴集》（二），第637页。

② 黄兴：《与孙中山复丁义华电》（1913年5月6日），《黄兴集》（二），第638页。

黎元洪致电黄兴及湘、赣、皖、粤四都督，为袁世凯借款进行辩解，电云："借款一事，聚讼数年，只以国信未著，条件太苛，更迭数手，迄无所就。今既各国让步速成，苟于通过原议不再受亏，即小节亦当共谅。此时洋赔各款即须速还，军政各费不能停止，各省又不能立集巨款用为抵制，更不能保将来政府借债之事永不履行，则是今日舍借款无救急之方，舍五国无现成之款。为今之计，国民惟有监督用途，力求补救。"黎氏甚至明目张胆地吹捧袁世凯为"救世之英雄"，绝不会"逆潮流"而动。力劝黄兴及上述四都督不要将借款与宋案和总统选举三件事联系起来，疑心生暗鬼，"借题发挥"，以致激成事端，[①] 对此，黄兴在复黎元洪电文中指出："惟借款适成于宋案发生之后，宋案适生于选举总统之前"，这三件事有着不可分割的联系；"夫宋案如何办理，固当由法庭主持，惟以堂堂政府首受嫌疑，国民一言及此，则曰：此借题发挥也。借债不交国会议决，暮夜签押，国民一言及此，则又曰：此借题发挥也"。从而"使天下之真是非皆为'借题发挥'四字所打消。今假设宋案发生，无所谓总统问题夹杂其间，借款事起，更无所谓宋案与总统问题为之牵连，则杀人者岂可置之不问？违法者亦乌可任其为所欲为"[②]？有力地驳斥了黎元洪为袁氏开脱罪责的言论。

第五节　出任江苏讨袁军总司令

"宋案"和"善后大借款"这两件事不仅引起了以孙中山、黄兴为代表的南方革命党人的强烈不满，也引起全国各地民众的无比义愤，袁世凯自知理亏，一方面严密控制舆论，加强报刊管理，

---

① 《黎元洪致四都督及黄兴电》（1913 年 5 月 9 日），《黄兴集》（二），第 641 页。

② 黄兴：《复黎元洪电》（1913 年 5 月 13 日），《黄兴集》（二），第 640 页。

继续进行辩解，妄图蒙哄过关；另一方面则加紧部署军事力量，借机消灭革命势力，力图武力统一全国，为自己复辟帝制扫清障碍。也就在“善后大借款”秘密签字四天后，于4月30日，袁世凯召开第一次秘密会议即海宴堂会议，议决以下六项内容：（一）多购军火，增置募兵；（二）各省通电概置不理；（三）令各省都督严密防范，不准开会演说此事；（四）由交通部饬令电局，止发反对借款电报；（五）以种种间接、直接手段，取缔全国报纸登载此两项事件；（六）分布军队办法。[①] 也就在第一次秘密会议一个星期后，5月6日，袁世凯在总统府召开第二次秘密会议，确定了对南方革命党人军事进攻的总方略：“有攻击南方敌军任务之北军，第一期对于湘、赣、皖、苏作战，利用京汉、津浦两路线集中，以鄂省为主要策源地，并以海军策应沿岸，兼妨害敌军之集中。”并对京汉、津浦两路线的进攻作了具体部署：（一）京汉方面以湘、赣、皖为进攻目标。以北洋第六师对赣进攻；以毅军赵倜所部对皖进攻；以北洋第六师之一部及黎天才第一师之一部占领武昌及汉口、汉阳；以黎天才第一师及雷震春禁卫军备兵之一部负责对湘防守。（二）津浦方面以苏、宁为进攻目标，以北洋第五师及张勋所部对宁、苏进攻。其他对进攻各地的预备队和北京等地的防守均作了布置，可谓详尽周到，并指定北方各省“直隶保定、河南磁州及颖、兖各处，皆新设征兵、募兵机关，计添入新兵当在二万上下”[②]。就在袁世凯先后两次召开秘密会议期间，为适应他即将发动内战的需要，也为了给时任国务总理的赵秉钧解围，于5月1日任命陆军总长段祺瑞代理国务总理[③]。并于5月3日发布“除暴安良令”。诡称：“近阅上海四月二十九日路透电

① 《民权报》1913年5月2日，转引自朱宗震、杨光辉编《民初政争与二次革命》上编，第305页。

② 《袁世凯军事计划消息》（1913年5月），朱宗震、杨光辉编《民初政争与二次革命》上编，第395—397页。

③ 赵秉钧在舆论压力下被迫提出辞职，袁世凯给假15日，命令段祺瑞代理国务总理，直至7月16日正式批准赵辞职。

称，有人在沪运动第二次革命，谆劝商家助捐筹饷，反对中央。又英文《大陆报》称，上海有人运动沪宁铁路，预备运兵赴宁各等语。披阅之余，殊堪骇怪。虽西报登载风闻，未必实有其事。而既有此等传说，岂容坐视乱萌。用特明切宣示，昭告国民。”“倘如西报所言，奸人乘此煽诱，酿成暴动，则是扰乱和平，破坏民国，甘冒天下之不韪。本大总统一日在任，即有捍卫疆土、保护人民之责，惟有除暴安良，执法不贷。为此，令行各省都督、民政长，转令各地方长官，遇有不逞之徒，潜谋内乱，敛财聚众，确有实据者，立予逮捕严究。”[①]

袁世凯及其党羽在作好进攻南方革命党人的军事准备之后，便无所顾忌，对以孙中山、黄兴为代表的革命派进行肆无忌惮的攻击，为武力统一中国大造反革命舆论。5月8日，国务院传大总统令训斥湘、赣、皖、粤四省都督，“侵轶鼎立之三权，淆惑一时之耳目，似此上无道揆，下无法守，人心一失，大命随之，该都督等亦难辞其责任！且都督为现役军官，有绝对服从之义务，民政长为行政长官，有服从中央命令之义务，万国通义，讵尚未闻。该都督、民政长等近日电文，多出于职任范围之外，竟置行政统系于不顾。该都督等亦有属官，如相率效尤，何以为治。且唆同僚以抗争，陷国事于危险，雌黄信口，更非身列军界、政界者所当为”[②]。5月13日，在袁世凯的策动下，陕西都督张凤翙等北方七省都督联名通电，责骂黄兴、李烈钧、胡汉民“不惜名誉，不爱国家，谗说殄行，甘为戎首。始以宋案牵诬政府，继以借款冀逞阴谋”。“淆惑观听，演出亡国恶剧，以沦陷我四万万同胞。”“自今以始，倘有不逞之徒，敢以谣言发难端，以奸谋破大局者，

① 《袁世凯除暴安良令》（1913年5月3日），朱宗震、杨光辉编《民初政争与二次革命》上编，第325—326页。

② 《国务院传大总统令训斥四督电》（1913年5月8日），朱宗震、杨光辉编《民初政争与二次革命》上编，第269页。

定当戮力同心，布告天下，愿与国民共弃之。”[①] 5月19日，北洋系统之冯国璋、段芝贵、姜桂题、张勋等81名高级将领联名致电全国军政各界，辱骂元勋伟人，声称：“乃近来临时政府将与正式政府递嬗之辰，桀骜之徒，野心勃发，直欲拼四万万同胞之头颅，偿少数人权利之思想。一借口于宋案，再借口于借款，四出诱煽，遍伏乱机。以致谣言沸腾，公理遏绝。”“我辈军人向不入党，只知有国，不知有党。只问乱不乱，不问党不党。如有倾覆政府，破坏共和之人，我军人枕戈而待，不敢言劳。”[②] 5月21日，袁世凯令梁士诒、段芝贵、曾彝进传语国民党人，肆无忌惮地辱骂孙中山、黄兴说：“现在看透孙、黄，除捣乱外无本领。左又是捣乱，右又是捣乱。我受四万万人民付托之重，不能以四万万人之财产生命，听人捣乱！自信政治军事经验、外交信用，不下于人。若彼等能力能代我，我亦未尝不愿，然今日诚未敢多让。彼等若敢另行组织政府，我即敢举兵征伐之。国民党诚非尽是莠人，然其莠者，吾力未尝不能平之。”当时在座者梁士诒多少还有点顾虑，担心此话传出去影响不好，梁嘱曾彝进“以个人资格往告国民党人。袁谓：即说是袁慰亭说的，我当负责任”[③]。这段公开发表的讲话无异于给以孙中山、黄兴为首的南方革命党人下了战书。继5月15日袁世凯批示取消黄兴陆军上将军衔之后，于6月9日免除李烈钧江西都督职；于6月14日免除胡汉民广东都督职；于6月30日免除柏文蔚安徽都督职。国民党所掌握的三省军政大权全被剥夺。7月初，袁世凯电令李纯第六师一部开往九江、湖口，接着又命海军中将郑汝成督率千余名士兵进驻上海江南制造局，并命驻沪海军司令李鼎新增调军舰两艘驶进上海，以资护卫。在

---

① 《张凤翙等七督责骂黄兴李烈钧胡汉民通电》（1913年5月13日），朱宗震、杨光辉编《民初政争与二次革命》上编，第406—407页。

② 《北洋军人辱骂元勋伟人通电》（1913年5月19日），朱宗震、杨光辉编《民初政争与二次革命》上编，第411—412页。

③ 《袁总统令传语国民党人》，《时报》1913年5月24日，转引自白蕉撰《袁世凯与中华民国》，第49—50页。

袁世凯大兵压境、步步紧逼、已无退路的时候，国民党上层人物已意识到前此所作的种种和平解决方案均成泡影，合法斗争再无可恃，被迫起而仓促应战。6 月 29 日，孙中山由香港返沪，即到李烈钧处与同志商议有关武力讨袁之事。接着，孙中山和黄兴又宴请李烈钧，席间，孙、黄对李勉励有加，李烈钧“意气自豪，谓各省如能响应，赣事尚可为”①。于是遂决定由李烈钧在江西率先发难，宣布讨袁，黄兴在南京宣布独立，南方各省次第响应，然后挥师北伐。当事人谭人凤以作牌词形式表达当时的心境：“腐心丧气已颓唐，胡为一天忽发狂？两督一撤来沪商，犹思提戈挥日返斜阳。二三同志问短长，矜人意气讲担当，喜煞孙和黄。”“李协和驰赴湖口窥南昌，黄克强雄据天府旧战场，三湘五岭及闽疆，同整队伍逐虎狼。”②

7 月 8 日，李烈钧奉孙中山之命潜返湖口。湖口水巡总监何子奇迎接李入湖口城。李烈钧连夜召开军事会议，决定在湖口成立讨袁军司令部。“李在上海时，和各方代表商妥，推他为长江上游讨袁军总司令。”在湖口召开的军事会议上，又推耿毅“为长江上游讨袁军司令部参谋长；任林虎为左翼司令，指挥一、二、七团攻击在十里铺的北军；任方声涛为右翼司令，指挥三、九、十团攻击在九江城南的北军；任何子奇为湖口守备司令，指挥十团的一营和水师各部。”③ 9 日，江西省议会推举李烈钧为江西讨袁军总司令，欧阳武为都督，贺国昌为省长。12 日，李烈钧在湖口宣誓就任讨袁军总司令，并发布《讨袁军总司令檄文》《布告天下文》《讨袁军对外通电》等文告，檄文历数袁氏“帝制自为，绝灭人道而暗杀元勋，弁髦约法而擅借巨款”，“盛暑兴师，蹂躏赣省，以兵威劫天下，视吾民若寇仇”的滔天罪行。号召“我国民宜亟起

① 谭人凤原撰，饶怀民笺注：《石叟牌词》，第 167 页。
② 谭人凤原撰，饶怀民笺注：《石叟牌词》，第 166 页。
③ 耿毅遗稿：《癸丑讨袁回忆录》，《辛亥革命回忆录》第一集，第 553 页。

自卫，与天下共击之”。[①]《布告天下文》宣称：“今代表人民宣布江西独立。”[②]“二次革命”正式爆发。

江西举义后，袁世凯任命李纯署九江镇守使，刘世钧署九江镇守副使，并遣兵陆续抵浔镇压。左翼军司令林虎早已由德安进驻沙河，距北军不及五公里。同日拂晓，林虎部发起反击，战至10点钟左右，北军被击溃，退至赛湖附近，林虎部占领瓜子岭一带。右翼军司令方声涛即在八里坡附近与敌军相遇，战斗极为激烈，九团团长周璧阶阵亡，战至日暮，方声涛部退至姑塘，等待援军，然而援军不能及时赶到，义军与叛军处于僵持状态。

孙中山在策动李烈钧宣布江西独立之时，并未放松在南京组织运动军队讨袁。而当时南京保留的革命军主力仅有第八师，且该师内部在讨袁问题上意见分歧，一般说来，营、连长一级军官反袁态度较为积极，而师、旅长一级军官主张慎重，不轻易发动，保存实力，以图将来。在此情况下，孙中山特派朱卓文携款2万元从上海来到南京，拟“运动第八师几个营、连长，叫他们杀了师长、旅长后宣告独立”。然后，再电孙中山莅临南京，主持讨袁军事。但未受运动的营、连长探听到这一消息后，即向第八师的两个旅长王孝缜、黄恺元报告了这一消息。王、黄两人认为：“现在若内部自相残杀，必致两败俱伤，第八师实力势将完全消灭。”“与其自己消灭自己，不如一致对付敌人。”于是，王孝缜、黄恺元两旅长便于7月13日午后仓皇来沪，向黄兴密报此情，并表示：“现在事已至此，虽准备未充分，也得树起讨袁的旗帜，请黄先生（指黄兴——引者）赴南京作讨袁军总司令，他们一致服从，但千万请孙先生（指孙中山——引者）不要在此混乱时期赴南京，须俟南京独立稳固后，再请孙先生去组织政府。”黄兴“见势已至此，遂应允他们的要求，决定次晨赴宁。他随即往见孙中山先生，说他自己愿赴南京举兵讨袁，请孙先生在初举义旗时暂勿赴南京，

① 李烈钧：《讨袁军总司令檄文》，周元高等编《李烈钧集》上册，第165页。
② 李烈钧：《布告天下文》，周元高等编《李烈钧集》上册，第165页。

俟创立一个局面后再请孙先生前往主持；并谓南京独立后，须有上海方面的兵力、财力的支援，请孙先生在沪督促陈其美赶快占领上海。孙先生同意后，黄先生乃嘱王孝缜、黄恺元两人当夜赶回南京，布置起义”[①]。14日晚，黄兴偕石陶钧等抵达南京。当晚，即在李相府陈之骥宅召开军事会议，“与会者有南京第一师师长章梓、第七师师长洪承点、第九师（实为第三师——引者）师长冷遹、第八师师长陈之骥等。会上决定出兵计划，各部分担任务如下：原驻江北的冷遹第九师，加上从第八师编成的一个混成团（团长刘建藩），共同配备在蚌埠铁路沿线，抵御冯国璋南下的军队；章梓、洪承点两师布置在淮扬一带，防守长江要塞，阻止张勋部前进”[②]。并暗中派遣陈之骥的第八师将士开入江苏都督府，负责警戒；派遣章梓的第一师官兵隔断了江苏都督府中与外界联系的电话，用以防止在程德全不听革命党人劝告的情况下对其采取强制措施，并使其与外界断绝联系。15日晨，黄兴率南京高级将领与程德全会晤，黄首先说明武力讨袁的大义，要求程予以协助。此时，睡梦初醒的程德全尚在犹豫之中，但眼见第八师的士兵已经开入都督府，而都督府内的电话也打不通了。在当时，“有若干高级将领自第八师长起，纷纷下跪，语极诚恳”，要求程德全宣布江苏独立，武力讨袁。程只得勉强同意，“而推请克强先生出任讨袁军总司令”，“愿从旁协助”。[③] 旋用程德全、应德闳、黄兴三人名义发布《通告讨袁电》，该电文在历数袁氏罪状后提出：“兹准各师长之请，于本日宣布独立，并由兴受任江苏讨袁军总司令。安良除暴，本职所存，出师讨贼，惟力是视。至民事一方，

① 李书城：《辛亥前后黄克强先生的革命活动》，《辛亥革命回忆录》第一集，第208页。

② 李书城：《辛亥前后黄克强先生的革命活动》，《辛亥革命回忆录》第一集，第209页。

③ 赵正平：《癸丑讨袁》，朱宗震、杨光辉编《民初政争与二次革命》下编，第584页。

仍由德闳照常部署。”[①] 早在黄兴离沪抵宁之前，已由章士钊拟好《讨袁通电》初稿，黄兴在宣布江苏独立，受任江苏讨袁军总司令后，即将章氏原已拟就的《讨袁通电》略作修改于7月15日正式发布。该通电首先说明武力讨袁的理由，略谓：“近北军又复轻师袭沪，入据各厂，闻风之下，惊骇莫名。自宋案发生，继以私借外款，袁世凯之阴谋一旦尽露。国民骇痛，理有固然。兴当时悲愤之余，偶电中央，婉词切责。湘、赣、皖、粤四督坦怀论列，亦本之忠爱民国之心。乃世凯遽有异图，日作战备。当时世凯罪状既彰，岂难申讨？徒以天下甫定，外患方殷，阋墙之戒，乃所宜守。爰戢可用之兵，徐俟元凶之悟。兴虽得世凯砌词辱骂之电，置而不答。四督何谴，罢斥随至，亦各决心谢职，翩然归田，宜可以告无罪于世凯矣。”接着，黄兴揭露了袁氏的豺狼本性和罪恶用心，“乃彼豺狼之性，终不可移，忽于各省安谧之时，妄列大兵于江海；当蒙边不靖之顷，转重腹地以兵戎。倒行逆施，至于此极！推其用心，非至剿绝南军、杀尽异己不止。似此绝灭人道，破坏共和，谁无子孙，忍再坐视”？通电最后表达了黄兴誓死倒袁的决心，号召大家为捍卫共和而斗争。“兴今承江苏程都督委为该省讨袁军总司令，视事之日，军心悉同，深悔待时留决之非，幸有急起直追之会，当即誓师北伐，殄此神奸。诸公保育共和，夙所倾服，望即协同声势，用集大成。兴一无能力，尚有心肝，此行如得死所，乃所尸祝。若赖我祖黄帝之灵，居敌忾同仇之后，天下从风，独夫寒胆，则兴之本志，惟在倒袁。民贼一去，兴即解甲归农，国中政事，悉让贤者。如存权利之想，神明殛之。临电涕泣，伏惟矜鉴。”[②] 也就在同一日，黄兴即以江苏讨袁军总司令名义发布誓师词，鼓励全体将士“协力前驱，众志成城，伸同胞之义愤，去全国之公敌”。与此同时，也表示自己矢志不渝、反

① 黄兴：《与程德全等通告讨袁电》（1913年7月15日），《黄兴集》（二），第650页。

② 黄兴：《讨袁通电》（1913年7月15日），《黄兴集》（二），第651页。

袁到底的决心："今者大军齐集，率吊民伐罪之师，讨众叛亲离之贼，犹摧落叶而扫枯枝，胜算之操，可以预决。兴竭九死之身，努力驰驱，不除袁贼，誓不生还。凡我军士，共鉴此忱。"[①]

黄兴在出任江苏讨袁军总司令后，以无锡地当冲要，命秦毓鎏回无锡策应，遂以江苏讨袁军总司令名义委毓鎏为江苏讨袁军临时筹饷处处长，负责后勤保障。并委任章士钊为江苏讨袁军总司令部秘书长，负责起草文告和各部有关联络事宜。命黄恺元为参谋长，赵正平为兵站总监，实施武力讨袁。

江苏讨袁军总司令部成立之后的第一件大事就是徐州会战。徐州位于江苏西北部，北与山东、南与安徽接壤，扼陇海、京沪铁路交点，自古以来为军事要地。黄兴按照原拟的军事计划，首先电令第三师师长冷遹驻守徐州一线，以第八师编成的一个混成团（团长刘建藩）加以配合，以防北军南下。为确保徐州会战的胜利，黄兴又"即电令驻徐的南京卫戍团团长吴浩率部去驻利国驿，防御北军南下。吴奉电后，立即遵照电令调集全团士兵占领了去驻防徐州北面津浦路沿线的利国驿，防止北军直冲南下，将津浦路轨拆去一段。而袁世凯所派的军队，主帅是冯国璋，先锋司令官靳云鹏，以一师之众，向吴浩所部一团包围着压下来。吴浩乃督率所部南京卫戍团抗御反革命军队，剧烈鏖战亘三昼夜，目不交睫，屹然不动，坚守阵地"[②]。16 日上午 8 时，第三师师长冷遹，与袁军第五师师长靳云鹏在徐州府附近开始恶战。"我军炮击甚有效力，各部队亦均奋勇异常，袁军死伤甚众。傍晚，我军乘胜渡河，力追袁军。战斗继续一昼夜，北军势已大挫。"[③] 也就在 16 日第三师师长冷遹与袁军第五师师长靳云鹏在徐州府附近恶战之时，第八师混成团团长刘建藩率领第二十九团三个营，附机

① 黄兴：《江苏讨袁军总司令誓师词》（1913 年 7 月 15 日），《黄兴集》（二），第 652—653 页。

② 李葆璋：《孙大总统的近卫军始末记》，刘萍、李学通主编《辛亥革命资料选编》第四卷上册，第 295 页。

③ 《民国近时新闻摘要》，转引自毛注青编著《黄兴年谱长编》，第 394 页。

关枪连及马炮兵各一营开拔北上，支援第三师官兵，当日宿南宿州；17 日继续前进，过徐州，至下午 4 时许抵达柳泉一带，已接近火线。18 日晚，刘建藩部“自韩庄散开，东西策应，追击敌兵十数里，经利国驿、韩庄直抵运河南岸，全线大获全胜”。“敌军伤亡数目虽无由详查，但在进攻过程中所见到的死伤人数也不下数百人，尤其是在河堤南岸堤沟内外散集尸体甚多，臭气难闻。”[①] 徐州会战，首战告捷，极大地鼓舞了南方各省革命党人的斗志，南方各省纷纷独立。率先响应江苏独立的是安徽省。而安徽芜湖又是革命党人的集结地，“芜湖诸同志有龚振鹏、张子刚、管鹏、范鸿仙、郑赞丞、凌蕉庵、金维系等认为安庆胡（指胡万泰——引者）等早为袁氏所贿买，伪称独立，后患无穷，以故在芜独立，宣布讨袁”[②]。“适第二旅长龚振鹏亦自正阳发来急电，饬令旅部军官同时响应，并整顿军队预备出发。该旅部军官遵于十五号夜宣布讨袁檄文，并通电各省，知会各国领事。一面出示晓谕商民。”[③] 国民极表同情，地方秩序安靖如常。“在皖事纷起、意志不一之时，克强乃令文蔚返皖讨袁兼任都督。到皖之后，军民两政随即统一。”[④] 龚振鹏、范鸿仙、郑赞丞等革命党人皆来省集中。17 日，柏文蔚在安庆宣布安徽独立，柏被推举为安徽讨袁军总司令和安徽都督。继安徽宣告独立之后，18 日，上海和广东也宣告独立。为促成上海独立，黄兴曾作过多方努力。考虑到吴淞系军事战略要地，其地位的极端重要性，他曾致电吴淞要塞司令官姜国梁，电云：“吴淞为江海门户，腹地存亡所系。阁下昔年尽力光复，厥功甚伟。当此与国贼宣战之时，务祈严密防范，勿使有失。凡有载有袁军之船舶，非有本府预先通告，概不准入口。有不从命者，

① 陈雪涛：《癸丑讨袁的回忆》，《辛亥革命回忆录》第六集，第 314 页。

② 《安徽二次革命始末记》，朱宗震、杨光辉编《民初政争与二次革命》下编，第 672 页。

③ 《芜湖独立报道》，《民立报》1913 年 7 月 18 日。

④ 《安徽二次革命始末记》，朱宗震、杨光辉编《民初政争与二次革命》下编，第 672 页。

即以强力抑制之，事关全省命脉，努力为之，至盼。”[①] 与此同时，他又致电上海水警第二厅厅长李英石，电云：“上海为商业巨埠，现当军事紧急之际，尤恐匪人乘机滋生事端。若不维持防范，势必糜难（烂）地方，商民受害实甚。希请妥为镇静。”[②] 除此而外，他还致电时驻上海海军总司令李鼎新、中将郑汝成、上海制造局督理陈榥（洛书）及藏和斋团长等人，促其与袁世凯脱离关系，共襄盛举。电云：“兴此次出师，惟倒袁一人，毫无地方之见。南北一家之语，已铭心腑。诸公如爱真正和平，请即宣言与袁氏脱离关系，共扶危局；否则将军队退出上海，免启衅端。扶持人道，惟此两法。仰领东望，立待好音。”[③] 黄兴的努力没有白费，就在黄兴 7 月 16 日发布致吴淞要塞司令官姜国梁电文的同一天，“顷得报告，吴淞口炮台台官姜国梁已宣告独立”[④]。接着，上海商团公推李平书为上海保卫团团长，从中斡旋，一方面消弭战乱，力求和平独立；一方面维持内部治安。在各界共同努力下，陈其美于 7 月 18 日宣告上海独立，自任讨袁军总司令，并发布上海独立通电，其中有云：“上海为东南重镇，关系匪轻，业于十八日完全宣布独立。驻沪各军队皆深明大义，地方秩序亦照常安谧。足慰廑怀。”[⑤] 嗣后，袁世凯加派北军一团赴沪镇压民军，黄兴立刻致电苏军师长章驾时、旅长朱熙，请求派兵支援上海民军，电云：“现上海新驻北军一团，力虽微弱，于我军进行不无阻碍。都督电军派兵赴沪，先歼内寇。公等夙抱义愤，威望允孚，光复之时，勋劳卓著，此次先举义旗，保障共和，划除公敌，匪异人任，即

---

① 黄兴:《致吴淞姜国梁电》(1913 年 7 月 16 日),《黄兴集》(二),第 655 页。

② 黄兴:《与程德全致李英石电》(1913 年 7 月 16 日),《黄兴集》(二),第 655—656 页。

③ 黄兴:《致李鼎新等电》(1913 年 7 月 18 日),《黄兴集》(二),第 656—657 页。

④《郑汝成致袁世凯段祺瑞报告上海军情电》(1913 年 7 月 16 日),朱宗震、杨光辉编《民初政争与二次革命》下编,第 707 页。

⑤《陈其美宣布上海独立通电》(1913 年 7 月 18 日),朱宗震、杨光辉编《民初政争与二次革命》下编,第 708 页。

希刻期派兵协助沪军扫荡北兵。临电神驰，无任盼祷。”[①] 可见，黄兴自始至终对上海独立是极为关注并大力予以援助的。7 月 18 日，广东省都督陈炯明发表《出师讨袁通电》，电云：“粤省本日宣告与袁断绝关系，克日出师讨袁。”[②] 陈被公举为粤省大都督兼讨袁军总司令。获悉粤省独立的消息，黄兴特致电陈表示祝贺：“巧电悉，佳音传播，大众欢忭。东南既同声相应，西北可传檄而定。擒蚩尤于广野，枭路易于平台。殄灭元凶，巩固民国，功成一战，造福无疆。”[③]

黄兴为使独立各省连成一片，形成强大的攻势，在与江苏毗连的浙江和与广东毗连的广西尚未宣告独立的情况下，他特致电浙江都督朱瑞和广西都督陆荣廷，敦促即日宣告独立。电云：“江苏宣告独立，军心一致，市廛不惊，士民称快。现徐州正与袁军宣战获胜，江西亦屡破袁军，北方内讧，狡计已穷，划除公敌，计日可待。公缔造共和，勋业最伟。年来对于中央，曲予维持，吾人具表同情。”“乃彼猜疑不已，奸诈百出，于地方无事、人心甫息之秋，忽尔提兵南下，节节进逼，苟非破坏共和，意欲何为？我军迫于自救，忍无可忍，已以血肉相搏，有进无退。大局至此，公等拥护中央之苦心，必已化为灰烬。恃在昔日同仇之谊，用敢挥涕相告。公等眷念东南大局，必仍一致进行，民国前途，实利赖焉。”[④] 嗣接浙江都督朱瑞通电，宣告浙江“中立”。并表示：“自今以往，但当一意保护我治安，不问其他。”[⑤] 7 月 19 日，福建宣布独立。实际上，福建的独立也是在黄兴的具体指导下进行的。应当说，福建独立缘起于哥老会首万黄裳，万与黄兴早已相识，且万与陆军十四师师长许崇智交谊甚笃，因许之力得充师司令部

① 黄兴：《致章驾时朱熙电》（1913 年 7 月 20 日），《黄兴集》（二），第 664 页。
② 《陈炯明出师讨袁通电》（1913 年 7 月 18 日），朱宗震、杨光辉编《民初政争与二次革命》下编，第 740 页。
③ 黄兴：《复陈炯明电》（1913 年 7 月 19 日），《黄兴集》（二），第 662 页。
④ 黄兴：《致朱瑞陆荣廷电》（1913 年 7 月 18 日），《黄兴集》（二），第 657 页。
⑤ 上海《民立报》1913 年 7 月 21 日。

正军械官。当宋案发生后，万适在沪闻国民党人欲倡“二次革命”之说，以推倒袁氏为目的。万黄裳往谒黄兴，表示自愿回闽，联络军界。并云：“师长许崇智，去岁入京，曾为袁氏所辱，挟怨颇深，每思报复，往说当亦赞成。惟闽省苦贫，非得巨资，则事难措办。”黄兴“即许之以事成，当拨三十万元汇闽应用”。万大喜，即束装返闽，将此情形告诉许崇智，并鼓吹国民党办事如何之热心，款项如何之充足。许崇智大为所动，即令万往说各军队效力。江西宣告独立后，许崇智复遣万黄裳赴沪与黄兴联系，并催黄兴所承诺之款。万抵沪数日，即由正金银行汇来十二万，并致函许崇智云，南军屡战屡胜，劝其从速宣告独立，免为人后。许崇智接到黄兴的电函和汇款，欣喜异常，“遂与心腹将校张祖汉、李焕、黄震白等密议，往说孙道仁。孙犹豫不决，答以此事不知闽人赞成与否？须征诸舆论为是”。及江苏独立后，万黄裳由沪赶回，责许食言。许复奉劝都督孙道仁说：“目下军民各界皆已赞成，倘都督不徇所请，恐有性命之虞。”闽督孙道仁被胁迫，只好表示同意与袁世凯断绝关系。许崇智遂于19日晚以福建讨袁军总司令名义通电各省，宣告福建独立。“其数袁罪恶，游说各省之电，皆许崇智命人拟稿。其二十日所发通告闽人士之示，由都督府秘书拟就，呈电都督。都督将其中有‘袁贼’二字者均勾去，代以中央及袁氏等字。”[①] 兹将这篇措辞温和的致全闽军民通告摘录如下：

“照得民为邦本，应天尤贵顺人。政随时宜，养兵原为弭乱。道仁德薄能鲜，谬承推举，都督全闽。溯自起义之初，原为扫专制之淫威，成共和之盛治，故不惜牺牲身命权利，从事革旧维新。乃自中央专政以来，假集权之名行专制之实，人民早已嗟怨。近又于江西构兵，自残同胞，赣、闽本唇齿之邦，在赣既先发其端，吾闽势必续蒙其祸。刻下赣、宁、皖、粤业已宣告独立，凡有血

---

① 《闽省独立及取消独立始末记》（1913年8月），朱宗震、杨光辉编《民初政争与二次革命》下编，第774—775页。

气者无不同心。道仁广征意见，并据军政绅商各界佥请，一律赞成，以保治安。又据英荷属七十九埠华侨电请伸讨前来，大局所关，吾闽亦不得不俯顺舆情，宣告与袁氏断绝关系，自修政治，力策进行。”①

福建宣布独立后，黄兴将目光投向了北方，在黄兴看来，仅有东南各省宣布独立是远远不够的，在袁世凯调北军南下之时，如能趁虚起义，切断袁军后援，可操胜算。于是，他想到了河南农民起义领袖白朗，白朗拥众2万多人，转战于鄂、豫、陕、甘数省，且接受孙中山、黄兴联合反袁的主张，是一支不可小视的力量。黄兴特派亲信阎润苍、夏焕三两人持亲笔函赶赴河南，进行联络，以期共同讨袁，策动北方各省独立。该函首先肯定了白朗力倡义军的功绩，指出：“自足下倡义鄂、豫之间，所至风靡，豪客景从，志士响应。将来扫清中原，殄灭元凶，足下之丰功伟烈，可以不朽于后世。”接着，黄兴谈及东南各省反袁的大好形势，勉励白朗义军乘机在北方切断袁方后援，扫清中原。他在函中说：“现在东南各省均已宣布独立，江西战胜袁军，屡次告捷。苏军在徐州与袁军酣战，亦获胜利。现北有蒙警，苏、赣又合力进攻，袁军以大兵分道南来，内地空虚，乘虚直捣，必获优胜。足下占领鄂豫之间，相机进攻，可以窥取豫州，断彼后援。若能多毁铁道，使彼进路阻碍，为功实匪浅鲜。”黄兴深知，白朗所组义军饷械缺乏，军粮供应亦来自民间，但须注重军纪，严加管束，不能扰民。他特别交代：“此次兴师，专为讨袁，以谋吾民之幸福。足下饷、械两无接济，刍粮所出，不能不稍取给于民间；然必义不苟取，师出以律，无伤地方恶感，使人人晓然于吾辈之举动，实有吊民伐罪之意，则士民乐服，响从者众，而大局可以挽回矣。”②

为阻止袁世凯继续向列强借款镇压革命党人，切断袁氏与外

① 《孙道仁与袁世凯断绝关系通告》（1913年7月20日），朱宗震、杨光辉编《民初政争与二次革命》下编，第769页。

② 黄兴：《致白朗书》（1913年7月20日），《黄兴集》（二），第666页。

国财团的联系，黄兴特撰《致各友邦通电》，在“上海各西报”发表，该通电阐明了各省纷纷独立奋起武装讨袁的原因、讨袁军的目的、讨袁战争的性质。在谈及讨袁的原因时指出：“东南各省因临时总统袁世凯假共和之名，违法罔民，爰起义师，宣布独立，初无他故。夫为总统者当悉本民意，以执行政事。惟袁世凯违犯《约法》，蹂躏国会权限，凡腐败不堪胜任之私人，无不高据要职。爱国志士，惨遭谋毙。迹其罪恶，甚于专制暴君。我人先拟依据宪法，令袁世凯退职，以谢人民。法律解决既经无效，乃不得不诉之于武力，作最后之解决。”黄兴在谈到讨袁军目的时指出：“今兹讨袁之军，其目的惟在保障共和，维持人道。因此而牺牲一切，亦所不惜。此次起义，并非新旧战争，更非南北决斗，除推翻欺陷我付托之民贼外，毫无自私自利之心。倘袁世凯知全国向背，顺从民意，辞退总统之职，则我人亦立即解甲归田。”该通电最后划定了政策界限，指出：“自战事宣布后，北京政府已失宪法上效用，请列强告诫各资本团，勿再交付款项于北京政府。凡合同等在宣布独立之前与袁政府所订者。新政府成立仍当继续有效。惟在宣布独立之后所订合同借款等，无论如何，一概不能承认。我人更欲宣布各友邦：凡在独立境界内，各国居留民之生命财产，我人担任完全保护责任。我人深信各国必能持友好之态度。”[①]

为加强对反袁斗争的统一领导，黄兴早于7月16日在南京江苏讨袁军总司令部召柏文蔚等开军事会议，会议期间提议推举与袁世凯枳不相能且同为清末重臣的岑春煊为各省讨袁军大元帅。7月19日，独立各省议会遵照南京军事会议的决定，拟通电推举岑春煊“开府江宁，主持中枢”[②]。7月22日，各省议会联合会开会，补行正式选举程序，并发布通电称：“各省代表佥以岑君春煊，秉性沈毅，制行廉正，英风直道，举国倾心，而又老于军事，素操

① 黄兴：《致各友邦通电》（1913年7月20日），《黄兴集》（二），第665页。

② 《省议会联合会推举岑春煊主持中枢电》（1913年7月19日），朱宗震、杨光辉编《民初政争与二次革命》下编，第506页。

胜算，谋定而行，动无过举。爰于七月二十二日开会，十八省代表一致投票选举岑君为讨袁军大元帅。凡各独立省分都督及讨袁军总司令，一律归其节制。”① 在得到各省议会联合会开会补行正式选举程序后，黄兴与江西都督欧阳武等人致电岑春煊，敦促岑即日赴宁，组织大元帅府，以资统一领导反袁斗争。电云：“自各省独立，宣布讨袁，闻风响应，几遍全国。足徵人心未死，国事尚有可为。惟军事贵统一，若无最高机关统筹全局，挈领提纲，恐各省自由行动，不克一致进行，实为前途之虑。先生威望素著，诚信克孚，凡我国人，莫不钦仰。谨公举先生为中华民国讨袁军大元帅，以资表率，而一事权。除派代表欢迎外，望轩车即日莅宁，组织大元帅府，布告全国。”② 岑春煊接到黄兴电告后，旋偕李根源赴粤，试图说服龙济光、陆荣廷并起讨袁，未能如愿，后遭袁氏通缉。

湖南是黄兴的故乡，黄自7月15日担任江苏讨袁军总司令之后，连续发布《致各省都督电》以及《与程德全致南昌湖口长沙广州福州等地电》，公布声明：“此次兴师，只认袁世凯为国之公敌，虽袁氏私人，或偶为袁利用，与民军有宿嫌者，但无反抗义军实迹，悉不究问。盖吾辈惟民贼之是诛，无南北之成见。”③ 他希望湖南等尚未独立的省区能和江苏等省一样，组织讨袁军，宣布独立，“事不宜迟。会师江上，直捣燕云，惟诸公是赖”④。在黄兴的感召下，在东南各省纷纷独立的形势下，谭延闿于7月25日被迫宣布独立。不得不表示：“本都督及军政各界，至今已忍无可

① 《省议会联合会选举岑春煊为讨袁军大元帅电》（1913年7月22日），朱宗震、杨光辉编《民初政争与二次革命》下编，第514页。

② 黄兴：《与欧阳武等致岑春煊电》（1913年7月16日—19日间），《黄兴集》（二），第660页。

③ 黄兴：《致各省都督等电》（1913年7月15日—19日间），《黄兴集》（二），第659页。

④ 黄兴：《与程德全致南昌湖口长沙广州福州等地电》（1913年7月15日—19日间），《黄兴集》（二），第660页。

忍，业已宣布与袁政府脱离关系，联合各省共灭元凶。”[①]

四川地处西南，交通不便，消息较为闭塞，川军第五师师长熊克武迟至8月4日在重庆宣布独立，任四川讨袁军总司令。川督原为国民党籍的尹昌衡，因尹平叛西征，川督遂由胡景伊代理，由于胡属共和党籍，投靠袁氏，袁遂任命胡为四川都督，尹昌衡为川边经略使。四川革命党人张百祥在川西组织讨袁军，自任全蜀民军总司令。

孙中山是“二次革命”的策动者和主要领导人，他先后往来于上海、澳门、香港等地，相继提出上海首先独立或苏、皖、赣、湘“四省同时并起，粤省响应”等设想，“二次革命”爆发后，孙中山即于7月22日连续发表《告全体国民促令袁氏辞职宣言》《致参议院等通电》《致袁世凯电》等著名文告。《宣言》指出：“国家安危，人民生死，胥系袁氏一人之去留”，“愿全体国民一致主张，令袁氏辞职，以息战祸，庶可以挽国危而慰民望”。[②]《通电》着重阐述各地讨袁的正义性，指出“今袁氏种种违法，天下所知，东南人民迫不得已以武力济法律之穷”，他要求参、众两院、国务院、各省都督、民政长、各军师旅长等，“以民命为重，以国危为急，同向袁氏说以早日辞职，以息战祸”。[③]《致袁世凯电》历数袁氏之罪行，他义正词严警告袁氏，“今日舍辞职外，决无他策”，并严正指出：“若公必欲残民以逞，善言不入，文不忍东南人民久困兵革，必以前此反对君主专制之决心反对公之一人，义无反顾。”[④] 在孙中山的号召下，“二次革命”已具有相当的规模，坚持两个月之久，先后有江西、江苏、安徽、上海、广东、

① 《谭延闿独立示谕》（1913年7月25日），朱宗震、杨光辉编《民初政争与二次革命》下编，第759页。

② 孙中山：《告全体国民促令袁氏辞职宣言》（1913年7月22日），《孙中山全集》第三卷，第66页。

③ 孙中山：《致参议院等通电》（1913年7月22日），《孙中山全集》第三卷，第68页。

④ 孙中山：《致袁世凯电》（1913年7月22日），《孙中山全集》第三卷，第69页。

福建、湖南、四川八省、市宣布独立，再加上全国各地群众的自发斗争此伏彼起，形成了波澜壮阔的反袁斗争浪潮。面对北洋军大举南下，强兵压境，徐州、湖口、南京、上海等各地讨袁军英勇奋战，表现出革命党人不屈不挠的顽强斗志，在辛亥革命史上留下了浓墨重彩的一笔。“二次革命”是辛亥革命后以孙中山、黄兴为首的革命派对袁世凯的专制势力发起的一次新的进攻，给袁世凯的独裁统治以沉重的打击，其革命性是毋庸置疑的。

然而，“二次革命”毕竟很快就失败了。7 月 22 日，袁世凯下令褫夺黄兴一切荣典、军职，并下令通缉。23 日，袁氏又下令撤销孙中山筹办全国铁路全权，并宣布讨伐令，拟将内战进行到底。25 日，袁氏命令李纯部陆军和汤芗铭所率海军从两面夹攻，湖口失陷，李烈钧败走南昌。8 月 18 日，南昌陷落，江西讨袁军失败。江苏方面，袁世凯于 7 月 23 日任命心腹大将冯国璋为江淮宣抚使，攻徐州，不久，徐州陷落。冯率部继续前进，由津浦路南下速取临淮，进逼浦口；袁氏又急授张勋为陆军上将，旋又升任为江北镇抚使，并令张勋率部由水路取道清江、扬州，进攻镇江，然后两军会合，攻取南京。28 日，黄兴因江苏讨袁军败北离宁赴沪。程德全通电取消独立。嗣后，虽有何海鸣在南京继起讨袁宣布第二次、第三次独立，但终因力单势孤，无法挽回颓势。9 月 1 日，张勋率辫子军攻克南京，江苏讨袁军最终失败。广东方面，袁军于 8 月 4 日炮轰广东都督府，陈炯明、岑春煊潜往香港，广东取消独立。8 月 9 日，福建都督孙道仁宣布取消独立。8 月 13 日，袁军进攻吴淞口，讨袁军退守嘉定，陈其美避入租界，上海讨袁军失败，上海独立无形取消。也就在同一日，湖南都督谭延闿自行宣布取消独立。8 月 29 日，芜湖被袁军攻陷，安徽讨袁军失败。9 月 12 日，熊克武放弃重庆，至此，持续两月之久的“二次革命”宣告结束。

至于“二次革命”失败的原因，史学界有关论著众说纷纭，有的论著甚至将“二次革命”失败的原因简单地归咎到黄兴个人身上，认为是黄兴主张“法律解决”、对袁氏妥协的结果，甚至说黄兴是妥协派的代表人物。我们认为这是有失公允的。

关于黄兴为什么主张“法律解决”？这个问题在本章第三节已有详述，此不赘述。诚然，“二次革命”失败的原因固然是袁世凯军事力量相对强大，数量多、装备好、训练有素，而且得到帝国主义列强的支持，列强除在财政和武器上源源不断进行援助外，甚至直接参与镇压讨袁军。加之，民心在经历大规模反清武装斗争之后有厌战情绪，求稳怕乱。但这毕竟只是外因，外因只是变化的条件，内因才是变化的依据，外因通过内因起作用。那么，“二次革命”失败的内因是什么呢？内因只能从领导这次革命的民族资产阶级本身去寻找答案。毛泽东曾经对中国的民族资产阶级进行过分析，认为“民族资产阶级是带有两重性的阶级”，“一方面，民族资产阶级受帝国主义的压迫，又受封建主义的束缚，所以，他们同帝国主义和封建主义有矛盾”。另一方面，“由于他们在经济上和政治上的软弱性，由于他们同帝国主义和封建主义并未完全断绝经济上的联系，所以，他们又没有彻底的反帝反封建的勇气”。“民族资产阶级的这种两重性，决定了他们在一定时期中和一定程度上能够参加反对帝国主义和反对官僚军阀政府的革命，他们可以成为革命的一种力量。而在另一时期，就有跟在买办大资产阶级后面，作为反革命助手的危险。”① 可以这样认为，以1911年武昌首义为标志的辛亥革命，民族资产阶级的态度是积极的，以孙中山、黄兴为代表的民族资产阶级中下层即资产阶级民主革命派起了领导作用，而作为民族资产阶级上层的立宪派也同情和支持革命派，在反对清王朝封建专制主义的斗争中与革命派结成了同盟，也是革命的一支重要力量。在这一时期，民族资产阶级所显示的革命力量是主要的，考虑到袁世凯从自身利益出发，迫使清帝退位，客观上为推翻清王朝也起过一定的作用，在其许诺承认建立共和制国家的前提下，孙中山辞去临时大总统，

① 毛泽东：《中国革命和中国共产党》，《毛泽东选集》，人民出版社，1969年，第603页。

黄兴辞去南京留守，对袁氏作出让步，并荐袁氏自代是完全可以理解的，这种妥协性虽然存在，但是十分有限。而在“宋案”发生后，国内的政治、经济形势已经发生了很大的变化，民族资产阶级中的绝大多数人均害怕“二次革命”会断送中国民族资本主义发展的“黄金时代”，扰乱社会秩序。民族资产阶级中的上层人物已经明目张胆地投入到袁世凯的怀抱，参与破坏和镇压“二次革命”；民族资产阶级中的中下层即民主革命派中除少数急进分子积极支持和参与武力讨袁外，从发展民族工商业所获得的实际利益出发，多数人也开始“转向为背”，放弃革命，害怕战乱再起，影响自身实业的发展。民族资产阶级政治态度的变化，必然会在国民党内部有所反映，老同盟会员之间的分裂便成为势所必然的事。至于那些官僚政客投机取巧、首鼠两端、翻手为云、覆手为雨的两面派就更是屡见不鲜了！这就是“二次革命”失败的关键所在。国民党湖南支部长谭延闿就是一个典型。他作为湖南国民党的负责人不仅不站在讨袁军一边，反而站在袁世凯和黎元洪一边，事前，他曾向黎元洪表示，“如湘省独立，即服毒自杀”。黎交代他“徒死无益”，不如“阳为附和，阴图敉平”。所以，湖南此次未能宣布独立，后来，迫于形势，在黄兴的敦促和感召下，被迫于 7 月 25 日宣告独立，仅仅 10 多天后，即于 8 月 13 日自行宣布取消独立。诚如黎元洪在致袁世凯的专电中所解释的：“湘省虽号独立，始终未尝暴动，今复自行取消，足见谭督暗地维持，始终一致。”[①] 当时，类似谭延闿这种两面派态度者所在多有。江西都督欧阳武、江苏都督程德全、安徽都督胡万泰、福建都督孙道仁，无一不是如此。欧阳武被推举为江西都督后竟称病不出；江苏都督程德全 7 月 15 日宣布江苏独立，16 日晚即偕民政长应德闳离宁赴沪，声称“旧病剧发”，“来沪调治”，不到 10 天，即 7 月 25 日发表通电，声言“十五之后，一切文电，由宁递发者，均

① 《黎副总统政书》卷 36，转引自章开沅、林增平主编《辛亥革命史》下册，第 473 页。

系借用德全名义"[1]，与自己无关。

安徽都督胡万泰先是策划假"独立"，当他得悉淮上讨袁军失利和黄兴即将出走的消息后，立即率部返回安庆，准备对柏文蔚采取行动，由于柏文蔚警惕性高，胡未能得手。但胡万泰即于8月7日通电宣布取消独立。

如前所述，福建都督孙道仁也是在许崇智胁迫下被迫答应与袁世凯断绝关系的，7月19日，许崇智以福建讨袁军总司令名义宣告福建独立，8月9日福建都督孙道仁即宣布取消独立。

在各省纷纷取消独立，江苏都督程德全公开向袁氏投降并反过来密电南京卫队"捉拿黄兴"的险恶形势下，黄兴认定"二次革命"失败已成定局。他于7月26日公开发表"关于'二次革命'可能失败的声明"，并作好了以身殉革命事业的决心。

早在7月16日，黄兴在写给妻子徐宗汉的信中就已经作了交代。他极力劝阻妻子不要来南京会面，他说："闻弟极欲来宁一见，此可不必。"他在信中提及自己的责任时说："吾责至大至危至暂，汝责至细至久至难，然则汝之责任终艰巨于吾乎！""故敢以是相托"。他嘱咐徐宗汉养育好子女，将来为国效力，这也是一种艰巨的责任。他在信中最后说："人生如戏，不可认真，战局方酣，安能逆料？但恨为国民求真正之幸福，而目前之痛苦已不可除，安得国民均能知真正之幸福由极痛苦中来也。"很明显，这一席话表明：黄兴一生所追求的事业是"为国民求真正之幸福"，而"真正之幸福"乃"出极痛苦中来"，而"目前之痛苦已不可除"，"目前之痛苦"何所指呢？就是指牺牲一己之生命，所以，他"书至此"，"不欲言矣"。[2]

另外，在7月29日日本人秋元少佐从上海发出的致军令部长电文中明确提及黄兴准备以身殉国。电文有云："在当地，除第八

---

① 《程德全陈明被胁独立情形电》（1913年7月25日），朱宗震、杨光辉编《民初政争与二次革命》下编，第624页。

② 黄兴：《致徐宗汉书》（1913年7月26日），《黄兴集》（二），第670页。

师之外，各军都被程德全收买了，并且在两三天前曾企图攻击黄兴。黄兴所依靠的只有第八师，根本无法抵抗，甚至都督府的宪兵也变了心，危险渐渐迫近身边。因此，黄兴昨日企图自杀，但为幕僚谏止。”[①] 黄兴私下还对秋元少佐说：“现在非常遗憾的是，因为有各种障碍，南京无法维持。牺牲在这里，是男子汉大丈夫最光荣的事，也是我所希望的。但我部下的将校都反对我的做法。如果我一定坚持我的意见，是使这些有为之士徒死于此地，这又是我不忍心的，更何况无辜良民破产弃家。”[②] 由此可以看出，黄兴的生死观无疑是正确的，他将自己的生与死与他所从事的革命事业联系起来，与广大人民群众的利益联系起来，在革命事业和人民群众需要他献身的时候，他义无反顾，虽死犹荣。但为了保护部下将士的生命和人民群众的利益，他也能听得进部下将士的意见。在败局已定、“大势已去”、无可挽回的情势之下，相机行事，适时撤离，以免造成更大的牺牲，保存实力，以利再战，这是他撤离南京的真实原因。关于这一点，在他 7 月 29 日致柏文蔚的电文中说得更清楚：“大势已去，无能为力，弟已他往。望兄相机引退，留此身以待后用。”[③] 由此可以看出，保存实力，以利再战，为了更好地一跃而后退，也不失为一种灵活机动的战略策略，而不是如同有人所主观推断的那样，是“不负责任，一走了之。”

南京为六朝古都，历史上是兵家必争之地，战略地位极其重要。作为“二次革命”的主将，黄兴在此召开军事会议，部署武力讨袁，号召同志与敌人浴血奋战，誓死捍卫这一重要战略要地。南京失守，黄兴自认为作为主将的他有不可推卸的责任。眼看粮饷和枪械都将被奸雄袁世凯所窃夺，革命党人从此失去了重要的据点，这又助长了民贼的嚣张气焰，在正义未伸的情况下屈死是

① ［日］片仓芳和：《二次革命与黄兴流亡日本》，林增平等主编《黄兴研究》，第 89 页。

② 黄兴：《与秋元少佐的谈话》（1913 年 7 月 29 日），《黄兴集》（二），第 671—672 页。

③ 黄兴：《致柏文蔚电》（1913 年 7 月 29 日），《黄兴集》（二），第 672 页。

会遗憾终身的。因此，诛灭权奸的心愿未能实现，革命党人是不会退缩的，只要精心准备，是可以东山再起的，那些拥袁的跳梁小丑们助纣为虐，滥杀无辜，必将会受到历史的严惩！

第九章　流亡海外　继续反袁

“二次革命”发生不久，黄兴即被袁世凯诬指为“谋叛”“凶逆”首犯。袁氏于1913年7月22日下令褫夺黄兴一切荣典、军职，并下令缉捕。袁氏通缉令称：“前南京留守黄兴，自辞卸汉粤川铁路督办后，回沪就医。本月十二日，忽赴南京第八师师部，煽惑军队，胁迫江苏都督程德全同谋作乱。程德全离宁赴沪，黄兴捏用江苏都督名义，出示叛立，自称讨袁军总司令。”“着冯国璋、张勋迅行剿办叛兵，一面悬赏缉拿匪首。其胁从之徒有擒斩黄兴等以自赎者，亦与赏金。”[①] 翌日，黄兴又被上海工部局取消租界居留权。“二次革命”失败后，黄兴被袁世凯悬赏十万元通缉，袁氏声称：“不论生擒、击毙、一律受赏。”[②] 黄兴在部将的规劝和簇拥下，被迫离宁赴沪，辗转到达日本。当时，与黄兴先后赴日的革命党人颇多，为安置这批流亡者，黄兴颇费心思，他积极筹谋善后举措，解决流亡者的生活、生存问题，欲谋再起革命。1913年8月18日，孙中山移居日本东京。31日，孙、黄会晤。黄兴因与孙中山在讨论“二次革命”失败的原因以及组建中华革命党等问题上存在分歧，认识无法在短期内统一，因而，他只得接受孙中山提出的让他“静养两年”、“彼此可不谈公事”的要求，

① 北京《政府公报》第436号。

② 上海《新闻报》1913年8月1日。

远适欧美。于 1914 年 6 月 30 日启程赴美。黄兴寓居美国长达近两年之久，他一方面继续宣传反袁；另一方面，他又与美国朝野人士广泛接触，研究美国政治制度。随着袁世凯帝制活动日益猖獗，黄兴积极参与策动和领导护国运动，他在加强反袁宣传、把握反袁时机、提出反袁战略策略以及争取国际舆论的支持和筹款、购械等方面都做了大量的具体工作，自始至终参与了护国运动，他和孙中山一样都是护国运动的主要领导者。

第一节　离宁辗转赴日

黄兴离开南京后，本想经上海，至香港，然后再前往美国；但他的流亡之旅却并不顺畅，不仅在上海和香港未能登岸，而且几经周折，辗转去了日本，经过一个多月的折腾，换乘了 4 艘大型船舰和几艘小型游船，好不容易才到达日本东京，造成这种局面的原因还得从日本政府对待以孙中山、黄兴为代表的南方革命党人态度的改变说起。

毫无疑问，日本政府对华的态度是以其自身利益为转移的。早在晚清末年，清政府腐败无能，统治已是摇摇欲坠，其垮台不过是时日问题了。而当时在日本的中国留学生最多时已经达到了 8000 多人，东京已经俨然成了中国留日学生的会聚之所和隐蔽的革命根据地，中国第一个资产阶级政党中国同盟会在日本东京成立，同盟会的机关报《民报》也是在日本东京创刊。日本政府对中国留日学生在东京所从事的革命活动几乎是日有所闻，但在清政府尚未垮台之前，日本政府对这些中国留日学生在东京所从事的革命活动虽然时时加以掣肘，但至少还允许他们居留东京。然而，在袁世凯篡夺辛亥革命的胜利果实之后，特别是革命党人为捍卫辛亥革命的胜利果实而发动的“二次革命”失败之后，日本政府参与了五国银行团的借款，支持袁世凯武力统一中国，如此一来，日本政府的利益就和袁世凯的北京政府紧紧地捆绑在一起了。他们从现实的利益需求出发，似乎已经看不到革命党人再有推翻袁世凯专制独裁的可能，虽然在处理袁氏与革命党人的关系上还伪装“中立”，但实际上却已经站到了袁世凯一边，对革命党人的态度大变，甚至公然不允许孙中山、黄兴逃亡日本，在日本居留。关于这一点，日本外务大臣牧野致（驻南京）船津领事拒绝黄兴来日之训电说得很清楚：“若允许黄兴依靠我军舰逃遁，帝国政府累次声明不偏不倚之公正态度将完全失去信用，并将证实华中动乱由我煽动或援助而起之国际传闻。如此极不得策，万一对方请求贵官，以政府立场上实为遗憾之意处之。以上诸种事项可秘密通知我军舰舰长。”[①] 对于日本政府对待以孙中山、黄兴为代表的南方革命党人的态度，黄兴是有清醒认识的，并对此提出过严厉的批评，他尖锐地指出：“日本通过战争在东洋先于列强而称霸，但在中国则往往跟随其他列强的行动，致使出现目前之局面：好不容易得来之利权，有被欧洲列强从外交上夺去之势。尤其去年以来，日本政府对民国之态度颇为不当，故陷入今日之形势。若如美国那样此次不参与民国之借款，按照自己的欲望，向世界主张自己之利权，并为此而大力活动，这才是可靠之举。我自己亦想暂时赴美，以窥时局之演变。”“日本与民国关系最为密切，民国要殖产兴业，交通运输甚不完备，应办事业不少。然而我感到日本只看眼前近利，不思长远利益，甚觉遗憾。”[②] 黄兴既然已经看出了日本政府对革命党人的态度，所以他并不想去日本，在上述引文中，他也提及“想暂时赴美，以窥时势之演变”。黄兴认为，“二次革命”虽然暂时失败了，但这只是暂时的，只要有机会，他还会失败了再干，直至取得最后胜利。他到日本后对日本友人谈及自己的想法。他说：“自己在本国试着大干了一场，但终

① 俞辛焞编：《黄兴在日活动秘录》，天津人民出版社，1998 年，第 116 页。

② 黄兴：《与日本山口某地警察署署长的谈话》（1913 年 8 月 17 日），《黄兴集》（二），第 674—675 页。

归失败。暂找一安全之地安身，以观望本国形势。如有可乘风云之余地，决心全力以赴，以遂平生之志。然目前尚无此望，故准备暂时赴美。本拟在上海、香港等地取得赴美护照，但碍难到手。幸好近来赴任东京之本国公使寄以同情，我请该公使出面与日本外务省及美国驻日大使馆协商。若得允诺，将取得护照前往北美。结果如何，近日内便可知晓，我正在等待消息。”[①] 这里，黄兴谈及他没有及时赴美的原因时，特别提到：“本拟在上海、香港等地取得赴美护照，但碍难到手。”我们认为，除了赴美护照“碍难到手”这个原因之外，还有一个重要原因，那就是想在上海或在香港与孙中山会面，和革命党人一道，共同讨论商议下一步革命进行方略，但由于种种原因，黄兴未能如愿。于是，他只能期待在日本东京与孙中山会面，为此，他历尽艰辛，好不容易才到达东京。下面，我们从他到东京的时间表、路线图以及他所经历的种种艰辛可以看出黄兴对革命事业的无限忠诚及其不屈不挠的斗争意志。

“二次革命”失败已成定局，黄兴在部将的劝导下，与黄恺元等人准备离宁赴沪。黄兴一行人于 7 月 29 日凌晨 30 分避难到日舰“龙田丸”，以期前往上海，与孙中山会合。（驻南京）船津领事将龙田舰长的报告电告日本牧野外务大臣，牧野外务大臣随即向（驻南京）船津领事发出电报称：“该人逃亡本邦，将给我方造成极大不便，要尽量使其去香港或其他安全地点。希望贵官就此与该舰长恳谈。”[②] 龙田舰舰长便以“龙田舰的任务是保护南京的日本侨民，没有司令官的命令是不能随便移动的”为由，拒绝护送黄兴到上海。万不得已，黄兴只能寓居舰仓长达 21 小时之久，直到当晚 9 点。“当时嵯峨舰为送病人从芜湖急行到上海，途中碰到龙田舰，舰长让黄兴移到嵯峨舰去上海”，以便推卸责任。嵯峨舰

① 黄兴：《与日本山口某地警察署署长的谈话》（1913 年 8 月 15 日），《黄兴集》（二），第 673—674 页。

② 俞辛焞编：《黄兴在日活动秘录》，第 117 页。

舰长因为护送病人之事“事情紧急”，没有多想，便同意黄兴上船，“嵯峨舰已于九点出发了”。[①] 为使上海有吉总领事不让黄兴在上海登岸，牧野外务大臣特致电上海有吉总领事，电云：“该人逃亡本邦，将被传说为日本在援助该人等，对我方甚为不利。希望尽量使其去香港或其他安全地点。在万不得已之时，或可考虑让其暂时至冲绳。”[②] 在该电文中，牧野外务大臣还向上海有吉总领事说明，上述电文的内容，日本海军大臣已训电日本海军第三舰队司令官名和又八郎“在适宜之时，望就此再与该司令官恳谈”[③]。上海有吉总领事与日本海军第三舰队司令官名和又八郎“恳谈”，商议决定“让黄兴等换乘于三十一日出航之静冈丸。当时，考虑可让其赴香港方面”。嵯峨舰经过10多个小时的航行，“于三十日下午四时许入港，”上海有吉总领事即与日本邮船会社支店长楠本武后协议，“让其尽量准备不显眼之船室。且用军舰上之小蒸汽船送其上船”。嵯峨舰入上海港之后，按照有吉总领事与邮船会社支店长原有协议的方案，于当日晚“十二时许”，“用军舰之小蒸汽船直接送其上了静冈丸”，“黄兴登船后，强烈要求在上海登陆，于是出现一阵混乱”。经过邮船会社支店长劝说，黄兴“渐渐承诺留在该船上”。但“黄兴希望抵香港后，再乘该船返回当地。邮船会社支店长楠本武后则提出，抵港后，万事均须与今井总领事协议”[④]。这里所指的今井总领事自然是指香港总领事。上海有吉总领事请求牧野外务大臣预先向香港今井总领事发出日本政府明令禁止黄兴赴日的训令。并将黄兴由宁赴沪再转赴香港的经过及有关训令电告日本驻北京公使山座圆次郎。于是，黄兴乘坐“静冈丸”于31日上午8时30分出航往香港，经过将近三天的航行，黄兴遂于8月3日上午6时抵达香港。

---

① ［日］片仓芳和：《二次革命与黄兴流亡日本》，林增平等主编《黄兴研究》，第90—91页。

② 俞辛焞编：《黄兴在日活动秘录》，第118页。

③ 同上。

④ 俞辛焞编：《黄兴在日活动秘录》，第118—119页。

黄兴在“静冈丸”上三天的旅行生活是惊心动魄的，因为黄兴是袁世凯悬赏十万元重赏通缉的要犯，因担心有人贪赏告密，黄兴对自己的行踪必须严格保密，以免暴露身份。在静冈丸上多亏了两个日本友人上田氏和佐藤氏。他们两人为了保护黄兴，时而让黄穿上大衣和批着毛毯藏在冷藏蔬菜的大冰柜里，时而让黄住到船上邮局堆放信件的大箱子里，佐藤氏专为黄兴送饭，上田氏则带黄兴到服务生专用的澡堂去洗澡、并在澡堂外守护和保卫黄兴不被人发现。也就在黄兴呆在静冈丸上的这三天时间里，牧野外务大臣与驻香港今井总领事之间频繁致电，互致电文至少有六件之多。8 月 1 日，牧野外务大臣致（驻香港）今井总领事电称：“此际，黄兴来本邦之事，因诸多关系来考虑，要努力避免。贵官应就此采取措施。此后将进一步训令，先暂电告。”[①] 究竟如何“采取措施”，“努力避免”黄兴来日，今井总领事颇感为难，他即日致电牧野外务大臣询问，电称：“八月三日黄兴来香港，对他如何处置，甚感困惑。务请于八月二日内电训。”[②] 8 月 2 日，牧野外务大臣致（驻香港）今井总领事电文具体指出，“贵官以帝国政府训令告黄：‘此际绝不准来日。’应设法让其逃亡他地”[③]。也就在同一天，牧野外务大臣又致（驻香港）今井总领事电称：“即使黄兴来日，日本政府亦不准其登陆。望将此政府方针作为野中个人意向委婉告黄。”这里需要说明的是，牧野外务大臣原以为野中大尉与黄兴同行，实际上野中大尉在南京已与黄兴分开，并未与黄兴同行。

既然不能通过日本陆军的野中大尉作为“个人意向委婉告”知黄兴日本政府不准他赴日的态度，而黄兴乘坐的“静冈丸”已于 8 月 3 日上午 6 时到达香港，香港当局又不准黄兴登岸，并派遣

---

① 《牧野外务大臣致（驻香港）今井总领事电》，俞辛焞编《黄兴在日活动秘录》，第 120 页。

② 《香港今井总领事致牧野外务大臣电》，俞辛焞编《黄兴在日活动秘录》，第 121 页。

③ 《牧野外务大臣致香港今井总领事电》，俞辛焞编《黄兴在日活动秘录》，第 121 页。

警察加强对“静冈丸”的戒备，在此情况下，今井总领事只得另想办法。于是，他想到了先期到达香港的革命党人张继与马君武，因为在黄兴乘坐的“静冈丸”到达香港之前，张、马两人已就黄兴赴港问题与今井总领事有过接触，因此，今井总领事“向张马两人充分说明帝国政府之意见后，将他们派去见黄兴”。了解到黄兴想在日本暂留与孙中山见面后再“赴欧洲或者美国”的意愿后，今井总领事又于8月3日晚上亲自与黄兴会面，并作了较长时间的谈话。黄兴对今井总领事谈了自己在日本居留的原因，因“其已召呼在上海的同志二三人在神户会合，一道赴美。在当地与孙会谈”[①]。既然“因周围情况不允许”，不能在日本居留，黄兴只好决定乘坐8月7日启航的大阪商船“芝加哥丸”经台湾至日本等候静冈丸渡美国。因难以长时间留在“静冈丸”船内等待，决定于8月4日夜移至“芝加哥丸”。但这样的行程也有一个困难，“作为中国人，其护照需附美国领事之证明”，因此，黄兴希望在没有拿到美国领事之证明以前，能否作为日本人由今井总领事直接发给其赴日护照，以便在日本暂住以等待与孙中山会晤，再赴美国。今井总领事不敢作主，他向牧野外务大臣请示，牧野外务大臣当即表示：“将非本邦人当作本邦人，给他发护照当然是不可能的。应说明难以满足其希望之意，并予以谢绝。”[②] 既然不能直接给黄兴发护照，干脆让黄兴直接到日本以后另做打算。基于种种考虑，今井总领事与日本邮船会社支店长楠本武后商量后，在未经请示其上级的情况下，遂果断作出决定：在8月4日下午一点到三点之间，将黄兴从“静冈丸”转移至三井物业公司的运煤船“第四云海丸”，3点30分，“第四云海丸”按时启航，开赴日本。今井总领事于8月4日下午5时25分在“第四云海丸”启航将近两小时之后向牧野外务大臣发出电文报告了当时的情况：“因警察在船内开始搜查，经短暂犹豫，急将黄兴转移至云海丸。八月四日下午

① 俞辛焞编：《黄兴在日活动秘录》，第123页。

② 俞辛焞编：《黄兴在日活动秘录》，第124页。

三时三十分，安全出航。”[1] 今井总领事为何明知日本政府拒绝黄兴赴日的态度又反其道而行之呢？据今井总领事解释：“皆为保护在上海之帝国海军武官之行动。此举虽系我国文武官员之个人行动，但以对外国之关系而言，仍被疑为我国政府所为，故此时行动宜绝对秘密。”[2] 因为黄兴由宁赴沪、由沪赴港坐的毕竟是日本舰船，受到日本友人的保护才顺利到达香港的，这些文武官员的个人行为传出去往往被外国怀疑为日本政府所为。

日本邮船会社支店长楠本武后对今井总领事不惜抛官弃职、擅作决定的原因解释得更为具体，他认为，孙中山、黄兴还是为许多人“所崇拜和敬佩。此时如果因为我国政府的态度突变而导致他们丧失性命，那就无论如何也不能长久保持中国人民对我们的信任，直接的结果就是可能发生抵制日货运动。所以，要保护他们的性命，就不只是今井氏一个人的想法”[3]。他们两人的上述说法都有一定的道理。孙中山、黄兴共同领导了推翻清朝封建帝制的斗争，建立了民主共和制度，不仅在中国人民心中，也在日本人民心中都享有崇高的威望，值得人们“崇拜和敬佩”，从维护中日两国人民之间的友好感情出发，在孙中山、黄兴处于危难之际，保护好他们的生命安全，不仅是中国人民，而且也是日本人民所应尽的一份责任。说到底，今井总领事之所以这样做，也是从维护日本人民的根本利益和长远利益出发所采取的善举，他和其他日本友好人士一样，比日本政府站得更高，看得更远，他们已经认识到，和这样一个珍视友情、讲求诚信、长期坚持平等外交政策的大国人士友好相处只会给日本人民带来福祉，给日本社会的发展带来机会。长期与中国人民友好相处，这也是绝大多数日本人民的心愿。所以，当今井总领事向牧野外务大臣发出“待

---

① 《今井总领事致牧野外务大臣电》，俞辛焞编《黄兴在日活动秘录》，第 125 页。

② ［日］片仓芳和：《二次革命与黄兴流亡日本》，林增平等主编《黄兴研究》，第 92 页。

③ ［日］片仓芳和：《二次革命与黄兴流亡日本》，林增平等主编《黄兴研究》，第 93 页。

罪之书，敬候处分”电文之时，也得到了牧野外务大臣的谅解，并鼓励他“善自保重，继续勤勉工作”[①]。

黄兴乘坐的“第四云海丸”从8月4日3点30分从香港出发，经过将近五天的航行，于8月9日凌晨两点到达门司港前六连岛，经“检疫后在下关市小门上岸”[②]，先“到当地小户观澜阁憩息。该人身穿一件从本国旅店借来之极脏西服，未带任何其他什物，不难看出是从旅店逃出的。因此，三井物业公司门司分公司赠与一万日元”。原准备去神户，但经过黄兴与三井门司分公司慎重考虑之后，决定不去神户。“同时以黄兴之名义，由三井门司分公司致电三井上海分公司。电文大意是：告上海唐月池，请陈叔良同志（据说是参谋）等人火速来下关。本人决定，待他们来下关后，一起赴美。”[③] 等候地点，选在下关市外滨町吴服店天野龟次郎的别墅。由于“避暑客人出入观澜阁者甚多，不便于避开众人眼目，”黄兴即于8月9日下午1时转住该别墅。三井物业门司分公司曾派职员河原林柽一郎照顾黄兴生活起居，河原林柽一郎“为防累及公司，特向公司提出了辞呈”[④]。

8月12日，三井物业门司分公司职员河原林柽一郎为寻找适当的房屋住所供黄兴居住，于是，“借到县（山口县——引者）下丰浦郡长府町小泽富熊宅”[⑤]。当日下午，河原林柽一郎帮助黄兴转居该寓所。拟在此等候一段时间，以便托人以他人名义“取得护照前往北美”[⑥]。但黄兴考虑到必须在东京与孙中山及其他革命

---

① ［日］片仓芳和：《二次革命与黄兴流亡日本》，林增平等主编《黄兴研究》，第92页。

② 《山口县知事致牧野外务大臣电》，俞辛焞编《黄兴在日活动秘录》，第126页。

③ 《福冈县知事南弘致牧野外务大臣函》，俞辛焞编《黄兴在日活动秘录》，第127—128页。

④ ［日］片仓芳和：《二次革命与黄兴流亡日本》，林增平等主编《黄兴研究》，第93页。

⑤ 《山口县知事致牧野外务大臣电》，俞辛焞编《黄兴在日活动秘录》，第130页。

⑥ 《山口县知事马渕锐太郎致牧野外务大臣电》，俞辛焞编《黄兴在日活动秘录》，第132页。

同志会面，以期共同商议今后革命进行方略，决定不在长府町久住，“变更预定计划”，冒险赴东京，于20日早晨窃乘“静冈丸”，从门司港开航，在静冈县清水港上岸。在河原林柽一郎的精心安排下，黄兴于8月20日“凌晨二时四十分离住地，三时乘上小蒸汽船，四时转乘静冈丸”。“为避免外露，黄兴化名为冈本久太郎，并携带此名之名片。他穿礼装，戴巴拿马帽，穿拖鞋，提鳄鱼皮制的手提包，装成农村绅士之模样。”[①] 黄兴乘坐的静冈丸“经神户、四日市、清水港，于二十六日上午八时三十分到达横滨港”。原计划“静冈丸”进横滨港后，一般乘客随即下船，而黄兴可躲进一房间，乘夜色换乘大舢板，出防波堤，换乘小汽艇，在富冈海岸登陆。可是计划赶不上变化，“当日下午，天气骤变，顷刻狂风暴雨，故经港务监督准许，由技术熟练之船夫驾驶舢板和小蒸汽艇。于二十七日凌晨一时偷偷从船侧换乘大舢板，又在防波堤外换乘小汽艇（预定在富冈海岸登陆，但由于浪大，登陆有困难，故改在长滨检疫所），向长滨检疫所开去，凌晨两点靠岸。登陆后，徒步穿过通往金泽街的山路，黄兴、三井物产公司职员石田秀二和本县的一名警部，共三人乘坐等候在该所的汽车，于凌晨两点四十分出发进京。汽车一路平安，到达隐蔽住地东京市芝区琴平町十三号信浓屋，在附近下车后，徒步进入该屋，此时是晨四时四十分”[②]。黄兴从7月29日凌晨30分避难至日舰“龙田丸”，离开南京，直至8月27日凌晨4时40分抵达日本东京，其间整整用了 个月的时间， 路上饱经磨难，历尽风险，终于在日本友人的保护下完成了他一生最艰难的一段逃亡历程。

黄兴亲属知道他已赴日本的消息，期与之在日本会合，商量今后去向。黄兴之原配夫人廖淡如和继配夫人徐宗汉及三名子女、

① 《山口县知事马渕锐太郎致外务大臣牧野伸显函》，俞辛焞编《黄兴在日活动秘录》，第137页。

② 《神奈川县知事大岛久满次致牧野外务大臣函》，俞辛焞编《黄兴在日活动秘录》，第144—145页。

四名随从亦从上海出发赴日。8 月 22 日晨，黄兴亲属及四名随从“乘春日丸抵门司港”。三名随从于当日上午 11 时又乘该船驶往横滨，黄兴亲属及一名随从在下关登陆。[①] 当日晚“七时十分在下关乘火车去东京。三井物产门司支店长小林，为保护而同乘”[②]。23 日，黄兴亲属一行人于“上午七时四十分在神户乘火车去新桥。三井物产公司职员一人随行”[③]。当日晚“八时二十分抵达新桥车站”，“因一些新闻记者携带相机等候其抵达该站，一行没有下车，继续潜在卧铺车厢，等火车驶到山手线（指东京外环线——引者）大崎站后从该站下车，换乘汽车，十一时三十分到达筑地精养轩”[④]。比黄兴提前四天多到达日本东京。

孙中山则在沪、宁讨袁军相继失败后拟返粤主持，8 月 2 日晨，遂偕胡汉民乘德国轮船“约克号”离沪赴粤。8 月 3 日下午 3 时，抵达福建马尾，时闽、粤反袁形势急转直下，先期赴粤的张继、马君武于 8 月 3 日中午托日本驻香港今井总领事致电日本驻福州领事，务必在孙中山上岸前亲口转告闽、粤形势变局，“请乘 8 月 4 日启航的抚顺丸赴台湾”，再谋进止。孙中山抵达马尾后，日本驻福州领事馆武官少佐多贺宗之、馆员饭田即登船转告以上实情，建言先到台湾去，避免目前危境，乃是“第一要务”[⑤]。孙中山暂从多贺宗之意，于 8 月 4 日转乘“抚顺丸”赴台湾基隆。8 月 5 日抵达基隆港。当日下午 4 时，换乘“信浓丸”赴神户，8 月 8 日上午 8 时抵达门司港，旋驶往神户。8 月 9 日抵神户，当日晚上 9 点，在神户秘密登陆，往市内诹访山温泉境内常盘花坛别墅住宿。8 月 16 日凌晨 4 时离开花坛别墅，17 日下午 7 时抵横滨，18 日凌晨 1 时许安全到达东京市赤坂区西灵南坂町 27 号海妻猪勇彦

① 《福冈县知事致牧野外务大臣电》，俞辛焞编《黄兴在日活动秘录》，第 139 页。

② 《山口县知事致外务大臣电》，俞辛焞编《黄兴在日活动秘录》，第 140 页。

③ 《兵库县知事致牧野外务大臣电》，俞辛焞编《黄兴在日活动秘录》，第 140 页。

④ 《警视总监安乐兼道致外务大臣牧野电》，俞辛焞编《黄兴在日活动秘录》，第 141 页。

⑤ 陈锡祺主编：《孙中山年谱长编》上册，第 832 页。

家。孙中山8月2日离沪，至8月18日凌晨到达东京，途中经历16天，较黄兴提早14天，已先于黄兴9天到达日本东京。

黄兴抵达东京后，似乎并没有积极准备办护照去美国，直到1914年6月30日从横滨乘轮去美国，在日本滞留时间超过10个月之久，这又是什么原因呢？主要有两个原因：一是关心国内的反袁斗争。“二次革命”虽然已经失败，但中国内地的反袁斗争烈火并未最终完全熄灭，只要时机成熟，黄兴仍可就近指挥，以遂“平生之志”。关于此点，孙中山也有同样的想法，他在致日本友人的电文中明确地表达了他当时不想远去欧美，而是想暂居日本时的心情：“文如远去欧美，对我党前途实多影响，故无论如何，希在日暂住，俾便指挥。”① 作为黄兴也想就近观变，便于回国再展身手。二是“二次革命”失败后，有不少革命同志流亡日本，如何安顿好他们的生活，给他们继续鼓劲打气，教育和培养他们成才，以便使他们担当起更艰巨的使命？因此，如何筹谋善后举措也是黄兴义不容辞的责任。此外，一些日本友人的规劝，也是使他考虑暂居日本的一个重要因素。宫崎寅藏当时正在上海养病，听说黄兴要去美国，他即致电劝说：“如眼下不是渡美时机，则务望暂留日本。”② 宫崎认为：“此时此刻黄兴携眷到美国去实在不适宜，他应该留在日本与孙先生（孙中山——引者）共同游说于日本朝野之间，以建立真正的中日同（联）盟才对。这时日本如不能觉醒，亚洲之事将不可为。”③ 黄兴接到宫崎的电文后表示：“好意无言以谢”，虽然口头上仍表示“渡美决心已定”，“拟近日出发”，④ 然而黄兴毕竟没有在“近日出发”赴美，而是在日本“暂居”长达超过10个月之久。很显然，黄兴这样说的目的，是为了缓解地方官员来自日本政府所持的对黄兴“绝不准来日”政策压

① 陈锡祺主编：《孙中山年谱长编》上册，第832页。

② 《附：宫崎滔天致黄兴电》（1913年8月中旬），《黄兴集》（二），第675页。

③ 陈锡祺主编：《孙中山年谱长编》上册，第838页。

④ 黄兴：《复宫崎寅藏电》（1913年8月中旬），《黄兴集》（二），第675页。

力而已。

黄兴在日本居留超过10个月时间，在这段时间里，他曾搬迁过几次家。如前所述，黄兴于1913年8月27日4点40分秘密到达日本东京后，曾住到该市芝区琴平町十三号“信浓屋”旅馆分店。翌日晚迁居芝区高轮南町五十三番地。直至次年4月，才移居东京市郊区北丰岛郡高田村字巢鸭三六〇〇番地。不久，为避开日本政府的耳目，又搬迁至乡下，寄居在荒尾市天水町当地邮政局长田尻家数月之久。据章开沅教授到实地考察，“这所古朴的乡间住宅位于风景优美的小天温泉附近，周围是果实累累的桔林”。“黄兴与田尻结识，当系通过滔天夫人前田槌子的介绍，因为前田一家就住在小天附近。”“黄兴与田尻一家相处极为融洽，简直可以说是异国亲属。”黄兴曾为田尻题赠七绝一首：“雪平峰前云气开，池中隐约起风雷。何人戏取华阳剑，真割乖龙左耳来。”① 从这首诗中，我们可以看出，黄兴并没有迷恋异国的山水风景，安于隐居；而是殷切希望革命云气大开，隐约可见风雷再起，他要重新施展屠龙身手，一定要推翻袁世凯的专制独裁统治，使祖国的大好河山重新回到民主共和的轨道上来。由此可以看出，黄兴这位伟大的爱国主义者并没有因为“二次革命”的失败而沮丧，而是屡败屡战、不屈不挠，期待着新的革命高潮的到来。

第二节　筹谋善后举措

“二次革命”失败，袁世凯大肆通缉捕杀革命党人。革命党领导人和中下级军官在国内无法立足，纷纷东渡日本。继孙中山、黄兴来日之后，许多老同盟会员李烈钧、柏文蔚、胡汉民、廖仲

① 章开沅：《记黄兴在日本天水町题诗》，载《湖南文史资料选辑》第十五期，第80—81页。

恺、居正、许崇智、林虎、谭人凤、刘承烈、刘文锦兄弟等以及一批中下级军官陆续抵达日本，东京又再一次成为革命者的会聚之地。然而，较之八年前革命党人的处境已相差天壤，他们在行动上处处受到日本政府的严密监视，在生活上也是一文不名，无以为继，食宿问题成了逃亡革命党人的最大难题。他们之中有的人居无定所，四处流浪。有的人衣食不周，不惜放低身价向官费留学生借贷度日，甚至向他们索取一点食物糊口，或购买廉价的烤红薯充饥，还有不少人沦落为苦力，其生存状态惨不忍睹！如何解决这批人的生存问题，就成为摆在黄兴面前的首要任务。此时的黄兴自己也是经济拮据，借贷无门，他尽最大的努力想了很多办法筹款以缓解当务之急。

一是委托日本友人将从前家藏及购入的字画和友人馈赠的物品进行拍卖。他曾致函宫崎寅藏说："弟现陷困境，筹款乏术，不获已，欲将家藏珍品及购入并友人赠品，一一提供爱者之赏鉴。现取到无多。俟到齐后，即请头山、犬养两翁绍介，继不使入俗者之眼，致污清品也。"① 几个月之后，黄兴将家藏字画几乎全部搜尽出售，乃至于收到老乡刘承烈所赠"画兰"之后，却很难找到适当的回赠藏品。为此感到十分抱歉。他在致刘承烈信中写道："昨承惠画兰，笔势开展，迥不犹人。""弟藏者搜尽，无一兰，殊恨恨。"他只好自己作画，回赠给刘承烈。他在信中还说："他日欲效颦一二笔，未知何如耳。"② 其实，人们只知道黄兴善书法、会诗词，却并不知道他且善作画，有趣的是，笔者曾有幸见到过他的画作，叹为观止，原来黄兴还是一位人们不曾知道的画家！

二是托日本友人帮助转让或退还他本人曾经投资的中国兴业公司的股款。中国兴业公司是1913年2月孙中山在日本考察期间，与王一亭、沈缦云、张人杰等在日本邀集日本实业家三井物产公司董事长涩泽荣一和日本财界巨头、三井物产会社董事三本条太

---

① 黄兴：《复宫崎寅藏函》（1913年11月19日），《黄兴集》（二），第679页。

② 黄兴：《致刘承烈书》（1914年3月23日），《黄兴集》（二），第686页。

郎等人商议后发起成立的。同年8月1日公司正式成立。推孙中山为总裁，仓知铁吉为副总裁，资本额五百万元，中日各半。“二次革命”失败后，仓知铁吉到北京活动，1914年中国兴业公司改名为中日实业有限公司，杨士琦为总裁。该公司成立时，黄兴曾入股，其数额在10万元左右。黄兴考虑到孙中山已退出公司总裁职，由袁世凯的亲信杨士琦任总裁，不值得信赖，而自己又急需筹钱还债，曾多次致函日本友人，要求退还中国兴业公司股款。1914年2月27日，黄兴致宫崎寅藏函指出：“忆前兄言有资本有志家欲投资于支那矿业，一时不得实业者，故骤无以应。今有同志某君，最得社会信誉，兹处袁氏暴政之下，恐其破坏其事业，欲得贵国资本家投少数之资，约十万即可，多亦好，俾得行其所志，昨已携有契据来此。”“如可行当为绍介。但此事某君请秘为之，不欲宣布，致惹起意外之阻力。”[①] 1914年4月8日，黄兴在致萱野长知函中指出：“顷阅新闻纸，中国兴业事，大约北方之股金已经交到。前件请即往一询，以弟偿债至急，且种种要件亦迫切需用也。多劳清神，殊深歉念，容面谢。”[②] 同年4月29日，黄兴又致函萱野长知，称：“昨日森君尚未到来，前约之件，务请偕徐申伯（指徐宗汉弟——引者）往该公司一晤其总主任人，免致拖延时日。至弟所持之股分，并未与他人少有胶葛也（闻藤濑君有借款事）。弟所负债务，多约至本月底（因前该公司所约者），今已逼矣，乞为一援，不胜切祷。”[③] 1914年5月17日，黄兴再函萱野长知，指出：“前托退还兴业株一项，不知该项已有受主否？请即向前途询明，以刻需用甚急。如不能如愿，该正式股票于何日更换，以便另谋他人。特请徐君（指徐宗汉之弟徐申伯——引者）前来代办此事。有扰清神，容面谢也。”[④] 从以上他写给友人宫崎

---

① 黄兴：《致宫崎寅藏书》（1914年2月27日），《黄兴集》（二），第685页。
② 黄兴：《致萱野长知书》（1914年4月8日），《黄兴集》（二），第689页。
③ 黄兴：《致萱野长知书》（1914年4月29日），《黄兴集》（二），第691页。
④ 黄兴：《致萱野长知书》（1914年5月17日），《黄兴集》（二），第694页。

寅藏、萱野长知的几封函件可以看出其急切转让或退股的心情。

三是向友人借贷，以解燃眉之急。1914 年 2 月 9 日，黄兴在复湖南桃江友人刘承烈的信中说："弟刻处困状，想兄洞烛。（近沪债催逼如火，坐困于此，一筹莫展。）无论数百元之巨款不能筹得，即小数亦有不给之势，张君交际甚广，较之弟四面支扯，必易为力，乞婉达苦状，不胜切切。"① 1914 年 5 月 5 日，黄兴复刘承烈函中又提及借款困难之事，他说："因手中无款，今晨又向他处挪扯，亦适无有。"他答应解决刘承烈急需用钱的要求，"请稍俟数日后（大约五日内可有），当为设法"。②

黄兴想尽种种办法积极筹款，不全是用于解决自己及家人的生活开销，而是十分关注流亡日本的革命者和那些为中国革命毁家纾难的日本友人。章士钊刚到日本不久，无法安身，黄兴即为他找寻居处。1913 年 10 月 6 日，黄兴致章士钊函称："弟寓后有一室，租金月二十八元，押金两月份，颇幽静，惟嫌少狭，不知兄意合否，乞酌定。如可，弟即将押金交足，只候令夫人到来入居可也。图如下纸。"③ 他不仅将租房"押金交足"，而且还将房屋户型绘图寄去，以便章士钊及夫人居住。1913 年 12 月 27 日，当黄兴得知宫崎寅藏患病，又到了快过新年的时候，家里急需用钱，他雪中送炭，还给宫崎寄去贰佰元。他在致其夫人宫崎槌子的信中说："滔天先生（指宫崎寅藏——引者）抱恙，甚为悬念。又值岁末，债务必多。勉奉上贰百元，以济急用，即祈收用为幸。"④ 更为难能可贵的是，为使宫崎早日康复，黄兴于 1914 年 6 月上旬还特地在远离闹市区的安静之地（黄兴居住地附近）为宫崎另筑一间简易房屋，供宫崎暂居养病。并为宫崎新居题写"韬园"二字，以示韬光养晦之意。对此，宫崎很受感动，终身难忘。据宫

① 黄兴：《复刘承烈书》（1914 年 2 月 9 日），《黄兴集》（二），第 683 页。

② 黄兴：《复刘承烈书》（1914 年 5 月 5 日），《黄兴集》（二），第 692—693 页。

③ 黄兴：《致章士钊书》（1913 年 10 月 6 日），《黄兴集》（二），第 676 页。

④ 黄兴：《致宫崎槌子函》（1913 年 12 月 27 日），《黄兴集》（二），第 680 页。

崎回忆："当时黄先生深忧鄙人之健康，以为市内嚣尘，不宜养病，乃择市外高田村闲静之地，另筑一室，而使鄙人居之。由是，鄙人莳花种草，日与农夫为伍，遗弃世事，萧然尘外，健康渐次恢复，遂为强壮之人。"①

"二次革命"失败后黄兴流亡日本期间除积极筹款、帮助解决流亡者的生活外，他所做的另一件大事就是组织流亡者创办杂志，揭露袁世凯的罪行，以正视听，从而鼓舞流亡者的斗志，使他们不要悲观丧气，应当积极进取。黄兴坚定地相信："袁氏作恶已极，必不能久于其位。"② 于是，便开始策划倡办国民党机关刊物《民国》杂志。要倡办杂志，需要有一笔经费用来作为开办费，物色杂志主编、推荐撰稿作者、确定办刊宗旨、创刊时间等，可以说黄兴在上述每个环节都出过大力。黄兴曾召开过筹备创办《民国》杂志的预备会议。初步拟定由刘承烈负责担任"开办之款"，章士钊担任该杂志主编，作者由革命党人推荐，办刊宗旨当然是以反袁宣传为主旨。但在实际操作过程中，却是困难重重。刘承烈一时筹款无着，章士钊作为非同盟会员自然不愿意担任主编，如此等等。为此，黄兴亲自筹款，分别致函刘承烈、章士钊等人，并约定《民国》杂志于四月底创刊。他在致刘承烈函中谈及："杂志款尚未到手。前途约四月底期。望兄担任开办，弟断不卸责也。当时本议兄担任开办之款，如可能设法，当即函致。"③ 他希望刘承烈作为当时议定的"担任开办之款"要尽快"设法"解决。章士钊作为"非同盟会员旧友"，担任国民党机关刊物主编，自有顾虑，为防止有人攻击，他表示不愿担任《民国》杂志主编，但还是想创办另一种杂志即《甲寅》杂志，并愿意担任该杂志主编。黄兴考虑到《民国》杂志开办在即，而《甲寅》杂志可否缓一缓

---

① 《黄公出殡声中之宫崎演说辞》，载长沙《大公报》1917年4月15日。转引自毛注青编著：《黄兴年谱长编》，第429页。

② 黄兴：《致章士钊书》（1914年3月24日），《黄兴集》（二），第686—687页。

③ 黄兴：《复刘承烈书》（1914年3月19日），《黄兴集》（二），第685页。

再办。当然，他对章士钊主张创办《甲寅》杂志也是支持的。对此，黄兴致函章士钊商量两杂志主旨和进行办法。函中提及："昨晚劭襄兄（指刘承烈——引者）来云：杂志之事，昨日汉民兄等仍要求兄主任其事，尚未得见承诺，殊为悬悬。弟思袁氏作恶已极，必不能久于其位，兄能于此刻为收拾人心之举，亦不为早。兄前所谈，弟亦主张，两者之间，孰缓孰急，惟兄察之。至组织后，如最激烈分子，当可设法使其不偾事。劭襄兄亦言及此。如何之处，乞示知，不胜盼祷。"[①] 对这封信，当事人章士钊作了如下解释："一、克强败后赴东，仍与孙派合作，至欲强拉一非同盟会旧友，共创机关刊物。外传克强反孙，显系造谤。二、强吾主持杂志，倡议者为胡汉民，可见孙派自审势孤，谋党内外大团结，克强实为当时作合柱石。三、孙派中却有如夏重民者一类激烈分子。吾另办《甲寅》后，夏重民曾捣毁吾林町社址一次。倘真共营一报，后患宁复可言？"[②] 从章士钊当时这封信中"可得窥见数义"应当说有一定的道理，诚如黄兴所预言的那样，如果由章士钊担任《民国》杂志，促成"党内外大团结"，或许"至组织后，如最激烈分子，当可设法使其不偾事"，夏重民就是这种"最激烈分子"之一，难怪刘承烈"亦言及此"。如果当初章士钊愿意按照胡汉民的提议，担任《民国》杂志主编，或许不会发生夏重民"一类激烈分子"捣毁《甲寅》杂志社之类的事件。1914 年 5 月，《民国》杂志顺利创刊，后由胡汉民任总编辑，戴季陶、朱执信、田桐、杨沧白、李根源分任撰述。[③] 1914 年 5 月 10 日，章士钊另办的《甲寅》杂志，也在日本东京创刊。既然两杂志在反袁宣传这个大目标上具有一致性，所以黄兴都是积极予以支持的。在《甲寅》杂志创刊号出版之前，黄兴还特地为该杂志寻觅封面题字。1914 年 4 月 9 日，黄兴在复刘承烈函中亦提及此事："魏碑续

---

① 黄兴：《致章士钊书》（1914 年 3 月 24 日），《黄兴集》（二），第 686—687 页。

② 章士钊：《与黄克强相交始末》，《辛亥革命回忆录》第二集，第 147 页。

③ 李根源：《雪生年录》卷二，转引自毛注青编著《黄兴年谱长编》，第 420 页。

到，并祈寻觅‘甲寅’二字。”《甲寅》杂志犹如异军突起，也为反袁宣传发挥了重要作用。除此而外，黄兴还与流亡日本的彭允彝等创立明明编译社，据《前教育部总长彭公墓志铭》记载：彭允彝曾“入明德学堂师范科，识善化黄兴诸公”。“袁世凯阴谋移国，宋公教仁见刺。公重赴日本，与黄公等立明明编译社、浩然庐、政法学校。”[①] 黄兴与彭允彝等创办明明编译社的目的就是要将外国人撰写的反袁文章或资料翻译成中文，更深刻地揭露袁氏的卖国罪行。另外，为维护和宣传《中华民国临时约法》，李根源编辑完成《中华民国宪法史案》一书，黄兴“出资千元，印二千册”[②]，在当时的流亡者中广为散发。

黄兴流亡日本所做的第三件大事是创办学校，培养人才。当时由黄兴发起创办的学校有两所，一为“浩然庐”，学习和研究军事学；另一所为“政法学校”，学习和研究政治学、经济学和法学。办学需要经费，适逢李烈钧来日时携有谭延闿资助的 10 余万元。据李烈钧回忆：余“抵东京，迎接者亦众，盖因黄公克强，已先事派员准备也。各地革命党之失败者，均次第到日本，而中下级军官尤多。余乃以携带之十余万元交李根源、殷汝骊经管，并得日本民党为助，创办浩然庐及法政学校。当时陈铭枢、钱大钧、胡俪笙、林汝涵、李明扬、卓仁机等均肄业焉。余谒总理及黄公克强后，即作赴欧洲留学之准备”[③]。由上可知，浩然庐的创设是由黄兴、李烈钧等人发起的，黄兴还亲自为浩然庐题写两幅匾额，其一曰：‘汉贼不两立’；其二曰：“大盗窃国，吾辈之责”。[④] 勉励学员继续担当起反袁的历史使命。“有人暗中将本校情况通知袁政府，结果袁一派把该校视为暗杀学校，恐惧该校之存在。”该校由殷汝骊和日人预备役骑兵大尉青柳胜敏具体负责。地

① 李肖聃：《前教育部总长彭公墓志铭》，转引自毛注青编著《黄兴年谱长编》，第 419 页。

② 李根源：《雪生年录》卷二，转引自毛注青编著《黄兴年谱长编》，第 417 页。

③ 李烈钧：《自传》，周元高等编《李烈钧集》下册，第 833 页。

④ 黄兴：《在日本题浩然庐匾额》（1914 年初春），《黄兴集》（二），第 687 页。

址设“在东京府荏原郡入新井字（村）新井宿一二六六号经营之浩然庐（通称浩然学舍）”。于1913年12月1日开学，对在东京的“中国流亡者教授法制、军事学、武术等，以便用于有事之际，是流亡者的机关学校”。1914年4月24日统计有在校学生79人，大多数为流亡者。日本教官及职员有：“预备役骑兵大尉青柳胜敏、一濑斧太郎，预备役步兵大尉中村又雄、中尉杉山良哉，预备役轻重兵特务曹长门马福之进，预备役炮兵特务曹长可儿五三郎、江口良三郎、海原宏文、西川德三郎。”中国教员有：“石介石、吴仲常、陈勇、周哲谋。”其维持方法：“学生每月交费十元，集中住宿舍，但维持仍有困难。各教员及职员们保留了将来的条件（即约在革命军胜利之际提升为相当的官职），无报酬地工作。”[①] 创办该校的目的“显然在发起第三次革命时，立即起用他们”。“最近正在加紧准备。”1914年6月28日下午，“浩然学舍”接到千叶县通报称：“浩然庐在千叶县千叶町旅舍松叶馆投宿的佐贺县人野口忠雄和中国人名叫“赵坚”的，在制造炸弹时负伤。”据查：“野口忠雄是退役陆军工兵中尉。6月上旬，由青柳胜敏介绍来浩然庐，以山县孝一郎之名住该校舍监。前天（指6月27日——引者）下午三时左右，他说去千叶町有事，请青柳给他介绍一熟人。青柳接受其要求，将他介绍给千叶町小仓药店。中国人赵坚，今年一月（指1914年1月——引者）来该校，上月（指1914年5月——引者）不知为何离去。”[②] 很显然，上述试制炸弹负伤事件与反袁活动是密切相关的。因此，日本政府密令宪兵调查后，并命令终止该校办学。由于日本政府干涉，青柳胜敏遂于1914年6月30日上午10时召开学校职员会议，并于当日下午3时将全体学生召集到礼堂开会，宣布“鉴于某种情况，浩然庐于今日解散”。“在校学生中，结业的二十七名，未结业者二十六名，共五十三名，均授与初级军事学结业证书。下午六时结束。另外，

① 《中国流亡者经营学校之事》，俞辛焞编《黄兴在日活动秘录》，第148—149页。
② 《关于浩然庐之事》，俞辛焞编《黄兴在日活动秘录》，第150—151页。

中国人殷汝骊，表面关系上一直担任教官，因此，在浩然庐解散的同时，也辞去了职员职务，但由于青柳的恳请，答应以后做一个幕后援助者。”“在此次授与证书者中”，其中被认为：“比较认真的四十三人，照旧住在浩然庐的宿舍。休假约一周后，再作为青柳胜敏的私塾，暂不附加任何名义，继续开始上课。其授课科目，学科有战术学、应用战术、野外要务令、兵器学、筑城学、地形学、交通学等。术科有体操、柔道、剑术三科。”① 由此可知，因试制炸弹受伤事件的牵连而受退学处分者仅 10 人，且中国教官殷汝骊等 4 人仍在学校任教。在黄兴离开日本去美国后，该校依然以青柳胜敏私塾的名义开办，成为继续培养流亡者学习军事技术的学校。

黄兴另外创办的一所学校为政法学校。关于这所学校的创办过程，程潜曾回忆说：黄兴“还和孙中山协商，请寺尾亨组织一所政治学校，收容和训练亡命日本的国民党员”。“开学时，犬养毅、宫崎寅藏兄弟等一班日本人士都来庆祝，犬养毅还作了演讲，黄克强也参加了开学典礼。政法学校的学生都是反袁的积极分子，以后在反袁斗争中都作出了重大贡献。”② 该校地址设在东京市神田区锦町三丁目十号东京工科学校内。“直接出面实际经营者虽是法学博士寺尾亨，但背后与中国人黄兴关系最深。”③ 招人“只收中国留学生，但主要是教育中国流亡者和流亡者的子弟”④。该校于 1914 年 2 月 9 日开学，至同年 4 月 17 日统计在校学生 180 人。每人每月交学费 6 元，“以作为维持学校费用，如若不足，由黄兴等人补助之”。“修业年限为三年，每日下午一时至五时，四个小时”上课。任课教师聘日本知名学者小野塚喜平次、野村谆治、小林丑三郎、堀江归一、中村进午、美浓部达吉、筧克彦、河津

① 《关于浩然庐》，俞辛焞编《黄兴在日活动秘录》，第 151 页。

② 程潜：《护国之役前后回忆》，《文史资料选辑》第 48 辑，第 25 页。

③ 《关于调查为中国留学生教育而成立的私立学校之事的答复》，俞辛焞编《黄兴在日活动秘录》，第 153 页。

④ 同上。

暹、山崎觉次郎、立作太郎、牧野英、浮田和民等人，他们都是从东京帝国大学、早稻田大学应聘而来的著名教授。所学专业分政治经济专修科和法律专修科两大类。政治经济专修科开设有政治学、行政泛论、经济原论、财政原论、政治史、西洋史、行政各论、经济各论、财政各论、应用经济学等10多门课程。法律专修科开设有法学通论、民法总论、国际公法、国际私法、比较宪法、行政法、刑法、民法、商法、民事诉讼法、刑事诉讼法等等。另加日语专业课程。关于政法学校缘起，校长、法学博士寺尾亨有一段精彩的说明，他说："夫中华共和国之盛衰强弱，非仅中华共和国之问题，实东亚之问题也。亦不仅东亚之问题，实世界之问题也。吾尝驾长风、渡黄渤，历游中国矣。见其土地如此，其辽阔也；人民如此，其繁众也；富源物产如此，其丰实优美也；邦人及欧美人游者，恒艳称之。然以如是之土地富庶，今又举数千年之专制一变而为共和国家之事业，或不能比前此稍有增美，外交棘手，犹或过之，蒙古西藏之事，至为全世界人所注目，东亚之和平势将横决不可收拾。"要改变中国现状，需重教育以育人才。"今复商诸邦人士赓续前业，创设政法学校，始政治、经济科，先所急也。此及法律科，图渐进也。""则此校之设，于中国之现势亦稍有赞助也乎？"至于学习方法，"以言专精，穷老尽年或犹不易追及深远"，"夫学问之事，终身之业也"。[①] 这段话对于创办政法学校的宗旨及治学方法作了简要说明。嗣后，他在开学典礼时又作了较为具体的阐释："曩岁贵国革命以来，政治一新，使偏处东洋孤立之支那，将一跃而为世界上之新支那。诸君及贵国之先达，怵于外患之烈，鉴于内政之坏，必以为非有此次革命，将来支那恐不能立于世界上。今既革命矣，中华民国已成立矣，此乃新支那发端之朕兆也。夫所谓发端者，造成新支那使将来为完善之世界支那，非仅如破坏时代已也。欲造成世界上完美之支那，而变革百般制度，使人心一新，以副革命之实，非十数年或

① 《政法学校缘起》，俞辛焞编《黄兴在日活动秘录》，第155页。

数十年时间不可。此十数年或数十年中，欲谋实行之根据，又不可不变迁革命之思想。欲变迁思想，非求世界上智识不可，欲求世界上智识，非实施教育不可，此固贵国人士所共知也。且此次革新事业，大抵皆为留学日本以及留学他国者所促成。今后十数年或数十年之间，令世界上知有支那之一强国，青年诸君不得不有此希望，不得不有此责任也。于是教育一途为当务之急。盖欲始终贯彻支那革命之事业与其所以革命之目的，非有建设此事业之能力不可，欲有建设此事业之能力，非有建设此事业之学问不可，此固如影随形，不可易也。”在谈及学习方法时，政法学校校长寺尾亨再次强调“学以专而精”的重要性。他说：“贪多务得，或至一无所成。鄙人之意，总期于现今所定科目，至卒业时一一讲授完毕，诸君于讲授者皆能一一融会而贯通之，不至务虚名而鲜实际，是则鄙人深有望于诸君也。”① 从以上寺尾亨校长发布的政法学校缘起和开学典礼上演讲的内容可以约略窥见其办学宗旨和治学方法基本上体现了黄兴的办学意图。黄兴离开日本后，1914 年 7 月 8 日，该校归中华革命党办理，于是年 9 月大加扩充，并实行旁听及“科外讲义”制度，规模益臻完善。入该校学习者前后达 400 多人。这批人回国之后，在反袁斗争及尔后的护国运动和护法运动中都发挥了重要作用。

第三节　孙黄之争

辛亥革命是中国资产阶级领导的前所未有的一次革命，领导如此伟大的革命运动，主要领导人之间不可能没有政见分歧，也不可能没有矛盾。在重要的问题是如何辨别政见分歧，孰是孰非，

① 《政法学校寺尾亨校长在开学典礼上的演说》，俞辛焞编《黄兴在日活动秘录》，第 161—163 页。

如何对待和解决矛盾，作为革命的领导者都应该有一个正确的态度，都应该从革命事业的大局出发、从团结的愿望出发，反省自己的所作所为，总结经验教训，以利再战。我们认为，黄兴在处理与孙中山的政见分歧方面，态度还是比较正确的。如前所述，黄兴与孙中山发生意见或政见分歧已经有过两次，一次是国旗图式之争，一次是宋案发生后是法律解决还是武力解决之争。前者应当是属于意见分歧，后者可以说是政见分歧。但这两次分歧都是以黄兴的退让和服从孙中山的决定而顺利解决。然而他与孙中山之间的第三次政见分歧较之前两次似乎争论更为激烈，更为引人注目。那么，为什么会出现这种状况呢？我们认为，主要有以下几个方面的原因：

第一，重提第二次政见分歧，加剧了第三次政见分歧。关于第二次政见分歧的是是非非，本书第八章第三节已有详尽论述，此不赘。但是，在第三次政见分歧之中，孙中山旧事重提，指责黄兴说："以宋案发生之后，彼此主张已极端冲突，第二次失败后，兄仍不能见及弟所主张是合，兄所主张是错。何以言之？若兄当日饱听弟言，宋案发表之日，立即动兵，则海军也，上海制造（局）也，上海也，九江也，犹未落袁氏之手。况此时动兵，大借款必无成功，则袁氏断不能收买议员，收买军队，收买报馆，以推翻舆论。此时之机，吾党有百胜之道，而兄见不及此。及借款已成，大事已去，四都督已革，弟始运动第八师营长，欲冒险一发，以求一死所，又为兄所阻，不成。此等情节，则弟所不满于兄之处也。"① 诚然，黄兴在"宋案"发生之后，却曾提出过"以其人之道还治其人之身"的暗杀手段和"法律解决"的对袁斗争策略。但黄兴在孙中山的劝阻下，还是没有将暗杀手段予以实施，他在这一点上还是尊重孙中山意见的。至于立即用兵之说，也并非没有准备过，孙和黄曾分别致电湘、粤两督，回电"皆反复陈其不可"。至于原南京第八师内部也是矛盾重重，并没有统一

① 孙中山：《复黄兴函》（1914 年 5 月 29 日），《孙中山全集》第三卷，第 87—88 页。

的立即起兵意愿。黄兴劝阻孙中山不要亲临战场指挥也是他顾全大局，出于保护孙中山的人身安全，留待孙出任大事。黄兴主动要求代替孙中山赴南京主持讨袁，完全是出于爱护孙中山的义举，在孙的眼里反而是犯了错误。这种指责是令黄兴不能接受的。当时袁世凯的罪行尚未完全暴露，依靠组织上海特别法庭对凶犯审判，有利于揭露事实真相，争取舆论同情，这种对袁斗争策略何错之有？况且，黄兴也在暗中进行武力讨袁的准备工作，他并没有放弃武力讨袁的主张。这件事已经过去一年多时间了！孙中山旧事重提，当然使黄兴不能接受，这显然会加剧孙、黄之间的矛盾。

第二，政见分歧与组党问题分歧重叠，也使二者矛盾呈现复杂性。孙中山、黄兴发生第三次争论主要是围绕两个问题进行的。一是对“二次革命”失败的原因和失败后的形势估计存在政见分歧；二是对组建中华革命党的分歧。关于“二次革命”失败的原因，孙中山认为：“第二次之失败，全在不听我之号令耳。所以，今后弟欲为真党魁，不欲为假党魁，庶几事权统一，中国尚有救药也。”[①] 但黄兴则认为：“此次乃正义为金钱、权力一时所摧毁，非真正之失败。试翻中外之历史，推天演之公例，未有正义不伸者，是最后之胜利，终归之吾党。”[②] 究竟“二次革命”失败的原因是什么？本书第八章第五节从主观、客观两个方面已有详尽的分析，此处不再赘述。在这里，孙中山将失败的原因归结为“全在不听”他的“号令”，这种分析似乎是不符合当时实际的。那么，孙中山的“号令”是指什么呢？当然主要是指黄兴在“宋案”发生之日，没有“立即动兵”，他认为：“此时之机，吾党有百胜之道，而兄见不及此。”[③] 对于孙中山的批评，作为“二次革命”的主要领导者之一的黄兴还是主动承担责任，并没有诿过于人，

---

① 孙中山：《复黄兴函》（1914 年 5 月 29 日），《孙中山全集》第三卷，第 89 页。

② 黄兴：《复孙中山书》（1914 年 6 月 1 日或 2 日），《黄兴集》（二），第 697 页。

③ 孙中山：《复黄兴函》（1914 年 5 月 29 日），《孙中山全集》第三卷，第 87 页。

他表示接受孙中山的批评，他在《复孙中山书》中说："南京事败，弟负责任，万恶所归，亦所甘受。先生之责，固所宜然。"[①]其实，客观地说，"二次革命"失败具有多方面的复杂因素，不能完全归结于某个主要领导者的失误。根据当时敌我双方的形势分析，不论是迟发动，还是早发动，也不论是孙中山领导，还是黄兴领导，或者其他人领导，其失败具有必然性，这是早在人们预料之中的事，黄兴只不过是为袁世凯所逼迫代替孙中山去南京打了一场败仗，黄兴在去南京之前，已作好了牺牲自己生命的准备，过多地去责备黄兴是没有道理的。

"二次革命"失败后，作为资产阶级政党的国民党以及革命党人的领导者应当如何进行领导反袁斗争呢？孙中山和黄兴也仍然存在分歧。孙中山认为，应当着手筹备第三次革命，由孙自己单独领导，负完全责任。凡愿附从者，均听孙之"号令"。在两年之内，如果还没有成功，再由黄兴"独办"。他在复黄兴函中说："今图第三次，弟欲负完全责任，愿附从者，必当纯然听弟之号令。""望兄让我干此第三次之事，限以二年为期，过此犹不成，兄可继续出而任事，弟当让兄独办。如弟幸而成功，则请兄出而任政治之事。此时弟决意一到战场，以遂生平之志，以试生平之学。"[②] 黄兴则认为，应当由国民党领导人民继续与袁氏作斗争，不要急功近利，应当总结经验教训，不应当由某个人来领导，应该依靠原来的国民党继续做好工作，依靠全体国民党员团结各党派人士与袁氏作长期斗争，必可操胜算。他在复孙中山函中说："今吾党既握有此胜算，若从根本上做去，本吾党素来所抱之主义发挥而光大之，不为小暴动以求急功，不作不近情言以骇流俗，披心剖腹，将前之所是者是之，非者非之，尽披露于国民之前，庶吾党之信用渐次可以恢复。又宜宽宏其量，受壤纳流，使异党之有爱国心者有所归向，夫然后合吾党坚毅不拔之士，学识优秀

---

① 黄兴：《复孙中山书》（1914年6月1日或2日），《黄兴集》（二），第697页。

② 孙中山：《复黄兴函》（1914年5月29日），《孙中山全集》第三卷，第88页。

之才，历百变而不渝者，组织干部，计画久远，分道进行，事有不统一者，未之有也。若徒以人为治，慕袁氏之所为，窃恐功未成而人已攻其后，况更以权利相号召者乎？数月来，弟之不能赞成先生者以此。”[①] 从孙中山与黄兴之间的书信往来可以看出，孙中山对“二次革命”失败后的形势估计过于乐观，对袁世凯的力量估计过低，认为第三次革命的高潮已经到来，只要由他一人来进行领导，大家按他的号令行事，两年之内即可打败袁氏。而黄兴对“二次革命”失败后的形势的认识似乎更加符合实际，他提出的革命进行方略更加稳妥可行。

孙中山和黄兴之间关于组党问题分歧是最大的，争论也是最为激烈的，乃至导致二人曾一度分手。孙中山认为，“二次革命”失败主要是因为国民党已经涣散无能，党员各行其是，无法再担当起领导第三次革命的重任，必须重新组织一个新的革命政党。他在致黄兴函中指出：“癸丑之役，文主之最力，所以失败者，非袁氏兵力之强，实同党人心之涣。”[②] “原第一次革命之际及至第二次之时，党员皆独断独行，各为其是，无复统一，因而失势力、误时机者不少，识者论吾党之败，无不归于涣散。”[③] 所以这次重新组党，孙中山指出“今后举事，必不蹈前者覆辙，当归弟一人统率之下”，[④] 特别强调，党员服从党魁的重要性。由孙中山亲自组织制订的《中华革命党总章》规定，根据党员入党的时间先后，将新入党的党员分成三等，分别享有不同等权利。该总章第十一条规定：“凡于革命军未起义之前进党者，名为首义党员；凡于革命军起义之后、革命政府成立以前进党者，名为协助党员；凡于革命政府成立之后进党者，名曰普通党员。”该总章第十二条规

---

① 黄兴：《复孙中山书》（1914 年 6 月 1 日或 2 日），《黄兴集》（二），第 697—698 页。

② 孙中山：《致黄兴函》（1915 年 3 月），《孙中山全集》第三卷，第 165 页。

③ 孙中山：《致南洋革命党人函》（1914 年 4 月 18 日），《孙中山全集》第三卷，第 82 页。

④ 同上。

定："革命成功之日，首义党员悉隶为元勋公民，得一切参政、执政之优先权利；协助党员得隶为有功公民，能得选举及被选权利；普通党员得隶为先进公民，享有选举权利。"该总章第十三条甚至还规定："凡非党员在革命时期之内，不得有公民资格。必待宪法颁布之后，始能从宪法而获得之。"① 在具体履行入党手续时，除宣誓时表示服从和效忠孙中山个人外，还要按手印，以示忠贞不二。对此，黄兴则表示反对，他认为，孙中山的这些主张与其素来所提倡并为之奋斗的自由、平等目标是背道而驰的。黄兴不愿意在原则上让步，他在致同乡好友刘承烈的信中袒露了自己的心意："惟兴素性迂拙，主义所在，不敢变换手段以苟同。虽以人之如何毁伤，亦不稍为之动。诚如来示所谓'人生以精神贯注而立，大事以一线到底而成'，此堪自慰者。至于欲反对自己十余年所提倡之平等自由主义，不惜以权利相号召，效袁氏之所为，虽爱我如兄，兴亦不敢从兄之后。"② 这种对于自己十多年来为之奋斗的自由平等主义的坚定性在同辈革命党人中可以说是屈指可数的。

第三，孙中山旧有积怨的重提也加剧了孙、黄之间的矛盾，使孙、黄分歧一时无法调解。黄兴为人厚道，性格温和，待人诚恳，踏实肯干，加之，他平时处处维护和拥戴孙中山的领袖地位，不谋求个人权利，颇受同辈革命党人的爱戴和钦敬。由于孙中山长期致力于革命理论创造，在海外从事舆论宣传和筹款的时间又比较多，在同辈革命党人看来，作为革命党的二号人物，黄兴的意见完全可以反映或者代表孙中山的意愿，因此，在具体工作实践中与黄兴打交道也比较多。特别是在南京临时政府时期，政务繁杂，目不暇接，除大的军政要务必需要请示孙中山定夺外，其余一些日常具体工作经常由黄兴处理，作为陆军部总长，一般政府机关工作人员请示黄兴的机会较请示孙中山要多一些。这种现

---

① 孙中山：《中华革命党总章》（1914 年 7 月 8 日），《孙中山全集》第三卷，第 98 页。

② 黄兴：《复刘承烈书》，1914 年 6 月 3 日，《黄兴集》（二），第 701 页。

象往往使孙中山容易产生某种错觉，误认为黄兴是在争权夺利，在搞宗派之类，等等。孙中山坦言："即如南京政府之际，弟忝为总统，乃同木偶，一切皆不由弟主张。"[①] 孙中山在复黄兴函中还特别提到黄兴的亲信及部下平时散布过贬低他的流言蜚语，要求黄兴竭力加以禁止。"有一极要之事求兄解决者，则望禁止兄之亲信部下，对于外人，自后绝勿再言'中国军界俱是听黄先生之令，无人听孙文之令者，孙文所率者，不过一班之无知少年学生及无饭食之亡命耳。'此等流言，由兄部下言之，确确有据。此时虽无大碍，而他日事成，则不免生出反动之力。兄如能俯听弟言，竭力禁止，必可止也，则有赐于弟实多矣。"[②] 对于这些无中生有的事黄兴解释说："至云弟之亲信部下对于外人云云，弟自闻先生组织会时，即日希望先生日加改良，不愿先生反对自己所提倡之平等自由主义。弟并未私有所标帜以与先生异。故绝对无部下名词之可言。若以南京同事者为言，皆属昔日之同志，不得谓之部下。今之往来弟处者，半多先生会内之人，言词之有无，弟不得而知，当可为先生转达之。"[③] 孙中山重提这些旧有的积怨，也自然会引起黄兴的反感。

第四，个人权利欲极强的陈其美等人从中挑拨离间也是使孙、黄矛盾加剧的一个诱因。对于孙中山的组党主张，"陈其美、戴天仇、杨沧白首先赞成，并邀约在日亡命的同志都一致参加"。"陈其美复到处奔走，要大家赞成，凡不赞成加入的同志他就大肆攻击。"[④] 本来，在孙、黄之间出现组党问题的分歧，陈其美理应出面调解，尽量缓和二者之间的矛盾。但他却推波助澜，火上加油，乃至抓住黄兴在东京建造简易房屋一事大作文章，甚至对黄兴进

---

① 孙中山：《致南洋革命党人函》（1914 年 4 月 18 日），《孙中山全集》第三卷，第 82 页。

② 孙中山：《复黄兴函》（1914 年 5 月 29 日），《孙中山全集》第三卷，第 88 页。

③ 黄兴：《复孙中山书》（1914 年 6 月 1 日或 2 日），《黄兴集》（二），第 698 页。

④ 李书城：《辛亥前后黄克强先生的革命活动》，《辛亥革命回忆录》第一集，第 212 页。

行人身攻击，妄图毁伤黄兴的名誉。孙中山在《复黄兴函》中曾提及此事："英士（指陈其美——引者）所不满意于兄之事，多属金钱问题。据彼所称：上海商人尝言兄置产若干，存款若干。英士向来皆为兄解辩云，断无此事。至数日前报纸载兄在东京建造房屋，英士、天仇皆向日友解辩，天仇且欲写信令报馆更正。有日人阻之，谓不可妄辩。天仇始发信问宫崎，意以为必得否认之回音，乃与该报辩论。不料宫崎回信认以为有，二人遂大失望。并从而生出反动心理，以为此事亦真，则从前人言种种亦真矣。尚俱真的，则克强岂不是一无良心之人乎，云云。英士之此种心理，就是数日间所生者也。如兄能以理由解释之，彼必可明白也。"其实，对于陈其美所说的上述这番话，孙中山也认为其中必有误会之处，不要与黄兴拒绝加入中华革命党一事相联系而进行人身攻击，也希望黄兴能对此与陈其美详细加以解释，以免引起不必要的误会。孙中山写道："以上则兄与英士互相误会之实情也。乃忽牵入入会之事，则甚无味也。且金钱之事，则弟向不在意，有无弟亦不欲过问。且弟以为金钱之于吾辈，不成一道德上良心上之问题，不过世人眼浅，每每以此为注意耳。今兄与英士之冲突在此点，请二人见面详为解释便可，弟可不必在场也。"[①]黄兴对于陈其美所做的这种"甚无味"的事情，不屑与之"解释"；只是在他致孙中山函的末尾，对陈其美、戴天仇攻击他在东京建造简易房屋一事有所申辩说："英士君之攻击于弟，弟原不介意，惟实出入会问题，则弟不肯受。今先生既明其非是，弟亦不问，听其所为而已。"[②] 黄兴倒是向自己的好友宫崎诉说了一番委屈的心情，他在复宫崎函中对于事端发生的缘起以及自己在造房一事的原因和资金来源作了详细说明。"在今日亡命海外，何以家为？同志交谪，亦所甘受。然以弟不赞成中山之举动，以是相迫，不但非弟所乐闻，且甚为弟所鄙视。其手段之卑劣也，近日造谣、

① 孙中山：《复黄兴函》（1914年5月29日），《孙中山全集》第三卷，第88—89页。
② 黄兴：《复孙中山书》（1914年6月1日或2日），《黄兴集》（二），第698页。

倾轧之机已露，颇不愿白于大雅之前。”接着诉说了造房原因：“弟从事革命来，久不知有家，九年相交，皆所目睹。非弟忍心而不顾也。实以弟眷在湘，前清政府不甚注意，又有各亲友时相接济，是以弟得一身奔走国事，毫无罣碍。及第二次革命讨袁事起，谭祖盦君特送弟眷往沪。其时适湘中独立取消，恐反对者一来，必遭鱼肉也。家母年将六十，身体多病，在沪暂居，近侦者屡窥，断不可久居。气候颇不相合，且房租日食甚贵，每月须百四五十元方可度过。又一欧、兴亚（指李兴亚，即一欧之妻——引者）、振华三儿，在美学费取消，不能久留，欲一并来贵国就学，通计人口在十口内外。”原想在市外租一廉价之屋居住，后借得日友掘井觉太郎之旧屋数间，但不敷居住，不得不添造几间，才能勉强居住。黄兴算了一笔细账，若作居住五六年的打算，五六年的租金不少；如果新造数间房屋，五六年之后，再将房屋原价售出，“则此五六年中所费租金甚少”。当时日本地价较为低廉，地租不过六元六十钱，为租借和增造几间房屋大约花费 4000 多日元。而如果全家租房屋住，“在普通房屋租至少月须六七十元之谱”。一年下来约需租金 840 元，六年下来约需租金 5000 多日元，这样估算下来，真可谓租房不如造房。那么，这 4000 多日元从何而来呢？黄兴明确指出：前由日友头山翁和宫崎两人介绍，“将字画售出，除偿旧债及旅费外，欲取之于此，更无庸讳饰者也”。甚至还有人怀疑，黄兴动用了杨毓麟蹈海前遗赠给黄兴的 100 英镑作为从事革命活动的经费。黄兴特地作了说明，以释嫌疑。他写道：故友杨君笃生（指杨毓麟——引者）“临死犹遗其母三十镑金钱，遗弟百镑，后卒未寄到，为他友用去。此天性人情，非此不能成人。分羹之说，既不忍出；燕居之好，亦不敢为”①。

由于上述一些原因，使第三次孙、黄之争颇为激烈，从根本上说是带有原则性争论的性质；当然也夹杂着一些感情因素，再加上革命屡遭失败，双方心理上都备受打击，心情不好，反映在

① 黄兴：《复宫崎寅藏书》（1914 年 5 月 21 日），《黄兴集》（二），第 694—695 页。

个人情绪上易怒，难以心平气和地讨论问题，受情绪支配，语言上难免冲动，急不择言。据黄兴挚友石陶钧回忆："我们先后亡命到了倭地东京，黄兴约我晋见中山先生，大被痛骂。其后，孙、黄裂痕显然。我在感情上、事实上不能舍后者从前者，我的新觉悟也就从此开始。"[①] 特别是1914年5月5日下午的那次争论，持续三个多小时，是争论最为激烈的一次，争论的焦点是孙中山组织中华革命党，强调必须服从领袖个人的问题，黄兴一改往日谦和的态度，也变得激动起来，寸步不让，声音雄浑有力，态度十分坚决。孙、黄"二人感情激昂，时声高惊四壁，晚餐后再行激论，深夜未尽，终喧华而别，两者皆自信极强，固执已见，终不苟且相容，依旧如斯"[②]。对于原则问题，充分体现了黄兴不肯让步的态度。日本友人萱野长知、宫崎极力从中调和，亦未见成效。据宫崎回忆："孙、黄之争为主义之争。从根本上说，感情亦夹杂其间。对此事，我们认为是孙不好。我曾当场忠告过孙。忠告的结果是争吵。"[③] 同盟会时代的大多数军事骨干，诸如李烈钧、陈炯明、李根源、柏文蔚、熊克武、张继、谭人凤、钮永建、李书城、冷遹、章梓、方声涛、林虎、程潜、张孝准等人均为黄兴鸣不平，他们未参加中华革命党，后来拥护黄兴的李根源发起成立"欧事研究会"，奉黄兴为精神领袖，黄兴也没有表示反对。

过去，人们在评论黄兴的功过时，往往忽略他与孙中山在革命问题上的一致性，即在反清、反袁、维护民主共和制国家上的一致性，夸大他们政治观点上的相异性；而且，只注重他与孙中山的矛盾与分歧，并以孙中山为中心，凡是不同意孙的个别言论或者是某些行动的便都给戴上"分裂主义者"的帽子。有的论者甚至认为黄兴"在组织上也走上了分裂的道路"，关于这一说法，

① 石陶钧：《六十年的我》，周少臣主编《辛亥先驱石醉六》，第247页。

② ［日］萱野长知：《中华民国革命秘笈》第204页。转引自狭间直树《孙文思想中的民主与独裁》，译文载《国外中国近代史研究》1992年第21辑。

③ 《孙、黄之争》，俞辛焞编《黄兴在日活动秘录》，第146页。

我们是不敢苟同的。我们认为，孙中山虽然是中国资产阶级民主革命的一面旗帜和伟大领袖，但他毕竟是人不是神，在领导如此复杂的革命运动中，他也不可避免地存在某些缺点和失误，例如他在用人问题上以及起义地点选择、领导重心的转移，对东京同盟会本部的领导以及组建中华革命党的一些做法等问题上也有考虑不够周全的地方，应当具体问题具体分析，不可昧于史实，贸然言之。

如所周知，以黄兴为首的两湖志士一直以来是拥戴、维护和捍卫孙中山的领袖地位的。黄兴和孙中山之间发生过三次大的争论，如果不是黄兴努力克制忍让，顾全大局，维护团结，其后果将不堪设想。孙、黄之间在筹组中华革命党之争，由于上述多种原因，是争论最为激烈的一次，实质上，这次组党问题上的争论是在“二次革命”失败后发展党务的不同方法之争，当时抱定黄兴这种想法，“不肯附和”者所在多有，甚至包括当时与孙中山最为亲近的胡汉民、陈炯明等人也无一例外。尽管黄兴苦口婆心地加以规劝，但还是没有使孙中山改变态度，他无可奈何，只得接受孙中山要求他“静养两年”、“彼此不谈公事”的意见，被迫远适欧美，继续从事反袁斗争。

当然，我们在了解孙、黄之间在组党问题即发展党务的不同方法之争最为激烈的时候，也注意到二人均保持了适度克制的态度。考其原因，孙、黄之间，由于在反清、反袁、维护民主共和制国家这个大目标上高度的一致性，二人紧密携手合作，取长补短，一致对外，在战斗中结下了深厚的革命情谊，公谊私交甚笃，所以即使“公事”争论得再激烈，还是好朋友。诚如孙中山《复黄兴函》中最后所说的：“此后彼此可不谈公事，但私交上兄实为我良友，切勿以公事不投而间之也。”[①] 为缓和彼此之间的矛盾，孙、黄二人均适度地保持了某种程度的克制，各自均采取了不同的方法，尽量争取平息这场风波，使二人的关系恢复到正常轨道

---

① 孙中山：《复黄兴函》（1914 年 6 月 3 日），《孙中山全集》第三卷，第 91 页。

上来。请看如下事实，我们可以窥见，他们两人均在做这方面的努力。

孙中山在亲自拟订并手书的《中华革命党总章》第十五条规定："本党公举总理一人，协理一人。"[①] 明眼人一看便知，总理非孙中山莫属；尽管黄兴婉拒加入中华革命党，但孙中山还是希望黄兴改变态度，给他在中华革命党内留了一个二把手的位置，虚位以待，嗣后，以黄兴未改变态度而作罢论。黄兴考虑到事态发展到这个程度，难望在短时间内有转圜的余地，"恐同志之间意见日深，将自行削弱革命力量，给敌人以挑拨离间的机会，故决定离开日本。"他接受了孙中山要他"静养两年"，让其"一试吾法"的建议，不妨碍孙继续"再图第三次革命"，决定远适欧美，继续从事反袁活动。临行前，黄兴特意在家设宴叙别，首先想到邀请的人就是孙中山。他在《致田桐书》中写道："弟将远适，特于明日（廿七）午刻备小酌，恭请中山先生叙别（不谈国事）。乞届时驾临寄寓，藉慰离绪。"[②] 1914 年 6 月 27 日，黄兴在寓所宴请孙中山叙别。孙中山集古句书联相赠："安危他日终须仗；甘苦来时要共尝。"[③] 黄兴到美国后。孙中山特地致函美国友人，请善待黄兴。他在《致戴德律函》中说："黄将军出国旅行，属于游历、考察性质。""他在第一次革命期间及其以前都作出不少贡献，作为一位朋友和老革命家，我仍然视为友好，所以我已嘱咐我在美国的同志对他热情接待，如果你碰巧遇见，也请同样待他。"[④] 黄兴寓美期间，他也同样维护孙中山的领袖地位，闭口不谈他与孙中山在组党方面的分歧，并表示："本人直接奉孙中山之命向美国转达他的意见，我们认为美国公民必须知道真相。我们将美国列为第一站，是因为我们自美国获得自由的观念，同时首先承认我

---

① 孙中山：《中华革命党总章》（1914 年 7 月 8 日），《孙中山全集》第三卷，第 98 页。

② 黄兴：《致田桐书》（1914 年 6 月 26 日），《黄兴集》（二），第 706 页。

③ 原件藏中国革命博物馆，转引自毛注青编著《黄兴年谱长编》，第 430 页。

④ 孙中山：《致戴德律书》，《孙中山全集》第三卷，第 109 页。

们新共和国的也是美国。"[①] 他在美洲中国国民党支部召开"二次革命"纪念大会上的演讲时，特别强调预祝孙中山领导"三次革命"之成功。1915 年 5 月 21 日，黄兴在《复孙中山书》中亦说明他对孙中山领导第三次革命也是同情的，他说："先生与英士诸君于三次革命兼程并进，所以爱祖国爱同胞者，备极周至。兴非下愚，岂无同情?"[②] 并号召华侨捐款支持孙中山的反袁斗争，款项可直汇孙中山本人，上述对孙的态度应当说还是极为友好的。正是因为孙、黄在激烈争论时还适度地保持某种程度的克制，使孙、黄在护国运动中再度携手合作成为可能。

金无足赤，人无完人。每一个人都是有缺点和错误的，伟人也无一例外，即使是像孙中山、黄兴这样伟大的资产阶级民主革命家也是如此。毋庸讳言，黄兴也不是一个没有缺点的完人。辛亥革命前，反映在他对形势的估计，对革命前途的认识上。辛亥革命后，反映在他对袁世凯的态度、反袁的策略手段上。在黄花岗起义、阳夏之役和"二次革命"失败后，想起那些牺牲的革命烈士，他心情不免悲观，甚至产生过自杀的想法。然而，无论这些缺点多么严重，我们在评论黄兴的功过时，不能只从黄兴个人品格上去寻找原因，过多地去追究其自身的责任，不能脱离阶级和时代的局限性来苛求于黄兴，因为这些缺点是那个时代所有资产阶级革命党人共有的弱点。其实，这种由于起义新败而产生的悲观情绪像乌云一样，几乎笼罩着当时所有革命党人。甲辰长沙起义失败，刘揆一"思想亦大变，欲从事于道德与学问之途"[③]。章士钊在上海狱中也谈到他出狱后的打算，准备"设一牛肉店于杭州西湖道上"，"鬻食佐读，以终其身"[④]。广州新军起义失败，孙中山由横滨渡槟榔屿约集同志来会，与会者心灰意冷，"举目前

① 黄兴：《在檀香山与美国新闻记者的谈话》（1914 年 7 月 9 日），《黄兴集》（二），第 708 页。

② 黄兴：《复孙中山书》（1915 年 5 月 21 日），《黄兴集》（二），第 767 页。

③ 陈旭麓主编：《宋教仁集》下册，第 569 页。

④ 吴湘湘：《章士钊倡新旧调和论》，《民国百人传》第三册，第 277 页。

途，众有忧色，询及将来计划，莫不唏嘘太息，相视无言”[①]。黄花岗败后，也同样可以看到类似的景况，谭人凤“心志俱灰”，“决志归家”，“不愿再问党事”[②]。由失败而转向悲观是资产阶级知识分子思想特征的共同反映。需要指出的是，孙中山在革命遭受严重失败的关头，他志不稍挫，“以一败何足馁”的英雄气概，对革命充满着必胜的信心，这是孙中山高出黄兴等人的地方。然而，即使是“中国特出人物”的孙中山也不可避免地打上了他所属那个阶级的烙印，在对袁世凯妥协这一点上，曾几何时，孙中山和黄兴似乎没有什么不同。只要将同一时期孙、黄对袁世凯的态度进行对比，人们就不难发现，他和黄兴一样，同样经历了由拥袁到反袁的转变过程。在与袁世凯议和时，孙中山和黄兴的态度是完全一致的。诚如宋教仁所评论的，孙、黄二公“此次北来调和南北意见，主持大计，两公无丝毫之异”[③]。既如此，由于受“旧正统观”的影响，也没有谁来苛责孙中山，为什么对待此事与孙中山“无丝毫之异”的黄兴竟被说成是“革命党内部妥协势力的主要代表人物之一”呢？

第四节　流寓美国

1914年6月30日午后，黄兴等一行人自日本横滨启碇，乘日本“登岳”轮赴美，同行者有秘书李书城、石陶钧、翻译徐申伯等人，于7月9日上午10时抵达檀香山。黄兴在7月8日致日本友人萱野长知和乡友刘承烈函中均提及“明日午前十时可抵Hono-

① 孙中山：《革命原起》，中国史学会主编《中国近代史资料丛刊·辛亥革命》（一），第16页。

② 谭人凤原撰，饶怀民笺注：《石叟牌词》，第81页。

③ 《民立报》1912年9月16日。

lulu”[①]。轮船在太平洋上整整开行了十天时间，在这十个日日夜夜里，黄兴想的很多很多。他想到了自己的祖辈和家乡，他还清楚地记得父亲送他去城南书院读书时的情景。父亲去世后，为不辜负父亲的重托，他又考入湖北两湖书院，他从小是喝湘江水、长江水长大的。嗣后，因急需筹备长沙起义，只得忍痛将祖传的三百石田产卖光，几乎倾家荡产。自与孙中山结识成立同盟会以来，出生入死，先后策动和领导了大小十多次武装斗争，好不容易推翻了统治中国两百多年的清朝专制统治，建立了中华民国南京临时政府，民族主义算是初步实现了。然而，好景不长，口头上承诺维护民主共和制度的袁世凯在篡夺辛亥革命的胜利果实后竟然变本加厉地推行封建专制统治，较之清廷有过之而无不及。在袁氏的通缉下，自己有国不能回，有家不能归。更令他没有想到的是，到东京后与孙中山一道共同总结辛亥革命失败的教训和讨论今后的斗争方略，居然遭到孙的“痛骂”，竟将“二次革命”失败的原因归咎到自己个人身上；更令人费解的是，孙中山要将国民党解散，另组中华革命党，并要求党员服从个人，不惜以权力相号召，效袁氏之所为。更令人不能容忍的是，只因为自己不愿加入中华革命党，竟有人迁怒于自己，不惜无中生有，竟造谣中伤，说自己携巨款潜逃，在东京建造豪宅之类，以“毁伤”自己的名誉。回想自己从事革命活动以来，在强大的敌人面前，几次濒临生死之危，从来没有退缩过，但是面对自己的战友和同志的无端指责，却实在难以应对！在孙中山要其“静养两年”、彼此“不谈公事”的情况下，再在东京僵持下去显然是不可能了。然而，面对茫茫的大海，哪里才是自己安身立命之所呢？他不禁感慨，一个为民主共和制度而奋斗的革命志士竟然无藏身之所，在一个两千多年的皇权思想占统治地位的国度要实现民权主义何其难也！他思绪万千，久久不能平静，即兴吟诗一首，抒发自己当时的

① 黄兴：《致萱野长知书》《致刘承烈函》（1914 年 7 月 8 日），《黄兴集》（二），第 707 页。

心情：

口吞三峡水，足蹈万方云。
茫茫天地阔，何处著吾身？[①]

黄兴一行人所乘海轮于1914年7月9日上午10时停靠在檀香山码头，稍事休整。当地华侨闻讯即派代表迎接黄兴上岸，假当地自由戏院举行午宴及隆重的欢迎大会。黄兴在欢迎大会上即兴发表演说，强调讨袁的意义，并指出，与袁“并非私人间为敌，袁实为政治上之敌人”[②]。同日，接见美国新闻记者，并发表谈话，表示讨袁的决心。黄兴坚定地说：“为了自由，我们将奋斗到底。”[③] 黄兴一行人在檀岛仅停留半日，下午5时即继续开船向东航行，于7月15日抵达美国旧金山。这是黄兴访美的第一站。袁世凯派人侦知黄兴访美消息，曾电请美国政府予以阻拦，惟美国朝野上下均同情中国革命，非但对袁氏的要求不予理睬，且电饬其关吏对黄兴优礼相待，是以黄兴在旧金山得以安全登岸，并受到热烈欢迎。据同行者的报告称：黄兴一行人抵埠时，“欢迎者不仅同党人士，黄姓之欢迎者尤夥；其他中国公会（即前致公堂所改）及各团体（如江亢虎之社会党等）均至埠头欢迎”。“至埠头者千余人，均各有旗帜徽章。由埠头拥卫弟等至客栈者，自动车有三十余台之多。华人在外素从俭约，是日特为此豪举者，盖欲示外人以观瞻也。弟等因先未知情形，故于抵埠之前，并未通知，而欢迎者已准备数日矣。幸抵埠时，已有美总统数电及公文通饬关吏，令其优待并妥加保护，故毫无阻碍，眼病、肠病均未检验，仅各索一照片即行上陆。”“上陆时党员暗携武器，沿途警戒者百余人。”“抵埠后，连日由各团体设宴招待，每宴均聚至数百人，克公每次演说约二三点钟之久，听者异常欣慰，毫无倦容。而北

① 黄兴：《太平洋舟中诗》（1914年7月初），《黄兴集》（二），第707页。
② 《邓家彦上孙中山书》，转引自毛注青编著《黄兴年谱长编》，第432页。
③ 黄兴：《在檀香山与美国新闻记者的谈话》（1914年7月9日），《黄兴集》（二），第708页。

美各处华侨，及南美与加拿大等处来电欢迎，请赴各处演说者，现已有三十余埠。惟因各处太疏散，一一亲往，费时太多，其近金山者拟陆续应其招待，过远者复电谢其盛情。其在东美各处者拟于赴东部时沿途应酬之。”[①] 黄兴在旧金山下榻于费尔蒙旅馆，住一套房，当日有《旧金山年报》记者来访，同在檀香山与美国新闻记者的谈话一样，黄兴再次谈及访美的目的，无非是两点：

一是研究美国的政治制度，以便效法。他明确表示，“此次来美的目的，乃在研究美国的政治现势与政府制度，以备将来为中国为更大的服务”[②]。二是揭露袁世凯的滔天罪行，让世人了解真相。他在致萱野长知书中写道：“弟此行务将袁氏罪状节节宣布，使世界各国皆知袁氏当国一日，即乱国一日，欲保东亚之平和，非先去袁氏不可。”[③] 他反复声明：“此行的目的不是筹款，而是要让世人了解中国目前的真实情况。”那么，“世人”为什么不“了解中国目前的真实情况”呢？其主要原因是“袁世凯花钱制造谎言，隐瞒其政府与中国现况的真相，几乎所有外人在华设立的报纸和外国通讯员都有津贴，以致大家无法明了自由在我国被扼杀的情形。而孙先生在世人面前被诬为自私自利、贪赃枉法、卷款潜逃，这些都是谎言”[④]。中国当时真实的政治状况又是什么呢？黄兴尖锐地指出：“袁世凯继孙逸仙为临时总统后，即有帝制自为的野心。他是利用虚伪的承诺骗取了今日的地位，他用所有的方法来标明重视共和，但却把自己形成绝对独裁的地位。”[⑤]“目前中国的情况比满清统治时期更为险恶。民脂民膏被用来压制言论，

---

① 《附：同行人报告书》（1914 年 7 月），《黄兴集》（二），第 732—733 页。

② 黄兴：《对美国〈旧金山年报〉记者的谈话》（1914 年 7 月 15 日），《黄兴集》（二），第 709 页。

③ 黄兴：《致萱野长知书》（1914 年 7 月 27 日），《黄兴集》（二），第 730 页。

④ 黄兴：《在檀香山与美国新闻记者的谈话》（1914 年 7 月 9 日），《黄兴集》（二），第 708 页。

⑤ 黄兴：《对美国〈旧金山年报〉记者的谈话》（1914 年 7 月 15 日），《黄兴集》（二），第 709 页。

雇用刺客，贿赂军队，以消灭那些反抗新暴政的人。”[①] “袁世凯并不是一个‘强人’，他仅是一个专制的、狂妄的、叛国的独裁者，他为了他自己及其戚友攫取权力与财富而无所不为。”[②] 但是，袁世凯帝制自为的野心是不会得逞的，“是绝对不会成功的”。“因为在有思想的中国人的脑海中，仍然充满了强烈的共和意识，对于袁世凯以及任何人想做皇帝，他们绝不会长久的缄默不言。而且这种高涨的情绪并非仅限于南方各省，在北方的山西、陕西，军队已正在动员中。”[③] 而“我们将奋斗到底，使中国成为一个实至名归的共和国，让人民享有和美国公民同样充分的自由”[④]。

也就在黄兴抵达旧金山的同一天，有《旧金山检查者报》记者来访，黄兴痛斥袁世凯帝制自为的思想。当记者问及袁氏曾以10万元悬赏通缉黄兴之事时，黄兴用颇具讽刺的口吻回答说：“我想袁永远不必支付这笔赏金”，因为“新中国已经觉醒”，“帝制最后终将被推翻”。[⑤] 当日，黄兴不顾旅途辛劳，还应邀出席了在美洲中国国民党支部召开的“二次革命”纪念大会，会场设在旧金山士笃顿街西人大戏院，莅会者有国民党员及当地华侨共3000余人。黄兴在会上发表了长篇演说，他讲了三个问题：“一所以纪念‘二次革命’之先烈，二所以纪念‘二次革命’之失败，三所以祝‘三次革命’之成功。”他首先针对“二次革命”失败以来袁世凯视国民党为“乱党”一说进行了严正的批驳。他说：“黄花岗七十余烈士，为人民谋幸福，反对清政府而死难，清政府故目之为

① 黄兴：《在檀香山与美国新闻记者的谈话》（1914年7月9日），《黄兴集》（二），第708页。

② 黄兴：《对美国〈旧金山年报〉记者的谈话》（1914年7月15日），《黄兴集》（二），第709—710页。

③ 黄兴：《对美国〈旧金山年报〉记者的谈话》（1914年7月15日），《黄兴集》（二），第709页。

④ 黄兴：《在檀香山与美国新闻记者的谈话》（1914年7月9日），《黄兴集》（二），第708页。

⑤ 黄兴：《与美国〈旧金山检查者报〉记者的谈话》（1914年7月15日），转引自李云汉编《黄克强先生年谱》，第370页。

‘乱党’。今‘二次革命’诸先烈，为人民争共和，反对袁政府，亦与黄花岗诸烈士同一心理，故袁政府亦不得不目之为‘乱党’。夫以为人民谋幸福、争共和之英雄豪杰，竟为人诬为‘乱党’，吾恐先烈九泉有知，不能瞑目矣。”黄兴为“二次革命”中牺牲的诸先烈正名，说明他们是值得永远纪念的英雄豪杰，而决不是袁氏所污蔑的“乱党”。其次，黄兴提出，“二次革命”虽然失败了，但也是值得人们纪念的，因为“二次革命”失败的原因固然很多，但敌我力量悬殊是其根本原因，“且其时知大势已去，不宜再为负隅之计，以徒劳兵事，而致引起国民无穷之恶感，反不如留后来之地步，以做第三次革命工夫。此国民党之所以光明磊落，虽至失败，亦可以对国人者此也”。失败为成功之母，“二次革命”虽然失败了，但预示着“三次革命”的成功，何也？因为袁世凯“破坏民国之罪，罄竹难书，若将其颠末一一说出，虽尽一日之长，犹不能说尽”。“试将南京政府吾党执政时各省所行政策，与今日袁党执政时各省所行政策一比例之，亦可明白。”“袁氏罪恶甚多，而其最甚者，可分作五类说之：一、弃灭人道；二、违背《约法》；三、破坏军纪；四、混乱财政；五、扰乱地方。”[1] 黄兴列举大量事实揭露袁世凯的滔天罪行，他认为，多行不义必自毙，袁世凯帝制自为免不了必然失败的结局，因此，以推翻袁氏独裁政权为目标的“三次革命”必然成功也是可以预期的。黄兴讲演结束后，又为美洲金山中国国民党支部题写了“国脉所系”四个大字[2]，以寄托他对海内外全体革命党人的期望！

黄兴留居旧金山期间，他还接受美洲致公堂总会（辛亥革命后改称民国公会）的宴请，并在此宴会上发表长篇演说。如果说黄兴在美洲中国国民党支部召开“二次革命”纪念大会上的演讲

① 黄兴：《在美洲中国国民党支部召开“二次革命”纪念大会上的演讲》（1914 年 7 月 15 日），《黄兴集》（二），第 710—715 页。

② 黄兴：《为美洲金山中国国民党支部题字》（1914 年 7 月 15 日），《黄兴集》（二），第 716 页。

着重揭露袁世凯破坏民国的种种罪行的话，那么，他在旧金山民国公会宴会上的演讲则是着重讲述袁世凯是怎样专靠阴谋手段起家的人生经历。着重揭露袁氏“奸险狡诈之实状”，揭露袁氏是“如何欺骗革命党，如何欺骗国民，如何欺骗世界各国”的。黄兴列举大量事实说明袁世凯是怎样玩弄种种阴谋手段窃取高位的。早在戊戌年间，袁氏“欺骗保皇党首领康有为氏”，探悉其内幕，向西太后告密，“至今康氏党人骈首菜市者六人。然因此袁遂得清西太后之宠眷，扶摇直上，官阶日隆”。当时“足以制袁者，则庆亲王是也”。于是，袁氏又出其阴谋，向庆亲王行贿，使庆亲王“又入其彀中，一任袁世凯之舞弄，如傀儡然。袁之权力，遂一时无两矣”。光绪帝、西太后相继而死，宣统帝继位，载沣摄政，袁氏深知其地位不保，“遂具折托为足疾，借彰德为藏身处矣”。袁氏回籍后，以养病为名，广置田宅，扩张实力，招集无赖，蓄养死士，“预为他日之用”。武昌首义后，清廷召袁氏出山与民军为敌，“然袁氏被召，且却且前”，提出军事、用人及议和全权等条件，清廷“迫于危亡，竟亦一一应允。而袁氏遂摇旗擂鼓，出而与民军抵抗矣”。袁氏经过一段战事之后，默察形势，“知不可以取胜”，于是，又以承诺使清帝退位、实行民主共和制度为议和条件，逼迫南京临时政府让出政权。议和期间，袁氏不遵守双方停战之约，实施“远交近攻之手段”，一面与民军议和，一面进攻山、陕民军，南京临时政府诘问再三，袁氏则“托为兵士不听节制之过”。和议既成，南北统一，“袁世凯当选为临时大总统，临时政府遂派遣专使蔡元培、汪精卫等欢迎袁来南京就职”。但袁氏不愿意离开北京，便“暗令北京兵队变乱，放火焚东安门外及前门外一带”，土匪乘机“抢劫达旦，商民被害者数千家”。袁氏“遂借口于北方军士之不服，外人生命财产寄在北京者不少”为由，拒绝南下就职。袁氏大权在握，为消灭民党势力，又利用“宴请”南方革命党人之机，毒杀广西都督沈秉堃、镇江革命军总司令林述庆，并制造了震惊中外的“宋教仁血案”，派人暗杀了前北京政府的农林总长、力主政党内阁的国民党代理理事长宋教仁，袁氏贼喊捉贼，竟污蔑宋教仁之被暗杀是由民党内讧所致。黄兴通过揭露袁世凯的种种阴谋手段，使人们认识了袁氏破坏共和、帝制自为的反动本质。黄兴最后说："故望诸君同心合力，拥护共和，将袁氏驱除，中国前途，庶有豸耳。"①

黄兴一行人在旧金山期间几乎每天均有宴请和讲演，"其大旨在宣布本党正当之宗旨，及袁氏误国之罪恶，仍劝国人以正义、人道、平和之手段谋国"②。先是黄兴入境之后，袁世凯曾要求美国国务院将黄兴一行人加以拘捕。其理由是：黄兴赴美是为了着手准备军事暴动，并在美国各处筹款进行这一活动。对此，黄兴进行了有力的驳斥。他曾发表《关于访美动机的声明》，其中有云："中国建立共和政府的时机业已成熟"，"我们过去希望，现在仍然希望用和平方式解决中国问题"。③ 黄兴多次在演说中表示此行目的"不是筹款"，而是让世人了解中国目前的真实状况。但在黄兴未到美国之前，"此间已发起第三次革命筹饷事务所，主持者为谢君英伯、冯君自由等，其发动由于东京，近并派林君子超来充筹饷会长，闻亦东京所派"。黄兴一行人来到旧金山之后，"捐款者较前尤为踊跃，即（旧）金山一埠，闻一日可筹美金千余元，较之武昌起义时尤盛"。为保护广大爱国华侨的义举，使捐款不至乱用，黄兴"曾邀本党重要党员"开会，并议决"华侨所筹之款不可滥用，应暂时保存，俟事机成熟时用之"④。黄兴访美第一站不仅受到当地原国民党员和旅美华侨的热烈欢迎，而且也受到了美国政府和美国人民以及其他国家人民的欢迎，这使黄兴很受鼓舞。他在致日本友人萱野长知信中极为兴奋地写道："此次抵美，国人除国民党外，他党人亦有来埠头欢迎者。连日赴各团体招待，颇蒙优礼相遇。海外华侨热心国事，不以成败稍渝其志，殊可感

---

① 黄兴：《在旧金山民国公会宴会上的演讲》（1914 年 7 月 16 日—22 日间），《黄兴集》（二），第 718—725 页。

② 《附：同行人报告书》（1914 年 7 月），《黄兴集》（二），第 735 页。

③ 黄兴：《关于访美动机的声明》（1914 年 7 月），《黄兴集》（二），第 735 页。

④ 《附：同行人报告书》（1914 年 7 月），《黄兴集》（二），第 733—734 页。

佩。在桑港（指旧金山——引者）之贵国代理总领事沼野君及在署各员，均把晤一次，极为亲切。”“美国政府及国民对于吾人，感情亦不恶。先是弟等抵岸时，政府已电饬其关吏优礼相遇。昨又连接美东商会及私人欢迎电函，均极表同情者。虽袁世凯电阻美政府，令其留难，又袁氏所派驻美代表竭力运动，美政府皆置之不理。以此可见公道犹在人心。”① 黄兴在旧金山滞留九日，“俱为演说、会宴所苦”②，深感力不从心，身体有每况愈下之势，在同人的劝说下，黄兴一行人于7月23日移居加州沿海岸的避暑圣地“太平洋森林公园”，此地距旧金山仅百余英里，乘火车四小时可以到达。黄兴在此居住将近两个月时间，他对这里的生活环境比较满意，身体状况亦有所好转。他在《致萱野长知书》中谈及这段生活时写道：“其地滨海，气候适宜，花草长春，林木茂荫，为美人之避暑地。暂租一矮屋，自炊自读。晨起沿海滨崖石间取鲍鱼，拾蚌蛤，新鲜可口。此处有贵国商店二间，不足，多取之于此，亦自得也。现拟请一名师讲授美国政治及地方自治状况，欲稍有所得，即赴东方游历。”③ 如同抵达旧金山一样，人们对黄兴的光临感到十分荣幸，欢迎的热情不减，各地国民党员和华侨纷纷张宴召饮，观者环涌，争相一睹民国伟人黄将军的风采！每有聚会，黄兴均欣然前往，并抓紧一切机会讲解反袁、倒袁、拯救中华民族使之臻于富强、民主的道理，每次讲演都精心准备，妙趣横生，使听众毫无倦容。7月26日，黄兴在与旧金山仅一水之隔的屋仑华侨欢迎会上又作了长篇讲演。他在演讲开始时风趣地说：“兄弟今日获睹在座诸男女同胞颜色，光荣无似！然何以获此机会?”“谓为受不良政治之所赐”也。如果国内政治良好，诸位华侨也不会“因政治恶劣飘流至此”；如果“中国自第一次革命而后，政治即日臻于良好，则兄弟亦未必得与诸君在此把晤”。接

① 黄兴：《致萱野长知书》（1914年7月27日），《黄兴集》（二），第729—730页。
② 黄兴：《致萱野长知书》（1914年7月27日），《黄兴集》（二），第730页。
③ 黄兴：《致萱野长知书》（1914年7月27日），《黄兴集》（二），第730页。

着，他尖锐地指出："夫政治不良，人民有改革之责任，西哲所谓革不良政治之命，被治者之天职是也。""彼今日中国政治之不良，当为诸君所共认。然则起而革命，宁非诸君之天职者乎？"他抓住"应时顺人"四个字，分两个大问题进行讲解，"俾诸君知革命诚不容稍缓，而生其决心也"。第一个问题是"应乎时"。黄兴认为，清末革命党人之所以起而革清政府的命是因为清廷政治腐败；但革命之后袁氏"政治之黑暗，外交之失败，较满清时代为甚"；"二十世纪为民权发达之时代"，"人人皆知共和为最良之政体也"，然而，"我国名为共和，乃袁世凯所行暴政，犹［尤］甚于专制君主，解散国会，消灭《约法》，不伦不类之共和，不独为各国所讥笑，亦断无存立于世界之理"。"列强之亡人国，除用武力占据土地外，又有一种经济政策，即借款与其国，债重无还，监督其财政，吞灭其国土，所谓借债亡国，如埃及是也。"今袁世凯执政以来，"唯以借债为第一之政策，二千五百万镑大借款，不数月而挥霍已尽，此外小借款不知凡几。授外人监督财政之权，恐中国破产在即，将蹈埃及亡国之覆辙"。中国数千年来实行专制政治，南京临时政府成立后，倒专制而立共和，欲实行平民政治之目的。但袁氏执政后，"极力扩张官权，压制民权，复行大人、老爷之名称，与满清时代无异"。"以少数人之自私自利，而剥夺大多数人之幸福。其施行此种政策，不过欲达到朕即国家之目的而已，毫无利国福民之意。"因此，推翻袁氏政权是适应时代潮流的壮举。第二个问题是"顺乎人"。黄兴认为，"人权者，即人类自由平等之权能也"。南京临时政府成立后，颁布《中华民国临时约法》，用以保障人民自由之各种权利。袁世凯窃国后，"推翻共和，将《临时约法》全行打消，以达其专制魔皇之目的，封禁报馆，摧残舆论，纵兵搜掠，草菅人命，种种残酷，弄成民国为无法律之国，民权蹂躏至于此极"！共和立宪之根基全在于地方自治。南京临时政府采取地方分权制度，欲使各省实行自治制，养成国民自治之能力。"今袁世凯厉行专制政策，将省议会、县议会、地方自治会以暴令概行解散，反不如满清专制时代尚有咨议局、地方自治会之虚设。”“立国之基本，以振兴教育为急务。”“今袁世凯极端专制，反视国民教育为仇物，所有全国小学堂停废，外国留学生学费裁撤，以致中国变为无教育之国。”“利用愚民政策，以谋子孙万世帝王之业，其苛暴之政治，无异秦始皇之焚书坑儒，以愚黔首，视天下为袁家物。”袁氏推行之各项政策，实乃“自杀政策而已。天怒人怨，罪恶贯盈，民贼必有授首之日。”① 因此，倒袁是应乎时、顺乎人的革命行动。

8 月 15 日，黄兴应旧金山共和俱乐部之邀，到会发表演说，题目为《共和政体下的中国》。在演说中，他再次猛烈抨击袁世凯。尖锐指出：袁世凯借共和之名，行专制之实，中国政治一片黑暗。“除非袁改变政策或有人取而代之”，否则“南方各省当再次发动革命”。②

黄兴在太平洋森林公园居留期间，较之闹市似乎要安静得多。所幸的是除随从人员秘书李书城、石陶钧、翻译徐申伯外，还有他的长女振华也随侍在身边。原来，振华一直在纽约与一欧兄嫂一起读书，正值暑假，她听说其父来美，特地从纽约赶到旧金山迎接自己的父亲，随后又与其父在太平洋森林公园朝夕相处，度过了极为难忘的日子。黄兴对女儿的学习十分关心，9 月的一天，特地为振华题字“学而时习之”③，以资鼓励。另据黄振华回忆：9 月中旬的一个晚上，“皓月当空，父女两人对坐庭中，父亲见景生情”，顺口吟诗一首：“天上有明月，万里游子心。清华愈皎洁，相对倍思亲。”④ 从这首诗中我们可以窥见，黄兴是一个感情十分丰富的人，他流落异国他乡，白天忙于演讲宴饮，还不觉得寂寞，

① 黄兴：《在屋仑华侨欢迎会上的演讲》（1914 年 7 月 26 日），《黄兴集》（二），第 725—729 页。

② 黄兴：《共和政体下的中国》（1914 年 8 月 15 日），转引自薛君度《黄兴与中国革命》，第 170 页。

③ 黄兴题字后时间署为“甲寅八月”，当为旧历，公历应为 9 月。参见《黄兴集》（二），第 739—740 页。

④ 黄兴：《思亲诗》（1914 年 9 月中旬），《黄兴集》（二），第 745 页。

晚上夜阑人静，想到了在袁世凯残暴统治下的祖国人民，想到了逃到海外过着流亡生活的同志和亲属，想到了还寄居在日本的年迈的母亲和家人，想到了曾经支持中国革命的日本友人，他的心情久久不能平静。为排解这种思念之苦，他每到一地总是将自己的行踪写信告诉他们，而且关注他们所从事的革命活动，并及时予以指导。尽最大努力推动和促进革命队伍内部大团结，以齐心协力推翻袁世凯专制政府。

堡垒最容易从内部攻破，在袁世凯派侦探四处活动、离间革命党人关系的时候，在革命党内部派系势力也开始抬头，他们拉帮结派，在党内搞山头主义。关于黄兴所谓“泄露孙中山外交密函”就是一个典型的事例。孙中山外交“密函”系指 1914 年 5 月 11 日孙中山致日本首相兼内务大臣大限重信的一封秘密长函，其主要内容是劝说其帮助革命党反对袁世凯。函中有云：“窃谓今日日本，宜助支那革新，以救东亚危局，而支那之报酬，则开放全国市场，以惠日本工商。此中相需至殷，相成至大。如见于实行，则日本固可一跃而跻英国现有之地位，为世界之首雄；支那亦以之而得保全领土，广辟利源，为大陆之富国。”“此诚千古未有之奇功，毕世至大之伟业也。机会已熟，时哉勿失。”[①] 在日本政府已经完全倒向袁世凯政权并从中获取最大利益的情况下，孙中山“联日制袁”的想法是不现实的，于是，有的国民党员对此不满，便暗中将孙中山的外交“密函”泄露出去，并公诸报端。然而泄露此事者又不敢承认是自己所为，反而诬指黄兴所为，用以挑起孙中山对黄兴的不满，以达到离间孙、黄之间关系的目的。一时间，黄兴“宣泄”孙中山外交“密函”这件事闹得沸沸扬扬，在党人中引起极大的思想混乱。对此，革命党人曹汤三深信不疑，致函质问黄兴。黄兴遂于 8 月 18 日致书曹汤三，就所谓“泄露孙中山外交密函”事严正辟谣。黄兴极为平和地写道：“顷接惠书，殊深骇怪。据云近得各处党员通告，并读中外各报登载弟所宣布

---

① 孙中山：《致大限重信函》（1914 年 5 月 11 日），《孙中山全集》第三卷，第 84 页。

中山先生之函，此事从何说起？党德败坏，竟至此极，殊可叹也！此事之有无，弟不必加辩，请足下函询中山先生，即知其真相。”“即令有此函件，中山先生从未与兴阅过，兴又何从宣泄？此种卑鄙手段，稍有人格者不为。兴虽不德，自问生平未尝有此败行。今得足下惠书恳直指示，深为感荷。迩来人心险诈，同类自相倾陷，常逸乎人情之外。想此间亦不乏此种之人。不意明达如足下者，亦复深信之也。凡事平心察之，真相自见。望足下勿信浮言，幸甚！”①

黄兴在美暂居期间，凡有华侨聚居之地，他都应邀去作了访问。各地华侨除开欢迎会外，并拟筹款赠予黄兴作为革命活动经费。黄兴每到一地，除说明旅外侨胞历来支持革命事业贡献巨大，向他们表示感谢之外，并详述袁世凯背叛民国的事实，鼓励华侨继续奋斗，共同打倒袁世凯。“他并嘱华侨同胞将筹集的款项直接汇寄东京交孙先生支配，声明他自己这次来美暂居，不需要侨胞资助。他每与侨胞谈及孙先生时，都表示很尊敬孙先生，从未讲及他自己与孙先生在党的改组问题上的意见分歧，因为他唯恐因此使侨胞热爱祖国的情绪受到影响。”②

1914 年 7 月 8 日，中华革命党在日本东京筑地精养轩举行成立大会，孙中山就任总理，黄兴虽未参加中华革命党，但孙中山仍将协理一职虚位以待黄兴。7 月 28 日第一次世界大战爆发，一部分国民党元老对孙中山组织中华革命党必须加盖指印、绝对服从领袖个人等规定不满，未参加该党，他们宣言研究欧事，以备对策，于 1914 年 8 月在东京组织欧事研究会，参加者有李根源、李烈钧、彭允彝、殷汝骊、冷遹、林虎、熊克武、钮永建、邹鲁、程潜等百余人。该会成立后，他们联名致函黄兴，一致决议邀请他参加。黄兴收到邀请函之后，认为该会“本爱国之精神，抒救

---

① 黄兴：《复曹汤三书》（1914 年 8 月 18 日），《黄兴集》（二），第 738 页。

② 李书城：《辛亥前后黄克强先生的革命活动》，《辛亥革命回忆录》第一集，第 213 页。

时之良策，主旨宏大，规画周详，其着手办法，尤能祛除党见，取人材集中主义”，宗旨明确，措施得力。他复函表示同意参加，函中称：“又承决议认弟为本会会员，责任所在，弟何敢推辞？惟才识疏浅，无裨大局，深自愧悚耳。”当然，在李根源等人看来，他们函邀黄兴参加欧事研究会的目的并不单纯是承认其“会员”资格而已，而实际上是奉黄兴为该会的精神领袖或荣誉会长。黄兴同时在复函中也指出当时所面临的严峻形势：“欧战旋起，影响所及，东亚随之，群狼臻远，猛虎当门，是更可惧。公等先虑，持以稳慎，尤所感佩。”黄兴在复函最后向该会提出了希望：“尚望蓄远势，毋狃于目前，计全局，毋激于一部。袁氏自失外款，本不足倒，惟在吾人一致进行，庶预备方有所着。想公等必能圆满图之。”[①] 鼓励该会同仁从长计议，从全局出发，摒弃党见，加强革命队伍内部的团结。

同盟会员中除参加中华革命党和欧事研究会之外，也还有一批同盟会员均不曾参加这两个组织，而是在日本东京专事奔走联络，以期和衷共济，共谋统一。8 月 18 日，谭人凤等致函黄兴，将李根源等对孙中山不敬之处告之黄兴。9 月 12 日，黄兴复函谭人凤、白逾桓、刘文锦、刘承烈、柏文蔚、周震麟等人，对他们在东京所从事的维护革命队伍内部的团结和拥戴孙中山表示肯定和由衷的感谢，并与他们讨论了有关讨袁的时机及方针、方法问题。该函开头指出：“接八月十八日手示，敬悉公等苦心热忱，大谋进行，无任感佩。其办法以维持固有之党势入手，既与中山无所冲突，且有事时得与以助力，实为正大稳健之至。现在所谓革命党，其弊在不能统一。公等着意在此，将来救国目的必可达到。望诸公等持以毅力，不患事之无成也。”黄兴在分析国内外形势的基础上认为，“欧乱发生以来，世界金融均形停滞，袁贼将陷于窘迫之域，此为倒袁最良之时机”。为什么说当时是“倒袁最良之时机”呢？黄兴对此作了具体分析：各国之金融机关，“亦受欧乱之

① 黄兴：《复李根源等书》（1914 年 9 月 3 日），《黄兴集》（二），第 740 页。

影响，断无大宗款项以助袁贼”。战乱必然带来经济恐慌，“美政府刻亦赶印巨数之空头纸币，预备欧战延长，以为救济本国之用。各界以此之故，亦颇恐慌。以无预金而徒发纸币，终非善法，至有名之为纸政府者”。类似美国政府这种滥发纸币的国家，所在多有，袁世凯想通过举借外债来维持自己统治的想法必将破灭。“观此，袁贼将来之破产可必。”既无外债可借，那就只能加紧掠夺国内人民，“国民既负担之不胜，其积怨必甚。吾国国民之性质，必待其身受痛苦然后求救，此时吾人乘其惫而掊之，袁贼将不受一击也”。黄兴认为，乘欧战之时抓住倒袁的时机是正确的方针，但也不能急于求成，要作好充分的准备，相反，“如利用此少数人之激烈心理，逞一时之愤，或一部之力，必终归无效，徒自减杀其势力”。因此，应当谨慎行事，不打无准备之仗。“当此国家危急存亡之际，望公等以大度处事，以调各方面为主，着着蹈实进行，或至袁贼坐困之时，可能收群策之益。不则各自为阵，不相关联，事必无济也。兴刻在美，当极力为各方面之调和，并一面揭开袁贼之黑幕，渐图挽回外人之议论，使表同情于吾党。”[①] 在反对袁世凯专制政权、坚持民主共和制度的基础上实现革命党人的大联合。

美国的政治中心在东部，黄兴赴美考察的最终目的地自然也在东部，于是，便有黄兴的美东之行。9月19日，黄兴一行人离开太平洋森林公园，抵达洛杉矶，在此停留三日，来到美国已故著名军事家荷马·李的家乡，荷马·李生前与孙中山有过交往，他同情和支持中国人民的革命事业，黄兴特地拜访了荷马·李夫人，并亲往荷马·李将军墓前凭吊、献花，以表达中国人民的感激之情。

黄兴一行人离开洛杉矶后继续美东之行，经过一个星期的长途旅行，于9月29日抵达芝加哥，寓国会旅馆。“在芝城仅勾留

---

① 黄兴：《复谭人凤等书》（1914年9月12日），《黄兴集》（二），第741—742页。

两日”[①]，他接受了美国人林百克的造访，林百克一贯同情中国革命，是孙中山的好朋友，对黄兴的传奇经历很感兴趣，他希望有朝一日能在中国的一个隐蔽处所撰写一部黄兴传记，他请黄兴提供一些可作传记依据的素材。此后不久，林百克就收到了黄兴寄来的一个大包裹。当林百克非常激动地打开包裹时，发现里面只是一份用打字机打印的很长的文件，而其内容则是“吁请美国朝野支持中国的民主政体，反对袁世凯篡国，无一字涉及黄兴个人的勋业和生活”[②]。这使林百克在失落之余深深感到黄兴人格的高尚和伟大！

10月2日，黄兴一行人抵达纽约，初寓亚斯都旅馆，后迁至百老汇九十四街邦他旅馆。当时黄兴长子一欧在纽约的哥伦比亚大学外交经济系攻读；长女振华在同校为旁听生。他们利用休息时间陪同其父游览。黄兴在纽约暂居的一个多月时间里留下了一段美好的回忆。据黄一欧记载：“先君到纽约后，住在百老汇路著名的亚斯特旅馆。他除出席当地华侨及国民党支部的欢迎集会外，还由我们兄妹陪同，参观了华侨聚居的唐人街、黑人和犹太人杂居的贫民窟、哥伦比亚大学和纽约大学，以及中央公园、历史博物馆、动物园、纽约时报馆等处。并在旅社陆续接见了中国留美学生张奚若、黎照寰、任鸿隽、蒋梦麟、严庄、陈文俊、刘天铎、谌湛溪、陈嘉勋等多人。”[③]

黄兴抵达纽约的次日即在旅馆接见了《纽约时报》的记者，并发表了谈话。和在美西的讲演一样，再次重申了来美的目的，他说：“我的目的是研究这个伟大的共和国的政治制度，这是我国的爱国志士希望本国政府加以取法的。同时，我将竭尽绵薄，使中美两国人民更加亲善。”“中美两国的理想现在完全相同，美国人民对中国奋斗目标的同情，将对中国产生极大的影响。”黄兴还

① 黄兴：《复某某书》（1914年10月8日），《黄兴集》（二），第748页。
② 林百克：《孙中山与中华民国》，转引自薛君度《黄兴与中国革命》，第171页。
③ 黄一欧：《护国运动见闻杂忆》，《湖南文史资料选辑》第四辑，第85页。

对袁世凯的欺骗伎俩进行了揭露。他说：袁世凯“现正以两种谬论欺蒙世人”。“第一，他断言中国人民还没有实行共和政体的准备；其次，他声称，并令他的爪牙宣扬，他是唯一的能够统治中国的强有力的人物。”黄兴斩钉截铁地说：“你们可以确信，袁世凯垮台的日子已经临近了，人民梦寐以求和力图建立的共和政体行将建立。现在，欧洲正在进行反对帝国主义和专制主义的战争，这对中国必将产生巨大的影响。”此外，黄兴还对两个多月前爆发的欧战进行了评析，他说：“纵观欧洲形势，很明显，德国是作了充分的战争准备的，而且准备了多年。尽管如此，据我看，德国没有赢得最后胜利的希望。协约国为保卫自由、抵抗邪恶的侵略而战，在道义上确实占了优势。我相信，公理压倒强权，协约国定将获胜。”[①] 黄兴在欧洲战云密布、胜负难以预卜的混沌状态下，高瞻远瞩，预见“德国没有赢得最后胜利的希望”“协约国定将获胜”，充分显示了一个伟大政治家的远见卓识！

黄兴去纽约还有一个重要任务，那就是阻止袁世凯派代表在美借款。关于这一点，黄兴于9月27日致函萱野长知，说明“去纽约之主要任务乃在阻止袁世凯代表在美借款”[②]。其时，袁世凯所派代表陈锦涛、蔡序东等与美国银行界接洽借款事。孙中山曾电黄兴设法阻止，美东同志彭丕昕等亦连函促驾。黄兴抵达纽约后于10月5日接见了美洲著名党人梅培，并与之倾谈竟日[③]，就阻袁借债事有所商谈。至谈及中华革命党章程问题时，梅培亦有意见，黄兴嘱其致函孙中山再作修改。并诚恳地表示：“吾非反对孙先生，吾实要求孙先生耳。吾重之爱之，然后有今日之要求。吾知党人亦莫不仰重孙先生，尊之为吾党首领。但为此不妥之章程，

---

① 黄兴：《接见〈纽约时报〉记者时的谈话》（1914年10月3日），《黄兴集》（二），第746页。

② 《黄克强先生书翰墨迹》第116页。转引自毛注青编著《黄兴年谱长编》，第440页。

③ 黄兴与梅培的谈话地点当在纽约；而以往的论著将谈话地点说成芝加哥，实误。因为据黄兴致某君函中说“在芝城仅勾留两日”，而10月5日已到纽约多日了。

未免有些意见不合处。故吾党中分裂，于孙先生名誉有碍，党务亦因而不能统一，于国家前途亦有莫大关系。”黄兴认为，孙中山之所以不愿修改中华革命党章程中不妥之处也还有其他方面的客观原因，主要是孙中山周围少数人从中挑拨离间。他坦率地指出：“吾知此新章之不能改者，原非孙先生之把持，实为三五人所梗耳。何以见之？章程拟稿时，孙先生曾分给一份参看，吾指其不合处要求修改，孙先生当时力允。对胡汉民先生亦然。后不果改，勉强施行，吾料确非孙先生之本意。望能与先生函商一切。若有效，不但克强一人感激，吾知党中多数健全分子亦当引为庆幸。”黄兴在美期间极力维护孙中山的领袖地位，他不愿意将他与孙在组党问题上的分歧意见公诸于众，以致影响国外华侨的爱国情绪。他嘱咐梅培在此问题上需要严格保守秘密。在谈话最后交代梅培说：“至吾为此事，自到美以来，除密商林森、谢英伯、冯自由、黄伯耀而外，并未对第五人说及。”[①] 梅培感其诚，即日致函孙中山，说明自己的意见并转达了黄兴的意见，要求其修改中华革命党党章中的不妥之处，但由于主客观种种原因，他们的合理化建议并未引起孙中山足够的重视，梅培的这封信也就如泥牛入海没有消息。

为阻止袁世凯从美国获得借款，黄兴在美期间曾通过各种渠道劝阻美国银行团借款给袁氏。一方面，“已托美友竭力运动”国会议员，“当可得多少阻力”；另一方面，又“用国民代表名义，云得国民代表通告，如有借款事，国民不承认等情，电告美政府及议会，虽不生何等效力，亦可使资本家疑惑不敢投资”。[②] 黄兴并通过报社发表文章，严正指出：“阻止这项借款，不但可以保持中国对美国人民的尊敬，而且可以迫使袁世凯放弃他的专制政策，改行民主。”[③] 在全美国民党人及侨胞的协力抵制下，美国总统终

---

① 黄兴：《与梅培的谈话》（1914 年 10 月 5 日），《黄兴集》（二），第 747 页。
② 黄兴：《复邓家彦书》（1914 年 11 月 24 日），《黄兴集》（二），第 751 页。
③ 黄兴：《答甄克斯教授》（1914 年 11 月 24 日），《黄兴集》（二），第 753 页。

于命令财政部停止与袁氏所派代表陈锦涛等人商洽借款事宜，陈等只得无功而返。

黄兴来美虽然不到四个月，但每到一地即会见国民党人和侨胞，发表热情洋溢的演讲，接受记者的采访，发表谈话，揭发袁世凯的滔天罪行。阐述反袁的政治主张，受到人们的热烈欢迎，在美国社会产生了强烈反响。因而引起美国政界亲袁人士的恼怒和恐惧，于是，这部分人便借助新闻媒体对黄兴及革命党人进行攻讦，他们造谣惑众，借以混淆视听。1914 年 11 月上旬，《纽约时报》登载了所谓“爱国协约”的消息：据胡适留学日记 11 月 6 日记载：“读《纽约时报》，见汪精卫、蔡孑民、章行严三君与孙中山约勿起三次革命，乃与袁政府为和平协商，名之曰‘爱国协约’。袁克定助之。政府已解党禁，赦南中诸省之‘二次革命’诸首领。果尔，则祖国政局可以和平了结，真莫大之福，吾翘企祝诸公之成功矣！”黄兴此时正在纽约暂居，曾向来访的留美学生张亦农等人发表谈话，郑重说明外电所传、《纽约时报》所刊登的消息完全是谣传，“希望留学界不要轻信谣言，松懈斗志，予敌人以可乘之机”[①]。同一日，胡适在《留学日记》中还记载说：“张亦农来书，谓闻之黄克强，云前所传汪、蔡诸人调停平和协商事，皆属子虚。政府实无意和平了解（结），民党亦无意含糊了事也。果尔，则吾之乐观又成虚望矣。”[②] 上述谣言被黄兴揭穿后，“受雇于袁世凯”的美国顾问古德诺博士和纽约大学远东研究部主任甄克斯博士又多次对黄兴进行人身攻击。实际上，通过黄兴调查了解，上述《纽约时报》登载的谣传也是甄克斯散布的。对此，黄兴忍无可忍，此时他已离开纽约，于是，他便委托美国友人哥伦比亚大学比尔德教授代替他在 1914 年 11 月 24 日《纽约时报》发表《声明》，对甄克斯博士和古德诺博士的责难有所答复。黄兴以

① 黄一欧：《护国运动见闻杂忆》，《湖南文史资料选辑》第四辑，第 87 页。

② 胡适：《所谓爱国协约》（十一月六日），《胡适全集》（日记）第 27 卷，安徽教育出版社，2003 年，第 547 页。

极其委婉的口气写道："我读了我的朋友甄克斯博士对我个人所作的不正当的抨击的文字，深感遗憾和失望。仅在两周之前，他报道了一项传闻，大意说，孙博士和我将被袁世凯邀请回国，协助中国革新工作。我当时就予以否认。而今，甄克斯博士对我的否认又作了还击，说我是无论敌友都不予信赖并加以唾弃的叛贼。博士这种显然前后矛盾之词，一定会使明智的人士感到难堪。"同时，黄兴对甄克斯谬传他在美国筹款也进行了驳斥。他十分平和地说："甄克斯博士说我在美国进行筹款，真是遗憾！他承认，我已经明明白白告诉过他，我没有这样做。至于我要华侨每人每月捐款一元作为重新发动革命的经费一节，我诚恳地请求他提供证据。"关于袁世凯正在向美国借款一事，甄克斯也予以否认。黄兴诙谐地说："甄克斯教授否认袁所派代表正在接洽借款，但又承认袁需款至急，并说，对提供贷款者将从优报酬。博士能够承认这一点，已足以使聪慧的美国公众洞悉一切了……"对于古德诺的谎言，黄兴不屑一顾地回击说："至于古德诺博士的所述，我只能说，我还无此荣幸和这位先生晤面。但是，既然他迄今还受雇于袁世凯，就在上星期四晚上他还曾公开承认，他在中国期间，中国自由派政治家都回避他，把他列入北方反动派一伙。据此，很难想象，他在研究中国政治方面，会有公正无私的见解。"在《声明》的最后，黄兴严正指出，就连甄克斯博士和古德诺博士也没有否认"袁世凯在中国已建立专制主义的军事政权"。[①] 黄兴的这份《声明》廓清了当时笼罩在美洲侨胞中的层层迷雾，使人们认识了袁世凯及其吹鼓手们的庐山真面目。

黄兴考虑由于第一次世界大战正在进行之中，原计划赴欧洲考察的想法无法实现；在纽约居留一个多月后，又因为要运动美议员阻止美国政府借款给袁世凯，只得于 11 月中旬去华盛顿住了一个星期。但无论是纽约还是华盛顿都是美国的大都市，街道繁华，人多嘈杂，不适宜静居养病，黄兴遂于 11 月下旬选择在费城

---

① 黄兴：《答甄克斯教授》（1914 年 11 月 24 日），《黄兴集》（二），第 752 页。

近郊的米地亚小镇定居下来。此处有茂林修竹，风景宜人，交通便捷，有电车、汽车可在20分钟左右抵达费城，往南即是美京华盛顿，往东即是纽约，均相距不远。更重要的是，黄兴频年奔走，在战场上出生入死，风餐露宿，早已积劳成疾，加之旅途舟车劳顿，自觉身体每况愈下，急需就诊、静养。而费城有公私医院各两所，看病较为方便。因此，从1914年11月下旬来此到1916年4月下旬起航赴日本拟回国讨袁，其间一年零五个月时间，黄兴一直居住在此。据同时赴美的秘书李书城回忆："黄先生在费城郊区住下以后，正拟从事美国国情的研究，并计划参观访问一些地方，以广见闻，不意在某晨起床以后吐血数升，经医生诊断为胃溃疡病，须妥速治疗，并作长期休养。"[①] 家人获悉这个消息后，寝食难安，当时长子一欧、长女振华原本在美国纽约读书，因1914年冬"汤芗铭撤销湖南留美学生官费，经济上来源断绝"，一欧兄妹只好辍学回到东京。翌年，黄兴在米地亚不仅医药费缺乏，甚至连生活费也难乎为继了。尽管如此，黄兴"未向侨胞捐募分文，与他们无任何经济上往来"。面对如此窘境，黄兴打电报到东京，要一欧陪送徐宗汉带幼子去美国，以便互相照应。并嘱咐一欧将存放在东京家中的古玩字画带去拍卖，以便维持生计。黄兴的书法功底本来就很雄厚，与友人之间互赠书画之事时时有之。从东京带去的这批字画，有的是在上海、南京时别人赠送的，大部分是1912年秋天到北京时收的赠礼。这批字画因数量较多，在运输途中还遇到了不少麻烦。据黄一欧回忆："记得在东京动身时，连同行李分装八九口箱子。不料船到旧金山，当地海关关员上来检查，因我没有回头护照，又带了这么多箱古玩字画，便全部予以扣留。事情发生后，我立即打电报告诉先君，他收到电报就致电日本著名法学家渡边博士（旧金山海关监督的妹夫），请予疏通。渡边夫人的电报一到，海关就把扣留的箱子发还，准许我们过境

① 李书城：《辛亥前后黄克强先生的革命活动》，《辛亥革命回忆录》第一集，第214页。

了。这次在旧金山耽搁了两个星期。后来，先君将这些古玩字画在纽约变卖，共得价款美金两万多元。除供我们一家在美国一年的开支外，还用于自行编印反袁宣传资料，分送美国有关方面以及留美学生和侨胞。”① 凭借变卖古玩字画，一家人的生计总算得以解决。然而，国难当头，一个流亡者在异国他乡受种种条件的限制又怎能“妥善治疗”？又怎能静心“休养”？他在此寓居期间，名义上是治病疗养，说起来似乎生活得很悠闲；但实际上，他忧国忧民，无时无刻不在为国事殚精竭虑，其疾病并没有得到有效的治疗。诚如与他同行的另一位秘书石陶钧所云：黄兴在米地亚居住期间，奔走“在费城与华府之间，有事大抵是宣传，无事大抵是研究”②。

如同对袁世凯的认识有一个过程一样，黄兴对以大隈重信为代表的日本政府的认识也有一个过程。日本帝国主义早有侵占中国的野心，第一次世界大战爆发，日本乘德国无暇东顾的时机，决定参加协约国集团，借口对德宣战，侵略中国。日本曾于1914年8月15日向德国政府发出最后通牒，要求德国将胶州湾租借地限于9月15日以前无条件交于日本接收，以备将来“归还中国”。8月23日正午以前如无满意答复，日本遂对德宣战。黄兴当时信以为真，以为日本会帮助中国收复德租借胶州湾失地。为此，他曾致函日本驻美国旧金山总领事沼野安太郎，谴责德国的侵略行为，对日本的举动有所肯定。他写道：“现在公众舆论将不能容忍这种帝国的扩张，因而，许多公正无私的国家为了人道主义的事业，已被卷入其中。毫不怀疑，正义的事业最终将胜利；我认为，多年备战的德国将要接受这种教训，以致使它在将来，在任意践踏世界人民的幸福时，有更多的顾忌。”使人欣慰和满意的是，贵国“采取了宽宏而开明的政策。无疑，胶州归还中国将巩固正在增长的友情，密切我们两国之间的现存关系。它将使世界相信，

① 黄一欧：《辛亥革命杂忆》，《湖南文史资料选辑》第十辑，第49页。

② 周少臣主编：《辛亥先驱石醉六》，第248页。

贵国对中国没有隐秘不明的动机”[1]。沼野安太郎接到黄兴函后在复函中再次重申日本政府没有侵占中国领土的野心，他写道：“如果日本获得胶州，将归还中国，因为她既没有领土野心，也不被任何征服的贪欲所苦恼。”[2]

9月2日，日军出动大量人马以进攻德国的名义在山东龙口及莱州附近登陆，并向南推进，于9月26日和10月6日相继占领潍县车站和济南车站；11月7日攻占青岛，胶济铁路全线和胶州湾均为日本所占有，攫取了德国在山东的特权。此时，黄兴已明显地觉察到日本政府的侵略野心。他多次致函日本友人探听大隈内阁下一步的动向及其“挽回”方法。11月10日，黄兴复函宫崎寅藏，询问贵国政府“前已得青岛后，于吾人可与便利，不知能实践否？乞为一探，速示方针”[3]。这里所言“于吾人可与便利”，系指日本政府原来答应收回青岛后“归还中国”的诺言可否兑现？翌日，又致函萱野长知，询问日本政府当前的主张。函云：“欧洲战期刻未能了，青岛已落，贵政府对于均势局面主张若何？隈阁与袁氏亲交，只顾目前小利，于黄种前途，毫不思及。识微瞩远，是在民党诸君。不知足下等已谋及否？暇时乞详示方针为幸。”[4]12月11日，黄兴再次致函宫崎寅藏，询问日本政府当前方针。函云：“贵国政府于陷落青岛后，所执方针何若？乞为示知。”并指责大隈内阁亲袁政策是“方针倒执，于敝国之改革颇生障碍，即影响于将来东亚之前途”。并希望宫崎寅藏等友人“能注目及此，有以挽回于其中也”。[5]

1915年1月18日，日本驻华公使日置益秘密向袁世凯提交旨在全面控制中国的“二十一条”草案。“二十一条”分列五号，每号包括若干条款，合为二十一条，主要内容如下：

---

① 黄兴：《致沼野安太郎函》（1914年9月16日），《黄兴集》（二），第743—744页。
② 《附：沼野安太郎复黄兴函》（1914年9月17日），《黄兴集》（二），第744页。
③ 黄兴：《复宫崎寅藏函》（1914年11月10日），《黄兴集》（二），第749页。
④ 黄兴：《致萱野长知书》（1914年11月11日），《黄兴集》（二），第750页。
⑤ 黄兴：《致宫崎寅藏函》（1914年12月11日），《黄兴集》（二），第753页。

第一号四款，日本要求享有德国原在山东省境内的一切权利；中国政府不得将山东省内土地和沿海岛屿出让或租与他国；允许日本在烟台或龙口建筑连接胶济铁路之铁路；从速开辟山东省内各重要城市作为商埠。

第二号七款，将旅顺、大连的租借期限及南满、安奉两铁路的期限均延长至九十九年；日本人在南满及东部内蒙古享有土地租借权或所有权、居住权以及开矿权等各项权利。

第三号二款，日本政府要求将汉冶萍公司作为中日两国合办事业，所有属于汉冶萍公司各矿之附近矿山，不准该公司以外之人开采。

第四号一款，“中国政府允准，所有中国沿岸港湾及岛屿，概不让或租与他国”。

第五号七款，中国政府“须聘用日本人充任政治、财政、军事”顾问；“在中国内地所设日本病院、寺院、学校等，概允其土地所有权”；中日合办警政和军械厂；允许日本在武昌与九江、南昌间以及南昌与杭州、潮州间建筑铁路；在福建省内投资筑路、矿山开采，日本有优先权；“允认日本国人在中国布教之权”。[①]

“二十一条”严重损害了中国的内政和主权，承认该条约就将使中国沦为日本的保护国和殖民地，中国就有亡国灭种的危险。日本提出“二十一条”要求的消息一经传出，舆论大哗，社会各阶层人民坚决反对与日本签约，各地掀起了大规模的抵制日货运动。海外华侨纷纷汇款回国，留日学生组织了归国请愿团，请求抗日救国。2 月 11 日，欧事研究会成员林虎、熊克武、冷遹、张孝准、耿毅、章梓、程子楷、陈强、龚振鹏、程潜、李根源等十一人联合发布通电，该通电文义正词严地驳斥了袁探诬指流亡国外的革命党人“罪大恶极”，“将效法吴三桂引外兵扰乱本国”，“以图一逞”的谰言，指出这是“骇人听闻”的“误传”。虽然袁

① 《日本政府二十一条要求》（1915 年 1 月 18 日），李希泌等编《护国运动资料选编》上，第 3—5 页。

世凯政府治国无术、“国政不纲”，这都是“有目共睹”的事实，“同人思之，诚所痛心。然借异虐同之举，引狼拒虎之谋，前为天良所不容，后为智计所不许，人虽不肖，亦安至此”？该通电还着重分析了国家、政治、党派三者之间的关系，从而说明国家利益高于一切的道理，进一步论证所谓革命党人“将效法吴三桂引外兵扰乱本国”的谣言纯属无稽之谈。是故，“吾人第一主见，乃先国家而后政治，先政治而后党派，国苟不存，政于何有？政苟有成，何分于党？故吾人反对政府，非有恶于其人，而有不足于其政，虽欲大革其政，而决不敢有危于国，矢心如此，自信可告国人”[①]。不仅欧事研究会成员有如此认识，即使中华革命党内部成员林森、邓家彦、钟荣光、谢英伯等人曾联名致函请示孙中山，“可否暂停国内革命运动，实行举国一致御侮”[②]。章士钊等所办《甲寅》杂志亦持此论。当民族矛盾上升为主要矛盾时，在舆论普遍要求党人“一致对外”的强烈呼声中，黄兴以国家民族利益为重，呼吁一致御侮，救亡图存。由黄兴领衔与陈炯明、柏文蔚、钮永建、李烈钧等联名发表通电，分送国内各报馆，斥责袁世凯专制独裁，表明对内对外之态度。这份通电篇幅较长，内容涉及面广，下面逐一加以剖析：

首先，该电文说明撰写此文的原因是为了驳斥袁探在国内外散布的种种谣言。电文开章明义指出：“兴等去国以还，权威所存，僇辱已至。而游探盈国，好事者塞途，又复争相诋诃，务尽媒孽。”“迩者国交顿挫，举国惊迷，兴等乞援思逞之谣，观腾播中外。夫本无其事，被谤议不能自明者”，所在多有。如果不将这些谣言一一揭穿，今后“乃由奸人假之，涂饰庸俗耳目，以售其欺；甚或他人用之，恫喝软弱政府，以收其利”。以致混淆国人视听，是非不明，其危害甚大，不可不辨析清楚。

其次，回顾辛亥革命以来的历史，从而说明革命的目的是为

① 章士钊：《欧事研究会拾遗》（1962 年 4 月），《章士钊全集》8，第 286 页。

② 冯自由：《林故主席与美洲国民党》，《革命逸史》第三集，第 382 页。

了挽救民族危亡，避免生灵涂炭。“在昔清政不纲，邦如累卵，国人奋起，因有辛亥之役。虽曰排满，实乃图存。”“二次革命”之所以发生，也是为了“修明”“国政”。“当举事时，成败利钝，已能前睹。一击不中，即复戢兵，诚不欲以骤难克敌之师，重生灵涂炭之祸。兴等虽以此受同志之责，居恇怯之名，质之天良，尚无所歉。斯时可战之卒，尚复累万；可据之地，何止一省？犹且不肯负固以困民生。今无尺土一兵，安敢妄言激进？毁兴等者，即不计吾徒居心之仁暴，亦当论其设策之智愚。”

复次，驳斥了袁探散布的“民党作吴三桂第二，借用外力，扰乱本国”的谬论。电文指出：“至言假借外力，尤为荒诞。”“窃览世界诸邦，莫不以民族立国。一族以内之事，纵为万恶，亦惟族人自董理之。倚赖他族，国必不保。殷鉴未远，即在平南。凡此所谈，五尺之童可以具知。”“兴等流离在外，无力回天，遇有大事与吾徒有关者，亦惟谨守绳墨，使不危及邦家而已。虽怀子卿‘不蒙明察’之冤，犹守亭林‘匹夫有责’之志。”

最后，痛斥袁世凯当政误国、媚外欺民的罪行。电文指出：袁氏当政以来，“内政荒芜，纲纪坠地，国情愈恶，民困愈滋。一言蔽之，只知有私，不知有国。”“空尸共和之名，有过专制之实。”“盖一人政治，近世已经绝迹。”“今吾国不见国家，不见国民，而惟见一人，宜乎他国以全国之力，仅为束缚驰骤一人之计，而若行所无事也。夫只知媚外，亦有穷时；专务欺民，何异自杀。”[①] 警告袁氏，现在是“迷梦猛醒”的时候了！

袁探散布的所谓“民党作吴三桂第二，借用外力，扰乱本国”的谣言被黄兴等人加以严正驳斥之后，一计不成，又生一计，嗣又风传亡命海外的革命党人“将乘外交急迫之机，与第三国钩连，起而革命”。这里，所说的“第三国”自然系指黄兴等人当时流寓的美国。这种流言蜚语一经传出，黄兴等人深深感到不仅有伤流

---

① 黄兴：《与陈炯明等联名通电》（1915 年 2 月 25 日），《黄兴集》（二），第 755—757 页。

亡海外革命党人的爱国心，而且严重影响流亡革命党人与第三国之间的关系，危害匪浅，不得不“痛驳之”。1915 年 3 月 26 日，由黄兴领衔，与陈炯明、钮永建、李烈钧、柏文蔚、林虎等人在上海《字林西报》发表通电，指出上述说法，纯属“无稽之言，吾人不认”。黄兴等人承认：“夫吾等之为革命党，无敢讳言，中国民福之未臻亦为事实。”但革命之实行并非少数个人心血来潮时之轻举妄动。“革命者，全国心理之表征，自非多数人责望吾人，吾人断不妄动。吾人痛思前失，自安放逐。现政府果以何道能得民心、行民政”，吾人正拭目以待。革命党人的最终目的是什么呢？“在使吾最爱之国家庄严而灿烂，最爱之同胞鼓舞而欢欣。至何人掌握政权有以致此，吾人不问。且革命者，全然属于一民族之事。自来繁荣有序之国，盖无不为民族国家。吾国政府纵为万恶，亦惟吾人有权改革其非，且吾人亦惟有权自行改革其非。”[①]而不需要“钩连”“第三国”“起而革命”。

上述两份函电发表后，在国内外引起强烈反响。据黄兴秘书李书城回忆：“黄先生在美听到日本向袁世凯提出二十一条要求时，立即向国人表示，为了举国一致反对日本无理要求起见，即时停止反袁活动，以便袁世凯专心对外，维护国权。国内外同志多响应黄先生的号召，作了同样的声明。”[②]

与黄兴等人提出的暂停反袁活动，以便袁氏“专心对外，维护国权”的主张不同，孙中山则主张继续反袁。据冯自由记载：黄兴曾致书予他，有“请转告中山先生慎勿驱虎进狼”之言。不久，冯自由又得林森自纽约来函，略谓其与钮永建、邓泽如、钟荣光、谢英伯等联名致电孙中山，请示对日意见，“可否暂停国内革命活动，实行举国一致御侮，免为国人借口等语”。旋接孙中山

① 黄兴：《与陈炯明等致上海〈字林西报〉等书》（1915 年 3 月 26 日），《黄兴集》（二），第 766—767 页。

② 李书城：《辛亥前后黄克强先生的革命活动》，《辛亥革命回忆录》第一集，第 213—214 页。

复电称“袁世凯蓄意媚日卖国，非除去之，决不能保卫国权。吾党继续实行革命，即如清季之以革命止瓜分”等语。[1] 也就在黄兴与陈炯明、柏文蔚、钮永建、李烈钧等五人于 1915 年 2 月 25 日联名发出通电半个月之后，孙中山于同年 3 月 10 日致函美洲华侨同志，陈述反袁救亡的急切性。表示：“我国人当速即起事，以救亡于未亡之际。”[2] 并命令党务部发出中华革命党第八号通告，要求党员积极讨袁。并指名道姓批评黄兴、林虎等人，其中有云：“中日交涉事起，国人不明交涉之真相，实由夫己氏卖国而来。”“有恐为夫己氏分谤而急欲自白者，如林虎等之通电国内各报馆是也。有恐受借寇复仇之嫌疑而自供二次革命有罪（认革命为罪而不认私逃为罪），急向国人哀告者，如黄兴等之通电宣言是也。”[3] 这里有四个问题必须辨别清楚：一是要将辟谣与“认罪”区别开来。当时袁探散布各种奇谈怪论用以诬陷革命党人，一则曰：“民党作吴三桂第二，借用外力，扰乱本国”；二则曰：风传革命党人“将乘外交急迫之机，与第三国钩连，起而革命”。这些谣言使革命党人颇“受借寇复仇之嫌疑”，如果不加以澄清就会造成是非不明，黑白混淆，造成不明真相的群众对革命党人的误解。二是要将总结“二次革命”失败的教训与“认革命为罪”区别开来。黄兴等人的确也检讨过“二次革命”失败的教训，但并非认定不要反袁，更未认定“革命为罪”，而是认定反袁的时机尚不成熟，早在发动之前就能预卜免不了失败的结局，也就是说，“二次革命”是在一个不成熟的时机发动了一场明知会失败的战争。因此，从总结经验教训入手，今后应打有准备之仗，不要“孟浪”从事了。三是要将“临阵脱逃”与因战败而流亡海外区别开来。该《通告》所说的“私逃”即我们平时所说的“临阵脱逃”，如所周知，黄兴在

---

① 冯自由：《林故主席与美洲国民党》，《革命逸史》第三集，第 382 页。

② 陈锡祺主编：《孙中山年谱长编》上册，第 940 页。

③ 居正：《党务部通告第八号》（1915 年 3 月 10 日），罗福惠等编《居正文集》上册，第 259 页。

“二次革命”中的表现是积极的，是他主动代替孙中山去南京领导攻打北军的；是他在战争进行之中勇敢地赴前线指挥战斗的；是他在战败已成定局的情况下准备继续战斗牺牲自己而殉革命事业，他是在部将的反复劝告下才离宁赴沪而辗转赴日的。根本不存在所谓“私逃”。四是要将“暂停”讨袁与“放弃”讨袁区别开来。黄兴等人所发的通电，主张“暂停”讨袁以便袁专心对日交涉是一种斗争策略，而不是“放弃”讨袁。恰恰相反，该通电对袁氏的专制独裁进行了深刻的揭露，并警告袁氏不要媚外欺民，推行“一人政治”，而要“迷梦猛醒”、一致对外。尔后的事实证明，等到袁世凯接受日本最后通牒之后，黄兴等人又发表了反袁通电，义无反顾地投身到护国讨袁的斗争洪流之中去。

日本政府利用袁世凯想当皇帝急需寻求外国支持的心理于1915年1月18日向袁氏提出灭亡中国的“二十一条”；2月2日，中日双方开始谈判，“历时三月有余，会议至二十余次”①。4月26日，日方提出最后修正案，要求“务请同意”。5月1日，中国政府亦提出最后修正案。日本表示不能接受，并以“开仗”相威胁。5月6日袁命外交部次长曹汝霖至日驻华使馆与驻华日使日置益“略示让步之意”。5月7日下午3点钟，日置益向外交部递送了最后通牒，其中有云：“帝国政府前次提出之修正案中之第五号各项，除关于福建省互换公文一事业经两国政府代表协定外，其他五项，可承认与此次交涉脱离，日后另行协商。因此中国政府亦应谅帝国政府之谊，将其他各项即第一号、第二号、第三号、第四号之各项，及第五号中国关于福建省公文互换之件，照四月二十六日提出之修正案所记载者，不加以何等之更改，速行应诺。帝国政府兹再重行劝告，对于此劝告，期望中国政府至五月九日午后六时为止，为满足之答复。如到期不受到满足之答复，则帝

---

① 《袁世凯承认“二十一条”的谈话》（1915年5月8日），李希泌等编《护国运动资料选编》上册，第1页。

国政府将执认为必要之手段，合并声明。”[①] 5 月 8 日下午两点半，袁世凯以“我国国力未充，目前尚难以兵戎相见”[②] 为由在国务会议上发表谈话，表示接受日本最后通牒。5 月 9 日晚十一点，外交总长陆徵祥等奉命前往日本驻华使馆，递交了接受日本最后通牒的答复书。5 月 25 日，袁氏委托陆徽祥与日置益在外交部正式签约。

日本乘欧战爆发、德国无暇东顾之机，悍然出兵，占有德国在山东的特权。并进而无故向中国提出各项无理要求，中国完全有理由严词拒绝讨论。但袁世凯权衡利弊，深知只有获得日本的支持，自己当皇帝才有希望。因此，他不惜出卖国家利权，不顾全国人民的强烈反对，悍然接受日本提出的“二十一条”修正案。黄兴等人原以为只有暂停反袁，使袁氏专心对外，团结御侮，一致对外，便可以挽救民族危机。然而，无情的事实使黄兴等人认识到，反对日本的侵略如果不与反对袁世凯媚外卖国结合起来就不能救亡图存，就将一事无成。于是，由黄兴领衔，联络国内外革命党人陈炯明、李烈钧、钮永建、柏文蔚、林虎、熊克武、冷遹、张孝准、耿毅、章梓、程子楷、陈强、龚振鹏、赵正平、程潜、李根源等 17 人于 5 月 21 日联名致电《时事新报》等全国各大报馆，严厉斥责袁世凯丧权辱国，接受日本提出的“二十一条”修正案，坚定地表示反袁到底的决心。该通电首先说明革命党人之所以曾经提出暂停反袁是有不得已之苦衷。通电指出：“往者，交涉方起，谣诼纷腾，舆论责备党人，一致对外，俾政府专其心志，尽力折冲。兴等去国以还，于国政夙已心腐，徒以时机迫切，不暇引嫌，亦遂电约同人，表谡素志。乃当此举国听命、内讧尽熄之时，政府膺四亿同胞付托之重，一味屈让，罔识其条约既成，

① 《日本政府最后通牒》（1915 年 5 月 7 日），载李希泌等编《护国运动资料选编》上册，第 7 页。

② 《袁世凯承认“二十一条”的谈话》（1915 年 5 月 8 日），李希泌等编《护国运动资料选编》上册，第 1 页。

国命以绝。国人试平心论之，举国之血泪，洒向此次交涉之前者几何？则某等所以叹息、痛恨于海外，当为国人所共谅。”接着，该通电尖锐指出，造成此次外交失败，丧权辱国，“故今兹结果，实由吾国自始已无死拒之心，而当局尤有不能死拒之势。外人审此，恫喝以乘”。日本政府正是看透了袁世凯想当皇帝要取得外国势力的支持，才提出如此苛刻的条件以逼袁氏就范。造成今天这种被动挨打的局面也是袁氏当政以来积累下来的恶果。该通电还用较大篇幅揭露了袁氏执政所犯下的罪行：“夫弱国无外交，此义谁不知之?”袁氏借口“国弱”，推卸外交失败的责任是站不住脚的。“以云国弱，盖亦久矣。我先烈所为流血丧元，我国人所为备历艰苦，仅乃夺取一姓政柄公诸全国者，其主旨固即以救弱。”好不容易取得反清革命的胜利，就应当倍加珍惜新的政权，认真施政，使国家由弱变强。“然政治既得正轨，运用之道，恒能由疏而精，由拙而巧，护持苟力，圆满自臻。诚不意强者乘便，不少爱惜，多方激变，以图翻覆，改窜民宪，放逐议员，一国之权，由己垄断。两年以来，一人政治，叹观止矣!”这种“一人政治”对国家是没有任何实际利益的。“一国政权集诸一人之身，与吾挠者只见一人，不见国民。人以一国而敌一人，吾则反之。”吾以一人而敌一国，“后祸之来，正未艾耳!”要救国应当依靠人民自救，“凡国有民即自有力，凡民有力即可图强。惟不许国人参与政治于平时，斯末由以练达其本能，而侮于旦夕。有力自毁，是曰大愚；政治自杀，迄今益见”。“来日大难，更不猛省，其何能淑夫？一国之危，待救于一人，此若自救之可恃。”[1] 只有依靠民力推翻袁世凯专制政权，实行民主共和，中国才有希望。

① 黄兴：《与陈炯明等反袁通电》（1915 年 5 月 21 日），《黄兴集》（二），第 769—770 页。

第五节　参与策动和领导护国运动

袁世凯是一个野心勃勃的阴谋家，一方面，他利用南方革命党人的势力，以优待皇室条件为诱饵，胁迫清帝退位。另一方面，他又以清帝退位、承诺实现民主共和制度为前提逼孙中山让位。1912 年 2 月 12 日，清宣统帝溥仪下诏宣布退位。次日，孙中山向临时参议院提出辞职咨文，同时推荐袁世凯继任临时大总统。15 日，临时参议院选举袁世凯为第二任临时大总统。3 月 10 日，袁世凯在北京宣誓就任临时大总统。此后，袁世凯处心积虑，极欲尽快出任正式大总统。为排除阻力，1913 年 3 月 20 日，派特务暗杀了国民党代理理事长宋教仁，制造了震惊中外的“宋教仁血案”。“宋案”真相大白后，袁氏恼羞成怒，于 4 月 26 日未经国会同意，擅自与英、法、德、俄、日五国银行团签订 2500 万英镑的“善后借款合同”，用以作为镇压南方革命党人的经费。从 1913 年 7 月 12 日至 9 月 12 日，袁氏调兵遣将，镇压了孙中山发动和领导的持续两个月之久的“二次革命”。10 月 6 日密令军警胁迫国会议员选举他为中华民国第一任正式大总统，10 月 10 日，袁世凯宣誓就任正式大总统之职。从此，他上下其手，将矛头对准国会和《中华民国临时约法》，11 月 4 日，袁氏下令解散国民党，取消国民党议员资格，迫使国会因人数不足不能开议。1914 年 1 月 10 日，他公然下令解散国会，停止议员职务。5 月 1 日，公布了《中华民国约法》，以取代孙中山于 1912 年 3 月 11 日颁布的《中华民国临时约法》。1915 年 5 月 25 日，他不顾全国人民的反对，与日本正式签订了丧权辱国的“二十一条”要求，以换取日本政府的支持，从而加快了复辟帝制的步伐。8 月 3 日，北京政府的御用工具薛大可任主编的《亚细亚日报》，发表了被袁氏聘为总统府顾问的美国人古德诺撰写的《共和与君主论》一文，极力鼓吹在中国实行君主制，诬蔑中国人民“民智卑下”，无参政能力，“没有资格做共和国国民”。他写道：“中国数千年以来，狃于君主独裁之政治，学校阙如，大多数之人民智识，不甚高尚，而政府之动作，彼辈绝不与闻，故无研究之能力。四年以前，由专制一变而为共和，此诚太骤之举动，难望有良好之结果也。”因此得出结论说：“中国如用君主制，较共和制为宜，此殆无可疑者也。”[①] 8 月 14 日，在袁世凯授意下，杨度联络孙毓筠等人发起成立筹安会，并于当日发表《宣言》，与古德诺一唱一和，借古德诺之言说：“美国者，世界共和之先达也。美人之大政治学者古德诺博士，即言世界国体，君主实较民主为优，而中国则尤不能不用君主国体。此义非独古博士言之也，各国明达之士，论者已多。而古博士以共和国民，而论共和政治之得失，自为深切著明，乃亦谓中、美情殊，不可强为移植。彼外人之轸念吾国者，且不惜大声疾呼，以为我民忠告。”[②] 而我国人士，乃反其道而行之，这难道是爱国吗？是尽国民之义务吗？该宣言书竟然重复美国政治流氓古德诺的陈词滥调，把在中国实行君主立宪作为解决中国所有弊端的“根本”谋略，并将其所宣扬的君主立宪主张是“筹一国之治安”的“爱国”主动。在此之前，早在 1915 年 4 月，杨度还曾撰写过一篇多达两万余字的《君宪救国论》的长文，以虎公答客问的体裁写成，分为上、中、下三篇。上篇论述君宪救国的理由；中篇指出当时总统制的缺陷；下篇是对清末立宪和辛亥革命后国民党实行民主立宪的批判。这是一篇公开声讨共和、表明心迹，为袁世凯复辟帝制服务的政治宣传品[③]。文章写成后，由夏寿田转呈袁世凯，袁极为赞赏，亲题“旷代逸才”四个大字，由政事堂制成匾额，赠予杨度，并嘱湖北将军段芝贵将《君宪救国论》秘密付

① 古德诺：《共和与君主论》，转引自白蕉撰《袁世凯与中华民国》，第 151 页。

② 《杨度孙毓筠等六人发起成立筹安会宣言》，转引自白蕉撰《袁世凯与中华民国》，第 154 页。

③ 杨度：《君宪救国论》，《杨度集》，第 566 页。

印，以为帝制运动之张本，分送各省将军、巡按使参阅，广为传播。

1915年8月23日，筹安会正式宣告成立，在北京石驸马大街设立事务所。袁世凯特为该会拨款20万元作为活动经费。8月24日，杨度等人以“筹安会”名义向各省将军、巡按使、都统、巡阅使、护军使，各省城商会、上海及汉口商会等发出通知，要求派遣代表来京，讨论国体问题，以备国人采择。杨度直言不讳地对人说：“鄙人宗旨，于君主立宪四字，一字不可放松。立宪而不君主，必不足以固国本，鄙人所反对也；君主而不立宪，必不足以伸民权，亦鄙人之反对也。”① 在袁世凯授意和策动下由杨度等人掀起的帝制逆流，引起社会各界爱国人士的强烈不满，一场以反对袁世凯称帝的护国运动轰轰烈烈开展起来。针对杨度散布的种种谬论，梁启超于1915年9月3日在北京英文《京报》中文版上发表《异哉所谓国体问题者》一文，反对变更国体，反对“在现行国体之下，而思以言论鼓吹他种国体”②。全国各大报刊纷纷转载，在社会上引起共鸣。而袁世凯不顾舆论反对，却反其道而行之，公然于1915年10月8日发布召集国民代表大会决定国体的告令，嗣后，通过所谓“国民代表大会”讨论，自然是决定改民主共和为君主立宪，并“推戴”其为中华帝国皇帝。12月12日，袁世凯申令承认帝位。12月31日，改明年为“洪宪”元年。1916年1月1日，袁世凯改总统府为“新华宫”，对内称中华帝国，并接受百官朝贺，终于当上了中华帝国的皇帝。

黄兴虽然身处异国他乡，却仍然关注国内事态的发展，特别是关注袁世凯倒行逆施、帝制自为的种种动向。他自始至终参与策动和领导了护国运动，主要从以下四个方面入手，为护国运动做了大量具体工作。

第一，正确分析和认清形势，及时把握开展护国运动的有利

---

① 杨度：《谈筹安会》，《杨度集》，第593页。

② 梁启超：《异哉所谓国体问题者》，转引自白蕉撰《袁世凯与中华民国》，第190页。

时机。黄兴赴美之初，他在多次讲演中均提及袁世凯“有帝制自为的野心”，而且认为其失败是必然的。但同时也认为，不能打无准备之仗。及至1915年初，日本政府提出“二十一条”要求之后，为团结御侮，黄兴等人甚至还发出暂时中止反袁的通电，以便一致对外。当孙中山于1915年3月致函黄兴，说明在“中国当此外患侵逼、内战紊乱之秋，正我辈奋戈饮弹、碎肉喋血之时”，要求黄兴“同心一致，乘机以起”，“即日言旋”。[①] 但当时黄兴在《复孙中山书》中仍称：“今日则既无稳固之根据，又无雄厚之财力，乃必欲以求一逞，恐必有覆□折足之虞。”不可“孟浪从事”。[②] 认为时机尚不成熟，武力讨袁无胜利希望，并没有答应孙中山“即日言旋”的要求而回国讨袁。但接连发生的几件事使黄兴改变了态度，即1915年5月25日袁世凯与日本政府正式签订卖国的“二十一条”，8月3日袁氏顾问古德诺发表《共和与君主论》，8月23日杨度等人正式成立筹安会。这几件事使黄兴认识到，袁世凯称帝的想法很快就要付诸行动了，而社会各界爱国人士掀起的反对袁世凯称帝的浪潮也使黄兴深受鼓舞，他确认武力倒袁的时机已经成熟，这从他与石陶钧的书信往来中可以反映出来。1915年10月18日，黄兴在《致石陶钧书》中对以杨度、孙毓筠为正副会长的筹安会极为不满，叹息人心之不可测度，说他们反复无常，既“可为袁氏之元勋，亦可为制造革命之元勋。惜其人格卑下，又在娼妓下矣！”在同一封信中，黄兴认为，“袁氏作帝必矣”[③]！“讨袁的时机已经成熟”，全国各地反袁浪潮此伏彼起，革命党人应当依顺舆情，紧急行动起来，对袁氏应当及时进行武力讨伐。黄兴在《致李西屏书》中指出：“袁贼称帝在即，凡拥护共和之士，皆当一致进行。苟非别抱野心，断不抛弃从前所主张，以趋于自杀之绝境。”“今幸袁贼罪恶贯盈，全国皆悉举而

---

① 孙中山：《致黄兴函》（1915年3月），《孙中山全集》第三卷，第166—167页。

② 黄兴：《复孙中山书》（1915年5月21日），《黄兴集》（二），第768页。

③ 黄兴：《致石陶钧书》（1915年10月18日），《黄兴集》（二），第772页。

伐之，易甚，易甚。”他不同意过去有人将革命派内部分成急进派和缓进派两种派别，更不同意有人将孙中山称为“急进派”代表人物、将他本人称为“缓进派”代表人物。“夫革命之事（姑舍主义不言，专以手段论），在准备能行与否，断不得强为缓急之分。盖急进不独张空拳于事实无补，且有锄绝根株之实；缓进而又不事预备，于时机坐失，更有积重不发之嫌：两者至不通之论也。”[①]因此，革命不存在缓急之分，只能视时机而定，革命的时机成熟了，就应该当机立断，果断行动，顺势而起，一致对敌，不达目的，誓不罢休。

第二，较早提出了反袁斗争的战略策略，并将此付诸实施。黄兴在寓居美国期间，与国内同志还保持着密切联系。1915 年 9 月底蔡锷的一封长信引起了黄兴的注意和思考。据黄一欧回忆：“松坡先生派专人送来一封密信给先君。这封信长达十七页，其中谈到当时国内形势以及袁世凯阴谋称帝的种种活动，并提出他自己准备潜赴西南发难的计划，征求先君的意见。先君接信之后，经过仔细研究分析，断定袁世凯必然要实现称帝野心，讨袁的时机已经成熟；凭借松坡先生辛亥前后在云南蓄积的革命力量，以及他与进步党和一部分国民党人的密切关系，云南发难是较有把握的。”[②] 黄兴在兴奋之余，也有一个令他不无顾虑的问题，那就是国内现存的各种反袁力量在袁世凯的高压与打击下分崩离析、互不统属，形不成合力，因此，要想取得武力讨袁的胜利，必须首先解决这个问题。他经过深思熟虑，决定在反袁的旗帜下将各种反袁势力联合起来，初步形成了他的战略思想。据其秘书李书城回忆：黄兴在寓居美国米地亚期间，“加紧与国内外同志联系，鼓励同志各就力之所及，分别活动，不论各党派政见如何不同，不论他们以前与国民党有何种嫌怨，只要他们现在反对帝制，肯

① 黄兴：《致李西屏书》（1915 年 11 月 3 日），《黄兴集》（二），第 776 页。

② 黄一欧：《护国运动见闻杂忆》，《湖南文史资料选辑》第四辑，第 92 页。

出力打倒袁世凯的，都要与他们合作”[①]。在这一战略思想的指引下，护国运动轰轰烈烈地开展起来了。黄兴身体力行，一面计划在美筹款讨袁，作经济上的支援；一面嘱咐长子一欧立即动身去日本，以便与各方面保持密切联系。一欧临行前，黄兴交给他两封信，其中一封信是他主动写给孙中山先生的。信中“谈到袁世凯必将称帝，三次革命的发难时机已届成熟，如有所命，亟愿效力”。另一封信是写给滞留东京的张孝准的，“略告松坡先生来信情况及需要考虑解决的问题，嘱其速即设法回国，与松坡先生密取联系，相助进行。”黄一欧于 10 月下旬到达东京，先往芝区孙中山寓所面呈黄兴信件，“孙先生接到来信十分高兴，并询问先君在美情况甚详，表示希望他早日回到日本，共商反袁大计”。黄一欧继往张孝准住处，告知其父近况及对反袁运动所持的战略，张孝准接信后，“与欧事研究会的同志有所筹商，又通过宫崎等人的关系与日本政界人士有所接洽，随即就动身回国，准备把松坡先生迎接出来担当大事，实现讨袁计划”[②]。与此同时，黄兴对以梁启超为党魁的进步党由拥袁转向反袁表示赞赏，彼此沟通频繁，配合默契。并告诫党人要密切关注进步党的动向，团结进步党人一致反袁。1915 年 11 月 7 日，《进步党反对帝制之通电》公诸报端后，以奉黄兴为名誉会长的欧事研究会在上海创办的机关报《中华新报》于 11 月 9 日发表《对进步党通电感言》的时评，赞赏该党反对帝制的诚意，必能昌明吾“国人真正之民意。不使彼野心者之妄假民意，以欺天下”[③]。黄兴还直接与进步党党魁梁启超联络，即使在袁世凯被迫宣布取消帝制、极力鼓吹调停之时，黄兴还专电梁启超等人：“不去袁逆，国难不已。望力阻调停，免贻后累。”[④] 此外，争取西南实力派人物以及社会上有影响的上层

---

① 李书城：《辛亥前后黄克强先生的革命活动》，《辛亥革命回忆录》第一集，第 215 页。

② 黄一欧：《护国运动见闻杂忆》，《湖南文史资料选辑》第四辑，第 92—93 页。

③ 《对进步党通电感言》，上海《中华新报》1915 年 11 月 9 日。

④ 黄兴：《致唐绍仪等电》（1916 年 4 月 15 日），《黄兴集》（二），第 793 页。

人士倒戈反袁也是黄兴战略思想的重要组成部分。1915 年 12 月 22 日，黄兴致函桂督陆荣廷说：“今袁逆谋叛民国，公然称帝，不忠不信，不仁不义，人民痛恨，外邦非议，内援外助，俱已断绝，此其自亡之日也。”“海内贤豪，竭智并力，以正义讨昏暴，以人民公意诛独夫，义正言顺，内洽国内之人心，外博世界之同情，事之成功，不难逆睹。”并希望陆“兴讨贼之师，发扬奋迅，激励国民之气，无使时机坐失”。“国之存亡，系于今日，救民保国，端赖贤哲，海天西望，企盼捷音。”[①] 对陆荣廷进行了耐心细致的规劝，使其幡然悔悟，即时宣布桂省独立。同样，对于社会上有影响的上层人士，黄兴也与他们加强联系，及时沟通，坚定他们反袁的信心，争取他们的理解和支持。1915 年 12 月 21 日，黄兴致函赵凤昌、张謇、汤寿潜、伍廷芳、唐绍仪、庄蕴宽等人士称：“今兹共和废绝，国脉将危，泣血椎心，哀何能已！先生等负国人之重望，往时缔造共和，殚尽心力，中复维持国体，委曲求全。今岂能掉心任运，坐视而不一顾乎？”“所以哀恳于诸先生等之前者，亦不外世乱思君子之意。贤者不出，大难终不可平，国之存亡，系于今日。海天西望，涕泪随倾，激切之情，不能自禁，诸希谅察为幸。”[②] 此前数日，并致函国内友人指出：“兹幸袁逆狡谋已露，忧时爱国之士皆齐其心志，并其智力，奔走于一途，此诚国家之福，而尤弟所夙昔祝望者也。今日为国家生死存亡之关键，以正气讨昏暴，以公意诛独夫，意正言顺，实洽国内之人心，得世界之同意。况公等皆一时之俊贤，蓄有建设之宏谋，事之成功，不难逆睹。”同时，也特别提醒国内友人，在反袁的旗帜下，要加强团结，不要闹分裂，要敢于牺牲，不要争名夺利。他说：“国人通病在意见太多，千派万系，各树党援，以为乘时取利之计。此于国家纷乱及从事创造之时，最易发生障碍。弟念美国独立之时，人人争先牺牲，而勇于退让权利，彼其国家之繁荣进步，有由来

① 黄兴：《致陆荣廷书》（1915 年 12 月 22 日），《黄兴集》（二），第 782—783 页。
② 黄兴：《致赵凤昌等书》（1915 年 12 月 21 日），《黄兴集》（二），第 781 页。

也。公等深谋远识，当已早鉴及此，防微于机先，勿庸弟之过虑。”①

反袁战略思想确立之后，下一步就是实施反袁斗争的具体策略，该策略包括两个方面的内容，一是由谁来出面实施领导反袁护国斗争；二是如何具体领导反袁护国斗争。黄兴认为，蔡锷是最为恰当的人选。如前所述，凭借蔡锷辛亥前后在云南积蓄的革命力量和群众基础，以及他与进步党和一部分国民党人的密切关系，加之，蔡锷本人也愿意主动请缨，在云南率先发动讨袁是有成功把握的。关键是如何让蔡锷脱离虎口，顺利去滇；同时也要让滇督唐继尧消除顾虑，接纳蔡锷。为此，黄兴“极力疏通”，据陈嘉会日记记载：“蔡在滇声望甚高，唐继尧敬而惮之，蔡不敢轻入。克强在美，设机关于日本马关，为美国、北京、昆明三处转信，筹商一切。向唐疏通：蔡只借滇军讨袁，不为都督，不留滇，到即率兵出发。蔡逃出京至马关，即转沪停半小时南下，随行者仅参谋长石醉六陶钧一人也。余与谭组庵、范静生在沪与闻之。”②在得到唐继尧的首肯之后，蔡锷便开始秘密行动。关于蔡锷是怎样脱离虎口、机智出行、顺利入滇的过程，史籍记载颇多，但鲜有人谈及黄兴暗中帮助之功。其实，蔡锷出走未被袁氏暗探发觉除了蔡本人的机智之外，与黄兴的协助是分不开的。黄兴远在美国，不可能亲自出面掩护蔡锷逃出虎口，而是通过自己的老乡、革命党人张孝准来实现的。

张孝准，字闰农，号运隆，1882 年生，湖南省长沙县人。1901 年留学日本成城学校，后进入陆军士官学校工兵班，与蔡锷同学，1905 年加入同盟会。回国后入东三省总督徐世昌幕，嗣赴德国柏林大学留学四年，于 1911 年回国。1912 年 4 月南京临时政府撤销，他任留守府军务厅厅长。协助黄兴等将各军队分散，为

---

① 黄兴：《致国内友人书》（1915 年 12 月 18 日），《黄兴集》（二），第 780 页。

② 《陈嘉会日记》未刊稿。转引自黄一欧《护国运动见闻杂忆》，《湖南文史资料选辑》第四集，第 95 页。

保存革命实力，又将军队中的优秀军官保留，并配备精良武器另组第八师。留守府结束后，他于1913年2月回湘任军事厅厅长。7月初，他去南京参加讨袁战争，失利后转赴日本，不久参加欧事研究会，任该会干事，继续从事反袁斗争。1915年10月下旬，黄一欧持其父致张孝准函交给张，张孝准接信后立即回国，在天津与蔡锷秘密会晤，转达了黄兴的意见，告以在东京与各方面联系情况，并商定秘密出走计划。密商妥帖后，张孝准即先回东京部署。张走后，蔡锷不久就逃出国门了。为躲避袁氏暗探耳目，蔡深夜上了停靠在天津的日本运煤船。动身前，他拍了一份密电给张孝准，预告行踪。日本运煤船由天津开到别府（在日本神户附近的著名海岸风景区），蔡锷悄然登岸，搭火车前往神户，张孝准和黄一欧已经在此等候了。据参与蔡锷行动计划的黄一欧回忆："松坡先生这次出走，是经过他与张孝准周密设计的。他一到日本，就写信给袁世凯，说明已经东渡就医，只以临行仓促，未及叩谒聆训。措辞非常恭顺，使袁看不出破绽。同时将随身带来的重要证件和勋章都交给张孝准保存，并预先写好几封信，都是寄给和袁最亲近的高级军官的，报告在日游山玩水的行踪，托张旅行日本几个地方，每到一地就投寄一封，表示他仍在日本各地游历。其实，在到神户的当晚，松坡先生就上了另一艘日本轮船，经过上海，南下香港、河内，秘密直奔云南去了。张孝准于松坡先生离日南下后，照计而行，从别府、箱根、热海等地按着预先安排好的日期寄出松坡先生的信件，居然蒙混一时，未被老奸巨猾的袁世凯所发觉。"① 后来，蔡锷到了昆明，通电讨袁，袁氏对这位当时身为全国经界局督办、参政院参政的昭威将军蔡锷"何以潜赴云南"的原因和经过一直非常不解，主要是因为蔡锷超乎寻常的机智和张孝准的密切配合。

由谁来具体领导护国战争的问题解决之后就必须解决怎样领导发难的问题。对于发难的时间、地点、方法以及应当注意的问

① 黄一欧：《护国运动见闻杂忆》，《湖南文史资料选辑》第四辑，第94页。

题等策略，黄兴也在致张孝准的信中说得很清楚，读后使人一目了然，极具可操作性。他在云南发难前夕提出六个方面的策略性意见，要求张孝准转达“同人采择”：

对于发难的时间，宜急不宜缓，越快越好。“发难须急，缓则狡猿用他种手段，去其反对之势力后，更难着手。”

对于发难地点，黄兴同意李根源的意见，“滇、粤均可”，不必谨小慎微，过多地考虑发难地点。“因割据一二省，响应必起，猿贼财政，即生缺陷，此可制猿之死命。”

对于发难方式，可以将起义和暗杀结合起来，相辅而行。“广设暗杀机关，造起种种恐慌”，使袁贼穷于应付，时刻处于危险之中。暗杀“不论大小强弱”，均可实行，尤其要注意北方地区，“其赞成帝制各机关，破灭之，亦有效”。

发难应注意的问题，其中特别提及对于冯国璋和陆荣廷要区别对待，对冯要提高警惕，冯“未尽可靠，当有先防之之心。若能得彼部下之同情，即急起拥戴之，彼亦无所逃。然须知彼非如程德全之易与，更须防如程德全之反复”。至于陆荣廷，乃一介武夫。“以部下激发之自易。以大势观之，此间或可先发（滇能先发亦好，此处可以一电，脱离中央，自成独立民国）。”

再一点要注意的是，要尽量争取国际援助。注意日本动向，“日本近日真意如何，能探得否？可要一欧探问宫崎，即由宫崎详函与我为要”。

另外，黄兴特别交代，要注意保密，加强防范，有关策动起义的信件，“倘先泄露，坏事不少”。[1] 后来的事实证明，护国战争的顺利开展基本上是按照黄兴的战略思想和策略部署进行的。

第三，做好舆论宣传，争取各国人民的同情、理解和支持。黄兴从到美国便开始宣传反袁，并预测袁氏必然称帝，而且断言袁氏免不了失败的命运。而在袁氏称帝之后，如果不及时予以彻底揭露其真相就会给反袁护国带来阻力。就在袁氏申令承认帝位

① 黄兴：《致张孝准书》（1915年11月26日），《黄兴集》（二），第777—778页。

的第三天，即12月14日，黄兴即致电美国驻华公使，并同时分交各国驻华公使和北京、上海两地西报，该电文称："袁世凯废共和，行帝制，中国必立起革命，声讨其罪。此时吾定返中国，再执干戈，随革命军同事疆场，竭尽吾最后之气力，驱逐国贼，另举贤能，保全国民，使吾国人民得共享自由共和政体之益。中国五千年来，至今乃得改为共和政体，国民始得享自由幸福，吾国民断不能坐视袁氏任意复行帝制。"① 并拟好一信，"分致某政府及议会并各实业家，恳其好意扶助吾国之共和"②。并于12月26日在《费城新闻》发表长篇文章《辨奸论》，由唐月池译成英文，在美国传颂一时。该文长达5000余字，很值得一读。

《辨奸论》一文以读者来信的形式发表，开篇明义指出："现时各国之关系日益密切，而欧亚两洲中之纠葛，又大有打破将来和平局面之恐慌。故凡有心于将来世界安乐、人类利益之士，对于现局之表示，均应小心衡度之；且须以政治家之手段，指导将来之趋势，而不当处于被动之地位者也。"接着，文章指出，"欧洲之战"并不是一件什么好事，"近年以来，各国中违背公平人道与夫诚信之轨者，屡有所闻。因是之故，是以有欧洲之战，与其发生后种种惨剧"。可悲的是，欧洲之战尚在进行之中，"复有一变状突现于东方，其事之重大"，"实前事所未有"，那就是"袁氏称帝"，"民主毁灭"，"夫以吾人不顾生命及种种所有，而换取自由平等正谊人道之幸福"，"完全毁弃"。他慎重提醒美国人民及世界各国人民都要关注发生在中国的所谓"变革"。

黄兴批驳了"受袁氏之金钱而为辩护者"所散布的所谓袁世凯"为现时中国最大之伟人、东方之强士"的种种谬论。文章指出，袁氏"之所以得成最大人物者，果何自来耶？亦由彼现时所仇逐之共和代表自甘退让，因是始造成袁氏今日之权势"。袁氏欺骗革命党人，他上台之时，曾为"竭其能力发扬共和之精神，涤

① 黄兴：《致美国驻华公使电》（1915年12月14日），《黄兴集》（二），第778页。
② 黄兴：《致国内友人书》（1915年12月18日），《黄兴集》（二），第780页。

荡专制之瑕秽”之严正宣誓，“及至最后时间，犹胆敢向世界宣言，不认自己有一点帝皇思想”。并谓“外间所传彼挟君主之野心，实其仇敌捏造，欲以煽动内乱”。可是，袁氏今日公然称帝，证明其虚伪至极。至于所谓袁为“东方之强士”一说，必须弄清其权势是怎么得来的。“夫袁之权势，即在彼扪心自问，固不敢谓从个人正直与统治无私得来也。”而是“出其狡猾诈伪之手段，以蒙蔽少数浅见之辈，使不获窥见其帝欲之隐私，予以赞助，故袁氏得有今日耳”。

黄兴还批驳了“中国共和几等无物”“华人无自治之预备，因断为君主之必要”等谬论。指出：“孰操政舵，以致无物？失败之咎，夫谁任之？迹袁氏数年来往事，其有意使共和失败，俾得归罪于人民之不能自治，与借口于君主之必要，在在皆有线索可寻。”他援引美国人列举袁氏种种罪恶说明，袁氏为推尊一己为主义，满足其无厌之欲，不惜杀尽政敌，“解散国会，私订宪法，奉己以魔皇无限之权，拔除爱国民主之精神，禁压人民之意思，威压全国，愚蛊黔蒙”。不是人民不愿实行共和，而是袁氏破坏共和。“况君主之制，相传已数千年，使谓该制实适于华人，则宪法政治已不患无发展改良之余地？而回观数千年君主历史，竟每况愈下，祸乱相寻，从可知民主制度乃中国最宜及唯一之制度矣。”“若谓华人历来皆崇拜帝王，证之往史，绝无其事。”就现实而言，“当中国南方共和党鼎盛之际，其总统为爱国爱民起见，甘以大位让袁氏接任，绝无阻力，自制力之伟，吾不知世界历史中果有其比否耶”？事实证明，华人不仅不崇拜帝王，也并不贪恋权位。而真正贪恋权位，想当皇帝的正是袁世凯本人。“袁世凯则不然，盘踞大位，把持政柄，首逼国民将总统任期由五年展为十年，继又展至终身。讵壑欲未餍，今不特欲专利于一身，且思以其二十一妻妾、三十二子女晋为后妃皇子。但吾人中虽有此万恶奸凶，吾华全族并非与袁同一鼻孔出气也。要之，无论如何人，实不能谓共和之制视君主为劣。又何况政党势力之平和的伸张，确较君主之力征经营者为善耶？”总之，袁世凯是一个典型的两面派，今天信誓旦旦，承认共和；明天又出尔反尔，推行帝制，是一个无诚信可言的奸贼。他“蹂躏宪法，蔑视民意，借五国巨债，以破坏民国。迨妄用公款，私割国土，卖统治之权，以乞怜外国，而人不加阻挠，袁于是益肆无忌惮，凡爱国志士敢于声讨其罪者，辄戮辱暗杀之，其惨无天日，求诸中国数千年历史中未见其匹”。袁氏“将欲行使一无上之权，虽世界魔王所不敢冒者，彼亦卒欲得之。要之，暴君虐政者，乃袁之目的。将来之袁家帝业，总不外贪劣苛残，其腐败所至，当百倍于满清末叶”。中国人民完全有信心和决心消灭帝制，打败以袁世凯为代表的复辟势力。“考诸古史，推之将来，中国专制帝王未有能支持到底者。以今日如是之腐败，爱国志士宁能自安缄默耶？清季帝政，吾人亦既同心协力以推倒之，袁之当讨，更何待论？”《辨奸论》一文最后向美国人民提出了殷切希望，“予吾人以道义上之协助”，从舆论上加以支持。指出：“回忆美国独立之际，法人曾助美以争回自由，建设民主，美民至今犹食其赐。吾知恋爱民主主义之诸公，迫于公义所在，今日亦当能力援东方之共和国民，扫去前此之贪污恶浊，养成来日之进步自由。俾数载而后，世界得睹一少年再造之中华民国，脱离战争革命，而开放异彩也。”[①] 黄兴的这篇长文具有很强的针对性，在袁世凯用金钱收买下，当时有不少西方出版的英文报纸偏袒袁世凯，诸如英国伦敦的《泰晤士报》、美国的《纽约时报》等，对袁世凯歌功颂德，狂热地吹捧袁氏为“当代伟人”“东方强士”“时代宠儿”、当今“力能统治中国”的“唯一人物”。这些说法，颠倒黑白、混淆是非，模糊了人们的视线，使人们分不清真假。这篇宏文深刻地揭露了袁世凯的反动本质，不仅使美国人民，而且使世界各国人民了解真相，遏制了外国干涉中国内政的行为，使袁氏失去外援，真正成了孤家寡人，从而大大鼓舞了中国人民反袁护国的信心和决心。

第四，积极筹款，为护国战争提供经费支持。黄兴赴美以来，

① 黄兴：《辨奸论》（1915 年 12 月 26 日），《黄兴集》（二），第 783—790 页。

留美华侨表示热烈欢迎，频频聚宴，黄兴每到一处都要发表讲话，但从来不主动提及筹款之事。每有华侨愿意捐款给黄兴，他本人均一一婉言谢绝。他对于华侨的爱国举动除表示感谢外，并嘱咐有关国民党支部负责同志妥善保管捐款以备将来急需；或直接汇寄给孙中山从事反袁活动之用。而自己则节衣缩食，省吃俭用，靠出卖字画解决个人的生活开支。有时，甚至困难到连房租都付不起的地步，1915 年 1 月 29 日，他在致章士钊函中说："因弟所租之房至三月底满期。以款事之故，此时或他行亦未可知（西美友人屡函约至彼处）。现与房主人商量，欲延长一月，为印刷校对之预备，尚未得确复，无论如何，务请赶速于三月初旬付邮"，以免收不到章寄来的反袁宣传资料。并叮嘱章"此函关款事，请勿示人"。[①] 以免因个人经济困窘而麻烦别人。黄兴生活最困难之时，甚至连写信的稿纸也无钱购买，只能用废报纸代作信纸用，关于这一点可以从庄蕴宽为《致赵凤昌等书》所作的"题跋"中反映出来："此民国四年十二月，克强亡命美洲，以报纸作书寄沪者。五年三月，惜阴甫由海上转邮到京。时洪宪潮流最亟，置之怀袖，未敢示人。"[②] 令人肃然起敬的是，黄兴为支持张孝准等人的反袁活动经费，竟将自己的旅费汇去，以救急用。他在《致张孝准书》中说："此时需款之急，自不待言，一为念及，焦灼殊深。叠向各方面筹措，迄未有得，只得将仅少之旅费汇归，借资诸兄之行动。"[③] 字里行间，流露出一位伟大领袖对自己同志的倾情付出，对革命工作的无私奉献！

如果说黄兴在寓美期间正式开始积极筹款，那还是在 1915 年 9 月底接到蔡锷那封长达 17 页的密函、反袁护国战争已经提上议事日程之后。关于这一点，可从黄兴与友人的信函中得到反映。

---

① 黄兴：《致章士钊函》（1915 年 1 月 29 日），《黄兴集》（二），第 754 页。

② 黄兴：《致赵凤昌等书》（1915 年 12 月 21 日），《附：庄蕴宽原题》，《黄兴集》（二），第 782 页。

③ 黄兴：《致张孝准书》（1915 年 11 月 26 日），《黄兴集》（二），第 776—777 页。

他在信中说："关于此间筹款等事，弟能力所及者，当尽力图之，冀为公等之助。华侨筹款已经发起，当嘱其随集随汇。""现拟有一书，分致某政府及议会并各实业家，恳其好意扶助吾国之共和。"[①] 此处所指"分致某政府"当系指日、美等国政府。黄兴的信函发出后，立即收到很明显的效果。据知情人黄一欧回忆："在云南起义以后，李根源等向日本借款二百万元，以作军事经费。日方要求须由先君出面担保，先君托张继代表签名，日方不同意，后来改派张孝准代签，方才达成协议。据我所知，这笔借款在护国运动结束后是如数归还了的。"[②] 毫无疑问，这笔由黄兴出面担保的二百万元借款在护国战争期间是解了蔡锷燃眉之急的。

另外，李烈钧在"二次革命"失败后亡命日本，始终与黄兴保持密切联系。李烈钧于 1914 年春离开日本，经"南洋各地"、印度、埃及到达法国巴黎，"欲学法文"，"居法数月"。于是年底，东归，"侨寓新加坡"，"其时革命党同志如李根源、程潜、林虎、龚振鹏、熊克武、但懋辛、方声涛、陈泽霈、曹浩森诸人，均在南洋"。[③] 于是李烈钧与李根源等在南洋各地宣传讨袁。黄兴"又电促李烈钧、周震麟、柏文蔚等，在南洋筹款，以资接济"。是故"云南首义，西南各省起而响应，赖公潜筹默运之力居多"[④]。正当袁世凯的帝制活动闹得沸沸扬扬之时，在孙中山、黄兴的催促之下，李烈钧等人由新加坡乘舟至海防，经由越南河内赴滇。时腾冲张荣廷"立交现金四万五百元，装为四十箱运滇，以充军实"。加上李烈钧、李根源偕同熊克武、龚振鹏等带来的筹借款项，凑足"现洋一百箱"。于 1915 年 12 月 17 日顺利运抵昆明。有了这笔经费，才使滇督兼民政长唐继尧坚定了讨袁护国的信心。19 日，蔡锷辗转去滇，立即召开军事会议，主张立刻兴师讨袁。25 日，

---

① 黄兴：《致国内友人书》（1915 年 12 月 18 日），《黄兴集》（二），第 780 页。
② 黄一欧：《护国运动见闻杂忆》，《湖南文史资料选辑》第四辑，第 98 页。
③ 《李烈钧自传》，周元高等编《李烈钧集》下册，第 836 页。
④ 刘揆一：《黄兴传记》，饶怀民编《刘揆一集》，第 173 页。

唐继尧、蔡锷等人联合宣布滇省独立，并组织护国军政府，以唐继尧为都督，宣布组织护国军，讨伐袁世凯。也就在滇省宣布独立的同一日，唐继尧致电黄兴，对由李烈钧转达的黄兴筹划的讨袁方略深感钦佩。他在电函中兴奋地报告说：“侠公（指李烈钧——引者）到滇，藉详伟划，至为钦佩。滇南军民，慨国基之阽危，义愤填胸，已于本月二十五日由尧率领全国健儿，宣布讨逆，勉为前驱。”“国人景仰高山，已非一日。尚祈大展伟抱，宣扬正义，共和前途，实利赖之。”[①] 唐继尧的这番话客观地反映了黄兴对护国运动所作的贡献。黄兴虽然没有像蔡锷一样战斗在反袁护国的最前线，但他在加强反袁宣传、把握反袁时机、提出反袁策略，以及争取国际舆论支持和筹款、购械等方面都做了大量具体工作，自始至终参与了护国运动的全过程。事实证明，和孙中山一样，黄兴也是护国运动的主要领导者，应当是毋庸置疑的。

① 唐继尧：《致黄兴书》，云南省社会科学院历史研究所编《护国文献》上，贵州人民出版社，1985年，第422页。

第十章　离美回国　病逝沪上

在反对清朝专制统治和袁世凯复辟帝制的伟大斗争中，黄兴与广大革命党人建立了深厚的战斗情谊。黄兴离日赴美后，一部分流亡东京的革命党人和日本友人都非常想念黄兴，希望他能及早回国，亲自领导反袁护国斗争。早在1914年8月22日，拥护黄兴的中国流亡者与日本友人萱野长知、宫崎寅藏等人，“遂频繁进行召回黄兴之活动。但黄兴似无响应之迹象，故策划使孙逸仙发电召黄。为此，萱野长知、王统一等人于宫崎寅藏宅集会商议后，向陈其美申述了上述之意，陈即与孙计议。孙称：流亡者之有今日，并非黄兴参与而才有力量，我意是无召回黄兴之必要，但可征求犬养毅意见”。因此，陈其美去访问犬养毅，征求其意见。犬养毅答曰：“暂不妨召回黄兴。”但未决定由何人办理此事。陈其美将犬养毅的意见转告孙中山，孙称：“此事暂可搁置不理。”[①] 此议遂告终止。当时，正值《中华革命党总章》公布后不久[②]，孙、黄之间因组党问题发生意见分歧，黄兴接受孙中山“静养两年”的建议，刚到美国还不到两个月，所以，黄兴“似无响应迹象”；孙中山亦决定“此事暂可搁置不理”，似乎都是可以理解的。

---

① 《召回黄兴之活动》（1914年8月22日），俞辛焞编《黄兴在日活动秘录》，第166页。

② 《中华革命党总章》于1914年7月8日正式公布。

1915年2月4日，陈其美受孙中山委托，致函黄兴，要求他“克日命驾言旋，共肩艰巨”[①]。同年3月，孙中山亲自致函黄兴曰：“临纸神驰，祈公即日言旋，慎勿以文为孟浪而菲薄之。”[②] 如所周知，孙中山召黄兴反袁之日，也正是日本政府提出侵犯中国的“二十一条”无理要求之时，袁氏正在为此事频繁开会讨论；且黄兴等人已于1915年2月25日发表联名通电，要求国人暂停讨袁，团结御侮，以便一致对外。所以，黄兴认为，武力讨袁的时机尚不成熟。因此，在这关键时刻，黄兴自然不会接受孙中山邀请他“即日言旋”、回国讨袁的要求。他在《复孙中山书》中说：英雄举事，“当先图利害之如何，顺逆之如何，强弱之如何，众寡之如何”，“今日则既无稳固之根据，又无雄厚之财力，乃必欲以求一逞，恐必有覆□折足之虞”。他列举谭人凤东来日本言及东京流亡者之生存状态着实令人堪忧。“石屏师自东来，为言同志之沦落于长崎、横滨诸埠多至数千，甚有为东人执贱役、司奔走，以求一日之温饱者”，尚不可得。“乃先生与英士诸君犹谆谆以革命相劝，并谓同志大半在东，正可利用，岂使之冻馁者不足，复将驱之炮火中耶？此兴之期期以为不可者也。”当然，更不能在日本侵略我国，提出“二十一条”无理要求的情况下，不仅不去加以坚决反对和抵制、努力争取国家权利，反而要乘“中日交涉未解决”的情况下，“藉此谋革命”，“必欲乘隙急进”，则兴万万以为不可也。“我同志既以爱国为标帜，以革命相揭橥，无论借他国以颠覆宗邦，为世界所窃笑，而千秋万岁后又将以先生为何如人矣？”[③] 揆诸情理，黄兴的上述分析似乎不无道理。

1915年12月25日，云南独立的消息传来，黄兴备受鼓舞。曾两次接到友人彭丕昕来函，约他一道回国，主持武力讨袁。黄兴也考虑应当立即归国的问题。他在《复彭丕昕书》中谈及：“两

---

① 《附一：陈其美致黄兴书》（1915年2月4日），《黄兴集》（二），第764页。

② 孙中山：《致黄兴函》（1915年3月），《孙中山全集》第三卷，第167页。

③ 黄兴：《复孙中山书》（1915年5月21日），《黄兴集》（二），第767—768页。

书诵悉。蔡君松坡赴滇首难，邻省响应。昨接电云，东南各省亦相约保滇。除彼独夫，为期当不在远。兴义当返国，效力战场。”但经过冷静的思考，还是决定只能暂留美国，继续做一些幕后反袁的工作。其不立即归国的原因主要有如下四个方面：一是他相信蔡锷的军事指挥才能，足以胜任领导武力反袁的重任。“蔡君军事优长，亦负（孚）众望，指挥如意，所可断言。”二是想作出表率，带头扭转民党内部一部分人争名夺利的不良党风。他说：“自袁贼乱国以来，一般士夫以权利相尚，即民党之铮铮者亦侈言之，恶德相沿，成为习气。若不改革，国必大乱，不可底止。兴屡与国人相勖，见义而不谋利，明道而不计功。兴所以不急急求归者，亦在此也。”三是想通过与美国政界接洽，在政治上达到联美制日或在经济上取得美国财团资助的目的。他说：“惟今欧战方酣，不暇顾及东亚，能为我助以抗制日人之侵入者，厥为美国。势不得不暂留此，以与美政界接洽，或为将来财政之一助。”四是经济困窘，囊空如洗，无法成行。他说：“目前经济奇绌，不能成行。缘发难前，将所有旅费，并罗贷他款（不偿还不能动身）以汇归也。”① 在留居美国的这段时间，黄兴在美国朝野上下奔走呼号，继续宣传反袁护国，着力筹款购械，并向国内革命同志和原来所属部下频频致函，勉励他们再接再厉将反袁斗争进行到底。与此同时，他也在等待时机，准备回国再执干戈，重返前线，杀尽国贼，以尽匹夫之责。

第一节　由美赴日

1915年12月25日，滇省独立后，蔡锷等人又确定了“三军护国”的具体作战任务：以蔡锷为总司令、罗佩金为参谋长的护

① 黄兴：《复彭丕昕书》（1916年1月4日），《黄兴集》（二），第791页。

国第一军出兵四川；以李烈钧为总司令、何国钧为参谋长的护国第二军出兵两广；以唐继尧为总司令、庾恩旸为参谋长的护国第三军留守后方，策应两军，并相机进攻湖南。护国军为反袁护国的正义事业而战，在战场上勇猛异常，势如破竹。1916 年 1 月 27 日，贵州宣布独立，以刘显世为都督；3 月 15 日，广西宣布独立，以陆荣廷为都督；滇、黔、桂独立三省连成一片，壮大了护国运动的声势。袁世凯迫于形势，遂于 1916 年 3 月 22 日下令撤销帝制，但仍称大总统。23 日，又下令废止“洪宪”年号，仍以中华民国纪年。袁世凯从改元“洪宪”到废止“洪宪”年号，前后 83 天，就被全国人民将他从君主的宝座上赶下台来，做了一场皇帝的春梦，这就是被人们所讥笑的“83 天皇帝梦”！3 月 28 日，袁世凯以黎元洪、徐世昌、段祺瑞三人的名义致电陆荣廷、梁启超、唐继尧、蔡锷，要求“务望先戢干戈，共图善后”[①]。接着又密令陈宧同蔡锷接洽议和问题。袁世凯这样做的目的自然是为了缓和矛盾，收复人心，继续盘踞大总统的位置，以期卷土重来。蔡锷对于袁世凯的阴谋看得很清楚，本想将讨袁斗争进行到底，但考虑到前线饷械缺乏，“不妨虚与委蛇”，在一两个月内，暂停战斗，唐继尧、刘显世、戴戡等人均表赞成。因此，护国军在攻克湖南麻阳、四川彭水后，便与袁军达成局部停战协议。从 3 月 31 日起到 4 月 6 日止，双方停战一星期。停战期满后又陆续展期延长停战时间，由此四川前线实际上再未发生大的战事。黄兴在美寓居，时刻都在关心国内事态的发展，他对袁世凯的一举一动都看得一清二楚，他深知袁氏又在故伎重演，类似“南北议和”时期，又在玩弄欺骗革命党人的花招。在此关键时刻，他再也不能等待，坐失时机，于是，遂决定准备启程赴日。加之，蔡锷“以一己之任重力弱，屡嘱何成浚电促公归”[②]。孙中山和其他护国军将领也殷切期盼黄兴早日回国。于是，黄兴开始考虑先赴日本，再作回

① 风冈及门弟子编：《山水梁燕孙先生年谱》（上），第 330 页。

② 刘揆一：《黄兴传记》，饶怀民编《刘揆一集》，第 173—174 页。

国准备。他于4月上旬从米地亚迁居纽约西一一五街四〇四号寓所。4月6日，又接到广东将军龙济光宣布广东独立改称都督的消息。4月12日，浙江宣布独立，以民政长屈映光为都督。5月，吕公望继屈映光为浙江都督。这使黄兴受到极大的鼓舞，他于4月中旬由纽约赴旧金山。在此期间，黄兴于4月15日致电唐绍仪、伍廷芳、张謇等人，希望他们“力阻调停，免贻后累”[①]，将反袁斗争进行到底。4月22日，黄兴便由旧金山登轮西航，启程赴日本，过檀香山时，有当地日本记者前往采访，询及中国时局。黄兴强调：“讨袁军事斗争应继续进行下去，直到袁垮台为止。”同时，他否认同孙中山有任何裂痕。[②]

轮船航行在太平洋上，黄兴百感交集，思绪万千。其心情可以说是喜忧参半、兴奋与焦虑并存。他在美国寓居将近两载，通过实地考察，与美国朝野人士广泛接触，对美国的民主制度无论从理论方面还是从实践方面都有了较为深切的了解，收获颇丰。此次东归，虽然没有带回什么重要财物，但却带来了不少精神财富。国内西南各省纷纷独立的消息传来，更令他无比振奋，大有春风送暖、百花相迎之感！然而，当孤舟行进在大洋之上、颠簸向前的时候，也令他心潮起伏，不禁想到国内人民所遭受的苦难，黄兴的心情久久不能平静。袁世凯政权虽然摇摇欲坠，但袁氏绝对不会自动退出历史舞台，必然还要故伎重演，玩弄各种手段，使尽各种招数，垂死挣扎；即使袁世凯政权垮台了，他的狐群狗党还会继续与人民为敌，斗争仍然很复杂；建立和维护民主共和制度仍然还有一段十分艰辛的道路要走！一想到国内仍是干戈满地、战云密布、人民流离失所、大地满目疮痍的情景，不禁悲从中来。越接近自己的祖国，黄兴越有一种苍茫、失落之感，也不知道何处才是自己托身之所！于是，他走到轮船的夹板上，欣然命笔，赋诗两首，以表达自己异常矛盾而又复杂的心情：

---

① 黄兴：《致唐绍仪等电》（1916年4月15日），《黄兴集》（二），第793页。

② 此据檀香山日文报纸的一篇文章。转引自薛君度《黄兴与中国革命》，第179页。

一

太平洋上一孤舟，饱载民权与自由。
愧我旅中无长物，好风吹送返神州。

二

不尽苍茫感，舟行东海东。
干戈满天地，何处托吾躬？[①]

当黄兴离开美国返日，准备回国，轮船正航行在太平洋上的时候，国内的反袁斗争正在有序地向前推进。5 月 1 日，粤、桂两省在肇庆联合成立护国军都司令部，公推岑春煊为都司令，梁启超为都参谋，与滇、黔相策应，互成犄角。在此基础上，5 月 8 日，滇、黔、粤、桂四省，又在肇庆共组护国军军务院，以唐继尧、岑春煊为正、副抚军长，梁启超为政务委员长，蔡锷、李烈钧以及独立各省都督为抚军。从此，护国军有了统一的全国军事指挥机构，与袁氏政权形成了南北对峙、旗鼓相当的格局。

黄兴一行经过整整 19 天的航行，于 5 月 9 日抵达日本横滨。“为预防袁世凯爪牙进行暗杀，日本友人宫崎寅藏等另以小舟迎先生于港外，另航至横须贺登陆。惟夫人徐宗汉及幼子一美仍在横滨登陆。中山先生及岑春煊等均派有代表在码头欢迎。”[②] 寻赴东京。

黄兴抵达日本东京的当日，即发表《促袁世凯退位声明电》，坚决主张反袁到底，而绝对不能半途而废，指斥袁氏叛国称帝之罪，促其悔过隐退。这是一篇在新形势下的讨袁檄文，同时也体现了黄兴对新成立的护国军军务院的支持。

该《声明》一开头就指斥袁世凯“生平以权谋奸诈，愚弄一世，以此骗取总统，以此攘窃帝位。然卒以此败，岂非天哉”！接着，《声明》揭露袁氏是怎样玩弄权谋、一步一步获取最高权位的

① 黄兴：《由美洲归国途中口占二首》（1916 年 4 月 22 日—5 月 8 日间），《黄兴集》（二），第 794 页。

② 李云汉：《黄克强先生年谱》，第 400 页。

种种罪行。指出："共和创造之初，公誓与国人竭诚拥护共和，故吾党欣然以总统让公。未几，公握大权，乃用武力破坏共和，阴谋帝政。法律不足以制公之凶恶，余始于癸丑之秋兴师问罪。公于是时复申前誓，力保共和。人民为公所欺，希望和平甚殷。余不忍拂人民之意，故中道罢兵。公此后遂以为人民易欺，更无忌惮，帝制之谋，竟成事实。人民内困，强邻外侵，公之不恤，于国势险恶之时，乘欧战正酣之际，悍然为一身一家之谋，而竟以此激全国人民之怒。人民愤公之欺诈，誓死拥护共和，一隅轰起，全国响应。公知大势已去，始下令取消帝政，不得为皇帝，犹冀为总统，公之厚颜无耻，毋乃太甚！公之反复无信，已至再三，人民不复为公所愚。人民既一再以剑血拥护共和，断不肯复戴一背畔共和、主张帝政之元恶为总统。公虽善于变化，不拘泥名分，然由欲望未满之皇帝，化身为总统，在公为降尊，在国为奇辱，在世界为笑柄。"《声明》最后警告袁世凯，只有即行引退，才是唯一的出路，否则，人民将以武力解决。"公如负固不即行引退，人民必将诉最后之武力，正公一人叛国之罪。公以一人而敌全国，岂非至愚？牺牲多数生命，以争个人之公职，岂非至酷？今者独立之声遍于全国，兵精械足，士气振奋，而公众叛亲离，左右皆敌，公纵不知爱国为何义，亦当知所以保身保家之道。若见机早退，犹得略息人民之怒，稍留去后之思。不然怨毒郁结，何所不泄？势机切迫，稍纵即逝。望速决择，无贻后悔。"[①] 这篇电文深思熟虑、措词严谨，堪称新形势下黄兴发表的一篇倒袁宣言。

为动员全国人民将讨袁斗争进行到底，黄兴在滞留日本期间向社会各界人士频繁发出一道道电函。5月12日，黄兴发表《致全国各界讨袁通电》，力劝社会各界人士人无分党派、地无分南北，通力合作，协同倒袁。电文指出："袁氏僭逆，毁法祸国，滇、黔倡义，桂、粤、两浙继起，其他各省亦多仗义执言，迫令

---

① 黄兴：《促袁世凯退位声明电》（1916年5月9日），《黄兴集》（二），第794—795页。

退位。神州有人，国犹可立；友邦倾动，民意或苏。惟是元凶势穷，意仍负固，不除祸本，终是养痈，痛苦已深，何堪再误?”“此次过逆，出于全国人心，理无党派意见，更无南北区域之可言。今既谊切同仇，务希协力策进，贯彻主张，速去凶顽，共趋正轨。”[①] 同一日，黄兴复电钮永建、李烈钧、谭延闿等人，强调“宜速并力驱袁，依《约法》解决大局”[②]。5 月 15 日，黄兴致电上海国会议员，肯定他们主持正义的行动，以《中华民国临时约法》为准绳，解决面临的政治问题。电文指出：袁世凯“欺世窃国称帝。滇、黔、桂、粤、两浙仗义致讨，公等主持正论以为后盾，民意始彰。国贼势穷，尚思负阛。望速设法驱除，根据《约法》解决一切，早定国基”。并表示自己“仍当尽匹夫之责，竭诚相助共和”[③]。同日，黄兴又分别致电唐继尧、陆荣廷、刘显世、蔡锷、李烈钧、吕公望、戴戡、陈炯明等人，肯定和赞赏他们在讨袁护国斗争中所建树的赫赫战功；重申倒袁到底、务除根株、一切按照《中华民国临时约法》解决问题的政治主张；表达自己愿为倒袁务“尽匹夫之责”的决心。他在致唐继尧、蔡锷等人的电文中指出：“袁逆谋叛，公等首扬义旗，为国讨贼，兵威所至，群凶震慑，义声所播，遐迩风从。”“惟袁尚负固，养虎堪忧。全赖毅力坚持，贯彻主旨，速除元恶，早奠国基。”[④] 他在致陆荣廷等人的电文中指出：“袁氏叛国，公等崛起讨贼，西固滇、黔，东解粤纷，义军益振，贼势愈穷，中外改观，成败立判。惟袁尚负固，全赖猛厉进行，从速驱除，根据《约法》，早奠邦基。兴羁迟海外，忧悚时深。顷由美抵东，惟力尽匹夫之责，图补助国事于万一，即希谅鉴。”[⑤] 他在致浙督吕公望等人的电文中重申：“贼仍负固，隐患方长。望诸公贯彻主张，廓清祸本，依据《约法》，巩

① 黄兴：《致全国各界讨袁通电》（1916 年 5 月 12 日），《黄兴集》（二），第 796 页。
② 黄兴：《复钮永建等电》（1916 年 5 月 12 日），《黄兴集》（二），第 796 页。
③ 黄兴：《致上海国会议员电》（1916 年 5 月 15 日），《黄兴集》（二），第 797 页。
④ 黄兴：《致唐继尧等电》（1916 年 5 月），《黄兴集》（二），第 808 页。
⑤ 黄兴：《致陆荣廷电》（1916 年 5 月），《黄兴集》（二），第 809 页。

固国基。”[①] 他在致粤督陈炯明的电文中重申：“兄等苦心经营，竭力奋斗，军威所至，群凶震慑，极为钦感。但巩固共和，至非易事，前途发展，尚赖荩筹。”[②] 5 月 17 日，黄兴又复致电唐绍仪、伍廷芳、张謇、汤寿潜、程德全、赵凤昌等社会名流。指出：“袁氏谋叛，帝制自为。去冬以前，国民蜷伏于淫威之下，莫敢或动。公等以海内硕望，翘然高迈，不受尘染。袁虽百计招致，而去之愈远，正义所存，中外倾动，自此民意稍伸矣！”对于唐绍仪、伍廷芳等人申张正义、不与袁世凯同流合污表示赞赏。同时希望他们“合力主持，逼令早行退位，其他意见歧异之处，尤望从中斡旋，使趋一致，以便根据《约法》，早奠邦基”[③]。

黄郛自美国归国后即居沪上，策动浙江讨袁，于是，遂有 4 月 12 日驱逐将军朱瑞，宣布独立之举。黄兴考虑以浙江地当冲要，巩固浙江革命成果即可以保障东南半壁江山，而海军之向背影响甚巨。因于 5 月 18 日致函黄郛，促请联络海军，以张挞伐。函云：“浙省既团结巩固，对外自可发展，东南半壁非恃以奠定之不可。亟盼补充实力，以全力先收复海军，庶声威可振。于输运械事一项，尤关紧要，已另函致戴之、文庆、伯恒各兄，请为特别注意。我兄深谋远识，当早计及。此事关系极巨，海军若来，袁势可去其一半，于外人视线，更可改观。沪上于海军能接头者，想不乏人。闻少川先生久已经营此事，可否与之接洽，望与浙当局一商之。”[④] 同日，黄兴致函莫伯恒，肯定其“能于孤危之中独树义帜，东南半壁赖以转旋，而内部更如此团结”，无任钦佩。并勉励他再接再厉，不可放松警惕。“现逆焰虽衰，祸源未尽，为根本计，正愿浙为云南第二，速补充实力，为东南诸同志之指导。闻烈武、铁生两兄皆有此计画，望兄速有以提倡策进之。弟能力所及，决

① 黄兴:《致吕公望等电》(1916 年 5 月),《黄兴集》(二), 第 805 页。
② 黄兴:《致陈炯明等电》(1916 年 5 月 15 日),《黄兴集》(二), 第 797 页。
③ 黄兴:《致唐绍仪等书》(1916 年 5 月 17 日),《黄兴集》(二), 第 797—798 页。
④ 黄兴:《致黄郛书》(1916 年 5 月 18 日),《黄兴集》(二), 第 799—800 页。

不敢有所推诿。”①

黄兴还“曾致电军务院，表示诚意”。军务院亦以“全体名义复电”表示感谢。电云：“奉删电，知我公抵日，欢跃逾恒。尧等碌碌庸才，勉起讨贼，正忧绠短，适逢公归，愿承不遗，俯赐教言。公首倡共和，富有方略，各国情势，考查复殷，将来内政外交，诸赖指导。大局所系，惟公图之。”② 由此可见，黄兴是支持护国军军务院倒袁的；同样军务院全体成员也是热烈欢迎黄兴回国并诚恳地接受其指导的。

第二节　孙黄再度携手合作

如同本书第九章第三节所指出的，尽管孙中山与黄兴在“二次革命”失败后流亡日本期间在组建中华革命党问题上存在分歧，并且争论也很激烈；但是，在反袁和维护民主共和这两个根本问题上大方向始终是一致的。双方态度均有所克制。黄兴寓居美国将近两年，他从来不在外国友人和华侨面前谈论他与孙中山的分歧，以免影响华侨的爱国情绪。华侨捐款，他分文不取，并嘱咐当地国民党负责人妥为保管，以备今后急需，孙中山需款时，他叮嘱华侨随集随汇给孙。同样，孙中山也致函美国友人，要求他们热情接待黄兴，保障黄兴的安全。所有这些友好举动为孙、黄再度携手合作提供了可能。黄兴于 1916 年 5 月 9 日抵达日本，至同年 7 月 4 日离开日本，滞留日本将近两个月时间，中国国内政局发生了很大的变化，孙中山与黄兴频繁交往，函电不断，围绕倒袁、恢复《中华民国临时约法》和国会以及消除袁氏残余势力等方面，双方的政治观点趋向一致，使他们在从事 10 多年反对专制

① 黄兴：《致莫伯恒书》（1916 年 5 月 18 日），《黄兴集》（二），第 800 页。

② 《附：军务院拟复黄兴电》（1916 年 5 月 20 日），《黄兴集》（二），第 809 页。

统治的武装斗争中所结下的深厚友谊重放异彩。

袁世凯取消帝制后仍想继续保留正式大总统的位置，黄兴坚决反对，主张袁氏立即退位，已如前述。那么，孙中山的态度又是怎样呢？孙在黄兴发表《促袁世凯退位声明电》的同一日，即发表《讨袁宣言》，揭露袁氏罪行："伪造民意，强迫劝进，一人称帝，天下骚然。""解散国会，公然破毁我神圣庄严之约法，诸民权制度随以俱尽。"袁氏在护国军的打击下，取消帝制，仍想保留大总统之位。因此，必须"除恶务尽"，不要对袁"有所姑息"。"袁氏未去，当与国民共任讨贼之事；袁氏既去，当与国民共荷监督之责，决不肯使谋危民国者复生于国内。"他特别提醒国民，袁氏"见乎倡议者之有派别可寻，窃疑党争未弭，觊觎其猜忌自纷，而不能用全力以讨贼"，乃更加肆无忌惮。因此，"今日为众谋救国之日，决非群雄逐鹿之时，"应当联合各派势力，共同去袁。[①]与此同时，孙中山还致电两广都司令岑春煊称："诵公宣言，有不分党派、省派之语，实获我心。主义目的既合符节，允当共力进行。"他希望护国军内部保持团结，"大敌当前而内纷不息，事甚无谓"，应当引起警惕，"俾泯猜虞，并力求事实上之一致"，"务严约束，勿复生衅，庶几同志戮力，共申天讨"。[②] 从上述孙中山对讨袁的方略看，似与黄兴别无二致。5 月 20 日，孙中山致函黄兴，将护国军内部团结一致、共同反袁的重要性说得更为清楚："中国问题实为新旧之争，换言之，则为民党与官僚派之争。""孰胜孰败，则视彼此之团结如何。民党以主义、政见为团结；官僚派以金钱、饭碗为团结。"两相比较，当然民党的团结基础要比官僚派牢固。"是以弟熟思慎虑，但求贯彻吾人之主义，而宁牺牲一切之办法，求最大之团结力，以当彼官僚一派。近与各派接洽，幸亦俱无何等意见，盖皆知大敌当前，不宜立异，此亦为前途一

① 孙中山：《讨袁宣言》（1916 年 5 月 9 日），《孙中山全集》第三卷，第 284—285 页。

② 孙中山：《致岑春煊电》（1916 年 5 月上旬），《孙中山全集》第三卷，第 286 页。

线之曙光。”并托黄兴在日借款购械。对于他与黄兴之间的关系，孙中山表示要一如既往，继续保持友好关系。“机局紧急，袁系方张，民党无不相提携之理。况兄与弟有十余年最深关系之历史，未尝一日相迕之感情，弟信兄爱我助我，无殊曩日。”并希望黄兴“来沪一行，共商进行各事”①。为消除护国军中各派势力之间的嫌隙和猜疑，孙中山以身作则，通电中华革命党中各地讨袁军负责人如驻汉口的田桐、驻山东的居正和驻香港的朱执信等人，电云：“文回沪后已宣言与各方面协同一致，声讨国贼。此时袁逆负隅恋栈，而南方义军势力犹薄，各地方进行彼此不相协，则更使袁贼得间。请兄等体察此意，一切事宜务求与讨袁各派协同进行，以收群策群力之效。至于旗帜，云、贵、桂、浙均已一致遵用五色旗，吾党亦宜一律沿用，俾不致同一讨贼之军而有猜疑。至于武力进行，为目前唯一方针，请诸同志更加意努力，以期早除国贼，而奠国基。”② 这一时期，从孙中山与革命同志函电联系的内容分析，主要强调将武力倒袁进行到底，并要求各派倒袁势力加强内部团结、协力同心，一致倒袁。与两年前中华革命党成立前后比较，孙中山对黄兴的态度也发生了明显的变化。黄兴对孙中山讨袁方略以及对自己态度的改变，自然也是极为欢迎的。我们特别注意到，黄兴盛德大量，捐弃前嫌，与中华革命党内主要领导人之间的联系也更为密切，函电往来频繁。黄兴对孙中山所托咐的在日筹款购械一事，在东京苦心经营，很快有了眉目。从1916年5月27日到6月6日的11天时间内，黄兴为购械事自东京发给孙中山的电报竟达7件之多。例如5月31日，黄电告孙：“款二十万，武器若干，嘱汉民请青木再电归，尤可望成功。”6月3日，黄再电告孙：“今夜晤商田中，枪二千，炮六门，不日可运。后仍

① 孙中山：《致黄兴函》（1916年5月20日），《孙中山全集》第三卷，第289—290页。

② 孙中山：《致田桐等电》（1916年5月23日），《孙中山全集》第三卷，第292页。

有望，惟不欲先及，一有资，望调和而统一。”[①] 5月18日晚，黄兴获悉中华革命党总务部长陈其美于5月18日下午在上海被袁氏派暗探刺杀身亡的消息后十分悲痛。6月3日，中日友人在东京鹤见总持寺举行陈其美追悼大会，黄兴亲往参加致祭，并送挽联两幅，以志哀挽：

一

脱帻揽贤殷，早知狙伺来狂客；
横刀向天哭，如此艰难负使君。

二

蛙井竟称尊，杀贼当思慰来歙；
海天待归棹，故人何处觅陈遵。[②]

5月20日，黄兴致电孙中山，对陈遇刺表示深切的哀悼：“惊闻英士兄为奸人所戕，旧同志健者又弱一个，极为惨痛。共和未固，遽失长城，我公哀念可知。仍望接厉进行，同慰先烈。”[③]

黄兴从友人电函中获悉中华革命党党务部长居正在山东各地与敌军鏖战激烈，特致电居正，对其战果表示充分肯定：“兄等于群贼之中奋勇苦战，敬佩殊深。”并嘱咐居正做好各派反袁势力的团结统一工作，以便集中力量打击主要敌人。他在电文中说：“他党并起，有如乱麻。我兄度量恢宏，才识超越，知必有以驾驭而统一之。”并及时告诉居正陈其美遇害的消息，希望居正节哀，化悲痛为力量，仗义杀贼，以慰先烈在天之灵。在孙中山的领导之下，将反袁斗争进行到底。他在电文最后说：“兴虽衰废，当竭力所能及，以图补助。中山先生此次宣言，闻国人甚为欢迎。弟意惟赴沪太早，今英士遭难，于进行不无妨碍，想我兄必能慰

① 黄兴：《为购械事自东京发出的电报七件》（1916年5月27日—6月6日间），《黄兴集》（二），第813页。
② 黄兴：《挽陈其美联二首》（1916年5月19日—6月2日间），《黄兴集》（二），第803页。
③ 黄兴：《致孙中山电》（1916年5月20日），《黄兴集》（二），第802页。

之也。”①

在孙中山、黄兴的领导下，在护国军军务院的具体指挥下，护国运动有序地向前推进，从1915年12月至1916年4月，滇、黔、桂、粤、浙五省先后独立之后，到1916年5月，又有三省先后独立，5月9日，陕西镇守使陈树藩在三原宣布独立，自称陕西护国军总司令，18日，就任陕西都督。5月22日，四川将军陈宧被迫宣布四川独立，改称都督。5月29日，汤芗铭被迫宣布湖南独立，亦改称都督。至此，护国军已拥有8省地盘。此外，未独立各省的护国讨袁斗争也是一浪高过一浪，在东北有东三省护国军举义，在华东有山东护国军起义，加上由原国民党和中华革命党在其他各省策动的起义也是此伏彼起，整个中华大地形成了星火燎原之势，袁世凯业已陷入四面楚歌之中。1916年6月6日，这个逆历史潮流而动的窃国大盗在人民群众的唾骂声中抑郁而死，结束了他可耻的一生，时年57岁。袁世凯之遭天诛，退位问题得以最后解决，真是大顺人心、大慰人心、大快人心。

黄兴于袁死当日即作《挽袁世凯联》，以极尽嘲笑、讥讽的口吻写道：

> 算得个四十年来天下英雄，陡起野心，假筹安两字美名，一意进行，居然想学袁公路；仅做了八旬三日屋里皇帝，伤哉短命，援快活一时谚语，两相比较，毕竟差胜郭彦威。②

袁世凯死后，袁氏残余势力犹存。如何从根本上扫除袁氏残余势力，维护临时约法和旧国会就成为新旧势力斗争的焦点，这也就是维护民主共和体制的关键。黄兴坚定不移地站在维护民主共和体制一边，赞同和支持孙中山的主张，并希望孙中山出面主持一切。

袁氏死去的第二天，黄兴即于6月7日致函中华革命党东京本部负责人谢持，主张从根本上扫除袁氏余孽。函云：“袁逆罪恶贯

---

① 黄兴：《致居正书》（1916年5月19日），《黄兴集》（二），第801—802页。

② 黄兴：《挽袁世凯联》（1916年6月6日），《黄兴集》（二），第819页。

盈，自遭诛灭，天理昭昭，不爽毫发，人心为之大快。惜国法未申，颇为恨事耳。然大憝虽去，余孽犹存。吾人不于此时并智竭力，为根本上之扫除，贻患将无已时。足下归国，必大有造于国人。”[①] 他特地在谢持归国前夕在自己家中设宴招待。一方面庆祝反袁斗争取得的胜利；另一方面也想和谢持畅谈在新形势下的斗争方略，互相交换意见，以期统一思想，团结对敌。

袁世凯于1916年6月6日上午10时死去，袁氏亲信段祺瑞于当日下午3时便以国务院名义发表通电称：“袁大总统于本月六日巳正因病薨逝，业经遗令依约法第二十九条，宣告以副总统黎元洪代行中华民国大总统之职务。各省地方紧要，务望以国家为重，共维秩序，力保治安，是为至要。”[②] 这短短70余字的通电却是段祺瑞字斟句酌想出来的，字里行间隐藏着一个巨大的阴谋，那就是尊袁世凯的北洋军阀系统为正统，由段祺瑞继续掌握实权。这里所谓“遗令”就是说黎元洪担任“中华民国大总统之职务”是由袁世凯指定的，不是根据临时约法所载由法律约定的；这里所谓“依约法第二十九条”就是说依照袁世凯1914年5月1日公布的《中华民国约法》，该法以法律形式肯定了其专制独裁的合理性，废除国务院，设立政事堂，将权力集于袁氏一人手中；这里所谓“代行中华民国大总统之职务”，只是暂时的，按照岑春煊致唐继尧电文中所解释的那样，“继承与代行职权大有区别。我大总统选举法明订大总统缺位时，由副总统继任，至本任大总统任满之日止。而袁世凯修正之大总统选举法，三年十二月二十九日公布者，其第十条则云：大总统任期未满因故去职时，应于三日内组织大总统临时选举会。是黎大总统代行职权止于三日”。而按大总统选举法，“我义军依法恭承继任之大总统任期，尚有两年未满

---

① 黄兴：《致谢持书》（1916年6月7日），《黄兴集》（二），第819页。

② 《国务院通电》（1916年6月6日），李希泌等编《护国运动资料选编》下册，第665页。

者”。[①]“继承”与“代行”的区别就是“两年”与“三天”的区别！这样一来，黎元洪只是用来作为与护国军各派斗争的工具，随时可以撤换，由段祺瑞取而代之。由段祺瑞以国务院名义发表的这一道通电，明眼人一看便知，其狼子野心，昭然若揭，自然遭到社会各界的强烈反对。6 月 9 日，孙中山发表《规复约法宣言》，略谓：“吾侪与袁氏非有私怨，为其坏约法，叛民国，是用讨之，以惩不义而奠我国家。”“袁氏既去，当与国民共荷监督之责，不使谋危民国者复生于国内。”“今若举国人遵由神圣之约法，泯绝内讧，洵可为百世之模范。其反是者，则国本替而祸不忍言。”“今求治无他，一言蔽之曰：反其道而已。庶事改良，或难骤举，至于规复约法，尊重民意机关，则惟一无二之方，无所用其踌躇者。于此时期，而犹有怙私怀伪不顾大局之流，则国人疾之，亦将如疾袁氏。”[②] 同日，黄兴针对段祺瑞以国务院名义发布的通电，进行了有力驳斥。他在致黎元洪及肇庆军务院等的电文中尖锐指出：袁氏叛国，“惟日事摧残民权，破坏国法，求与共和相反，并一面自制法律，以资僭窃，流毒既深，悍然称帝，遂使宇内横决。今因病殒命，实天佑吾华。以后务当铲除假面共和，切实拥护国法，庶流血不至再见。依《大总统选举法》，应由黎副总统继任大总统，以符定宪，早经军务院遵法宣布，实为铁案不移。顷阅北京通电，忽称奉袁氏遗令，依《约法》第二十九条，由副总统代行大总统职权，殊深骇怪。我民国根本法，乃元年参议院所定《临时约法》及二年国会所定《大总统选举法》，国民誓生死以守之者，各省举义所争者在此。乃更始之时，不声明恢复元年《约法》及遵照二年《大总统选举法》第五条，由副总统继任，而蒙混提出袁氏预备称帝时伪造之《约法》第二十九条，由

① 《岑春煊致唐继尧等电》（1916 年 6 月 8 日），李希泌等编《护国运动资料选编》下册，第 671 页。

② 孙中山：《规复约法宣言》（1916 年 6 月 9 日），《孙中山全集》第三卷，第 305—306 页。

副总统代行其职权。是仍以伪法乱国法，适与护国军及民意相背，足征逆党势力尚弥漫北京，黎大总统未能回复自由。假名以行，祸机潜伏，大局更危。应请黎大总统以明令规复旧《约法》，除去袁氏一切伪造之法律（与民国抵触者），从速召集旧国会，组织内阁，严惩祸首，昭大信于天下，以定民志，而奠邦基"①。

黄兴的这份通电深思熟虑，意简言赅，是对段祺瑞以国务院名义发布通电的有力批判，得到社会各界的广泛响应与大力支持。旅沪国会议员谷钟秀、欧阳振声、张继、殷汝骊等8人联名致电黎元洪、岑春煊及各省都督、司令等，电云："自袁逆叛国，依民国大总统选举法第五条应由副总统继任，业经起义各都督、国会议员、军务院先后通告在案。今袁逆已伏天诛，当然由副总统继任，并非依袁逆自造之新约法第二十九条由副总统代行大总统之职权。乃据伪国务院通电，竟称奉袁逆遗令依约法二十九条由副总统代行大总统之职权云云。一似元首地位，可私相授受，置吾全体国民主权于何地！且据袁逆自造约法，置吾国会制定之大总统选举法于何地！国宪攸关，万难迁就。且今大总统虽经就职，然尚在逆党势力范围之中，所有一切命令，彼逆党皆可假托今大总统之名义行之，非俟今大总统完全恢复自由时，不能认为有效。"② 6月11日，国会议员亦发表宣言云："中华民国临时约法，系元年临时参议院议决，当由临时大总统于三月十一号公布施行。其附则第五十四条载：中华民国宪法未施行以前，本约法效力与宪法等。"而"袁世凯民国三年五月一日颁布之所谓中华民国约法，全由袁氏一人私意妄自窜乱而成，一切增修程序既与临时约法所载相违背，迹其全文又与临时约法根本抵触，不发生国法上之效力，自不待言"。"现在黎大总统继任，实根据民国二年十月国会所制定

---

① 黄兴：《致黎元洪及肇庆军务院等电》（1916年6月9日），《黄兴集》（二），第821页。

② 《谷钟秀等通电》（1916年6月9日），李希泌等编《护国运动资料选编》下册，第669页。

大总统选举法第五条之规定，应承继本任总统袁世凯之任期，至民国七年十月十日为止。袁世凯遗命及段祺瑞通告，所称依约法第二十九条由副总统代理之说，系根据袁世凯三年私造之约法，万难承认。”“如有妄逞异议破坏国宪者，即视为民国公敌，与国人共弃之。”① 谭人凤在致岑春煊电中则尖锐指出：“盖吾党革命目的在刷新政治，非仅与袁氏个人为仇。今首恶虽殂，群凶尚在，守府形同傀儡，余孽盘踞要津，不将若辈荡除，执政者仍属藐法犯法之人，约法安有效力？”② 6月13日，孙中山致电黄兴，征求解决政治危机的意见。电云：“南军举义，多数揭去袁、复约法、召国会为的。袁死，黎能复约法、召国会，当息纷争、事建设，以昭信义，固国本。兄见何如？”③ 翌日，黄兴复电孙中山，表示认同孙的主张，并希望孙出面主持。复电云：“南方要求恢复《约法》及国会，黎若能诚意实行，以外问题自可迎刃而解。先生来电主张所以息纷争、事建设，无任感佩。尚望主持，使国人晓然于吾人之无私无偏，尤所切望。”④ 迫于舆论压力，段祺瑞表面上同意恢复旧约法和旧国会，但实际上却暗中百般加以阻拦，声称将召集各省代表会议讨论决定此事，再行发表，借以拖延时间，另作打算。据接近段祺瑞的人士黄群致梁启超的电文中可知其情节，电云：“今日（指6月12日——引者）晤段芝老（指段祺瑞，段字芝泉——引者）商回复旧约法及国会事，宗旨与公同。惟办法极主严重，欲以申令说明，为解决约法问题，召集各省代表，每省三人，克期到京会议。并由国务院通电各省，此项代表推任

---

① 《国会议员宣言》（1916年6月11日），李希泌等编《护国运动资料选编》下册，第669—670页。

② 《谭人凤致岑春煊电》（1916年6月20日），李希泌等编《护国运动资料选编》下册，第672页。

③ 孙中山：《致黄兴电》（1916年6月13日），《孙中山全集》第三卷，第308页。

④ 黄兴：《复孙中山电》（1916年6月14日），《黄兴集》（二），第822页。

各该省旧国会议员，议决后据以发表。”[①] 明眼人一看便知，此等繁文缛节是在制造麻烦，自然会遭到护国各派反对。6 月 13 日，唐继尧致岑春煊等电指出：“默察现时国内情势，惟黎大总统按法继任两年，足以消弭一切祸乱；反是，则任由何道，皆所以致乱亡。”我辈主张：“自解散国会以后，所有袁氏一切法令，概当认为无效。”“今欲抑奸宄而正人心，惟有一切纳之于法律之中”，“我辈此后进行方针，必当始终拿定不出法律之外，乃能以简驭繁，使国是渐归于一”。[②]

6 月 15 日，旅沪国会议员致电黎元洪称：“浮言四起，群情惶惑，应请当即立断，明白宣告自民国二年十一月四日以后所有袁世凯自造新制，悉行废除，遵守民国元年临时约法及二年大总统选举法，以端国本而定民志。否则，以前讨逆战争将一变而为约法战争，大局前途，窃恐愈难收拾。”[③] 翌日，黄兴致电旅沪国会议员称：“北京召集各省代表议约法，意在破坏旧《约法》及国会。请沪同人择定安全地方早开国会，并速电请独立各省不派代表。”[④] 以此使段氏阴谋不能得逞。梁启超亦于同日复电黄群，也认为约法会议不必召开，电称：“芝老主约法复旧，甚慰！惟各省派三议员代表解决，似可不必，且难办到。政府但当发一简单申令，称某年某月某日公布之约法，未经临时约法某条修改之程序，今废止之云云便得。此非以命令变更根本法，不过将已成事实依法宣言，望勿引嫌。此问题不决，一切善后办法无从着手，再延旬日，流言益滋，于收拾大局妨碍实多。议员代表推举甚难，恐

① 《黄群致梁启超电》（1916 年 6 月 12 日），李希泌等编《护国运动资料选编》下册，第 679 页。

② 《唐继尧致岑春煊等电》（1916 年 6 月 13 日），李希泌等编《护国运动资料选编》下册，第 679 页。

③ 《旅沪国会议员致黎元洪电》（1916 年 6 月 15 日），李希泌等编《护国运动资料选编》下册，第 680—681 页。

④ 黄兴：《致上海同人电》（1916 年 6 月 16 日），《黄兴集》（二），第 822 页。

生枝节。鄙见如此，少川（指唐绍仪——引者）在座，意见相同。”[①]

面对新旧约法和国会之争，没有掌握实权的大总统黎元洪左右为难，便向黄兴求助。先后两次致函黄兴，商酌办法。第一封电函于6月14日发出，称赞黄兴“手造民国，功在山河。往年阳夏同舟，备钦伟略。仍望左提右挈，纤谬绳愆”[②]。期盼黄兴念及过往交情，帮他渡过难关。第二封电函于6月17日发出，指出当时形势急需派人至京面商对策。函云：“现今兵气甫销，棼丝待理，凡百施为，俱待磋商。执事抱救国之热忱，具革新之宏愿，关于民国根本大计暨善后问题，度势审时，必饶胜算。尚望不我遐弃，酌派代表到京面商。”[③] 收到黎元洪的两份函电之后，黄兴经过慎重考虑，于6月20日复电黎元洪，表述了自己的政见。电云：“更始之时，尤应当机立断，勿示民以疑，恢复旧《约法》，召集旧国会，按诸法理，及此次起义之民意，实如矢赴的，如水归壑，万无反理。乃商榷旬余，迁延未决，事机一去，险象环生，神州必将陷于万劫不复。”“公以盛德民望，继任公职，中外瞻仰，凡百建设鸿猷，当以此两事为最急切。务望排除莠言，迅速解决，以适法之命令，废去袁氏伪造《约法》，则吾民国之真正旧《约法》当然存在，实无以命令变更法律之嫌，恳立即施行，以救危局。”至于黎氏在第二封函电中提出“酌派代表到京面商”一事，黄兴在函电最后也加以说明：“屡嘱派代表，已电请李书城君由沪赴京，面承指示。”[④] 黄兴也深切知道，要解决当下争论最激烈的问题即废除袁氏伪《约法》、恢复旧《约法》和旧国会，当然关键人物只能是手握实权的段祺瑞。于是，黄兴于21日李书城北上时，托李带去他亲笔写给段祺瑞的一封信，信中说：“近因政局更始，

---

① 《梁启超复黄群电》（1916年6月16日），李希泌等编《护国运动资料选编》下册，第683页。

② 《附一：黎元洪致黄兴电》（1916年6月14日），《黄兴集》（二），第824页。

③ 《附二：黎元洪致黄兴电》（1916年6月17日），《黄兴集》（二），第825页。

④ 黄兴：《复黎元洪电》（1916年6月20日），《黄兴集》（二），第823—824页。

国人于回复元年《约法》、召集旧国会诸事，函电纷驰。盖以根本不决，则新政府之进行无所依据。深冀迅颂明令，借慰薄海望治之诚。”“维持目前，收拾将来，足以系南北之观感者，匪异人任。”①

然而，作为袁世凯残余势力代表人物之一的段祺瑞仍然坚持维护袁氏《约法》、反对民主共和制度，其理由是不得以“命令变更法律”，借助各省派代表来京开会讨论以拖延时间，另谋打算。6月22日，段祺瑞向各省将军、巡按使以及各护军使等发表通电，阐述其主张，该通电指出：“半月以来，举国上下所一致辩争者，约法而已。就约法而论，多人主张遵行元年约法，政府初无成见，则今日之一致辩争者，又惟如何复行之办法而已。”段氏将以孙中山、黄兴为代表的护国军各派与袁氏残余势力之间的根本之争说成是办法之争，借以转移人们的视线。该通电话锋一转，断言“此项办法愿命令宣布以期迅捷者，在政府则期期以为不可。”在段氏看来，“盖命令变法律为各派法理学说所不容，贸然行之，后患不可胜言。”且“三年约法履行已久”，一旦废除，“则国中一切法令皆将因而动摇，不惟国际条约关系至重，不容不再三审慎，而内国公债以及法庭判决，得无不可一翻前案。”“故此时以命令复行元年约法，只为命令变更命令，不得以变更法律论。”“三年约法所以不餍人望者，谓其起法之本根于命令耳。”若此时以命令复行元年《约法》，岂非“既一误于前，今又何可再误于后？”如果法律可以随命令存废，“则元首每有更代，法律随为转移，人民将何所遵循乎？”“抑知法律之良否不在迟速，法而良者也稍迟何害？而不良也，则愈速恐无以系天下之心，天下将蜂起而议其后矣。”②

也就在段祺瑞通电发表的第二天，即6月23日，孙中山率先

① 黄兴：《致段祺瑞电》（1916年6月21日），《黄兴集》（二），第825页。

② 《段祺瑞致各省通电》（1916年6月22日），李希泌等编《护国运动资料选编》下册，第684—685页。

表示反对。并致函段氏，函云："至于目前，规复约法，尊重国会，为共和根本大计，而内外人视瞻所存，文已再三为黎总统言之。愿执事翊赞当机，不为莠言所惑，重陷天下于纷纠，亦文之望也。"[①] 驻沪国会议员也在复段祺瑞电文中指出："惟查临时约法为民国所由成，议会、总统皆由兹产出，其效力至尊无上。"而三年约法"其所增修者自不得称之为法律，实属违宪之行为。是临时约法本来存在，原无所谓恢复。今日以命令废止三年约法，乃使从前违宪之行为归于无效，更无所谓以命令变更法律"[②]。6月26日，唐绍仪、梁启超联名发表通电，逐一驳斥了段氏种种诡辩。[③] 甚至连冯国璋从自身利益出发也致函黎元洪、段祺瑞从根本上迅速解决之。[④]

如前所述，早在黄兴由美返日不久，即致函黄郛，嘱其在沪运动海军，特别强调运动海军的极端重要性；并交代了运动海军的"接头者"和联系人，可与唐绍仪"接洽"。黄郛按照黄兴的指示，在沪积极策动海军反正，经过一个多月努力工作，收到了很好的效果。6月25日，驻沪海军总司令李鼎新、第一舰队司令林葆怿、练习舰队司令曾兆麟等集合巨舰于吴淞口外，发表《独立宣言》，郑重宣布加入护国军，"以拥护今大总统，保障共和为目的。非俟恪遵元年《约法》，国会开会，正式内阁成立，北京海军部之命令，概不承受"[⑤]。海军独立并加入护国军，使段氏感到问题的极端严重性，因为这意味着护国军控制了制海权，纵可以驶至东南沿海各省及天津、大沽口等战略要地，横可以驶入长江沿

---

① 孙中山：《致段祺瑞函》（1916年6月23日），《孙中山全集》第三卷，第312页。

② 《驻沪国会议员复段祺瑞电》（1916年6月25日），李希泌等编《护国运动资料选编》下册，第686页。

③ 《唐绍仪梁启超通电》（1916年6月26日），李希泌等编《护国运动资料选编》下册，第686页。

④ 《冯国璋致黎元洪段祺瑞电》（1916年6月15日），李希泌等编《护国运动资料选编》下册，第681页。

⑤ 李剑龙：《戊戌以后三十年中国政治史》第253页，转引自萧致治《黄兴评传》，第476页。

岸各省及大都市如武汉、重庆等，“直捣幽燕”，不过是时间迟早的问题了。迫于舆论的压力和海军的震慑，段祺瑞感到再也无法拖延，于是，以大总统黎元洪名义于6月29日发布申令：“共和国体，首重民意，民意所寄，厥惟宪法，宪法之成，专待国会。”“宪法未定以前，仍遵行中华民国元年三月十一日公布之临时约法，至宪法成立为止。其二年十月五日宣布之大总统选举法，系宪法之一部，应仍有效。”“兹依临时约法第五十三条，续行召集国会，定于本年八月一日起继续开会。”① 到此为止，争论20多天的有关约法和国会问题得以解决。

毫无疑问，孙中山与黄兴再度携手合作为将反袁斗争进行到底以及维护民主共和制度、最终解决约法与国会之争发挥了举足轻重的作用。

第三节　返国操劳国事

袁世凯死后，护国阵线开始出现分裂与妥协的现象。6月7日，陕西都督兼民政长陈树藩发布取消独立电曰：“袁大总统既已薨逝，陕省独立应即日宣告取消，树藩谨举陕西全境奉还中央，一切悉听中央处分。”② 6月8日，四川都督陈宧致电黎元洪表示：“川省前因退位问题与项城宣告断绝关系，现在钧座既经就职，宧谨遵照独立时宣布，即日取消独立，嗣后川省一切事宜，谨服从中央命令。”③ 以梁启超为代表的进步党人也公开站到段祺瑞一边，

① 黎元洪：《恢复约法召集国会令》（1916年6月29日），李希泌等编《护国运动资料选编》下册，第689页。

② 《陈树藩取消独立电》（1916年6月7日），李希泌等编《护国运动资料选编》下册，第691页。

③ 《陈宧取消独立电》（1916年6月8日），李希泌等编《护国运动资料选编》下册，第695页。

他在致独立各省电文中甚至公开表示："即对袁似亦不妨表相当之哀悼，以示洪量而表同情。"而对段祺瑞则极尽吹捧之能事，认为："收拾北方，惟段是赖，南省似宜力予援助，毋令势孤，更不可怀彼我成见，致生恶感。"并辞除"两广都参谋、军务院抚军领政务委员长诸职。"[①] 6月11日，梁启超致独立各省电文中一再申明在新旧约法之争中，"段无恶意"[②]。6月13日，梁启超致南京将军籍忠寅电文中，要求他支持段氏，"芝老势孤，宜力助之"[③]。6月30日，梁启超致独立各省电，其中特别吹捧段氏"宅心公正，持躬清直，维持危局，非彼莫属"[④]。这无异于为袁氏余孽张目。而当时恢复的旧国会开会在即，以前被撤销资格的国民党籍议员都恢复议席，而此时国民党议员一部分参加了中华革命党，且海内外的中华革命党仍然存在，孙中山是中华革命党的党魁，却与国会中的国民党没有直接关系。孙中山极力主张恢复旧约法和旧国会，但旧国会中的国民党籍议员又成了中华革命党的党员，不再是国民党党员了，这是一种多么尴尬的局面，甚至可以说，当时的国民党已经陷入群龙无首的局面。而黎元洪虽然名义上是继任大总统，但没有实权，实权仍掌握在袁氏余孽段祺瑞、冯国璋等北洋军人的手中，他们以武力为后盾，获得以梁启超为代表的一部分进步党员的舆论支持，但却不可能得到全国人民的广泛拥护，北京政象纷繁复杂，统一无望。即使是梁启超也认为黎、段两人性格不合，形势堪忧。"京状势极浑沌，黄陂事事放弃，无主张，趋附者众，品流甚杂，能自由恐亦未必为福。段颇慎而惮于

① 《梁启超致独立各省电》（1916年6月7日），李希泌等编《护国运动资料选编》下册，第692页。

② 《梁启超致独立各省电》（1916年6月11日），李希泌等编《护国运动资料选编》下册，第697页。

③ 《梁启超致籍忠寅电》（1916年6月13日），李希泌等编《护国运动资料选编》下册，第699页。

④ 《梁启超致独立各省电》（1916年6月30日），李希泌等编《护国运动资料选编》下册，第735页。

负责，故一切问题阁置，而腐败官僚，日图把持。”[①] 北京政象如此，南方革命党人内部现状如彼，于是，人们的视线集中到了这位战功卓著、德高望重的黄兴身上，革命党人和社会各界人士促归的函电如雪片般地飞至日本东京。早在6月8日，殷汝骊、黄郛、葛敬恩等人联名致电黄兴，汇报国内形势称：“昨日唐宅会议，据谷、范等电军务院，电曰：‘会议结果，定有四项：廓清北京逆党，使黎得自由行使职权；组织暂时内阁，速召集国会；请护国军入京保护；先由唐、梁等私人名义派员至京察看情形，俟有端倪，再行请示遵办。’”并希望黄兴尽早归国，主持一切，以使国人有所遵循。“当兹时局纷纠，关系复杂，各方主张，不能一致，前路茫茫，不知所届。务望先生鼎力主持，裨益大局。”[②] 6月15日，张謇亦以个人名义致函黄兴，促其回国。函云：“先生去国稍久，志行弥坚；前此苦心，已白于世。今时局粗定，各方意见未尽消融，倘能翩然归来，力持正义，动以积诚，虽有纠纷，不难立解。”[③] 6月下旬，唐绍仪、范源濂、谭延闿、孙洪伊、钮永建、张继、欧阳振声、殷汝骊、杨永泰、徐傅霖、谷钟秀等11人又复联合致电黄兴，要求他及早归国，越快越好。电云：“总统定位，政局仍危。大力匡扶，端赖贤者。我公手造共和，举国宗仰，敢乞即日言旋，主持一切。南针攸锡，庶有遵循。”[④] 对黄兴的回国寄予厚望。黄兴在国内党人和友人的再三敦促下，遂决定应召由日返国。他在复唐绍仪等人的电文中表示：“黎公继任，国法以遵。公等力秉公诚，用定国是，海邦逖听，无任钦佩。兹辱电招，敢不趋命？首途有日，再当奉闻。”[⑤] 归国前夕，他抚今思昔，不禁感慨系之矣，想到自己屡败屡战，十多年来，打下的江山竟被

---

① 《梁启超致陈炳焜等电》（1916年6月23日），李希泌等编《护国运动资料选编》下册，第706页。

② 《殷汝骊等致黄兴电》，转引自毛注青编著《黄兴年谱长编》，第474页。

③ 《张謇致黄兴电》，，转引自毛注青编著《黄兴年谱长编》，第476页。

④ 《附：唐绍仪等致黄兴电》（1916年6月下旬），《黄兴集》（二），第832页。

⑤ 黄兴：《复唐绍仪等电》（1916年6月26日），《黄兴集》（二），第832页。

袁世凯利用各种阴谋诡计所篡夺，袁氏帝制自为，为一己私利，不惜大动干戈，清除异己，使大地神州战云密布，一片狼藉，人民处于水深火热之中。现在袁世凯虽然已遭天诛，袁氏残余势力依然存在，他们凭借自己手中掌握的武力，还在兴风作浪，企图夺回他们失去的权力。政坛依然云谲波诡，形势仍旧不容乐观。袁氏残余势力未必能凭借武力统一中国、继续保持其独裁统治；但是，通过和平的方式维护民主共和制度、解决中国一切问题又何其难矣！也许自己回国后面临着更为复杂、更为严峻的考验。黄兴的这种心情在归国前与日本朋友饯别时的宴席上和涩泽清渊翁的一首诗中反映出来：

莽莽神州付劫灰，红羊苍狗不为媒。
挥戈未必能沉日，薄海风云盖地来。[①]

7月4日，黄兴一行人从日本门司启程回国，于6日抵沪，寓法租界圣母院路100号，继迁至福开森路393号。沪上各界知名人士和国会议员纷纷前往探访，表示热烈欢迎。他和孙中山来往甚为频繁，“商谈国事，一如往昔，并无丝毫芥蒂”[②]。据李书城回忆：黄兴回到沪上，全国各地同志都来会商，“当时的主要问题，是在国会恢复后国民党的国会议员如何在国会内进行斗争的策略问题。”8月1日国会召开在即，因此，如何在国会召开期间，使国会议员作出维护民主共和制度的正确决议是摆在国会议员面前必须首先考虑的问题。为此，黄兴根据自己近三年来在国外考察和学习的收获以及结合本国的实际情况，认真进行研究，向国会议员提出了不少符合国情的建议。据不完全统计，从7月9日至22日的14天时间内，黄兴至少先后参加了八次会议，并发表即兴演说。这八次会议分别为：7月9日出席驻沪湘省议员欢迎会；7月10日出席驻沪国会议员欢迎会；7月13日出席欢送驻沪国会议

① 黄兴：《和涩泽清渊翁诗》（1916年6月），《黄兴集》（二），第833页。
② 李书城：《辛亥前后黄克强先生的革命活动》，《辛亥革命回忆录》第一集，第215页。

员北上大会及在沪欢送国会议员宴会；7 月 14 日出席驻沪国会议员留别茶话会；7 月 15 日出席广东省驻沪国会议员茶话会；7 月 17 日出席驻沪国会议员、各界名流及新闻记者张园茶话会；7 月 22 日出席上海报界为欢送国会议员北上茶话会。也就是说，在这段时间内，黄兴平均不到两天就要出席一次有关驻沪国会议员参加的会议，而且每会必到，每到会必发表演说，可见其用心之诚。综合上述八次会议上黄兴发表演说的内容，可以概括为以下七点：

第一，坚持与袁世凯残余势力作斗争，肃清非正义派之影响。黄兴认为，反对袁世凯称帝的斗争，简单言之，“乃新势力与旧势力之争，官僚派与民党之争。然使混言之，曰新，曰旧，曰官僚，曰民党，则犹有未尽。盖新派与民党不必皆善，而旧派与官僚亦未必尽恶。故以正确之义言之，实正义派与非正义派之争也。旧派与官僚，换言之，即非正义派。至袁世凯未称帝以前，热焰熏天，目无民意，以中国之大，几无新派与真民党容身之所，可悲孰甚？幸正义不没，民权获伸，袁逆自毙，帝孽潜逃，可谓正义派战胜非正义派之第一幕”[①]。然而，斗争并没有结束。黄兴认为，袁氏虽遭天诛，但袁氏的残余势力还继续存在，袁氏帝制自为的影响还存在，袁氏的魔力还存在，清除其残余势力和肃清其影响将是一项长期的历史任务。黄兴指出：“袁氏为有魔力之人，彼身虽死，而魔力犹在。如《约法》之规复，国会之依旧，皆以至简单明了之问题，而因袁氏魔力之影响，迟疑不决，延至数旬。”如果不是护国军及各省爱国志士坚持斗争，不怕牺牲，如果没有“我海军将士仗义宣言”，没有“全体国民心理之一致”，坚持民主共和制度，是不可能取得反袁斗争胜利的。“今日以前，责任在于海陆军人；今日以后，责任在于参、众两院。”“泾渭既分，是非已定，所望于两院诸先生者，惟当尊重人格，勿使袁氏遗留之魔力影响于两院之中。昨日孙先生曾云，参、众两院为国家之统治

① 黄兴：《在欢送驻沪国会议员北上大会上的演讲》（1916 年 7 月 13 日），《黄兴集》（二），第 840—841 页。

机关，其责任至重。斯言信然，诸君不可不勉也。”[①]

第二，制定宪法时建议加入一条“凡反对国体者有罪”，用以维护和巩固民主共和制度。黄兴认为，革命党人之所以不惜牺牲生命反对清王朝，既而反对袁世凯，其最终目的就是推翻君主专制制度，建设民主共和制度。如今参、众两院议员北上就职，首要的问题，“而第一之重要问题，则制定宪法是也”。而“今日制定宪法，必须贯彻共和之真精神。而首先注意者，应加入‘凡反对国体者有罪’之一条。在美国，宪法实有此先例”，可资参考。在黄兴看来，袁世凯称帝的阴谋得以实现，真正擅自倡议者不过是极少数人而已，而附和者多是一些意志薄弱者，他们经不起利益引诱或武力胁迫，“假使宪法明定反对国体之刑章，则一二好乱之徒不敢擅冒不韪，而一般之人亦罔敢为之附和。此为断除祸根计，为巩固国基计，所万不获已者也。今日惩办祸魁之议，为国民一致之要求，若宪法有此条，则处置此等刑犯可大得便利。盖国家之内，万不能无公共之是非。此等条文，实所以彰顺逆之大义，而宪法中所万不可少者也”[②]。

第三，国会议员要恪尽职守，据法相争。早在 1913 年国会召开之时，国会行使职权。“凡官僚派人，动以‘捣乱’二字讥弹国会，国民不察，亦往往附和之，此至可慨叹者也。”黄兴批驳了这种颠倒是非、混淆黑白的谬论。他认为：“彼等之意，谓因有国会自身之捣乱，而后有袁氏之解散国会。然平心论之，国会并非捣乱，真捣乱实为袁世凯也。夫国会对于国家负有重大之责任，当此袁氏行政屡屡违法，国会之据法相争，正所以尽其职守。”在野心家看来，议员之争民权、抗暴力被视为“捣乱”行为。“故求国会之能尽其职任，不患其为正当之捣乱，而患其与暴力政府之捣

---

① 黄兴：《在驻沪国会议员留别茶话会上的演讲》（1916 年 7 月 14 日），《黄兴集》（二），第 844—845 页。

② 黄兴：《在驻沪国会议员留别茶话会上的演讲》（1916 年 7 月 14 日），《黄兴集》（二），第 845—846 页。

乱噤若寒蝉耳。”黄兴指出，以袁世凯为代表的官僚派颠倒了因果关系，正当的逻辑关系应当是这样的：“先有袁氏之违法，而后有国会之抵抗，而有非法之解散，故袁氏之违法为因，即国会之抵抗为果。今若曰国会捣乱，而后袁氏违法，不通之论也。今者诸君又将行使职权矣，所望仍尊重责任之观念，勿轻背神圣之职守，即不幸有与行政部争执之事，亦视为职守之当然。吾意国民今日经此大教训后，断不致仍任非正义派人复以捣乱之名词加之诸君，是望诸君勉之者也。”[①]

第四，改良政治必须采择民意，特别注重地方自治，保护民权。7月17日，由孙中山署名柬邀驻沪国会议员、各界名流及新闻记者，在上海张园安恺第举行茶话会，商榷政见，到会者1000余人。会上，孙中山就提倡地方自治、实行直接民权问题，发表了长篇演说，他反复强调地方自治为建国基础，“础不坚，则国不固”，“今后当注全力于地方自治”。关键在于实行，“吾人如不能实行，则宪法犹废纸耳”。“础坚而国固，国固则子子孙孙同享福利。无国则无身、无家，今日之会，亦愿吾人同为一身一家谋幸福耳。”[②] 黄兴完全同意孙中山的观点，认为中国自治组织最为完备，只是“未有其名”而已。黄兴认为，“二次革命”以来，革命党人讨袁的目的不仅仅只是要打倒袁氏一人，而是谋求改良政治，“果求政治改良，则于民权不可不特别注意”。关注民权最重要的就是要有人民至上的思想，重视人民的选举权。因为“选举权为巩固共和之要点。以后两院立法，望于民选一层，力为主持，断不可任其随便任命官僚也”。[③]

第五，对借款问题必须特别加以注意，防止非正义之人借金

---

① 黄兴：《在欢送驻沪国会议员北上大会上的演讲》（1916年7月13日），《黄兴集》（二），第841页。

② 孙中山：《在沪举办茶话会上的演说》（1916年7月17日），《孙中山全集》第三卷，第327、330页。

③ 黄兴：《在张园茶话会上的演讲》（1916年7月17日），《黄兴集》（二），第849—850页。

钱之力行政治之罪恶。黄兴认为，在正常条件下，政府财政困难，为维护国家机器运转，出于发展生产和改善人民物质生活的需要，向外借款自然也是必要的。“此并非谓借款绝对不可为也，亦非对于今日之北京当局有戒心也。”然而，需要特别加以注意的是，须“知金钱为物，足以启野心者之图谋不轨”。他以袁世凯为例加以说明。他说：“今人往往有一种谬论，谓袁氏实为强有力之人，谓中国非袁氏不能维持。今袁氏虽死，而误此论者尚属不少。实则平心论之，袁氏何尝有真正能力。癸丑之役，彼之所以成功者，惟赖有二千五百万镑耳。及金钱既尽，能力全销。故袁氏之能力，不外金钱之能力也。”他嘱咐议员们要吸取历史教训，防止类似事件再次发生。“勿令非正义之人更得借金钱之能力，行政治之罪恶。”即“此后对于借款问题须特加注意是也”。[①]

第六，加强“军事的国民教育”，厉行国民军教育，以防止军队为私人所利用。黄兴认为，长期以来，“中国军队纯统治于私人。以私人之军队，而加以国防军之外鞾，无知识无学问”。造成这种现象的原因，不在于军队自身，“而在于政府之不能厉行国民军教育”。为什么这样说呢？因为中国的情况与外国不同，“吾国生产力之薄弱，军费之不能得大宗供给”。而欧洲生产力发达，有足够的经费供军队开支。“自欧战开始而后，战线之军队动以百万、数百万计，是非仅各国军队之发达，乃其生产力充足，故养此巨额军队而有余耳。以吾国现在之生产力论，实无此养育巨额军队之能力”；既然国家无此养育大量军队的经济能力，补救之方就在于加强“军事的国民教育”。“故今后宜注意于军事的国民教育，自小学以上，于普通教科中加入军事教育，则国中多一就学之儿童，即多一曾受军事教育之国民。一旦有事，征集令朝下，夕可得国民军在千万以上。”黄兴指出：“欲提倡军事的国民教育，

① 黄兴：《在欢送驻沪国会议员北上大会上的演讲》（1916 年 7 月 13 日），《黄兴集》（二），第 842 页。

当先提倡国民教育。”[①] 因此，要重视普及教育，只有在全社会倡导重视普及教育的风气，发动社会各阶层有钱出钱、捐资助学，有力出力，推动教育发展，才能推动“军事的国民教育”。寓兵于民众之中，同时也可以提高军人的觉悟，使军队为国家服务，不要为私人所利用。

第七，加强内部团结是促进政治步入正轨的保证。黄兴认为，前段约法之争，其实质是正义派与非正义派之争。“正义派苟不团结一致，则非正义派之势力，不惟不能打消，反将乘隙潜进，死灰复燃，国家前途仍有可虑。”黄兴希望“凡属于正义派之人，宜结合为一，进而推之于前，以为国内势力之中坚，不致使非正义派仍有恢复旧势力之一日，则吾国前途其庶几矣”。黄兴指出：加强内部团结是指民党而言，至于官党则不能讲团结。而且，“须将官党、民党的界限，分别的清清楚楚，不可有丝毫的蒙混。对于该（官）党则排斥之，对于民党则结合之”[②]。黄兴希望：“凡今日有新思想之同人，俱结合一致，成一真正之民党大团体，以与腐败之官僚相抵抗。盖非是则国基万无巩固之一日也。”[③] 为加强民党内部团结，黄兴嘱咐国会议员要有海纳百川的度量，要区别不同情况，团结一切可以团结的人。“此后对于一般胁从附逆之人，已不必深究。”他打了一个浅显的比方说：“譬若河流有清浊之分，而入海则无畛域之异。试泛舟扬子江头，其初入海处，江水泥浊；入海渐远，其水渐清，卒至澄碧连天，不可辨认。今日吾人之改革事业，正如扬子江口之海水，虽清浊相混，要当全体容纳，而一切渐次澄清之。诸君子入京之后，其以海阔天空之度量，容纳污浊，而加以澄清，俾旧浊渐消于无形，而不至再有搅

① 黄兴：《在广东省驻沪国会议员茶话会上的演讲》（1916 年 7 月 15 日），《黄兴集》（二），第 847 页。

② 黄兴：《在欢送驻沪国会议员北上大会上的演讲》（1916 年 7 月 13 日），《黄兴集》（二），第 841 页。

③ 黄兴：《在驻沪国会议员留别茶话会上的演讲》（1916 年 7 月 14 日），《黄兴集》（二），第 845 页。

乱国政之举。”[①] 从而使政治渐入正轨。

这里需要特别指出的是，黄兴回国后将近半个月时间内为什么频繁出席在沪国会议员的会议并发表即兴演说呢？因为这批国会议员是在护国战争取得胜利之后被推选出来的参、众两院议员，其政治倾向是很明显的，他们几乎都愿意按照《中华民国临时约法》办事，拥戴孙中山、黄兴作为革命派的领袖。在当时历史条件下，国会议员已经成为与袁世凯残余势力作斗争的中坚力量。出于斗争策略的考虑，孙中山、黄兴利用各种机会，在上海频繁接触国会议员，千叮咛，万嘱咐，希冀运用和平手段重新挽回革命党人失去的部分权力，从而取得反对袁世凯残余势力斗争的最后胜利。

黄兴回国后，在与国会议员频繁接触之外，与袁氏残余势力斗争的又一焦点集中在由谁来督湘的问题上。湘省地处长江腹地、洞庭湖之南，物产丰盈，是有名的鱼米之乡。且战略地位极其重要，历来是兵家必争之地。自护国战争取得阶段性胜利之后，各派政治势力均想争夺湘省的控制权。为驱逐袁世凯爪牙及其残余势力，摧毁其在湘省的统治力量，黄兴煞费苦心，为此作了大量的工作。据不完全统计，从黄兴归国到结束袁氏残余势力对湘省的统治，在不到一个月时间内，黄兴为此事向有关人士发出的函电多达30余封。认真检阅这些函件，我们可以窥见，一位身罹重疾的革命者是如何呕心沥血为国事操劳的。

早在黄兴归国途中尚未到达上海的前一日即7月5日凌晨3时，湖南军务督理兼巡按使汤芗铭迫于护国军湖南总司令程潜率军逼近长沙的压力，畏罪潜逃。龙璋、刘人熙等人当日致电黄兴，告诉他“汤屠户”潜逃的消息，暂由湖南护国军第一军总司令曾继梧暂时代理湖南都督，并敦促黄兴“即日首途”，公推黄兴督

① 黄兴：《在驻沪国会议员留别茶话会上的演讲》（1916年7月14日），《黄兴集》（二），第846页。

湘，以免湘省“糜烂”。[1] 7 月 13 日，湖南省议会与军、政、绅、商、学各界连日集会，一致公举黄兴为都督。14 日，由程潜领衔电请大总统黎元洪及国务总理段祺瑞“俯顺舆情，加以任命”[2]。并于同日致电黄兴，欢迎及早履任。电云：“遥闻钧驾莅沪，欢忭无似。湘罹陷溺，三载于兹，元气凋殁，急待恢复。”“现由省议会与军政绅商学各界连日集会，已于元日（7 月 13 日——引者）一致举公为都督，四民欢度，稍定惊心，如众流同归，庭安干蠶。我公奔走国事，垂二十年，手造共和，内外钦仰，神州安危所系，亦桑梓休戚所关。今日救湘，非我公莫属。”“务恳克日言旋，以慰父老子弟之望。潜等谨率部属，惟命是从，各界均派代表欢迎，随电赴沪，一面电告中央。望速整旌麾，先行回湘，以解纷难，于大局裨益实多，无任翘企。”[3]

然而，黄兴并没有“克日言旋”，“先行回湘”，那又是什么原因呢？我们认为，主要有三个方面的原因：一是基于对民国以来官场恶习的愤怒，想以自身的举动率先垂范，改变过来跑官、要官的不良社会风气。关于这一点，黄兴后来在解释他拒绝黎元洪两次聘他为总统府高等顾问时的心情说得很清楚：“前总统以高等顾问相畀，情谊可感。惜以此眼光施之吾人，已具函辞谢之，由伯钊（指耿觐文，字伯钊——引者）带去，并请当面代申鄙意，乃不见许，兹又宠命重邀。在前清、洪宪时代，想九叩首求之而不得，我今则九叩首再为谢之，亦所不惜。便中晤雨岩（指蒋作宾，字雨岩——引者）诸兄，请无以此荣我，不胜切祷之至！”[4]二是黄兴在流亡海外期间，通过对世界各国的考察，认识到“各国国力发展之基础，皆立根于实业与教育”，因而，他决心从事实业和教育，用以摆脱政界的纷扰。黄兴在答上海《民国日报》记

---

① 《民意报》1916 年 7 月 11 日。

② 转引自李云汉：《黄克强先生年谱》，第 413 页。

③ 同上。

④ 黄兴：《致何成浚书》（1916 年 8 月 26 日），《黄兴集》（二），第 879 页。

者问时说得很明白："自湘事发生，报纸载湘人邀仆与谭组庵回湘而后，来寓问讯者颇多。仆之未徇故乡父老之请者，非恝然于故乡也。仆此次归国，见各国国力发展之基础，皆立根于实业与教育。故吾人所贡献于国家者，正不必垂绅拄笏，然后可以谋民福。譬如经营一良好教育之学校，得十百佳子弟以磋磨之，使成令器；或于一市一乡间刻苦经营，俾蔚成一自治之模范，皆足以告无愧于国家。何必定欲做大官、负大任，然后自愉哉？"① 三是黄兴归国后，由于操劳国事，自觉身体不如从前，大有每况愈下之势，深感力不从心，不愿涉足政界。他认为湖南人才辈出，可任湘督者不乏其人。他说："即如湘事，自汤芗铭督湘后，财政之紊乱，杀贼之凶暴"，"为湘人所同愤。今汤已去湘，休养生息，自不可无人。然有此资望才力者正多，诚何必仆？故仆虽屡接湘电，均置未复。而外间揣摹影响者，何尝能喻仆意"？黄兴认为，关于他为何不答应出任湘督一事，"无暇辩，不必辩也"②。

黄兴虽然自己不愿意出任湘督，但并不等于他不关心湘督的人选问题。因为这件事对于湖南人民来说的确是一件大事，这直接关系到家乡人民的利益，影响父老乡亲的生活。自汤芗铭潜逃之后，在湖南这块土地上，各派政治势力相互博弈，都想乘机占领而统治之。以段祺瑞为总理的北京政府，先是任命陈宧为湘督，继而又欲派吴光新为湘督；桂系军阀陆荣廷也想出任湘督，以扩充自己的地盘；以梁启超为首的进步党人拟派戴戡为湘督，以控制湖南。对此，黄兴为了清除袁氏残余势力和各怀鬼胎的外来势力，遴选造福桑梓的湘督人选，废寝忘食，与各方人士频繁联络，作出了艰辛的努力。

黄兴认为，自己虽然无意担任湘督，但湘督人选还是以湘人

---

① 黄兴：《答上海〈民国日报〉记者问》（1916年7月下旬），《黄兴集》（二），第862页。

② 黄兴：《答上海〈民国日报〉记者问》（1916年7月下旬），《黄兴集》（二），第862页。

为宜，谭延闿曾担任过湘督，对湘省情形较为熟悉，由谭延闿出任湘督较为妥当。曾语人曰："此是谭组庵（谭延闿，字组庵——引者）旧职，以组庵行宜也。"[①] 另外，蔡锷也可以作为候选人之一，如果谭延闿未能通过，也可以推荐蔡锷担任湘督。

早在黄兴回国到达上海的同一日，即7月6日，以段祺瑞为首的北京政府即任命其死党陈宧为湘督，遭到湘人强烈反对；北京政府为化解危机，只得决定，在陈宧未赴任前，暂时由已进驻湘南的桂系军阀陆荣廷代替湘督，另派北军驻守岳州窥伺，妄图挑起湘、桂两军冲突，北军坐收渔人之利，以达到重新占领湖南的目的。黄兴对家乡人民反对陈宧督湘一事表示支持，并提出了具体措施。他于7月9日发表演说称："至于湘中事件，反对陈宧实为正当之举，当然赞成。以后办法，当分为现在及将来二层：现在中央任命以陆荣廷署理湘督，陆公克已率师抵衡，我湘人当极表欢迎之意，请陆座镇湘中；至陆氏移督广东时，仍以请谭三（指谭延闿——引者）先生回湘整理一切为好。"[②] 如前所述，汤芗铭于7月5日潜逃后，湘省各界一致决定由黄兴出任湘督，在黄兴未到职前暂由曾继梧代理湘督。黄兴于7月10日致电曾继梧、刘人熙，电云："凤公（曾继梧，字凤岗——引者）代督，军民晏然。诸公维持，以福桑梓，甚为感佩。陆公署督，知表同情。善后万端，尚劳擘画。闿、兴未能即归赞助，实歉于怀，还希鉴谅。"[③] 同一日，黄兴与谭延闿再次致电曾继梧、程潜，叮嘱他们应当如何对待湘督的态度。在致曾继梧电文中称："中央任命陈宧带两旅督湘。现虽设法阻止，闻北兵在湘尚多，陈来必有勾串。湘军力薄，宜借助桂军，以壮声威。惟有暂戴陆督，留桂军，绝

---

① 转引自李云汉：《黄克强先生年谱》，第414页。

② 黄兴：《在驻沪湘省议员欢迎会上的演说》（1916年7月9日），《黄兴集》（二），第835页。

③ 黄兴：《与谭延闿复曾继梧刘人熙等电》（1916年7月10日），《黄兴集》（二），第835页。

对拒陈。大局所关，请一致主张为要。”[①] 陈宧由于湘人反对并未赴任湘督；陆荣廷由于种种原因也未赴任代理湘督。于是湖南军、政各界举行联合会议，推举刘人熙为临时都督，龙璋为民政长。7月19日，北京政府被迫任命刘人熙暂代湖南督军，25日，又命其兼代湖南省长。但暗中却密令第七师及二十师之各一部赴湘，拟改派第二十师师长吴光新督湘。吴光新，字植堂，亦作自堂，安徽合肥人。日本陆军士官学校第三期炮兵科毕业。历任北洋第三镇炮兵营管带，陆军第二十师师长等职。时任长江上游警备总司令，驻岳阳，是段氏的忠实走卒。段氏命令吴光新驻兵岳阳，其目的是想挑起事端，只要找到借口，便可以顺理成章地改派吴光新督湘。黄兴对此洞察无遗，他致电刘人熙、龙璋，希望他们注意湘、鄂两省商民相互关系，以免造成内乱，给敌人以可乘之机。电云：“二公众望所归，此次应人民之请，分治湘事，维持秩序，深为庆幸。顷见报载，旅湘鄂籍商民多被株连。想系谣传。惟虑彼此误会，易生恶感。二公持重不阿，务请加意融洽，以泯界域。”[②] 嗣后，又致电曾继梧，提醒他注意动向，以防范吴光新将魔爪伸进湘省。电称：“中央对湘尚欠诚意，各方面已派人赴京疏通，俟有确息，再电告行止。顷闻陆军部密令第七师及二十师之各一部赴湘，并有吴光新督湘之说。希预防。”[③] 接着，黄兴又同时致电曾继梧和程潜，维持省内治安秩序，以防不测。电称：“湘督事，戴戡、梅馨、向瑞琮均在中央拟议之列。恐其本意，尚在吴光新。现正竭力为组庵谋。万一组亦不成，松坡或有望。两兄谋湘心苦，尚望劝慰同人，暂持镇静，力保秩序，勿令中央有所借口，加祸吾湘。”[④] 以梁启超为首的进步党人拟派戴戡任湘督，企图把控湘省。对此，黄兴复电蔡锷进行劝导，不要让戴误中段

① 黄兴：《与谭延闿致曾继梧电》（1916年7月10日），《黄兴集》（二），第836页。

② 黄兴：《与谭延闿致刘人熙龙璋电》（1916年7月14日），《黄兴集》（二），第844页。

③ 黄兴：《致曾继梧电》（1916年7月20日），《黄兴集》（二），第852页。

④ 黄兴：《致曾继梧程潜电》（1916年7月28日），《黄兴集》（二），第857页。

氏圈套。函称：“弟甫抵沪，即闻湘变，汤督仓皇出走，内部心志不一；北兵屯聚岳州，窥伺甚严，事机危迫。外间有运动戴循若君（戴戡，字循若——引者）督湘之说，其实中央有吴光新督湘之内命。自汤督湘以来，吾湘苦痛，已难再忍。以湘人谈湘事，甚不愿以湘中地方为逐鹿之场。荏苒岁月，水深火热，而于根本建设，断难有望。戴君功高，湘人不敢明言反对，然本心实不惬洽。稍有微言，北兵必托词侵入。中央阳以湘督与戴，实欲激成变乱，授之北军，其计甚毒。望兄力劝戴君，辞不赴湘。为湘计，为戴君计，均得。”[1] 几乎与此同时，黄兴连续多次致电时任北京政府众议院议员的湘潭人彭允彝，约他疏通关系，速令北京政府明令谭延闿督湘，以安定人心。黄兴于7月26日致彭允彝电称：“请速催中央明令组公（谭延闿，字组庵（下同）——引者）督湘，并兼省长。兴当保组公承认，决不推辞。”[2] 7月28日致彭电称：“刘（指刘人熙——引者）代督湘，恐不能维持。可即任命组庵省长代理督军。”[3] 7月31日致彭电称：“组事（指组庵任湘督事——引者）望竭力主持。”[4] 8月初，又致彭电称：“湘事糜烂必矣。若能早定组公，出以中央命令，当可挽救。今名分虽艮老（刘人熙尊称——引者），实则马司令（指当时驻湘桂军将领马济——引者），后事将若何？兄赴京，于湘事当竭力主张，速发表组公。陆督（指陆荣廷——引者）想能自爱，必不以权位相争。此事关系湘省命脉，不可不注意。”[5] 此外，黄兴还联络湘籍著名人士汪诒书、胡元倓、龙绂瑞、欧阳振声等人，致电驻京的范源濂、章士钊等湘人，希冀他们出面打通关节，不要考虑谭延闿拒任湘督一事，速催北京政府明令谭氏督湘。电云：“组公虽辞之极

---

① 黄兴：《复蔡锷电》（1916年7月26日），《黄兴集》（二），第855页。

② 黄兴：《致彭允彝电》（1916年7月26日），《黄兴集》（二），第856页。

③ 黄兴：《与欧阳振声致彭允彝电》（1916年7月28日），《黄兴集》（二），第858页。

④ 黄兴：《复彭允彝电》（1916年7月31日），《黄兴集》（二），第861页。

⑤ 黄兴：《致彭允彝书》（1916年8月初），《黄兴集》（二），第865页。

坚，然以湘省目前危急情形及一般湘民望治之切，意亦不能无动。鄙意如明令发表，尚不虑组公坚拒。但湘地糜烂，事同草创，暂时仍宜军民合治，以期事权统一，方可着手。一切统希诸公相机办理，无任叩祷。”[①] 经过黄兴多次联络，在京湘人士多方疏通，北京政府只得于8月3日任命谭延闿为湖南省长，兼署督军。这场持续近一个月之久湘督激烈争夺战终于告一段落，以黄兴坚持谭延闿任湘督而告结束。黄兴在获悉北京政府任命谭延闿为省长兼署督军的消息后曾致电曾继梧和程潜，希望他们全力支持谭氏，竭力维持湘局。电云：“松坡刻难离川。组公以省长署督军，先行回湘，明令日内可发表。此次合各方面之力，争得如此结果，已属万幸。望两兄竭力维持。组公回湘，对于中央得保其威信，亦湘人最荣誉之事。”[②]

值得一提的是，黄兴寓居上海期间，尽管身体患病，几有每况愈下之势。他不仅关心政坛大事，而且对于北京政府为解决财政危机而出卖国家利权的行为予以坚决抵制。1916年9月9日，北京政府财政部、农商部与日本兴亚公司在北京签订借款合同，以中日“合办”湖南水口山铅矿和安徽太平山铁矿为条件，并利用直隶等七省印花税作为担保，向日本兴亚公司借款500万元。消息传出后，引起社会各界的强烈反对。黄兴在病中得到这一消息后，即于9月11日致电时任北京政府教育总长彭允彝、内务总长孙洪伊、农商总长谷钟秀、财政部次长殷汝骊，坚决反对以中日“合办”水口山铅矿为条件向日借款。电云：“湘中财政竭绌已极。水口山铅矿乃湘命脉所系。顷闻与日借款事，日人有以此矿饵中央作担保者。望竭力打销此举，为中央另筹善法。”[③] 同一日，又致电新任湘督谭延闿称：“中央欲以水口山矿抵款，已电伯兰、九

① 黄兴：《与汪诒书等复彭允彝范源濂章士钊电》（1916年7月27日），《黄兴集》（二），第856页。

② 黄兴：《致曾继梧程潜电》（1916年8月3日），《黄兴集》（二），第868页。

③ 黄兴：《致彭允彝孙洪伊谷钟秀殷汝骊电》（1916年9月11日），《黄兴集》（二），第890页。

峰、铸夫及静仁诸公打销此举。望尊处竭力阻止为要。”[①] 16日，黄兴得知北京政府确已与日方签约后，致电彭允彝并转殷汝骊，电云：“屡接湘电，闻中央确以水口山与日人借款，有签约之说。湘人反对甚力，恐伤中日感情。乞竭力打销。”[②] 次日，又致电彭允彝、范源濂、熊希龄，措辞严厉地指出：“水口山矿乃湘命脉所系，真电（指9月11日黄兴致彭允彝、孙洪伊、谷钟秀、殷汝骊电——引者）请转伯、九、铸诸公打销此举，迄今未蒙复示，殊深切盼。昨接议员诸公电，知已签字。岂中央硬欲强夺地方所有耶？岂一经作官，即不顾民意耶？区区五百万元之垫款，即不惜如此牺牲，如将来何？诚可为痛哭者！静仁兄必早知其事，何不先电示一二，以便对付。今湘全体反对，其又何以善其后耶？仍望兄等以好言劝告伯、九、铸诸公设法中止，另筹良法，勿为此绝反民意之举，致再启纷争。是所切祷。”[③] 另一方面，黄兴又“以个人名义电日当局，请其说谕商人，舍此另向中央政府提出其他担保品。”[④] 黄兴抓住此问题不放，此后又于9月21日致电农商总长谷钟秀，表示“仍望兄竭力主持，废此违反民意之约，另筹良法。”[⑤] 9月23日，黄兴得到“日人允为改约”的消息，他在致谭延闿电中谈及此事。电云：“昨得日参谋次长复电，已由其当局说谕商人，可望改约。又，闻日舆论亦不以兴亚公司此举为然。顷得九峰电云，日人已允改约，将水口、太平两矿剔出。似此，水口山矿当可挽回。仍望尊处促其实行，并请其将此项交涉首尾

① 黄兴：《复谭延闿电》（1916年9月11日），《黄兴集》（二），第891页。伯兰指孙洪伊（孙洪伊字伯兰）、九峰指谷钟秀（谷钟秀，字九峰）、铸夫指殷汝骊（殷汝骊，字铸夫）、静仁指彭允彝（彭允彝，字静仁），特此说明。

② 黄兴：《致彭允彝转殷汝骊电》（1916年9月16日），《黄兴集》（二），第892页。

③ 黄兴：《致彭允彝范源濂熊希龄电》（1916年9月17日），《黄兴集》（二），第892页。此处伯、九、铸，系孙洪伊（伯兰）、谷钟秀（九峰）、殷汝骊（铸夫），特此说明。

④ 黄兴：《致谭延闿电》（1916年9月18日），《黄兴集》（二），第893页。

⑤ 黄兴：《复谷钟秀电》（1916年9月21日），《黄兴集》（二），第894页。

详情宣布，俾免人民疑惑。”[①] 由于黄兴不断做工作，加之湘、皖两省人民激烈反对以及英、美、法、俄四国提出抗议，遂使北京政府与日本兴亚公司于9月25日改订契约，借款额度虽不变，但改以制钱精炼的利益偿还。毫无疑问，湘、皖人民“挽回利权”的斗争取得胜利是与黄兴的不懈努力密不可分的。

还需要指出的是，黄兴寓居上海期间尽管生活拮据，甚至到了以借贷为生、债台高筑的地步，但他仍然不忘弘扬先烈精神，关心革命后代以及身边的战友和同志，自己则清廉自制，始终保持一个革命者的本色，而对那些居功自傲、贪图享受的行为予以坚决抵制。

革命志士龚铁铮被害后，旅沪湘人于1916年7月28日在上海斜桥湖南会馆为其举行追悼大会。黄兴撰挽联致哀，其联云：

苍头突起，竟蹶初登，义烈挽黄花，三户亡秦独推季；

白云未归，毁哀何极，忠魂迟歇浦，一门报国拜先生。[②]

同年8月8日，黄兴与孙中山、伍廷芳、唐绍仪等65人通告发起“陈英士先生及癸丑以后诸烈士追悼大会”。8月13日追悼大会在上海法界霞飞路尚贤堂举行，中外人士莅会者三四千人，挽联千数百副。黄兴抱病亲往主持追悼大会。他在会上说：“此次共和再生，系何人造成?”“乃吾诸烈士之血肉造成。”今后，“亦须造成很文明很强盛之国家，使诸先烈亦得含笑九泉”。正因为“有诸烈士之牺牲其身，而后能再造民国。今后亦须有牺牲之精神，而后能使民国巩固”[③]。

黄兴患病期间，李根源应黎元洪电约赴京，路过上海，探望黄兴，临别时，黄兴还特别提及“谭石屏（指谭人凤，字石屏——引者）营钝初墓未竣工，应有人负责”[④]。可见，他在病重

---

① 黄兴：《与张孝准致谭延闿电》（1916年9月23日），《黄兴集》（二），第895页。

② 黄兴：《挽龚铁铮联》（1916年7月28日），《黄兴集》（二），第859页。

③ 黄兴：《在陈其美及癸丑以后殉难烈士追悼会上的演讲》（1916年8月13日），《黄兴集》（二），第871—872页。

④ 黄兴：《与李根源的谈话》（1916年10月初），《黄兴集》（二），第896页。

期间仍然十分怀念故去的战友和同志。

蔡锷原本患有喉病，护国战争结束后，病情加重，但为筹办善后事宜，他又不得不出任四川督军兼署省长职。黄兴考虑到蔡锷的身体状况，“当时是极力主张松坡先生摆脱一切出川疗养的，他多次写信并打电报给在松坡先生身边的石陶钧，要他劝松坡先生把军队交给罗佩金整编，自己赶快出川就医”[①]。蔡锷最后接受了黄兴和友人的劝告，摆脱一切，离川东下。8 月 28 日下午 7 时半，在经历半个多月长途跋涉之后，蔡锷一行人才抵达上海。黄兴命其长子一欧代表他前往码头迎接。黄一欧登上轮船，见到蔡锷“病情已经到了严重的阶段”，面色憔悴，形容枯槁，甚至连“声音也喑哑”了。黄一欧回家将蔡锷的现状告诉乃父后，黄兴为之叹惜不已。蔡锷一行登岸后暂寓静安寺路哈同花园。次日，蔡锷即入住同济德文医学堂附设之宝隆医院。蔡锷在上海住院期间，黄兴曾“去看过多次”，因病情不见好转，蔡锷遂有赴东京治病的设想。9 月中旬，蔡锷乘轮去日本就医，黄兴“又亲往码头相送，忍泪告别”。蔡锷于 9 月 20 日抵达日本东京，入九州福冈医科大学病院就医，据黄一欧回忆：随行的石陶钧常有信给黄兴，“告知疗治情况，十月初，石陶钧来信，说松坡先生病见好转，想点水果吃，先君非常高兴地叫我去买了两篓沙田蜜柚，由虹口日本邮局挂号寄去”[②]。从这些生活细节可以窥见，黄兴对蔡锷的深厚感情。

黄兴对于当年与自己并肩作战的战友和战士也时刻关心着他们的生活。例如李烈钧及其部属，黄兴特别叮嘱前往看望他的李根源赴京向大总统黎元洪反映情况，妥善解决目前生活的困难。他对李根源说：“协和队伍要到饿饭地步，须向黄陂切实妥筹。”[③]胡瑛早年对辛亥革命作出过一定的贡献，与同乡宋教仁、覃振一

① 黄一欧：《护国运动见闻杂忆》，《湖南文史资料选辑》第四辑，第 104 页。

② 黄一欧：《护国运动见闻杂忆》，《湖南文史资料选辑》第四辑，第 104 页。

③ 黄兴：《与李根源的谈话》（1916 年 10 月初），《黄兴集》（二），第 896 页。

道从事反清斗争被时人称为“桃源三杰”；后来受袁世凯拉拢，拥袁称帝，又被称为“筹安会”六君子之一，晚年生活穷困潦倒。黄兴一方面对其不能保持志节而愤怒，另一方面又觉得他也很可怜，还是要顾及旧交。他叮嘱李根源说：“胡经武无志节，可恨可怜；闻很穷，吾辈尚念旧交，顾持其生活。”[①] 对旧时战友的关心溢于言表。其实，黄兴寓居上海期间其生活异常拮据，全靠向昔日朋友借贷为生，关于这一点可从他致二姊的信中反映出来。他说：“所不堪言者，自元年至今，一切用度，均极浩大，债台高筑，无力能偿。兹日本、沪上两处居住，日不暇给，目前纯从友朋处借贷为生活，所有心欲资助吾姊之处，力实不逮。”[②] 尽管如此，但自己的战友在家庭遭遇变故时仍然不忘伸出援手。他在致其友人函中写道：仆“从海外归来，亦为友朋所招待，家用而外，他求不可得。同是飘零人，故可直相告语。足下家人病故频遭，殊为怅念，苟可相助，岂可置之度外。兹勉措四十元，即希哂纳。不尽感喟”[③]。可是当有昔日的好友致电黄兴欲借他的威望筹款旅游时，却遭到他的严词拒绝。黄兴在其复电中说：关于“筹款游历一节，因组公归时，兴与约不荐一人，不筹一款，相别未几，何能提及？乞为原谅。兴亦穷困，无能为力。特此布臆”[④]。这段话既有对自己行为举止的约束和提醒，也有对友人的教育和规劝。

黄兴不仅自己以身作则，率先垂范，对身边的战友和同志从严要求，劝勉有加，而且对烈士的遗孤寄予厚望，希冀他们能继承先辈的革命传统，茁壮成长，为国争光，对宋教仁之子宋振吕的教育就是一个典型的例子。据黄一欧回忆：“一九一六年夏，先君由美经日回到上海，寓居福开森路，我携眷住在新闸路，隔康有为家不远。”“这时振吕在上海无所事事。先君怕他在十里洋场

① 黄兴：《与李根源的谈话》（1916年10月初），《黄兴集》（二），第896页。
② 黄兴：《致二姊书》（1916年9月9日），《黄兴集》（二），第887页。
③ 黄兴：《复友人函》（1916年7月28日），《黄兴集》（二），第857页。
④ 黄兴：《复刘承烈电》（1916年8月31日），《黄兴集》（二），第881页。

学坏样，要他跟我住在一起。最初一段时间，振吕表现还好，慢慢地就学坏样了。他跟浏阳人刘白等在外面乱跑，出于花街柳巷，一连好些天不回家。我规劝无效，只好把情况告诉了先君。先君在病中听了很生气，派人把振吕找来训斥，说：‘你父亲如何死的你晓得吗？他是为国家死的。现在我们国家搞成这个样子，风气很坏。你要好好做人，为你父亲争气，不要学坏样，我就死也放心了。’振吕听了先君这番话很受感动，决心痛改前非，以后在生活方面检点多了。”①

第四节 病逝沪上

黄兴一生从事反清武装斗争和反对袁世凯专制独裁的斗争，领导过大小十多次武装起义。鄂宁起义失败后他坐过牢，黄花岗起义中他负过伤，在敌人多次悬重赏缉捕下，几次险遭毒手，但他机智逃脱。“胜败乃兵家之常事”，他一生打过胜仗，但由于种种原因，也打过败仗，他屡败屡战，总是战斗在斗争最前线，餐风宿露，夜以继日，出生入死，不怕牺牲。这既成就了他反对封建专制、建立民主共和制国家的宿愿，也使他身心俱疲、积劳成疾。

早在南京临时政府时期曾患过胃出血症，“二次革命”失败后，黄兴流亡海外期间，在美国费城近郊的米地亚定居时又“偶患血症，幸医治得法，六月之久，始能回复健全”②。此次归国，由于过度操劳，睡眠不足，夙疾时作，以至造成声音嘶哑，不可久谈。10 月 10 日本是武昌首义纪念日，也是共和恢复后第一个国庆节，应该是举国上下欢庆的节日。可就在这一天，黄兴旧病突

① 黄一欧：《辛亥革命杂忆》，《湖南文史资料选辑》第十辑，第 43 页。
② 黄兴：《致二姊书》（1916 年 9 月 9 日），《黄兴集》（二），第 887 页。

然复发，上午9时许，迅速转恶，“呕血升余，晕去时许”。随即延请同济德文医学堂附设之宝隆医院德国医生克礼氏诊治，据医生说，黄兴“必须静养，方可医治”。黄兴患病的消息不胫而走，慰问函电与日俱增，去医院慰问者络绎于途。黄兴考虑到这种状况不适宜于“静养”，为感谢各界同仁的关心和爱护，特于10月12日借上海《民国日报》发布启事一则云：“兴于国庆日辰刻旧疾复发，呕血升余，晕去时许。忧患余生，加以重病，恭逢盛典，无以为欢，殊为怅恨。据医云，（贱恙）必须静养，方可医治。凡赐函电，未能答复；如蒙枉顾，更难接待。特此布达，幸鉴谅。”①

也就在黄兴患病之前一日，即10月9日，北京政府于国庆前夕颁受勋令，授予孙中山大勋位，黄兴、蔡锷、唐继尧、陆荣廷、梁启超、岑春煊勋一位。黄兴患病期间，大总统黎元洪还亲派何成浚前往探望，“并赐药饵”，黄兴对此表示感谢，但对北京政府授予勋一位却固辞不受。他在致黎元洪电文中说：“元电敬悉。承派何咨议（指何成浚，时任总统府上校咨议——引者）慰问贱恙，感悚交并。王铁老（指王芝祥，字铁珊——引者）南来，兴病早伏，忽于国庆日辰刻呕血升余，昏眩时许。当请德医克礼氏诊治，据云，必须静养，方可告痊。刻幸血止，差慰廑怀。昨阅报载，我公策勋，特授兴以勋一位。无功受赏，益增惭惶；加以衰朽之躯，何敢膺此宠锡。谨先电辞，敬请收回成命。”② 国务总理段祺瑞亦于上月派遣王芝祥来沪邀黄兴北上，黄兴婉谢。黄兴病重期间，段又致函慰问。黄兴遂于10月16日复电致谢。电云：“承电慰问，至深感谢。铁老来时，兴病早伏，忽于国庆日突发。刻幸血止，精神亦稍回复。据德医克礼氏云，若能静养，可以告痊。请释廑念。北望燕云，莫图良晤，殊为怅然。”③ 经过德国医生克礼氏治疗后，黄兴的病情似乎略有好转。10月15日，接连发出的

---

① 黄兴：《启事》（1916年10月10日），《黄兴集》（二），第898页。

② 黄兴：《复黎元洪电》（1916年10月14日），《黄兴集》（二），第899页。

③ 黄兴：《复段祺瑞电》（1916年10月16日），《黄兴集》（二），第901页。

四份电文均谈及病情向好的方向发展。他在致王芝祥电中云："贱恙幸已平复，静养当可告痊。"[①] 他在致谭延闿电中云："现请克礼医治，据云无害，惟须静养。刻幸平复。"[②] 他在致长沙《湖南公报》电中云："幸已平复。"[③] 他在复陈强转张孝准电中云："刻已血止，医云无碍。"[④] 10月19日，黄兴又连续发出两份电文。他在致大总统黎元洪电中称："兴病日有起色，现可稍进饮食，渐能起立。静养可以告痊，堪纾廑念。"[⑤] 他在告谕其子一中电云："父现可稍进饮食，渐能起坐片时，无庸系念。"[⑥] 10月22日，黄兴复蒋作宾电中称："贱恙日有起色，饮食稍进，渐能坐立。惟须静养，方可复元。谨此奉慰。"[⑦] 由上述函电可知，从10月15日至22日的一个星期内，黄兴病情稍有好转，使黄兴及其家眷和友人心绪稍安。然而，令黄兴不解的是，以往发生的胃出血症过后有一种豁然开朗的感觉，但此次发病后胸部却有一种"堵塞"的感觉，但据克礼氏医生说胃部淤血已经排尽，为什么还会有"堵塞"的感觉呢？黄兴将这种感觉告诉了前往探访的胡汉民，他说："曩在美洲，咯血而后，即心胸廓然；近自国庆日发病后，医生克礼言淤血已尽；顾我胸前若有所塞。"[⑧] 由此，黄兴隐约觉得，胃血管破裂、反复出血已经影响到胸部脏器，或许是心脏血管堵塞，或许是肺部积水，亦未可知，自我感觉此次病情不容乐观，恐将一病不起。他开始考虑后事，邀约友人和远在日本东京的亲属即日来沪，有要事相商。10月12日，黄兴在复孙洪伊、何成浚等电文

---

① 黄兴：《复王芝祥电》（1916年10月15日），《黄兴集》（二），第900页。
② 黄兴：《致谭延闿电》（1916年10月15日），《黄兴集》（二），第900页。
③ 黄兴：《致长沙〈湖南公报〉电》（1916年10月15日），《黄兴集》（二），第900页。
④ 黄兴：《复陈强转张孝准电》（1916年10月15日），《黄兴集》（二），第901页。
⑤ 黄兴：《致黎元洪电》（1916年10月19日），《黄兴集》（二），第902页。
⑥ 黄兴：《谕黄一中电》（1916年10月19日），《黄兴集》（二），第902页。
⑦ 黄兴：《复蒋作宾电》（1916年10月22日），《黄兴集》（二），第903页。
⑧ 转引自李云汉：《黄克强先生年谱》，第419—420页。

中提出："急望雪兄（指何成浚，字雪竹——引者）来沪一行。"[①]同一日，黄兴又致电时在日本东京的唐月池，电云："旧疾忽发，医云无害。有事待商，望即回国。"[②] 10月19日，黄兴在谕其子一中电文中特别问及其母廖淡如身体状况如何，因黄兴原配廖淡如当时在日本东京，身怀有孕，正准备收拾行装归国。黄兴嘱咐一中说："母恙如何？如能动身，由横滨坐大船，自无妨碍。上船一切已托有壬兄（指唐有壬，唐才常次子——引者）照料。""启行电知，以便迎接。"[③]

黄兴病情虽经德国医生克礼氏诊治后，略见起色，据克礼氏医生云："尚可无碍"，但"嗣后胸膈仍觉饱闷"，"至10月下旬，更发见肝部肿大之征候"。这说明，黄兴胃血管破裂出血确实已经影响到肺、肝等脏器，身体已处于病危之中。然而，黄兴当时所考虑的并不是个人的安危和生死，因为从组织国内第一个反清革命团体华兴会开始，他早已置个人生死于度外，他当时考虑更多的是国家的前途和命运，这从以下事实可以反映出来。如前所述，李根源应黎元洪电约赴京，路过上海，见黄兴咯血甚剧，每日往视，黄兴与他谈得最多的还是国家大事。黄兴扶病谈美洲情形、欧洲战局。认为"中国要翻身脱却列强拘束，即在此举"。他用研究和讨论的口气对李根源说："黎宋卿太懦弱，段祺瑞、徐树铮专为北洋派谋，不象拿得起者。拿全国不起，则统一无望，内政无从言，对外更无从言。余痛亟，恐不起，奈何？"次日，黄兴又告诉李根源和章士钊说："外交一席，少川即辞，可找伍秩老或王亮畴。秩老耳重，非梯云往助不可。"对将来掌外交的人选提出了自己的看法。钮惕生主对德宣战，黄兴说："舍加入无他法。"后来的事实证明，中国加入协约国、对德宣战是正确的选择。因为黎元洪早已于7月29日任命李根源为陕西省省长，因此一再电促李

① 黄兴：《复孙洪伊何成浚电》（1916年10月12日），《黄兴集》（二），第898页。
② 黄兴：《致唐月池电》（1916年10月12日），《黄兴集》（二），第899页。
③ 黄兴：《谕黄一中电》（1916年10月19日），《黄兴集》（二），第902页。

赴京有所交代后赴陕履新，黄兴也以国事为重，促他早日启程，临行前相托数事，其中特别提到，“国会应注意立法，法立而政治有依据。只问政治，则政治愈纷乱而不可收拾”[①]。黄兴病情加剧时，长子一欧提出拟多延请几位医生诊断，参考决定治疗药物，黄兴拒绝说：“是徒足乱人意耳。择医已决，庸许犹移？治病然，治国亦然。”[②] 黄兴认为，治病要选择有经验的且熟悉自己病情的专业医生治疗，药物要有针对性，治疗效果好的医生不要随便换人，药效显著的药物治疗要有一个过程，保持相对稳定性，不要轻易换药。同样，治理国家要民主推选有才华、有能力的人担任，并制定适合国情的治国方略，如果确有成效，就不可轻易换人和改变方略。黄兴将治病与治国联系起来考虑是很有见地的，因为治国也是为了治愈国家存在的痼疾，使国家步入正轨，健康发展。黄兴弥留之际，宫崎寅藏听说黄兴病重，亲自来黄宅看望。30 日，孙中山亲往黄兴寓所慰问。何成濬、李书城等好友及亲属日夕侍候，照料有加。30 日下午 3 时起，黄兴“转入昏迷状态”[③]。一欧急告宫崎说：“家严病危急万分。请宫崎先生偕佐佐木来救命。万急，万急。”[④] 宫崎得黄一欧急报，与日本医师佐佐木金次郎一道前往黄宅。下午 5 时，“忽又吐血不止，势极危急，由医注射，暂见血止”[⑤]。31 日凌晨，黄兴“继续处于昏迷中”[⑥]，凌晨 2 时，“突再出血”。黄一欧立即打电话给在跑马厅附近开宝隆医院的德国医生克礼氏，等克礼氏赶来再次注射时，已无效用。延至凌晨 4 时，“脉停气绝，不可复救”[⑦]。享年仅 42 岁。

---

① 黄兴：《与李根源的谈话》（1916 年 10 月初），《黄兴集》（二），第 896 页。

② 叶楚伧：《悼克强先生杂语》，转引自李云汉《黄克强先生年谱》，第 420 页。

③ 黄一欧：《辛亥革命杂忆》，《湖南文史资料选辑》第十辑，第 51 页。

④ 黄一欧：《致宫崎寅藏函》，据黄兴故居纪念馆藏原函复印件。

⑤ 孙中山：《致中华革命党各支部同志函》（1916 年 11 月 1 日），《孙中山全集》第三卷，第 384 页。

⑥ 黄一欧：《辛亥革命杂忆》，《湖南文史资料选辑》第十辑，第 51 页。

⑦ 孙中山：《致中华革命党各支部同志函》（1916 年 11 月 1 日），《孙中山全集》第三卷，第 384 页。

第五节　薄海同悼

一代伟人黄兴病逝，以孙中山为代表的革命党人、全国各族人民、海外华侨、外国友人都陷入了极度悲痛之中，他们或发表唁电，或筹备和参加追悼会，或撰写祭文和挽联，或守灵和瞻仰遗容，或参加国葬仪式，等等，以多种方式寄托哀思。

就在黄兴病逝当天，即 10 月 31 日，孙中山、唐绍仪、李烈钧、蔡元培、柏文蔚、谭人凤等以“主丧友人”的名义发布《讣闻》称：“黄公讳兴，字克强，痛于民国五年十月三十一日午前四时疾终沪寓，享年四十有三。”“哀此讣闻。”《讣闻》后所列子女为：一欧、一中、一美、一球、振华、文华、德华。[①] 同日，孙中山至表痛悼，即分电致美洲中华会馆、檀香山、加拿大及南美各分支部、新加坡、仰光、曼谷、英属、荷属各殖民地、澳大利亚、新西兰等各地友人，遍告黄兴将军“今晨四时因病逝世”。[②]

11 月 1 日，孙中山、唐绍仪以“友人代表”的名义，廖星舫、黄迪卿以“戚族代表”的身份发布《黄兴逝世通告》，在上海《民国日报》上发表。该《通告》称：“启者：黄克强先生于十月三十一日午前四时逝世。民国肇建，失此柱石，公谊私情，曷胜感恸！兹择于十一月一日午后八时大殓，另诹日开奠。夙叨世、盟、僚、友、戚、族谊，谨此通告。”[③] 同日，孙中山致函中华革命党各支分部同志，报告黄兴逝世，函称：“黄克强先生自创同盟会以来，与文同事，奔走艰难，迄于今日，凡我同志谅均知悉。

① 据黄兴故居纪念馆藏原件复印件。

② 孙中山：《致美洲中华会馆电》、《致新加坡转仰光曼谷等地友人电》、《致澳大利亚新西兰友人电》（1916 年 10 月 31 日），《孙中山全集》第三卷，第 382—383 页。

③ 孙中山：《黄兴逝世通告》（1916 年 11 月 1 日），《孙中山全集》第三卷，第 384 页。

前月国庆日，突患胃中血管破裂之症，吐血数盂，晕绝经时，即延德国医生克礼氏诊治，据云尚可无碍。嗣后胸膈仍觉饱闷，至上月下旬，更发现肝部肿大之征候。三十日下午五时，忽又吐血不止，势极危急，由医注射，暂见血止。三十一日早二时，突再吐血，医再注射，旋即脉停气绝，不可复救。呜乎哀哉！以克强盛年，禀赋素厚，虽此次讨袁，未得比肩致力，而提携奋斗，尚冀诸异日。遽此凋谢，为国为友，悼伤百端！谨告同志共鉴察之。”① 并致送奠仪一千元。②

11 月 2 日，黎元洪发布大总统令，明令褒扬黄兴。其令云："勋一位陆军上将黄兴，缔造共和，首兴义旅，数冒艰险，卒底于成。功在国家，薄海同瞩。乃以积劳遘疾，浸至不起。本大总统患难与共，夙资匡辅，骤闻溘逝，震悼尤深。着派王芝祥前往致祭，特给治丧费二万元，所有丧殡事宜，由江苏省长齐耀琳就近妥为照料，并交国务院从优议恤，以示笃念殊勋之至意。此令。"③

黄兴病逝后，革命党中各政要人士陆续来沪，早已齐集党中多人在黄宅召开治丧会议。11 月 6 日，在黄宅召开第一次治丧会议，到会者有孙中山、唐绍仪、胡汉民、张运龙、刘昆涛、陈闾良、彭静仁、欧阳骏民、何雪竹、刘式南、程嵩生、陈凤光、耿伯钊、邓家彦、曾其衡等人。讨论了吊念地点、日期、讣文程式、主丧友人等问题，其中确定由孙中山、唐绍仪两人担任主丧友人，并对参会人员进行分组，负责各项有关治丧事宜。④ 11 月 7 日，治丧会议继续举行，决定设立“黄宅治丧办事处”，以便处理对内对外有关治丧事宜，并推定各组负责人，“会计推刘昆涛为主任；庶务推何雪竹为主任；文电推胡展堂为主任。招待推耿伯钊为主任；

---

① 孙中山：《致中华革命党各支分部同志函》（1916 年 11 月 1 日），《孙中山全集》第三卷，第 384 页。

② 据《黄宅治丧会议记》，载长沙《大公报》1916 年 11 月 15 日。

③ 北京《政府公报》第 299 号。

④ 长沙《大公报》1916 年 11 月 15 日。

并由此项人员自行推定，分日值事，每日同时至少须有两人招待”[①]。

远在日本治病的蔡锷此时身体已经极其虚弱，在蔡锷身边照料的石陶钧等人担心蔡锷因好友逝世、哀伤过度而加重病情，特地瞒着他。但几天之后，蔡锷无意中从一张旧报纸上看到了黄兴逝世的消息，悲痛不已。即于11月4日发出唁电：“顷得噩耗，惊悉克公逝世，国失重望，举世所悲，卧病海外，痛悼实深，特电驰唁，藉申哀忱。”[②]随后，他又抱病写下了长篇《祭黄兴文》，其中有云：“呜呼，伤哉！予继今将何从而视吾丰硕魁梧之克强君？”君“乃上违去其衰白之老母，而下以弃远其稚孤，君纵不欲以其家托诸后死之吾徒，翳我国人将此呱呱保抱之婴孩国，托诸谁氏之将扶”？“予言有穷，而痛将无有已时也。予继今将何从而视君之丰硕而魁梧？”[③]他又亲拟致电湖南省长兼督军谭延闿，请其致电中央为黄兴特别请恤，电云：“长沙省议会、谭组庵先生钧鉴：惊闻克强逝世，痛悼至深。弟卧病海外，于其身后应行筹措及表彰，并请中央优恤各事，未能尽力，殊为歉然。克强舍身为国，功在天下后世，应请组公电中央特别优恤。如须联衔，可列锷名。并希我湘绅耆老发起表彰，崇报千秋，尤所盼感。锷叩。”[④]并随此电附有挽黄兴联一副，挽联云：

以勇健开国，而宁静持身，贯彻实行，是能创作一生者；

曾送我海上，忽哭公天涯，惊起挥泪，难为卧病九州人。[⑤]

嗣后，蔡锷又致函上海的张嘉森，嘱其代为前往黄兴灵前致

---

① 长沙《大公报》1916年11月15日。

② 曾业英编：《蔡锷集》，湖南人民出版社，2008年，第1499页。

③ 蔡锷：《祭黄兴文》（1916年11月初），曾业英编《蔡松坡集》，上海人民出版社，1984年，第1233—1234页。

④ 蔡锷：《致谭延闿电》（1916年11月初），毛注青、李鳌、陈新宪编《蔡锷集》，第526页。

⑤ 蔡锷：《挽黄兴联》（1916年11月初），曾业英编《蔡松坡集》，第1235页。

祭，并随函“附有祭文一、挽联一、为黄公身后请恤电一。”[①] 祭文和请恤电已如前述，另撰挽联一副云：

方期公挽我，不期我挽公，国事回思惟一哭；

未以病为忧，竟以忧成病，此心谁与寄同情。[②]

不幸的是，当11月8日张嘉森收到蔡锷的来函时，蔡锷也在同一日病逝。张嘉森无比悲痛地写道：“孰知书之来日，欲祭人之公，乃已为受祭之人耶！”[③] 的确，令人难以相信的是，未及旬日，两位伟人相继病逝，一位是开国功臣，一位是护国功臣，使国人痛上加痛，痛定思痛，痛何如哉！

北京的议员们回顾他们途经上海时黄兴接见他们时的情景，黄兴的多次讲话，至今言犹在耳。黄兴的音容笑貌时刻萦绕在他们的脑际，使他们久久不能平静、不能忘怀。正在开会的国会议员惊闻噩耗，休会一天，并下半旗致哀。

11月11日，公祭大会在黄兴灵前隆重举行。大总统黎元洪派代表王芝祥前来致祭；孙中山等中外来宾分别致祭。长沙《大公报》记者记录了公祭大会实况：“黎大总统代表王芝祥于午前十时乘坐轿式马车莅临黄宅。本埠官场如沪海道道尹徐鹤仙、代理上海县知事景毓华、淞沪护军使代表副官长范毓灵、外交部特派交涉员代表交际科科长陈震东、镜清练习舰舰长何镜秋、参议院议长王家襄、参议员张烈等亦先后乘车戾止。外人之往祭者则有日人青木中将、松井中佐、宫崎太仓、野木和一郎、三井物产株式会社上海支店男爵藤村义郎、藤濑政次郎、神崎正助等。”黄兴生前好友孙中山、唐绍仪、谭石屏、胡汉民、蔡孑民、柏烈武、黄膺白、刘昆涛、欧阳骏民、黄复生、张岳军、陈凤光、徐少秋、张运龙、刘步青、刘式南、周景瞻、何雪竹、朱少屏、耿伯钊等亦参与致祭。军乐队“系由护军使署借拨三十二人，由范副为之

---

① 毛注青编著：《黄兴年谱长编》，第509页。

② 邓江祁编：《蔡锷集外集》，岳麓书社，2015年，第393页。

③ 毛注青编著：《黄兴年谱长编》，第509页。

指挥，均在灵室外沿廊列队，按照预定礼节按班节奏。钟鸣十一下，由赞礼员沪海道道尹徐鹤仙唱名，各执事依次序班。主祭官王芝祥向灵前就位，按照预定仪式，恭代大总统致祭毕。然后，中外各来宾照普通致祭仪式分别致祭。礼成，均由孝子出幕，向王代表及各来宾叩谢”①。

日本东京是黄兴曾经留学和从事革命活动的地方，黄兴与日本各界人士和日本人民结下了深厚的情谊。11 月 17 日，在日本东京也举行了黄兴追悼大会。该会发起人有当时日本外务大臣后藤新平男爵及前任各部大臣加藤高明子爵等人，政友会原敬杉田、小川平吉等人，国民党犬养毅、古岛一雄等人以及陆军、海军、外交和实业界代表，等等。犬养毅“代表发起人述追悼词，赵伸君（云南省议会议长）代表中国友人述谢词后，追悼会干事寺尾博士读各处吊唁电及上海主丧友人孙文、唐绍仪、柏文蔚、蔡元培、谭人凤谢电”。“到会者数千人，不能入而立于山门外者数万人。”“此日哀声震全国，对于外国人之追悼如此盛大，为开国来所未有。”②

12 月 5 日，在社会各界的强烈要求下，黎元洪向国会提出《国葬法》案和黄兴、蔡锷举行国葬典礼案。两案先后获国会一致通过。18 日，黎元洪下令公布中国第一部《国葬法》。嗣后，黎元洪又发布大总统令，着内务部查照国葬法办理，为黄兴、蔡锷举行国葬。在主丧友人孙文、唐绍仪等人的安排下，决定于 12 月 21 日至 22 日，连续两天吊祭。黄兴的灵堂设于上海法租界霞飞路西端福开森路三九三号本宅。国民党要人、朝野名流、社团领袖前来致祭者日以百数，备极哀荣。灵堂大门以苍松翠柏扎成，以黄花嵌缀，大门上方悬挂大总统黎元洪亲题的“气壮山河”横幅，左右两边悬挂黎元洪赠送的挽联：“成功却爱身萧散；大勇那知世

---

① 长沙《大公报》1916 年 11 月 18 日。

② 长沙《大公报》1916 年 11 月 27 日。

险夷。”[①] “孙中山除代表前同盟会同人致祭外，并与唐绍仪、岑春煊、章炳麟、李烈钧、柏文蔚、谭人凤、陈炯明、胡汉民等联衔致祭。”[②] 由章炳麟执笔，以孙中山等人名义发布《祭黄兴文二件》，祭文叙述了黄兴一生领导多次反清武装起义和在“二次革命”中举兵讨袁的丰功伟绩，充分肯定了黄兴对辛亥革命所作的贡献，表达了对一代伟人的思念之情。祭文写道：“缅怀当年，汉地胡天，攘夷存夏，孰为之先？”袁氏盗国，“异族是保”；“公与吾侪，如骖之勒，河山百战，乃有今日。”“谁为长城，岳岳英英，谁树典型？炳炳灵灵。崎岖十载，天壤一人。”[③] 并致送了感人肺腑的挽联，该挽联云：

常恨随陆无武，绛灌无文，纵九等论交到古人，此才不易；

试问夷惠谁贤，彭殇谁寿，只十载同盟有今日，后死何堪。[④]

章炳麟致送的挽联云：

无公则无民国；

有史必有斯人。[⑤]

唐绍仪致送的挽联云：

奇气满东南，吾道不孤，应为苍生争一息；

大名重宇宙，人心未死，终留青史耀千秋。[⑥]

谭延闿致送的挽联云：

当世失斯人，几疑天欲亡中国；

---

① 黄蔡二公事略编辑处编：《黄克强先生荣哀录》，第 53 页。

② 毛注青编著：《黄兴年谱长编》，第 512 页。

③ 孙中山：《祭黄兴文二件》（1916 年 12 月 22 日），《孙中山全集》第三卷，第 406—407 页。

④ 孙中山：《挽黄兴联》（1916 年 12 月 21 日），《孙中山全集》第三卷，第 405 页。

⑤ 杜元载编：《黄克强先生纪念集》，第 419 页。

⑥ 李海章：《中国近、现代史联话》，中国文联出版公司，1993 年，第 222 页。

遗书犹在箧，此行吾愧负平生。①

于右任致送的挽联云：

谤满天下，泪满天下；
创造共和，再造共和。②

李根源致送的挽联云：

非流芳百世，即遗臭万年，前途方遥，成败英雄自公论；
未围项三重，而止纣七步，大武远震，艰难吾道此身孤。③

龙绂瑞致送的挽联云：

一时毁誉总皮毛，记当年复壁留宾，早识英雄本天授；
廿载交期如骨肉，才几日寓庐话别，空余涕泪望魂归。④

戴天仇致送的挽联云：

屈指数近日英雄，惟公有提剑百战功，综厥生平，成转为败，败又转为成，其毅力决心，前不见古人，后不见来者；

惊心是劫余局阵，中国无一片干净土，发为吊唁，慨当以慷，慷尤当以慨，定开来继往，明以泣风雨，幽以泣鬼神。⑤

杨度致送有两副挽联，

其一云：

公谊不妨私，平日政见分驰，肝胆至今推挚友；
一身能敌万，祗惜霸才无命，死生从古困英雄。

其二云：

居恒抵掌论英雄，功成不喜，事败勿忧，横览九州，公真健者；

乡国惊心数人物，湘绮先亡，松坡后死，抗怀千古，各

---

① 杜元载编：《黄克强先生纪念集》，1973年，台北版，第419页。
② 刘新明、唐意诚编注：《黄克强先生诗联选集》，第36页。
③ 刘新明、唐意诚编注：《黄克强先生诗联选集》，第39页。
④ 刘新明、唐意诚编注：《黄克强先生诗联选集》，第38页。
⑤ 刘新明、唐意诚编注：《黄克强先生诗联选集》，第41页。

有生平。[1]

黄周庠致送的挽联云：

临危得脱见其智，遇险不咥见其勇，高位首辞尤证其让；

辛亥覆清曰公功，癸丑抗袁曰公忠，丙辰死沪是完公名。[2]

吴恭亨致送的挽联云：

革满清之命，为成功英雄，续革袁氏之命，为失败英雄，失败旋成功，算我公造因，众人食果；

与专制同生，痛过去中国，不与共和同生，怅未来中国，未来将过去，付铜像表德，石柱铭勋。[3]

各界致送的挽联所在多有，我们仅选择其中有代表性的挽联十多副足以说明，致送挽联的人与黄兴生前交往之密切，感情之深厚，对黄兴一生评价之高，及其早逝哀挽之诚！

有关黄兴的安葬地点，内务部在接到大总统黎元洪《关于黄兴蔡锷举行国葬典礼令》之后，根据《国葬法》第三条，“国葬墓地由国家于首都择定相当地址建筑公墓；或于各地方择定相当地址修筑专墓；或由死者遗族自行择定茔地安葬等语”，致电湖南省长谭延闿、旅居上海的孙中山、唐绍仪、梁启超等人，征求各方意见，择定最终国葬墓地。内务部电文称：“黄、蔡二公营葬之处究在首都公墓，抑在地方专墓或由其家属自择茔地，请分别转询，确定办法后随时电复，以便筹办。”[4] 在此之前，即国会尚未“议定”大总统黎元洪有关黄、蔡国葬令之前，孙中山等人根据家属和友人的主张，拟葬于杭州西湖，并派人前往择定茔地。关于这件事，孙中山等人曾在致浙江省都督吕公望的电文中说得很清楚：“浙省吕都督鉴：克强先生逝世，海内同悲，政府拟许国葬，其条例虽未经国会议定，由政府指定地点或家族择地两种办法，而家

---

① 刘新明、唐意诚编注：《黄克强先生诗联选集》，第 38—40 页。

② 刘新明、唐意诚编注：《黄克强先生诗联选集》，第 39 页。

③ 刘新明、唐意诚编注：《黄克强先生诗联选集》，第 41 页。

④ 《内务部为拟举行国葬黄蔡二公事致湖南省长及孙中山等人电》（1916 年 12 月中旬），《黄兴集》，第 475 页。

族及友人俱多主张葬于西湖，须先择定坟地。兹特公派刘君昆涛、耿君伯钊、陈君闿良、徐君少秋专为此行就教执事，一切办法敬祈指导，不胜感激。”[①] 后因湖南各界人士强烈要求，并多次致电孙中山等人要求归葬湖南，在众多友人的一致要求下，最后决定归葬湖南。孙中山等人遂致电大总统黎元洪及国务院和浙江省都督吕公望。孙中山在致大总统黎元洪及国务院电文中云：“黄克强先生葬地，因湖南迭电要求归榇，经众议决安葬湖南，二十三日出殡。”[②] 孙中山再致吕督电文称：“克公葬地，因湖南迭电要求归榇，现于本日在沪会商大多数决议，仍主安葬湖南，取消前议，急此电闻。”[③] 但“安葬湖南”的什么地方？当时还不得而知，直到次年 1 月 5 日灵柩运抵长沙后，由黄兴长子一欧与湖南革命党人代表刘建藩（字昆涛）等人到湘潭、长沙等地考察后才确定安葬在长沙岳麓山云麓宫旁。据黄一欧后来回忆：“一九一六年十月先君在上海病故，十二月二十三日，由刘建藩主持，护送灵柩离沪，归葬湖南。次年一月五日，灵柩运抵长沙后，由大西门进城，停放学院街营葬事务所。刘建藩同我往湘潭易家湾昭山和长沙岳麓山等处勘察墓地，最后确定安葬岳麓山。”[④] 也就是说，黄兴墓地最终确定长沙岳麓山是在灵柩运抵长沙之后才确定下来的。时间大约在 1917 年 1 月下旬。于是谭延闿便将黄兴葬地告知内务部。1917 年 2 月 16 日，谭延闿致内务部电文称：“黄上将葬地，业由遗族择定岳麓山云麓宫旁。”[⑤]

1916 年 12 月 23 日上午 10 时许，黄兴灵车自福开森路寓所发引，由国民党首领、政府各机关要人、学校及各社会团体代表、

---

① 孙中山：《致吕公望电》（1916 年 11 月 28 日），《孙中山全集》第三卷，第 392—393 页。

② 孙中山：《致黎元洪及国务院电》（1916 年 12 月 6 日），《孙中山全集》第三卷，第 398 页。

③ 孙中山：《致吕公望电》（1916 年 12 月 6 日），《孙中山全集》第三卷，第 398 页。

④ 黄一欧：《辛亥前后杂忆》，《湖南文史资料选辑》第十五辑，第 51 页。

⑤ 《谭延闿致内务部电》（1917 年 2 月 16 日），《黄兴集》，第 475 页。

舰队将领、各国驻沪领事等一道护送至金利源码头，将灵柩移登鸿安公司之长安轮船，“同行亲友及仆役约20余人”[①]。24日4时开轮，市民伫立岸边，汽笛哀鸣，缓缓驶离江岸，溯江西行。28日抵汉。

1917年1月5日，黄兴灵柩由汉运抵长沙。“灵榇船泊大西门外中华汽船公司码头”。“军界营长以上、政界科长以上、学界校长及教务长，其余绅界及各团体之代表”均至码头迎祭。素车白马，备极哀荣。灵柩起岸后，“由大西门进城，从西长街、福星街、福胜街、小东街、辕门上经过军署，由老照壁、府正街、南阳街、走马楼、八角亭、端履街、南正街、学院街，进营葬事务所”[②]。灵榇启岸时，各代表向灵榇行三鞠躬礼，灵榇入营葬事务所安妥后，各代表仍诣灵榇前行三鞠躬礼。哀乐齐鸣，庄严肃穆。

从1月5日黄兴灵榇运抵长沙到4月15日出殡将近百日时间内，筹备追悼会和修建墓地均同时进行。经过一段时间的筹备，追悼会会场布置妥帖。追悼会会场设于长沙之东北城区的湖南教育总会，马路平坦，杨柳夹道，面积纵横约达百亩，会坪辽阔，故分内外会场。外会场架一松柏牌楼，东路入口顶端缀以“推翻专制”四字；西路出口顶端扎以“创造共和”四字。入口两旁挽联云：“赤手定神州，卒使日月重光，力毅心雄，首创华夏四千年奇局；大星沉歇浦，正值烽烟甫息，功成身死，泪随洞庭八百里横流。”[③] 出口两旁挽联云：“为国事奔走有年百折不回竟成伟烈黄花岗上河口役中九死一生独留巨擘开天地；值世运共和再造万端待理实赖元勋岂知瀛岛归来淞滨委化三湘七泽齐挥双泪哭先生。”[④]内会场入门后桅杆上即悬“湖南追悼黄克强先生大会”字样，周围绕以各色盆景花卉，其对面五层石亭楼上书：“追悼会”三大黑

① 黄蔡二公事略编辑处编：《黄克强先生荣哀录》，1918年，新民印书社，第9页。

② 黄蔡二公事略编辑处编：《黄克强先生荣哀录》，第2页。

③ 黄蔡二公事略编辑处编：《黄克强先生荣哀录》，第8—9页。

④ 同上。

字，其左右石柱上书长幅挽联云："雄才事业并千秋溯从革命首倡以主讲而鼓吹以奔走而实行以总长而留守举凡推专制奠共和建党纲励薄俗皆我公精诚殚竭力挽狂澜故出亡亦万不得已苦衷特委曲全斯大局；政府人民同一哭今即神州稍静有宗社在关陇有余孽在徐州有外侮在中土谁其张天威雪国耻靖内患犁边庭痛此时艰巨转深邃亡勋杰想弥留抱无可奈何遗恨将号泣诉诸遁初。"[①] 内会场正中礼台上敬奉黄兴遗像，遗像两侧悬筹备处职员所撰挽联云："战武汉守江宁拼万死以购共和，志决身先，镇南关月黄岗血；逐项城，覆清室，亦一怒而安天下功成人远潇湘夜雨洞庭波。"[②] 并委托音乐家谱《追悼黄克强先生》哀歌一曲，由长沙高等小学选派学生 16 人奏唱。追悼会内外会场布置就绪之后，社会各界每天都有人前往致哀。凡各界追悼行礼者，均由哀乐队演奏《追悼黄克强先生》哀歌一阙，"音调悲凉，听之雨注，虽各界订时分祭，每至午后二时。一经开放会场，则见无分男女，挟老携幼，络绎不绝，争先莅会，瞻仰遗容，有叹息者，有哭泣者，有读挽词痛哭因而晕死者，吁！亦足见克公精诚所积，功在寰区，生平事迹，昭示来兹，感人至深矣！"[③]

黄兴墓地经过专业设计人员精心设计，工匠认真施工，大约在 4 月上旬完工。墓穴长 5.45 米，墓盖厚 1.21 米。墓地竣工后，为方便人们祭奠，"从河西起坡处绕出青枫峡外至麓山墓地，专门新修了一条简易马路，便于群众上山。张继、李书城、何成濬等专程从北京赶来参加国葬典礼，谭人凤、石陶钧等从上海赶来参加，季雨霖、胡瑛等从武汉赶来。参加葬礼的外宾，最虔诚的要算日本宫崎寅藏、宫崎民藏两弟兄，他们在长沙逗留了整整三个月。此外还有日本驻湘领事及侨民三十多人，欧美侨民也有参加

① 黄蔡二公事略编辑处编：《黄克强先生荣哀录》，第 9—10 页。

② 同上。

③ 黄蔡二公事略编辑处编：《黄克强先生荣哀录》，第 11 页。

送葬上山的"[①]。

按照营葬事务所规定，4 月 13 日和 14 日两天为黄兴遗容瞻仰日。13 日，天虽下着毛毛细雨，但闻讯赶来瞻仰遗容的宾客仍络绎于途。从上午 7 时起到晚上 10 时许（规定到下午 5 时止），接待人员没有一分钟空隙时间休息，劳累至极。14 日为最后一天瞻仰遗容日，人数更多，直到午夜 12 时人们尚迟迟不忍离去。

4 月 15 日，择定为黄兴国葬出殡日，长沙雨后天晴，天空万里无云。全城各机关、学校一律放假一天，以示哀挽。上午 8 时，各机关主管官长及各界人士纷纷来到追悼会现场，来宾按照军界、警界、绅界、会社、报界、政界、议会、学界、商界、农界、工界的顺序陆续依秩进入会场就位，参加总追悼大会。按照开会仪式有序进行。先奏哀乐，再行追悼礼，最后由主祭人致演说词，其演说词云："我们今日开会为的是追悼黄克强先生，列位只知黄先生之死为可悲，而不知黄先生之生尤为可痛。当其就学于两湖书院也，谨守绳墨，沉静寡言，人皆以笃实称之。毕业后，颇倡导民族主义。"嗣由湖北当局选派留学日本，"卒业归国，鼓吹革命益力，党势渐张。甲辰十月，值西后万寿节，密谋起事，为湘抚所悉，事发，幸以身免。避至上海，又以万福华暗杀广西巡抚王之春案起被逮，不数日而释。复走东瀛，遇孙公文，甚相得，遂谋合革命军之统一。偕孙赴粤及南洋一带力图党势扩张"。丙午年，策动和参与领导震惊中外的萍浏醴起义，失败后，转战华南，曾举兵于广东防城、广西镇南关，以及广东钦廉二州、广西上思一带和云南河口等地。"事虽未成，心终不死。辛亥春夏间，广东将军孚琦之被杀、水师提督李准之被刺，皆黄公秘密运动有以致之。然犹未达到革命完满之目的也。惟轰击广东督署一役最为冒险，闻其时，黄公自携炸弹勇往直前，奋不顾身，轰轰烈烈之中，人以为非负伤而死即就缚而亡也。实则被流弹所中，仅伤食指、中指，冲出重围而避于香港矣。危哉！黄公。悲哉！黄公。幸而

① 黄一欧：《辛亥前后杂忆》，《湖南文史资料选辑》第十五辑，第 51 页。

天不灭黄。八月十九，鄂难作，全国骚然。黄公至鄂，以北伐自任，誓必亡满而后快。清帝逊位，留守南京，殆天之所以助革命成功也。无何，民国四年冬，筹安会发生，六君子倡于前，十三太保和于后，咶痈呧痔，遂惹起一般野心家之权利思想，设非有黄公奔走呼号，为民请命，安得滇、黔、浙、粤诸省相继宣布独立以寒其胆而破其肝乎？今袁薨黎继，再造共和，黄公可以归田而乐享余年矣！胡为乎天不永年，意薨于沪上耶！此民国之不幸，亦四万万同胞之不幸！吾等所以痛其死而并哀其生也。”[①] 主祭人演说词毕。

4 月 15 日上午 9 时，灵柩开始起运，鸣礼炮二十一响。按军乐队、军队、警察、学生、各机关团体代表的顺序出发，接着是生前好友执绋，灵柩后面是亲属、遗族；在灵柩两旁护送的是军队的高级将领以及远道而来的亲朋好友、旧日随从等。送行的群众多达万人，道路两侧观者如堵，灵柩只能缓慢前行，从河东营葬事务所至河西岳麓山墓地，全程包括渡河，不到 5 公里，却整整用了 6 小时之久，直到下午 3 时，灵柩才送达墓地，徐徐安放在水泥墓穴之中。

灵柩安放妥帖后，国葬典礼在黄兴墓前有序进行。首先由大总统黎元洪特派代表湖南督军兼省长谭延闿致祭，礼拜后，朗读祭文；其次由副总统特派代表陈调元致祭；复次由总理段祺瑞特派代表陆军中将温寿泉致祭；北京政府各部及各省督军、省长均派有代表前来长沙会祭，一齐行礼。最后，日本友人由日驻长沙领事领头排成一列，读毕祭文后，行礼退场。待到祭奠的人们陆续散去之后，天色已晚，但与黄兴共事既久、交谊甚深的张继、李书城、谭人凤、何成濬、章士钊、蒋百里、耿觐文、徐申伯、陈凤光、徐少秋等人则久久环绕在墓周低徊顾盼，带着深深的眷念，不忍离开。4 月 18 日，黄一欧夫妇及其弟妹在宫崎寅藏等人的陪伴下再次登临岳麓山，将日本友人久原房之助赠送给黄兴的

① 黄蔡二公事略编辑处编：《黄克强先生荣哀录》，第 15—16 页。

一把古刀、武昌起义黄兴出任战时总司令时佩戴的指挥刀、生前用过的几支毛笔以及一欧攻打南京天堡城时卸下的一个炮弹筒（上有刻字纪念）一并送入墓内，然后将石门封锁，以作告别纪念。

黄兴从 1916 年 10 月 31 日在上海病逝至 1917 年 4 月 15 日安葬于长沙岳麓山，其间灵柩由上海经武汉运抵长沙停放时间长达 5 个半月之久。据不完全统计，以孙中山为首的革命党人，以黎元洪为大总统和以段祺瑞为总理的北京政府，以谭延闿为代表的各省督军、省长以及各界人士，以单位和个人名义撰写的祭文共 30 多篇，致送的挽联竟多达 780 多副。[①] 上述祭文和挽联以最为简洁的语言概括了黄兴反对封建专制、创立民主共和所立下的丰功伟绩，对其一生进行了充分的肯定和评价，表达了对这位开国功臣崇高的敬意和深厚的感情，寄托了人们对这位民族英雄无限的哀思和无穷的怀念！

国葬仪式结束后，开始酝酿建造墓塔，通过一段时间的努力，墓塔得以建成。墓塔正面刻有章炳麟为黄兴撰写的墓志铭；墓塔背面刻有孙文等人的祭文；墓塔左侧刻有孙文、唐绍仪、章炳麟、岑春煊、李烈钧、柏文蔚、谭人凤等人的“黄克强遗奠辞”；墓塔右侧刻有孙文、章炳麟、蔡锷、谭延闿、于右任等人致送的挽联。“以上墓塔的正面墓志铭、背面的祭文、左侧黄克强遗奠辞、右侧挽词均为铜牌。墓周边 13 块各省首脑题赠铭文。”[②] 从此岳麓山上的云麓宫旁屹立着一座庄严雄伟的墓地——黄公克强之墓，以供人们瞻仰、追思、纪念！

---

① 详见黄蔡二公事略编辑处编：《黄克强先生荣哀录》，第 53—175 页。

② 胡滔滔辑录：《黄克强、蔡松坡两先生〈荣哀录〉》，《文史拾遗》2019 年第 1 期。

第六节　黄兴精神永生

黄兴出自书香门第，自幼受到良好的家庭教育；稍长，在家乡附近的私塾里读书，又请名师指导；继入长沙城南书院和湘水校经书院学习，饱读儒家经典，受中国传统文化的影响很深。嗣后，考入湖北两湖书院，开始接触新学。课余“悉购西洋革命史及卢梭《民约论》诸书，朝夕盥诵”。1902 年被张之洞派往日本留学，接受西学教育，对西方文化又有了新的认识。与同时代革命党人相比，黄兴求学时间是相对较长的，他从 5 岁开始接受父亲的启蒙教育到 28 岁赴日留学、29 岁回国，其间 24 年时间，除有几年在家自学外，其余时间均在学校读书，即使在家自学，他亦订有自勉规则，仍不敢稍有懈怠。应当说，他在青少年时代是受到了良好教育的。不仅如此，黄兴在接受教育的过程中，对中国传统文化和西方文化的认识亦具有其独到见解。他认为，中国传统文化是世界上最古老的文化之一，具有其优良传统，应当发扬光大。但对于其封建专制主义的成分和陋俗应当加以破除，并对传统文化中的“孝悌忠信、礼义廉耻”进行了新的诠释，从而注入了新的时代内涵。同样，对于西方文化也是如此，既要学习西方的先进科学技术和优良的习俗，但也不能照抄照搬、全盘西化，对于其习俗则应“学其醇而避其醨”。正是基于这种认识，黄兴吸取了中国传统文化和西方文化的精华，摒弃了其中的糟粕，丰富了自己的知识，为以后从事革命活动奠定了深厚的基础。

不可忽视的是，古代湖湘文化对其一生影响也很大。黄兴诞生于湖南善化，直到 24 岁才第一次离开家乡入湖北两湖书院就读，即使如此，他还是经常利用寒暑假回家省亲。即使留日归国后，亦在长沙明德学堂任教，他以教书为掩护开展革命活动，也是选择以长沙为根据地。他生于斯，长于斯，非常热爱家乡。而湖南这块土地又是古代湖湘文化的发源地。自南宋时期福建崇安人胡安国及其季子胡宏因避战乱匿居衡山以来，在此著书立说、开创了湖湘学派。嗣因胡宏的高足四川绵竹人张栻加以阐扬，形成了一个独立的湖湘学派。湖湘学派所开创的学风并没有因为历史长河的变迁而中断，至明末清初又产生了伟大的思想家王夫之。黄兴十分敬仰王夫之，爱读《船山遗书》，因而受王夫之的影响很深。古代湖湘文化的主要特征包括爱国主义、经世致用、兼容并蓄、朴实勤勉、开拓进取等，对黄兴均有启迪作用。

需要特别指出的是，经铿黄氏先祖遗训对黄兴一生的影响也是值得重视的。黄兴的迁湘始祖黄国璋是北宋著名诗人、大书法家黄庭坚的直系后裔。黄国璋也是经铿黄氏的始祖，经铿黄氏为湘中望族，其子孙后代成大名者，颇不乏人。经铿黄氏先祖各代的家训、家规、家范等开创了黄氏一代良好的家风。

如第一章第六节所述，黄氏先祖遗训提倡一个“敢”字，勉励其子孙后代敢为天下先，敢于开拓进取；提倡一个“德”字，要求做人要崇尚道德，加强自身修养；提倡一个“实”字，要求行事要刻苦耐劳，苦干实干；提倡一个“孝”字，强调忠孝传家，世代相守；提倡一个“恭”字，讲求诚信为本，谦恭待人。从而使黄兴从青少年时代就受到先祖遗训和良好家风的熏陶。

诚然，黄兴和孙中山一道领导如此波澜壮阔的反对封建专制主义伟大斗争实践，也使黄兴受到了战斗洗礼。以上几个方面的原因，造就了黄兴高尚的精神追求和美好的心理素质。并在实际斗争中将这种高尚的精神追求和美好的心理素质结合起来，融为一体，也就成就了他完整的湖湘人格和伟人品格。反映在其思想、做人和行事上逐渐凝聚、升华为一种卓绝的精神，我们姑且将这种精神通俗地称为黄兴精神。黄兴精神的内容非常丰富，概括起来主要有如下六个方面：

第一，心忧天下的爱国精神。

综观黄兴思想发展的脉络和考察其一生为人行事的品德，可以归结到一点，爱国主义是贯穿其始终的一条主线，也是他从事革命活动和处理一切问题的出发点。如所周知，黄兴正是从爱国开始走上革命道路的。黄兴为了牢记“爱国”这一主旨，他于1903年6月回上海后将自己的名字改为兴，号克强，取“兴我国家、兴我民族、克服强暴之意”。黄兴在不同场合，多次强调：“以国利民福为前提”，“谋最大多数人之幸福”，反对为个人谋私利。他郑重其事地声明：“今与诸公约，嗣后倘有假公名以遂私图者共摒弃之。”[①] 黄兴不仅有其言，而且有其行。早在青少年时代，他就立志报国。黄兴深知，在晚清末造，要从事救国事业，而必须推翻清政府，这在当时是属于“谋反”大罪，不仅会给自己带来杀身之祸，也会株连自己的家人和亲属。但黄兴以国家和民族利益为重，置个人生死和家庭祸福于度外。如所周知，黄兴本来出生于一个富裕家庭，而且考中过秀才，如果从个人利益出发，他完全可以像当时多数知识分子一样走学而优则仕的道路，使自己和家人过上悠闲自在的富裕生活，但他目睹清政府腐败、强敌入侵、国家濒临亡国灭种的现实，毅然决定舍小家为大家，踏上了武装反清、救国救民的征途。他身体力行、毁家纾难，为筹集革命经费，毅然卖掉了祖遗三百石田产。民国成立后，他又将长沙住宅捐给国民党湖南支部作为办公用房，其继母一时想不通，加以黄兴夫人廖淡如当时正怀有幼女德华待产在即，于是便以“迁居租房生产不吉利”为由，迟迟不愿意搬家。黄兴当时正在汉口任粤汉川铁路督办，连续两次写信给其继母，第一封信劝告其母说：“现住之户宅，今已捐入国民党，此刻正当办选举之时，需用必急，若久迟缓，恐支部同人不便催促，总以速速迁徙为妙。”第二封信催促其母说：“此事关系我之信用，如家人尚如此迷信，将来何以望社会之改良？此事请母亲勿坚执，以贻我羞也。此信到之后，望着人速速找房子”，“搬房子千万勿迟。若迟到临产期

---

① 黄兴：《致黎元洪及各省都督电》（1912年2月12日），《黄兴集》（一），第211页。

又近，更难搬也”。[①] 自然，黄兴继母易自如也是一位通情达理的知识女性，一向尊重其子的意见，接信后立即行动，将家迁往长沙文星桥出租房。2 月 23 日，幼女黄德华在长沙文星桥出租房内顺利诞生。

黄兴在国内学校学的是儒家经典，在日本留学，入弘文学院速成师范科，学的是师范教育，留日期间，他与杨毓麟等人创办《游学译编》，设有“教育”专栏。黄兴将日本教育家山田邦彦所著《学校行政法论》译成中文，在《游学译编》第 2 至第 3 期“教育”栏内连续发表，可见他对教育的兴趣及其重视程度。然而，他回国以后，由于反清武装斗争的需要，他并没有终身从事教育事业，而是与军事结下了不解之缘，除在明德学堂从事短暂的教学工作之外，他一直战斗在反清武装斗争第一线。“二次革命”失败后，黄兴在流亡日本期间，他也和流亡日本的革命党人一道创办过“浩然学舍”“政法学校”之类，但主要是培养军事人才，为反袁斗争服务。黄兴改变自己的志愿是为了服从国家的需要，以国家利益为前提，是其爱国精神的具体体现。袁世凯死后，黄兴回到上海，国人要求他重新执掌政权的呼声很高，但他从国家利益出发，从事实业与教育两项工作。他在回答上海《民国日报》记者时阐述了他的意见，他说：“仆此次归国，见各国国力发展之基础，皆立根于实业与教育。故吾人所贡献于国家者，正不必垂绅拄笏，然后可以谋民福。”[②] 其爱国之诚，溢于言表。

第二，敢为人先的担当精神。

黄兴率先提出了“长江革命”战略，组织成立了国内第一个反清革命团体华兴会，在华兴会成立大会上，黄兴就革命“发难的地点与方法”提出了自己独到的见解。他认为，“吾人发难，只宜采取雄据一省，与各省纷起之法”，“或由会党发难，或由军、

---

① 黄兴：《上继母书》（1913 年 1 月 12 日、13 日），《黄兴集》（二），第 605 页。

② 黄兴：《答上海〈民国日报〉记者问》（1916 年 7 月下旬），《黄兴集》（二），第 862 页。

学界发难，互为声援”。一省发难，各省响应，为后来武昌首义提供了遵循。因而华兴会成立及其发动的起义“开中国内地革命之先声”，在长江腹地打响了武装反清起义的第一枪！同盟会成立后，他又派遣刘道一、蔡绍南回国返乡领导萍浏醴起义，并对起义的指导思想、策略方针、具体步骤和起义的时间、地点都作了交代，因而使萍浏醴起义成为同盟会成立后领导的第一次武装起义，也是南部中国自太平天国运动以来范围最大的一次革命。这次起义对清廷的打击是十分沉重的，从而敲响了爱新觉罗王朝灭亡的丧钟！中部起义失利后，黄兴服膺孙中山提出的华南革命战略，转战于粤、桂、滇之间。他在参与领导广州新军起义失败后，又毫不气馁，并与赵声商议，于1910年5月13日复函孙中山，这份长函详陈下一步起义计划，指出同盟会的革命战略应作根本性转变，其中特别提出，“以为广东必可由省城下手，且必能由军队下手”。通过与孙中山多次交换意见后，孙中山接受了黄兴的建议，于是便有黄兴具体领导的广州黄花岗起义发生。黄花岗起义经过充分准备，拟“与彼虏作最后一搏”，但由于受温生才刺孚琦事件的影响，清吏加强了对广州市区的戒严，致使起义一再延期，革命派内部为此争论不休，在这千钧一发之时，黄兴果敢地下达了三月二十九日（公历4月27日）起义的决定，带头攻打两广总督衙门。在战场上牺牲的有姓名可考的革命党人多达86人，黄兴战斗到最后只剩下他一个人，伤右手，断中、食两指，机智脱险。黄花岗起义虽然失败了，但这次起义是武昌首义前的一次总动员，总预演，“不半载而武昌之大革命以成”，也无怪乎时人称颂黄兴的5月13日《复孙中山书》为“开国大谋”！孙中山盛赞黄花岗起义之价值“直可惊天地、泣鬼神，与武昌革命之役并寿”。

华南战略接连受挫后，黄兴并未气馁，他又重启长江革命战略，全力支持谭人凤、宋教仁组织成立的中部同盟会，将工作重点转移到长江腹地武汉，于是，便有1911年10月10日武昌首义发生。义军连续作战，很快占领武汉三镇。敌人不甘心失败，在袁世凯派部将南下企图收复武汉三镇失地的关键时刻，又是黄兴挺身而出，从香港潜赴武汉，担任战时总司令之职，勇敢地担当起领导阳夏之战的重任。他亲临前线指挥，夜以继日，出生入死，坚持月余，消灭清军万余人，牵制了清军主力，促成了全国十多个省、市独立，使清政府陷入灭顶之灾，从而为南京临时政府的成立准备了重要条件。

袁世凯窃取政权后，叫嚣用武力统一中国，企图一举消灭南方革命党人，“二次革命”正在酝酿之中。尽管黄兴认为“二次革命”的条件尚未成熟、没有克敌制胜的把握，但当袁世凯调兵遣将、兵临城下、向革命党人疯狂反扑，孙中山拟亲赴南京指挥战斗之时，又是黄兴勇往直前，连夜会晤孙中山，并表示：打仗的事还是我去！请孙在初举义旗时暂勿赴南京，俟创立一个局面后再请孙前往主持，以保证孙的人身安全，留孙以任大事。这样，南京地区高级将领公推黄兴为江苏讨袁军总司令，代替孙中山打了一场败仗，他也只能负谤离宁，流亡海外。纵观黄兴领导的十多次反对专制主义的武装斗争，他的这种敢为人先的担当精神随处可以显现出来。

第三，首重品行的崇德精神。

黄兴十分重视人的品行，推崇做人的道德。他认为，“革命军不可无道德”。作为一个政党，要讲求党德、党风，他针对民初政党林立、互相攻讦的现状，大声疾呼，中国同盟会必须“含养大度，培植党德”。中国同盟会改组为国民党之后，他在国民党本部欢迎会上特别强调，要“重道德心”和“重责任心”。他说：“一党有一党之道德，道德不完，则希望即不能达。”黄兴将“责任心”作为党德的重要内容之一，只有每个党员以责任为天职，“而又保守道德”，才能从事革命和建设事业，才能享受“真正共和之幸福”。作为党员个人而言，首要的是重视政治道德，党员“不能有丝毫私意、私见、私利、私图”。黄兴在不同场合的国民党欢迎会上反复强调，党员应当“以国利民福为前提，勿争权夺利，勿侵人利己”。事实证明，他从事革命活动伊始，对于谋利禄、争权势等不良行为，不待禁革，早已自绝于心，这在革命党人心中似有公论。当袁世凯窃取辛亥革命胜利果实后，一部分政客投机取巧，不惜投靠袁氏，以捞取一官半职。黄兴告诫革命党人，不要重利忘义。他时常以“见义而不谋利，明道而不计功”相劝勉。黄兴从晚清投身革命创造共和、再造共和、到建设共和，他的所言所行在很大程度上乃是受到“义”之理念所支配，在他的讲话和函电中话语频率较高的也是关于“义”的倡导和诠释。他称与哥老会首领马福益联络共商长沙起义之事为“结义凭杯酒”；他称海外爱国华侨为国内革命党人筹措活动经费为“义之至正”；他在描述诸多豪杰投身革命为“合举义旗”；他在赞誉为国牺牲的烈士为“死义之士”；他在评价武昌起义为“首举义旗”；称癸丑讨袁为“伸同胞义愤”，如此等等，不一而足。在黄兴文集中关于“义”的表述随处可见，由此可知，其“尚义”思想是一以贯之的。

黄兴就其个人修养而言，他心地纯正，待人诚恳，与人交往，以诚信为本，谦恭待人，要求自己“说话必须说到做到”；严以律己，宽以待人，对同志、对战友关怀备至，宽容大度，处处顾全大局，维护团结，受到革命党人的高度赞誉。章士钊说自己“交友遍天下”，所持唯一武器为“无争”二字，但与黄兴相比，“彼之无争尤先于我，大于我。且彼无争之外，尤一切任劳怨而不辞，而我无有也。由是我之一生，凡与克强有涉之大小事故，都在对方涵盖孕育之中，浑然不觉。因而我敢论定：天下最易交之友，莫如黄克强。”[①] 章士钊说黄兴是“天下最易交之友”的看法颇具代表性。他所言黄兴的“无争”“先于我，大于我”，就是指黄兴的大度宽容，任劳任怨。当然，黄兴的“无争”是指非原则问题；而在原则问题上，黄兴则是针锋相对、寸步不让的。例如在对孙中山组织中华革命党的某些做法以及该党党章有关规定上，他持有不同意见而且拒绝加入中华革命党。对此，他采取讨论、劝说的方式来表达自己的诉求，以达到在坚持原则基础上的团结。诚

① 章士钊：《与黄克强相交始末》，《辛亥革命回忆录》第二集，第149页。

如章士钊所云："克强盛德大量，固不独对吾为然也，凡视天下之人，罔不如是。视天下之人如是，何况首领？于是吾又敢论定：人若以克强不服中山相齮龁者，克强有灵，必且惶恐退避，而不作一语，使言者在克强之前，化为渺小无物，不知所裁。"① 不仅如此，黄兴在为官清廉、不谋私利这一点上也是有口皆碑的。他在出任南京临时政府陆军总长时，有部下或亲朋好友想利用他的关系到南京谋取一官半职，他都耐心加以说服，并自掏腰包送上旅费使其返程。他在上海养病期间，极力推举谭延闿出任湘督，谭当上湘督后，有好友致函黄兴，托他"筹款游历"，黄兴以与谭延闿事前有约，"不荐一人，不筹一款"，婉言劝说，加以制止，一时传为美谈。

第四，踔厉敢死的尚武精神。

黄兴少年时代就喜欢习武强身，他从浏阳李永球学乌家拳术，"只手能举百钧"。他在城南书院读书时，除努力攻读义理、词章之外，对孙子兵法"注意尤多"。他认为领军事者应以机智权谋，辅以仁爱，训兵用将，威爱并施才是取胜之不二法门。他在两湖书院求学期间，对诸生所不太喜欢上的兵法和体操课却情有独钟，"临操如临敌阵"，他穿着短装布鞋，精神抖擞，神采飞扬，"听命唯谨，动作无不如度"，俨然一位整装待发、驰骋疆场的战士。他负笈东渡留学，专业曾为速成师范教育，但他却对日本的军事训练尤为关注。他经常利用课余时间聘请日本退伍军官讲授军略，参加士官联队的各种兵操。每日晨起必赴日本人所开设的神乐坂武术会，参加射击训练和比赛。由于他刻苦训练，练就一身过硬本领，每射必中，弹无虚发，赢得了累累奖牌。1903 年春，黄兴还在弘文学院组织湘籍留日学生，成立"土曜会"，即"星期六会"，每逢星期六即开例会一次，黄兴必到，"以军国民革命的路线相号召"。是年 4 月，反对沙俄拒不从东三省撤军的拒俄运动发生。4 月末，留日学生成立"拒俄义勇队"，拟回国开赴前线对俄

① 章士钊：《与黄克强相交始末》，《辛亥革命回忆录》第二集，第 149 页。

作战，黄兴签名参加义勇队。义勇队员每日清晨秘密聚集在大森体育场练习射击，黄兴懂得军事知识，“由他给义勇队教授枪法”。为避免日本政府无理干涉，拒俄义勇队旋改为“学生军”。嗣后，日本政府受清驻日公使之托，勒令“学生军”即日解散，于是，“学生军”遂改组为军国民教育会，以“养成尚武精神，实行爱国主义”为宗旨。黄兴是军国民教育会最活跃的成员，他一方面宣传“军国民教育”的思想，利用自己主编的《游学译编》连续刊载《武备教育》等文，介绍有关“军国民”的知识；另一方面又秘密制造炸弹，为直接从事武装斗争作准备。军国民教育会成立不久，即派遣“运动员”分赴国内从事革命活动，黄兴自认为“运动员”，负责在两湖和南京等地策动反清武装起义。从此，黄兴从东京启程归国，开始走上策动和领导反清武装斗争的道路。

从 1903 年 11 月筹备成立华兴会开始，他就把武装起义提上了议事日程。他在长江中下游地区先后策动和发动了三次反清武装斗争，即 1904 年的长沙起义和鄂宁起义、1906 年的萍浏醴起义。中部失利后，又转战华南，先后参与策动和领导了六次反清武装斗争，即 1907 年的防城起义和镇南关起义、1908 年的钦廉上思之役和云南河口起义、1910 年的广州新军起义、1911 年的黄花岗起义。华南起义迭次失败后，他又领导了 1911 年 10 月的阳夏之战。袁世凯窃取政权后，他又参与策动和领导了两次反袁武装斗争，即 1913 年的赣宁之役和 1916 年的护国运动。从上述十二次武装斗争分析，每次斗争各具特色，都倾注了黄兴的全部心血，表现出惊人的胆略和彻底的献身精神。黄花岗起义前，他留下绝命书，准备以死赴义。“二次革命”时，他又嘱其子女勤学，大有殉义之意。诚如章士钊所说的，黄兴一生“以死报国，义勇盖天下”。

第五，埋头苦干的笃实精神。

黄兴一生不仅自己身体力行，苦干实干，也告诫身边的同志和战友以及自己的子女要朴实勤勉，不搞花架子，不放空炮。1912 年秋，其长子一欧由湖南都督府资送赴美留学，出国前夕，黄兴特意书赠“笃实”两字横批一块，以示鼓励。后来又书写了

“遁世只为避俗，良知要在能行”的联语赠给大女儿振华，以寄托厚望。他还特地将自己的书斋命名为“笃实书斋”，并自刻“笃实书斋”方印一枚，用以自勉。可见，他对“笃实”二字用心之诚。据我们理解，所谓“笃实”，就是干事要实在、踏实；为人要忠诚、老实；做学问要专心、扎实；生活要节俭、朴实；处理事务要真心、务实。黄兴早在少年时代在家自学时，就订立《自勉规则》，其中规定有“行动必须严守时刻”、读书“不得一日荒旷”、“对人必须真诚坦白”等等。可见，他在少年时代就立下了重践履、务实际的宏愿。稍长，他在学校读书也是很认真的，学问做得非常扎实。他在城南书院就是一位经常获得学校奖励的优秀生，每月所得课奖，足以解决生活开支，“不烦取之家中”。同样，黄兴也是两湖书院的高才生，他在该校考试十二次，“六次列于第一”，这是他深受院长梁鼎芬器重的主要原因，也是张之洞派遣他赴日留学的重要原因。黄兴留日期间，认为学问与革命的关系是至为密切的，图谋革命，学问绝不可废，对学习仍然抓得很紧，“不敢稍懈”。其日语水平已达到了相当高度，不仅笔译能力很强，有译作在《游学译编》连载，而且能讲一口流利的日语，乃至于他在东南沿海起义失败后辗转越南逃往日本时，法国人误以为他本身就是日本人而不加阻拦，从而躲过一劫。他在弘文学院学习期间，其民主革命思想已经趋于成熟，产生了救亡图存的志向。他认为救国不独要有“心力”，尤以“身力”为必要，只有“挺身杀敌或杀身成仁，才真有力”。从此，他将自身的命运与反对封建专制主义的斗争紧紧地联系在一起，在战场上度过了不平凡的一生。

黄兴不仅以领导武装起义而闻名于世，是杰出的军事家，而且也是一位学识渊博的学者，是一位民主革命的宣传家。他对旧民主主义革命的思想理论——三民主义的形成和发展也作出了重要贡献。对教育和实业方面也有重要建树。黄兴辞除南京留守后，他关于发展教育、交通、矿冶、水利、农林、商业等方面的计划均有比较符合实际的阐述，为中国的建设事业亦作出了不可磨灭的贡献。黄兴英年早逝，在短短的生命旅程中，除频繁策动和领导武装起义之外，稍有间隙，笔耕不辍，凡事都亲力亲为，不要别人代劳。据不完全统计，他成年后所撰写的论文、序跋、书信、电稿、咨札、批札、告示、命令、法规、章程、条例、合同、诗词、联语、题词、翻译的译文、发表的演讲、对记者的谈话等多达100余万字。真可谓“上马杀贼，下马论道”，将其“笃实”精神发挥到了极致。

此外，黄兴待人忠诚老实，与人为善，乐于助人，而自己的生活却过的十分俭朴。“二次革命”失败，流亡日本期间，尽管自己生活拮据，但还是尽自己最大的努力筹措善后，帮助那些流亡者缓解食宿之苦。流亡美国期间，他以出卖字画为生计，婉言谢绝华侨给自己捐款，并召开国民党干部会议，声明如有华侨为革命捐款可直接汇寄孙中山或统一妥善保存，以备将来急需。他一生奔走革命，为筹措经费，他慷慨捐出田产和房屋，却没有给自己的子孙后代任何遗产，所留下的只有一大笔债务。

第六，淡泊名利的无我精神。

“无我”二字是黄兴给长女振华的题字，这既是自勉，也是鼓励子女发愤图强、认真读书，求有真才实学，将来报效祖国，不要追求个人的功名利禄。黄兴为日本友人萱野长知书赠对联曰：“满目云山俱是乐，一毫荣辱不须惊”，也是向友人抒发自己的淡泊名利之心情。其实，他这种淡泊名利的无我精神由来已久，据黄兴自己追忆，当起自于少时读太平天国杂史，太平天国初起之时，势如破竹，但后来几位领导人“互争权势，自相残杀”，以至功败垂成。为时刻提醒自己吸取太平天国失败的教训，他少年时代始改名轸，取“前车既覆，来轸方辐”之意，同时也是提醒革命党人不要再蹈太平天国兄弟的覆辙。中国同盟会成立之后，因为国旗图式问题与孙中山发生意见分歧，他甚至一度打算退出同盟会，但经过深思熟虑，觉得并非原则问题，从顾全党内团结大局出发，还是接受了孙中山提出的旗帜图式方案。他在致胡汉民函中解释说，他之所以改变态度是因为他秉持“名不必自我成，功不必自我立，其次亦功成而不居”。这几句话可以说是“无我”

精神最简洁、最恰当的表述。此后，在 1907 年陶成章和章炳麟等人掀起的第一次倒孙风潮中，陶、章等人要求在东京担任同盟会代理庶务的刘揆一召开一次特别会议，以便开除孙中山，另选黄兴为总理，遭到黄兴的坚决拒绝。他致函主持同盟会总部工作的刘揆一，表示：革命为党众生死问题，而非个人名位问题。孙总理德高望重，应倾心拥护，“且免陷兴于不义”。1911 年 12 月 2 日，江浙联军攻克南京后，上海各省都督府代表联合会留沪代表选举黄兴为大元帅，黎元洪为副元帅。黄兴“乃坚辞大元帅不就”[①]，并推举黎元洪为大元帅。17 日，遂改选黎元洪为大元帅，黄兴为副元帅，并以黄兴代行大元帅职，组织临时政府。20 日，各省代表会议致函黄兴，请“即速来宁，组织临时政府”。可就在黄兴启程赴宁的先一天晚上，他获悉孙中山即将回国，遂决定推迟赴宁履职。他对挚友李书城解释说，孙总理未回国时，我可以代表同盟会，现在他已在回国途中，我若不等他到沪抢先一步赴南京就职，会使党内同志发生猜疑。革命同志最紧要的是团结一致，才有力量打击敌人。“要团结一致，就必须不计较个人的权利，互相推让。”这次谈话使李书城大为感动，他认为，黄兴处理任何事、对待所有人，“都是从这种精神出发的”[②]。的确，后来他既不接受袁世凯授予他的勋一位、陆军上将的头衔；也不接受黎元洪授予他的勋一位、总统府高等顾问的头衔或聘书。他在寓沪养病期间，不少湖南政要请他返乡从政、担任湘督，而他却举荐谭延闿自代。即使在生命的最后岁月，却将自己的主要精力放在从事教育和发展实业上，念念不忘使全国人民都过上自由、平等、富裕的幸福生活。只有这样，才能使自己无愧于国家、无愧于人民。他反问自己，“何必定欲做大官、负大任，然后自愉哉！”[③]

---

① 李书城：《辛亥前后黄克强先生的革命活动》，《辛亥革命回忆录》第一集，第 196 页。

② 李书城：《辛亥前后黄克强先生的革命活动》，《辛亥革命回忆录》第一集，第 197 页。

③ 黄兴：《答上海〈民国日报〉记者问》（1916 年 7 月下旬），《黄兴集》（二），第 862 页。

黄兴英年早逝，离开我们已经一百多年了。然而，他的思想、他的勋业、他的精神、他的品格、他的风范、他的音容笑貌却长留人间！值得人们永远纪念和怀念！

附录　黄兴年表

1874 年，诞生

10 月 25 日，黄兴诞生于湖南省善化县龙喜乡凉塘（今属长沙市长沙县黄兴镇黄兴新村凉塘）。派名仁牧，字岳生，号觐五，一号觐吾，亦写作堇坞、庆午、廑午、近午。少年时代始改名轸。号杞园，字堇午。1903 年 6 月以后始改名兴，号竞武，字克强，取“兴我中华，兴我民族，克服强暴”之意。1904 年 11 月，曾化名李寿芝、李有庆。1905 年春，曾化名张守正。1905 年 11 月，号愚臣，间用张中正，张和尚。1910 年 6 月，曾化名李经田。1913 年“二次革命”后，黄兴再次逃亡日本，又开始再次使用化名。1913 年 8 月，曾化名今村长藏、冈本久太郎。1914 年，曾化名“生涯一卷书斋主人”、冈本义一。

高祖父黄孝纶（1754—1827），字本培，号养田。高祖母周氏（1754—1835）。

曾祖父黄友竹（1782—1843），字裁庭，号交秀。曾祖母王氏（1783—1807）。

祖父黄月楼（1815—1876），派名维德，字懋昭。祖母方氏（1814—1844）。继祖母解氏（1810—1887）。

父亲黄炳崑（1840—1897），派名式翥，字翰翔，号筱村。母亲罗氏（1841—1886），生子 2 人，女 4 人；继母陈氏（1851—1888）；再继母易自如（1858—1929）。

兄黄仁蔚（1863—1882），字霞俶，年仅 19 岁，早夭。

大姐黄杏生（1860—1932），适同县学生贺家璧；二姐（名字及生卒年不详）嫁同邑县学廪生李振湘；三姐（名字不详）（1867—1949）嫁同邑监生刘仙舫；四姐黄细贞（1871—1959）嫁长沙监生胡雨田。

1876 年，2 岁

在父亲黄炳崑和母亲罗氏的精心培育下，健康成长。

1879 年，5 岁

开始接受父亲黄炳崑的启蒙教育，授以《论语》，选授简明的唐诗宋词，并教练习书法与对句。黄兴秉赋异常，学习“往往超逸指定范围”。

1880 年，6 岁

继续随父读书。

1881 年，7 岁

继续随父读书。在家从父接受启蒙教育达三年之久。

1882 年，8 岁

进入冯塘团屋萧荣爵举人私塾读书，初习《诗经》。冯塘距凉塘不及一公里，团屋系旧时团总办公场所。

长兄黄仁蔚早夭，年仅 19 岁。

1883 年，9 岁

在冯塘团屋继续从萧举人读书。

1884 年，10 岁

在冯塘团屋继续从萧举人读书。据《黄兴年谱长编》作者毛注青在凉塘调查：黄兴在“童年时代，听乡间老辈谈洪、杨革命事迹，特别是太平天军攻长沙的故事，非常向往。稍长，喜谈太平天国杂史”。在冯塘团屋萧举人私塾读书亦有三年之久。

1885 年，11 岁

寄读新冲子新喜山庄（今属长沙县黄兴镇长桥村）周笠樵翰林私塾。讲授《春秋》及《楚辞》，兼习八股文。

1886 年，12 岁

继续在新冲子新喜山庄随周笠樵翰林读私塾。母亲罗氏病逝。

1887 年，13 岁

继续在新冲子新喜山庄随周笠樵翰林读私塾。在周氏私塾读书亦有三年之久。

父炳崑续娶陈氏为妻。

继祖母解氏病逝。

1888 年，14 岁

在家自学。据毛注青调查：自学期间，他在“课余喜欢爬山、游泳、钓鱼。”“常邀集乡村儿童到屋后的纹银坪练习拳术，相互比武。”此段时期，“从浏阳李永球学乌家拳术，只手能举百钧”。

是年 8 月 19 日，继母陈氏病逝。为照顾家庭生活，不久，其父炳崑再娶易自如为妻。

1889 年，15 岁

继续在家自学。自定规则，用以自勉。“一、行动必须严守时刻；二、说话必须说到做到；三、读书须分主次，纵使事忙，主要者不得一日荒旷；四、处理重要事物及文书，必须亲自动手，不得请托他人；五、对人必须真诚坦白，不得怨怒；六、游戏可以助长思虑，不应饮酒吸烟。”

1890 年，16 岁

继续在家自学。课余或农忙时参加农业劳动。

1891 年，17 岁

是年秋，与善化县东乡枫树河名诸生廖星舫之女廖淡如结婚[①]。

1892 年，18 岁

继续在家自学。应善化县考，由于清代科场腐败，此次考秀才落第。

10 月 22 日，长子一欧出生于凉塘。

---

① 廖淡如于 1873 年 9 月 17 日诞生在善化县东乡枫树河（今属黄兴镇，距黄兴故居不到 10 公里），于 1939 年 5 月 8 日卒于重庆学田湾 2 号。

1893 年，19 岁

入长沙城南书院读书。先后得到院长王葵园（先谦）、刘采九（凤苞）教授，与同学互相切磋，进步很快。据其当时同学雷恺回忆：黄兴读书期间，“为文敏捷，每月所得课奖，足资膏火，不烦取之家中”。初到该校“以研治词章为主，读经、训诂、音韵为辅”。

1894 年，20 岁

继续在城南书院读书。后改宗义理，而以舆地、算学为辅。

1895 年，21 岁

继续在城南书院读书。兼习书法。

1896 年，22 岁

是年春，再次参加童子试，临行前，亲友置酒预贺，黄兴不以为然，表示读书要求真学问，赴考仅仅是母命不可违而已。他写过一首《别母应试感怀诗》，结句有云：“一第岂能酬我志，此行聊慰白头亲。”此次应考，获中秀才。据与黄兴同年考中秀才的同学雷恺回忆：“善化应试者逾千人，学额三十四名，皆年少无过三十岁者。”

是年冬，全家徙居石家河新屋，该地位于凉塘西南一公里多地，今与凉塘同属长沙县黄兴镇黄兴新村。

11 月 4 日，长女振华出生。

1897 年，23 岁

继续在城南书院读书。黄兴治学采取兼收并蓄、择善而从的态度；同时对《孙子兵法》也有着浓厚的兴趣；并继续练习书法，而且将练习书法与练武习拳结合起来，使其书法颇具特色。

是年秋，父亲炳崑病逝，享年 57 岁。

1898 年，24 岁

是年春，以“名诸生”由城南书院调入湘水校经书院新生。此一时期，“尚无革命思想，惟觉科举之制贻害无穷”。

是年夏，考入湖北两湖书院。在书院阅读新书新报，与同学互相切磋，思想大有进步，“始知世界趋势决非专制政体所能图强，亦非郁郁此间所能求学”。

1899 年，25 岁

继续在两湖书院读书。课余时间，“悉购西洋革命史及卢梭《民约论》诸书，朝夕盥诵。久之，革命思想遂萌芽脑蒂中矣，然卒未敢向同学者道及一字”。

是年秋，作《咏鹰诗》一首：“独立雄无敌，长空万里风。可怜此豪杰，岂肯困樊笼？一去渡沧海，高扬摩碧穹。秋深霜气肃，木落万山空。”

1900 年，26 岁

5 月，受湖广总督张之洞派遣，赴日本考察学务，兼习军事。时间计划为四个月，实际考察时间（包括旅途时间在内）只有三个月。

5 月 4 日晚上，乘太古公司鄱阳商轮东下。

5 月 7 日中午，抵达上海。因候船小住数日。

5 月 12 日上午，乘日本三菱公司“博爱丸”商轮东渡。

5 月 14 日午夜，抵达日本长崎。

5 月 15 日上午，至马关。

5 月 16 日，至神户。

5 月 18 日中午，抵横滨，宿麹町区。[①]

6 月 19 日，在日本上书两湖书院监督黄绍箕，汇报其在日本一月以来考察学务、兼习军事的情况。并建议湖广总督张之洞和两江总督刘坤一联络各省督抚，抗击外国侵略者。

8 月 4 日左右，由日本回国。至武汉，适唐才常正策划自立军起事，友人因以相告；但黄兴认为，“北方虽乱，而南方之势力尚坚，且军队未及联络，实不可冒昧起事。谈论之间，意旨不合”，“遂回湖南举办团练”。

8 月 22 日，唐才常、林圭等 20 余人惨遭杀害。“是时益知专

---

① 《标下管带襄防步兵营尽先补用游击刘水金禀呈游历日本阅看各学校联队情形由》，转引自李细珠《张之洞庚子年何曾有过帝王梦》，《近代史研究》2010 年第 3 期。

制恶毒，决非革命不可。”

9 月，复往两湖书院求学，以期完成学业。

1901 年，27 岁

是年春，复入两湖书院读书。

5 月，请假由鄂返湘看护母亲。

6 月 27 日，次子一中出生。

7 月末，迁居长沙城北紫东园。并为新居题写了“绮霞阁”匾额。

是年秋，在两湖书院斋舍中初识章士钊。

是年，撰写笔墨铭抒怀。

《笔铭》：“朝作书，暮作书，雕虫篆刻胡为乎？投笔方为大丈夫！”

《墨铭》：“墨磨日短，人磨日老。寸阴是竞，尺璧勿宝。”

黄兴在两湖书院学习期间，学习内容较为丰富，兴趣亦较广泛，除经史文学外，尚有天文、地理、数学、测量、化学、博物学、兵法、史略及兵操等新学科。黄兴“于地理（任地理分教者，为宜都杨守敬先生、新化邹代钧先生，当时称为海内绝学）及体操尤为精勤”。他认为：“不通地理，无以知天下大势；不习体操，无以强身而有为。”特别是对《孙子兵法》等古代军事理论书籍很感兴趣，细心研究。对军事体操尤其重视，“临操如临阵，短装布鞋，抖擞精神，听命唯谨，动作无不如度，不稍苟”。其他各科成绩也很优秀，按照书院章程，每学期期末要举行大考，黄兴在两湖书院共参加大考十二次，六次名列第一，是学院公认的高材生。

1902 年，28 岁

6 月 6 日，张之洞札委署武昌府同知双寿带领两湖、经心、江汉三书院选派 30 名学生赴日留学，其中湘籍两人：即黄兴（时名轸）和陈鸿业（长沙府湘阴县学附生），余均鄂籍。

6 月中旬，抵东京，入嘉纳治五郎专为中国留学生开办的弘文学院速成师范科学习，学制为八个月，地址设东京牛込西玉轩町。

10 月 8 日，由弘文学院学生团体推选，出任中国留日学生会馆评议员。该会馆成立于1901年，以“联络情谊，交换智识”为宗旨，地址设东京神田区骏河台铃木町十九番地，每月集会一次。

12月14日，与蔡锷、杨笃生、梁焕彝、熊野萃等创办的《游学译编》杂志创刊号出版。该刊为留日湘籍学生创办的月刊，“专以输入文明、增益民智为本”。以“译述为主”，兼刊论著。黄兴分任教育栏译员，所译日本教育家山田邦彦所著《学校行政法论》一文连载于该刊第二、三期，署名黄轸。

是年底，与蔡锷、张孝准、杨笃生、魏肇文等发起组织湖南编译社。该社地址设东京小石川区久坚町七十一番地，以上海广智书局为总发行所，设分处于长沙金线街矿务总局。《游学译编》从第二期起，由湖南编译社出版发行。

1903年，29岁

1月29日，鄂籍留日学生李书城、刘成禺等在东京创办《湖北学生界》，以“输入东西之学说，唤起国民之精神”为宗旨。黄兴力赞其成，大力支持。

是年春，在弘文学院领导湘籍留日学生组织“土曜会”。所谓“土曜日”系日本文字，翻译成中文即为“星期六”，“土曜会”即为“星期六会”之意。也就是利用每周末开会讨论形势，鼓励救亡图存。黄兴每会必来领导，以军国民革命路线相号召。并认为：“救国不独心力，尤以身力为必要。只有挺身杀敌或杀身成仁，才真有力。”在日学习期间，“极留意于军事技能之学习，课余别延日本退伍军官讲授军略；暇则参观士官联队各种兵操。每日晨起，必赴神乐坂武术会，参加射击比赛，每射必中，弹无虚发，得的奖牌不少”。

4月29日午前，参加留学生会馆干事及评议员会议，到会者40余人，商讨拒俄对策；午后，与留日学生500余人集会声讨沙俄侵华罪行，会后决定成立“拒俄义勇队”，当场有黄兴等130多人签名，“愿入义勇队赴前敌”。

5月2日，义勇队改称学生军。

5月3日，学生军编队。“全队分甲、乙、丙三区队，每区队分为四分队，公推蓝君天蔚为学生军队长，龚君光明、吴君禄贞、敖君正邦为区队长。分队长由区队长指定。”黄兴被编在乙区队三分队。区队长吴禄贞，分队长钮永建。

5月11日，学生军在神田锦辉馆开会，决定改组为军国民教育会，并通过公约，以“养成尚武精神，实行爱国主义”为宗旨。最后投票公举事务员及执法员，黄兴被推举为会计。

是日，共举“运动员”12人，黄兴自认为“运动员”，负责运动两湖及南京地区领导革命的活动。因黄兴自认为“运动员”，其原举担任会计一职“乃举蹇念益自代”。

5月16日，石陶钧等人在东京举行“饯送黄兴回国”欢送会。

5月31日，自东京启程回国，策动反清革命活动。

6月6日左右，抵达上海。旋偕章士钊赴泰兴、南京等地，再返回上海。曾多次去圣彼得堂礼拜，用以掩护革命活动。

7月，在上海遇长沙明德学堂创办人胡元倓，应胡邀请来明德任教，黄兴“欣然允诺”。并持圣彼得教堂会长吴国光手函回湘。

8月，抵达武昌。在两湖书院“演说满汉畛域及改革国体政体之理由，与顽固派辩论终日，卒使全场一致叹服。鄂督张之洞闻而震怒，责成首府兼院长梁鼎芬拿办。梁已悬示驱逐出境。公犹留连八日，以携带邹容所著之《革命军》、陈天华所著之《猛回头》二书，零星赠送军、学各界至四千余部之多，始登江轮回湘。”

是月，在两湖书院演讲期间结识宋教仁。

是年秋，抵达长沙，主讲明德学堂速成师范班。黄兴任历史及体操教员；在其他教员缺课时，文科方面的课程，一般都是由他代课。“师范班第一期学生有陈嘉佑、彭国钧、任绍选等一百一十八人，分为两班上课，于一九〇四年五月卒业。”

10月初，刘揆一在弘文学院速成师范班结业，于同月中旬回国。

11月4日，与刘揆一、章士钊等发起筹备成立华兴会。在彭渊恂宅召开筹备会议，到会者12人，10人湘籍，分别为黄兴、章士钊、彭渊恂、刘揆一、胡瑛、柳聘农、柳继贞、宋教仁、周震鳞、徐佛苏，其余两人为福建侯官翁巩和江苏无锡秦毓鎏。在筹备会上黄兴被推举为会长。为避清吏耳目，对外采用“华兴公司”名义，以半公开形式出现，规定公司的任务是“兴办矿业”。并以“同心扑满，当面算清”为秘密口号，隐喻“扑灭满清”之意。

1904 年，30 岁

2 月 15 日，华兴会筹备会以除夕聚宴为名，在明德学堂校董龙璋西园寓所召开正式成立大会。到会者有黄兴、刘揆一、宋教仁、陈天华、章士钊、彭渊恂、秦毓鎏、翁巩、周震鳞、柳聘农、柳继贞、刘道一、胡瑛、徐佛苏、张继、杨毓麟、陈方度等百余人。黄兴在正式成立大会上发表重要讲话，对于发难的地点和方法以及依靠力量提出了自己的看法。指出：“吾人发难，只宜采取雄据一省，与各省纷起之法。”

是年春初，派刘道一、万武前往湘潭联络马福益。马表示：“如果有用得着我的时候，无不唯命是听。”嗣后，偕刘揆一赴湘潭会晤马福益，商讨起义计划。确定“以十月十日清西太后七十生辰，全省官吏在皇殿行礼时，预埋弹药其下，以炸毙之，而乘机起义”（农历十月十日应为公历 11 月 16 日）。

是年春，派宋教仁、胡瑛设支部于武昌；派陈天华、姚宏业游说江西巡防营统领廖名缙，届时响应；派周维桢、张荣楣接洽四川会党，与两湖会党合作；派杨毓麟、章士钊赴上海负责沪、宁地区的策应工作，杨、章赴上海后组织“爱国协会”，作为华兴会的外围组织，杨、章分别担任正、副会长。

4 月，仇鳌、仇亮等在日本组织“新华会”。两湖留日学生参加者有覃振、刘道一、田桐、白逾桓、沈鸿烈、樊锥、盛时等人。

5 月，华兴会在小吴门正街附近伍家井创办东文讲习所，亦称东文学社。名曰补习日文，实系培养人才、从事革命活动的秘密据点。

上半年，湖南民立第一女校迁至长沙南正街，黄兴继母易自如担任副监督兼舍监。黄兴担任该校体操教员，是学堂唯一的男教师。

继续在明德学堂附设高等小学兼任博物、地理教员。

7月3日，由宋教仁、胡瑛、刘静庵、吕大森、曹亚伯、张难先等人发起成立的科学补习所在武昌多宝寺街举行正式成立大会，到会者有学生和士兵30多人。

7至8月，赴上海与章士钊、陶成章等密商响应长沙起义事宜；回长沙时途经武汉，科学补习所开会欢迎，黄兴传达长沙起义计划，“约定由湘省发难，湖北响应”。

是年夏，为更好地联络会党，在华兴会外另设“同仇会”。自任会长兼大将，刘揆一任中将，马福益为少将。另外，李燮和与李云龙等6人发起成立“黄汉会”，其活动范围先仅限于安化县，尔后又将散处新化、邵阳、武冈等地的哥老会联合起来，既而“弥延湘省，骎及赣西”，并扩展到长江中下游一带。

9月24日（农历八月十五中秋节），浏阳普迹市沿例召开牛马交易大会，哥老会拟将此日作为开堂拜盟的日子，黄兴命刘揆一、陈天华等军、学界人密会马福益于该地，与马之下属头目龚春台、冯乃古等一一见面。刘揆一代表黄兴赠予马福益长枪20挺、手枪40支、马40匹，正式举行马福益少将授予仪式。由于仪式是在半公开状态下举行，会党败类刘佐楫混入会场，将普迹市开会举行仪式的过程走报大劣绅王先谦以邀功赏，王乃径向湘抚陆元鼎告密，不旋踵醴陵县巡防营拿获会党首领萧桂生等人，供出华兴会将领导长沙起义的重要事实，长沙起义的计划因先期事泄而流产。

10月24日，黄兴满三十岁生日，清吏派军警捉拿他，黄兴之子一欧时年12岁，正在明德学堂小学部读书，住在家里，“看到差役来捉他，便飞跑到学堂去报信”。黄兴迅速逃离，“躲进了西园龙宅”。

10月26日，匿居长沙吉祥巷圣公会，通知省外各处机关停止活动。

11月初，黄兴化装成海关员司，乘坐日本轮船“沅江”丸，抵达汉口；转招商局“江亨”轮，安抵上海。

11 月 7 日，与杨毓麟、章士钊、刘揆一等 40 余人在上海新马路余庆里召开大会，商讨继续反清革命方略。会议决定，“即日分途运动大江南北之学界军队，起义鄂、宁等处”，“不旬日会势大振”。

11 月 19 日，万福华在上海英租界四马路金谷香酒店枪击前广西巡抚王之春未成，被捕下狱。

11 月 20 日，因受万福华刺王之春事件的牵连入狱。系狱者凡 13 人，鄂宁起义计划搁浅。

11 月 23 日，因冒充郭人漳随员获释。

11 月下旬，抵达东京。向旅日华侨及留学生募款 4000 余金，派彭渊恂携款回沪，会同万声扬等营救同志。由龙璋出面，以泰兴县令身份向会审公廨保释，除周来苏因带有手枪被判刑外，余均次第获释出狱。

是月，蔡元培等人在上海成立光复会。

11 月下旬，在日本东京四谷区爱住町初访日本志士宫崎寅藏。

12 月，与宋教仁、仇亮、程潜等 100 余人组织“革命同志会”。

1905 年，31 岁

1 月，力阻陈天华回国北上向清政府请愿立宪。

1 月 28 日，与章士钊、宋教仁等商议，决定对陈天华发表《要求救亡意见书》一事，“行干涉主义”。

1 月 30 日，在日本东京神田锦辉馆赴湖南同乡会，到会者约 200 人，皆决议不赞成陈天华要求清政府立宪之说。

2 月 1 日，与宋教仁等同至东新译社，与陈天华大开谈判，辩论良久，尚未解决。

2 月 2 日，通过做工作，使陈天华改变回国北上向清政府请愿立宪之事。

4 月 12 日，马福益在萍乡护城河中一只船上被捕。旋被押解至长沙审讯。

4 月 20 日，马福益被湖南巡抚端方杀害于长沙。嗣后，黄兴在东京以马氏遗像一帧题赠日本友人末永节。

5月7日，由湖南同乡会公举为总理，固辞未就。

6月3日，与宋教仁等创办的《二十世纪之支那》杂志在日本东京创刊。

7月19日，孙中山抵达日本横滨。

7月下旬，孙中山赴东京，由宫崎寅藏介绍，首次与黄兴会晤于东京凤乐园，商组革命大同盟事。

7月28日，孙中山与宋教仁、陈天华等会晤于《二十世纪之支那》杂志社。孙中山纵谈现今大势及革命方法，大概不外联络人才一义。

7月29日，约集旅居东京的原华兴会员宋教仁、陈天华、刘揆一等讨论“参加孙逸仙会事”，因意见不合，遂以“个人自由”一语了结而罢。

同日，在程家柽阪田寓所开会，讨论大联合会名，孙中山主张定名为“中国革命党”，黄兴以此名一出，党员行动不便，通过讨论，乃定名为“中国同盟会”。

7月30日，出席中国同盟会筹备会议，与陈天华、宋教仁、马君武等八人被推为会章起草员。

8月13日，发起组织并主持留日学生欢迎孙中山大会。欢迎大会在东京麹町区饭田河岸富士见楼举行，到会者1300余人。

8月20日，出席中国同盟会正式成立大会。该会在东京赤坂区灵南坂阪本金弥宅举行。到会者约100人。先由黄兴宣读起草员所拟中国同盟会章程三十条，经大会讨论修改定稿为二十四条，获得通过。会议公推孙中山为总理；总理之下，本部分设执行、评议、司法三部，执行部为本部主体，由孙中山指定黄兴为执行部庶务，实居协理职，总理缺席时，全权主持会务。

8月27日，同盟会本部举行干部会议，推举黄兴为《二十世纪之支那》接受者，宋教仁为移交者。

9月3日，在寓所代表同盟会接受宋教仁移交的《二十世纪之支那》一切簿记、款项、图书、器具、印信诸物件，孙中山亦在座。

11 月 26 日，同盟会机关报《民报》在东京创刊，黄兴实总其成。

12 月 8 日，陈天华因抗议日本政府颁布留学生取缔规则，于东京大森海湾蹈海自尽。

12 月，密函禹之谟，在湖南成立同盟会分会，推销《民报》。

是月，离日赴香港，旋化名为张守正，号愚臣，潜入桂林郭人漳营中，策划起事。

是年冬，黄一欧到达日本东京。

1906 年，32 岁

1 月，与胡毅生赴桂林洽商革命计划。拟策动郭人漳所部与蔡锷合力反正。因郭人漳与蔡锷两人意见不合，各不相下，经黄兴多方调节，仍无法合作，以有碍军事进行而止。黄于是从联络下级将弁入手，爰组织同盟会分会于桂林之钵园。郭部将弁及随营学堂与陆军小学师徒加入者有葛谦、曾传范、邹永成、林虎、谭二武等 80 余人。

4 月下旬，离开桂林，至梧州、龙州。

5 月 12 日，致函钮永建、秦毓鎏，告抵越南河内，“在书肆中见有新到第二、三期《民报》”，特购买寄赠，“以便公余披览”。

6 月，因桂林起事计划未成，遂由越南河内返香港，旋往新加坡，协助孙中山建立南洋各埠同盟会分会。徐宗汉于此时在槟榔屿分会加盟。

9 月上旬，自南洋北返，经香港抵达上海。与马君武等创立广艺书局于四马路，作为交通机关，然后东渡。

9 月 11 日，自上海抵达日本东京。

秋冬间，派遣刘道一与蔡绍南、彭邦栋、覃振、成邦杰等人回国，联络会党，运动新军，拟策动萍浏醴起义。

12 月 2 日，策划和主持《民报》周年纪念大会，在日本东京神田锦辉馆开会，“观者万人”。并在会上发表讲话，鼓励大家切实负起革命责任。

12 月 4 日，萍浏醴起义爆发。命谭人凤、周震鳞、宁调元、胡瑛等归国谋响应。义军多达 30000 余人，清廷调湘、鄂、赣、闽四省兵力，加上地方团练共 50000 余人前往镇压，义军与清军相持匝月，鏖战 26 次，终因敌我悬殊而败。

命黄一欧加入同盟会，一欧时年 14 岁，成为同盟会中最年轻的会员。

12 月 9 日，刘道一在长沙被捕系狱。

12 月 31 日，刘道一被清吏杀害于长沙浏阳门外。牺牲时年仅 22 岁。

李根源介绍陆军留学生李烈钧、孙传芳、尹昌衡等 30 余人会见黄兴后加入同盟会。

持孙中山书来派遣蔡元培为上海支部长。

被张之洞以五百两赏银悬赏通缉。

1907 年，33 岁

1 月 4 日，决定翌日去香港，请宋教仁代理同盟会庶务。

1 月 5 日，离东京赴香港。

2 月 15 日，因广东戒严，香港亦难居，自香港抵达东京。

2 月 24 日，商请宋教仁同日人古河（即古川清，日本退职军官，早年曾随军至中国东北，并在辽东马侠军中任头目——引者）赴辽东运动“马贼”。

2 月 25 日，赴东京赤坂区三河屋出席日本外务省次官内田康哉为孙中山饯行举办的宴会。当日应邀赴宴者除孙、黄之外，尚有宋教仁、章太炎、胡汉民、刘申叔、鲁文卿、宫崎寅藏、清藤幸七郎、和田三郎等 10 余人。

2 月，与孙中山、章太炎等研究制订同盟会《革命方略》，在讨论中华民国国旗图式时与孙中山发生争执，欲退出同盟会，后经同人劝解，旋为顾全大局，勉从孙意。

徐佛苏受梁启超运动，转请宋教仁、章太炎疏通，欲停止论战。章有妥协意，而黄力持不可。

3 月 6 日，与宋教仁商议，议定宋教仁、白逾桓与日人古河同赴辽东，运动“马贼”起事。

因孙中山被迫离开日本，同盟会总理由黄兴代理。在黄兴的领导和组织下，以同盟会会员中的陆军学生为骨干，组织“丈夫团”，成为同盟会中一支重要的武装力量。

3 月 21 日，白逾桓起程，先赴马关，约定在马关石田馆等待宋教仁。

3 月 23 日，宋教仁与古河启程赴辽东。

4 月 1 日，宋教仁等一行到达安东县（今丹东市），致函黄兴，报告行踪。经过一番筹备，成立同盟会辽东支部，作为领导起义机关，嗣因事机不密，白逾桓在碱厂被捕，宋教仁折返东京。

4 月，离日赴香港，拟再入粤之肇庆，运动郭人漳部反正，嗣因郭部奉调入钦州，肇庆之行，旋作罢论。嗣回日本，策应皖、浙起义。

6 月 13 日，应孙中山邀请，再赴香港，入钦州，策动郭人漳反正。旋赴安南河内，与孙中山会商有关起义事宜。

7 月，就章炳麟、陶成章、张继等人攻击孙中山之事，表示坚决反对。对于要求改选他为总理一事，他复函表示：“革命为党众生死问题，而非个人名位问题，孙总理德高望重，诸君如求革命得有成功，乞勿误会，而倾心拥护，且免陷兴于不义。”第一次倒孙风潮遂告平息。

9 月 1 日，孙中山命王和顺乘钦、廉地区民众抗捐斗争之机，在钦州王光山发动起义。

9 月 3 日，王和顺率 200 人至钦州王光山，发动起义，袭击防城。

9 月 5 日，民军占领防城。杀清防城知县宋晁元及幕僚等 10 人，取得初步胜利。拟攻钦州城，并策动郭人漳部以为内应，因钦州道尹王瑚所阻，加之郭人漳首鼠两端，未能如愿。

9 月 17 日，王和顺解散民军，避往安南河内，历时半月的防城起义失败。

10 月 29 日，抵安南河内，与池亨吉会晤。

11 月 21 日，孙中山召集黄兴、胡汉民及三合会首领多人在安南河内商议再次举行起义事宜。

12 月 2 日，孙中山派黄明堂率广西游勇进攻镇南关。黄明堂、关仁甫率游勇 80 余人，携快枪 42 支袭击镇南关，清守兵 100 余人猝不及防，纷纷投降，民军占领镇南、镇中、镇北三炮台。

12 月 3 日，孙中山偕黄兴、胡汉民、胡毅生、卢仲琳、张翼枢、日人池亨吉、法国退职炮兵上尉男爵狄氏等至关，登上炮台，全军鼓舞。

12 月 4 日，清军参将陆荣廷率军来犯，法武官狄氏发炮还击，第一弹命中，清军死伤 60 余人，敌军阵营呈混乱状态。孙中山、黄兴等革命党人亲自参战，"很多子弹都打中了敌人"。陆荣廷损兵折将，重兵一时难集，乃采取缓兵之计，向革命军"密函约降"，孙、黄等人信以为真，遂寄希望于陆部反正，决定由黄明堂等坚守五日，孙、黄等即日回河内筹款购械，"一俟饷械运到，便可进攻龙州"。

12 月 5 日，抵达谅山，乘火车返抵河内。

12 月 7 日，清军机处指责桂抚张鸣歧失去重隘，"交部议处"，责令他督饬各路援军"即日克复"。

12 月 9 日，清军各路援军齐集，以 4000 人的优势兵力四面围攻，黄明堂突围出走，撤离镇南关。

1908 年，34 岁

3 月 27 日，按照孙中山指示，召集海内外同志 200 余人，组成"中华国民军南军"，自任总司令，从越南入境，进入钦州东兴。

3 月 29 日，率部抵达小峰，遇清军 600 余人依山为阵进行堵击，黄采取以退为进的战术，将清军引离阵地后分三路猛攻，清军大败，仅剩残兵 50 余人逃脱，小峰之战大获全胜。

3 月 30 日，国民军乘胜前进途中，偶遇清军一营，交战未久，清军败退，逃入村中一大宅内负隅顽抗，国民军攻打大门时忽有一冷弹从门内射出，击中义军，一人壮烈牺牲。黄兴大怒，喝令宅中主人速出，乃投炸弹毁之，清军死者百数十人，余众皆解衣卸械而遁。

3月31日，率革命军抵达大桥，清军两营来战，交火不久，清军一名营官中枪倒地，两营士兵皆狼狈而逃，大桥之战又获全胜。

4月2日，率中华国民军列阵于马笃山，清督带官龙某率兵三营来攻，国民军居高临下，发枪遥击，龙管带中枪落马，三营士卒尽溃，清军哨官被擒者2人，降者30余人。国民军连战皆捷，遂向广西边境进军，清军统领郭人漳率众3000余人奉命尾追其后，取包围式，以图全歼国民军。黄兴乃募勇士于黑夜至清军所驻民房抛掷炸弹，清军自相惊扰，不战而溃。国民军乘胜追击，清军几乎全军覆没。郭人漳的军旗和战马均被缴获，自此，国民军纵横于钦、廉、上思一带，鏖战40余日。终因给养不济，弹尽援绝，撤离，黄兴退往安南，余部转入十万大山。

4月30日，黄明堂率200余人在云南河口向清军发动进攻，清防营一部反正，合兵约500人，经过约两小时战斗，占领河口。

5月3日，返越途中，抵先安。

5月5日，由海防入河内，孙中山电委黄兴为云南国民军总司令。

5月6日，启程赴河口。

5月7日，抵达河口。亲赴河口前线督师。

5月8日，拟亲率一军袭取蒙自，而将士多不听号令，“乃知本身非有基本军队，不能指挥他军。遂决计回河内，拟征集前在钦州共事之同志一二百人，佐以驳壳枪，组织基本队，然后再赴前线。”于是，遄返越南。

5月11日，在老街被法国军警疑为日本人被捕。旋被解送出境，赴新加坡。

5月26日，河口失陷。

5月27日，被清吏悬赏5000元通缉。

夏，由新加坡经香港抵达东京，重组大森体育会，参加者有林时爽、刘揆一、焦达峰、孙武、夏之时等10多人，学习军事技术和实战演习，培养、训练军事人才，并在东京市外秘密试制炸药。

向共进会发起人质疑组织缘起，经焦达峰解释，始了解共进会创建始末。

10月19日，日本政府以《民报》第24号刊载伯夔撰《革命之心理》一文，违反《新闻纸条例》第23条，由东京警察总监龟井英三郎下令停止销售发行并封禁《民报》。

10月25日，召集在东京的同盟会本部干部会议，商讨善后之策，经过讨论，决定将《民报》迁往美国出版，旋因他事所阻，终不果行。

冬，在东京小石川区水道町创立"勤学舍"，成为在东京革命党人的俱乐部。

1909年，35岁

1月1日，应程家柽电邀，由东京到京都，密与程家柽商议，拟与袁世凯携手合作，结盟反清，嗣因袁氏被斥革，未能如愿。

1月3日，电邀宫崎寅藏至京都，共商革命进行方略。

1月11日，在宫崎寅藏等人陪同下游鹿儿岛，为西乡隆盛扫墓。

1月23日，偕宫崎寅藏经熊本返回东京，旋与宋教仁迁居西大久保一五八桃源寓。

5月19日，孙中山由新加坡启程赴欧洲，嗣赴美国，受孙委托，与胡汉民负责国内革命运动之筹备。

6月23日，在东京以"东瀛浪士"笔名撰自题联一首："湖心亭上扶桑客，身在异乡想故园。"

9月，陶成章去槟港，以东京南渡分驻英、荷各属办事的川、粤、湘、鄂、江、浙、闽七省同志的名义起草了一份《孙文罪状》的公函，指责孙中山有"残贼同志""蒙蔽同志""败坏全体名誉"等罪状三种12条，要求罢免孙中山总理职务。此时，黄兴在林时爽等人的帮助下，筹备在东京恢复《民报》，邀汪精卫任编辑，为避日本政府干涉，托名以法国巴黎濮侣街四号《新世纪》杂志社为发行所，秘密出版第25、26期。章炳麟以《伪（民报）检举状》相唱和，大肆攻击孙中山，掀起了第二次倒孙风潮，受到黄兴的坚决抵制和反对。

10月，同盟会在香港建立南方支部，作为指挥南方革命的总机关。

11月7日，《复孙中山书》称："陶等虽悍，弟当以身力拒之。"并望孙"能海量涵之"。在《致美洲各埠中文日报同志书》中称，"有人自东京发函美洲各埠华字日报，对于孙君为种种排挤之词，用心险毒，殊为可愤"。并声明：以后"公函必须有庶务签名及盖用同盟会之印者，方可认为公函"。其他私人函件，"同人可置之不理"。

1910年，36岁

1月23日，应同盟会南方支部之邀，自日本启程，经神户，过下关赴港。

1月29日，抵达香港。与胡汉民、赵声等领导广州新军起义。

2月4日，议决元宵前后举事，致函宫崎寅藏，请速招军事人员来援。

2月9日，一起突发事件打乱了起义部署。十二月三十日（农历除夕），新军步队二标二营士兵胡英元因先期在城隍庙前绣文斋定刻图章、名片，托同营兵士华宸衷代取，争论价格，彼此口角，老城第一局警察上前干涉，不容分辩，竟至动武。与华宸衷同营士兵八人路见不平与警署理论，遭警署殴辱，加以锁押。此事发生后，黄兴与胡汉民、赵声、倪映典等人商定新军提前改期初六（公历2月15日——引者）起义。

2月10日，正值新军假日正月初一，发生新军与警察冲突，在互殴中警察伤者20余人，死1人，新军受伤者二三十人。

2月11日，倪映典由香港乘轮回到广州，立刻传达黄兴等人指示，拟于2月15日起义；及抵燕塘，见新军与防营已作好战斗准备，因而来不及与黄兴商量，遂决定于2月12日提前起义。

2 月 12 日，倪映典突入炮队一营，见管带齐汝汉正在向士兵喊话，连开三枪将其击毙。随即偕同排长罗炽扬等传令各营在大操场集合，于是，步、炮、工、辎七营合 3000 之众传令起义，公推倪映典为司令。倪即率队分三路向省垣进发。经过激烈战斗，革命军与清兵互有死伤。李准便命水陆捕缉处帮统李景濂以和谈为名，设计诱杀倪映典。新军主力乃暂时退居燕塘。黄兴在香港，夜间得报，急欲乔装与赵声前往督战，以广九路局闻变，火车不准开行，只得另觅他途，然已缓不济急。义军因主将被害，指挥乏人，加以子弹缺乏，终至失败。

3 月 19 日，致函宫崎寅藏，告以广州新军起义失败及今后行动计划。

3 月 28 日，偕胡汉民、赵声赴新加坡筹款，处理广州新军起义失败后的善后工作，且谋再次举行反清武装起义。

3 月 31 日，汪精卫、黄复生在北京谋炸摄政王载沣失败。

3 月，孙中山在美国先后发电报、致长函到香港给黄兴，提出在广东再次发动反清武装起义的计划。

4 月 16 日，汪精卫等被捕下狱。

4 月 22 日，宫崎寅藏偕儿玉右二离东京赴香港。

4 月下旬，孙中山函电到港后，胡毅生电请黄兴返港商议；加之，宫崎寅藏偕儿玉右二已来港，所以黄兴与赵声自新加坡先后返港。

5 月初，与宫崎寅藏、儿玉右二会晤，就中国革命形势进行了为期一周的谈话。

5 月 8 日，宫崎寅藏撰黄兴访问记在日本报刊陆续发表。

5 月 12 日，宫崎寅藏偕儿玉右二乘日轮“加茂丸”离港，黄兴作诗相赠，表明其今后将继续从事反清武装起义的决心。

5 月 13 日，复函孙中山，详陈今后革命计划。认为武装起义以“广东必可由省城下手，且必能由军队下手”。组织总机关人才，“必多求之各省同志中，以为将来调和省界之计”。建议召开一次大会，“分担责任，各尽其才，事无不成矣”。

6月7日，由香港秘密抵达东京，与宫崎寅藏会晤。

6月10日，化名李经田，赴横滨，与孙中山秘密会晤。

6月11日至24日，在东京小石川区原町三十一番地宫崎寅藏寓所与孙中山、赵声等多次密商革命进行方略。

7月17日，因日本政府向宫崎寅藏“严厉追究”，离开东京前往香港。

秋，偕赵声赴仰光，与滇籍同盟会员吕志伊等同至云南皎墨会滇商寸尊福，寸氏愿醵万金作滇边起事义饷。时英人进兵侵我片马，又旅暹同志运滇之军械为暹关吏侦获。黄兴审察滇边形势，谓其地交通困难，经营十云南，不如一广东。遂与吕志伊商，与其举义于滇西，不如举义于粤东，而滇为响应，议遂定。

11月13日，赴槟榔屿（庇能）出席孙中山召开的秘密会议。与会者除黄兴外，还有赵声、胡汉民、孙眉、谢良牧、何克夫及庇能党员黄金庆、吴世荣、怡保代表李孝章、芙蓉代表邓泽如等人。会议决定倾全力发动广州起义。会后，赵声往香港联络广州新军，黄兴、胡汉民等分往南洋各处筹款。

11月15日，孙中山在槟榔屿打铜街120号槟城阅书报社发表筹款演说，当场筹得8000余元。

12月25日，自仰光至新加坡，致函陈楚楠问疾，并商酌筹款。

12月31日，由新加坡至坝罗，访邓泽如，商议筹款事宜。

是年，二女文华在日本诞生。

1911年，37岁

1月1日，在芙蓉筹款会议上发表演说。

1月2日，偕邓泽如等抵吉隆坡筹款。

1月3日，抵怡保，在宴会上发表演说，积极筹款。

1月4日，至霹雳筹款。

1月5日，至文明阁筹款。

1月6日，至金宝筹款。

1月7日，返吉隆坡向某俱乐部筹款。

1月8日，返回芙蓉。

1月9日，返新加坡，函谢邓泽如。

1月10日，函谢李源水等，并催汇款。

1月11日，致函暹罗（今泰国）同志，促汇发难经费。

1月12日，自新加坡乘日本邮船回港。行前，致函谢良牧、邓泽如，催践约汇款。

1月18日，抵香港，主持广州起义筹备工作。旋成立统筹部于跑马地鹅井三十五号，众推黄兴为统筹部部长，赵声为副部长。内分调度、交通、储备、编制、秘书、出纳、调查、总务等八课。

1月21日，致函李源水、郑螺生等，请继续筹款汇港。

1月24日，致函邓泽如，催速筹款及告知有关运动新军情况。

2月2日，与赵声联名致函邓泽如，催汇款济急。

2月4日，谭人凤应邀抵港，共商联络中部各省响应广州起义事宜。

2月5日，谭人凤携5000元赴长江流域各省发动响应广州起义。

2月10日，致函邓泽如，催速收捐款。

2月13日，派刘承烈携函抵武汉，面交居正，嘱其在武汉运动新军响应广州起义。

2月14日，致函邓泽如催寄捐款。

2月上旬，派郑赞臣、方君瑛等往苏、赣、皖、浙、桂等省活动，设办事机关于上海。谭人凤抵上海，以3000元交郑赞臣，负责办理响应广州起义事项。

2月23日，谭人凤由沪抵汉，与居正、孙武等面商响应广州起义，并以600元交居正，200元交孙武，作为武汉响应广州起义经费。

3月初，谭人凤抵长沙，召集曾杰、邹永成、刘承烈开会，研究响应广州起义事，并以700元交曾杰负责办理党事。

3月6日，与赵声、胡汉民联名致函孙中山，汇报广州起义的准备情况，包括组织、人事、筹款、购械及各省响应等情。

与赵声、胡汉民联名致函加拿大域多利埠致公堂，谢汇军费。

3月12日，与赵声、胡汉民致冯自由书，谢其力筹巨款。

3月14日，致邓泽如书，催速筹款，并述赴义之决心。

3月底，派遣卢性正携黄兴手书赴湘中联络各地军官响应广州起义，并嘱咐曾杰“待至临事始转达”，卢“匆匆返粤”。

4月8日，主持召开统筹部发难会议，决定采取十路进攻计划。“其总司令则为赵声，副之者黄兴。”发难日期议定为农历三月十五日（公历为4月13日）。

同盟会员温生才毙清署理广州将军满洲副都统孚琦，温被捕遇难。

由于受温生才刺孚琦事件的牵连，广州清吏下令戒严，加之筹款和购械均未到齐，又议定改期至农历三月二十八日（公历4月26日）举事。

4月18日，致函李源水、郑螺生、李孝章，紧急催促筹款汇统筹部，并表赴义之决心。

4月23日，致绝笔书于孙中山及南洋各同志。按照统筹部发难会议决定，广州起义原定以赵声任总司令，黄兴副之。因赵声在粤既久，不便公开活动，黄兴遂先赴广州，代行总司令职权。是晚，黄兴入广州城，设起义总指挥部于越华街小东营五号。

4月24日，以粤督张鸣歧严密防守，风声过紧，乃密电阻止留港敢死队进省。

4月26日，根据统筹部发难会议决定，原拟即日发难，惟预计安南、日本所购运之枪械至26日晚始能运到，尚须时间接受分配，因公议改期于4月27日发难，并将原拟十路进攻计划改为四路进攻计划。密召在赣敢死队员悉数进省，准备发难。

4月27日，广州起义爆发，黄兴亲率选锋队员130余人由小东营出发，进攻两广总督衙门。总督张鸣歧逾墙逃脱。经过一昼夜浴血战斗，击毙卫队管带金振邦及卫兵、警察数十人。林时爽、方声洞在战场上牺牲；喻培伦、林觉民、李德生、李雁南等被俘遇害。此次战役终以实力悬殊而败。义军英勇牺牲或被逮后从容就义有姓名可考者86人。黄兴伤右手、断两指，机智脱险。事后，潘达微等收殓烈士遗骸72具，合葬于广州城郊红花岗，后将红花岗改为黄花岗，史称“广州之役”或“黄花岗之役”。死难者称“黄花岗七十二烈士”。

4月28日，与赵声相见，两人因悲愤相抱痛哭。

4月29日，由徐宗汉护送至香港养伤。旋入雅丽氏医院割治断指。

5月4日，孙中山在美国接到胡汉民复电，获悉黄兴等人安全脱险，表示“天下事尚可为也”。

5月初，以左手拈笔撰《致海外同志书》，简要介绍广州起义经过。为避清吏耳目，租住九龙筲箕湾养伤，同住者有徐宗汉和李应生、李沛基、卓文。

5月11日，文学社与共进会第一次协商会议在武昌分水岭七号孙武寓所召开，商议合作事宜，无结果而散。

5月19日，赵声因病在香港逝世，黄兴因避追捕，未能亲往致祭。

5月下旬，与胡汉民联名致书孙中山及南洋各埠华侨同志，详细报告广州起义经过及筹款和开支账目。

6月14日，文学社与共进会第二次协商会议在武昌长湖堤龚霞初寓所召开，虽较第一次协商会议有所进步，但由于双方成见太深，并未就联合问题达成具体协议。

夏，在香港组织东方暗杀团，派李应生入省设立暗杀机关。徐宗汉、李沛基、卓文等参与其事。

7月31日，宋教仁、陈其美、谭人凤等30余人在上海发起成立同盟会中部总会。

8月5日，杨毓麟在英国利物浦海岸蹈海自戕。事先，汇英镑100多镑托石瑛、吴稚晖转交给黄兴，作为开设一小型炸弹工厂之费用，余30镑托杨昌济转老母，“为最后之反哺”。

8月13日，林冠慈、陈敬岳炸伤清广东水师提督李准。林中弹死难，陈被捕牺牲。

9月14日，文学社与共进会第三次协商会议在武昌雄楚楼十号刘公寓所召开，决定两组织实行联合，并派居正、杨玉如赴沪邀请中部同盟会委派黄兴、宋教仁、谭人凤莅汉主持大计。

9月16日，居正、杨玉如乘轮东下，受命赴沪迎接黄兴、宋教仁、谭人凤来汉主持大计。

9月19日，居正、杨玉如到达上海，当即会晤宋教仁、陈其美、谭人凤。并在陈其美寓所召开会议，决定南京、上海同时发动。

中部同盟会决定派吕志伊、刘芷芬携函赴香港，邀请黄兴来汉主持大计。

9月29日，吕志伊、刘芷芬抵达香港。

9月底，致函孙中山，报告武汉“新军必动，请速汇款应急”。

10月2日，与湖北代表吕志伊、刘芷芬晤谈。

10月3日，与吕志伊、刘芷芬继续晤谈。并复函中部同盟会，力赞武汉起义计划。和谭人凤诗一首，其中有“能争汉上为先著，此复神州第一功”句。

10月4日，致邓泽如等电，嘱急速筹款支援武汉起义。

10月5日，致函冯自由，嘱急筹巨款汇寄武汉同志。

10月6日，致函陈其美、谭人凤、宋教仁、居正等，嘱吸取以往各次起义失败教训，须注意纯洁起义队伍，防止内奸。

10月7日，分别致函美洲致公堂和美洲筹饷局同志，嘱急筹巨款支援武汉起义。

致函美洲华侨伍平一、黄芸苏、李是男等，嘱竭力筹款支援武汉起义。

10月9日，蒋翊武抵达武昌，依黄兴来电部署起义。当日下午，孙武在汉口俄租界宝善里配制炸药不慎失事，机关暴露；俄巡捕抄获党人名册、旗帜，并拘捕刘同等6人。

10月10日凌晨，彭楚藩、刘复基、杨洪胜被清吏斩首于督署东辕门外。晚7时左右，武昌城外第二十一混成协辎重营党人燃火发难。8时左右，城内第八镇工程队士兵程正瀛打响首义第一枪；

熊秉坤率党人起事，占领楚望台军械库，推举队官吴兆麟为临时总指挥。发起进攻督署，武昌起义爆发。

10月11日，经过一昼夜激战，革命党人占领武昌全城。湖广总督瑞澂逃登楚豫舰；提督张彪率残部退守汉口刘家庙。武昌首义党人同湖北咨议局诸人成立湖北军政府，推举黎元洪为都督。

当日晚，驻汉阳新军党人起义，占领汉阳全城。

10月12日，驻汉口新军党人起义，光复汉口。

10月14日，清廷下诏启用袁世凯为湖广总督，督办“剿抚事宜”。

居正、谭人凤抵武昌，汇报在沪协商情况。谭与黎元洪会晤，谭向黎建言：宜急驱逐张彪残部，派重兵据守武胜关，以绝后患，黎“以外交团禁止十里内开战卸责”。

10月17日，黄兴离港赴汉。

10月22日，湖南响应武昌首义，宣告独立。

陕西新军起义，次日宣告独立。

10月24日，黄兴抵达上海，与宋教仁商议有关光复南京部署。

10月27日，清政府授袁世凯为钦差大臣，所有派赴湖北进剿革命军的海陆各军及长江水师均归袁节制调遣。

10月28日，黄兴、宋教仁、刘揆一等抵达汉口，旋即渡江至武昌，与黎元洪会晤。

当日晚，黄兴以民军总司令名义赴汉口督师。

10月29日，黄兴在汉口歆生路满春茶园设立民军总司令部。

太原新军起义，成立山西军政府。

10月30日，黄兴在汉口指挥民军在循礼门、刘家花园、歆生路一带与清军展开激战，给予清军重创。

袁世凯离开彰德南下视师。

昆明新军起义，11月1日，成立云南军政府。

南昌新军起义，11月1日成立江西军政府。

10月31日，黄兴以民军总司令官名义在满春茶园发布命令坚守阵地。清军焚烧汉口街市，迫民军后退。

袁世凯抵达信阳。

11 月 1 日，清军占领汉口，民军开始向汉阳撤退。

袁世凯到达湖北孝感萧家巷。

清皇族内阁辞职，清政府令袁世凯为内阁总理大臣。

11 月 2 日，在军政府召开的紧急会议上发言，分析民军从汉口撤退的原因。

民军全部撤退至汉阳。

首批援鄂湘军王隆中部抵达武昌，暂住湖北两湖书院。

11 月 3 日，军政府在武昌阅马场举行拜将仪式，黎元洪委任黄兴为战时总司令。

设战时总司令部于汉阳伯牙台，次晨移至汉阳昭忠祠。

11 月 4 日，率总司令部人员登龟山顶探查汉口敌方阵地，并视察汉阳沿江防务。

援鄂湘军王隆中部奉令由武昌开往汉阳。

贵阳新军起义，成立大汉贵州军政府。

清政府任命吴禄贞署山西巡抚。吴即与阎锡山会晤，公组燕晋联军，拟直捣幽燕。

上海光复，致书李燮和："沪事如何进取，乞卓裁主持，不必远商也。"

11 月 5 日，苏州宣布独立，成立江苏都督府。

杭州新军起义，成立浙江军政府。

11 月 6 日，吴禄贞在石家庄火车站被袁世凯派奸人暗杀。

成立沪军都督府。

11 月 7 日，广西宣布独立，成立广西军政府。

11 月 8 日，以民军总司令官名义发布命令，确定在汉阳南岸咀到三眼桥附近一带防务。

第二批援鄂湘军甘兴典部到达汉阳。

福州新军起义，次日全城光复，11 日成立福建军政府。

安徽咨议局议决宣布独立。

11 月 9 日，黎元洪电促响应武昌起义各省派代表到汉会议，筹商组织临时政府。

致函袁世凯，劝其归诚起义，勿为清廷所利用，呼吁袁拥护共和，并以中国之拿破仑、华盛顿相期许。

密谕民军将士对袁保持警惕。

广东宣布独立，成立广东军政府。

11 月 11 日，以民军总司令官名义发布命令，加强对汉阳兵工厂和钢药厂等处防务。

袁世凯派刘承恩、蔡廷干至武昌诱和，黎元洪与之接谈。

江苏、浙江、上海都督联合倡议各省派代表到沪设立临时会议机关，各省旧咨议局和各省现时都督府各派代表一人常驻上海。两省以上代表到会，即行开议。

11 月 12 日，清军派一部由蔡甸渡汉水，拟攻汉阳民军侧背；派一部绕黄陂，拟攻武昌。

上海方面以苏、浙两省代表名义，电请全国各省派代表来沪，会商组织临时政府。

11 月 13 日，民军派一队自武昌袭击汉口清军，次日退还武昌。

袁世凯抵达北京正式就任内阁总理大臣。

上海临时会议机关请求各省都督府公认武昌为中华民国新政府所在地。

11 月 14 日，在总司令部召开有各部长官参加的军事会议，部署有关反攻汉口事宜。

11 月 15 日，以民军总司令官名义发布“五项规定”，设信号于武昌黄鹤楼、凤凰山及汉阳大别山等处，待民军反攻汉口时，各炮队即向汉口射击。

各省军政府代表在上海集会，成立各省都督府代表联合会，决定筹组临时政府。

11 月 16 日晚，指挥汉阳民军自汉阳渡汉水反攻汉口，与清军激战于汉口玉带门一带。

袁世凯在北京组成责任内阁。

11 月 17 日，民军反攻汉口失利，下午退返汉阳。

以民军总司令官名义发布防守汉阳命令。

清廷任命段祺瑞署湖广总督。

11 月 18 日，清军炮击汉阳，集兵新沟，并在汉水上架设浮桥，准备渡江进攻汉阳。

11 月 19 日，以民军总司令官名义发布命令，加强民军左侧即来自西面由新沟、蔡甸方向而来清军的防御。

11 月 20 日，召开民军总司令部军事会议，勉励防守汉阳、武昌，以待各省援兵。

清军 2000 余人自孝感南下，由新沟渡汉水，进逼汉阳。

在沪各省代表决议，以武昌为中华民国中央军政府所在地，黎元洪为军政府大都督，各省代表赴鄂会议。

11 月 21 日，以民军总司令官名义发布命令，加强三眼桥附近防御，警戒蔡甸方面之湖道。清军与民军发生激战长达一个多小时，清军占领汉阳琴断口。

寄书长子一欧，勉励“努力杀贼”。

11 月 22 日，以民军总司令官名义发布命令，继续加强三眼桥防御，并增援磨子山、美娘山等处。经过激战，清军占领美娘山、仙女山、三眼桥一带。

当晚，以民军总司令官名义发布命令，确定翌日晨由锅底山向仙女山及美娘山发动反攻。

11 月 23 日，民军由花园出发，进攻仙女山失利，民军退守扁担山至汤家山一线，清军乘机进占锅底山。

11 月 24 日，以民军总司令官名义发布命令，须占领花园至扁担山一线以及琴断口至郭家湾一线，同时要加强钢药厂防御。

第三批援鄂湘军刘玉堂率一标四营抵达汉阳十里铺，黄兴命攻仙女山之敌，未克，刘玉堂身中数枪牺牲。

当晚，民军与清军在扁担山、花园山一线激战终日，民军退至十里铺，清军占领扁担山、花园山一线。

11月25日，清军进攻十里铺，以机关枪扫射，两军发生激战，在此关键时刻，援鄂湘军王隆中、甘兴典率所部擅自退却。

民军组织敢死队夜袭磨子山、扁担山，但得而复失。

11月26日，清军攻占汉阳十里铺，进占梅子山、黑山等处。

当晚，黎元洪派专人劝勉，请黄兴速至武昌筹商善后之策。11时许，黄兴在同人护卫下回到武昌都督府。

11月27日，清军分为三个纵队向汉阳民军发起进攻，大别山争夺战历时4小时之久，大别山失守，清军占领汉阳。

黎元洪召集湖北军政各界代表在军政府召开紧急会议，讨论今后战略方针及防守事宜。会上，黄兴发表讲话，分析阳夏之战失败的原因，主张严守武昌，以待援军。

湖北军政府委任万廷献任护理战时总司令职，蒋翊武为监军。

成都宣告独立，成立大汉四川军政府。

11月28日，乘日轮“岳阳丸”东下赴沪。

万廷献离汉赴宁，蒋翊武继任护理战时总司令职。

11月29日，起义各省代表抵达汉口。

清军列炮汉阳龟山，隔江炮轰武昌城。

11月30日，各省代表在汉口英租界召开第一次会议，筹备成立中央临时政府。

黎元洪撤离都督府，避驻武昌郊区王家店。

12月1日，抵达上海，寓日本人所开设之胜田旅馆。在接受《民立报》记者采访时表示：“此行目的，在速定北伐计划，并谋政治之统一。”

12月2日，江浙联军攻克南京。

与章炳麟、宋教仁等联名致电江浙联军司令徐绍桢、镇江都督府都督林述庆，对南京光复表示祝贺。推举程德全为江苏都督，驻江宁，以资镇守。推镇江都督林述庆为出征临淮总司令，并促其向临淮进军。

南北双方代表在武汉首次达成停战协议，宣布自12月3日起至6日止，武汉地区停战3日；12月6日又约定延期3日；12月9

日再约定停战15日，武汉战事自此停止。

12月4日，上海各省都督府代表联合会留沪代表选举黄兴为大元帅、黎元洪为副元帅。

12月5日，留沪代表议决由大元帅主持组织中华民国临时政府，黄兴坚辞，表示“愿领兵北伐，誓捣黄龙，以还我大汉河山而后已”。

蒋翊武卸任护理战时总司令职。

12月6日，谭人凤担任武昌防御使兼北面招讨使。

12月7日，黎元洪通电反对上海方面人士举黄兴为大元帅，要求“声明取消”。

12月9日，复电汪精卫，请促袁世凯与民军一致行动，推倒清廷。

12月11日，谭人凤辞去武昌防御使兼北面招讨使职，被黎推为议和代表，乘轮东下。

12月12日，14省代表自武汉齐集南京开会。

黎元洪委任吴兆麟为战时总司令官。

12月17日，致电各省代表会，力辞大元帅，荐黎元洪自代，各省代表遂改选黎元洪为大元帅，黄兴为副元帅；同时议决黄兴代行大元帅职权，组织南京临时政府。

12月18日，南北议和代表伍廷芳、唐绍仪在上海英租界之市政厅首次开展和谈。

12月19日，北方代表唐绍仪与黄兴会晤，以探索其意向所在，“革命党坚决主张共和，似已毫无折冲余地”。

12月20日，黄兴委任江浙联军参谋长顾忠琛与保定陆军小学堂监督廖宇春以个人名义举行密谈“商订一切”，签署草约五条。

南北双方议和代表举行第二次会议，讨论“国体”问题。

12月25日，孙中山自美国经欧洲回国抵沪。

12月29日，17省代表在南京召开会议选举临时大总统，每省一票，孙中山以16票的绝对多数正式当选为中华民国临时大总统。

南北双方代表举行第三次会议，共同决议召开国民会议解决

“国体”问题。

12 月 30 日，南北双方代表举行第四次会议，商定召开国民会议的具体办法。

12 月 31 日，南北双方代表举行第五次会议，就国民会议召开的地点等具体问题进行讨论。

1912 年，38 岁

1 月 1 日，出席临时大总统孙中山就职典礼。

北洋军将领冯国璋、段祺瑞等 48 人发表联盟通电，叫嚣“誓死拥护君主立宪，反对共和政体”。

1 月 2 日，孙中山以临时大总统名义通电全国改用阳历，以 1912 年 1 月 1 日为中华民国建元之始。

1 月 3 日，中华民国南京临时政府正式成立。由孙大总统任命黄兴为陆军部总长。

各省代表选举黎元洪为中华民国临时副总统。

1 月 9 日，陆军部启用关防，正式成立，开始办公，筹划北伐事宜。孙大总统任命黄兴兼任临时政府参谋总长，以谋划国防用兵事宜。

1 月 14 日，与孙大总统联名致电伍廷芳，规定议和日期“以十四日为期”。

2 月 3 日，由孙大总统任命兼任大本营兵站总监。钮永建为次监。主要任务是补给运输。

2 月 12 日，陆军部为成立大本营兵站发出通电，宣告大本营兵站正式成立。

清宣统帝溥仪下诏宣布退位。持续 2000 多年的封建帝制最后终结。

2 月 13 日，孙中山向临时参议院提出辞职咨文，并推荐袁世凯继任临时大总统。

2 月 15 日，临时参议院选举袁世凯为第二任临时大总统。

2 月 25 日，黄兴领衔发起组织陆军将校联合会，被推举为会长。冀以“结成一大团体”，“共济时艰”，以与北洋“军界统一会”相抗。

3月3日，中国同盟会本部在南京召开党员大会，宣布“巩固中华民国，实行民生主义”之宗旨及新的政纲九条，举孙中山为总理，黄兴、黎元洪为协理。并推举宋教仁、马君武、张继、居正、平刚、田桐、刘揆一等为干事。

3月10日，袁世凯在北京宣誓就任临时大总统。

3月11日，《中华民国临时约法》由孙中山颁布实施。

3月13日，袁世凯任命唐绍仪为内阁总理。

3月18日，与陈锦涛等在南京成立拓殖协会，被选举为会长，以开发边疆资源，实践民生主义。孙中山于3月29日批拨经费30万元，以资鼓励。

3月19日，与刘揆一等发起组织中华民国民族大同会。在南京门帘桥事务所开成立大会，黄兴为总理，刘揆一为协理，下设教育、实业、编辑、调查四部。4月3日，孙大总统批准立案。

3月30日，与蔡元培联名介绍唐绍仪加入中国同盟会，孙中山主盟。

3月31日，袁世凯拒不任命黄兴为陆军总长，改任为南京留守，以统辖、裁撤南方各军。

4月1日，孙中山正式宣告辞去临时大总统职。

4月6日，黄兴正式宣告就任南京留守。

4月29日，倡议劝募国民捐，以减少外债之输入。

5月12日，南京军界成立“同袍社”，黄兴被举为社长。第三军军长王芝祥被举为副社长。

5月13日，致电袁世凯请撤销南京留守职。

5月16日，南京成立国民捐总会，举孙中山为总理，黄兴为协理。

5月18日，再次致电袁世凯，请“迅赐取消留守府，立予解职。”

5月22日，致电袁世凯及各省都督，申明礼教，强调法治。

5月30日，袁世凯公开发布电令，批准黄兴辞南京留守职。

6 月 14 日，交卸留守职务，发布《解职通电》《布告各界文》《布告将士文》。卸职事毕，乘沪宁路车赴沪卜居，寓同孚路二十一号。

6 月 16 日，国务总理唐绍仪因袁世凯无视内阁职权，宣布辞职。一个月后，同盟会内阁阁员王宠惠（司法）、蔡元培（教育）、宋教仁（农林）、王正廷（工商）相继辞职。

6 月 29 日，袁世凯提议陆征祥出任国务总理。30 日，袁世凯正式任命陆征祥为内阁总理。

7 月 17 日，中华民国铁道协会召开成立大会，选举孙中山、黄兴为正、副会长。

7 月 22 日，中华民国铁道协会在上海味莼园举行正、副会长就职典礼。黄兴就任副会长之职。

8 月 16 日，湖北革命党人、湖北军政府军务部副部长张振武和湖北将校团团长方维，在黎元洪、袁世凯合谋下被杀害于北京。

8 月 18 日，获悉袁世凯杀害张振武、方维，终止北行，并致电袁世凯，严词诘责。

8 月 20 日，再次致电袁世凯，谴责杀害张、方之罪。

8 月 24 日，孙中山应袁世凯之邀，抵达北京。

8 月 25 日，中国同盟会联合统一共和党、国民公党、国民共进会、共和实进会，在北京召开国民党成立大会。举孙中山为理事长；黄兴、宋教仁、王宠惠、王人文、王芝祥、吴景濂、张凤翙、贡桑诺尔布为理事。会议发布《国民党政见宣言》，确定党纲五条：“保持政治统一、发展地方自治、励行种族同化、采用民生政策、保持国际和平。”孙中山委托宋教仁代理理事长。

9 月 5 日，应袁世凯邀请赴北京商议要政，随行者有陈其美、李书城、张孝准、何成濬等 10 余人。9 月 7 日抵烟台；9 月 9 日抵天津；9 月 11 日抵达北京。10 月 5 日离京，在京期间，利用各种欢迎会发表演说，阐述自己的建国主张。

9 月 7 日，袁世凯授黄兴为陆军上将，时黄兴适在北上途中。

9 月 11 日下午，与陈其美往总统府会见袁世凯。

9月19日，担任中国邮政协会和中国实业共进会两会会长。

9月23日，总理陆征祥解职。

9月25日，袁世凯任命赵秉钧为国务总理。

10月5日，偕陈其美赴总统府辞行，面呈辞谢陆军上将函。乘专车离京。

10月9日，抵南京。

10月11日，袁世凯电告授予勋一位。复电辞拒不受。

抵达上海。

10月23日，自上海乘楚同舰启程返湘。

10月26日，抵达武昌。

10月31日，抵达长沙。至11月13日，黄兴在长沙停留14天。在此期间，出席社会各界欢迎会，阐述其建国主张。

11月2日，与郭人漳等发起成立湖南五金矿业股份有限公司。

11月12日，与谭延闿等32人发起成立洞庭制革股份有限公司。

同日，与龙璋等29人发起成立中华汽船有限公司。

11月15日，偕陈家鼎、余焕东等人赴湘潭。

11月16日，与龚超等15人发起倡办《民誓》杂志，“以发挥民生主义，唤起国人趋重实业之精神为宗旨”。

11月17日，抵达醴陵。

11月21日，抵达萍乡。

11月22日，复电杨度，解释政党内阁主张。

11月23日，复电胡瑛，告以本党主张“政党内阁”宗旨。

11月28日，袁世凯任命黄兴为汉粤川铁路督办。

12月4日，允暂行接管汉粤川铁路督办一职。

12月初，回凉塘故居省亲，小住数日。

12月16日，离湘赴汉。

12月底，与张继等16人发起倡办《世界报》，“以输入世界常识，指导共和政府，平均地权，主张人道为主旨”。

1913年，39岁

1 月 1 日，在汉口就任汉粤川铁路督办。嗣因隶属关系与原议不相符合，于 1 月 8 日电请辞职。袁世凯于 1 月 29 日准其辞职。

1 月 17 日，宋教仁为迎接国会竞选，宣传政党内阁主张，离京南下，抵达湖南。2 月初至汉口，旋沿江东下，2 月 15 日抵沪，寄居黄兴寓所。

1 月 23 日，自汉口抵达上海，仍居同孚路二十一号寓所。

1 月 26 日，在国民党上海交通部欢迎会上发表演说，谈制定民国宪法的重要性。

2 月 4 日，北京参、众两院复选，国民党获 392 席，共和、统一、民主三党仅得 223 席，国民党取得占绝对多数的胜利。

2 月 23 日，幼女黄德华在长沙文星桥出生。

3 月 7 日，宋教仁赴南京，发表演说，抨击袁世凯政权。旋返沪，仍居黄兴寓所。

3 月 8 日，致函王宠惠，讨论宪法问题。

3 月 13 日，与宋教仁等 27 人发起成立湖南富国矿业股份有限公司，“以开采湖南矿物，振兴矿业为目的。”

3 月 20 日，晚上 10 点 45 分，宋教仁在沪宁车站被刺。黄兴等将宋送至沪宁铁路医院抢救，因伤重抢救无效，延至 22 日凌晨 4 点 47 分去世。

是日晚，宋教仁授意黄兴代拟致袁世凯电文。

3 月 21 日，袁世凯以“宋案”凶手归克强。

3 月 22 日，致电袁世凯及国务院、参议院及国民党各支部告以宋教仁被刺绝命。

是日，与陈其美联名致函上海公共租界总巡捕卜罗斯及上海闸北警察局，悬赏 10000 元缉拿刺宋凶手。

3 月 23 日，宋教仁灵榇由沪宁铁路医院移放湖南会馆，黄兴代表宋教仁亲属向送殡各员道谢。

3 月 25 日，与孙中山等会商“宋案”处理办法，未获一致意见。

3 月，为国民党上海交通部机关刊物《国民月刊》撰写出刊词，阐述宪法要义。

4 月 6 日，致电袁世凯，交涉提回“宋案”逃犯洪述祖。

4 月 13 日，国民党上海交通部在上海静安寺路张氏味莼园举行追悼宋教仁大会，参加者 20000 多人。黄兴因足疾未出席，会前致送祭文和挽联，明确指出袁世凯就是主凶。

4 月 16 日，林述庆被袁世凯毒杀殒命，撰挽联致祭。

4 月 25 日，在黄兴等人敦促下，江苏都督程德全、民政长应德闳通电公布“宋案”主要证据 44 件。

4 月 26 日，与孙中山联名通电，对“宋案”“严究主名，同伸公愤”。

是日，通电反对袁世凯向五国银行团进行“善后大借款”。

5 月 1 日，再次致电袁世凯及国务院要求取消违法借款。

5 月 4 日，三子黄一美出生于上海同孚路二十一号。

5 月 11 日，袁世凯借口破获“血光团”诬陷黄兴，借此转移视线，掩饰“宋案”罪责，黄兴斥之为“邪说横行”。

5 月 13 日，复电黎元洪，严正表明对“宋案”及借款问题的态度。

5 月 15 日，袁世凯借词撤销黄兴上将军衔，并令“勿庸发给补官证书”。

6 月 9 日，袁世凯下令免除江西都督李烈钧职。

6 月 12 日，收到孙中山交款 50000 元，此款用于运动吴淞炮台和肇和军舰讨袁。

6 月 14 日，袁世凯下令免除广东都督胡汉民职。

6 月 26 日，宋教仁安葬于上海闸北公园墓地。

6 月 27 日，致电广东陈炯明，请接任都督，宣布独立讨袁。

6 月 30 日，袁世凯下令免除安徽都督柏文蔚职。

7 月 1 日，再电陈炯明，希即接任都督，宣布独立，联合讨袁，切勿再延。

7 月 3 日，三电陈炯明，再不接任都督，独立讨袁，党人将不能相谅。

7月12日，李烈钧在江西湖口宣布独立，举兵讨袁，“二次革命”正式爆发。

7月13日，接见南京第八师两旅长王孝缜、黄恺元，应允赴宁主持讨袁军事指挥事宜。

7月14日，偕石陶钧等抵南京，召集军事会议，决议出兵讨袁计划。

7月15日，被推举为江苏讨袁军总司令，通电誓师讨袁。

7月16日，任命章士钊为江苏讨袁军总司令部秘书长。

是日，推举岑春煊为各省讨袁军大元帅，以节制各独立省份的讨袁军。

7月17日，安徽省宣告独立，柏文蔚被推举为安徽讨袁军总司令和安徽都督。

7月18日，陈其美在上海宣布独立，吴淞炮台宣布响应。

是日晚，陈炯明宣布广东独立，自任广东讨袁军总司令。

7月19日，第十四师师长许崇智迫使福建都督孙道仁宣布独立，以许崇智为福建讨袁军总司令。8月9日宣布取消独立。

7月20日，派夏焕三、阎润苍赴豫，期以联络白朗，共同讨袁。夏、阎途经开封时被捕，旋被袁世凯爪牙杀害。

7月22日，被袁世凯下令褫夺一切荣典、军职，并令悬赏缉捕。

7月25日，湖南都督谭延闿被迫宣布独立。8月13日自行宣布取消独立。

是日，湖口失陷，李烈钧败走南昌。

7月29日，讨袁战事失败，偕黄恺元乘日舰“嵯峨号”离宁赴沪。7月30日抵达上海。8月3日乘日轮“静冈丸”离沪赴香港。

是日，程德全宣布江苏取消独立。

7月至8月，湖北革命党人在武汉、岳口、皂市、仙桃镇、潜江、京山、荆门、房县及鄂西一带起事，宣布独立。

8月4日，熊克武在四川重庆宣布独立。

是日，革命党人张百祥于川西组织讨袁军，被举为全蜀民军总司令。

是日，袁军炮轰广东都督府，陈炯明、岑春煊潜逃香港，广东取消独立。

8月9日，乘三井物产公司运煤船“第四云海丸”离港赴日本门司港前六连岛，在下关上岸。8月27日抵达东京。寄居日本东京荒尾市田水町邮政局长田尻家数月。

8月8日、11日，何海鸣在南京曾两度宣布独立，旋败。

8月9日，孙中山抵达日本神户。8月18日移居东京。

8月18日，南昌陷落，江西讨袁军失败。

8月29日，芜湖陷落，安徽讨袁军失败。

8月至9月，胡汉民、陈其美、李烈钧、柏文蔚等先后相率逃亡日本，与黄兴一道继续进行反袁斗争。

8月31日，孙中山与黄兴会晤，两人在讨论“二次革命”失败原因时发生意见分歧。

9月1日，张勋率辫子军攻陷南京，江苏讨袁军失败。

9月12日，熊克武放弃重庆。持续两月之久的“二次革命”最终失败。

9月27日，孙中山筹组中华革命党，吸收第一批中华革命党党员。

10月10日，袁世凯就任正式总统职。

11月4日，袁世凯下令解散国民党。

12月1日，由黄兴、李烈钧发起，中国东京流亡者创设“浩然学舍”（又名浩然庐），“以灌输日本军事教育为主”，学生“兼受日本语、法律、政治、经济学及武术等”。

1914年，40岁

2月9日，在东京创办的“政法学校”开学。该校着重研究政治、军事，培养干部。入该校学习者前后达400多人。

2月，与彭允彝等创立明明编译社。

3月19日，复函刘承烈，商议开办国民党机关刊物《民国》

杂志。至5月10日，由胡汉民任总编的《民国》杂志在日本东京创刊；章士钊主编的《甲寅》杂志亦在是日于日本东京创刊。

5月29日，致函孙中山，对来自陈其美之攻击有所申辩。

6月2日，复函孙中山，阐述“二次革命”失败的原因以及整顿党务意见。3日，孙中山复函，希望黄兴“静养两年”，“以后彼此可不谈公事”，但私交上仍“实为我良友”。

6月13日，复函宫崎寅藏，请商订赴美船票。

6月27日，在寓所宴请孙中山叙别，孙中山集古句书联相赠：“安危他日终须仗；甘苦来时要共尝。”

6月30日午后，由横滨启碇，乘日本“登岳”轮赴美。同行者有秘书李书城、石陶钧、翻译徐申伯等人。

7月9日，抵达檀香山。当地华侨闻讯即派代表接黄兴上岸，在当地自由戏院举行午宴和欢迎大会。黄兴在会上发表即兴演说，强调讨袁的意义。并接见美国新闻记者，表示讨袁的决心。

7月15日，抵达旧金山，下榻于费尔蒙旅馆。接受《旧金山年报》记者采访，谈及访美的目的，一是研究美国的政治制度；二是揭露袁世凯帝制自为的野心，将袁氏罪状节节宣布，表示反袁决心。

出席美洲中国国民党支部召开的“二次革命”纪念大会，发表长篇演说，揭露袁氏种种罪恶。

7月23日，移居避暑圣地“太平洋森林公园”。

7月26日，在屋仑华侨欢迎会上发表演说，指出袁世凯所行暴政尤甚于专制君主，反袁革命“应乎时”“顺乎人”。

7月27日，致函萱野长知，“虽袁世凯电阻美政府，令其留难，又袁氏所派驻美代表竭力运动，美政府皆置之不理，以此可见公道犹在人心”。

9月3日，复函李根源、彭允彝、殷汝骊、冷遹、林虎、程潜等，承认为欧事研究会会员。鼓励该会同仁从长计议，从全局出发，摒弃党见，加强革命队伍内部的团结。

9月12日，复函谭人凤、白逾桓、刘文锦、柏文蔚、刘承烈、周震鳞，赞同促进党内团结，一致讨袁。

9月19日，离开“太平洋森林公园”，抵达洛杉矶，在此停留三日，拜访荷马·李夫人，并亲往荷马·李将军墓前凭吊、献花，以表达中国人民的友情。

9月29日，抵达芝加哥，寓国会旅馆，力阻袁世凯借款。

9月30日，林百克来访，对黄兴传奇一生很感兴趣，请黄兴提供资料，以便将来撰写传记。不久，林百克收到黄寄来的包裹，发现里面只有一份文件，内容是“吁请美国朝野支持中国的民主政体，反对袁世凯篡国，无一字涉及黄兴个人的勋业和生活”。

10月2日，抵达纽约。初寓亚斯都旅馆，后迁至百老汇九十四街邦他旅馆。

10月3日，接见《纽约时报》记者，重申来美目的，是研究其“共和国的政治制度”以供本国政府取法。并预言“德国没有赢得最后胜利的希望”，“协约国定将获胜”。

11月11日，致函萱野长知，谴责日本政府袒袁政策。

11月中旬，抵华盛顿，居住一星期。

11月下旬，移居费城近郊之米地亚（Media），继续从事讨袁宣传工作。至1916年4月下旬起航赴日拟回国讨袁，其间一年零五个月时间一直居此。由于生活窘迫，只得将历年所存古玩字画变卖，以解决家人生计问题。

12月11日，致函宫崎寅藏，再次抨击日本政府亲袁政策。

1915年，41岁

1月18日，日本驻华公使日置益代表日本政府秘密向袁世凯提交了旨在全面控制中国的“二十一条”草案。5月7日，提出最后通牒，限48小时内就“二十一条”修正案作出答复。

2月25日，与陈炯明、柏文蔚、钮永建、李烈钧等联名发表通电，指斥袁世凯专制独裁，表明对内对外态度。

5月9日，外交总长陆徵祥等奉命前往日本驻华使馆，递交了接受日本政府最后通牒的答复书。5月25日，袁世凯委托陆徵祥与日置益在外交部正式签约。

5月21日，与陈炯明、李烈钧、钮永建、柏文蔚、林虎、熊克武、冷遹、张孝准、耿毅、章梓、程子楷、陈强、龚振鹏、赵正平、程潜、李根源等17人联名发表通电，指责袁世凯丧权辱国，丧心病狂接受“二十一条”修正案。坚定表示反袁到底的决心。

8月14日，杨度发布由他起草的《发起筹安会宣言书》；20日，杨度发布《筹安会成立启事》并附有《筹安会章程》，该启事中，“推定杨度为理事长，孙毓筠为副理事长”。23日，筹安会正式宣告成立，在北京石驸马大街设立事务所。

9月，国民党美洲支部在旧金山开恳亲大会，被推为名誉会长。

9月底，接到蔡锷派人送来的长信，得知蔡将赴西南发动讨袁，即派黄一欧去日本，以便与反袁各方保持秘密联系，参加讨袁斗争。

10月18日，复函石陶钧，断言：“袁氏作帝必矣！”

11月26日，致函张孝准，对于发难的时间、地点、方法以及应当注意的问题等都作了部署。

12月12日，袁世凯申令称帝。13日，袁氏接受百官朝贺，接受帝位。31日，袁氏正式下令，改民国五年为“洪宪”元年，改总统府为“新华宫”。

12月14日，致电美国驻华公使，表示“吾国民断不能坐视袁氏任意复行帝制”，坚持反对帝制到底。

12月16日，复函张承槱，慰勉其返国讨袁。

12月17日，李烈钧自南洋抵昆明，与唐继尧密谋策划倒袁事宜。

12月18日，致函国内友人，述平生志愿及讨袁措施，表示“能力所及者，当尽力图之”。

12月21日，致电张謇、汤寿潜、唐绍仪、赵凤昌、伍廷芳、庄蕴宽等人，揭露袁世凯称帝必败，重申讨袁到底的决心，望予鼎力支持。

12月22日，致函陆荣廷，敦促其“兴讨贼之师”，“无使时机坐失”。

12月25日，唐继尧致电黄兴，告以云南宣布独立，誓师讨袁。

12月26日，在《费城新闻》发表长篇文章《辨奸论》，驳斥了“受袁氏之金钱而为辩护者”所散布的种种谬论，揭露了袁氏的种种罪恶，也表达了中国人民讨袁到底的决心，呼吁美国朝野上下赞助中国人民的共和事业。

1916年，42岁

1月4日，复函彭丕昕，说明在美从事讨袁运动，暂难归国。

1月27日，贵州宣布独立，以刘显世为都督。

3月15日，广西宣布独立，以陆荣廷为都督。

3月22日，袁世凯下令撤销帝制，仍称大总统。

3月23日，袁世凯下令废止“洪宪”年号，仍以中华民国纪年。

4月6日，广东宣布独立，广东将军龙济光改称都督。

4月上旬，从米地亚迁居纽约，准备回国讨袁。

4月12日，浙江宣布独立，以民政长屈映光为都督。

4月15日，致电唐绍仪、伍廷芳、张謇、温宗尧、梁启超、汤化龙、谭延闿、钮永建、柏文蔚、范源濂等，指出：“不去袁逆，国难不已！望力阻调停，免贻后累。”

4月中旬，自纽约赴旧金山。

4月22日，自旧金山启航赴日本。

5月1日，粤、桂两省在肇庆联合成立护国军都司令部，公推岑春煊为都司令、梁启超为都参谋，与滇、黔相策应。

5月8日，滇、黔、粤、桂四省在肇庆共组护国军军务院，以唐继尧、岑春煊为正、副抚军长；梁启超为政务委员长；蔡锷、李烈钧以及独立各省都督、总司令为抚军。

5月9日，抵达日本横滨，寻赴东京。即发表《促袁世凯退位声明电》，促其速悔罪引退。

同日，陕南镇守使陈树藩在三原宣布陕西独立，自称陕西护国军总司令；18 日，就任陕西都督。

5 月 12 日，通电全国各界，呼吁一致讨袁。

5 月 15 日，致电在沪国会议员，重申讨袁主张。肯定他们主持正义的行为，以《中华民国临时约法》为准绳，解决面临的政治问题。

同日，致函陈炯明等人，肯定他们在讨袁护国中所建树的战功，表达自己当“尽匹夫之责”的决心。

5 月 17 日，致函唐绍仪、张謇、程德全、伍廷芳、汤寿潜、赵凤昌等人，望“合力主持，逼令早行退位”。

5 月 18 日，致函黄郛，促请联合海军，以张挞伐。

5 月 20 日，致电孙中山，对陈其美遇刺殒命表示哀悼。6 月 3 日，参加陈其美追悼会。

5 月 29 日，汤芗铭被迫宣布湖南独立，自任都督。

6 月 6 日，袁世凯在全国人民的一片声讨声中暴毙。

6 月 7 日，黎元洪依法就任大总统职。同日，黄兴致函中华革命党东京本部负责人谢持，主张从根本上扫除袁氏余孽。

6 月 9 日，致电黎元洪及肇庆军务院、各省都督、上海国会议员、唐外交代表等，请规复旧约法，从速召集旧国会，组织内阁，严惩祸首。

6 月 13 日，孙中山致电黄兴，征询解决政治危机的意见。

6 月 14 日，复电孙中山，赞同其所提主张，即“复约法、召国会”，“息纷争、事建设”。并望主持一切。

6 月 15 日，张謇致函黄兴，敦促归国。

6 月 20 日，复电黎元洪，重申恢复旧约法，召开旧国会之必要。

6 月 29 日，黎元洪宣布遵守《临时约法》，续行召开国会，恢复国务院，特任段祺瑞为国务总理。

6 月下旬，唐绍仪、范源濂、谭延闿、孙洪伊、钮永建、张继、欧阳振声、殷汝骊、杨永泰、徐傅霖、谷钟秀等 11 人联合致电黄兴，要求他及早归国，“即日言旋，主持一切”。

7月4日，由日本门司启程回国。

7月6日，抵达上海。初寓法租界圣母院路100号，继迁福开森路393号。

7月9日，出席驻沪湘省议员欢迎会，发表演说，并推荐谭延闿督湘。

7月10日，出席驻沪国会议员欢迎会，并在会上致词，强调伸张民权。

7月13日，出席驻沪国会议员北上大会，并发表即兴演说。勉励国会议员恪尽职守，维护国权，将制定宪法作为第一要务。

7月14日，出席驻沪国会议员留别茶话会，发表演讲称：制定宪法“必须贯彻共和之真精神”，使政治步入正轨。

同日，唐继尧宣布撤销广东肇庆军务院。

7月15日，出席广东省驻沪国会议员茶话会，发表演说，强调恢复《约法》的重要性，与袁氏残余势力作斗争，对军人要进行“军事的国民教育”，使军队成为巩固国防的保障，不为私人所利用。

7月17日，出席驻沪国会议员、各界名流及新闻记者张园茶话会，发表演说，强调伸张民权和地方自治的重要性。

7月18日，复电程潜及湖南各界，就被推举湘督一事表示谦退。

7月22日，出席上海报界茶话会，发表演说，勉励报界“尽舍私见而谋国政”，正确引导舆论。

7月25日，中华革命党宣布停止一切军事行动。

7月，在沪发表谈话，推举蔡锷、谭延闿督湘，而自己则坚辞湘督。

8月8日，与孙中山、伍廷芳、唐绍仪等65人通告发起“陈英士先生及癸丑以后诸烈士追悼大会”。

8月13日，赴尚贤堂主持癸丑以后殉难烈士追悼大会。并发表演说，指出：“有诸烈士之牺牲其身，而后能再造民国。今后亦须有牺牲之精神，而后能使民国巩固。”

8 月 28 日，蔡锷乘江裕轮到达上海，命黄一欧代表前往码头迎候。

9 月 9 日，蔡锷东渡就医，亲往码头相送，忍泪告别。

9 月 11 日，致电彭允彝、孙洪伊、谷钟秀、殷汝骊，反对以湖南水口山铅矿作担保向日借款，“望竭力打销此举，为中央另筹善法”。

9 月 18 日，致电谭延闿，告以“水口山矿事，已以个人名义电日当局，请其说谕商人，舍此另向中央政府提出其他担保品。”

10 月 9 日，北京政府授予勋一位。

10 月 10 日，胃出血病复发。呕血升余，昏眩时许，当请德医克礼氏诊治，刻幸血止。

10 月 14 日，复电黎元洪，感谢派员问疾，辞受勋位。

10 月 26 日，廖淡如生四子黄一球于上海福开森路。

10 月 29 日，病重，宫崎寅藏至寓所慰问。

10 月 30 日，病危，孙中山等至寓所慰问。宫崎寅藏偕日本医师佐佐木金次郎一道前往黄宅问诊。

10 月 31 日，凌晨 4 时逝世于上海福开森路寓所。孙中山领衔主丧。

11 月 1 日，孙中山通告国民党各支部及海外同志，悼念黄兴逝世。

11 月 2 日，北京政府明令褒扬黄兴。

11 月初，蔡锷自日本函托张嘉森代表往祭黄兴。

11 月 6 日至 7 日，在黄宅连续召开治丧会议，孙中山、唐绍仪、胡汉民等出席。并筹设治丧办事处，对人员进行分工，负责有关治丧事宜。

11 月 8 日，蔡锷病逝于日本福冈医科大学医院。

11 月 17 日，日本东京各界人士在芝区青松寺举行黄兴追悼大会。

12 月 18 日，北京国会通过《国葬法》，并决议国葬黄兴、蔡锷。

12月21日至22日，开始吊唁活动。孙中山等莅临致祭。灵堂设于上海法租界霞飞路西端福开森路三九三号本宅。国民党要人、朝野名流、社团领袖前来致祭者日以百数，备极哀荣。孙中山除代表前同盟会同人致祭外，并与唐绍仪、岑春煊、章炳麟、李烈钧、柏文蔚、谭人凤、陈炯明、胡汉民等联衔致祭。

12月23日，灵柩发引，归葬湖南。

1917年

1月5日，灵柩运抵长沙。

1月18日，廖淡如生幼子黄一寰（黄乃）。

4月15日，举行国葬仪式，灵柩安葬于长沙岳麓山。

后 记

早在1988年底，在湖南长沙召开了一次“黄兴研究国际学术讨论会”，我有幸参加了此次学术会议，提交的论文是《黄兴功过辨析》，并在大会上作了发言。这篇论文是针对前此史学界对黄兴研究比较薄弱、而评价又有失公允的前提下写成的，系有感而发。那么，究竟应当如何正确评价黄兴的功过是非，黄兴又究竟是怎样的一个历史人物呢？是名重一时的革命理论家，还是单纯的“实行家”？是战功卓著的军事家，还是“常败将军”？是顾全大局的革命活动家，还是“分裂主义者”？我那篇文章对上述三个问题逐一进行了辨析。令我没有想到的是，该文在《湖南师范大学学报》1989年第5期发表后，中国人民大学复印报刊资料《中国近代史》1989年第12期全文复印；该文分别编入《黄兴研究》（湖南师范大学出版社，1990年）和《辛亥革命与近代中国》（湖北人民出版社，1991年）等论文集；该文还于1991年10月10日获得美国黄兴基金会《黄兴学术研究》成果奖，并由美国黄兴基金会颁发荣誉证书和奖金，以昭慎重。荣誉证书赫然写道：“台端对黄兴研究作出了贡献，特颁此证，以资表彰。”来自社会的鼓励使我受宠若惊，从那时起，我便暗暗下定决心，要撰写一部有分量的黄兴传记，以回馈社会。但由于种种原因，曾几何时，我的这一想法却未能如愿。然而，令人振奋的是，我对黄兴的研究工作却从未停止过，迄至目前为止，我已公开发表研究黄兴的学术论文20多篇，累计成果字数将近30万字。这就为我撰写黄兴传记作了铺垫。在此基础上，我认为写一部比较翔实的黄兴传记条件已经趋于成熟，于是，我又断断续续用了将近五年时间，一边研究，一边写作，时至今日，这部《黄兴传》终于得以竣事，总算了却我30多年前的一个心愿！

黄兴研究是一项复杂的系统工程，进入21世纪，随着研究的不断深入，黄兴研究的起点自然也很高。要完成这项艰巨的工程，我常有力不从心之虑。回想起书稿撰写过程中的点点滴滴，我只能用“感恩”两个字来表达我的心情。为本书提供资料和图片的有：黄兴长孙黄伟民先生、曾孙黄柏禹先生，黄兴故居纪念馆馆长胡群义先生、武汉大学萧致治教授，湖南省社会科学院历史研究所前任所长刘泱泱研究员、现任所长李斌副研究员，湖南省教育厅副巡视员邓江祁教授，湖南师范大学历史文化学院院长、博士生导师钟声教授和李绍平教授，中共湖南省委党校党史部主任霍修勇教授，中国社会科学院近代史研究所赵庆云研究员、郝幸艳博士等人；湖南农业大学马克思主义学院陈向科副教授、长沙师范学院马克思主义学院许神恩讲师为作者打印、校对了部分稿件；同时，本书出版还得到了岳麓书社领导的大力支持，责任编辑王文西、邱建明为本书的出版付出了辛勤的劳动；内人宋建华女士几乎包揽了全部家务，使作者有足够的时间和精力投身到这项系统工程中去。当此本书付梓之际，一并鸣谢！

饶怀民

2020年5月1日